컴퓨터 네트워크

Computer Networks 제5판

컴퓨터 네트워크

Computer Networks 제5판

Andrew S. Tanenbaum · David J. Wetherall 지음
신용태 · 김광준 · 김영용 · 김윤희 · 한승철 옮김

PEARSON

옮긴이 소개

신용태 shin@ssu.ac.kr
숭실대학교 컴퓨터학부 교수

김광준 kgj@jnu.ac.kr
전남대학교 컴퓨터공학과 교수

김영용 y2k@yonsei.ac.kr
연세대학교 전기전자공학부 교수

김윤희 yulan@sm.ac.kr
숙명여자대학교 컴퓨터과학부 교수

한승철 bongbong@mju.ac.kr
명지대학교 컴퓨터공학과 교수

컴퓨터 네트워크 제5판

Computer Networks, 5th Edition

5판 1쇄 발행 | 2011년 12월 23일

지은이 | Andrew S. Tanenbaum · David J. Wetherall
옮긴이 | 신용태 · 김광준 · 김영용 · 김윤희 · 한승철
발행인 | 유재성
발행처 | (주)피어슨에듀케이션코리아
등　록 | 제13-579호(1999. 3. 31.)

판매처 | 도서출판 YOUNG
전　화 | (031)904-7905(주문 및 고객지원)
팩　스 | (031)904-7907
이메일 | youngpub@naver.com

ISBN | 978-89-450-0647-9

값 36,000원

역자 서문

어느덧 『컴퓨터 네트워크』가 5판을 맞이하게 되었다. 네트워크의 기술적인 진보는 다른 어떠한 분야보다 빠르게 이루어지고 있다. 네트워크는 이제 전자 우편, 주식투자 온라인 게임을 포함하여 업무, 레저, 문화에 이르기까지 생활 전반에 걸쳐 필수적인 요소로 자리 잡게 되었다. 현대인들은 이제 네트워크가 없는 생활은 상상할 수도 없게 되었다. IT 산업을 기반으로 한 신경제의 흐름은 인터넷과 이동통신이라는 거대한 두 축으로 대변할 수 있는데, 이러한 네트워크 기반의 다양한 서비스는 현대인의 삶에 깊숙이 스며들어서 놀라운 변화를 촉진시켰다. 삶의 속도와 양상은 이전과 비교할 수 없게 변화되었다.

그러나 정보통신 기술의 거대한 흐름 가운데에서 삶을 영위하고 있는 대부분의 사용자들은 네트워크를 이용한 서비스에만 관심을 기울일 뿐 컴퓨터 네트워크의 바탕이 되는 원리와 기술은 외면하고 있는 실정이다. 특히 컴퓨터 네트워크 기술은 하루가 다르게 발전하고 있기 때문에 인터넷의 핵심 원리와 기술을 이해하지 못하면 유비쿼터스 시대의 삶을 제대로 영위할 수 없을 것이다. 따라서 이 책에서는 네트워크의 기본이 되는 원리와 기술과 함께 이러한 원리와 기술을 적용한 새로운 기술들 또한 소개함으로써 독자들이 보다 쉽게 컴퓨터 네트워크를 이해할 수 있도록 배려하였다.

이 책은 다음과 같이 구성되어 있다. 현재의 네트워크가 있기까지의 다양한 네트워크 기술들을 차례로 소개하였고, 관련된 세부 주제를 알기 쉽게 설명하였다. 각 장 끝 부분에 전체적인 요약을 제시함과 동시에 연습문제를 통해 독자들이 중요한 부분을 다시 한 번 되짚어봄으로써 이해를 극대화하도록 하였다.

또한 컴퓨터 네트워크를 처음 접하는 초보자부터 컴퓨터 네트워크 전공자까지 쉽게 이해할 수 있도록 기술과 학문 배경에 대한 부담을 최소화하였으며 컴퓨터 네트워크의 원리와 핵심 기술부터 그 응용에 이르기까지 다양하고 폭넓은 내용을 수록하였다. 이 외에도 저자 서문에 자세한 특징이 설명되어 있으니 읽어 보길 권한다.

마지막으로 이 책을 번역하는 데 도움을 준 모든 관계자 여러분께 감사드린다.

2011년 12월

역자 일동

저자 서문

이 시리즈는 이제 제5판을 내게 되었다. 각 판은 컴퓨터 네트워크가 이용되는 방식에 따라 다른 양상으로 대응해 왔다. 1980년 초판이 나왔을 때, 네트워크는 학술적 호기심의 대상이었다. 제2판이 1988년에 나왔을 때, 네트워크는 대학과 대기업에서 사용되었다. 1996년에 제3판이 나왔을 때, 컴퓨터 네트워크 특히 인터넷은 수백만의 사람들에게 일상적인 현실이 되었다. 2003년에 4판으로, 무선 네트워크와 모바일 컴퓨터는 웹과 인터넷 접근을 위한 평범한 일상이 되었다. 지금 제5판에서 네트워크는 콘텐츠 배포(특히 CDN을 사용한 비디오와 피어투피어 네트워크)이며, 모바일 휴대폰은 생활이 되었다.

제5판에서의 새로운 내용

이 책의 다양한 변화 가운데 가장 중요한 하나는 공동 저자로 David J. Wetherall 교수의 참여이다. 20년 전에 광역 네트워크를 설계한 것은 그의 강력한 추진이 있었기 때문이다. 그는 인터넷과 무선 네트워크 등 컴퓨터 네트워크를 연구해 온 워싱턴 대학의 저명한 교수이다.

또한 이 책에도 컴퓨터 네트워크의 끊임없는 발전에 따라 많은 변화가 있었다.

- 무선 네트워크(802.12 와 802.16)
- 스마트 폰에서 사용하는 3G 네트워크
- RFID와 센서 네트워크
- CDN을 사용한 콘텐츠 배포
- 피어투피어 네트워크
- 실시간 미디어
- 인터넷 전화
- 지연-허용 네트워크

장별로 자세한 목록은 다음과 같다.

제1장은 4판에서 다룬 것과 같은 개요를 설명하고 있지만 내용이 많이 개편되었다. 인터넷 모바일폰 네트워크, 802.11, 그리고 RFID와 센서 네트워크는 컴퓨터 네트워크의 예로 설명된다. 뱀파이어 도청과 함께 본래 이더넷에 대한 자료는 ATM에 대한 자료와 함께 삭제되었다.

제2장은 디지털 변조(무선 네트워크에서 광범위하게 사용되는 OFDM을 포함) 및 3G 네트워크(CDMA 기반)의 범위를 확장하였다. 새로운 기술은 홈 및 송전선 네트워크에 섬유를 포함하여 설명된다.

제3장은 점대점 링크에 대한 두 가지 방식을 설명하였다. 오류 감지 및 수정을 위한 코드의 자료의 업데이트뿐만 아니라 실습에서 중요한 현대적 코드의 간단한 설명을 포함하였다(나선형 및 LDPC 코드). 프로토콜의 예는 지금 SONET과 ADSL 이상의 패킷을 사용한다. 불행하게도 프로토콜 검증에 대한 자료가 저조한 사용으로 인해 삭제되었다.

제4장은 MAC 부계층에서의 원리는 영구하지만 기술은 변경되었다. 네트워크에 대한 부분은 기가비트 이더넷, 802.11, 802.16, 블루투스 그리고 RFID를 포함하여 자세히 기술하였다. 또한 VLAN을 포함하여 LAN 스위칭의 범위가 업데이트되었다.

제5장은 네트워크 계층에서 4판과 동일한 기반에서 다룬다. 새로운 자료를 업데이트하였고 서비스의 품질(실시간 미디어 관련)과 인터네트워킹에 대한 심도 있는 정보를 추가하였다. BGP, OSPF, CIDR에 대한 부분은 멀티캐스팅 라우팅을 다룸으로써 확장되었다. 애니캐스트 라우팅도 이번에 포함되었다.

제6장은 전송 계층에서 자료가 추가, 개정 및 삭제되었다. 새로운 자료는 지연-허용 네트워킹 및 일반적인 혼잡 제어에 대해 설명하고 개정 자료 업데이트와 TCP 혼잡 제어의 범위를 확장한다. 연결 지향형 네트워크 계층을 설명한 자료는 삭제되었고 더 이상 볼 수 없을 것이다.

제7장은 응용 프로그램을 확대, 업데이트하였다. DNS 및 이메일에 대한 자료가 지난 몇 년간 4판과 유사한 반면 웹의 사용, 스트리밍 미디어 및 콘텐츠 전달에 대한 많은 발전이 있었다. 따라서 웹과 스트리밍 미디어에 대한 부분은 현재까지 개정되고 있다. 새로운 부분으로 CDN과 피어-투-피어 네트워크를 포함한 콘텐츠 배포를 다룬다.

제8장은 보안의 기밀성과 신뢰성을 위해 대칭 및 공개키 암호화를 다룬다. 방화벽 및 VPN을 포함한 실습에 사용되는 기술의 자료는 802.11 보안 및 Kerberos V5에 대한 새로운 자료와 함께 업데이트되었다.

제9장은 이 책에서 인용한 300여 구절들의 포괄적인 참고문헌이 포함되어 있다. 이 책은 2,000편 이상의 논문, 도서, 고전적인 논문을 인용하였다.

약어 목록

컴퓨터 책들은 수많은 약어들로 가득하다. 여기서도 예외가 아니다. 이 책을 다 읽고 나면 다음 용어들을 이해할 수 있어야 한다: ADSL, AES, AJAX, AODV, AP, ARP, ARQ, AS, BGP, BOC, CDMA, CDN, CGI, CIDR, CRL, CSMA, CSS, DCT, DES, DHCP, DHT, DIFS, DMCA, DMT, DMZ, DNS, DOCSIS, DOM, DSLAM, DTN, FCFS, FDD, FDDI, FDM, FEC, FIFO, FSK, FTP, GPRS, GSM, HDTV, HFC, HMAC, HTTP, IAB, ICANN, ICMP, IDEA, IETF, IMAP, IMP, IP IPTV, IRTF, ISO, ISP, ITU, JPEG, JSP, JVM, LAN, LATA, LEC LEO, LLC, LSR, LTE, MAN, MFJ, MIME, MPEG, MPLS, MSC, MTSO, MTU, NAP, NAT, NRZ, NSAP, OFDM, OSI, OSPF, PAWS, PCM, PGP, PIM, PKI, POP, POTS, PPP, PSTN, QAM, QPSK, RED, RFC, RFID, RPC, RSA, RTSP, SHA, SIP, SMTP, SNR, SOAP, SONET, SPE, SSL, TCP, TDD, TDM, TSAP, UDP, UMTS, URL, VLAN, VSAT, WAN, WDM, XML

이 책을 사용하는 법

강의 시 이 책을 교재로 사용하는 교수들을 돕기 위해서, 저자는 핵심과 선택 항목으로 장을 구성하였다. 내용의 끝에 "*"로 표시된 부분은 선택 항목이다. 만약 주요 섹션(예 2.7)이 예와 같이 표시된 경우, 그 하위 섹션은 모두 선택 사항이다. 이는 네트워크 기술에 대한 자료를 제공해 유용하지만 (지속성의 손실 없이) 간단한 과정에서는 생략할 수 있다.

강사 자료 보조물

다음의 보호된 강사 자료 보조물은 www.pearsonhighered.com/tanenbaum에서 다운로드할 수 있다. 사용자 이름과 비밀번호에 대한 것은 해당 지역의 담당자에게 문의하기 바란다.

- 모범답안
- 파워포인트 강의 파일

학생 자료 보조물

학생을 위한 자료는 www.pearsonhighered.com/tanenbaum에서 오픈 액세스 컴패니언 사이트를 통해서 사용할 수 있으며 다음을 포함한다.

- 웹 자료, 튜터리얼에 대한 링크, 기관, FAQ 등
- 그림, 표, 책의 프로그램
- 스테가노그라피 데모
- 예제 프로토콜을 위한 시뮬레이터

감사의 말

제5판 강의를 하는 데 많은 사람들이 우리에게 도움을 주었다. 특히 다음 사람들에게 감사의 말을 전하고 싶다. Emmanuel Agu(Worcester Polytechnic Institute), Yoris Au(University of Texas at Antonio), Nikhil Bhargava(Aircom International, Inc.), Michael Buettner(University of Washington), John Day(Boston University), Kevin Fall(Intel Labs), Ronald Fulle(Rochester Institute of Technology), Ben Greenstein(Intel Labs), Daniel Halperin(University of Washington), Bob Kinicki(Worcester Ploytechnic Institute), Tadayoshi Kohno(University of Washington), Sarvish Kulkarni(Villanova University), Hank Levy(University of Washington), Ratul Mahajan(Microsoft Research), Craig Partridge(BBN), Vichael Piatek(University of Washington), Joshua Smith(Intel Labs), Mail Spring(University of Maryland), David Teneyuca(University of Texas at Qntonio), Tammy VanDegrift(University of Portland), Bo Yuan(Rochester Institute of Technology) 이들은 우리에게 아이디어와 피드백을 제공해 준 사람들이다. Melody Kadenko와 Julie Svendsen David은 관리 지원을 맡아 주었다.

Shivakant Mishra(University of Colorado at Boulder)와 Paul Nagin(Chimborazo Publishing, Inc.)은 마지막 장의 문제에 많은 도전과 새로운 생각을 하게 하였다. 우리의 편집장 Tracy Dunkelberger는 크고 작은 진행에서 여러모로 도움이 되었다. Melinda Haggerty와 Jeff Holcomb은 순조로운 진행을 도와주었다. Steve Armstrong(LeTourneau University)은 파워포인트 슬라이드를 준비했다. Stephen Turner(University of Michigan at Flint)는 교재와 함께 제공한 웹 리소스와 시뮬레이터를 개정해 주었다. 편집자 Rachel Head는 특이한 혼성체이다: 그녀는 독수리의 눈과 코끼리의 기억력을 가지고 있다.

마지막으로 우리에게 아주 중요한 사람들이 있다. Suzanne은 여전히 끝없는 인내와 사랑을 가지고 있다. Barbara와 Marvin은 좋은 교재와 나쁜 교재의 차이를 알고 항상 좋은 책을 제작하고자 하는 사람들이다. Daniel과 Matild는 가족으로서 환영한다. Katrin과 Lucy는 나를 항상 미소 짓게 해주었다. 모두에게 감사하다.

Andrew S. Tanenbaum

David J. Wetherall

차례

2장 물리계층(Physical Layer)

3장 데이터 링크 계층(Data Link Layer)

4장 매체접근제어 부계층(Medium Access Control Sublayer)

6장 트랜스포트 계층(Transport Layer)

7장 응용 계층(Application Layer)

8장 네트워크 보안(Network Security)

CHAPTER 01

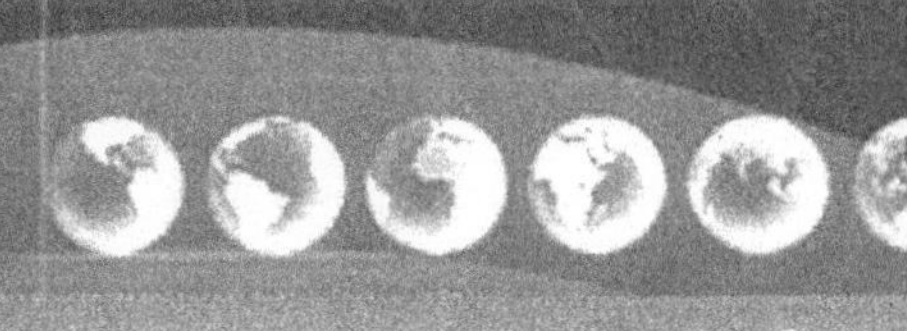

개요(Introduction)

지난 3세기는 단일 기술이 주도해 왔다. 18세기는 산업혁명을 동반한 거대한 기계문명의 시대였고 19세기는 증기기관의 시대였다. 20세기는 정보의 수집, 처리, 분배 기술이 핵심을 이루었다. 또 다른 기술의 발전과 더불어, 세계적인 전화망의 구성, 라디오 및 TV의 발명, 컴퓨터 산업의 탄생과 유례없는 성장, 통신위성의 발사, 그리고 인터넷이 발전하였다.

21세기에 급속한 기술발전의 결과로, 이러한 분야들은 빠르게 통합되고 있으며, 정보의 수집, 전송, 저장, 처리의 구분이 빠르게 사라지고 있다. 넓은 지역에 수백 개의 사무실을 갖고 있는 조직이라도 멀리 있는 기지의 상황을 버튼 하나로 파악할 수 있게 되었다. 정보의 수집, 처리, 분배기술이 발달함에 따라, 정교한 정보처리를 위한 수요도 급속도로 증가하게 되었다.

컴퓨터 산업은 다른 산업(자동차, 항공 산업 등)에 비해 나온 시기가 짧음에도 불구하고 짧은 시간에 놀라운 성장을 이루었다. 초창기 20년 동안, 컴퓨터는 중앙 집중화되었고, 항상 넓은 곳에 별도로 설치되었다. 대개 이러한 장소는 유리벽으로 되어 있고, 방문객들은 그 유리벽을 통해 그 안에 있는 거대한 전자 제품을 바라볼 수 있었다. 대규모 연구소들은 수십 대의 컴퓨터를 보유하고 있는 반면, 중소기업이나 대학들은 고작 한두 대의 컴퓨터를 소유하고 있었다. 그 당시 40년 안에 우표보다 작은 크기의 뛰어난 성능을 갖춘 컴퓨터를 수십억 대씩 대량 생산한다는 것은 순전히 공상과학소설에서만 있을 수 있는 일이었다.

컴퓨터와 통신의 결합은 컴퓨터 시스템을 체계화하는 데 큰 영향을 끼쳤다. 사용자가 대형 컴퓨터가 있는 곳으로 처리할 일을 들고 가야 하는 장소, 즉 한때 주된 개념이었던 "컴퓨터 센터"는 완전히 무용지물이 되어버렸다(비록 수천 대의 인터넷 서버를 가진 데이터센터는 일반적이지만). 지금은 한 기관의 모든 일을 대형 컴퓨터 한 대가 처리했던 방식에서 수많은 컴퓨터가 상호 연결되어 처리하는 방식으로 바뀐 것이다. 이러한 시스템을 **컴퓨터 네트워크(computer networks)**라 한다. 이 책의 목적은 이러한 네트워크를 설계하고 체계화하는 것이다.

이 책을 통해 "컴퓨터 네트워크"라는 용어를 사용하게 되는데, 이것은 독립적인 컴퓨터가 단일 기술로 상호 연결된 집합을 의미한다. 두 대의 컴퓨터가 서로 정보를 교환할 수 있으면 이들은 상호 연결되었다고 말한다. 이러한 연결에는 동선뿐만 아니라 광섬유, 마이크로웨이브, 적외선, 통신위성 등이 쓰일 수 있다. 이 책의 뒤에서 보는 것과 같이, 네트워크는 크기, 모양, 그리고 구성에 따라 다양한 형태를 갖는다. 일반적으로 네트워크의 네트워크로 잘 알려져 있는 **인터넷 (internet)**은 대규모 네트워크를 만들기 위해 서로 연결되어 있다.

용어에 있어서 컴퓨터 네트워크와 **분산 시스템 (distributed system)**은 많은 혼란을 야기 시킬 수 있다. 가장 주된 차이점은, 분산시스템에서는 독립된 컴퓨터들이 함께 동작하더라도 사용자에게는 결합된 하나의 시스템으로 보여야 한다는 것이다. 분산시스템이 사용자에게 보일 때는 항상 단일 모델, 또는 단일 패러다임이어야 한다. 때때로 운영체제 위에서 동작하는 소프트웨어 계층인 **미들웨어 (middleware)**는 분산시스템 모델을 구현하는 데 중요한 역할을 한다. 분산시스템으로 잘 알려진 예시 중 하나는 **월드와이드웹 (world wide web)**이고, 월드와이드웹은 인터넷의 상단에서 실행되며 모든 것이 문서(웹 페이지)처럼 보인다.

컴퓨터 네트워크는 단말의 일관성, 모델 및 소프트웨어가 없다. 컴퓨터 네트워크는 단말이 결합된 것처럼 보이거나 동작되지 않고 사용자에게 노출되어 있다. 만일 컴퓨터 네트워크가 서로 다른 하드웨어나 운영체제를 갖고 있다면, 사용자에게는 완벽하게 보일 것이다. 사용자가 원격시스템에서 프로그램을 동작시키려면, 그 시스템 안에서 로그인하고 동작시켜야 한다.

실제로 분산 시스템이란 네트워크 위에서 동작되는 소프트웨어 시스템이다. 소프트웨어는 분산 시스템에게 높은 결합성과 투명성을 제공한다. 이렇듯 네트워크와 분산시스템의 차이점은 하드웨어보다 소프트웨어(특히 운영체제)에 있다.

그럼에도 불구하고, 두 용어 간에는 공통점도 있다. 예를 들어 분산 시스템과 컴퓨터 네트워크가 파일을 이동시키려고 하는 경우, 시스템과 사용자 중 어디에서 파일 이동을 유발하는지에 따라 개념이 구분된다. 이 책에서는 주로 네트워크에 초점을 맞추고 있는데 그중 많은 주제들은 분산 시스템에서도 중요하다. 분산 시스템에 관해서는 Tanenbaum과 Van Steen(2007)를 보면 도움이 될 것이다.

1.1 컴퓨터 네트워크의 용도

기술적인 사항을 자세히 공부하기에 앞서, 사람들은 컴퓨터 네트워크에 왜 흥미가 있으며 어디에 이용할 수 있는지를 살펴보는 것도 의미 있는 일이다. 만약 아무도 컴퓨터 네트워크에 관심이 없었다면, 네트워크는 만들어지지 않았을 것이다. 우리는 회사와 개인용으로 사용되는 전통적인 통신사용부터 시작해 최근 개발된 이동 통신과 홈 네트워킹에 대해서 살펴볼 것이다.

1.1.1 기업에서의 응용

많은 회사들이 수많은 컴퓨터를 사용하고 있다. 예를 들어 회사는 각 직원과 그들의 디자인 설계, 사용서 작성, 임금 지급을 위해 컴퓨터를 가지고 있을 수 있다. 처음에는 몇몇의 컴퓨터가 서로 독립적으로 일했지만, 어느 시점부터는 회사 전반에 걸친 정보를 배포하기 위해서 각각의 컴퓨터들을 연결시켜야 할 것이다.

일반적으로 말하면, 여기서 주된 관점은 **자원 공유(resource sharing)**이다. 자원 공유의 목표는 모든 프로그램과 통신장치, 특히 데이터를 이용하는 사용자나 물리적인 장소에 관계없이 네트워크에 있는 모든 사람이 자원을 사용할 수 있도록 하는 것이다. 잘 알려진 예로는 사무실에 근무하는 모든 사람들이 공동 프린터를 사용하는 것이다. 이제는 개인적으로 로컬 프린터를 사용할 필요가 없다. 대규모 네트워크에 연결된 프린터가 로컬 프린터를 사용하는 것보다 저렴하고 빠르면서 또 다루기 쉽기 때문이다.

그러나 프린터, 테이프 복구 시스템과 같은 물리적 자원을 공유하는 것보다 더 중요한 것은 정보를 공유하는 것이다. 기업들은 전산화 정보에 많이 의존하고 있다. 대부분의 회사들은 고객정보, 제품 정보, 재고목록, 수신계좌, 재무 명세서, 세금정보에 대해 수없이 많은 온라인 시스템을 갖추고 있다. 만약 갑자기 컴퓨터가 고장 나게 되면, 은행은 5분도 버티지 못할 것이다. 컴퓨터 제어에 의해 생산을 하는 현대식 생산 공장은 5초도 버티지 못할 것이다. 소규모 여행사나 3명 정도의 직원이 있는 법률회사조차도 직원들이 컴퓨터 네트워크에 의존하여 관련 정보나 서류를 처리하는 것이 지금의 현실이다.

소규모 회사에서는 하나의 사무실이나 빌딩 내에 모든 컴퓨터가 있을 수 있다. 그러나 대규모 회사라면 여러 나라의 사무실과 공장에 컴퓨터와 직원들이 흩어져 있을 수 있다. 그럼에도 불구하고, 뉴욕에 근무하는 영업사원은 종종 싱가포르에 있는 물품 재고 데이터베이스에 접속해야 한다. **VPN**(Virtual Private Network)은 확장된 네트워크와 같은 공중 네트워크를 개인 네트워크처럼 사용할 수 있다. 다시 말해서 사용자는 15,000Km나 떨어져 있는 데이터라도 그 지역에 있는 데이터와 같이 사용할 수 있다. VPN의 목표는 지리적인 불편을 종식시키려는 시도라고 볼 수 있다.

간단한 예로, 회사 정보와 원격으로 접속하려는 직원들의 수많은 데이터베이스로 구성된 회사의 정보 시스템을 상상할 수 있다. 이 모델에서 데이터는 **서버**(servers)라고 불리는 강인한 컴퓨터에 저장된다. 때때로 데이터는 시스템 관리자에 의해 한곳으로 집중되고 관리된다. 반대로, 직원들은 **클라이언트**(clients)라 불리는 간단한 기계를 책상 위에 놓고 원격으로 자료에 접속하여 작업한다. (때때로 클라이언트 기계의 사용자를 클라이언트라고도 한다. 그러나 클라이언트라는 같은 용어를 사용해도 내용상에서는 사용자와 컴퓨터가 쉽게 구별될 것이다.) 클라이언트와 서버 기계는 그림 1-1에서 보는 바와 같이 네트워크로 연결되어 있다. 네트워크를 구체적으로 표현하지 않고 간단히 원으로 표시하였음을 주의하라. 앞으로도 네트워크를 추상적 의미로 나타내고자 할 때는 이 원 모양을 쓸 것이다. 좀 더 구체적으로 표현할 필요가 있을 때는 새로운 표시를 쓸 것이다.

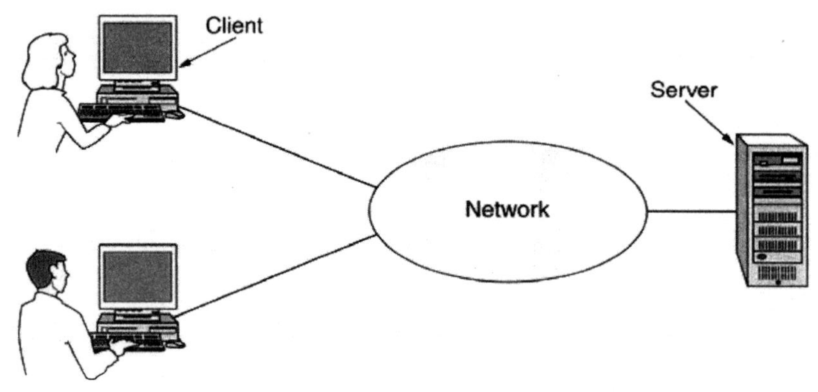

그림 1-1 두 클라이언트와 하나의 서버가 연결된 네트워크

전체적으로 이러한 구성을 **클라이언트-서버 모델**(client-server model)이라 부른다. 이는 널리 이용되고 있으며, 네트워크를 이용할 때 기본이 된다. 가장 일반적인 구현으로 서버는 데이터베이스를 갱신하고자 하는 클라이언트 요청에 응답하는 데이터베이스 기반의 웹 페이지를 생성하는 웹 응용프로그램이다. 클라이언트-서버 모델은 같은 빌딩(같은 회사에 속해 있을 때) 내에 있을 때뿐만 아니라 멀리 떨어져 있을 때도 이용이 가능하다. 예를 들어 집에 있는 어떤 사람이 월드와이드웹에 있는 페이지를 접속하고자 할 때, 동일한 모델이 적용되어, 원격 웹 서버는 서버가 되고, 이용자의 PC는 클라이언트가 된다. 따라서 한 대의 서버가 수백, 수천의 클라이언트들을 동시에 다룰 수 있다.

클라이언트-서버 모델을 좀 더 자세히 살펴보면, 두 개의 프로세스(실행 중인 프로그램)가 있다는 것을 알게 되는데, 하나의 프로세스는 클라이언트 쪽에 있고 다른 하나는 서버 쪽에 있다. 통신은 클라이언트 프로세서가 네트워크를 통해 서버 프로세스로 메시지를 송신하는 형태를 취한다. 클라이언트 프로세스는 그 후 응답 메시지를 기다린다. 서버 프로세스는 요구를 받았을 때, 요구받은 일을 수행하거나 요구 데이터를 찾고 그 후 응답을 보낸다. 이들 메시지가 그림 1-2에 나와 있다.

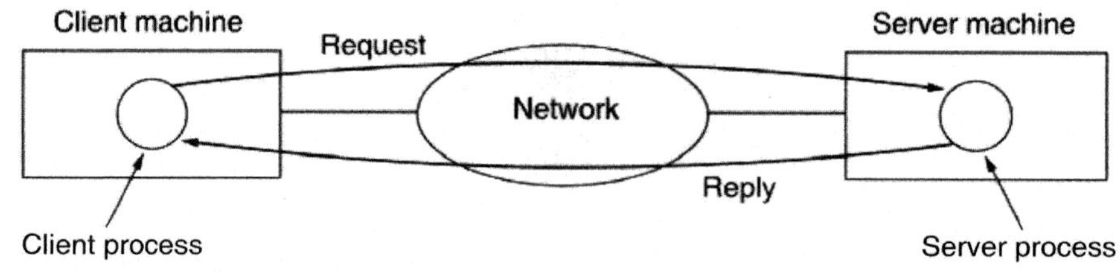

그림 1-2 요청과 응답을 포함하고 있는 클라이언트-서버 모델

컴퓨터 네트워크를 만드는 두 번째 목표는 정보 또는 컴퓨터보다는 사람을 다루기 위해서이다. 컴퓨터 네트워크는 직원들 간에 강력한 **통신 매체**(communication medium)를 제공할 수 있다. 가상적으로 두 개 또는 그 이상의 컴퓨터를 소유한 모든 회사들이 현재 **전자우편**(email, electronic mail)을 쓰고 있는데, 이것은 일반적으로 직원들이 상당히 많은 양의 통신을 하게 된다는 것을 뜻한다.

직원들 사이의 전화 통화는 전화회사 대신 컴퓨터 네트워크로 실행된다. 이 기술은 인터넷 기술이 사용될 때 **IP 전화**(IP telephony) 또는 **IP를 통한 음성**(VoIP)이라고 한다. 끝에 있는 마이크와 스피커는 VoIP 기반 전화나 직원의 컴퓨터에 속해 있다. 회사는 전화 요금을 절약할 수 있는 훌륭한 방법을 찾은 것이다.

통신의 풍부한 방식들은 컴퓨터 네트워크에 의해 가능하게 된다. 다른 지역에 있는 직원들은 회의 개최를 서로 보고 들을 수 있도록 비디오와 오디오를 합칠 수 있다. 이 기법은 이전에 이동을 하는데 드는 비용과 시간을 줄일 수 있는 효과적인 방법이다. 데스크톱 공유는 원격 직원들이 컴퓨터 화면을 보고 소통할 수 있게 해준다. 멀리 떨어져서 일하는 두 명 이상의 직원들이 칠판을 공유하거나 함께 보고서를 작성하는 일을 쉽게 만들어 주었다.

한 직원이 온라인 문서를 변경하게 되면, 다른 직원이 변경된 내용의 서신을 며칠씩 기다리는 대신 즉시 변경된 내용을 볼 수 있다. 이러한 능률 향상은 이전에 불가능했던 광범위한 단체 사이의 사람들이 협력할 수 있게 되었다. 원격 조정의 더 야심찬 형태인 원격 의료는 현재 사용되고 있지만(예, 원격 환자 모니터링) 더욱 중요해지기 시작했다. 때때로 통신과 운송의 접전에서 어느 한쪽의 우세는 다른 한쪽을 무용지물로 만들 것이다.

많은 기업을 위한 세 번째 목표는 특히 고객 및 공급 업체를 위한 전자 사업이다. 새로운 모델을 **전자 상거래**(e-commerce)라고 하며, 최근 몇 년 동안에 급성장하였다. 항공, 서점 및 기타 소매 업체는 많은 고객들이 그들의 가정에서 쇼핑하기를 좋아한다는 것을 발견하였다. 따라서 많은 기업들이 온라인으로 상품과 서비스의 카탈로그 및 온라인 주문 서비스를 제공하였다. 자동차, 항공기 및 컴퓨터의 제조업체들 가운데 다양한 공급 업체로부터 하위시스템을 사고 부품을 조립한다. 컴퓨터 네트워크를 사용하여 제조업체들은 필요에 따라 전자 주문을 할 수 있다. 이것은 재고를 절감하고 효율성을 향상시킨다.

1.1.2 가정에서의 응용

1977년 Ken Olsen은 Digital Equipment Corporation의 사장이었고, 당시 그 회사는 (1위 IBM에 이어) 세계 제2위의 컴퓨터 판매회사가 되었다. "Digital 회사는 왜 PC 시장을 겨냥하지 않느냐?"는 질문을 받았을 때, 그는 "어느 누구도 개인이 자기 집에 컴퓨터를 설치할 이유가 없다"라고 말했다. 그러나 역사는 다른 면을 보였다. 사람들은 초기에 문서 작성과 게임을 위해 컴퓨터를 구입하였다. 최근에 가정에서 컴퓨터를 구입하는 가장 큰 이유는 인터넷 접속을 위해서이다. 현재 임베디드 컴퓨터와 컴퓨터 네트워크, 특히 듣고, 보고, 음악, 사진 및 비디오를 만들기 위해 널리 사용되는 무선 네트워크 및 홈 네트워크와 함께 셋톱박스, 게임 콘솔 및 클럭 라디오와 같은 소비자 전자 기기가 많이 있다.

인터넷 접속은 원격 컴퓨터의 연결과 함께 일반 사용자에게 제공한다. 기업과 마찬가지로 일반 사용자는 정보 접근, 사람들과의 통신 및 전자 상거래를 이용해 물건을 사고 서비스를 살 수 있다. 주된 이점은 이제 가정 밖과의 연결이다. 이더넷의 발명가, 밥 메트칼프(Bob Metcalfe)는 서로 다른 연결을 만들 수 있기 때문에 네트워크의 가치는 사용자 수의 제곱에 비례된다고 가설을 제기했다. 이 가설은 Metcalfe의 법칙으로 잘 알려져 있다. 인터넷의 엄청난 인기는 규모에서 오는 방법을 설명하는 데 도움을 준다.

원격정보의 접속은 다양한 형태로 이루어진다. 정보를 위해서나 단지 흥미를 위해서든 간에 월드와이드웹을 검색한다. 유용한 정보는 예술, 사업, 요리, 정부, 건강, 역사, 취미, 여가, 과학, 스포츠, 여행 등 많은 것을 포함한다. 흥미 위주의 정보는 너무 많아 언급할 수가 없기 때문에 남겨 놓는 것이 좋을 것 같다.

대다수의 신문들이 온라인화 되고 개인화되었다. 예를 들어 축구 기사는 빼고, 부패한 정치인들, 대형 화재, 명성을 포함한 스캔들, 그리고 전염병에 관한 모든 기사를 보고 싶다고 신문사에게 말하는 것이 가능하다.

또한 자는 사이에도 하드 디스크에 원하는 기사만을 저장하는 것이 가능하다. 이러한 현상이 계속됨에 따라 12살짜리 신문배달원들의 대다수가 실직이 되었고, 신문사들은 이것을 반겼다. 왜냐하면 신문배달은 항상 신문 생산 과정 중 가장 취약한 부분이기 때문이었다. 물론 인터넷 사용자가 무료로 이용하기를 기대하기 때문에 이 작업을 하기 위해서 새로운 세계에서 돈을 벌기 위한 명확한 방법을 먼저 생각해야 한다.

신문(그리고 일반 잡지와 과학 잡지)에 이어서, 다음 단계는 온라인 전자 도서관이다. 대다수의 전문기구들, 예를 들면 ACM(www.acm.org, Association for Computing Machinery)과 IEEE Computer Society (www.computer.org)는 벌써 수많은 잡지와 컨퍼런스 책자 및 발간물들을 온라인으로 공급하였고, 다른 단체들도 빠르게 그 뒤를 쫓고 있다. 전자 도서 및 온라인 도서관은 인쇄 도서를 무용지물로 만들 수 있다. 의심이 많은 사람일지라도 인쇄물이 중세의 필사본을 대치시켰다는 것에 대해서는 이견이 없을 것이다.

대부분의 정보는 클라이언트-서버 모델을 사용하여 접근할 수 있지만 인기 있는 모델인 피어-대-피어 통신(Parameswaran et al., 2001)으로 정보를 접근하는 모델과 차이가 있다. 이 방식에서는 자유로운 집단을 형성하는 개개인은 그림 1-3에 나타난 그룹의 사용자와 통신할 수 있다. 일반적으로 모든 사람은 여러 사람과 통신할 수 있고, 이때 클라이언트와 서버를 고정해 구분하는 것은 의미가 없다.

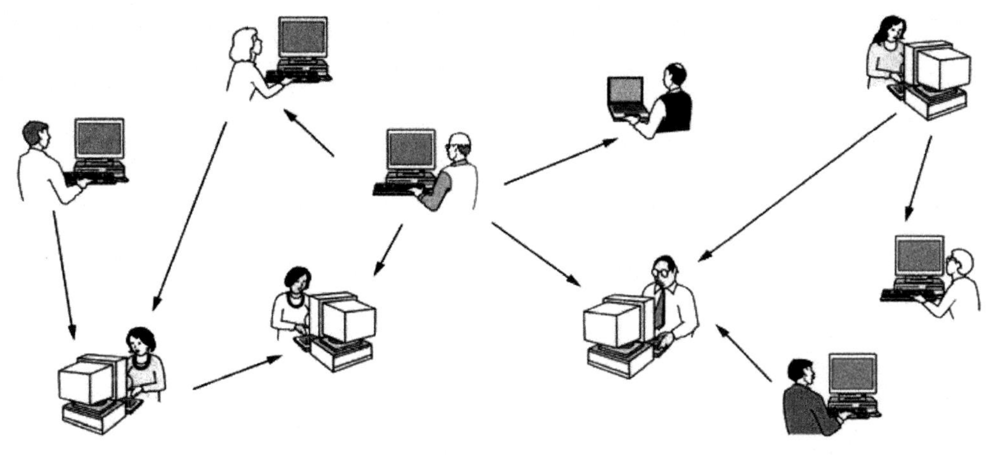

그림 1-3 고정된 클라이언트와 서버가 없는 피어-대-피어 시스템

비트토렌트(Cohen, 2003)와 같은 피어-대-피어 시스템은 중앙에 콘텐츠에 대한 데이터베이스를 가지고 있지 않다. 대신 각 사용자들은 자신의 데이터베이스 가까이에서 관리를 하고, 시스템의 구성원과 가까운 사용자들에게 목록을 제공한다. 새로운 사용자는 그가 가지고 있는 구성원들을 보기 위해 다음으로 이동할 수 있고, 콘텐츠와 이름을 검사하기 위해 다른 구성원들의 이름을 가지고 올 수 있다. 이 검색 프로세스는 대규모 로컬 데이터베스를 구축하기 위해서 무한 반복할 수 있다. 사람들에게는 지루한 활동이지만 컴퓨터는 탁월하게 수행할 수 있다.

피어-대-피어 통신은 음악 및 비디오를 공유하는 데 주로 사용된다. 실제로 냅스터(Napster)라는 음악 공유 서비스는 2000년대에 큰 인기를 끌었고, 기록된 역사(Lam과 Tan, 2011; Macedonia, 2000)의 최대 저작권 침해 사건이 있은 후에 종료되었다. 피어-대-피어 통신을 위한 법적 응용프로그램도 존재한다. 이들은 공개 음악 공유, 사진 및 영화 공유, 공개 소프트웨어 패키지를 다운로드하는 사용자를 포함한다. 사실 가장 인기 있는 인터넷 응용프로그램 중 하나인 전자우편은 고유한 피어-대-피어이다. 이 통신의 형식은 앞으로 성장할 가능성이 상당히 높다.

위 응용프로그램은 모두 사람에 대한 정보 전체를 위해 원격 데이터베이스 간의 상호 작용을 포함하고 있다. 두 번째로 광범위한 네트워크 사용의 범주는 19세기의 전화이다. 이는 기본적으로 21세기의 답인 개인-대-개인 통신이다. 전자우편은 세계 각국의 사람들의 이용으로 급속히 성장하였고 자주 사용되고 있다. 이미 텍스트와 사진 전송뿐만 아니라 오디오 및 비디오 같은 일상적인 파일도 전송이 가능하다(아쉽게도 냄새의 전송은 시간이 걸릴 수 있다).

자신에게 가치를 느끼는 모든 10대는 **인스턴트 메시징**(instant messaging)에 중독되어 있다. 1970년대 무렵부터 사용하고 있는 UNIX 토크 프로그램에서 파생된 이 기능은 두 사람이 실시간으로 메시지를 입력할 수 있다. 여러 사람이 사용할 수 있는 메시지 서비스에는 친구나 다른 사람들의 서클에 "짹짹"거리는 듯한 짧은 메시지를 보낼 수 있는 트위터(Twitter)도 있다.

인터넷에서 오디오(예, 인터넷 라디오 방송국) 및 비디오(유튜브)의 이용은 응용프로그램을 사용함으로써 가능하다. 먼 친구에게 저렴하게 전화를 하는 방법 외에 이 응용프로그램은 침대에서 일어날 필요 없이 오전 8시 수업에 참석할 수 있음을 의미하는 텔레러닝 같은 경험을 제공해준다. 결국 인간 대 인간의 의사소통을 향상시키기 위해 네트워크의 사용은 다른 어떤 것들보다 더 중요할지도 모른다. 이는 지리적으로 먼 대도시에 살고 있는 사람에게 서비스에 대한 동일한 접근을 제공하는 데 매우 중요한 일이 되었다.

사람-대-사람 통신과 정보 접근 사이에 **소셜 네트워크**(social network)라는 응용프로그램이 있다. 여기서 정보의 흐름은 사람들이 서로 연결하는 관계에 의해 구동된다. 가장 인기 있는 소셜 네트워킹 사이트 중 하나는 **페이스북**(facebook)이다. 사람들이 개인 프로필을 업데이트하고 그들의 친구라고 연결해야 다른 사람과의 업데이트를 공유할 수 있다. 다른 소셜 네트워킹 응용프로그램은 친구의 친구를 통해 소개할 수 있고, 위에 살펴본 트위터와 같이 친구들에게 뉴스 메시지를 보낼 수 있는 것들이 있다.

또한 그룹의 사람들은 콘텐츠를 함께 만들 수 있다. 예를 들어, 위키는 사회의 구성원들이 직접 편집을 하는 공동 웹 사이트이다. 가장 유명한 것은 **위키**(Wiki)로 누구나 편집을 할 수 있는 백과사전인 **위키피디아**(Wikipedia)가 있다. 물론 수천 개의 서로 다른 위키가 있다.

세 번째 카테고리는 광범위한 의미에서의 전자 상거래이다. 홈쇼핑은 이미 인기가 있고, 사용자가 수천 기업의 온라인 카탈로그를 점검할 수 있다. 이 카탈로그의 일부는 다른 관점 및 개인이 원하는 구성으로 제품을 보여주고 상호작용하고 있다. 또 상품을 전자 구매한 후에 사용법을 알 수 없는 경우에는 온라인으로 기술지원 컨설팅이 가능하다. 이미 상행되고 있는 전자상거래의 또 다른 영역은 금융기관이다. 이미 많은 사람들 이 납부금을 인터넷을 통해 처리하고, 은행통장을 관리하며 투자도 이루어지고 있다. 네트워크 보안이 확실히 이루진다면, 이 영역은 확실히 급성장할 것으로 보인다.

어느 누구도 예상치 못한 가상 영역 중 하나가 전자 벼룩시장이다. 중고 상품의 온라인 경매는 대형 사업이 되었다. 전통적인 클라이언트-서버 모델인 전자상거래와 달리, 온라인 경매는 구매자와 판매자 모두의 역할을 할 수 있는 의미에서 피어-대-피어이다.

일부의 전자상거래는 to를 2로, 동일한 발음에 착안하여 깜찍하게 표현한다. 가장 보편적인 몇 가지는 그림 1-4에 나와 있다.

Tag	Full name	Example
B2C	Business-to-consumer	Ordering books on-line
B2B	Business-to-business	Car manufacturer ordering tires from supplier
G2C	Government-to-consumer	Government distributing tax forms electronically
C2C	Consumer-to-consumer	Auctioning second-hand products on line
P2P	Peer-to-peer	Music sharing

그림 1-4 전자상거래의 형태

네 번째 카테고리는 엔터테인먼트이다. 전통적인 메커니즘 경쟁을 시작해 최근 인터넷을 통한 음악, 라디오, 텔레비전 프로그램, 영화의 배포는 가정에서 거대한 성장을 했다. 사용자는 검색, 구입 및 MP3 음악 및 품질의 DVD 영화를 다운로드하여 개인의 소장품에 추가할 수 있다. TV는 현재 케이블 TV 또는 라디오 전송 대신 IP 기술을 기반으로 한 **IPTV**(IP Television) 시스템이 많은 가정에서 사용되고 있다. 미디어 스트리밍 응용프로그램은 인터넷 라디오 방송국에서 사용자를 조정하거나 선호하는 TV 쇼의 내용을 볼 수 있게 해준다.

또한 어떤 나라에서 과거에 만든 영화 또는 TV 프로그램을 검색할 수 있으며 바로 화면에서 볼 수 있다. 새 영화는 때때로 사용자가 모든 경우에 제공되는 대체 시나리오와 스토리 방향(Macbeth가 Duncan을 살해하려고 기다려야 했나?)을 입력하라는 메시지가 어디에 있는지 알 수 있다. 참가자 중 한 명을 선택하여 퀴즈 쇼에 참여하는 등 생방송 또한 상호 참여할 수 있다.

또 다른 형태의 엔터테인먼트는 게임이다. 이미 우리는 가상 감옥에서 숨바꼭질을 하고, 상대편 팀의 선수를 넘어뜨리기 위해 참가자가 비행을 시뮬레이션 하는 등 실시간으로 다중 시뮬레이션하는 게임이 있다. 가상 세계는 사용자가 수천 명의 입체 그래픽을 공유하는 현실을 체험할 수 있게 끊임없는 설정을 제공한다.

마지막 카테고리는 컴퓨터가 Mark Weiser(1991)의 상상과 같이 일생 생활에 포함되는 **유비쿼터스 컴퓨팅**(ubiquitous computing)이다. 이미 대부분의 가정은 에너지 소비와 같은 스마트 홈 모니터를 통한 에너지 소비의 많은 센서와 함께 창 센서와 문을 포함한 무선 보안 시스템을 가지고 있다. 전기, 가스, 수도미터도 네트워크를 통해 사용법을 볼 수 있다. 이것이 미터 검사원이 필요하지 않고 비용을 절감할 수 있다. 또한 연기 감지기는 소리를 지르는 것(집에 아무도 없다면 가치가 없는) 대신 소방서에 전화를 할 수 있다. 네트워크는 센싱 및 통신 드롭의 비용으로써 더 많은 측정과 보고를 수행할 것이다.

소비자 전자 장치도 차츰 네트워크화 되어 가고 있다. 예를 들어 몇몇 카메라는 이미 무선 네트워크 기능을 가지고 있고, 전시를 보기 위해 카메라를 사용해 근처에 사진을 전송하기도 한다. 전문적인 스포츠 사진작가도 인터넷을 통해 무선으로 접근하여 실시간으로 편집자들에게 사진을 보낼 수 있다. 벽에 플러그를 꼽는 텔레비전은 와이어를 통해 집 전체에 전기를 보내기 위해 **송전선 네트워크**(power-line networks)를 사용할 수 있다. 네트워크에서 이러한 일들은 놀라운 일이 되지 않을 수도 있지만 우리가 컴퓨터로 생각하지 않는 것들도 정보를 감지하거나 통신을 할 수 있다. 즉 당신이 샤워를 하는 동안 당신에게 시각적인 피드백을 주고 수도 사용량을 기록할 수 있으며, 당신이 수도 청구서를 보기 위해 어떤 일을 수행할 때 가정환경 모니터링 응용프로그램이 당신에게 도움을 줄 것이다.

RFID(Radio Frequency IDentification) 기술은 앞으로 이렇게 생각하면 될 것이다. RFID 태그는 우표 크기의 수동적인(배터리가 없는) 칩이고 이미 도서, 여권, 애완동물, 신용카드 및 가정 밖의 다른 항목에 부착할 수 있다.

RFID 리더는 RFID 종류에 따라 몇 미터 이상까지의 거리에서 찾아내고 통신할 수 있다. 본래 RFID는 비고드를 대체하기 위해 상용화되었다. 바코드는 무료이기 때문에 성공하지 못했고 RFID

태그의 비용은 단돈 몇 센트이다. 물론 RFID 태그는 더 많은 것들을 제공하게 되었지만 가격은 급격히 하락하였다. 그들은 IoT(ITU, 2005)로 실제 세계를 설정할 수 있다.

1.1.3 이동통신 이용자

노트북 컴퓨터 및 포켓용 컴퓨터와 같은 이동통신 컴퓨터는 컴퓨터 산업 중에서 급성장하는 분야 중 하나이다. 그들의 판매는 이미 데스크톱 컴퓨터의 발전을 추월하였다. 사람들은 왜 무선통신을 원하는가? 이동하는 사람들은 끊임없이 전자우편을 읽고 보내고, 트위터를 하고 영화를 보고 음악 다운로드를 하고 게임을 하고 단순한 웹 검색 등을 위해서 이동통신 장치를 사용하기를 원한다. 이동통신 장치를 기반으로 가정과 사무실에서 할 수 있는 모든 것들을 할 수 있다. 당연히 그들은 육지, 바다 그리고 공중 어디서든지 통신하고 싶어 한다.

인터넷의 **연결**(connectivity)은 이동통신 사용에서 많은 것들을 할 수 있게 해준다. 자동차, 보트, 비행기에서 유선으로 연결하는 것은 불가능하기 때문에 무선 네트워크에 많은 관심을 가지고 있다. 전화회사가 운영하는 이동 네트워크는 우리에게 이동전화의 전반적인 범위인 무선 네트워크에서 익숙한 종류 중 하나이다. IEEE 802.11 표준 기반의 무선랜 **기지국**(hotspots)은 이동 컴퓨터에 대한 무선 네트워크의 종류 중 하나이다. 이는 사람들이 가는 카페, 호텔, 공항, 학교, 기차, 비행기 등 모든 곳에서 나타나고 있다. 노트북 컴퓨터와 무선 모뎀은 컴퓨터가 유선 네트워크에 연결되어 있는 것처럼 켤 수 있으며 기지국을 통해 인터넷에 연결되어 있다.

무선통신망은 트럭, 택시, 배달차량 및 고장수리공이 가정에 연락을 위한 매우 중요한 역할을 한다. 예를 들어, 많은 도시의 택시기사는 택시회사 직원이라기보다는 독립적인 사업가이다. 이 중 몇몇 도시에서는 택시에서 기사가 볼 수 있게 화면을 설치하였다. 고객이 전화를 하면 중앙 통제센터에서 손님이 승하차할 위치를 입력한다. 이 정보는 택시기사가 볼 수 있는 화면에 표시되고 벨이 울린다. 그리고 제일 먼저 화면에 버튼을 누른 택시기사가 전화를 받고 서비스에 응한다.

무선통신망은 군대에서도 매우 중요하다. 지구 어디에선가 전쟁을 해야 한다면, 지역통신망 시설을 이용하겠다는 생각은 그다지 좋은 것이 못된다.

무선통신과 이동통신은 서로 관련이 깊지만, 그림 1-5에서 보는 것과 같지는 않다. 여기서 **고정무선**(fixed wireless) 과 **이동무선** (mobile wireless) 네트워크 간의 차이점을 볼 수 있다. 노트북 컴퓨터는 종종 유선통신망을 사용 한다. 만일 여행자가 호텔 객실에서 무선 네트워크 잭에 노트북 컴퓨터를 꽂으면 무선 통신망의 기능은 없고 이동성 기능만을 갖게 된다.

반대로 이동성을 지원하지 않는 무선 컴퓨터도 있다. 중요한 예로써, 통신망 구성을 위한 케이블 작업이 되어 있지 않은 오래된 건물에서 컴퓨터를 연결해서 써야 할 경우이다. 무선 통신망을 구축하면, 제한된 전자 제품의 일부만이 필요하고, 그곳에 플러그를 꽂으면 된다. 이러한 해결책이 빌딩 내에 배선을 위해 케이블 덕트를 설치하는 것보다 저렴할 것이다.

Wireless	Mobile	Applications
No	No	Desktop computers in office
No	Yes	A notebook computer used in a hotel room
Yes	No	Network in unwired buildings
Yes	Yes	Store inventory with a handheld computer

그림 1-5 무선통신망과 이동 컴퓨팅의 조합

진짜 이동 무선 응용서비스도 있다. 이동사무실에서부터 PDA를 가지고 다니면서 재고 정리를 위해 상점을 걸어 다니는 사람들에 이르기까지 다양하다. 혼잡한 공항에서 상당수의 자동차 임대사업 회사의 직원이 무선이동 컴퓨터를 들고 다니면서 주차장에서 일을 한다. 반납된 자동차의 차량번호를 장부에 타이핑하면, 주 컴퓨터와 통신이 되어 자동차 임대 정보도 얻을 수 있으며, 프린터와 연결되어 청구서를 인쇄할 수도 있다.

아마도 무선 응용프로그램의 핵심 드라이버는 이동전화이다. 문자 메시지는 매우 인기가 높다. 이동전화 사용자가 휴대전화 네트워크로 전달되는 짧은 메시지를 다른 이동통신 가입자에게 입력할 수 있다. 어떤 이들은 10대들이 이동전화에 짧은 메시지를 입력하면 전화회사에 큰돈이 될 것이라고 10년 전에 예상했다. 그러나 메시지(또는 미국 이외에 유명한 짧은 메시지 서비스)는 이용자에게는 이익이 되지만 1센트의 문자 메시지는 더 많은 비용을 필요로 한다.

오랫동안 기다려온 전화와 인터넷의 통합이 이루어졌고, 이동통신 응용프로그램의 성장을 촉진시켰다. 인기 있는 아이폰과 같은 스마트폰은 이동전화와 이동 컴퓨터의 측면을 결합하였다. 그들을 연결하는 (3G 및 4G) 이동 통신 네트워크는 전화를 처리하는 일뿐만 아니라 인터넷을 사용하기 위해 고속 데이터 서비스도 제공해준다. 대부분의 고급 휴대폰이 무선 기지국에 연결되고 네트워크 사이에서 사용자에 대한 최상의 옵션을 선택하기 위해 자동으로 전환이 가능하다.

원격 컴퓨터의 연결을 유지하기 위해 다른 가전 기기는 휴대폰과 기지국을 사용할 수 있다. 전자도서 독자는 걸어 다니는 곳 어디서든지 새로 구입한 책이나 잡지 및 신문을 다운로드할 수 있다. 전자 액자는 자신의 화면에 새로운 이미지를 갱신할 수 있다.

GPS(Global Positioning System) 기기가 장착되어 있기 때문에 이동전화가 그들의 목적지를 알고 있고 일부 서비스는 위치에 의존하고 있다. 아마 모바일 지도와 방향은 GPS 기반 전화와 자동차가 당신보다 좋은 의견을 갖고 있는 한 분명한 후원자일 것이다. 또한 근처의 서점이나 중국 요리점 또는 지역 일기 예보에 대해서도 검색할 수 있다. 또 다른 서비스는 그들이 간 장소에서 사진과 비디오를 주석으로 달고 위치를 기록할 수 있다. 이 주석을 "지리적 태그"라고 한다.

이동전화를 지금 사용하기 시작하는 영역은 m-상거래(mobile-commerce)이다(Senn, 2000). 모바일에서 짧은 문자 메시지는 자동판매기, 영화 티켓, 현금 대신의 작은 항목으로, 신용카드는 음식 값을 지불하는 데 사용된다. 이동전화 청구서에 요금이 나타난다. 이동통신이 NFC(Near Field Communication) 기술을 갖춘 경우 RFID 스마트카드 역할과 같이 지불 기능을 할 수 있다. 이러한 현상의 원동력은 전자 상거래의 총이익 중 부분을 사용하는 방법을 알아내기 위한 이동통신 장치 제조업체 및 네트워크 운영자이다. 상점의 관점에서 이 제도는 신용카드 회사의 비용을 몇 퍼센트 정도 절감할 수 있다.

물론 고객들이 물건을 사기전에 상점에서 RFID 또는 바코드 리더를 사용하여 어느 상점에서 상품의 가격을 알 수 있고, 상품에 대한 상세한 정보를 얻기 위해 이동장치를 사용할 수 있기 때문에 이런 계획은 역효과를 낼 수도 있다.

m-상거래가 노리는 큰 이점 중 하나는 이동통신 이용자는 작은 서비스에 대해 값을 지불하는 것에 익숙해져 있다는 것이다(반대로 인터넷 이용자는 모든 것이 무료서비스라고 생각함). 무료로 제공되는 인터넷 웹사이트에 대해 고객이 신용카드로 값을 지불해야만 한다면, 이용자로부터 많은 불만이 나올 것이다. 반면 만일 이동통신 사업자가 상점에서 이동전화를 사용해서 상품구매 값을 지불할 수 있게 해주고, 이러한 편의제공 서비스에 대해 요금을 청구한다면, 아마 당연한 것이라고 받아들일 것이다. 이것은 시간이 말해줄 것이다.

의심의 여지없이 이동통신 및 무선 컴퓨터의 사용은 아무도 예측할 수 없고 미래에 컴퓨터 크기의 축소는 빠르게 성장할 것이다. 우리는 이런 가능성에 대해 신속하게 살펴보겠다. 센서 네트워크는 실제 세계의 상태에 대한 감각의 정보를 수집하고 무선 중계하는 노드로 구성되어 있다. 노드는 자동차나 전화 같은 익숙한 항목의 일부가 될 수 있고, 별도의 작은 장치일 수도 있다. 예를 들어, 자동차는 자동차 내의 진단 시스템에서 위치, 속도, 진동 및 연료 효율성에 대한 데이터를 수집하고 데이터베이스에 이러한 정보를 갱신할 수 있다(Hull et al, 2006). 이러한 데이터는 막히지 않는 곳을 찾고, 혼잡한 도로 주변에 계획 수립을 도와주고, 동일한 직선 도로에서 다른 장치에 비해 "연료 소비가 많은 차"라는 것을 말해준다.

센서 네트워크는 이전에 관찰되지 않았던 행동에 대한 풍부한 데이터를 제공하는 과학 혁명이다. 한 예로 얼룩말의 이동을 추적하기 위해 각각의 동물에 작은 센서를 부착한다(Juang et al., 2002). 연구원들은 가장자리에 1mm 큐브를 무선 컴퓨터에 포장한다(Warneke ea al., 2001). 모바일 컴퓨터와 함께 큐브는 작은 조류, 설치류 동물, 그리고 작은 곤충을 추적할 수 있다.

그들은 이전에 사용 불가능한 데이터를 사용하기 때문에 주차 미터와 같은 평범한 사용은 중요할 수 있다. 무선 주차 계량기는 무선 링크를 통해 신용카드나 인출카드를 즉시 인증하여 수용할 수 있다. 그들은 또한 무선 네트워크를 통해 보고할 수도 있다.

이것은 운전자들이 자동차에 최근 주차지도를 다운로드하여 주차 가능한 자리를 쉽게 찾을 수 있게 해준다. 물론 계량기의 주차 시간이 만료되면, 자동차(신호를 발생함으로써)의 현황을 파악하고, 주차 단속원에게 만료를 보고한다. 이렇게 해서 미국에서만 100억 달러의 수입을 올릴 수 있을 것으로 예측된다(Harte et al., 2000).

신체 부착형 컴퓨터는 또 다른 유망한 응용프로그램이다. 라디오와 함께 스마트 시계는 1946년에 딕 트레이시 연재만화에서 등장한 이후 현재는 시중에서 구입할 수 있게 되었다. 맥박 조정기와 인슐린 펌프와 같은 다른 장치로 이식할 수 있다. 이들 중 일부는 무선 네트워크를 통해 제어할 수 있으며 의사 테스트보다 더 쉽게 구성될 수 있다. 만약 보통 PC처럼 장치가 안전하지 않아 쉽게 해킹당한다면 간혹 심각한 문제가 발생할 수도 있다(Halperin et al., 2008).

1.1.4 사회적 문제

인쇄를 하던 500년 전처럼 컴퓨터 네트워크는 일반 시민들이 이전에 가능하지 않던 방식으로 콘텐츠를 배포한다고 볼 수 있다. 그러나 이러한 발견은 해결되지 않은 사회, 정치, 윤리적인 문제를 가져온다. 우리는 간략하게 몇 가지를 언급하지만 적어도 철저한 연구는 전체 책을 필요로 한다.

소셜 네트워크, 게시판, 콘텐츠 공유 사이트 및 기타 응용 프로그램의 호스트는 같은 생각을 가진 사람들이 의견을 공유할 수 있게 해준다. 만일 그 주제가 기술적인 주제나 원예와 같은 취미에 국한된다면 그렇게 큰 문제는 일어나지 않을 것이다.

문제는 사람들이 실제로 관심을 갖고 있는 정치, 종교, 성 같은 주제들을 다룰 때 발생한다. 공개적으로 게시되어 있기 때문에 관점에 따라서는 상당히 불쾌할 수도 있을 것이다. 게다가 정치적으로 옳지 않을 수도 있다. 그렇다고 그 의견이 제한받지 않는다.

고화질 컬러 사진과 비디오 클립은 컴퓨터 네트워크를 통해 쉽게 공유된다. 몇몇 사람들은 그런 것을 무리 없이 받아들일 수도 있겠지만 다른 사람들은 임의의 내용을 게시하는 것을(특정 국가의 언어 비난, 종교, 포르노 등) 받아들일 수 없고 검열을 거쳐야 한다고 생각한다. 나라마다 법과 문화가 다르기 때문에 논쟁이 발생할 수 있다.

과거에 사람들은 네트워크 운영회사가 신문이나 잡지처럼 네트워크가 전송하는 내용에 대해 책임을 지라고 외치면서 네트워크 운영회사를 고소하곤 했다. 그러나 피할 수 없는 결론은, 네트워크는 전화국이나 우체국처럼 사용자들이 하는 말이 경찰의 검열을 받지 않는다는 것이다.

몇몇 네트워크 운영회사들이 그들의 이유로 콘텐츠 차단을 배우기 위한 것은 그다지 놀라운 일이 아니다. 피어-대-피어 응용프로그램의 일부 사용자는 네트워크 운영회사가 이러한 응용프로그램에서 보낸 대용량의 트래픽을 사용하는 것에 대한 수익성을 발견하지 못했기 때문에 네트워크 서비스를 차단하였다. 아마 운영회사는 여러 회사를 다루고 싶어 한다. 만약 당신이 큰 회사이고 비용 지불을 잘 한다면 좋은 서비스를 받을 수 있지만 적은 시간만 실행된다면 형편없는 서비스를 받을 것이다. 이러한 행위의 반대는 단지 네트워크에 있는 모든 비트들 때문에 피어-대-피어와 다른 콘텐츠는 동일한 방식으로 취급되어야 한다고 주장한다. 소스 또는 콘텐츠가 **네트워크 중립성**을 제공한다고 생각하는 사람들을 구별 짓지 않는 통신을 위한 논쟁이다(Wu, 2003). 이 논쟁은 잠시 동안 지속되겠지만 무리는 없을 것이다.

많은 모임들이 콘텐츠 싸움에 뛰어 들고 있다. 예를 들어 해적판 음악과 영화는 법적 조치를 위협하며 저작권 보유자를 필요로 하지 않는 피어-대-피어 네트워크의 성장을 자극한다. 피어-대-피어 네트워크를 검색해주고, 네트워크 운영회사와 저작권 침해가 의심되는 사용자에게 경고를 해주는 자동 시스템이 있다. 미국에서 **DMCA 게시 중단**으로 알려져 있는 경고는 **디지털 밀레니엄 저작권법** 이후에 나왔다. 심지어 프린터가 범인으로 오인될 수도 있다(Piatek et al., 2008).

컴퓨터 네트워크는 통신을 쉽게 해준다. 또한 네트워크를 사용하는 사람들이 트래픽에 접근하기 쉽게 해준다. 이것은 직원의 권리 대 고용주의 권리와 같은 문제처럼 갈등을 만든다. 직장에서 많은 사람들이 전자우편을 읽고 쓴다. 고용주들은 전자우편을 읽을 수 있는 권리와 근무 시간 이외에 가정용 컴퓨터에서 보낸 메시지를 포함한 직원의 메시지를 검사하는 것이 가능하다고 주장한다. 그러나 모든 직원들은 특히 후자에 동의하지 않는다.

또 다른 갈등은 시민의 권리 대 정부의 권리이다. FBI는 인터넷에서 송수신되는 전자우편을 염탐하기 위해 인터넷 서비스 제공자 측에 시스템을 설치하였다. 초기 시스템은 원래 Carnivore였지만 좋지 않은 홍보는 아무런 문제가 없는 DCS1000(Blaxe와 Bellovin, 2000; Sobel, 2001; Zacks, 2001) 이름으로 변경하는 원인이 되었다. 이 시스템의 목표는 불법 활동에 대한 정보를 찾는 수백만 명의 사람들을 염탐하기 위해서이다. 불행히도 스파이를 위한 미국의 제4차 헌법 개정안은 정부의 조사를 수색 영장 없이는 금지하고 있다. 그러나 정부는 종종 이를 무시하곤 한다.

물론 정부는 국민의 사생활을 위협할 권한을 가지고 있지는 않다. 그러나 개인적으로는 **프로파일링** 사용자들에게는 꼭 그렇지만은 않다. 예를 들어, 웹 브라우저에서 사용자 컴퓨터에 저장하는 작은 파일인 **쿠키는** 사이버 공간에서 사용자의 활동을 추적할 수 있고, 모든 인터넷에서 신용카드 번호, 주민등록번호, 그 밖의 다른 개인 신용정보가 새어 나가게 할 수 있다(Berghel, 2001). 웹 기반 서비스를 제공하는 기업들은 사용자의 직접적인 활동을 연구하는 사용자에 대한 개인 정보를 다량으로 보유할 수 있다. 예를 들어, Google은 사용자의 전자우편을 읽을 수 있고, 만약 전자우편 서비스로 사용자가 **Gmail**을 사용하는 경우 사용자의 관심을 광고할 수 있다.

이동장치는 개인의 위치를 파악하는 혁신을 가져왔다(Beresford와 Stajano, 2003). 네트워크 운영회사는 당신이 어딘가에 있을 때 당신의 이동장치 네트워크 동작을 파악하기 위해 부분적으로 위치 파악 서비스를 제공한다. 이것은 당신의 움직임을 추적할 수 있다. 네트워크 운영회사는 당신이 자주 가는 나이트클럽과 의료센터를 알 수 있다.

컴퓨터 네트워크는 익명의 메시지를 보냄으로써 개인 정보를 보호하는 가능성을 제공한다. 이러한 기능은 어떤 상황에서는 바람직할 수도 있다. 당신의 습관을 익히는 기업을 방지하는 것을 넘어서 예를 들면 학생, 군인, 피고용인, 시민들에게 교수, 장교, 고용인, 정치가들의 불법적인 행동에 대하여 보복을 두려워하지 않고 일격을 가할 수 있는 방법을 제공한다. 한편 미국과 대부분의 민주국가에서는 피고인이 법정에서 고소인과 대면하고 맞대응할 수 있는 권리를 법으로 보장하고 있다. 이때 익명의 고소는 증거로서 채택될 수 없다.

인터넷은 신속하게 정보를 찾는 것을 가능하게 하지만 대부분이 나쁘게 간주되거나 오해의 소지가 있을 수 있고 완벽하게 틀릴 수도 있다. 당신의 가슴에 있는 고통은 인터넷에서 당신이 노벨 수상자나

고등학교 중퇴자로부터 축출한 의학 조언이다.

다른 정보는 종종 원치 않는 것일 수도 있다. 스패머가 이메일 주소를 수백만 개씩 수집하고 마케터가 그들에게 컴퓨터에서 생성된 메시지를 보낼 수 있기 때문에 전자 정크 메일(스팸)은 생활의 일부가 되었다. 스팸 경쟁의 폭주로 메시지가 실제 사람에게도 흘러간다. 성공의 정도에 차이가 있지만 다행히 필터링된 소프트웨어가 다른 컴퓨터에서 발생하는 스팸을 읽고 삭제할 수 있다.

범죄 행위를 위한 다른 내용도 있다. 실행 콘텐츠가 포함된 웹 페이지와 이메일 메시지(기본적으로 수신자 시스템에서 실행되는 프로그램 또는 매크로)는 컴퓨터를 통해 바이러스를 포함할 수 있다. 그것은 손상된 컴퓨터의 부분으로써 당신의 컴퓨터로 스팸을 보내거나 은행 계좌 비밀번호를 도용하기 위해 사용된다.

피싱 사기 메시지는 예를 들어 신용 카드 번호와 같은 중요한 정보 공개로 당신을 속이려고 할 때 당신의 거래 은행에서 신뢰할 수 있는 단체로 가장한다. 노둑들은 이름만 가시고도 그 사람의 신용카드나 그 외의 중요한 문서를 얻고 개인 신상 정보를 빼감으로써 개인 정보의 도난이 심각한 문제가 되고 있다.

사람을 사칭하는 인터넷에서 컴퓨터를 예방하는 것은 어렵다. 이 문제는 예를 들어, 컴퓨터가 사람에게 인간이 보여주는 왜곡된 이미지에 표시된 문자를 입력하는 짧은 인식 작업을 해결하기 위해 묻는 CAPTCHA의 발전을 주도했다. 이 과정은 사람이 반응하고 있는 실제가 인간석인지의 여부를 판단하기 위해 질문하는 유명한 튜링 테스트의 변화이다.

이러한 종류의 많은 문제점들은 컴퓨터 기업이 보안을 좀 더 심각하게 고려했다면 해결되었을 것이다. 나아가 모든 메시지가 암호화되고 인증된다면, 나쁜 짓을 저지르기가 쉽지 않을 것이다. 이 기술은 8장에서 자세하게 공부할 것이다. 소프트웨어와 하드웨어 판매자는 보안 구비에 돈이 들고, 또 고객들은 이러한 보안 사양을 원하지 않는다는 것이 문제이다. 더군다나 오류가 많은 소프트웨어 때문에 많은 문제를 야기하는데, 이것은 소프트웨어나 하드웨어 제공자가 많은 사양들을 추가시킴으로써 발생하기도 한다. 이것은 코드가 많을수록 오류가 많아질 수 있다는 것을 의미한다. 첫 해에 전체 소프트웨어 산업의 파산을 제외하고는 결함이 있는 소프트웨어에 대한 환불은 잘 이루어졌다.

그들이 옛 법률과 상호 작용하면 컴퓨터 네트워크는 새로운 법률문제를 야기한다. 전자 도박이 그 예이다. 컴퓨터는 수십 년 동안 사물을 시뮬레이션하고 있다. 슬롯머신, 룰렛 휠, 블랙잭 딜러, 그리고 더 많은 도박 장비를 시뮬레이션할 수 없는 이유가 있을까? 많은 장소에서 불법이기 때문이다. 문제는 도박이 많은 장소(예를 들어 잉글랜드)에서 합법적이고 카지노 소유자가 인터넷 도박에 대한 가능성을 파악했다. 도박사, 카지노 그리고 서버가 모두 다른 나라에서 존재한다면 법이 충돌할까? 좋은 질문이다.

1.2 네트워크 하드웨어

이제 (마무리로) 네트워킹의 응용과 사회적 측면에 두었던 관심을 네트워크 설계와 관련된 기술적인 이슈로 돌려보자. 모든 컴퓨터 네트워크에 적용되는 일반적인 분류법은 없지만, 중요한 두 부분은 전송기술과 네트워크 규모이다. 이제 이 두 기술을 차례로 살펴볼 것이다.

대체로 말하면, 광범위하게 사용되는 전송기술은 다음과 같이 두 가지 유형이 있다: **브로드캐스트 링크**(broadcast links)와 **점대점 링크**(point-to-point links)이다.

점대점 링크는 개별적인 기기의 쌍을 연결한다. 어떤 문맥에서 단일 메시지인 **패킷**은 점대점 링크를 구성하는 네트워크에 있는 목적지로 이동하기 위해서는 하나 이상의 중간기기를 먼저 방문해야 한다. 점대점 네트워크에서는 종종 서로 다른 길이의 다중 경로가 가능하고 최선의 경로를 찾는 것은 중요하다. 하나의 송신자와 하나의 수신자의 점대점 전송을 유니캐스팅이라고 한다.

반면, 브로트캐스트 네트워크에서 통신 채널은 네트워크상의 모든 기기를 공유한다. 어느 임의의 기기가 패킷을 보내면 다른 모든 기기들은 그것을 수신한다. 패킷 내의 주소영역은 수신지를 지정한다. 기기는 패킷을 수신할 때 주소영역을 체크하여 자신에게 보내진 것이면 처리하고 그렇지 않으면 무시한다.

무선 네트워크는 무선 채널 및 전송기기에 의존하여 브로드캐스트 범위를 공유하여 통신하는 브로드캐스트 링크의 일반적인 예이다. 비유하자면, 어떤 사람이 회의실에 서서 "왓슨, 이리 와보게."라고 외친다고 하자. 많은 사람들이 그 패킷을 받았지만(그 소리를 들었지만), 단지 왓슨만이 응답을 하고 나머지 사람들은 무시할 것이다.

일반적으로 브로드캐스트 시스템은 주소영역 내의 특정 코드를 사용하여 하나의 패킷을 모든 목적지로 보낼 수 있다. 이러한 특정 코드가 포함된 패킷이 송신되면 그 네트워크상에 연결된 모든 기기들은 그 패킷을 수신하여 처리한다. 이러한 처리방식을 **브로드캐스팅**(broadcasting)이라고 한다. 브로드캐스트 시스템 중 일부는 네트워크에 연결된 기기들 중 일부에게만 전송을 지원하는데, 이것을 **멀티캐스팅**(multicasting)이라고 한다.

네트워크를 분류하는 또 다른 기준은 규모이다. 각각의 기술이 서로 다른 규모에서 사용되기 때문에 거리는 통계 분류에서 중요하다.

우리는 그림 1-6에서 다수의 프로세서 시스템들을 물리적인 크기에 따라 분류했다. 가장 위쪽에 있는 것은 개인영역네트워크(personal area networks)로서 한 개인을 위한 네트워크이다. 다음으로는 긴 케이블을 이용하는 대규모 네트워크를 들 수 있는데, 증가하는 규모에 따라서 근거리 (LAN, local area), 대도시(MAN, metropolitan area), 광역(WAN, wide area) 네트워크로 나누어진다. 마지막으로 둘 이상의 네트워크가 연결되어 있는 것을 인터네트워크(internetwork)라고 한다. 전 세계적으로 사용되고 있는 인터넷은 바로 인터네트워크의 좋은 예이다.

머지않아 우리는 공간을 통해 네트워크를 연결하는 행성 간 인터넷과 같은 대규모의 인터네트워크를 가질 것이다(Burleigh et al., 2003).

Interprocessor distance	Processors located in same	Example
1 m	Square meter	Personal area network
10 m	Room	
100 m	Building	Local area network
1 km	Campus	
10 km	City	Metropolitan area network
100 km	Country	Wide area network
1000 km	Continent	
10,000 km	Planet	The Internet

그림 1-6 상호 연결된 프로세서의 규모별 분류

이 책에서는 규모에 따른 네트워크에 대하여 다룰 것이다. 다음은 규모에 따른 네트워크 하드웨어에 관한 개론이다.

1.2.1 개인 영역 네트워크

PANs(개인 영역 네트워크) 은 개인의 범위에서 통신하는 장치를 말한다. 일반적인 예는 주변 장치와 컴퓨터를 연결하는 무선 네트워크이다. 거의 모든 컴퓨터에는 모니터, 키보드, 마우스 및 프린터가 연결되어 있다. 무선을 사용하지 않으면 이 연결은 케이블로 수행되어야 한다. 새로운 사용자가 올바른 케이블을 찾고 그것을 정확하게 작은 구멍(심지어 컬러임에도 불구하고)에 플러그를 꽂기 위해 대부분의 컴퓨터 판매회사가 사용자의 가정에 기사를 보내는 선택권을 제공하는 힘든 시간을 보내고 있다. 이러한 사용자를 위해, 대부분의 기업은 전선 없이 이러한 구성요소를 연결하기 위해 **블루투스**라고 하는 단거리 무선 네트워크를 함께 설계한다. 만약 당신의 장치에 블루투스가 있다면 어떠한 케이블도 필요하지 않다. 단지 그것을 내려놓고 켜면 함께 작동된다. 이러한 기능의 용이성은 수많은 사람들에게 큰 도움이 된다.

가장 간단한 형태의 블루투스 네트워크는 그림 1-7의 주-종 패러다임이다. 시스템 장치(PC)는 일반적으로 마스터이고, 마우스, 키보드 등을 종속장치라고 한다. 마스터는 종속장치에게 사용하는 주소와 그들이 브로드캐스트를 할 수 있는 시간과 얼마나 오래 전송할 수 있고 어떤 주파수를 사용할 수 있는지 등을 알려준다.

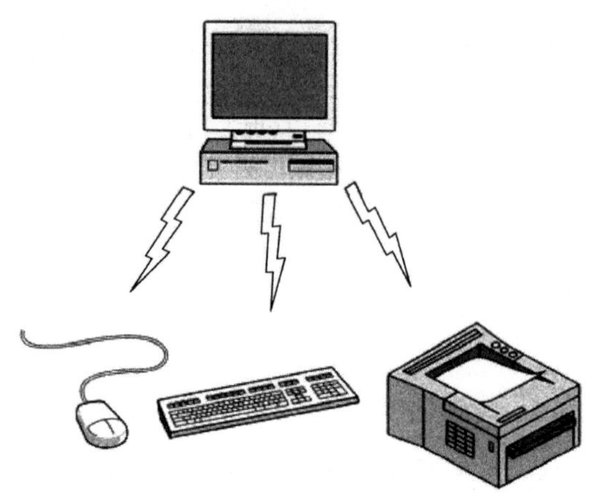

그림 1-7 블루투스 PAN 설정

블루투스는 다른 설정에서도 사용할 수 있다. 종종 코드 없이 휴대전화에 헤드셋을 연결하는데 사용되고 자동차에 연결하여 범위 내에서 디지털 음악 플레이어를 연결할 수 있다. PAN의 완전히 다른 종류인 PAN은 심장박동기, 인슐린 펌프 또는 사용자가 착용하는 원격 제어 보청기와 같은 임베디드 의료 기기를 형성한다. 4장에서 블루투스에 대해 더 자세히 설명하겠다.

PAN은 스마트카드 및 전자책과 같은 짧은 범위를 통신하는 다른 기술을 구성할 수 있다. 4장에서 RFID에 대해 알아보겠다.

1.2.2 근거리 네트워크

다음 단계는 **LAN**(근거리 네트워크)이다. LAN은 사무실이나 공장과 같은 단일 건물 내에서 동작하는 사설 네트워크이다. LAN은 자원(프린터) 공유 및 정보 교환을 위해 개인 컴퓨터와 가전제품을 연결하는 데 널리 사용된다. LAN이 기업에서 사용될 때 기업 네트워크라고 한다.

오늘날 무선 LAN은 특히 가정, 오래된 회사 빌딩, 식당 및 케이블을 설치하는 데 문제가 많은 장소에서 인기가 많다. 이러한 시스템에서 모든 컴퓨터는 라디오 모뎀과 컴퓨터를 통신하는 데 사용되는 안테나가 있다. 대부분의 경우 그림 1-8(a)과 같이 각각의 컴퓨터는 천장에 있는 장치에게 말한다. 이 장치는 무선 컴퓨터와 인터넷 사이의 AP(접근점), 무선 라우터 또는 베이스 스테이션, 릴레이 패킷이라 한다. 모두가 당신과 이야기를 하고 싶어 하기 때문에 AP가 된다는 것은 학교에서 유명한 아이가 된다는 것이다. 만약 다른 컴퓨터가 충분히 가까이 있다면 피어-대-피어 구성에서 직접 통신할 수 있다.

WiFi로 잘 알려져 있는 IEEE 802.11는 무선 LAN에 대한 표준이다. 그것은 어디서나 11에서 수백 MbPS로 실행된다. 최근 LAN은 최대 10Gbps까지 동작한다. 이 책에서는 전통적인 측정치인 초당 메가비트(1Mbps는 1,000,000bits/sec임)와 초당 기가비트(1Gbps는 1,000,000,000bits/sec임)를 사용한다. 4장에서 802.11에 대해 살펴볼 것이다.

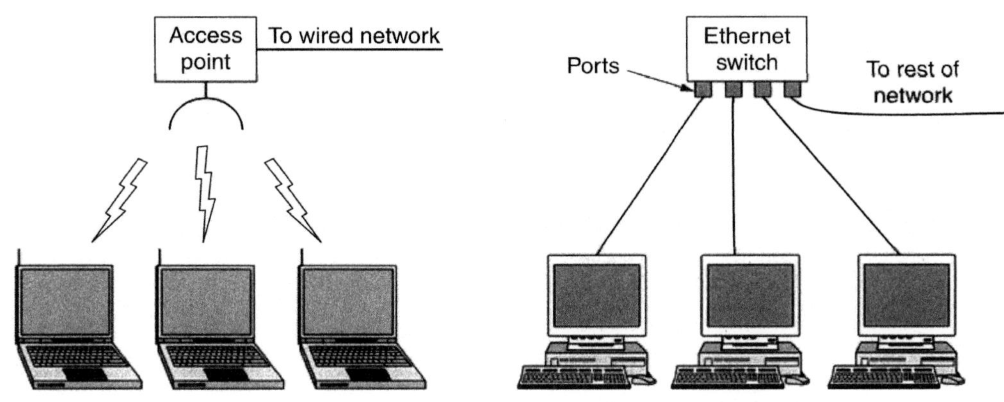

그림 1-8 무선과 유선 LAN (a) 802.11. (b) 스위치 이더넷

유선 LAN은 다른 전송 기술의 범위를 사용한다. 대부분 구리선을 사용하지만 일부는 광섬유를 사용하기도 한다. LAN의 크기는 제한되어 있고, 이는 최악의 전송 시간을 제한하고 사전에 미리 알려주는 것을 의미한다. 이러한 경계를 아는 것은 네트워크 프로토콜을 설계하는데 도움이 된다. 전통적으로 유선 LAN은 100Mbps~1Gbps의 속도로 동작하고, 지연시간(마이크로초 또는 나노초 단위)이 짧고, 오류가 거의 없다. 무선 네트워크에 비해 유선 LAN은 성능의 크기를 넘어선다. 공기를 통해 신호를 전송하는 것보다 전선이나 구리를 통해 전송하는 것이 더 쉽다.

수많은 유선 LAN의 토폴로지는 점대점 링크에서 만들어진다. **이더넷**(Ethernet)이라고 불리는 IEEE 802.3은 유선 LAN의 유형보다 더 일반적인 유형이다. 그림 1-8(b)는 이더넷 스위치의 샘플 토폴로지를 보여준다. 각 컴퓨터는 이더넷 프로토콜로 통신하고 점-대-점 링크의 스위치라는 상자에 연결한다. 따라서 이름을 지정한다. 스위치는 각각 하나의 컴퓨터에 연결할 수 있고 다중 포트를 가지고 있다. 스위치의 임무는 그것을 보낼 수 있는 컴퓨터를 결정하기 위해 각 패킷의 주소를 사용하여 연결된 컴퓨터 간에 패킷을 전달하는 것이다.

대규모 LAN을 구축하기 위해 스위치들은 포트를 사용하여 서로 연결할 수 있다. 만약 당신이 고리에 함께 연결하면 어떻게 될까? 네트워크가 계속 작동될까? 다행이 설계자는 이 사건을 고려했다. 이 경로의 패킷이 의도된 컴퓨터에 안전하게 도달하는 것을 해결하기 위한 프로토콜의 작업이다. 4장에서 작동 방법을 살펴보겠다.

물리적인 대규모 LAN을 논리적인 두 개의 LAN으로 분할하는 것이 가능하다. 이것이 유용한 이유를 당신도 궁금할 수 있다. 때때로, 네트워크 장비의 레이아웃은 기관의 구조와 일치하지 않는다. 예를 들어, 회사의 기술자와 금융부서는 같은 건물에 있기 때문에 실제 동일한 LAN상에 있는 컴퓨터일지 모르지만 기술자 및 금융부서는 논리적으로 **가상 LAN** 또는 **VLAN**과 같이 각각 자신의 네트워크를 가지고 있다면 관리하는 것이 더 쉬울 수도 있다. 각 포트의 디자인에 "색상" 태그가 있다. 이것은 기술자는 녹색 금융은 적색을 말한다. 스위치는 다음 패킷을 녹색 포트에 부착된 컴퓨터가 적색 포트에 부착된 컴퓨터에서 분리되도록 한다. 예를 들어, 적색 포트에 브로드캐스트 패킷을 전송하면 서로 다른 두 개의 LAN이 패킷을 녹색 포트에 수신되지 않도록 한다. 4장 끝에서 VLAN에 대해 다루도록 하겠다.

유선 LAN의 다른 토폴로지도 있다. 사실, 이더넷 스위치는 단일 직선 케이블을 통해 모든 패킷을 브로드캐스트 하는 본래 이더넷 디자인의 현대적인 버전이다. 기껏해야 하나의 기기는 동시에 성공적인 전송을 하고 분산 중재 메커니즘의 갈등을 해결하기 위해 사용되었다. 케이블이 가동되지 않을 때마다 컴퓨터가 전송할 수 있는 간단한 알고리즘을 사용하였다. 두 개 이상의 패킷이 충돌하는 경우, 각 컴퓨터는 임의의 시간 동안 대기한 후 다시 시도한다. 우리는 명확성에 대해 해당 버전의 **고전 이더넷**을 호출하며, 4장에서 자세히 살펴볼 것이다.

무선 및 유선 브로드캐스트 네트워크 모두 채널이 할당되는 방법에 따라 정적 및 동적으로 나눌 수 있다. 전형적인 정적 할당 방법은 개별 간격으로 나누어 타임 슬롯에 각각의 기기는 브로드캐스트에 라운드-로빈 알고리즘을 사용하는 것이다. 정적 할당은 기기가 할당된 슬롯 동안 아무런 일이 없는 경우 채널의 용량을 낭비한다. 따라서 대부분의 시스템은 채널을 동적 할당 방법을 사용한다(요구에 대해).

동적 할당 방법은 일반 채널이 중앙 또는 분산되어 있다. 예를 들어, 중앙 채널 할당 방법에서 단일 독립체는 다음 목적지를 결정하는 셀룰러 네트워크에서 베이스 스테이션이다. 그것은 다수의 패킷을 수락하고 내부 알고리즘의 일부에 따라 우선순위를 정하여 작업을 수행할 수 있다. 분산형 채널 할당 방법에서는 어떠한 중앙 기관도 없다. 각 기기는 스스로 전송 여부를 결정해야 한다. 이 접근 방법이 혼란을 초래할 것이라고 생각할 수도 있겠지만 그렇지 않다. 우리는 나중에 잠재력인 혼란에서 질서를 지키기 위한 많은 알고리즘을 연구한다.

가정에서 LAN의 논의를 위해 시간을 조금 더 투자할 가치가 있다. 앞으로, 가정에서 모든 기기는 다른 모든 기기와 통신하게 될 것이며, 이들 모두가 인터넷을 통해 접근할 수 있는 가능성이 높다. 이러한 발전은 아무도 (TV 리모컨이나 휴대전화 등) 요구 하지 않는 예지력 있는 개념 중 하나가 될 가능성이 있지만 일단 그들이 인터넷 없이 어떻게 살아 왔는지 아무도 상상할 수 없다.

대부분의 장치는 이미 네트워크화 되고 있다. 이들은 컴퓨터 및 TV와 DVD 같은 엔터테인먼트 기기, 휴대폰과 카메라, 시계 및 라디오 같은 가전기기와 수급계기 및 온도 조절장치와 같은 사회 기반 시설을 포함한다. 이러한 경향은 계속될 것이다. 예를 들어, 평균적으로 가정은 만약 인터넷에 시계가 있다면 일광 시간을 절약하기 위해 자동적으로 조절하는 많은 시계가 있을 것이다. 가정 원격 모니터링은 노화 부모가 자신의 가정에서 성장기 아이들의 안전을 위해 돈을 지출함으로써 성공적일 것이다.

우리는 또 다른 LAN으로 홈 네트워크를 생각할 수 있으며 다른 네트워크와는 다른 특성을 가진다. 첫째로, 네트워크와 장비들은 설치가 용이해야 한다. 무선 라우터는 가전제품에 대부분 보답한다. 그들은 가정에서 다른 작업의 필요 없이 바로 사용가능한 무선 네트워크를 원했기 때문에 구매를 한다.

둘째로, 네트워크와 장비들은 동작이 간단해야 한다. 에어컨은 하나의 손잡이가 있어서 4가지의 세팅(Off, Low, Medium, High)을 할 수 있었는데, 지금은 설명서가 30페이지나 된다. 장비들이 네트워크로 연결되면 보안에 관한 내용만 30페이지가 될 것이다. 컴퓨터 사용자가 작동하지 않는 제품에 대해 참는 것이 익숙하기 때문에 문제가 된다. 자동차, 텔레비전 및 냉장고의 일반인 구매는 관대하지 않다. 그들은 제품을 괴짜로 고용할 필요 없이 100% 작동하기를 기대한다.

셋째로, 홈 네트워킹이 성공하려면 반드시 가격이 비싸지 않아야 한다. 일터에서 가정의 실내 온도를 모니터링하는 것을 중요하게 생각하는 사람은 거의 없기 때문에 인터넷 자동온도조절장치에 50달러의 요금을 지불하려 하지 않을 것이다. 5달러의 추가요금이라면 괜찮을 것이다

넷째, 네트워크의 도달 범위는 하나 또는 두 개의 장치와 함께 시작해서 점차적으로 확장할 수 있어야 한다. 고객에게 IEEE 1394(FireWire) 인터페이스를 장착한 주변장치를 구매하라고 말하고 난 뒤 몇 년 후에 그 말을 취소하고 “USB 2.0이 최신 인터페이스다”라고 말하면 고객은 놀랄 것이다. 네트워크 인터페이스는 텔레비전 방송 표준처럼 수십 년 동안 안정적으로 유지해야 한다.

다섯째, 보안 및 신뢰성은 매우 중요하다. 이메일 바이러스가 파일 몇 개를 지우는 것이나 절도범이 모바일 컴퓨터 보안시스템을 무장 해제해서 당신의 집을 약탈하는 것과는 완전히 다르다.

흥미로운 질문은 홈 네트워크의 유무선 여부이다. 무선 네트워킹은 고치거나 갱신할 선이 없기 때문에 편리하고 비용이 효율적이다. 반면에 무선 네트워크는 전파가 벽을 잘 통과하기 때문에 유선 네트워킹이 보안에 더욱 효율적이다. 사람들은 인터넷을 연결하고 전자우편을 읽어 이웃을 피기배킹(piggybacking)할 생각에 기뻐한다. 8장에서 우리는 보안을 제공하기 위해 암호화하는 방법을 연구하지만 사용자가 경험하기에는 말처럼 쉽지 않다.

흥미로운 세 번째 생각은 가정에서 이미 네트워크를 재사용할 수 있다는 것이다. 집안 전체에 설치되어 있는 전기 전선은 명백한 지원자이다. 송전선 네트워크는 집안에 걸쳐 브로드캐스트 정보 배출구로 플러그하는 장치이다. 어쨌든 TV에 연결할 수 있고, 이 방법은 동시에 인터넷 연결도 얻을 수 있다. 전력 및 데이터 신호를 동시에 수행하는 방법엔 어려움이 있다. 그들이 서로 다른 주파수 대역을 사용하는 것이 답변의 일부이다.

대체로 가정 LAN은 기회와 도전을 제공한다. 저가에 높은 성능을 지원하면서도, 기술이 부족한 사용자에게 맡겨져도 관리가 쉽고, 신뢰할 수 있고, 안전해야 한다.

1.2.3 MAN

MAN(Metropolitan Area Network)은 한 도시도시에서 볼 수 있는 케이블 TV 네트워크이다. 이 시스템은 TV 방송 수신이 잘 되지 않는 지역에 사용된 초기 커뮤니티 안테나 시스템으로부터 발전되었다. 이들 초기 시스템에서, 큰 안테나 하나가 언덕 근처의 꼭대기에 놓여 있어서 가입자의 가정으로 신호가 전송되었다.

처음에 이 시스템들은 지역적으로 설계된 애드 혹(ad hoc) 시스템이었다. 그 당시 회사들은 도시 전체를 배선하기 위하여 시 정부와 계약을 함으로써 사업에 뛰어들기 시작했다. 다음 단계는 TV 프로그램 편성과 심지어 케이블만을 위해 설계된 전체 채널에도 손을 대기 시작했다. 뉴스 채널, 스포츠 채널, 요리 채널, 원예 채널 등과 같이 이들 채널들도 고도로 전문화되었다. 그러나 초기부터 1990년대 후반까지 이들은 TV 수신에만 관심을 가졌다.

인터넷이 대중의 관심을 끌게 되면서부터, CATV 네트워크 운영자는 미사용 부분의 범위를 통하여 양방향 인터넷 서비스를 제공하려면 기존 시스템에 변화를 주어야 한다는 것을 깨닫기 시작했다. 이 시점에서, CATV 시스템은 TV를 분배하는 방법을 MAN으로 변형하기 시작했다. 대체로, MAN은 그림 1-9에서 보는 시스템과 같을 것이다. 이 그림에서 TV 신호와 인터넷 트래픽은 **케이블 헤드엔드**(cable head end)로 들어가고 여기서 다시 가정으로 재분배되는 것을 볼 수 있다. 이 주제에 관하여는 2장에서 다시 다룰 것이다. CATV가 MAN과 일치하지는 않는다. 초고속 무선 인터넷 액세스 분야에서 최근의 개발 활동이 또 다른 MAN이 되었고, 이것이 IEEE 802.16 표준이 되면서 WiMAX로 알려져 있다. 자세한 내용은 2장에서 다룰 것이다.

1.2.4 광역 네트워크

WAN(광역 네트워크)는 국가나 대륙 같은 광범위한 지역을 둘러싼다. 우리는 다른 도시에 지사가 있는 기업의 예제를 사용하여 유선 WAN의 논의를 시작한다. WAN은 그림 1-10과 같고 이것은 Perth, Melboume, Brisbane에 지사를 연결하는 네트워크이다. 이 지사는 각각 프로그램들(응용 프로그램)을 운영하는 많은 기기들이 포함되어 있다. 관례적인 사용에 따라 이러한 장치를 **호스트**(host)라고 부르자. 이러한 호스트를 연결하는 네트워크의 나머지를 **커뮤니케이션 서브넷**(communication subnet, 줄여서 서브넷[subnet]이라고 함)이라 한다. 서브넷의 작업은 마치 전화시스템에서 상대방에게 스피커로 단어를 전달해주는 것과 같이 호스트에서 호스트로 메시지를 전달해준다.

대부분의 광역 네트워크에서, 서브넷은 전송선로와 교환 장치의 두 가지 응용으로 구성되어 있다. **전송 선로**(transmission lines)는 기기 간의 비트를 전송한다. 전송선로는 구리선, 광섬유, 무선 링크로 이루어진다. 대부분의 회사는 놓여 있는 전송 라인이 없기 때문에, 통신 회사에서 라인을 임대한다.

교환 장치(switching elements) 또는 스위치는 둘 이상의 전송선로를 연결하는 만들어진 컴퓨터라고 할 수 있다. 데이터가 착신 선로에 도착하면 교환 장치는 그 데이터를 전송하기 위한 발신 선로를 선택해야 한다. 과거에는 이러한 스위칭 컴퓨터를 지칭하는 이름이 여러 가지였는데, 지금은 **라우터**(router)라는 이름이 일반적으로 사용되고 있다. 어떤 사람은 이것을 "루터(rooter)"라고 발음하고, 또 어떤 사람은 "다우터(doubter)"라고 발음한다. 어떤 것이 정확한 발음인지 판별하는 것은 독자들의 판단에 맡기겠다.

"서브넷"이라는 용어에 대해서 언급할 것이 있다. 원래 이 용어는 출발지 호스트에서 목적지 호스트로 패킷을 전송하는 통신선로와 라우터의 집합체만을 의미했었다. 독자는 최근에 네트워크 주소지정이라는 것과 연결된 제2의 의미를 갖게 되었다. 우리는 5장에서 그 의미를 토론하고 원래의 의미(라인과 라우터의 집합)를 다룰 것이다.

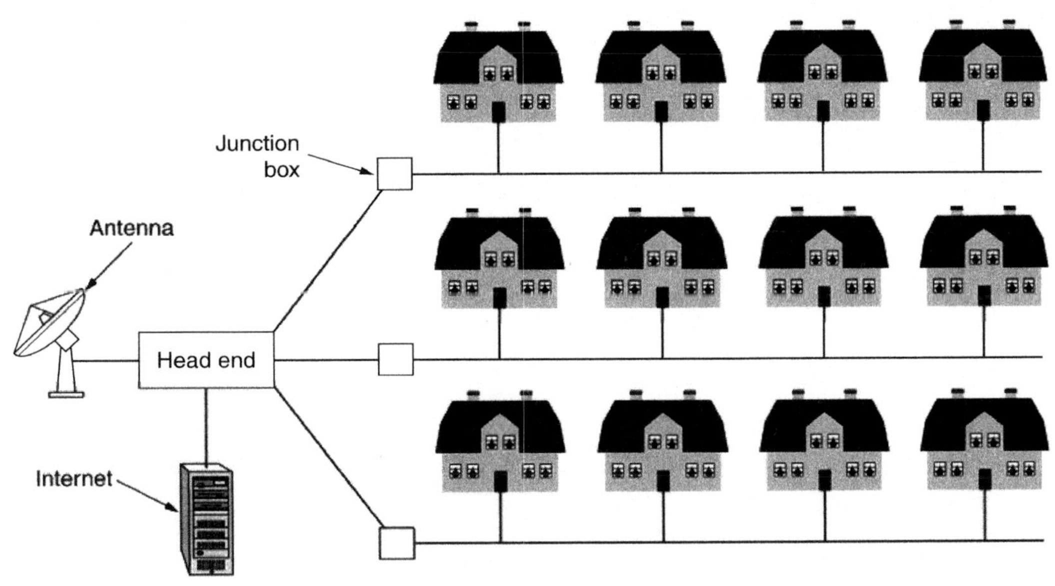

그림 1-9 케이블 TV 기반의 대도시 지역 네트워크

우리가 설명한 것처럼 WAN은 대형 유선 LAN과 유사해 보이지만 긴 전선을 넘어 몇 가지 중요한 차이점이 있다. 일반적으로 WAN은 호스트와 서브넷을 소유하고 다른 사람에 의해 운영된다. 우리의 예제에서 직원은 자신의 컴퓨터에 대한 책임을 지지만 회사의 IT 부서는 네트워크의 나머지 부분을 담당하고 있다. 우리는 다음 예제에서 네트워크 제공 업체나 전화회사가 서브넷을 운영하는 명확한 경계를 볼 수 있다. 응용프로그램(호스트) 측면에서 네트워크(서브넷) 측면의 순수한 통신의 분리는 전체적인 네트워크 설계를 단순화한다.

두 번째 차이점은 라우터가 일반적으로 네트워킹 기술의 종류를 연결한 것이다. 예를 들어, 사무실 내부 네트워크는 이더넷 스위치이고, 장거리 전송 라인은 SONET 링크이다(2장에서 다룬다). 일부 장치는 가입해야 한다. 영악한 독자는 네트워크의 정의를 넘어서 볼 것이다. 이것은 여러 WAN들이 실제로 인터네트워크 또는 하나 이상의 네트워크로 구성된 복합 네트워크라는 것을 의미한다. 우리는 다음 섹션에서 인터네트워크에 대해 더 말할 필요가 있다.

마지막으로 차이점은 서브넷에 어떤 연결이 있는가이다. 이 연결은 개별 컴퓨터가 될 수도 있고, LAN에 연결하는 경우 전체 LAN일 수도 있다. 또한 대규모 네트워크가 소규모에서 구축하는 방법이다. 지금까지 서브넷에 관한 것이고, 동일한 작업을 수행한다.

우리는 두 종류의 WAN을 살펴본다. 첫째, 회사는 임대 전용 전송 회선보다 인터넷의 기본 용량을 사용하여 가상 링크로 사무실 사이에 만들 수 있는 연결을 허용하여 인터넷에 그 지사를 연결할 수 있다. 그림 1-11에 나타난 방식을 **VPN**(가상 사설 네트워크)이라 한다. 전용 방식에 비해 VPN은 자원의 유연한 재사용(인터넷 연결)을 제공한다는 것이 가상화의 일반적인 이점이다. 이것을 보고 네 번째 사무실을 추가하는 것이 얼마나 쉬울지 생각해 보자. 또한 기본 자원 제어의 부족이 가상화의 이점이다. 전용 회선을 사용하면 용량이 분명하다. VPN을 통한 이득은 인터넷 서비스와는 다를 수 있다.

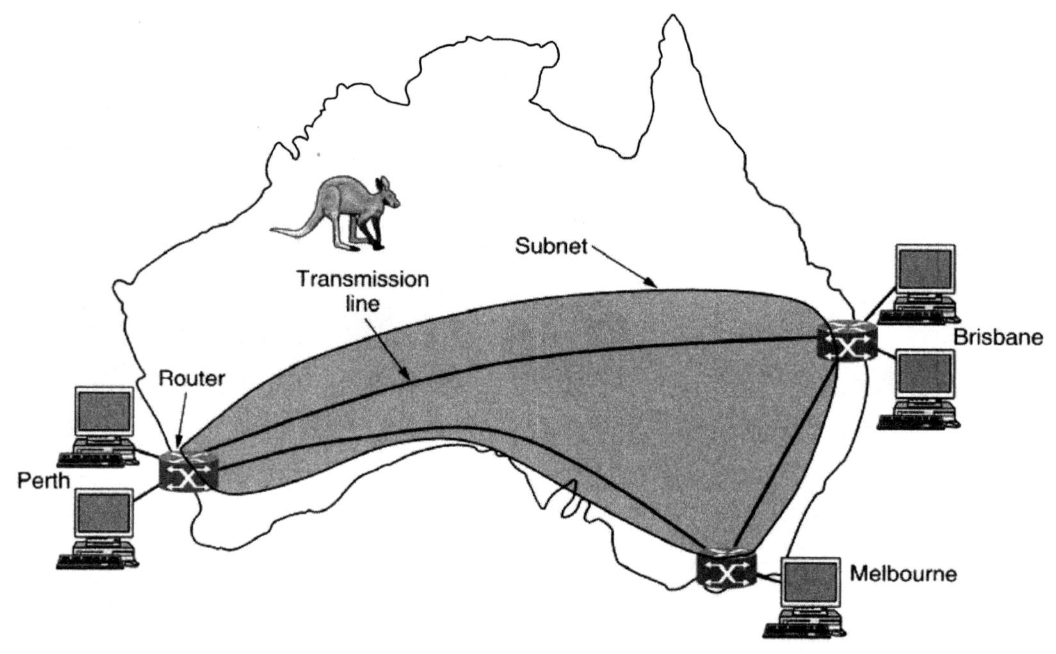

그림 1-10 호주에 WAN으로 연결한 3개의 지사

두 번째 변화는 서브넷이 다른 회사에 의해 실행된다는 것이다. 서브넷 운영회사는 **네트워크 서비스 제공자**로 알려져 있고 사무실은 고객이다. 이 구조는 그림 1-12에서 볼 수 있다. 서브넷 운영회사는 지불할 수 있는 하나의 고객에 연결되어 있으며 서비스를 제공할 수 있다. 고객이 서로 패킷을 전송할 수 있다면 네트워크 서비스가 기대에 미치지 못할 수도 있으므로 서브넷 운영회사는 인터넷의 일부를 다른 네트워크에 연결할 것이다. 이러한 서브넷 운영회사를 **ISP**(인터넷 서비스 제공자)라 하고 서브넷은 **ISP 네트워크**이다. ISP에 연결된 고객들은 인터넷 서비스를 받을 수 있다.

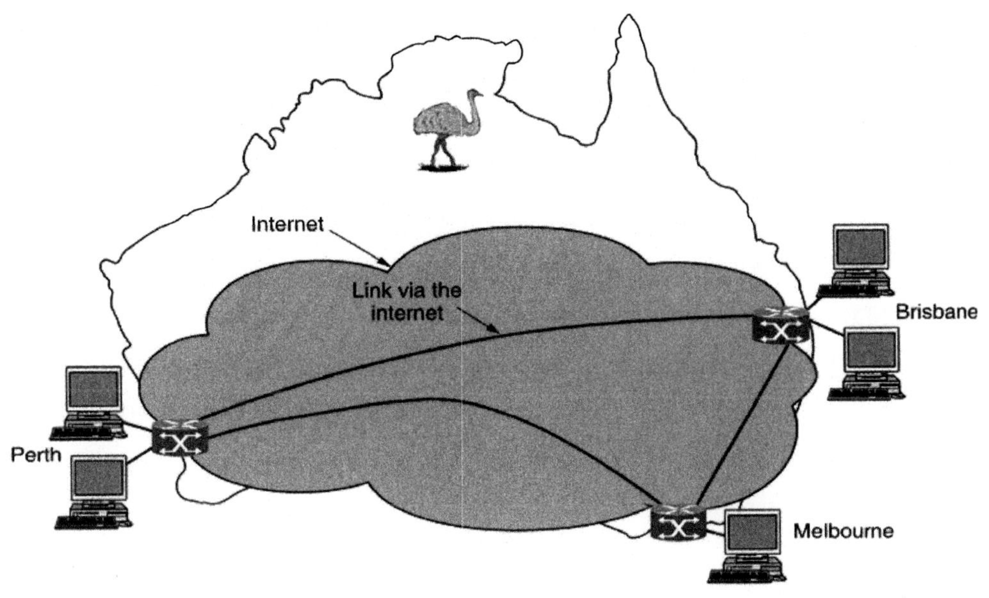

그림 1-11 WAN을 이용한 가상 시설 네트워크

우리는 뒷장에서 연구할 몇 가지 주요 문제를 미리 보고 ISP 네트워크를 사용할 수 있다. 대부분의 WAN에서 네트워크는 다양한 전송선과 각각의 라우터 한 쌍의 연결을 포함한다. 만약 두 라우터가 전송선을 공유하지 않고 통신하고자 하는 경우 다른 라우터를 통해 간접적으로 수행된다. 두 라우터를 연결한 네트워크에는 많은 경로가 있을 수 있다. 네트워크가 라우팅 알고리즘이라 하는 경로를 사용하여 어떻게 경로를 결정하는지 알아보자. 많은 알고리즘이 존재한다. 각각의 라우터가 패킷 전송을 결정하는 것을 **전달 알고리즘**이라 한다. 5장에서 두 가지 유형의 일부를 상세하게 다루겠다.

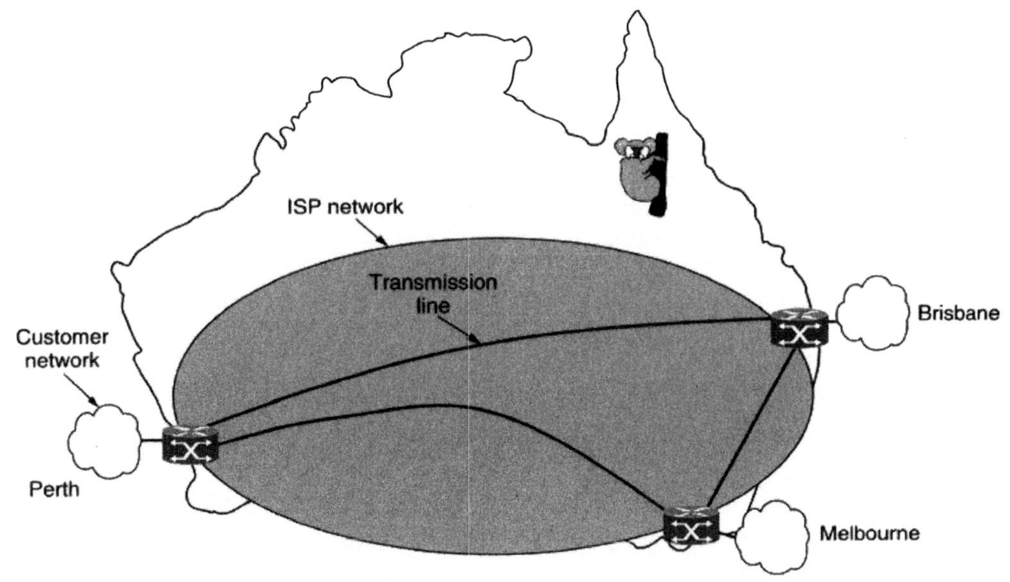

그림 1-12 WAN을 이용한 ISP 네트워크

무선 기술을 사용하는 다른 종류의 WAN이 있다. 위성 시스템에서 지상에 있는 컴퓨터는 안테나를 통해 궤도에 있는 위성에게 데이터를 송수신한다. 모든 컴퓨터는 위성의 출력을 들을 수 있고 위성에서 뿐만 아니라 컴퓨터의 위쪽 전송을 들을 수 있다. 위성 네트워크는 본질적으로 브로드캐스트와 브로드캐스트 속성이 중요할 때 가장 유용하다.

무선 기술을 사용하는 WAN의 또 다른 예는 셀룰러 전화 네트워크이다. 이 시스템은 이미 3세대를 통하고 4세대에 다다랐다. 1세대는 음성을 위한 아날로그이다. 2세대는 음성을 위한 디지털이다. 3세대는 음성 및 데이터를 위한 디지털이다. 각 셀룰러 기지국은 수만 킬로미터 이상의 측정 범위의 무선 LAN보다 훨씬 더 먼 거리를 다룬다. 기지국은 보통 유선의 백본 네트워크에 의해 서로 연결되어 있다. 셀룰러 네트워크의 데이터 속도는 1Mbps이며 100Mbps의 범위까지 다룰 수 있는 무선 LAN보다 작다. 우리는 2장에서 이러한 네트워크에 대해 더 많은 이야기를 할 것이다.

1.2.5 인터네트워크

서로 다른 종류의 하드웨어 및 소프트웨어를 사용하는 네트워크들이 많이 있다. 하나의 네트워크에 연결되어 있는 사람이 다른 종류의 네트워크에 연결되어 있는 사람과 통신하기를 원할 수도 있다. 네트워크의 종류가 다르고, 호환이 안 되는 네트워크들 간에 통신을 하려면 **게이트웨이**(gateway)라고 하는 기기가 연결을 설정해주고 필요한 경우 하드웨어 및 소프트웨어를 사용하여 변환을 해준다. 그렇게 상호 연결된 네트워크들의 집합을 **인터네트워크**(internetwork) 혹은 **인터넷**(internet)이라고 한다. 이 용어는 일반적인 의미로 사용되는 반면에, 전 세계적인 인터넷은 인터넷의 한 특정 유형이고 이니셜은 항상 대문자로 시작한다. 인터넷은 기업 네트워크, 홈 네트워크 및 다른 네트워크를 연결하는 ISP네트워크를 사용한다. 우리는 나중에 세부 사항에 대해 인터넷으로 볼 것이다.

서브넷, 네트워크, 그리고 인터네트워크는 종종 혼용되어 사용된다. 서브넷이란 용어는 WAN에서 가장 의미가 있는데 네트워크 오퍼레이터들이 소유하고 있는 라우터와 전송 선로들의 집합체를 의미한다. 비유하자면, 전화망이 전화교환국끼리는 고속 전송회선으로 연결되어 있고, 전화교환국과 가정이나 회사는 저속 전송회선으로 연결되어 있는 것과 마찬가지이다. 전화회사에서 소유하고 있는 이러한 회선들 및 장비들은 전화망의 서브넷을 형성하고 있는 것이다. 전화기 자체는 (이 비유에서는 호스트) 서브넷의 일부는 아니다. 하나의 서브넷과 그 서브넷에 속한 호스트들의 결합이 하나의 네트워크를 형성하는 것이다.

네트워크는 서브넷의 조합 및 호스트로 형성된다. 그러나 네트워크라는 단어는 종종 느슨한 의미로 사용된다. 서브넷은 그림 1-12의 "ISP 네트워크"의 경우처럼 네트워크로써 설명될 수 있다. 인터네트워크 또한 그림 1-10의 WAN의 경우처럼 네트워크로써 설명될 수 있다. 우리는 유사한 실행을 따르고 만약 우리가 다른 방식에서 네트워크를 구별하는 경우 우리는 하나의 기술을 이용하여 상호 연관된 컴퓨터의 본래 정의를 할 것이다.

우리는 인터네트워크 구성에 대해 자세히 살펴본다. 서로 다른 네트워크가 연결되어 있을 때 인터넷이 형성되는 것을 알고 있다. 우리의 견해로는 LAN과 WAN을 연결하거나 두 개의 LAN들을 연결하는 것이 하나의 네트워크를 형성한다고 보지만, 이 분야에서 그것에 대한 정확한 용어의 통일은 아직 없다. 유용성에는 두 가지 규칙이 있다. 첫째로 다른 조직이 네트워크의 다른 부분의 구축비용을 지불하고 그 부분을 유지하는 경우를 인터네트워크라고 한다. 둘째, 만약 기초가 되는 기술이 부분마다 다르다면(브로드캐스트 대 점대점 및 무선대 유선) 인터네트워크를 가졌다고 할 수 있다.

이제 서로 다른 두 개의 네트워크를 연결하는 방법에 대해 알아본다. 두 개의 소프트웨어 간의 연결을 만드는 기기의 일반적인 이름은 **게이트웨이**이다. 게이트웨이는 프로토콜 계층에서 작동되는 레이어로 구분할 수 있다. 다음 섹션에서 계층과 프로토콜 계층에 대해 공부를 하겠지만 지금은 상위 계층은 웹 같은 애플리케이션이 묶여 있고 하위 계층은 이더넷과 같은 전송 링크에 묶여 있다고 생각하자.

인터넷 형성의 이점은 너무 낮은 수준의 게이트웨이를 사용하거나 네트워크 종류 사이의 연결을 할 수 없다는 것이다. 우리는 너무 높은 수준의 게이트웨이를 사용하지 않고 인터넷 연결은 특정 응용프로그램에 대해 작동한다. 중간 수준은 종종 네트워크 계층이라 하고 라우터는 네트워크 계층에서 패킷을 스위치하는 게이트웨이이다.

1.3 네트워크 소프트웨어

초기 컴퓨터 네트워크는 중요한 부분은 하드웨어로, 소프트웨어는 보충적으로 사용하도록 설계되었다. 이러한 전략은 더 이상 통용되지 않는다. 이제는 네트워크 소프트웨어가 매우 구조화되어 있다. 다음 절에서 소프트웨어 구조화 기법에 대하여 자세히 다룰 것이다. 여기서 설명되는 방법은 이 책 전체의 요지를 이루고 있고 뒤에도 반복적으로 나올 것이다.

1.3.1 프로토콜 계층구조

네트워크 설계의 복잡성을 감소시키기 위해 대부분의 네트워크들은 **계층**(layers)과 **레벨**(levels)로 구조화되어 있다. 계층의 개수, 각 계층의 이름, 각 계층의 내용, 그리고 각 계층의 기능은 네트워크마다 다르다. 각 계층의 목적은 자신의 상위 계층에게 특정한 서비스를 제공하는 것인데, 제공되는 그 서비스가 실제로 어떻게 구현되는지에 대한 세부사항에 대해서는 보이지 않도록 감춰져 있다. 어떤 의미에서, 각 계층은 자신의 바로 위에 있는 계층에게 임의의 서비스를 제공하는 일종의 가상 머신이라고 할 수 있다.

이 개념은 실제로 컴퓨터 과학에서 많이 사용되는 친숙한 개념으로 정보 은닉(information hiding), 추상 데이터 타입(abstract data type), 데이터 캡슐화(data encapsulation) 및 객체 지향 프로그래밍 개념과 같은 것이다. 기본 개념은 특정 부분의 소프트웨어(또는 하드웨어)가 자신의 사용자에게 내부 상태와 알고리즘에 관한 세부사항은 감추고 서비스를 제공하는 것이다.

한 기기(machine)의 *n* 계층이 다른 기기의 *n* 계층과 대화를 한다. 이러한 대화에 사용되는 규칙과 규정을 총괄하여 *n* 계층 프로토콜(protocol)이라 한다. 기본적으로, **프로토콜**(protocol)은 통신 개체들 사이에 어떻게 대화를 수행할 것인가에 대한 약속이다. 비유하자면, 한 여자가 한 남자를 소개 받았을 때, 그녀는 그에게 손을 내밀지를 결정할 것이다. 그러면 그도, 예를 들어, 그녀가 업무상 미국에서 온 변호사인지 아니면 공식 무도회장에 온 유럽의 공주인지에 따라 그 손에 악수를 할지 키스를 할지를 결정할 것이다. 프로토콜을 위배하면 통신은 더 어렵게 되거나 심지어 불가능해질 수도 있다.

그림 1-13은 다섯 개의 계층을 가지고 있는 네트워크를 설명하고 있다. 서로 다른 기기 상에 서로 맞대응되는 계층으로 구성되어 있는 개체들을 **피어**(peers)라 한다. 피어는 소프트웨어 프로세스가 될 수도 있고, 하드웨어 장치가 될 수도 있고, 심지어 사람이 될 수도 있다. 다시 말하면, 서로 대화를 하며 프로토콜을 사용하여 통신을 하는 대상을 피어라고 할 수 있다.

실제로, 한 기기의 *n* 계층에서 다른 기기의 *n* 계층으로 직접 전달되는 데이터는 없다. 각 계층은 데이터와 제어 정보를 바로 아래에 있는 계층으로 전달하는데 이 일은 그 데이터 및 제어

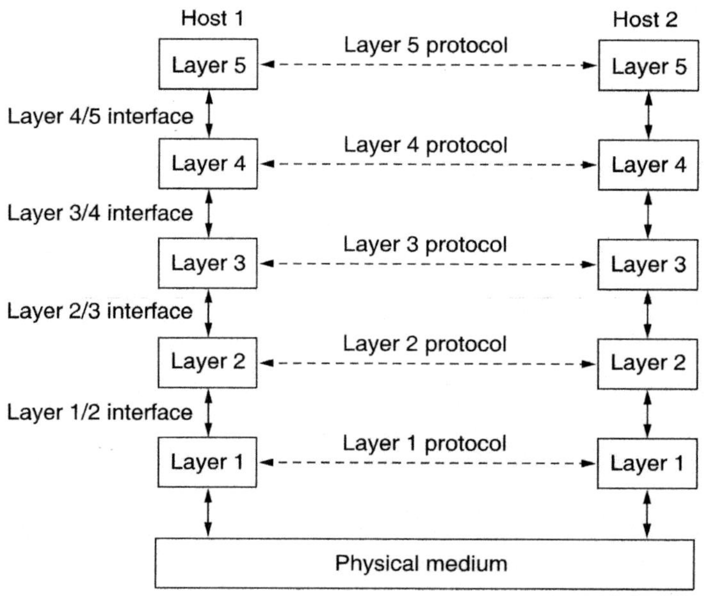

그림 1-13 계층, 프로토콜 및 인터페이스

정보가 가장 하위 계층에 도달할 때까지 계속된다. 1계층 아래는 실제로 통신이 일어나는 **물리 매체**(physical medium)이다. 그림 1-13에서, 가상 통신은 점선으로, 실제 통신은 실선으로 표시되어 있다.

인접한 계층의 각 쌍 사이가 **인터페이스**(interface)이다. 인터페이스는 하위 계층에서 상위 계층에 제공하는 프리미티브 동작과 서비스를 정의한다. 네트워크 설계자들이 네트워크에 얼마나 많은 계층을 둘 것인가와, 각 계층이 무엇을 하게 할 것인가를 결정할 때 가장 중요한 고려사항 중 하나는 계층들 사이의 명확한 인터페이스를 정의하는 것이다. 그러기 위하여 각 계층들이 명확하게 알 수 있는 특정 기능들을 알아야 한다. 계층들 사이를 지나는 정보의 양을 최소화하는 것 외에도, 명확하게 구분된(clear cut) 인터페이스는 한 계층을 완전히 다른 구현 내용으로 대체하는 것을 쉽게 한다(모든 전화선이 위성 채널로 대체됨). 이것은 새로운 구현 내용을 필요로 하는 모든 새로운 프로토콜의 구현내용과 아주 똑같은 서비스들을 바로 위 계층에 제공하기 때문이다. 서로 다른 호스트는 같은 프로토콜의 서로 다른 구현 내용을 사용하는 것이 일반적이다(종종 서로 다른 기업이라고 쓴다). 사실 프로토콜 자체는 위와 아래 계층을 알아차리지 못하고 일부 계층에 변경될 수 있다.

계층들과 프로토콜의 집합을 **네트워크 구조**(network architecture)라고 한다. 구조의 명세에는 반드시 충분한 정보를 포함하고 있어서, 해당 프로토콜을 정확하게 따르기만 하면 개발자가 프로그램을 작성하거나 각 계층에 대한 하드웨어를 구성할 수 있도록 해야 한다. 구현의 상세 내용이나 인터페이스의 명세는 기기 내부에 숨겨져 있고 외부에서는 보이지 않기 때문에 구조의 일부는 아니다. 각 기기가 정확하게 프로토콜을 사용한다면, 한 네트워크상의 모든 기기의 인터페이스가 똑같을 필요는 없다. 임의의 시스템에서 사용되는 계층당 하나씩의 프로토콜 목록, 즉 계층당 한 개의 프로토콜을 **프로토콜 스택**(protocol stack)이라 부른다. 네트워크 구조, 프로토콜 스택, 프로토콜 자체가 이 책의 핵심 주제이다.

다중 계층 통신에 대한 이해를 돕기 위해 비유를 들어 설명해 보자. 두 명의 철학자(3계층의 동급 프로세스)가 있는데, 한 명은 우르드어(파키스탄 공용어)와 영어를 사용하고 다른 한 명은 중국어와 불어를 사용한다고 생각해 보자. 그들 사이에는 공용어가 없으므로 각각 통역사(2계층의 동급 프로세스)를 고용하고, 각 통역사들은 비서(1계층의 동급 프로세스)와 연결되어 있다. 철학자 1은 그의 동급에게 *oryctolagus cunisulus*(집토끼의 일종)에 대한 그의 호의를 전하기를 원한다. 그래서 그림 1-14에 나오는 것처럼, 그는 2/3 인터페이스를 통하여 그의 통역사에게 영어로 “I like rabbits.”라는 메시지를 전달하였다. 통역사는 양쪽 다 알고 있는 중립 언어인 네덜란드어로 그 메시지를 “Ik hou van konijnen.”라고 번역하였다. 언어의 선택은 2계층 프로토콜에서 이루어지고 2계층 동급 프로세스에 의해 결정된다.

그런 후 통역사는 전자우편(1계층 프로토콜) 같은 것으로 전송하기 위해 비서에게 그 메시지를 보낸다. 메시지가 도착하면 불어로 번역되어 2/3 인터페이스를 통하여 철학자와 2인 지역 번역자를 통과하여 다른 비서에게 전달된다. 각 프로토콜은 인터페이스가 변하지 않는 동안에는 다른 프로토콜들과 완전하게 독립적이라는 것에 주목하자. 통역사는 그들 상호 간의 동의하에 네덜란드어로 번역하는 것을 핀란드어로 번역하도록 바꿀 수 있지만 1계층이나 3계층으로 가는 인터페이스는 변하지 않는다. 마찬가지로, 비서는 다른 계층들을 혼란스럽게 하지 않으면서 (심지어 알리지도 않고) 팩스 대신 전자우편이나 전화를 사용할 수 있다. 각 프로세스들은 그들의 동급 프로세스만을 위하여 의도적으로 정보를 추가할 수도 있다. 이러한 정보는 그 계층의 위로는 전송되지 않는다.

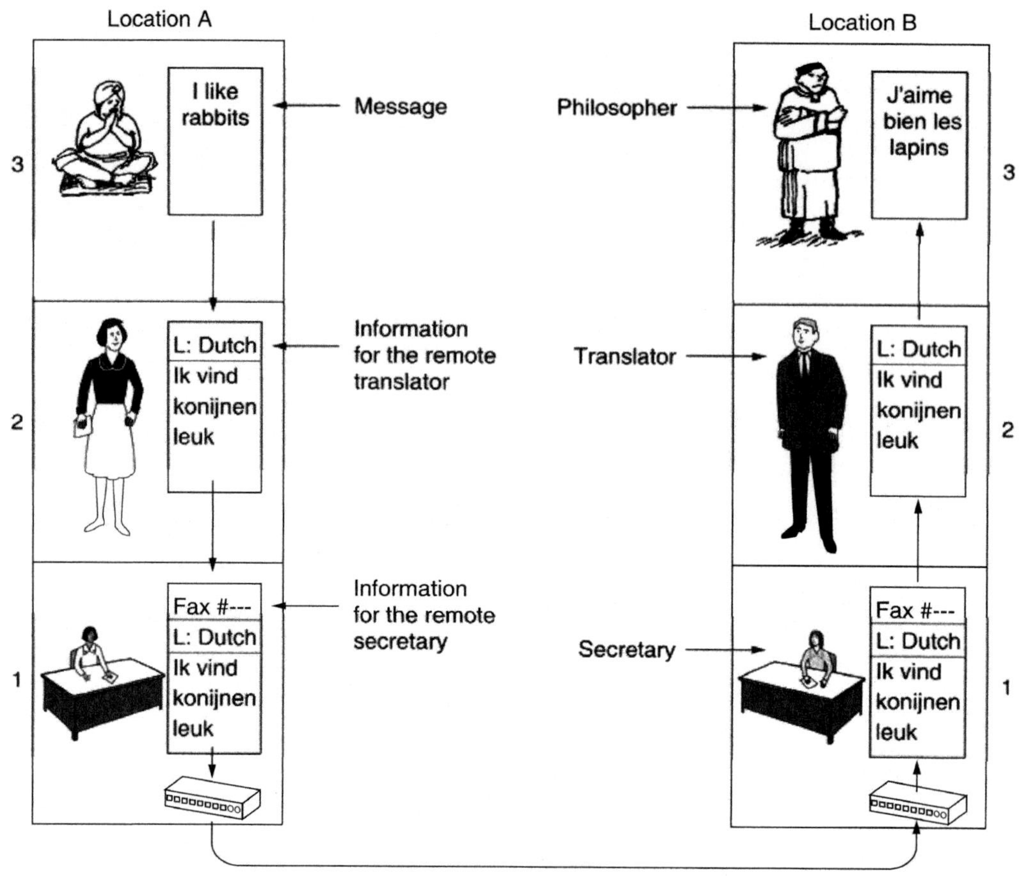

그림 1-14 철학자-번역가-비서 구조

이제 좀 더 기술적인 내용으로 그림 1-15처럼 5계층 네트워크의 최상위 계층에 어떻게 통신을 제공하는가에 대한 예를 생각해 보자. 메시지 *M*은 5계층에서 수행되고 있는 응용 프로세스에 의해 만들어졌고, 그 메시지를 전송하기 위해 4계층으로 보내진다. 4계층은 메시지를 식별하기 위하여 메시지의 앞부분에 **헤더**(header)를 붙이고 그 결과를 3계층으로 보낸다. 그 헤더는 주소 번호와 같은 제어 정보를 가지고 있어서 목적지 기기의 4계층이 올바른 순서로 메시지를 전달할 수 있도록 한다. 다른 예로 어떤 계층에서는 순서 번호(낮은 계층의 메시지 순서를 보존하지 않는 경우)에 크기, 시간을 사용하는 제어 정보이다.

많은 네트워크에서, 4계층 프로토콜로 전송되는 메시지의 크기를 제한하지는 않지만, 거의 언제나 3계층 프로토콜에 의해 제한된다. 결과적으로 3계층은 들어오는 메시지를 작은 크기의 패킷 단위로 분해하고 각 패킷에 3계층 헤더를 덧붙인다. 이 예제에서 *M*은 전송이 분리된 M_1과 M_2라는 두 부분으로 나누어져 있다.

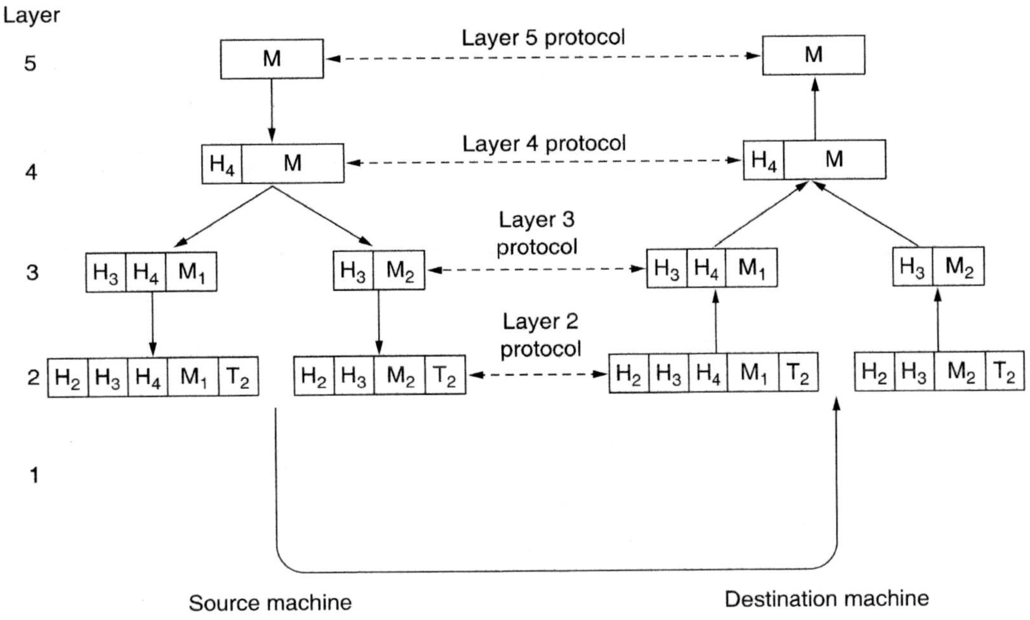

그림 1-15 5계층에서 가상 통신을 지원하는 정보 흐름의 예제

3계층은 어느 출력 회선을 사용할 것인가를 결정하고 2계층에 패킷을 보낸다. 2계층에서 각 패킷에 헤더와 꼬리표(tailer)를 붙여서 1계층으로 보내면 1계층에서는 물리적 전송을 한다. 수신 기기에서는 수신한 메시지에서 헤더를 제거하면서 아래 계층에서 바로 위 계층으로 보낸다. *n* 계층 아래 계층들에서 헤더가 없으면 바로 *n* 계층까지 메시지가 보내진다.

그림 1-15에서 알아야 할 중요한 사항은 가상 통신과 실제 통신 사이의 관계 그리고 프로토콜과 인터페이스 간의 차이점이다. 예를 들어, 4계층에 있는 동급 프로세스들은 4계층 프로토콜을 사용하므로 그들의 통신을 개념적으로 "수평적"이라고 생각한다. 이 프로세스들은 실제로는 상대방과 통신하는 것이 아니라 3/4 인터페이스를 통하여 하위 계층과 통신하는 것임에도 불구하고 한쪽 기기의 프로세스는 *SendToOtherSide*이라 불리는 프로시저를, 다른 쪽 기기의 프로세스는 *GetFromOtherSide*이라 불리는 프로시저를 가지고 있어서 마치 상대방과 직접 통신하는 것처럼 보인다.

동급 프로세스 추상화는 모든 네트워크 설계에서 대단히 중요하다. 네트워크전체를 설계하는 것은 다루기 어려울 정도로 거대한 작업이지만, 이 개념을 사용하면 좀 더 작고 다루기 쉬운 설계 문제, 즉 각 계층에 대한 개별적인 설계로 나누어져서 네트워크 설계가 훨씬 쉽고 간단해진다.

1장 3절에 "네트워크 소프트웨어"라는 제목을 붙였지만 프로토콜 계층 구조의 하위 계층의 기능이 하드웨어나 펌웨어로 구현되는 일이 종종 있는데 이것은 주목할 만한 일이다. 프로토콜 하위 계층의 전부 또는 일부가 하드웨어에 임베디드되어 있어도 복잡한 프로토콜 알고리즘이 그 안에 포함된다.

1.3.2 계층 설계 시 쟁점

컴퓨터 네트워크의 핵심적인 설계쟁점들에 대해 간략하게 살펴보기로 하자.

신뢰도는 자체적으로 신뢰할 구성 요소의 모음으로 구성되어 있을지라도 올바르게 작동하는 네트워크를 만드는 것은 설계의 문제이다. 네트워크를 통해 여행하는 패킷의 비트에 대해 생각해 보자. 이러한 비트 중 일부는 전기 잡음, 임의의 무선 신호, 하드웨어 결함 소프트웨어 버그 등으로 인해 손상을 받을 가능성이 있다. 우리가 이러한 오류를 발견하고 수정하는 것이 어떻게 가능할까?

받은 정보의 오류를 탐지하기 위한 하나의 메커니즘으로 오류 검출 코드를 사용한다. 이것은 제대로 이루어질 때까지 잘못 받은 정보를 다시 재전송할 수 있다. 더 강력한 코드는 원래 받은 잘못된 비트에서 발견한 올바른 메시지에서 오류 정정을 할 수 있다. 이러한 메커니즘은 모두 중복으로 정보를 추가하여 작동한다. 또한 하위 계층에서 사용하고, 개별적인 링크와 상위 계층에서 전송된 패킷을 보호하며, 올바른 콘텐츠를 받는 것을 확인한다.

또 다른 신뢰성 문제는 네트워크를 통해 작동하는 경로를 발견하는 것이다. 종종 대규모 네트워크에서 출발지와 목적지 사이에 다중 경로가 있으며 몇몇 링크와 라우터가 동작하지 않을 수 있다. 네트워크가 독일에서 다운되었다고 가정하자. 독일을 통해 로마에서 런던으로 전송되는 패킷은 독일을 통해 전송되지 않지만 대신에 파리를 통해 런던에서 로마로 패킷을 보낼 수 있다. 네트워크는 자동 결정을 하고 이 항목을 라우팅이라 한다.

두 번째 설계 문제는 네트워크 진화를 우려한 것이다. 시간이 지나면서 기존 네트워크를 연결한 대규모의 새로운 설계방안이 나오고 성장하고 있다. 우리는 최근에 전체적인 문제를 분리하고 세부 정보구현을 숨김으로써 변화하는 데 사용되는 핵심 구조 메커니즘을 볼 수 있다. 프로토콜 계층 또한 다른 전략들도 많이 나와 있다.

네트워크에는 많은 컴퓨터가 있기 때문에 모든 계층은 특정 메시지에 관련된 발신자와 수신자를 식별하는 메커니즘이 필요하다. 이 메커니즘은 각각 하위 및 상위 계층에서 주소 또는 이름이라 불린다.

성장의 측면에서 종종 다른 네트워크는 서로 다른 제한이 있다. 예를 들어, 모든 통신 채널이 전송된 메시지의 순서를 유지하고 순서 메시지는 해당 솔루션에서 이어진다. 다른 예제는 분해의 최대 차이, 전송 및 조립 메시지이다. 이러한 전반적인 주제를 인터네트워킹이라 한다.

네트워크가 대규모일 때 새로운 문제가 발생한다. 도시는 교통체증, 전화번호의 부족을 가질 수 있다. 네트워크가 대규모일 때 지속적으로 노력하기 위해 네트워크 설계는 확장되고 있다고 한다.

세 번째 설계 문제는 자원 할당이다. 네트워크는 전송선의 용량과 같은 근본자료에서 호스트에게 서비스를 제공한다. 이것을 잘 하기 위해 하나의 호스트가 다른 호스트에게 많은 방해가 되지 않도록 자신의 자원을 분할하는 메커니즘이 필요하다.

각 호스트에게 대역폭의 고정 부분을 할당하기보다는 호스트가 필요로 하는 단기 요구에 따라 네트워크 대역폭을 동적으로 공유할 수 있게 설계되어 있다. 요구의 통계에 기반을 두고 공유함을 의미하는 이러한 설계를 통계적 멀티플렉싱이라 한다. 이것은 단일 링크의 하위 계층과 네트워크의 상위 계층 또는 네트워크를 사용하는 애플리케이션에 적용할 수 있다.

모든 계층에서 발생하는 할당 문제로 어떻게 데이터를 느린 수신자에게 빠른 전송을 유지하는 가이다. 수신자에서 송신자까지의 피드백은 자주 사용되고 이 작업을 흐름제어라고 한다. 때때로 네트워크는 너무 많은 컴퓨터가 많은 트래픽을 전송하고 네트워크는 이것을 모두 전달할 수 없다. 이와 같은 현상을 정체라고 한다. 혼잡이 일어나면 각 컴퓨터는 수요를 줄이기 위해 하나의 전략을 세운다. 이것은 모든 계층에서 사용할 수 있다

네트워크가 단순히 대역폭을 제공하기 위해 더 많은 자원을 가지고 관찰하는 것은 흥미롭다. 실시간 비디오 운반과 같은 용도로 다량의 배달 문제에 적절하다. 대부분의 네트워크들은 높은 처리량을 원하는 응용프로그램에 서비스를 제공하는 동시에 실시간으로 전달하려는 응용프로그램에 서비스를 제공해야 한다. 서비스의 품질이 경쟁 수요를 조정하는 메커니즘에 지정된 이름이다.

마지막 주요 설계 문제는 여러 종류의 위협에 대해 보호하여 네트워크를 안전하게 하는 것이다. 우리가 이전에 언급한 위협 중 하나는 통신을 도청한다는 것이다. 기밀성을 제공하는 메커니즘이 위협을 방어하기 위해 여러 계층에서 사용된다. 인증 메커니즘은 다름 사람의 양식을 도용하는 누군가를 방지한다. 그들은 실제로 가짜로 만든 은행 웹사이트를 얘기해 속이거나 당신의 청구서가 지불되도록 당신의 휴대전화에서 오는 셀룰러 네트워크를 검사하세 하는 데 사용된다. 무결성에 대힌 디른 메커니즘은 "내 계정에서 10달러 이체"를 "내 계정에서 1,000달러 이체"로 변경하는 것과 같이 메시지를 변경하는 것을 방지한다. 이러한 설계는 모두 8장 암호화에 기반하고 있다.

1.3.3 연결형 서비스와 비연결형 서비스

각 계층은 바로 위 계층에 연결형과 비연결형의 두 가지 유형의 서비스를 제공할 수 있다. 이 절에서는 이 두 가지 형태와 이들 간의 차이점에 대해 살펴본다.

연결형 서비스(connection-oriented service)는 전화망을 모델로 삼았다. 누군가와 통화하려면, 우리는 수화기를 들고 다이얼을 돌린 다음, 통화를 하고 전화를 끊는다. 마찬가지로 연결형 네트워크 서비스를 이용하기 위해서는, 서비스 사용자는 연결을 설정하고 그 연결을 사용한 후 연결을 해제한다. 이 연결의 중요한 요소는 연결이 마치 튜브처럼 동작한다는 것이다: 송신측은 한쪽 끝에서 개체(비트)를 밀어 넣고 수신측은 다른 쪽 끝에서 전송되는 순서대로 객체를 수신한다. 대부분의 경우에 비트가 전송되는 순서대로 도착할 수 있도록 순서가 보존된다.

연결이 설정될 때, 송신자, 수신자 및 서브넷은 최대 메시지 크기, QoS 등과 같이 사용될 파라미터에 대하여 **협상**(negotiation)한다. 대개 한쪽에서 제안을 하고 다른 쪽은 그것을 받아들이거나, 거절하거나 또는 다른 제안을 한다. 회로는 고정 대역폭과 같은 자원과 관련된 또 다른 이름이다. 전화 네트워크에서 전화 통신을 할 때 구리선을 통한 회로기 이 기간이다.

연결형 서비스 반면에 **비연결형 서비스**(connectionless service)는 우편망을 모델로 삼았다. 각 메시지(편지)는 완전한 목적지 주소를 가지고 있고, 메시지의 각 부분은 모든 다음 메시지의 다른 부분들과 전혀 상관없이 시스템 내부의 중간 노드를 통해 경로가 지정된다. 다른 맥락에는 메시지에 대한 다른 이름이 있다; 네트워크 계층에서 메시지를 패킷이라 한다. 다음 노드에 전송되기 전에 중간 노드가 전체 메시지를 받을 때, 이것을 **저장 및 전달 스위칭**(store-and-forward switching)이라 한다. 노드에 의해 완전히 수신되기 전에 노드에서 메시지의 신속한 전송이 시작되는 대안을 **컷스루 스위칭**(cut-through switching)이라 한다. 두 개의 메시지가 동일한 목적지로 전송되는 경우 일반적으로 먼저 전송된 메시지가 첫 번째로 도착하게 된다. 그러나 첫 번째로 전송된 메시지가 지연된다면 두 번째 메시지가 먼저 도착할 수도 있다.

서비스 각각의 종류는 신뢰성을 특징으로 할 수 있다. 몇몇 서비스는 **서비스 품질**(quality of service)에 의해 그 특성이 분류된다. 어떤 서비스는 데이터를 절대로 손실하지 않는다는 의미에서 신뢰성을 가지고 있다. 일반적으로 신뢰성 있는 서비스는 수신측이 각 메시지의 수신여부를 통지해서 송신측이 확인할 수 있도록 구현된다. 이러한 확인과정은 오버헤드와 지연의 문제들을 초래하게 되어 바람직하지 않은 경우도 있다.

신뢰성 있는 연결형 서비스가 적절한 대표적인 상황은 파일 전송이다. 파일의 주인은 파일이 전송되는 순서대로 정확하게 수신되기를 바란다. 파일전송 서비스를 사용하는 사용자라면 몇몇 비트가 왜곡되거나 분실되더라도 빠른 서비스를 선호하는 사용자는 거의 없을 것이다.

신뢰성 있는 연결형 서비스는 메시지 순서(message sequence)와 바이트 스트림(byte stream)의 하위 서비스들을 가지고 있다. 전자의 경우 메시지의 경계가 그대로 유지된다. 두 개의 1024byte 메시지가 전송될 때, 이들은 하나의 2048byte 메시지가 아닌, 두 개의 별도의 1024byte 메시지로 수신된다. 후자의 경우에는, 연결은 단지 바이트의 스트림이며 메시지의 경계가 없다. 2048byte가 수신자에게 도착했을 때, 이 메시지가 하나의 2048byte 메시지인지, 두 개의 1024byte 메시지인지, 아니면 2048개의 1byte 메시지를 보냈는지 구분할 수 있는 방법이 없다. 만약 책의 각 낱장이 분리된 메시지 형태로 네트워크를 경유해서 사진식자기(photo typesetter)로 보내졌다면, 각 메시지의 경계를 유지하는 일은 매우 중요할 것이다. 반면 DVD영화를 다운로드하기 위해 단지 필요한 것은 사용자 컴퓨터에서 서버로의 바이트 스트림이다. 영화 내에서 메시지 경계는 상관없다.

몇몇 응용은 확인응답(acknowledgement) 기법 사용으로 인해 발생하는 지연시간을 용납하지 않는다. 그러한 응용 중의 하나는 **IP를 통한 음성**(voice over IP)을 위한 디지털화된 음성 트래픽이다. 전화 사용자들은 통화중에 지연되는 것보다는 차라리 가끔씩 노이즈나 왜곡된 음성을 듣는 편이 혼란을 적게 일으킨다. 마찬가지로 영상화면 전송의 경우에도 단지 몇 픽셀(pixel)의 노이즈는 별다른 문제가 되지 않지만 오류를 교정하기 위해 신호흐름을 중단시키는 것은 무척 성가신 일이다.

모든 응용이 다 연결을 필수적으로 요구하는 것은 아니다. 예를 들어 스패머는 여러 사람에게 받은 정크우편을 보낼 수 있다. 정크우편을 보내는 사람은 수신자에게 단지 하나의 우편을 보내기 위해 연결을 설정하고 해제하는 번거로운 작업을 원치 않을 것이다. 또한 비용이 많이 든다면 100% 신뢰성 있는 전송이 꼭 필요한 것도 아니다. 단지 필요한 것은 메시지가 도착할 수 있는 가능성 높은 방법이며, 꼭 이것을 보증하지 않아도 된다. 전신(telegram) 서비스와 유사한 신뢰성 없는(확인응답을 하지 않는다는 의미) 비연결형 서비스를 **데이터그램**(datagram) 서비스라고 하며 이것은 송신자에게 확인응답 메시지를 리턴하지 않는다. 그것을 신뢰할 수 있음에도 불구하고 나중에 최소가 될 이유로 대부분의 네트워크는 지배적이다.

또 다른 경우에, 하나의 단문 메시지를 전송하기 위한 연결을 설정하지 않으면 편리하지만 신뢰성은 필수적으로 요구된다. 이러한 응용에는 **확인응답 데이터그램**(acknowledged datagram)을 이용한다. 이것은 편지를 보내고 답신을 기다리는 것과 같다. 답신이 돌아오면 보낸 편지가 분실되지 않고 확실하게 도착되었다는 것을 보낸 사람이 확신할 수 있다. 이동전화 문자 메시지가 예이다.

또 다른 형태의 서비스는 **요구-응답 서비스**(request-reply service)이나. 이 서비스에서 송신측이 응답요청을 담은 데이터그램을 전송하면, 그 응답에는 대답이 들어 있다. 요구-응답은 클라이언트-서버 모델의 통신 구현에 일반적으로 사용된다. 클라이언트는 요청을 하고 서버는 그에 대한 응답을 한다. 예를 들어 이동전화 클라이언트는 현재 위치에 대한 지도 데이터를 검색할 수 있는지 서버에 쿼리를 보낼 수 있다. 그림 1-16은 이러한 서비스에 대한 요약이다.

	Service	Example
Connection-oriented	Reliable message stream	Sequence of pages
	Reliable byte stream	Movie download
	Unreliable connection	Voice over IP
Connection-less	Unreliable datagram	Electronic junk mail
	Acknowledged datagram	Text messaging
	Request-reply	Database query

그림 1-16 여섯 가지 다른 유형의 서비스

신뢰성 없는 통신을 사용하는 개념은 처음에는 혼동될 수도 있다. 결국, 실제로 신뢰성 있는 통신보다 신뢰성 없는 통신을 좋아하는 이유가 무엇이겠는가? 우선 주어진 계층에서 신뢰성 있는 통신(확인응답이 있는 통신을 의미함)이 가능하지 않기 때문일 것이다. 예를 들어 이더넷은 신뢰성 있는 통신을 지원하지 않는다. 패킷은 전송 시에 손상을 입을 수도 있다. 둘째로는, 멀티미디어와 같이 특히 실시간 응용에서 신뢰성 있는 서비스를 제공할 때 피할 수 없는 지연을 참을 수 없는 경우이다. 이러한 이유 때문에 신뢰성 있는 서비스와 신뢰성 없는 서비스가 공존하는 것이다.

1.3.4 서비스 프리미티브

서비스는 이에 접근(access)할 수 있는 사용자 프로세스들이 이용할 수 있는 일련의 **프리미티브**(primitives, 동작)들에 의해 공식적으로 지정된다. 이들 프리미티브는 각 서비스에 어떤 작업수행을 요청하거나 또는 피어에 의해 수행된 작업 결과를 통보해줄 것을 요청한다. 프로토콜 스택이 운영체제(OS)에 위치해 있으면, 그 프리미티브는 대개 시스템 호출 형식이다. 이러한 호출은 커널 모드로의 트랩(trap)을 야기하며, 이때 필요한 패킷을 전송하기 위하여 기기의 제어는 운영체제로 넘어간다.

사용 가능한 프리미티브의 종류는 제공되는 서비스의 특징에 따라 다르다. 연결 위주의 서비스를 위한 프리미티브는 연결 해제 서비스를 위한 프리미티브와는 다르다. 클라이언트-서버 환경에서 신뢰성 있는 바이트 스트림을 구현하는 데 필요한 최소한의 서비스 프리미티브 예로서 그림 1-17에 나열된 프리미티브를 고려해 보자.

기본형은 인터페이스의 단순화 버전이므로 버클리 소켓 인터페이스의 팬들에게는 친숙할 것이다.

Primitive	Meaning
LISTEN	Block waiting for an incoming connection
CONNECT	Establish a connection with a waiting peer
ACCEPT	Accept an incoming connection from a peer
RECEIVE	Block waiting for an incoming message
SEND	Send a message to the peer
DISCONNECT	Terminate a connection

그림 1-17 단순한 연결형 서비스를 구현하기 위한 여섯 가지 서비스 프리미티브

이 프리미티브들은 클라이언트-서버 환경에서 요청-응답 상호 작용에 사용될 수 있다. 첫째로, 서버는 클라이언트로부터 들어오는 접속을 수락할 준비가 되어 있다는 것을 나타내기 위하여 LISTEN을 실행한다. LISTEN을 구현하는 일반적인 방법은 블로킹 시스템 호출을 하는 것이다. LISTEN 프리미티브를 실행한 후에, 서버 프로세스는 연결 요청이 들어올 때까지 기다린다.

다음으로, 클라이언트 프로세스는 CONNECT를 실행하여 서버와의 연결을 설정한다. CONNECT 호출은 누구와 연결할 것인지를 지정해야 하므로 서버의 주소를 알려줄 파라미터가 필요하다. 이때 운용 체제는 그림 1-18의 (1)과 같이 패킷을 서버로 보내어 연결할 것인지를 묻는다. 클라이언트 프로세스는 응답이 올 때까지 기다린다.

패킷이 서버에 도착하면, 그 패킷은 서버에서 운영하는 운영체제에 패킷 연결을 요청한다. 청취자가 있는지 확인하고 만약 listener가 있는 경우, listener를 실행시킨다. 서버 프로세스는 ACCEPT 호출로

연결을 설정할 수 있다. 연결을 받아들일 클라이언트 프로세스에게 응답(2)을 보낸다. 이 확인응답이 도착하면 클라이언트를 해제시킨다. 이 시점에서 클라이언트와 서버는 둘 다 실행되면서 연결이 설정된다.

이 프로토콜과 실제 통신 간의 확실한 비교로, 어떤 회사의 고객 서비스 관리자에게 전화를 거는 고객(클라이언트)을 예로 들 수 있다. 시작점인 서비스 매니저는 자리에 앉은 후 전화를 걸고 나중에 클라이언트에서 전화벨이 울린다. 관리자가 전화를 들면 연결이 설정된다.

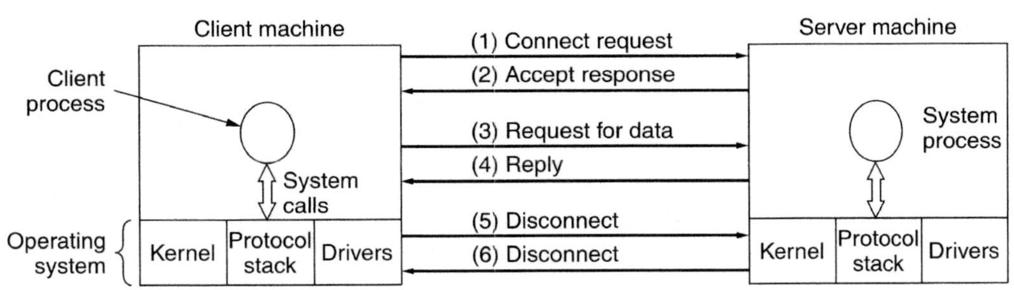

그림 1-18 연결형 네트워크에서 간단한 클라이언트-서버 상호작용으로 송신된 패킷

다음 단계는 서버가 첫 번째 요청을 수락하기 위해 준비하는 RECEIVE 프리미티브를 실행하는 것이다. 대개 확인응답이 클라이언트에게 도착하기 전에, 서버는 이 프리미티브를 LISTEN으로부터 해제되자마자 바로 수행한다. RECEIVE가 호출되면 서버 프로세스는 연결 요청을 기다린다.

응답을 받기 위해 RECEIVE를 실행시킨 바로 후에, 클라이언트는 SEND를 실행시켜서 그 요청을 전송한다(3). 서버에 도착한 요청 패킷은 그 요청을 처리할 수 있도록 서버 프로세스를 실행시킨다. 이 작업을 수행한 후에, 서버는 SEND를 사용하여 클라이언트에게 응답을 리턴한다(4). 클라이언트에 도착한 응답 패킷은 클라이언트를 실행시켜서 클라이언트로 하여금 그 응답 내용을 살펴볼 수 있게 한다. 클라이언트가 추가 요청을 가지고 있으면, 지금 요청을 한다. 클라이언트가 수행되면, DISCONNECT를 사용하여 연결을 종료한다(5). 초기 DISCONNECT는 대개 블로킹 호출이어서, 클라이언트를 정지시키고 연결이 더 이상 필요하지 않다고 말하는 패킷을 서버에게 보낸다. 서버가 이 패킷을 받게 되면 서버도 DISCONNECT를 보냄으로써 클라이언트에게 확인응답을 보내게 되고 연결이 해제된다(6). 서버의 패킷이 클라이언트 기기에 도착하면, 클라이언트 프로세스가 해제되고 연결이 종료된다. 이것이 바로 연결형 통신의 동작 방법이다.

물론, 실제 통신은 이처럼 간단하지는 않다. 여기서 많은 것들이 잘못될 수 있다. 타이밍이 잘못될 수도 있고(LISTEN이 수행되기 전에 CONNECT가 수행됨), 패킷이 손실될 수도 있고, 그 밖에 더 많은 것들이 잘못될 수도 있다. 뒤에서 이 주제에 대하여 자세하게 다룰 것이지만, 그림 1-18에서 클라이언트-

서버 통신이 연결형 네트워크에서 우리가 무시할 수 있는 패킷 손실의 확인 응답된 데이터그램이 어떻게 동작하는지 간단하게 요약하였다.

이 프로토콜을 완료하기 위하여 필요한 여섯 개의 패킷[그림 1-18의 (1)~(6)]이 주어졌을 때, 비연결형 프로토콜이 대신 사용되지 않는 이유에 대해 의아해할 것이다. 그 이유는 완벽한 통신망 환경에서는 요청을 위한 것과 응답을 위한 두 개의 패킷만이 필요하기 때문이다. 그렇지만 어느 한쪽 방향에서의 대규모 메시지(메가바이트 파일)에서도 전송 오류가 발생하고, 패킷이 손실되어 상황이 달라진다. 응답이 수백 개의 패킷으로 구성되어 있고, 이 중에 일부 패킷이 전송 중에 손실이 발생한 경우, 어느 패킷이 손실되었는지 클라이언트가 어떻게 알겠는가? 실제로 마지막으로 수신된 패킷이 정말로 마지막으로 송신한 패킷인지 클라이언트가 어떻게 알겠는가? 간단히 말하면, 실세계에서는 신뢰성 없는 네트워크의 단순한 요구 응답 프로토콜은 적절하지 않다. 3장에서 이러한 문제점과 다른 문제들을 해결할 수 있는 여러 프로토콜에 대하여 자세하게 다룰 것이다. 프로세스 간의 신뢰성 있고 순서화된 바이트 스트림을 갖는 것은 매우 편리하다고 말할 수 있다.

1.3.5 서비스와 프로토콜의 관계

서비스와 프로토콜은 서로 다른 개념이다. 이 차이점은 매우 중요하기 때문에 여기서 한 번 더 강조한다. 서비스는 한 개의 계층이 자기 상위 계층에게 제공하는 프리미티브(동작)들의 집합이다. 서비스는 한 계층이 그 계층의 사용자를 위해 수행할 동작들을 정의하지만 이들 동작의 구현방법에 대해서는 전혀 알려주지 않는다. 서비스는 두 계층 간의 인터페이스에 관련된 것으로서 하위 계층은 서비스 제공자이고 상위 계층은 서비스 사용자가 된다.

반면 프로토콜은 한 계층상에서 피어들 간에 교환되는 패킷 또는 메시지에 대한 형식과 의미를 규정하는 규칙들의 집합이다. 각 개체는 프로토콜을 사용하여 각자의 서비스 정의를 구현한다. 각 개체는 서비스 사용자에게 보이는 서비스가 변경되지 않는다는 조건하에서 임의로 그 프로토콜을 자유롭게 수정할 수 있다. 이러한 방식으로 서비스와 프로토콜은 완전하게 분리될 수 있다. 이것은 모든 네트워크 설계자가 이해해야 하는 핵심 개념이다.

중요한 요점을 반복하면, 그림 1-19에서 보는 바와 같이, 서비스는 계층 간의 인터페이스에 관련된 것이다. 반면 프로토콜은 서로 다른 기기 상의 피어 간에 보내는 패킷에 관련된 것이다. 이 두 개념을 혼동하지 말아야 한다.

프로그래밍 언어의 예를 들어 보자. 서비스의 개념은 객체지향 언어에서의 추상 데이터 타입(abstract data type) 또는 객체(object)와 유사하다. 이는 객체에서 수행될 수 있는 동작들을 정의하지만 이들 동작의 구현방법에 대해서는 명시하지 않는다. 반면에 프로토콜은 서비스 구현에 관련된 것이고 위와 마찬가지로 서비스 사용자에게는 보이지 않는다.

예전의 많은 프로토콜들은 프로토콜과 서비스를 구분하지 않았다. 사실상 전형적인 계층은 완전하게 조합된 패킷을 가리키는 포인터를 사용자에게 제공하는 SEND PACKET 서비스 프리미티브를 제공하고 있었다. 이러한 방식은 프로토콜의 모든 변화가 즉시 사용자에게 보이게 된다는 것을 의미한다. 현재 대부분의 네트워크 설계자들은 이러한 설계방식을 중대한 실수로 인식하고 있다.

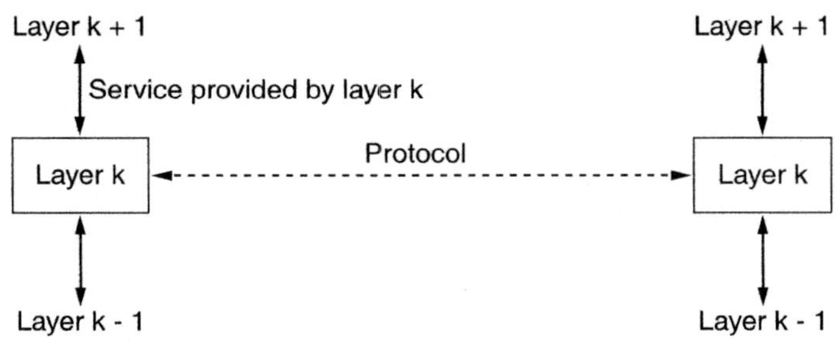

그림 1-19 서비스와 프로토콜 간의 관계

1.4 참조모델

지금까지 우리는 계층화된 네트워크를 추상적으로 살펴보았다. 이제는 계층화된 네트워크의 예를 살펴보자. 두 개의 중요한 네트워크 참조모델, 즉 OSI 참조모델과 TCP/IP 참조모델에 대하여 살펴볼 것이다. OSI 참조모델과 관련된 *프로토콜*은 거의 사용되고 있지 않지만, 모델 그 자체는 실제로 아주 일반적이고 여전히 유효하고 각 계층에서 논의된 특징들은 여전히 아주 중요하다. TCP/IP 모델은 정반대이다. 모델 그 자체는 거의 사용되고 있지 않지만 프로토콜은 널리 사용되고 있다. 이러한 이유로 이 두 모델에 대하여 자세하게 다룰 것이다. 또한 여러분은 때때로 성공보다는 실패를 통하여 더 많은 것을 얻을 수 있을 것이다.

1.4.1 OSI 참조모델

그림 1-20은 물리 매체를 제외한 OSI 모델을 보여준다. 이 모델은 다양한 계층에서 사용되는 프로토콜들의 국제 표준화를 위한 첫 번째 과정으로서 ISO(International Standards Organization)가 개발한 제안사항에 근거하고 있다(Day and Zimmermann, 1983). 이 모델은 1995년에 개정되었다(Day, 1995). 이 모델은 개방형 시스템, 즉 다른 시스템들과의 통신이 개방된 시스템 간의 연결을 다루기 때문에 **ISO OSI**(Open System Interconnection) **참조모델**(reference model)이라 한다. 보통 줄여서 OSI 모델이라고 부른다.

OSI 모델은 7계층으로 구성되어 있다. 이 7계층에 적용된 원리는 다음과 같다.

1. 한 계층은 다른 수준의 추상화가 필요한 곳에 만들어진다.
2. 각 계층은 명확하게 정의된 기능을 수행한다.
3. 각 계층의 기능은 국제적으로 표준화된 프로토콜을 정의하는 목적으로 선택된다.
4. 각 계층의 경계는 인터페이스를 통하는 정보 흐름을 최소화하도록 선택된다.
5. 계층의 수는 서로 다른 기능들이 필요 이상으로 한 계층에 집중되지 않도록 충분히 많아야 하고 구조가 방만하지 않도록 충분히 적어야 한다.

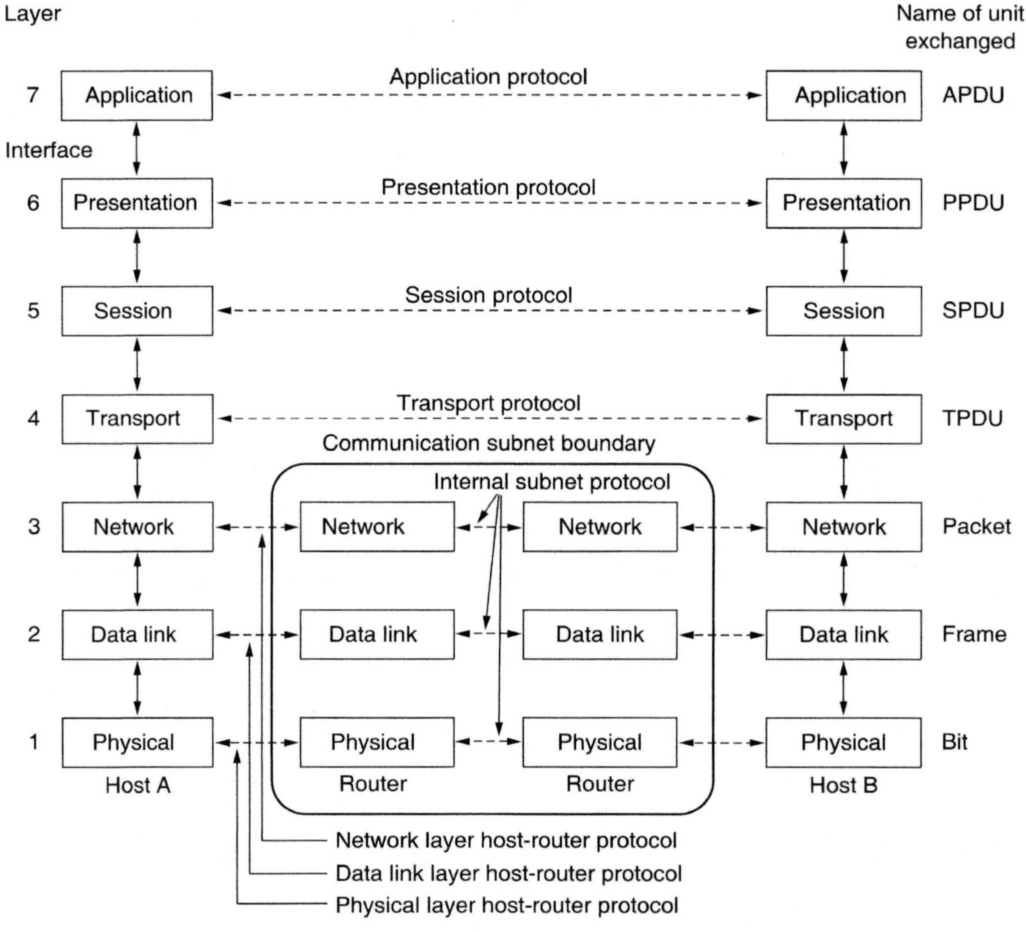

그림 1-20 OSI 참조모델

아래에서는 OSI 모델의 각 계층에 대하여 아래부터 시작하여 차례로 설명한다. OSI 모델 자체는 각 계층에서 사용되어야 하는 서비스와 프로토콜에 대해 정확하게 규정하지 않기 때문에 네트워크 구조는 아니고 단지 각 계층이 수행해야 하는 기능에 대하여 말할 뿐이다. 그러나 ISO는 모든 계층이 참조모델 자체의 일부는 아니더라도 모든 계층에 대한 표준을 작성하였다. 이들 각각은 독립된 국제표준으로 작성되었다. 관련 프로토콜을 오랫동안 잊고 있다고 하지만 모델(일부)은 널리 사용되고 있다.

물리 계층(Physical Layer)

물리 계층은 통신 채널로서 원시 비트들을 전송하는 기능을 담당한다. 이 계층의 설계쟁점은 송신측이 비트 1을 송신하면 수신측이 비트 0이 아닌 1을 수신함을 보장하는 것이다. 이 계층에 관련된 전형적인 의문사항은 다음과 같다. 1과 0을 나타내기 위해 어떤 전기적 신호를 사용하는가? 어떻게 초기 연결을 설정하고 해제하는가? 네트워크 커넥터에는 몇 개의 핀이 필요하고 각 핀은 어떤 기능을 하는가? 이 계층에서 주로 다루는 설계쟁점은 물리적 계층 아래에 위치한 물리 전송매체뿐만 아니라 기계적, 전기적, 그리고 타이밍 인터페이스에 관한 것이다.

데이터 링크 계층(Data Link Layer)

데이터 링크 계층의 주요 임무는 오류 없는 전송을 위해서 전송설비 즉 원시데이터를 회선으로 변환하는 것이다. 네트워크 계층을 보지 않도록 실제 오류를 마스킹 한다. 이것은 송신측에서 데이터를 **데이터 프레임**(data frames, 일반적으로 수백 또는 수천 바이트)으로 나누어서 각 프레임을 순서대로 전송함으로써 수행된다. 서비스가 신뢰할 만하다면, 수신측에서는 긍정응답을 나타내는 **확인응답 프레임**(acknowledgement frame)을 송신측에 보냄으로써 각 프레임을 잘 받았다는 확인을 한다.

데이터 링크 계층의 (대부분의 다른 상위 계층들도 마찬가지임) 또 다른 쟁점사항은 고속의 송신측 데이터 전송으로 인해 저속의 수신측이 폭주하는 상황을 예방하는 방법이다. 몇몇 트래픽 제어 메커니즘은 각 순간마다 수신측이 데이터를 언제 받을 수 있는지를 송신측에서 알려주게 한다.

브로드캐스트 네트워크는 데이터 링크 계층에서 공유 채널 접근을 어떻게 제어하는가와 같은 부가적인 문제들이 존재한다. 매체 액세스 제어 부계층과 같이 데이터 링크 계층의 특별한 부계층이 이러한 문제를 처리한다.

네트워크 계층(Network Layer)

네트워크 계층은 서브넷의 동작을 제어한다. 이 계층의 설계쟁점은 송신측에서 수신측으로의 패킷 전송 경로를 결정하는 것이다. 라우터는 네트워크를 물리 케이블로 연결한 망 형상에 대한 정적 테이블에 따라 동작하고 이 테이블은 거의 변경되지 않으며, 라우터들은 구성요소가 실패하는 것을 피하기 위해 자동으로 업데이트를 할 수 있다. 라우터들은 각 연결의 시작, 예를 들면, 원격 기기에 로그인하는 터미널 세션 시에 결정될 수도 있다. 매우 동적이어서 현재의 네트워크 부하를 반영하여 각 패킷을 전송하기 위하여 라우터들이 새로이 결정될 수도 있다.

만일 동시에 너무 많은 패킷들이 서브넷에 존재할 경우 각각의 패킷들은 다른 패킷들의 경로에 끼어들어 병목현상을 빚게 될 것이다. 혼잡 처리는 네트워크상에서 부하를 맞추는 장소인 상위계층과 관련하여 네트워크 계층의 책임을 진다. 일반적으로 제공되는 QoS(지연, 이동시간, 지터 등)도 네트워크 계층의 쟁점이다.

패킷이 최종 목적지에 도달하기 위해 어떤 네트워크에서 다른 네트워크를 통과할 경우 많은 문제들이 발생할 수 있다. 두 번째 네트워크의 주소지정방식은 첫 번째 네트워크와 다를 수 있기 때문이다. 두 번째 네트워크는 패킷이 너무 크면 어떠한 패킷도 수신하지 않을 수도 있다. 프로토콜 역시 이와 같이 서로 다를 수 있다. 이러한 문제들을 해결함으로써 이기종 네트워크 간의 상호연결을 제공하는 것이 네트워크 계층의 역할이다.

브로드캐스트 네트워크의 경우 경로배정 문제는 단순하기 때문에 네트워크 계층의 비중이 작거나 심지어 존재하지 않는 경우도 있다.

트랜스포트 계층(Transport Layer)

트랜스포트 계층의 기본 기능은 세션 계층으로부터 전달 받은 데이터를 필요한 경우 작은 단위로 분할한 후 이들을 네트워크 계층으로 전달하고 각 단편들이 모두 상대편에 정확하게 도착하였음을 보장하는 것이다. 더구나 이들 과정이 모두 효율적으로 그리고 피할 수 있는 하드웨어 기술의 변화로부터 상위 계층들을 분리시키는 방법으로 수행되어야 한다.

또한 트랜스포트 계층은 세션 계층에 제공할 서비스 유형과 궁극적으로 네트워크 사용자들에게 제공할 서비스 유형을 결정해야 한다. 가장 대중적인 트랜스포트 계층 연결 유형은 전송된 순서대로 메시지 또는 바이트들을 전달하는 오류 없는 점대점 채널이다. 그러나 다른 종류의 전송 서비스들은 분리된 메시지 전송과 다중 목적지로 보내는 메시지의 브로드캐스팅인데 전달 순서에 대해 어떠한 보장도 하지 않는다. 서비스 유형은 연결이 설정될 때 결정된다(여담으로, 오류 없는 채널이란 불가능하다. 실제로 이 말이 의미하는 것은 오류율이 실제로는 무시할 수 있을 정도로 낮다는 것을 의미한다).

트랜스포트 계층은 종단 간 연결 계층이다. 최초 송신측에서 최종 수신측을 잇는다. 다른 말로 표현하면 송신측 통신기기의 프로그램은 메시지 헤더와 제어 메시지들을 이용해서 이와 유사한 수신측 통신기기의 프로그램과 대화를 나눈다. 하위 계층의 경우 각 프로토콜들은 많은 라우터들을 경유하는 최초 송신측과 최종 수신측 사이에 위치하지 않고, 각각의 송수신측과 이와 바로 인접한 통신기기들 사이에 위치한다. 연쇄적으로 연결된 1계층부터 3계층까지와 4계층부터 7계층까지 간의 차이점이 그림 1-20에 설명되어 있다.

세션 계층(Session Layer)

세션 계층은 이기종 통신기기 상의 사용자들이 그들 간의 **세션**(sessions)을 설정할 수 있도록 허용한다. 세션 계층은 **대화 제어**(dialog control, 누가 전송할 차례인지 기억하고 있음), **토큰 관리**(token management, 양측이 동시에 같은 동작을 하지 못하게 함), **동기화**(synchronization, 긴 전송의 경우 충돌이 발생한 후 복구에서 중단된 마지막 체크 포인트로 가도록 하는 방법)를 포함한 여러 가지 서비스를 제공한다.

표현 계층(Presentation Layer)

주로 비트를 전송하는 것과 관련된 하위 계층과는 달리, 표현 계층은 전송되는 정보의 구문 및 의미규칙과 관련이 있다. 컴퓨터가 서로 다른 내부의 데이터 표현으로 통신하는 것을 가능하게 하려면 교환되는 데이터 구조가 물리 계층에서 사용되는 표준 부호화에 따라 추상적인 방법으로 정의될 수 있어야 한다. 표현 계층은 이러한 추상 데이터 구조를 관리하고 정의 및 교환될 수 있는 고급 데이터 구조(은행의 레코드 등)를 허용한다.

응용 계층(Application Layer)

응용 계층은 주로 사용자들에게 필요한 여러 가지 프로토콜을 포함한다. 널리 사용되고 있는 응용 프로토콜 중 하나로서 월드와이드웹(WWW)의 기초가 되는 **HTTP**(HyperText Transfer Protocol)가 있다. 브라우저가 웹 페이지를 보려면, 원하는 페이지의 이름을 HTTP를 이용하여 서버로 전송한다. 그러면 서버는 그 페이지를 다시 전송해준다. 다른 응용 프로토콜로는 파일 전송, 전자 우편, 네트워크 뉴스 등에 사용된다.

1.4.2 TCP/IP 참조모델

이제 모든 광대역 컴퓨터 네트워크의 시초인 ARPANET과 ARPANET을 계승한 전 세계적인 인터넷에서 사용되고 있는 참조모델을 살펴보자. 나중에 ARPANET의 약력에 대해서 살펴보겠지만 이에 대한 몇 가지 핵심사항들을 지금 살펴보기로 하자. ARPANET은 DoD(U.S. Department of Defense)의 후원으로 개발된 연구망이었다. ARPANET은 전용 전화회선을 이용해서 수백 개의 대학과 정부시설을 연결하였다. 이후에 위성과 위성망이 추가되었을 때 그 당시의 프로토콜들은 이들을 상호 연결하는 데 어려움이 많아서 새로운 참조 구조가 필요했다. 따라서 여러 네트워크들을 이음새 없이(seamless) 연결할 수 있는 능력은 처음부터 주요 설계목표 중 하나가 되었다. 이 구조는 두 개의 기본 프로토콜이 완성된 이후에 유명한 **TCP/IP 참조모델**(TCP/IP Reference Model)이 되었다. 이 모델은 Cerf와 Kahn(1974)에서 처음으로 정의되고 후에 인터넷 커뮤니티 표준으로 개정되고 정의되었다(Braden, 1989). 이 모델의 기본 설계 철학은 Clark(1988)에 기술되어 있다.

또 다른 주요 설계목표는 값비싼 호스트, 라우터, 그리고 네트워크 사이의 게이트웨이들 중의 일부가 Soviet Union의 공격에 의해 순식간에 본래의 기능을 수행하지 못할 수도 있다는 DoD의 고민에 대해 서브넷 하드웨어에 이상이 발생한 상황에서도 이미 연결된 대화가 단절되지 않고 그대로 유지될 수 있도록 하는 것이다. 바꾸어 말하면 DoD는 몇몇의 통신기기들과 전송회선들이 통신 중에 갑자기 고장 나더라도 송신측과 수신측 통신기기가 제 기능을 수행하고 있는 동안은 연결이 그대로 유지될 수 있기를 희망하였다. 더구나 파일 전송에서부터 실시간 음성 전송의 영역까지 다양한 요구사항의 응용들이 실계되있기 때문에 단력성 있는 구조가 필요했다.

링크 계층(Link Layer)

이러한 요구사항들을 만족시키기 위하여 비연결형 인터넷 계층을 기반으로 한 패킷 교환 네트워크를 선택해야 했다. 모델에서 하위 계층인 **링크 계층**은 연속된 라인과 전형적인 이더넷과 같은 링크가 연결 없는 인터넷 계층의 요구를 충족하기 위해 해야 할 일을 설명한다. 용어의 일반적인 의미에서 레이어는 호스트와 전송 링크 사이의 인터페이스에 속한다고 TCP/IP 모델의 초기 자료에서 언급하고 있다.

인터넷 계층(Internet Layer)

인터넷 계층은 구조 전체를 함께 유지할 수 있는 결합체의 역할을 한다. 그림 1-21에 OSI 네트워크 계층에 해당하는 그림이 나와 있다. 이 계층은 호스트가 패킷을 임의의 네트워크로 전송할 수 있게 하고, 각각의 패킷이 독립적인 (서로 다른 네트워크) 경로를 따라 (다른 네트워크에 연결된) 목적지에 도착할 수 있게 한다. 이들 패킷은 송신한 순서대로 수신되지 않을 수 있고, 이러한 경우에 상위 계층은 필요한 경우 각 패킷을 재정렬할 수 있어야 한다.

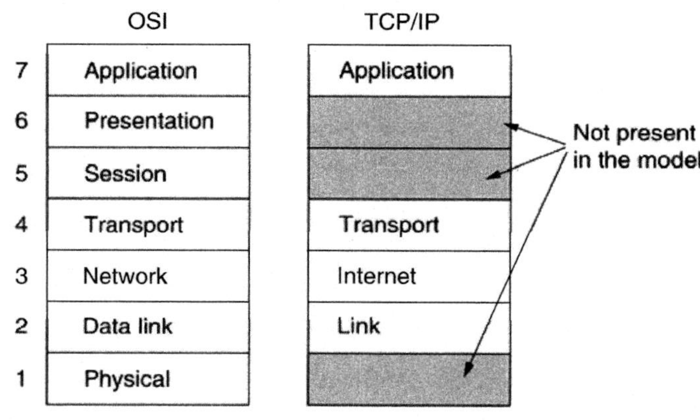

그림 1-21 TCP/IP 참조모델

느린 우편 시스템의 예를 들어보자. 어떤 사람이 어느 한 나라에서 몇 통의 국제우편을 우체통에 집어넣으면 대부분은 해당 국가의 정확한 주소지로 배달될 것이다. 그 편지들은 배달되는 과정 중에 하나 이상의 국제 우편국들을 경유하지만 이것은 이용자에게는 보이지 않는 과정이다. 더구나 각 국가(각 네트워크)는 고유의 우편번호, 선호하는 편지봉투 크기, 그리고 전달체계를 가지고 있지만 이것 역시 이용자에게 보이지 않는다.

인터넷 계층은 공식적인 패킷 포맷, **IP**라 불리는 프로토콜, 이 기능을 도와주는 동료 프로토콜인 **ICMP**(Internet Control Message Protocol)라 불리는 프로토콜을 정의한다. 인터넷 계층의 역할은 IP 패킷들을 해당 목적지에 전달하는 것이다. 폭주를 예방하는 패킷 경로배정(routing)은 이 계층의 핵심 쟁점사항이다. 패킷 라우팅은 혼잡(IP가 혼잡을 피하는 데 그 효과가 입증되지 않았지만)이 명확하게 중요한 문제이다.

트랜스포트 계층(Transport Layer)

TCP/IP 모델에서 인터넷 계층의 바로 위에는 **트랜스포트 계층**이 있다. 이 계층은 OSI 트랜스포트 계층과 같이 송신측과 수신측 호스트상의 피어들이 대화를 나눌 수 있게 한다. 두 종류의 종단 간 트랜스포트 프로토콜이 이 계층에서 정의된다. 그중 하나인 **TCP**(Transmission Control Protocol, 전송 제어 프로토콜)는 한 통신기기에서 송신하려는 바이트 스트림을 인터넷상의 임의의 다른 통신기기로 오류 없이 전달하는 신뢰성 있는 연결형 프로토콜이다. TCP는 착신 바이트 스트림을 메시지들로 분리해서 각각을 인터넷 계층으로 전달한다.

수신 호스트에서 수신 TCP 프로세스는 수신된 메시지들을 출력 스트림으로 재조합한다. 또한 TCP는 저속의 수신측이 고속의 송신측에 의해 폭주하는 상황을 예방하기 위해 흐름제어 기능도 수행한다.

또 다른 하나인 **UDP**(User Datagram Protocol)는 TCP의 순서제어나 흐름제어와 같은 기법들을 필요로 하지 않고 고유의 기법들을 제공하기 위한 신뢰성 없는 비연결형 프로토콜이다. 또한 UDP는 일회성 전송이나 클라이언트-서버 형태의 요청-응답(request-reply) 질의, 그리고 음성이나 영상 전송과 같이 정확한 전송보다는 실시간 전송을 필요로 하는 응용들에 폭넓게 사용되고 있다. 그림 1-22는 IP, TCP 및 UDP의 상관관계를 보여주고 있다. 이 모델이 개발된 이후에 IP는 다른 많은 네트워크에서 구현되고 있다.

응용 계층(Application Layer)

TCP/IP 모델은 세션 계층과 표현 계층을 가지고 있지 않다. 이들 계층이 필요하지 않다. 대신에 응용 프로그램은 단순히 필요한 모든 세션과 표현 기능을 포함한다. OSI 모델 사용 경험으로 볼 때 이 두 계층은 대부분의 응용에서 거의 사용되고 있지 않다는 것이 증명되었다.

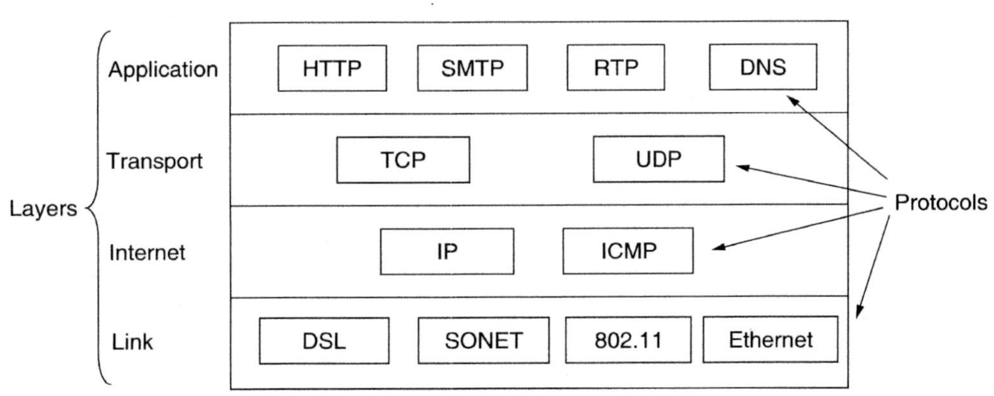

그림 1-22 초기 TCP/IP 모델에서의 프로토콜과 네트워크

트랜스포트 계층의 상위에는 **응용 계층**이 있다. 그림 1-22에서 보는 바와 같이 TELNET(가상 터미널), FTP(파일 전송 프로토콜), 그리고 SMTP(전자우편 전송 프로토콜) 등이 있다. 다른 많은 프로토콜이 몇

년 동안 추가되었다. 그림 1-22에서 우리가 공부한 몇 가지 중요한 것들은 호스트 네임을 네트워크로 변환하는 DNS(Domain Name Service), World Wide Web에서 페이지를 가져오기 위한 HTTP 프로토콜, 음성이나 영화 같은 실시간 미디어를 전달하기 위한 RTP 프로토콜이 있다.

1.4.3 이 책에서의 모델 사용

일찍이 언급했던 것처럼, OSI 계층 모델의 장점은 모델 자체로서 (표현과 세션 계층을 제외하고) 컴퓨터 네트워크를 토론하기 위한 매우 유용한 것으로 입증되었다. 이와 대조적으로 TCP/IP 참조모델의 장점은 이들 프로토콜을 여러 해 동안 널리 사용하고 있다는 것이다. 우리는 이 책에 대한 프레임 워크로 그림 1-23을 사용할 것이다.

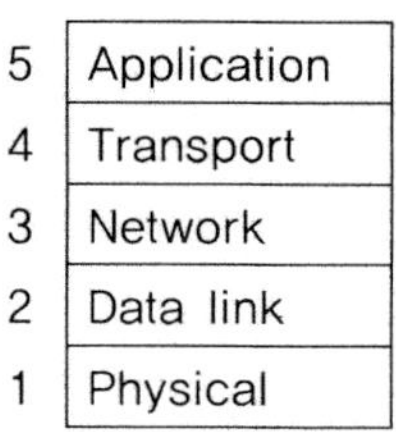

그림 1-23 이 책에서 사용되는 하이브리드 참조모델

이 모델은 5계층으로 이뤄져 있으며, 물리 계층을 통해 네트워크와 및 전송계층을 지나 응용 계층으로 동작한다. 물리 계층은 전기적 신호(혹은 아날로그)로 미디어 종류에 걸쳐 비트를 전송하는 방법을 지정한다. 링크계층은 직접 연결된 컴퓨터의 신뢰성 수준 사이에서 유한한 길이의 메시지를 보내는 방법과 관련되어 있다. 이더넷과 802.11은 링크계층 프로토콜의 예다.

네트워크 계층은 네트워크 안의 여러 링크와 인터네트워크로 결합하는 방법을 다룸으로서 먼 거리의 컴퓨터 간에 패킷을 보낼 수 있도록 하기 때문에 패킷을 보냄에 따라 경로를 찾는 작업을 포함한다. IP는 이 계층을 연구하기 위한 기본 프로토콜이다. 전송계층의 장점은 네트워크 계층의 전송 보장, 향상된 신뢰성과 함께 전송의 추상화를 제공하고 이러한 안정적인 바이트 스트림으로 인해 서로 다른 어플리케이션의 요구를 일치시킨다. TCP는 전송계층 프로토콜의 중요한 예다.

마지막으로 응용 계층은 네트워크를 이용하는 프로그램이 포함되어 있다. 모든 것은 아니지만, 네트워크 응용프로그램은 웹 브라우저와 같은 사용자 인터페이스를 지원한다. 그러나 우리가 걱정하는 것은 네트워크를 사용하는 프로그램의 일부분이다. HTTP 프로토콜은 웹브라우저의 한 유형이다. DNS와 사용되는 많은 어플리케이션과 같이 응용 계층에서는 중요한 프로그램을 지원한다. 이 챕터의 시퀀스는 이 모델을 기반으로 한다. 이런 방식으로 네트워크 아키텍처를 이해하기 위해 OSI모델의 가치를 그대로 유지하지만, 주로 TCP/IP 및 관련 프로토콜에서와 같이 802.11, SONET, 블루투스와 같은 새로운 것들과 함께 실전에 사용된다.

1.4.4 OSI 참조모델과 TCP 참조모델의 비교

OSI와 TCP/IP 참조모델은 많은 부분에서 공통점이 있다. 두 모델은 독립적인 프로토콜들로 이루어진 스택 개념을 기반으로 하고 있다. 또한 대응하는 각 계층은 유사한 기능을 수행한다. 예를 들어 두 모델 모두 트랜스포트 계층을 포함한 그 이상의 계층들이 통신을 원하는 프로세스들에게 종단 간 네트워크에 독립적인 전송 서비스를 제공한다. 다시 두 모델로 돌아와서, 트랜스포트 계층의 상위에는 전송 서비스를 이용하는 응용 사용자들이 존재한다.

두 모델은 이러한 기본적인 유사성이 있는 반면 또한 많은 차이점을 가지고 있다. 이 절에서 우리는 두 참조모델 간의 주요 차이점들에 대해서 살펴볼 것이다. 우리는 두 *참조모델*에 대해서 비교하는 것이지 각각에 대응하는 *프로토콜 스택*들에 대해서 비교하는 것이 아니다. 프로토콜 그 자체에 대하여는 나중에 살펴볼 것이다. TCP/IP와 OSI 참조모델의 전체적인 비교에 대해서는 (Piscitello and Chapin, 1993)을 참조하기 바란다.

OSI 모델에 대한 세 가지 핵심개념은 다음과 같다.

1. 서비스
2. 인터페이스
3. 프로토콜

OSI 모델의 최대 공헌은 이 세 가지 개념을 분명하게 구별한 것이다. 각 계층은 상위 계층에게 필요한 서비스들을 수행한다. *서비스*의 정의는 각 계층이 무슨 일을 하는가를 규정하는 것이지 상위 개체들이 어떻게 접근하고 각 계층은 그 서비스를 어떻게 수행하는지에 대하여는 규정하지 않는다. 서비스는 그 계층의 의미(semantics)를 정의한다.

한 계층의 *인터페이스*는 상위 계층의 프로세스가 어떻게 접근할 수 있는가를 정의한다. 이것은 어떤 파라미터를 사용하고 어떤 결과가 기대되는지를 명시한다. 이 또한 각 계층이 내부적으로 어떻게 동작하는지에 대해서는 명시하지 않는다.

마지막으로, 임의의 한 계층에서 사용되는 동급 *프로토콜*은 그 계층 고유의 기능이다. 그 계층은 프로토콜이 수행해야 될 기능(요청된 서비스)을 제공한다면 어떠한 프로토콜을 사용해도 된다. 또한 상위 계층 소프트웨어에 영향을 주지 않는 범위에서 임의로 수정할 수도 있다.

이러한 개념들은 객체지향 프로그래밍과 같은 최신의 개념들에 아주 잘 어울린다. 계층과 비슷한 개념인 객체는 외부에서 그 객체를 호출함으로써 처리하는 일련의 메소드(동작, method [operation])들을 가지고 있다. 이들 메소드의 의미(semantics)는 객체가 제공하는 일련의 서비스들을 정의한다. 메소드의 파라미터들과 결과들은 객체의 인터페이스를 구성한다. 객체 내부의 코드는 자체 프로토콜이고 외부에 보이지 않을 뿐더러 객체 외부에서는 전혀 관여하지 않는다.

비록 개발자들이 OSI 모델과 유사한 형태를 가지도록 갱신하고 있지만 본래 TCP/IP 모델은 서비스, 인터페이스, 그리고 프로토콜에 대한 명확한 구분을 하지 않았다. 예를 들어 인터넷 계층에서 제공하는 실제 서비스는 단지 Send IP Packet과 Receive IP Packet뿐이다.

결론적으로 OSI 모델 프로토콜들은 TCP/IP 모델 프로토콜보다 더욱 감추어져 있고, 이들은 기술이 변할 때마다 상대적으로 쉽게 대체될 수 있다. 이러한 변경을 가능하게 하는 것은 우선적으로 계층화된 프로토콜을 유지하는 주요 목적 중의 하나이다.

OSI 참조모델은 해당 프로토콜들이 만들어지기 전에 고안되었다. 이러한 개발 순서는 이 모델이 특별한 프로토콜에 편중되지 않았음을 의미한다. 이러한 개발 순서의 부정적인 측면은 설계자들이 경험이 별로 없어서 어느 계층에 어떤 기능을 배치할 것인가에 대한 현명한 판단을 할 수 없었다는 점이다.

예를 들면, 데이터 링크 계층은 원래 점대점 네트워크만 다루었다. 브로드캐스트 네트워크의 활성화로 인해 새로운 부계층이 이 모델에 추가되어야 했다. 더욱이 OSI 모델과 당시 존재하던 프로토콜들을 이용해서 실제 네트워크를 구축하기 시작했을 때, 이 네트워크는 놀랍게도 필수 서비스 명세를 충족시키지 못했다는 점을 발견했다. 그래서 이 차이점들을 수용하기 위한 영역을 제공하기 위하여 수렴 부계층이 모델에 접목되어야 했다. 결국 위원회는 원래 각 국가들이 정부에 의해 운영되는 OSI 프로토콜을 이용한 하나의 네트워크를 가지고 있을 것이라고 예상했기 때문에 인터네트워킹에 대하여는 신경을 쓰지 않았다. 결론적으로 말하면, 이러한 예상은 빗나갔다.

TCP/IP의 경우는 정반대이다. TCP/IP는 프로토콜이 먼저 개발되었고 모델은 단지 현존하던 프로토콜들을 기술한 것이었다. 프로토콜을 모델에 적용하는 것은 별다른 문제가 되지 않았다. TCP/IP 모델과 프로토콜은 완벽하게 잘 맞았다. 단 한 가지 문제점은 이 *모델*이 다른 프로토콜 스택들과는 맞지 않는다는 점이었다. 따라서 이 모델은 TCP/IP를 사용하지 않는 다른 네트워크를 기술하기에는 적합하지 않다.

철학적인 것보다 구체적인 것들을 살펴보면, 두 모델의 분명한 차이점은 계층의 개수이다. 즉, OSI 모델은 7계층이고 TCP/IP 모델은 4계층이다. 두 모델은 네트워크, 트랜스포트, 그리고 응용 계층을 공통으로 가지고 있지만 이외의 다른 계층은 서로 다르다.

또 다른 차이점은 비연결형 대 연결형 통신영역에 있다. OSI 모델은 네트워크 계층에서 비연결형과 연결형 통신 모두를 지원하지만 트랜스포트 계층에서는 단지 연결형 통신만을 지원한다. 트랜스포트 계층 서비스는 사용자들에게 보이기 때문에 이러한 방식을 사용한다. TCP/IP 모델은 네트워크 계층에서 단지 비연결형 통신만을 제공하지만 트랜스포트 계층에서는 사용자가 선택할 수 있도록 두 가지 모두 지원한다. 이러한 선택은 단순 요구-응답 프로토콜에서 특히 중요한 의미를 가진다.

1.4.5 OSI 모델과 프로토콜 비판

OSI 모델과 프로토콜뿐만 아니라 TCP/IP 모델과 프로토콜도 완벽한 것은 아니다. 이들에 대해 적지 않은 비판이 있었고 지금도 계속되고 있다. 이 절과 다음 절에서 이 비판들 중 몇 가지를 살펴볼 것이다. 먼저 OSI 모델을 살펴본 다음 TCP/IP 모델을 살펴보도록 하자.

이 책의 2판이 출판될 시기(1989)에 현역에 몸담고 있는 전문가들은 OSI 모델과 프로토콜이 지배적인 입장에 서게 될 것이라는 예측을 하고 있었다. 그러나 이러한 예측은 빗나갔다. 왜 그런지 몇 가지 이유를 살펴보기로 하자. 그 이유는 다음과 같이 요약된다.

1. 시간적 오류(Bad timing)
2. 기술적 오류(Bad technology)
3. 구현적 오류(Bad implementations)
4. 정책적 오류(Bad politics)

시간적 오류

먼저 첫 번째 타이밍 오류를 살펴보자. 표준이 정립될 시기는 성공의 절대적인 중요한 요소이다. M.I.T의 David Clark은 그림 1-23과 같이 *두 마리 코끼리의 대사건(Apocalypse of the two elephants)*이라고 부르는 표준화 이론을 제시했다.

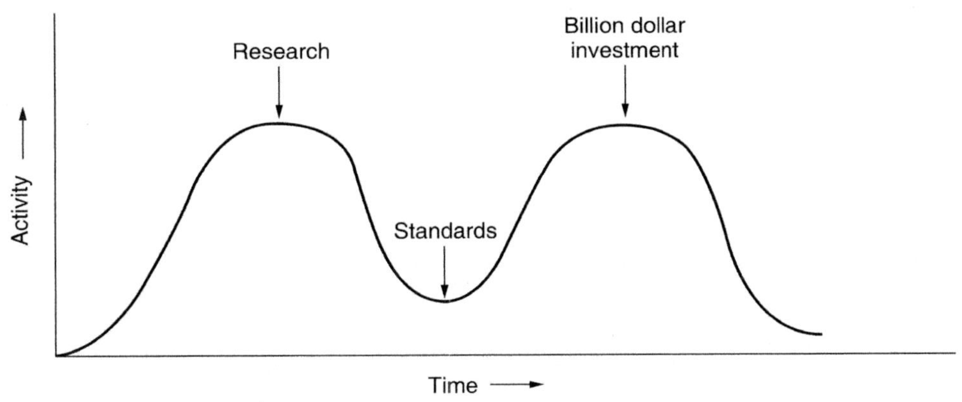

그림 1-24 두 마리 코끼리의 대사건

이 그림은 새로운 주제를 둘러싼 활동량을 나타낸다. 주제가 처음 제시되면, 토의, 연구논문, 회의의 형태로 연구 활동이 왕성하게 이루어진다. 잠시 후에 이러한 연구 활동은 가라앉고 관련업체들은 이 주제를 인지하게 되고, 결국 막대한 자금의 투자활동이 이루어진다.

표준은 두 "코끼리들" 사이의 홈에서 정립되어야 한다. 만일 표준이 너무 일찍 정립되면 (연구 결과가 충분히 정립되기 전에) 그 주제에 대한 충분한 검토가 이루어지지 않아, 결국 잘못된 표준이 되고 만다. 만일 표준이 너무 늦게 정립되면 이미 많은 관련업체들이 서로 다른 방식에 투자했기 때문에 표준의 효율성이 무시되는 결과를 초래한다. 두 코끼리 사이의 간격이 너무 좁으면 (사람들이 급히 서둘러 시작하기 때문에) 그들이 제안한 표준들은 서로 충돌하게 된다.

현재 OSI 프로토콜들의 표준은 서로 충돌하고 있다. 경쟁상대인 TCP/IP 프로토콜은 OSI 프로토콜이 나타난 시기에 이미 연구 대학들에서 널리 사용되고 있었다. 막대한 자금의 투자활동이 이루어지지 않은 동안에도 학술 시장은 많은 업체들이 TCP/IP 제품을 조심스럽게 제공할 정도로 충분히 성장했다. OSI가 활성화되려는 시점에서 관련업체들은 강제성을 띠기 전까지는 두 번째 프로토콜 스택(OSI)을 지원하지 않았기 때문에 이 모델에 대한 어떠한 초기 투자도 이루어지지 않았다. 모든 업체들은 서로 눈치만 보고 있었기 때문에 어떠한 회사도 먼저 시작하지 않았고 결국 OSI 제품은 나타나지 않았다.

기술적 오류

OSI가 널리 사용되지 못했던 두 번째 이유는 이 모델과 프로토콜들에 결함이 있었기 때문이다. 일곱 계층을 선택한 것은 기술적이라기보다는 정치적인 이유에서였다. 두 계층(세션과 표현)은 거의 비어 있는 반면, 다른 두 계층(데이터 링크와 네트워크)은 제공해야 할 기능이 너무 많다.

서비스 정의들과 프로토콜들을 포함한 OSI 모델은 아주 복잡했다. 인쇄한 표준을 쌓았더니 높이가 몇 미터나 되었다. 또한 이들 표준은 구현하기 어렵고 동작에 있어서 비효율적이다. 여기서 Paul Mockapetris가 만들고 (Rose, 1993)에서 인용된 수수께끼를 상기해 보자.

Q : 국제 표준과 불법을 서로 마주하게 하면 무엇을 얻게 될 것인가?
A : 이해할 수 없는 제안을 하도록 시키는 사람

이해할 수 없는 것 외에도 OSI가 가지고 있는 또 다른 문제는 주소지정방식, 흐름제어, 그리고 오류 제어 등과 같은 기능들이 각 계층에 중복되어 나타난다는 것이다. 예를 들어, Saltzer(1984)는 각각의 하위 계층들마다 이 기능들을 반복해서 제공하는 것은 불필요하고 비효율적이며 최상위 계층에서 오류 제어를 담당하는 것이 효율적이라고 지적했다.

구현적 오류

OSI 모델과 프로토콜들이 매우 복잡하다는 점을 고려한다면 최초의 구현들은 비대했고 제어하기 힘들었으며 느렸다는 것을 예상할 수 있다. 이 모델을 구현하려고 시도한 모든 사람들은 화가 났다. 사람들이 "OSI"를 "품질 저하"로 인식하는 데는 그리 오랜 시간이 필요하지 않았다. 시간이 지날수록 OSI 제품들은 더욱 복잡해져서 이러한 인식은 사람들의 뇌리에 고정되었다.

이와 대조적으로 TCP/IP는 Berkeley UNIX의 일부로 처음 구현되었고 상당히 좋은 성능을 발휘했다(무료로 공개되었다는 점은 말할 필요도 없다). 사람들은 서둘러 Berkely UNIX를 사용하기 시작해서 거대한 사용자 집단을 형성하게 되었고, 그 결과 기능 향상이 이루어졌으며, 다시 더욱더 거대한 사용자 집단을 형성하게 되었다. 이와 같은 순환과정은 더 나은 방향으로 되풀이되었다.

정책적 오류

초기 구현으로 인해 많은 사람들, 특히 대학의 사람들은 TCP/IP를 UNIX의 일부로 생각하였다. 1980년대 대학의 UNIX는 어버이와 다르지 않았고(그 당시는 어머니라고 잘못 불렀다), 극히 미국적인 것이었다.

이와는 반대로 OSI는 유럽 전기통신부, 유럽 공동체, 그리고 나중에 미국 정부의 창조물로 생각되었다. 이러한 생각은 단지 부분적으로만 사실이었으나 일부의 정부 관료들은 기술적으로 취약한 표준을 불쌍한 개발자들과 프로그래머들에게 강요한 나머지 실질적인 컴퓨터 네트워크 발전에 큰 도움을 주지 못했다. 이와 같은 발전을 1960년대에 PL/I 언어가 차세대 언어라고 발표한 IBM이나 이것을 수정해서 실제로는 Ada 언어가 차세대 언어라고 발표한 DoD 경우와 같은 맥락으로 인식하는 사람들도 있다.

1.4.6 TCP/IP 참조모델 비판

TCP/IP 모델과 프로토콜들 역시 자체적인 문제점들을 가지고 있다. 첫째, 이 모델은 서비스, 인터페이스 및 프로토콜 각각의 개념을 명확하게 구분하지 않았다. 훌륭한 소프트웨어 공학 지침서는 명세와 구현을 구분하도록 요구하고 있다. OSI는 이들을 매우 신중하게 구분하였지만 TCP/IP는 그렇지 않았다. 따라서 새로운 기술을 이용한 새로운 네트워크를 설계하는 데 TCP/IP 참조모델을 참고하기에는 적당하지 않다.

둘째, TCP/IP 모델은 전혀 일반적인 모델이 아닐 뿐더러 TCP/IP가 아닌 다른 프로토콜 스택을 묘사하는 데 적당하지 않다. 예를 들어 TCP/IP 모델을 이용해서 블루투스를 설명한다는 것은 거의 불가능하다.

셋째, 링크 계층은 계층화된 프로토콜들의 문맥에서 사용되는 일반적 의미의 계층은 아니다. 이 계층은 네트워크와 데이터 링크 계층들 간의 인터페이스이다. 인터페이스와 계층 간의 차이는 중요한 사항이고 이 점을 소홀히 다루어서는 안 된다.

넷째, TCP/IP 모델은 물리 계층과 데이터 링크 계층을 구분하지 않는다. 이들 계층은 서로 완전히 다르다. 물리 계층은 구리선, 광섬유, 그리고 무선 통신의 전송 특성을 다룬다. 데이터 링크 계층의 기능은 프레임의 시작과 끝을 구분하기 위한 경계를 표시하고 원하는 신뢰도로 이것을 프레임 한쪽에서 다른 한쪽으로 전달하는 것이다. 합리적인 모델은 이들 계층을 분리해야 한다. TCP/IP 모델은 이들을 분리하지 않는다.

마지막으로, 비록 IP와 TCP 프로토콜은 깊이 생각해서 적절하게 잘 구현되었다고 하더라도 기타 많은 프로토콜들은 일반적으로 몇몇 대학원생들이 피곤에 지칠 때까지 씨름하며 개발한 임시방편적인 것이다. 이 프로토콜들의 구현은 무료로 배포되어 폭넓게 사용되고 보호됨으로써 나중에는 교체하기가 어려워졌다. 현재 이 프로토콜들 중의 몇몇은 다소 난처한 상황에 처해 있다. 예를 들어, 가상 터미널 프로토콜(TELNET)은 초당 10문자의 기계적인 텔레타이프 터미널을 위해 설계되었다. 가상 터미널은 그래픽 사용자 인터페이스(GUI, Graphical User Interface)와 마우스를 전혀 알지 못한다. 그럼에도 불구하고 25년이 지나는 동안 여전히 광범위하게 사용되고 있다.

결론적으로, 이러한 문제점들이 있음에도 불구하고 세션과 표현 계층을 제외한 OSI *모델*은 컴퓨터 네트워크를 논하는 데 매우 유용하다는 것이 입증되었다. 이와는 반대로 OSI *프로토콜*들은 대중화되지 못했다. 그러나 TCP/IP는 이와 반대의 상황이다. *모델*은 실제로 존재하지 않고 단지 *프로토콜들*만 폭넓게 사용되고 있다. 컴퓨터 과학자들은 다방면에 관심이 많기 때문에 이 책에서 우리는 개정된 OSI 모델을 사용하는 것은 물론 TCP/IP와 이와 관련된 프로토콜에 대하여 중점적으로 살펴보고, 802, SONET, 블루투스 같은 새로운 기술들도 집중적으로 살펴볼 것이다. 그럼에도 불구하고 몇 가지 기술은 30년 후에도 계속해서 사용할 수도 있다.

1.5 네트워크 실례

컴퓨터 네트워킹 주제는 대규모 및 소규모 네트워크, 잘 알려진 네트워크와 잘 알려져 있지 않은 네트워크 등 서로 다른 많은 종류의 네트워크를 커버한다. 이 네트워크들은 서로 다른 목적, 규모 그리고 기술들을 가지고 있다. 다음 절에서는 컴퓨터 네트워킹 분야에서 찾아볼 수 있는 여러 아이디어를 얻기 위하여 몇 가지 예를 살펴볼 것이다.

먼저 가장 잘 알려진 네트워크인 인터넷부터 그 역사와 진화과정 및 기술에 대하여 살펴보자. 그리고 휴대전화 네트워크에 대해 살펴볼 것이다. 기술적으로 인터넷과 아주 다르지만, 비교할 만한 점이 많다. 다음에는 IEEE 802.11에 대해 소개하고 무선 LAN을 위한 표준에 대해 알아볼 것이다. 마지막으로 물리적 세계와 일상 목표를 포함하는 네트워크 도달 범위를 확장하는 RFID와 센서 네트워크 기술에 대해 알아볼 것이다.

1.5.1 인터넷

인터넷은 하나의 네트워크라 할 수 없고, 공통 프로토콜을 사용하고 공통 서비스를 제공하는 이기종 네트워크들의 거대한 집합이라 할 수 있다. 인터넷은 어느 한 사람이 계획하는 것도 아니고 또 어느 한 사람이 통제하는 것도 아니라는 점에서 평범한 네트워크라 할 수 없다. 이러한 특성을 잘 이해하기 위하여, 인터넷이 어떻게 그리고 왜 개발되었는지 처음부터 살펴보겠다. 인터넷의 놀라운 역사를 보려면 John Naughton(2000)을 강력 추천한다. 이 섹션 중 일부는 이 책에 근거한 것이다.

물론 인터넷과 그 프로토콜에 대하여 쓴 기술 서적들이 많이 있다. 더 자세히 알기 위해서는 Maufer(1999)를 참조하라.

ARPANET

이야기는 1950년대 후반부터 시작된다. 제2차 대전 후 미국과 옛 소련과의 냉전이 한창일 때, U.S. DoD는 핵전쟁에서도 살아남을 수 있는 명령 및 제어를 위한 국방용 네트워크를 원했다. 그 당시에 모든 국방 통신망은 다소 취약점이 있는 공중전화망을 사용했다. 이렇게 믿는 이유는 그림 1-25(a)를 보면 알 수 있다. 여기서 검은 점은 시내 전화국을 나타내고, 각 전화국은 수천 개의 전화를 연결해준다. 시내 전화국들은 더 높은 수준의 시외 전화국(toll offices)과 연결되어 중복이 적은 국가 차원의 계층구조를 형성한다. 전화 통신망의 취약성은 중요한 시외전화국 몇 개만 파괴하면 통신시스템이 독립된 많은 섬으로 분해된다는 점에 있다.

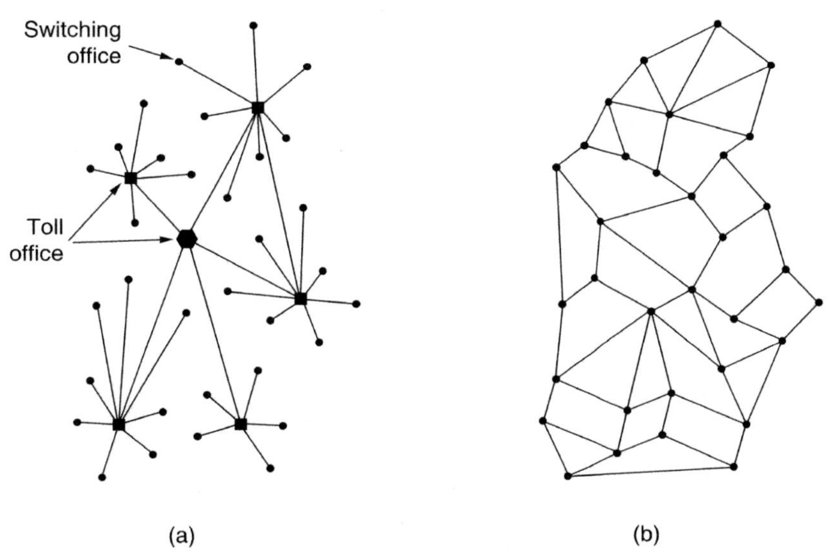

그림 1-25 (a) 전화망 구조 (b) Baran이 제안한 분산형 스위칭 시스템

1960년쯤 DoD는 해결책을 찾기 위하여 RAND 회사와 계약을 하였다. 그 회사 사람인 Paul Baran은 그림 1-25(b)와 같이 고도로 분산되어 있고 고장이 허용되는 설계를 제안하였다. 임의의 두 시내 전화국 간의 경로는 아날로그 신호가 왜곡 없이 이동하는 길이보다 훨씬 더 길기 때문에, Baran은 통신시스템을

전체적으로 디지털 패킷 교환기술을 사용할 것을 제안하였다(Baran, 1964). Baran은 그의 아이디어를 자세하게 설명한 보고서 몇 편을 작성하여 DoD에 제출하였다. 펜타곤의 당국자들은 그 아이디어가 마음에 들어서 AT&T(미국의 국가 독점사업자)에 프로토타입(prototype, 시제품)을 만들 것을 요청하였다. AT&T는 Baran의 아이디어를 당장 무시해버렸다. 이 세상에서 가장 크고 돈이 많은 회사는 한 젊은 기술자가 전화망을 구축하는 방법을 제안하는 것을 허용하지 않았던 것이다. 그 회사는 Baran의 네트워크는 구축될 수 없다고 말했고 그의 아이디어는 사장되었다.

몇 년이 지났지만 DoD는 아직도 더 훌륭한 명령 및 제어 시스템을 갖지 못했다. 다음에 무슨 일이 일어났는지 알기 위해서는, 1957년 10월, 소비에트 연합이 발사한 스푸트니크 인공위성을 발사함으로써 미국을 패배시켰던 때로 거슬러 올라가야 한다. 아이젠하워 대통령은 누가 스위치에서 잠자고 있는지를 알아내려고 하였는데, 육 · 해 · 공군이 펜타곤의 연구 예산을 놓고 다투고 있는 것을 보고 깜짝 놀랐다. 그의 즉각적인 대응은 하나의 국방 연구조직을 만들겠다는 것이었는데, 그것이 **ARPA**(Advanced Research Projects Agency)였다. ARPA에는 과학자나 연구원도 없었다. 사실 ARPA는 (펜타곤 기준에 의한) 적은 예산으로 운영하는 하나의 사무실에 불과했다. ARPA는 아이디어가 그럴듯한 대학 및 회사에게 인가하여 계약을 맺음으로써 일을 수행하였다.

처음 몇 년 동안, ARPA는 임무가 무엇인지 찾으려고 애를 썼다. 당시 소장이 Larry Roberts였던 1967년, ARPA의 프로그램 관리자는 원격 액세스를 제공하는 방법을 알아내기 위해 네트워킹연구에 집중했다. 소장은 무엇을 해야 할지 결정하기 위하여 많은 전문가들을 만나 보았다. 그 중의 한 사람인 Wesley Clark은 각 호스트에 고유의 라우터를 붙이는 방식인 패킷 스위칭 방식의 서브넷을 구축할 것을 제안하였다.

처음에 Roberts 소장은, 회의론자의 의견을 따라, 1967년 후반에 테네시(Tennessee) 주 Gatlinburg에서 열린 ACM SIGOPS Symposium on Operating System Principles 컨퍼런스에서 앞에서 언급한 통신망에 관한 다소 모호한 논문을 발표하였다. 그런데 Roberts 소장을 놀라게 한 것은, 그 컨퍼런스의 다른 논문에서 유사한 시스템이 발표되었는데, 이 시스템은 설계가 되었음은 물론 영국의 NPL(National Physical Laboratory)에서 Donald Davies의 지휘 아래 실제로 구현되어 있었던 것이다. NPL 시스템은 국가적인 시스템은 아니었고 단지 NPL 캠퍼스에서 몇 개의 컴퓨터를 연결한 것이었지만 패킷 스위칭이 가능하다는 것을 증명하였다. 더욱이 이 시스템은 지금은 사장된 Baran의 초기 업적을 인용하였다. Roberts 소장은 Gatlinburg에서 돌아오면서 후에 **ARPANET**으로 알려진 네트워크를 구축해야겠다고 결심했다.

서브넷은 **IMP**(Interface Message Processors)라 불리는 미니컴퓨터 몇 대가 56 kbps 전송 선로로 연결되어 구성되어 있다. 높은 신뢰도를 위하여 각 IMP는 적어도 서로 다른 두개의 IMP와 연결된다. 서브넷은 데이터그램 서브넷을 목적으로 했기 때문에 일부 전송 선로와 IMP가 파괴되더라도, 메시지는 자동으로 다른 경로를 따라 다시 전송된다.

네트워크의 각 노드는 같은 방 안에서 짧은 회선으로 연결된 하나의 IMP와 호스트로 구성된다.

호스트가 각 IMP로 최대 8063비트의 메시지를 전송하면, IMP는 이 메시지를 1008비트 단위의 패킷으로 분할하여 각 패킷들을 독립적으로 목적지로 전송한다. 각 패킷은 전체가 다 도착한 후에 다시 전송된다. 그래서 서브넷은 최초의 전기적 저장-후-전송 패킷-스위칭 네트워크이다.

ARPA는 서브넷을 구축하기 위해 입찰을 제안하였고 12개 회사가 입찰에 응하였다. 모든 제안을 평가한 후에 ARPA는 캠브리지와 매사추세츠의 자문회사인 BBN을 선택했고, 1968년 12월에 계약을 하여 서브넷을 구축하고 서브넷 소프트웨어를 개발하도록 하였다. BBN은 IMP로서 16비트 워드의 자기 코어 메모리 12K를 가진, 특별히 수정된 Honeywell DDP-316 소형 컴퓨터를 사용하기로 하였다. 이동 가능한 부분을 신뢰하지 않았기 때문에 IMP는 디스크가 없다. IMP들은 전화회사로부터 임대한 56Kbps 회선으로 상호 연결되었다. 지금은 ADSL이나 케이블을 사용할 여력이 없는 10대들이 56Kbps 회선을 사용하지만, 그때는 그것이 최대 성능이었다.

어플리케이션 소프트웨어는 여러 대학이 그것을 생산하기 위해 계약서를 부여하는 것이 필요했다. 가동 중인 실험 네트워크는 미 서부 위성 및 패킷 무선 네트워크를 몇 년 후 4개 대학 사이에 추가되었다. 그 후 소프트웨어의 새 버전은 캘리포니아 버클리 대학에서 개발한 TCP/IP 프로토콜을 바탕으로 출시되었다.

1980년대에 추가적인 네트워크들, 특히 LAN들이 ARPANET에 연결되었다. 규모가 커지면서 호스트를 찾는 것이 점점 더 많은 비용이 들게 되었고, 그래서 **DNS**(Domain Name System)를 만들어서 기기들을 도메인으로 조직화하였는데, 이것은 호스트 이름을 IP 주소로 매핑해주는 것이다. 그때부터 DNS는 네이밍과 관련된 다양한 정보를 저장하기 위한 일반화되고 분산된 데이터베이스 시스템이 되었다. 이것은 7장에서 자세히 공부할 것이다.

NSFNET

1970년대 즈음에 과학자들이 국경을 초월하여 데이터를 공유하면서 연구 프로젝트를 공동 수행한 대학 연구가 ARPANET에 의해 계속 진행되어 왔다는 것은 NSF(U.S. National Science Foundation, 미국 과학 재단)에게는 커다란 충격이었다. 그렇지만 ARPANET을 계속 유지하기 위해, 대학은 DoD와 연구 계약을 해야만 했지만 많은 대학은 그렇지 못했다. NSF의 초기 대처는 1981년 **컴퓨터 과학 네트워크**(CSNET)에 자금을 대는 것이었다. 다이얼업과 전용선을 통해 ARPANET에 컴퓨터 과학부서 및 산업 연구소를 연결했다. NSF는 더 나아가 모든 대학의 연구 그룹에 개방될 ARPNET의 이후 버전을 설계하기로 결정했다.

이에 대처하기 위하여 NSF는 ARPANET의 후속 시스템을 설계하여 이것을 모든 대학 연구 그룹에 개방하였다. 우선 구체적인 무언가를 갖기 위해, NSF는 San Diego, Boulder, Champaign, Pittsburgh, Ithaca, Princeton에 있는 여섯 개의 수퍼 컴퓨터를 연결하는 백본 네트워크를 구축하는 것부터 시작하기로 결정하였다. 각 수퍼 컴퓨터는 **fuzzball**이라 불리는 LSI 11 마이크로컴퓨터로 이루어진다. fuzzball들은 56Kbps의 전용 회선으로 연결되어 서브넷을 구성하였고, 하드웨어 기술은 ARPANET에 사용된 것과 동일한 것이다. 그러나 소프트웨어 기술은 달랐다. fuzzball들은 처음부터 TCP/IP 권한으로 통화하였고, 이것이 최초의 TCP/IP WAN을 구성하였다.

또한 NSF는 백본에 연결된 상당수의(최종적으로는 약 20개) 지역 네트워크에 자금을 지원하여 수천 개의 대학, 연구실, 도서관 및 박물관의 사용자들이 수퍼 컴퓨터에 접속하여 다른 사용자와 통신할 수 있도록 하였다. 백본과 지역 네트워크를 포함하는 네트워크를 **NSFNET**라 한다. 이것은 카네기멜론 기계실에서 IMP와 fuzzball 사이의 링크를 통하여 ARPANET에 연결되었다. 최초의 NSFNET 백본이 미 지도에 겹쳐서 그림 1-26에 나와 있다.

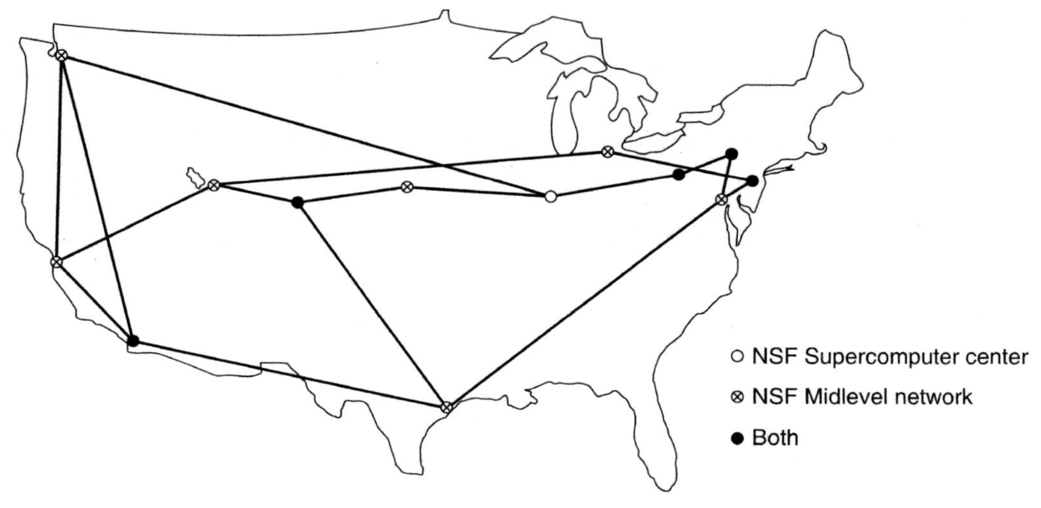

그림 1-26 1988년의 NSFNET 백본

NSFNET은 즉시 성공하였지만 처음부터 과부하가 걸렸다. NSF는 즉시 NSFNET의 후속시스템을 계획하기 시작하였고 계획을 실행하기 위해 Michigan에 기반을 둔 MERIT 컨소시엄과 계약을 체결하였다. 버전 2 백본을 제공하기 위하여 MCI(이후 WorldCom으로 합병됨)로부터 448Kbps 속도의 광섬유 채널이 임대되었고 IBM PC-RT가 라우터로 사용되었다. 그러나 이것 또한 곧 과부하가 걸렸고, 1990년에 이르러 두 번째 백본은 1.5Mbps로 업그레이드되었다.

성장이 계속되면서, NSF는 정부가 네트워킹에 자금을 조달할 수 없음을 깨달았다. 더욱이, 상업적인 조직들은 합류하기를 원했지만 네트워크를 사용하면서 NSF에 사용료를 지불하는 것은 NSF 헌장에 금지되었다. 따라서 NSF는 MERIT, MCI, IBM이 상업화로 갈 수 있는 첫 번째 단계로 비영리 법인 **ANS**(Advanced Networks and Services)를 구성할 것을 장려하였다. 1990년에 ANS는 NSFNET을 인계받았고 1.5Mbps 링크는 45Mbps로 업그레이드되어 **ANSNET**을 구성하였다.

ANSNET은 5년 동안 운영되었고 그 후 아메리카 온라인에 매각되었다. 변환기를 완화시키고 모든 지역 네트워크가 다른 모든 지역 네트워크와 통신하는 것을 확실히 하기 위해, NSF는 네트워크 접속점인 **NAP**(Network Access Point)를 설립하기 위해 서로 다른 네 개의 네트워크 운영 회사들과 계약을 체결하였다. 이 운영 회사들은 PacBell(샌프란시스코), Ameritech(시카고), MFS(워싱턴 D.C.), Sprint(뉴욕-NAP 목적을 위함, Pennsauken과 뉴저지는 뉴욕으로 간주됨)였다. NSF 지역 네트워크에 백본 서비스 제공을 원하는 모든 네트워크 운영 회사들은 모든 NAP를 연결해야 했다.

이러한 배치는 임의의 지역 네트워크에서 송신되는 패킷을 그 지역 네트워크의 NAP으로부터 목적지 NAP으로의 경로를 구하기 위해 백본 캐리어를 선택할 수 있다는 것을 의미했다. 따라서 백본 캐리어는 서비스와 가격을 기초로 하여 지역 네트워크 사업에 대해 경쟁을 가중시켰다. 물론 이것은 아이디어였다. 결과적으로 단일 디폴트 백본의 개념은 상업적으로 경쟁하는 인프라구조로 대체되었다. 많은 사람들은 연방 정부가 혁신적이지 않다고 비판하지만, 네트워킹 분야에서 인터넷의 기초를 이룬 인프라스트럭처를 만들고 그것을 산업이 운영하도록 넘겨준 것은 DoD와 NSF였다.

1990년대 동안 다른 많은 나라와 지역에서도 ARPANET과 NSFNET에 비교되는 국가 차원의 연구망들을 구축하였다. 유럽에서는 EuropaNET과 EBONE이 있었는데, 이들은 2Mbps 회선으로 시작하여 후에 34Mbps 회선으로 업그레이드하였다. 결국 유럽의 네트워크 인프라스트럭처도 산업으로 연계되었다.

인터넷은 그 초기부터 많은 것을 변경했다. 그것은 1990년대 초반에 월드 와이드 웹(WWW)의 출현이었다. 인터넷 시스템 컨소시엄에서 최근 데이터는 600만 이상의 인터넷 호스트의 개수를 서장한나. 이러한 낮은 견적의 추측은 1994년 CERN에서 개최되었을 때 주변에 있는 몇 백만의 호스트를 훨씬 더 초과했다.

인터넷을 사용하는 방식도 크게 바뀌었다. 처음에는 학교에서 쓰는 e-mail, 뉴스그룹, 원격 로그인 그리고 파일전송 같은 어플리케이션이 지배했었다. 이후에 모두가 쓰는 e-mail, 웹 그리고 피어 투 피어 콘텐츠 배포 등으로 바뀌었다. 현재는 미디어 배포, 소셜 네트워크(페이스북 등) 그리고 마이크로 블로그(트위터 등)가 유행하고 있다. 이러한 변화는 인터넷 미디어의 다양성을 가져왔다. 즉 오디오와 비디오가 함께 동작하도록 하는 새롭고 더 나은 기술이 매우 빠른 속도로 인기를 얻고 있다.

인터넷의 구조

인터넷의 아키텍처는 폭발적으로 성장하면서 많은 내용을 변경했다. 이 절에서는 오늘날의 인터넷 개요에 대해 살펴볼 것이다. 상황은 전화회사(telcos)와 케이블 회사 사업의 지속적인 대 격변으로 복잡해졌다. 이러한 대격변 중 하나로 하나의 네트워크가 다른 용도로 사용되는 통신 수렴이다. 예를 들어, 한 회사는 이 비용을 절감 할 것이라는 가정하에서 같은 네트워크 연결을 통해 당신의 전화, TV, 인터넷 서비스를 판매하고 있다. 결과적으로 여기에 제공된 설명이 부득이하게 실제보다 다소 간단할 것이다.

1-27에 큰 그림을 그렸다. 집에서 컴퓨터와 함께 시작하여 그림을 살펴보자(그림의 끝 부분). 인터넷에 접속하기 위해 컴퓨터는 **인터넷 서비스 제공자**에 연결된다. 이것은 인터넷에서 컴퓨터가 다른 액세스

가능한 모든 호스트와 패킷을 교환할 수 있다. 사용자는 웹이나 다른 사용자들을 찾기 위해 패킷을 보낼 것이다. 인터넷 접속에는 많은 종류가 있으며, 대개 그들이 제공하고 그들이 얼마나 비용이 드는지 대역폭으로 구분할 수 있지만 가장 중요한 점은 연결성이다.

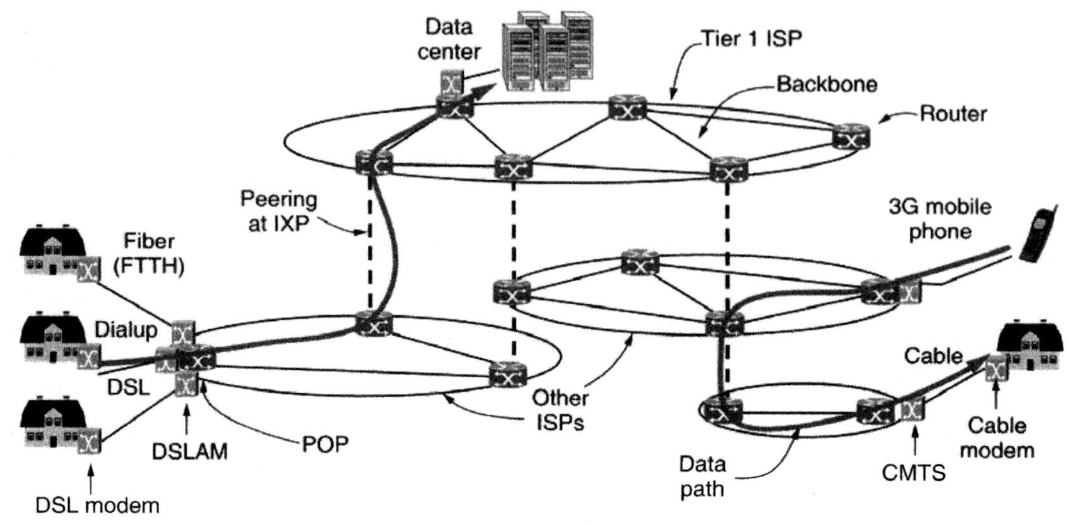

그림 1-27 인터넷 구조의 개요

ISP에 연결하는 일반적인 방법은 집에 전화를 사용하는 것이고, 어떤 경우에는 휴대전화회사가 당신의 ISP가 된다. **디지털 이용자 라인**인 DSL은 디지털 데이터 전송을 위해 집에 연결하는 전화 회선을 재사용한다. 디지털 패킷과 아날로그 신호 사이에서 변환하는 DSL modem은 아무 방해를 받지 않고 전화회선을 통해 전달할 수 있다. 반면 패킷과 신호 사이에서 변환되는 장치를 **DSLAM**(Digital Subscriber Line Access Multiplexer)이라고 부른다.

ISP를 연결하기 위한 몇몇 다른 방법은 그림 1-27에 나와 있다. DSL은 음성대화 대신 전통적인 전화 통화를 통해 비트를 보낼 수 있는 지역의 전화 회선을 사용하는 방법이다. 이것을 **다이얼업**이라고 하고 양쪽 모뎀의 다른 종류다. **모뎀**이라는 단어는 "변조기 복조기"의 줄임말이며 디지털 비트와 아날로그 신호 사이에서 변환해주는 장비이다.

다른 방법으로 케이블 TV 시스템을 통해 신호를 추출할 수 있다. DSL처럼 별도로 사용하지 않는 케이블 TV 채널에서 기존의 인프라를 재사용하는 방법이다. 집 끝의 장치는 **케이블 모뎀**이라 불리고 케이블 헤드엔드 장치는 CMTS(Cable Modem Termination System)라고 불린다.

DSL과 케이블은 megabit/sec와 여러 megabit/sec의 일부분의 속도로 인터넷 접속을 제공한다. 이 속도는 다이얼업 속도보다 훨씬 크며 음성통화에 사용되는 좁은 대역폭은 56kbps로 제한된다. 전화 접속속도보다 훨씬 더 빠른 인터넷 접속을 **광대역**이라고 한다. 이는 특정 속도보다 빠른 네트워크에 사용되는 광범위한 대역폭을 말한다.

지금까지 언급된 접속 방법은 “라스트 마일” 또는 전송 마지막 구간의 대역폭에 의해 제한된다. 거주지에 광섬유를 설치하여 10~100Mbps의 빠른 인터넷 접속속도를 제공할 수 있다. 이러한 설계를 FTTH(Fiber to the Home)이라고 한다. 상업 지역의 기업은 사무실에서 가장 가까운 ISP에 고속 전송 라인을 임대할 수 있다. 북아메리카에서 T3 라인은 대략 45Mbps까지 동작한다.

무선도 인터넷 접속에 사용된다. 예를 들어, 3G 휴대전화 네트워크를 사용하면 그들은 1Mbps 또는 휴대폰과 범위 영역에서 고정 가입자 이상의 속도로 데이터 전송을 제공할 수 있다. 우리는 이제 가정과 ISP 사이의 패킷을 이동할 수 있다. 고객의 패킷은 ISP의 POP(Point of Presence) 서비스를 위해 ISP 네트워크에 들어간다. 패킷이 서로 다른 ISP의 POP 사이에서 이동하는 방법은 다음에 설명한다. 이 시점부터 시스템은 완전히 디지털과 패킷이 스위치 된다.

ISP 네트워크는 지역적, 국가적 혹은 국제적일 것이다. 우리는 이미 그들의 구조가 다른 도시 POP의 상호 라우터를 ISP에 제공되는 것이 장거리 전송 라인으로 구성되어 있다고 볼 수 있다. 이 장비를 ISP의 **백본**이라 부른다. 만약 패킷이 ISP에서 직접 제공하는 호스트로 향하는 경우, 그 패킷은 백본을 통해 전달되고 호스트로 전달된다. 즉 다른 ISP에 넘겨줘야 한다.

ISP는 **IXPs**(Internet eXchange Points)에 트래픽을 교환하기 위해 네트워크를 연결한다. 연결된 ISP는 서로 함께 응시하고 있다고 한다. 전 세계 주변 도시에 많은 IXPs가 있다. ISP의 네트워크가 지리적으로 겹쳐 있기 때문에 그림 1-27에 세로로 그려져 있다. 근본적으로 IXP는 ISP마다 섞어노 하나의 라우터로 가득 차 있다. 한 공간의 LAN의 모든 라우터를 연결하므로 패킷은 ISP 백본에서 전달할 수 있다. IXPs는 크고 독립적으로 시설을 소유할 수 있다. 가장 큰 것 중 하나는 암스테르담 인터넷 교환으로서 트래픽의 수백 gigabits/sec를 교환하고 수백 개의 ISP를 연결한다.

IXPs에서 그런 일이 나타나는 이유는 ISP 사이의 사업 관계에 따라 달라지기 때문이다. 거기에는 많은 가능한 관계들이 있다. 예를 들어, 작은 ISP를 많은 인터넷 공급자로부터 고객의 구매서비스를 멀리 떨어져 있는 호스트에 도달시키기 위해 인터넷 연결에 대한 큰 ISP를 지불할 수도 있다. 이런 유형에서는 작은 ISP가 통과에 대해 지불했다고 말한다. 그 대신에 두 개의 커다란 ISP의 각 ISP는 통과에 대해 지불하지 않고 다른 ISP의 일부 트래픽을 제공할 수 있도록 트래픽을 교환하도록 결정할 수 있다. 인터넷의 모순 중 하나는 공개적으로 서로 경쟁하는 ISP가 고객들을 위해 개인적으로 트래픽을 교환하기 위해 협력하는 것이다(Merz, 2001).

패킷이 인터넷을 통해 소요되는 경로는 ISP의 트래픽을 교환하기 위한 선택에 따라 달라진다. ISP는 대상 ISP와 패킷 피어를 제공하는 경우, 그 피어에게 직접 패킷을 전달할 수도 있고 공급자가 패킷을 전달할 수 있도록 유료 통과 서비스 공급자에 연결되는 가장 가까운 곳으로 가는 패킷 경로일 수도 있다. ISP를 가로지르는 두 경로의 예는 그림 1-27에 나타내었다. 종종 패킷이 소요되는 경로는 인터넷을 통한 최단 경로가 되지 않는다.

먹이사슬의 맨 위에는 높은 대역폭 광섬유 링크에 의해 연결된 라우터의 수천 대형 국제 백본 네트워크를 AT&T와 스프린트 같은 회사의 소수 인원이 운영하고 있다. 이 ISP는 통과 요금을 지불하지 않는다. 그들을 일반적으로 **tier 1** ISP라 부르고 다른 사람들이 전체 인터넷에 도달할 수 있도록 그들에게 연결해야 하므로 인터넷의 백본을 형성한다.

구글과 야후 같은 콘텐츠 포털들은 인터넷의 나머지 부분에 연결되어 있는 **데이터센터**에 컴퓨터가 위치하고 있다. 이러한 데이터센터는 컴퓨터가 아니라 인간을 위해 설계되었으며, **서버 팜**이라 불리는 기계의 랙과 랙이 가득 차 있을 것이다. **코로케이션** 또는 **호스팅** 데이터센터는 고객이 짧고 빠른 연결을 서버와 ISP의 백본 사이에 만들 수 있도록 POP 같은 ISP에서 서버로 장비를 만든다. 인터넷 호스팅 업계는 실제 컴퓨터를 설치하는 대신에 서버 팜에서 동작하는 가상머신을 임대하기 위해 점점 가상화되어 가고 있다. 이러한 데이터센터는 전기세 비용이 상당하기 때문에 전기세가 저렴한 지역에 건설하는 편이다.

이제 인터넷에 대한 설명을 마친다. 우리는 개별 구성 요소 및 설계, 알고리즘, 그리고 프로토콜에 대해 후속 장에서 중요한 설명을 할 것이다. 여기서 언급할 만한 것은 인터넷이 변화하고 있다는 것을 의미한다. 기계가 인터넷상에 있는 경우 그것을 사용한다고 한다: (1) TCP/IP 프로토콜의 동작 (2) IP 주소 그리고 (3) 인터넷상에서 다른 모든 기계에게 IP 패킷을 전달하는 것. ISP는 종종 현재 사용하는 컴퓨터에 따라 IP 주소를 재사용하고, 홈 네트워크는 종종 여러 컴퓨터 간에 하나의 IP 주소를 공유할 수 있다. 이것은 두 번째 조건을 위협한다. 방화벽과 같은 보안 조치는 세 번째 조건을 약화시키는 패킷으로부터 컴퓨터를 차단할 수 있다.

또한 언급할 만한 가치로 몇몇 기업들은 인터넷과 같은 기술을 사용하여 기존의 모든 내부 네트워크를 상호 연결한다. 이러한 **인트라넷**은 회사 내 혹은 회사 노트북에서 일반적으로 액세스할 수 있으나 인터넷과 같은 방식으로 작동한다.

1.5.2 3세대 휴대전화 네트워크

사람들은 인터넷 서핑을 하는 것보다 전화로 대화하는 것을 좋아한다. 이것은 세계에서 가장 성공적인 네트워크인 휴대전화 네트워크를 만들어 냈으며, 전 세계적으로 40억 이상의 가입자를 가지고 있으며, 대략 세계 인구의 60% 이상이 인터넷 호스트와 결합된 고정 전화 회선을 가지고 있다(ITU 2009).

휴대전화 네트워크의 구조는 과거 40년 동안 거대한 성장과 급속한 변화를 거듭했다. 1세대 휴대전화 시스템은 시퀀스 비트보다는 지속적으로 변화하는 신호처럼 음성 통화를 전송했다. AMPS(Advanced Mobile Phone System)는 1982년 미국에서 전개되었으며, 널리 사용된 1세대 시스템이었다. 2세대 휴대전화시스템은 용량 증가, 보안 향상 그리고 문자 메시지를 제공하는 디지털 방식으로 음성 통화를 전송했다. GSM(Global System for Mobile communications)은 2G 시스템으로 1991년부터 보급되어 세계에서 가장 널리 사용되는 휴대전화시스템이다.

3세대 혹은 3G는 2001년 처음으로 보급되어 디지털 음성과 광대역 디지털 데이터 서비스를 제공했다. 3G는 ITU(표준기구는 다음 절에서 설명한다)에 의해 산책하는 사용자에게 최소 2Mbps 속도를 제공하고 최소 2Mbps의 고정된 속도를 제공하거나 움직이는 사용자와 움직이는 자동차 안에서 384kbps를 제공하는 것을 정의했다. **UMTS**(Universal Mobile Telecommunications System)는 또한 **WCDMA**(Wideband Code Division Multiple Access)이라 부르며 빠른 속도로 전 세계에 배포되는 주요 3G 시스템이다. 이것은 다운링크에서 14Mbps 업링크에서 6Mbps를 제공한다. 차후 버전은 사용자에게 더 나은 속도를 제공하기 위해 여러 개의 안테나를 사용한다. 3G 시스템의 자원은 2G와 1G 시스템에서처럼 무선 주파수 범위가 부족하다. 정부는 휴대전화 네트워크 사업자에 대한 주파수 범위의 부분을 사용할 권리에 대해 종종 네트워크 사업자가 입찰가를 제출하는 주파수 경매를 사용한다. 그러나 허가된 대역에 종종 많은 금액을 지불하기도 한다. 2000년 유럽에서는, 5개의 3G 라이선스가 약 400억 달러에 경매되었다.

그림 1-28에 표시된 **셀룰러 네트워크** 설계는 현재 우리가 휴대전화 네트워크에서 사용되는 대역의 부족을 나타낸다. 사용자 사이의 무선 간섭을 관리하기 위해, 커버리지 영역은 셀 단위로 나누어진다.

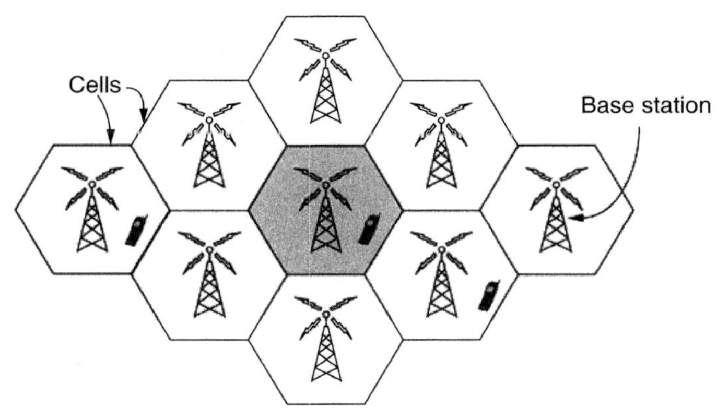

그림 1-28 휴대전화 네트워크의 셀룰러 설계

셀 내에서 사용자는 서로 방해하지 않고 인접 셀에 너무 많은 간섭을 발생시키지 않도록 채널을 할당받는다. 이웃 셀에서 주파수를 재사용하거나 대역을 재사용하는 것은 네트워크의 용량을 증가시킨다. 1G 시스템에서 특정 주파수 대역에서 주파수는 이웃 셀과 충돌하지 않도록 신중하게 선택되었다. 이런 방식으로 주어진 주파수는 여러 셀에 재사용할 수 있다. 현재 3G 시스템은 각각의 셀에 모든 주파수 사용을 허락하지만, 이웃 셀에 간섭하여 괜찮은 수준의 결과를 가져온다. 더 이상의 간섭을 줄이기 위해 셀 타워에서 부채꼴로 된 안테나 혹은 직접적인 사용을 포함하는 것은 셀룰러 디자인에는 차이가 있으나 기본적인 아이디어는 동일하다.

휴대전화 네트워크의 구조는 인터넷과는 매우 다르다. 그림 1-29에 UMTS 구조의 단순화된 버전을 표시하였다. 첫 번째로 **무선 인터페이스**가 있다. 이 용어는 모바일 장치(휴대전화)와 **셀룰러 기지국** 간에 무선으로 사용되는 무선 통신 프로토콜을 위한 이름이다. 시난 수십 년 동안 무선 인터페이스의 발전은 무선 데이터 속도를 크게 증가시키고 있다. UMTS 무선 인터페이스는 **코드 분할 다중 접속**(CDMA)기술을 기반으로 2장에서 다룰 것이다.

컨트롤러와 셀룰러 기지국은 **무선 액세스 네트워크**를 형성한다. 이 부분은 휴대전화 네트워크의 무선 측면이다. 컨트롤러 노드 또는 **RNC**(Radio Network Controller)는 대역의 사용 방법을 제어한다. 기지국은 무선 인터페이스를 구현한다. 이것을 **Node B**라는 임시 레이블을 붙였다.

휴대전화 네트워크의 나머지는 무선 액세스 네트워크에 대한 트래픽을 운반한다. 이것을 **코어 네트워크라** 한다. UMTS 코어 네트워크는 앞에 온 2G GSM 시스템에 사용되는 핵심 네트워크에서 비롯되었다. 그러나 놀라운 것은 UMTS 코어 네트워크에서 일어나는 일이다.

네트워킹의 시작 이래로, 전쟁은 패킷 네트워크(비연결형 서브넷)를 지원하는 사람과 회로 네트워크(연결형 서브넷)를 지원하는 사람 사이에서 일어났다. 패킷의 주요 지지자는 인터넷 커뮤니티에 있다. 비연결형 설계에서 모든 패킷은 다른 모든 패킷에 독립적으로 전달된다. 그 결과 일부 라우터가 세션 동안 내려가고 후속 패킷이 목적지에 경로를 찾을 수 있도록 시스템을 동적으로 재구성한다면 이전 패킷이 사용하는 것과 다른 경우에도 해가 되지 않을 것이다.

회로 캠프는 전화회사의 세계에서 비롯된다. 전화시스템에서 호출자는 호출 당사자의 번호로 전화를 걸고 데이터를 이야기하거나 보내기 전 연결을 위해 기다려야 한다. 이 연결 설정은 전화시스템을 통해 경로를 설정하여 통화가 종료될 때까지 유지된다. 모든 단어 또는 패킷은 동일한 경로를 따른다. 경로에 라인 또는 스위치가 다운되면, 호출은 중단될 것이며 비연결 설계보다 더 적은 폴트 톨러런트를 보일 것이다.

회로의 장점은 더 쉽게 서비스의 품질을 지원할 수 있다는 것이다. 사전에 연결을 설정하면 서브넷은 링크 대역폭, 스위치 버퍼 공간 및 CPU와 같은 리소스를 예약할 수 있다. 부족한 자원과 통화 설정을 시도가 가능하다면 통화는 거부되고 송신자는 통화중 신호를 듣게 된다. 이렇게 하여 연결이 설정되면, 좋은 서비스를 받게 된다.

비연결형 네트워크에서 패킷이 동일한 순간에 동일한 라우터에 도착하면 라우터는 제한되고 아마도 패킷을 잃게 될 것이다. 송신자는 결국 이것을 통지하고 재발송하지만 서비스의 품질은 네트워크가 가벼운 부하가 걸리지 않는 한 오디오나 비디오에 적합하지 않을 것이다. 말할 필요도 없이 적절한 오디오 품질을 제공하는 것은 연결을 위해 선호하는 이유로서 전화회사들이 매우 관심 있어 한다.

그림 1-29에서 놀라운 것은 코어 네트워크 안에 패킷과 회로 변환 장치가 있다는 것이다. 전송상에서 휴대전화 네트워크는 휴대전화회사가 하나 또는 두 가지 모두를 구현할 수 있다. 이전의 휴대전화 네트워크는 전통적인 음성 전달 방식인 회선교환방식을 사용했다.

이러한 방식은 **MSC**(Mbile Switching Center)와 **GMSC**(Gateway Mobile Switching Center), UMTS 네트워크에서 본 적이 있고 **MGW**(Media Gateway) 요소는 PSTN(Public Switched Telephone Network)과 같은 회선 교환 코어 네트워크를 통해 연결을 설정할 수 있다.

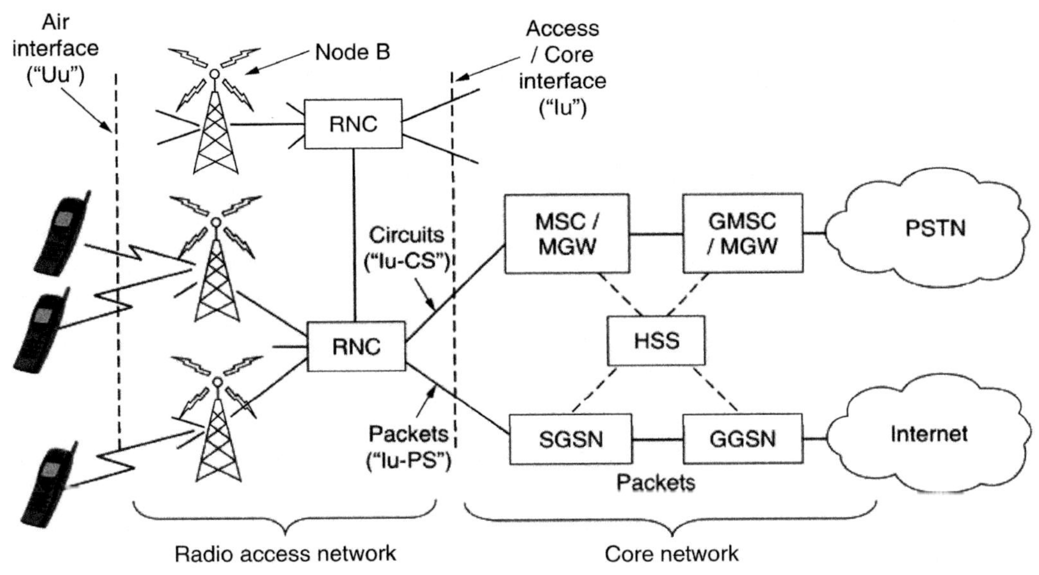

그림 1-29 UMTS 3G 휴대전화 네트워크의 구조

데이터 서비스들은 휴대전화 네트워크보다 GSM 시스템에서 GPRS(General Packet Radio Service)와 같은 텍스트 메시징 및 초기 패킷 데이터 서비스를 시작하는 데 사용된다. 이러한 기존의 데이터 서비스는 수십 kbps에서 동작하지만, 사용자는 더 빠른 속도를 원했다. 최근의 휴대전화 네트워크는 Mbps의 속도로 패킷의 데이터를 전달한다. 음성 통화는 일반적으로 3-4배 이하의 64kbps의 속도로 전달된다.

모든 데이터를 운반하기 위해, UMTS 코어 네트워크 노드는 패킷 교환 네트워크에 직접 연결할 수 있다. **SGSN**(Serving GPRS Support Node)과 **GGSN**(Gateway GPRS Support Node)은 휴대전화와 인터페이스를 통해 인터넷과 같은 외부 패킷 네트워크에 데이터 패킷을 제공한다.

이러한 변화는 휴대전화 네트워크에서 계속 설정되어 지금 계획되고 배치되고 있다. 인터넷 프로토콜은 음성-오버-IP의 방식으로, 패킷 데이터 네트워크를 통해 음성 통화에 대한 연결을 설정하기 위해 휴대폰에 사용된다. 물론 IP 네트워크를 설계하는 방법은 더 나은 서비스 품질을 지원하기 위해 변화하고 있다. 이 주제에 대해서는 5장에서 설명하겠다.

휴대전화 네트워크와 인터넷 사이에 전통적인 또 다른 차이점은 이동성이다. 사용자가 한 셀룰러 기지국의 다른 하나의 범위로 범위를 벗어나 이동하면, 데이터의 흐름은 새로운 셀 기지국에 다시 라우팅해야 한다. 이 기법은 **핸드오버** 또는 **핸드오프**로 알려져 있으며, 그림 1-30과 같다.

신호의 품질이 떨어질 때 모바일 장치 또는 베이스 스테이션 중 하나가 핸드오버를 요청할 수 있다. 셀 네트워크에서 CDMA기술을 기반으로 이전 기지국에서 분리하기 전에 새로운 기지국에 연결 가능한 이유는 서비스에 휴식이 없기 때문에 모바일에 대한 연결 품질을 향상시킨다. 휴대전화는 실제로 잠시 동안 두 기지국에 연결되어 있다. 핸드오버를 수행하는 이 방법은 새로운 곳으로 접속하기 전 예전 스테이션으로부터 휴대전화와 분리하는 **하드 핸드오버**와 구분하기 위해 **소프트 핸드오버**라 부른다.

그림 1-30 휴대전화 핸드오버 (a)전, (b)후

관련된 문제는 첫 번째 장소에서 수신전화가 있을 때 휴대전화를 찾는 것이다. 각각의 휴대전화 네트워크는 각 가입자의 위치뿐만 아니라, 인증 및 권한 부여에 사용되는 프로필 정보를 알고 있는 핵심 네트워크인 **HSS**(Home Subscriber Server)를 가지고 있다. 이런 방식으로 각 휴대전화는 HSS에 접촉하여 찾을 수 있다.

마지막으로 논의할 것은 보안이다. 역사적으로 전화회사는 서비스에 대한 청구와 사기(payment) 방지를 위해 인터넷 기업보다 오랫동안 더 심각하게 보안을 받아들였고 1G의 진화를 통해 3G기술은 휴대폰 회사들이 휴대폰을 위한 몇 가지 기본 보안 메커니즘을 선보일 수 있게 되었다.

2G 시스템의 시작과 함께 휴대전화는 단말기와 가입자의 ID와 계정 정보를 포함한 이동식 칩으로 나누어져 있다. 칩은 **가입자 정보 모듈**의 줄임말로 SIM **카드**라 부른다. SIM 카드는 그들을 활성화하는 다양한 단말기로 전환하고 보안을 위한 기초를 제공할 수 있다. GSM 고객들이 업무차 혹은 휴가로 다른 나라를 여행할 때, 자신의 단말기로 로밍 변경 지역에서 통화하기 위해 새로운 SIM 카드를 구입할 수 있다.

SIM 카드에 대한 정보는 (사기 방지를 위해) 가입자를 인증하고 네트워크를 사용할 수 있는지 확인하고자 휴대전화 네트워크에 의해 사용된다. UMTS와 함께 휴대전화 또한 SIM 카드를 확인하기 위해 정보를 체크한다.

보안의 다른 문제는 개인정보 보호이다. 무선 신호는 가까운 모든 수신자에게 브로드캐스트하기 때문에 대화의 염탐이 어렵도록 SIM 카드에 암호화 키를 사용하여 암호화 전송한다. 이러한 방법은 1G 시스템에 비해 훨씬 더 개인정보 보호가 가능했지만, 암호화 구조의 약점으로 인해 쉽게 도청되었기 때문에 보안에 특효약이 될 수 없다.

휴대전화 네트워크는 향후 네트워크의 중심 역할을 할 운명이다. 이것은 무선 인터페이스, 핵심 네트워크 아키텍처, 그리고 미래의 네트워크 보안을 위한 주요 의미를 가지고 있다. 4G 기술은 3G 설계 및 배포가 계속되더라도 LTE(Long Term Evolution)라는 이름으로 빠르게 발전하고 있다. 다른 무선 기술은 또한 고정된 인터넷 접근과 모바일 클라이언트, WIMAX의 일반적인 이름으로 802.16

네트워크를 제공한다. 이것은 LTE와 WIMAX가 서로 충돌 과정에 있고 어떠한 일이 일어날지 예측하기 어렵다.

1.5.3 무선 LAN: 802.11

노트북 컴퓨터가 출현하자마자 많은 사람들은 보행 중 사무 처리와 노트북을 인터넷에 접속하기를 꿈꿨다. 여러 표준화 그룹에서는 이 목표를 이루려고 일을 시작하였다. 통신 환경을 구축하는 가장 실제적인 방법은 사무실과 노트북 컴퓨터에 단거리 무선 송수신기를 장착하는 것이다. 덕분에 많은 회사들은 무선 LAN 관련 제품을 시장에서 사고팔 수 있었다.

다양한 기업에 의해 표시되는 무선랜은 빠르게 이 분야에서 동작하기 시작했다. 문제는, 무선 LAN 표준 중에서 둘 사이에 어느 것도 호환성이 없다는 것이다. 표준이 급증한다는 것은 상표 X의 무선 시스템을 장착한 컴퓨터가 상표 Y를 장착한 기지국 장비와 방안에서조차 동작하지 않는다는 것을 의미한다. 1990년대 중반 결국 업계에서는 무선 LAN 표준이 중요하다고 결정하였다. 그래서 유선 LAN을 표준화한 IEEE 위원회는 무선 LAN 표준을 작성하는 과제를 부여받았고 802.11로 명명된 표준이 제안되었다. 첫 번째 결정은 쉬웠다: 그것을 뭐라고 부를지 모든 LAN의 표준 번호는 802.1, 802.2 그리고 802.3과 같은 번호를 가지고 있고 무선 LAN은 802.11로 불린다. 이것을 다른 말로는 **와이파이**(WiFi)라고 부른다. 와이파이는 중요한 표준이며 주목할 만한 가치가 있으므로 가장 적절한 이름인 802.11로 부르기로 한다.

첫 번째 문제는 전 세계가 선호하는 적당한 주파수 대역을 찾는 것이었다. 이러한 접근 방식은 휴대전화 네트워크에서 사용되는 반대의 방식이었다. 대신 비싼 라이선스 스펙트럼의 802.11 시스템은 ITU-R에 의해 정의된 **ISM**(Industrial, Scientific and Medical) 대역으로 허가되지 않은 대역에서 작동한다 (902-928MHz, 2.4-2.5GHz, 5.725-5.825GHz). 모든 장치들은 다른 장치가 공존할 수 있도록 그들의 송신 전력을 제한하여 제공되는 스펙트럼을 사용할 수 있다. 이것은 802.11의 무선 자체가 무선전화나 차고 문 개폐기와 경쟁할 수 있음을 의미한다.

802.11네트워크는 노트북이나 휴대전화 그리고 **APs**(access points)라 불리는 기반시설들이 빌딩에 설치되어 클라이언트로 구성된다. **액세스 포인트**는 때로 **베이스 스테이션**이라 불리기도 한다. **액세스 포인트**는 무선 네트워크에 연결하고 클라이언트와 액세스 포인트 사이에서 모든 통신이 이루어진다. 클라이언트는 액세스 포인트 없이 사무실에 두 대의 컴퓨터가 직접적으로 통신하기 위한 무선 거리를 보장한다. 이러한 배열을 **애드 혹 네트워크**라 한다. 이것은 액세스 포인트 모드에 사용된다.

802.11 전송은 작은 환경변화에도 무선 상태가 복잡해진다. 802.11에 사용되는 주파수는 전송의 여러 메아리가 다른 경로를 따라 수신기에 도달할 수 있도록 무선 신호가 고체의 대상에서 반사할 수 있다. 메아리는 크게 변동 받은 신호를 불러 일으켜 서로를 강화하거나 취소할 수 있다. 이 현상을 **멀티 페이딩**이라 하고 그림 1-32에 나타내었다.

가변적인 무선 상태를 극복하기 위한 핵심 아이디어는 **경로 다양성** 혹은 여러 독립적인 경로를 따른 정보 전송이다. 이런 방식으로, 정보는 경로 중 하나가 퇴색으로 인해 빈곤함에서 일어나는 경우에도 받을 가능성이 높다. 이들 독립적인 경로는 일반적으로 물리 계층의 디지털 변조 방식으로 만들었다. 옵션은 안테나의 다른 쌍이나 다른 시간 동안 비트를 반복하는 사이에 다른 공간의 경로를 따르며, 허용 대역에 걸쳐 서로 다른 주파수를 사용한다.

802.11의 다른 버전은 이들 기술을 모두를 사용한다. 초기 표준(1997)은 주파수 호핑 사이 또는 허용된 스펙트럼에 걸쳐 신호를 확산하여 1Mbps 또는 2Mbps 중 하나에서 실행하는 무선 LAN을 정의하였다. 사람들은 그것이 너무 느리다는 불평 때문에 빠른 표준의 작업을 시작했다. 확산 스펙트럼의 설계는 연장 및 11Mbps 최대 속도로 실행하는 802.11b 표준(1999)이 되었다.

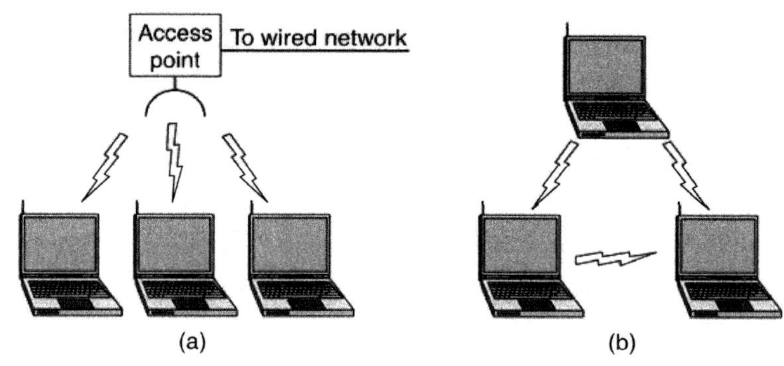

그림 1-31 (a) 기지국이 있는 무선 네트워킹 (b) 애드 혹 네트워킹

802.11a(1999)와 802.11g(2003) 표준은 **OFDM**(Orthogonal Frequency Division Multiplexing)이라 불리는 다른 변조 방식으로 변환되었다. 그것은 서로 다른 비트를 병렬로 전송하는 다수의 좁은 조각으로 스펙트럼의 넓은 대역을 나눈다. 이러한 향상된 방식은 2장에서 공부할 것이며, 54Mbps까지 802.11a/g 비트 속도를 훔친다. 속도는 상당히 증가했지만, 사람들은 여전히 더 까다로운 사용을 지원하기 위해 더 많은 처리량을 원했다. 최근 버전이 802.11n이다(2009). 450Mbps의 속도를 달성하기 위해 컴퓨터당 최대 4개의 안테나와 광범위한 주파수를 사용한다.

무선은 본질적으로 전파 매체이고, 802.11 무선 또한 동시에 전송되는 여러 전송은 수신을 방해할 수 있기 때문에 충돌하는 문제를 해결해야 한다. 이 문제를 처리하기 위해 802.11은 아이러니하게도 하와이에서 개발된 초기 무선 네트워크인 **알로하**라는, 고전적인 유선 이더넷에서 아이디어를 따온 **CSMA**(Carrier Sense Multiple Access)방식을 사용한다. 컴퓨터는 전송하기 전에 짧은 임의의 간격으로 기다리고 다른 사람이 이미 전송되었는지 알게 되면 자신의 전송을 지연한다.

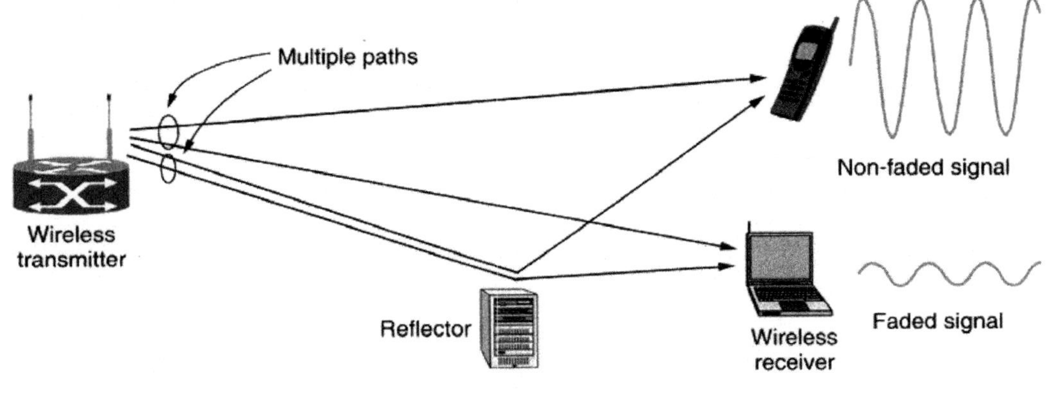

그림 1-32 멀티 페이딩

이 방식은 두 컴퓨터가 동시에 전송할 가능성이 적다. 그것은 유선 네트워크의 경우에서도 동일하다. 왜 그런지 그림 1-33에 나타냈다. 컴퓨터 A는 컴퓨터 B에 전송하지만 컴퓨터 C에 도달하기에는 무선범위가 짧다. C가 B에 전송하고자 하는 경우 시작하기 전에 들을 수 있지만, 아무 소리를 내지 않는다는 사실은 전송이 성공되는 것이 아니다. A가 듣는 것을 시작하기 전에 C의 무능력으로 인해 일부 충돌이 발생한다. 충돌 후 임의의 지연 시간을 대기하고 패킷을 재전송한다. 여러 문제에도 불구하고 이 방식은 실전에서 충분히 잘 작동한다.

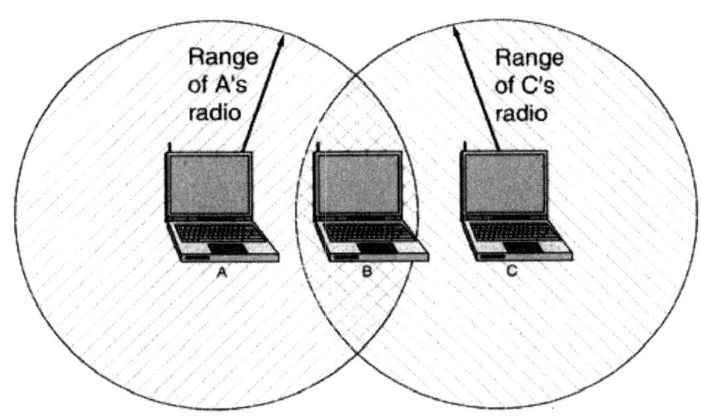

그림 1-33 단일 주파수가 전체 시스템을 커버할 수 없는 범위

다른 문제는 이동성을 들 수 있다. 만일 모바일 클라이언트가 사용하는 액세스 포인트로부터 떨어져 이동하고 다른 액세스 지점의 범위에 있다면 그것을 건네 주기위한 어떠한 방법이 필요하다. 해결책은 802.11 네트워크가 자체 액세스 포인트와 셀을 연결하는 분배시스템으로 각각 여러 개의 셀로 이루어질 수 있다는 것이다. 분배 시스템은 주로 이더넷을 전환하지만 다른 기술을 사용할 수 있다. 클라이언트가 이동하는 것처럼, 현재 사용하고 연결을 변경할 수 있는 보다 나은 신호들로 또 다른 액세스 포인트를 찾을 수 있을 것이다. 외부에서 전체 시스템은 하나의 유선 LAN과 같다. 이 말은 802.11에서 이동성이

휴대전화 네트워크 이동성에 비해 지금까지 한정된 가치를 가지고 있다는 것이다. 일반적으로 802.11은 끊임없이 활동하여 사용하는 것보다 하나의 고정된 위치에서 다른 위치로 이동하는 유목 클라이언트가 사용된다. 이동성은 유목 사용에 대해 필요하지 않다. 802.11 이동성이 사용되는 경우에도 802.11네트워크를 통해 확장하는 대부분의 대형 건물에서 커버가 가능할 것이다. 향후 계획은 다른 네트워크와 서로 다른 기술을 통해 이동성을 제공해야 한다(802.11).

마지막으로 보안문제가 있다. 무선 전송은 브로드캐스트하기 때문에, 근처에 컴퓨터가 그들이 의도하지 않은 정보의 패킷을 수신하는 것이 쉽다. 이를 예방하기 위해 802.11 표준은 WEP(Wired Equivalent Privacy)로 알려진 암호화 방식을 포함한다. 이 아이디어는 무선 보안을 만든다. 이것은 좋은 아이디어지만 불행하게도 결함으로 인하여 곧 쓸모없게 되었다(Borisov et al., 2001). 그것은 이후의 802.11i 표준에서 다른 암호 정보를 가지고 새로운 구조로 대체되었으며 WiFi Protected Access라 불리고 줄여서 WPA라 무르지만 WPA2에 의해 교체되었다.

802.11은 무선 네트워크에 꾸준한 혁명을 일으켰다. 건물을 넘어 어디서나 인터넷을 검색할 수 있도록 기차, 비행기, 배, 그리고 자동차에 설치되기 시작한다. 휴대전화와 가전제품의 모든 방식은 게임콘솔에서 디지털 카메라로 통신할 수 있다. 이 부분은 4장에서 더 자세히 다루겠다.

1.5.4 RFID와 센서 네트워크

우리가 지금까지 공부한 네트워크는 컴퓨터에서 휴대폰으로, 인식하기 쉬운 컴퓨팅 장치로 구성되어 있다. **무선 주파수 식별(RFID)의** 모든 대상은 컴퓨터 네트워크의 한 부분이 될 수 있다. RFID 태그는 목표를 추적할 수 있도록 우표 크기의 스티커처럼 생겼다. 그 대상은 여권 또는 책일 수 있다. 태그는 고유 식별자 및 무선 전송 수신을 위한 안테나와 작은 마이크로칩으로 구성되어 있다. RFID 리더기는 그림 1-34와 같이 그들의 정보를 찾을 때 추적 지점에 설치된 태그를 찾는다. 어플리케이션은 신원 확인, 공급망 관리, 바코드 교체 등을 포함한다.

RFID는 많은 종류가 있으며, 서로 다른 특성을 갖지만, 아마도 RFID의 가장 중요한 부분은 전기플러그와 배터리가 없다는 점이다. 대신에 모든 에너지를 그들이 RFID 리더기에 의해 전파의 형태로 제공한다. 이 기술은 정적인 RFID라 부르고 동적인 RFID는 태그에 전원이 있는 것에서 구분한다.

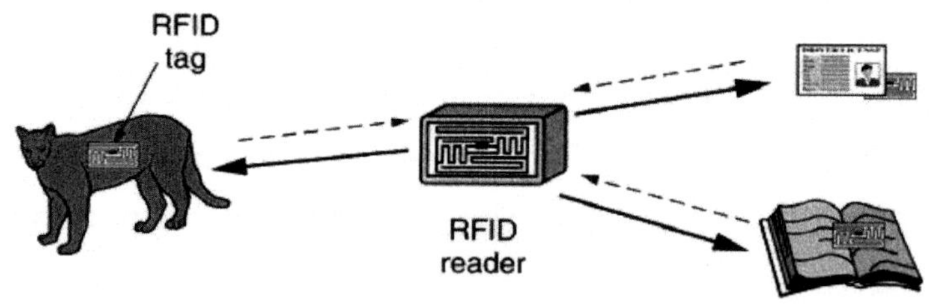

그림 1-34 네트워크의 모든 목표에 사용되는 RFID

RFID의 한 가지 흔한 형태는 **UHF RFID**(Ultra-High Frequency RFID)이다. 이것은 운전 면허증과 선적 받침대에 사용된다. 리더기는 미국에서 902-928MHz 대역상의 신호를 보낸다. 태그는 독자 신호를 반영하는 방식을 변경하여 몇 미터의 거리에서 통신한다. 리더기는 이러한 방식을 가질 수 있다.

RFID의 다른 종류로는 **HF RFID**(High Frequency RFID)가 있다. 이것은 13.56MHz에서 동작하고 여권, 신용카드, 책 등 비접촉 지불 시스템과 같은 것이다. HF RFID는 물리적 메커니즘이 후방산란보다 고주파에 의해 달라지기 때문에 일반적으로 미터 이하의 짧은 거리를 가진다. HF RFID 개발 전에 동물 추적에 사용된 것과 같은 LF RFID(Low Frequency RFID)와 같이 다른 주파수를 사용하는 RFID의 다른 형태도 있다.

RFID 리더기는 어떻게든 읽는 범위 내에서 여러 개의 태그를 처리하는 문제를 해결한다. 이 의미는 리더기 혹은 여러 태그로부터 신호를 들을 때 충돌할 수 있기 때문에 응답하지 않을 수 있다. 해결책은 802.11에 취한 접근 방식과 유사하다. 태그는 자신의 신분에 응답하기 전에 짧은 임의의 간격을 기다리며 리더기가 개별 태그를 좁혀 더욱 그들의 정보를 얻을 수 있다.

보안에는 또 다른 문제가 있다. RFID의 능력은 쉽게 개체를 추적하기 때문에 그것을 사용하는 사람은 개인 정보를 침해할 수 있다. 불행히도 그것은 계산 및 강력한 암호화 알고리즘을 실행하는 통신 능력이 부족하기 때문에 RFID 태그를 안전하게 하기가 어렵다. 대신에 비밀번호(쉽게 해킹 가능한) 같은 약한 대책이 사용된다. 식별 카드가 원격 경계에서 공식적으로 읽을 수 있다면, 본인도 모르게 다른 사람들에 의해 추적되는 동일한 카드를 중지시켜야 할 것이다.

RFID 태그는 식별 칩으로 시작하지만 제대로 사양을 갖춘 신속한 컴퓨터에 의존하고 있다. 예를 들어, 많은 태그는 태그 목표에게 무슨 일이 생긴 것에 대한 정보가 저장될 수 있도록 업데이트하고 나중에 질문할 수 있는 메모리가 있다. Rieback 외 컴퓨터 악성 코드의 일반적인 문제를 모두 적용하는 의미를 여권이 RFID 바이러스를 확산하는 데 사용할 수 있다고 보여주었다.

RFID의 기능에서 한 단계 위로는 **센서 네트워크**가 있다. 센서 네트워크는 물리적 세계의 측면을 모니터링하기 위해 배포되었다. 지금까지 과학 실험, 조류 관찰, 화산 활동, 얼룩말 이주 관찰에 사용되었으나 비즈니스 어플리케이션인 건강관리, 진동에 대한 감시 장비, 빙결의 추적 등 많은 역할을 하고 있다.

센서노드는 온도, 진동 그리고 다른 센서를 가진 작은 컴퓨터이다. 많은 노드는 모니터링 되어야 하는 환경에 배치된다. 일반적으로 센서노드들은 진동이나 태양 에너지를 찾아 헤맬 수도 있지만 그들에게는 배터리가 있다. RFID와 마찬가지로 충분한 에너지를 가지고하는 것이 핵심 과제이며, 노드는 외부 수거 지점에 자신의 센서 정보를 전달하기 위해 신중하게 의사소통을 해야 한다. 일반적인 전략은 노드들에 대해 서로에게 자기 조직화를 위해 메시지를 전달하는 것으로 그림 1-35와 같다. 이러한 설계를 **멀티 홉 네트워크**라 부른다.

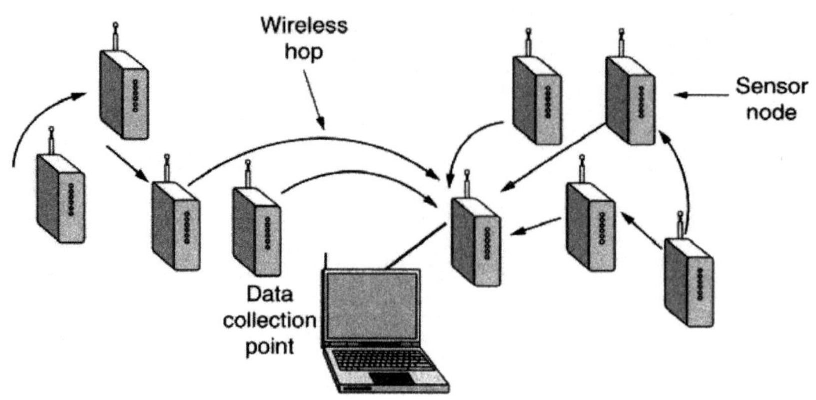

그림 1-35 센서 네트워크의 멀티 홉 토폴로지

RFID와 센서네트워크는 미래에 더 많은 수용과 보급이 될 것으로 보인다. 연구가들은 빛, 움직임 및 기타 센서와 프로토 타입 프로그램 RFID 태그에 의해 두 기술의 장점을 결합했다(샘플의 예, 2008).

1.6 네트워크 표준화

많은 네트워크 벤더와 제조업자들이 있는데, 이들은 각각 고유의 아이디어를 가지고 있어서 이것을 조정하지 않으면 혼란만 가중되어 사용자들은 아무것도 할 수가 없다. 유일한 해결방법은 네트워크 표준에 동의하는 것이다.

표준 덕분에 서로 다른 컴퓨터들이 통신하는 것이 가능할 뿐만 아니라, 표준을 따르는 제품에 대한 시장이 확대된다. 대규모 시장이 형성되면 대량생산, 제조로 인한 경제 부흥, 더 나은 구현이 가능하다. 이 외에도 가격이 낮아져서 더 많은 사람들이 사용할 수 있게 되는 장점도 있다.

본 절에서 우리는 국제표준화의 중요하지만 조금 알려진 부분을 알아볼 것이다. 하지만 우리가 먼저 표준에 속하는지 토론하자. 합리적인 사람은 어떻게 프로토콜이 훌륭하게 동작할 수 있는지 표준을 말하는 것에 대해 추정할 수 있다.

표준의 정의는 상호 운용성을 필요로 한다. 그 이상도 그 이하도 아니다. 큰 시장이 등장할 수 있으며, 기업의 제품이 얼마나 좋은지에 근거하여 경쟁할 수 있다. 예를 들어 802.11 표준은 많은 전송속도를 정의하지만, 송신자가 아무 생각 없이 네트워크를 이용할 때 좋은 성능의 핵심 요소는 속도이다. 이것은 그 제품을 만드는 사람에 달려 있다. 종종 상호운용의 방법은 많은 구현 선택과 일반적으로 정의된 많은 옵션으로 인해 어렵다. 802.11에 대해 와이파이 연합이라 불리는 무역 그룹이 표준의 호환성 작업을 시작하면서 전략적으로 많은 문제가 발생했다.

마찬가지로 프로토콜 표준은 프로토콜을 설명하는 도움을 제외하고 유선을 통한 프로토콜이나 상자

안의 서비스 인터페이스를 정의한다. 실제 서비스 인터페이스는 종종 독점하고 있다. 예를 들어 컴퓨터 내에서 IP로 TCP 인터페이스는 원격 호스트에서 중요하지 않다. 단지 그 문제는 원격 호스트가 TCP/IP를 말하는 것이다. 사실 TCP와 IP는 일반적으로 어떤 별개의 인터페이스 없이도 함께 구현된다. 좋은 서비스 인터페이스는 좋은 API와 같이 프로토콜이 사용되는 것에 대한 가치가 인기를 끌게 될 수 있다(버클리 소켓과 같은).

표준은 de facto와 de jure의 두 가지로 나뉜다. **de facto**(라틴어로 '사실로부터' 또는 '사실상의') 표준은 형식적인 계획 없이 그저 우연히 발생하는 것이다. 웹에서 동작하는 HTTP 프로토콜은 사실상 표준으로 시작되었다. CERN의 Tim Berners-Lee에 의해 개발된 WWW 브라우저의 사용은 웹의 성장과 함께 시작했다. 블루투스는 다른 예다. 원래 에릭슨에서 개발했지만 지금은 모두가 이용하고 있다.

대조를 이루는 **de jure**(라틴어로 '법률적으로' 또는 '합법적으로') 표준은 형식적이고 승인된 표준조항이 채택된 법률직 표준이다. 국제표준 승인은 일반적으로 두 부류 즉 각국 정부 사이의 약정과 자발적인 비약정 기구에 의해 제정된다. 컴퓨터 네트워크 표준 분야에는 ITU, ISO, IETF, IEEE 등 아래에서 논의되는 각 유형의 몇몇 기구가 있다.

실제로 표준과 회사 그리고 표준화 기관 사이의 관계는 복잡하다. 사실상 표준이 성공적이라면 법률적인 기준으로 진화할 것이다. HTTP 형태의 상황은 신속하게 IETF에 의해 포착되었다. 표준화 기관은 기술에 대해 시징이 증가하는 것과 각각 다른 표준을 종종 비준한다. 요즘 특정 기술 주위에 형성된 많은 특별 사업 제휴는 네트워크 표준을 개발 및 정제에 중요한 역할을 한다. 예를 들어 3GPP(Third Generation Partnership Project)는 UMTS 3G 이동전화 표준을 만들기 위한 정보통신 단체 간의 협력이다.

1.6.1 세계의 통신산업을 움직이는 사람들

세계 각국의 전화회사의 법률적 지위는 나라마다 상당히 다르다. 한 극단적인 경우는 2,000개로 분리된 (대부분 영세한) 개인 소유의 전화회사를 가진 미국이다. 세계에서 가장 큰 회사였던 AT&T의 1984년 분사와(미국 전화시장의 약 80%에 달하는 전화서비스를 제공함), 철저한 규제로 경쟁을 육성하고자 1996년 통신 법안과 함께 추가했다.

다른 극단적인 경우는 정부가 우편, 전신, 전화, 라디오와 텔레비전을 포함하는 모든 통신에 대해 완전히 독점권을 갖고 있는 나라이다. 세계의 대부분은 이 범주에 속한다. 어떤 경우에는 통신 공사는 국영 기업이고, 다른 경우는 보통 **PTT**(Post, Telegraph & Telephone administration, 우편, 전신 & 전화당국)로 알려진 정부 산하 기관이다. 전 세계적인 동향은 자유화와 경쟁 쪽으로 기울고 정부 독점으로부터 멀어지고 있다. 대부분 유럽국가에서는 PTT들이 부분적으로 또는 완전히 민영화되었으나 다른 지역에서는 아직도 민영화가 느리게 진행되고 있다.

서로 다른 모든 서비스 제공자들은 한 나라에 있는 사람들(그리고 컴퓨터)이 다른 나라의 상대를 확실히 호출할 수 있도록 하기 위해 전 세계적 규모로 호환성을 제공해야 할 필요가 분명히 있다. 실제로 이러한 요구는 오랫동안 존재해 왔다. 1865년 유럽 정부의 많은 대표자들이 오늘날의 **ITU**(International Telecommunication Union, 국제 전기 통신 연합)의 전신이었던 기구를 구성하기 위해 만났다. ITU의 업무는 그 당시 전신을 의미하는 국제 전기통신을 표준화하는 것이었다. 절반의 국가가 모르스 부호를 사용하고 또 다른 절반의 나라가 다른 부호를 사용한다면, 문제가 발생하리라는 것은 분명하다. 국제전화 서비스가 시작되었을 때 ITU는 전화 표준화 작업을 인수받았다. 1947년 ITU는 UN의 산하기관이 되었다.

ITU는 UN 산하의 거의 모든 국가를 포함하는 200여 국가가 회원으로 가입되어 있다. 분야별 회원은 전화회사(AT&T, Vodafone, WorldCom 등), 통신장비 제조업체(Cisco, Nokia, Nortel 등), 컴퓨터 제조업체(Microsoft, Agilent, Toshiba 등), 반도체 칩 제조업체(Intel, Motorola, TI 등), 미디어 회사(AOL Time Warner, CBS, Sony 등) 및 다른 관심 있는 회사들(Boeing, CBS, VeriSign 등)을 포함하여 대략 700개 회사로 구성되어 있다.

ITU는 3개의 주요 회사가 있다. 전화 및 데이터 통신 시스템을 고려한 통신 표준회사인 ITU-TDP에 주로 초점을 맞출 것이다(1993년 이전에 CCITT로 불렸던 국제전신전화자문위원회는 프랑스어로 Comité Consultatif International Télégraphique et Téléphonique의 약자다). 무선 통신회사인 ITU-R은 무선주파수의 이익 집단 경쟁을 위해 사용을 조정하는 것을 고려한다. 다른 회사인 ITU-D는 개발회사다. 이것은 정보 기술과 제한된 액세스 권한이 있는 국가에 효과적으로 접근할 수 있는 국가 간의 "디지털 격차"를 좁힐 정보통신 기술의 발전을 장려한다.

ITU-T의 업무는 전화, 전신, 데이터통신 인터페이스에 관한 기술적 권고안을 만드는 것이다. ITU-T 권고안은 정부가 원한다면 채택하거나 무시할 수 있는 기술적인 제안일 뿐이라는 것을 고려해야 한다. 실제로 세계의 다른 나라들과 다른 전화 표준을 채택하려는 국가는 그렇게 하는 것은 자유이지만, 다른 모든 국가로부터 스스로가 고립된 것에 대한 비용은 지불해야만 한다. 북한이 이렇게 하고 있으나 다른 어느 국가에서도 이것이 문제되지 않고 있다.

ITU-T의 실제 업무는 14개의 연구반(study groups)에서 이루어진다. 현재 ITU-T 연구반은 전기통신요금부터 멀티미디어 서비스까지 다양한 분야의 연구반이 활동하고 있다. 현재 10개의 연구반이 있으며, 무엇이든 표준화를 가능하도록 만드는 연구반은 작업 분과(working parties)로 나누어지고, 이것이 다시 전문가팀(expert teams)으로 나누어지며, 또 다시 특별 그룹인 애드 혹 그룹(ad hoc groups)으로 나누어 구성된다. 한번 관료주의는 언제나 관료주의이다. 예를 들어, 표준 DSL 기술은 인터넷에 연결하는데 사용된다.

이러한 관료주의에도 불구하고, ITU-T는 표준화 업무를 실제로 잘 수행하였다. ITU-T는 출범 이후 약 6만 페이지에 달하는 매뉴얼이 광범위하게 사용된다. 예를 들어, H.264의 권고안은 비디오 압축에 널리 사용되고 X.509 공개키 인증은 안전을 위해 웹 브라우저나 디지털 서명된 이메일에 사용된다.

1980년대에 시작된 전기통신의 변화가 국가적 차원에서 전 세계적 차원으로 완료됨에 따라, 표준의 중요성이 증가되고 있으며 더욱 많은 기관들이 표준제정에 관여하기를 바라고 있다. ITU-T에 대해 더 많은 정보를 원한다면 Irmer(1994)를 참조하면 된다.

1.6.2 국제 표준을 만드는 사람들

국제 표준은 1946년에 설립된 자발적이고, 비조약기구인 **ISO**(International Standards Organization, 국제표준기구)에서 제정하고 공포한다. 회원들은 157개 회원국의 국가별 표준 기구이다. 이 회원들은 ANSI(미국), BSI(영국), AFNOR(프랑스), DIN(독일) 및 TTA(한국) 등 85개의 다른 국가들이 포함되어 있다.

ISO는 너트 및 볼트부터 전화 전극 코팅에 이르기까지 매우 많은 주제에 대해 표준을 발표하고 있다. OSI 표준을 포함하는 1만 3,000개 이상의 표준을 발표하였다. ISO는 생성된 순서대로 번호가 붙은 거의 200개의 기술 위원회(Technical Committees, TC)가 있다. 각 기술위원회는 특정한 주제를 다룬다. TC1은 너트와 볼트에 대한 나사의 높이를 표준화한다. TC97은 컴퓨터와 정보 처리에 대한 표준화를 수행한다. 각 TC는 작업반(Working Group, WG)으로 나누어진 소위원회(Sub Committees, SC)로 구성되어 있다. ISO와 ITU-T는 종종 두 공식의 아이러니와 서로 호환되지 않는 국제 표준을 피하려고 협력한다 (ISO는 ITU-U의 멤버임).

1만 7,000개 이상의 표준은 OSI 표준을 포함하여 발행되었다. ISO는 만드는 순번호가 200개 이상의 기술위원회(TCs)와 특정 주제를 각각 다룬다. TC1은 볼트와 너트를 다룬다(나사의 피치를 표준화). JC1은 네트워크, 컴퓨터 그리고 소프트웨어를 포함한 정보기술을 다룬다. 이것은 IEC의 TC97 활동을 합병하여 1987년에 만든 또 다른 표준화 기관인 최초의 합동 기술위원회이다. 각 TC를 일하는 그룹(WGs)으로 나누어 분과위원회에 배치했다.

실제 업무는 전 세계적으로 10만 명이 넘는 자원자에 의해 작업반에서 주로 수행된다. 많은 자원자는 그들의 고용주에 의해 ISO 표준에 관련된 문제를 처리하기 위해 업무를 할당받고, 이렇게 해서 이들 회사의 제품은 표준화된다. 다른 자원자로는 자기 나라에서 일하는 방식이 국제 표준이 되게 하려고 애쓰는 공무원들이 있다. 학술적인 전문가도 많은 작업반에서 활동한다.

전기통신 표준 문제에 대하여, ISO와 ITU-T는 두 국제기구의 표준이 서로 달라서 호환되지 않는 것을 피하기 위하여 종종 협력한다. 조직적으로 ISO는 ITU-T의 회원이다.

도입 표준을 ISO에서 표준화하는 절차는 가능한 폭넓은 의견일치를 이룰 수 있도록 설계되었다. 표준화 과정은 국가표준화기구 중 하나가 어떤 분야에서 국제 표준의 필요성이 인정되면 시작된다. 작업반은 **CD**(Committee Draft, 위원회 초안)를 제안하기 위해 구성된다. CD는 모든 회원들에게 배부된다. 이것을 검토하기 위해 6개월이 소요된다. 사실상 과반수가 찬성하면 **DIS**(Draft International Standard, 국제 표준 초안)라 불리는 개정된 문서가 만들어지고 검토와 투표를 위해 배부된다. 이러한 검토 결과를 바탕으로 **IS**(International Standard, 국제 표준)의 최종 문안이 마련되고, 승인되어 공표된다. 논의 과정에서 위원회 초안(CD)이나 국제표준 초안(DIS)은 충분한 표를 얻기 전에 몇 번의 수정을 거치며 전 과정은 몇 년이 소요된다.

NIST(National Institute of Standards and Technology, 미 국립 표준원)는 미국 통상부 산하기관이다. NIST 문서는 미국 국립 표준으로 이용되고 있다. NIST에서는 자체 표준을 가지고 있는 국방성을 제외한 미국 정부의 구매와 관련된 필수사항을 표준화한다.

또 다른 세계 표준 주요 기구는 세계 최대 전문기구인 **IEEE**(Institute of Electrical and Electronics Engineers)이다. 정기 간행물 출판과 매년 수많은 회의를 개최하는 것 외에도, IEEE는 전기, 전자 및 컴퓨터에 관한 공학 분야에서 표준을 개발하는 표준화그룹이 있다. IEEE 802 표준화위원회에서는 여러 가지 LAN을 표준화하였다. 이 책에서도 다양한 LAN 기술을 살펴볼 것이다. 실질적인 표준화 활동은 그림 1-36에 나열한 각 작업반에서 수행한다. IEEE 802위원회의 다양한 작업반의 성공률은 낮아서 802.x로 이름 붙인 작업이 곧 성공을 의미하지는 않는다. 그러나 802.3과 802.11과 같이 표준화의 성공이 미친 영향은 막대하다.

Number	Topic
802.1	Overview and architecture of LANs
802.2 ↓	Logical link control
802.3 *	Ethernet
802.4 ↓	Token bus (was briefly used in manufacturing plants)
802.5	Token ring (IBM's entry into LAN world)
802.6 ↓	Dual queue dual bus (early metropolitan area network)
802.7 ↓	Technical advisory group on broadband technologies
802.8 †	Technical advisory group on fiber optic technologies
802.9 ↓	Isochronous LANs (for real-time applications)
802.10 ↓	Virtual LANs and security
802.11 *	Wireless LANs
802.12 ↓	Demand priority (Hewlett-Packard's AnyLAN)
802.13	Unlucky number. Nobody wanted it.
802.14 ↓	Cable modems (defunct: an industry consortium got there first)
802.15 *	Personal area network (Bluetooth)
802.16 *	Broadband wireless
802.17	Resilient packet ring
802.18	Technical advisory group on radio regulatory issues
802.19	Technical advisory group on coexistence of all these standards
802.20	Mobile broadband wireless (similar to 802.16e)

802.21	Media independent handoff (for roaming over technologies)
802.22	Wireless regional area network

그림 1-36 802 작업반. 중요한 것은 *표시가 되어 있고, ↓표시가 되어 있는 것은 활동이 중단된 것이다. †표시가 되어 있는 것은 해산된 그룹이다.

1.6.3 인터넷 표준을 만드는 사람들

전 세계적인 인터넷은 ITU-T와 ISO의 표준화 절차와는 다르게 고유의 표준화 절차를 가지고 있다. ITU나 ISO 표준화 모임에 참석하는 사람들은 정장을 입지만, 인터넷 표준화 모임에 참석하는 사람들은 청바지를 입는다. 샌디애고에서 만날 때는 반바지나 티셔츠를 입기도 한다.

ITU-T와 ISO 모임에서는 표준화가 업무인 기관의 관료들과 정부 공무원들이 참석한다. 그들은 표준화를 유익한 일이라고 여기고 그들의 삶을 여기에 바친다. 한편 인터넷의 사람들은 무정부 상태를 기본적으로 좋아하지만, 수많은 사람들이 일을 하기 위해 합의가 필요하다는 것을 알고 있다. 그러므로 그들에게 표준은 가끔 필요한 것이다. 이러한 맥락에서 MIT의 David Clark는 한번 구성된 인터넷 표준화에 대해 "거친 합의와 실행코드"라는 말을 했다.

ARPANET이 구축되었을 때, DoD는 이것을 감독할 비공식 위원회를 만들었다. 1983년에, 위원회는 **IAB**(Internet Activities Board)라고 명칭을 변경하였고 좀 더 폭넓은 임무 즉, ARPANET과 인터넷에 관련된 연구자들이 같은 방향으로 집중하게 하는 임무가 주어졌다. 첫 문자 "IAB"의 의미는 나중에 **IAB**(Internet Architecture Board)로 변경되었다.

IAB는 대략 10명에 달하는 회원들이 중요한 문제를 지휘하고 있다. IAB는 대부분의 자금을 제공하는 DoD와 NSF에 피드백을 주고, 결과를 논의하기 위해 해마다 여러 번 만난다. 새로운 라우팅 알고리즘과 같은 표준이 필요하게 되었을 때, IAB 회원은 이것을 해결해 나갔고 변경 사항을 알려서 핵심적인 소프트웨어를 만들려는 대학원생들로 하여금 이것을 구현할 수 있도록 하였다. 표준화를 위한 의견 교환은 **RFC**(Request For Comments)라 불리는 기술 보고서를 통해 진행된다. RFC는 온라인상에 저장되어 있고 관심 있는 사람은 누구라도 얻을 수 있다. *http://www.ietf.org/ftc*에 있는 RFC 문서들은 생성 연대순으로 문서번호가 붙여져 있으며, 2003년 12월 기준으로 5,000여 개의 RFC문서가 있다. 앞으로 이 책에서는 많은 RFC 문서를 참조하게 될 것이다.

1989년까지 인터넷은 비공식적인 방법으로 더 이상 운영될 수 없을 만큼 크게 성장하였다. 많은 업체들은 TCP/IP 제품을 제공하였고, 10명의 IAB 위원들이 더 나은 아이디어를 연구해 왔기 때문에 조직이 변경되지 않기를 원했다. 1989년 여름에, IAB가 다시 재편되었다. 연구원들은 IAB에 보조적으로 만들어진 **IRTF**(Internet Research Task Force)와 **IETF** (Internet Engineering Task Force)로 재배치되었다. IAB는 연구 단체보다 더 넓은 범위의 기구를 대표하는 사람들로 다시 구성되어 2년 임기로 회원을 지속적으로 공급할 수 있는 최초의 그룹이 되었고, 새로운 회원은 이전 회원에 의해 지명되었다. 나중에, **인터넷 공동체**(Internet Society)가 생성되었고, 인터넷에 관심 있는 사람들이 모여 들었다. 인터넷 공동체는 ACM 또는 IEEE와 어떤 점에서 비교된다. 인터넷 공동체는 IAB 회원에 의해 지명되어 선출된 이사들이 이끌어 간다.

IAB의 분리는 IRTF가 장기 연구에 집중하고, IETF는 단기적인 공학적 문제를 다루기 위한 생각에서 시작하였다. IETF는 특정한 문제를 해결하기 위한 작업반을 구성하였다. 초기에 작업반 의장들은 공학적인 연구 방향 제시를 위해 추진 위원회로서 만났다. 작업반은 새로운 응용, 사용자 정보, OSI 통합, 라우팅과 어드레싱, 보안, 네트워크 관리, 표준 등과 같은 주제가 포함되었다. 결국 분야별로 나누어진 70개 이상의 작업반이 형성되었고 작업반 의장들은 추진위원회로서 만났다.

더욱 형식적인 표준화 과정이 채택되었고 후에 ISO의 귀감이 되었다. **제안된 표준**(Proposed Standard)이 되기 위해서, 기본 아이디어는 RFC에서 완전하게 설명되어야 하고 중요성을 보장하기 위해 연구 분야에서 충분한 관심이 있어야 한다. **표준초안**(Draft Standard) 단계로 되기 위해서는, 적어도 두 개의 독립된 사이트에서 4개월 동안 철저히 시험된 작업 결과물이 있어야 한다. 새로운 아이디어가 논리적으로 옳고 소프트웨어가 잘 운영된다는 것을 IAB가 납득하게 되면, 인터넷 표준으로 RFC를 공표할 수 있다. 어떤 인터넷 표준은 DoD 표준(MIL-STD)이 되어 국방 분야의 필수 표준이 된다.

웹 표준인 월드 와이드 웹 컨소시엄(W3C)은 웹의 장기적인 성장을 촉진하기 위한 프로토콜 및 지침을 개발하고 있다. 그것은 Tim Berners-Lee가 주도하고 1994년에 설립한 산업 컨소시엄이다. W3C는 HTML 및 웹 개인 정보 보호 주제를 다루는 명칭으로서, 현재 전 세계 300명 이상의 회원을 보유하고 있다.

1.7 측정 단위

혼란을 피하기 위해서, 전통적으로 사용되는 영국식 단위 대신에 컴퓨터 과학 분야에서 일반적으로 사용되고 있는 측정 단위를 명시적으로 밝히는 것은 가치 있는 일이라고 본다. 측정에서 사용되는 기본적인 접두어들이 그림 1-37에 나열되어 있다. 접두어는 한 단위보다 크면 KB, MB 등과 같이 첫 번째 글자로 약식 표기한다. 한 가지 예외로서 kbps는 kilobits/sec를 나타낸다. 그래서 1Mbps 통신 선로는 10^6bits/sec의 데이터를 전송하고 10^{-10}초 간격인 100ps마다 데이터를 전송한다. 밀리(milli)와 마이크로(micro)는 모두 m으로 시작하므로 어느 것을 사용할지 결정하여야 한다. 그래서 보통 밀리는 "m"으로 표시하고 마이크로는 그리스 문자인 "μ"로 표시한다.

또한 업계에서 사용하는 메모리, 디스크, 파일 및 데이터베이스의 크기를 측정하는 것도 언급하고 넘어가는 것이 좋겠다. 이러한 단위들은 약간 다른 의미를 가지고 있다. 이러한 분야에서는 킬로(kilo)가

10^3(1000)이라기보다는 2^{10}(1024)를 의미하는데, 이러한 숫자는 항상 2의 제곱으로 표현되기 때문이다. 그래서 1KB 메모리는 1024바이트를 나타내는 것이지 1000바이트를 나타내는 것이 아니다. 또한 대문자 "B"는 바이트(8비트 단위)이며, 소문자 "b"는 비트를 의미한다. 마찬가지로 1MB 메모리는 2^{20}인 1,048,576을 나타내고, 1GB 메모리는 2^{30}인 1,073,741,824를 나타내고 1TB 데이터베이스는 2^{40}인 1,099,511,627,776 바이트를 나타낸다. 그렇지만 1kbps의 통신 선로는 초당 1000bit를 보내고, 10Mbps LAN은 초당 10,000,000bit/sec로 동작한다. 왜냐하면 이러한 단위에서는 2의 제곱으로 표현되지 않기 때문이다. 불행하게도 많은 사람들은 디스크 크기와 관련된 단위를 사용할 때 이러한 두 측정 단위를 혼용하여 사용한다. 모호함을 피하기 위해 이 책에서는 KB, MB, GB를 각각 2^{10}, 2^{20}, 2^{30} 바이트로 사용하기로 한다. 그리고 kbps, Mbps, Gbps는 각각 10^3, 10^6, 10^9bits/sec로 사용한다.

Exp.	Explicit	Prefix	Exp.	Explicit	Prefix
10^{-3}	0.001	milli	10^3	1,000	Kilo
10^{-6}	0.000001	micro	10^6	1,000,000	Mega
10^{-9}	0.000000001	nano	10^9	1,000,000,000	Giga
10^{-12}	0.000000000001	pico	10^{12}	1,000,000,000,000	Tera
10^{-15}	0.000000000000001	femto	10^{15}	1,000,000,000,000,000	Peta
10^{-18}	0.000000000000000001	atto	10^{18}	1,000,000,000,000,000,000	Exa
10^{-21}	0.000000000000000000001	zepto	10^{21}	1,000,000,000,000,000,000,000	Zetta
10^{-24}	0.000000000000000000000001	yocto	10^{24}	1,000,000,000,000,000,000,000,000	Yotta

그림 1-37 기본적인 측정 접두어

1.8 이 책의 나머지 부분에 대한 요약

이 책은 컴퓨터 네트워크의 원리와 사용 중인 기술에 대하여 논의하고 설명한다. 대부분의 장들은 관련 원리를 설명하고 이어서 이 원리를 설명하는 예제들이 나온다. 둘 다 중요한 분야이지만 서로 다른 인터넷과 휴대전화 네트워크와 같은 무선 네트워크를 예를 들어 설명한다. 그 밖에도 연관된 다른 예제들은 필요할 때 설명하기로 한다.

이 책은 그림 1-23에서와 같은 혼성 모델로 구성되어 있다. 2장에서는 계층적인 프로토콜에 대하여 가장 아래 계층부터 살펴본다. 이어서 데이터 통신 분야의 유무선 전송 시스템을 다룬다. 이 내용은 물리적 채널에서 정보를 어떻게 전달하는지에 관련이 있지만, 하드웨어적 관점보다는 구조적 관점을 주로 다루게 된다. 공중전기통신망, 이동전화 및 케이블 네트워크와 같은 물리적 계층에 관한 몇 가지 예제들이 논의된다.

3장과 4장에서는 데이터 링크 계층에 대해 논의한다. 3장은 오류 감지 및 수정을 포함하여 링크를 통해 패킷을 보내는 방법의 문제를 다룬다. 우리는 데이터 링크 프로토콜의 실제 예로 DSL(전화 회선을 통해 광대역 인터넷 액세스에 사용)을 들었다.

4장은 매체 액세스 부계층(medium access sublayer)을 다룬다. 이것은 데이터 링크 계층의 한 부분으로 많은 컴퓨터에서 채널을 어떻게 공유할 것인지에 대한 것이다. 우리가 보는 예, 무선 802.11과 RFID 등은 전통적인 이더넷과 같은 유선랜을 포함한다. LAN에 접속하는 링크 계층 전환과 이더넷 전환은 여기서 다룬다.

5장에서는 네트워크 계층 특히 라우팅에 관한 라우팅 알고리즘과 정적 라우팅 및 동적 라우팅에 대하여 다룬다. 좋은 라우팅 알고리즘일지라도 네트워크에서 처리할 수 있는 능력 이상의 트래픽이 유입될 때 발생할 수 있는 혼잡을 설명하고, 네트워크 혼잡을 방지하기 위한 방법을 설명한다. 몇몇 패킷은 지연되거나 폐기될 수 있다. 그리고 단지 혼잡을 예방하는 것보다 진일보한 서비스 품질을 보장하는 방법도 다룬다.

6장에서는 전송 계층을 다룬다. 연결형 프로토콜은 많은 응용 서비스에서 필수적으로 사용되기 때문에 중요하게 다룬다. 전송 서비스의 예제와 그 구현에 대하여 자세하게 논의한다. 인터넷 전송 프로토콜인 UDP와 TCP를 자세히 설명하고 이들의 성능 문제도 다룬다.

7장에서는 응용 서비스 계층과 프로토콜 그리고 이 계층의 응용들을 다룬다. 첫 번째로 다루게 되는 것은 인터넷에서 전화번호부와 같은 DNS를 설명한다. 이어서 e-mail과 관련 프로토콜들을 다루고 웹을 다룬다. 웹에서는 정적 콘텐츠와 동적 콘텐츠를 자세하게 논의하고 서버와 클라이언트에서 일어나는 일, 프로토콜, 성능 및 무선 웹에 대해서 다룬다. 7장의 마지막 부분에서는 스트리밍 오디오와 비디오를 포함한 네트워크 멀티미디어를 다룬다. 마지막으로 피어-투-피어 기술을 포함하고 콘텐츠 전송 네트워크에 대해 토론한다.

8장에서는 네트워크 보안을 다룬다. 네트워크 보안은 모든 계층에 관련되어 있어서 모든 계층이 충분히 설명된 이후에는 쉽게 다룰 수 있다. 8장은 암호문의 소개와 함께 시작한다. 나중에 암호문이 안전한 통신이나 e-mail, 웹에서 어떻게 사용되는지를 보여준다. 이 챕터에서는 사생활을 침해하는 보안, 언론의 자유, 검열제도 및 기타 사회적으로 상충되는 문제점들과 같은 다른 분야를 논의하면서 끝맺는다.

9장에는 각 장별로 정리된 주석표가 있다. 이것은 네트워킹에 대한 탐구와 깊은 연구를 원하는 독자들에게 도움을 주기 위한 것이다. 이 장에는 책에서 인용된 모든 참조 내용의 알파벳순의 참조 도서목록도 함께 들어 있다.

저자의 웹 사이트(http://www.prenhall.com/tanenbaum)에서 기술자료, FAQ, 회사 산업계의 컨소시엄, 전문기관, 표준화 기관, 기술 및 관련 논문을 얻을 수 있다.

1.9 요약

컴퓨터 네트워크는 개인이나 단체, 양쪽 모두에 대하여 가정이나 이동 중에 많은 서비스를 제공할 수 있다. 회사에서는 개인용 컴퓨터로 이루어진 네트워크의 공유 서버를 사용하여 정보를 공유하며, 보통 클라이언트-서버 모델을 따르는 네트워크에서 종업원의 클라이언트는 기계실에 있는 강력한 서버에 접속한다. 개인들은 네트워크를 통하여 다양한 정보와 오락물에 접근하고 제품과 서비스를 사고판다. 개인들은 종종 집에서 자신의 휴대전화 또는 케이블 사업자를 통해 인터넷에 액세스하지만 점점 노트북과 휴대폰에는 무선 액세스를 사용한다. 기술 발전은 가전제품 및 기타 소비자 기기에 내장된 컴퓨터와 모바일 응용 프로그램 및 네트워크의 새로운 종류를 사용하고 있다.

개략적으로 말하자면 네트워크는 각각의 특성과 기술, 속도, 사용할 저당한 적용분야에 따라 LAN, MAN, WAN, 인터네트워크로 분류할 수 있다. LAN은 한 건물 정도의 규모에 알맞으며, 많은 사람들이 인터넷 접속용으로 사용하는 케이블 TV와 같은 MAN은 한 도시 정도에 알맞고, WAN은 국가나 대륙에 알맞다. 다른 사람이 브로드캐스트 하는 동안 이러한 네트워크를 구축하는 데 사용되는 기술 중 일부는 포인트-투-포인트이다. 이러한 네트워크들이 라우터와 상호 연결되어 인터네트워크를 형성하고 있는데 이러한 인터넷은 가장 크고 잘 알려진 예이다. 802.11 LANs 그리고 3G 휴대전하와 같은 무선 네트워크는 매우 인기를 끌 것이다.

네트워크 소프트웨어는 어떤 프로세스가 통신하는지에 따라 결정되는 규칙인 프로토콜 주변에서 이루어진다. 대부분의 네트워크는 하위 계층이 그 상위 계층에 대해 서비스를 제공하고, 상위 계층이 사용하는 프로토콜의 세부사항에 대해 신경 쓰지 않아도 되는 하위 프로토콜을 이용한다. 프로토콜 구조는 OSI 모델이나 TCP/IP 모델을 기반으로 하고 있다. 두 모델 모두 네트워크, 트랜스포트, 응용 계층을 가지고 있는 점은 같으나 다른 계층에서는 차이가 있다. 설계 문제는 신뢰성, 자원 배분, 성장, 보안 등이 포함된다. 이 책은 프로토콜과 그에 따른 설계를 다룬다.

네트워크 제공자는 이용자들에게 다양한 서비스를 제공한다. 이러한 서비스는 비연결형의 효과적인 패킷 전달의 연결 지향 전송 범위를 보장할 수 있다. 어떤 네트워크에서는 비연결형 서비스가 한 계층에서 제공되고, 연결형 서비스는 그 위 계층에서 제공된다.

잘 알려진 네트워크로는 인터넷, 3G휴대전화 네트워크, 802.11LAN 등이 있다. 인터넷은 ARPANET에서 진화되었는데, 다른 네트워크가 추가되어 인터네트워크를 형성하였다. 현재의 인터넷은 실질적으로 TCP/IP 프로토콜 스택을 사용하는 수만 개의 네트워크 집합이라고 할 수 있다. 3G 휴대전화 네트워크는 인터넷을 무선과 모바일 접속을 위한 다양한 Mbps의 속도를 가지고 있으며 동시에 음성통화를 수행한다. 무선 LAN은 IEEE 802.11표준을 기반으로 많은 가정과 카페에서 100Mbps의 속도의 접속성을 가질 수 있다. 새로운 종류의 네트워크인 RFID 기술을 기반으로 하는 임베디드 센서 네트워크와 네트워크 등도 급부상 중이다.

통신을 위해 여러 대의 컴퓨터를 사용하면 하드웨어와 소프트웨어 모두에 대량의 표준화가 필요하다. ITU-T, ISO, IEEE, IAB 같은 기구에서는 서로 다른 표준화 절차를 관리하고 있다.

연습문제

1. LAN을 대신할 수 있는 간단한 방법은 모든 사용자가 쓸 수 있는 단말기를 갖고 있는 대형 시분할 시스템이라 할 수 있다. LAN을 이용한 클라이언트-서버 시스템의 장점 2가지를 설명하라.

2. 클라이언트-서버 시스템의 성능은 2가지 네트워크 특징에 의해 영향을 받는다. 네트워크의 대역폭(얼마나 많은 bps를 전송할 수 있는가)과 지연(첫 번째 비트가 클라이언트로부터 서버까지 도달하는 데 얼마나 시간이 걸리는가). 넓은 대역폭에 지연이 큰 네트워크의 예도 제시해 보아라. 또 반대로 좁은 대역폭에 낮은 지연을 갖는 두 네트워크의 예를 들어 보아라.

3. 대역폭과 지연 외에도, 양질의 서비스 품질을 제공하는 데 요구되는 다른 파라미터는 무엇이 있겠는가? (i)디지털화된 음성 (ii)비디오 트래픽 (iii)금융 거래 트래픽

4. 저장-후-전송 방식의 패킷교환에서, 지연요소는 스위치를 통해서 패킷을 저장하고 전송하는데 걸리는 시간이다. 만일 스위칭 시간이 10μ sec라면, 이것이 클라이언트가 뉴욕에 있고 서버는 캘리포니아에 있는 클라이언트-서버 시스템에 대응하는, 지연의 주된 요소라 할 수 있겠는가? 동선과 광섬유의 전파속도는 진공 중의 광속의 2/3라고 가정하라.

5. 클라이언트-서버 시스템은 40,000Km 상공에 떠 있는 위성들로 구성된 위성 통신망을 이용한다. 요구에 대응하는 최선의 자연은 무엇인가?

6. 미래에 컴퓨터 네트워크에 연결된 가정용 터미널을 우리 모두가 소유한다면, 중요 입법사항에 대해 국민투표가 가능할 것으로 보인다. 결국 국민의 뜻이 직접 표현되도록 하기 위해서 현존하는 입법부는 제거될 수도 있다. 이러한 직접 민주주의의 긍정적인 측면은 확실하다. 그에 반해 부정적 측면을 논하라.

7. 5개의 라우터가 점대점 서브넷 형태로 상호 연결되어 있다. 라우터의 각 쌍 간에는, 네트워크 설계자가 고속, 중속, 저속 선로를 설치할 수도 있고 아무것도 놓지 않을 수도 있다. 각 토폴로지 연결을 생성하고 검색하는 데에 100ms의 컴퓨터 시간이 소요된다면, 라우터 5개의 모든 연결을 생성하고 검색하는 데 걸리는 시간은 얼마나 될 것인가?

8. $2^n - 1$개로 구성된 라우터 그룹은 중앙 집중화된 이진트리 형태로 상호 연결되어 있고, 각 라우터는 각각의 트리 노드에 연결되어 있다. 라우터 i는 루트 트리에 메시지를 전송함으로써 라우터 j와 통신한다. 그러면 루트는 메시지를 j에게 되돌려 보낸다. 만일 모든 라우터 쌍이 동일한 조건이라고 가정한다면, n이 큰 수일 때, 메시지당 평균 홉수를 근사치로 유도하라.

9. 브로드캐스트 서브넷의 단점은, 다중 호스트가 동시에 채널을 접속하고자 할 때, 용량이 소모되는 것이다. 간단한 예로서, 시간축이 이산화된 타임 슬롯으로 나누어져 있고, n개의 호스트 각각은 각 타임 슬롯 동안 확률 p로 채널을 이용하려 한다. 이때 충돌로 인해서 낭비되는 타임 슬롯의 비율은 얼마인가?

10. 계층화된 프로토콜을 이용하는 두 가지 이유를 설명하라. 계층화된 프로토콜을 이용하는 한 가지 단점에 대해 설명하라.

11. 연결형 통신과 비연결형 통신의 주요한 차이는 무엇인가? 프로토콜을 사용하는 한 가지 예를 보여라. (i)비연결형 통신 (ii)연결형 통신.

12. 2개의 네트워크가 각각 신뢰성 있는 연결형 서비스를 제공한다. 그중 하나는 신뢰성 있는 바이트 스트림을, 다른 하나는 신뢰성 있는 메시지 스트림을 제공한다. 이러한 경우 2개의 네트워크는 같은 것인가? 만일 같다면 왜 각각을 구별하는가? 만일 같지 않다면 그들이 어떻게 다른지를 설명하라.

13. 네트워크 프로토콜을 논의할 때 협상(negotiation)은 무엇을 의미하는가?

14. 그림 1-19에서는 서비스를 설명하고 있다. 이 그림에는 또 다른 어떤 서비스를 내포하고 있는가? 만일 그렇다면, 어디에 내포되어 있나? 만일 그렇지 않다면 왜 그런가?

15. 어떤 네트워크에서 데이터 링크 계층은 손상된 프레임의 재전송을 요구하면서 전송 오류를 처리한다. 만일 프레임이 손상 받을 확률이 p일 때, 프레임 송신을 요구하는 평균 전송 수를 구하라.

16. OSI 참조모델과 TCP/IP 계층에서 어떤 계층이 다음 사항을 각각 처리하는가?

    (a) 전송된 비트 스트림을 프레임으로 나눈다.

    (b) 사용될 서브넷을 통해 어떤 경로를 선택할 것인가를 결정한다.

17. 데이터 링크 계층에서 처리되는 단위를 프레임이라 하고, 네트워크 계층에서 처리되는 단위를 패킷이라 할 때, 프레임이 패킷을 캡슐화 하는가 아니면 패킷이 프레임을 캡슐화 하는가? 이 관계를 설명하라.

18. 일반적으로 시스템은 n계층 프로토콜 계위를 갖는다. 어플리케이션들은 길이가 M바이트인 메시지를 생성한다. 각 계층에서는 h바이트 길이의 헤더가 더해진다. 이러한 상황에서 네트워크 대역폭의 몇 %가 헤더로 채워지겠는가?

19. OSI 참조모델과 TCP/IP 참조모델을 같은 방법으로 설명하라. 또 이들을 다른 방법으로 설명하라.

20. TCP와 UDP의 주된 차이점은 무엇인가?

21. 인터넷은 매 18개월마다 크기가 두 배로 증가한다. 어느 누구도 확신할 수는 없지만, 호스트 수가 2009년도에 6억 개에 달할 것으로 추정한다. 2018년도에는 인터넷 호스트 수가 얼마나 될 것인지를 계산하기 위해 앞에 주어진 데이터를 활용하라.

22. 2개의 컴퓨터 간에 파일을 전송할 때, 2개의 확인응답 전략 방식이 가능하다. 첫 번째 방법은, 파일이 패킷으로 쪼개지고 그 패킷은 수신기에서 개별적으로 확인된다. 그러나 전체적으로 파일이 전송됐는지는 확인되지 않는다. 두 번째 방법은, 패킷이 개별적으로 확인되지 않으나, 전체 파일은 수신단에 도착할 때 확인된다. 이들 두 가지 접근방법을 논하라.

23. 휴대전화 네트워크 운영자는 가입자 휴대전화 위치를 알아야 한다. 이것이 사용자에게 왜 나쁜지 설명하라.

24. 802.3 표준에 있는 비트 한 개는 몇 m나 되는가? 전송속도는 10Mbps를 이용하라. 또 동축 케이블에서의 전송속도는 광속의 2/3라고 가정하라.

25. 영상은 1024×768픽셀로 되어 있고 각 픽셀당 3바이트로 되어 있고, 영상은 압축되지 않았다고 가정한다. 이 영상을 56Kbps 모뎀 채널 위에 전송하는 데 시간이 얼마나 걸리겠는가? 또 1Mbps 케이블 모뎀에서 전송할 때는 얼마나 걸리는가? 10Mbps 이더넷에서 전송할 때는 얼마나 걸리는가? 100Mbps 이더넷에서 전송할 때는 어떻게 되는가? 또 기가비트 이더넷에서 전송할 때는 어떻게 되는가?

26. 이더넷과 무선 네트워크는 약간의 유사점과 차이점을 갖고 있다. 이더넷의 한 가지 성질은 오직 1개의 프레임이 한 번에 전송되는 것이다. 802.11이 이더넷과 함께 이 성질을 공유하는가를 설명하라.

27. 무선 네트워크는 설치가 용이하다. 그것은 장비 값에 비해 설치비가 싸기 때문이다. 그럼에도 불구하고 무선 네트워크는 단점을 갖고 있는데 이것을 설명하라.

28. 네트워크 프로토콜에 대해 국제적 표준이 갖는 장점과 단점을 설명하라

29. 계층 k에서 동작하는 작업을 구현하는데 사용되는 알고리즘이 변경되었다고 가정하자. 어떻게 k-1과 k+1 계층에서 동작에 영향을 받는가?

30. 계층 k에서 제공된 서비스가 바뀌었다고 가정하자. 어떻게 k-1과 k+1에서 서비스에 영향을 받는가?

31. 클라이언트의 응답 시간이 최고의 케이스 지연보다 클 수 있는 이유를 설명하라.

32. ATM의 작은 고정 길이 셀을 사용하는 단점은 무엇인가?

33. 당신은 매일 컴퓨터 네트워크로 사용되는 활동의 목록을 확인한다. 이러한 네트워크가 갑자기 꺼진다면 어떻게 생활을 바꿀 수 있을까?

34. 네트워크가 학교 또는 직장에서 사용되는지 알아보라. 거기에 사용되는 네트워크 종류, 토폴로지 및 스위칭 방법을 설명하라.

35. ping 프로그램 덕분에 테스트 패킷을 주어진 목적지에 전송하고 거기에 도달해서 돌아오는 데 걸리는 시간을 확인할 수 있다. 현재의 위치로부터 몇몇 알려진 목적지까지 시간이 얼마나 걸리는지를 알아보기 위해 ping을 사용해 보아라. 이들 데이터를 근거로 인터넷상에서의 전송시간을 거리의 함수로 그려 보아라. 서버의 위치가 잘 알려진 까닭에 대학을 목적지로 삼는다면, 테스트가 쉬울 수 있다. 예를 들면, berkeley.edu는 California 주 Berkeley에 소재하고 mit.edu는 Massachusetts 주 Cambridge에 위치하며, vn.nl은 네덜란드 암스테르담에 있으며, www.usyd.edu.au는 호주 시드니에, 그리고 www.uct.ac.za는 남아프리카 케이프타운에 있다.

36. 표준화는 네트워크 세계에서 매우 중요하다. ITU와 ISO는 중요한 공식적인 표준화 기구이다. 웹 사이트 www.itu.org와 www.iso.org에 가서 그들의 표준화 활동을 알아보아라. 그들이 표준화 한 여러 종류에 대해서 간단히 정리해 보아라.

37. 인터넷은 많은 네트워크로 이루어져 있고 그들의 구성은 인터넷의 토폴로지를 결정한다. 인터넷 토폴로지에 관한 엄청난 정보는 선로상에서 매우 유용하다. 인터넷 토폴로지에 대한 더 많은 정보를 찾기 위해서 인터넷 검색 엔진을 사용해 보아라. 그리고 찾은 것을 요약 정리해 보아라.

38. 현재 인터넷에서 패킷을 라우팅에 사용되는 중요한 피어링(peering) 포인트 중 일부를 찾기 위해 인터넷을 검색하라.

39. 상위 계층에서 7계층 프로토콜 모델의 하위 레이어 메시지 흐름을 구현하는 프로그램을 작성하라. 프로그램은 각 계층에 대해 별도의 프로토콜 기능을 포함해야 한다. 프로토콜 헤더는 최대 64문자 시퀀스이다. 각각의 프로토콜 함수는 두 개의 매개 변수가 있다. 메시지는 더 높은 계층 프로토콜과 메시지의 크기에서 통과된다. 이 함수는 메시지의 앞에는 헤더를 첨부 표준 출력에 새로운 메시지를 출력하고 다음 낮은 계층 프로토콜의 프로토콜 함수를 호출한다. 프로그램 입력은 어플리케이션 메시지이다(80자 이하).

CHAPTER 02

물리 계층(Physical Layer)

이 장에서 우리는 프로토콜 모델에서 최하위 계층인 물리 계층을 살펴볼 것이다. 물리 계층은 네트워크에 대한 기계적, 전기적, 시간적 인터페이스를 정의한다. 물리 계층은 네트워크가 구축되는 도태가 된다. 다양한 종류의 물리적 채널의 특성은 성능을 결정하기 때문에(전송량, 지연, 에러율 등) 네트워크 세상으로의 여행에 좋은 출발점이라고 할 수 있다.

우리는 데이터전송의 이론적 분석에서 시작하여, 채널을 통해 전송될 수 있는 한계를 살펴볼 것이다. 이어서 세 종류, 즉 유도전송매체(동선, 광섬유), 무선(지상파), 그리고 위성의 전송 매체에 대하여 설명한다. 이런 내용은 현재 네트워크에 사용되는 주요 전송기술에 대한 기본적인 지식을 제공할 것이다.

아날로그 신호가 디지털 비트로 전환되고 복구되는 디지털 변녹조에 대한 내용이 이어지고, 어떻게 동일한 전송매체에 같은 시간에 간섭 없이 수용되는지에 관한 다중화(Multiplexing)방법에 대해 살펴볼 것이다.

마지막으로 광역망에서 실제로 많이 사용되는 세 가지 통신 시스템을 살펴본다. 세 가지 통신 시스템은 고정 전화망, 이동통신망, 케이블 TV 네트워크이다. 이 기술은 모두 중요하기 때문에 우리는 그에 합당한 내용을 다룰 것이다.

2.1 데이터 통신에 대한 이론적 원리

정보는 전압 또는 전류 같은 물리적 특성으로 변화되어 전선을 통해 전송될 수 있다. 또는 전류를 시간에 대한 단일값 함수로 표현함으로써, $f(t)$ 신호의 특성을 모델링할 수 있고 그것을 수학적으로 해석할 수 있다. 해석은 다음 절의 주제이다.

2.1.1 푸리에 분석

19세기 초에 프랑스 수학자 Jean-Baptiste Fourier는 주기 T를 가진 임의의 주기 함수 $g(t)$를 사인과 코사인들의 (가능한 무한) 합으로 구성할 수 있음을 증명하였다.

$$g(t) = \frac{1}{2}c + \sum_{n=1}^{\infty} a_n \sin(2\pi nft) + \sum_{n=1}^{\infty} b_n \cos(2\pi nft) \quad (2\text{-}1)$$

$f = 1/T$는 기본 주파수이고, a_n과 b_n은 n번째 **고조파**(harmonics)항의 사인과 코사인 진폭이고 c는 상수이다. 이러한 분해를 **푸리에 급수**(Fourier series)라고 부른다. 푸리에 급수로부터 함수를 재구성할 수 있다. 즉, 주기 T가 알려져 있고 진폭이 주어지면, 식 (2-1)의 합을 이용하여 시간에 대한 원래 함수를 얻을 수 있다.

한정된 지속 시간을 가진 데이터 신호는 전체 패턴을 계속 반복한다고 간주함으로써 동작할 수 있다. 즉, T와 $2T$ 간의 간격은 0과 T 간의 간격과 동일하다.

진폭 a_n은 임의의 주어진 $g9t)$에 대해 식 (2-1)의 양변에 $\sin(2\pi kft)$을 곱하고 0에서 T까지 적분함으로써 계산할 수 있다.

$$\int_0^T \sin(2\pi kft)\sin(2\pi nft)dt = \begin{cases} 0 \text{ for } k \neq n \\ T/2 \text{ for } k = n \end{cases}$$

이기 때문에, a_n 항만 남는다. b_n 항은 완전히 없어진다. 비슷하게, 식 (2-1)에 $\cos(2\pi kft)$을 곱하고 0과 T 사이에서 적분하면 b_n을 얻을 수 있다. 식의 양변을 그대로 적분하면, c를 구할 수 있다. 연산의 결과는 다음과 같다.

$$a_n = \frac{2}{T}\int_0^T g(t)\sin(2\pi nft)dt \quad b_n = \frac{2}{T}\int_0^T g(t)\cos(2\pi nft)dt \quad c = \frac{2}{T}\int_0^T g(t)dt$$

2.1.2 대역폭-제한 신호

이러한 것들이 데이터 통신을 처리하기 위해 있어야 함으로 구체적인 예제로 살펴보자. ASCII 문자 "b"가 전송되면 8비트, 즉 1바이트로 기호화된다. 전송되는 비트 패턴은 01100010이다. 그림 2-1(a)의 왼쪽 부분은 전송하는 컴퓨터의 전압 출력을 보인다. 이 신호의 푸리에 분석은 다음 계수들을 산출한다.

$$a_n = \frac{1}{\pi}n[\cos(\pi n/4) - \cos(3\pi n/4) + \cos(6\pi n/4) - \cos(7\pi n/4)]$$

$$b_n = \frac{1}{\pi}n[\sin(3\pi n/4) - \sin(\pi n/4) + \sin(7\pi n/4) - \sin(6\pi n/4)]$$

$$c = 3/4$$

처음 몇 개 항에 대한 제곱평균제곱근(rms, root-mean-square) 진폭 $\sqrt{a_n^2 + b_n^2}$이 그림 2-1(a)의 오른쪽 부분에 나타난다. 대응하는 주파수에서 이 값들의 제곱이 전달되는 에너지와 비례하기 때문에 흥미롭다.

조금이라도 전력 손실 없이 신호를 전달할 수 있는 전송 설비는 없다. 모든 푸리에 성분이 동일하게 감소된다면, 그 결과로서 진폭이 감소하지만 왜곡되지는 않는다. 즉, 신호는 그림 2-1(a)와 거의 동일한 사각형 모양을 갖는다. 불행히도, 모든 전송 설비는 푸리에 성분에 대해 서로 다른 양을 감소시키므로 왜곡이 생긴다. 보통, 차단(cutoff) 주파수 이상에서는 모든 주파수의 진폭은 상당히 약해지며, cycles/sec 또는 Hertz(Hz)로 측정되는 0에서 어떤 주파수 f_c까지는 줄지 않고 전송된다. 이렇게 심한 감쇠 없이 전송되는 주파수의 범위를 **대역폭**(bandwidth)이라 한다. 실제로 차단주파수는 급격하지 않아서, 0부터 전력이 반이 되는 주파수까지를 대역폭이라 한다.

대역폭은 전송매체의 물리적 특성이고, 또 이 대역폭은 전송매체의 구축, 매체의 직경, 매체의 길이에 따라 달라진다. 어떤 경우에는 각 고객이 이용할 수 있는 부족한 대역폭의 크기를 제한하기 위해 회로에 필터가 도입된다. 예를 들어 단거리에서 전화선은 1MHz의 대역폭을 가질 수 있다. 그러나 전화 회사는 가입자의 대역폭을 3,100Hz로 제한하기 위하여 필터를 추가하기도 한다. 이 대역폭은 음성을 이해하는 데 적합하며, 이용자의 자원 요구를 제한하는 시스템 단계의 효율을 증가시킨다.

이제 대역폭이 너무 낮아서 단지 낮은 주파수만 전송할 수 있다면 그림 2-1(a)의 신호가 어떻게 보이는지 고려해 보자(함수가 식 (2-1)의 처음 몇 개 항으로 근사치를 구할 수 있는 경우). 그림 2-1(b)는 첫 번째 고조파(기본 주파수, f)만을 통과시키는 채널로부터 생긴 신호를 보여준다. 마찬가지로, 그림 2-1(c)-(e)는 더 높은 대역폭 채널들에 대한 스펙트럼과 재구성된 함수를 보여준다.

b bits/sec의 비트 전송률이 주어지면, 8비트를 보내는 데 필요한 시간은 8/b초이고 첫 번째 고조파의 주파수는 b/8Hz이다. 종종 **음성급 회선**(voice-grade line)이라고 불리는 평범한 전화 회선은 인위적으로 3,000Hz 근처의 차단 주파수를 가진다. 이러한 제약은 통화되는 최대 고조파가 대략 3,000/(b/8), 또는 24,000/b임을 의미하는데, 차단 주파수는 날카롭지 않다.

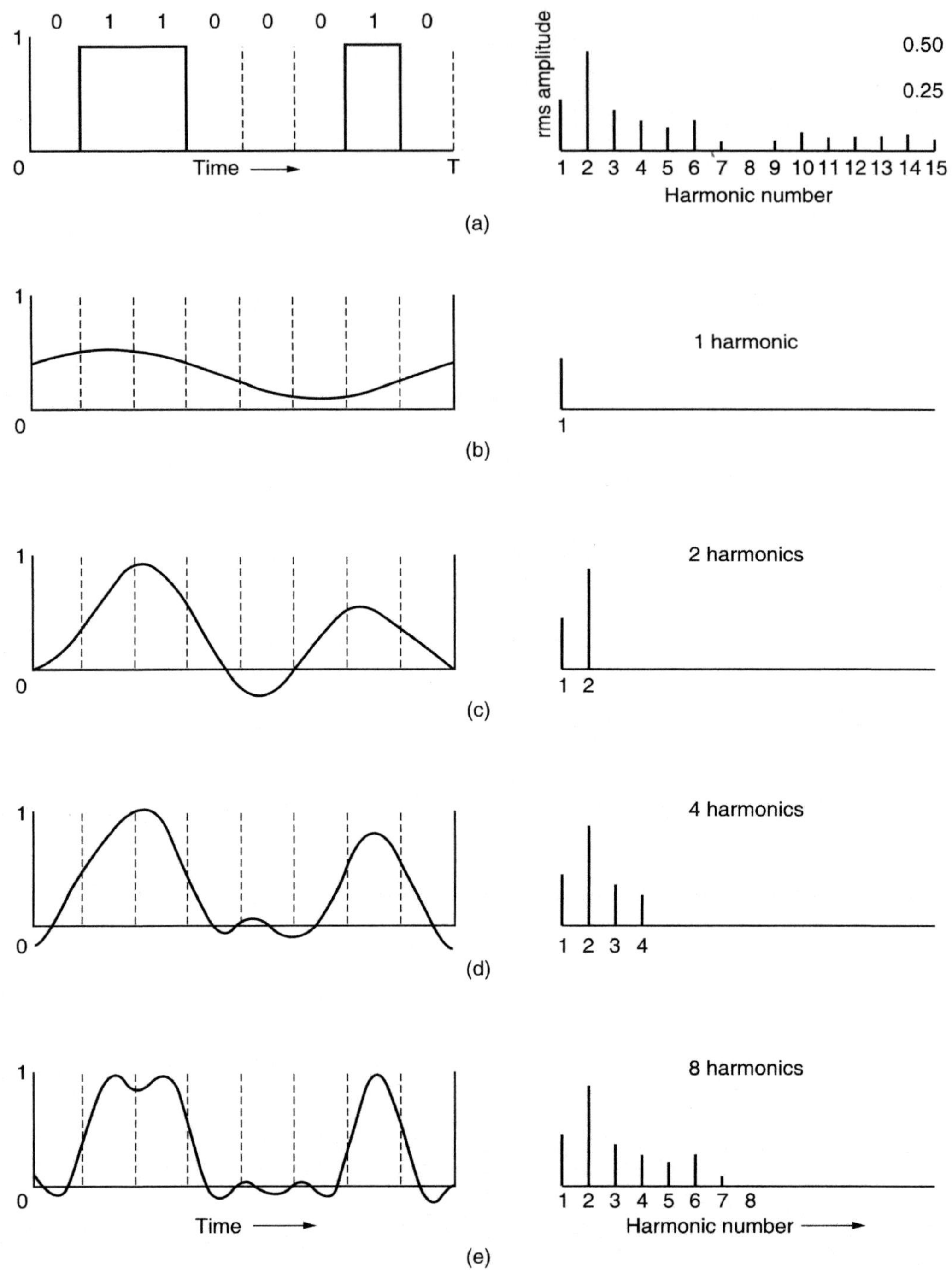

그림 2-1 (a) 이진신호와 rms 푸리에 진폭 (b)-(e) 원 신호에 대한 연속적인 근사 신호

몇몇 데이터 전송률에 대한 값들이 그림 2-2에 계산되어 있다. 이 값으로부터 음성급 전화 회선을 통해 9,600bps로 전송하는 것은, 원래의 이진 비트스트림을 정확히 수신하도록 만들기 위해 그림

2-1(a)를 그림 2-1(c)와 같은 것으로 변형하는 것임을 알 수 있다. 38.4kbps보다 훨씬 더 큰 데이터 전송률에서는 전송 설비가 완전히 잡음이 없다 하더라도, 이진신호들을 전혀 기대할 수 없다. 다른 말로 하면, 이상적인 채널조차도 대역폭이 제한되면 데이터 전송률이 제한된다. 하지만 여러 전압 단계를 사용하는 정교하고 복잡한 부호화 기법을 적용하면 더 높은 데이터 전송률을 달성할 수 있다. 이 장의 뒤에서 상세하게 논의할 것이다.

Bps	T(msec)	First harmonic(Hz)	# Harmonics sent
300	26.67	37.5	80
600	13.33	75	40
1200	6.67	150	20
2400	3.33	300	10
4800	1.67	600	5
9600	0.83	1200	2
19200	0.42	2400	1
38400	0.21	4800	0

그림 2-2 데이터 전송률과 고조파의 관계

대역폭에 대해서는 많은 오해가 있는데 그 이유는 전기공학자와 전산학자 사이에 의미하는 바가 다르기 때문이다. 전기공학자에게는 (아날로그) 대역폭이란 (위에 설명한 것처럼) Hz의 단위로 측정되는 양을 이야기한다. 전산학자에게는 (디지털) 대역폭이란 채널의 최대 전송속도를 의미하며 bits/sec의 단위를 갖는다. 전송속도란 물리적 채널의 아날로그 대역폭을 디지털 전송을 위해 사용한 결과이며 그 두 가지의 상호 관련성은 나중에 설명될 것이다. 이 책에서는 우리가 아날로그 대역폭(Hz)를 의미하는지 또는 디지털 대역폭(bits/sec)을 의미하는지 문맥에 따라 분명히 밝힐 것이다.

2.1.3 채널의 최대 데이터 전송률

1924년 초에 AT&T의 연구원이었던 H. Nyquist는 완전한 채널에서도 전송용량의 한계가 있다는 것을 알았다. 그는 유한한 대역폭을 가진 잡음이 없는 채널에서 최대 데이터 전송률을 표현하는 공식을 유도했다. 1948년에 Claude Shannon은 Nyquist의 발견을 더 확장하였는데, 랜덤(즉, 열역학의) 잡음의 영향을 받는 채널에 대한 경우로 확장하였다(Shannon, 1948). 여기에서는 지금은 고전이 된 이론을 간단하게 요약한다.

Nyquist는 임의의 신호가 대역폭 H의 저역통과 필터를 통과할 때, 필터링된 신호는 초당 정확하게 2H로만 표본화함으로써 완전하게 재구성될 수 있음을 증명했다. 신호를 초당 2H배보다 더 빠르게 표본화하는 것은 그러한 표본화가 복구할 수 있는 더 높은 주파수 구성요소가 이미 필터링되었기 때문에 의미가 없다. 불연속적인 V단계로 신호가 구성된다면, Nyquist 정리는 다음과 같다.

$$\text{최대 데이터 전송률} = 2H\log_2 V \text{ bits/sec}$$

예를 들면, 잡음이 없는 3kHz 채널은 6,000bps 이상의 속도로 이진(예를 들면, 두 단계)신호를 전송할 수 없다.

지금까지는 잡음이 없는 채널만 고려했다. 랜덤 잡음이 존재한다면, 상황은 급속히 악화된다. 존재하는 열잡음의 양은 **신호-대-잡음비**(signal-to-noise ratio)라 불리는 신호 세기 대 잡음 세기의 비율로 측정된다. 신호의 세기를 S로, 잡음의 세기를 N으로 표기하면, 신호-대-잡음비는 S/N이다. 일반적으로 비율 자체는 사용되지 않는다. 대신에 $10\log_{10}S/N$이 사용된다. 이 단위는 **데시벨**(decibels, dB)이다. 스테레오 증폭기 제조업자들은 주파수 범위로서 대역폭 특성을 나타낸다. 즉, 대역폭의 양끝에 걸쳐 선형으로 주어지는 3dB 주파수를 증폭기의 특성으로 나타낸다. 이것은 $\log_{10}3 \approx 0.5$이므로 증폭 계수(amplification factor)가 거의 절반이 되는 것을 가리킨다. Shannon의 주요 결과에 의하면 대역폭이 BHz이고 신호-대-잡음비가 S/N인 잡음이 있는 채널의 최대 데이터 전송률은 다음과 같다.

$$\text{최대 데이터 전송률} = B\log_2(1 + S/N)$$

이것은 채널이 가질 수 있는 최대의 용량을 알려준다. 예를 들어 전화선을 이용한 인터넷 접속방법인 ADSL(Aysmmetric digital Subscriber Line)의 경우 약 1MHz의 대역폭을 사용한다. SNR은 집에서 전화국까지의 거리에 관계하므로 40dB의 SNR은 약 1-2km의 거리에 해당한다. 이런 특성에서 채널은 절대로 13Mbps 이상 전송할 수 없으며, 얼마나 신호의 종류가 많건 적건, 얼마나 많이 샘플링을 하건 그렇다. 실제로, ADSL은 12Mbps가 속도의 한계로 정해져 있으며, 실제로는 이보다 낮은 속도에서 동작한다. 60년간 실제 시스템의 용량과 Shannon의 한계 사이의 간극이 좁혀져 온 결과로 이것은 꽤 훌륭한 속도라고 할 수 있다.

Shannon의 결과는 정보 이론을 사용하여 유도되었고 열잡음에 영향을 받는 모든 채널에 적용된다. 이에 대한 반증은 영구 운동 기관과 같은 범주에서 다루어진다. 13Mbps를 넘는 속도의 ADSL을 위해서는 SNR이 개선되거나(가정에서 가까운 쪽에 디지털 중계기를 넣거나) 또는 더 많은 대역폭을 사용하는 것으로만 해결되며, 이것은 ADSL2+로의 발전에 이용된 바 있다.

2.2 유도 전송 매체

물리적 계층의 목적은 한 기기에서 다른 기기로 비트 스트림을 전송하는 것이다. 다양한 물리적 매체가 실제 전송에 사용될 수 있다. 각 매체는 대역폭, 지연, 비용, 설치의 용이성, 유지 보수 등에 따라 고유의 특성을 갖는다. 매체는 동선 및 광섬유와 같이 유도된 매체와 대기를 통과하는 무선 및 레이저와 같은 유도되지 않은 매체로 대략 구분된다. 이러한 전송 매체들을 이 절과 다음 절에서 살펴볼 것이다.

2.2.1 자기 매체

하나의 컴퓨터에서 다른 컴퓨터로 데이터를 전송하는 가장 일반적인 방법 중의 하나는 자기 테이프나 기록 가능한 DVD와 같은 삭제 가능한 매체에 데이터를 기록하고, 테이프나 디스크를 물리적으로 대상 컴퓨터로 수송한 뒤, 다시 데이터를 읽는 것이다. 이 방법이 정지 궤도 통신 위성을 사용하는 것만큼 정교하지는 않지만, 특히 높은 대역폭이나 비트당 전송비용이 응용의 주요 결정 요인인 경우에는 비용 면에서는 훨씬 효율적이나.

이것은 대략 계산해도 분명해진다. 산업 표준 울트리움 테이프(Ultrium tape)는 200기가바이트를 저장할 수 있다. 60×60×60cm 박스는 약 1,000개의 테이프를 담을 수 있다. 전체 용량은 200테라바이트 또는 1,600테라비트(1.6페타비트)이다. 테이프 박스는 연방 운송이나 다른 고속택배 업체에 의해 24시간 내에 미국 어디에나 배달될 수 있다. 이러한 전달의 유효 대역폭은 1,600테라비트/86,400sec 또는 19Gbps이다. 목적지가 자동차로 1시간 걸린다면, 대역폭은 400Gbps 이상으로 증가한다. 어떤 컴퓨터 네트워크도 여기에 근접할 수는 없다.

매일 수 기가바이트의 데이터를 백업용 컴퓨터에서 백업하는 은행(은행은 대홍수나 지진에 직면하더라도 문제가 없다)의 경우 성능 면에서 자기 테이프보다 나은 전송기술은 없다. 물론 네트워크가 빨라지고 있지만, 테이프 기록 밀도도 역시 증가하고 있다.

이제 비용 면을 살펴보면 유사한 상황에 직면한다. 울트리움 테이프를 대량으로 사도 비용은 40달러 정도이다. 비디오테이프는 적어도 열 번은 재사용할 수 있기 때문에 테이프 비용은 박스 1개당 1회 사용 시 4,000달러이다. 운반비용 1,000달러를 더하면, 200테라바이트를 수송하는 데 대략 5,000달러의 비용이 든다. 이는 기가바이트당 비용이 3센트 정도 된다. 어떠한 네트워크도 이러한 가격 경쟁력은 갖지 못한다. 이 이야기의 교훈은 다음과 같다.

테이프를 가득 싣고 고속도로를 가로지르는 배달용 트럭의 대역폭을 결코 과소평가하지 말라.

2.2.2 트위스트 페어

아무리 자기 테이프의 대역폭 특성이 우수하더라도, 지연시간 특성은 나쁘다. 전송시간은 밀리초가 아니고 분이나 시간으로 측정된다. 많은 어플리케이션에서는 온라인 연결이 필요하다. 가장 오래되고, 아직도 가장 일반적인 전송 매체는 **트위스트 페어**(twisted pair)이다. 트위스트 페어는 대체로 1mm 두께의 두 개의 절연된 동선으로 구성된다. 전선은 마치 DNA 분자처럼 나선형으로 함께 꼬여 있다. 두 개의 평행한 전선은 단순한 안테나를 형성하기 때문에 두 선을 꼬아 놓는다. 전선을 꼬아 놓으면, 서로 꼬인 전선으로부터 전자파가 상쇄되어 전선의 방사가 덜 효과적이다.

트위스트 페어의 일반적인 응용은 전화 시스템이다. 전화국에서 가까운 전화는 거의 모두 트위스트 페어로 연결된다. 트위스트 페어는 증폭 없이 수 킬로미터를 동작할 수 있지만, 장거리에서는 중계기(repeater)가 필요하다. 전화국에서 아파트 건물까지 연결되는 모든 전선처럼, 많은 트위스트 페어가 일반적인 거리에서 평행하게 설치될.때, 전선들을 서로 묶어 외장 덮개로 보호한다. 두 쌍의 묶음 다발이 꼬여 있지 않다면 서로 간섭하게 된다. 지상의 전신주에 설치된 전화선을 보면 직경이 수 센티미터인 묶음 다발을 볼 수 있다.

트위스트 페어는 아날로그나 디지털 전송에 사용될 수 있다. 대역폭은 전선의 두께와 연결된 거리에 따라 다르지만, 많은 경우에 수 킬로미터를 수 megabits/sec로 전송할 수 있다. 충분한 성능과 낮은 비용 덕분에, 트위스트 페어는 광범위하게 사용되었고 앞으로 몇 년 동안은 계속 사용될 것이다.

트위스트 페어의 케이블링은 여러 가지 종류가 있는데, 그중 두 가지는 컴퓨터 네트워크에서 중요하다. **카테고리 3**(category 3) 트위스트 페어는 서로 완만히 꼬인 2개의 절연된 전선으로 되어 있다. 이러한 4개의 쌍은 여덟 개의 전선을 유지하고 보호하기 위해 플라스틱 피복으로 묶여 있다. 1988년 이전에는 대부분의 사무실 건물은 각 층의 중앙 **배선함**(wiring closet)에서 각 사무실을 연결하는 하나의 카테고리 3케이블을 가지고 있었다. 이러한 설계 덕분에 각 사무실에서는 배선함의 전화회사 장비로 연결되는 4개의 일반 전화나 2개의 다중 회선 전화를 사용할 수 있다.

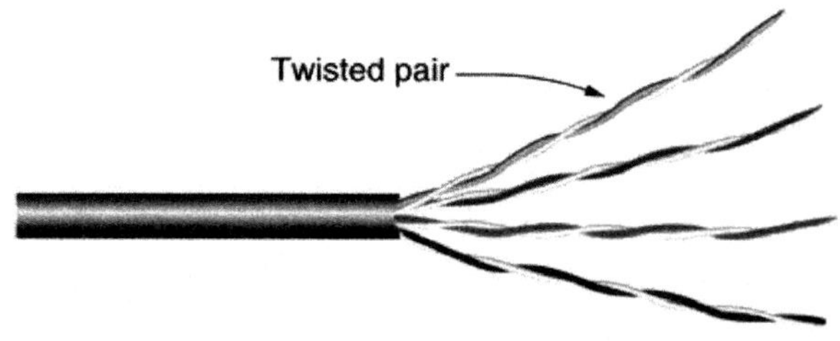

그림 2-3 (a) 카테고리 3 UTP (b) 카테고리 5 UTP

1988년이 시작될 즈음, 카테고리 3보다 더 개선된 **카테고리 5**(category 5) 트위스트 페어가 도입되었다. 이것은 카테고리 3 트위스트 페어와 비슷하지만 센티미터당 더 많은 꼬임을 가지고 있다. 이것은 더 먼 거리에서 적은 혼선과 양질의 신호를 보장하여, 고속 컴퓨터 통신에 더 적합하다. 미래의 카테고리 6과 7(category 6, 7)은 대역폭이 각각 250MHz와 600MHz 신호를 처리할 수 있다. 카테고리 3과 5는 16MHz와 100MHz 대역폭으로 신호를 처리한다.

이러한 배선 형태를 **UTP**(Unshielded Twisted Pair, 비절연 트위스트 페어)라고 한다. IBM은 UTP와는 대조적으로 부피가 크고 고가이며, 차폐된 트위스트 페어 케이블을 1980년대 초기에 내놓았으나, IBM 설비 이외에는 대중적으로 사용되지 않았다. 트위스트 페어 케이블은 그림 2-3에 나와 있다.

2.2.3 동축 케이블

또 하나의 일반적인 전송 매체는 **동축 케이블**(coaxial cable, 흔히 "co-ax"로 알려져 있다)이다. 이것은 트위스트 페어보다 더 차폐성이 우수하며 트위스트 페어보다 고속으로 더 먼 거리로 전송이 가능하다. 두 종류의 동축 케이블이 널리 사용된다. 하나는 50Ω 케이블이고, 디지털 전송에서 일반적으로 사용된다. 다른 종류는 75Ω 케이블이고 아날로그 전송과 케이블 TV에서 주로 사용되는데 인터넷의 출현과 더불어 더욱 중요해지고 있다. 이 둘의 차이는 기술적인 것보다 역사적 요인을 바탕으로 하고 있다(예를 들면, 초기의 양극성[bipolar] 안테나는 300Ω 의 임피던스를 가지고 있어서 변압기에 잘 조화되는 기존의 4:1 임피던스를 사용하기가 쉬웠다).

동축 케이블은 중심부가 뻣뻣한 동선으로 되어 있고, 그 외부에 절연 물질로 둘러싸여 있다. 절연체는 빽빽한 그물 모양으로 엮은 원통형 전도체로 싸여 있다. 외부 전도체는 플라스틱 외장으로 덮인다. 동축 케이블의 단면도가 그림 2-4에 나와 있다.

동축 케이블의 구조와 차폐는 높은 대역폭과 우수한 잡음 면역성이 잘 조화되어 있다. 가능한 대역폭은 케이블의 품질, 길이, 신호-대-잡음비에 따라 다르다. 최근의 동축 케이블은 대역폭이 1GHz에 근접하고 있다. 동축 케이블은 전화 시스템에서 광범위하게 사용되었지만, 이제 장거리 전송에서는 광섬유로 많이 대체되었다. 동축케이블은 아직도 케이블 TV와 대도시 네트워크에서 널리 사용되고 있다.

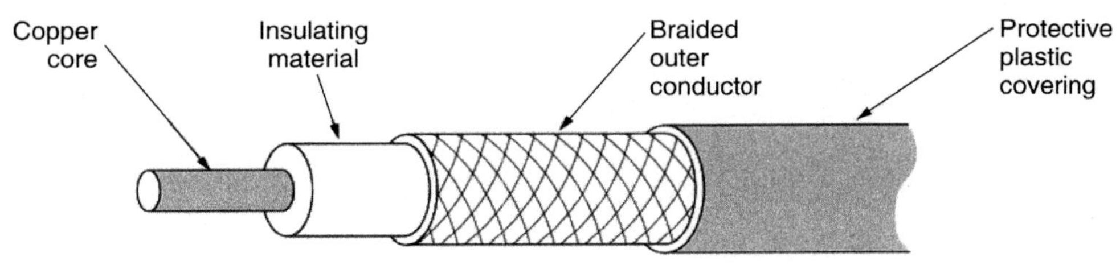

그림 2-4 동축 케이블

2.2.4 전력선(Power Lines)

데이터 통신에 재사용되는 와이어링은 전화나 케이블 TV만 있는 것은 아니다. 더 대중적인 와이어링의 예가 있는데 그것은 바로 전력선이다. 전력선은 전기를 가정에 공급하며 가정의 전원 콘센트까지 연결되어 있다.

전력선의 데이터 통신에의 전용은 이미 오래된 아이디어이다. 전력선은 전력회사들에 의해서 저속통신으로 전력사용량을 재는데 오랫동안 이용되어 왔으며 가정에서 여러 장비를 제어하는 데 사용되어 왔다(X10 표준). 최근에는 전력선에서 고속통신을 위한 관심이 새롭게 제기되어 왔으며, 가정의 근거리 통신망이나 가정 밖으로의 광대역 인터넷망 모두에 그러하다. 우리는 일반적인 시나리오인 댁내 통신망을 다루기로 한다.

전력선을 네트워크에 사용할 때의 편리성은 분명하다. 전력을 얻기 위해서는 TV나 오디오 리시버를 벽에 연결해야만 하며 전력선을 통해 영화를 보내거나 받을 수 있다. 이런 구조는 그림 2-5에 표현되어 있다. 여기에는 추가의 배선이나 무선이 필요치 않다. 데이터 신호는 저주파의 전력신호에 중첩되어 두 신호가 동시에 전력선을 사용하게 된다.

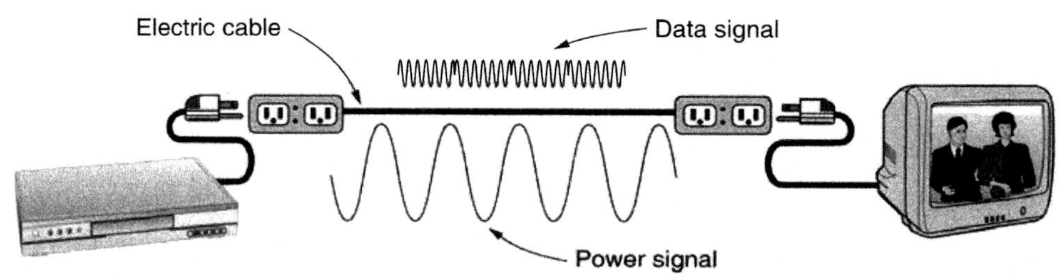

그림 2-5 댁내 전력선을 사용한 네트워크

가정의 전력선을 네트워크에 사용할 때의 어려운 점은 이것이 원래 전력공급용으로 설계되었다는 점이다. 전력공급은 데이터 신호를 전송하는 것과 전혀 다른 일이며 전력선은 원래 이용도에 잘 맞지 않다. 전기신호는 50-60Hz로 전송되어 이보다 고주파(MHz)에서는 신호의 감쇄가 매우 크다. 전력선의 전기적 특징은 집집마다 서로 다르며 가전제품이 켜져 있을 때와 꺼져 있을 때도 다 달라서 데이터 신호가 반사되어 여기저기 흐르기도 한다. 가전제품이 꺼지고 켜질 때의 순간 전류는 넓은 대역에서 전기잡음을 일으킨다. 또한 트위스티드 페어의 정밀한 제작이 없이는 전기배선이 안테나처럼 동작해 외부의 신호를 받아들이거나 신호를 전파하기도 한다. 이런 현상은 규제를 맞추기 위해서는 데이터 신호가 아마추어 무선통신과 같은 라이선스 대역은 배제하여야 한다는 것을 의미한다.

이런 어려움에도 불구하고 일반적인 가정의 전기배선을 통하여 불완전한 대역과 버스트 오류를 극복하는 방법을 사용하면 최소 100Mbps 이상의 속도가 현실적으로 구현가능하다. 많은 제품들이 다양하고 독자적인 전력선 통신표준을 사용하고 있으며, 국제 공통 표준도 활발하게 개발되고 있다.

2.2.5 광섬유

컴퓨터 산업에서 많은 사람들은 무어의 법칙(칩당 트랜지스터 수가 2년마다 2배로 증가한다는) 에 따라 컴퓨터 기술이 빠르게 발전하고 있는 것에 대해 커다란 긍지를 느낀다. 1981년에, 최초의 IBM PC는 4.77MHz 클럭에서 동작하였다. 20년 후, PC는 3GHz에서 동작할 수 있었는데, 이것은 약 2,500배 또는 10년마다 16배의 개선을 가져온 결과이다. 굉장한 발전이다.

같은 기간에 원거리 데이터 통신은 45Mbps(전화망의 T3라인)에서 100Gbps(현대의 원거리 광통신)에 이르렀다. 이것 또한 대단한 일로 대략 2000배, 또는 10년마다 16배에 가깝게 증가하였으며 같은 기간 동안 오류율은 비트당 10^{-5}에서 거의 0으로 줄었다.

더욱이 단일 CPU는 물리적 한계에 도달했으며, 이제는 칩 하나에 탑재된 CPU의 개수가 증가하고 있다. 대조적으로, 현대의 광섬유 기술에 의해 달성할 수 있는 대역폭은 50,000Gbps(50 Tbps)를 초과하는데 아직 그 근처도 도달하지 못하고 있다. 현재 현실적인 대역폭의 한계가 100Gbps에 머무르는 것은 전기적 신호와 광신호 사이의 빠른 전환이 안 되기 때문이다. 더 빠른 링크를 만들기 위해서는 단일 파이버에 다중채널을 전송하는 방법이 사용되고 있다.

이 장에서는 광전송기술이 어떻게 이루어지는지 이해하기 위한 광학을 공부한다. 컴퓨터와 통신의 경주에서는 광섬유네트워크로 통신이 승리하였다. 본질적으로, 무한대 대역폭(전혀 희생이 없는 것은 아니지만)이 암시하는 모든 내용에 따르면 새로운 전통적인 지혜는 모든 컴퓨터가 네트워크에 비해 가망 없이 느려지며, 대역폭이 많이 낭비되더라도 네트워크는 어떻게 해서든지 컴퓨터의 사용을 피하려고 한다는 것이다. 이런 변화가 구리선에서 Shannon의 한계에 젖어 있는 전산학자나 기술자들에게 받아들여지는 것은 꽤 오랜 시간이 걸렸다.

물론 이런 시나리오에 비용이 제외되어 있어서 모든 그림을 보여주지는 않는다. 소비자에 이르는 마지막 구간에 광섬유를 깔거나 저속링크를 바이패스하거나 스펙트럼의 제한 등의 비용은 매우 크다. 또한 계산보다 전송에서의 에너지 소비량이 더 많다. 우리는 언제나 계산 또는 전송이 본질적으로 무료인 부등식을 가지고 있다. 예를 들어 인터넷의 최외곽에서는 인터넷 접속망의 효율적 사용을 위해 압축, 캐싱 등의 계산과 저장문제를 다룬다. 인터넷 내부에서는 우리는 반대로 구글 같은 회사들처럼 대용량의 데이터를 계산과 저장이 저렴한 곳으로 이동하는 일들을 한다.

광학은 네트워크 백본에서 장거리 전송이나 고속 LAN(현재는 구리선도 속도를 높여가고 있지만), 또는 FttH(Fiber to the Home)과 같은 고속 전송망 등에 사용된다. 광학 전송 시스템은 광원, 전송 매체, 검출기의 세 요소를 가진다. 전통적으로 빛의 펄스는 해당 비트가 1임을 나타내고, 빛이 없으면 비트 값이 0임을 나타낸다. 전송 매체는 매우 얇은 유리 섬유이다. 검출기는 빛이 닿으면 전기적 펄스를 생성한다. 광섬유의 한쪽 끝에 광원을 부착하고 다른 쪽 끝에 검출기를 부착함으로써, 전기적 신호를 수용하는 단방향 데이터 통신 시스템을 만들 수 있고, 신호를 빛의 펄스로 변화하고 전송한다. 그 출력을 수신부에서 전기적 신호로 다시 변환한다.

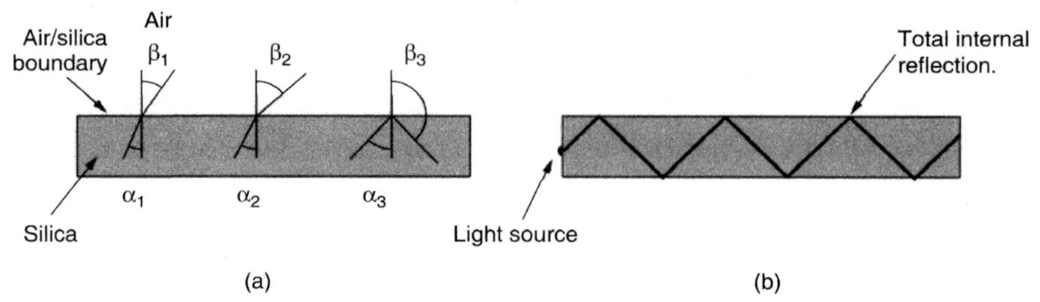

그림 2-6 (a) 실리카 섬유 안쪽에서 공기/실리카 경계면에서 서로 다른 각도로 부딪히는 광선의 세 가지 예 (b) 내부 전반사에 의해 갇히게 된 빛

이러한 전송 시스템은 물리학 원리가 없었다면 빛이 누출되고 실제로 사용할 수 없었다. 광선이 한 매체에서 다른 매체로(예를 들어 실리카[silica]에서 공기 중으로) 지나갈 때, 광선은 그림 2-6(a)에서 보이는 것처럼 실리카/공기 경계면에서 굴절된다. 광선이 경계에서 α_1의 각도로 입사되면 β_1의 각도로 나오는 것을 볼 수 있다. 굴절되는 양은 두 매체의 굴절률 특성에 따라 다르다. 일정한 임계값 이상의 입사각에 대하여, 빛은 실리카 안으로 다시 굴절된다. 그렇지 않은 빛은 공기 중으로 빠져나간다. 그러므로 임계각 이상의 입사 광선은 그림 2-6(b)에 보이는 것처럼 섬유 안에 갇히게 되고, 수 킬로미터를 실질적인 손실 없이 전파될 수 있다.

그림 2-6(b)는 단지 하나의 갇힌 광선만 보이지만, 경계에 임계각 이상으로 입사된 어떤 광선도 안으로 반사될 것이다. 많은 다른 광선들은 서로 다른 각도로 반사될 것이다. 각 광선은 다른 **모드**(mode)를 가진다고 말하는데, 이러한 특성을 가지고 있는 광섬유를 **다중모드 광섬유**(multimode fiber)라고 부른다.

그러나 광섬유의 직경이 빛의 파장 정도로 감소된다면, 광섬유는 웨이브 가이드(wave guide)처럼 동작할 것이고, 빛은 반사 없이 일직선으로만 전파될 것이다. 이것이 단일 모드 광섬유(single-mode fiber)이다. 단일 모드 광섬유는 훨씬 비싸며 장거리 전송에 널리 사용된다. 단일 모드 광섬유는 100Gbps 속도로 100Km까지 증폭 없이 전송이 가능하다. 심지어 더 높은 데이터 전송률조차도 단거리에서는 실험실 수준에서 성공하였다.

광섬유를 통한 빛의 전달

광섬유는 유리로 만들어지고, 유리는 모래로부터 만들어진다. 가공하지 않은 값싼 원료인 모래는 무제한으로 이용할 수 있다. 유리 제조법은 고대 이집트인에게도 알려졌지만, 그들의 유리는 두께가 1mm 이상 되지 않았고 빛이 통과되지 않았다. 창문으로 사용할 수 있을 만큼 투명한 유리는 르네상스 시대에 만들어졌다. 현대 광섬유에 사용되는 유리는 바다가 물 대신에 이 유리로 가득 차 있다면, 청명한 날 비행기에서 땅을 보는 것처럼 그 표면에서 해저가 보일 것이다.

유리를 통과하는 빛의 감쇠는 빛의 파장과 유리의 물리적인 특성에 따라 다르다. 광섬유에 사용된 유리의 종류에 따른 감쇠 정도가 광섬유 1km당 데시벨 단위로 그림 2-7에 보여주고 있다. 예를 들면, 손실률이 2이면 $10\log_{10}2 = 3$dB의 감쇠를 의미한다. 그림은 스펙트럼의 근적외선 부분을 보여주고 있는데, 실제로 사용되는 스펙트럼이다. 가시광선은 0.4에서 0.7미크론(㎛)으로 약간 더 짧은 파장을 가진다(1μ m = 10^{-6} m). 가장 순수한 측정은 400mm에서 700mm 사이의 파장이 좋은 것으로 알려져 있지만, 우리는 전통적인 사용을 집착하고 있다.

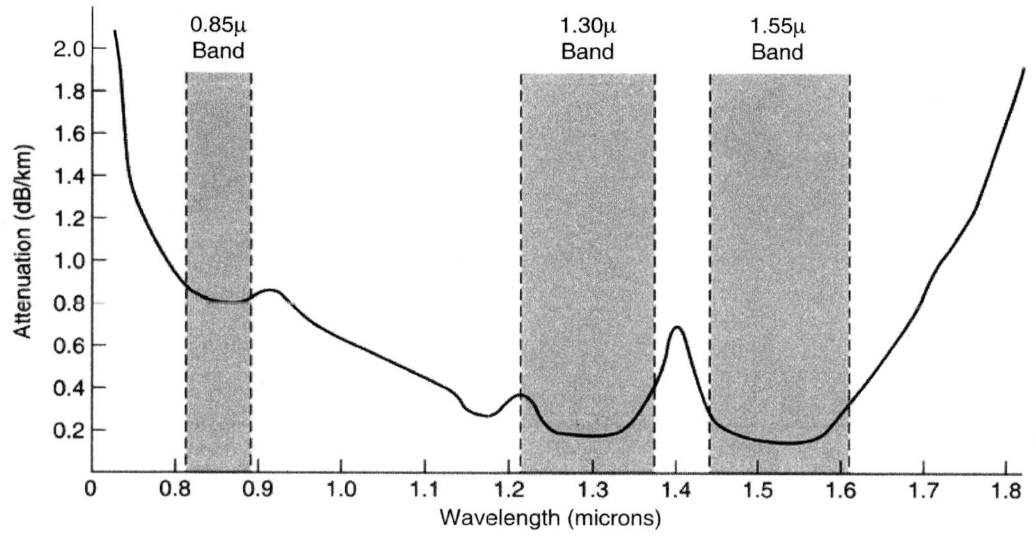

그림 2-7 적외선 영역에서 광섬유를 통과한 빛의 감쇠

세 개의 파장 대역이 통신에 사용된다. 그 중심은 각각 0.85, 1.30, 1.55미크론이다. 세 가지 대역 모두 25,000에서 30,000GHz 대역폭을 갖는다. 0.85미크론 대역이 최초로 사용되었다. 0.85미크론 대역은 높은 감쇠를 보이지만, 동일한 갈륨 비화물로 레이저와 전자를 만들 수 있다. 뒤쪽의 두 개는 손실이 킬로미터당 5% 이하로 좋은 감쇠 특성을 갖는다. 1.55미크론 대역은 광학 도메인에서 직접 사용 가능한 erbium-doped 증폭기와 함께 현재 폭넓게 사용되고 있다.

광섬유 안으로 보내진 광 펄스는 그것들이 전파되는 길이에 따라 퍼진다. 이러한 퍼짐을 **색 분산**(chromatic dispersion)이라 한다. 분산의 양은 파장에 따라 다르다. 분산된 펄스가 겹치는 것을 막는 하나의 방법은 펄스 사이의 간격을 늘이는 것이지만, 이것은 신호 전송률을 줄여야만 가능하다. 다행히 하이퍼볼릭 코사인(cosh)의 역함수와 관계된 특별한 모양으로 펄스를 만듦으로써 모든 분산 효과를 상쇄시키는 방법을 발견하였다. 이 방법으로 펄스를 감지할 만한 형태의 왜곡 없이 수천 킬로미터를 전송하는 것이 가능해졌다. 이러한 펄스를 **솔리톤**(soliton)이라 한다. 실험실에서는 솔리톤을 현장에 적용하기 위한 많은 연구를 하고 있다.

광섬유 케이블

광섬유 케이블은 그물 모양의 전도체를 제외하고는 동축 케이블과 유사하다. 그림 2-7(a)는 옆에서 본 하나의 광섬유를 보여준다. 중심에는 빛을 전파하는 유리로 된 코어가 있다. 다중모드(multimode) 광섬유에서, 코어는 직경이 사람 머리카락 두께 정도에 해당하는 50크론이다. 모든 단일모드(single-mode) 광섬유에서 코어는 8에서 10미크론이다.

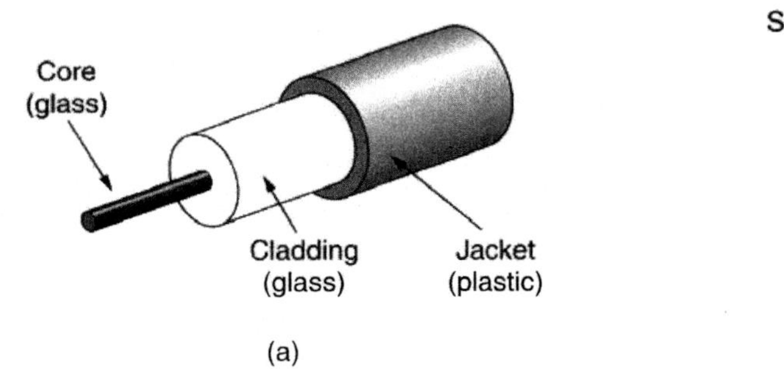

(a)

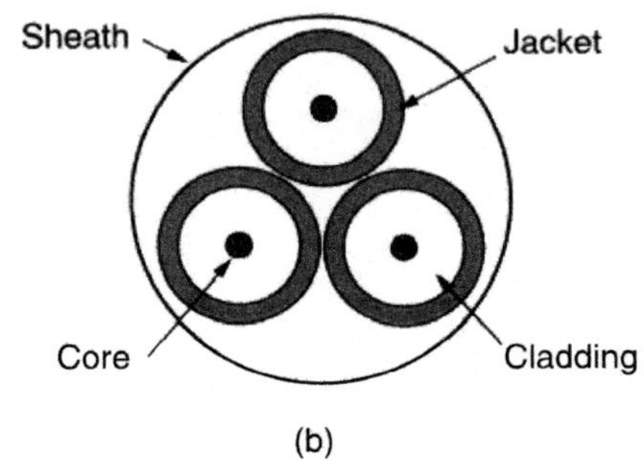

(b)

그림 2–8

글래딩은 코어보다 낮은 반사율을 가진 유리로 둘러싸여져 있다. 이렇게 하면 코어 내부의 모든 빛은 밖으로 나가지 않고 유지된다. 클래딩을 보호하기 위해 그 외부에 얇은 플라스틱 피복물이 있다. 일반적으로, 광섬유는 다발로 묶여지고 외부 덮개로 보호된다. 그림 2-8(b)는 세 개의 광섬유를 가진 외부 덮개를 보인다.

보통 육상의 광섬유 케이블은 지표면에서 1m 이내에 매설된다. 이는 케이블이 가끔씩 괭이나 땅 다람쥐에 의해 피해를 입기 때문이다. 물가 근처나, 대양을 횡단하는 광섬유 케이블은 참호에 매설된다. 깊은 물에서는 단지 케이블을 바닥에 놓는데, 케이블은 고기잡이 어선에 찢기거나 큰 오징어에게 물어뜯기기도 한다.

광섬유는 세 가지 다른 방법으로 연결된다. 첫째로, 광섬유는 커넥터로 종단할 수 있으며, 광섬유 소켓으로 접속한다. 커넥터는 광신호의 10-20%가 손실되지만, 쉽게 시스템을 재구성할 수 있다.

둘째로 광섬유는 기계적으로 꼬아 이을 수 있다. 기계적 이음은 조심스럽게 두 절단면을 놓고, 서로 특별한 슬리브관과 집게로 적절히 연결한다. 접합부를 통해 빛을 통과시킴으로써 배선을 개선할 수 있고, 신호를 최적화하기 위해 작은 조정을 한다. 기계적 접속은 5분 정도의 훈련을 받으면 10%의 빛의 손실 범위 내에서 접속할 수 있다.

셋째로, 두 광섬유 조각으로 견고한 연결을 만들기 위해 그것들을 융합(열로 녹여 붙임)시킨다.

융합 이음은 하나로 만들어진 이음새 없는 광섬유와 다름없지만 여기서조차도 약간의 감쇠가 발생한다.

세 종류의 이음에서 반사가 이음새에서 발생할 수 있고, 반사된 에너지는 신호를 간섭할 수 있다.

신호를 전송하기 위해 LED(Light Emitting Diodes, 발광 다이오드)와 반도체 레이저 두 종류의 광원이 사용된다. 광원들은 그림 2-8에서 보는 것처럼 서로 다른 특성을 가진다. 광원들은 광원과 광섬유 사이에 Fabry-Perot 또는 Mach-Zehnder 간섭계를 삽입함으로써 파장이 조절된다. Fabry-Perot 간섭계는 두 평행한 거울로 구성된 단순한 공진 공동이다. 빛은 거울에 수직으로 입사된다. 공동의 길이는 적합한 파장을 골라낸다. Mach-Zehnder 간섭계는 빛을 두 광선으로 분리하는데, 두 광선은 약간 거리를 두고 전달된다. 그것들은 종단에서 재결합되고 일정한 파장에 대해서만 위상이 같아진다.

Item	LED	Semiconductor laser
Data rate	Low	High
Fiber type	Multimode	Multimode or single mode
Distance	Short	Long
Lifetime	Long life	Short life
Temperature sensitivity	Minor	Substantial
Cost	Low cost	Expensive

그림 2-9 광원으로서 반도체 다이오드와 LED의 비교

광섬유의 수신측은 광다이오드(photodiode)로 구성된다. 광다이오드는 빛이 닿았을 때, 전기적 펄스를 발생한다. 신호를 광학도메인에서 전기도메인으로 변환하는 광다이오드의 반응 시간이 데이터 전송률을 약 100Gbps로 제한한다. 열잡음 또한 문제이다. 그래서 광 펄스는 검출될 수 있는 충분한 에너지를 가지고 전달되어야 한다. 충분한 세기의 펄스를 만들면, 오류율을 임의로 적게 만들 수 있다.

광섬유와 동선의 비교

광섬유와 동선의 비교는 유익하다. 광섬유는 많은 장점이 있다. 우선, 광섬유는 동선보다 훨씬 높은 대역폭을 다룰 수 있다. 광섬유는 낮은 감쇠 덕택에, 장거리 회선에서 중계기가 약 50km마다 필요하다. 이에 비하여 동선은 5km마다 필요하다. 그래서 광섬유는 비용이 상당히 많이 절감된다. 또한 광섬유는 과부하, 전자기적 간섭, 출력 부족 등에 영향을 받지 않는 장점이 있다. 공기에 의한 화학적 부식에도 영향을 받지 않으므로 혹독한 작업 환경에서도 이상적이다.

이상한 일이지만, 전화회사는 다른 이유 즉 얇고 무게가 가볍다는 이유로 광섬유를 선호한다. 기존에 설치된, 많은 케이블 관로는 용량이 완전히 찼기 때문에 더 이상 용량을 추가할 여유가 없다. 모든 동선을 제거하고 관로의 빈 공간을 광섬유로 내체하고, 동선은 그것이 고순도 금속임을 알고 있는

구리 제련 업자에게 좋은 가격으로 재판매한다. 또한 광섬유는 구리보다 가볍다. 1km짜리 1,000개의 트위스트 페어의 무게는 8,000kg이다. 2개의 광섬유는 대역폭이 더 크지만 무게는 단지 100kg으로 고가의 기계적 지원 시스템을 유지보수해야 하는 필요를 크게 줄일 수 있다. 새로운 라우팅 방법에서, 훨씬 저렴한 설치비용 때문에 광섬유가 쉽게 승리했다.

마지막으로 광섬유는 빛이 누출되지 않고, 분기가 상당히 어렵다. 이것은 잠재적인 도청자에 대하여 훌륭한 보안성을 제공한다.

반면에 광섬유는 대부분의 기술자가 갖고 있지 못한 솜씨를 요구하는 익숙하지 않은 기술이다. 그리고 광섬유는 너무 많이 구부리면 쉽게 손상될 수 있다. 빛의 전송은 본래 단방향이기 때문에, 양방향 통신은 2개의 광섬유 또는 하나의 광섬유에서 2개의 주파수 대역을 필요로 한다. 끝으로 광섬유 인터페이스는 전기적 인터페이스보다 더 비용이 든다. 그럼에도 불구하고 몇 미터 이상의 먼 거리에 대한 안정된 데이터 통신의 미래는 광섬유임이 분명하다. 광섬유 네트워크에 대한 모든 측면의 자세한 논의는 Hecht(2005)를 참조하면 된다.

2.3 무선 전송

언제나 온라인상에 있고자 하는 정보 중독자가 점차 증가하고 있다. 이러한 이동 사용자에게 트위스트 페어, 동축 케이블, 광섬유는 쓸모없다. 그들은 육상 통신 시설의 한계를 벗어나 랩탑, 노트북, 전자수첩, 팜탑, 손목시계 컴퓨터에서 데이터를 얻을 수 있는 방법이 필요하다. 이러한 사용자들에게는 무선 통신이 해답이다. 이 절에서는 일반적인 무선 통신을 살펴볼 것이다. 무선통신은 해변에서 웹사이트를 돌아다니고 싶어 하는 사용자에게 접속을 제공하는 외에도 더욱 중요한 많은 응용이 있다.

어떤 사람들은 미래에는 오직 광섬유와 무선, 두 종류의 통신만 남을 것이라고 믿고 있다. 고정된(이동할 수 없는 데스크 탑 같은) 컴퓨터, 전화, 팩스 등은 광섬유를 이용하는 것이고, 이동성이 있는 기기들은 무선을 사용하게 될 것이다.

또한 고정된 장치에서도 무선이 유리한 경우가 있다. 예를 들면, 건물에 광섬유를 설치하는 것이 지형(산, 정글, 습지 등) 때문에 곤란하다면, 무선이 보다 바람직하다. 태평양에서 상당히 떨어져 있어서 전화 시스템이 적절하지 않았던 하와이 섬에서 현대 무선 디지털 통신이 시작되었다는 점은 주목할 만하다.

2.3.1 전자기파 스펙트럼

전자가 이동할 때, 전자는 자유 공간(진공에서도)으로 전파되는 전자기파를 생성한다. 1865년에 영국 물리학자 James Clerk Maxwell은 이러한 파동을 예언하였고, 1887년에 독일 물리학자 Heinrich Hertz가 관찰하였다. 전자기파의 초당 진동수를 **주파수,** f 라 부르고, **Hz**로 측정된다(Heinrich Hertz를 기리기 위해). 주파수의 연속되는 최댓값(또는 최솟값)들 사이의 거리를 **파장**(wavelength)이라 부른다. 보편적으로 그리스 문자 λ(lambda, 람다)로 나타낸다.

전기 회로에 적당한 크기의 안테나를 부착함으로써 전자기파는 효과적으로 방송될 수 있고, 상당한 거리에서 수신기에 의해 수신된다. 모든 무선 통신은 이 원리를 기초로 하고 있다.

진공 상태에서 모든 전자기파는 그것들의 주파수에 상관없이 같은 속도로 전달된다. 흔히 **광속**(speed of light), c라 부르는 이 속도는 거의 3×10^8m/sec, 즉 나노초(nanosecond)당 약 30cm이다. 동선이나 광섬유에서 속도는 이 값의 약 2/3로 느려지고, 주파수에 따라 약간 다르다. 광속은 궁극적인 속도의 극한이다. 어떤 물체나 신호도 이 속도보다 빨리 움직일 수 없다. 주파수(f), 파장(λ), 광속(c) 사이의 기본적인 관계(진공에서)는 다음과 같다.

$$\lambda f = c \qquad (2\text{-}4)$$

c는 상수이므로, f를 알면 λ를 구할 수 있고, 역 또한 성립한다. 경험적으로 볼 때, λ를 미터로 표시하고 주파수 f를 MHz로 표시하면 $f\lambda \approx 300$ 이다. 예를 들어 파장 100 MHz는 약 3m의 파장을 가지고, 1,000MHz는 0.3m, 0.1m 파장은 3,000MHz의 주파수를 가진다.

그림 2-10은 전자기파 스펙트럼을 보여주고 있다. 스펙트럼의 라디오, 마이크로웨이브, 적외선, 가시광선 영역은 파의 진폭, 주파수, 또는 위상을 변조하여 정보를 전송하는 데 사용될 수 있다. 자외선, X선, 감마선은 더 높은 주파수를 갖기 때문에 더 유용하지만 만들고 변조하기가 어렵고, 건물을 통해 잘 전파되지 않으며, 생명체에게 매우 위험하다. 그림 2-10의 하단에 나열된 대역은 공인된 ITU의 이름이고 파장에 근거한 것이다. LF 대역은 대략 30kHz에서 300kHz로서 파장은 1Km에서 10Km 정도이다. LF, MF, HF라는 용어는 low, medium, high frequency를 의미한다. 이름들을 할당할 때 어느 누구도 10MHz 이상을 예상하지 못했다. 그래서 더 높은 대역은 Very, Ultra, Super, Extremely, Tremendously High Frequency라고 나중에 이름을 붙였다. 이 범위를 넘어서는 이름이 없었지만 Incredibly, Astonishingly, Prodigiously high frequency(IHF, AHF, PHF)라고 그럴듯하게 이름을 지었다.

우리는 Shannon으로부터(Eq.(2-3)) 전자기파가 운반할 수 있는 정보의 양은 수신 전력과 관계가 있으며 대역폭에 비례한다는 것을 알고 있다. 그림 2-10을 보면 왜 네트워크를 다루는 사람들이 광통신을 사랑하는 지 분명해 진다. 마이크로웨이브 대역에서는 수 GHz의 대역폭이 데이터 전송을 위해 사용 가능하며, 광통신의 경우 로그 척도의 그림에서 더 오른쪽에 있기 때문에 훨씬 많은 대역폭이 광통신에서 가능하다. 예를 들어 그림 2-7에서 1.30미크론 대역을 생각해 보면 그 폭은 0.17미크론이다. 만약 식 (2-4)를 사용하여 대역폭의 좌우경계와 파장의 좌우 경계를 구해보면, 대역폭은 약 30,000GHz

에 이르는 것을 알 수 있다. 합리적으로 10dB의 신호 대 잡음비를 가정해보면, 이것은 300Tbps에 해당한다.

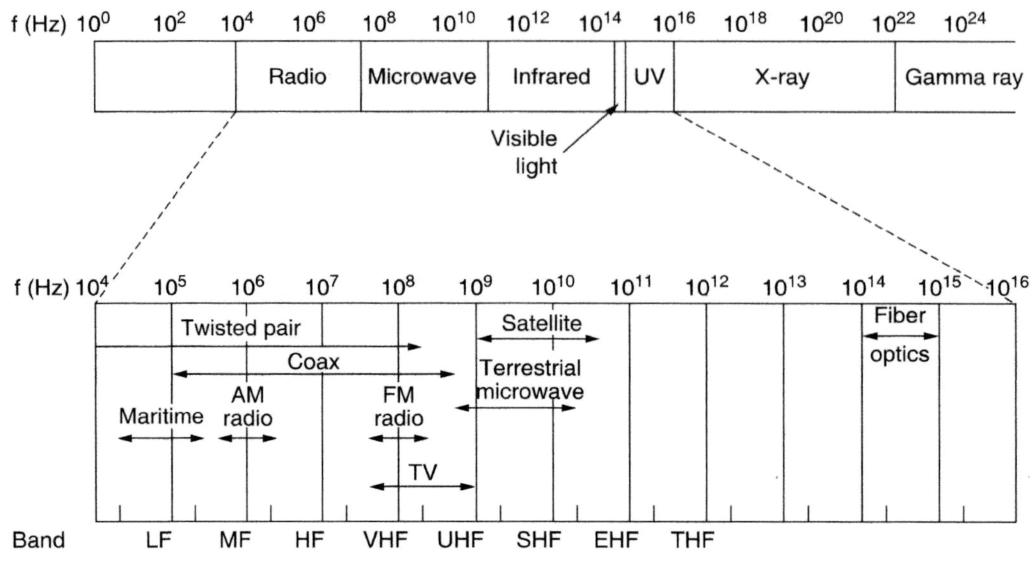

그림 2-10 전자기 스펙트럼과 통신의 응용

대부분의 전송은 최대로 수신(가급적 많은 양의 watts/Hz)하기 위해 $\Delta f / f \ll 1$인 좁은 주파수 대역을 사용한다. 그러나 어떤 경우에는 두 가지 다른 방법으로 넓은 대역을 이용한다. **주파수 도약 대역 확산**(frequency hopping spread spectrum) 방식에서는, 송신기가 한 주파수에서 다른 주파수로 초당 수백 번의 주파수를 도약한다. 이러한 방식은 송신신호의 검출을 어렵게 하고, 비슷한 전파를 보내어 통신을 방해하는 것이 거의 불가능하기 때문에 군 통신에서 널리 쓰인다. 또한 이 방법은 직접파가 수신기에 처음 도달하기 때문에 다중경로 페이딩을 방지하는 데 좋다. 반사파는 더욱 긴 경로를 따라서 나중에 도달하게 되는데, 그 때에는 수신기가 주파수를 변경하였기 때문에 이전 주파수의 신호는 더 이상 받아들이지 않게 된다. 그래서 직접파와 반사파의 간접 제거 효과가 있다. 최근에는 이러한 기술이 802.11과 블루투스 등에 사용되면서 상업적으로 적용되고 있다.

여담으로, 이 기술은 오스트리아 출신 섹스 심벌 Hady Lamarr와 함께 발명되었다. Hady Lamarr는 1933년 체코 영화 <Ecstasy>에서 누드로 출연한 첫 여배우이다. 그녀의 남편은 군 병기 제조업자였는데, 무선 신호를 막으면 어뢰의 제어를 얼마나 쉽게 사용할 수 있는지 그녀에게 말했다. 그녀는 이 사실을 알고 남편의 무기를 히틀러에게 팔았다. 그녀는 너무나도 무서워서 그녀 자신의 하녀로 변장하여 남편으로부터 탈출하여 할리우드로 도망가서 영화배우로서 활동을 계속했다. 그녀는 시간이 있을 때, 연합군 측 전쟁 노력을 돕기 위하여 주파수 도약 기술을 발명하였다. 그녀의 방법은 88개의 주파수를 사용했는데 주파수의 수는 피아노 건반에서 따왔다. 이 발명으로 그녀와 그녀의 동업자인 작곡가

Gorge Antheil은 미국 특허 2292387을 받았다. 그러나 그들은 미국 해군에게 그들의 발명이 실제적인 활용을 할 수 있다는 것과 해군으로부터 로열티를 받지 않겠다는 확신을 주지 못했다. 얼마 지나지 않아 그 특허는 기한이 만료되어 널리 상용화되었다.

다른 대역 확산방식인 **직접 확산**(direct sequence spread spectrum) 방식은 넓은 주파수 대역에 신호를 확산시키는 방법이다. 이것은 다수의 신호가 같은 대역폭을 공유하는 대역폭 효율적인 방법으로 상업적으로 널리 사용되고 있다. 다수의 신호가 다수의 서로 다른 부호를 부여받는 이런 방법은 CDMA(Code Division Multiple Access)라고 불리는 것으로 이 장에서 나중에 다시 다룰 것이다. 이방법과 주파수 도약방법은 그림 2-11에 대조되어 있다. 이 방법은 3세대 이동통신의 기본기술로 사용되며 GPS(Global Positioning System)에서도 사용된다. 서로 다른 코드가 없이도 직접 확산방식은 주파수도약 방식처럼 협대역 간섭이나 다중경로 감쇄를 잘 극복할 수 있는데, 원하는 신호의 일부만이 소실되기 때문이다. 이 방법은 오래된 802.11b표준에도 사용된다. 대역 확산 통신에 대한 흥미롭고 사세한 역사는 Scholtz(1982)를 참고하면 된다.

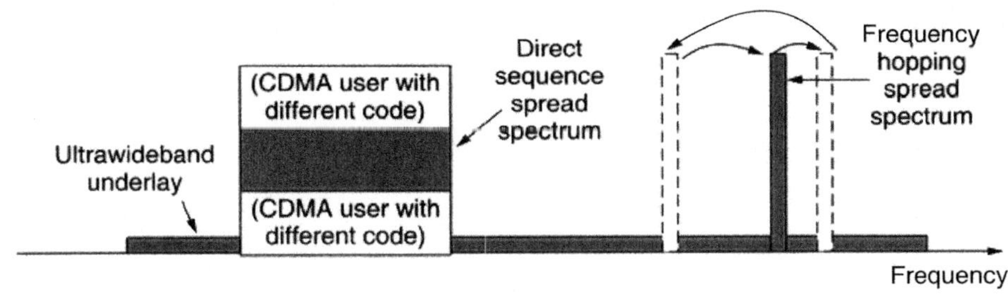

그림 2-11 대역확산과 UWB(Ultra-Wideband) 통신

넓은 대역을 사용하는 세 번째 통신방법은 UWB(Ultra-Wideband) 통신이라 불린다. UWB는 빠른 펄스를 여러 번 보내는데, 펄스의 위치를 그때마다 변경시키며 정보를 전송하게 된다. 빠른 전환은 신호가 엷게 넓은 대역폭에 확산되도록 만든다. UWB는 대역폭이 적어도 500MHz 이상을 갖는 신호이거나 중심주파수에서 대역폭이 적어도 20% 이상인 것으로 정의된다. UWB도 그림 2-11에 묘사되어 있다. 이런 넓은 대역폭으로 UWB는 고속으로 전송가능하다. 이것은 넓은 대역폭에 퍼져 있기 때문에 협대역에서의 상당한 세기의 간섭을 이겨낼 수 있다. 또 중요한 것은 UWB는 주어진 각각의 대역에서는 매우 적은 에너지를 가지고 단거리 전송에 사용되기 때문에 다른 협대역 신호들에 해로운 간섭을 거의 미치지 않는다. 이런 것을 다른 신호를 언더레이(Underlay)한다고 이야기한다. 이런 평화적인 공존은 이 기술을 무선 PAN에서 1Gbps의 속도를 가능하게 만들었으나 상업적인 성공은 논란이 있다. 이 기술은 고체(땅, 벽, 경계)를 통과하는 이미징 기술이나 정밀 측위 장비의 일부로서도 사용된다.

우리는 이제 그림 2-10의 다양한 전자기파 스펙트럼의 각 부분이 어떻게 사용되는지를 라디오부터 시작해서 논의할 것이다. 우리는 전송이 따로 설명하지 않는 한 협대역에서 일어난다고 가정한다.

2.3.2 라디오 전파 전송

라디오 전파(radio waves)는 만들기 쉽고 먼 거리를 전송할 수 있으며 건물을 쉽게 관통한다. 그래서 실내·외 통신에 폭넓게 사용된다. 또한 라디오 전파는 발신지로부터 모든 방향으로 전송되는 전방향성(omnidirectional)이어서 송신기와 수신기를 물리적으로 주의하여 배열할 필요가 없다.

어떤 때는 전방향성 라디오 전파가 적당하지만 어떤 때는 그렇지 않다. 1970년대에 General Motors는 컴퓨터로 조절되는, 잠김 현상이 없는 브레이크(antilock brake)를 가진 새로운 캐딜락 자동차를 만들기로 결정했다. 운전자가 브레이크 페달을 밟았을 때, 컴퓨터는 브레이크를 힘껏 밟는 대신에 브레이크를 짧은 시간 동안 잡았다 놓았다를 반복했다. 어느 화창한 날, 오하이오 고속도로 순경은 본부를 호출하기 위해 새 이동 무선기를 사용하기 시작했다. 순경 근처에 있던 캐딜락은 갑자기 껑충껑충 뛰는 야생마처럼 움직이기 시작했다. 순경이 차를 길가에 세웠을 때, 운전자는 아무것도 하지 않았다고 말했고 차가 미쳤다고 했다.

결국 왜 그랬는지 밝혀지기 시작했다. 오하이오 고속도로에서 만이 아니고 고속도로 순찰중일 때만, 캐딜락은 광폭해졌다. General Motors는 왜 캐딜락이 다른 모든 주와 오하이오의 간선 도로에서는 잘 동작하는지 오랫동안 이해할 수 없었다. 상당한 연구가 진행된 후에야, 그들은 캐딜락의 배선이 오하이오 고속도로 순찰대의 새로운 무선 시스템에서 사용하는 주파수에 대해 우수한 안테나 역할을 한다는 것을 알게 되었다.

라디오 전파의 특성은 주파수에 따라 다르다. 저주파수에서는 라디오 전파가 장애물을 잘 통과하지만 그 세기는 발신지로부터 거리에 따라 공기 중에서 넓은 표면에 얇게 퍼짐에 따라 대략 $1/\gamma^2$의 비율로 급격히 감소한다. 이런 감쇄를 경로 감쇄(Path Loss)라고 한다. 고주파수에서 라디오 전파는 직선으로 전송되고 장애물을 만나면 반사되는 경향이 있다. 경로 감쇄는 파워를 감소시키며 수신신호는 반사에 크게 영향을 받는다. 고주파는 비나 다른 장애물에 저주파보다 더 광범위하게 흡수된다. 모든 주파수에서, 라디오 전파는 전동기와 다른 전기 장치에 의해 간섭 받는다.

전파의 감쇄를 유도 매체에서의 신호의 감쇄와 비교해 보는 것은 흥미로운 일이다. 광섬유나 동축케이블 트위스티드 페어에서는 신호는 단위거리마다 같은 비율로 감쇄하는데, 예컨대 트위스티드 페어에서는 100m마다 20dB씩 감소한다. 전파의 경우 신호는 거리가 2배가 될 때마다 같은 비율로 감쇄되는데, 예를 들어 진공에서는 2배 거리마다 6dB만큼 감소한다. 이런 현상은 전파가 더 먼 거리를 갈 수 있다는 것을 의미하며, 사용자 간의 간섭이 문제가 된다. 이러한 이유로, 모든 정부는 아래에서 논의되는 몇몇 예외를 제외하고는 라디오 송신기의 사용을 엄격하게 제한한다.

VLF, LF, MF 대역에서, 라디오 전파는 그림 2-12(a)에 묘사된 것처럼 지면을 따라간다. 그러나 이 파는 저주파수에서 1,000km 정도 전파되고, 고주파수에서는 이보다 짧은 거리를 전파한다. AM 라디오 방송은 MF 대역을 사용한다. 그래서 보스톤 라디오 방송을 뉴욕에서는 쉽게 들을 수 없다. 이러한 대역의 라디오파는 쉽게 건물을 통과할 수 있다. 그래서 실내에서도 휴대용 라디오가 잘 작동한다. 데이터 통신에 이러한 대역을 사용할 때 주된 문제는 제공되는 낮은 대역폭과 관계가 있다. 식 (2-4)를 다시 한 번 살펴보면 도움이 될 것이다.

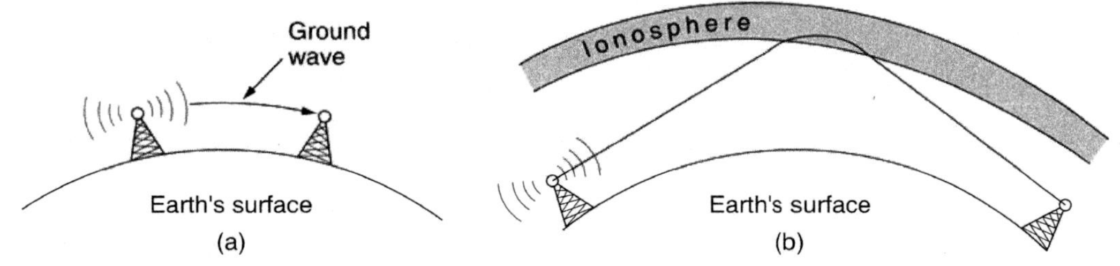

그림 2-12 (a) VIF, VF, MF 대역에서 전파는 지구의 곡률을 따라 전파된다.
(b) HF 대역은 전리층에서 반사된다.

HF와 VHF 대역에서, 지면파는 지구에 흡수되는 경향이 있다. 그러나 전파는 100~500km 높이에서 지구를 둘러싸고 있는 하전 입자층인 전리층에 도달하고, 그림 2-12(b)에 보이는 것처럼, 전리층은 파를 반사하고 지구로 돌려보낸다. 어떤 기상조건에서는, 신호는 여러 번 반사될 수 있다. 아마추어 무선사(ham, 햄)들은 장거리 대화를 위해 이 대역을 사용한다. 또한 군대도 HF와 VHF 대역에서 통신한다.

2.3.3 마이크로웨이브 전송

100MHz 이상에서, 파는 직선으로 전송되므로 정밀하게 집중시킬 수 있다. 친숙한 위성 TV 접시 안테나 같은 파라볼라 안테나를 사용하여 작은 광선으로 모든 에너지를 집중시키면 훨씬 높은 신호 대 잡음비를 얻을 수 있지만, 송신 안테나와 수신 안테나는 서로 정확히 배치되어야 한다. 더욱이 방향성은 일렬로 정렬된 다중 송신기가 일렬로 배열된 다중 수신기와 간섭 없이 통신하는 것을 가능하게 한다. 광섬유를 사용하기 이전 수십 년 동안 마이크로웨이브는 장거리 전화 전송 시스템의 중추를 형성하였다. 실제로 통신 산업의 규제 완화 이후 AT&T의 첫 번째 경쟁자였던 장거리 전송 업체 MCI는 수십 킬로미터씩 떨어져 있는 철탑과 철탑을 연결하기 위하여 마이크로웨이브를 이용한 통신 시스템을 구축하였다. 회사 이름조차도 (MCI는 Microwave Communications, Inc.를 의미함) 그 이름을 반영하고 있다. 이후 MCI의 마이크로웨이브는 광섬유로 대체되고 통신업계의 여러 단계의 흡수 합병과 파산을 거쳐 버라이존(Verizon)의 일부가 되었다.

마이크로웨이브는 직선으로 전송되기 때문에, 철탑들이 너무 멀리 떨어져 있으면 육지가 방해가 된다(시애틀과 암스테르담 링크를 상상해 보자). 따라서 중계기가 주기적으로 필요하다. 철탑이 높으면 높을수록, 탑들은 더 멀리 떨어져 있을 수 있다. 중계기 사이의 거리는 대략 탑 높이의 제곱근에 비례하여 늘어난다. 탑의 높이가 100m이면 중계기는 80km 정도의 거리를 유지할 수 있다.

저주파수의 라디오 전파와는 다르게, 마이크로웨이브는 건물을 잘 통과하지 못한다. 더구나 송신기에서 광선이 잘 집중되더라도, 공간에서는 다소 확산된다. 약간의 전파는 낮은 대기권에서 반사될 것이고, 직진하는 전파보다는 약간 더 늦게 도달할 것이다. 지연된 파는 진행파와 다르게 도달하게 되므로 그 신호는 무시된다. 이러한 효과를 **다중 경로 페이딩(multipath fading)**이라 하고 종종 심각한 문제가 된다. 이것은 날씨와 주파수에 따라 다르다. 일부 운영자는 다중 경로 페이딩으로 어떤 주파수 대역을 일시적으로 사용할 수 없을 때 전환하기 위해 채널의 10%를 사용하지 않고 여분으로 남겨둔다.

더욱 더 많은 주파수 대역에 대한 요구 때문에 더 높은 주파수를 사용하게 되었다. 10GHz까지의 대역이 현재 사용되고 있지만, 4GHz 근방에서 물에 흡수되는 새로운 문제가 발생했다. 이러한 전파는 빗방울에 흡수된다. 이러한 효과는 날아가는 새들을 굽기 위한 거대한 야외 마이크로웨이브 전자레인지를 만드는 계획이었다면 좋겠지만, 통신에서는 심각한 문제이다. 다중 경로 페이딩에 대한 유일한 해결책은 비를 맞고 있는 링크를 차단하고 우회경로를 이용하는 것이다.

요약하면, 마이크로웨이브 통신은 장거리 전화 통신, 셀룰러 무선 전화, 텔레비전 방송 및 다른 용도로 널리 사용되었고, 주파수 대역이 매우 부족하게 되었다. 하지만 마이크로웨이브는 광섬유에 비하여 중요한 여러 장점을 가진다. 주된 장점은 50km마다 작은 땅을 사고 거기에 마이크로웨이브 철탑을 놓으면 되기 때문에 통행권이 필요 없다는 것이다. 이것이 MCI가 장거리 전화회사로 빠르게 성장한 이유이다(이와는 달리 Sprint는 많은 양의 선로를 확보하고 있던 Southern Pacific Railroad의 선로 옆에 광섬유를 매설하여 통신로를 구성하였다).

마이크로웨이브는 상대적으로 저렴하다. 2개의(보통 4개의 커다란 철재로 된 다리를 가진) 단순한 철탑을 설치하고 철탑마다 안테나를 설치하는 것은 혼잡한 도심 지역과 산을 넘어 50km의 광섬유를 매설하는 것보다 경제적이다. 또한 동선의 회선 비용을 모두 지불하지 않는 경우에는 전화회사의 광섬유를 임대하는 것보다 저렴할 것이다.

전자기파 스펙트럼 정책

혼란을 피하기 위하여, 국가 내부에서와 국제간에 누가 어떤 주파수를 사용할 것인지에 대하여 협정이 체결되어 있다. 모두가 고속의 데이터 전송 속도를 원하므로, 모두가 더욱 많은 주파수 대역을 요구한다. 국가 내에서는 AM과 FM 방송, 텔레비전 방송, 이동통신용 전화뿐 아니라 통신 회사, 경찰, 선박용 통신, 항공 통신, 군용 통신, 정부 기관 및 다른 경쟁적인 이용자들에게 주파수를 할당한다. 전 세계적으로는 ITU-R(WARC)에서 여러 국가에서 제조되고 있는 통신 장치들이 동작할 수 있도록 주파수 할당을 조정하려고 노력하고 있다. 그러나 ITU-R 권고안에 속해 있지 않는 국가가 있고, 미국 내에 주파수 할당을 담당하는 미 연방 통신 위원회(FCC, Federal Communication Commission)에서는 ITU-R 권고를 거부하기도 한다(왜냐하면 ITU-R은 FCC와 같은 정치적으로 힘 있는 그룹이 일부 주파수 대역을 포기하는 것을 요구하기 때문이다).

심지어는 주파수 대역의 일부가 이동통신용 전화와 같이 다른 목적으로 할당된 경우에도, 어떤 사업자가 어떤 대역을 사용할 것인지에 대한 문제를 제기하기도 한다. 과거에는 세 가지 방법이 주로 사용되었다. **미인 선발대회(beauty contest)**라고 부르는 가장 오래된 방법은 각 사업자가 자사의 제안이 공중에게 최선책이 되는 이유를 설명하도록 요구한다. 정부의 정책 결정자들은 그들이 가장 향유할 수 있는 제안을 결정한다. 정부 관료들은 수억 달러 가치의 주파수 자산을 관리하면서 그들이 선호하는 회사가 뇌물, 부패, 족벌주의 등 각종 폐단에 이르도록 하기도 한다. 더구나 성실하고 정직한 공무원조차도 외국계 회사가 자국 내의 회사보다 임무를 더 잘 수행할 수 있어도 많은 설명을 요구하기도 한다.

이러한 관례는 두 번째 방법에 이르게 되었는데, 관심 있는 회사들을 대상으로 추첨 분배를 하는 것이다. 추첨 분배 방식은 주파수 사용에 관심을 가지지 않는 회사가 추첨에 참여하는 문제점이 있다. 만약 즉석 요리점이나 신발 가게에서 주파수 사용권을 얻는다면 아무런 위험 없이 통신 사업자에게 되팔아 막대한 이익을 얻을 수 있게 된다.

이와 같이 빨리 횡재를 하게 되는 것이나 또 다른 변칙적인 방법들을 많은 사람들은 신랄하게 비판하였다. 그래서 세 번째 방법으로 사업자에게 주파수 대역을 경매로 할당하게 되었다. 2000년에 영국에서 3세대 이동통신 시스템에 필요한 주파수 경매를 했을 때, 영국 정부는 약 40억 달러를 예상했었다. 실제로 영국 정부는 400억 달러를 받았는데, 이유는 통신 사업자들이 격앙되어 이동통신 사업권을 획득하지 못하면 죽을 것으로 겁을 먹었기 때문이다. 이 사건으로 경매 비용은 거의 정부의 푼돈으로 전환되었고, 정부는 경매를 계속 시행하였다. 경매 제도는 잘 되었으나, 일부 통신 사업자들에게는 거의 파산에 가까운 막대한 부채를 남겼다. 최상의 경우라 하더라도, 인허가 수수료를 회복하는 데는 몇 년이 소요될 것이다.

전혀 다른 또 하나의 방법은 어떤 주파수도 할당하지 않는 방법이다. 모든 사람이 전파를 마음대로 보내도록 하고, 송신기는 짧은 도달거리를 가지고 서로 간섭하지 않도록 송신 전력을 규제하는 방법이다. 이를 위한 대부분의 정부에서는 허가 없이 사용할 수 있는 산업, 과학, 의료용(Industrial, Scientific, Medical, ISM) 대역이라고 부르는 일부 주파수 대역을 마련해 두고 있다. 차고 개폐기, 무선 전화, 무선 제어용 장난감, 컴퓨터용 무선 마우스와 기타 무수히 많은 가정용 기기에서 ISM 대역을 사용한다. 이렇게 많은 기기들의 간섭을 최소화하기 위해 FCC는 ISM 대역을 사용하는 모든 기기들은 전송파워를 제한하거나(1watt) 대역 확산 기법을 사용하도록 명령하고 있다. 기기들은 레이더 설비와도 간섭을 피할 수 있도록 조치를 취할 필요도 있다.

이런 주파수 대역은 국가별로 다소 다르다. 미국을 예로 들면 FCC의 허가 없이 네트워크 장비가 사용할 수 있는 대역은 그림 2-13에서 보여주고 있다. 900MHz 대역은 802.11의 초기 버전에 사용되었는데 지금은 포화상태다. 2.4GHz 대역은 대부분의 국가에서 사용할 수 있으며 802.11b/g, Bluetooth 등에 광범위하게 사용되며 전자레인지와 레이더 시설물들과의 간섭 문제가 있다. 5GHz 대역은 U-NII(Unlicensed National Information Infrastructure) 대역을 포함하고 있다. 5GHz 대역은 새롭고 상대적으로 개발이 되지 않았지만 가장 많은 대역을 포함하며 802.11a에서 5GHz 대역을 사용하는데 빠르게 대중화되고 있다.

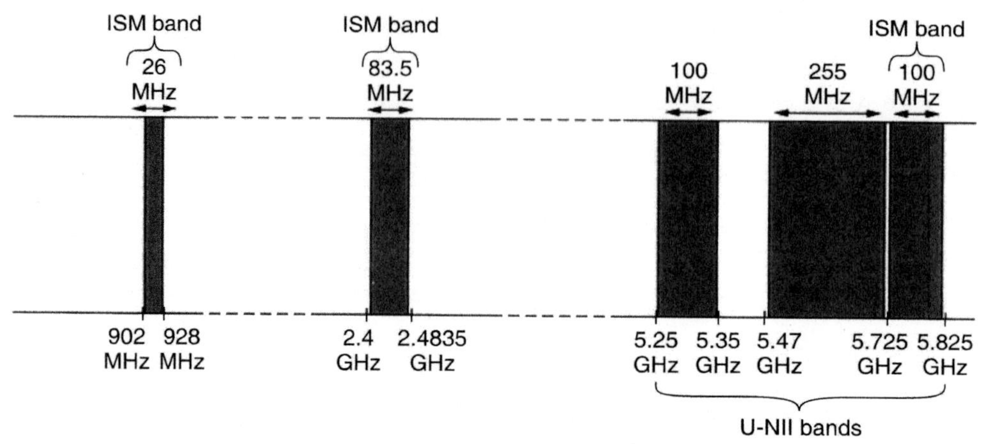

그림 2-13 미국의 무선기기에 사용되는 ISM 대역과 U-NII 대역

비면허대역은 최근 10년간 엄청난 성공을 거두어오고 있다. 스펙트럼을 무료로 사용할 수 있는 힘은 무선 LAN과 PAN에서 많은 혁신을 가져왔으며, 그 증거는 802.11, 블루투스 등의 성공으로 확인할 수 있다. 이런 혁신을 지속하기 위해서 더 많은 스펙트럼이 필요하다. 미국에서 흥미로운 발전은 2009년 FCC의 결정으로 700MHz 근처의 white space를 비면허로 사용할 수 있도록 한 것이다. 화이트 스페이스란 할당되었으나 지역적으로 사용되지 않고 있는 대역들을 말한다. 2010년 미국에서의 아날로그 TV에서 All-digital TV로의 전환과정에서 700MHz 근처의 화이트 스페이스가 비게 되었다. 유일한 어려움은 화이트 스페이스를 사용하기 위해서는 비면허 장비들이 그 대역폭을 사용할 우선권을 가지고 있는 무선 마이크 등의 주변의 면허 송신기를 파악할 수 있어야 한다는 것이다.

또 다른 활동들은 60GHz 근처에서 일어나고 있다. FCC는 2001년에 57GHz에서 64GHz까지의 대역을 비면허 동작을 위해서 공개하였다. 이것은 엄청난 대역폭이며 다른 모든 ISM대역을 다 합친 것보다 많은 것이며, 따라서 거실에서 무선으로 HDTV를 스트리밍하기에 필요한 고속네트워크를 지원할 수 있다. 60GHz에서는 전파가 산소에 의해서 흡수된다. 이것은 신호가 멀리 전송되지 않는다는 것을 의미하며 단거리 전송에 적합하다는 것을 의미한다. 이런 고주파는(60GHz는 극단적으로 높은 고주파이며 밀리미터파라 불리고 적외선 바로 밑에 위치한다) 장비제작자들에게 도전을 안겨주었으나, 현재 시장에 제품들이 많이 나와 있다.

2.3.4 적외선

유도되지 않은 적외선은 단거리 통신에 널리 사용된다. 텔레비전, VCR, 스테레오에 사용되는 원격 조정(remote control)은 모두 적외선 통신을 사용한다. 적외선은 상대적으로 지향성이고, 저렴하고, 만들기 쉽지만, 고체를 통과하지 못하는 중요한 결점이 있다(텔레비전과 원격 조정기 사이에 서서 제대로 동작하는지 시험해 보면 알 수 있다). 장파 라디오 전파에서 가시광선으로 갈수록, 파들은 더욱더 빛처럼 행동하고 차츰 라디오 전파 성질에서 멀어지게 된다.

한편 적외선이 물체를 통과하지 못한다는 사실은 좋은 장점이 된다. 이것은 건물의 한 방에 있는 적외선 시스템은 인접한 방이나 건물에 있는 유사한 시스템을 간섭하지 않는다. 우리는 옆집의 텔레비전을 우리 집의 원격 조정기로 동작시킬 수 없다. 더욱이 이러한 이유 때문에 도청에 대한 적외선 시스템의 보안성은 라디오 시스템의 보안성보다 우수하다. 또한 허가를 받아야만 하는 ISM 대역 이외의 라디오 시스템과는 대조적으로 적외선 시스템을 운영하는 데는 정부의 허가가 필요 없다. 적외선 통신은 데스크탑에서 제한적으로 이용되고 있다. 예를 들면, 노트북 컴퓨터와 프린터를 연결하는 데 IrDA(Infrared Data Association) 표준이 사용되나, 수류 통신에서는 적외선이 주된 역할을 하지 않는다.

2.3.5 광파 전송

유도되지 않은 광신호가 수 세기 동안 사용되어 왔다. Paul Revere는 그의 유명한 말 타기에 앞서 Old North Church에서 이진 광신호를 사용했다. 더 현대적인 응용은 지붕 위에 설치된 레이저를 통해 두 건물의 LAN을 연결하는 것이다. 레이저를 사용하는 응집성 광신호는 원래 단방향성이며, 각 건물에는 레이저와 광 검출기가 필요하다. 이러한 설계는 매우 높은 대역폭과 매우 낮은 비용을 제공한다. 또한 마이크로웨이브와 달리 상대적으로 설치하기 쉽고, FCC 허가도 필요 없다.

매우 가는 광선인 레이저의 강도는 여기가 약점이다. 500m 거리에서 1mm 폭의 표적을 1mm 폭의 레이저 광선으로 겨냥하는 것은 현대의 Annie Oakley의 사격술을 요한다. 보통, 광선의 초점을 약간 흐리게 하기 위해 시스템에 렌즈를 장착한다. 더 어려운 점은 바람이나 온도차도 레이저 빔을 왜곡시키며 비나 짙은 안개를 통과하지 못하는 단점이 있으며, 화창한 날에만 정상적으로 잘 동작한다는 점이다. 그러나 이런 요소들은 두 대의 우주선을 연결하여 사용하는 데는 문제가 되지 않는다.

한번은 유럽의 현대식 호텔에서 열린 회의에 저자가 참석하였다. 그 호텔에서는 지루한 발표시간 동안 회의 참석자들이 전자우편을 읽을 수 있도록 주최 측에서 배려한 단말기가 가득 찬 회의실을 제공하였다. 이 지역의 통신 사업체가 3일만 사용할 수많은 전화 회선을 설치하는 것을 원치 않았기 때문에, 주최측은 레이저를 지붕에 설치하고, 몇 킬로미터 떨어진 대학의 컴퓨터 과학부 건물을 겨냥했다. 그들은 회의 전날 밤에 그것을 시험했는데, 완벽하게 동작했다. 눈부시게 화창한 다음 날 아침 9시에, 그 링크는 장애가 발생하여 하루 종일 불통이었다. 그날 저녁 주최측에서는 다시 한 번 조심스럽게 시험을 했는데 역시 완벽하게 동작하였다. 이러한 현상은 이틀이나 더 지속적으로 반복되었다.

회의가 끝난 후에 주최측에서는 이 문제를 발견했다. 그림 2 14에서 보여주는 것과 같이 낮 시간 동안의 태양열이 건물 옥상으로부터 대기의 흐름을 상승시키는 원인이 되었다. 이렇게 교란된 공기는 레이저 빔을 우회시켜 검출기 근처에서 흔들리게 만들었다. 대기 중에서 이와 같이 보이는 것이 별의 반짝임을 만드는 것이다(이러한 이유로 천문학자들은 가능한 한 대기권보다 높게 하려고 망원경을 산꼭대기에 설치한다). 이것은 또한 더운 날에 도로에서 아지랑이나, 뜨거운 난방기 위에서 흔들리는 영상을 관찰할 수 있는 원인이다. 여기서의 교훈은 비유도 광전송이 좋은 조건뿐 아니라 나쁜 조건에서도 잘 동작하기 위해서는 오류에 대한 충분한 여유를 두어야 한다는 점이다.

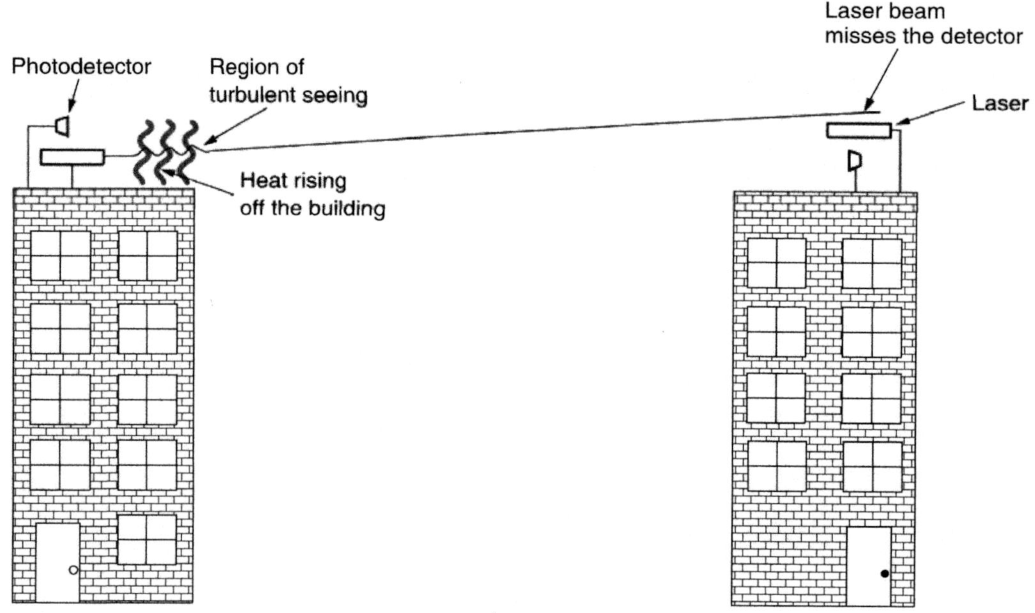

그림 2-14 대류의 전달이 레이저 통신 시스템과 간섭을 일으킬 수 있다.
이 그림은 2개의 레이저로 구성된 양방향 시스템을 보여주고 있다.

비유도 광전송은 현재 이국적인 네트워크 기술로 보일수도 있으나, 조만간 점점 더 널리 퍼질 것이다. 우리는 카메라(빛을 감지하는)와 디스플레이(LED나 기타 기술로 빛을 쏘는)로 둘러싸여 있다. 데이터 통신은 이런 디스플레이 위의 계층에 얹혀서 사람이 감지하기 힘든 수준의 LED가 켜지고 꺼지는 패턴에 정보가 담겨져서 사용될 수 있다. 이런 방식의 가시광선 통신은 본질적으로 안전하며 디스플레이 주변에 저속의 네트워크를 제공해 줄 수 있다. 이것은 모든 종류의 멋진 유비쿼터스 컴퓨팅 시나리오를 가능하게 해준다. 비상 차량에서 발산하는 경광등은 주변의 교통신호에 경고를 보낼 수 있으며, 다른 차량들이 비켜날 수 있도록 해준다. 표지들이 지도를 전송할 수도 있으며, 축제의 불빛이 디스플레이와 싱크된 음악을 방송할 수도 있다.

2.4 통신 위성

1950년대에서 1960대 초기에 사람들은 금속으로 제조된 기상 풍선을 통해 반사되는 신호를 이용한 통신 시스템을 시도하였다. 불행하게도 수신되는 신호는 너무 약해서 어디에도 실제로 사용할 수 없었다. 미국 해군은 하늘에 있는 영구적인 기상 풍선, 즉 달에 주목하였고 배와 육지 간에 기상 풍선에 반사되는 신호를 이용한 통신 시스템을 구축하였다.

보다 진보된 하늘을 통한 통신 분야는 최초의 통신위성이 발사될 때까지 기다려야 했다. 인공위성과 실제의 기상풍선(달)과의 가장 중요한 차이점은 인공위성은 신호를 반사하여 되돌려보낼 때 증폭시켜서 보낸다는 것으로서 인공위성에 대한 호기심이 강력한 통신 시스템으로 전환된 것이다.

통신 위성이 가지고 있는 몇 가지 흥미 있는 특성은 많은 응용에 유용하게 사용된다. 가장 단순한 위성의 형태에서 통신 위성은 하늘에 있는 커다란 마이크로웨이브(microwave) 중계기(repeater)라고 생각할 수 있다. 이것은 여러 개의 자동 무선레이더와 같은 **트랜스폰더**(transponders)를 가지고 있으며, 각각의 트랜스폰더는 스펙트럼의 일부분을 감시하고 있다. 신호가 들어오게 되면 그 신호를 증폭하고 들어오는 신호와 간섭을 일으키지 않은 다른 주파수로 재방송하게 된다. 반사하여 되돌려보내는 전파 빔(beam)은 지구 표면의 상당 부분을 커버할 정도로 직경이 넓을 수도 있고, 아니면 몇 백 킬로미터 정도의 지역을 커버할 정도로 직경이 작을 수도 있다. 이러한 운영모드는 **구부러진 도관**(bent pipe)이라고 알려져 있다. 디지털 처리는 전체 대역에서 데이터 스트림을 분리해서 조작하거나 경로를 바꾸도록 만들 수 있으며, 디지털 정보를 위성이 수신하거나 재방송할 수 있도록 한다. 이런 식의 신호의 재생은 구부러진 도관보다 성능을 향상시킬 수 있는데 위성이 상향신호에서의 잡음을 증폭하지 않도록 할 수 있기 때문이다. 하향 빔은 지표면의 넓은 범위나 또는 반경 수백 킬로미터의 좁은 지역만을 포함하도록 할 수도 있다.

Kepler의 법칙에 따르면 위성의 궤도 주기는 궤도 반지름의 3/2승에 비례한다. 높이 떠 있는 위성은 더욱 긴 주기를 갖는다. 지구 표면 가까이에서는 주기가 약 90분이 된다. 따라서 저궤도의 위성은 비교적 빠르게 통과하므로 연속적인 범위를 제공하기 위해서는 많은 위성이 필요하다. 위성의 고도가 대략 35,800km 정도 되면 위성의 주기는 24시간이 된다. 위성의 고도가 384,000km이면 규칙적인 달의 관찰로 누구라도 입증할 수 있는 것처럼 주기는 거의 한 달이 된다.

위성의 주기는 물론 중요하지만 위성을 어디에 띄울 것인가를 결정하는 것만이 문제가 되는 것은 아니다. 또 다른 문제는 매우 높게 충전된 입자를 떠돌아다니는 계층인 벤 알렌 벨트의 존재이다. 지구의 전자장에 의해서 어떠한 위성이라도 이 안에 있으면 지구의 전자장으로 인한 고 에너지로 충전되어 떠돌아다니는 입자들 때문에 빨리 파괴될 수 있다. 이러한 요인들 때문에 위성이 안전하게 동작하는 세 가지 영역이 생겼다. 이러한 영역과, 이들 영역의 특성을 그림 2-15에 그림으로 나타내고 있다. 이어서 우리는 이러한 영역에 있는 위성을 간략하게 설명하고자 한다.

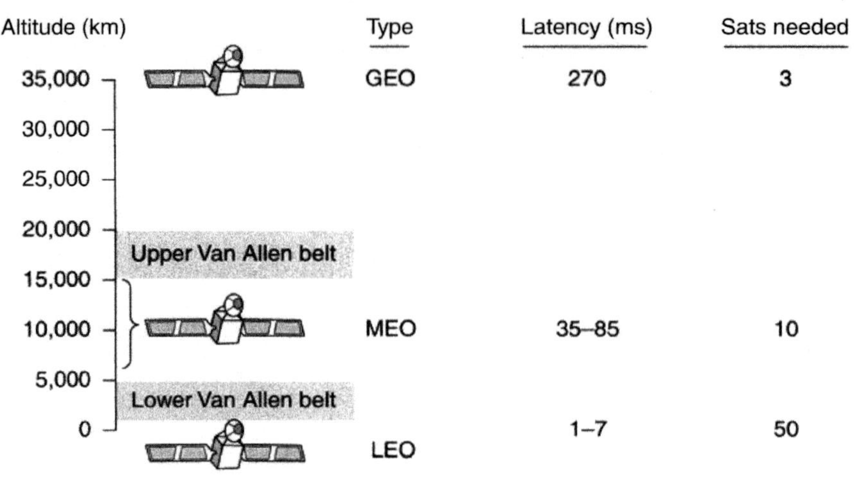

그림 2-15 통신위성과 위성별 특징

2.4.1 정지 위성

1945년에 공상과학 소설가 Arthur C. Clarke는 35,800km 고도에서 적도 궤도를 순회하는 위성은 하늘에서 정지한 것으로 보여서 이 궤도에 있는 위성은 추적하지 않아도 될 것으로 생각하였다. 그는 계속해서 유인 정지 위성의 궤도, 태양날개, 무선 주파수와 위성을 발사하는 절차를 포함하여 유인 **정지 위성**(geostationary satellites)을 사용한 완전한 통신시스템을 묘사했다. 불행히도, 그는 궤도에서 진공관 증폭기가 부서지고, 전력 공급이 쉽지 않다는 이유로 위성은 실용적이지 못하다고 결론지었다. 그래서 그는 공상 과학 소설에 위성에 대한 얘기를 썼지만 더 이상 이러한 생각을 계속하지 않았다.

트랜지스터의 발명으로 모든 것이 바뀌어 최초의 인공 통신위성인 텔스타가 1962년 7월에 발사되었다. 그때부터 통신위성은 수백억 달러에 이르는 사업이 되었는데, 지구 밖의 우주사업만이 고수익성을 가지게 되었다. 이러한 고궤도에서 날고 있는 위성들을 **정지궤도위성**(Geostationary Earth Orbit, GEO)이라고 부른다.

현재의 기술로 보면, 상호 간섭(interference)을 피하기 위해서 360도의 적도에서 두 개의 위성이 2도보다 가까워져서는 안 된다. 2도 간격으로 위성을 배치하면 한 번에 360/2=180개의 정지 위성만이 가능하다. 그러나 각각의 위성 중계기는 여러 개의 주파수를 사용할 수 있고, 가용 대역폭을 늘리기 위해 위성체의 방향을 양극화시킬 수 있다.

하늘의 혼란을 방지하기 위해 누가 어떤 궤도와 주파수를 사용할지에 관한 국제적인 협약을 ITU에서 마련하였다. 이 절차는 대단히 정치적이며 궤도의 요구 수준이 간신히 석기시대를 벗어난 수준이다. 각 국가에서는 높은 가격의 입찰자에게 임대할 목적을 가지고 위성 궤도를 확보한다. 일부 국가에서는 국가적 재산권을 달나라까지 연장하기도 하지만 위성 궤도 슬롯에 대한 법적 권리를 자국의 영토상에서 유지하는 국가는 없다. 설상가상으로 위성이 상업용 전기통신만이 유일한 응용은 아니다. 텔레비전 방송업자들과 정부 그리고 군에서도 궤도의 일부인 한 부분을 원한다.

최근의 위성 무게는 5톤까지 나가고 태양열은 전지판에서 생산되는 전력을 수 킬로와트까지 소비할 만큼 아주 크다. 태양, 달, 그리고 지구의 중력에 의한 작용이 위성로켓의 역효과로 작용하여 위성을 위성 궤도에서 이탈하도록 한다. 이러한 세부적인 조정 활동을 **위성체 자세유지**(Station Keeping)라고 부른다. 그러나 보통 10년 정도면 모터용 연료가 바닥나서 위성은 우주에서 떠다니고 멋대로 굴러다니다가 마침내 동작이 중지된다. 결국 위성은 부패하고 위성은 대기권으로 재진입 하면서 타거나 가끔씩 지구와 충돌하기도 한다.

위성 궤도 슬롯(slot) 문제만이 경쟁이 되는 것은 아니다. 주파수는 하향 링크 전송에서 기존의 마이크로웨이브와 간섭 때문에 경쟁한다. 이에 따라서 ITU는 위성 이용자들에게 특정 주파수 대역을 할당하였다. 주요 주파수 대역이 그림 2-16에 있다. C대역이 상업적인 위성 용도로 처음 지정되었다. C대역에는 2개의 주파수 영역이 할당되었는 데 낮은 대역은 위성에서 발사되는 하향 트랙픽용이고 높은 대역은 위성을 향한 상향 트래픽용이다. 동시에 양방향으로 트래픽을 보내기 위하여 2개의 채널이 필요한데 각 채널은 단방향이다. C대역은 이미 포화상태이다. 왜냐하면 지구상의 모든 마이크로웨이브 연결을 위한 공중 사업자들이 사용하기 때문이다. 그래서 L대역과 S대역이 2000년에 국제협약에서 추가되었다. 그러나 이 대역은 좁고 붐빈다.

Band	Downlink	Uplink	Bandwidth	Problems
L	1.5 GHz	1.6 GHz	15 MHz	Low bandwidth;crowded
S	1.9 GHz	2.2 GHz	70 MHz	Low Bandwidth;crowded
C	4.0 GHz	6.0 GHz	500 MHz	Terrestrial interference
Ku	11 GHz	14 GHz	500 MHz	Rain
Ka	20 GHz	30 GHz	3500 MHz	Rain, equipment cost

그림 2-16 위성의 기본 대역

상업용 전기통신 사업자가 사용할 수 있는 영역 중 다음으로 높은 대역은 Ku(K under) 대역이다. 이 대역은 아직까지는 혼잡하지 않으며 이 대역에서는 위성이 1도 정도까지 가까이 있을 수 있다. 그러나 다른 문제가 또 존재한다. 물방울(비, rain)은 이러한 짧은 전파에 대해서 매우 좋은 흡수제(absorber)이다. 다행히도 강한 폭풍우(storm)는 지역적인 경우가 많다. 그래서 하나가 아니라 멀리 떨어진 독립된 여러 개의 지구국을 사용함으로써 비에 대한 문제를 해결할 수 있다. 이제 문제는 추가적인 안테나, 케이블 가격 및 스테이션 간을 빠르게 교환할 수 있는 스위치의 가격이 된다. Ka(K above) 대역 역시 상업용으로 할당되어 있다. 그러나 Ka 대역을 사용할 수 있는 장비는 아직까지 고가이다.

이러한 상용 대역 외에도 많은 정부용 대역과 군용 대역이 존재한다.

현대적인 위성은 대략 40개의 트랜스폰더를 가지며 각 트랜스폰더는 80-MHz의 대역폭을 가진다. 각 트랜스폰더는 굽은 파이프로 동작한다. 그러나 최근의 위성은 더욱 정교한 운영을 허용하는 자체 처리능력을 가지고 있다. 초기에는 위성 채널에 대한 트랜스폰더는 분배가 고정된 주파수 대역으로 대역폭을 분할하는 정적(static) 방법이었다. 현재는 각 트랜스폰더의 주파수가 타임 슬롯으로 분할되어 많은 이용자들이 차례로 이용한다. 주파수 분할 다중화와 시분할 다중화의 두 가지 기술에 대하여 이 장의 후반부에서 세부적으로 설명한다.

초기 정지 위성은 **풋프린트**(footprint)라 부르는 하나의 공간적인 빔을 가졌는데, 이 빔은 지구 전체 표면의 약 1/3을 비추었다. 가격과 크기, 마이크로 전자공학에 필요한 전력 등의 급격한 감소로 훨씬 정교한 방송 정책이 가능하게 되었다. 각 위성에 다중 안테나와 다중 트랜스폰더를 장착하게 되었다. 위성에서 지구로 내려 보내는 신호전파는 지상의 작은 영역에 초점을 맞출 수 있게 되었으며, 그래서 동시에 상향과 하향에 대해서 다중 전송이 가능하게 되었다. 전형적으로 작은 지점을 지정해서 신호를 전파할 수 있는 **스폿 빔**(spot beam)이라 불리는 전파 빔이 고려되었고, 이것은 수 km의 타원형으로 생겼다. 미국의 통신 위성은 인접해 있는 48개 주를 위한 하나의 광폭 신호전파와 알래스카와 하와이를 위한 스폿 빔을 가지고 있다.

통신 위성에 있어서 새로운 개발 중 하나는 종종 **VSAT**(Very Small Aperture Terminals, **극소 구경 터미널)** (Abramson, 2000)라 불리는 저렴한 소형 지구국의 개발이다. 이 작은 터미널은 1 미터 혹은 이보다 작은 안테나를 가지며(반면 표준 GEO 안테나는 10m 정도) 1watt 정도의 출력을 낸다. 위성으로의 상향 연결(uplink)은 1Mbps 정도이고 하향링크는 수 Mbps 정도이다. 직접 위성 텔레비전 방송(direct broadcast satellite television)은 이러한 단방향 전송기술을 이용한다.

많은 VSAT 시스템에 있어서 소형 지구국은 서로 간에 직접 통신할 만한 충분한 출력을 가지지 못한다(물론 위성을 경유해서도 마찬가지이다). 대신에 **허브**(hub)라 불리는 특별한 지구국이 있어서 큰 고증폭 안테나를 사용하여 VSAT 간의 통신을 그림 2-17과 같이 중계하여 준다. 이러한 운용모드에서 송신자나 수신자 중 하나는 큰 안테나와 고출력의 증폭기를 가지게 된다. 저렴한 최종 이용자 단말기 확보에 대해 그 대가로 긴 지연시간을 갖는 것은 서로 상호 절충사항이 될 것이다.

VSAT는 시골지역에서 유용하다. VSAT의 진가가 널리 인정되고 있지는 않지만, 전 세계 인구의 반 이상이 가장 가까운 전화로부터 한 시간 이상의 도보 거리에 있다. 수천 개의 작은 마을을 전화선으로 이으려면 대부분의 제3세계 정부 예산보다 훨씬 더 많은 비용이 든다. 그러나 태양전지를 이용하는 1m짜리 VSAT 안테나를 설치하는 것이 더 타당할 때도 있다. VSAT는 세계를 연결하는 기술을 제공한다.

위성을 이용한 통신은 지상의 점대점(point-to-point) 연결에 비하여 근본적으로 다른 몇 가지 특성을 가지고 있다. 첫째로, 비록 위성과 지상과의 통신이 광속(거의 초속 300,000km)으로 이루어지지만 정지위성을 위한 먼 왕복 거리가 상당한 지연을 유발한다. 사용자와 지상 스테이션과의 거리와 위성의 고도에 따라 약간의 차이는 있지만, 종단간(end-to-end) 전송 시간은 거의 250~300msec가 걸린다. 대개 270msec 정도이다(허브가 있는 VSAT 시스템은 540msec 정도이다).

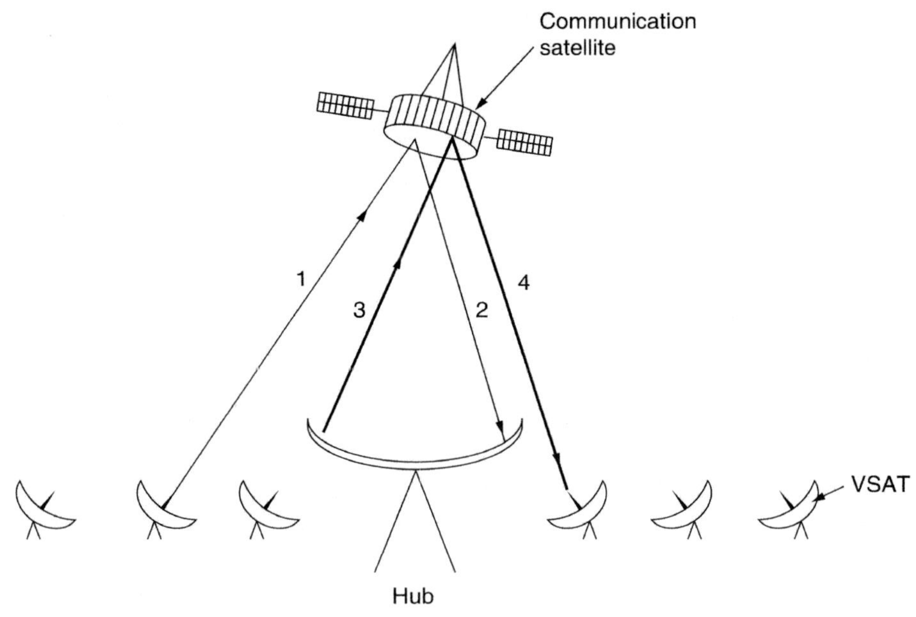

그림 2-17 허브를 이용한 VSATs

대조적으로, 지상의 마이크로웨이브 연결의 전달 지연은 대략 3μ sec/km이고 동축 케이블이나 광섬유의 연결은 대략 5μ sec/km의 지연을 가진다. 전자기 신호는 고체 전달 매체 안에서보다 공기 중에서 더 빠르기 때문에 케이블이 마이크로웨이브 보다 느리다.

위성의 또 다른 중요한 특성은 위성은 원래부터 방송 매체로 개발되었다는 것이다. 이는 트랜스폰더를 사용하여 수천 개의 스테이션에 메시지를 보내는 것이나 단 하나의 스테이션에 보내는 것이나 비용 면에서는 비슷하다는 것을 말한다. 어떤 응용에 있어서 이러한 특성은 매우 유용하다. 예를 들면, 넓은 지역에 산재되어 있는 많은 컴퓨터에 저장된 인기 있는 웹 페이지를 위성으로 방송하는 것을 상상할 수 있다. 비록 방송이 점대점 통신을 흉내 낼 수 있다 해도 위성 방송이 훨씬 더 싸다. 이것은 사생활 보호나 보안적인 측면에서는 매우 큰 문제를 초래한다. 모든 사람이 모든 것을 들을 수 있기 때문이다. 보안성이 필요할 때는 암호화가 필수적이다.

위성은 또한 메시지를 전송하는 데 드는 비용이 거리와는 상관없다는 특성을 가진다. 바다를 가로지르는 통신이나 단지 도로 하나를 가로지르는 통신이나 비용이 같다. 또한 위성은 뛰어난 오류율을 가지며 시스템 설치를 즉시 할 수 있다는 특성을 가진다. 이는 군용 통신에 있어서 매우 중요한 장점이 된다.

2.4.2 중궤도 위성

두 개의 밴 알렌 벨트 사이의 낮은 고도에서, 우리는 **중궤도 위성**(Medium Earth Orbit, MEO)을 발견하게 된다. 지구에서 볼 때 중궤도 위성은 경도에서 약간씩 움직이는데, 지구를 한 바퀴 도는 데 6시간이 걸린다. 그 때문에 중궤도 위성은 하늘에서 이동하므로 추적되어야 한다. 중궤도 위성은 정지위성보다 고도가 낮기 때문에 지상에 작은 안테나가 필요하고, 약한 송신 전력이 요구된다. 현재 중궤도 위성은 전기통신용보다는 내비게이션용으로 사용하고 있으며, 여기에서는 자세히 설명하지 않겠다. 20,200Km 상공의 30개의 **GPS**(Global Positioning System) 위성은 중궤도 위성의 예이다.

2.4.3 저궤도 위성

고도가 더 낮아지면, 우리는 **저궤도 위성**(Low Earth Orbit, LEO)에 도달하게 된다. 저궤도 위성의 빠른 움직임 때문에 연속적인 신호 전송을 위한 완전한 시스템을 구성하기 위해서는 많은 수의 저궤도 위성이 필요하다. 다른 관점에서는, 위성이 지구에 가깝기 때문에 지상국은 많은 전력이 필요하지 않고 왕복 지연 시간은 단지 수 밀리초이다. 발사비용도 매우 저렴하다. 이 절에서 우리는 음성통신을 목표로 하는 두 가지 예, 이리듐과 글로벌스타를 살펴보려고 한다.

앞서 언급한 것처럼 위성 시대의 초기 30년간은 저궤도 위성이 통신에 거의 사용되지 않았다. 왜냐하면 저궤도 위성은 너무 빠르게 움직였고 따라서 금방 나타났다가 곧 사라졌기 때문이다. 1990년 모토롤라와 FCC의 이리듐(Iridium) 프로젝트는 77개의 저궤도 위성 발사에 관한 응용을 준비함으로써 저궤도 위성에 대한 새로운 장을 열었다(77번 원소가 이리듐이다). 이 계획은 후에 66개의 위성을 사용하는 것으로 수정되었으며, 프로젝트명도 디스프로슘(Dysprosium, 원소 번호 66번)으로 바뀌었다. 디스프로슘은 마치 질병 이름처럼 들린다. 주된 아이디어는 하나의 저궤도 위성이 사라지면 다른 하나가 대체하게끔 하자는 것이다. 이 제안은 다른 통신회사들을 흥분시켰다. 갑자기 모두가 저궤도 위성 체인을 발사하는 것을 원하게 되었다.

7년 동안 협력업체들의 공동 투자와 작업 이후에 1977년에 이리듐 위성을 발사하였다. 통신 서비스는 1988년 11월에 시작하였다. 불행하게도 사업적인 요구가 큰데다가 이동전화망이 1990년부터 성장하는 것을 보았기 때문에 무거운 위성 전화가 무시되었다. 이 결과로 이리듐은 수익성이 없어졌고, 1999년 8월에 역사상 가장 유망한 회사가 가장 큰 실패를 하게 되어 파산 압력을 받았다. 이 결과로 약 5억 달러의 자산 가치와 위성이 2,500만 달러 가격으로 투자자에게 판매되었다. 다른 위성사업 벤처들도 비슷한 운명을 겪었다.

이리듐 서비스는 2001년 3월에 재개되었으며 이후 성장 중이다. 이리듐 사업은 이리듐 위성과 직접 통신할 수 있는 휴대용(hand-held) 장치를 이용하여 전 세계적인 전자 통신 서비스를 제공하는 것이다. 이것은 사용자가 지구상 어느 곳에 있든지 간에 음성, 데이터, 호출, fax, 항해(navigation)

서비스를 제공한다. 가입자로는 해상, 항공, 석유탐사 업체 등이 포함되며, 전기 통신 기반시설이 부족한 사막, 산악지역, 정글이나 제3세계 각지를 여행하는 사람들도 가입자가 될 수 있다.

이리듐 위성은 750㎞ 고도의 원형 극(polar) 궤도 위에 위치한다. 위성들은 남북극 간의 밧줄에 위도 32도마다 하나씩 위치하게 된다. 여섯 개의 위성 밧줄로 지구 전체가 커버된다(그림 2-18). 각각의 위성은 최대 48개의 셀(스폿 빔)을 가지고 3,840채널 용량을 가지고 있는데 이 중 일부 채널은 호출과 항해에 사용되고, 다른 채널은 음성과 데이터에 이용되고 있다.

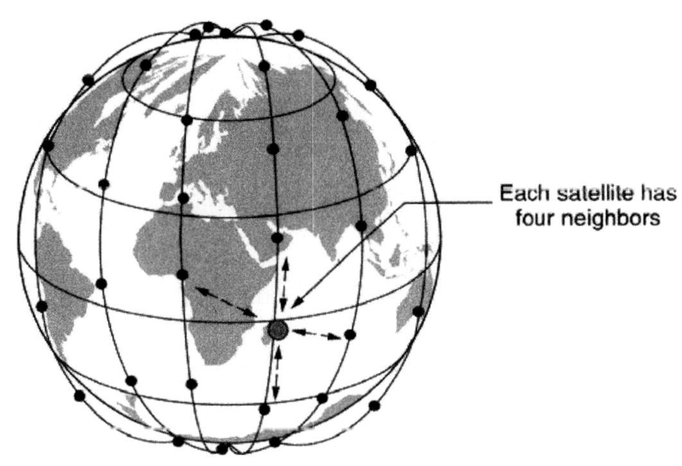

그림 2-18 이리듐 위성은 지구 주위에서 6개의 밧줄을 형성한다.

그림 2-18에서처럼 6개의 밧줄이 전 지구를 커버한다. 이리듐의 흥미 있는 특징은 그림 2-19(a)에서 그림으로 표시한 것과 같이 우주 공간에서 멀리 떨어져 있는 가입자 간의 통신은 위성에서 위성으로 중계를 하는 것이다. 여기서 북극에 있는 발신자는 위성으로 직접 연결되어 있는 것을 알 수 있다. 각 위성은 네 개의 이웃과 통신하며, 두 개는 같은 밧줄에 있으며 두 개는 인접한 밧줄에 있다. 이 전화는 다른 위성을 통하여 중계되어 최종적으로 남극에 있는 착신자에게 보내진다.

이리듐의 대안으로 설계한 글로벌스타가 있다. 글로벌스타는 48개의 LEO 위성을 기반으로 하고 있으나 이리듐과는 다른 교환 기술을 사용한다. 이리듐은 통화를 위성 내에 정교한 교환 장비가 요구되는 위성 간에 중계하지만 글로벌스타는 전통적인 굴곡 파이프 설계를 이용한다. 그림 2-19(b)에서 북극에 있는 발신자는 지구에 전송하고 거대한 지구국에서 중계한다. 이 통화는 육상의 통신망을 통하여 착신자가 있는 가장 가까운 지구국으로 발송되어 굴곡 파이프를 통하여 전달된다. 이 방법은 지상을 복잡하게 하지만 관리가 쉬운 장점이 있다. 그리고 큰 지상국 안테나의 사용은 강력한 신호를 밖으로 내고, 저전력의 전화에서 사용할 수 있는 약한 신호를 수신한다. 결국에 전화는 수 밀리와트의 전력을 방출하여, 심지어는 위성에서 증폭된 후에도 꽤 약하게 지상국에 보낸다.

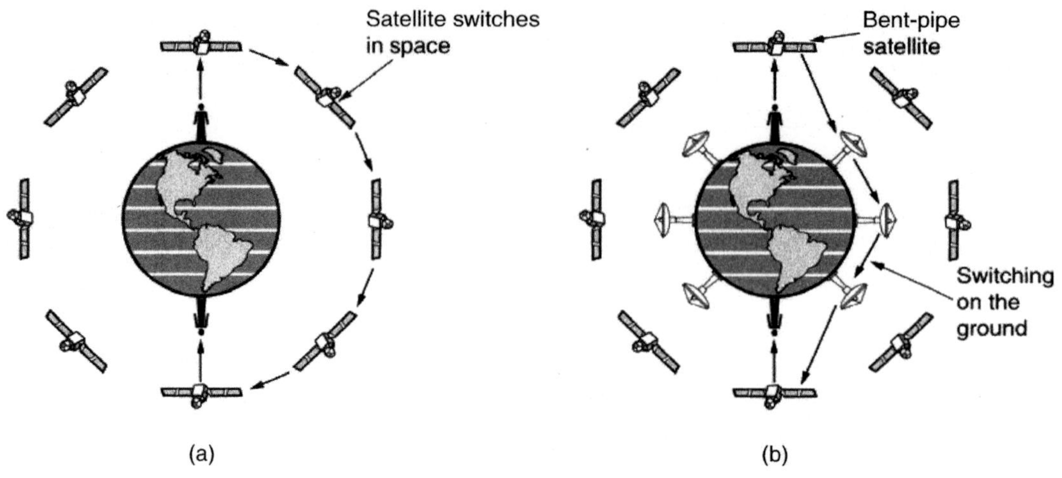

그림 2-19 (a) 우주에서의 중계 (b) 지상에서의 중계

위성은 1년에 20개 정도로 지속적으로 발사되어 왔으며 그중에는 5,000kg을 넘는 거대한 것도 있다. 그러나 예산의 제한을 받는 기관들의 아주 작은 위성들도 있다. 우주연구를 보다 용이하게 하기 위하여, Cal Poly나 스탠포드 대학이 공동으로 초소형 위성과 발사대에 대한 표준을 1999년에 정의하였는데 이것은 위성발사 비용을 크게 줄였다(Nugent, 2008). CubeSat은 10cm x 10cm x 10cm 크기의 위성으로 무게는 1kg이며 최저 $40,000의 비용으로 발사 가능하다. 발사대는 상업 우주 임무에서 보조 화물로 실려 가는데 기본적으로 3대의 cubest을 실은 튜브로 궤도에 진입시킬 때 스프링을 사용한다. 20여 대의 cubesat이 현재 발사되었으며, 더 많은 유닛이 준비 중이다. 이것들은 지상의 관제소와 UHF와 VHF대역에서 통신한다.

2.4.4 위성 대 광케이블

위성통신과 지상통신을 비교하는 것은 다분히 교육적인 목적에서이다. 바로 25년 전에 통신 위성들로 뒤덮인 통신 환경의 미래를 보여주는 것이 한 예일 것이다. 어찌되었건 결국 지난 100년 동안 전화시스템은 거의 변하지 않았고, 앞으로 100년 내에도 변할 징조는 보이지 않는다. 전화회사들이 적당한 가격에 음성서비스를 제공할 수 있고, 투자에 대한 이윤을 보장하는 규제 환경 속에서 이 냉담한 움직임이 만들어졌다. 데이터를 전송하려는 사람들을 위해서는 1,200bps의 모뎀이 사용되었을 뿐이었다. 그것들이 그때 존재했던 모든 것이었다.

미국에서 1984년, 유럽에서 조금 더 늦게 경쟁체제가 도입되고 나서 모든 것이 근본적으로 바뀌었다. 전화회사들은 장거리(long-haul) 네트워크를 광케이블로 교체하기 시작했고 ADSL(Asymmetric Digital Subscriber Line)과 같은 광대역 서비스를 처음으로 내놓았다. 또한 그들은 지역 서비스에 대해서 보조금을 얻기 위해 장거리 사용자들에게 관습적으로 부과해왔던 지나치게 높은 요금을 물리지도 않았다.

뜻밖에 지상의 광케이블들은 장기적인 관점에서 성공한 것처럼 보였다. 그럼에도 불구하고 통신위성은 시장에서 광케이블이 가질 수 없는 위치를 차지한다. 이제 이점들에 대해서 살펴보도록 하자.

첫 번째로, 빠른 설치가 필요할 때 위성은 쉬운 선택이 된다. 빠른 응답은 전시에 군용통신의 목적이나 평화 시 재난구호의 목적에 적합하다. 예를 들어 2004년의 거대 규모의 수마트라 지진과 해일이 일어났을 때, 통신위성은 24시간 내에 사용 가능하도록 했다. 이런 빠른 반응은 IntelSat 같은 50대가 넘는 위성을 갖춘 대형 위성 서비스 공급자가 이미 발전되어 있었기 때문에 필요한 어디든 용량을 대여할 수 있었기 때문이다. 기존의 위성 네트워크에 가입된 사용자는 VSAT를 통하여 세계 어디든지 수 mega bits/sec 속도의 링크를 재빨리 셋업할 수 있다.

두 번째로, 지상 인프라 구축이 미비한 지역에서 통신을 하기 위해서 사용할 수 있다. 오늘 날 사람들은 어디든 가는 곳마다 통신을 사용하고 싶어 한다. 이동전화망은 인구밀도가 높은 지역들을 잘 커버하지만 바다나 사막에서는 제대로 동작하지 않는다. 역으로 이리듐은 지구 어디서나, 심지어 남극에서도 음성전화를 제공한다. 지상 장비들은 지형이나 경로에 따라 매우 비쌀 수도 있다. 예를 들면, 인도네시아는 국내 전화 트래픽용 위성을 가지고 있다. 13,677개의 섬으로 된 군도를 수천 개의 해저케이블로 연결하는 것보다 위성 하나를 발사하는 것이 더 저렴하다.

세 번째는 방송이 꼭 필요한 경우다. 위성에서 송출되는 하나의 메시지는 수천 개의 지상국에서 동시에 수신할 수 있다. 이런 이유로 네트워크 TV방송을 지역방송국에 분배하는 데 위성이 사용된다. 지금은 위성수신기를 가정이나 차에 설치한 사용자들에게 라디오나 디지털 TV를 위성으로 방송하는 큰 시장이 형성되어 있다. 모든 종류의 콘텐츠가 방송 가능하다. 예를 들어 주식, 채권, 물가의 동향을 수천 명의 딜러들에게 전송하는 기관은 지상에서 방송을 흉내 내는 것보다 위성시스템을 훨씬 더 저렴하게 이용할 수 있을 것이다.

요약하자면, 셀룰러 통신과 조합된 지상광케이블이 미래의 주 통신방법이 될 것이지만 어떤 특별한 용도를 위해서는 위성이 더 낫다. 하지만 이 모든 것에 적용될 하나의 주의사항은 경제성이다. 광케이블이 보다 광대역을 제공할 수 있다 하더라도, 지상통신과 위성통신이 가격 면에서 치열하게 경쟁할 가능성은 충분하다. 만약 기술발전이 위성을 발사하는 데 드는 비용을 획기적으로 줄이거나 저궤도 위성이 대중화한다면 모든 시장에서 광케이블이 성공하리라고 보장할 수 없을 것이다.

2.5 디지털 변조와 다중화

지금까지 유무선 채널의 특성에 대해 공부하였지만, 이제 디지털 정보를 보내는 문제에 관심을 돌려보자. 유선과 무선채널은 연속적으로 변하는 전압이나 빛의 세기나 소리의 크기 등의 아날로그 신호를 전달한다. 디지털 정보를 전송하기 위하서는 아날로그 신호로 bits를 표현하는 방안이 필요하다.

비트를 그것을 나타내는 신호로 상호 변환하는 과정을 디지털 변조라고 한다.

우리는 비트를 신호로 직접 변환하는 방법부터 출발한다. 이런 방법을 기저대역(Baseband) 전송이라고 하는데, 여기서는 신호의 주파수가 0에서 신호율에 해당하는 주파수까지의 대역을 차지하게 된다. 이것은 유선의 경우 일반적이다. 다음에는 우리는 반송파신호의 진폭, 위상, 주파수로 비트를 전달하는 방법을 공부한다. 이것을 통과대역(Passband) 전송이라고 하는데, 여기서는 신호가 반송파 주파수 전후의 일부 대역을 차지하게 된다. 이는 무선이나 광채널에서 일반적인데 신호는 특정주파수 대역에만 존재하게 된다.

채널은 때때로 많은 신호들이 서로 공유하게 된다. 결국 여러 신호가 하나의 선로를 사용하는 것이 모든 신호에 대해서 선로를 각각 설치하는 것 보다 편리하다. 이런 방법의 공유를 다중화(Multiplexing)이라고 한다. 이것은 몇가지 다양한 방법으로 구현된다. 우리는 시간, 주파수, 부호를 나누는 다중화에 대해서 살펴볼 것이다.

이 절에서 설명하는 변조와 자동화 기술은 유선, 광, 지상파, 위성채널에서 폭넓게 사용된다. 이후 절에서는 실제 사용되는 예들을 살펴보기로 한다.

2.5.1 기저 대역 전송(Baseband Transmission)

가장 단순한 디지털 변조방식은 양의 전압으로 1을 표현하고 음의 전압으로 0을 표현하는 것이다. 광섬유에서는 빛의 존재가 1을 나타내고 빛의 부재가 0을 나타낸다. 이런 방법을 NRZ(Non-Return-to-Zero)라고 한다. 이런 이상한 이름은 역사적인 이유가 있는데 신호가 데이터를 따른다는 단순한 의미를 가지고 있다. 예가 그림 2-20(b)에 표시되어 있다.

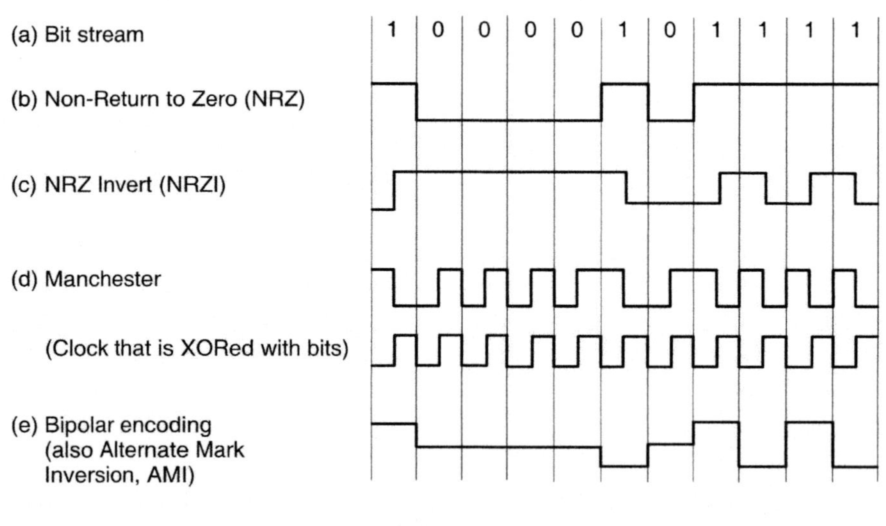

그림 2-20

일단 전송이 되면, NRZ신호는 선을 따라 전달된다. 반대쪽에서는 수신기가 신호를 주기적으로 샘플링하여 비트로 변화한다. 수신신호는 송신신호와 정확히 닮지는 않는다. 이것은 채널에 의해서 감쇄되고 수신기의 잡음에 의해서 왜곡된다. 비트를 복호하기 위해서 수신기는 신호의 샘플을 가장 유사한 심벌로 변환한다. NRZ에서는 1을 전송하기 위해서 양의 전압을 취하고 0을 전송하기 위해서는 음의 전압을 전송한다.

NRZ는 단순하기 때문에 논의를 시작하기는 좋으나 실제 잘 사용되지는 않는다. 좀 더 복잡한 방법들은 공학적인 요구를 더 잘 만족시키는 쪽으로 비트를 신호로 변환한다. 이런 방법들은 라인코드(Line codes)라고 부른다. 아래에 효율적 대역사용, 클럭 복구와 DC 밸런스를 도와주는 라인코드들을 설명한다.

대역 효율성(Bandwidth Efficiency)

NRZ에서는 신호가 양의 값과 음의 값 사이를 최대 2비트마다(0,1을 반복하는 경우에) 왔다 갔다 할 수 있다. 이것은 비트 레이트가 Bbits/sec일 때 적어도 B/2 Hz의 대역폭이 필요하다는 것을 의미한다. 이런 관계는 Nyquist 레이트(식 2-2)로부터 유래된다. 이것은 본질적인 제한으로 더 많은 대역폭을 사용하지 않는 한 NRZ를 더 빨리 돌릴 수는 없다. 대역폭은 유선에서조차 대개 매우 제한적인 자원으로 고주파 신호의 경우 더 많이 감쇄가 일어나며, 따라서 이용도가 떨어지며 더 빠른 전자부품을 필요로 한다.

제한된 대역폭을 보다 효율적으로 사용하는 하나의 전략은 두 개 이상의 신호레벨을 사용하는 것이다. 예를 들어 네 개의 전압을 사용함으로서 2비트를 하나의 심벌로 한 번에 보낼 수 있다. 이런 방법은 수신기에서 수신한 신호가 네 개의 레벨을 구분할 만큼 충분한 세기를 가지고 있다면 잘 동작한다. 신호가 비트율보다 반의 속도로 움직이기 때문에 요구되는 대역폭도 줄일 수가 있다.

우리는 신호가 움직이는 속도를 비트율과 구분하기 위해서 심벌 레이트(Symbol Rate)라고 부른다. 비트 레이트는 심벌 레이트를 심벌당 비트수로 곱한 값이 된다. 특히 전화망에서 디지털 데이터를 전화모뎀을 통해 전송하는 의미에서의 심벌 레이트의 이전 이름은 보 레이트(Baud Rate)이다. 어떤 책에서는 비트 레이트와 보 레이트가 부정확하게 사용되기도 한다.

신호 레벨의 개수가 반드시 2의 승수일 필요는 없다. 에러에 대한 보호나 리시버의 구조를 단순히 하기 위한 목적으로 그렇지 않은 경우가 자주 있다.

클럭 복구(Clock Recovery)

비트를 심벌로 부호화하는 모든 방법에서, 수신기는 정확히 비트를 복구하기 위하여 언제 한 심벌이 끝나고 다음 심벌이 시작되는지를 반드시 알아야 한다. NRZ에서는 심벌이 단순 전압이기 때문에 0이나 1이 계속 반복되면 신호는 변하지 않는다. 좀 지나면 정확한 클럭 없이는 15개의 0이나 16개의 0이 별 차이가 없어서 각각의 비트를 구분해내기가 어려워진다.

정확한 클럭은 이런 문제해결에 도움을 주는데 상용제품을 위해서는 너무 비싼 해결책이 될 수도 있다. 우리가 수 megabits/sec속도의 링크에서 비트의 타이밍을 이야기한다는 것을 생각해 보면, 가장 긴 길이에서도 수 microsecond 정도의 오차만 허용된다. 이것은 느린 속도의 링크나 짧은 메시지에서는 가능할지 몰라도 일반적인 모든 경우에 적용되지는 않는다.

또 하나의 방법은 수신기에 분리된 클럭 신호를 따로 보내는 것이다. 분리된 클럭 라인은 컴퓨터 버스나 짧은 케이블같이 병행 라인이 많은 데서는 큰 문제가 되지 않으나 통신 네트워크 라인에서는 데이터를 보낼 수 있는 라인에 클럭을 보내는 것은 낭비가 된다. 영리한 방법은 데이터와 클럭 신호를 XOR을 통하여 같은 라인에서 보냄으로서 추가의 라인의 필요성을 제거하는 것이다. 그 결과는 그림 2-20(d)에 표현되어 있다. 클럭은 매 비트마다 클럭이 전송되며 비트율의 2배가 된다. 0과 XOR된 경우는 저→고의 전환이 된다. 전송되는 값은 논리적으로 0이 된다. 1과 XOR된 경우는 반전이 되어 고→저의 전환이 된다. 이 전환은 논리적으로 1이 된다. 이런 방법을 맨체스터 부호(Manchester encoding)이라고 하며 초기 이더넷(Ethernet)에 사용되었다.

맨체스터 부호의 단점은 NRZ에 비해서 2배의 대역폭을 요구한다는 점이며 대역폭은 대개 중요한 문제이다. 다른 방법은 데이터를 인코딩할 때 신호에 충분한 전환이 이루어지도록 해야 한다는 아이디어에 근거한다. NRZ를 보면 0이나 1이 길게 반복될 때 문제가 발생한다. 만약 자주 전환이 이루어진다면 수신기가 입력되는 심벌의 연속에서 싱크를 유지하기가 용이해진다.

바른 방향으로 전개해보면, 1을 부호화하는 것은 전환으로 0은 무전환으로 부호화하는 것으로 간략화할 수 있다. 이런 방법을 NRZI(Non-Return-to-Zero Inverted)라고 부르며 NRZ의 변형이다. 한 예를 그림 2-20(c)에 표현해 두었다. 컴퓨터 주변기기에서 널리 쓰이는 USB(Universal Serial Bus) 표준에서 이 방식이 사용된다. 이 방법으로는 길게 반복되는 1은 문제가 안 된다.

물론 길게 반복되는 0은 아직도 문제가 되며 이 문제를 풀어야 한다. 만약 우리가 전화회사라면, 길게 반복되는 0을 보내지 말라고 간단히 요구할 수도 있다. 미국에서 오래 쓰인 디지털 전화선인 T1 라인의 경우 실제로 연속되는 15개 이상의 0을 보내지 못하도록 요구하기도 했다. 정말로 이 문제를 해결하고 싶다면 연속된 0을 작은 그룹으로 나누어 전송함으로써 너무 많은 0이 연속되는 것을 방지할 수도 있다.

이런 방식을 택한 널리 알려진 방법은 4B/5B라고 불린다. 매 4비트는 미리 정해진 5비트 패턴으로 매핑이 된다. 5비트 패턴은 세 개를 초과하는 0의 반복이 없도록 만들어진다. 이 매핑은 그림 2-21과 같다. 이 방법은 25%의 오버헤드가 필요한데 이는 맨체스터 부호화의 100% 인코딩보다 훨씬 낫다. 16개의 입력 패턴과 32개의 출력 패턴의 조합이 있기 때문에 어떤 출력 패턴은 사용되지 않는다. 너무 많은 0이 반복되는 조합을 차치하고라도 몇몇 부호가 남게 된다. 보너스로 이런 데이터무관 코드들을 물리 계층의 제어신호로 사용할 수도 있다. 예를 들어 “11111”을 idle line으로 “11000”을 프레임의 시작으로 사용할 수 있다.

Data (4B)	Codeword (5B)	Data (4B)	Codeword (5B)
0000	11110	1000	10010
0001	01001	1001	10011
0010	10100	1010	10110
0011	10101	1011	10111
0100	01010	1100	11010
0101	01011	1101	11011
0110	01110	1110	11100
0111	01111	1111	11101

그림 2-21 4B/5B 매핑

대체방법으로 데이터를 랜덤하게 보이도록 할 수도 있는데 이것을 스크램블링(Scrambling)이라고 한다. 이렇게 하면 자주 전환이 이루어지게 된다. 스크램블러는 데이터를 전송되기 전에 Pseudorandom 비트열과 XOR를 함으로서 이루어진다. 이런 혼합화는 데이터를 의사난수 시퀀스와 동일한 수준으로 랜덤하게 만든다. 수신기는 들어오는 비트들을 똑같은 의사난수 시퀀스로 XOR함으로서 실제 데이터를 복구해 낸다. 이런 방법을 실현하기 위해서는 의사난수 시퀀스가 쉽게 만들 수 있어야 한다. 대개는 간단한 난수 발생기에 시드 넘버를 제공함으로서 이루어진다.

스크램블링은 추가 대역폭이나 시간적인 오버헤드가 필요치 않기 때문에 매력적이다. 사실 스크램블링은 특정 주파수에 에너지가 집중되어(반복적인 데이터 패턴에 의해서) 전자기적 간섭을 일으키지 않도록 신호를 조절하는 데 도움을 준다. 랜덤 신호는 백색의 성향, 즉 전 주파수 영역에 에너지가 분산되도록 하기 때문에 이런 점에서 도움이 된다.

그러나 스크램블링은 긴 반복패턴을 완전히 제거하는 것은 아니다. 가끔 불운이 닥칠 수도 있다. 만약 데이터가 의사난수 시퀀스와 일치한다면 XOR의 결과는 모두 0이 된다. 이런 일은 예측하기 힘든 매우 긴 의사난수 시퀀스에서는 잘 일어나기 힘들다. 그러나 짧거나 예측 가능한 시퀀스의 경우 악의를 가진 사용자가 링크를 망치기 위해 스크램블링 후의 결과를 긴 0으로 만들 수도 있다. 전화망에서 IP 패킷을 보내는 SONET 표준의 초기 버전에서 이런 문제가 발생하였다(Malis와 Simpson, 1999). 사용자들이 확실히 문제를 일으킬 수 있는 어떤 "킬러 패턴"을 보내는 것이 가능하였다.

균형 신호(Balanced Signal)

짧은 시구간 동안 양의 전압과 음의 전압을 비슷하게 가지는 신호를 균형신호(Balanced Signal)이라고 한다. 이런 신호는 평균이 0으로 가는데 이것은 DC성분이 없다는 것을 의미한다. DC성분이 없다는 것은 동축 케이블이거나 변압기를 가진 라인 등 물리적 특성상 DC성분을 크게 감쇄시키는 매체에서는 큰 장점을 가진다. 또 수신기를 채널에 연결하는 방법 중 Capacity coupling이라는 방법이 있는데 이것은 신호의 AC성분만 전달한다. 어떤 경우이거나 신호의 평균이 0이 아닌 신호를 보내게 되면

DC성분이 여과됨으로서 에너지를 낭비하게 된다.

균형은 음양이 골고루 존재하게 됨으로서 클럭 복구를 위한 전환에도 도움을 준다. 또한 수신기가 심벌을 복호화하기 위한 판정기준을 정하기 위해 신호의 평균을 측정하여 이용하는 쉬운 방법을 제공해 주기도 한다. 불균형 신호로는 평균이 1의 값의 밀도에 따라 실제 판정기준에서 어긋나는 경우가 많아서 심벌 복호에서 오류를 만들어 내기도 한다.

균형 코드를 만드는 가장 직접적인 방법은 논리적으로 1을 표현하는데 두 가지의 전압을 사용하고(예를 들어 +1V 와 -1V) 논리적 0을 표현하는데 0V를 사용하는 것이다. 1을 보내기 위해서는 송신기는 +1V와 -1V를 교대로 보냄으로서 평균이 항상 0이 되도록 한다. 이런 방법을 Bipolar Encoding이라고 한다. 전화망에서는 AMI(Altermated Mark Inversion)이라고 부르는데, 예전에 1을 “mark”로 0을 “Space”로 불렀던 이유에서 만들어진 이름이다. 예는 그림 2-20(e)에 표현되어 있다.

바이폴라 인코딩은 균형을 만들어내기 위해 전압 레벨을 하나 추가한 것이다. 다른 방법으로 4B/5B 매핑 방식 같은 것을 균형을 만들어내는 용도로 사용할 수도 있다(클럭 복구와 더불어서). 이런 균형코드의 예로서는 8B/10B 라인 코드가 있다. 이것은 8bit 입력과 10bit추력을 매핑하는데 결과적으로 80%의 효율을 가지고 있으며 이는 4B/5B와 같다. 8bit는 5bit, 3bit로 쪼개져 5bit는 6bit로 3bit는 4bit로 매핑된다. 6bit와 4bit 심벌들은 다시 붙게 된다. 각 그룹에서 어떤 입력 패턴들은 0과 1을 동수로 가진 균형 잡힌 출력패턴으로 매핑될 수 있다. 예를 들어 “001”은 “1001”로 매핑이 된다. 그러나 모든 출력패턴이 균형 잡히도록 하는 데는 조합의 수가 부족하다. 이런 경우 입력패턴은 두 개의 출력패턴으로 매핑된다. 예를 들어 “000”은 “1011”과 그것의 보수인 “0100” 두 가지로 매핑된다. 입력 비트가 출력비트로 매핑되면서 부호기는 이전 심벌로부터의 격차를 기억한다. 격차(Disparity)란 0과 1의 수의 차이이다. 부호화기는 출력패턴을 격차를 줄이는 방향으로 선택한다. 8B/10B방식을 통하여 격차는 최대 2bits 이내로 유지된다. 따라서 신호는 균형 상태에서 절대로 크게 벗어나는 일이 없다. 또한 5개 이상의 0이나 1이 반복되는 일도 없어서 클럭을 복구하는 데 도움이 된다.

2.5.2 통과대역 전송(Passband Transmission)

보통 우리는 채널에서 정보를 전송하기 위해서 0에서 시작하지 않는 어떤 영역의 주파수대역을 사용하게 된다. 무선채널에서는 안테나의 크기가 신호의 파장의 몇 분의 몇 수준을 요구하기 때문에 아주 낮은 저주파에서 전송을 하는 것은 현실적이지 않다. 어떤 경우건 규제의 제한이나 간섭을 피하기 위해서는 주파수대역을 마음대로 선택할 수는 없다. 유선에서조차, 신호를 특정밴드에 잘 위치하도록 하는 것은 여러 신호들이 채널을 공유하기 위해서 꼭 필요한 일이다. 이런 종류의 전송을 통과대역 전송이라고 하는데 임의의 주파수 대역을 신호를 통과시키기 위해서 사용하기 때문에 붙여진 이름이다.

다행히 이 장의 시작부분에서의 본질적인 결과들은 주파수 대역의 폭에 의해서만 결정된다. 절대적인 주파수의 값은 용량의 문제에서는 아무 영향이 없다. 이것은 우리가 0에서 BHz에 위치한 통과대역

신호를 S에서 S+BHz의 대역으로 전이하더라도 신호의 형태는 달라질 수 있지만, 전송할 수 있는 정보의 양은 본질적으로 변화가 없다는 뜻이다. 수신기에서 신호를 처리하기 위해서는 다시 기저대역으로 옮겨서 심벌들을 용이하게 파악할 수 있다.

디지털 변복조는 통과대역에 위치한 캐리어 신호를 규정하고 변조함으로서 통과대역전송을 행할 수 있다. 우리는 정보를 전달하기 위해서 진폭, 주파수, 또는 위상이 변조될 수 있다. 각각의 방법은 해당하는 이름을 가지고 있다. ASK(Amplitude Shift Keying)에서는 0과 1을 나타내기 위해서 두 가지 진폭을 사용한다. nonzero와 zero를 사용하는 예가 그림 2-22(b)에 나타나 있다. 두 개 이상의 레벨을 사용하여 더 많은 심벌을 표현할 수도 있다. 유사하게, FSK(Frequency Shift Keying)으로 알려진 방식은 두 가지 이상의 톤을 사용한다. 그림 2-21(c)의 예는 두 가지 주파수만 사용한다. 가장 단순한 형태의 **PSK**(phase shift Keying) 방식은 정해진 시간 간격으로 0이나 180도 위상을 바꾸는 것이다. 두 개의 위상이 있는 경우를 BPSK(Binary Phase Shift Keying)이라고 한나. "Binary"란 두 개의 심벌을 이야기하는 것이며, 심벌이 2bit를 표현한다는 뜻은 아니다. 그 예가 2-22(c)에 나타나 있다. 좀 더 나은 방식은 하나의 시간 간격에 2비트의 정보를 전송할 수 있게 위상을 45, 135, 225, 315도씩 바꾸는 것이다. 이런 방식을 QPSK(Quadrature Phase Shift Keying)이라고 한다.

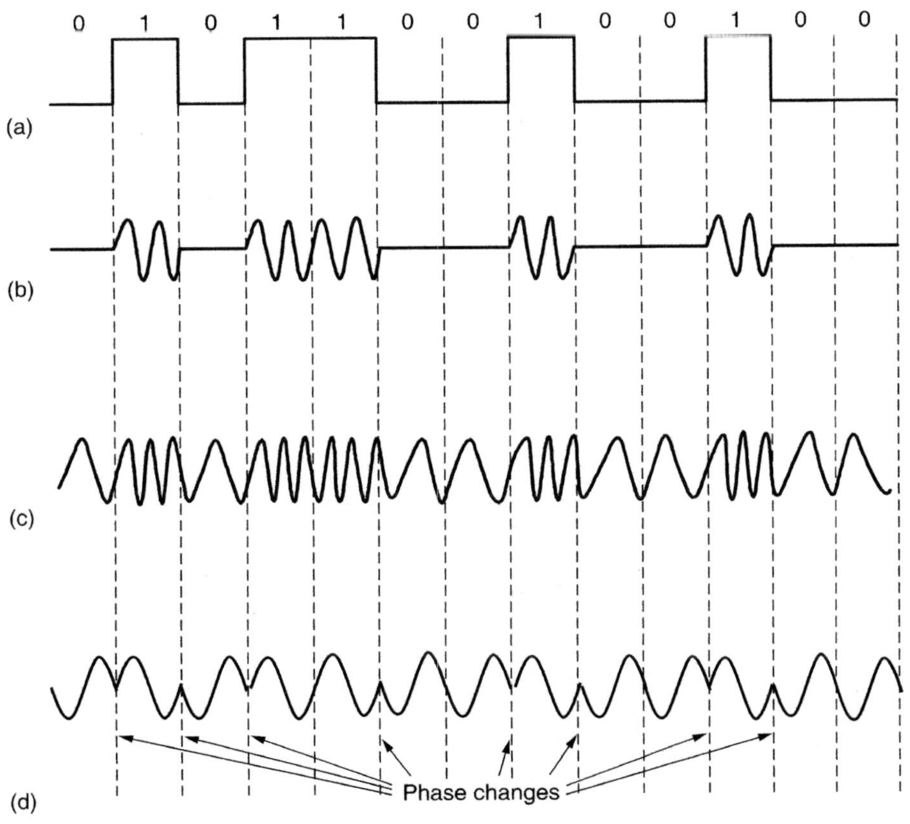

그림 2-22 (a) 이진신호 (b) 진폭변조 (c) 주파수 변조 (d) 위상 변조

우리는 이런 방식들과 더 많은 레벨을 사용하여 심벌 당 더 많은 비트를 전송하도록 할 수 있다. 한 번에 주파수나 위상 중 하나만을 변조할 수 있는데 주파수가 위상의 시간당 변화율을 나타내기 때문에 서로 연관되어 있기 때문이다. 보통 진폭과 위상이 결합되어 변조에 사용된다. 세 가지의 예가 그림 2-23에 있다. 각각의 예에서 점들은 각 심벌들이 가질 수 있는 규정된 진폭과 위상의 조합을 나타낸다.

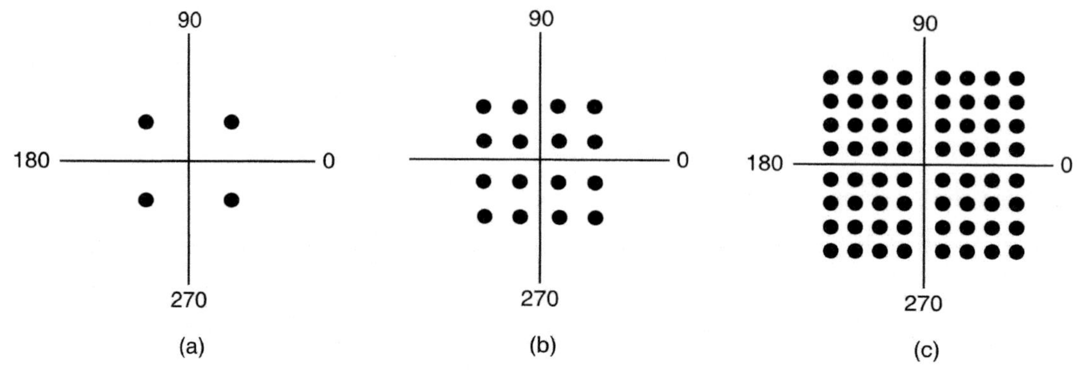

그림 2-23 (a) QPSK (b) QAM-16 (c) QAM-64

그림 2-23(a)에서 동일한 진폭을 가진 45, 135, 225, 315도 위치에 점을 표시했다. 점의 위상은 양의 X축으로부터 점과 원점을 이은 선의 각으로 표시된다. 점의 진폭은 원점까지의 거리가 된다. 이것이 QPSK이다. 이런 그림을 신호격자도(constellation diagram)라고 한다. 그림 2-23(b)는 더 조밀한 변조 방법을 나타낸다. 4개의 진폭과 4개의 위상이 사용되어 16개의 조합이 가능한 변조방법으로 심벌당 4비트를 전송할 수 있다. 이것을 QAM-16(Quadrature Amplitude Modulation)이라고 부른다. 때때로 16-QAM이라고 부르기도 한다.

그림 2-23(c)는 더 조밀한 방식을 보여주는데 64개의 조합이 가능하고, 심벌당 6비트를 전송할 수 있으며, QAM-64라고 부른다. 더 큰 차수의 QAM도 사용될 수 있다. 이런 격자도로부터 추정할 수 있듯이, 각 축에서의 값들의 조합으로 심벌을 만드는 회로가 진폭과 위상의 조합으로 심벌을 만드는 회로보다 제작하기가 쉽다. 이것이 왜 패턴들이 동심원 모양이 아니라 사각형 모양으로 주로 이루어져 있는지 그 이유가 된다.

지금까지 본 격자도들은 어떻게 비트가 심벌에 할당되는지를 보여주지는 않는다. 이런 할당을 할 때 중요한 것은 잡음의 연속이 많은 비트 오류로 이어지지 않도록 하는 것이다. 이것은 우리가 연속된 비트를 연속된 심벌에 배치할 때 일어날 수 있다. 예를 들어 QAM-16에서는 하나의 심벌이 0111일 때 인접한 심벌이 1000이 되면 하나의 심벌 에러가 많은 비트의 에러로 이어질 수가 있다. 더 나은 방법은 인접한 심벌들이 1bit씩만 다르게 배치하는 방법이다. 이런 매핑을 Gray Code라고 부른다. 그림 2-24는 그레이 부호화된 QAM-16의 격자도를 보여준다. 여기서는 심벌 하나를 잘못 복호하더라도 1bit의 오류로 제한이 된다.

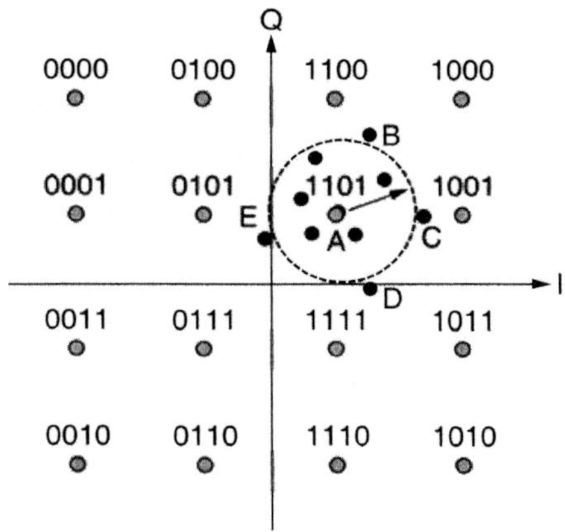

When 1101 is sent:

Point	Decodes as	Bit errors
A	1101	0
B	1100	1
C	1001	1
D	1111	1
E	0101	1

그림 2-24 Gray Coded QAM-16

2.5.3 주파수 분할 다중화(Frequency Division Multiplexing)

지금까지 이야기한 변복조 시스템은 유무선 링크에서 비트를 전달하기 위한 한 심벌을 보내는 방법을 이야기하였다. 그러나 규모의 경제는 네트워크 사용에서 중요한 역할을 한다. 두 교환국을 연결하는데 광대역 중계선을 설치하고 관리하는 것은 협대역 중계선으로 설치하는 것과 본질적으로 같은 정도의 비용이 소요된다(왜냐하면 대부분의 비용이 구리선이나 광섬유에서 나오는 것이 아니라, 땅을 파는 데서 소요되기 때문이다). 그 결과 하나의 물리적인 중계선에 많은 통화들을 다중화하는 방법들을 개발했다.

FDM(Frequency Division Multiplexing)은 통과대역 전송을 이용한다. 이것은 스펙트럼을 여러 개의 주파수 대역으로 구분하며 각 사용자들이 어떤 대역을 그들의 신호를 보내기 위하여 독점적으로 사용한다. AM 라디오 방송은 FDM을 잘 설명한다. 할당된 대역폭은 대략 500~1,500kHz로 약 1MHz이다. 다른 주파수대가 각각 대역의 다른 부분에서 동작하면서 서로 간섭하지 않도록 충분히 떨어져 있는 서로 다른 논리 채널(스테이션)에 할당된다.

더 자세한 예로서, 2-25은 **FDM**(Frequency Division Multiplexing, 주파수분할 다중화)을 사용해서 다중화되는 3개의 음성급 전화 채널을 보여준다. 필터는 사용 가능한 음성급 채널당 약 3,100Hz로 제한한다. 많은 채널들이 함께 다중화 될 때는 잘 분리되게 하기 위해서 채널당 4,000Hz를 할당한다. 넘치는 부분은 보호대역(Guard Band)라고 불린다. 이것은 채널들이 잘 분리될 수 있도록 도와준다. 먼저 음성채널의 주파수가 각각 다른 양으로 증가한다.

이제 어떤 두 채널도 대역의 같은 부분을 차지하지 않기 때문에 합쳐질 수 있다. 필터의 가장자리가 날카롭지 않기 때문에 채널 사이에 간격(보호대역)이 있다 하더라도 인접한 채널 간에는 어느 정도의 겹침이 생기는 데 주목하라. 이 겹침은 인접한 채널에서 볼 때 한 채널의 가장자리에서 열잡음이 아닌 강한 스파이크가 생기는 것처럼 보인다.

이런 방법은 전화망에서 콜들을 다중화하는 데 널리 사용되어 왔는데, 지금은 시간축에서 다중화방법이 더 선호된다. 그러나 FDM은 계속해서 전화망, 셀룰러, 지상이나 위성 무선망에서 세분화되어 사용되고 있다.

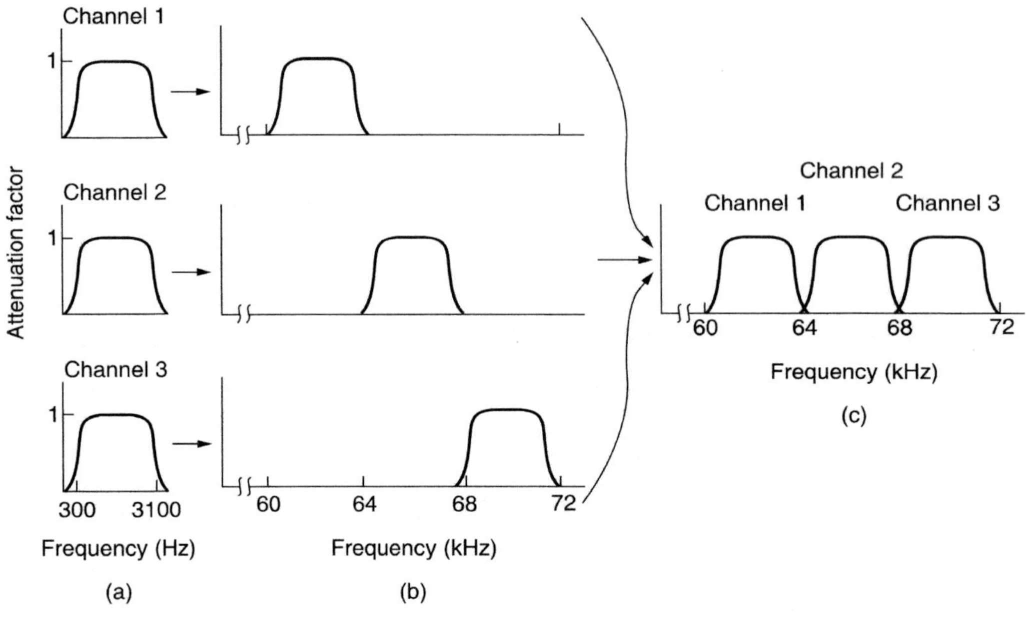

그림 2-25 주파수 분할 다중화 (a) 초기 대역 (b) 주파수에서 증가된 대역 (c) 다중화된 채널

디지털 데이터를 전송할 때 보호대역 없이도 스펙트럼을 효과적으로 분리하는 것이 가능하다. OFDM(Orthogonal Frequency Division Multiplexing)에서는 채널의 대역폭이 독립적으로 전송하는 많은 부반송파(sub carrier)들로 나누어진다. 부반송파들은 주파수 도메인에서 빽빽하게 모여져 있다. 따라서 각 부반송파로부터의 신호는 인접 부반송파로 넘치게 된다. 그러나 그림 2-26에서 보이듯이 각 부반송파의 주파수 응답은 인접 부반송파의 중심에서는 0이 되도록 설계되어 있다.

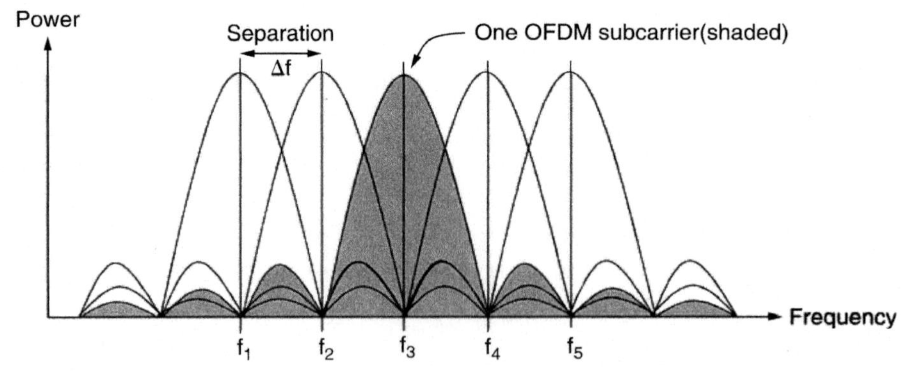

그림 2-26 직교 주파수 분할 다중화(OFDM)

이런 부반송파는 중심주파수에서 이웃 부반송파로부터의 간섭 없이 샘플링될 수 있다. 이런 방법이 작동하기 위해서, 시간축에서의 심벌 신호의 일부를 반복하는 보호 시간이 필요하다. 그러나 이런 오버헤드는 보호대역에 비해서는 훨씬 적은 양이다.

OFDM의 아이디어는 오랫동안 존재해 왔으나 최근에 와서야 OFDM의 효율적 구현이 모든 부반송파에서의 디지털 데이터를(각각의 부반송파의 데이터를 변조하는 대신) 푸리에 변환 방법으로 가능해지고 나서 널리 채택되었다. OFDM은 802.11, 케이블 네트워크, 전력선 네트워크 등에 사용되며 4세대 이동통신에서의 사용도 계획되어 있다. 대체로 고속의 하나의 스트림이 저속의 다수의 스트림으로 나뉘어 여러 개의 부반송파에서 병렬로 전송된다. 이런 나눔은 부반송파 수준에서 채널의 열화를 극복하기가 더 쉽기 때문에 매우 가치가 있다. 어떤 부반송파는 열화가 되더라도 잘 수신된 다른 부반송파가 있다면 별 문제가 없다.

2.5.4 시간 분할 다중화(Time Division Multplexing)

FDM을 대체할 수 있는 방법은 TDM이다. TDM에서 사용자들은 차례에 따라서(라운드로빈[round-robin] 방법에 따라서) 주기적으로 각자가 작은 연속된 시간 동안 전체 대역폭을 가지게 된다. 세 개의 스트림이 TDM방식으로 다중화되는 예가 그림 2-27에 나타나 있다. 각 입력 스트림의 비트들은 고정된 타임 슬롯에 배정되고 합해진 출력 스트림으로 나가게 된다. 출력 스트림은 각각의 입력 스트림의 속도의 합으로 동작한다. 이것이 가능하기 위해서는 스트림들은 시간축으로 잘 동기화되어야 한다. 주파수에서의 보호대역과 유사한 작은 보호시간(Guard time)은 작은 타이밍 변화를 잘 수용할 수 있다.

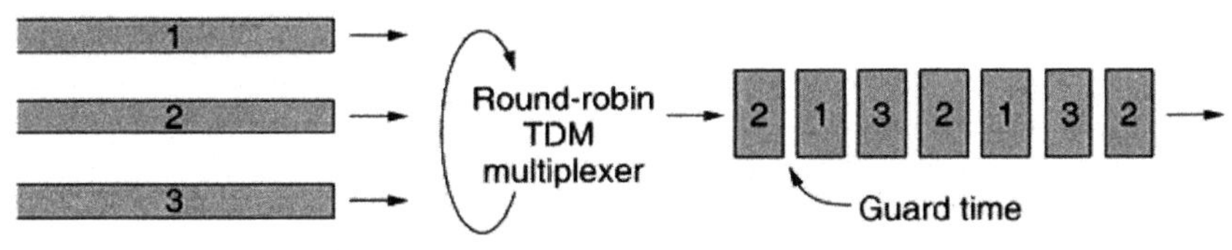

그림 2-27 시간 분할 다중화 : Time Division Multiplexing(TDM)

TDM은 전화나 셀룰러망에서 널리 사용된다. 논란이 될 소지를 피하기 위하여 이것은 STDM(Statistical Time Division Multiplexing)과는 매우 다름을 명심하라. “Statistical”이라는 접두어는 각각의 스트림이 혼화된 스트림에 고정된 스케줄로 더해지지 않음을 의미하며, 각각의 필요한 양의 통계에 따르는 것이다. STDM은 패킷 스위칭의 다른 이름이다.

2.5.5 코드 분할 다중화(Code Division Multiplexing)

제3의 다중화 방식은 FDM이나 TDM과는 전혀 다른 방식으로 동작한다. CDM(Code Division Multiplexing)은 협대역 신호가 더 넓은 대역폭에 확산되어 전송되는 확산 대역 통신의 형태로 이루어진다. 이것은 간섭에 대해 포용적으로 만들어주며, 여러 사용자들의 여러 신호들이 같은 주파수 대역에 공존하도록 만들어준다. CDM이 주로 후자의 목적에 사용되기 때문에 보통 CDMA(Code Division Multiple Access)라고 불린다.

CDMA는 각각의 단말이 전체 시간 내내 전체의 주파수 스펙트럼에 거쳐 전송된다. 동시에 여러 개가 전송되면 코드 이론에 의해 분리된다. CDMA는 충돌된 프레임은 완전히 왜곡된다는 가정을 무력화시킨다. 대신에 CDMA는 다중 신호가 선형적으로 가중된다고 가정한다.

알고리즘에 진입하기 전에 유사성을 고려해 보자. 공항 라운지에 여러 쌍의 사람들이 대화하고 있다고 하자. TDM은 방 안에 있는 사람으로서 발언 순서를 받은 사람들과 비유된다. FDM은 넓게 분리된 수풀에 있는 사람들과 비유된다. 이들 각 수풀은 동시에 각자의 대화를 할 수 있지만, 다른 수풀 그룹과는 여전히 독립적이다. CDMA는 방 안에서 동시에 말하는 사람과 비유된다. 그러나 각 쌍은 다른 언어를 사용한다. 불어로 말하는 커플은 오직 불어만 이해하고, 불어 외의 다른 언어는 잡음으로 거절해버린다. 이렇게 CDMA의 열쇠는 다른 신호는 랜덤 잡음으로 거절하는 한편 원하는 신호만을 추출할 수 있는 것이다. CDMA를 간략하게 설명하면 다음과 같다.

CDMA에서는, 각 비트 시간은 **칩**(chips)으로 불리는 m개의 짧은 간격으로 나누어진다. 전형적으로, 비트당 64개 또는 128개 칩이 있다. 그러나 아래 예에서는 예를 단순화하기 위해 8칩/비트를 이용할 것이다. 각 단말에는 **칩 시퀀스**(chip sequence)라 불리는 유일한 m-비트 부호가 할당된다. 교육적 목적으로 이런 코드들을 -1과 +1의 코드 시퀀스로 쓰는 것이 편리하다. 칩 시퀀스는 괄호 안에 표현할 것이다.

1비트를 전송하기 위해서, 각 단말은 그의 칩 시퀀스를 송신한다. 비트 0을 전송하려면, 단말은 글의 칩 시퀀스의 1의 보수를 송신한다. 다른 어떤 형태도 허락되지 않는다. 이렇게 m=8에 대해서, 만일 단말 A에게 칩 시퀀스 (-1 -1 -1 +1 +1 -1 +1 +1)이 할당되어 있다면, 그 단말은 비트 1을 이 시퀀스로 송신하고 비트 0은 (+1 +1 +1 -1 -1 +1 -1 -1)로 송신한다. 실제로는 전압레벨의 신호가 송신되지만 여기서는 시퀀스로 생각해도 충분하다.

CDMA는 대역 확산 통신 방식을 쓰기 때문에(변조나 부호화 기술은 변함이 없다고 가정하고), 인자 m으로 m배만큼 가용 대역폭을 증가시킨다면, 송신할 정보량을 b비트/초에서 mb칩/초로 증가시킨다. 만일 100개 단말에 대해 1㎒의 가용 대역폭이 있다면, FDM에서는 각 단말은 10㎑의 대역폭이 가능하고 10㎑(1㎐당 1비트로 가정한다면)로 전송이 가능할 것이다. CDMA에서는, 각 단말이 1㎒ 전체를 사용하고 10KHz의 비트율을 채널 전체에 확산시키며 그래서 칩 속도는 비트당 100칩이 된다.

그림 2-28(a)와 (b)는 네 개의 다른 예에 칩 시퀀스를 할당하는 방법을 보여준다. 각 단말은 각각의

유일한 칩 시퀀스를 가지고 있다. 단말 S에 대한 m-칩 벡터를 표현하기 위해서 부호 **S**를 쓰고, 그의 부정을 $\overline{\mathbf{S}}$로 사용하자. 모든 칩 시퀀스는 각 쌍이 **직교성**(orthogonal)을 가지고 있고, 이것은 2개의 다른 칩 시퀀스 **S**와 **T**의 정규화 내적(**S•T**로 표기함)이 0이 됨을 의미한다. 이것은 **왈쉬 코드**(Walsh codes)로 알려진 방법을 이용하여 직교 칩 시퀀스 같은 것을 생성하는 방법으로 알려져 있다. 수학적으로는, 칩 시퀀스의 직교성은 아래와 같이 표현된다.

$$\mathbf{S} \bullet \mathbf{T} \equiv \frac{1}{m}\sum_{i=1}^{m} S_i\, T_i = 0 \tag{2-5}$$

이 직교성 성질은 뒤에서 결정적으로 증명된다. 만일 $\mathbf{S} \bullet \mathbf{T} = 0$이면 $\mathbf{S} \bullet \overline{\mathbf{T}}$도 역시 0이 되는 것에 주목하라. 임의의 칩 시퀀스 자신끼리의 정규화된 내적은 1이다.

$$\mathbf{S} \bullet \mathbf{S} = \frac{1}{m}\sum_{i=1}^{m} S_i S_i = \frac{1}{m}\sum_{i=1}^{m} S_i^2 = \frac{1}{m}\sum_{i=1}^{m} (\pm 1)^2 = 1$$

각각의 m항의 내적이 1이 되기 때문에, 그의 합은 m이 된다. 역시 $\mathbf{S} \bullet \overline{\mathbf{S}} = 1$이 됨을 주목하라.

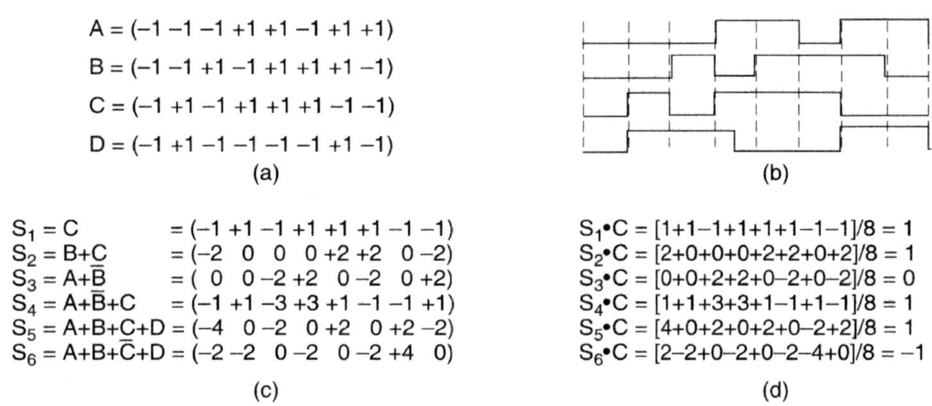

그림 2-28 (a) 4개 단말의 칩 시퀀스 (b) 시퀀스가 나타내는 신호 (c) 6가지 전송 예 (d) 단말 C의 신호 복구

각 비트 시간 동안, 단말의 칩 시퀀스를 전송함으로써 단말은 1을 전송할 수 있고, 칩 시퀀스의 보수값을 전송함으로써 단말은 0을 전송할 수 있다. 또는 단말이 묵음(silent)이 될 수 있고 아무것도 전송하지 않을 수도 있다. 당분간 모든 단말이 시간적으로 동기화되었다고 가정한다. 그래서 모든 칩 시퀀스는 같은 순간에 시작한다.

2개 또는 그 이상의 단말이 동시에 전송할 때 그들의 양극성 신호는 선형적으로 더해진다. 예를 들어 만일 1개의 칩 주기 동안 3개 단말의 출력은 +1이고 1개 단말 출력은 -1이라면, 그 결과는

+2이다. 우리는 이것을 전압의 합으로 생각할 수 있다. +1볼트를 출력하는 3개의 단말과 -1볼트를 출력하는 1개의 단말의 합은 +2볼트가 된다.

그림 2-28(c)에서 1개 또는 여러 개의 단말이 동시에 전송하는 6가지의 예를 볼 수 있다. 첫 번째 예에서는, 단말 *C*가 "1" 비트를 전송하고, 그래서 단순히 *C*의 칩 시퀀스만을 볼 수 있다. 두 번째 예에서는, 단말 *B*와 *C* 모두가 "1" 비트를 전송하고, 그래서 그들의 양극성 칩 시퀀스의 합을 얻을 수 있다.

$$(-1\ -1\ +1\ -1\ +1\ +1\ +1\ -1) + (-1\ +1\ -1\ +1\ +1\ +1\ -1\ -1) = (-2\ 0\ 0\ 0\ +2\ +2\ 0\ -2)$$

개별적인 단말의 비트 열을 복구하려면, 수신기는 단말의 칩 시퀀스를 먼저 알아야 한다. 수신된 칩 시퀀스(전송한 모든 단말의 선형 합)와 복구하려고 하는 비트 열을 가지고 있는 단말의 칩 시퀀스와의 정규화 내적을 계산함으로써 비트 열의 복구는 이루어진다. 만일 수신된 칩 시퀀스가 **S**이고, 수신기가 칩 시퀀스가 **C**인 단말을 수신하려고 한다면, 정규화 내적, **S•C**를 계산하면 바로 얻을 수 있다.

왜 이것이 동작되는가를 알기 위해서, 두 개 단말, *A*와 *C*가 동시에 "1" 비트를 송신하고, B는 "0" 비트를 송신하는 것을 상상하라. 수신기는 그들의 합, $\mathbf{S=A+\overline{B}+C}$,을 알고, 계산한다.

$$S \bullet C = (A+\overline{B}+C) \bullet C = A \bullet C + \overline{B} \bullet C + C \bullet C = 0+0+1=1$$

첫 번째 2개 항은 사라진다. 왜냐하면 식 (2-4)에 보인 것처럼 칩 시퀀스의 모든 쌍이 직교가 되도록 선택되어졌기 때문이다. 이제 비로소 왜 칩 시퀀스에 직교 성질이 필요한지가 분명해진다.

복호화 절차를 좀 더 확실히 하기 위해서, 여섯 개의 예를 그림 2-25(d)에 보였다. 수신기는 S_1부터 S_6까지 6개의 합 중에서 단말 *C*가 송신한 비트를 추출하는 것에 관심이 있다고 가정하자. 그림 2-25(a)의 벡터 **C**와 수신된 **S** 각 쌍의 곱을 합하고, 그 결과를 $\frac{1}{8}$(왜냐하면 여기서 m = 8이므로) 함으로써 비트를 계산한다. 이 예는 C가 조용하거나 1을 보내거나 0을 보내는 경우들을 포함한다. 보인 바와 같이 올바른 비트가 각 시간마다 부호화 된다.

원칙적으로 충분한 연산능력이 있다면, 수신기는 각각에 대한 복호 알고리듬을 병렬로 운용함으로서 모든 송신자를 한꺼번에 수신할 수 있다. 실제로는 그렇게 하기가 쉽지 않기 때문에 누가 전송하는지를 아는 것은 도움이 된다.

이상적으로는 무잡음 CDMA 시스템에서, 용량(단말의 수)은 임의적으로 크게 할 수 있다. 2^n개의 단말의 경우 왈시 코드는 길이가 2^n인 2^n개의 직교 칩 시퀀스를 제공할 수 있다. 그러나 주요한 제한 조건은 우리는 모든 칩이 시간적으로 동기가 맞춰져 있다고 가정한 점이다. 그러나 실제로는 그러한 동기는 셀룰러 같은 시스템에서는(1990년대 이후 널리 사용되어 왔지만) 불가능하다. 이것은 서로 다른 설계로 이어졌다. 나중에 동기 CDMA와 비동기 CDMA가 어떻게 다른지 설명할 것이다.

셀룰러 네트워크뿐만 아니라 CDMA는 위성이나 케이블 네트워크에서도 사용된다. 이 짧은 소개에서 우리는 다양하고 복잡한 팩터들을 살펴보았다. 좀 더 자세한 CDMA의 이해를 원하는 사람들은 Viterbi(1995)나 Lee와 Miller(1998)를 읽어야 한다. 이런 참고문헌들은 통신공학에 대한 상당한 기초 지식이 필요하다.

2.6 공중전화망

한 회사나 단체의 두 컴퓨터가 가까이에 위치해 있고 서로 통신하기를 원한다면, 둘을 케이블로 연결하는 것이 가장 쉬운 방법이다. LAN이 이러한 방법을 사용한다. 하지만 거리가 먼 경우, 컴퓨터의 수가 많은 경우, 케이블이 공로를 지나가야 하는 경우에는 사설 회선을 가설하는 것은 너무 많은 비용이 들어 불가능하다. 게다가 세계 어느 국가에서도 공공재산을 가로지르는 사설 전송로를 설치하는 것은 불법이기도 하다. 결국 네트워크 설계자는 현존하는 전화 설비들에 의존해야만 한다.

이 설비들, 특히 **공중전화망**(Public Switched Telephone Network, PSTN)은 어느 정도 인식 가능한 형태로 사람의 음성을 전송하기 위한 목적을 가지고 수년 전에 설계된 것이다. 이때문에 공중전화망이 컴퓨터 간 통신에서는 기껏해야 겨우 사용할 수 있는 수준이었지만, 광섬유와 디지털 기술의 도입으로 이 상황은 급속도로 바뀌고 있다. 아무튼 전화시스템은 컴퓨터 네트워크와 서로 연관되어 있고, 그래서 전화시스템을 살펴보는 것은 충분히 가치 있는 일이다.

문제의 정도를 알아보기 위해서, 지역 케이블(local cable)과 전화선(dial-up telephone line)을 통한 통상적인 컴퓨터 연결의 특성을 개략적이지만 충분히 설명이 되도록 비교해보자. 두 컴퓨터를 잇는 케이블은 1Gbps 이상의 속도로 데이터를 전송할 수 있다. 반면에 전형적인 ADSL은 전화모뎀보다 훨씬 빠르지만 1Mbps에 불과하다. 이것은 느긋하게 걷는 것과 비행기를 타는 것만큼의 차이가 있다.

그럼에도 불구하고 전화망은 광역 컴퓨터 망과 굳건히 서로 연결되어 있으며 자세히 공부를 할 가치가 있다. 네트워크의 제한적 팩터는 전화망 내의 트렁크나 스위치가 아니라 소비자가 연결되는 "last Mile"이 된다. 이런 상황은 파이버나 디지털 전화의 점진적 도입에 의해서 바뀌어가고 있지만 돈과 시간이 필요하다. 오랜 기다림 동안 컴퓨터 시스템 설계자들이 컴퓨터 시스템들을 다루면서 최악의 경우 3, 4승배의 성능 차이가 나는 다른 시스템과 효율적으로 연동되도록 하기 위해서도 수많은 시간과 노력을 쏟아붓는다는 것이다. 다음 장에서는 전화시스템에 대해서 설명하고 어떻게 동작하는지 보여줄 것이다. 전화시스템에 대해서 더 알고 싶으면 (Bellamy, 2000)을 참고하라.

2.6.1 전화시스템의 구조

1876년 Alexander Graham Bell이 전화로 특허를 얻었을 때, 그 발명품에 대한 수요는 엄청났다.

초기 시장은 전화를 판매하는 것이었고, 전화기를 서로 연결하는 것은 소비자들 몫이었다. 그리고 접지도 해야 했다. 전화기를 가진 사람이 n명의 다른 사람들에게 통화를 하려면 n개의 집집마다 선을 연결해야만 했다. 1년 만에 집과 나무를 지나는 전선들이 어수선하게 도시를 뒤덮었다. 모든 전화를 서로 연결하는 것은 그림 2-29(a)에서 보듯이 적합하지 않다는 것이 곧 명백해졌다

이러한 문제점을 보고, 1878년 벨은 자신의 이름으로 최초의 교환국을 연 Bell Telephone Company를 설립하였다. Bell Telephone Company는 소비자 각각의 집이나 사무실에 전화선을 연결해 주었다. 전화를 걸기 위해서 소비자는 크랭크를 돌려서 전화회사 사무실에 신호음을 보내어 교환원에게 알려야 했고, 그러면 교환원은 점퍼케이블로 전화 건 사람과 받을 사람을 연결해주었다. 그림 2-29(b)가 이러한 방식을 나타낸다.

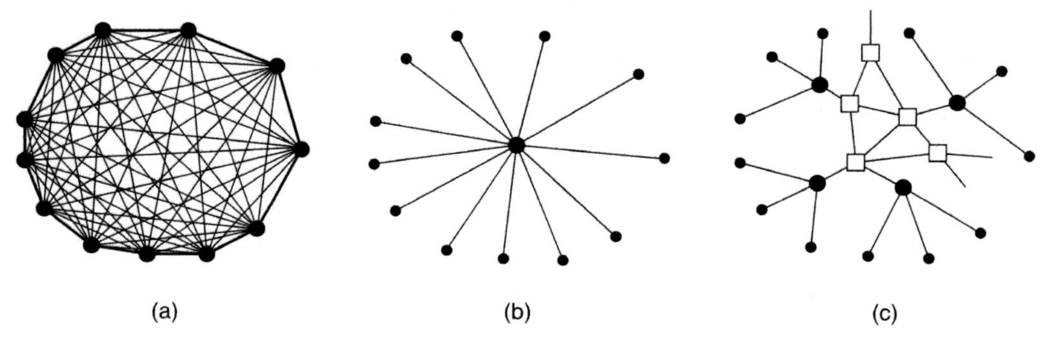

그림 2-29 (a) 완전-상호 접속된 네트워크 (b) 중앙 집중화된 교환 (c) 2단계 계층구조

얼마 지나지 않아, 벨 시스템의 교환국(switching office)은 전국으로 퍼져나갔고, 사람들은 도시 간 장거리 통화를 하기 원했다. 그래서 벨 시스템은 교환국들을 연결하기 시작했다. 곧 원래의 문제점이 다시 발생했다. 모든 교환국들을 전선으로 서로 연결하려 하자 곧 관리하기 힘든 수준에 도달했다. 그래서 2차 교환국이 개발되었고, 얼마 후 그림 2-29(c)처럼 여러 개의 2단계 교환국이 필요하게 되었다. 결국 계층구조는 5단계까지 확대되었다.

1890년에는 전화시스템의 세 가지 중요 부분들이 제자리를 잡았다. 첫째는 교환국, 둘째는 소비자와 교환국을 잇는 케이블 (현재는 접지된 나선[open wire] 대신에 절연된 평형 트위스트 페어[twisted pair]를 사용), 셋째는 교환국들을 연결하는 장거리 회선들이 그것이다. 전화 시스템의 기술적인 변천과정은 (Hawkey, 1991)을 참고하기 바란다.

그 이후, 세 가지 영역에서 발전은 있었지만 100년이 넘도록 벨 시스템의 기본적인 모델은 근본적으로 변하지 않고 있다. 다음 설명은 간략하지만 핵심적인 특징을 설명할 것이다. 전화기들은 가장 가까운 전화 회사의 **단국**(end office)으로(역시 지역집중국[local central office]이라고도 함) 이어진 2개의 구리선을 가지고 있다. 그 거리는 보통 1~10km이고, 시골보다 도시가 더 짧다. 미국 하나에만 약 22,000개의 지역단국이 있다. 시장에서는 각각의 가입자와 단국을 연결하는 2개의 구리선을 **가입자회**

선(local loop)이라고 부른다. 만약 세계의 모든 가입자회선을 서로 연결하여 길게 늘어뜨리면 지구에서 달까지 1,000번 왕복할 수 있을 것이다.

한때 AT&T 자산가치의 80%는 가입자회선의 구리선이었다. 사실 그 시절 AT&T는 세계 제일의 구리 광산이었다. 다행스러운 것은 이 사실이 투자자들 사이에 널리 알려지지 않았다는 것이다. 만약 이 사실이 알려졌으면, 누군가가 AT&T를 인수하여 미국 내의 전화서비스를 그만두고, 모든 전선들을 걷어내어 구리 정제소에 팔아 재빨리 투자금을 회수했을 것이다.

하나의 단국에 연결된 가입자가 같은 단국에 연결된 다른 가입자에게 전화를 걸면 단국에서 두 가입자회선 사이를 직접 연결하는 전기적인 연결이 형성된다. 이러한 연결은 통화가 이어지는 동안 그대로 유지된다.

수신된 전화기가 다른 단국에 있다면, 다른 방법이 사용된다. 각각의 단국은 하나 이상의 교환센터로 가는 출선을 가지고 있는데, 이러한 교환센터를 **중계교환국**(toll offices)이라고 한다(같은 지역에 있는 경우 탄뎀교환국[tandem offices]이라고 한다). 이 회선들을 **국간 중계선**(toll connecting trunks)이라고 부른다. 만약 발신자의 단국과 수신자의 단국이 모두 같은 중계교환국으로 가는 국간 중계선을 갖고 있다면 연결은 중계 교환국 안에서 형성된다. 그림 2-20(c)는 전화(작은 점), 단국(큰 점), 중계교환국(사각형)으로 이루어진 전화망을 보여준다.

만약 발신자와 수신자가 공동으로 사용할 수 있는 중계교환국이 없다면, 연결은 계층구조의 보다 상위의 어딘가에서 만들어져야 할 것이다. 기본교환국(primary office), 지방교환국(sectional office), 통합교환국(regional office)과 그들을 연결하는 중계교환국들로 네트워크가 구성된다. 중계교환국, 기본교환국, 지역교환국, 통합교환국은 광대역의 **시외 중계 회선**(intertoll trunks 또는 interoffice trunks)을 통해서 통신한다. 교환센터와 망 형태의 종류는 전화기의 밀도에 따라서 나라마다 다양하다(두 개의 지방교환국은 직통회선을 가지거나 통합교환국을 거쳐야만 할지도 모른다). 그림 2-30은 중거리 연결이 어떻게 경로를 선정하는지 보여준다.

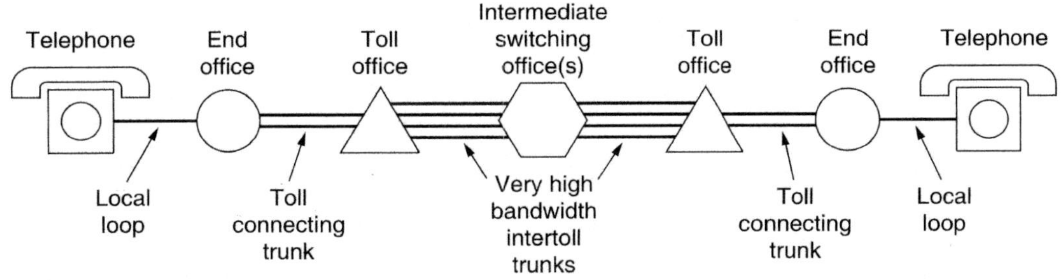

그림 2-30 시외전화에 대한 회선경로

통신을 위해서는 다양한 전송매체가 사용된다. 초기에 가입자회선은 전신주로부터 25cm 떨어진 비절연 도선이 일반적이었지만, 오늘날은 카테고리 3트위스트 페어(category 3 twisted pair)로 구성된다.

교환국 사이의 연결은 동축케이블, 마이크로웨이브, 광섬유가 널리 사용된다.

과거에 전화시스템의 전송방식은 실제 음성 신호가 출발지에서 도착지로 전압의 형태로 전송되는 아날로그였다. 지금은 광섬유, 디지털 전자기기, 컴퓨터의 도입으로 전체 시스템에서 가입자회선부분을 제외하고는 모든 중계선과 교환기가 디지털 방식을 사용한다. 디지털 전송방식은 장거리 통화에서 많은 증폭기를 지난 후에 정확하게 아날로그 신호 파형을 재생하지 않아도 되기 때문에 선택되었다. 디지털에서는 0과 1을 구분할 수 있는 정도면 충분하기 때문이다. 이러한 특성 때문에 디지털 전송이 아날로그 보다 신뢰도가 높고, 더 저렴하고, 유지보수하기도 쉽다.

요약하자면, 전화 시스템은 3가지 주요 구성요소로 이루어져 있다.

1. 가입자회선(집이나 사업장과 연결된 아날로그 트위스트 페어)
2. 중계선(교환국을 연결하는 디지털 광섬유)
3. 교환국(한 중계선에서 다른 쪽으로 호(call)가 전달되는 곳)

먼저 전화 통신 정책에 대해 짧은 여담을 마친 후, 이 3가지 구성요소들에 대해서 자세하게 다시 이야기할 것이다. 가입자회선은 모든 사람들이 전체 시스템에 액세스하기 위해서 사용하므로 매우 중요하다. 불행하게도, 가입자회선은 시스템에서 가장 약한 부분이다. 장거리 중계선에서 주요 쟁점은 어떻게 여러 호를 한데 모아서 하나의 광케이블로 전송하는가 하는 문제다. 이러한 것을 다중화(multiplexing)라고 하며, FDM이나 TDM을 사용한다. 마지막으로 두 가지 교환 방식에 대해서 살펴보게 될 것이다.

2.6.2 전화 통신 정책

1984년 당시 수십 년 동안, 벨 시스템은 미국 대부분의 지역에서 단거리 및 장거리 전화 서비스를 제공해왔다. 1970년대에 미국 연방정부는 이것이 불법적인 독점이라 믿게 되었고, 벨 시스템을 분할하기 위해서 소송을 제기했다. 정부는 승리했고, 1984년 1월 1에 AT&T는 AT&T Long Lines, **BOC**(Bell Operating Companies, 전화회사)들 그리고 다른 몇 부분들로 분할되었다. 경제적으로 경쟁력을 갖추기 위해서 23개의 BOC들은 7개의 지역 BOC(RBOC 지역전화회사)들로 뭉치게 되었다. 미국 전기 통신의 특성은 의회가 아니라 법정 명령에 의해서 하룻밤 사이에 바뀌게 되었다.

이 권한 박탈의 정확한 세부사항들은 소위 **MFJ**(Modified Final Judgment[판결이 한번 수정되었다면, 이것은 최종적인 것일 수 없으므로 모순적인] 수정 최종 판결)에 기술되었다. 이 사건으로 인해 경쟁이 활발해지고, 서비스가 좋아졌으며, 소비자나 회사에 부과되는 장거리 요금이 낮아졌다. 장거리 전화에 대한 상호 보조금이 사라지고 지역 통신 회사가 장거리 전화를 직접 제공해야 했기 때문에 시내 서비스 요금은 올랐다. 현재는 많은 나라에서 같은 방법을 통해서 경쟁을 도입하려 한다.

누가 무엇을 할 수 있는지를 명확하게 하기 위해서, 미국은 164개의 **LATA** (Local Access and Transport Area)로 나누어졌다. 간단히 말하면, LATA는 하나의 지역번호로 커버할 수 있는 정도의 크기를 가진 지역이다. LATA내에는 지역에 독점적으로 전화 서비스를 제공하는 하나의 **LEC** (Local Exchange Carrier, 지역 교환 캐리어)가 있다. 어떤 LATA에는 LEC의 역할을 하는 1,500개의 독립적인 전화 회사들 중에 하나 이상을 포함하고 있지만, 제일 중요한 LEC는 BOC이다.

모든 LATA간의 트래픽은 **IXC**(IntereXchange Carrier, 내부 교환 캐리어)라는 다른 종류의 회사가 다룬다. 원래 AT&T Long Lines가 유일하고 진정한 IXC였는데, 현재는 IXC 사업에서 WorldCom과 Sprint도 안정적인 경쟁자들이다. 이 독점 해체에 있어서 고려할 사항 중 하나는 모든 IXC들이 회선 품질, 요금, 소비자들이 전화를 걸기 위해서 사용하는 전화번호의 개수의 측면에서 공평해야만 한다는 것이다. 그림 2-31가 그런 방법을 보여주는 것으로, 몇 개의 당국을 가진 LATA의 3가지 예를 나타내었다. LATA 2와 3은 집중교환국으로 이루어진 작은 계층 구조도 가지고 있다.

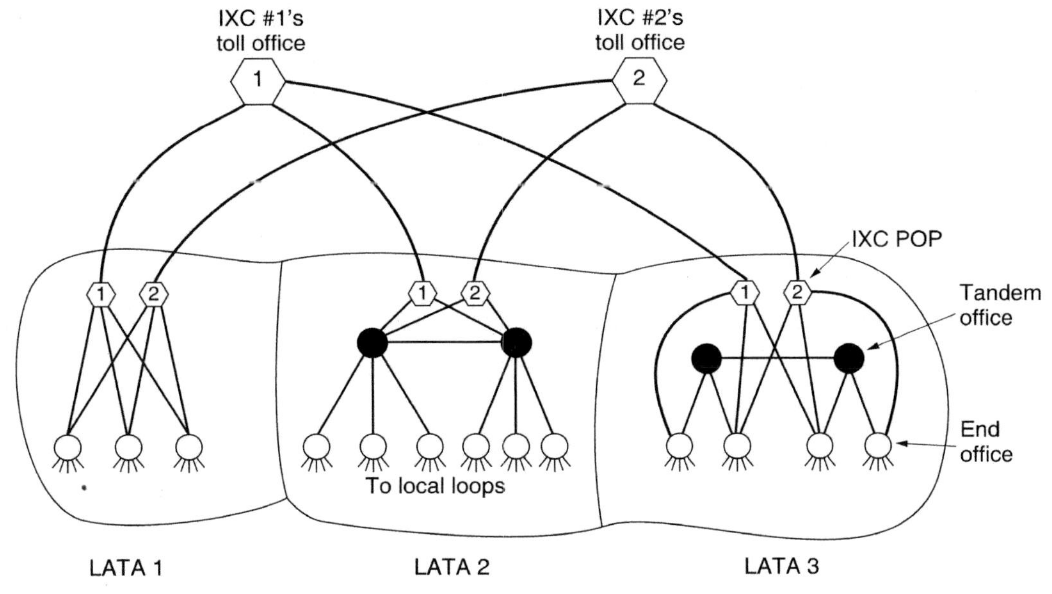

그림 2-31 LATA, LEC 및 IXC의 관계. 모든 원은 LEC 교환국이고 번호가 적혀 있는 육각형은 IXC이다.

LATA 내에서 발생하는 호를 처리하기 위해서 ICX는 **POP**(Point of Presence)라는 교환국을 만들 수 있다. IXC에서 모든 단국을 LATA 1, 3처럼 직접 연결하거나 LATA 2처럼 간접 연결할 때 LEC가 필요하다. 게다가 이러한 연결을 위한 조건들은 기술 및 재정적인 이유로 모든 IXC에서 동일해야 한다. 이러한 방식으로 예를 들어 LATA 1에 있는 가입자는 LATA 3의 가입자에게 전화를 걸기 위해서 어떤 IXC를 사용할지 선택할 수 있는 것이다.

MFJ에 의하면 IXC는 지역 전화 서비스를 제공하는 것이 금지되었고, LEC는 LATA 간 전화 서비스를 제공하지 못하도록 금지되었다. 하지만 그들은 프라이드치킨 레스토랑 운영과 같은 다른 어떤 사업도 시작할 수 있었다. 1984년에 그것은 공평하고 분명한 규정이었다. 불행히도, 기술은 법을 모호하게 만드는 재미있는 방법을 알고 있다. 케이블TV와 이동 전화 모두 협정에서 다루어지지 않았다. 케이블TV가 사업을 벌려 나가고, 이동전화가 폭발적으로 보급됨에 따라서 LEC와 IXC들은 케이블TV회사와 이동전화 회사들을 인수하거나 합병하기 시작했다.

1995년에 의회는 다양한 종류의 회사들을 계속 구별할 수 없다는 것을 알았고, 케이블TV회사, 지역전화회사, 장거리통신사업자, 이동전화 사업자들이 다른 사업으로 진출할 수 있게 하는 법안을 내놓았다. 이것은 어떤 회사라도 소비자에게 케이블TV, 전화, 정보서비스를 통합된 패키지로 제공할 수 있으므로 다른 회사들과 서비스와 요금에서 경쟁하게 되리라는 착상에서였다. 법안은 1996년 2월에 공포되었고, 그 결과 BOC들은 케이블TV 사업자가 되거나, LEC와 IXC와 경쟁하면서 지역 전화 서비스를 제공하기 시작했다.

1996년 법의 재미있는 측면은 LEC의 지역번호를 상호 사용할 수 있도록 했다는 것이다. 이것은 소비자가 번호를 바꿀 필요 없이 지역 전화 회사를 바꿀 수 있다는 것을 의미한다. 이동전화에 대한 번호 상호사용은 2003년에 이루어졌다. 이 조항으로 사람들은 거리낌 없이 전화 회사를 바꿀 수 있게 되었고, 경쟁은 가속화되었다. 그 결과 미국의 전기통신산업은 근본적인 재편성 중에 있다. 다른 많은 나라에서도 이 같은 길을 걷기 시작했다. 보통 다른 나라들은 미국에서 실험적으로 어떻게 진행되는지 기다렸다가 만약 잘 진행된다면 같은 방법을 적용하고 잘못되면 다른 방법을 시도해 본다.

2.6.3 가입자회선: 모뎀, ADSL 및 광섬유

이제 전화시스템이 어떻게 동작하는지 자세히 이야기해볼 때이다. 대부분의 사람들이 친숙한 전화회사 단국에서 집이나 작은 사무실을 연결하는 트위스트 페어의 가입자회선에 대해서 이야기 해보자. 가입자회선의 길이는 보통 수 마일에 달하기도 하지만 가입자회선을 종종 라스트 마일(last mile)이라고 부른다. 100년이 넘게 아날로그 전송방식이 사용된 부분이고 디지털로 바꾸기 위해서는 앞으로 몇 년간은 계속될 것이다.

많은 노력이 구리선의 가입자회선으로부터 최대한의 데이터를 짜내기 위해 이루어졌다. 전화 모뎀은 컴퓨터 사이에서 전화망이 음성을 위해 제공하는 협대역 채널에 디지털 데이터를 보낸다. 전화모뎀은 한때 널리 사용되었으나 ADSL같은 디지털 데이터를 가입자로부터 전화국까지 보내기 위해 가입자회선을 재활용한 광대역 기술에 의해 대체되고 있다. 모뎀과 ADSL은 둘 다 오래된 가입자회선의 상대적으로 좁은 대역폭, 감쇄와 왜곡, 크로스톡 같은 전기적 잡음의 한계를 극복해야 한다.

어떤 곳에서는 가입자회선이 광섬유를 집이나 집에 가까운 곳까지 설치함으로서 현대화된 곳도 있다. 광섬유는 미래의 길이다. 이런 설치는 컴퓨터 네트워크를 바닥부터 지원하는데 가입자망이 데이터 서비스를 위한 넓은 대역을 가지게 된다. 제한 조건은 사람들이 지불해야 할 가격이지 가입자망의 물리적인 부분은 더 이상 아니다.

이 절에서는 신구형의 가입자망에 대해서 살펴본다. 우리는 전화 모뎀, ADSL, 그리고 FTTH(Fiber to the Home)을 살펴볼 것이다.

전화 모뎀 (Telephone Modem)

가입자 망에서 또는 유사한 물리적 채널에서 비트를 보내기 위해서, 데이터가 채널로 전송될 수 있게 먼저 아날로그 형태로 변환되어야 한다. 이 변환 과정은 앞으로 간단하게 공부할 모뎀이라는 장비에 의해서 이루어진다. 장거리 중계선을 통해서 전송하기 위해서 전화회사 단국에서 다시 디지털로 변환된다. 디지털 비트 스트림을 아날로그 신호로 변환하는 장비를 모뎀이라고 하는데 이는 "Modulator and Demodulator"의 준말이다. 모뎀은 다양한 형태로 존재하는데, 전화모뎀, DSL 모뎀, 케이블 모뎀, 무선 모뎀 등등이 그것이다. 모뎀은 컴퓨터에 내장되거나(전화모뎀의 경우 일반적) 독자적인 박스(DSL이나 케이블모뎀의 경우 일반적)로도 만들어진다. 논리적으로 모뎀은 (디지털) 컴퓨터와 (아날로그) 전화망 사이에 놓여진다(그림 2-32).

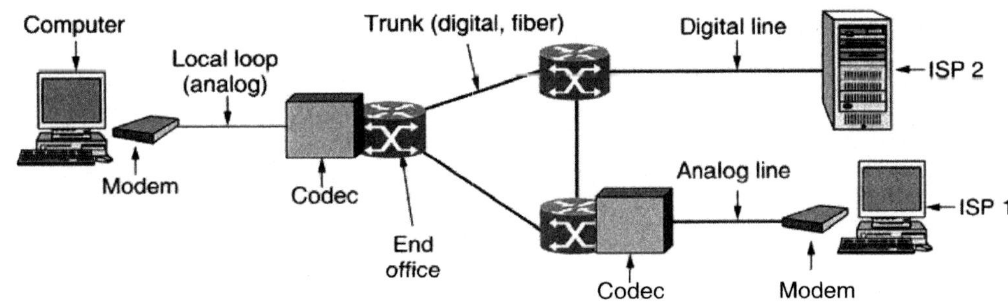

그림 2-32 컴퓨터 통신에서 아날로그와 디지털 전송 모두를 사용함. 모뎀과 코덱에 의해서 변환됨

전화모뎀은 음성등급의 전화망을 통하여 두 컴퓨터 사이에서 비트를 보내기 위해서 사용된다. 가장 어려운 점은 음성등급의 전화망은 3,100Hz 정도로 제한되며 이것은 대화를 전달하기에 충분한 수준일 뿐이다. 이 대역폭은 이더넷이나 802.11(Wifi)보다 수만 분의 1에 불과하다. 당연하게도 전화모뎀의 데이터 레이트는 이더넷이나 802.11의 수만 분의 1이다.

왜 그런지 수치를 통해서 따져보자. Nyquist 정리를 통해서 완벽한 3,000Hz의 선로(실제 전화망은 그렇지 않다)에서도 심벌을 6,000Baud 이상은 의미가 없다는 것을 알 수 있다. 실제로, 대부분의 모뎀은 초당 2,400번 심벌을 보내고, 한 심벌당 보다 많은 비트를 양방향으로 동시에(각 방향으로 다른 주파수를 사용함으로서) 전송하는 것에 초점을 맞추고 있다.

단순한 2,400bps모뎀은 심벌이 논리적인 0을 표시하는 0볼트와 논리적인 1을 표시하는 1볼트로 구성된다. 약간 올려서 QPSK처럼 네 개의 심벌을 사용할 수 있는데, 각 심벌은 2비트로 구성되어 있고 4,800bps의 속도로 전송할 수 있다.

기술이 발전되어감에 따라서 오랫동안 속도는 진보해 왔다. 높은 전송률은 더 많은 심벌의 집합 또는 신호격자(constellation)이 필요하다. 많은 심벌을 사용하면 위상이나 진폭에 작은 잡음만 있어도 오류를 일으킬 수 있다. 오류율을 줄이기 위해서 고속 모뎀 표준에서는 각 샘플마다 여분의 비트들을 추가시켜서 오류들을 고칠 수 있게 했다. 이러한 방법을 **TCM** (Trellis Coded Modulation)이라고 한다(Ungerboeck, 1987).

V.32모뎀 표준은 오류 복구 기능을 가진 9,600bps의 전송 속도에 도달하기 위해서 32개의 신호격자점(constellation point)을 2,400baud의 속도로 심벌당 4개의 데이터 비트와 1개의 패리티 비트를 전송하는 데 사용한다. 9,600bps의 다음은 14,400bps이다. 이것은 **V.32 bis**라고 부른다. 2,400baud에서 샘플당 6개의 데이터비트와 하나의 패리티 비트를 전송해서 그 속도에 도달한다. V.32 bis의 후속 모뎀은 **V.34**로, 심벌당 12데이터비트를 2,400baud의 속도로 전송하여 28,800bps의 속도로 동작한다. 신호격자도에는 이제 수천 개의 포인트를 가지게 된다. 이 계통의 마지막 모뎀은 **V.34 bis**로 14데이터비트를 2,400baud의 속도로 전송하고, 33,600bps의 속도로 동작한다.

왜 여기서 멈출까? 표준모뎀이 33,600에서 중단하는 이유는 전화망의 표준품질과 평균거리를 감안할 때 섀넌 리미트가 35kbps 정도이기 때문이다. 이 속도를 넘는 것은 물리학 법칙(열역학부문)에 위배된다. 하지만 이런 상황을 바꿀 수 있는 방법이 있다. 전화국에서는 데이터가 전화망(전화망 내부는 이미 아날로그에서 디지털로 전환된 지 오래이다) 내부의 전송을 위해 디지털로 전환된다. 35kbps의 한계는 양쪽 끝에 가입자회선이 존재하기 때문이며 이들 각각은 신호에 잡음을 발생시킨다. 만약 가입자회선 하나를 줄일 수 있다면, SNR을 증가시켜서 최대 속도는 2배가 될 수 있다.

이 방법이 56Kbs 모뎀이 가능하도록 만들어진 방법이다. 한쪽 끝 일반적으로 ISP는 가장 가까운 단국으로부터 순수한 디지털의 형태로 전송받는다. 연결의 한쪽 끝단이 순수한 디지털일 때(현재 대부분의 ISP가 사용하는 방식이다), 최대 전송 속도는 70kbps까지 높아질 수 있다. 모뎀과 아날로그 회선을 사용하는 두 가정 사용자간의 속도는 최대 33.6kbps이다.

56kbps 모뎀이 실제 사용되는 이유는 Nyquist정리와 관계가 있다. 전화 채널은 보호대역을 포함해서 약 4,000Hz의 대역폭을 갖는다. 따라서 초당 독립적인 최대 샘플 수는 8,000이다. 미국에서 샘플당 비트수는 8개이고, 1비트는 제어용도로 사용해서 56,000bps의 속도를 사용할 수 있다. 유럽에서는 비트 전부를 데이터 전송용으로 사용하고, 따라서 64,000bps 모뎀을 사용할 수 있지만, 국제표준을 위해서 56,000bps가 선택되었다.

이 모뎀 표준을 **V.90 V.92**라 부른다. 이것은 보통 ISP에서 사용자로 전송되는 데이터가 더 많기 때문에 사용자에서 ISP로 가는 상향채널은 33.6kbps를 제공하고, ISP에서 사용자로 가는 하향 채널은 56kbs를 제공한다. 이론적으로 33.6kbps보다 넓은 상향채널도 가능하지만 많은 가입자회선이 33.6kbps에서 조차도 너무 잡음이 많기 때문에 실제로 56kbps의 속도로 동작할 수 있도록 하향 채널에 더 많은 대역폭을 할당했다.

디지털 가입자회선 : DSL(Digital Subscriber Lines)

전화 산업은 모뎀의 속도가 56kbps에 도달했을 때 자화자찬했다. 그동안 케이블 TV산업은 공용케이블을 통해서 10Mbps의 전송속도를 제공하고 있었고, 위성회사들은 50Mbps 속도까지 제공할 계획을 하고 있었다. 인터넷 접속이 주요한 사업의 하나로 떠오르면서 전화회사들(LEC)은 보다 경쟁력 있는 상품이 필요하다는 사실을 깨닫기 시작했다. 그들의 해답은 가입자회선에 새로운 디지털 서비스를 제공한다는 것이었다.

초기에, **xDSL**(Digital Subscriber Line)이라는 일반적인 이름으로, 중복되는 제품들이 많았다. 그 의미가 실제로는 기술적인 용어보다는 마케팅 용어로써 사용되었지만, 일반 전화 서비스보다 넓은 대역폭을 제공하는 서비스를 때때로 **브로드밴드**(broadband)라고 불렀다. 아래에서 이들에 대해서 이야기할 것이지만, 그중에서도 가장 일반적인 ADSL(Asymmetric DSL)에 초점을 맞춘다. 우리는 DSL과 xDSLdmf 모는 종류에 대해서 압축어로 사용할 것이다.

모뎀이 그렇게 느린 것은 전화기가 사람의 음성을 전달하기 위해서 발명되었고, 전체 시스템이 이에 최적화되어 있기 때문이다. 데이터는 언제나 의붓자식 취급을 받아왔다. 가입자회선이 단국에서 종단되는 곳에서 선로는 300Hz 이하의 주파수와 3,400Hz 이상의 주파수를 감쇠시키는 필터를 통과하게 된다. 차단(cutoff) 주파수는 300Hz와 3,400Hz에서 3dB로 그다지 날카롭지 않기 때문에 3dB 간의 거리가 3,100Hz라 하더라도, 대역폭은 보통 4,000Hz로 볼 수 있다. 마찬가지로, 데이터도 이 좁은 대역에 제한된다.

xDSL이 동작할 수 있게 하는 비결은 소비자가 가입했을 때, 가입자의 회선을 전술했던 필터를 가지고 있지 않는 다른 종류의 교환기에 연결해서 가입자회선의 가능한 전체 용량을 사용할 수 있게 하는 것이다. 이제 제한 요소는 필터에 의해서 생기는 인공적인 3,100Hz가 아니라, 가입자회선의 물리적인 특성이 된다.

불행하게도, 가입자회선의 용량은 길이, 두께, 품질을 포함한 여러 변수에 따라 다르다. 거리에 따른 가능한 대역폭은 그림 2-33에 나타내었다. 이 그림에서는 다른 변수들이 이상적이라고 가정한다.

이 그림의 암시적인 요소들은 전화회사들을 혼란스럽게 만든다. 어떤 속도를 제공할지 결정하면, 동시에 단국으로부터 서비스를 제공할 수 있는 거리를 결정하게 된다. 이것은 원거리 소비자가 서비스를 신청하려고 했을 때 이렇게 말할 수 있다는 것이다. "관심 가져 주셔서 감사합니다. 하지만 서비스를 받을 수 있는 단국에서 100m나 떨어져 계십니다. 이사하시겠습니까?" 속도를 낮추면 낮출수록 더 많은 소비자를 수용할 수 있다. 하지만 속도를 낮추면 낮출수록 서비스에 대한 매력은 더 낮아지고, 서비스를 신청하려는 사람들은 더 적어질 것이다.

이것이 사업과 기술이 만나게 되는 지점이다(가능한 하나의 해결책은 인접한 지역에 소형 단국들을 건설하는 것인데, 이것은 비용이 많이 든다).

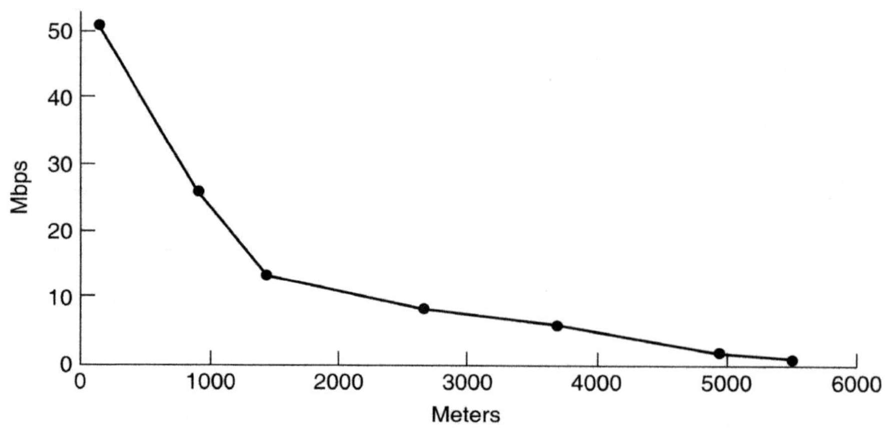

그림 2-33 DSL 카테고리 3 UTP에 대한 대역폭 대 거리

xDSL 서비스는 분명한 목표를 고려하여 설계되었다. 첫 번째로, 서비스는 이미 존재하는 카테고리 3트위스트 페어로 된 가입자회선을 통해서 동작해야 한다. 두 번째로, 소비자의 전화와 팩스에 영향을 주어서는 안 된다. 세 번째로, 56kbps보다 빨라야 한다. 네 번째로 분당 요금이 아니라 월정액 요금으로 언제나 동작 가능해야 한다.

이런 기술적인 목적을 위하여 가입자회선의 1.1MHz의 대역을 256개의 4312.5Hz 폭의 독립적인 대역으로 나누었다. 이런 내용이 그림 2-34에 나타나있다. 이전에 보았던 OFDM방식이 이런 채널로 데이터를 전송하는 데 사용되는데 이것은 ADSL에서는 **DMT** (Discrete MultiTone, 불연속 다중톤)라 불린다.

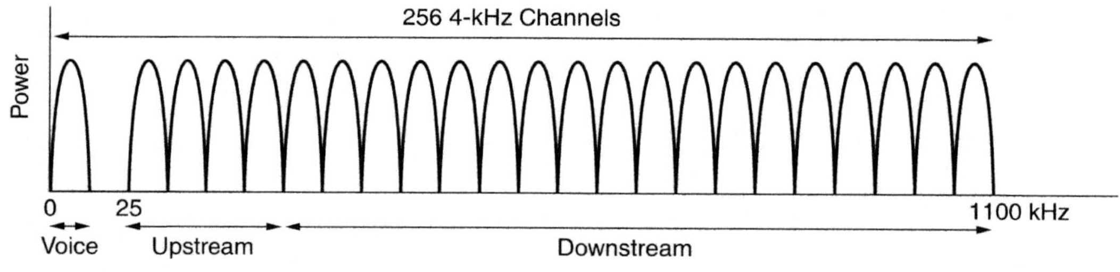

그림 2-34 불연속 다중톤 변조를 사용한 ADSL 동작

채널 0번은 POTS(Plain Old Telephone Service)용으로 사용한다. 데이터 신호와 음성 신호가 상호 간섭하는 것을 막기 위해서 채널 1번에서 5번은 사용되지 않는다. 남아 있는 250채널 중에 하나는 상향제어 신호용으로, 하나는 하향제어 신호용으로 사용되고, 그 나머지가 사용자 데이터를 위해서 사용된다.

원칙적으로, 남아 있는 각각의 채널들은 전이중 데이터 스트림(full-duplex data stream)에 사용될 수 있지만 고조파(harmonics)나 누화, 다른 영향들이 실제 시스템을 이론적인 한계보다 낮은 성능을 갖게 만든다. 얼마나 많은 채널을 상향이나 하향에 사용할지는 공급자에게 달려 있다. 상향과 하향을 50 : 50으로 사용하는 것도 기술적으로 가능하지만 대부분의 사용자가 업로드하는 것보다 다운로드 하는 양이 많기 때문에 대부분의 공급자들은 대역폭의 80-90%를 하향스트림에 할당한다. 이 선택이 ADSL에서 "A"(Asymmetric, 비대칭)를 발생시킨 것이다. 일반적인 분할법은 상향에 32채널을 할당하고, 하향에 나머지를 할당하는 것이다. 대역폭을 증가시키기 위해서 상위 몇 개의 상향 채널을 양방향으로 동작하도록 하는 것도 가능하다. 하지만 이 방법을 사용하면 반향(echo)을 제거하기 위해서 특별한 회로를 추가해야 한다.

ADSL의 국제 표준은 G.dmt로 알려져 있는데 1999년에 승인되었다. 이것은 하향 8Mbps, 상향 1Mbps의 속도를 허용한다. 이것은 2002년에 2세대로 대체되었으며 ADSL2라고 불리며 여러 가지 개선으로 하향 12Mbps 상향 1Mbps를 제공한다. 지금은 ADSL2+를 제공하는데 트위스티드 페어의 2.2MHz대역을 사용하여 하향은 24Mbps로 2배가 되었다.

하지만 여기서의 숫자들은 고품질 라인에서(1-2Km 이내) 최선의 스피드를 나타내는 것이다. 이런 속도를 제공하는 공급자는 거의 없다. 보통 공급자들은 일반 서비스로서 하향 1Mbps, 상향 256kbps를, 개선된 서비스로 하향 4Mbps, 상향 1Mbps, 프리미엄 서비스로서 하향 8Mbps, 상향 2Mbps를 제공한다.

각각의 채널 내에서는 QAM을 사용하여 대략 4,000심벌/초의 속도가 사용된다. 그림 2-23에서처럼 각각의 채널에서 회선 품질은 지속적으로 모니터링되고, 데이터율도 필요하다면 지속적으로 조정된다. 따라서 각각의 채널들은 서로 다른 데이터율을 가질 수 있는데 높은 SNR에서는 15bits/symbol 낮은 SNR에서는 표준에 따라서 2,1,0까지 내려간다.

통상적인 ADSL의 구조를 그림 2-35에서 보여주고 있다. 이와 같은 방법에서 전화회사 기술자들은 소비자의 건물에 **NID**(Network Interface Device, 네트워크 인터페이스 장치)를 설치해야 한다. 이 작은 플라스틱 상자가 전화회사 재산의 끝과 소비자 재산의 시작을 표시한다. 분배기(splitter)는 데이터로부터 POTS에 사용되는 0-4,000Hz대역을 분리해주고 있다. POTS 신호는 전화기나 팩스기로 전달된다. 데이터 신호는 ADSL 모뎀으로 전달되는데 OFDM을 구현하기 위해서 디지털 신호처리를 사용한다. 현재 대부분의 ADSL 모뎀들은 외장형이기 때문에, 컴퓨터는 고속으로 모뎀과 연결되어야만 한다. 보통 이더넷 USB 또는 802.11이 사용된다.

회선의 다른 끝, 즉 단국에서는 대응되는 분배기가 설치된다. 여기서 신호의 일부분이 걸러지고, 음성 교환기로 전달된다. 26kHz 이상의 신호는 ADSL 모뎀과 같은 디지털 신호 처리기를 갖고 있는 **DSLAM**(Digital Subscriber Line Access Multiplexer)이라는 장비로 전달된다. 일단 디지털 신호로부터 비트열이 복구되고 나면, 패킷을 만들어서 ISP로 보낸다.

이 음성시스템과 ADSL의 완전한 분리 때문에 전화회사들은 ADSL를 쉽게 설치할 수 있다. 이들에게 필요한 것은 DSLAM과 분배기를 구입하고, ADSL 가입자와 분배기를 연결시키는 것이 전부이다. ISDN 같은 다른 광대역 서비스들은 현 교환장비에 훨씬 더 큰 변화를 가져와야 한다.

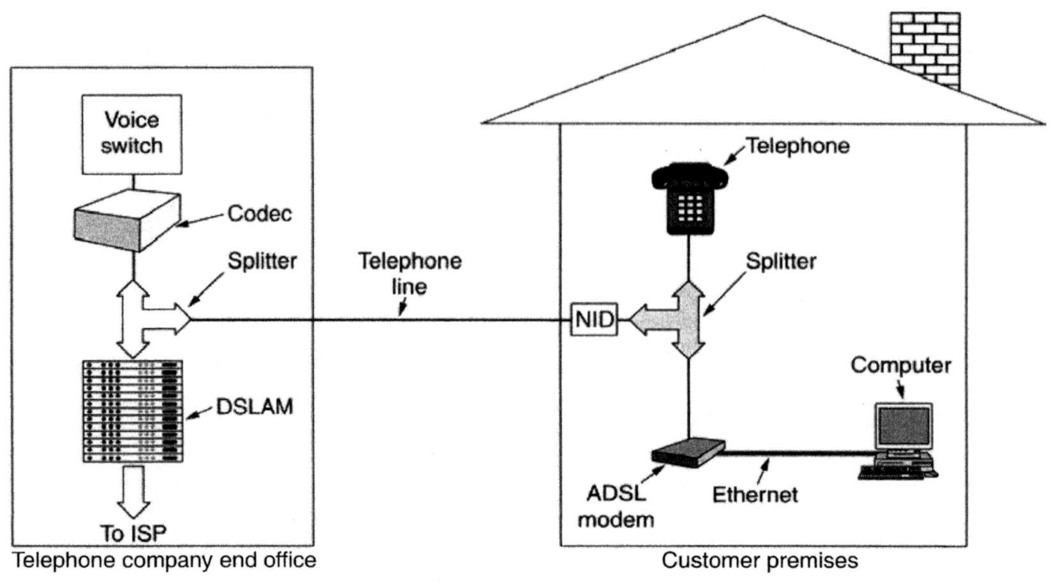

그림 2-35 기본적인 ADSL 장비 구성

그림 2-35 디자인의 한 가지 불리한 점은 NID의 존재와 분배기가 소비자 소유라는 것이다. 이것을 설치하는 것은 전화회사 기술자들만이 할 수가 있고, 값비싼 출장비는 필연적이다. 그에 따라 분배기가 없는 다른 디자인이 표준화되었다. 비공식적으로는 G.lite라고 불리는 표준이 만들어졌다. 이것은 그림 2-35와 같지만 분배기가 없다. 이미 가설되어 있는 전화선이 그대로 쓰이게 된다. 유일한 차이점은 회선과 전화 잭이나 ADSL모뎀 사이에 마이크로필터를 삽입해야 한다는 것이다. 전화기의 마이크로필터는 3,400Hz 이상의 주파수를 제거해주는 저역필터(low-pass filter)이고, ADSL모뎀의 마이크로 필터는 26kHz 이하의 주파수를 제거하는 고역필터(high-pass filter)이다. 하지만 이 시스템은 분배기만큼 안정적이지는 않아서 G.lite는 1.5Mbps까지만 사용할 수 있다(분배기가 있는 ADSL은 8Mbps까지 가능하다). ADSL에 대해 더 자세히 알고 싶다면 Starr(2003)을 보라.

FTTH (Fiber to the Home)

구리선 지역 가입자망은 ADSL이나 전화 모뎀의 성능을 제한한다. 더 빠르고 나은 네트워크 서비스를 제공하기 위하여 전화회사는 지역가입자망을 광섬유를 가정이나 사무실까지 기회가 될 때마다 설치함으로서 업그레이드하고 있다. 그 결과를 FttH(Fiber To The Home)이라고 한다. FttH기술이 가능해진 지는 꽤 되었지만 DSL이나 케이블에 익숙한 소비자들이 영화를 다운로드받기를 원하는 수요가 늘어나면서 2005년에 본격적으로 확산되기 시작했다. 4% 정도의 미국 가정이 100Mbps에 이르는 속도를 가진 인터넷 서비스의 FttH에 연결되어 있다.

FttX(X는 이웃을 의미함)에는 몇 가지 변종이 있다. 광섬유의 설치가 가정에 가까워질 수 있다는 것을 인지했다. 이 경우 구리선(트위스티드 페어 또는 동축 케이블)은 마지막 근거리에서 충분히 빠른 속도를 제공한다. 얼마나 광섬유를 멀리까지 설치하느냐는 비용과 예상 매출에 관한 경제적인 문제이다. 어떤 경우에도 광섬유는 "Last Mile"의 전통적인 한계를 넘어섰다. 우리는 논의에서 FttH에 집중한다.

이전에 있었던 구리선처럼, 광 가입자망도 수동적이다. 이것은 증폭이나 다른 신호처리를 위해서 전력이 필요한 장비가 요구되지 않는다는 것을 뜻한다. 광섬유는 가정과 단국 사이에 신호를 실어 나를 뿐이다. 이것은 경비를 줄이며 신뢰성을 향상시킨다.

대개 가정에서의 광섬유는 100가구당 하나의 광섬유만 단국에 연결되도록 합쳐진다. 하향 방향에서는 광 분배기가 단국으로부터의 신호를 나누어서 여러 가정에 분배한다. 한 가정만 신호를 복호할 수 있도록 보안을 위하여 암호화도 필요하다. 상향 방향에서는 광 결합기가 여러 가정으로부터의 신호를 하나의 신호로 합쳐서 단국에 전달한다.

이런 구조를 PON(Passive Optical Network)이라고 하며 그림 2-36에 나타나 있다. 하향 방향에서 전가정이 하나의 파장을 사용하고 상향 방향에 또 다른 파장을 사용하는 것이 일반적이다.

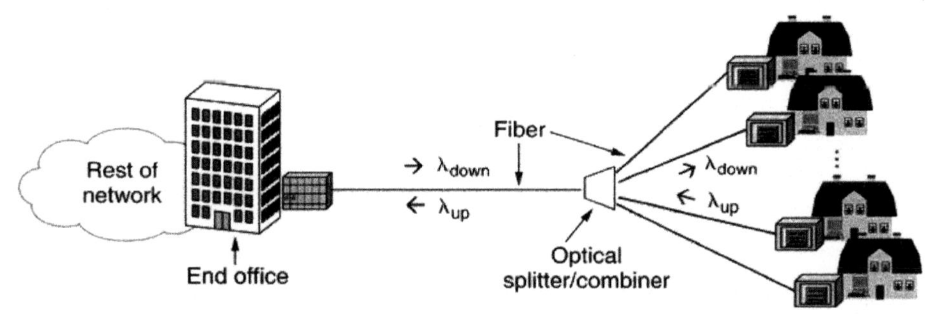

그림 2-36 FttH를 위한 PON(Passive Optical Network)

분배 시에도 엄청난 광통신의 대역폭과 낮은 감쇄는 PON이 20Km까지의 사용자들에게 고속통신을 제공할 수 있다. 두 가지 종류가 대표적이다. GPON(Gigabit-capable PON)은 통신회사들로부터 출현했는데 그래서 ITU표준으로 규정된다. EPON(Ethernet PON)은 네트워크회사들로부터 나왔고 그래서 IEEE 표준으로 규정된다. 양쪽 다 기가비트의 속도에서 움직이며 인터넷, 영상, 전화 등 이종 서비스 트래픽을 실어 나를 수 있다. 예를 들어 GPON은 하향 2.4Gbps 상향 1.2 또는 2.4Gbps의 속도를 제공한다.

단국과 여러 가정에서 한 가닥의 광섬유에서 용량을 나누어 쓰기 위해서는 어떤 프로토콜이 필요하다. 하향은 쉽다. 단국이 각 가정에 전달될 메시지를 그것이 원하는 어떤 순서대로도 전달할 수 있다. 그러나 상향은 여러 가정에서 오는 메시지들이 동시에 전송될 수 없으며, 여러 신호가 충돌할 수도 있다. 가정들은 서로의 전송을 들을 수도 없기 때문에 전송 전에 미리 듣고 조심할 수도 없다. 해법은 가정에서 전송하기 전에 미리 전송요청을 하고 단국에서 타임 슬롯을 배분하는 것이다. 이것이 가능하기 위해서는 각 가정에서의 전송시간을 조절하여 단국에 도달하는 신호가 동기화되도록 해야 한다. 이런 설계는 케이블 모뎀과도 비슷하다. PON에 대한 보다 자세한 내용은 Grobe와 Elbers(2008)를 참고하기 바란다.

2.6.4 중계선과 다중화

전화망의 중계선은 가입자망보다 훨씬 빠를 뿐만 아니라 다른 두 가지 측면이 있다. 전화망의 코어는 아날로그가 아닌 디지털 정보를 전달한다. 즉 음성이 아니라 비트이다. 이것은 장거리 중계선에서의 전송을 위하여 단국에서 디지털 형태로의 전환이 필요하게 된다. 중계선은 수천 또는 수백만 개의 콜을 동시에 처리한다. 규모의 경제는 전화시스템에서 중요한 역할을 한다. 두 교환국을 연결하는데 광대역 중계선을 설치하고 관리하는 것은 협대역 중계선으로 설치하는 것과 본질적으로 같은 정도의 비용이 소요된다. 이것은 여러 종류의 TDM이나 FDM 다중화로 가능하다.

아래에서 우리는 음성신호가 전화망에서 전송되기 위해서 어떻게 디지털화되는지 살펴볼 것이다. 그다음에는 광 SONET을 비롯한 TDM으로 어떻게 중계선의 비트가 전달되는지를 살펴본다. 다음에 광섬유에 적용된 FDM인 WDM(Wavelength Division Multiplexing)을 살펴본다.

음성신호의 디지털화

전화망의 발전과정 초장기에 코어는 음성 콜을 아날로그 정보로 다루었다. FDM은 여러 해 동안 4,000Hz(3,100Hz 더하기 보호대역)의 음성 채널들을 더 큰 단위로 다중화하는 데 사용되었다. 예를 들어 60kHz에서 108KHz대역의 12개의 콜은 그룹으로 불렸으며 다섯 개의 그룹(60개까지의 콜)은 슈퍼그룹으로 불리었다. 이런 FDM은 아직도 동선이나 마이크로웨이브 통신에서 사용된다. 그러나 FDM은 아날로그 회로가 필요하며 컴퓨터로 처리하기가 힘들다. 반면 TDM은 완전히 디지털 회로로 처리가 가능하며 최근에는 훨씬 널리 사용된다. TDM은 디지털 데이터만을 처리하고 가입자망은 아날로그 신호를 사용하기 때문에 단국에서는 아날로그에서 디지털로의 전환이 필요하며 여기서 각각의 가입자망들이 출력 중계선으로 결합되어 나간다.

아날로그 신호는 단국에서 코덱(coder-decoder의 준말)이라는 장비로 디지털화된다. 코덱은 초당 ,8000개의 샘플을 만들어내는데(125μsec/sample) 이는 나이퀴스트 정리로부터 4KHz의 전화 채널 대역을 잡아내기 위해서 그 정도면 충분하기 때문이다. 더 낮은 샘플링 레이트에서는 정보가 손실될 수도 있다. 더 높은 레이트에서는 더 향상되는 정보가 없다. 각 샘플의 진폭은 8bit 숫자로 양자화된다.

이런 방법을 PCM(Pulse code Modulation) 이라고 한다. 이는 현대 전화시스템에서 핵심 기술이다. 결과적으로 모든 전화망에서의 시간간격은 125μsec의 배수가 된다. 표준화된 음성등급의 압축되지 않은 데이터는 매 125μsec마다 8bit, 즉 64Kbps가 된다.

콜의 반대쪽 끝에서는 양자화된 샘플로부터 재생됨으로서 다시 아날로그 신호가 만들어진다. 우리가 나이퀴스트 레이트로 샘플링했지만 샘플들이 양자화되었기 때문에 이것은 원래의 아날로그 신호와 꼭 같지는 않다. 양자화로 인한 오류를 줄이기 위하여 양자화 레벨은 불규칙적으로 간격이 정해져 있다. 로그의 간격이 사용되는데 작은 크기의 샘플에 더 많은 비트를 주고 큰 신호에 상대적으로 적은 비트를 주기 위함이다. 이런 방법으로 오류가 신호크기에 비례하도록 만들 수 있다.

두 가지 형태의 양자화가 널리 쓰인다. 북미와 일본에서 사용되는 μ -law와 유럽과 나머지 세계에서 사용되는 A-law가 그것이다. 양쪽 다 ITU G.711으로 규정되어 있다. 이 과정에 대해 생각하는 방법은 신호의 다이내믹 레인지(가장 큰 값과 작은 값의 비)가 양자화되기 전에 압축되고 복원되기 전 확대되는 것을 상상하는 것이다. 이런 이유로 이것을 companding이라고 부른다. 또한 디지털화되고 나서 샘플들을 압축해서 64Kbps보다 훨씬 작게 만들 수도 있다. 그러나 우리는 이런 문제는 나중에 voice over IP를 다룰 때로 미루기로 한다.

시분할 다중화

PCM에 기반을 둔 TDM은 각 콜로부터 샘플을 매 125μsec마다 중계선으로 실어 보내는 데 사용된다. 디지털 전송이 그럴듯한 기술로 떠오르기 시작했을 때, CCITT는 PCM을 위한 국제 표준안에 대한 동의를 이끌어낼 수 없었다. 그래서 세계 각국은 서로 통용될 수 없는 다양한 방법들을 사용하고 있다.

북미와 일본에서 쓰이는 방법은 그림 2-37에 나타낸 **T1** 캐리어이다(기술적인 면에서 이야기 할 때, 포맷은 DS1으로, 캐리어는 T1으로 불리었지만, 여기서는 특별히 구분하지 않는다). T1 캐리어는 다중화된 24개의 음성 채널들로 구성된다. 개개의 24채널들은 차례에 따라서 출력 스트림에 8비트씩 삽입한다.

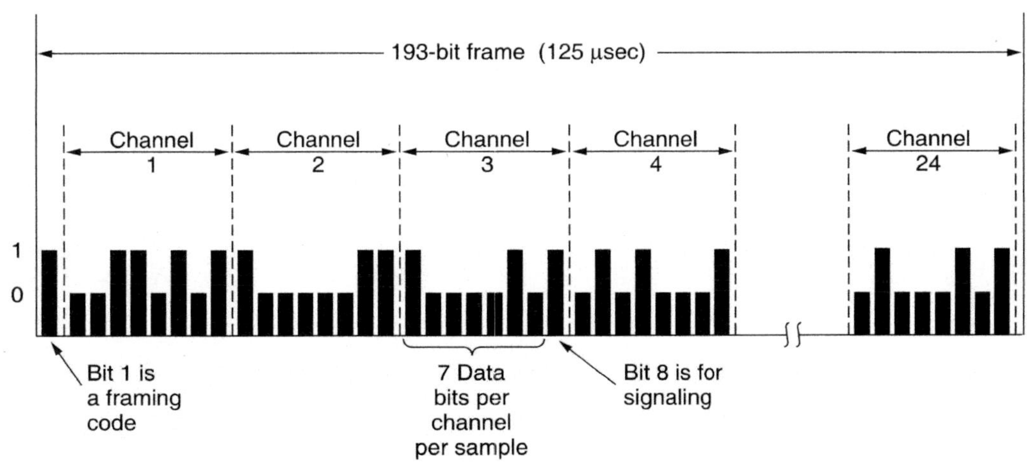

그림 2-37 T1 반송파(1.544Mbps)

하나의 프레임은 24×8 = 192비트와 프레임 구성을 위한 추가 비트로 구성되어 매 125μsec당 193비트를 만들어낸다. 이것은 총 1.544Mbps의 데이터 전송속도를 제공한다. 193번째 비트는 프레임 동기화를 위해 사용된다. 한 버전에서는 193번째 비트가 24프레임 그룹 전체(extended frame)에 걸쳐서 사용된다. 이 중 6bits, 즉 4,8,12,16,20,24번째 위치는 0101010101…와 같은 패턴을 취하게 된다. 보통 수신측은 동기를 유지하기 위해서 이 비트를 계속해서 점검한다. 추가의 6bit가 오류 확인 부호로서 보내지는데 수신기가 동기를 확인하기 위하여 사용된다. 만약 동기가 어긋나면, 수신측은 다시 동기를 맞추기 위해서 이 패턴을 스캔할 수 있다. 나머지 12bit는 멀리서 성능에 대한 보고 등 네트워크를 유지·보수하기 위한 제어정보로 사용된다.

T1 포맷은 여러 가지 변종이 있다. 초기 버전은 신호정보를 in-Band로 보냈는데 이는 데이터와 같은 채널을 사용하여 보내는 것을 의미한다. 이것은 **공통 채널 신호**(common channel signaling)의 한 형태인데 가각의 채널은 그자신의 사적인 신호부 채널을 가지고 있다. 한 예에서는 각 채널의 매 6번째 프레임의 8bit 중 Least Significant bit가 사용된다. 이것은 robbed-bit Signaling이란 이름을 가지고 있다. 이것은 음성 채널에서 몇 비트를 훔쳐도 큰 차이가 없다는 데 착안한다. 사람들은 그 차이를 잘 못 느낀다.

하지만 데이터는 또다른 이야기이다. 잘못된 비트를 전달하는 것은 아무리 줄여 말해도 좋지 않다. T1의 구 버전이 데이터를 전달한다면 8bit 중 7bit만 또는 24채널 중 56kbps만이 사용될 수 있다. 반면에 T1의 새로운 버전은 모든 비트가 데이터 전송에 사용될 수 있는 깨끗한 채널을 사용한다. 클리어 채널이란 T1라인을 임대한 사업자가 음성대신 전화망을 데이터 전송에 모두 사용할 때 사용된다. 음성통화를 위한 신호는 out-of-band방식으로 처리되는데 이는 데이터와 별도의 채널이 사용된다는 의미이다. 자주 이것은 commmon-channel-signaling이라고 부르는데 이것은 공유된 신호 채널이다. 24개의 채널 중 하나가 이 목적으로 사용된다.

미국이나 일본 밖에서는 2.048Mbps의 E1 캐리어가 T1대신에 사용된다. 이것은 32개의 8bit 데이터 샘플이 125μsec 프레임에 저장된다. 채널 중 30개는 정보를 전달하기 위해서 사용하고, 2개는 신호용으로 사용한다. 네 개 프레임 그룹은 64개의 신호 비트를 제공하고, 그중 반은 채널 결합 신호용으로 사용되고, 나머지 반은 프레임 동기화에 사용되거나 각국에서 원하는 방식으로 사용할 수 있도록 남겨두고 있다.

시분할 다중화는 다수의 T1 캐리어를 상위의 캐리어로 다중화시킬 수 있다. 그림 2-38이 어떻게 이러한 일을 하는지 보여준다. 왼쪽 그림은 하나의 T2 채널로 다중화되는 4개의 T1 채널을 보여준다. T2 및 그 상위에서의 다중화는 T1 프레임을 구성하는 24개 음성 채널들을 바이트 대 바이트가 아닌 비트 대 비트에 대해서 이루어진다. 4개의 1.544Mbps T1 스트림은 6.176Mbps를 만들어내지만, 실제로는 T2는 6.312Mbps이다. 여분의 비트들은 프레임을 구성하거나 어긋났을 때 복구하기 위해서 사용한다. T1과 T3는 소비자들에게 널리 사용되지만, T2와 T4는 전화시스템 내부에서만 쓰이기 때문에 잘 알려져 있지 않다.

그다음 단계에서 7개의 T2 스트림이 비트단위로 조합되어 T3 스트림을 만든다. 그다음 6개의 T3 스트림이 합쳐져서 T4 스트림을 만든다. 각 단계마다 프레임 구성과 송신측과 수신측의 동기 회복을 위해서 작은 양의 오버헤드가 추가된다.

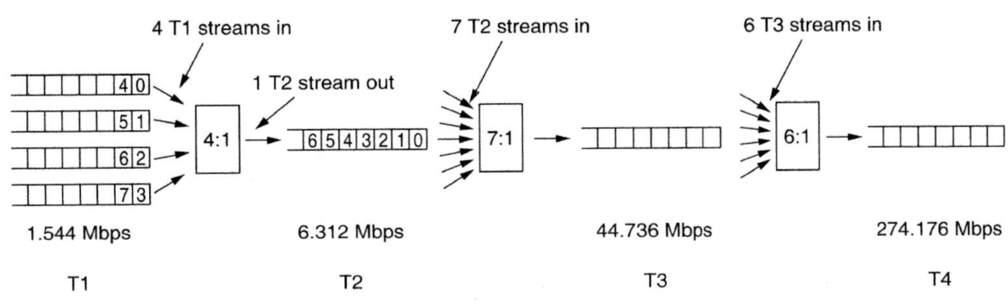

그림 2-38 고주파 반송파에서의 T1 스트림 다중화

미국과 다른 나라 간에 기본 캐리어에 대한 합의 사항이 거의 없는 것과 마찬가지로, 이 기본 캐리어가 어떻게 광대역 캐리어로 다중화되는지에 대한 합의사항도 거의 없다. 미국의 4, 7, 6으로 단계가 올라가는 방식은 다른 사람들에게 가야만 하는 길로 느껴지지 않았고, CCITT 표준은 각 단계마다 4개의 하위 스트림이 하나의 상위 스트림으로 다중화하도록 규정했다. 또한 프레임 구성하는 방법과 회복하는 방법에도 미국과 CCITT 표준안 사이에 차이점이 있다. CCITT의 32, 128, 512, 2048, 8192 채널 계층은 순서대로 2.048, 8.848, 34.304, 139.264, 565.148Mbps의 속도로 동작한다.

SONET/SDH

광섬유의 초기 시절에는 모든 전화 회사들은 고유의 독점적인 광 TDM 시스템을 가지고 있었다. 1984년에 AT&T가 분할된 후, 지역 전화 회사들은 모두 다른 광 TDM 시스템을 사용하는 다수의 장거리 사업자와 연결해야만 했고, 그에 따라 표준화에 대한 필요성은 명백해졌다. 1985년 Bellcore의 RBOC연구팀은 **SONET(Synchronous Optical NETwork, 동기식 광통신망)**라 불리는 표준화 작업을 시작했다. 후에 CCITT가 참여하여, 1989년에 여러 개의 권고안(G.707, G.708, G.709)을 만들어냈다. **SDH(Synchronous Digital Hierarchy, 동기 디지털 계층)**라 불리는 권고안은 SONET과는 작은 부분만 다르다. 사실상 미국의 모든 장거리 전화 트래픽과 다른 나라의 장거리 전화 트래픽의 대부분은 물리 계층으로 SONET을 운용하는 중계선을 사용한다. SONET에 대한 보다 상세한 정보는 (Bellamy, 2000; Goralski, 2000; Shepard, 2001)을 참고하라.

SONET의 설계에는 네 가지 주요한 목표가 있다. 첫 번째로 가장 중요한 목표는 서로 다른 사업자가 서로 연동할 수 있도록 하는 것이다. 이 목표를 이루기 위해, 파장, 시간, 프레임 구조와 다른 사항에 대해서 공통된 신호 방식 표준을 정의해야 했다.

두 번째로 64kbps PCM 채널에 기초하지만 서로 다른 조합 방식을 사용해서 호환되지 않는 미국,

유럽, 일본 디지털 시스템을 통일하기 위한 방법이 필요했다.

세 번째로 SONET은 다수의 디지털 채널들을 다중화할 수 있는 방법을 제공해야 했다. SONET이 고안되었을 때, 실제로 미국에서 널리 쓰이는 가장 빠른 디지털 캐리어는 44.736Mbps의 T3였다. T4가 정의되어 있었지만 많이 쓰이지 않았고, T4 상위의 속도는 정의되어 있지도 않았다. SONET의 임무 중 일부는 기가비트/초(gigabits/sec) 이상까지 계층구조를 확장하는 것이었다. 느린 채널들을 하나의 SONET 채널들로 다중화하는 표준화된 방법도 역시 필요했다.

네 번째로, SONET은 운용, 관리, 및 보수(OAM)를 위한 방안도 제공해야 했다. 이전의 시스템은 이것을 제대로 하지 못했다.

초기에 SONET은 다양한 서브채널을 위한 타임 슬롯을 포함하는 하나의 채널에 광섬유전체 대역을 사용하는 전통적인 TDM 시스템으로 만들도록 결정되었다. 그래서 SONET은 동기 시스템이다. 이것은 10^9초마다 1초 차이가 생기는 정확도를 가진 마스터 클럭에 의해서 제어된다. SONET 선로의 비트는 마스터 클럭에 의해서 제어되어 정확한 시간 간격으로 송출된다. 나중에 ATM의 기초가 되는 셀 스위칭(cell switching)이 제안되었을 때, 비정기적으로 셀이 도착하는 것을 허용한다는 사실 때문에 SONET의 동기적인 동작과 대비하기 위해서 비동기 전송 모드(Asynchronous Transfer Mode, ATM)라고 이름을 붙였다. SONET에서 송신측과 수신측은 공통된 클럭에 묶여 있고, ATM에서는 그렇지 않았다.

기본 SONET 프레임은 매 125μsec마다 송출되는 810바이트의 블록이다. SONET은 동기적이기 때문에, 프레임은 전송할 데이터가 있든 없든 송출된다. 초당 8,000개의 프레임은 모든 디지털 전화시스템에서 사용되는 PCM 채널의 샘플링 율과 정확히 일치한다.

810바이트의 SONET 프레임은 90개의 열과 9개의 행으로 이루어진 바이트들의 사각형으로 제일 잘 묘사된다. 따라서 8×810 = 6,480비트가 초당 8,000번씩 송출되어 총 51.84Mbps의 전송 속도를 갖는다. 이것이 **STS-1(Synchronous Transport Signal-1)**이라 불리는 기본 SONET채널이다. 모든 SONET 중계선들은 STS-1의 집합이다.

각 프레임은 그림 2-39에서 나타내었듯이, 3개의 열은 시스템 관리 정보를 위해서 예약되어 있다. 첫 번째 세 행은 섹션 오버헤드이고, 다음 여섯 행은 선로 오버헤드이다. 각 섹션의 시작과 끝에 섹션 오버헤드는 생성되어 점검되고, 선로 오버헤드는 각 선로의 시작과 끝에서 만들어져서 점검된다. SONET 전송기는 810바이트 프레임을 그들 사이에 간격 없이 연속적으로 전송한다. 전송할 아무런 데이터가 없는 때에는 더미 데이터를 전송한다. 수신측에서는 이것이 연속적인 비트 스트림으로 보일 것이고, 그러면 각 프레임이 어디서 시작되는지 어떻게 알 수 있나? 각 프레임이 수신자가 검색할 수 있는 처음 두 바이트의 고정 패턴을 가지는 것이 그 해답이다. 만약 수신자가 연속적인 프레임들 속의 같은 곳에서 이 패턴을 찾을 수 있다면, 수신자는 송신자와 동기가 일치한다고 가정한다.

이론적으로 사용자는 일반적인 방법으로 이 패턴을 삽입할 수 있지만, 실제로는 같은 프레임에 여러 사용자들이 다중화되는 등의 이유로 그렇게 할 수 없다.

남아있는 87열은 87×9×8×8,000 = 50.112Mbps의 사용자 데이터를 수용한다. 하지만 **SP**

(Synchronous Payload Envelope)라 불리는 사용자 데이터는 항상 첫 번째 행, 네 번째 열에서 시작하지는 않는다. SPE는 프레임의 어디에서든지 시작될 수 있다. 첫 번째 바이트에 대한 포인터는 선로 오버헤드의 첫 번째의 행에 저장되어 있다. SPE의 첫 번째 행은 패스 오버헤드이다(종단간 경로 부계층 프로토콜을 위한 헤더이다).

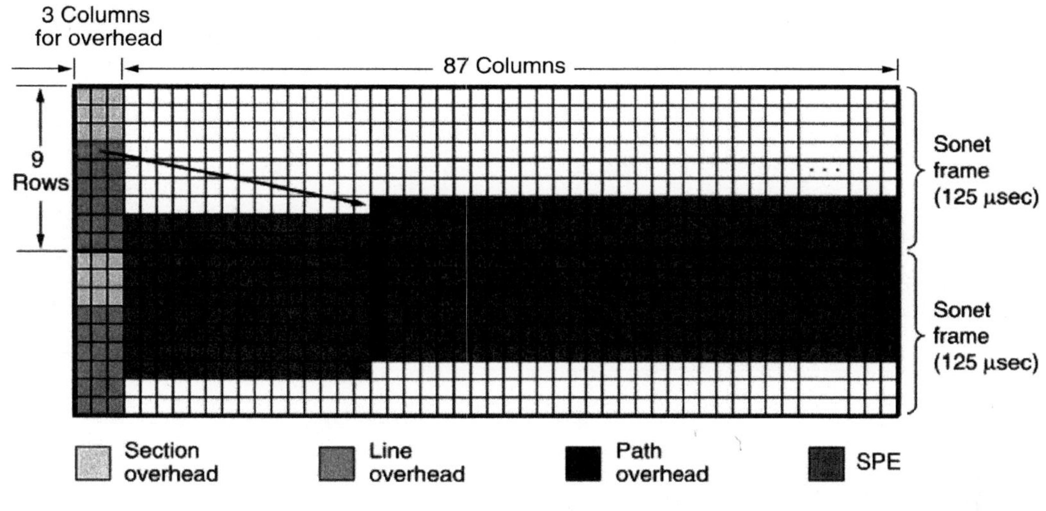

그림 2-39 2개의 배면 결합 SONET 프레임

SPE가 어디서도 시작될 수 있고, 심지어는 그림 2-39과 같이 두 프레임에 걸칠 수 있도록 하는 것은 시스템에 유연성을 더해준다. 예를 들어 더미 SONET 프레임이 만들어지는 중에 페이로드가 출발지로부터 도착한다면, 다음 프레임이 시작할 때까지 기다리는 대신에 현재 프레임의 중간에 삽입될 수 있을 것이다.

SONET 다중화의 계층 구조는 그림 2-40과 같다. STS-1부터 STS-192까지의 전송 속도가 정의되어 있다. STS-*n*에 대응되는 광 캐리어는 OC-*n*이라 하고, 동기화를 위해서 특정한 비트 재배열이 필요한 점을 제외하면, 비트 대 비트 단위로 똑같다. SDH는 이름이 다르고, CCITT 기반 시스템에서는 51.4Mbps 정도의 전송 속도를 가지지 않기 때문에, OC-3에서 시작한다. OC-9 캐리어는 일본에서 많이 사용되는 고속 중계선의 전송속도와 비슷하기 때문에 사용되고 있다. OC-18과 OC-36도 일본에서 사용된다. 총 데이터 전송 속도는 모든 오버헤드를 포함한 것이다. SPE 데이터 전송 속도는 선로 오버헤드와 섹션 오버헤드는 제외한 것이다. 사용자 데이터 전송 속도는 모든 오버헤드를 제외하고, 86열의 페이로드만 계산한 것이다.

여담으로 OC-3 같은 캐리어가 다중화되지 않고, 하나의 소스로부터 나오는 데이터를 전송하면 '*c*'가 명칭 끝에 덧붙는다. 그래서 OC-3는 3개의 분리된 OC-1 캐리어로 구성되는 155.52Mbps 캐리어를 나타내지만, OC-3c는 155.52Mbps 속도의 소스 하나로부터 나오는 데이터 스트림을 가리킨다. OC-3c 내부의 3개의 OC-1은 열별로 인터리빙되는데, 즉 스트림 1에서 1번열, 그다음 스트림 2에서

1번열, 그다음 스트림 3에서 1번열, 다시 스트림 1에서 2번열과 같은 순서로 270, 9행으로 된 프레임을 만든다.

SONET		SDH	Data rate(Mbps)		
Electrical	Optical	Optical	Gross	SPE	User
STS-1	OC-1		51.84	50.112	49.536
STS-3	OC-3	STM-1	155.52	150.336	148.608
STS-9	OC-9	STM-3	466.56	451.008	445.824
STS-12	OC-12	STM-4	622.08	601.008	594.824
STS-18	OC-18	STM-6	933.12	902.016	891.648
STS-24	OC-24	STM-8	1244.16	1202.668	1188.864
STS-36	OC-36	STM-12	1866.24	1804.032	1783.864
STS-48	OC-48	STM-16	2488.32	2405.376	2377.728
STS-192	OC-192	STM-64	9953.28	9621.504	9510.912

그림 2-40 SONET 및 SDH 다중화 속도

파장 분할 다중화(WDM, Wavelength Division Multiplexing)

광섬유 채널에서는 **WDM**이라고 불리는 주파수 분할 다중화의 변종이 사용된다. 그림 2-41은 광케이블에서 WDM의 기본원리를 보여준다. 다른 파장에 에너지가 존재하는 네 개의 광케이블이 광 합성기(optical combiner)에서 만난다. 네 광선은 원거리의 목적지로 전송되기 위해서 하나의 광케이블로 모인다. 반대편의 끝단에서 광선은 입력단에서 그랬던 것처럼 많은 광케이블들로 나누어진다. 각각의 출력 광케이블은 하나의 파장을 제외한 나머지를 걸러내는 짧고, 특별하게 제조된 중심부를 가지고 있다. 그 신호는 목적지로 전달될 수 있거나, 다른 다중화 전송장비를 사용해서 다른 방법으로 재결합될 수 있다.

사실 새로울 것은 없다. 이것은 단지 높은 주파수에서 동작하는 주파수 분할 다중화 방법이다. 개개의 채널이 주파수범위를 가지고, 모든 범위들이 겹치지 않으면, 이들은 장거리 광섬유상에서 다중화될 수 있다. 전기적인 FDM과의 유일한 차이점은 회절격자를 사용하는 광 시스템이 완전히 수동적이고, 신뢰도가 높다는 것이다.

WDM이 널리 쓰이는 이유는 보통 하나의 광케이블은 단지 몇 GHz대에만 에너지가 존재하기 때문인데, 그것은 현재 전자 매체에서 광 매체로 더 빠르게 변환시키는 것은 불가능하기 때문이다. 다른 파장에 채널을 병렬로 동작하게 하면, 합쳐진 대역폭은 채널수에 따라서 선형적으로 증가한다. 하나의 광섬유의 대역폭은 그림 2-7에서 보듯이 25,000GHz이기 때문에, 주파수당 단 하나의 비트를 전송한다 하더라도(물론 더 빠른 속도도 가능하다) 이론적으로 2,500개의 10Gbps의 채널을 수용할 수 있는 공간이 존재한다.

WDM 기술은 컴퓨터 기술을 부끄럽게 만들 정도의 속도로 처리되고 있다. WDM은 1990년경에 개발되었다. 첫 번째 상용 시스템은 채널마다 2.5Gbps씩 8개의 채널을 가지고 있었다. 1998년에는, 40개의 2.5Gbps채널을 가진 시스템이 출시되었다. 2006년에는 192개의 10Gbps 채널을, 64개의 40Gbps채널을 가져서 총 2.56Tbps인 제품이 나왔다. 이것은 초당 80편의 장편영화를 전송하기에 충분한 대역폭이다. 또한 수백 개의 채널 또는 50GHz 정도의 간격으로 빽빽하게 들어차 있다. 10배의 대역폭을 가진 시스템이 이미 실험실에서 동작하고 있으나 실험실에서 필드로 오는 데는 보통 몇 년의 시간이 걸린다. 채널수가 매우 많고 파장의 간격이 좁아지면, 그 시스템은 **DWDM**(Dense WDM)이라고 부른다.

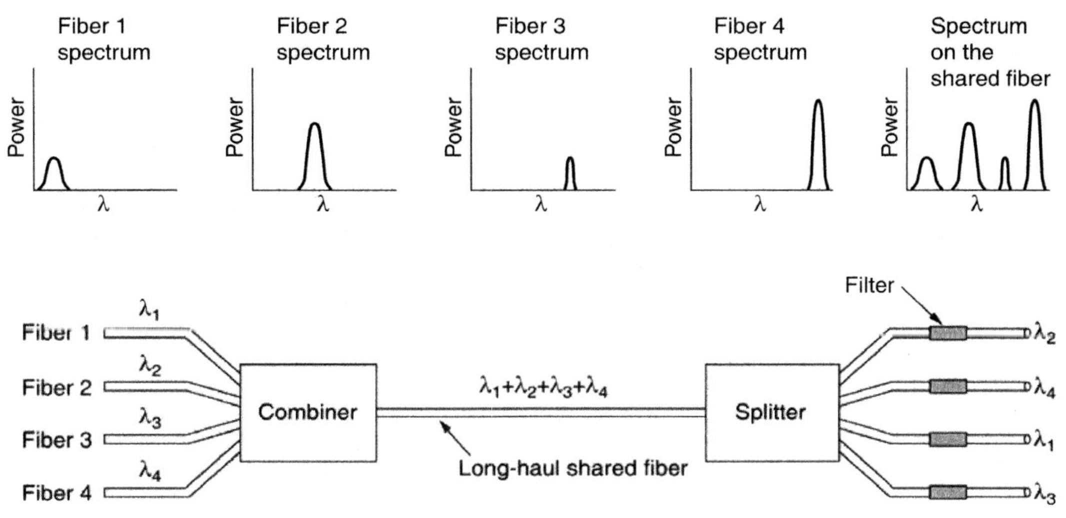

그림 2-41 파장 분할 다중화

WDM기술의 드라이버 중 하나는 all-optical device의 개발이다. 예전에는 100km마다 전 채널을 분리한 다음, 전기신호로 변환하여 개별적으로 증폭하고, 다시 광신호로 변환한 후, 재조합하는 과정이 필요했다. 오늘날은 다수의 광전 변환기 없이, 1,000km마다 광 증폭기가 한 번에 전체 신호를 재생해 준다.

그림 2-41의 예는 고정 파장 시스템을 보여준다. 1번 입력 광케이블에서 들어온 비트는 3번 출력 광케이블로 나가고, 2번 입력 광케이블에서 들어온 비트는 1번 출력 광케이블로 나간다. 하지만 교환되는 WDM 시스템을 구축하는 것도 가능하다. 그러한 장비는 Fabry-Perot이나 Mach-Zehnder 간섭계(interferometer)를 사용해서 출력 필터를 조정할 수 있다. 이런 장비는 제어 컴퓨터로 특정파장을 동적으로 변환시키게 해준다. 이런 능력은 고정된 집합의 광섬유로 이루어진 전화망에서 다른 파장의 경로를 유연하게 제공할 수 있다. WDM과 인터넷 패킷 교환에서 활용되는 방안에 대해서 좀 더 알고 싶으면 (Ramaswami et al. 2009)을 참고하라.

2.6.5 교환

보통의 전화 기술자들의 관점에서 전화 시스템은 두 가지 주요한 부분으로 나누어진다. 물리적으로 교환국의 바깥에 있는 가입자회선, 중계선으로 이루어진 외부설비와 교환국 내부에 있는 교환기로 이루어진 내부 설비가 그것이다. 우리는 바로 전에 외부 설비에 대해서 살펴보았다. 이제 내부 설비에 대해서 알아볼 시간이다. 현재는 회선 교환 방식과 패킷 교환 방식의 두 가지 교환 기술이 사용된다. 아래에서 우리는 각각에 대해서 간단히 소개할 것이다. 그런 후 회선 교환 방식이 전화 시스템이 동작하는 방법이기 때문에 먼저 회선 교환 방식에 대해서 자세히 논할 것이다. 패킷 교환 방식은 다음 장에서 자세히 공부하게 될 것이다.

회선 교환 방식

당신이나 당신의 컴퓨터가 전화를 걸면, 전화 시스템의 교환 장비는 당신의 전화기로부터 수신자의 전화기에 이르는 경로를 찾아낸다. 이 기술을 회선 교환 방식이라 하고, 그림 2-42(a)에서 그것을 시스템적으로 나타내었다. 6개 사각형은 각각 단국이나 중계교환국 같은 사업자 교환국을 나타낸다. 이 예에서, 단국은 세 개의 입력 선로와 세 개의 출력 선로를 갖는다. 호가 단국을 통과할 때, 점선으로 그려져 있듯이, 호가 들어오고 나가는 선로를 따라서 물리적인 연결이 개념적으로 맺어진다.

전화 초창기 시절에, 교환원이 입력 소켓과 출력 소켓을 점퍼 케이블로 꽂음으로써 연결이 이루어졌다. 사실 자동 회선 교환 장비의 발명에는 깜짝 놀랄 만한 이야기가 연관되어 있다. 자동 교환 장비는 Almon B. Strowger라는 19세기 미주리 주의 장의사가 발명했다. 전화기가 발명된 지 얼마 지나지 않았을 때, 누군가가 죽으면 생존자가 지역 교환원에게 전화를 걸어 "장의사를 연결해 주십시오."라고 말했다. Strowger에게는 불행하게도, 그 지방에는 두 명의 장의사가 있었고, 지역 교환원은 다른 장의사의 아내였다. 그는 곧 자동 전화 교환 장비를 발명하거나 장의 사업에서 퇴출되거나 둘 중의 하나라는 사실을 알아차렸다. 그는 자동 전화 교환 장비를 발명하기로 결정했다. 거의 100년 동안 전 세계적으로 사용된 회선 교환 장비는 Strowger 장치로 알려졌다(역사는 해고된 전화 교환원들이 "장의사 전화번호는 무엇입니까?"와 같은 질문에 대답하는 안내원으로 직업을 바꾸었는지는 기록하지 않았다).

그림 2-42(a)는 회선 교환 방식의 모델을 매우 간략하게 나타낸 것이다. 그림에서 두 전화 사이의 물리적인 경로는 수천 개의 호가 다중화되는 마이크로웨이브나 광 링크일 수 있다. 그럼에도 불구하고 기본적인 아이디어는 유효하다.

회선 교환 방식의 중요한 특징은 데이터가 전송되기 전에 종단-대-종단 경로를 설정해야만 한다는 것이다. 다이얼을 누르고, 전화벨이 울리기까지 10초가 걸리기도 하고, 장거리 전화나 국제 전화에서는 더 긴 시간이 걸리기도 한다. 이 시간 동안 전화 시스템은 그림 2-39(a)처럼 경로를 찾고 있다. 데이터가 전송되기 전이라 할지라도, 호 요청 신호는 목적지까지 전파되고 응답받아야 함을 유념해야 한다. 많은 컴퓨터 응용(구매시점의 신용카드 결제 같은 것)에서 긴 셋업시간은 바람직하지 않다.

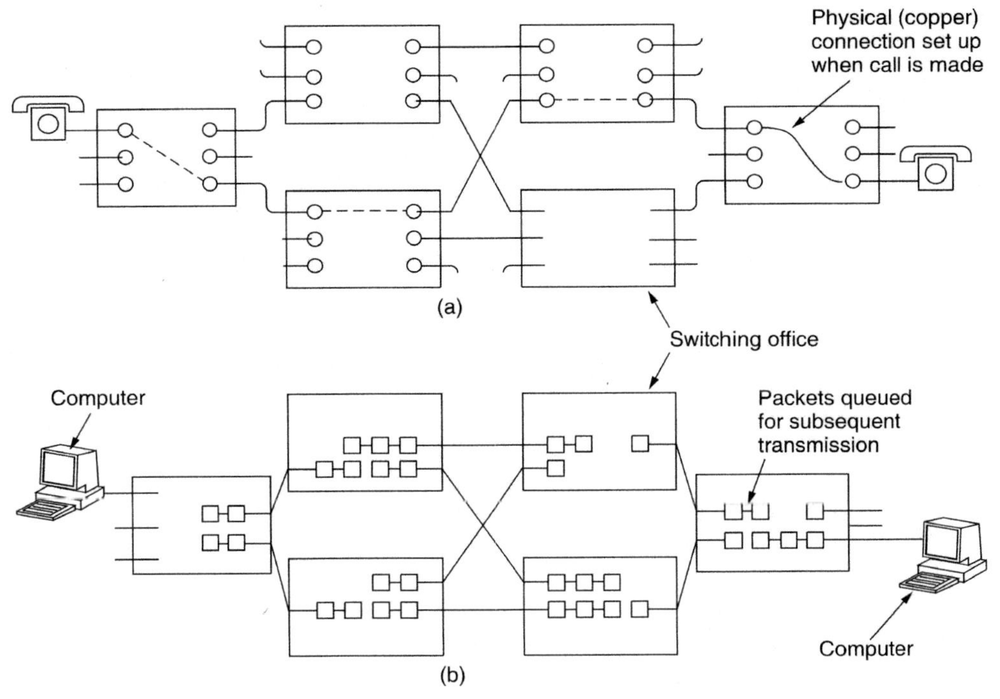

그림 2-42 (a) 회선 교환 (b) 패킷 교환

일단 호가 성립하면, 양 끝단 사이에 전용 경로가 만들어지고 호가통신을 하는 양 끝단 사이에 경로가 예약된 결과로 한번 셋업이 끝나면 데이터에 생기는 지연은 1,000km당 5초에 해당하는 전자기 신호의 전파시간밖에 없다. 그리고 경로가 성립되었기 때문에 혼잡(congestion)의 위험도 없다. 다시 말해서 호가 연결된 이후에는 통화중 신호(busy signal)를 받지 않는다. 물론 연결되기 전에는 교환기나 중계선의 용량 부족으로 통화중 신호를 받을 수 있다. 끝날 때까지 계속 유지된다.

패킷 교환 방식 (Packet Switching)

회선 교환 방식의 대안이 그림 2-42(b)에 보인 1장에서 설명된 패킷 교환 방식이다. 이 기술에서는 패킷이 만들어지는 대로 바로바로 보내지게 된다. 회선 교환 방식과 달리 개별적인 패킷들이 미리 전용 경로를 설정할 필요 없이 전송될 수 있다. 개개의 패킷이 목적지로 가는 길을 찾는 것은 저장 후 전송을 사용하는 라우터에게 달려 있다. 이 과정은 connection setup에서 대역폭을 미리 송신단에서 수신단까지 예약하는 회선 교환 방식과는 다르다. 모든 데이터는 이 경로의 회선을 따라간다. 여러 특징 중 똑같은 경로를 따라간다는 것은 이것들이 순서가 틀리게 도착하지 않는다는 점이다. 패킷 교환에서는 정해진 경로가 없기 때문에 여러 패킷이 네트워크 상태에 따라 다른 경로를 따라갈 수 있으며 순서가 어긋나 도착할 수 있다.

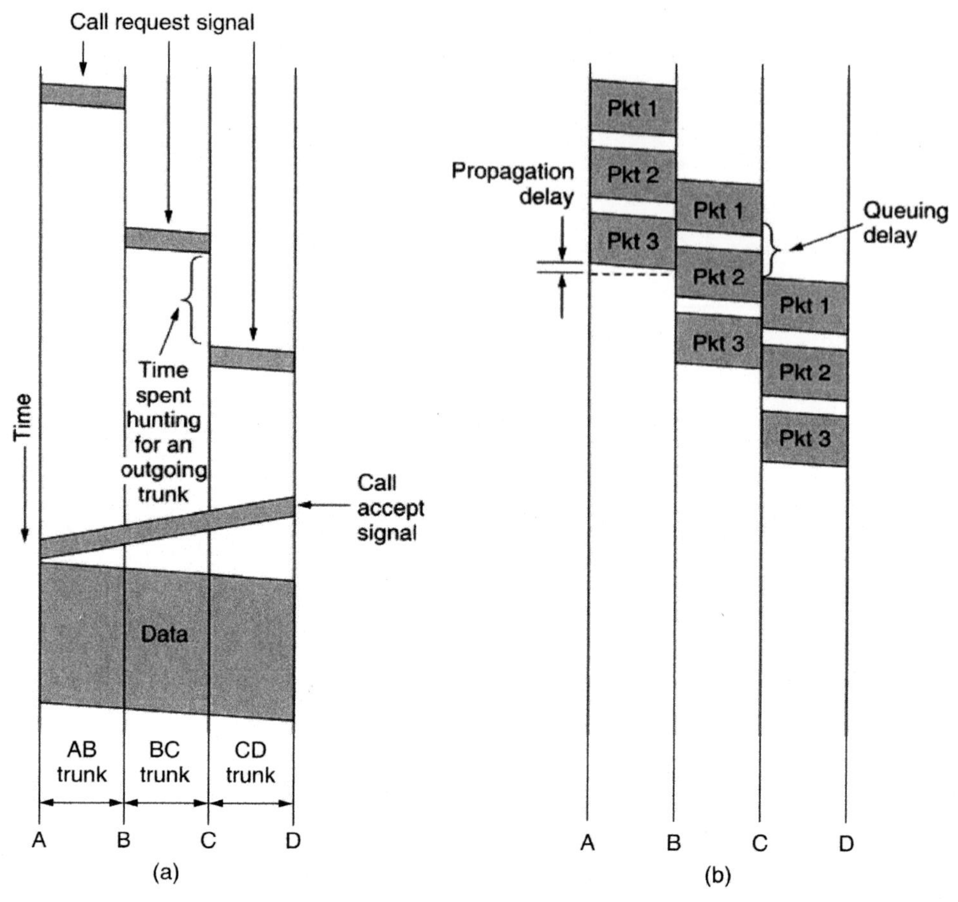

그림 2-43 (a) 회선 교환 (b) 패킷 교환에서의 이벤트 타이밍

패킷 교환망은 블록 크기에 엄격한 상한을 둔다. 어떤 사용자도 전송로를 너무 긴 시간 동안 독점하지 못하도록 보장하기 때문에 패킷 교환망은 대화형 트래픽에 적합하다. 여러 패킷들로 이루어진 메시지의 첫 번째 패킷은 전송지연을 줄이고 처리율을 개선시키기 위해서 두 번째 메시지가 완전히 도착하기 전에 전송될 수 있다. 그러나 저장 후 전송으로 인한 지연은 라우터의 메모리에 저장되었다가 다음 라우터로 가기 때문에 회선교환의 지연을 훨씬 능가한다. 회선교환에서는 비트들이 선로를 따라 연속적으로 흘러간다.

회선 교환 방식과 패킷 교환 방식은 많은 면에서 다르다. 패킷 교환에서는 대역폭을 미리 예약하지 않기 때문에 패킷은 전송되기 전에 기다려야 할 수도 있다. 이는 Queueing Delay를 일으키며 많은 패킷이 동시에 전송될 때 혼잡을 일으킨다. 역으로 비지 신호나 네트워크를 사용하지 못하는 위험은 없다. 따라서 혼잡은 회선 교환에서는 통신이 시작되기 전, 패킷 교환망에서는 패킷을 전송하는 시점에서 다르게 일어난다.

만약 한 회선을 특정 사용자가 예약하고, 그 사용자가 트래픽을 전송하지 않는다면 그 대역폭은 낭비될 것이다. 다른 사용자의 트래픽들은 예약된 대역폭을 사용할 수가 없는 것이다. 반면에 패킷 교환 방식은 대역폭을 낭비하지 않으므로, 시스템의 관점에서 더 효율적이다. 회선 교환 방식과 패킷 교환 방식의 차이점을 이해하기 위해서는 이 절충점(trade-off)을 이해할 필요가 있다. 이 트레이드오프는 자원을 낭비하면서 서비스의 품질을 보장하는 것과 자원을 낭비하지 않으면서 서비스의 품질은 보장되지 않는 것 사이에서 발생한다.

패킷 교환 방식은 회선 교환 방식에 비해서 장애에 더 강하다. 사실 이것이 패킷 교환 방식이 개발된 이유이기도 했다. 만약 교환기가 작동을 멈추면, 이 교환기를 사용하는 모든 회선들은 종료되고, 더 이상 트래픽이 전송될 수 없게 된다. 패킷 교환 방식에서 패킷들은 작동을 멈춘 스위치를 우회할 수 있으므로, 이와 같은 문제점을 극복할 수 있다.

회선 교환 방식과 패킷 교환 방식의 마지막 차이점은 과금 방식이다. 역사적으로 회선 교환 방식에서 과금은 거리와 접속 시간에 근거한다. 이동전화에서는 국제전화를 제외하면 거리는 중요하지 않고 접속 시간만 조금 중요할 뿐이다(2,000분의 무료통화시간이 주어지는 통화요금서비스가 1,000분의 무료 통화시간이 주어지는 통화요금서비스보다 더 비싸다. 또 평소보다 밤이나 주말의 전화요금이 더 싸다). 패킷 교환 방식에서는 접속시간이 중요하지 않고 트래픽의 양이 중요하게 된다. ISP들은 가정사용자들에게 그들이 더 쉽게 이해하고 간편하기 때문에 월정액을 과금한다. 하지만 백본 사업자들은 트래픽의 사용량에 따라서 로컬 서비스 사업자에게 과금한다.

그림 2-44에는 이런 차이점이 나와 있다. 전통적으로 전화망에서는 회선 교환망을 사용하는데 고품질 전화통화를 제공하기 위함이다. 반면 컴퓨터 네트워크는 패킷 교환을 사용하는네 단순함과 효율을 위해서이다. 특별한 예외가 있다. 오래된 컴퓨터 네트워크는 회선 교환을 내부에서 사용하며(X.25) 새로운 전화망은 Voice over IP등의 패킷 교환망을 사용한다. 이것은 외부에서 보기에는 표준 전화처럼 보이지만 내부에서는 음성 데이터의 패킷이 교환이 된다. 이런 방법은 기존 전화회사보다 품질은 낮을지 몰라도 전화카드 등으로 싼 국제 전화회사들이 등장할 수 있도록 하였다.

Item	Circuit switched	Packet switched
Call setup	Required	Not need
Dedicated physical path	Yes	No
Each packet follows the same route	Yes	No
Packets arrive in order	Yes	No
Is a switch crash fatal	Yes	No
Bandwidth available	Fixed	Dynamic
Time of possible congestion	At setup time	On every packet
Potentially wasted bandwidth	Yes	No
Store-and-forward transmission	No	Yes
Transparency	Yes	No
Charging	Per minute	Packet

그림 2-44 회선 교환망과 패킷 교환망의 비교

2.7 이동전화 시스템

전통적인 유선전화 시스템(설령 언젠가는 종단간이 멀티기가 비트 광섬유로 된다 하더라도)은 여전히 증가하는 사용자들, 그리고 늘 활동하는 사람들을 만족시킬 수 없다. 비행기, 자동차, 수영장이나 공원에서도 사람들은 지금 전화를 걸려고 한다. 몇 년 내에 그러한 모든 장소에서 그리고 그 이상의 장소에서도 사람들은 역시 전자메일을 전송하고 웹을 검색하기를 바랄 것이다. 결과적으로 무선전화에 엄청난 관심이 있음을 나타낸다. 다음 절에서는 이 주제를 좀 더 자세히 공부할 것이다.

무선전화는 넓은 지역에서 음성이나 데이터 통신에 사용된다. 이동전화(때때로 **셀 폰**이라 불림)는 3세대를 거쳐 왔다(1G, 2G, 3G).

1. 아날로그 음성
2. 디지털 음성
3. 디지털 음성과 데이터(인터넷, 전자메일 등)

(코드 없는 전화와 이동전화는 혼동해서는 안 되는데, **코드 없는 전화(cordless phones)**는 기지국과 단말기로 구성되는 장치이고, 이것은 집에서 사용할 수 있도록 세트로 판매된다. 이들은 네트워킹용으로는 결코 사용되지 않기에 더 이상 검토하지 않을 것이다.)

우리들의 토론 대부분이 이들 시스템 기술에 관한 것일지라도, 정책적 그리고 작은 마케팅 의사결정이 어떻게 커다란 영향력을 행사할 수 있는가를 검토하는 것은 흥미 있는 일일 것이다. 첫 번째, 이동전화는 미국에서 AT&T에 의해 고안되었고, 전국적으로 FCC에 의해 규제되었다. 결과적으로, 미국 전역은 (아날로그) 단일 시스템이 사용되었고 캘리포니아에서 판매된 이동전화는 뉴욕에서도 동작되었다. 반대로, 유럽에 이동전화가 상륙했을 때는, 각 나라는 각각 자신의 시스템을 고안하였고, 결과적으로 이것은 큰 실패를 초래하였다.

유럽은 그러한 실수를 경험했기 때문에, 디지털 시스템이 나왔을 때는 국영으로 운영되는 PTT들이 모여서 단일 시스템을 표준화하였고(GSM), 그래서 어떤 유럽의 이동전화라도 유럽 어느 곳에서나 동작이 잘 되었다. 그 때까지 미국에서는 정부가 표준화 사업을 하지 않아야 된다고 미국은 결정했고, 그래서 디지털 이동전화는 시장으로 넘어갔다. 이 결정 때문에 장치 생산자들은 제각기 다른 종류의 이동전화를 생산하게 되었다. 결과적으로 미국은 현재 서로 호환되지 않는 두 종류의 주된 디지털 이동전화 시스템이 동작 중에 있다(이외에도 또 하나의 다른 디지털 이동전화가 있음).

초기에는 미국이 이동통신을 선도했음에도 불구하고 현재는 유럽에서의 이동전화 소유권과 이용이 미국에서 보다 훨씬 훌륭하다. 유럽전역에 걸친 단일 시스템을 가진 것이 한 가지 이유이겠지만, 그 외에도 많은 이유가 있다. 미국과 유럽의 차이점 중 두 번째는 전화번호 문제이다. 미국에서는 이동전화 번호가 유선전화번호와 혼합되어 있다. 그러므로 전화 발신자가 (212) 234-5678에 전화하려고 할 때 이것이 유선전화(싸거나 무료통화)인지 이동전화(비싼 통화) 인지를 알 수 있는 방법이 없다. 사람들이 전화 이용에 대해 부담을 느끼지 않게 하기 위해서, 전화회사들은 이동전화 소유자가 수신하는 전화에 대해서도 요금을 지불하도록 결정하였다. 결과적으로, 많은 사람들은 단순히 전화를 받은 것만으로도 고지서 금액이 증가하는 것이 두려워, 이동전화 구입을 망설였다. 유럽에서는, 이동전화는 특수 지역코드를 갖고 있고(800과 900번호와 유사한) 그래서 그들은 즉시 인식될 수 있다. 결과적으로, "발신자 지불"이라는 평범한 규칙이 유럽의 이동전화에도 적용된다(요금이 분리되는 국제전화에 대해서는 예외임).

이동전화의 선정에 있어서 커다란 영향을 끼친 세 번째 이슈는 유럽에서 이동전화 사전 지불제를 널리 이용되고 있었다는 것이다(어떤 지역에서는 75%까지). 무선 주파수를 사는 것보다 형식에 구애받지 않고 이들은 상점에서 살 수 있다. 예를 들어 20 또는 50유로가 사전에 카드에 저장되면 잔액이 영으로 떨어질 때까지 비밀 PIN(Personal Identification Number, 개인식별번호) 코드를 이용하여 사용이 가능하다. 실제로는 유럽에 있는 10대 청소년과 많은 어린이들이 (항상 사전 지불된) 이동전화를 가지고 있고, 그래서 부모들은 아이들 사용으로 빚어진 엄청난 요금 청구의 위험 없이 이동전화를 맡길 수 있다. 만일 이동전화를 오로지 가끔씩만 쓴다면, 그 이용은 본질적으로 무료이다. 왜냐하면 월별 요금이나 수신되는 호에 대한 수신자가 부담하는 요금이 없기 때문이다.

2.7.1 1세대 이동통신 : 아날로그 음성

이동전화의 정책적 측면과 마케팅 측면에 대해 충분히 검토해 보았다. 이제 초기 시스템으로부터 시작해서 기술을 살펴보자. 이동무선전화는 20세기 초에 해상통신과 군용통신용으로 간헐적으로 사용되었다. 1946년 자동차에 기반을 둔 전화가 최초로 St. Louis에 설치되었다. 이 시스템은 단일의 대형 송신기를 높은 빌딩 위에 놓고 사용했으며, 송신과 수신 모두를 위해서 1개의 단일 채널만 있었다. 말하자면, 사용자는 송신기를 활성화시키려면 수신기를 비활성화 시키는 단추를 눌러야만 했다. 이러한 시스템을 **push-to-talk** 시스템이라 하며, 1950년 후반에 몇몇 도시에 설치되었다. CB 무선, 택시 그리고 TV프로그램이 내장된 경찰차들이 종종 이 기술을 사용하였다.

1960년대에, **IMTS**(Improved Mobile Telephone System)가 설치되었다. 이것 역시 언덕 높은 곳에서 고출력 전력(200watt) 송신기를 사용했으나 2개 주파수를 갖는다. 하나는 송신용이고 다른 하나는 수신용이어서, push-to-talk 단추는 더 이상 필요하지 않게 되었다. 이동전화로부터 오는 모든 통신은 대역외(outbound) 신호방식보다는, 다른 채널 위에서 대역내(inbound) 신호방식을 적용하기 때문에, 이동전화 사용자는 서로의 통화를 들을 수 없었다(택시에서 사용되는 push-to-talk 시스템과는 달리).

IMTS는 150MHz부터 450MHz까지 분포된 주파수에서 23개 채널을 지원한다. 채널수가 작기 때문에 이용자는 신호음을 얻기 위해서 종종 긴 시간을 기다려야만 했다. 또 언덕 위에 설치된 송신기는 출력이 높기 때문에, 인근 시스템은 간섭을 피하기 위해서 수백 킬로미터를 떨어져야만 했었다. 결론적으로 제한된 용량 때문에 시스템은 실용화되지 못했다.

AMPS(Advanced Mobile Phone System)

그 후 **AMPS**(Advanced Mobile Phone System)로 바뀌게 되었는데, 이것은 벨연구소(Bell Labs.)에서 창안되었고, 1982년 미국에 처음으로 설치되었다. 이것은 영국에서도 이용되었고, 영국에서는 TACS(Total Access Communication System)라 불렸으며, 또 일본에서도 사용되었는데 일본에서는 MCS-LI이라 불렸다. 비록 AMPS는 신기술이 아닐지라도, 좀 더 자세히 검토할 필요가 있다. 왜냐하면 이전 시스템과의 호환성을 위해서, AMPS의 많은 기본적 성질들이 디지털 이동전화인 D-AMPS에 직접 계승되기 때문이다.

모든 이동전화 시스템에서는, 각 지역을 셀로 나누게 되는데, 이것이 이동전화 장치가 셀 폰이라 불리는 이유이다. AMPS에서, 셀 지름은 전형적으로 10Km 또는 20Km이다. 디지털 시스템에서는 셀의 크기가 더 작다. 각 셀은 자신의 인근에 누구도 사용하지 않는 주파수 세트를 이용한다. 셀룰러 시스템이 기존 시스템보다 훨씬 더 많은 용량을 갖게 하는 중요한 아이디어는 상대적으로 작은 셀을 쓰는 것과 (인접 셀이 아닌) 근처에 있는 셀에서 사용하는 전송 주파수를 재사용하는 것이다. 100Km 지름을 갖는 IMTS 시스템은 각 주파수에서 한 개의 호를 갖는 한편 AMPS 시스템은 같은 면적에서 10Km짜리 셀 100개를 가질 수 있으며, 이것은 넓게 분리된 셀에서, 각 주파수당 10개에서 15개의 호를 가질 수 있다.

이렇게, 셀의 크기를 작게 설계함에 따라, 시스템의 용량을 증가시킬 수 있다. 더욱이, 셀을 작게 설계하면 전력손실이 작아도 되고, 이것은 송신기와 단말기를 작고 값싸게 할 수 있다. 손에 들고 쓰는 휴대전화기는 0.6watt를 송출하고, 자동차 내에 있는 송신기는 3watt를 송출하는데, 최대치는 FCC에 의해서 허가된다.

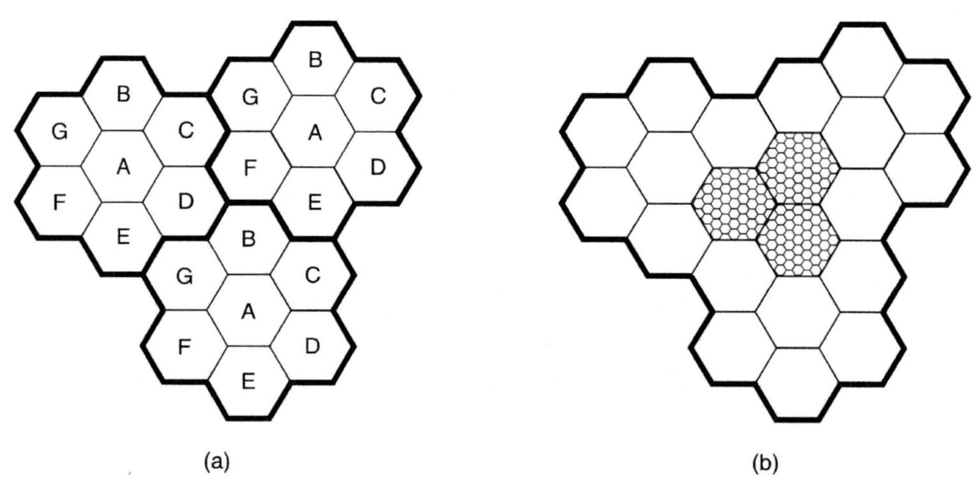

그림 2-45 (a) 주파수는 인접 셀에서 재사용되지 않음 (b) 사용자를 더 추가하려면 더 작은 셀들이 사용될 수 있음

주파수 재사용에 대한 아이디어는 그림 2-45(a)에서 보는 바와 같다. 셀은 정상적으로 대체로 원형이지만, 셀을 육각형으로 모델링하는 것이 더 쉽다. 그림 2-45(a)에서 셀들은 모두 같은 크기이다. 7개의 셀은 한 개의 단위로 그룹핑 되어 있다. 각 문자는 주파수 그룹을 나타낸다. 각 주파수 세트에 대해서는, 분리가 잘 되고 간섭을 줄이기 위해 주파수가 재사용되지 않게 두 셀 간에 충분히 떨어진 완충지역이 있다.

기지국 안테나를 설치하기 위해 대기 중에 충분히 높은 장소를 물색하는 문제가 가장 중요한 관건이다. 이 문제로 몇몇 통신 사업자는 천주교 성당과 동맹을 맺게 되었는데, 이것은 세계적으로 성당이 상당히 많은 수의 높은 안테나 사이트를 갖고 있고, 단일 관리체계하에 있어서 매우 편리하기 때문이다.

시스템에 과부하가 걸릴 때까지 이용자 수가 증가하는 지역에서는 전력을 줄이고, 과부하 셀을 더 작은 **마이크로셀**(microcells)로 쪼개어 더 많은 주파수 재사용이 가능토록 하며, 이것은 그림 2-45(b)에 나와 있다. 전화사업자들은 때때로 스포츠 행사, 록 콘서트, 그리고 몇 시간 동안 많은 이동전화 사용자가 모일 수 있는 다른 장소에서 위성 링크를 동반한 이동 가능한 탑을 이용함으로써 임시적인 마이크로셀을 만든다.

셀 내에 있는 모든 전화에서 송신하여 도착하는 기지국이 각 셀의 중앙에 있다. 기지국은 컴퓨터와 안테나로 연결되는 송신기/수신기로 구성된다. 소형 시스템에서는, 모든 기지국이 **MTSO** (Mobile Telephone Switching Office) **또는 MSC**(Mobile Switching Center)라 불리는 난일 상치에 연결되어 있다. 대형 시스템에서는 여러 개의 MTSO가 필요하고, 이들 MTOS와 다음 단계 등으로 연결되어 있다. MTSO는 기본적으로 유선전화시스템에서와 같은 단국이다. 실제로 MTSO는 최소한 1개의 유선전화 단국과 연결되어 있다. MTSO는 그에 속해 있는 기지국들 각각 다른 MTSO, 그리고 패킷 교환망을 이용하는 PSTN과 연결되어 있어 통신한다.

각각의 이동전화는 논리적으로 어느 1개의 특정한 셀에 속해 있고, 그 셀 기지국의 제어 아래 있다. 이동전화가 물리적으로 한 셀을 떠날 때, 그 기지국은 이동전화 신호가 약해지고 있다는 것을 파악하고, 인근의 모든 기지국에게 얼마나 강한 전력을 이동전화로부터 받고 있는지를 문의한다. 그런 후 기지국은 가장 강한 신호를 받고 있는 셀로 소유권을 이전하는데, 이 셀이 현재 이동전화가 속해 있는 셀이다. 그리고 나면 이동전화는 새로운 대장을 통지 받는다. 만일 호가 계속 진행 중에 있으면 그 호를 새로운 채널로 스위칭할 것인가를 묻는다(왜냐하면 구 채널은 어느 인접 셀에서도 재사용되지 않기 때문이다). 이러한 절차를 **핸드오프**(handoff)라 하고, 약 300msec가 소요된다. 시스템의 중추수뇌부인, MTSO에 의해 채널 할당이 이루어진다. 기지국은 실질적으로 바로 정확한 무선 중계기 역할을 한다.

채널

AMPS는 채널을 분리하기 위해 FDM을 이용한다. AMPS 시스템은 832개의 전이중방식 채널을 이용하며, 각 채널은 한 쌍의 단방향 방식 채널로 구성된다. 이런 방식을 FDD(Frequency Division

Duplexing)이라고 한다. 즉, 824~849MHz 사이에 832개의 단방향 송신 채널이 있고, 869~894MHz 사이에서 832개의 단방향 수신채널이 있다. 이들 단방향 채널 각각은 30KHz 대역폭을 갖는다.

832개 채널은 4개 영역으로 분류된다. 제어 채널(기지국에서 이동국으로)은 시스템을 관리하는 데 쓰인다. 호출 페이징 채널(기지국에서 이동국으로) 수신자에게 전화하기 위해 이동전화 이용자에게 알리는 데 쓰인다. 액세스 채널(양방향) 호 설정과 채널 할당을 위해 쓰인다. 마지막으로 데이터 채널(양방향) 음성, 팩스, 데이터를 전송한다. 21개 채널은 제어 채널로 예약되어 있고, 같은 주파수는 인근 셀에서 재사용되지 않기 때문에 셀당 가용 음성 채널의 실제 수는 832개 채널보다 훨씬 적어져 약 45개가 된다.

호 관리

AMPS을 이용하는 각 이동전화에는 PROM에 10자리의 전화번호와 32비트짜리 일련번호가 있다. 전화번호는 10비트로 구성된 3자리 지역코드와 24비트로 구성된 7자리 가입자 번호로 표현된다. 이동전화로 스위치될 때 최대 전력신호를 찾기 위해서 21개 제어 채널의 프로그램 리스트를 탐색한다.

그리고 난 후 이동전화는 자신의 32비트 일련번호와 34비트 전화번호를 방송한다. AMPS에 있는 모든 제어정보와 같이, 이 패킷은 디지털 형태로, 다중시간으로, 그리고 오류제어 코드와 함께 전송된다. 그럼에도 불구하고 음성채널 자신은 아날로그 형태이다.

기지국에 통보되면 기지국은 MTSO에게 알린다. MTSO는 그의 새로운 가입자 존재를 기록하고 역시 가입자의 홈 MTSO에게 그의 현재 위치를 알린다. 정상적으로 동작될 때는 이동전화는 약 매 15분마다 재기록 작업을 한다.

전화를 걸기 위해서, 이동전화 이용자는 전화 전원스위치를 켜고, 키보드에 수신자 번호를 입력한 후, 송신을 알리는 SEND 단추를 누른다. 그러면 전화는 액세스 채널에 자신의 고유번호와 수신자 번호를 송신한다. 만일 거기서 충돌이 발생하면, 얼마 후 다시 시도한다. 기지국이 이동전화로부터 호 접속 요구신호를 수신하면, MTSO에게 알린다. 만일 송신자가 MTSO의 회사(또는 그 회사의 파트너 회사)에 속한 고객이면, MTSO는 통화를 위해 빈 채널을 찾는다. 만일 1개 채널을 찾으면, 제어채널을 통해 채널번호를 역방향으로 전송한다. 그러면 이동전화는 자동적으로 선택된 음성 채널로 전환하고 수신측이 전화를 받을 때까지 기다린다.

시작하려면, 유휴전화로 향하는 메시지를 검출하기 위해서 유휴전화는 연속적으로 호출채널을 검색한다. 호가 이동전화에 발생했을 때(유선전화에서든 다른 이동전화에서든 간에), 수신자가 어디에 있는지를 파악하기 위해 수신자의 홈 MTSO에 패킷을 보낸다. 그러면 현재 셀 내에 있는 기지국으로 패킷을 보내고, 그리고 "유니트 14, 너 거기 있니?" 하는 형태로 호출 채널을 통해 방송신호(브로드캐스트)를 보낸다. 그러면 수신측 전화는 액세스 채널로 "예"하고 응답한다. 그러면 기지국은 다음과 같이 말한다. "유니트 14, 채널 3에 할당하라." 이때 수신측 전화는 채널 3으로 전환되고 벨을 울리기 시작한다.

2.7.2 2세대 이동전화 : 디지털 음성

1세대 이동전화는 아날로그였다. 2세대는 디지털이다. 2세대로의 전환은 몇 가지 이점이 있다. 먼저 음성신호를 디지털화하고 압축함으로서 용량의 개선을 가져온다. 또한 음성과 제어 신호를 암호화함으로서 보안을 개선한다. 이것은 또한 RF전송에서 나타나는 다른 전화의 반향이나 고의적인 도청 등의 정보유출을 막을 수 있다. 마지막으로 새로운 서비스인 문자 메시지 등이 가능하다.

1세대 때는 국제 표준안이 없었던 것처럼, 2세대 때에도 표준안이 역시 없었다. 많은 표준들이 개발되었고, 3개의 시스템이 현재 사용되고 있다. D-AMPS(Digital Advanced Mobile Phone System)은 AMPS의 디지털 버전이며 AMPS와 호환가능하며 같은 주파수대역에서 여러 호를 처리할 수 있는 TDM을 사용한다. 이것은 국제 표준 IS-54, 뒤이어 IS-136으로 불리고 있다. GSM(Global System for Mobile Communications)은 압도적인 시스템으로 떠오르고 있는데 북미에서는 다소 늦지만 나머지 지역에서는 거의 전 세계에서 널리 통용되고 있다. D-AMPS처럼 GSM도 FDM과 TDM의 혼합방식을 사용한다. CDMA(Code Division Multiple Access)는 IS-95로 불리는데 FDM이나 TDM이 아닌 전혀 새로운 종류의 시스템을 사용한다. CDMA는 2세대에서 압도적이지는 않지만 그 기술은 3G기술의 토대가 되었다.

또한 **PCS**(Personal Communications Services)라는 이름은 2세대(디지털) 시스템을 지칭하는 마케팅 용어로서 때때로 사용된다. 원래 PCS는 1,900MHz 대역을 사용하는 이동전화를 의미했었으나, 지금은 거의 구별이 없게 되었다.

우리는 GSM이 압도적인 2G 시스템이기 때문에 그것을 살펴본다. 다음에는 CDMA와 3세대 시스템에 대해서 살펴볼 것이다.

GSM(Global System for Mobile communications)

GSM표준은 1980년대에 단일 유럽 2G 표준을 만들겠다는 노력으로 시작되었다. 이 임무는 프랑스어로 Groupe Speciale Mobile이라는 통신그룹에 배당되었다. 첫 GSM 시스템은 1991년에 시작되었고 바로 큰 성공을 거두었다. 곧 GSM표준은 유럽표준 그 이상이 될 것이라는 것이 분명해지며 호주 같은 먼 나라까지 뻗기 시작해 GSM은 좀더 세계적으로 받아들여질 이름으로 바뀌었다. GSM과 여기서 다루는 다른 이동통신시스템은 모두 1G로부터 이어져온 셀 구조, 주파수 재사용, 그리고 단말이동시 핸드오프에 근거한 이동성관리에 그 설계에 기초를 둔다. 세부적인 부분에서 차이가 있을 뿐이다. 여기서는 GSM의 핵심 특징들을 살펴본다. 출판된 GSM표준은 5,000페이지가 넘는다. 이 표준의 많은 부분은 시스템의 공학적 측면을 다루고 있는데, 다중경로 신호 전파를 다루는 방법, 송수신기의 동기화 등의 설계가 그것이다. 여기서는 이런 것들을 언급하지는 않겠다. 그림 2-46은 AMP구조와 비슷한 GSM구조를 보여주는데 각 부분은 이름만 다르다. 단말은 핸드셋과 분리할 수 있는 칩(가입자정보와 계정정보를 담고 있는 SIM(Subscriber Identity Module) card 두 부분으로 나뉜다.

SIM카드는 핸드셋을 활성시키며 단말과 네트워크가 서로를 인증하고 대화를 암호화할 수 있는 비밀코드를 가지고 있다. SIM카드를 빼서 다른 단말에 넣으면 네트워크 측면에서는 같은 단말로 인식하게 된다.

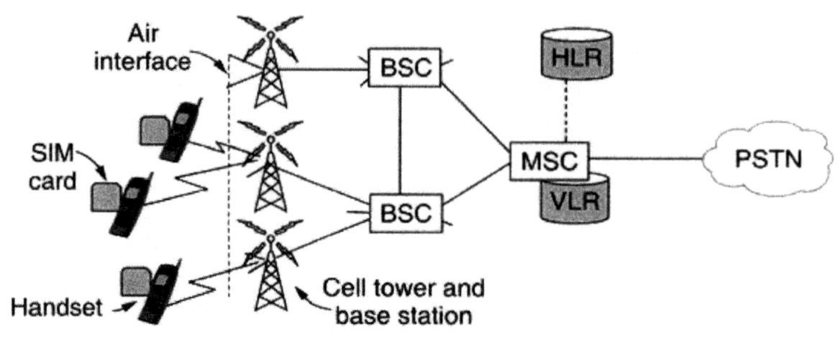

그림 2-46 GSM 모바일 네트워크 구조

단말은 기지국과 Air Interface를 통하여 교신한다. 가상적으로 세계 도처에서, **GSM** (Global Sys 셀 기지국은 각각 BSC(Base Station Controller)에 연결되어 있으며 BSC는 셀의 무선자원과 핸드오프를 관리한다. BSC는 또 MSC(AMPS와 마찬가지로)로 연결되는데 이는 통화의 경로를 설정하며 PSTN(Public Switched Telephone Network)에 연결되어 있다.

통화경로를 설정하기 위하여 MSC는 단말의 현재 위치를 파악할 필요가 있다. 이것은 관리하는 셀들과 연결되어 있는 단말들을 관리하는 데이터베이스를 가지고 있는데 이를 VLR(Visitor Location Register)이라고 한다. 또한 각 단말의 마지막 알려진 위치를 알려주는 데이터베이스가 있는데 이를 HLR(Home Location Register)라고 한다. 이 데이터베이스는 걸려온 전화를 정확한 위치로 연결해주는데 사용된다. 단말들이 이동하면 이런 데이터베이스들은 지속적으로 업데이트된다.

이제 에어 인터페이스에 대해서 자세히 살펴보자. GSM은 전 세계에서 다양한 주파수대역에서 사용되는데 900,1800,1900MHz를 포함한다. AMPS보다 훨씬 많은 대역폭이 할당되어 훨씬 많은 사용자들을 수용할 수 있다. GSM은 AMPS와 마찬가지로 FDD를 사용한다. 각 단말기에서 한쪽 주파수를 이용하여 송신하고, 더 높은 주파수로 수신한다(AMPS에서 수신 주파수가 송신 주파수보다 80MHz 더 높고, GSM은 수신 주파수가 송신 주파수보다 55MHz 더 높다). 그러나 AMPS와는 달리 1개의 주파수 쌍이 시분할 다중통신에 의해 이동전화가 공유하는 타임 슬롯으로 나누어진다.

많은 단말을 지원하기 위하여 GSM 채널은 AMPS 채널보다 더 넓다(200KHz 대 AMPS의 30 KHz). 하나의 200KHz 채널이 그림 2-47에 나타나 있다. 900MHz에 동작하는 GSM 시스템은 124개의 단방향 채널 쌍을 갖는다. 각 단방향 채널은 200KHz 대역폭을 갖고, 시분할 다중화 방식에 의해 8개의 분리된 접속을 지원한다. 새롭게 활성화된 각 이동국은 한 개의 채널 쌍 위에서 한 개의 타임 슬롯이 할당된다. 이론적으로 992개 채널이 각 셀 내에서 지원되나, 그들 중 상당수가 사용되지 않는데, 이것은 인근 셀과의 주파수 충돌을 피하기 위해서이다. 그림 2-47에서, 8개의 빗금친 타임 슬롯 모두는 같은 접속에 속한다. 즉 각 방향에 대해 8개 중 4개씩의 타임 슬롯으로, 송신과 수신은 같은 타임 슬롯 내에서 발생하지 않는다. 왜냐하면 동시에 GSM 전파가 송신과 수신을 할 수 없기 때문이고 또 송수신이 바뀌는 데에 시간이 걸리기 때문이다. 만일 이동국에 890.4/935.4MHz가 할당되고, 타임 슬롯 2가 기지국으로 전송하기를 원한다면, 모든 데이터가 전송될 때까지 각 슬롯에 데이터를 넣어서 아래 4개의 점선이 그어진 슬롯을 이용할 것이다.

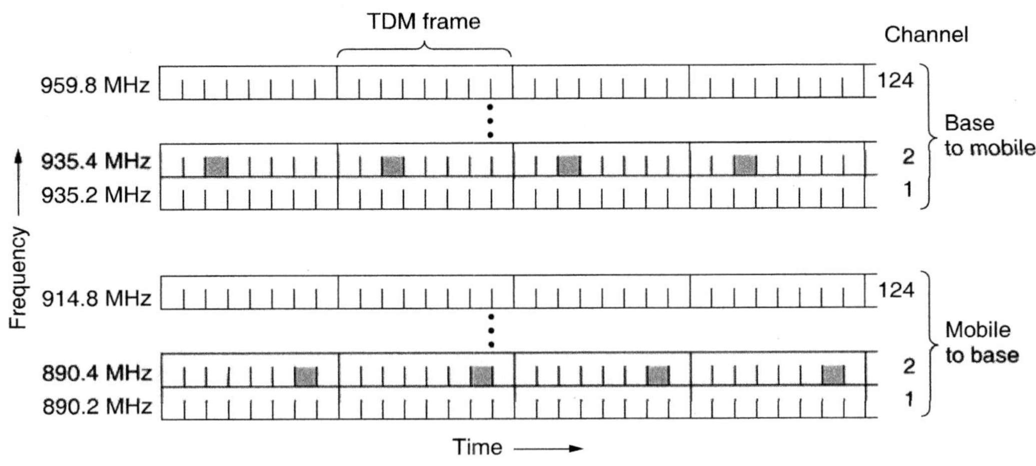

그림 2-47 GSM은 124주파수 채널을 사용하고, 각 채널은 8슬롯 TDM 시스템을 사용함

그림 2-47에서 보인 TDM 슬롯은 복잡한 프레임 계위 중 일부분이다. 각 TDM 슬롯은 특정한 구조를 갖고, TDM 슬롯이 몇 개 모여서 멀티 프레임을 구성하는데, 이것 역시 특별한 구조를 갖는다. 간략화한 계층구조는 그림 2-48에서 보는 바와 같다. 여기서 각 TDM 슬롯은 148비트의 데이터 프레임으로 구성되어 있고, 이것은 곧 577μsec(각 슬롯다음에 오는 30μsec 시간을 포함하여) 채널로 쓰인다. 각 데이터 프레임은 3개 비트의 0으로 시작되고 끝나며, 이것은 프레임 묘사를 목적으로 한다. 데이터 프레임은 또 2개의 57비트짜리 *정보* 영역을 가지고 있고, 각각은 이 *정보* 필드가 음성인지 데이터인지를 나타내는 제어 비트를 갖는다. *정보* 영역 사이에 26비트의 *동기*(비트열) 영역이 있고 이것은 수신기가 송신자의 프레임 경계를 동기화하는 데 이용한다.

데이터 프레임은 547μsec로 전송된다. 그러나 송신기는 매 4.615ms마다 데이터 프레임 1개를 전송하도록 되어 있다. 왜냐하면 채널이 7개의 다른 단국과 함께 공유하고 있기 때문이다. 각 채널의 총 전송률은 270,833bps이고, 이것은 이용자 8명에게 나누어진다. 결과적으로 33.854Kbps의 전송률이 되고, 이것은 324비트 X 50/sec = 16.2Kbps의 전송률을 갖는 D-AMPS보다 2배 이상 더 높은 전송률이 된다. 그러나 AMPS와 같이, 오버헤드가 대역폭의 많은 부분을 차지하므로, 결국 오류 교정 전에는 이용자당 24.7Kbps 유료데이터 전송률을 갖는다. 오류 교정 후, 음성 전송률은 13Kbps가 되고, 이것은 D-AMPS(상대적으로 더 많은 대역폭을 사용한다는 점에서)보다 더 좋은 음질을 제공한다.

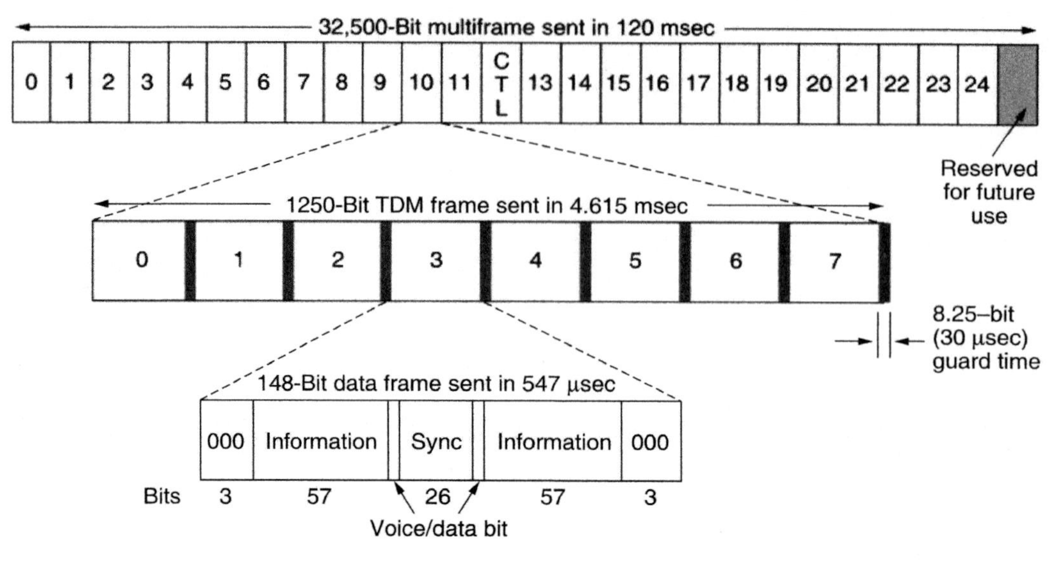

그림 2-48 GSM 프레임 구조의 일부

그림 2-48에 보인 것처럼, 8개의 데이터 프레임은 TDM 프레임을 만들고, 26개의 TDM 프레임은 120㎳의 멀티프레임을 만든다. 멀티프레임 내의 26개 TDM 프레임 중에서 슬롯 12는 제어용으로 그리고 슬롯 25는 미래의 사용을 위한 예약용이므로, 따라서 24개만이 사용자 트래픽으로 이용된다.

그림 2-48에 보인 26슬롯 멀티프레임 외에도, 51슬롯 멀티프레임(보이지 않음)이 역시 사용된다. 이들 중 몇몇 슬롯은 시스템을 관리하는데 이용하는 몇 개의 제어 채널을 갖는다. **방송제어채널**(broadcast control channel)은 기지국 자신과 채널 상태를 가지고 있는 기지국으로부터 나오는 연속 정보이다. 모든 이동국은 그들이 언제 새로운 셀에 들어갔는지를 파악하기 위해 그들의 신호 강도를 감시한다.

전용제어채널(dedicated control channel)은 위치 갱신, 등록, 그리고 호 설정에 이용된다. 특히 각각의 기지국은 현재 자신의 관할권 하에 있는 이동국의 데이터베이스를 유지한다.

마지막으로 **공통제어채널**(common control channel)이 있는데, 이것은 3개의 논리적 부채널(three logical subchannels)로 분류된다. 이들 부채널 중 첫 번째는 **페이징 채널**(paging channel)인데, 이것은 기지국이 입력호를 알리는데 이용된다. 각각의 이동국은 응답해야 하는 호를 지키기 위해 계속적으로 감시한다. 두 번째는 **랜덤 액세스 채널**(random access channel)인데, 사용자가 전용제어 채널을 통해 슬롯을 요구할 수 있도록 해준다. 만일 2개 요구가 충돌하면, 그들은 왜곡되어, 슬롯 요구가 재시도 되어야 한다. 전용제어 채널 슬롯을 이용하여, 단말은 호를 설정할 수 있다. 할당 받은 슬롯은 세 번째 채널, **액세스 그랜트 채널**(access grant channel)을 통해 공고된다.

마지막으로 GSM은 핸드오프 처리에서 AMPS와 다르다. AMPS에서는 MSC가 단말의 도움을 전혀 받지 않고 처리한다. GSM에서의 타임 슬롯에서는 단말이 대부분의 시간 안 송신도 수신도 하지 않는다. 빈 슬롯은 단말이 다른 기지국의 신호의 질을 측정하기에 좋은 기회이다. 단말은 그것을 수행하며 이를 MSC에 보낸다. MSC는 이것들을 사용하여 단말이 한 셀을 떠나 다른 셀에 진입하는지를 판단하여 핸드오프를 수행한다. 이런 설계를 MAHO(Mobile Assisted HandOff)라고 한다.

2.7.3 3세대 이동전화 : 디지털 음성과 데이터

1세대 이동통신은 아날로그 음성이었고 2세대 이동통신은 디지털 음성이었다. 3세대 이동통신, 3G는 디지털 음성과 데이터이다. 여러 가지의 요소가 산업을 구동시키고 있다. 첫째, 유선통신망에서 데이터 트래픽이 음성 트래픽을 추월했고, 기하급수적으로 증가하고 있다. 한편 음성 트래픽은 본래 평탄하다. 많은 산업 전문가들은 데이터 트래픽이 이동전화에서 곧 음성 트래픽을 압도할 것이라고 예측한다. 둘째, 전화, 연예, 그리고 컴퓨터 사업은 모두 디지털로 갔고, 빠르게 하나로 통합되고 있다. 많은 사람들은 전화, CD 플레이어, DVD 플레이어, 전자메일 단말기, 웹 인터페이스, 게임기, 문서 편집기 그리고 그 이상의 것들을 높은 대역폭에서 인터넷으로 전 세계를 무선 접속하는 경량의 휴대 장치를 갈망하고 있다.

애플의 iPhone은 이런 3G장비의 좋은 예이다. 이것을 통하여 사람들은 무선 데이터 서비스에 푹 져 AT&T의 무선 데이터 트래픽의 양은 iPhone의 인기와 더불어 폭증하고 있다. 문제는 iPhone이 2.5G 네트워크를 사용하고 있다는 점이고 이용자들을 만족시킬 수 있는 충분한 대역폭을 가지고 있지 못한다는 점이다. 3G이동통신은 이런 미래의 사용자들을 만족시킬 수 있는 충분한 대역폭을 제공하는 것이 그 관건이다.

1992년으로 거슬러 올라가, ITU는 이 꿈에 대한 좀 더 특별한 무언가를 얻으려 했고, 소위 **IMT-2000** 실현을 위한 청사진을 제시했다. 여기서 IMT는 **국제이동통신**(International Mobile Telecommunication)을 의미한다. IMT-2000 통신망이 이용자에게 제공하고자 예정했던 기본 서비스는 다음과 같다.

1. 고품질 음성 전송
2. 메시지 서비스(전자메일, 팩스, SMS, 채팅 등을 대체하는)
3. 멀티미디어(음악연주, 비디오, 영화, TV시청 등)
4. 인터넷 접속(웹 검색, 음성과 영상이 있는 호출을 포함)

부가 서비스는 비디오 컨퍼런싱, 원격 위치 전송, 그룹 게임, 이동 상거래(상점에서 지불하기 위해 계산대에서 전화기를 흔드는 것) 등이다. 모든 서비스는 전 세계적으로(지상망이 없을 때는 위성을 자동 연결하여), 일시적(상시적)으로, 서비스 품질이 보장이 가능할 예정이다.

ITU는 IMT-2000을 국제적으로 통용될 수 있는 단일화된 기술을 구상했다. 그래서 생산자들은 세계 어느 곳에서나 팔리고 사용할 수 있는 단일화된 장치를 제조할 수 있었다(CD플레이어나 컴퓨터는 세계 단일 기술로 구현되었고, TV나 이동전화는 단일 기술이 아님). 단일 기술을 제공함으로써 통신망 운용자로서는 생활을 더욱 간단하게 할 뿐 아니라 더 많은 사람들이 서비스를 이용할 수 있게 한다. 비디오 레코더가 처음 나왔을 때 Betamax와 VHS의 전쟁과 같은, 포맷전쟁은 사업상 좋은 것이 아니다.

돌이켜 보면 이것은 좀 낙관적이었다. 2,000이라는 숫자는 세 가지를 의미한다. (1) 서비스 예정 연도 (2) (MHz 대역에서) 동작 예정인 주파수 (3) (KHz 단위로) 서비스가 가져야 하는 대역폭. 그러나 3가지 항목 중 어느 것도 2000년에 실현되지 못했다. ITU는 모든 정부가 2GHz 대역의 스펙트럼을 예약할 것을, 그래서 단말기는 국가 간 끊임없이 로밍할 수 있기를 권고하였다. 중국은 요구한 대역폭을 예약했으나 그 외의 어느 나라도 하지 않았다. 결국 2GHz는 이동성이 없다고 인식되었다(매우 빠르게 핸드오프를 수행해야 하는 어려움 때문에). 더욱 현실적인 것은 실내 이용자에게는 2Mbps(ADSL과 직면적인 경쟁 관계가 될 것임), 보행자에게는 384Kbps를, 그리고 자동차로 이동하는 이용자에게는 144Kbps를 제공하는 것이다.

그럼에도 불구하고 많은 것들이 그 이후 이루어졌다. 여러 가지의 제안이 있었고, 그중 몇 개만을 골라낸 후, 그것은 2가지의 주된 결과를 낳았다. 첫째는, 에릭슨에 의해 제안된 **W-CDMA**(Wideband CDMA)이다. 이 시스템은 유럽 연합에 의해 강하게 추진되었고, 이것을 **UMTS** (Universal Mobile Telecommunications System)라 부른다. UMTS와 다른 경쟁자는 **CDMA2000**이고, 퀄컴에 의해 제안되었다.

두 시스템은 매우 유사하며 광대역 CDMA 기반하고 있다. WCDMA는 5MHz의 대역을 사용하며 CDMA2000은 1.25MHz를 사용한다. 만약 에릭슨과 퀄컴의 기술자들을 한 방에 몰아넣고 공통의 설계를 만들어내라고 했었다면 신속하게 하나를 만들어냈을 것이다. 문제는 공학이 아니라 언제나 그렇듯이 정치였다. 유럽은 GSM과 호환되는 시스템을 원했고 미국은 미국에서 이미 널리 사용되는 IS-95와 호환되는 시스템을 원했다. 각 진영은 그 나라의 회사들에 의해 지지되었다(에릭슨은 스웨덴, 퀄컴은 캘리포니아). 결국 에릭슨과 퀄컴은 많은 특허 송사에 휘말렸다.

전 세계적으로 10에서 15%의 사용자가 이미 3G기술에 기반을 둔 가입자이다. 북미와 유럽에서는 대략 3분의 1정도의 가입자가 3G이다. 일본은 얼리 어댑터로 거의 모든 단말이 3G이다. 이런 그림은 UMTS와 CDMA2000을 포함한 것이며 시장이 재편되면서 3G는 계속 발전해갈 것이다. 혼란에 대해서 UMTS는 단일 3G표준이지만 CDMA2000을 포함한 다양한 비호환 옵션들을 가지고 있다. 이런 변화는 여러 진영을 아우르기 위한 노력이지만 종이 위에 기술적 차이를 표현한 것일 뿐이고 현재 진행되는 노력에 대해서는 모호하게 되어 있다. 우리는 UMTS로는 WCDMA를 지칭하며 CDMA2000과는 다른 것으로 이야기할 것이다.

우리는 3세대 CDMA시스템에 대해서 이야기할 것인데 이것이 양 진영에 공히 사용되기 때문이다. CDMA는 FDM도 TDM도 아닌 여러 유저가 같은 대역에 동시에 전송할 수 있는 혼합된 형태이다. CDMA가 처음 제안되었을 때, 기업은 콜럼버스가 잘못된 방향으로 항해하여 인도에 도달하는 것을 제안했을 때 콜럼버스가 이사벨라 여왕으로부터 받았던 것과 대략 같은 반응을 보였다. 그러나 한 회사 Qualcomm의 지속적 노력으로 CDMA는 2G(IS-95)로 성숙하였고 3G의 기초기술이 되었다.

CDMA가 이동통신에 사용되기 위해서는 이전 절에서 이야기한 기초적인 CDMA보다 추가적인 기술이 필요하다. 구체적으로 우리가 이야기한 것은 동기 CDMA였는데 이는 칩 시퀀스가 모두 직교인 경우이다. 이 설계는 모든 사용자가 전송의 시작에서 동기화가 되어 있을 경우에 가능한데 기지국에서 이동 단말에 전송할 때가 그러하다. 기지국은 칩 시퀀스들을 같은 시간에 전송할 수 있으며 직교가 되도록 만들 수 있다. 그러나 각 단말이 독립적으로 전송할 때 동기화를 하는 것은 어렵다. 잘 조절하지 않으면 각 단말에서 전송된 신호는 기지국에 시차를 두고 도착할 것이고 직교가 된다는 보장이 없다. 단말이 기지국에 전송할 때 동기화가 필요가 없도록 하기 위해서는 코드 시퀀스가 서로 시간적인 Offset이 있어도 직교가 될 수 있도록 만드는 것이 필요하다.

일반적인 경우에 정확하게 직교하는 시퀀스를 찾기는 불가능하지만 긴 의사난수 시퀀스가 엇비슷한 특징을 보인다. 이것은 매우 높은 확률로 서로에 대해서 시차가 있어도 작은 Cross-Correlation을 가진다. 이것은 하나의 시퀀스를 다른 시퀀스에 곱하고 내적을 구하기 위하여 더하면 그 결과치가 매우 작음을 의미한다. 만약 완전히 직교라면 0이 될 것이다(직관적으로 이야기하면, 난수 수열은 항상 서로 다르게 보여야 한다. 그것들을 곱하면 합이 0인 난수 신호가 나와야 한다). 이것은 수신기가 원치 않는 전송을 수신신호로부터 여과할 수 있도록 해준다. 또한 의사 난수 시퀀스의 Auto-correlation도 0 offset을 제외하고는 높은 확률로 매우 작은 값을 갖는다(지연된 난수 시퀀스는 다른 난수 시퀀스처럼 보이며 여기부터는 Cross-correlation의 경우와 같다). 이것은 수신기가 수신신호의 원하는 진송의 출발점을 잘 찾도록 해준다.

의사 난수 시퀀스의 사용으로 기지국은 동기화되지 않은 단말들로부터의 CDMA 메시지를 받을 수 있도록 해준다. 그러나 숨겨진 가정은 모든 단말들이 수신측에서 같은 전력을 가진다는 것을 내포하고 있다. 그렇지 않다면 강력한 신호의 작은 cross-correlation이 약한 신호의 큰 auto-correlation을 능가해버릴 수도 있다. 따라서 단말의 전송 전력은 경쟁하는 신호들 간에 간섭을 일으키지 않도록 통제되어야 한다. CDMA 시스템의 용량을 결정하는 것은 간섭이다.

기지국에서의 수신 전력은 얼마나 강한 파워로 전송하느냐 뿐만 아니라 얼마나 멀리 떨어져 있나 와도 관련이 있다. 기지국으로부터 다양한 거리에 단말들이 존재할 수 있다. 좋은 방법은 수신신호의 세기에 반비례하여 송신신호를 조절하는 것이다. 다르게 말하면, 기지국으로부터 약한 신호를 받는 단말은 강한 신호를 얻기 위하여 더 큰 송신전력을 사용한다. 좀 더 정확하게 하기 위해서는 기지국은 각 단말에게 전송신호를 유지하거나, 올리거나, 내리라는 피드백을 보낸다. 피드백은 매우 자주 일어나는데(초당 1,500번) 좋은 전력 제어가 간섭을 최소화하는 데 매우 중요하기 때문이다.

기본적인 CDMA 시스템에 비해 개선된 사항은 여러 사용자들에게 다른 전송속도를 제공하는 것이다. 이것은 CDMA에서는 자연스러운데 칩 전송속도를 고정시키면서 각 사용자들에게 다른 길이의 칩 시퀀스를 배당하는 것이다. 예를 들어 WCDMA에서 칩레이트는 3.84Mchips/sec인데 확산 부호는 4에서 256칩 사이이다. 256칩 코드로는 오류 정정을 제외하고 12kbps정도가 남는데 이것은 음성 통화에 충분한 정도이다. 4칩 코드로는 사용자의 데이터가 1Mbps에 육박한다. 중간 길이의 코드들은 중간정도의 속도를 제공한다. 수 Mbps의 속도를 얻기 위해서는 단말은 한 번에 5MHz 이상의 채널을 사용해야 한다.

이제 실제 작동하는데 필요한 모든 문제들을 해결했다고 가정하고 CDMA의 장점에 대해서 살펴보자. 3가지 주요 장점이 있다. 첫 번째 CDMA는 전송이 잠시 중단된 작은 구간들을 이용하여 전체적인 용량을 증가시킬 수 있다. 보통 음성전화에서는 한쪽이 이야기할 때, 다른 편은 잠자코 있게 된다. 평균적으로 라인은 40% 정도만 사용될 뿐이다. 그러나 이런 휴지기는 짧거나 예측이 매우 어렵다. TDM이나 FDM에서는 타임 슬롯이나 주파수 채널을 이런 짧은 휴지기에 재빠르게 재배치하기는 불가능하다. 그러나 CDMA에서는 휴지기에 전송하지 않는다는 것은 다른 사용자들에게 간섭을 낮추며, 일정 부분의 사용자들은 특정 시간에 전송하지 않게 된다. 따라서 CDMA는 더 많은 동시간대의 사용자들이 가능하도록 예측되는 휴지기를 잘 이용할 수 있다.

두 번째로 CDMA에서는 각 셀들이 같은 주파수대역을 사용할 수 있다. GSM이나 AMPS와는 다르게 사용자들 간의 전송을 구분하기 위하여 FDM이 필요치 않다. 이것은 복잡한 주파수 계획을 없애주며 용량을 증대시킨다. 또한 기지국이 전방위 안테나 대신 여러 개의 방향성 안테나나 섹터 안테나를 사용할 수 있게 해준다. 방향상 안테나는 특정 방향으로만 신호를 집중할 수 있기 때문에 다른 방향으로의 간섭을 줄이게 된다. 이것 또한 용량을 증대시킨다. 3섹터 설계가 일반적이다. 기지국은 단말이 한 섹터에서 다른 섹터로 움직일 때 추적을 해야 한다. 이런 추적은 모든 주파수가 모든 섹터에서 사용되는 CDMA에서 매우 용이하다.

세 번째로 CDMA는 단말이 이전 기지국을 떠나기 전에 새로운 기지국에 연결할 수 있는 소프트 핸드오프를 용이하게 해준다. 이 방법으로 연속성을 잃지 않는다. 소프트 핸드오프는 그림 2-49에 묘사되어 있다. 모든 주파수대역이 모든 셀에 사용되는 CDMA에서 이것은 쉬운 일이다. 대안은 hard handoff인데 이것은 이전 기지국을 떠나고 나서 새로운 기지국에 접속하는 것이다. 만약 새 기지국이 단말을 받아들일 수 없다면(사용 가능한 주파수가 없을 때) 통화는 갑작스럽게 중단된다. 사용자는 이것을 인지하게 되지만 기존 설계로는 이것을 피할 수는 없다. Hard Handoff는 FDM방식의 설계에서는 일반적이며 단말이 두 개의 주파수로 동시에 전송하거나 수신하는 것을 막기 위해서 어쩔 수 없는 일이다.

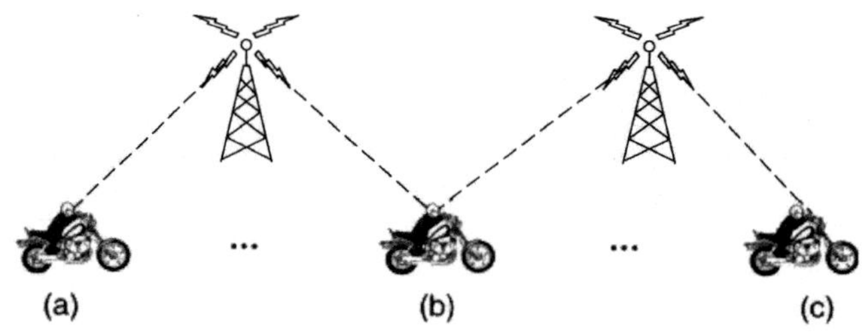

그림 2-49 소프트 핸드오프 (a) 이전 (b) 실행 중 (c) 이후

3G에 대해서 많은 이야기를 했는데 대부분 멋진 것으로 칭찬한 것이다. 그러나 2.1G가 좀 더 정확한 표현이겠지만, 소위 **2.5G**라 일컫는 것을 목표로 향함으로써 운영자들은 조심스럽게 3G 방향으로 발을 내딛고 있다. 그러한 종류의 한 시스템이 **EDGE**(Enhanced Data rates for GSM Evolution)이고, 이것은 GSM에 심벌당 좀 더 많은 비트를 전송하는 것이다. 문제는, 심벌당 더 많은 비트 전송이란 역시 baud당 더 많은 오류를 의미하고, 그래서 EDGE 는 변조와 오류 정정을 위한 9가지의 다른 시스템을 갖는다. 또 높은 속도 때문에 발생하는 오류 회복을 위해 필요한 대역폭도 차이가 있다. EDGE는 GSM에서 CDMA로의 전환에 한 단계이다. 비슷하게 IS-95로부터 CDMA2000으로의 전환 단계도 정의되어 있다.

3G망이 아직 완전히 설치되지 않았음에도 불구하고 몇몇 연구원들은 3G를 이미 끝난 거래이고 그래서 더 이상 관심 없다고 생각한다. 이들은 벌써 LTE라는 이름의 4G에 대해서 연구하고 있다. 4G 시스템에 제안된 몇몇 주요점은 높은 대역폭, 유비쿼터스(ubiquitous, 어디에서나 접속), 유선 무선 IP와의 끊임없는 통합(802.11AP), 적응 자원과 스펙트럼 관리, 그리고 멀티미디어를 위한 높은 서비스 품질 등이다. 더 많은 정보를 위해서는 Astely et al.(2009)나 Larmo et al.(2009)를 보기 바란다.

한편 4G 수준의 성능을 가진 무선네트워크는 현재도 있다. 한 예는 802.16, WIMAX이다. 이동 WiMAX에 대한 개요는 Ahmadi(2009)를 보기 바란다. 산업이 거대한 흐름 속에 있다고 말하는 것은 줄잡아서 말하는 것에 불과하다. 몇 년 후에 과거를 돌이켜보면 무엇이 어떻게 되어 있겠는가?

2.8 케이블 TV

유선통신과 무선 전화 시스템 모두에 대해 자세히 설명하였다. 둘 다 미래 통신망에 분명히 중요한 역할을 할 것이다. 그러나 유선 통신망에 대해 사용 가능한 대체 방안이 아주 중요한 역할이 되고 있다. 즉 케이블 TV 통신망이 바로 그것이다. 많은 사람들은 이미 케이블에서 전화와 인터넷 서비스를 이용하고 있고, 케이블 운영회사는 자사 주식 가치를 높이기 위해 활동적으로 일하고 있다. 다음 절에서, 케이블 시스템을 통신망 시스템으로서 좀 더 자세히 살펴볼 것이고, 앞에서 학습한 전화와 대조해 보고자 한다. 케이블에 대해 좀 더 자세한 정보는 (Laubach et al., 2001; Louis, 2002; Oradia, 2001; Smith, 2002)를 참고하기 바란다.

2.8.1 공동 안테나 텔레비전

케이블 TV은 교외나 산악지역 거주민에게 좀 더 나은 통신을 제공하기 위한 방법의 하나로 1940년대 후반에 착안되었다. 이 시스템은 원래 대기 중에서 텔레비전 신호를 수신하기 위해 언덕 꼭대기에 설치한 대형 안테나와, 그 신호강도를 높이는 **헤드엔드**(head end)라 불리는 증폭기, 그리고 집으로 신호를 전송하는 데 이용되는 동축 케이블로 구성되며, 그림 2-50에 보인 바와 같다.

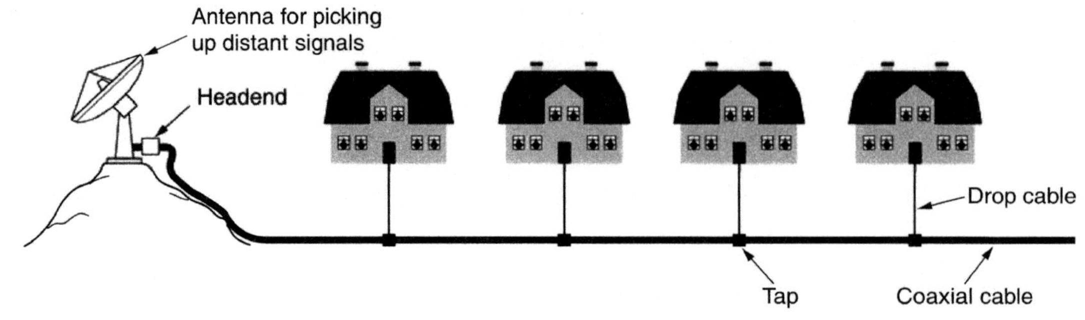

그림 2-50 초기 CATV 시스템

초기에 케이블 TV은 **공동 안테나 텔레비전**(Community Antenna Television)이라 불렸다. 그것은 매우 소규모 경영이었다. 전자에 솜씨 있는 사람이면 누구나 그 마을에 시스템을 설치할 수 있었고, 이용자는 유료가입이 가능하였다. 가입자 수가 증가함에 따라, 추가 케이블이 본래의 케이블에서 분기되었고, 증폭기는 필요한 만큼 추가되었다. 전송은 헤드엔드로부터 이용자 방향으로 단방향이었다. 1970년까지 수천의 독립적인 시스템이 존재하였다.

1974년 타임 회사(Time, Inc)는 새로운 채널인 홈 박스 오피스(Home Box Office)에서 새로운 콘텐츠(영화)를 시작하고, 케이블로만 분배하였다. 뒤이어 다른 케이블 전용 채널들도 뉴스, 스포츠, 요리, 그리고 다른 많은 주제들을 분배하기 시작했다. 이러한 발전은 산업에 있어서 2가지 변화를 일으켰다. 첫째, 대기업은 기존의 케이블 시스템을 인수하고, 신규 가입자 확보를 위해서 새로운 케이블을 포설하였다. 둘째, 신규 케이블 채널을 분배하기 위해서, 멀리 떨어진 도시에 다중 시스템을 연결할 필요가 생겼다. 케이블 회사들은 단일 시스템으로 도시를 연결하기 위해 케이블을 설치하기 시작했다. 이것은 80년 전 전화 회사들이 시외전화 개통을 위해 고립된 전화국들을 미리 연결했던 것과 비슷한 패턴이었다.

2.8.2 CATV를 통한 인터넷

수년에 거쳐 케이블 시스템은 성장하였고 도시 간의 케이블은 광대역 광섬유로 대체되었으며, 이것은 마치 전화 시스템에서의 현상과도 같았다. 장거리 시외 구간의 광섬유 시스템과 가옥까지의 동축케이블을 **HFC**(Hybrid Fiber Coax) 시스템이라 한다. 시스템의 전기와 광 부분 간을 연결하는 전광 변환기를 **광노드**(fiber nodes)라 부른다. 광섬유 대역폭이 동축 케이블의 대역폭보다 훨씬 더 넓기 때문에, 광노드는 여러 개의 동축케이블로 분기될 수 있다. 현대 HFC 시스템의 일부를 그림 2-51(a)에 보인다.

최근 몇 년간 많은 케이블 운영자들은 인터넷 접속 사업뿐만 아니라, 전화 사업까지 참여할 것을 결정했다. 그러나 케이블 시설과 전화시설 간의 기술적 차이는 이러한 목적을 달성하기 위해 수행되어야 하는 것에 영향을 주었다. 단 시스템 내에 있는 모든 단방향 증폭기는 양방향 증폭기로 대치되어야만 한다.

그림 2-51(a)의 HFC시스템과 이미 포설된 것을 걷어치우기가 훨씬 더 힘든 그림 2-51(b)의 전화 시스템 간에 또 다른 차이가 있다. 전화 시스템에서는 각각의 가옥이 자기의 사설 가입자회선을 갖고 있는 한편 케이블 시스템은 다수의 가정이 단 1개의 케이블을 공유한다. 전화 가입자회선이 TV방송용으로 사용된다면, 가입자회선과 같은 공유 시스템은 역할을 할 수 없다. 케이블로 모든 프로그램이 방송되고, 10가구든 10,000가구든 상관없다. 인터넷 접속을 위해서 같은 케이블이 사용된다면 10가구냐 10,000가구냐가 심각한 문제가 된다. 만일 한 이용자가 매우 큰 파일을 다운로드한다면, 그 대역폭은 어쩌면 다른 이용자로부터 확보된 것이다.

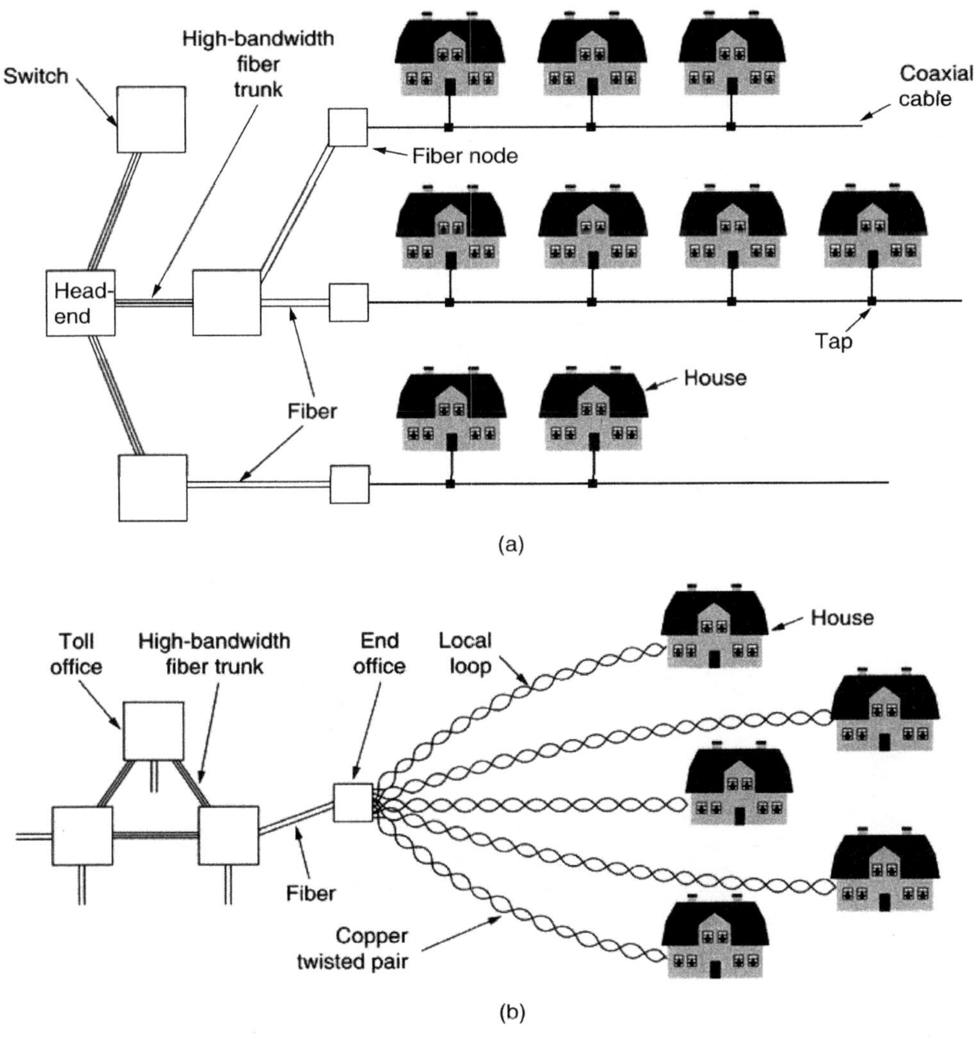

그림 2-51 (a) CATV (b) 유선 전화 시스템

이용자가 많으면 많을수록, 대역폭을 위한 경쟁은 더욱더 심해진다. 전화 시스템은 이러한 특이한 현상이 없다. ADSL에서 대형 파일을 다운로드한다 하더라도 이웃의 대역폭을 감소시키지 않는다. 한편 동축케이블의 대역폭은 트위스트 페어보다 대역폭이 훨씬 더 높다.

케이블 산업이 이 문제와 싸웠던 방법은 긴 케이블을 쪼개고 각 가옥을 광노드와 직접 연결하는 것이다. 헤드엔드로부터 각 광노드까지의 대역폭은 무한대이다. 그래서 각 케이블 세그먼트에 그렇게 많은 가입자가 있지 않는 한, 트래픽 총량은 관리가 가능해진다. 최근 전형적인 케이블은 500~2000가옥을 커버한다. 그러나 케이블을 이용한 인터넷에 가입하는 사람들이 많으면 많을수록, 부하는 더욱 많아질 수 있고, 또 그럴수록 더 많은 분할과 더 많은 광노드를 필요로 한다.

2.8.3 주파수 할당

모든 TV채널을 없애고 인터넷 접속을 위해 케이블 시설을 엄격하게 이용한다면, 분노하는 가입자들이 많아질 것이고, 그래서 케이블 회사는 이렇게 하기를 주저한다. 더욱이 대부분의 도시들은 케이블에서 무엇이 서비스되는가를 심하게 규제하고, 그래서 케이블 사업자들에게는 심지어 그들을 원한다 할지라도 이렇게 하는 것이 허용되지 않는다. 결과적으로 그들은 같은 케이블에서 TV와 인터넷이 공존하는 방법을 찾을 필요가 있었다.

미국에서 케이블 TV채널은 정상적으로 54~550㎒ 영역을 점유한다(FM 라디오가 88에서 108㎒까지 차지하는 것은 제외하고). 이들 채널은 보호 대역을 포함하여 6㎒ 폭을 갖는다. 유럽에서는 하향 주파수가 항상 65㎒이고 채널 대역폭은 PAL이나 SECAM이 요구하는 고해상도에 필요한 6~8㎒이나 다른 한편 주파수 할당 방법은 유사하다. 대역의 아래 부분은 사용하지 않는다. 현재 케이블TV는 550MHz 이상에서도 잘 동작하고 750MHz 이상에서 동작할 때도 있다. 선택된 해결책은 5~42㎒대역(유럽에서는 좀 더 높은 주파수임)에 상향 채널을 삽입시키고 하향 데이터 채널은 높은 쪽 주파수를 이용하는 것이다. 그림 2-52는 케이블 스펙트럼을 나타낸 것이다.

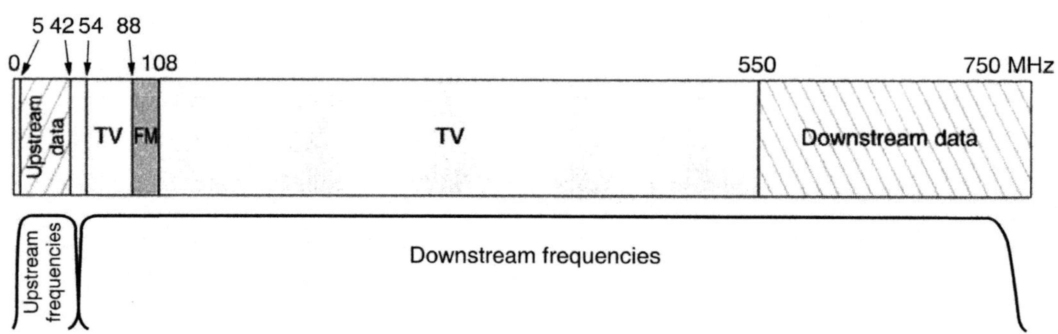

그림 2-52 인터넷 접속에 사용된 기본 케이블 TV 시스템에 할당된 주파수 할당

TV 신호는 모두 하향이기 때문에, 그림에서 보는 바와 같이 5~42㎒ 영역에서만 동작하는 상향 증폭기와 54㎒와 그 이상에서만 동작하는 하향 증폭기를 쓰는 것이 가능하다. 이렇게 상향과 하향 대역폭에서 비대칭을 이용한다. 왜냐하면 TV가 사용하는 스펙트럼 위 부분이 아래 부분보다 더욱 유용하기 때문이다. 한편 대부분의 트래픽은 하향이기 때문에 케이블 사업자들은 이러한 생활 패턴에 대해 불행하게 생각하지 않는다. 앞에서 본 것처럼 전화 회사들은 설령 비대칭 서비스를 제공하는 기술적 이유가 특별히 없다 해도, 그들은 항상 비대칭 DSL 서비스를 제공한다.

사업자는 증폭기 성능을 향상시키는 것 외에 사업자는 ISP에게 높은 대역폭을 제공하는 광 인터페이스를 갖는, 단순 증폭기부터 지능형 디지털 컴퓨터 시스템에 이르기까지, 헤드엔드(headend)의 성능도 강화시켜야 한다. 가끔씩 헤드엔드는 **CMTS**(Cable Modem Transmission System)라 하는 발전된 이름으로 불리곤 한다. 다음 책에서는 발전된 이름을 쓰는 것을 삼가하고 전통적인 헤드엔드의 이름을 쓸 것이다.

2.8.4 케이블 모뎀

인터넷 접속은 케이블 모뎀을 필요로 하며, 이 장치는 그 위에 2개의 인터페이스를 갖는다. 하나는 컴퓨터 쪽이고 다른 하나는 케이블 네트워크 쪽이다. 케이블 인터넷 초기에는 각 사업자 별로 고유 케이블 모뎀을 가졌고, 이것은 케이블 회사 기술자가 설치하였다. 그러나 개방 표준안 덕택에 경쟁적인 케이블 모뎀 시장이 형성되었고, 가격 하락을 유도할 수 있었으며, 이렇게 하여 서비스 사용이 촉진되었다. 더욱이 고객이 상점에서 케이블 모뎀을 구매하고 그들 자신이 설치하게 됨에 따라 경제적 부담을 덜 수 있게 되었다.

결과적으로, 대형 케이블 사업자들은 케이블 모뎀 표준을 생산하고 생산품을 심사하기 위해 CableLabs라 불리는 회사와 유대를 강화하였다. **DOCSIS**(Data Over Cable Service Interface Specification)라 일컫는 표준은 독점하고 있는 모뎀을 대치하기 시작했다. 유럽판은 **EuroDOCSIS**라 불린다. 그러나 모든 케이블 사업자들이 공개된 표준을 좋아하는 것은 아니다. 왜냐하면 많은 사업자들은 가입자 고객에게 모뎀을 임대함으로써 많은 수입을 올리고 있었기 때문이다. 공개된 표준 때문에 많은 생산자들이 케이블 모뎀을 상점에서 팔게 됨으로써 더 이상의 매출은 막을 내리게 되었다.

모뎀-컴퓨터 간 인터페이스는 간단하다. 현재는 10Mbps 이더넷(또는 가끔 USB)이 일반적이다. 다른 면은 더욱 복잡한데 그것이 케이블의 대역폭을 가입자 간에 공유하기 위하여 FDM, TDM, CDMA 전부를 사용하기 때문이다.

케이블 모뎀을 플러그에 꼽고 전원을 넣었을 때 On-line 연결 되는 모뎀으로 시스템 파라미터를 제공하는 헤드엔드에 의해 정기적으로 발생되는 특수 패킷을 찾기 위해, 모뎀은 하향채널을 주사한다. 이 패킷을 찾자마자, 새로운 모뎀은 상향 채널 중 하나를 이용하여 자기 자신의 존재를 선언한다. 그의 상향과 하향채널에 모뎀을 할당함으로써 헤드엔드는 응답하게 된다. 헤드엔드는 부하를 조절할 필요가 있다고 판단되면, 이 할당은 바뀔 수 있다.

6MHz나 8MHz를 사용하는 것은 FDM 부분이다. 각 케이블 모뎀은 하나의 상향이나 하향채널, 또는 여러 채널에 데이터를 보낼 때 DOCSIS 3.0을 따른다. 일반적인 방법은 각각 6㎒ 또는 8㎒ 하향 채널과 64-QAM 변조를 쓰는 것이다. 또는 케이블 성능이 예외적으로 뛰어나다면, 256-QAM을 쓴다. 6㎒ 채널과 64-QAM을 이용하면, 36Mbps의 전송속도를 얻을 수 있다. 오버헤드를 제거하면, 순수 페이로드는 27Mbps가 된다. 또 256-QAM을 이용하면, 순수 페이로드는 약 39Mbps가 된다. 유럽의 값은 이것의 $\frac{1}{3}$ 정도이다.

상향에서는 지상 마이크로파, CB무선, 그리고 다른 잡음원들 때문에 잡음이 너무 많아서, 좀 더 보수적인 방법을 이용한다. 이 방법은 QPSK부터 QAM-128까지 다양하다. 어떤 심벌들은 오류 보호에 사용되며 Trellis Coded Modulation을 사용한다. 상향에 심벌당 비트수를 작게 사용하는 상향 대역폭과 하향 대역폭 간에 비대칭 구조는, 그림 2-52에서 제시된 것보다 더욱 심하다.

여러 사용자 간 상향 대역을 공유하기 위해서는 TDM이 사용된다. 그렇지 않다면 전송들이 헤드엔드에서 충돌할 것이다. 시간은 미니슬롯으로 세분화되는데 각 사용자들은 서로 다른 미니슬롯을 사용한다. 모뎀은 헤드엔드에게 특수패킷을 전송하고 응답을 얻는 데 걸리는 시간을 측정함으로써 헤드엔드로부터 떨어진 거리를 결정한다. 이러한 과정을 **ranging**이라 부른다. 상향 채널이 동작하는 방법을 제공하고 정확하게 시간을 맞추기 위해서, 모뎀이 그의 거리를 파악하는 것은 매우 중요하다. 각각의 상향 패킷은 한 개 또는 그 이상의 연속적인 minislot에 맞추어야 한다. 헤드엔드는 주기적으로 새로 시작하는 minislot의 시작을 선언한다. 그러나 케이블을 따라가는 전달시간 때문에 시작 선언이 모든 모뎀에게 동시에 알려지지는 않는다. 모뎀이 헤드엔드로부터 얼마나 멀리 떨어져 있는가를 파악함으로써, 각 모뎀은 얼마 전에 첫 번째 minislot이 실제 출발하였는가를 계산할 수 있다. Minislot의 길이는 통신망에 의존적이다. 전형적인 페이로드는 8바이트이다.

초기화하는 동안에, 헤드엔드는 상향 대역폭을 요구하는 데에 사용하는 미니 슬롯에게 모뎀을 할당한다. 컴퓨터가 패킷을 송신하려 할 때, 컴퓨터는 그 패킷을 모뎀으로 전달하고, 그러면 모뎀은 전송을 위해 필요한 미니 슬롯의 수를 헤드엔드에게 요구한다. 만일 요구가 수락된다면 헤드엔드는, 그 패킷을 위해 미니슬롯이 예약되었다고 모뎀에게 알리는, 하향 채널을 이용하여 인지 신호를 보낸다. 그런 후 패킷은 전송되기 시작된다. 즉 패킷에 할당된 미니슬롯에서 시작된다. 추가 패킷은 헤더에 일정 필드를 이용해서 요구될 수 있다.

규칙처럼 다수의 모뎀이 같은 미니 슬롯에 할당되고, 그 결과 충돌이 발생한다. 두 가지 방법으로 이 문제를 해결할 수 있다. 첫 번째는 사용자 간 미니슬롯에 CDMA를 사용하는 것이다. CDMA를 사용하면 비록 낮은 속도라도 같은 동시에 여러 사용자가 CDMA 코드 시퀀스로 보낼 수 있기 때문에 경쟁 문제를 해결할 수 있다. 두 번째 옵션은 CDMA를 사용하지 않고 만일 미니슬롯 요구에 대한 충돌이 있다면, 승인 신호를 보내지 않는 것이다. 이 경우 모뎀은 단순히 임의 시간을 기다린 후 다시 시도할 것이다. 연속적으로 실패하면 임의 시간은 2배가 된다(독자는 이미 네트워킹에 대해 다소 친숙해졌다. 알고리즘은 단지 슬롯 알로하[ALOHA]이다. 단말은 매체를 감지할 수 없기 때문에 이더넷은 케이블에서 이용될 수 없다. 제4장에서 이를 다시 언급할 것이다).

하향 채널은 상향 채널과는 다르게 관리된다. 그중 한 가지는, 송신기(헤드엔드)가 오직 한 개고, 그래서 충돌이 없고, 통계적 시분할 다중화를 하는, 미니 슬롯이 필요 없다는 것이다. 다른 하나는 하향 트래픽이 항상 상향 트래픽보다 많아서, 204바이트짜리 고정길이 패킷이 사용된다.

리드 솔로몬 오류 회복 부호와 오버헤드가 있고 사용자 페이로드는 184바이트이다. 이 숫자들은 MPEG-2를 이용하는 디지털 TV와 호환성을 맞추기 위해 선택된 것이다. 그래서 TV와 하향 데이터 채널은 같은 방법으로 포맷되었다. 연결은 그림 2-53에서 보는 바와 같다.

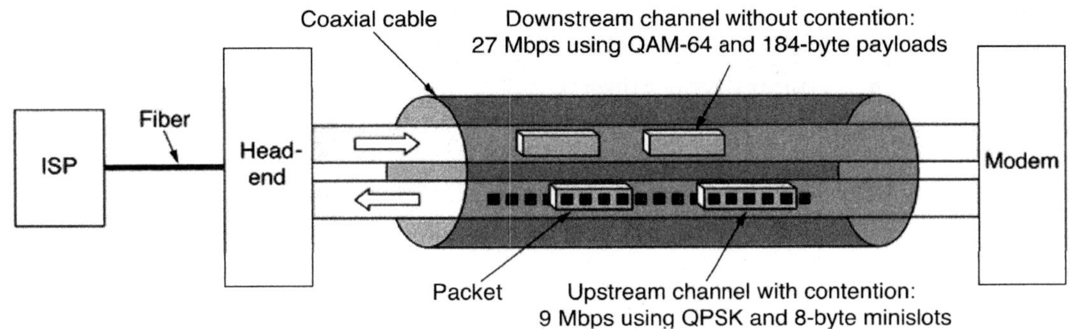

그림 2-53 북미에서 사용되는 상향 및 하향 채널의 상세도

2.8.5 ADSL과 케이블 비교

ADSL과 케이블 중 어느 것이 더 좋은가? 이것은 어떤 운영체제가 더 좋은가 하는 질문과 같다. 또는 어떤 종교가 좋은가 등이다. 당신이 얻는 답은 어느 누구에게 물어 보았는가에 달려 있다. ADSL과 케이블을 몇 가지 비교하자. 둘 다 기간 망에서는 광섬유를 사용한다. 그러나 가입자 쪽에서 달라진다. 케이블은 동축을 이용한다. ADSL은 트위스트 페어를 이용한다. 동축 케이블의 이론적인 운송 용량은 트위스트 페어의 수백 배이다. 그러나 케이블의 전체 용량이 모두 데이터 이용자에게 유용한 것은 아니다. 왜냐하면 케이블의 많은 대역폭이 TV프로그램 같이 불필요하게 소비되기 때문이다.

실제에 있어서 실효 용량을 일반화한다는 것은 어렵다. ADSL 공급자는 대역폭에 대해 특별한 사양을 제공한다(하향 1Mbps, 상향 256Kbps). 그리고 일반적으로 그 사양의 80% 정도를 일반적으로 얻는다. 케이블 제공자는 대역폭 사양 제시가 없다. 왜냐하면 실효용량은 사용자 케이블 회선에 얼마나 많은 사람이 현재 사용 중인가에 의해 결정되기 때문이다. 어떤 때는 케이블이 ADSL보다 더 좋고, 어떤 때는 더 나쁘다. 그럼에도 불구하고 성가신 것은 예측할 수 없다는 것이다. 현재 순간에 훌륭한 서비스를 제공했다고 해서 다음 순간도 서비스가 좋다는 보장이 없다. 왜냐하면 마을에서 최대 대역폭을 소비하는 컴퓨터가 커질 수 있기 때문이다.

ADSL 시스템의 이용자가 늘어남에 따라, 증가하는 가입자 수는 기존의 이용자에게 거의 영향을 미치지 않는다. 왜냐하면 각 이용자는 전용선과 같은 접속을 갖기 때문이다. 케이블의 경우는, 인터넷 서비스를 위한 사용자가 증가함에 따라, 기존 이용자에 대한 성능은 떨어질 것이다. 유일한 해결책은 케이블 운영자가 트래픽이 많은 회선을 분리해서 각각을 광노드에 직접 연결하는 것이다. 시간과 돈을 투자한다면 성능을 높일 수 있을 것이다.

한편 우리는 케이블과 같은 공유 매체를 이용하는 다른 종류의 시스템을 이미 공부하였다. 이동전화 시스템이다. 여기서 이용자 그룹은 이것을 보통 셀 메이트라 칭하는데, 대역폭의 정해진 일정량을 공유한다. 정상적으로는, FDM과 TDM으로 활성화된 이용자 간에 정해진 대역폭 총량을 엄격하게 분배한다. 왜냐하면 음성 트래픽은 고정대역폭을 갖기 때문이다. 그러나 데이터 트래픽에 대해서는 이와 같이 엄격한 분배가 비효율적이다. 왜냐하면 데이터 이용자는 가끔씩 유휴상태에 있기 때문인데, 이 경우 예약된 대역폭은 낭비된다. 역시 이러한 관점에서 케이블은 유선전화보다는 이동전화 시스템과 더욱 비슷하다.

유용성 측면에서 ADSL과 케이블은 다르다. 모든 사람은 전화를 가지고 있다. 그러나 모든 이용자가 ADSL 접속을 할 수 있을 만큼 전화국과 가깝게 있지 않다. 한편 모든 사람이 케이블을 다 가지고 있지는 않지만, 케이블을 가지고 있다면, 케이블 서비스 제공회사는 인터넷 접속을 가능케 한다. 광노드나 헤드엔드까지의 거리는 문제가 되지 않는다. 케이블이 TV분배 매체로서 시작된 이래로, 그 외의 다른 사업이 별로 없다는 것에 주목해야 한다.

ADSL은 점-대-점 매체를 이용하기 때문에, 케이블보다 본질적으로 보안 측면에서 안전하다. 어떤 케이블 사용자라도 케이블에 떠돌아다니는 모든 패킷을 쉽게 읽을 수 있다. 이러한 이유에서, 어떤 사려 깊은 케이블 제공자라면 상하향 양방향 모두에 트래픽을 비화하려 할 것이다. 그럼에도 불구하고 케이블에서 비화를 한다고 해도 ADSL에서 비화하지 않는 것보다 보안이 되지 않는다.

전화시스템은 일반적으로 케이블보다 훨씬 신뢰성이 높다. 예를 들어 전화는 예비 전원을 가지고 있어서, 순간 정전 시에도 정상적으로 일을 계속할 수 있다. 한편 케이블의 경우는 전원이 떨어지면, 모든 하향 이용자는 순간적으로 서비스를 중단하게 된다.

최종적으로, 대부분의 ADSL 제공자는 ISP를 선택한다. 때로는 법으로 그렇게 하도록 되어 있다. 케이블 사업자에게는 항상 적용되는 것은 아니다.

결론은 ADSL과 케이블은 서로 다르다기보다는 훨씬 더 비슷하다고 할 수 있다. ADSL과 케이블 간에 경쟁이 격화됨에 따라 경쟁적 가격과 함께 비교 우위의 서비스를 제공하게 될 것이다.

2.9 요약

물리 계층은 모든 통신망의 기반이다. 자연은 모든 채널에 대해서 2가지 기본적인 제약을 부여하고, 채널의 대역폭을 결정한다. 이들 중 하나는 무잡음 채널을 다루는 나이키스트 법칙이고, 다른 하나는 잡음 채널을 다루는 샤논 법칙이다.

전송매체는 유도매체(하드 와이어)와 비유도매체(소프트 와이어)가 있다. 주된 유도매체는 트위스트 페어, 동축 케이블, 광섬유 등이 있다. 비유도 매체는 전파, 마이크로웨이브, 적외선, 공기를 관통하는 레이저, 위성 등이 있다.

디지털 변복조는 유도매체나 비유도매체에 비트를 아날로그 신호로 보낼 수 있다. 기저대역에서 라인코드나 통과대역에서 반송파의 진폭, 주파수, 위상을 변조하여 보낼 수도 있다. 채널은 사용자들 간에 시간, 주파수, 코드 분할로 다중화될 수 있다.

대부분의 광역 통신망에서 중요한 부분은 전화 시스템이다. 그것의 주된 구성 요소는 가입자회선, 트렁크 스위치이다. ADSL은 가입자회선을 다수의 가상 채널로 나누고, 각각을 분리해서 변조함으로써 40Mbps까지 속도를 높일 수 있다. 이것은 전화 모뎀의 용량을 크게 능가한다. PON은 가정까지 광섬유로 연결될 수도 있는데 이는 ADSL보다 훨씬 높은 접속 속도를 제공한다.

이동전화 응용을 위해서는 유선전화 시스템이 적합하지 못하다. 이동전화는 현재 음성 서비스를 위해 널리 이용되고 있고, 곧 데이터 서비스를 위해 광범위하게 쓰일 예정이다. 제1세대는 아날로그로서, AMPS 시스템이 주류였다. 제2세대는 디지털이며 GSM이 전 세계적으로 널리 사용되고 있다. 제3세대는 광 대역 CDMA에 근거한 디지털 시스템이며 WCDMA와 CDMA2000이 보급되고 있다.

통신망 접속을 위한 대체 시스템이 케이블 TV 시스템이고, 이것은 공동 안테나로부터 HFC(Hybrid Fiber Coaxial)로 점차 발전하였다. 잠재적으로 이것은 매우 높은 대역폭을 제공하지만 현장에서 이용되는 실제 유용한 대역폭은 현재 이용자가 서비스 받고 있는 트래픽과 현재의 이용자 수에 따라 달라진다.

연습문제

1. 함수 $f(t) = t(0 \le t \le 1)$에 대한 푸리에 계수를 구하라.

2. 8-kHz 잡음 없는 채널을 매 1msec마다 표본화하면, 최대 데이터 속도는 얼마인가?

3. 신호-대-잡음비가 20dB인 3-kHz 채널로 바이너리 신호를 보낼 경우 최대 데이터 속도는 얼마인가?

4. 50-kHz 선로에서 T1 전송 신호를 유지하기 위해 어느 정도의 신호 대 잡음비가 필요한가?

5. 구리선에 비해 광섬유의 전송매체로서의 장점은 무엇인가? 단점은 있는가?

6. 1마이크론 파장에서 0.1마이크론 스펙트럼일 때, 대역폭은 얼마인가?

7. 광섬유를 통하여 컴퓨터 스크린 이미지를 보낸다고 하자. 스크린은 1920×1200개의 픽셀로 이루어져 있고, 한 픽셀은 24비트로 이루어져 있다. 분당 50장의 스크린 이미지가 있다. 얼마나 큰 대역폭이 필요한가?

8. Nyquist 이론이 광섬유에서도 대해서도 옳은가? 아니면 구리선에 대해서만 옳은가 ?

9. 그림 2-7에서 왼쪽의 대역이 다른 것보다 좁다. 그 이유는 무엇인가?

10. 무선 안테나는 종종 무선 전파의 파장과 안테나의 지름이 같을 경우 최고의 성능을 발휘한다. 적당한 안테나의 지름은 1cm에서 5m 정도이다. 이때의 주파수의 값의 범위는 어떻게 되는가?

11. 다중 경로 페이딩은 2개의 신호 전파가 위상(phase)이 180도 다르게 도착할 경우 최대가 된다. 50km 길이의 1-GHz 마이크로웨이브 링크에서 페이딩이 최대가 되려면 얼마의 경로 차이가 필요한가?

12. 1mm 폭의 레이저 빔이 100m 떨어진 폭 1mm의 검출기를 겨냥하고 있다. 검출기에서 벗어나기까지 몇 도 정도를 움직일 수 있는가?

13. 이리듐 프로젝트에서 66개의 저궤도 위성을 지구 주위에 6개의 네크리스(neckless)로 구분된다. 90분의 주기를 가지는 고도에서, 지구국 송신기의 평균 핸드오프 시간은 얼마인가?

14. 궤도 평면이 적도 평면에 φ도의 각도로 기울어진 정지 궤도 위성을 고려하자. 북위 φ도에서 지구 표면에 있는 기지국 이용자가 볼 때, 이 위성이 정지위성으로 보이겠는가? 만일 그렇지 않다면 위성의 움직임을 설명하시오.

15. GEO(고도 35,800Km)와 MEO(고도 18,000Km) 그리고 LEO(고도 750Km) 위성에서 패킷의 종단간 전송시간을 계산하라.

16. 이리듐 위성으로 전달될 때 북극에서 발생한 통화가 남극까지 도달하는 데 걸리는 지연은 얼마인가? 위성에서의 교환에 걸리는 시간은 10마이크로초라고 가정하고 지구의 반지름은 6,371km라고 가정한다.

17. 신호가 NRZ, MLT-3, 맨체스터 부호로 전송될 때 Bbits/sec를 얻기 위한 최소 대역폭은 얼마인가? 설명하라.

18. 간단한 전화 시스템은 각 종단국이 1-MHz의 전이중 중계회선으로 연결된 두 개의 지역교환국과 하나의 중앙국으로 구성할 수 있다. 전화기는 하루에 여덟 시간 동안 평균 네 번의 통화가 이루어진다. 전화 통화의 평균 보류 시간은 6분 정도로 이루어진다. 통화중 10% 정도가 교환국을 통하는 장거리 전화라고 하자. 종단국이 지원할 수 있는 전화기의 최대 개수는 얼마인가?(회선당 4kHz라고 가정하자)

19. 송유관은 단방향 시스템, 반이중 시스템, 전이중 시스템 중 어느 것인가? 또는 위의 세 가지 중 그 어느 것도 아닌가?

20. 유용한 마이크로프로세서의 가격이 이제는 모뎀마다 그 안에 탑재시켜도 될 정도로 저렴해졌다. 이것이 전화 선로 오류를 다루는 데 미치는 영향은? 이것이 2계층에서 오류 확인 및 정정을 불필요하게 할 정도인가?

21. 그림 2-23과 같은 모뎀의 신호격자점 다이어그램이 (0, 1)과 (0, 2)에서 데이터 포인트를 가진다. 이 모뎀은 위상 변조를 사용하는가 아니면 진폭 변조를 사용하는가?

22. V.32 표준 모뎀에서 보 레이트가 2,400이고 오류 정정이 사용되지 않는다면 최대 가능한 비트 레이트는 얼마인가?

23. 디지털 변조의 신호격자의 모든 점은 원주상에 있다. 사용한 변조 기법은?

24. DMT를 사용하는 ADSL 시스템에서 사용 가능한 데이터 채널의 3/4를 하향에 배정한다. 이것은 각 채널에서 QAM-64를 사용한다. 하향 링크의 용량은 얼마인가?

25. 각각 4,000Hz가 요구되는 10개의 신호가 FDM을 이용하여 하나의 채널로 다중화된다. 다중화된 채널에 필요한 최소 대역폭은 얼마인가?(보호 대역은 400Hz로 가정한다)

26. 왜 PCM 샘플링 시간은 125μsec로 지정되어 있는가?

27. T1 캐리어의 오버헤드는 몇 퍼센트인가? 다시 말해서 1,544Mbps의 몇 %가 최종 사용자에게 전달되지 못하는가? OC-1이나 OC-768의 경우는 어떤가?

28. 무잡음 4kHz 채널에서의 최대 데이터율을 비교하라.

    (a) 샘플마다 2비트를 가지는 아날로그 인코딩

    (b) T1 PCM 시스템

29. T1 캐리어 시스템이 실수로 트랙의 위치를 잃게 되면, 시스템은 프레임의 첫 번째 비트를 이용하여 재동기화를 시도한다. 잘못될 가능성이 0.001일 때 재동기화를 위해 살펴봐야 하는 프레임의 평균 개수는?

30. 모뎀의 복조(demodulator) 부분과 코덱의 코더(coder) 부분이 다른 점이 있다면 어떤 점인가?(둘 다 아날로그 신호를 디지털 신호로 바꾼다)

31. 1GB 파일을 하나의 VSAT에서 다른 곳으로 그림 2-17과 같은 호브를 사용하여 전송할 때 얼마나 시간이 걸리는가? 상향은 1Mbps, 하향은 7Mbps, 회선교환이 사용되며 회선 셋업 시간은 1.2초라고 가정한다.

32. 이전 문제에서 패킷 교환이 사용될 때 전송시간을 계산하라. 패킷 크기는 64KB이며 위성과 허브에서의 교환지연은 1마이크로초, 헤더의 크기는 32바이트라고 가정한다.

33. 그림 2-40에서 OC-3의 사용자 데이터 효율은 148.608Mbps이다. 이 숫자가 SONET OC-3 매개 변수로부터 어떻게 전달되었는지 보여라. OC-3072에서 그로스, SPE, 사용자 속도는 얼마인가?

34. OC-12c에서 사용 가능한 사용자 대역은 얼마인가?

35. n개의 노드를 가지는 3개의 패킷 교환 네트워크가 있다. 첫 번째 네트워크가 있다. 첫 번째 네트워크는 중앙에 스위치를 둔 성형 구조이고, 두 번째는 양방향성 링 구조이다. 세 번째는 전체 내부 연결형으로 각각의 모든 노드에서 다른 모든 노드로 선이 연결되어 있다. 가장 좋은 경로와 보통인 경로, 그리고 가장 나쁜 전송 경로는 무엇인가?

36. x-비트의 메시지를 회선-스위치 네트워크의 k-홉 경로를 통하여 보낼 때와 패킷 스위치 네트워크를 통하여 보낼 때의 지연을 비교하라. 회선 설정 시간은 $s$sec, 홉당 전달 지연은 $d$sec, 패킷 크기는 p, 비트 데이터율은 $b$bps이다. 어떠한 조건하에서 패킷 네트워크가 낮은 지연을 가지는가?

37. x-비트들의 사용자 데이터가 연속된 패킷으로 패킷 스위치 네트워크의 k-홉 경로를 통해 전송된다고 가정하자. 각 패킷은 p 데이터 비트와 h 헤더 비트가 포함되어 있으며 이때 $x \gg p + h$이다. 선로의 비트율이 $b$bps이고 전달 지연은 무시해도 된다. 어떤 p값이 전체 지연을 최소화하는가?

38. 육각형의 셀을 가진 전형적인 셀 방식 전화에서 인접된 셀 간에 동일한 주파수를 쓰는 것은 금지되어 있다. 만일 총 840개의 주파수가 사용 가능하다고 할 경우 주어진 셀에 대하여 얼마나 사용 가능한가?

39. 실제적인 셀 배치는 그림 2-45에서 보여주는 것과 같은 규칙적인 형태는 드물다. 개별 셀의 형태는 보통 규칙적이지 않다. 왜 이러는지 타당한 설명을 하시오.

40. 이동통신 이용자가 한 셀에서 다른 셀로 이동하여 경계를 지날 때, 송수신기가 완벽하게 기능을 수행하고 있는데도 현재의 통화가 갑자기 끊어진다. 왜 그런가?

41. 그림 2-28(a)와 칩 시퀀스를 가진 CDMA시스템에서 A, B, C가 동시에 0비트를 전송한다고 가정할

때, A, B, C의 칩 시퀀스 결과는?

42. CDMA 칩 시퀀스의 직교성에 대한 논의에서, S•T=0이면 T•S=0이다. 증명하라.

43. CDMA 칩 시퀀스의 직교성 특성을 다른 관점에서 생각해 보라. 시퀀스 쌍에서 각 비트는 일치할 수도 있고 일치하지 않을 수도 있다. 직교성을 일치 불일치 관점에서 설명하라.

44. CDMA 수신기가 (-1 +1 -3 +1 -1 -3 +1 +1)과 같은 칩을 수신하였다. 칩 시퀀스가 그림 2-28(a)와 같을 때, 송신단말기와 송신한 비트는?

45. 그림 2-28에서 네 대의 단말이 전송할 수 있다. 네 대가 추가가 된다고 가정하자. 단말들의 칩 시퀀스를 구하라.

46. 저렴한 시스템에서 전화 시스템은 가입자회선이 종단국으로 집중되는 성형을 이룬다. 이와는 대조적으로, 케이블 TV는 근처의 집을 다 지나가는 하나의 긴 선으로 이루어진다. 미래의 케이블TV가 구리선 대신에 10Gbps의 광섬유를 사용한다고 가정해 보자. 이러한 것이 지역교환국과 각자의 선을 가지고 있는 전화 모델에 사용될 수 있겠는가? 그렇다면 얼마나 많은 전화기가 단일 광섬유로 사용 가능하겠는가?

47. 케이블 TV 시스템은 프로그램과 광고를 교대로 내보내는 100개의 상용 채널을 가지고 있다. 그렇다면 이것은 TDM과 FDM 중 어디에 더 가까운가?

48. 케이블 회사가 5,000가구가 있는 마을을 케이블을 통하여 인터넷 접속을 제공하기로 결정하였다. 회사는 동축 케이블을 사용하고, 주파수 할당은 케이블당 100Mbps 하향 대역폭을 허용한다. 고객의 관심을 끌기 위해 회사는 언제든지 가구당 최소 2Mbps의 하향 대역폭을 보장하기로 결정하였다. 케이블 회사에서 2Mbps를 보장하기 위해 필요한 것이 무엇인지 설명하시오.

49. 그림 2-52와 같은 주파수 할당을 이용하고, 정보가 문자로 주어질 때 케이블 시스템은 상향과 하향을 몇 Mbps씩 할당해야 하는가?

50. 네트워크에 트래픽이 없을 때, 케이블 이용자가가 얼마나 빨리 데이터를 수신할 수 있는가? 사용자 인터페이스가 다음과 같다고 가정하자.

    (a) 10Mbps 이더넷
    (b) 100Mbps 이더넷
    (c) 54Mbps 무선

51. 트리뷰터리(tributaries)라고 부르는 다수의 STS-1 데이터 스트림 다중화 기술은 SONET에서 중요한 역할을 수행한다. 3:1 다중화기는 3개의 STS-1 트래뷰터리가 입력되어 하나의 STS-3 스트림으로 출력된다. 이 다중화 방법은 바이트로 수행된다. 즉, 처음 3개의 출력 바이트는 트래뷰터리 1, 2, 3의 첫 번째 바이트가 된다. 다음 3개의 출력 바이트는 트래뷰터리 1, 2, 3의 두 번째 바이트가 된다. 3:1 다중화기를

시뮬레이션하기 위한 프로그램을 작성하라. 이 프로그램은 5단계로 구성되어야 한다. 주 처리 단계에서는 4개의 처리 단계를 생성하고, 세 개는 각 STS-1 트래뷰터리를 처리하고, 하나는 다중화기를 처리한다. 각 트래뷰터리 처리에서는 810바이트 시퀀스를 입력 파일로서 STS-1 프레임을 읽는다. 각 트래뷰터리는 바이트 단위로 다중화기로 보내고, 다중화기는 이러한 바이트를 읽어 바이트 단위의 STS-3 프레임으로 출력한다. 처리단계 간 통신은 파이프를 이용하라.

52. CDMA를 구현하기 위한 프로그램을 작성하라. 칩 시퀀스의 길이는 8이라고 가정하고 전송하는 단말은 4대라고 가정한다. 프로그램은 4개의 전송 프로세스(t0,t1,t2,t3), 하나의 Joiner 프로세스, 그리고 4개의 수신 프로세스(r0,r1,r2,r3)를 포함한다. 메인 프로그램은 joiner 프로그램 역할도 하는데 먼저 표준 입력으로부터 4개의 바이폴라 형태로 된 칩 시퀀스를 읽어 들이고 네 쌍의 송수신 프로세스를 분기시킨다. 각 송수신기 프로세스 (t0,r0;t1,r1;t2,r2;t3,r3)는 칩 시퀀스 하나씩을 할당받고 각 전송 프로세스는 1bit씩 할당받는다(첫 번째 비트는 t0, 두 번째 비트는 t1 등). 각 송신기는 전송해야 할 신호를 계산하고(8bit의 시퀀스) 이것을 joiner 프로세스에 전달한다. 4개의 송신기로부터 신호를 받은 다음 joiner 프로세스는 신호들을 결합해 결합된 신호를 모든 수신 프로세스로 보낸다. 각 수신 프로세스는 수신된 비트를 계산하여 표준 출력으로 프린트한다. 프로세스 간 통신에는 파이프를 사용하라.

CHAPTER

03

COMPUTER NEWORKS

데이터 링크 계층(Data Link Layer)

이 장에서는 우리 모델의 두 번째 계층인 데이터 링크 계층의 설계방식에 대해서 살펴본다. 여기서는 데이터 링크 계층상의 인접한 두 통신기기 사이의 신뢰성 있고 효율적인 통신 알고리즘들을 다룬다. 여기서 '인접한'이란 두 통신기기가 개념적으로 유선(동축 케이블 또는 전화선)과 같은 방식으로 동작하는 통신 채널의 물리적 연결을 의미한다. '각 비트(bit)들은 송신 순서대로 수신된다'라는 채널의 본질적 특성은 마치 채널을 전선과 같은 개념으로 이해할 수 있게 한다.

처음에는 이런 문제가 너무 사소한 나머지 소프트웨어를 연구할 필요가 없다고 생각할 수도 있다. 즉, 통신기기 A는 회선상으로 비트들을 송신하고, 통신기기 B는 단지 수신하기만 하면 되기 때문이다. 그러나 통신회로에는 가끔씩 오류가 발생한다. 더구나 통신회로는 한정된 데이터 전송률과 하나의 비트를 송수신하는 동안에 전파 지연(propagation delay)을 발생시킨다. 이러한 제한사항은 데이터 전송 효율성에 중요한 의미를 지니게 된다. 통신에 사용되는 프로토콜들은 이러한 모든 요인들을 고려해야 한다.

데이터 링크 계층의 핵심 설계사항들을 소개한 후, 오류의 특성과 원인, 그리고 오류 감지와 정정과정을 살펴봄으로써 데이터 링크 계층 프로토콜에 대한 연구를 시작할 것이다. 그런 후에 데이터 링크 계층상의 문제들을 해결하는 일련의 복잡한 프로토콜들을 연구해볼 것이다. 마지막으로 프로토콜 모델링과 정확성에 대하여 조사하고, 데이터 링크 계층 프로토콜들의 몇몇 예제들을 보여준다.

3.1 데이터 링크 계층 설계 쟁점

데이터 링크 계층에서 제공하는 몇 가지 특수한 기능들이 있다. 이들은

1. 명확하게 정의된 서비스 인터페이스를 네트워크 계층에 제공하고,

2. 전송 오류를 처리하며,
3. 고속의 송신기에서 송신되어 저속의 수신기가 처리할 수 없는 데이터 흐름을 조절한다.

이들 세 가지 기능들을 모두 만족하기 위해서, 데이터 링크 계층은 네트워크 계층에서 패킷을 가져와 송출하기 위한 **프레임**들로 캡슐화(encapsulation)한다. 각 프레임들은 그림 3-1에서 보여주는 것과 같이, 프레임 헤더, 패킷을 그대로 간직한 페이로드(payload) 영역, 프레임 트레일러로 구성된다. 프레임 관리는 데이터 링크 계층이 하는 일을 명확하게 규정한다. 다음 절에서 위에 언급한 기능에 대하여 상세하게 살펴본다.

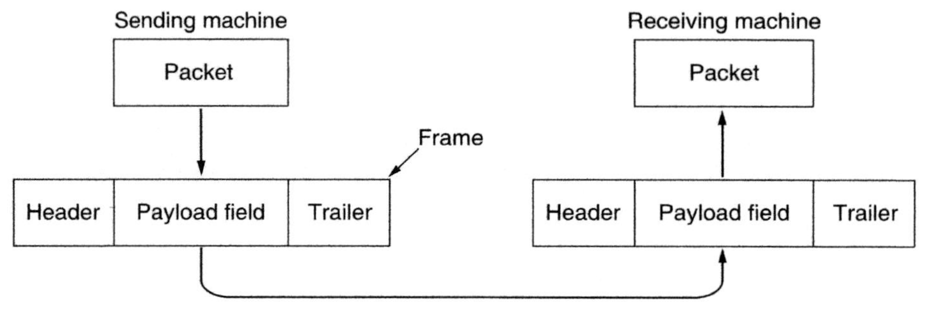

그림 3-1 패킷과 프레임의 관계

이 장은 데이터 링크 계층과 데이터 링크 프로토콜에 대한 장이지만, 공부할 내용은 전송포트 혹은 다른 프로토콜에서 발견되는 오류 제어와 흐름 제어 등의 원리도 포함된다. 사실 많은 네트워크에서 이들 기능은 데이터 링크 계층에서가 아니라 상위 계층에서만 발견된다. 그러나 그것이 어디서 발견되던 그 원리는 거의 같고, 따라서 어느 계층에서 공부하더라도 상관없다. 데이터 링크 계층에서 가장 간단하고 명확한 형태로 나타나므로 이 장에서 다루는 것이 좋을 것이다.

3.1.1 네트워크 계층에 제공하는 서비스

데이터 링크 계층의 기능은 네트워크 계층에 서비스를 제공하는 것이다. 주요 서비스는 송신측 네트워크 계층의 데이터를 수신측 네트워크 계층에 전달하는 것이다. 송신측 네트워크 계층에는 목적지까지 전송하기 위해서 각 비트들을 데이터 링크 계층에 전달해 주는 프로세스가 존재한다. 그림 3-2(a)와 같이 송신측 데이터 링크 계층은 각 비트들을 수신측에 송신하고, 수신측 데이터 링크 계층은 수신된 각 비트들을 네트워크 계층에 전달하는 기능을 수행한다. 실제 전송흐름은 그림 3-2(b)와 같다. 그러나 데이터 링크 프로토콜을 이용한 두 데이터 링크 계층 프로세스 간의 통신으로 생각하는 편이 이해하기 쉽다. 따라서 이번 장에서는 그림 3-2(a) 모델을 묵시적으로 사용한다.

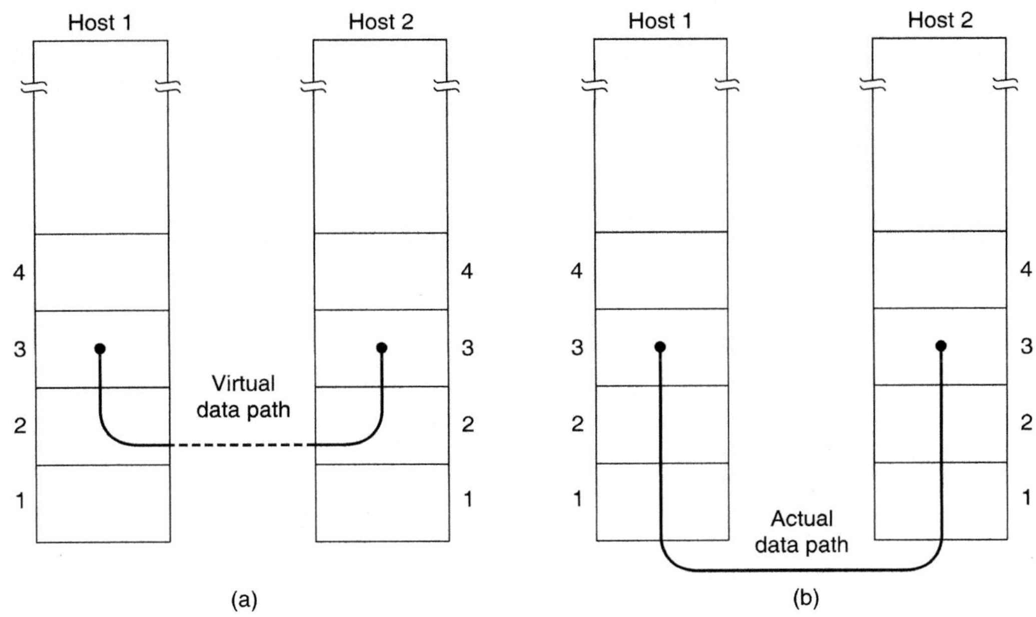

그림 3-2 (a) 가상 통신 경로 (b) 실제 통신 경로

데이터 링크 계층은 다양한 서비스를 제공할 수 있도록 설계될 수 있다. 따라서 실제로 제공하는 서비스는 시스템마다 다를 수가 있다. 보편적으로 제공되는 세 가지 서비스는 다음과 같다.

1. 비확인응답 비연결형 서비스(unacknowledged connectionless service).
2. 확인응답 비연결형 서비스(acknowledged connectionless service).
3. 확인응답 연결형 서비스(acknowledged connection-oriented service).

이들을 순서대로 살펴보자.

비확인응답 비연결형 서비스는 프레임 수신을 확인응답하지 않고 송신측이 각 프레임들을 수신측에 전송한다. 이때는 어떠한 연결도 설정되지 않은 상태이다. 이 데이터 링크 계층에서는 회선상의 잡음으로 인한 프레임 분실이 발생해도 이를 복구하려 하지 않는다. 이런 종류의 서비스는 보다 상위 계층에서 오류 복구를 할 수 있도록 오류 발생률이 낮은 경우에 적합하다. 또한 오류 있는 데이터보다 데이터 순서가 더욱 중요한 음성과 같은 실시간 전송에도 적합하다. 대부분의 LAN은 데이터 링크 계층에서 비확인응답 비연결형 서비스를 제공한다.

다음은 신뢰성에 관한 사항으로 확인응답 비연결형 서비스이다. 이 서비스가 제공될 때 연결은 설정되지 않았지만 송신된 각각의 프레임들에 대해 개별적으로 확인응답(acknowledgement)을 받는다. 이런 방법으로 송신측은 프레임이 제대로 수신되었는가를 알 수 있다. 프레임이 특정 시간동안 수신되지 않으면 재전송한다. 이 서비스는 무선 시스템과 같이 신뢰성 없는 채널에서 유용하게 사용된다. 802.11(Wifi)는 이런 종류의 서비스의 좋은 예이다.

데이터 링크 계층에서 확인응답기법을 제공하는 것은 단지 최적화의 한 방법이지 꼭 필요한 필수조건은 아니다. 왜냐하면 전송 계층에서는 항상 메시지를 보내고 확인응답을 기다리기 때문이다. 확인응답이 지정된 시간 내에 돌아오지 않으면 송신측은 전체 메시지를 다시 전송한다. 이 방법의 단점은 보통 메시지가 10프레임 정도로 분해되고 모든 프레임들의 20%가 분실된다면, 메시지가 완전히 전송되기까지 긴 시간이 필요할 것이라는 점이다. 만일 각각의 프레임들이 확인응답되고 전송된다면 전체 메시지는 더욱 짧은 시간 내에 전송될 수 있다. 광섬유 같은 신뢰성 있는 채널에서는 복잡한 데이터 링크 프로토콜의 오버헤드(overhead, 시스템에서 목적으로 하는 효과를 얻기 위해 본질적인 것은 아니지만 요구되는 작동, 또는 그 때문에 필요한 자원)가 필요하지 않지만, 무선 채널에서는 그 본연의 비신뢰성으로 인해 오버헤드를 감수해야만 한다.

우리의 서비스로 돌아와서 데이터 링크 계층이 네트워크 계층에 제공하는 가장 정교한 서비스는 연결형 서비스이다. 이 서비스는 데이터를 전송하기 전에 송신측과 수신측 사이에 연결을 설정한다. 연결된 회선상으로 전송된 프레임들은 각각의 번호를 가지고 있다. 그리고 데이터 링크 계층은 송신된 각 프레임들이 정확하게 수신되었다는 것을 보증한다. 또한 각 프레임들이 정확히 한 번씩 수신되고, 모든 프레임들이 순서대로 수신되었음을 보증한다. 연결형 서비스는 네트워크 계층 프로세스에게 신뢰성 있는 비트 스트림(bit stream)에 상응하는 서비스를 제공한다. 이것은 장거리의 비신뢰성 채널, 즉 위성이나 장거리 전화회선에 적합하다. 대조적으로 비연결형 서비스가 분실되면 한 프레임을 여러 번 송수신하게 만들고 대역폭을 낭비하게 한다.

연결형 서비스가 사용될 때, 독특한 세 가지 전송위상을 가지게 된다. 첫 번째 위상에서 양측은 프레임 수신을 검증하는 데 필요한 변수와 카운터(counter)를 초기화하고 연결을 설정한다. 두 번째 위상에서 하나 이상의 프레임들이 실제로 전송된다. 그리고 마지막 세 번째 위상에서 연결이 해제되고 변수, 버퍼, 그리고 연결을 유지하는 데 사용된 기타 자원들을 반환한다.

3.1.2 프레임 기법

네트워크 계층에 서비스를 제공하기 위해서 데이터 링크 계층은 물리 계층에서 제공된 서비스를 이용해야 한다. 물리 계층은 원시 비트 스트림(raw bit stream)을 받아서 목적지로 분배하는 일을 담당한다. 그 비트 스트림에 오류가 없다는 것을 보증하지는 않는다. 수신된 비트들은 송신된 비트들에 비해 작거나, 같거나, 클 수도 있고, 또한 다른 값을 가질 수도 있다. 따라서 오류를 검사하고 교정하는 일은 데이터 링크 계층의 몫이다.

송신측 데이터 링크 계층은 비트 스트림을 각각의 프레임들로 나누고 각 프레임의 체크섬을 계산한다(체크섬 알고리즘은 이번 장 후반부에서 논의할 것이다). 만일 수신측에서 다시 계산된 체크섬이 프레임

속의 체크섬과 다르다면, 데이터 링크 계층은 오류가 존재함을 알게 되어 오류 처리를 시도한다(오류 프레임을 버리고 오류가 발생했음을 알리는 프레임을 반송한다).

비트 스트림을 프레임으로 나누는 작업은 생각보다 쉽지 않다. 이러한 프레임 기법을 완성하는 한 가지 방법은 일반 텍스트 문서의 단어와 단어 사이의 스페이스(space)처럼 프레임 간에 시간 간격(time gap)을 두는 것이다. 그렇지만 네트워크는 이러한 타이밍(timing) 기법에 대해 어떠한 보증도 하지 않기 때문에 시간 간격들이 소멸될 수도 있고 또는 전송 도중에 다른 시간 간격들이 삽입될 수도 있다.

각 프레임의 시작과 끝을 구분하기 위해 시간 간격을 계산해 넣는 것은 너무 위험할 수도 있기 때문에 다른 방법들이 고안되었다. 이번 단락에서 4가지 방법을 알아보자.

1. 바이트 카운트(byte count).
2. 바이트 채우기(byte stuffing)를 사용한 시작과 끝 문자.
3. 비트 채우기(bit stuffing)를 사용한 플래그 바이트(flag bytes).
4. 물리 계층 코딩 위반(physical layer coding violations).

첫 번째 프레임 기법은 프레임 속의 바이트수를 나타내기 위해 헤더의 한 필드를 사용한다. 수신측 데이터 링크 계층이 바이트 카운트를 보면 얼마나 많은 바이트들이 수신되는지 그리고 프레임의 끝이 어디인지 알 수 있다. 이런 기법은 그림 3-3(a) 즉 각각의 크기가 5개, 5개, 8개, 8개 바이트로 이루어진 4개의 프레임에서 보는 바와 같다.

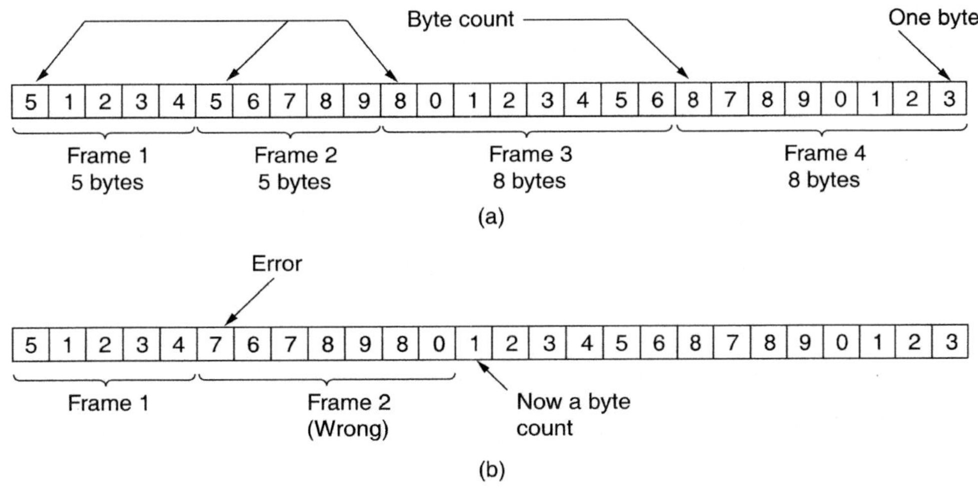

그림 3-3 바이트 스트림 (a) 오류가 없는 경우 (b) 하나의 오류가 있는 경우

이 알고리즘의 문제점은 카운트가 전송 오류로 인해서 왜곡될 수 있다는 것이다. 예를 들면, 그림 3-3(b)에서와 같이 두 번째 프레임의 바이트 카운트가 5에서 7로 왜곡되면, 수신측은 동기화(synchronization)에서 벗어나게 되고 다음 프레임의 시작 위치는 변하게 된다. 심지어 다시 계산된 체크섬 값이 달라서 수신측이 프레임에 오류가 존재한다는 것을 알았다 하더라도, 다음 프레임의 시작위치를 알 수 있는 방법이 없다. 그 프레임을 송신측에 되돌려 보내 재전송을 요구하려 해도 수신측에서 재전송 프레임의 시작 위치를 알 수 없으므로 별다른 도움이 되지 못한다. 이런 이유로 인해 바이트 카운트 방식은 좀처럼 쓰이지 않는다.

두 번째 프레임 기법은 각 프레임이 특정 바이트로 시작하고 끝남으로써 발생하는 오류 발생 후의 재동기화(resynchronization) 문제를 처리한다. 과거에는 시작 바이트와 종료 바이트가 상이했지만 최근에는 대부분의 프로토콜들이 그림 3-4(a)에서 FLAG로 표시된 **플래그 바이트**라는 동일한 바이트를 사용한다. 이 방법에서는 만약 수신측에서 동기신호를 잃어버리면 현재 프레임의 종료를 인지하기 위한 플래그 바이트를 검색하면 된다. 2개의 연속적 플래그 바이트는 한 프레임의 종료와 다음 프레임의 시작을 암시한다.

그러나 여기서도 풀어야 할 문제가 아직 존재한다. 이 방법은 객체(object) 프로그램이나 부동 소수점 숫자와 같은 이진 데이터가 전송될 경우에 심각한 문제를 발생시킨다. 플래그 바이트의 비트 형태가 데이터 내부에 존재할 수도 있기 때문이다. 이런 문제를 해결하는 방법 중의 하나는 송신측 데이터 링크 계층에서 데이터 내부의 우발적인 플래그 바이트 앞에 특수 에스케이프 바이트(ESC)를 삽입하는 것이다. 수신측 데이터 링크 계층은 네트워크 계층으로 데이터를 전달하기 전에 그 에스케이프 바이트를 제거한다. 이런 기법을 **바이트 채우기(byte stuffing)** 혹은 **문자 채우기(character stuffing)**라 한다. 이와 같이 플래그 바이트 프레임 기법은 앞에 에스케이프 바이트의 유무로써 데이터 내부의 우발적 플래그 형태의 데이터와 구분할 수 있다.

물론 다음 질문은 '만약 데이터의 중간에 에스케이프 바이트가 존재한다면 어떤 일이 발생할 것인가?'이다. 답은 동일하게 에스케이프 바이트로 채우는 것이다. 이와 같이 어떠한 단일 에스케이프 바이트도 에스케이프 배열의 한 부분이고, 반면에 중복 에스케이프 바이트는 데이터 내부에 단일 에스케이프 바이트가 자연히 발생하였다는 것을 알려준다. 그림 3-4(b)에서 몇 가지 예를 보여준다. 모든 경우에서 채우기 바이트를 제거한 후 들어온 바이트 배열은 본래의 바이트 배열과 정확히 일치한다.

그림 3-4에서 보여 주는 바이트 채우기 개요는 대부분의 댁내 컴퓨터가 인터넷 서비스 제공자와의 통신을 위한 PPP 프로토콜에서 사용하는 구조를 조금 간략화 한 것이다.

이 프레임 기법은 8비트 문자에 제한된다는 단점이 있다. 모든 문자 코드가 8비트 문자를 사용하는 것은 아니다. 예를 들면 UNICODE는 16비트 체계의 문자이다. 네트워크가 발전하면서 프레임 메커니즘에 문자코드를 내장하는 방법의 단점을 개선하여 임의 길이의 문자를 처리할 수 있는 새로운 기법이 개발되었다.

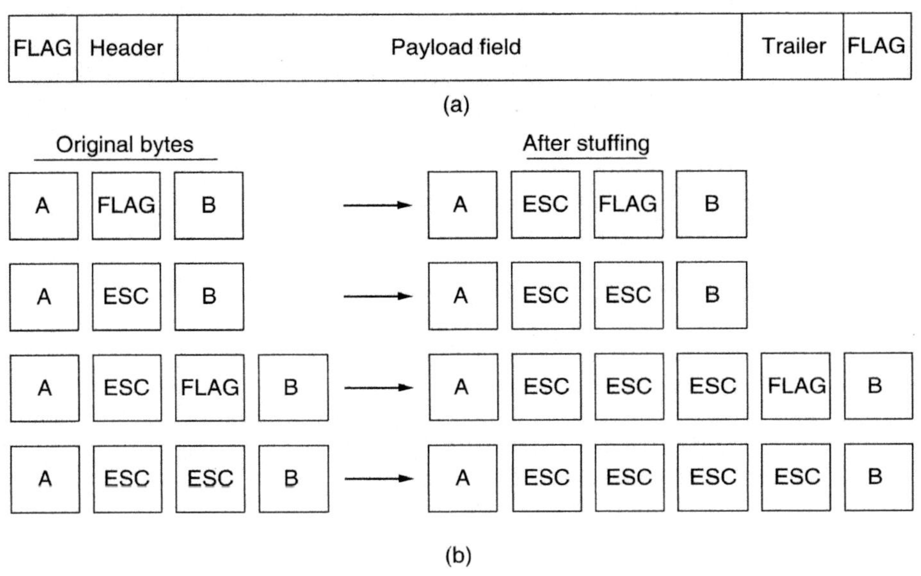

그림 3-4 (a) 플래그 바이트로 구분된 프레임 (b) 바이트 채우기 전후의 바이트 순서의 네 가지 예

이 새로운 기법은 임의의 비트들을 포함한 데이터 프레임이나 임의의 문자당 비트수를 가진 문자 코드를 처리할 수 있다. 이 기법은 다음과 같이 처리된다. 각 프레임은 플래그 바이트(flag byte)라 불리는 특수 비트 패턴(01111110)으로 시작과 끝을 구별한다. 송신측 데이터 링크 계층이 데이터 내부에서 연속적인 다섯 개의 비트 1을 만나게 되면, 자동적으로 하나의 비트 0을 채워서 내보낸다. 이런 비트 채우기(bit stuffing)는 데이터 내부의 플래그 바이트 앞에 에스케이프 바이트를 채워서 전송하는 바이트 채우기와 유사하다.

그림 3-4에서 보여 주는 바이트 채우기 개요는 대부분의 댁내 컴퓨터가 인터넷 서비스 제공자와의 통신을 위한 PPP 프로토콜에서 사용하는 구조를 조금 간략화한 것이다. 우리는 이 장의 끝에서 PPP를 논의할 것이다.

비트 스트림을 구분하는 세 번째 방법은 8비트 문자에 제한되는 바이트 스터핑의 문제를 피해 간다. 프레임 기법은 비트레벨에서도 이루어질 수 있다. 그래서 프레임은 임의의 크기의 비트수로도 구성가능하다. 이것은 한때 인기 있었던 **HDLC(Hight Level Data Link Level)**프로토콜을 위해 개발되었다. 각 프레임은 플래그 바이트(flag byte)라 불리는 특수 비트 패턴(01111110, 또는 0x7E)으로 시작과 끝을 구별한다. 송신측 데이터 링크 계층이 데이터 내부에서 연속적인 다섯 개의 비트 1을 만나게 되면, 자동적으로 하나의 비트 0을 채워서 내보낸다. 이런 비트 채우기(bit stuffing)는 데이터 내부의 플래그 바이트 앞에 에스케이프 바이트를 채워서 전송하는 바이트 채우기와 유사하다. 이것은 물리계층에서 동기를 유지하기 위한 최소한의 전환을 제공해주기도 한다. USB(Universal Serial Bus)는 이 이유 때문에 비트 스터핑을 사용한다.

수신측에서 비트 0이 연속적인 다섯 개의 비트 1을 발견하면 자동적으로 비트 0을 제거한다. 바이트 채우기가 양측 컴퓨터의 네트워크 계층에서 상호 투명(transparent)하듯이 비트 채우기도 마찬가지이다. 사용자 데이터 내부에 위치한 01111110 플래그 패턴은 011111010의 패턴으로 변환되지만, 수신측 메모리에는 01111110 패턴으로 저장된다. 그림 3-5는 비트 채우기의 예를 보여준다.

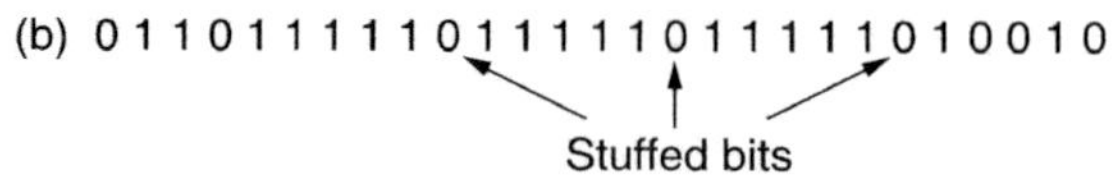

(c) 0 1 1 0 1 1 1 1 1 1 1 1 1 1 1 1 1 1 1 1 0 0 1 0

그림 3–5 비트 채우기 (a) 최초 생성 데이터 (b) 선로 상의 데이터
(c) 수신측 메모리에 저장된 데이터

비트 채우기를 사용한 두 프레임의 경계는 플래그 패턴을 이용해서 명확하게 구분할 수 있다. 따라서 수신측이 프레임 경계를 추적하는 데 실패했다 하더라도 단지 입력된 데이터에서 플래그 열을 검색하면 된다. 왜냐하면 프레임을 구분하는 플래그 패턴은 프레임의 경계에 존재하지 데이터 내부에는 존재할 수 없기 때문이다.

만약 비트와 바이트 스터핑이 동시에 사용된다면 부작용은 프레임의 길이가 전달하는 내용에 따라 달라진다는 점이다. 예를 들어 플래그 바이트가 데이터에 없다면 100바이트를 전달할 때 대략 100바이트의 프레임이 사용될 것이다. 그러나 데이터가 플래그 바이트로만 이루어져 있다면 모든 플래그 바이트는 이스케이프 되어 프레임의 길이는 200바이트 정도가 될 것이다. 비트 스터핑을 통해서는 각 바이트 당 1비트를 추가한다면 증가분은 약 12.5%가 된다.

마지막 프레임 기법은 물리적 매체상의 부호화(encoding)에 여분정보(redundancy, 정보 전송에서 필수적인 정보 이외에 특별한 목적을 위하여 추가 정보를 넣는 것, 또는 추가된 정보)를 포함하는 네트워크에만 응용할 수 있다. 예를 들면, 어떤 종류의 LAN은 두 개의 물리적인 비트를 사용하여 데이터의 1비트를 인코딩한다. 일반적으로 비트 1은 high-low 쌍이고 비트 0은 low-high 쌍이다. 이 기법은 모든 데이터 비트들이 중간에 전이점(transition, 데이터 전송 회선 등에서 디지털 신호 상태가 논리 1로부터 논리 0으로, 또는 그 역으로 변하는 지점)을 가지고 있음을 의미하며 수신측이 비트 경계를 파악하는 데 용이하다. high-high와 low-low의 조합은 데이터에는 쓰이지 않는다. 그러나 이 조합은 어떤 프로토콜에서는 프레임을 구분하는 데 사용되기도 한다.

많은 데이터 링크 프로토콜들이 문자 카운트와 특별한 안정성을 위해서 다른 방법 중의 하나를 조합해서 사용한다. 이더넷이나 802.11에서 흔히 사용되는 패턴은 잘 정의된 프리앰블이라는 것으로 프레임이 시작된다. 이런 패턴은 매우 길 수도 있고(802.11에서는 72bit가 일반적이다.) 수신기가 들어오는 패킷을 준비할 수 있도록 도와준다. 프리앰블 다음에는 헤더의 길이 필드가 따르는데 프레임의 끝을 찾는 데 사용된다.

3.1.3 오류 제어

각 프레임의 시작과 끝을 표시하는 문제를 해결했다면, 다음은 '어떻게 모든 프레임들을 목적지의 네트워크 계층에 정확한 순서대로 전송할 수 있는가?'라는 문제를 만나게 된다. 송신측이 각 프레임들이 정확하게 수신되었는지에 상관없이 프레임들을 송신하고 있다고 가정하자(오류를 검출하거나 정정할 수 있는 부호에 대해서는 3.2절에서 살펴볼 것이다). 이런 방법은 송신자가 보내는 프레임이 제대로 도착하는지 확인 없이 보내는 비확인응답 비연결형 서비스에는 적당하다. 그러나 신뢰성 있는 연결형 서비스에는 적당하지 않다.

신뢰성 있는 전송을 위해 흔히 쓰이는 방식은 수신측에서 어떤 일이 일어났는지를 알 수 있도록 송신측에 피드백(feedback)을 제공하는 것이다. 이 프로토콜은 수신측이 수신되는 프레임에 대해 긍정확인응답 또는 부정확인응답을 담은 특별한 프레임을 되돌려 보낼 것을 요청한다. 송신측이 한 프레임에 대해 긍정확인응답을 받았다면, 그 프레임은 안전하게 도착하였다는 것을 의미한다. 한편 부정확인응답은 오류가 존재하기 때문에 그 프레임을 재전송해야 한다는 것을 의미한다.

한 프레임을 완전히 사라지게 할 수 있는 하드웨어적인 문제(버스트 잡음 발생)는 더욱 복잡한 상황을 일으킬 수 있다. 이런 경우에, 수신측은 완전히 사라진 프레임에 대해 아무런 반응도 할 수 없다. 하드웨어 고장으로 한 프레임이 완전히 사라지는 경우, 한 프레임을 전송하고 긍정확인응답 혹은 부정확인응답을 기다리는 프로토콜은 영원히 그 프레임에 대한 확인응답을 기다릴 것이다.

이런 문제는 데이터 링크 계층에 타이머(timer)를 도입함으로써 해결할 수 있다. 일반적으로, 송신측이 한 프레임을 전송하면서 타이머를 작동시킨다. 타이머는 프레임이 목적지에 도착해서 처리되고, 확인응답이 송신측으로 되돌아오는데 필요한 충분한 시간이 지난 후에 정지하게 된다. 또한 프레임이 정확하게 수신되고, 확인응답이 타임아웃(timeout) 전에 되돌아오는 경우 타이머는 취소된다.

여하튼 프레임이나 확인응답이 분실되었을 경우 타이머는 타임아웃이 되면서 송신측에 잠재적인 문제 발생을 경고한다. 이런 경우, 확실한 해결 방법은 그 프레임을 재전송하는 것이다. 프레임이 여러 번 재전송되었을 때, 수신측에서는 동일 프레임을 여러 번 수신할 것이고, 또한 그 프레임을 네트워크 계층에 여러 번 전달할 수도 있는 위험성이 도사리고 있다. 이런 상황을 방지하기 위해 송신되는 프레임들에 일련번호(sequence number)를 매겨서 수신측에서 원본 프레임과 재전송된 프레임을 구분하게 할 필요가 있다.

각 프레임들이 수신측 네트워크 계층에 단 한 번만 전달되기 위해서 타이머와 일련번호를 조작하는, 이 모든 사항은 데이터 링크 계층의 주요 임무 중의 하나이다. 이 장의 후반부에 어떻게 이들을 처리하는가를 보기 위해 점차적으로 복잡해지는 몇몇 예를 살펴볼 것이다.

3.1.4 흐름 제어

또 다른 중요한 설계 사항은 데이터 링크 계층(보다 상위 계층도 동일하다)상에서 수신측 처리량보다 더 많은 프레임들을 송신측이 전송할 때 어떻게 처리하는가에 대한 문제이다. 이런 경우는, 수신측이 느린(또는 부하가 많이 걸리는) 통신기기를 운영하고, 송신측은 빠른(또는 부하가 적게 걸리는) 통신기기를 운영할 때 주로 발생한다. 수신측이 마비될 때까지 송신측은 높은 전송률로 전송을 계속할 것이다. 심지어 전송 오류가 존재하지 않는다 하더라도 어떤 시점이 되면 수신측은 밀려오는 프레임들을 제대로 처리할 수 없어서 프레임들을 분실하기 시작할 것이다.

이런 상황을 방지하기 위한 확실한 방안을 세워야만 한다. 보통 두 가지 접근법을 사용한다. 첫 번째 방법은 **피드백 기반(feedback-based) 흐름제어**이다. 수신측은 송신측에 데이터 송출을 계속해도 좋다는 의미의 허용을 표시하는 정보를 주던지, 최소한 수신측의 동작 상태에 대한 응답만이라도 준다. 두 번째 방법은 **전송률 기반**(rate-based) **흐름제어**인데, 이것은 수신측으로부터의 피드백 정보 없이 송신측 데이터 전송률을 제한하는 내장된 메커니즘을 가진 프로토콜이다.

이 장에서는 피드백 기반 흐름제어만 다루고 전송률 기반 흐름제어는 5장에서 살펴본다. 피드백에 기반을 둔 기법은 링크계층과 상위 계층에서 다 나타난다. 후자가 현재는 더 일반적인데 링크 계층의 하드웨어가 손실을 일으키지 않을 만큼 빠르게 동작하도록 설계되었기 때문이다. 예를 들어 링크 계층에 구현된 하드웨어는 NICs(Network Interface Cards)의 형태인데 링크에 도달하는 속도만큼 빠르게 프레임들을 처리할 수 있기 때문에 "Wire Speed"라고 불리기도 한다. 오버런은 링크 레이어의 문제가 더 이상 아니기 때문에 상위 계층에서 처리된다.

여러 종류의 흐름 제어 기법이 알려져 있지만 대부분의 기본원리는 동일하다. 프로토콜은 송신측에서 다음에 어떤 프레임을 전송할지에 대해서 잘 정의된 규칙들을 가지고 있다. 이런 규칙들은 수신측이 암시적으로 혹은 명시적으로 전송을 허용할 때까지 프레임 전송을 제한한다. 예를 들면, 연결이 설정되었을 때, 수신측은 "현재 n 프레임 수신가능하다. 그러나 그 프레임들을 전송한 후 계속하라는 명령이 있을 때까지 더 이상 전송하지 말아라"라고 한다. 지금부터 이들에 대해 조금 상세하게 공부할 것이다.

3.2 오류 감지와 오류 정정

제2장에서 보았듯이 전화 시스템은 교환기, 교환국 중계회선, 가입자 회선의 세 부분으로 이루어져 있다. 어떤 통신네트워크에서의 광섬유 같은 채널에서는 오류율이 매우 작기 때문에 전송 오류는 매우 드물게 일어난다. 그러나 무선이나 오래된 가입자회선은 차원이 다른 수준의 오류가 발생한다. 이런 링크에서는 전송오류는 통상적이다. 이것들은 큰 비용을 들이거나 다른 성능을 희생하지 않고서

는 피할 수 없다. 결론은 앞으로 수십 년간 전송 오류는 피할 수 없는 현상이라는 것이다. 따라서 이들을 어떻게 처리하는가에 대해 배워야 한다.

네트워크 설계자들은 오류 처리를 위해 두 가지 기본전략을 발전시켜 왔다. 한 가지 방법은 수신측이 전송된 문자가 어떤 것인지 추론할 수 있게 각 데이터 블록에 충분한 여분의 정보를 포함시키는 것이다. 또 다른 방법은, 수신측이 어떤 종류의 오류가 발생했는지는 모르지만 오류가 발생했다는 것을 추론할 수 있게 최소한의 여분의 정보만을 포함시켜 재전송을 요구할 수 있게 하는 것이다. 전자는 **오류 정정 코드(error-correcting codes)**를 사용하고, 후자는 **오류 감지검출 코드(error-detecting codes)**를 사용한다. 오류 정정 부호는 FEC(Forward Error Correction)이라고 불리기도 한다.

이 기술들은 각각 사용 영역이 다르다. 광섬유 같은 신뢰도가 높은 곳에서는 오류 감지 코드를 사용하여 오류가 감지된 블록의 재전송을 하는 것이 더 저렴하다. 그러나 많은 오류가 발생하는 무선 링크의 경우 재전송보다는 수신측에서 원래의 블록을 밝혀내기 위한 여분정보를 첨부하여 오류를 정정하는 편이 더 좋다. FEC는 재전송도 처음 전송만큼 오류의 가능성이 높을 때 사용한다.

이런 부호에 대한 착안점은 어떤 종류의 오류가 일어나는지 하는 점이다. 데이터 비트처럼 여분의 비트도 오류가 있을 수 있기 때문에 오류 감지 부호나 오류 정정 부호 둘 다 가능한 종류의 오류에 모두 대처할 수는 없다. 만약 채널이 데이터 비트와 여분비트를 다르게 처리한다면 좋겠지만 그렇지는 않다. 채널에게는 모두 같은 비트일 뿐이다. 이것은 감지되지 않는 오류를 없애기 위해서는 기내되는 오류들을 처리하기에 충분한 강한 부호가 필요함을 의미한다.

오류를 일으키는 원인에 대한 하나의 모델은 때때로 그리고 잠깐씩 열잡음이 신호를 능가할 정도로 극단적인 값을 가지는 것인데 이 경우는 오류가 분리된 한 비트씩 일어난다. 다른 모델은 오류는 하나씩이 아니라 많은 오류가 한꺼번에 발생한다. 이것은 원인이 되는 물리적인 현상에 기인하는데 무선채널에서의 딥 페이드나 무선채널에 전송된 간섭이 그것이다.

두 가지 다 현실에서 중요하며 서로 보완관계가 있다. 집중적으로 발생하는 오류는 독립적인 단일 비트 오류에 대해 각각 장단점을 다 가진다. 장점으로는, 컴퓨터 데이터는 항상 비트들로 이루어진 블록 단위로 전송된다. 블록 크기가 1,000비트이고, 오류발생률이 비트당 0.001이라고 하자. 만일 오류가 독립적으로 발생한다면 대부분의 블록들은 한 개씩의 오류를 포함하고 있을 것이고, 오류가 집중적으로 100비트 정도 발생했다면 평균적으로 단지 하나 또는 두 개 블록의 100비트 정도가 영향을 받았을 것이다. 버스트 오류의 단점은 독립적으로 발생하는 오류에 비해 검출하고 교정하기가 어렵다는 것이다.

다른 형태의 오류도 존재한다. 때때로 오류의 위치가 알려져 있는 경우도 있는데, 물리계층이 예상되는 0이나 1의 값보다 아주 다른 아날로그 신호를 받게 되어 비트가 상실되었다고 생각하는 경우이다. 이런 상황을 이레이저 채널(erasure channel)이라고 한다. 이레이저 채널에서는 오류를 복구하기가 비트를 반전시키는 채널보다 훨씬 용이한데 비트의 값이 사라질 경우에도 최소한 오류가 있음은 감지할 수 있기 때문이다. 그러나 이레이저의 이득이 항상 존재하는 것은 아니다.

우리는 오류 정정 부호와 오류 감지 부호를 둘 다 살펴볼 것이다. 두 가지 점만 명심하자. 첫째 비트의 그룹을 전송할 때 처음 신뢰성의 문제에 접하게 되는 것이 링크 계층이기 때문에 여기서 논의하는 것이다. 그러나 이런 코드들은 신뢰성이 어디서나 관심이 있는 문제이기 때문에 널리 쓰인다. 오류 정정 부호는 특히 잡음이 심한 채널에서는 물리계층에서도 보이며 상위계층, 특별히 실시간 미디어 전송이나 콘텐츠 분배에서도 자주 볼 수 있다. 오류 감지 부호는 링크, 네트워크, 전송 계층에서 일반적으로 사용된다.

두 번째 명심할 점은 오류부호는 응용수학이라는 점이다. 갈루아 필드나 스파스 매트릭스 등에 아주 익숙하지 않다면 부호를 직접 만드는 것보다 신뢰할 수 있는 출처로부터 좋은 특성을 가진 코드를 얻어오는 것이 낫다. 실제로 많은 프로토콜 표준이 하는 일은 똑같은 코드를 계속 사용하는 것이다. 아래에서는 간단한 부호를 자세히 다루고 발전된 부호들은 간단히 다룬다. 이런 식으로, 간단한 코드의 트레이트 오프관계를 이해하고 복잡한 코드를 통하여 실제 사용되는 코드에 대해서 논의한다.

3.2.1 오류 정정 코드

우리는 네 가지 다른 오류 정정 부호를 살펴본다.

1. 해밍 코드(Hamming Code)
2. 이진 길쌈 부호(Binary Convolutional Code)
3. 리드 솔로몬 부호(Reed-Solomon Code)
4. LDPC코드(Low-Density Parity Check Codes)

이 모두는 보내고자 하는 정보에 여분의 비트를 추가한다. 한 프레임은 m데이터(즉, 메시지) 비트들과 r 여분정보 또는 체크비트(check bit)들로 구성된다. 블록 코드에서는 r개의 체크 비트는 m데이터 비트의 함수관계로서만 계산되며, 마치 매우 큰 대응표에서 m비트에 해당하는 r bit를 찾아내는 것과도 같다. Systematic 코드에서는 m데이터 비트를 m데이터비트와 같이 보내는데 전송 전에 미리 계산해 두지는 않는다. Linear Code에서는 r체크 비트는 m데이터 비트의 선형함수로 계산된다. 배타적 OR(XOR) 또는 모듈로 2덧셈이 널리 쓰이는 방법이다. 이것은 부호화가 간단한 매트릭스 계산이나 간단한 논리회로로 이루어질 수 있다는 것이다. 이 절에서 살펴볼 코드는 따로 지적하지 않는 한 Linear, systemacit block 코드들이다.

총 길이를 n (즉, $n = m + r$)이라 하자, 데이터와 체크비트들로 이루어진 n비트 단위를 n비트 **코드워드(codeword)**라 한다. 코드 레이트 또는 간단히 레이트는 코드워드에서 여분을 제외한 정보를 전달하는 부분의 비율 즉 m/n이다. 실제 레이트는 다양하다. 잡음이 심한 채널에서는 받는 정보의 반이 여분인 1/2일 수도 있고, 질 좋은 채널에서는 체크비트가 아주 조금 큰 메시지에 더해져서 1에 가까울 수도 있다.

어떻게 오류가 다루어지는가를 이해하기 위하여 오류가 무엇인지를 먼저 자세히 살펴볼 필요가 있다. 임의의 두 개의 코드워드, 즉 10001001과 10110001이 주어졌다면 각각에 대응하는 비트들이 얼마나 다른지 판단할 수 있다. 위의 경우 세 개의 비트가 다르다. 얼마나 많은 비트가 다른지 판단하기 위해서는, 단지 두 코드워드에 배타적 논리합(Exclusive OR) 연산을 수행한 후 결과 값에서 1의 수를 세어보면 된다. 예를 들면

```
 10001001
 10110001
 --------
 00111000
```

두 코드워드에서 서로 다른 비트 위치의 개수를 **해밍거리(Hamming distance)** (Hamming, 1950)라 한다. 이 방법은 만일 두 개의 코드워드가 해밍거리 d라 할 때, 하나를 다른 하나로 변환하기 위해 d개의 단일 비트 오류가 필요하다.

체크비트 계산 알고리즘이 주어지면 유효한 코드워드의 전체 리스트를 작성할 수 있다. 그리고 이 리스트로부터 해밍거리가 최소인 두 개의 코드워드를 찾을 수 있다. 이 거리를 전체 코드의 해밍거리라 한다.

대부분의 데이터 전송 응용 프로그램에서 모든 2^m개의 데이터 메시지는 유효하지만 체크비트를 계산하는 방식 때문에 모든 2^n개의 코드워드가 사용되지는 않는다. 사실 r개의 체크 비트가 있다면 $2^m/2^n$ 중 또는 $1/2^r$의 가능한 메시지 중 아주 일부만이 적법한 코드워드가 된다. 이렇게 전체 코드워드에서 메시지의 성긴 정도가 오류 검출과 오류 정정능력을 가능하도록 한다.

한 코드의 오류 감지와 오류 정정 속성은 그 코드의 해밍거리에 의존한다. d개의 오류를 검출하기 위해서 거리가 $d+1$인 코드가 필요하다. 왜냐하면 그런 코드는 d개의 단일 비트 오류가 유효한 코드워드를 다른 유효한 코드워드로 변환시킬 수 있는 방법이 존재하지 않기 때문이다. 수신측이 유효하지 않은 코드워드를 발견하면 전송 오류가 발생했음을 알 수 있다. 마찬가지로, d개의 오류를 교정하기 위해 거리가 $2d+1$인 코드가 필요하다. 왜냐하면 유효한 코드워드가 d개의 변경만큼 떨어져 있고, 원래의 코드워드는 다른 코드워드보다 가까워서 유일하게 결정될 수 있기 때문이다.

오류 감지 코드의 간단한 예로 4개의 유효한 코드워드를 가진 다음의 코드를 고려해 보자.

0000000000, 0000011111, 1111100000, 그리고 1111111111

이 코드는 이중 오류를 교정할 수 있는 거리 5를 가지고 있다. 만일 코드워드 0000000111이 도착하면, 수신측은 원래의 코드가 0000011111이었음을 확신할 수 있다. 삼중 오류가 발생하여 0000000000을 0000000111로 변환시켰다면 정확하게 오류를 교정할 수 없다. 다른 방법으로 만약 이런 오류들을

예측할 수 있다면 우리는 그것을 감지할 수 있다. 수신된 코드워드가 모두 적법한 코드워드가 아니라서 오류가 발생한 것이다. 이 예에서 분명한 것은 우리가 두 가지 다른 방법으로 수신된 코드워드를 해석할 수 없기 때문에 우리는 이중 오류나 사중 오류를 감지하거나 정정할 수 없다는 점이다.

우리의 예에서는 수신된 코드워드와 가장 가까운 적법한 코드워드를 찾음으로서 복호를 해내는 것은 검사를 통해서 수행될 수 있다. 불행히도 일반적인 경우 모든 코드워드들이 후보로서 검토되어야 하며 이는 매우 시간이 많이 걸리는 검색이다. 대신, 실제 코드는 전송된 코드워드를 빨리 찾을 수 있는 지름길이 가능하도록 설계된다.

모든 단일 오류를 교정할 수 있는 m개의 메시지 비트들과 r개의 체크비트를 가진 코드를 설계한다고 생각해 보자. 각각의 2^m개의 유효한 메시지들은 그것으로부터 거리가 1인 n개의 유효하지 않은 코드워드들을 가지고 있다. 이것은 체계적으로 각각의 n비트들을 이들로부터 만들어지는 n 비트 코드워드로 변환하면서 만들어진다. 그래서 각각의 2^m개의 유효한 메시지들은 그들 전용의 $n+1$ 비트패턴을 필요로 한다. 총 비트패턴의 개수가 2^n개이므로 $n(n+1)2^m \le 2^n$이 된다. $n=m+r$이므로, 결국

$$(m+r+1) \le 2^r \tag{3-1}$$

이 된다. m이 주어지면 위의 식은 단일 오류 정정에 필요한 최소 체크비트의 개수를 나타낸다.

사실 이러한 이론적 최솟값은 해밍(1950)의 방법으로 완성될 수 있다. 코드워드 비트들은 왼쪽 끝 비트 1로부터 일련번호가 매겨진다. 2의 제곱수(1, 2, 4, 8, 16…) 비트들은 체크비트들이다. 나머지(3, 5, 6, 7, 9…)들은 m개의 데이터 비트들로 채워진다. 이런 패턴은 7개의 데이터 비트와 4개의 체크 비트를 갖는 (11,7) 해밍코드에 대해서 그림 3-6에 나타나 있다. 각각의 체크비트들은 자신을 포함하여 각 비트들을 종합하여 짝수(또는 홀수) 패리티를 만든다. 한 비트는 여러 패리티 계산에 포함될 수 있다. k위치의 데이터 비트에 어느 체크비트가 관여하는가를 알기 위해 k를 2의 제곱의 합으로 다시 쓰면 된다. 예를 들면, 11=1+2+8이고 29=1+4+8+16이다. 한 비트는 확장식에 나타난 체크비트에 의해 검사된다. 즉, 비트 11은 비트 1, 2, 8로 검사된다. 이 예에서는 체크 비트가 ASCII 문자 "A"의 메시지의 짝수 패리티 합으로 계산된다.

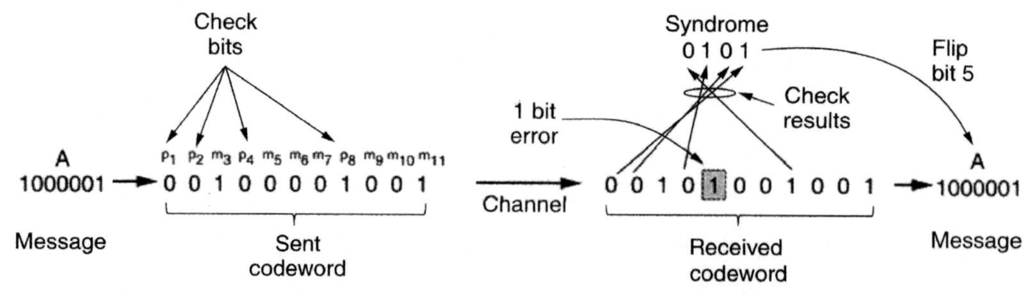

그림 3-6 단일 비트 오류를 정정하는 (11,7) 해밍코드의 예

이 구성은 해밍거리가 3인 코드를 만들어내는데 이것은 단일 오류를 정정하거나 이중 오류를 감지할 수 있는 것을 의미한다. 매우 조심스럽게 메시지나 체크 비트의 번호를 매기는 것은 복호 과정에서 분명해진다. 한 코드워드가 도착했을 때 수신기는 수신된 체크비트를 포함하여 체크비트 계산을 다시 한다. 이것을 체크 결과라고 한다. 만약 체크비트가 옳다면 짝수 패리티 합에 대해서 체크 결과는 0이 되어야 한다. 이 경우 코드워드는 유효한 것으로 간주된다.

체크 결과가 모두 0이 아니라면 오류가 감지된다. 체크 결과의 집합을 오류 신드롬(Error Syndrome)이라고 하는 데 오류의 위치파악과 정정에 사용된다. 그림 3-6에서는 채널에 단일 비트 오류가 발생하였고 체크 결과는 k=8,4,2,1에 대해서 각각 0,1,0,1가 된다. 이것은 0101 즉 4+1=5라는 신드롬을 갖게 된다. 설계상 이것은 5번째 비트가 오류가 있다는 것이 된다. 틀린 비트를 반전시키고(체크 비트이건 데이터 비트이건) 체크 비트를 삭제하면 올바른 메시지인 ASCII A를 얻게 된다.

해밍코드는 블록 코드를 이해하는 데 유용하며 해밍코드는 오류정정 메모리에 사용된다. 그러나 대부분의 네트워크는 더 강력한 부호를 사용한다. 우리가 두 번째 볼 코드는 길쌈 부호(convolutional code)이다. 이것은 블록코드가 아닌 것 중 유일하게 다룰 코드이다. 길쌈 부호에서는 부호화기가 입력 비트의 시퀀스를 처리하여 출력 비트의 시퀀스를 만들어 낸다. 블록코드와 같은 자연스러운 메시지 크기나 부호화의 경계가 없다. 출력은 현재와 이전 입력비트와 연관된다. 즉 부호화기는 메모리를 가지고 있다. 얼마나 많은 이전 비트가 출력에 영향을 주는지를 나타내는 것을 코드의 제한길이(contraint Length)라고 한다. 길쌈부호는 레이트와 제한길이로 규정된다.

길쌈부호는 설치된 네트워크에서 널리 사용되는데 GSM 이동전화, 위성통신, 802.11 등이 그 예이다. 예로서 그림 3-7 같은 대중적인 길쌈부호를 살펴보자. 이 코드는 r=1/2, k=7인 NASA 길쌈부호로 알려져 있는데, 1977년에 시작된 보이저 우주 임무에 처음으로 사용되었다. 그 이후 자유롭게 재사용되어 왔는데 802.11의 일부분이기도 하다.

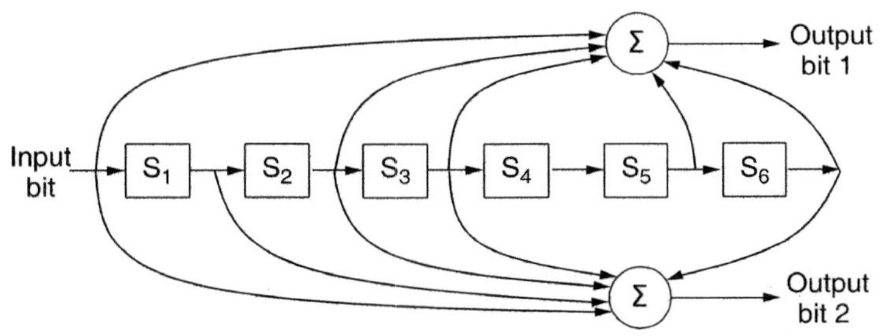

그림 3-7 802.11에 사용된 NASA 이진 길쌈 부호

그림 3-7에서 왼쪽에 있는 각각의 입력 비트는 입력과 내부 상태의 XOR인 오른쪽의 두 개의 출력비트를 만들어 낸다. 비트를 다루고 선형연산을 행하기 때문에 이것은 이진 선형 길쌈부호가 된다. 하나의 입력 비트가 2개의 출력 비트를 만들어 내기 때문에 코드 레이트는 1/2이 된다. 이것은

출력 비트가 단순한 입력 비트를 포함하지 않기 때문에 systematic은 아니다.

내부 상태는 6개의 메모리 레지스터에 저장된다. 매 단계에서 새로운 비트가 입력되고 레지스터의 값들은 오른쪽으로 쉬프트 된다. 예를 들어 111이 입력값이고 초기 상대가 모두 0이었다면, 좌측에서 우측으로 내부 상태를 써보면 첫 번째, 두 번째, 세 번째 입력이 각각 들어왔을 때 100000, 110000, 111000이 된다. 출력 비트는 11,10,01이 된다. 입력이 출력에 영향을 미치지 않도록 씻어내기 위해서는 일곱 번의 shift가 필요하다. 제한 길이는 k=7이 된다.

길쌈부호는 관찰된 출력 비트의 시퀀스(오류를 포함한)를 만들어 냈을 가능성이 가장 높은 입력 비트 시퀀스를 찾아내는 것으로 복호화가 이루어진다. 작은 k값에 대해서는 Viterbi(Forney, 1973)에 의해서 개발되어 널리 사용되는 알고리즘을 사용한다. 이 알고리즘은 관찰된 시퀀스를 따라가면서 각각의 단계를 기록하고 모든 가능한 내부 스테이트에 대해 관찰된 출력 시퀀스를 만들어내는 가장 적은 오류를 요구하는 입력 시퀀스를 추적한다. 마지막에 가장 적은 오류를 요구하는 입력 시퀀스가 가장 그럴 법한 메시지가 된다.

길쌈 부호는 실전에서 매우 보편적인데 비트가 0인지 1인지의 불확실성을 복호화에 반영할 수 있기 때문이다. 예를 들어 -1V가 논리적 0이고 +1V가 논리적 1을 나타내는 값이라고 하면 우리는 아마도 0.9V와 -0.1V를 2bit에 대해 받을 수 있다. 이 값들을 당장 1과 0에 대응시키는 대신에 0.9V를 "매우 그럴듯한 1"로 -0.1V를 "아마도 0"으로 두고 전체 시퀀스를 한 덩어리로 교정한다. 비터비 알고리즘의 확장은 더 강력한 오류 교정을 제공하는 불확정성을 사용할 수 있다. 이런 불확정성을 다루는 방법을 Soft-decision 복호화라고 한다. 역으로 오류 정정이전에 각각의 비트를 0과 1로 결정하는 것을 hard-decision decoding이라고 한다.

세 번째 오류 정정 부호는 Reed-Solomon code이다. 해밍코드와 마찬가지로 리드솔로몬 코드는 선형 블록코드이며 대개 systematic이기도 하다. 각각의 비트에 작동하는 해밍코드와는 달리 리드솔로몬 코드는 mbit 심벌에 작동한다. 자연스럽게 수학은 훨씬 복잡하고 여기서는 비유를 사용하여 동작을 설명한다.

리드솔로몬 코드는 모든 n차 다항식은 n+1개의 점에 의해서 유일하게 결정된다는 사실에 근거한다. 예를 들어 ax+b라는 직선은 2개의 점에 의해서 결정된다. 같은 직선 위에 추가의 점들은 여분의 정보이며 오류 정정에 도움을 준다. 직선을 표현하는 두 점을 상상하고 이것과 같은 직선에 있는 추가 두 개의 체크포인트를 원래의 두 점과 같이 보낸다고 해보자. 하나의 점이 오류를 가진 채로 수신된다고 해도 우리는 수신된 점들을 피팅함으로서 원래의 직선을 복원해낼 수가 있게 된다. 세 점은 한 직선 위에 존재할 것이고 오류가 발생한 한 점은 그렇지 않을 것이다. 직선을 찾음으로서 결국 오류를 정정할 수 있게 된다.

리드솔로몬 코드는 유한필드(finite field)에서의 다항식으로 정의되는데 비슷하게 동작한다. m비트 심벌에 대해서는 코드워드는 2^m-1 심벌의 길이가 된다. 일반적인 선택은 m=8로 심벌은 바이트가 된다. 코드워드는 255바이트의 길이가 된다. (255,233) 코드가 널리 사용되는데 이것은 233데이터 심벌에 32개의 여분의 심벌을 더한다. 오류정정의 복호는 Berlekamp와 Massey에 의해 개발된 알고리즘으로 수행되는데 적당한 길이의 코드에 대해서 피팅 임무를 효율적으로 수행할 수 있다(Massey, 1969).

리드솔로몬 코드는 실전에서 많이 사용되는데 특별히 버스트 오류를 정정하는 데 강력한 성능을 보이기 때문이다. 이것은 DSL, data over cable, 위성통신, CD, DVD, blue-ray 디스크 등에서는 아마도 유일하게 사용된다. m비트 심벌에 기반하고 있기 때문에, 단일 비트 오류나 m비트 심벌 오류는 단순히 단일 심벌 오류로 다루어진다. 2t 여분 심벌이 더해질 때 리드솔로몬 코드는 최대 t개의 오류를 정정할 수 있다. 이것은 예를 들어 (255,233)코드에서는 32개의 여분 심벌이 있으므로 16개의 심벌 오류를 교정할 수가 있다. 심벌은 연속적일 수 있고 각각이 8비트이므로 128비트까지의 버스트 오류가 교정 가능하다. 에러 모델이 이레이저 모델일 때 더 성능이 좋아지는 상황이 된다(CD 표면의 생채기는 어떤 심벌을 지워버린다). 이 경우에는 최대 2t 오류까지가 수정 가능하다.

리드솔로몬 코드는 길쌈 부호 등 다른 코드와 결합되어 종종 사용된다. 원리는 다음과 같다. 길쌈부호는 고립된 비트 오류에 강하지만 수신 비트 스트림에 너무 많은 오류가 있을 경우 버스트 오류에는 효율적이지 못하다. 길쌈 부호 내에 리드솔로몬 코드를 추가함으로써 리드솔로몬 복호화가 버스트 오류를 담당하는 데 강력한 성능을 보인다. 종합적인 코드는 단일 오류와 버스트 오류 모두에 좋은 방어를 제공한다.

마지막 오류 정정 부호화는 LDPC(Low-Density Parity Check)코드이다. LDPC 코드는 선형 블록 코드로 Rober Gallagher가 박사논문에서 제안한 것이다(Gallagher, 1962). 대부분의 학위논문에서처럼 금방 잊혔지만 컴퓨터 성능이 발전하여 LDPC가 현실적이 되고 난 다음인 1995년에 재발명되었다.

LDPC 코드에서는 각 출력 비트는 입력비트의 일부분으로 만들어진다. 이것은 코드의 매트릭스 표현이 매우 낮은 빈도의 1을 포함하게 되며 이 특징으로부터 이름이 유래했다. 수신된 코드워드는 수신된 데이터를 합법적인 코드워드에 반복적으로 근사하는 근사 알고리즘에 의해 복호화된다. 이로써 오류를 복구한다.

LDPC 코드는 큰 블록사이즈가 현실적이며 강력한 오류 정정 능력을 가져서 다른 코드들(우리가 다루었던 것들 포함)을 압도한다. 이 이유 때문에 새로운 프로토콜들에 빠르게 수용되고 있다. 이것은 디지털 비디오 방송, 10Gbps 이더넷, 전력선 통신, 최신 802.11 등에서 표준의 일부이다. 미래의 네트워크에서는 더 많이 채택될 것이다.

3.2.2 오류 감지 코드

오류 정정 코드는 광링크보다 열악하고 오류가 빈번한 무선링크에서 널리 사용된다. 오류 정정 부호없이는 아무것도 제대로 보내기 어렵다. 그러나 광링크나 고품질의 구리선에서는 오류율이 매우 낮아서 오류 감지와 재진송이 간혹 생기는 오류를 치리하는 데 더 효율적이다.

다음 3가지의 오류 감지 코드를 살펴본다. 이것들은 모두 선형 systematic 블록 코드이다.

1. Parity
2. Checksums
3. Cyclic Redundancy Check(CRCs)

어떻게 이들이 오류 정정 부호보다 효율적이라는 것을 보기 위해서 먼저 단일 패리티 비트(Parity bit)가 데이터에 붙는 첫 번째 오류 감지 부호를 살펴보자. 패리티 비트는 코드워드의 1의 개수가 짝수(또는 홀수)가 되도록 선택된다. 이것은 (짝수) 패리티 비트를 모듈로 2 연산이나 데이터비트와의 XOR를 수행하는 것과 동일하다. 예를 들어 1011010이 짝수 패리티로 전송된다면 끝에 1비트를 추가하여 10110100으로 만든다. 홀수 패리티라면 1011010은 10110101이 된다. 단일 패리티 비트로는 거리가 2가 되는데 단일 비트오류는 패리티가 틀린 코드워드를 만들어 낸다. 이것은 우리가 단일 비트오류를 감지할 수 있음을 의미한다.

오류가 독립적으로 발생하고 오류발생률이 비트당 10^{-6}인 채널을 고려해 보자. 이것은 매우 작은 오류율로 보일지 모르나 오류 감지가 힘든 긴 케이블에서 적어도 일반적인 값이다. 일반적인 LAN에서는 비트 오류율이 10^{-10}이다. 블록의 크기를 1,000비트라고 하자. 1,000비트 블록들의 오류 정정을 위해서 식 3-1로부터 10개의 체크비트가 필요하다. 또한 100만 비트 데이터는 1만 개의 체크비트가 필요하다. 단지 한 블록에서 단일 1 비트 오류만 검출한다면 블록당 하나의 패리티 비트면 충분하다. 각각의 1,000블록들에 대해 여분의 블록(1,001 비트)만 전송하면 된다. 오류 감지+재전송 기법의 전체 오버헤드는 100만 비트 데이터당 해밍 코드의 1만 비트에 비하여 단지 2,001비트 정도이다.

이 방법의 한 가지 어려운 점은 단일 패리티 비트는 블록의 단일 비트오류에만 적용된다는 점이다. 만약 블록이 긴 버스트 오류에 의해 심각하게 왜곡되었다면, 오류 감지 확률은 단지 0.5 수준인데 이것은 심각한 문제가 아닐 수 없다. 오류 감지 확률은 보낼 각 블록들을 $n \times k$ 비트 사각행렬 형태로 전송한다고 생각하면 향상될 수 있다. 패리티 비트는 각각의 열 별로 따로따로 계산되어 행렬의 마지막 행에 추가된다. 그런 후에 그 행렬은 한 번에 한 행씩 전송된다면 k비트 오류까지 한 열당 하나의 오류만 있다는 가정 아래 신뢰성 있게 감지될 수 있다.

그러나 버스트 오류에 대해서 더 나은 보호를 할 수 있는 방법이 있는데, 전송하는 순서와 다른 순서로 패리티 비트를 계산하는 것이다. 이렇게 하는 것을 Interleaving이라고 한다. 이 경우는 우리는 n개의 행에 대해서 패리티 비트를 계산하여 그것들을 열의 순서로 보낸다. 마지막 열에서는 우리는 n개의 패리티 비트를 보낸다. 전송순서는 n=7, k=7의 경우에 대하여 그림 3-8에 나타나 있다.

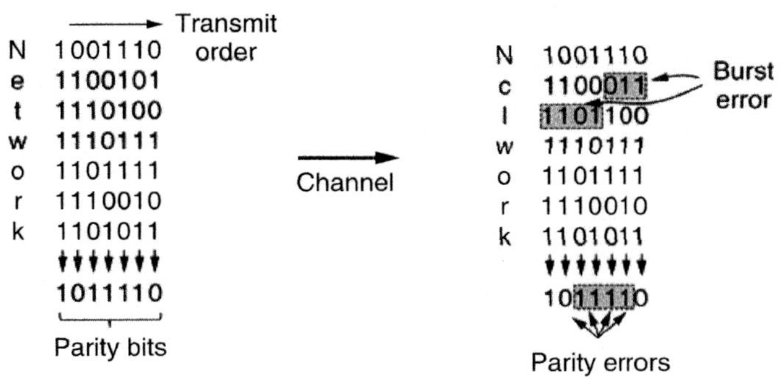

그림 3-8 버스트 오류를 감지할 수 있는 패리티 비트의 인터리빙

인터리빙은 고립된 오류를 감지하거나 정정할 수 있는 부호를 버스트 오류를 감지하거나 정정하는 부호로 변환하는 일반적인 방법이다. 그림 3-8에서는 길이 n=7의 버스트 에러가 발생한다면 오류가 있는 비트는 여러 행에 분산된다(버스트 오류는 모든 비트가 오류라는 뜻은 아니다. 이것은 적어도 첫 번째와 마지막 비트가 오류라는 것을 의미한다. 그림 3-8에서는 4비트가 7비트 길이에서 반전되었다). 최소한 1비트씩 n행에 걸쳐서 영향을 받으므로 이 행들의 패리티 비트들은 오류를 감지한다. 이 방법은 n패리티 비트를 kn데이터 비트를 가진 블록에 사용하여 길이 n 이하의 버스트 오류를 감지해낼 수 있게 된다.

만일 첫 번째 비트가 반전(invert)되고, 마지막 비트가 반전되고, 그리고 다른 모든 비트들이 정확하다 해도 길이 $n+1$의 버스트오류는 검출되지 않는다(버스트오류는 모든 비트에가 있다는 것만을 의미하지 않는다. 단지 첫 번째나 마지막 비트에가 있다는 것을 의미한다). 만일 그 블록이 긴 버스트오류나 혹은 여러 번의 짧은 버스트오류에 의해 심하게 왜곡되었다면, 임의의 열 n이 우연히 정확한 패리티를 가질 확률은 0.5이다. 따라서 그렇지 않을 경우에 오류가 있는 블록을 받을 확률은 2^{-n}이 된다.

두 번째 오류 감지 방법은 체크섬(Checksum)이라고 불리는데 패리티 비트의 블록에 밀접한 관계를 가지고 있다. 체크섬은 계산방법과 상관없이 메시지와 연관된 체크 비트의 그룹을 종종 의미한다. 패리티 비트의 그룹도 체크섬의 한 예이다. 그러나 다른 더 강력한 체크섬이 존재하는 데 이것은 메시지의 데이터 비트의 running sum에 기반을 둔다. 체크섬은 대체로 메시지의 끝부분에 존재하며 합의 보수로 표현된다. 이런 방식으로 오류는 수신된 코드워드를 데이터, 체크섬할 것 없이 다 더함으로서 감지될 수 있다. 만약 결과가 0이 된다면 아무런 오류도 감지되지 않는 것이다.

체크섬의 예 중의 하나는 인터넷 패킷에서 IP 프로토콜(Braden et al, 1988)의 일부로 사용되는 16-bit Internet 체크섬이 있다. 이 체크섬은 메시지 비트를 16비트 워드로 나누어서 더하는 방법이다. 이것은 비트단위가 아니라 패리티에서와 마찬가지로 워드 단위에 작동하기 때문에 패리티를 바꾸지 않는 오류들도 섬을 바꿀 수 있기 때문에 감지될 수가 있다. 예를 들어 서로 다른 두 개의 워드 중 마지막 비트가 0에서 1로 바뀌었다고 한다면 패리티 체크는 이를 감지해내지 못할 것이다. 그러나 2개의 1이 16비트 체크섬에 더해지면 다른 결과를 보일 것이다. 결국 오류는 감지된다.

인터넷 체크섬은 모듈로 2^{16}이 아니라 1의 보수 연산으로 수행된다. 1의 보수 연산에서는 음수는 양수의 각각의 비트의 반전으로 표현된다. 현대 컴퓨터는 2의 보수 연산을 사용하는 데 여기서 음수는 1의 보수 더하기 1이 된다. 2의 보수 컴퓨터에서는 1의 보수 합은 합산 후 모듈로 2^{16} 연산을 수행한 후 상위오더 비트의 오버플로우를 하위오더비트에 더하는 것과 같다. 이 알고리즘은 체크섬 비트를 통하여 데이터의 더 고른 보호를 제공한다. 그렇지 않다면 두 개의 상위 오더 비트가 더해지고 오버플로우는 섬을 바꾸지 않고 날릴 수도 있다. 다른 장점도 있다. 1의 보수는 모든 비트가 0이거나 모든 비트가 1인 0에 대한 두 개의 표현이 있다. 이것은 하나의 값(예를 들어 all 0)가 추가 필드의 필요 없이 체크섬이 없음을 가리킬 수도 있다.

수십 년 동안 체크섬을 계산할 프레임은 랜덤 비트를 가지고 있다고 가정해왔다. 체크섬 알고리즘의 모든 분석은 이런 가정을 토대로 하였다. Partridge(1995)등의 실제 데이터 조사는 이런 가정이 매우 잘못되었다는 것을 보여주었다. 결과적으로 이전에 생각했던 것보다 감지가 되지 않는 오류가 어떤 경우에서는 훨씬 많음을 보여주었다.

인터넷 체크섬은 특별히 간단하고 효율적이나 간단한 덧셈이기 때문에 어떤 경우에는 정확한 보호를 해주지 못한다. 이것은 데이터 0의 덧셈이나 뺄셈을 감지하지 못하며 메시지의 일부분이 뒤바뀌는 것도 모르고 두 메시지가 쪼개져 붙은 것에 대해서도 보호가 약한 편이다. 이런 오류들은 임의 과정으로는 거의 일어나지 않는 것으로 보이지만 문제가 있는 하드웨어에서 매우 흔하게 일어나는 일이다.

더 나은 방법은 Fletcher's Checksum(Fletcher, 1982)이다. 이것은 위치에 관련된 부분을 포함하는데 데이터와 위치의 곱을 running sum에 더해나간다. 이것은 데이터 위치의 변화에 대해 강력한 보호를 제공한다.

위의 두 가지 방법이 상위 계층에서는 적절해 보이지만 실제로는 제3의 더 강력한 오류 감지 기법이 링크 계층에서 널리 쓰이고 있다. 이는 **CRC(cyclic redundancy code)**로 알려진 **다항식 코드 (polynomial code)** 기법이다. 다항식 코드의 기반은 비트 스트링을 단지 0과 1의 계수만을 가진 다항식으로 표현하는 것이다. k 비트 프레임은 x^{k-1}에서 x^0까지 k항을 가지는 다항식의 계수 리스트로 간주된다. 즉 $k-1$차 다항식이 된다. 제일 왼쪽 비트는 x^{k-1}의 계수이고, 다음 비트는 x^{k-2}의 계수이고, 이 같은 방법으로 나머지 부분도 계산된다. 예를 들면, 110001은 6 비트이고, 계수 1, 1, 0, 0, 0, 1인 여섯 개의 항을 가진 다항식으로 표현하면 $x^5+x^4+x^0$이 된다.

다항식 연산은 대수학적 이론 규칙에 의해 modulo 2 연산으로 계산된다. 덧셈에서의 자리올림이나 뺄셈에서의 자리내림은 없다. 덧셈이나 뺄셈은 배타적 논리합(Exclusive OR) 연산과 동일하다. 예를 들면,

```
   10011011       00110011       11110000       01010101
 + 11001010     + 11001101     - 10100110     - 10101111
 ----------     ----------     ----------     ----------
   01010001       11111110       01010110       11111010
```

나눗셈은 위와 같이 뺄셈이 modulo 2로 계산되는 점을 제외하고는 2진수와 같은 방식으로 수행된다. 피젯수가 젯수만큼의 비트수를 가지고 있으면 젯수는 피젯수 "안으로 들어간다"라고 말한다.

다항식 코드 기법이 사용될 때, 수신측과 송신측은 사전에 **생성다항식(generator polynomial)** $G(x)$에 대한 합의과정을 거쳐야 한다. 생성원의 최상위, 최하위 비트는 1이어야만 한다. 다항식 $M(x)$에 해당하는 m비트 프레임의 체크섬을 계산하기 위해서 이 프레임은 생성다항식보다 같거나 높은 차수를 가져야만 한다. 이것은 체크섬된 프레임으로 표현된 다항식을 $G(x)$로 나누는 방식으로, 그 프레임의 끝에 체크섬을 첨가한다는 생각에서 비롯된 것이다. 수신측은 체크섬된 프레임을 수신해서 $G(x)$로 나눈다. 만일 나머지가 있다면 그 프레임에는 전송 오류가 발생한 것이다.

체크섬을 계산하는 알고리즘은 다음과 같다.

1. $G(x)$의 차수를 r이라고 하자. 프레임의 최하위 비트에다 r개의 제로 비트를 첨가하면 그 프레임은 $m+r$개의 비트가 되고 다항식 $\chi^r M(\chi)$에 해당한다.
2. modulo 2 나눗셈을 사용하여 $G(x)$에 해당하는 비트 스트림을 $\chi^r M(\chi)$에 해당하는 비트 스트림으로 나눈다.
3. modulo 2 뺄셈을 사용하여 $\chi^r M(\chi)$에 해당하는 비트 스트림을 나머지(항상 r보다 같거나 작은 비트로 구성)로 뺀다. 결과값은 전송될 체크섬을 수행한 프레임이 된다. 이것을 다항식 $T(x)$라고 한다.

그림 3-9는 프레임 1101011011과 $G(x)=x^4+x+1$의 계산을 보여준다.

그림에서 $T(x)$는 $G(x)$로 나눌(modulo 2) 수 있다. 임의의 나눗셈 문제에서 피젯수를 나머지로 빼고 남은 값을 젯수로 다시 나누면 나머지가 생기지 않는다. 예를 들면 10진수에서 210,278을 10,941로 나누면 나머지는 2,399이다. 210,278에서 2,399를 뺀 값(207,878)은 10,941로 정확하게 나누어진다.

이제 이 기법의 위력을 분석해 보자. 어떤 종류의 오류들이 검출될 것인가? 전송 오류가 발생해서, 비트 스트링 $T(x)$ 대신 $T(x)+E(x)$가 수신됐다고 가정해 보자. $E(x)$에서 값이 1인 비트는 반전된 비트에 해당한다. $E(x)$에 k개의 1인 비트가 존재한다면, k개의 단일비트 오류가 발생한 것이다. 단일 버스트오류는 1로 시작하여, 0과 1의 혼합이던지, 마지막이 1로 끝나며, 다른 모든 비트는 0인 상태로 구분된다.

체크섬된 프레임을 수신하면 수신측은 그 프레임을 $G(x)$로 나눈다. 즉, $[T(x)+E(x)]/G(x)$이다. $T(x)/G(x)$는 0이므로, 결국 $E(x)/G(x)$의 단순한 형태가 된다. 우연히 $G(x)$를 인자로 가지는 다항식에 해당하는 오류는 검출하지 못한다 하더라도 다른 모든 오류는 검출할 수 있다.

만일 수신된 프레임에 하나의 단일비트 오류가 존재한다면 $E(x)=x^i$고, 여기서 i는 어느 비트에가 있는지 위치를 결정한다. 만일 $G(x)$가 2개 이상의 항들을 가지고 있다면, 절대로 $E(x)$를 나누어떨어지게 할 수 없을 것이고, 결국 모든 단일 비트오류가 검출된다.

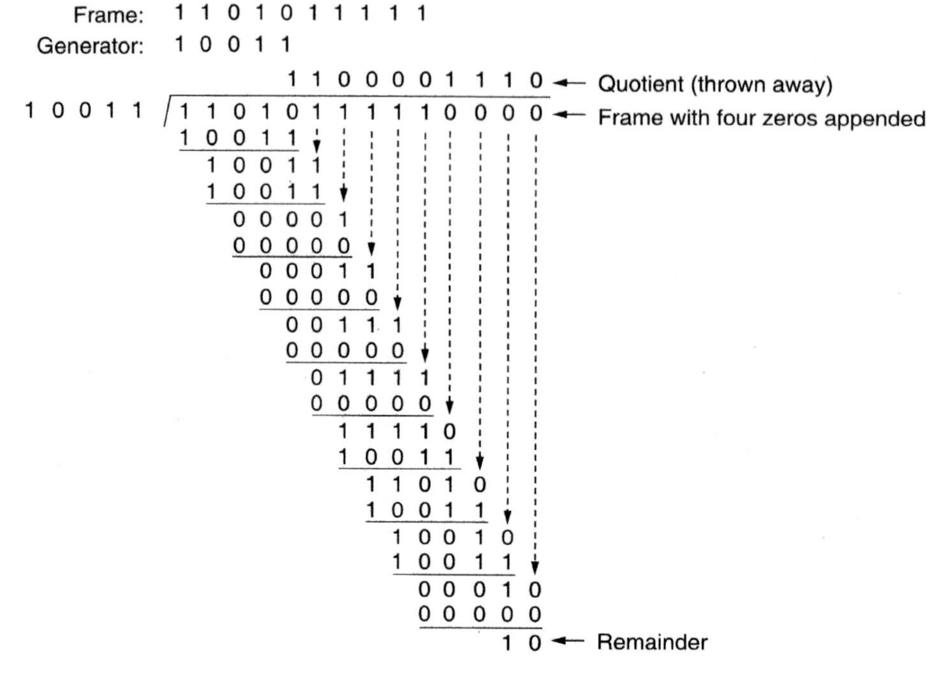

그림 3-9 CRC 계산법의 예

만일 수신된 프레임에 독립적인 두 개의 단일비트 오류들이 존재한다면, $E(x) = x^i + x^j$이고, 여기서 $i > j$ 이다. 다르게 표현하면, $E(x) = x^j(x^{i-j} + 1)$이다.

만일 $G(x)$가 x로 나누어지지 않으면, 모든 이중 오류들을 검출할 수 있는 충분 조건은 $x^k + 1$을 $G(x)$로 나눌 수 없는 경우이다. 여기서, 임의의 k는 $i - j$의 최대치까지를 의미한다(즉, 최대 프레임 길이까지). 긴 프레임을 보호하는 단순한 낮은 차수의 다항식들이 알려져 있다. 예를 들면, $x^{15} + x^{14} + 1$은 $x^k + 1$을 나눌 수 없다. 여기서 k는 32,768보다 작은 임의의 수이다.

만일 홀수개의 오류비트가 존재한다면, $E(x)$는 홀수개의 항을 가진다(예; $x^5 + x^2 + 1$은 가능하고 $x^2 + 1$은 사용하지 않는다). 흥미롭게도 modulo 2 체계에서 $x + 1$을 인자로 가지면서 항이 홀수개인 다항식은 존재하지 않는다. $x + 1$을 $G(x)$의 인자로 만듦으로써, 반전된 비트가 홀수개인 모든 오류를 검출할 수 있다.

$x + 1$로 나누어지는 홀수개의 항을 가지는 다항식이 존재하지 않는다는 것을 증명해 보기 위해, $E(x)$가 홀수개의 항을 가지고 $x + 1$로 나누어진다고 가정하자. $E(x)$는 $(x + 1)Q(x)$로 표현할 수

있다. 이제, $E(x)=(1+1)Q(1)$을 계산해 보자. 1+1=0(modulo 2)이므로, $E(1)$도 0이어야 한다. 만일 $E(x)$가 홀수개의 항을 가졌다면, 모든 x에 1을 대입하면 결과는 항상 1이 된다. 따라서 $x+1$로 나누어지는 홀수개의 항을 가지는 다항식은 존재하지 않는다.

마지막으로 가장 중요한 점은 r개의 체크비트를 가지고 있는 다항식 코드는 r 보다 길이가 r 이하인 모든 버스트오류들을 검출할 수 있다. 길이가 k인 버스트오류는 $x^i(x^{k-1}+\cdots+1)$로 표현할 수 있다. 여기서, i는 수신된 프레임의 오른쪽 끝에서부터 얼마나 떨어진 곳에 버스트오류 비트가 위치해 있는가를 결정한다. 만일 $G(x)$가 x^0항을 가지고 있다면, $G(x)$는 x^i를 인자로 가질 수 없고, 그래서 괄호 안의 식의 차수가 $G(x)$의 차수보다 낮다면, 나머지는 결코 0이 될 수 없다.

만일 버스트오류 길이가 $r+1$이라면 $G(x)$로 나누어진 나머지 값은 0이 되고, 이런 경우는 오직 $E(x)$가 버스트오류와 동일한 상황일 경우이다. 버스트오류의 정의에 따라 처음과 마지막 비트는 1이어야 하고, 그래서 $r-1$ 중간 비트수에 의하여 그것의 가부가 결정된다. 만일 모든 조합이 동일한 것으로 간주되면, 프레임이 유효하게 받아들여질 확률은 $(1/2)^{r-1}$이다.

또한 버스트오류가 $r+1$ 비트보다 길거나 여러 번의 짧은 버스트오류가 생기는 경우, 모든 비트 패턴을 동일한 것으로 가정하면, 프레임을 검출하지 못할 확률은 $(1/2)^r$ 이다.

몇몇 다항식들은 국제 표준으로 사용된다. IEEE 802에서 사용되는 다항식은

$$x^{32}+x^{26}+x^{23}+x^{22}+x^{16}+x^{12}+x^{11}+x^{10}+x^8+x^7+x^5+x^4+x^2+x^1+1$$

이다. 많은 유용한 특성 중, 길이가 32 이하인 모든 버스트 오류와 홀수 비트에 영향을 미치는 모든 버스트 오류를 검출할 수 있는 특성도 있다.

체크섬 계산이 필요한 위의 계산법이 복잡하게 보이지만, Peterson과 Brown(1961)은 하드웨어적으로 체크섬을 계산하고 검증하는 단순 시프트 레지스터 회로(simple shift register circuit)를 개발하였다. 실질적으로 이 하드웨어는 거의 언제나 사용된다.

여남은 개의 네트워킹 표준들은 다양한 CRC를 포함하는 데 거의 모든 LAN(예컨대 이더넷, 802.11)과 점대점 링크(Packet over SONET)등이 그러하다.

3.3 기본적인 데이터 링크 프로토콜

이 프로토콜의 주제를 소개하기 전에, 복잡도를 증가시키는 세 가지 프로토콜을 살펴보자. 관심 있는 독자들을 위해서는 이이들과 다음에 살펴볼 프로토콜들에 대한 시뮬레이터가 웹에 있다(서문 참조). 이 프로토콜들을 살펴보기 전에, 통신 모델의 기본 가정들을 명확히 해둘 필요가 있다.

첫째로, 메시지를 위아래로 전달하면서 통신하는 독립적인 프로세스들이 물리 계층, 데이터 링크

계층, 그리고 네트워크 계층에 각각 존재한다고 가정하자. 일반적인 구현이 그림 3-10에 나타나 있다. 물리계층의 프로세스와 데이터 링크 계층의 어떤 부분은 NIC(Network Interface Card)라는 전용 하드웨어 위에서 작동한다. 링크 계층의 나머지 부분과 네트워크 계층은 메인 CPU 위에서 운영체제의 일부로 동작하는 데 링크 계층 프로세스를 위한 소프트웨어는 종종 디바이스 드라이버라는 형태로 존재한다. 그러나 그 외의 다른 구현 방법도 가능하다(네트워크 가속기라는 독자적인 하드웨어에 세 가지 프로세스가 넘겨지건, 세 가지 프로세스가 메인 CPU 위에서 소프트웨어 정의 라디오로 돌아가거나). 실제로는 기술적인 선택상황 때문에 선호되는 구현은 10여 년의 주기로 달라지기도 한다. 어떤 경우라도 세 가지 계층을 독립적인 프로세스들로 가정하는 것이 개념적으로 이해하기 쉽고 또한 각 계층의 독립성을 강조하는 데 도움이 된다.

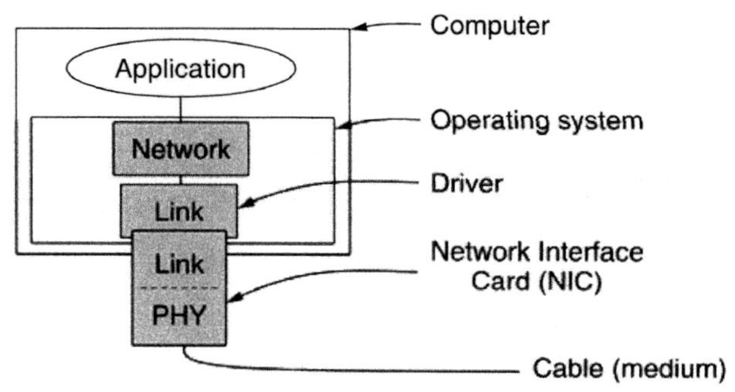

그림 3-10 물리, 데이터 링크, 네트워크 계층의 구현

또 다른 핵심 가정은 통신기기 *A*가 신뢰성 있는 연결형 서비스를 이용하여 통신기기 *B*로 긴 스트림을 전송하려 한다는 것이다. 나중에 *B* 또한 *A*로 동시에 데이터를 전송할 경우를 살펴볼 것이다. *A*는 보낼 준비가 되어 있는 무한정의 데이터를 공급받고, 즉 보낼 데이터를 기다릴 필요가 없다고 가정한다. *A*의 데이터 링크 계층이 데이터를 요청하면, 항상 네트워크 계층은 즉시 데이터를 제공한다(이런 제한사항 역시 나중에 제외된다).

우리는 또한 기계들이 crash하지 않는다고 가정한다. 즉, 이런 프로토콜들은 통신 오류만 해결할 뿐이고 컴퓨터가 크래쉬해서 리부트하면서 생기는 문제들은 다루지 않는다.

데이터 링크 계층에 국한된 사항으로서, 네트워크 계층에 인터페이스를 통하여 데이터 링크 계층으로 전달되는 패킷은 순수한 데이터이고, 그 패킷의 각 비트들은 목적지의 네트워크 계층에 전달되어야 한다. 목적지의 네트워크 계층에서 패킷의 일부를 헤더로 오인할 수 있다는 사실은 데이터 링크 계층과는 관계없는 일이다.

데이터링크 계층이 패킷을 전달받으면, 그 패킷에 데이터 링크 헤더(header)와 트레일러(trailer)를 추가하여 프레임으로 포장한다(그림 3-1). 따라서 한 프레임은 패킷과 약간의 제어(헤더) 정보로 구성된다. 그런 후에 그 프레임은 상대편 데이터 링크 계층으로 전송된다.

프레임을 송신하기 위해 *to_physical_layer*, 수신하기 위해 *from_physical_layer*와 같은 적당한 라이브러리 함수가 존재한다고 추정할 수 있다. 전송을 담당하는 하드웨어가 프레임을 계산하여 체크섬을 추가함으로써 데이터 링크 계층 소프트웨어의 부담을 덜어준다. 이 장 앞부분에 언급했던 다항식 알고리즘이 이때 사용될 수 있다.

기본적으로 수신측은 처리해야 할 일들이 별로 없다. 단지 어떤 사건이 발생하기를 기다리기만 하면 될 뿐이다. 수신측 데이터 링크 계층은 함수 *wait_for_event(&event)*를 호출해서 어떤 사건이 발생하기를 기다린다는 것을 예제 프로토콜을 통해 알 수 있다.

이 함수는 어떤 사건이 발생(한 프레임이 도착했다)했을 때에만 리턴(return)한다.

리턴하면서 변수 event는 어떤 사건이 발생했는지를 알려준다. 가능한 이벤트(event)들의 집합은 각 프로토콜들마다 다르기 때문에 각기 따로따로 정의된다. 실제 상황에서 데이터 링크 계층은 위에서 언급한 바와 같이 이벤트가 발생할 때까지 무한정 기다리지 않고, 인터럽트(interrupt)를 받아서 현재 처리중인 작업을 일시 중단하고 수신되는 프레임을 처리하게 된다. 하지만 단순하게 생각하기 위해 데이터 링크 계층상의 병렬처리 세부사항은 무시하고 하나의 채널을 처리하는 데 모든 시간을 투자한다고 가정하자.

수신측에 프레임이 도착하였을 때, 하드웨어는 그 프레임의 체크섬을 계산한다. 만일 체크섬 값이 다르면(즉, 전송 오류 감지), 데이터 링크 계층에 다음 정보(*event = cksum_err*)를 알려준다. 만일 프레임이 정확하게 도착하면 데이터 링크 계층에 다음 정보(*event = frame_a rrival*)를 알려주어, 세부적인 처리를 위해 함수 *from_physical_layer*를 호출해서 그 프레임을 가져온다. 수신측 데이터 링크 계층은 정확하게 수신된 프레임을 가져와서 헤더에 있는 제어정보를 검사한다. 만일 모든 것이 정상이라면 패킷은 네트워크 계층에 전달된다. 어떠한 상황에서도 프레임 헤더가 네트워크 계층에 전달되는 일은 없다.

프레임 헤더가 네트워크 계층에 절대로 전달되지 않는 이유는 네트워크 프로토콜과 데이터 링크 프로토콜을 완전히 분리하기 위해서이다. 네트워크 계층이 데이터 링크 계층이나 프레임 형식에 대해서 전혀 관여하지 않는 한, 데이터 링크 소프트웨어는 네트워크 계층에 관계없이 변경될 수 있기 때문이다. 네트워크 계층과 데이터 링크 계층 간에 명확한 인터페이스를 제공함으로써 소프트웨어 설계과정을 상당히 단순하게 만들 수 있다. 왜냐하면 서로 다른 계층의 통신 프로토콜들은 독립적으로 개발될 수 있기 때문이다.

그림 3-11은 후에 언급될 다양한 프로토콜들의 보편적인 선언(C 언어로 작성됨)이다. 여기서는 다섯 가지 데이터 구조가 정의되어 있다. *boolean, seq_nr, packet, frame_kind, frame*. boolean은 열거형(enum)이고 true와 false값을 가질 수 있다. seq_nr은 프레임들을 구분하기 위해 각 프레임에 일련번호를 할당하는 small integer 변수이다. 이들 일련번호는 0에서 시작하여 각 프로토콜에 정의되어 있는 *MAX_SEQ*까지의 범위를 가진다. packet은 동일 통신기기의 네트워크 계층과 데이터 링크 계층 간, 그리고 양측 통신기기의 네트워크 계층 간에 교환되는 정보 단위이다.

```
#define MAX_PKT 1024                                       /* determines packet size in bytes */

typedef enum {false, true} boolean;                        /* boolean type */
typedef unsigned int seq_nr;                               /* sequence or ack numbers */
typedef struct {unsigned char data[MAX_PKT];} packet;      /* packet definition */
typedef enum {data, ack, nak} frame_kind;                  /* frame_kind definition */

typedef struct {                                           /* frames are transported in this layer */
  frame_kind kind;                                         /* what kind of frame is it? */
  seq_nr seq;                                              /* sequence number */
  seq_nr ack;                                              /* acknowledgement number */
  packet info;                                             /* the network layer packet */
} frame;

/* Wait for an event to happen; return its type in event. */
void wait_for_event(event_type *event);

/* Fetch a packet from the network layer for transmission on the channel. */
void from_network_layer(packet *p);

/* Deliver information from an inbound frame to the network layer. */
void to_network_layer(packet *p);

/* Go get an inbound frame from the physical layer and copy it to r. */
void from_physical_layer(frame *r);

/* Pass the frame to the physical layer for transmission. */
void to_physical_layer(frame *s);

/* Start the clock running and enable the timeout event. */
void start_timer(seq_nr k);

/* Stop the clock and disable the timeout event. */
void stop_timer(seq_nr k);

/* Start an auxiliary timer and enable the ack_timeout event. */
void start_ack_timer(void);

/* Stop the auxiliary timer and disable the ack_timeout event. */
void stop_ack_timer(void);

/* Allow the network layer to cause a network_layer_ready event. */
void enable_network_layer(void);

/* Forbid the network layer from causing a network_layer_ready event. */
void disable_network_layer(void);

/* Macro inc is expanded in-line: increment k circularly. */
#define inc(k) if (k < MAX_SEQ) k = k + 1; else k = 0
```

그림 3-11 프로토콜이 준수해야 될 정의들. 이 정의들은 파일 protocol.h에 들어 있다.

이 모델에서는 항상 *MAX_PKT*에 바이트 크기를 정의하고 있지만, 실제로는 가변길이 변수이다.

한 frame은 네 개의 필드로 구성된다. *kind*, *seq*, *ack*, *info*. 처음 세 필드는 제어정보를 포함하고 있다. 그리고 마지막 필드는 실제 전송될 데이터이다. 이들 제어필드들을 합쳐서 **프레임 헤더(frame header)**라 한다.

kind 필드는 프레임 내부의 데이터 유무를 알려준다. 왜냐하면 어떤 종류의 프로토콜들은 단지 제어정보만을 담고 있는 프레임과 데이터를 담고 있는 프레임을 구분하기 때문이다. seq와 ack필드는 각각 일련번호와 확인응답(acknowledgement)을 위해 사용된다. 이들 필드의 사용법은 나중에 살펴보기로 하자. 데이터 프레임의 info 필드에는 단일 패킷이 들어 있다. 그러나 제어 프레임에는 info 필드가 사용되지 않는다. 실제 구현과정에서는 가변길이 info 필드를 사용하고 제어 프레임에서는 info 필드를 제외시킨다.

여기에서 패킷과 프레임의 상관관계를 이해하는 것이 중요하다. 네트워크 계층은 전송 계층으로부터 메시지를 받아 네트워크 계층 헤더를 추가해서 패킷을 만든다. 이 패킷은 데이터 링크 계층에 전달되어 송신 프레임의 info 필드에 포함된다. 목적지에 그 프레임이 도달하면, 수신측 데이터 링크 계층은 프레임에서 패킷을 추출하여 네트워크 계층에 전달한다. 이런 방법으로 네트워크 계층은 통신기기 사이에 직접 패킷을 교환하는 것처럼 동작할 수 있다.

그림 3-11에는 몇 개의 함수들이 나열되어 있다. 이들은 라이브러리 루틴들이고, 세부사항은 구현방법에 따라 다를 수 있다. 따라서 내부적인 처리방법은 여기서 논하지 않겠다. 함수 *wait_for_event*는 위에서 언급했듯이, 어떤 사건이 발생하기를 무한정 기다린다. 함수 *to_network _layer*와 *from_network_layer*는 데이터 링크 계층이 네트워크 계층으로 각각 패킷을 보내고 받는데 사용된다. *from_physical_layer*와 *to_physical_layer*는 데이터 링크 계층과 물리 계층 사이의 프레임 전송을 위해서 사용되고, 반면에 *to_network_layer*와 *from_network_layer*는 데이터 링크 계층과 네트워크 계층 사이의 패킷 전송을 위해서 사용된다는 점을 주의하자. 다르게 표현하면, 함수 *to_network_layer*와 *from_network_layer*는 계층 2와 3 사이의 인터페이스를 처리하고, 반면에 *to_ physical_layer*와 *from_physical_layer*는 계층 1과 2 사이의 인터페이스를 처리한다.

대부분의 프로토콜들에서 때때로 전체 프레임들을 분실하는 신뢰성 없는 채널을 가정한다. 이런 불행스러운 사태를 대비해서 송신측 데이터 링크 계층은 프레임을 보낼 때마다 내부 타이머나 시계를 작동시켜야 한다. 미리 정해진 시간 간격 내에 응답이 돌아오지 않으면 시계는 타임아웃(timeout)되고, 데이터 링크 계층은 인터럽트 신호(interrupt signal)를 받게 된다.

이런 경우는 함수 *wait_for_event*가 리턴값을 *event=timeout*으로 세팅함으로써 처리된다. 함수 *start_timer*와 *stop_timer*는 타이머를 동작시키고 해제시키는 기능으로 사용된다. 타이머가 동작중일 때에만 타임아웃이 가능하다. 타이머가 동작중일 때라도 *start_timer* 함수 호출은 가능하다. 이런 호출은 단지 시계를 재동작시킴으로써 다음번 타임아웃을 기다린다(동작 중에 재동작하지 않거나 해제하지 않는 한).

함수 *start_ack_timer*와 *stop_ack_timer*는 특정 상황하에서 확인응답을 발생시키는 보조 타이머를 제어하기 위해 사용된다. 함수 *enable_network_layer*와 *disable_network_layer*는 좀더 정교한 프로토콜에 사용된다. 이 프로토콜은 네트워크 계층이 패킷을 제공할 수 있는지 추정할 수 없는 상황에서 이들 함수를 사용한다. 데이터 링크 계층이 네트워크 계층을 활성화(enable)시키면, 그 네트워크 계층은 전달할 패킷이 있을 때 인터럽트를 걸 수 있도록 허용된다. 이것을 *event=network_layer_ready*로 표현한다. 네트워크 계층이 비활성화(disable)되면, 이런 이벤트를 허용하지 않는다. 네트워크 계층을 활성화 또는 비활성화 시킬 경우에 대해 주의 깊게 처리한다면, 데이터 링크 계층은 패킷을 임시 저장할 버퍼 영역의 여유가 없는 상황에서 네트워크 계층에서 밀려드는 패킷들로 인해 마비되는 상황을 미리 방지할 수 있다.

프레임 일련번호는 항상 0에서 *MAX_SEQ*까지의 범위를 가진다. *MAX_SEQ*는 프로토콜마다 다른 값을 가진다. 일련번호를 순환식으로 1씩 증가시킬 필요가 있다(즉, *MAX_SEQ* 다음 값은 0이다). 매크로(macro) inc가 이런 기능을 담당한다. 임계경로(critical path) 내에서 in-line으로 사용되기 때문에 매크로로 정의되었다. 이 책의 후반부에서 살펴보겠지만, 네트워크 성능을 제한하는 요인은 프로토콜 처리과정에서 자주 발생한다. 따라서 매크로로 정의하는 것과 같은 단순한 동작은 코드의 가독성에 영향을 주지 않고도 성능을 향상시킬 수 있다. 또한 MAX_ SEQ 값이 각 프로토콜마다 다른 값을 가질 수 있기 때문에 매크로로 정의함으로써 모든 프로토콜들을 충돌 없이 포함할 수 있다. 이런 기능은 시뮬레이터(simulator)에 유용하게 쓰인다. 그림 3-11의 선언(declaration)들은 각 프로토콜들이 준수해야 할 선언들의 일부분이다. 공간을 절약하고, 쉽게 참조할 수 있도록 발췌해서 함께 기록했지만, 개념적으로는 각 프로토콜들과 함께 있어야 한다. C언어로 각 정의부를 특정 헤더 파일에 기술하고(위의 경우는 *protocol.h*) C언어 전처리기의 #include 기능을 사용해서 프로토콜 파일에 포함시킨다.

3.3.1 제한사항 없는 단순한 프로토콜

기본 예제로 단순한 프로토콜을 살펴보자. 데이터는 단방향으로만 전송된다고 가정하자. 두 송수신 네트워크 계층은 항상 수신대기 중이다. 처리 시간은 무시한다. 무제한의 버퍼공간을 사용할 수 있다. 무엇보다도, 데이터 링크 계층 간의 통신 채널은 프레임을 분실하거나 손상시키지 않는다. 이는 비현실적인 프로토콜이기에 "유토피아"라는 별명을 사용할 것이며, 그림 3-12에서 이 프로토콜을 나타낸다.

이 프로토콜은 두 개의 함수, 즉 송신과 수신기능을 담당하는 함수들로 이루어져 있다. 송신기는 근원지의 데이터 링크 계층에서 동작하고, 수신기는 목적지 데이터 링크 계층에서 동작한다. 여기서 일련번호와 확인응답은 존재하지 않기 때문에 *MAX_SEQ*는 필요 없다. 가능한 이벤트는 *frame_arrival*뿐이다(정확한 프레임의 도착).

송신기는 가능한 한 빠르게 회선으로 데이터를 송신하는 무한 루프(While loop)를 돌고 있다. 이 루프는 세 가지 동작을 한다. 항상 동작 중인 네트워크 계층으로부터 패킷을 가져와서, 변수 *s*를 이용하여 송신 프레임을 만들고, 그 프레임을 전달한다. 프레임의 *info* 필드만이 이 프로토콜에서 사용된다. 왜냐하면 다른 필드들은 오류 제어와 흐름 제어를 해야 하는 부분이고, 여기서는 그러한 제한이 없다고 가정했기 때문이다.

수신기 역시 단순하다. 기본적으로 특정 이벤트가 발생하기를 기다린다. 여기서는 정확한 프레임이 도착하는 것이다. 프레임이 도착하면 함수 *wait_for_event*는 변수 event를 *frame_arrival*로 세팅한 후 리턴한다. 함수 *from_physical_layer* 호출은 하드웨어 버퍼로부터 새로 도착한 프레임을 꺼내어 변수 r에 저장한다. 마지막으로 데이터 링크 계층은 그 프레임의 데이터 영역을 네트워크 계층으로 전달하고 다음 프레임을 기다린다. 실제로 다음 프레임이 도착할 때까지 일시정지(suspending) 상태로 유지된다.

```
/* Protocol 1 (Utopia) provides for data transmission in one direction only, from
   sender to receiver. The communication channel is assumed to be error free
   and the receiver is assumed to be able to process all the input infinitely quickly.
   Consequently, the sender just sits in a loop pumping data out onto the line as
   fast as it can. */

typedef enum {frame_arrival} event_type;
#include "protocol.h"

void sender1(void)
{
  frame s;                              /* buffer for an outbound frame */
  packet buffer;                        /* buffer for an outbound packet */

  while (true) {
      from_network_layer(&buffer);      /* go get something to send */
      s.info = buffer;                  /* copy it into s for transmission */
      to_physical_layer(&s);            /* send it on its way */
  }                                     /* Tomorrow, and tomorrow, and tomorrow,
                                           Creeps in this petty pace from day to day
                                           To the last syllable of recorded time.
                                              – Macbeth, V, v */
}

void receiver1(void)
{
  frame r;
  event_type event;                     /* filled in by wait, but not used here */

  while (true) {
      wait_for_event(&event);           /* only possibility is frame_arrival */
      from_physical_layer(&r);          /* go get the inbound frame */
      to_network_layer(&r.info);        /* pass the data to the network layer */
  }
}
```

그림 3-12 제한사항 없는 단순한 프로토콜

유토피아 프로토콜은 흐름제어나 오류 정정을 행하지 않기 때문에 비현실적이다. 이것은 상위 계층에 문제 해결을 맡기는 확인하지 않는 접속 없는 서비스와 비슷하다(다만 그것은 최소한 오류 감지는 수행한다).

3.3.2 오류가 없는 채널에서의 단방향 stop-and-wait 프로토콜

이제 송신측이 수신측이 처리할 수 있는 속도보다 빨리 보내서 프레임으로 넘치게 하는 문제를 없애는 방법을 찾아보자. 이런 일은 실제 쉽게 일어나기 때문에 이것을 방지하는 것이 매우 중요하다. 통신 채널은 아직까지 오류가 발생하지 않는다고 가정하고, 데이터 전송 또한 아직 단방향이라고 가정하자. 한 가지 방법은 수신기를 강력하게 만들어 연속적인 프레임들의 스트림을 처리할 수 있도록 하는 것이다(또는 링크 계층을 수신측이 따라올 수 있도록 천천히 동작하도록 정의하는 것이다). 라인 속도로 동작하면서 프레임들을 네트워크 계층으로 빨리 전달하기 위해서는 충분한 버퍼와 처리 능력을 가져야 한다. 그러나 이것은 최악의 경우에 해당하는 방법이다. 이것은 만약 링크의 사용률이 낮지 않다면 전용 하드웨어와 자원의 낭비를 가져온다. 게다가 이것은 너무 빠른 송신기의 문제를 다른 부분으로 전이하는 데 불과하다(여기서는 네트워크 계층).

이 문제에 대한 더 일반적인 해결책은 수신기가 송신측에 피드백을 제공하는 것이다. 네트워크 계층에 패킷을 전달한 후 수신기는 작은 더미 프레임을 송신기에 보내는데 결과적으로 송신기에게 다음 프레임을 전송할 수 있는 허가를 해 준다. 프레임 하나를 전송한 후 송신기는 프로토콜에 의하여 작은 더미 프레임(확인응답, acknowledgement)이 도달할 때까지 기다리도록 요구받는다. 이런 지연은 흐름제어 프로토콜의 간단한 예이다.

송신측이 하나의 프레임을 보낸 다음에 확인응답을 기다리고 나서 진행하는 것을 Stop-and-Wait 프로토콜이라고 한다. 그림 3-13은 기본적인 단방향 stop-and-wait 프로토콜의 예를 보여준다.

이 예제에서 데이터 전송은 오직 송신측에서 수신측으로의 단방향이지만, 프레임들은 양방향으로 전송된다. 따라서 두 데이터 링크 계층 간의 통신 채널은 양방향 정보 전송이 가능해야 한다. 여하튼, 이 프로토콜은 통신흐름에 대해서 엄격한 대체방안이 필요하다. 송신측이 한 프레임을 전송한 후, 다시 수신측이 확인응답 프레임을 돌려보낸다. 그다음 송신측은 또 다른 프레임을 송신하고, 수신측은 또 다시 확인응답 프레임을 돌려보낸다. 이와 같은 과정을 계속 반복한다. 반이중(half-duplex, 양방향 전송이 가능하나 어느 한 순간에는 단방향 전송만 가능) 물리적 채널이면 충분할 것이다

프로토콜 1에서, 송신측은 네트워크 계층으로부터 패킷을 가져와서 프레임으로 구성하고 물리 계층으로 전달한다. 이제는 프로토콜 1과 다르게 송신측은 다음 루프를 돌기 전에 확인응답 프레임을 기다린 후 네트워크 계층에서 다음 패킷을 가져온다. 송신측 데이터 링크 계층은 수신되는 프레임을 검사할 필요가 없다. 여기에서는 오직 한 가지 가능성만이 존재할 뿐이다. 유입되는 프레임은 항상 확인응답 프레임뿐이라는 것이다.

```
/* Protocol 2 (Stop-and-wait) also provides for a one-directional flow of data from
   sender to receiver. The communication channel is once again assumed to be error
   free, as in protocol 1. However, this time the receiver has only a finite buffer
   capacity and a finite processing speed, so the protocol must explicitly prevent
   the sender from flooding the receiver with data faster than it can be handled. */

typedef enum {frame_arrival} event_type;
#include "protocol.h"

void sender2(void)
{
  frame s;                              /* buffer for an outbound frame */
  packet buffer;                        /* buffer for an outbound packet */
  event_type event;                     /* frame_arrival is the only possibility */

  while (true) {
      from_network_layer(&buffer);      /* go get something to send */
      s.info = buffer;                  /* copy it into s for transmission */
      to_physical_layer(&s);            /* bye-bye little frame */
      wait_for_event(&event);           /* do not proceed until given the go ahead */
  }
}

void receiver2(void)
{
  frame r, s;                           /* buffers for frames */
  event_type event;                     /* frame_arrival is the only possibility */
  while (true) {
      wait_for_event(&event);           /* only possibility is frame_arrival */
      from_physical_layer(&r);          /* go get the inbound frame */
      to_network_layer(&r.info);        /* pass the data to the network layer */
      to_physical_layer(&s);            /* send a dummy frame to awaken sender */
  }
}
```

그림 3-13 단방향 stop-and-wait 프로토콜

프로그램에서의 *receiver1*과 *receiver2*의 유일한 차이점은 패킷을 네트워크 계층으로 보낸 후, *receiver2*는 다음 루프를 돌기 전에 송신측에게 확인응답 프레임을 돌려보낸다는 것이다. 송신측에 확인응답 프레임이 도착했다는 점이 중요하지 그 내용이 중요한 것은 아니기 때문에 수신측은 특별한 정보를 확인응답 프레임에 추가할 필요가 없다.

3.3.3 잡음이 있는 채널을 위한 단방향 프로토콜

오류가 발생하는 통신 채널의 일반적인 상황을 살펴보자. 프레임들은 전부 분실되거나 또는 손상될 수 있다. 전송 중에 한 프레임이 손상을 입었다면 수신측 하드웨어는 체크섬을 계산할 때 이를 검출할

수 있다. 프레임이 손상을 입었는데도 체크섬 값이 정확하다면, 매우 드문 경우이지만, 이런 프로토콜은 잘못된 것이다(네트워크 계층으로 정확하지 않은 패킷을 전달한다).

얼핏 보기에는 타이머를 추가하여 프로토콜 2에 변경을 가하면 효과가 있을 것처럼 보인다. 송신측은 프레임을 전송할 수 있지만, 수신측은 데이터가 올바르게 수신되었을 때에만 확인응답 프레임을 반송할 수 있다. 손상 입은 프레임이 수신되면 수신측은 그 프레임을 폐기시킨다. 일정 시간이 지난 후 타임아웃이 되면 송신측은 그 프레임을 재전송한다. 이 과정은 그 프레임이 손상 없이 수신될 때까지 반복된다.

위의 방법은 치명적인 결점을 가지고 있다. 더 읽어보기 전에 이 문제를 생각해 보고 잘못된 점을 찾아보자. 잘못된 점을 알아보기 전에, 데이터 링크 계층의 임무는 네트워크 계층 프로세스들 간에 오류 없는 투명한 통신을 제공하는 것이라는 점을 기억하자. 통신기기 *A*의 네트워크 계층은 일련의 패킷들을 *A*의 데이터 링크 계층에 전달한다. 그 일련의 패킷들은 통신기기 *B*의 데이터 링크 계층에서 *B*의 네트워크 계층으로 전달된다는 보장이 있어야 한다. 특히 *B*의 네트워크 계층은 패킷이 분실되었는지, 또는 중복됐는지 확인할 방법이 없다. 따라서, 데이터 링크 계층은 중복된 패킷을 네트워크 계층에 전달하는 데 원인이 될 수 있는 전송 오류들이 발생하지 않았음을 보장해야 한다.

다음 시나리오를 살펴보자.

1. 통신기기 *A*의 네트워크 계층이 하나의 패킷을 *A*의 데이터 링크 계층에 전달한다. 그 패킷은 오류 없이 *B*에 도착하여 *B*의 네트워크 계층에 전달되었다. *B*는 확인응답을 *A*로 돌려보낸다.
2. 확인응답 프레임이 완전히 분실되었다. 따라서 절대 *A*에 도달할 수 없다. 채널이 오직 데이터 프레임만을 분실하거나 왜곡시키고, 제어 프레임에 대해서는 그렇지 않다면 문제는 단순해지겠지만, 안타깝게도 채널은 이런 보장을 하지 못한다.
3. 결국 *A*의 데이터 링크 계층은 타임아웃이 된다. 확인응답을 받지 못했기 때문에 *A*가 보낸 데이터 프레임이 분실되거나 손상을 입었다고 추정하고, 다시 그 패킷을 다음 프레임에 담아 재전송한다.
4. 위의 중복된 프레임이 *B*의 데이터 링크 계층에 정확하게 도착하여, 의도하지 않게, *B*의 네트워크 계층에 전달되었다. 만일 *A*가 *B*에게 파일을 전송한다면, 그 파일의 일부분은 중복될 것이다(*B*에 의해 재조합된 파일의 복사본은 잘못된 것이고, 이런 오류는 검출되지 않았다) 결국 이 프로토콜은 잘못된 것이다.

수신측이 처음 전송된 프레임과 재전송된 프레임을 확실하게 구분할 수 있는 방법이 필요하다. 확실한 방법은 송신측이 전송할 각 프레임의 헤더에 일련번호를 추가하는 것이다. 그러면 수신측은 수신되는 각각의 프레임이 새로운 프레임인지, 아니면 폐기시켜야 할 중복된 프레임인지 일련번호 검사를 통해 알 수 있다.

프레임 헤더는 작을수록 적절하기 때문에 이런 의문점이 생긴다. 일련번호를 할당할 최소 비트수는 얼마인가? 헤더가 1비트나 몇 개의 비트, 1바이트, 또는 몇 개의 바이트를 프로토콜에 따라 일련번호로 제공할 수도 있다. 중요한 점은 프로토콜이 제대로 동작할 만큼 충분한 크기의 일련번호를 사용해야만 하고 그렇지 않다면 이는 프로토콜이라 불릴 수도 없다.

이 프로토콜은 프레임 m과 다음번 프레임 $m+1$ 사이에 문제가 발생할 수 있는 여지가 있다. 만일 프레임 m이 분실되거나 손상되면, 수신측은 그 프레임에 대한 확인응답 프레임을 반송할 수 없게 되고, 결국 송신측은 그 프레임을 재전송하게 될 것이다. 일단 프레임이 정확하게 수신되면, 수신측은 송신측으로 확인응답 프레임을 반송한다. 잠재적인 문제 발생 가능성이 이곳에 있다. 확인응답 프레임이 송신측에 올바르게 도착했는가에 따라서 송신측은 m프레임 또는 $m+1$프레임을 전송할 것이다.

송신측이 $m+2$프레임을 전송할 수 있는 요인은 $m+1$프레임의 확인응답이 되돌아왔을 경우이다. 이것은 m프레임이 올바르게 수신되었다는 것을 의미하고, m프레임의 확인응답도 송신측에게 정확하게 도착하였다는 것을 의미한다(그렇지 않으면, 송신측은 $m+2$는 물론이고 $m+1$프레임도 전송하지 못한다). 결국 그 문제발생 가능성은 한 프레임의 바로 전·후 프레임 사이에 존재하는 것이지, 전·후 프레임 그 자체에 존재하는 것은 아니다.

이 프로토콜에서는 1비트 일련번호(0 또는 1)면 충분하다. 각각의 순간에, 수신측은 다음 일련번호 프레임을 기다린다. 다른 일련번호를 가진 프레임이 도착하면 중복 프레임으로 간주해 폐기시킨다. 정확한 일련번호를 가진 프레임이 도착하면, 그 프레임을 수신해서 네트워크 계층에 전달하고, 다음 일련번호를 modulo 2 연산으로 증가시킨다(0은 1, 1은 0이 된다).

그림 3-14는 이런 종류의 프로토콜 예제이다. 송신측이 다음 데이터 항목으로 넘어가기 전에 긍정 확인응답(positive acknowledgement)을 기다리는 프로토콜을 **PAR (Positive Acknowledgement with Retransmission)** 또는 **ARQ (Automatic Repeat reQuest)**라 한다. 프로토콜 2처럼 이 프로토콜 또한 단방향 데이터 전송만 가능하다.

프로토콜 3은 데이터 링크 계층이 대기상태(wait state)에 있는 동안 두 송신측과 수신측이 값을 기억하는 하나의 변수가 있다는 점에서 이전 프로토콜들과 다른 점이다.

송신측은 다음번에 전송할 프레임의 일련번호를 변수 *next_frame_to_send*에 저장한다.

수신측은 다음번에 수신될 프레임의 일련번호를 변수 *frame_expect*에 저장한다. 각 프로토콜은 무한루프에 진입하기 전에 짧은 초기화 과정을 거친다.

한 프레임 전송 후, 송신측은 타이머를 작동시킨다. 만일 타이머가 이미 동작 중이면 재시작 시킨다. 타이머에는 수신측이 프레임을 수신해서 최악의 상황에서 그 프레임을 처리하고, 확인응답 프레임을 송신측에게 반송하는 데 필요한 충분한 시간 간격이 주어져야 한다. 오직 시간 간격이 경과되었을 때에만 전송된 프레임이나 그 프레임의 확인응답 프레임이 분실됐다고 추정하여 프레임을 재전송하는

방법이 안전한 방법이다

프레임을 전송하면서 타이머를 동작시킨 후, 송신측은 어떤 흥미 있는 사건이 발생하기를 기다린다. 여기에 세 가지 가능성이 존재한다. 손상되지 않은 확인응답 프레임의 도착, 손상된 확인응답 프레임의 도착, 또는 타임아웃이다. 유효한 확인응답 프레임이 돌아오면, 송신측은 네트워크 계층에서 패킷을 가져와서, 이전 패킷이 있는 버퍼에 덮어쓰고 일련번호를 증가시킨다. 만일 손상된 프레임이 도착하거나 어떤 프레임도 도착하지 않으면, 버퍼나 일련번호는 그대로 유지되어 중복 프레임을 재전송하게 된다.

유효한 프레임이 수신측에 도착하면 그 프레임의 일련번호가 중복된 것인지 검사한다. 중복된 프레임이 아니면 수신해서 네트워크 계층에 전달하고 확인응답 프레임을 반송한다. 중복되거나 손상된 프레임은 네트워크 계층에 전달되지 않는다.

3.4 슬라이딩 윈도우 프로토콜

이전 프로토콜에서 데이터 프레임은 오직 단방향으로만 전송되었다. 실제 상황에서는 양방향 데이터 전송이 필요하다. 양방향 데이터 전송을 위해 분리된 2개의 통신 채널을 가지고 각각 단반향 데이터 전송(각기 다른 방향으로)에 사용하는 방법이 있다. 이렇게 되면, 2개의 분리된 물리적 회선을 하나는 전송(forward) 채널(데이터를 위해), 나머지 하나는 반송(reverse) 채널 (확인을 위해)에 사용한다. 이 경우, 반송 채널의 거의 모든 대역폭을 낭비하는 결과를 초래한다. 사실상, 사용자는 두 회선의 사용료를 지불하지만 거의 하나의 회선 용량만큼만 사용하게 되는 셈이다.

더 좋은 방법은 같은 회선으로 양방향 데이터 전송을 제공하는 것이다. 결국 프로토콜 2와 3에서 이미 양방향으로 프레임을 전송했고, 반송 채널은 전송 채널과 같은 용량을 가지고 있다. 이 모델에서 통신기기 A에서 B로 전송되는 데이터 프레임들은 A에서 B로의 확인응답 프레임들과 섞여있게 된다. 수신측은 수신 프레임의 kind 필드를 조사해서 그 프레임이 데이터 프레임인지 확인응답 프레임인지 구분할 수 있다.

같은 회선상의 데이터 프레임과 제어 프레임의 공존은 두 개의 분리된 물리적 회선을 사용하는 방법을 개선한 것이지만, 또 다른 개선 방안도 가능하다. 데이터 프레임이 수신되었을 때, 수신측은 즉시 분리된 제어 프레임을 전송하지 않고 네트워크 계층이 다음 패킷을 전달할 때까지 기다린다. 확인응답 프레임은 전송되는 프레임에 추가된다(프레임 헤더의 ack 필드를 사용한다). 사실상 확인응답은 다음에 전송될 데이터 프레임에 무임승차하는 것과 같다. 분리된 확인응답 프레임 전송을 일시적으로 연기하고 다음번에 전송될 데이터 프레임에 덧붙여 전송하는 이런 기법을 **피기백방식(piggybacking)**이라 한다.

```
/* Protocol 3 (PAR) allows unidirectional data flow over an unreliable channel. */

#define MAX_SEQ 1                               /* must be 1 for protocol 3 */
typedef enum {frame_arrival, cksum_err, timeout} event_type;
#include "protocol.h"

void sender3(void)
{
 seq_nr next_frame_to_send;                     /* seq number of next outgoing frame */
 frame s;                                       /* scratch variable */
 packet buffer;                                 /* buffer for an outbound packet */
 event_type event;

 next_frame_to_send = 0;                        /* initialize outbound sequence numbers */
 from_network_layer(&buffer);                   /* fetch first packet */
 while (true) {
     s.info = buffer;                           /* construct a frame for transmission */
     s.seq = next_frame_to_send;                /* insert sequence number in frame */
     to_physical_layer(&s);                     /* send it on its way */
     start_timer(s.seq);                        /* if answer takes too long, time out */
     wait_for_event(&event);                    /* frame_arrival, cksum_err, timeout */
     if (event == frame_arrival) {
          from_physical_layer(&s);              /* get the acknowledgement */
          if (s.ack == next_frame_to_send) {
               stop_timer(s.ack);               /* turn the timer off */
               from_network_layer(&buffer);     /* get the next one to send */
               inc(next_frame_to_send);         /* invert next_frame_to_send */
          }
     }
 }
}

void receiver3(void)
{
 seq_nr frame_expected;
 frame r, s;
 event_type event;

 frame_expected = 0;
 while (true) {
     wait_for_event(&event);                    /* possibilities: frame_arrival, cksum_err */
     if (event == frame_arrival) {              /* a valid frame has arrived */
          from_physical_layer(&r);              /* go get the newly arrived frame */
          if (r.seq == frame_expected) {        /* this is what we have been waiting for */
               to_network_layer(&r.info);       /* pass the data to the network layer */
               inc(frame_expected);             /* next time expect the other sequence nr */
          }
          s.ack = 1 – frame_expected;           /* tell which frame is being acked */
          to_physical_layer(&s);                /* send acknowledgement */
     }
 }
}
```

그림 3–14 재전송 프로토콜의 긍정 확인응답

분리된 확인응답 프레임에 대하여 이런 피기백방식을 사용하는 이점은 채널의 사용 가능한 대역폭을 최대한 이용한다는 것이다. 프레임 헤더의 ack 필드는 단지 약간의 몇 비트만 추가하면 되고, 반면에 분리된 프레임은 헤더, 확인응답, 그리고 체크섬 필드들이 필요하다. 더구나, 보다 적은 수의 프레임 전송은 보다 적은 수의 "frame arrival" 인터럽트가 발생함을 의미하고, 수신측 소프트웨어의 구현방법에 따라 보다 적은 양의 버퍼 공간이 필요함을 의미하기도 한다. 다음에 살펴볼 프로토콜에서 피기백 필드는 프레임 헤더에서 단지 1비트의 공간을 차지한다. 다수의 비트를 사용하는 경우는 거의 없다.

그러나 피기백방식은 분리된 확인응답 프레임을 제공하지 않기 때문에 발생할 수 있는 문제점을 가지고 있다. 수신측 데이터 링크 계층이 확인응답을 포함할 프레임을 얼마나 오래 기다려야 하는가? 만일 수신측 데이터 링크 계층이 송신측 타임아웃 시간보다 더 오래 기다린다면, 송신측은 그 프레임을 재전송할 것이고, 따라서 피기백방식 확인응답을 사용하는 의도를 헛되게 한다. 만일 데이터 링크 계층이 예언자라서 미래를 예언할 수 있다면, 다음번 네트워크 계층 패킷이 전달되는 때를 알 수 있고, 얼마나 오래 대기할 수 있는가에 따라 그 패킷을 기다릴 것인지 아니면 따로 분리된 확인응답 프레임을 즉시 전송할 것이지 결정할 수 있을 것이다. 물론 데이터 링크 계층은 미래를 예언할 수 없다. 따라서 고정된 시간 동안 기다리는 것과 같은 임시방편에 의존해야 한다. 만일 새로운 패킷이 재빨리 전달된다면, 확인응답은 그 패킷에 실리게 된다. 그렇지 않고 정해진 시간 동안 새로운 패킷이 전달되지 않으면, 데이터 링크 계층은 분리된 확인응답 프레임을 전송할 것이다.

다음의 세 가지 프로토콜들은 양방향 프로토콜로써 **슬라이딩 윈도우(sliding window)** 프로토콜이라고 하는 종류에 속한다. 각각은 효율성, 복잡도, 버퍼 요구량 측면에서 서로 다르다. 모든 슬라이딩 윈도우 프로토콜에서 전송되는 모든 프레임은 0부터 임의의 최대치 사이의 일련번호를 가진다. 그 임의의 최대치는 보통 2^n-1이어서 일련번호는 n비트이면 충분하다. stop-and-wait 슬라이딩 윈도우 프로토콜은 $n=1$을 사용해서 일련번호를 0과 1로 제한한다. 그러나 좀더 복잡한 버전(version)들은 가변크기 n을 사용한다.

모든 슬라이딩 윈도우 프로토콜들은 각각의 순간에 송신측이 전송한 프레임들에 대응하는 일련번호 집합을 유지한다. 이들 프레임들은 **송신 윈도우(sending window)**속에 위치해 있다고 표현한다. 마찬가지로 수신측 또한 수신될 프레임들에 대응하는 **수신 윈도우(receiving window)**를 제공한다. 송신 윈도우와 수신 윈도우가 같은 상한값과 하한값을 가질 필요는 없다. 또한 같은 크기를 가질 필요도 없다. 어떤 프로토콜들에서는 이들은 고정된 크기를 가지지만, 다른 프로토콜들에서는 프레임들을 전송하고 수신하는 과정 동안에 윈도우 크기를 늘리거나 줄일 수 있다.

비록 이들 프로토콜들이 보내고 받을 프레임들의 순서에 대해서 데이터 링크 계층에 많은 유연성을 제공한다 해도, 그 프로토콜이 패킷들을 송신측 데이터 링크 계층에 전달된 순으로 목적지 네트워크 계층에 전달해야 한다는 요구 사항을 결코 지나치는 일이 없어야 한다. 또한 물리적 통신 채널이 '유선 형태' 즉 '전송된 순서대로 전달되어야 한다'라는 요구 사항을 그대로 유지하고 있다.

송신 윈도우 일련번호는 전송되었으나 아직 확인응답 프레임이 돌아오지 않은 프레임을 의미한다.

네트워크 계층에서 새로운 패킷이 도착하면, 그 패킷에 다음번 일련번호를 추가하고 윈도우를 한 칸 전진시킨다. 확인응답 프레임이 돌아오면 뒤쪽 윈도우를 전진시킨다. 이런 방법으로, 윈도우는 확인응답되지 않은 프레임들의 일련번호를 연속적으로 유지한다. 그림 3-15는 이러한 예를 보여준다.

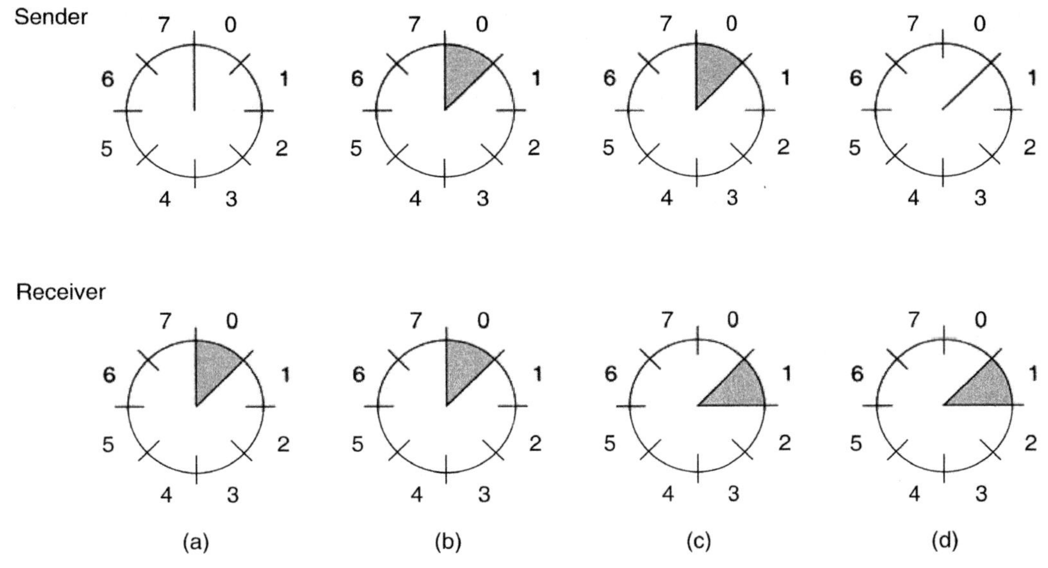

그림 3-15 3-비트 일련번호를 가진 크기 1인 슬라이딩 윈도우
(a) 초기상태 (b) 첫 번째 프레임 전송 후 (c) 첫 번째 프레임 수신 후 (d) 첫 번째 확인응답 프레임 수신 후

송신 윈도우 속의 프레임들은 전송 중에 분실되거나 손상될 수 있기 때문에 송신측은 이들 프레임들을 메모리에 저장하고 있다가 필요한 경우에 재전송할 수 있다. 최대 윈도우 크기가 n이라면, 송신측은 아직 확인응답되지 않은 프레임들을 위하여 n버퍼 크기가 필요하다. 만일 윈도우가 최대 크기까지 채워지면 송신측 데이터 링크 계층은 버퍼에 빈 공간이 생길 때까지 네트워크 계층을 강제적으로 차단시킨다.

수신측 데이터 링크 계층의 윈도우는 수신 가능한 프레임들에 대응한다. 윈도우에서 벗어난 프레임이 수신되면 즉시 폐기된다. 일련번호가 윈도우의 뒤쪽번호와 일치하는 프레임이 수신되면, 이를 네트워크 계층으로 전달하고, 확인응답을 반송한다. 그리고 그 윈도우는 앞으로 한 칸 전진한다. 송신 윈도우와는 다르게 수신 윈도우는 항상 처음 크기 그대로 유지된다. 단지 크기가 1인 윈도우를 유지하는 데이터 링크 계층만이 프레임들을 순서대로 수신한다는 것이지 이보다 큰 윈도우들 또한 그렇다는 것은 아니다. 네트워크 계층은 대조적으로 데이터 링크 계층의 윈도우 크기에 상관없이 올바른 순서대로 데이터를 전달받는다.

그림 3-15는 최대 윈도우 크기가 1인 경우의 예제를 보여준다. 초기 상태에는 전송되고 있는 프레임들이 존재하지 않기 때문에 송신 윈도우의 앞뒤가 같지만, 시간이 흐를수록 그림과 같은 상황으로 진행된다.

3.4.1 1-비트 슬라이딩 윈도우 프로토콜

일반적인 경우를 다루기 전에, 먼저 최대 윈도우 크기가 1인 슬라이딩 윈도우 프로토콜을 조사해 보자. 이런 프로토콜은 송신측이 한 프레임을 전송하고 다음 프레임을 전송하기 전에 확인응답을 기다리는 stop-and-wait 방식을 이용한다.

그림 3-16는 이런 프로토콜을 나타낸다. 다른 프로토콜들과 같이 몇몇 변수를 정의하면서 시작된다. 변수 *Next_frame_to_send*는 송신측이 전송하려 하는 프레임을 의미한다. 마찬가지로, 변수 *frame_expected*는 수신측이 수신할 프레임을 의미한다. 두 경우 모두 0과 1만이 가능하다.

정상적인 상황에서는 두 데이터 링크 계층 중 어느 하나가 먼저 동작한다. 즉, 단지 한쪽의 데이터 링크 계층 프로그램만이 *to_physical_layer*와 *start_timer* 함수 호출을 메인루프 외부에 포함하고 있다. 두 데이터 링크 계층이 동시에 동작하는 경우 특이한 상황이 발생한다. 이 문제는 나중에 다루어 보기로 하자. 먼저 동작하는 통신기기는 네트워크 계층으로부터 첫 번째 패킷을 가져와서, 프레임으로 만들고, 그것을 전송한다. 이(또는 임의의) 프레임이 도착하면, 수신측 데이터 링크 계층은 프로토콜 3에서와 같이 중복 프레임인지 검사한다. 만일 그 프레임이 수신 대기 중이었으면 네트워크 계층으로 전달하고, 수신 윈도우는 앞으로 나간다.

확인응답 필드는 마지막으로 오류 없이 수신된 프레임의 번호를 가지고 있다. 만일 이 번호가 송신측이 전송하려 하는 프레임 일련번호와 일치하면, 송신측은 변수 버퍼에 저장된 그 프레임을 버리고, 네트워크 계층으로부터 다음 패킷을 가져올 수 있다. 만일 일련번호가 일치하지 않으면 같은 프레임을 재전송해야 한다. 한 프레임이 수신될 때마다 또한 한 프레임이 반송된다.

프로토콜 4가 비정상적인 시나리오에 얼마나 탄력적으로 대응하는가를 조사해 보자. 통신기기 *A*가 프레임 0을 *B*로 전송하려 하고, *B*도 프레임 0을 *A*로 전송하여 한다고 가정하자. *A*가 *B*로 프레임을 전송하지만 *A*의 타임아웃 간격이 너무 짧다고 가정하자. 결과적으로, *A*는 연속적으로 타임아웃이 걸려서, *seq=0*이고 *ack=1*인 일련의 동일한 프레임들을 계속 재전송하게 된다.

첫 번째 유효한 프레임이 *B*에 도착하면, 그 프레임은 수락되고, *frame_expected*는 1로 세팅된다. 현재 *B*는 일련번호가 0이 아닌 1인 프레임을 기다리기 때문에 이후의 프레임들은 폐기된다. 더구나, 모든 중복된 프레임의 *ack=1*이고 *B*는 확인응답 0을 여전히 기다리고 있기 때문에, *B*는 네트워크 계층으로부터 새로운 패킷을 가져올 수 없다.

각각의 중복된 프레임들이 수신된 후에, *B*는 *seq=0, ack=0*을 포함한 프레임을 *A*에게 전송한다. 결국 이들 중 한 프레임이 정확하게 *A*에 도착해서, *A*가 다음 패킷을 전송할 수 있게 한다. 프레임 분실 또는 때 이른 타임아웃의 어떠한 조합 상태도 프로토콜이 중복 패킷을 각 네트워크 계층에 전달하거나, 또는 패킷을 빠뜨리거나, 또는 교착상태(deadlock)로 진입하게 하는 원인이 될 수 없다.

```
/* Protocol 4 (Sliding window) is bidirectional. */

#define MAX_SEQ 1                                  /* must be 1 for protocol 4 */
typedef enum {frame_arrival, cksum_err, timeout} event_type;
#include "protocol.h"
void protocol4 (void)
{
 seq_nr next_frame_to_send;                        /* 0 or 1 only */
 seq_nr frame_expected;                            /* 0 or 1 only */
 frame r, s;                                       /* scratch variables */
 packet buffer;                                    /* current packet being sent */
 event_type event;
 next_frame_to_send = 0;                           /* next frame on the outbound stream */
 frame_expected = 0;                               /* frame expected next */
 from_network_layer(&buffer);                      /* fetch a packet from the network layer */
 s.info = buffer;                                  /* prepare to send the initial frame */
 s.seq = next_frame_to_send;                       /* insert sequence number into frame */
 s.ack = 1 – frame_expected;                       /* piggybacked ack */
 to_physical_layer(&s);                            /* transmit the frame */
 start_timer(s.seq);                               /* start the timer running */
 while (true) {
     wait_for_event(&event);                       /* frame_arrival, cksum_err, or timeout */
     if (event == frame_arrival) {                 /* a frame has arrived undamaged */
          from_physical_layer(&r);                 /* go get it */
          if (r.seq == frame_expected) {           /* handle inbound frame stream */
               to_network_layer(&r.info);          /* pass packet to network layer */
               inc(frame_expected);                /* invert seq number expected next */
          }
          if (r.ack == next_frame_to_send) {       /* handle outbound frame stream */
               stop_timer(r.ack);                  /* turn the timer off */
               from_network_layer(&buffer);        /* fetch new pkt from network layer */
               inc(next_frame_to_send);            /* invert sender's sequence number */
          }
     }
     s.info = buffer;                              /* construct outbound frame */
     s.seq = next_frame_to_send;                   /* insert sequence number into it */
     s.ack = 1 – frame_expected;                   /* seq number of last received frame */
     to_physical_layer(&s);                        /* transmit a frame */
     start_timer(s.seq);                           /* start the timer running */
 }
}
```

그림 3-16 1-비트 슬라이딩 윈도우 프로토콜

여하튼, 송신측과 수신측이 초기 패킷을 동시에 전송한다면 특이한 상황이 발생한다. 이런 동기화의 어려움은 그림 3-17에서 예를 보이고 있다. (a)는 정상적인 프로토콜의 동작을 보여주고 있다. (b)는 특이한 상황을 보여준다. 만일 *B*가 프레임을 전송하기 전에 *A*의 첫 번째 프레임을 기다린다면, 진행 상태는 (a)와 같고, 각각의 프레임은 수신된다. 그러나 만일 *A*와 *B*가 동시에 전송을 시작한다면 그들의 첫 번째 프레임들은 교차하게 되고, 데이터 링크 계층은 (b)와 같은 상황에 처하게 된다. (a)에서 각 프레임들이 도착하면 새로운 패킷을 네트워크 계층으로부터 가져온다. 여기서 중복 프레임은 존재하지 않는다. (b)에서 전송 오류가 발생하지 않더라도 프레임의 절반은 중복 프레임이다. 그러나 한쪽이 확실하게 먼저 시작했다 하더라도 타이머 시간 간격이 충분하게 주어지지 않았을 경우에는 비슷한 상황이 발생할 수 있다. 사실상 다수의 충분하지 않은 타이머 시간 간격으로 인해 확인응답이 돌아오기 전에 타임아웃이 발생하면 프레임은 서너 번 또는 그 이상 전송될 수도 있다.

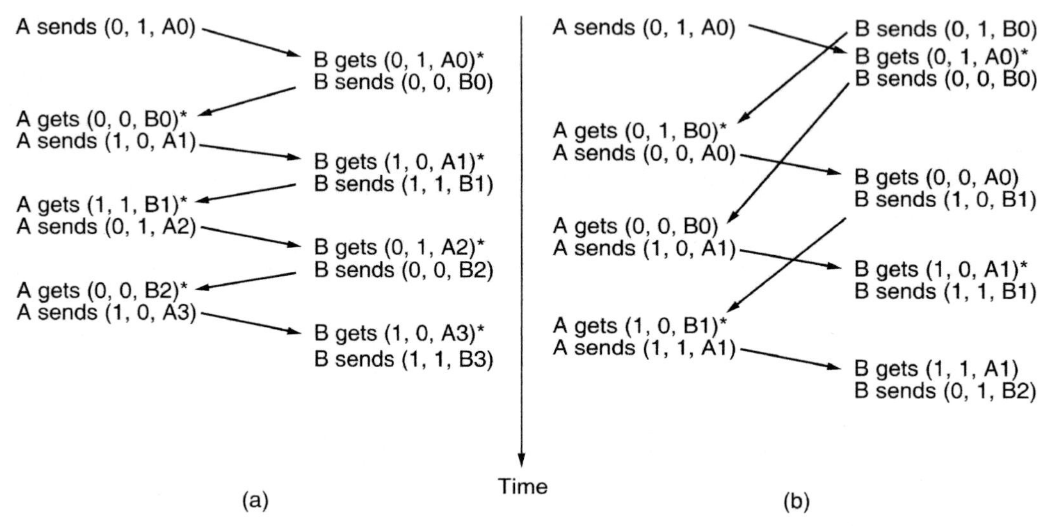

그림 3-17 프로토콜 4에 대한 두 가지 시나리오.
(a) 정상적인 경우 (b) 비정상적인 경우. 괄호는 seq, ack, packet number를 의미한다.
별표는 네트워크 계층이 패킷을 전달받았음을 의미한다.

3.4.2 Go Back N 방식의 프로토콜

지금까지 한 프레임이 수신측에 도착하는 데 필요한 전송시간과 확인응답 프레임이 되돌아오는 데 필요한 전송 시간은 무시할 수 있다는 묵시적인 가정을 해왔다. 때때로 이런 가정은 명백히 잘못된 것이다. 이러한 상황에서 긴 왕복시간은 대역폭의 효율적인 사용에 중요한 의미를 가진다. 예를 들어 왕복 500msec 전송지연(propagation delay)을 가지는 50Kbps 위성채널을 고려해 보자. 위성을 통하여 1,000비트 프레임들을 전송하기 위해 프로토콜 4를 사용한다고 생각해 보자. 시간 t=0일 때 첫 번째 프레임을 송신하기 시작한다. 시간 t=20msec일 때 그 프레임은 완전하게 송신을 마친다. 최적 조건하에서 t=270msec이 되기 전에 그 프레임은 수신측에 완전하게 도착하고, t=520msec이 되기 전에 확인응답이 송신측으로 되돌아온다(이때 수신측은 전혀 대기 상태가 없고, 확인응답 프레임은 짧은 상태). 이것은 송신측이 500/520 또는 96% 시간 동안 차단(blocked) 되었다는 것을 의미한다. 즉 가용 대역폭의

4%만이 사용되었다. 명확하게 긴 전송시간, 높은 대역폭, 그리고 짧은 프레임의 길이는 효율성에는 치명적이다.

위에서 설명한 문제점은 송신측이 다른 프레임을 전송하기 전에 확인응답을 기다려야 한다는 법칙의 결과로 볼 수 있다. 근본적인 해결방안은 송신측이 차단되기 전에 1 대신 최대 w개의 프레임들을 전송할 수 있도록 이러한 제한사항을 완화시킨다면 더 나은 효율성을 얻을 수 있다. 송신측은 적절하게 w를 선택함으로써 윈도우를 가득 채우지 않고서도 왕복 전송시간과 같은 시간동안 연속적으로 프레임들을 송신할 수 있다.

적절한 w값을 찾아내기 위해서는 송신측에서 수신측까지 전파되는 동안 얼마나 많은 프레임이 채널에 들어갈 수 있는지 알아야 한다. 이 용량은 비트/sec로 표현되는 대역폭과 편도 전송 시간의 곱으로 결정되며 이를 링크의 bandwidth-delay product라고 한다. 이 값을 프레임당 비트수로 나누면 프레임의 개수로 표현할 수 있다. 이것을 BD라고 하자. 그렇다면 w는 2BD+1이 된다. bandwidth-delay의 2배는 확인응답을 받기 위한 왕복시간을 감안할 때 송신측이 지속적으로 프레임을 보내는 동안 앞서 있는 프레임의 숫자를 나타낸다. "+1"은 확인응답 프레임이 완전한 프레임을 받기 전까지는 보내지지 않기 때문이다.

예에서는 대역폭은 50Kbps이고 단방향 전파 시간은 250msec이기 때문에 bandwidth-delay 곱은 12.5kbit 또는 1,000비트 프레임으로 12.5프레임이 된다. 이때 2BD+1은 26프레임이 된다. 송신측은 이전처럼 프레임 0을 송신하면서 시작하며 새 프레임을 매 20msec마다 전송한다고 가정하자. 송신측이 26개 프레임 송신을 마쳤을 때, 즉 t=520일 때, 프레임 0에 대한 확인응답이 도착한다. 그런 후에 확인응답은 각 20msec마다 도착할 것이고, 따라서 송신측은 필요할 때마다 송신을 계속할 수 있도록 허용된다. 항상 25 또는 26개의 확인응답되지 않은 프레임들이 송신 윈도우상에 존재한다. 즉, 최대 송신 윈도우 크기는 26이다.

더 작은 윈도우 사이즈에 대해서는 송신측이 때때로 블록되기 때문에 링크의 사용도가 100%보다 낮을 것이다. 우리는 효율성을 송신측이 블록되지 않는 시간의 비율로 나타낼 수 있다.

$$linkutilization \le \frac{w}{1+2BD}$$

이 값은 프레임 처리시간과 확인응답 처리시간을 0이라고 놓기 때문에 상한(upper bound)값이라고 할 수 있다. 이 식은 BD의 값이 클 때는 큰 윈도우 사이즈 w가 필요함을 알 수 있다. 만약 지연이 크다면 송신측은 대역폭이 보통이라고 해도 위성통신의 경우처럼 빠르게 윈도우 사이즈를 소진할 것이다. 만약 지연이 그리 크지 않더라도 대역폭이 높다면 윈도우 크기가 크지 않으면 송신측은 윈도우를 급격히 소진할 것이다(예를 들어 1Gbps 링크에서 1msec 지연의 경우 1megabit 정도를 수용한다). stop-and-wait에서 w=1이라면 적어도 한 프레임 정도의 전송시간이 존재하며 효율은 50% 미만일 것이다.

이렇게 여러 프레임을 날려 보내는 기법은 **파이프라이닝(pipelining)**의 한 예이다. 파이프라이닝을 신뢰할 수 없는 통신채널에서 사용한다면 심각한 문제를 일으킨다. 먼저 긴 스트림의 중간에 있는 프레임이 소실되거나 오류가 발생한다면 어떤 일이 벌어질까? 송신자가 오류를 파악하기도 전에 수신측에서는 많은 양의 앞선 프레임들이 도착하게 될 것이다. 만약 오류가 발생한 프레임이 수신측에 도착하면 수신측은 그것을 버릴 것인데 그 이후에 오는 정상적인 프레임들은 어떻게 처리해야 할까? 수신측 데이터 링크 계층은 네트워크 계층에 패킷들을 순서대로 전달하여 네트워크 계층에 처리의 수행을 맡긴다. 그림 3-18에서 오류 복구 파이프라이닝의 결과를 볼 수 있다.

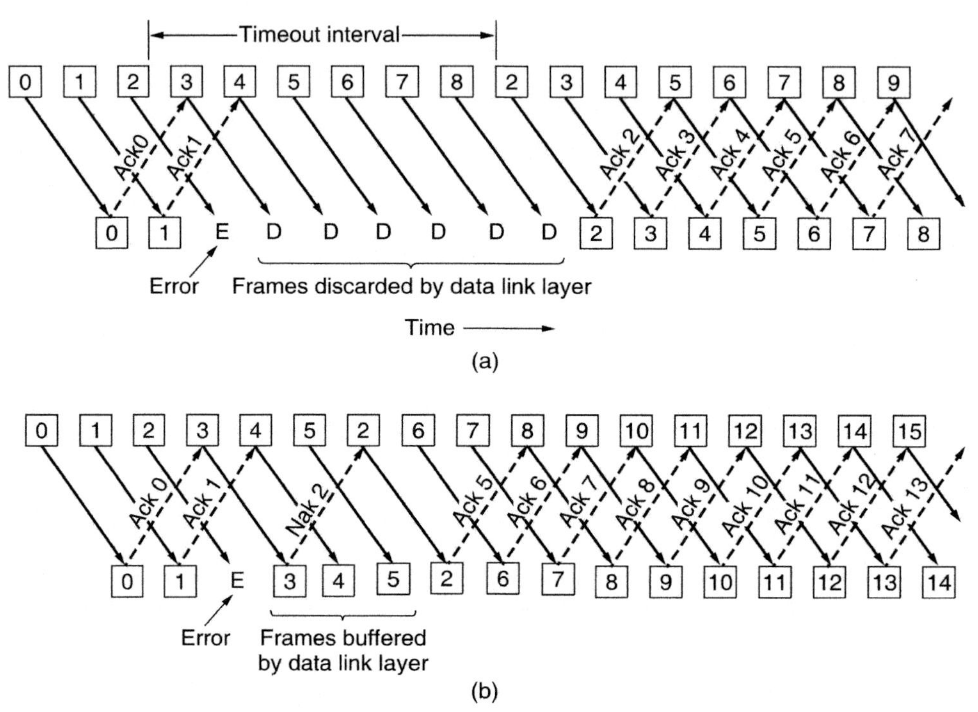

그림 3-18 파이프라이닝과 오류 복구.
(a) 수신 윈도우 크기가 1일 때의 오류 영향 (b) 수신 윈도우 크기가 클 때의 오류 영향

파이프라이닝 기법에서 오류를 처리하는 두 가지 기본적인 접근방식이 있다. 하나는 **go back n** 방식으로 수신측은 단순히 이어져 들어온 모든 프레임들을 폐기하고, 이들 폐기된 프레임들에 대해 확인응답을 보내지 않는 것이다. 이런 방식은 수신 윈도우 크기가 1인 경우에 해당한다. 즉 데이터 링크 계층은 네트워크 계층으로 전달해야 될 다음 프레임을 제외하고는 어떠한 프레임도 수신하지 않는다. 만일 타이머가 끝나기 전에 송신 윈도우가 가득 차면 파이프라인은 비워지기 시작한다. 결국 송신측은 타임아웃이 되고, 손상되거나 분실된 프레임부터 모든 확인응답되지 않은 프레임들은 순서대로 재전송 된다. 이런 접근방식은 오류발생률이 높을 때 많은 양의 대역폭을 낭비하게 된다.

그림 3-18 (b)에서 수신측 윈도우가 큰 go back n 경우의 예를 볼 수 있다. 프레임 0과 1은 올바로

수신된다. 그러나 프레임 2는 손상되었거나 없어졌다. 이러한 사실을 모르는 송신측은 프레임 2의 타이머가 만료될 때까지 프레임의 송신을 계속한다. 그러고 나서 프레임 2로 되돌아가서 2, 3, 4 등을 모두 다시 보내기 시작한다.

프레임들이 파이프라인화 되었을 때 오류를 처리하는 다른 하나의 방법은 **선택적 재전송(selective repeat)**이라 불리는 방식이다. 이 방식에서 수신된 프레임은 폐기되고, 그 이후 수신된 정상 프레임만 버퍼에 저장한다. 송신이 끝나면 가장 오래된 미확인응답 프레임만이 재전송된다. 만약 그 프레임이 바르게 도착한다면 수신측은 버퍼에 저장한 모든 프레임을 차례로 네트워크 계층에 전달한다. 선택적 재전송은 종종 수신측이 오류 검출 시 부정 확인응답(negative acknowledgement, NAK) 신호를 보내는 방법과 함께 사용된다. 보통 오류는 체크섬 오류를 수신했거나 프레임의 순서가 어긋났을 때를 말한다. NAK는 해당 타이머가 만료되기 전에 재전송하게 하는 데 이것은 시스템의 성능을 향상시킨다.

그림 3-18(b)에서는 프레임 0과 1은 다시 오류 없이 잘 수신되어 응답 신호를 발생했고, 프레임 2가 없어졌다. 프레임 3이 수신측에 도착했을 때 데이터 링크 계층은 한 프레임이 없어졌다는 것을 알아내고 프레임 2를 위한 NAK을 되돌려 보내고 프레임 3은 버퍼에 저장한다. 프레임 4와 5가 도착했을 때 그들도 역시 네트워크 계층에 전달하는 대신에 데이터 링크 계층에서 버퍼에 저장된다. 결국에는 NAK 2가 송신측에 되돌아오는데 송신측은 즉시 프레임 2를 재전송한다. 이것이 들어오면 데이터 링크 계층은 프레임 2, 3, 4, 5를 가지게 되는데 이것들을 바른 순서대로 네트워크 계층으로 전달할 수 있다. 이것은 또 그림에서 보여주는 것과 같이 프레임 5까지의 모든 프레임 의 응답 신호를 보낼 수 있게 된다. NAK가 없어져 버리면 송신측은 프레임 2를 위해타임 아웃되고 저절로 프레임 2만 보낸다. 사실상 NAK는 하나의 특정 프레임의 재전송을 서둘러 수행한다.

선택적 재전송 방식은 수신측 윈도우가 1보다 큰 경우에 해당한다. 윈도우 내에 있는 어떠한 프레임도 수신되어 모든 이전 프레임들이 네트워크 계층에 전달될 때까지 버퍼에 저장된다. 이런 방식은 윈도우가 클수록 더 많은 양의 데이터 링크 계층 메모리를 필요로 한다.

이러한 두 가지 서로 다른 방식은 대역폭과 데이터 링크 계층 버퍼 공간 사이의 선택사항이다. 어느 자원이 더 유용한가에 따라서 둘 중 하나를 선택해서 이용할 수 있다. 그림 3-19는 수신측 데이터 링크 계층이 프레임들을 순서대로 받아들이는 파이프라이닝 프로토콜을 보여준다. 오류 프레임 이후의 프레임들은 폐기된다. 우선 이 프로토콜에서 네트워크 계층이 항상 전송할 패킷들을 무한정 공급한다는 가정을 버려야 한다. 네트워크 계층이 전송하기를 원하는 패킷을 가지고 있을 때, *network_layer_ready* 이벤트가 발생한다. 아무 때나 *MAX_SEQ*보다 큰 확인응답되지 않은 프레임들을 전송할 수 없다는 흐름 제어 규칙을 준수하기 위해서 데이터 링크 계층은 네트워크 계층의 데이터 공급을 제한할 필요가 있다. 라이브러리 함수 *enable_network_layer*와 *disable_network_layer*가 이런 기능을 담당한다.

MAX_SEQ+1개의 서로 다른 일련번호 0, 1, 2······ *MAX_SEQ*들을 사용할 수 있다 하더라도, 임의의 순간에 송신 윈도우상에 존재할 수 있는 최대 프레임 개수는 *MAX_SEQ*+1이 아니라

*MAX_SEQ*다. 왜 이런 제한사항이 필요한가를 알아보기 위해 *MAX_SEQ*=7인 경우의 다음 시나리오를 살펴보자.

1. 송신측이 프레임 0에서 7까지 전송한다.
2. 프레임 7의 확인응답을 실은 프레임이 송신측에게 되돌아왔다.
3. 송신측이 일련번호 0에서 7까지의 두 번째 여덟 개 프레임을 전송한다.
4. 현재 두 번째 프레임 7의 확인응답을 실은 프레임이 도착하고 있다.

문제는 두 번째 전송한 모든 여덟 프레임들이 성공적으로 도착했는가 아니면 모두 분실되었는가(오류 이후의 프레임들은 분실되었다고 생각한다)이다. 두 경우 모두 수신측은 프레임 7을 확인응답으로 반송할 것이다. 송신측은 이를 구별할 수 있는 방법이 없다. 이런 이유로 인해 프레임의 최대 개수는 *MAX_SEQ*로 제한되어야 한다.

비록 프로토콜 5가 오류 발생 이후에 수신되는 프레임들을 버퍼에 저장하지 않고 폐기시킨다 하더라도 버퍼링 문제를 피할 수 없다. 왜냐하면 송신측이 확인응답되지 않은 모든 프레임들을 언젠가는 재전송해야 하기 때문에, 그 프레임들이 수신측에 정확히 도착했음을 확신할 때까지 전송한 프레임들을 저장하고 있어야 한다. 프레임 n에 대한 확인응답이 돌아왔을 때, 프레임 $n-1$, $n-2$ 등등은 자동적으로 확인응답된다. 이런 특성은 이전 확인응답 프레임들이 분실되거나 왜곡되었을 때 특별히 중요하다. 어떤 확인응답이 돌아왔을 때, 데이터 링크 계층은 어떤 버퍼들이 해제될 수 있는가를 검사한다. 만약 버퍼가 해제될 수 있으면(윈도우에 이용할 수 있는 공간이 존재한다) 이전에 차단된 네트워크 계층은 다음 *network_layer_ready* 이벤트들이 허용될 수 있게 된다.

이 프로토콜을 위해서 항상 확인응답을 피기백하는 역 트래픽이 존재한다고 가정한다. 만약 없다면 확인응답 신호는 전송되지 않는다. 프로토콜 4는 이러한 가정이 필요없다. 왜냐하면 해당 프레임을 이미 전송했다 하더라도 한 프레임을 수신할 때마다 한 프레임을 되돌려 보내기 때문이다. 다음 프로토콜에서 한층 정밀한 방법으로 단방향 트래픽의 문제를 해결할 것이다.

프로토콜 5는 현재 전송한 여러 개의 프레임들을 윈도우상에 저장하고 있기 때문에, 프레임 당 하나씩, 논리적으로 여러 개의 타이머가 필요하다. 각각의 프레임들은 독립적으로 타임아웃된다. 이들 타이머들은 주기적으로 인터럽트를 발생시키는 단일 하드웨어 클럭을 사용해서 소프트웨어적으로 쉽게 구현될 수 있다. 타임아웃들은 연결 리스트(linked list) 형태로, 리스트의 각 노드(node)들은 타임아웃될 클럭 틱(clock tick)수, 프레임, 다음 노드의 포인터(pointer)들로 구성된다.

```
/* Protocol 5 (Go-back-n) allows multiple outstanding frames. The sender may transmit up
   to MAX_SEQ frames without waiting for an ack. In addition, unlike in the previous
   protocols, the network layer is not assumed to have a new packet all the time. Instead,
   the network layer causes a network_layer_ready event when there is a packet to send. */

#define MAX_SEQ 7
typedef enum {frame_arrival, cksum_err, timeout, network_layer_ready} event_type;
#include "protocol.h"

static boolean between(seq_nr a, seq_nr b, seq_nr c)
{
/* Return true if a <= b < c circularly; false otherwise. */
  if (((a <= b) && (b < c)) || ((c < a) && (a <= b)) || ((b < c) && (c < a)))
       return(true);
    else
       return(false);
}

static void send_data(seq_nr frame_nr, seq_nr frame_expected, packet buffer[ ])
{
/* Construct and send a data frame. */
  frame s;                                      /* scratch variable */

  s.info = buffer[frame_nr];                    /* insert packet into frame */
  s.seq = frame_nr;                             /* insert sequence number into frame */
  s.ack = (frame_expected + MAX_SEQ) % (MAX_SEQ + 1);/* piggyback ack */
  to_physical_layer(&s);                        /* transmit the frame */
  start_timer(frame_nr);                        /* start the timer running */
}

void protocol5(void)
{
  seq_nr next_frame_to_send;                    /* MAX_SEQ > 1; used for outbound stream */
  seq_nr ack_expected;                          /* oldest frame as yet unacknowledged */
  seq_nr frame_expected;                        /* next frame expected on inbound stream */
  frame r;                                      /* scratch variable */
  packet buffer[MAX_SEQ + 1];                   /* buffers for the outbound stream */
  seq_nr nbuffered;                             /* number of output buffers currently in use */
  seq_nr i;                                     /* used to index into the buffer array */
  event_type event;

  enable_network_layer();                       /* allow network_layer_ready events */
  ack_expected = 0;                             /* next ack expected inbound */
  next_frame_to_send = 0;                       /* next frame going out */
  frame_expected = 0;                           /* number of frame expected inbound */
  nbuffered = 0;                                /* initially no packets are buffered */

  while (true) {
    wait_for_event(&event);                     /* four possibilities: see event_type above */
```

```
    switch(event) {
      case network_layer_ready:              /* the network layer has a packet to send */
           /* Accept, save, and transmit a new frame. */
           from_network_layer(&buffer[next_frame_to_send]); /* fetch new packet */
           nbuffered = nbuffered + 1;        /* expand the sender's window */
           send_data(next_frame_to_send, frame_expected, buffer);/* transmit the frame */
           inc(next_frame_to_send);          /* advance sender's upper window edge */
           break;

      case frame_arrival:                    /* a data or control frame has arrived */
           from_physical_layer(&r);          /* get incoming frame from physical layer */

           if (r.seq == frame_expected) {
                /* Frames are accepted only in order. */
                to_network_layer(&r.info);   /* pass packet to network layer */
                inc(frame_expected);         /* advance lower edge of receiver's window */
           }

           /* Ack n implies n – 1, n – 2, etc.  Check for this. */
           while (between(ack_expected, r.ack, next_frame_to_send)) {
                /* Handle piggybacked ack. */
                nbuffered = nbuffered – 1;   /* one frame fewer buffered */
                stop_timer(ack_expected);    /* frame arrived intact; stop timer */
                inc(ack_expected);           /* contract sender's window */
           }
           break;

      case cksum_err: break;                 /* just ignore bad frames */

      case timeout:                          /* trouble; retransmit all outstanding frames */
           next_frame_to_send = ack_expected;    /* start retransmitting here */
           for (i = 1; i <= nbuffered; i++) {
                send_data(next_frame_to_send, frame_expected, buffer);/* resend frame */
                inc(next_frame_to_send);     /* prepare to send the next one */
           }

    }

    if (nbuffered < MAX_SEQ)
           enable_network_layer();
    else
           disable_network_layer();
  }
}
```

그림 3-19 go-back-n을 사용한 슬라이딩 윈도우 프로토콜

타이머 구현 방법의 예로서 그림 3-20(a)를 살펴보자. 클럭 틱은 100msec마다 발생한다고 가정하자. 초기치로 실제 시각은 10:00:00.0이고 각 10:00:00.5, 10:00:01.3, 10:00:01.9에 타임아웃이 된다. 하드웨어 클럭 틱이 발생할 때마다 실제 시각은 증가하고, 리스트의 클럭 틱 카운터는 감소한다. 클럭 틱 카운터가 0이 되면 타임아웃 이벤트가 발생하고, 그림 3-20(b)와 같이 리스트에서 그 노드를

제거한다. 비록 이런 방법은 함수 *start_timer* 또는 *stop_timer*가 호출될 때 리스트를 조사해야 하지만, 클럭이 발생할 때마다 해야 하는 일은 아니다. 프로토콜 5에서 이들 두 함수는 타임 아웃될 프레임을 가리키는 매개변수(parameter)를 가진다.

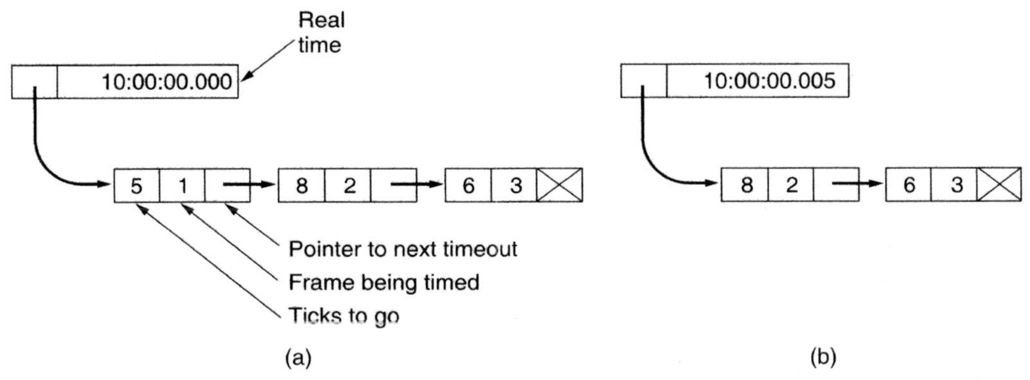

그림 3-20 소프트웨어로 구현된 다중 타이머 시뮬레이션
(a) 큐에의한 타임아웃 (b) 첫 번째 타임아웃이 발생했을 때의 상황

3.4.3 선택적 재전송 방식의 프로토콜

go-back-n은 오류가 거의 발생하지 않을 때 정상적으로 동작하지만, 만일 회선이 불량하다면 프레임을 재전송하는 데 많은 대역폭을 낭비하게 된다. 오류 처리를 위한 대처방안은 손상되거나 분실된 프레임 이후의 모든 프레임들을 수신측이 수신해서 버퍼에 저장하는 방법이다. 이런 프로토콜은 이전 프레임이 손상되거나 분실된 경우에도 이후 프레임들을 폐기하지 않는다.

이 프로토콜에서 송신측과 수신측은 수용 가능한 일련번호의 윈도우를 유지한다. 송신 윈도우 크기는 0에서 시작하여 미리 정의된 최댓값 *MAX_SEQ*까지 증가한다. 반대로, 수신 윈도우는 항상 *MAX_SEQ*의 고정된 크기를 가진다. 수신측은 윈도우 내의 각 일련번호에 할당할 버퍼 영역을 가지고 있다. 각 버퍼와 관련해서 버퍼의 할당·해제를 판단할 수 있는 하나의 비트(arrived)가 존재한다. 프레임이 수신될 때마다 수신측은 함수 between에 의해 그 일련번호가 윈도우 내에 위치하는가를 검사한다. 만일 이전에 수신한 적이 없다면, 그 프레임을 수신해서 저장한다. 이런 행동은 네트워크 계층이 송신대기 중인 다음 패킷을 포함하고 있는지에 상관없이 수행된다. 물론, 이들 프레임들은 데이터 링크 계층 내에 저장되고 있다가, 보다 하위의 일련번호 프레임들이 네트워크 계층에 순서대로 전달된 후에 전달된다. 그림 3-21은 이런 알고리즘을 사용한 프로토콜이다.

```
/* Protocol 6 (Selective repeat) accepts frames out of order but passes packets to the
   network layer in order. Associated with each outstanding frame is a timer. When the timer
   expires, only that frame is retransmitted, not all the outstanding frames, as in protocol 5. */

#define MAX_SEQ 7                                /* should be 2^n - 1 */
#define NR_BUFS ((MAX_SEQ + 1)/2)
typedef enum {frame_arrival, cksum_err, timeout, network_layer_ready, ack_timeout} event_type;
#include "protocol.h"
boolean no_nak = true;                           /* no nak has been sent yet */
seq_nr oldest_frame = MAX_SEQ + 1;               /* initial value is only for the simulator */

static boolean between(seq_nr a, seq_nr b, seq_nr c)
{
/* Same as between in protocol 5, but shorter and more obscure. */
  return ((a <= b) && (b < c)) || ((c < a) && (a <= b)) || ((b < c) && (c < a));
}

static void send_frame(frame_kind fk, seq_nr frame_nr, seq_nr frame_expected, packet buffer[ ])
{
/* Construct and send a data, ack, or nak frame. */
  frame s;                                       /* scratch variable */

  s.kind = fk;                                   /* kind == data, ack, or nak */
  if (fk == data) s.info = buffer[frame_nr % NR_BUFS];
  s.seq = frame_nr;                              /* only meaningful for data frames */
  s.ack = (frame_expected + MAX_SEQ) % (MAX_SEQ + 1);
  if (fk == nak) no_nak = false;                 /* one nak per frame, please */
  to_physical_layer(&s);                         /* transmit the frame */
  if (fk == data) start_timer(frame_nr % NR_BUFS);
  stop_ack_timer();                              /* no need for separate ack frame */
}

void protocol6(void)
{
  seq_nr ack_expected;                           /* lower edge of sender's window */
  seq_nr next_frame_to_send;                     /* upper edge of sender's window + 1 */
  seq_nr frame_expected;                         /* lower edge of receiver's window */
  seq_nr too_far;                                /* upper edge of receiver's window + 1 */
  int i;                                         /* index into buffer pool */
  frame r;                                       /* scratch variable */
  packet out_buf[NR_BUFS];                       /* buffers for the outbound stream */
  packet in_buf[NR_BUFS];                        /* buffers for the inbound stream */
  boolean arrived[NR_BUFS];                      /* inbound bit map */
  seq_nr nbuffered;                              /* how many output buffers currently used */
  event_type event;

  enable_network_layer();                        /* initialize */
  ack_expected = 0;                              /* next ack expected on the inbound stream */
  next_frame_to_send = 0;                        /* number of next outgoing frame */
  frame_expected = 0;
  too_far = NR_BUFS;
  nbuffered = 0;                                 /* initially no packets are buffered */
  for (i = 0; i < NR_BUFS; i++) arrived[i] = false;
```

```
while (true) {
  wait_for_event(&event);                        /* five possibilities: see event_type above */
  switch(event) {
    case network_layer_ready:                    /* accept, save, and transmit a new frame */
         nbuffered = nbuffered + 1;              /* expand the window */
         from_network_layer(&out_buf[next_frame_to_send % NR_BUFS]); /* fetch new packet */
         send_frame(data, next_frame_to_send, frame_expected, out_buf);/* transmit the frame */
         inc(next_frame_to_send);                /* advance upper window edge */
         break;

    case frame_arrival:                          /* a data or control frame has arrived */
         from_physical_layer(&r);                /* fetch incoming frame from physical layer */
         if (r.kind == data) {
              /* An undamaged frame has arrived. */
              if ((r.seq != frame_expected) && no_nak)
                 send_frame(nak, 0, frame_expected, out_buf); else start_ack_timer();
              if (between(frame_expected,r.seq,too_far) && (arrived[r.seq%NR_BUFS]==false)) {
                   /* Frames may be accepted in any order. */
                   arrived[r.seq % NR_BUFS] = true;      /* mark buffer as full */
                   in_buf[r.seq % NR_BUFS] = r.info;     /* insert data into buffer */
                   while (arrived[frame_expected % NR_BUFS]) {
                        /* Pass frames and advance window. */
                        to_network_layer(&in_buf[frame_expected % NR_BUFS]);
                        no_nak = true;
                        arrived[frame_expected % NR_BUFS] = false;
                        inc(frame_expected);     /* advance lower edge of receiver's window */
                        inc(too_far);            /* advance upper edge of receiver's window */
                        start_ack_timer();       /* to see if a separate ack is needed */
                   }
              }
         }
         if((r.kind==nak) && between(ack_expected,(r.ack+1)%(MAX_SEQ+1),next_frame_to_send))
              send_frame(data, (r.ack+1) % (MAX_SEQ + 1), frame_expected, out_buf);

         while (between(ack_expected, r.ack, next_frame_to_send)) {
              nbuffered = nbuffered - 1;         /* handle piggybacked ack */
              stop_timer(ack_expected % NR_BUFS);     /* frame arrived intact */
              inc(ack_expected);                 /* advance lower edge of sender's window */
         }
         break;
    case cksum_err:
         if (no_nak) send_frame(nak, 0, frame_expected, out_buf); /* damaged frame */
         break;
    case timeout:
         send_frame(data, oldest_frame, frame_expected, out_buf); /* we timed out */
         break;
    case ack_timeout:
         send_frame(ack,0,frame_expected, out_buf);      /* ack timer expired; send ack */
  }
  if (nbuffered < NR_BUFS) enable_network_layer(); else disable_network_layer();
 }
}
```

그림 3-21 선택적 재전송 방식의 슬라이딩 윈도우 프로토콜

순서 없이 수신하는 방법은 순서대로 프레임을 수신하는 프로토콜에는 존재하지 않는 특정한 문제를 발생시킨다. 이 문제를 간단하게 예를 들어 살펴보자. 송신측과 수신측이 3비트 일련번호 윈도우를 유지하고 있어서 송신측은 확인응답을 기다리기 전에 최대 일곱 개의 프레임을 전송할 수 있다고 가정하자. 송신측과 수신측의 초기 윈도우는 그림 3-22(a)와 같다. 송신측이 현재 프레임 0에서 6까지 전송한다. 수신 윈도우는 일련번호 0에서 6까지의 어떠한 프레임도 수신가능하다. 일곱 개의 프레임들이 정확하게 수신되어 수신측이 그들에 대한 확인응답을 보내고, 그림 3-22(b)와 같이 7, 0, 1, 2, 3, 4, 5프레임들을 수신할 수 있도록 윈도우를 전진시킨다. 일곱 개의 버퍼는 모두 빈 공간으로 표시된다.

바로 이 순간에 번개가 전신주를 때려서 모든 확인응답이 분실되는 불행한 사건이 발생했다. 결국 송신측은 타임아웃 이벤트가 발생해서 프레임 0을 재전송한다. 프레임 0이 수신측에 도착했을 때, 수신측은 그 프레임이 수신 윈도우 내에 존재하는지 검사한다.

불행하게도, 그림 3-22(b)와 같이 프레임 0은 새로운 윈도우 내에도 존재한다. 따라서 프레임 0은 수신된다. 수신측은 프레임 0에서 6까지 수신하였기 때문에 프레임 6에 대한 확인응답 프레임을 반송한다.

송신측은 송신한 모든 프레임들이 정확하게 수신되었음을 확인응답한 후, 윈도우를 전진시키고 즉시 프레임 7, 0, 1, 2, 3, 4, 5를 송신한다. 프레임 7은 수신측에 의해 수신되어 즉시 네트워크 계층으로 전달된다. 그런 후에 즉시 수신측 데이터 링크 계층은 유효한 프레임 0이 이미 수신되었는지 검사하고, 만일 그렇다면, 내장된 패킷을 네트워크 계층에 전달한다. 결국 네트워크 계층은 정확하지 않은 패킷을 전달받은 상황에 처하게 되므로 이 프로토콜은 잘못된 것이다.

위 문제의 본질은 수신측이 윈도우를 전진시킨 후, 새로운 범위의 유효한 일련번호가 이전 범위와 겹치기 때문이다. 다음 프레임들의 집합은 중복 프레임(모든 확인응답이 분실 됐을 경우)이거나 또는 새로운 프레임(모든 확인응답이 수신되었을 경우)들이다. 어리석은 수신측은 이 두 가지 경우를 구분하지 못한다.

이런 혼란한 상황에서 벗어나는 방법은 수신측이 윈도우를 전진시킨 후, 이전 윈도우와의 중복이 없음을 보장하는 것이다. 이런 보장을 하기 위해서 그림 3-22(c)와 그림 3-22(d)와 같이, 최대 윈도우 크기는 전체 일련번호 영역의 절반 이하의 크기이어야 한다. 예를 들어 4비트의 일련번호가 사용된다면 0에서 15까지의 범위를 가지게 된다. 임의의 순간에 오직 8개의 확인응답되지 않은 프레임들이 윈도우 내에 존재할 수 있다. 이런 방법으로, 만일 수신측이 프레임 0에서 7까지 수신한 후 프레임 8에서 15까지 수신할 수 있도록 윈도우를 전진시킨다면, 다음에 수신되는 프레임들이 재전송된 프레임들(0에서 7)인지 새로운 프레임들(8에서 15)인지 정확하게 구분할 수 있다. 프로토콜 6의 윈도우 크기는 $(MAX_SEQ+1)/2$이다.

우리가 관심을 가져야 할 문제는 수신측이 얼마나 많은 버퍼 영역을 제공해야 하는 가이다. 어떠한 상황에서도 윈도우 내의 일련번호 범위를 벗어난 프레임들은 수신할 수 없다. 결론적으로, 필요한 버퍼 영역은 일련번호 영역이 아니라 윈도우 크기와 일치한다. 4비트 일련번호를 사용하는 위 예에서, 0에서 7까지 8개의 버퍼가 필요하다. 프레임 i가 수신되었을 때, $i$mod 8 계산한 결과의 번호대로 버퍼에 저장된다. 비록 i mod 8과 (i+8) mod 8이 같은 버퍼 영역에 저장된다 하더라도, 이들은 윈도우 내에 동시에 존재할 수 없다. 왜냐하면 mod 8은 윈도우 크기가 9라는 것을 의미하기 때문이다.

같은 이유로, 필요한 타이머 개수는 일련번호 영역의 크기가 아니라 버퍼 개수와 일치한다. 효율적 측면에서 보면 각 버퍼당 하나의 타이머가 존재한다. 타임아웃이 되면 버퍼에 저장된 프레임은 재전송된다.

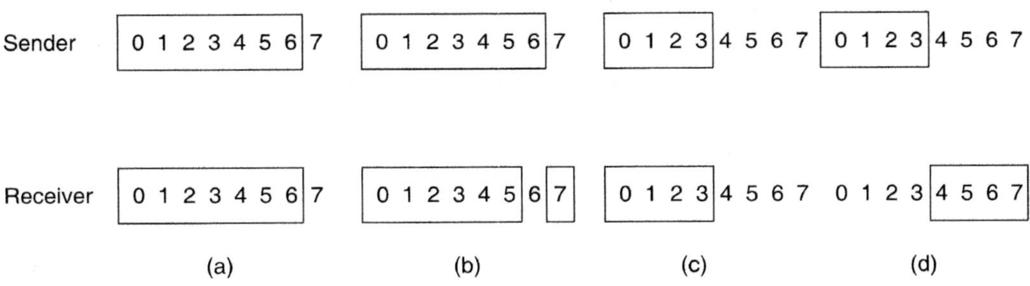

그림 3-22 (a) 윈도우 크기 7의 초기상태 (b) 일곱 개의 프레임들이 송수신되었으나 확인응답되지 않은 상태 (c) 윈도우 크기 4의 초기상태 (d) 네 개의 프레임들이 송수신되었으나 확인응답되지 않은 상태

프로토콜 5에서 채널에 많은 부하가 걸렸다는 암시적 가정을 했었다. 프레임이 수신되면 즉시 확인응답을 반송하지는 않는다. 대신, 확인응답은 다음에 송신되는 데이터 프레임에 추가되어 피기백된다. 만일 역 트래픽이 낮다면 확인응답은 장시간동안 반송되지 않을 수 있다. 그리고 한 방향으로 트래픽이 많고, 다른 방향으로는 전혀 없다면, 단지 *MAX_SEQ* 패킷만 전송되고 그런 후 프로토콜은 차단될 것이다.

프로토콜 6에서 이런 문제가 해결되었다. 비연속적인 데이터 프레임이 수신된 후, 함수 *start_ack_timer*에 의해 보조 타이머가 작동된다. 타임아웃 전에 어떠한 역전송도 존재하지 않을 경우에는 분리된 확인응답 프레임이 반송된다. 보조 타이머에 의해 발생하는 인터럽트를 *ack_ timeout* 이벤트라고 부른다. 이런 방법으로, 단방향 트래픽 흐름은 가능하다. 왜냐하면 확인응답이 포함될 역전송 데이터 프레임들의 결핍은 더 이상 장해요인이 되지 않기 때문이다. 단지 하나의 보조 타이머만이 존재한다. 그리고 만일 타이머가 동작 중일 때 *start_ack_timer*가 호출되면, 전체 확인응답 타임아웃 시간 간격은 재시작된다.

보조 타이머의 타임아웃은 데이터 프레임 타이머의 타임아웃보다 분명히 짧아야 한다. 이러한 상황은 송신측이 타임아웃 이벤트가 발생해서 프레임을 재전송하기 전에 정확하게 수신된 프레임에 대한 확인응답이 도착했다는 확실한 보장을 필요로 한다.

프로토콜 6은 오류 처리에 있어서 프로토콜 5보다 효율적인 방법을 사용한다. 수신측은 오류 발생이 의심될 때마다 NAK 프레임을 송신측에게 반송한다. 이 프레임은 NAK에 명시된 프레임의 재전송을 요청한다. 수신측이 의심할 수 있는 두 가지 경우가 존재 한다. 손상된 프레임이 수신되는 경우 또는 원하지 않은 프레임이 수신되는 경우(잠정적인 프레임 분실). 동일 분실 프레임에 대하여 여러 번의 재전송 요청을 피하기 위하여, 수신측은 수신된 프레임에 대해 이미 NAK를 반송했는가를 기억하고 있어야 한다. 만일 프로토콜 6에서 *frame_expected*에 대해 어떠한 NAK도 반송되지 않으면, 변수 *no_nak*는 true값을 가진다. 만일 NAK가 손상되거나 분실된 경우에도 별다른 문제가 발생하지는 않는다. 왜냐하면 송신측이 결국에는 타임아웃 신호를 받아 프레임을 재전송하기 때문이다. 만일 NAK가 반송중에 분실된 후 프레임이 수신되었다면, 변수 *no_nak*는 true값을 가지고, 보조 타이머는 작동을 시작한다. 보조 타이머가 타임아웃 되면 송신측을 수신측 현재 상태에 재동기화(resynchronize)하기 위해서 ACK가 반송된다.

어떤 상황에서는 프레임을 목적지까지 전송하고, 그곳에서 처리되고, 확인응답이 되돌아오는 데 필요한 시간이 거의 일정하다. 이런 상황에서 송신측은 자신의 타이머를, 프레임을 전송해서 확인응답을 받는데 예상되는 평균 시간 간격보다 약간 더 크게 조정할 수 있다. 그러나 이 시간이 큰 폭으로 변한다면, 송신측은 시간 간격을 짧게 잡아 불필요한 재전송으로 인해 대역폭을 낭비할 것인가, 아니면 길게 잡아 오류 발생 후 긴 시간 동안 아무 일도 하지 못하는 상태가 되어 또한 대역폭을 낭비할 것인가의 선택상황에 처하게 된다. 만일 역전송이 가끔씩 발생한다면, 확인응답되기 전까지의 시간 간격은 역전송이 있을 때는 더 짧고 그렇지 않을 때는 더 길게 된다. 수신측의 다양한 처리시간 또한 여기서 문제가 될 수 있다. 일반적으로, 확인응답 구간의 표준편차가 그 구간 자체와 비교하여 작다면 타이머는 "빈틈없게(tight)" 조정될 수 있고 NAK들은 이용가치가 없어진다. 그렇지 않다면, 타이머는 "느슨하게(loose)" 조정되어야만 하고, NAK들은 분실되거나 손상된 프레임의 재전송에 상당한 성능향상을 가져올 수 있다.

어느 프레임에 타임아웃이 발생했는지를 판단하는 문제는 타임아웃과 NAK에 밀접한 관련이 있다. 프로토콜 5에서 그 프레임은 가장 오래된 것이기 때문에 항상 *ack_expected*이다. 프로토콜 6에서는 어떤 프레임이 타임아웃을 일으키는가를 판단하기가 매우 어렵다. 프레임 0에서 4까지 송신했다고 가정하자. 즉 송신한 프레임들의 리스트는 순서대로 01234이다. 프레임 0이 타임아웃 되고, 새로운 프레임 5가 전송되었다. 프레임 1이 타임아웃 되고, 프레임 2가 타임아웃 되고, 그리고 또 다른 새로운 프레임 6이 송신되었다고 가정하자. 이 순간에 오래된 순으로 현재 송신한 프레임들의 윈도우 리스트는 3405126이다. 이들 프레임들 모두가 분실되었을 경우, 이들 일곱 개의 프레임들은 그 순서대로 타임아웃 될 것이다.

이런 상황이 더욱 복잡해지지 않도록 하기 위해 타이머의 운영은 생략하였다. 대신에 변수 *oldest_frame*을 타임아웃 된 프레임을 가리키도록 설정했다고 가정한다.

3.5 데이터 링크 프로토콜의 예

한 빌딩 내에서는 LAN이 상호연결을 위해서 널리 사용되지만, 광역 통신망에서는 주로 점대 점 연결로 이루어진다. 4장에서는 LAN을 살펴볼 것이다. 여기서는 인터넷에 사용되는 두 가지 상황의 점대점 라인에 대한 데이터 링크 프로토콜을 살펴볼 것이다. 첫 번째는 광역망에서 패킷이 SONET 광링크를 통해 전송될 때이다. 이런 링크는 ISP내의 여러 위치에 있는 라우터들을 연결하는 데 널리 사용된다.

두 번째는 인터넷 가장자리의 전화망의 지역가입자망에서 돌아가는 ADSL링크이다. 이 링크는 수백만의 개인들과 사업장을 인터넷에 연결시킨다.

인터넷은 이런 용도의 다이얼업 모뎀과 임대 전용선과 케이블 모뎀 등등을 위해 점대점 링크가 필요하다. 표준화된 프로토콜인 **PPP(Point-to-Point Protocol)**이 이런 링크에서 패킷을 전송하는 데 사용된다. PPP는 RFC 1661에 정의되어 있고 RFC 1662와 다른 RFC(Simpson, 1994a, 1994b)에 세부사항이 규정되어 있다. SONET과 ADSL 둘 다 PPP를 적용하였으나 다른 방법으로 사용한다.

3.5.1 Packet over SONET

2.6.4절에서 다룬 SONET은 전화망을 포함한 통신 네트워크의 백본의 근간이 되는 광역 광링크 시스템에서 널리 사용되는 물리 계층 프로토콜이다. 이것은 잘 정의된 속도로 비트스트림을 제공하는데 예를 들어 OC-48에서는 2.4Gbps가 된다. 이 비트스트림은 고정된 사이즈의 바이트 페이로드를 사용자데이터가 있건 없건 간에 125마이크로초마다 전송한다.

이 링크상에서 패킷을 전송하기 위해서는 연속적인 비트스트림에서 때때로의 패킷을 구분해내기 위해서 어떤 프레임 기법이 필요하다. IP 라우터에서 돌아가는 PPP가 이런 방식을 제공하는 데 그림 3-23에 나타나 있다.

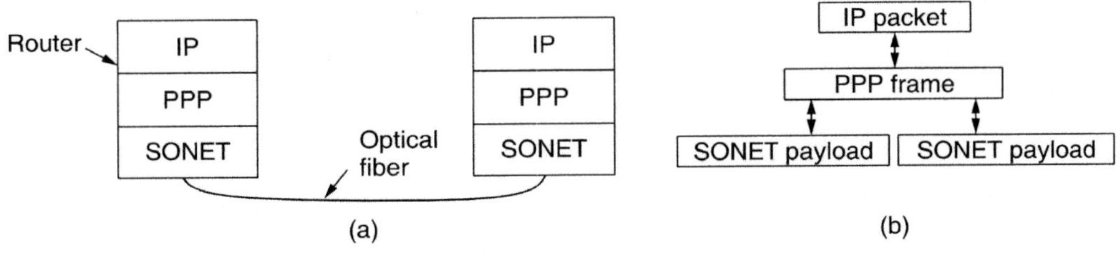

그림 3-23 Packet over SONET (a) 프로토콜 스택 (b) 프레임들의 관계

PPP는 먼젓번의 더 단순한 프로토콜인 **SLIP(Serial Line Internet Protocol)**을 개선한 것이며 오류 검출을 담당하고, 다수의 프로토콜을 지원하며 인증 허가와 기타 여러 기능을 가진다.

PPP는 다음의 세 기능을 제공한다.

1. 프레임의 시작과 끝을 명확하게 구분할 수 있는 프레임 기법, 또한 이 프레임 형식은 오류 감지 기능을 수행한다.
2. 회선을 연결하고, 검사하고, 옵션들을 조정하고, 그리고 더 이상 필요가 없을 때 회선을 해제하는 기능. 이것을 **LCP(Link Control Protocol)**라 한다.
3. 네트워크 계층에 독립적인 방법으로 네트워크 계층 옵션들을 조정하는 방법. 이 방법은 각 네트워크 계층을 지원하는 다른 종류의 **NCP(Network Control Protocol**, 네트워크 제어 프로토콜)를 가진다.

PPP 프레임 형식은 완전히 새로 발명할 필요는 없기에 이전에 많이 사용되었던 **HDLC(High-Level Data Link Control)** 프레임 형식과 매우 유사하다.

PPP와 HDLC의 가장 큰 차이점은 전자는 문자지향이고 후자는 비트지향이라는 데 있다. 특히 PPP는 SLIP처럼 다이얼 업 모뎀 라인에서 문자 채우기 기법을 사용하기 때문에 모든 프레임들은 정수(integral) 바이트 크기가 된다. 예를 들어 30.25바이트 프레임 전송은 HDLC에서는 가능하지만 PPP에서는 불가능하다.

실제로는 두 번째 더 중요한 차이가 있다. HDLC는 슬라이딩 윈도우, 확인응답 타임아웃을 우리가 공부한 대로 지원하는 신뢰성 있는 전송을 제공한다. PPP도 무선환경 같은 잡음환경에서 신뢰성 있는 전송을 제공하며 자세한 내용은 RFC1663에 나와 있다. 그러나 실제로는 잘 사용되지 않는다. 대신 unnumbered mode가 거의 모든 경우에 인터넷에서 무접속 무응답 서비스를 제공하는 데 사용된다.

PPP 프레임 형식은 그림 3-24와 같다.

Bytes	1	1	1	1 or 2	Variable	2 or 4	1
	Flag 01111110	Address 11111111	Control 00000011	Protocol	Payload	Checksum	Flag 01111110

그림 3-24 비정렬(unnumbered) 모드의 완전한 PPP 프레임 형식

모든 PPP 프레임들은 표준 HDLC 플래그 바이트(01111110)로 시작되고, 만일 내부 페이로드 필드에 이 플래그 바이트가 존재하면, 역시 문자 채우기로 대체한다. 다음은 *Address* 필드가 위치하는 데 항상 이진수 값 11111111로 정해진다. 이 값은 모든 스테이션들이 그 프레임을 수신할 수 있음을 의미하기 때문에 데이터 링크 주소를 할당해야 하는 문제를 피할 수 있다.

Address 필드 다음에 기본값으로 00000011로 세팅된 *Control* 필드가 위치한다. 이 값은 비정렬 프레임을 의미한다.

*Address*와 *Control* 필드는 환경설정이 항상 일정한 상수값을 가지고 있기 때문에, LCP 는 양측의 동일한 옵션을 제거하는 옵션조정과정을 통해 프레임마다 2바이트를 절약하는 데 필요한 기법을 제공한다.

네 번째 PPP 필드는 *Protocol* 필드이다. 이 필드는 프레임 내부의 패킷 종류를 구별하는 데 사용된다. LCP, NCP, IP, IPX, AppleTalk, 그리고 기타 프로토콜들을 위한 코드(code)들이 정의되어 있다. 비트 0으로 시작하는 프로토콜은 IP, IPX, OSI CLNP, XNS 등과 같은 네트워크 계층 프로토콜들을 가리킨다. 비트 1로 시작하는 프로토콜 필드는 다른 프로토콜들과 교섭(negotiate)하기 위해 사용된다. 이들 프로토콜은 LCP와 각 네트워크 계층을 지원하는 다른 종류의 NCP를 포함한다. *Protocol* 필드의 기본 크기는 2비트지만 LCP에 의해 1바이트로 조정될 수 있다.

Payload 필드는 가변크기를 가진다. 만일 LCP에 의해 라인 초기화 과정 중에 조정되지 않는다면, 기본크기로 1,500바이트를 가진다. 필요하다면, *Payload* 필드 뒤에 패딩(padding, 필드의 마지막에 의미가 없는 기호를 부가하여 고정 길이로 만드는 방법)할 수 있다.

Payload 필드 다음에는 일반적으로 2바이트지만 조정과정을 통해 4바이트 크기를 가질 수 있는 *Checksum* 필드가 존재한다. 4바이트 체크섬은 제너레이터 다항식이 3.2.2절 끝에 나와 있는 32비트 CRC와 동일하다. 2바이트 체크섬도 산업계 표준 CRC이다.

PPP는 다양한 물리계층 위에서 다양한 프로토콜의 패킷을 전달할 수 있는 프레임 방식이다. SONET 위에서 PPP를 사용하기 위하여 쓸 수 있는 방법들은 RFC 2615(Malis 와 Simpson, 1999)에 기술되어 있다. 4바이트 체크섬이 사용되는데 물리, 링크, 네트워크 계층에서 전송오류를 감지하는 첫 번째 방법이다. SONET링크는 비교적 고속으로 동작하기 때문에 adddress, control, protocol 필드는 압축하지 않도록 권장된다.

특이한 기능도 있다. PPP 페이로드는 SONET 페이로드에 넣기 전에 스크램블된다(2.5.1참조). 스크램블링은 전송하기 전 페이로드와 긴 의사난수 시퀀스를 XOR한다. SONET 비트스트림이 동기를 위해 빈번한 비트 전환이 필요하다는 것도 이슈가 된다. 이런 전환은 음성신호의 전환과 더불어 자연스럽게 발생하지만 데이터통신에서는 사용자가 정보를 전달할 때 긴 0들을 전송할 수도 있다. 스크램블링으로 긴 0을 보내기 때문에 발생하는 문제들을 일으킬 확률은 극단적으로 낮아진다.

PPP 프레임이 SONET라인으로 전송되기 이전에 PPP링크는 미리 확보되고 조정된다. 링크가 셋업되고 사용되고 단절되는 과정을 그림 3-25에 보이고 있다.

프로토콜은 라인이 *DEAD* 상태일 때 시작하는 데, 이것은 어떤 물리 계층 캐리어(carrier)도 없고, 어떤 물리 계층 연결도 존재하지 않는다는 것을 의미한다. 물리적인 연결이 설정된 후 라인은 *ESTABLISH*로 이동한다.

그 시점에서 LCP 옵션 조정과정이 시작되고, 만일 이 과정이 성공적으로 끝나면 *AUTHENTICATE*

로 넘어간다. 이제 양측은 필요하다면 서로 상대방의 신분을 확인할 수 있다. *NETWORK* 단계로 들어갔을 때, 네트워크 계층을 구성하기 위해 적절한 *NCP* 프로토콜이 실행된다. NCP 프로토콜을 일반화하기 어려운 이유는 각각이 네트워크 프로토콜에 특화되어 있고 그 프로토콜에 특화된 배치 요청을 허용하기 때문이다. IP의 경우 IP 주소를 링크의 양쪽 끝에 할당하는 것이 가장 중요한 가능성이다.

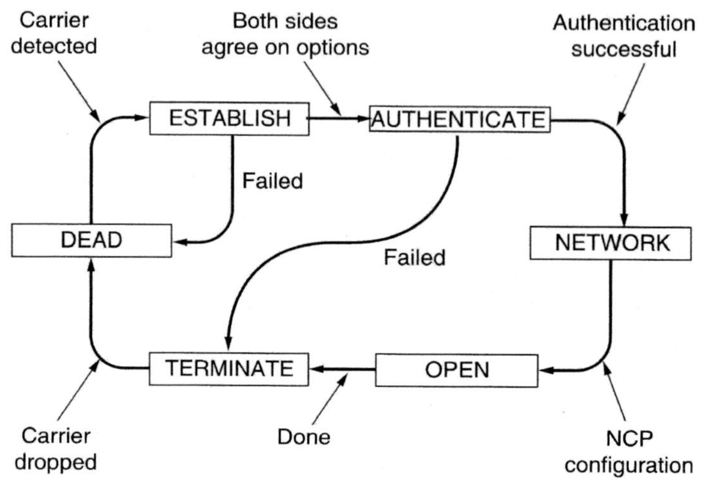

그림 3-25 라인을 연결하고 해제하는 단순화된 위상 다이어그램

*OPEN*에 도달한 이후에는 데이터 전송이 이루어질 수 있다. 이 상태에서 IP패킷은 PPP 프레임으로 SONET라인을 통하여 전송된다. 데이터 전송이 끝나면 라인은 *TERMINATE* 단계로 진입하게 되고, 캐리어가 사라졌을 때 다시 *DEAD*로 돌아오게 된다.

3.5.2 ADSL(Asymmetric Digital Subscriber Line)

ADSL은 수백만 가정 가입자들을 기존의 전화서비스와 동일한 전화 지역가입자망을 통하여 수 메가비트/초의 속도로 인터넷에 연결한다. 2.5.3절에서 우리는 DSL모뎀이 어떻게 가정에서 연결되는지를 이야기하였다. 이것은 가입자망을 통하여 비트를 전송하여 전화회사의 단국에 있는 DSLAM (DSL Access Multiplexer, 간단히 dee-slam)에 도달하게 된다. 우리는 ADSL 링크상에서 어떻게 패킷이 전파되는지 자세히 살펴볼 것이다.

ADSL에서 사용되는 장비들과 프로토콜의 전체 그림은 그림 3-26에 나와 있다. 다양한 프로토콜들이 다양한 네트워크에 설치되는데 우리는 가장 널리 쓰이는 방법을 골랐다. 가정에서는 PC가 이더넷과 같은 링크계층 프로토콜로 IP packet을 DSL 모뎀에 보낸다. DSL모뎀은 우리가 지금 다룰 프로토콜을 통하여 가입자망으로 DSLAM에 IP패킷을 보낸다. DSLAM(또는 구현에 따라서는 여기 연결된 라우터)에서는 IP 패킷을 추출해내어 인터넷상의 최종 목적지에 도착할 수 있도록 ISP 네트워크로 넘긴다.

그림 3-26에 나타난 ADSL 링크상의 프로토콜은 바닥으로부터 ADSL 물리계층으로 시작된다. 그것은 직교 주파수 분할 다중접속(discrete multitone)이라는 디지털 변복조에 기반하며 우리는 2.5.3절에서 보았다. 스택의 꼭대기 근처에, IP 네트워크 계층 바로 아래에는 PPP가 있다. 이 프로토콜은 우리가 Packet over SONET을 공부할 때 보았던 바로 그 PPP이다. 이것은 IP패킷을 전달하고 링크를 확립하고 준비하는 데 똑같은 방법으로 작동한다.

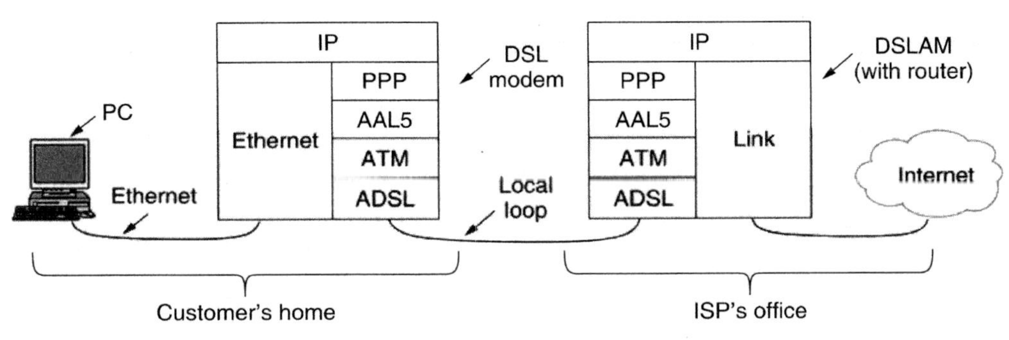

그림 3-26 ADSL 프로토콜 스택

ADSL과 PPP 사이에는 ATM과 AAL5가 있다. 이들은 지금껏 보지 못한 새로운 프로토콜들이다. **ATM(Asynchronous Transfer Mode)**는 1990년대 초반에 설계되어 믿기 힘든 과장과 더불어 시작되었다. 이것은 세계의 통신문제들을 음성, 데이터, 케이블 TV, 전신, 그 밖에 모든 것을 단일화된 시스템으로 모아서 모두를 위해 모든 것을 할 수 있는 네트워크 기술로 소개하였다. 하지만 그런 일은 일어나지 않았다. 크게 보면, ATM의 문제는 OSI 프로토콜에서 우려했던 문제, 즉 나쁜 타이밍, 기술, 구현, 정치와도 유사하다. 그럼에도 불구하고 ATM은 OSI보다는 훨씬 성공적이었다. 전 세계에 모두 채택되지는 못했지만, DSL과 같은 광대역 접속기술이나 전화망 내부의 WAN 링크에서 틈새기술로 널리 사용된다.

ATM은 링크 계층의 기술로 셀이라는 고정크기의 전송에 기반을 둔다. "비동기(Asynchronous)"라는 용어는 셀들이 SONET 같은 동기 링크에서 연속적으로 비트가 전송되는 것과 달리 항상 전송될 필요는 없다는 것을 의미한다. 셀들은 전달할 정보가 있을 때만 전송되며 ATM은 접속 지향 기술이다 각각의 셀들은 **virtual circuit** identifier를 헤더에 가지고 있으며 장비들은 이 ID를 사용하여 확보된 접속로를 통해 셀들을 전달한다.

셀은 각 53바이트 길이이며 48바이트의 페이로드와 5바이트의 헤더로 이루어져 있다. 작은 셀을 사용함으로서 ATM은 물리계층의 대역폭을 다양한 사용자 사이에 세밀한 크기로 유연하게 나눌 수 있다. 이런 능력은 음성과 데이터를 동시에 같은 라인에서 보낼 때 긴 데이터 패킷이 음성 샘플의 지연의 큰 변이를 일으키지 않도록 도와준다. 2의 승수 같은 자연스러운 선택과 비교할 때 좀 특이한 셀 길이는 ATM의 설계가 얼마나 정치적인지 말해준다. 48바이트 페이로드 크기는 유럽의 32바이트 셀과 미국의 64바이트 셀 크기 사이의 충돌을 해결하기 위한 절충안이다. ATM에 대한 간단한 개요는 Siu, Jain(1995)에 나와 있다.

ATM망에서 데이터를 전송하기 위해서는 셀의 시퀀스로의 변환이 필요하다. 이런 매핑은 ATM adaptation 계층에서 수행되는데 segmentation 과 reassembly로 불린다. 몇 가지의 adaptation계층이 다양한 서비스를 위하여 정의되었는데, 주기적인 음성샘플로부터 패킷데이터까지 있다. 패킷 데이터에 사용되는 주요한 것은 **AAL5(ATM Adaptation Layer 5)**이다.

AAL5의 프레임은 그림 3-27에 나와 있다. 헤더를 사용하는 대신 이것은 길이와 오류 감지에 사용되는 4바이트 CRC를 가진 트레일러를 사용한다. 자연스럽게 CRC는 PPP나 이더넷과 같은 IEEE802 LAN에서 사용되는 것과 동일하다. Wang과 Crowcroft(1992)를 보면 셀 리오더링과 같은 비전형적인 오류를 잘 감지하는지 나와 있다. 페이로드와 함께 AAL5프레임은 패딩을 사용한다. 이것은 전체 길이를 48바이트의 배수로 만들어 내는데 프레임이 균등하게 셀로 나눌 수 있기 때문이다. 프레임상에는 주소가 필요 없는데 각 셀에 있는 virtual circuit identifier가 올바른 목적지로 전송하게 된다.

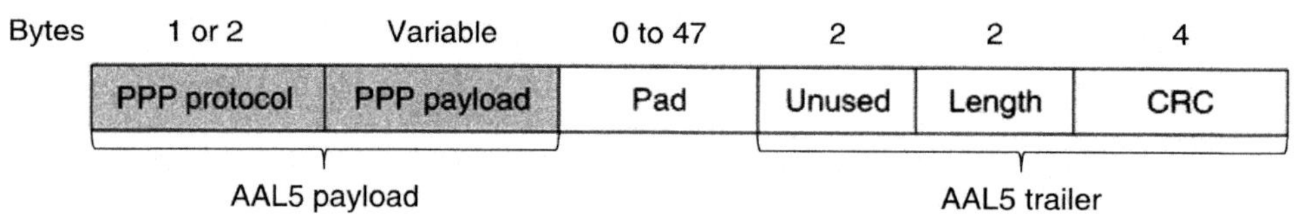

그림 3-27 PPP데이터를 나르는 AAL5 프레임

ATM을 다루고 나서는 PPP가 ADSL에서 어떻게 ATM을 이용하는지 살펴보자. 이것은 또 다른 표준인 **PPPoA(PPP over ATM)**에 의해 이루어진다. 이 표준은 진자 프로토콜은 아니며(그래서 그림3-26에 나와 있지 않다) PPP와 AAL5의 연동방법에 대한 규정에 가깝다. 이것은 RFC2364에 기술되어 있다(Gross et al., 1998).

그림 3-27과 같이 PPP 프로토콜과 페이로드 필드만이 AAL5페이로드에 놓여진다. 프로토콜 필드에서는 반대쪽 끝에 있는 DSLAM에게 페이로드가 IP 패킷인지 아니면 LCP 같은 다른 프로토콜인지 알려준다. 반대쪽 끝은 ATM virtual circuit이 이 목적으로 설정되어 있기 때문에 셀이 PPP정보를 담고 있다는 것을 인지하고 있다.

AAL5 프레임 내부에서는 PPP 프레임이 별 소용이 없기 때문에 필요하지 않다. ATM과 AAL5가 벌써 프레임을 제공한다. 추가의 프레임은 이용가치가 없다. PPP CRC도 필요치 않은데 AAL5가 똑같은 CRC를 이미 포함하고 있기 때문이다. 오류 감지 방법은 ADSL 물리계층의 리드솔로몬 코드와 감지되지 않는 오류의 감지를 위한 1바이트 CRC를 보충한다. ADSL이 훨씬 잡음이 심한 채널이기 때문에 이런 방법은 패킷이 SONET라인에서 전송될 때보다 더 세밀한 오류복구 방식을 제공한다.

3.6 요약

데이터 링크 계층의 임무는 물리 계층에서 제공된 원시 비트 스트림을 네트워크 계층에서 사용할 수 있는 프레임들로 변환시키는 것이다. 링크 계층은 연결부재, 확인부재로부터 연결지향 신뢰성 서비스 등 다양한 신뢰성을 제공한다.

문자 카운트, 바이트 채우기, 비트 채우기 등을 포함한 다양한 프레임 기법들이 사용된다. 데이터 링크 프로토콜들은 손상되거나 분실된 프레임들을 재전송하기 위해서 오류 제어 기능을 제공할 수 있다. 또한 고속 송신기가 저속 수신기의 과부하를 방지하기 위해서 데이터 링크 프로토콜은 흐름 제어 기능도 제공할 수 있다. 슬라이딩 윈도우 기법은 오류 제어와 흐름 제어를 한꺼번에 용이하게 처리하기 위해 광범위하게 사용된다. 양측 윈도우 크기가 1이면 이 프로토콜은 stop-and-wait 방식이다.

송신 윈도우 크기가 1보다 크면, 예를 들어 송신측이 장시간 전송 지연으로 회선이 차단되는 것을 방지하기 위해서 수신측은 다음 순서 프레임을 제외한 모든 프레임들을 폐기시키거나, 필요할 때까지 프레임들을 버퍼에 저장하도록 프로그램할 수 있다.

오류 감지나 정정 부호는 다양한 수학 기법을 사용하여 여분의 정보를 메시지에 추가한다. 길쌈부호와 리드솔로몬 부호가 오류정정에 널리 사용되며 LDPC가 널리 인기를 끌고 있다. 실제 사용되는 오류 감지를 위한 부호는 CRC와 체크섬 등이 있다. 이런 모든 부호들은 링크 계층뿐만 아니라 물리계층과 상위 계층에서도 사용된다.

확인응답과 재전송을 사용하여, 현실적으로는 ARQ(Automatic Repeat reQuest), 신뢰성 있는 전송을 제공하는 일련의 프로토콜을 살펴보았다. 프레임을 처리할 수 있는 오류부재 환경부터 출발하여 흐름제어와 일련번호를 사용한 오류 제어 그리고 stop-and-wait 알고리즘을 소개하였다. 이후 양방향 전송에서 피기배킹을 사용한 슬라이딩 윈도우를 사용하였다. 마지막 두 프로토콜은 여러 개의 프레임을 파이프라인 방식으로 전송하여 송신측이 긴 전파 지연으로 블록되는 것을 막아준다. 수신측은 시퀀스의 다음 프레임을 제외한 모든 프레임을 버리거나 대역폭의 더 나은 사용을 위해 순서가 잘못된 프레임들을 버퍼링한 다음 부정 확인응답(NAK) 신호를 사용할 수도 있다. 첫 번째 방법이 go-back-N이고 두 번째 방법이 selective repeat protocol이다.

인터넷은 점대점 연결에서 기본 데이터 링크 프로토콜로써 PPP를 사용한다. 이것은 플래그 바이트로서 프레임을 구분하고 오류감지에 CRC를 사용하는 데 사전접속이 없고 확인응답이 없는 서비스를 제공해 준다. 이것은 다양한 링크에서 사용되는데 원거리의 SONET이나 가정에서의 ADSL 링크 등을 포함한다.

연습문제

1. 상위 계층의 패킷 하나가 10개의 프레임으로 분리되었고, 각각의 프레임은 손상 없이 수신될 확률이 80%이다. 만일 데이터 링크 프로토콜이 오류 제어를 제공하지 않는다면, 전체 메시지가 도착되기 위해서 평균적으로 몇 회의 메시지 전송이 필요한가?

2. 책의 본문에서 설명한 바이트 채우기 알고리즘을 사용하는 데이터 스트림의 중간에서 다음과 같은 데이터 단편화가 발생하였다. A B ESC C ESC FLAG FLAG D. 채우기를 한 결과는 무엇인가?

3. 바이트 스터핑 알고리즘에서 최대 오버헤드는 얼마인가?

4. 비트 스터핑이 사용될 때 체크섬이 감지하지 못하는 오류가 단일 비트의 상실, 삽입, 수정에 의해서 일어날 수 있는가? 그렇지 않다면 이유는? 그렇다면 어떻게? 체크섬의 길이가 이 문제에서 중요한가?

5. 임의의 Open-loop(정정 동작이 자동적으로 수행되지 않고 표시된 정보의 결과에 의하여 외부로부터의 개입에 의해 수행되는 제어 시스템) 프로토콜(해밍코드)이 이 장에서 다룬 피드백 타입 프로토콜보다 나을 있는 환경을 생각할 수 있는가?

6. 단일 패리티 비트가 제공하는 것보다 더 높은 신뢰성을 제공하기 위해서, 오류감지 코딩(error-detecting coding) 기법은 모든 홀수 번째 비트들을 검사하기 위해 첫 번째 패리티 비트를 사용하고 모든 짝수 번째 비트들을 검사하기 위해 두 번째 패리티 비트를 사용한다. 이 코드의 해밍거리는 얼마인가?

7. 이진수 10101111의 8비트짜리 한 바이트를 짝수 패리티 해밍코드를 사용하여 인코딩한다. 인코딩한 후의 이진수를 구하라.

8. 3의 거리를 가진 해밍코드는 단일 비트 오류를 정정하거나 2비트 오류를 감지할 수 있다. 두 가지를 동시에 수행하도록 사용될 수 있을까? 왜 그런지 또는 왜 아닌지 설명해보라. 일반적으로 해밍 거리가 n이면 얼마나 많은 오류를 정정할 수 있나? 얼마나 많은 오류를 감지할 수 있나?

9. 오류를 검출하는 한 가지 방법은 하나의 행이 k비트로 이루어진 n줄의 한 블록에 각 행과 열에 패리티 비트를 첨부해서 데이터를 전송하는 것이다. 아래 우측 코너는 줄과 열을 체크하는 패리티 비트이다. 이런 방법이 모든 단일 오류를 검출할 수 있는가? 이중 오류를 검출할 수 있는가? 삼중 오류를 검출할 수 있는가?

10. 이전 문제에서 얼마나 많은 오류가 정정되거나 감지될 수 있나?

11. 데이터의 전송이 1,000비트 크기의 블록으로 이루어진다고 가정하자. 오류 감지와 재전송이(블록당 1패리티 비트) 해밍코드보다 나을 수 있는 최대 오류 레이트는 얼마인가? 비트 오류는 상호 독립적으로 일어나고 재전송 시에는 비트오류가 없다고 가정한다.

12. n줄과 k열로 이루어진 하나의 블록이 오류 검출을 위해서 수평 패리티와 수직 패리티를 사용한다. 전송 오류로 인해서 정확히 4비트가 반전되었다고 가정하자. 오류가 검출되지 않을 확률을 식으로 유도해 보라.

13. 메시지 1001 1100 1010 0011이 인터넷 체크섬(4비트 워드)을 사용하여 전송된다고 가정하자. 체크섬의 값은 얼마인가?

14. $x^7 + x^5 + 1$을 생성 다항식 $x^3 + 1$로 나누면 나머지는 얼마인가?

15. 본문에서 설명한 표준 CRC 기법을 사용한 비트열 10011101이 전송된다. 생성된 다항식은 $x^3 + 1$이다. 전송되는 실질적인 비트열을 보여라. 왼쪽에서 세 번째 비트는 전송 도중 반전되었다고 가정한다. 수신 단말에서 어떻게 이 오류를 검출하는지를 보여라. 수신기에서 감지되지 않는 비트 오류의 예를 제시하라.

16. 데이터 링크 프로토콜들이 항상 헤더에 CRC를 두지 않고 트레일러에 위치시키는 이유는 무엇인가?

17. 3.3.3절에서의 ARQ 논의에서 확인응답의 손실로 같은 프레임을 두 번 받는 시나리오를 설명하였다. 수신기가 만약 이 프레임들(메시지와 확인응답)이 손실되지 않았다면 같은 프레임의 여러 사본을 받아들이는 것이 가능한가?

18. 한 채널이 4Kbps 비트 전송률과 20msec 전송 지연을 가진다. 최소 50%의 효율을 가지고 stop-and-wait를 하는 프레임의 크기의 범위는 얼마인가?

19. 프로토콜 3에서 송신기가 이미 동작하고 있는 타이머를 시작시킬 수 있는가? 만약 그렇다면 어떻게 할 것인가? 만약 그렇지 않다면 왜 불가능한가?

20. 프로토콜 5를 사용한 64비트 프레임들이 길이 3,000km의 길이를 가지는 T1급 중계회선으로 전송되고 있다. 만일 지연속도가 6μ sec/km라면 몇 비트가 일련번호로 할당되어야 하는가?

21. 앞뒤가 겹치는 경우가 없는 아주 많은 비트수를 할당한 일련번호를 사용하는 슬라이딩 윈도우 프로토콜을 상상해 보라. 네 개의 윈도우 가장자리와 수신기와 송신기 양쪽에서 모두 일정하고 같은 윈도우 크기 사이에 어떤 관계가 유지되어야 하는가?

22. 프로토콜 6에서 하나의 데이터 프레임이 도착하였을 때, 만일 그 프레임의 일련번호가 예상했던 값과 다르고 변수 *no_nak*가 참인지의 여부를 보여주기 위해 체크가 수행된다. 만일 두 조건 모두 정상이면, NAK가 보내진다. 그렇지 않다면 보조 타이머가 동작하기 시작한다. 이때 만일 else절이 생략된다면 이것이 이 프로토콜의 정확성에 어떤 영향을 미치는가?

23. 만일 프로토콜 6의 마지막 부분에 있는 while 루프의 세 가지 명령문이 제거된다면 이 프로토콜의 정확성 또는 성능에 어떤 영향을 미치는지 설명해 보라.

24. 이전 문제에서 슬라이딩 윈도우가 대신 사용되었다고 가정하자. 링크 사용도가 100%가 되려면 송신측의 윈도우 사이즈는 얼마가 되어야 하는가? 송수신기에서 프로토콜 처리 시간은 무시하라.

25. 만일 프로토콜 6의 switch문 내부에서 체크섬 오류에 대한 처리가 제거된 상태에서 체크섬 오류가 발생했을 경우 이 프로토콜의 동작에 어떤 영향을 미치는가?

26. 프로토콜 6에서 코드 *frame_arrival*은 NAK 신호 발생의 프로그램을 가지고 있다. 만일 수신되는 프레임이 NAK이고 다른 조건을 만난다면 이 부분이 호출될 것이다. 이 다른 조건이 필수적으로 나타나는 시나리오를 작성하라.

27. 오류 없는 1Mbps 회선상에 프로토콜 6의 동작을 생각해 보자. 최대 프레임 크기는 1,000비트이다. 새로운 패킷들이 1초 간격으로 생성되고 타임아웃 간격은 10msec이다. 만일 특정한 응답신호 타이머가 제거된다면 불필요한 타임아웃들이 발생할 것이다. 평균적으로 메시지가 전송되는 횟수는?

28. 프로토콜 6에서 *MAX_SEQ*= $2^n - 1$이다. 이 조건은 헤더에 있는 비트들을 효율적으로 사용하는 데 분명히 바람직한 조건이지만 필수적이라는 점은 증명하지 않았다. 이 프로토콜이 *MAX_SEQ*=4일 때 정확하게 동작한다는 것을 예를 들어 설명하라.

29. 1,000비트의 프레임들이 1Mbps 속도와 지상가지의 전달지연이 270msec인 위성채널로 전송 중이다. 응답신호는 항상 데이터 프레임들에 피기백(Piggyback)된다. 헤더는 매우 짧다. 일련번호는 3비트가 사용된다. 다음에 대한 최대 채널 이용도는 얼마인가?

(a) stop-and-wait

(b) 프로토를 5

(c) 프로토콜 6

30. 오류 없는 64Kbps 위성 채널은 한 방향으로의 512byte 데이터 프레임을 보내는 데 사용되었다고 가정한다. 이때 반대방향으로는 매우 짧은 응답신호가 되돌아오고 있다. 윈도우 크기가 1, 7, 15, 127일 때의 최대 처리율은 얼마인가? 지구와 위성 간의 지연시간은 270msec이다.

31. 100km의 길이를 가지는 케이블이 T1급 데이터 전송률로 동작 중이다. 케이블의 전송속도가 빛의 속도의 2/3이라면 얼마나 많은 비트들이 이 케이블에 적합한가?

32. PPP가 혼란을 방지하기 위하여 페이로드 내에 우연히 플래그 바이트를 막으려고 비트 채우기 대신 문자 채우기를 사용하는 이유를 적어도 하나 이상 들어라.

33. PPP를 사용해서 IP 패킷을 전송할 때 최소한의 오버헤드(overhead)는 얼마인가? IP 헤더로 인한 오버헤드는 제외하고 PPP 자체적으로 생기는 오버헤드만을 계산하라. 최대 오버헤드는 얼마인가?

34. 다음 데이터 스트림은 SONET으로 PPP 프레임을 보내는 것이다. ESC FLAG FLAG ESC. 페이로드에서 전송되는 바이트 시퀀스는 무엇인가? 답을 8개의 0과 1로 표현되는 바이트 시퀀스로 작성하라. ESC로 사용되는 비트 시퀀스는 01111101 이며 플래그 시퀀스는 01111110이다.

35. 100바이트 IP 패킷이 가입자망으로 ADSL 프로토콜 스택으로 전송된다. 얼마나 많은 ATM 셀이 전송되나? 간단히 내용을 설명하라.

36. 이 실험의 목적은 본문에서 설명한 표준 CRC 알고리즘을 사용한 오류검출 메커니즘을 구현하는 것이다. 두 개의 프로그램-생성기, 검증기에 대하여 서술하라. 생성기 프로그램은 0과 1로 구성된 한 줄의 ASCII 문장인 표준입력으로부터 n비트 메시지 하나를 읽어 들인다. 두 번째 줄은 동일한 ASCII로 구성된 k-비트 다항식이다. 그것은 표준 출력에 메시지가 전송되고 있음을 표시하는 $n + k$개의 0과 1로 구성된 한 줄의 ASCII 문장을 출력한다. 다음으로 읽어 들일 때와 마찬가지로 다항식을 출력한다. 검증기 프로그램은 생성기 프로그램의 출력을 읽어 들이고 수정되었는지의 여부를 표시하는 메시지를 출력한다. 끝으로, 최상위 비트가 1이면 첫 번째 줄의 한 비트가 반전되었고 나머지 부분은 이상 없이 복사되었음을 나타내는 프로그램을 작성하라.

아래에서 제시한 명령어를 사용하면 메시지가 이상 없음을 볼 수 있어야 한다.

```
generator < file | verifier
```

그러나 다음 명령어를 사용하면 오류 메시지를 받을 수 있어야 한다.

```
generator < file | alter arg | verifier
```

CHAPTER

04

매체접근제어 부계층 (Medium Access Control Sublayer)

네트워크 링크는 두 가지 범주, 즉 점대점 연결을 사용하는 것과 브로드캐스트 채널을 사용하는 것으로 나뉜다. 2장에서는 점대점 링크에 대해서 다루었다. 이 장에서는 브로드캐스트 네트워크와 그것의 프로토콜에 대하여 다룬다.

어떠한 브로드캐스트 네트워크에서든 가장 중요한 문제는 어떤 채널을 동시에 사용하려 할 때 누가 그것을 사용하도록 하는가를 결정하고 그러한 결정을 어떻게 하는가의 여부이다. 이 점을 확실히 하기 위해 여섯 명의 사람들이 여섯 대의 전화를 이용하여 전화회의를 하고 있고, 모두 연결되어 있으므로 서로 동시에 상대방에게 말을 하고 들을 수도 있다고 생각해 보자. 한 사람이 말을 마치고 나서 즉시 두 사람이나 혹은 그 이상의 사람이 동시에 말을 시작한다면 그것은 혼란을 가져올 것이다. 직접 만나서 회의를 할 경우 그러한 혼란은 외부적인 수단, 예를 들어 발언권을 얻기 위해 손을 흔드는 등의 방법을 통해 피할 수 있다. 오직 하나의 채널만이 사용된다면 그것의 사용 순서를 정하는 것은 더더욱 어려워진다. 그런 문제를 해결하기 위한 많은 프로토콜이 알려져 있으며 이번 장에서 그것들을 이야기할 것이다. 문헌에 따라 브로드캐스트 채널은 때때로 **다중 접근 채널(Multi Access Channel)**, 혹은 **랜덤 접근 채널(Random Access Channel)**로 불리기도 한다.

프로토콜은 **MAC(Medium Access Control, 매체접근제어)** 부계층이라고 하는 데이터링크 계층의 부계층에 속하는 다중 접근 채널에서의 사용 순위 결정에 이용되어 왔다. MAC 부계층은 다중 접근 채널을 기본적으로 사용하는 거의 모든 LAN에 있어서 특히 중요하다. 반면 WAN의 경우에는 위성 네트워크를 제외하고는 점대점 링크를 사용한다. 다중접근 채널과 LAN은 서로 밀접한 관련이 있으므로 이번 장에서 위성 네트워크 및 그 외의 다른 브로드캐스트 네트워크뿐만 아니라 일반적인 LAN에 대하여 다룰 것이다.

기술적으로, MAC 부계층은 데이터링크 계층의 기본이 되는 부분이므로 논리적으로 보자면, 3장에서 점대점 프로토콜에 대해 고찰하기 전에 공부했어야 할 내용이다. 그러나 대부분의 사람들이 점대점 프로토콜을 공부한 후에 다중 접근과 관련된 프로토콜을 더욱 잘 이해하게 된다. 그러한 이유로 일반적인 순서에서 약간 벗어나기로 한다.

4.1 채널 할당 문제

이 장의 중심적인 주제는 사용자들에게 단일 브로드캐스트 채널을 어떻게 할당하느냐 하는 것이다. 채널은 특정 지역의 무선 스펙트럼의 일부이거나, 여러 노드가 연결된 단일 배선이거나 광섬유일 수도 있다. 양쪽 다 채널은 각 사용자들을 다른 모든 사용자들과 연결하고 채널 전체를 사용하는 어떤 사용자도 사용을 원하는 다른 사용자와 간섭을 일으킬 것이다.

먼저 정적 할당방식의 버스트 트래픽에 대한 단점을 살펴본다. 그다음에는 이후 절에서 공부할 동적 방식 모델에 사용된 주요 가정들을 살펴볼 것이다.

4.1.1 정적 채널 할당

다수의 사용자들 간의 전화 중계선과 같은 단일 채널 할당 방법의 전통적인 방법은 2.5절에서 묘사한 주파수 분할 멀티플렉싱(FDM) 같은 다중화 방법의 하나를 사용하여 전체 용량을 쪼개어 나누어 주는 것이다. N명의 사용자가 있을 때 N개의 같은 크기의 부분으로 대역폭이 나뉘며 나뉜 각각의 부분은 각 사용자에게 할당된다. 각 사용자들이 자신만의 주파수 대역을 가지게 되므로 사용자들 간에 서로 간섭이 없게 된다. 사용자의 수가 적고 고정되어 있으며, 통신량이 많을 때(캐리어의 교환국) 나눔은 간단하고 효율적인 할당 메커니즘이다. 무선의 예는 FM 라디오 방송이다. 각 방송국은 FM 대역의 일부를 할당받으며 신호를 전송하는 데 대부분의 시간을 사용한다.

그러나 사용자의 숫자가 크고 시간에 따라 변화거나 트래픽이 버스트하다면 FDM은 문제를 야기한다. 채널이 N개로 나뉘고 N보다 적은 사용자가 현재 통신에 관심이 있다면 상당한 양의 대역이 낭비되게 된다. 만약 N보다 많은 사용자가 통신하기를 원한다면 어떤 사용자가 채널을 할당받은 후 거의 송수신을 하지 않더라도 그중 일부는 대역이 없기 때문에 전송허락을 받지 못할 것이다.

그럭저럭 일정 상수 N으로 유지된다고 가정한다고 해도 유효한 하나의 채널을 정적인 부채널로 나누는 방법은 애초에 비효율적이라고 할 수 있다. 어떤 사용자가 침묵하면 그 사용자들에게 할당된 대역폭은 사라지게 된다는 것이 기본적인 문제이다. 그들이 그것을 사용하지 않으면 다른 누구도 역시 그것을 사용할 수 없는 것이다. 나아가 대부분의 컴퓨터 시스템에서 데이터의 소통량은 폭발적으로 많다(최대 소통량의 평균 소통량에 대한 비는 1,000:1). 결국 대부분의 채널들이 거의 사용되지 않게 될 것이다.

정적 FDM의 낮은 성능은 간단한 큐잉(queueing) 이론 계산으로 쉽게 보여진다. 용량 Cbps의 하나의 채널에 대한 평균 지연 시간 T, λ frames/sec의 도착률, 그리고 각 프레임은 평균 $1/\mu$ bits/frame의 지수 확률 밀도(Exponential Probability Density) 함수로부터 도출되는 길이를 가지고 있다는 것에서 시작하자. 이들 매개변수를 갖는 도착률은 λ frames/sec이고 서비스율은 μC frames/sec이다. 표준 큐잉 이론으로부터 이것은 다음과 같음을 알 수 있다.

$$T=\frac{1}{\mu C-\lambda}$$

(관심이 있다면, 이 결과는 M/M/1 큐의 결과이다. 이것은 프레임의 도착시간 간격과 프레임의 길이가 지수확률 밀도, 다시 말해서 포아송 프로세스를 따르는 것이 필요하다.)

우리의 예에서는, C는 100 Mbps 이고, 평균 프레임의 길이 $1/\mu$ 는 10,000비트이며, 프레임 도착률 λ 가 5,000 frames/sec이면 T = 200μ sec이다. 주의할 점은 만약 큐잉 지연을 무시하고 100 Mbps의 네트워크상에서 10,000비트 프레임을 보낼 때 시간이 얼마나 걸리겠는가라는 질문을 받았을 때 100μ sec는 틀린 답이라는 사실이다. 이 결과값은 채널에 아무것도 없을 때만 유효한 값이다.

이제 단일 채널을 각각 C/Nbps의 용량을 가진 N개의 개별적인 부채널들로 나누자. 각 부채널에 대한 평균 입력율은 λ/N 이 될 것이다. T에 대해 나시 계산하면 다음의 식을 얻는다.

$$T_N=\frac{1}{\mu(C/N)-(\lambda/N)}=\frac{N}{\mu C-\lambda}=NT \qquad (4\text{-}1)$$

나누어진 채널의 평균 지연은 모든 프레임들이 커다란 중앙 큐잉에 어떻게든 순서적으로 배열된 조건보다 N배가 나쁘다.

FDM에 적용되는 것과 정확히 같은 논쟁이 시분할 멀티플렉싱(TDM)에도 똑같이 적용된다. 각 사용자에게는 각 N번째 타임 슬롯이 정적으로 할당된다. 만약 한 사용자가 할당된 슬롯을 사용하지 않는다면, 그것은 그냥 이용되지 않는 상태로 있게 된다. 네트워크를 실제로 쪼개어도 같은 상황이 연출된다. 앞의 예제와 똑같이 만약 100Mbps의 네트워크를 10Mbps의 10개 네트워크로 교체하고 각각의 사용자를 그들 중 하나씩에 할당하면 평균 지연은 200μ sec에서 2msec로 뛰게 될 것이다.

트래픽이 많은 경우 어떠한 전통적인 정적 채널 할당 방법도 효과적으로 동작할 수 없으므로 이제 동적인 방법들에 대해 공부해 보도록 하자.

4.1.2 동적 채널 할당에서의 가정

이 절에서 논의될 많은 채널 할당 방법들에 대한 설명을 하기 전에 할당의 문제들을 명확하게 말하는 것이 중요하다. 이 분야에서 이루어진 모든 작업에는 다음에 열거하는 잠재적인 다섯 개의 중요한 가정들이 존재한다.

1. **독립적 트래픽**(Independent Traffic). N개의 독립적인 **스테이션들 (컴퓨터, 전화, 개인 통신기기 등)**로 이루어져 있고, 각각의 스테이션들은 전송을 위한 프레임을 만들어낸다. λ 가 상수(새로운 프레임의 도착률)일 때, Δt 길이의 간격에서 새로운 프레임이 생성될 가능성은 $\lambda\Delta t$ 이다. 프레임이 생성되면, 스테이션은 폐쇄되며 프레임이 성공적으로 전송될 때까지 아무 일도 하지 않는다.

2. **단일 채널**(Single Channel). 모든 통신에 있어 단일 채널만이 사용가능하다. 모든 스테이션들은 그러한 단일 채널상으로 전송될 수 있고 수신될 수 있다. 하드웨어가 관련되는 한, 프로토콜 소프트웨어가 스테이션들에 어떠한 우선권을 지정한다고 하더라도 모든 스테이션들은 서로 동등하다.

3. **관찰 가능한 충돌**(Observable Collision). 만약 2개의 프레임이 동시에 전송되면, 그것들은 조만간 서로 겹쳐지고 신호는 왜곡된다. 그러한 현상을 충돌(collision)이라고 한다. 모든 스테이션들은 충돌을 감지할 수 있다. 충돌된 프레임은 차후에 다시 전송되어야 한다. 모든 오류는 충돌에 의해서만 생겨난다.

4. **연속** 또는 슬롯 시간(Continuous or Slotted Time). 프레임 전송은 언제 어느 순간이나 시작될 수 있다. 불연속적인 간격으로 시간을 분할하는 마스터 클럭(master clock)은 존재하지 않는다.. 또는 불연속적인 슬롯으로 시간이 나뉜다. 프레임 전송은 항상 슬롯의 출발점에서 시작된다. 하나의 슬롯은 빈 슬롯, 성공적인 전송, 혹은 충돌 등 각자 부합되는 0, 1, 아니면 그 이상의 프레임을 가진다.

5. **캐리어 센스 가능** 또는 불가능(Carrier Sense or No Carrier Sense). 스테이션은 채널을 사용하려고 하기 전에 채널의 사용 중 여부를 알아낼 수 있다. 채널이 사용 중이라는 것이 감지되면 채널이 빌 때까지 스테이션은 그 채널의 사용을 시도하지 않는다. 캐리어 센스가 없다면 스테이션은 채널을 사용하려고 하기 전에 채널의 사용 여부를 감지할 수 없다. 단순히 전송을 시도하고 나중에 전송의 성공 여부만을 결정할 수 있다.

이러한 가정들에 대한 몇 가지 논의를 나열하자. 첫 번째 가정은 프레임들이 서로 독립적으로 도착한다는 점이며, 프레임은 일정한 레이트이지만 예측불허로 만들어진다는 것이다. 사실 이러한 가정은 네트워크 트래픽에 대해서는 특별히 좋은 모델은 아니며 패킷은 다양한 타임 스케일에 걸쳐 버스트하게 도달한다는 것이 알려져 있다(Paxon and Floyd, 1995, Leland et. al. 1994). 그럼에도 불구하고 일반적으로 포아송 모델(Poisson Model)이라고 불리는 것은 수학적으로 다루기 용이해서 쓸모가 있다.

이것은 다양한 작동범위에서 성능이 어떻게 변하는지 다른 설계와 어떻게 비교되는지를 이해하도록 도와준다.

단일 채널 가정은 문제의 핵심이라고 할 수 있다. 외부적인 통신 방법은 존재하지 않는다. 스테이션에게는 손을 들고 선생님에게 부르라고 요청할 수 없기 때문에 더 나은 방법이 필요하다

나머지 세 개의 가정은 시스템의 공학적 측면에 따라 달라지며 특정 프로토콜을 살펴볼 때 어떤 가정을 사용하는지 알려주겠다.

충돌 가정은 기본적인 가정 중의 하나다. 스테이션은 전송된 프레임이 손실되도록 내버려두지 않고 재전송을 하기 원한다면 어떤 식으로도 충돌을 감지해야 한다. 유선 채널에서는 충돌이 일어날 때 감지할 수 있도록 하드웨어를 설계할 수 있다. 스테이션들은 그 이후 전송을 미리 중단하여 용량의 낭비를 막을 수 있다. 무선에서는 이 감지가 훨씬 어렵기 때문에 일반적으로 예상되는 확인응답이 오지 않는 다는 사실을 인시한 후 충돌을 추론하게 된다. 어떤 프레임은 충돌에도 불구하고 성공적으로 수신될 수도 있는데 신호의 세부내용이나 수신기의 하드웨어에 따라 달라진다. 그러나 이런 상황은 일반적이지는 않기 때문에 우리는 충돌에 관련된 모든 프레임은 소실된다고 가정한다. 우리는 충돌을 미연에 방지하도록 설계된 프로토콜들도 살펴볼 것이다.

시간에 대해서 2개의 서로 다른 가정들이 존재하는 것은 슬롯 시간을 사용하면 성능을 개선할 수 있기 때문이다. 그러나 이것은 시간을 구간으로 나누기 위해 스테이션들이 마스터 클록을 쫓아가거나 상호간 동기화를 이루어야 한다는 것을 요구한다. 따라서 이것은 항상 가능한 것은 아니다. 우리는 두 가지 모두 살펴보고 분석할 것이다. 하나의 시스템은 명백하게 둘 중 하나의 가정만을 사용한다.

마찬가지로, 네트워크의 캐리어 센싱은 할 수도 있고 안할 수도 있다. 유선 네트워크는 일반적으로 캐리어 센스를 가지고 있다. 그러나 무선 네트워크는 효율적으로 사용하지 못할 수도 있다. 왜냐하면 모든 스테이션이 다른 모든 스테이션의 라디오 범위 내에 있지는 않기 때문이다. 같은 이유로 캐리어 센스는 스테이션들이 케이블 헤드엔드를 통해서만 통신하는 케이블 모뎀의 예와 같이 다른 스테이션들과 직접 통신할 수 없는 경우에는 캐리어 센스는 가능하지 않다. '캐리어'는 구시대의 전화회사 등에서 쓰이는 캐리어와는 상관없는 단지 케이블상의 전기적 신호를 뜻한다는 것에 주의하라.

오해를 피하기 위하여 다중접속 프로토콜은 결코 신뢰성 있는 전달을 의미하지 않는다는 점을 주의하라. 충돌이 없더라도 수신기는 여러 이유로 잘못된 프레임을 전달받을 수 있다. 링크 계층의 다른 부분이나 상위계층에서 신뢰성을 제공한다.

4.2 다중 접근 프로토콜

다중 접근 채널을 할당하기 위한 많은 알고리즘들이 알려져 있다. 다음 절에서는 보다 흥미 있는 알고리즘들의 기본적인 사항들에 대해 공부하고 그 사용 예를 제시할 것이다.

4.2.1 ALOHA

첫 번째 MAC에 관한 이야기는 1970년대 태고의 하와이에서 시작된다. 여기서 '태고의'란 '전화 시스템이 없는'으로 해석해도 된다. 이것은 하와이 대학의 노만 에이브람슨(Norman Abramson)과 그의 동료들이 호놀룰루의 메인 컴퓨터와 멀리 떨어진 섬들의 사용자들을 연결하려는 시도로는 더할 나위 없이 즐거운 것이었다. 태평양 밑바닥으로 케이블을 연결하는 것은 선택이 되지 못했고 새로운 해결책을 모색하게 되었다.

그들이 찾아낸 것은 단거리 라디오였으며 각 사용자 터미널이 중앙 컴퓨터에 프레임을 보내기 위해서 동일한 상향 주파수를 공유하는 것이었다. 그것은 간단하고도 세련된 채널 할당 방법을 사용하였다. 그때부터 지금까지 그들의 작업은 많은 연구자들에 의해 연구되고 있다(Schwartz and Abramson, 2009). ALOHA 시스템으로 불리는 에이브람슨의 작업은 기초적인 무선 방송을 사용하였음에도 불구하고, 그것의 기본적인 아이디어는 여러 종류의 사용자들이 함께 단일 분할 채널을 사용해야 하는 어떠한 시스템에도 적용될 수 있다.

이제 ALOHA의 두 가지 버전, 즉 순수 ALOHA(pure ALOHA)와 슬롯 ALOHA(slotted ALOHA)에 대하여 논할 것이다. 그 둘은 시간을 모든 프레임들이 반드시 맞춰지는 불연속적인 슬롯으로 나누느냐, 나누지 않느냐에 따라 다르다. 순수 ALOHA는 전 세계적 시간의 동기화를 필요로 하지 않지만, 슬롯 ALOHA는 그것을 필요로 한다.

순수 ALOHA(Pure ALOHA)

ALOHA 시스템의 기본적인 개념은 간단하다. 사용자들로 하여금 데이터를 보낼 필요가 있을 때마다 보내도록 하는 것이다. 물론 충돌이 있을 것이고 충돌한 프레임은 손상될 것이다. 그러나 방송의 피드백 능력으로 인하여 사용자는 채널을 듣고 자신의 프레임의 손상 여부를 항상 알아낼 수 있고 다른 사용자 역시 그렇게 하게 된다. LAN의 경우, 위성을 이용하면 전송이 성공하면 270msec 후에 송신자는 그것을 알 수 있게 되어 피드백은 순간적으로 이루어지게 된다.

만약 프레임이 손상되면, 송신자는 단지 임의의 시간을 기다린 후 그것을 재전송한다. 기다리는 시간은 반드시 임의적이어야 한다. 그렇지 않으면 프레임은 밀집하여 계속해서 충돌하게 될 것이다. 복수의 사용자들이 경쟁을 유발할 수 있는 하나의 방식 아래 일반적인 채널을 나누어 사용하는 시스템을 일반적으로 **접근 경쟁 시스템(Contention System)**으로 불린다.

ALOHA 시스템에서의 프레임 생성 과정이 그림 4-1에 나타나 있다. 모든 프레임들은 서로 같은 길이로 만들어지는데, 그 이유는 ALOHA 시스템의 처리율(throughput)은 다양한 길이의 프레임보다는 일정한 크기의 프레임을 사용함으로써 최대화되기 때문이다.

두 개의 프레임이 동시에 채널을 점유하려고 할 때마다 충돌이 일어나게 되고 두 프레임은 모두 왜곡된다(그림 4-1). 만약 새로운 프레임의 첫 번째 비트가 거의 종료된 프레임의 마지막 비트와 겹쳐지면, 두 프레임은 모두 완전히 손상될 것이고, 두 프레임 모두 다시 전송되어야 할 것이다. 체크섬은 완전한 손실과 손실에 가까운 것을 구별하지 못하며 또한 그래서도 안 된다. 손실은 손실인 것이다.

흥미로운 질문은 ALOHA 채널의 효율에 대한 것이다. 그것은 이렇게 혼돈스러운 환경 하에서 얼마만큼의 프레임이 충돌을 피하여 전송되느냐 하는 것이다. 먼저 컴퓨터(스테이션) 앞에 앉아 있는 서로 대화가 가능한 한정된 사용자들의 집합을 생각해 보자. 한 명의 사용자는 언제나 입력 혹은 대기 중 하나의 상태에 놓인다. 최초에는 모든 사용자들이 입력 상태에 있다. 한 줄의 입력이 끝나면 사용자는 입력을 마치고 응답을 기다린다. 스테이션은 그 후 입력된 줄이 포함된 프레임을 전송하고 그것의 성공 여부를 보기 위해 채널을 검사한다. 성공적이면 사용자는 응답을 보고 다시 입력 상태로 돌아간다. 성공적이지 않으면 사용자는 계속 기다리고 프레임은 성공적으로 전송될 때까지 계속해서 전송된다.

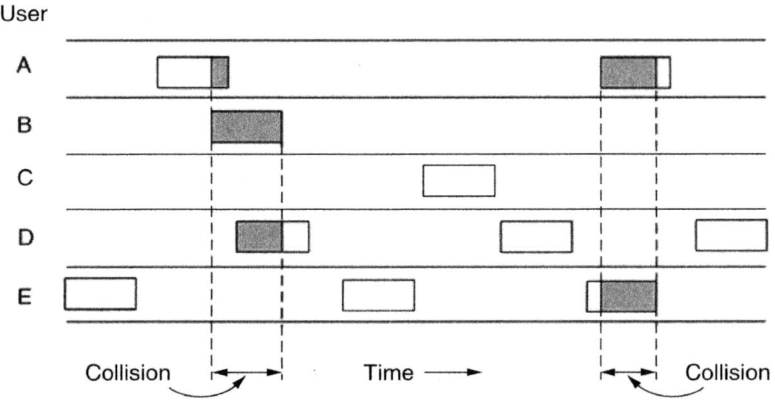

그림 4-1 순수 ALOHA에서 프레임들은 무작위로 전송된다

고정 길이의 표준 프레임 전송에 필요한 시간의 양을 나타내는 것으로 '프레임 시간(frame time)'이라는 용어를 사용하기로 하자(프레임의 길이는 비트율로 나뉜다). 여기서 유한한 모집단의 사용자는 프레임 시간당 평균 5개의 프레임에 의한 포아송 분포에 따른 새로운 프레임을 생성한다고 가정한다(유한 모집단 가정은 N이 사용자들의 폐쇄에 따라 감소하지 않는다는 것을 보장하기 위해 필요하다). 만약 $N > 1$이면, 사용자 집단은 채널의 처리 능력보다 높은 비율로 프레임을 생산하게 될 것이고 거의 모든 프레임들이 충돌할 것이다. 적당한 처리율을 위해서는 $0 < N < 1$이 좋다.

새로운 프레임뿐만 아니라, 스테이션은 또한 이미 충돌했던 프레임들의 재전송을 실행한다. 그러한 구 프레임과 신 프레임이 함께 전송되는 프레임 시간당 k재전송 시도 확률 역시 프레임 시간당 평균 G의 포아송 분포라고 가정하자. 명백히 $G \geq N$이다. 프레임 수가 적을 때는 (즉 $N \simeq 0$) 전송량이 작아 충들이 거의 없을 것이고 따라서 $N \simeq S$이다. 프레임 수가 많으면 충돌 역시 많을 것이며, 따라서 $G > N$이다. 모든 작업량을 통해 작업량은 단지 성공적인 전송 확률 G이다. 즉 $S = GP_0$이며, 여기서 P_0은 프레임이 충돌하지 않을 확률이다.

그림 4-2에서 보이듯이, 만약 프레임이 출발한 뒤 하나의 프레임 시간 내에 다른 어떤 프레임도 보내지지 않는다면 충돌은 일어나지 않을 것이다. 어떠한 조건에서 음영 프레임(shaded frame)이 안전하게 전송될 것인가? 프레임의 전송에 요구되는 시간을 t라고 하자. 만약 다른 어떤 사용자가 시간 t_0과 $t_0 + t$ 사이에 프레임을 만들어낸다면, 그 프레임의 끝부분은 음영 프레임의 첫 부분과 충돌하게 될 것이다. 사실 음영 프레임의 운명은 첫 번째 비트가 전송되기도 전에 봉인되어 있다. 그러나 순수 ALOHA에서 스테이션은 전송 전에 채널을 청취하지 않으므로 다른 프레임이 이미 전송 중이라는 사실을 알 수 있는 방법이 없다. 마찬가지로, $t_0 + t$와 $t_0 + 2t$ 사이에 출발한 다른 어떤 프레임들 역시 음영 프레임의 끝부분과 충돌하게 될 것이다.

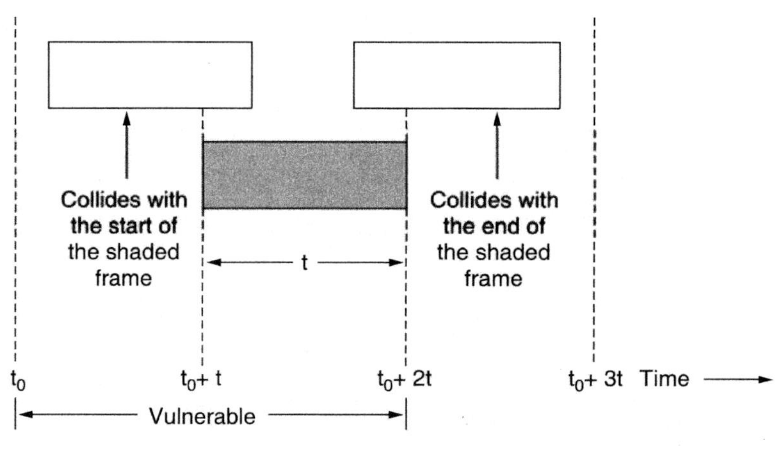

그림 4-2 음영 프레임의 취약 구간

주어진 프레임 시간 내에 k개의 프레임이 생산될 확률은, 기대치가 G프레임일 때, 포아송 분포로 표현된다.

$$\Pr[k] = \frac{G^k e^{-G}}{K!} \tag{4-2}$$

그러므로 0 프레임의 확률은 e^{-G}이다. 두 프레임 타임의 간격이 길 경우 만들어진 프레임들의 평균 개수는 2 G 이다. 전체 취약 기간 동안 다른 어떤 전송도 시작되지 않을 확률은 $P_0 = e^{-2G}$로 주어진다. $S = GP_0$에서, 다음의 식을 얻을 수 있다.

$$S = Ge^{-2G}$$

전송량과 작업 처리율 사이의 관계는 그림 4-3에 나타난다. 작업처리량은 $S = 1/2e$ 약 0.184일 때 G=0.5에서 최대이다. 다시 말해서 기대할 수 있는 최고치는 18%의 채널 이용률이다. 이러한 결과는 별로 고무적이지는 않지만, 모든 사람들이 마음대로 전송하고자 할 때 100%의 전송 성공률은 거의 기대할 수 없다.

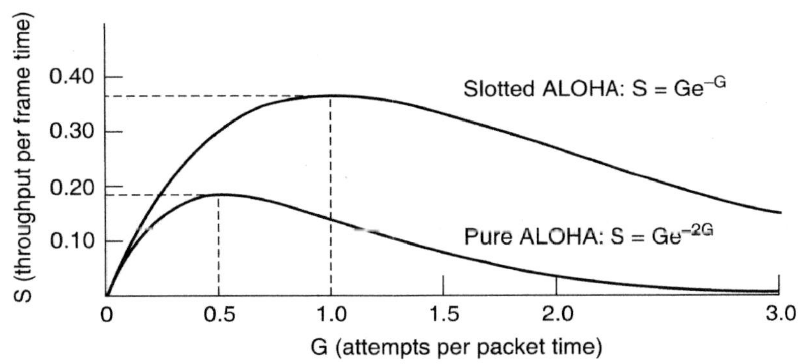

그림 4-3 ALOHA 시스템에서의 작업처리량과 전송량의 관계

슬롯 ALOHA(Slotted ALOHA)

1972년 Roberts는 ALOHA 시스템의 역량을 두 배로 늘리기 위한 방법 한 가지를 발표하였다 (Roberts, 1972). 그의 제안은 시간을 각각 하나의 프레임에 대응하는 불연속적인 간격으로 나눈다는 것이었다. 이러한 방법은 사용자들의 슬롯의 경계에 대한 동의가 필요하다. 동기화를 위해서는 각 간격의 시작에서 신호를 방출하는 시계 같은 특별한 스테이션이 있어야 한다.

Abramson의 **순수 ALOHA**와 비교하여 **슬롯 ALOHA**로 알려지게 된 Roberts의 방법에서, 컴퓨터는 캐리지 리턴이 입력될 때마다 전송이 허락되지 않는다. 대신 다음 슬롯의 시작을 기다려야 한다. 따라서 연속적인 순수 ALOHA가 불연속적으로 변하게 된다. 취약기간이 반으로 줄어들게 된다. 이것을 확인하기 위하여 그림 4-3을 보고 이제 가능한 충돌을 상상해 보라. 다른 어떤 전송도 이루어지지 않을 확률은 e^{-G}이며 따라서 다음 식이 유도된다.

$$S = Ge^{-G} \tag{4-3}$$

그림 4-3에서 볼 수 있듯이, 슬롯 ALOHA의 최고 처리율은 $G = 1$일 때 $S = 1/e$ 혹은 약 0.368로 나타나고, 그것은 순수 ALOHA의 두 배이다. 만약 시스템이 $G = 1$에서 가동된다면, 빈 슬롯의 확률은 0.368이다(식 4-2에서 유도). 우리가 슬롯 ALOHA를 사용하면서 기대할 수 있는 최고의 성능은 37%의 빈 슬롯, 37%의 전송 성공, 그리고 26%의 충돌이다. 높은 G값에서의 가동은 비어 있는 슬롯의 수를 감소시키고 충돌 회수를 지수적으로 증가시킨다. f 값에 따라, 어째서 충돌이 급격히 증가하는지 알아보기 위해 검사 프레임의 전송을 생각해 보자. 프레임이 충돌을 피할 확률은 e^{-G}이며, 그것은 다른 모든 사용자들이 그 슬롯을 사용하지 않을 확률이다. 그렇다면, 충돌 확률은 $1-e^{-G}$이다. k 번의 시도를 통해 전송이 이루어질 확률은 다음과 같다(즉 한 번의 성공에는 $k-1$번의 충돌이 뒤따른다).

$$P_k = e^{-G}(1-e^{-G})^{k-1}$$

캐리지 리턴 입력당 예상되는 전송 횟수 E는 다음과 같다.

$$E = \sum_{k=1}^{\infty} kP_k = \sum_{k=1}^{\infty} ke^{G}(1-e^{-G})^{k-1} = e^G$$

E가 G에 대하여 지수적으로 변하므로 작은 전송량의 변화라도 그것은 채널의 성능을 떨어뜨리게 된다.

슬롯 Aloha는 초창기에는 드러나지 않았던 한 이유로 중요하게 되었다. 이 방법은 매우 오래전에 실험 시스템을 사용하여 1970년대에 고안되었지만, 그 후 거의 잊혀 가고 있었다. 유선상에서 인터넷 접속을 시도하는 방법이 고안되었을 때 여러 사용자가 경쟁적으로 사용하고자 하면 어떻게 공유 채널을 할당할 것인가 하는 문제가 갑자기 대두되었다. 슬롯 Aloha는 이 문제를 해결하기에 매우 좋은 방법이었다. 정치적 이유(큰 회사는 모두 자기의 방법으로 사용하기 원한다)로 완벽한 방법이 불용 처리되는 경우가 자주 발생한다. 그러나 몇 년 뒤 현명한 사람이 오래 동안 폐기되어 있던 이 프로토콜로 제기된 문제를 해결할 수 있다는 것을 알았다. 이런 이유로 이 장에서는 현재는 널리 사용되고 있지 않지만 머잖은 미래에 네트워크 설계자들이 즐겨 사용할 것이 예견되는 몇 개의 훌륭한 프로토콜들을 공부한다. 물론 현재 사용되는 프로토콜 역시 공부할 것이다.

4.2.2 캐리어 센스 다중 접근 프로토콜

슬롯 ALOHA에서 달성될 수 있는 최고의 채널 사용률은 1/e이다. 다른 스테이션들이 무엇을 하든 상관없이 제각기 전송 작업을 수행하는 스테이션들에서는 많은 충돌이 있을 수밖에 없으므로 별로 놀랄 일이 아니다. 그러나 로컬 지역 네트워크에서는 각 스테이션이 다른 스테이션들의 상황을 감지하는 것이 가능하며 그것에 맞춰 적응할 수 있다. 이러한 네트워크들은 1/e보다 훨씬 높은 이용률을 달성할 수 있다. 이 절에서는 성능을 향상시키는 몇 가지 프로토콜들에 대하여 논한다.

캐리어(전송)를 인지할 수 있고 또한 그에 맞도록 행동할 수 있는 스테이션의 프로토콜들을 **캐리어 인지 프로토콜(carrier sense protocol)**이라고 한다. 그러한 많은 프로토콜들이 제안되어 왔다. Kleinrock과 Tobagi(1975)는 몇 가지 그런 프로토콜들을 자세히 분석해 왔다. 아래에서 캐리어 인지 프로토콜의 몇 가지 버전들에 대해 이야기할 것이다.

Persistent and Nonpersistent CSMA

우리가 공부할 첫 번째 캐리어 인지 프로토콜은 **1-persistent CSMA(Carrier Sense Multiple Access)**이다. 보내야 할 데이터가 있을 때 스테이션은 우선 그때 다른 스테이션이 전송 중인지를 알기 위해 채널을 청취한다. 채널이 사용 중이면, 스테이션은 채널이 빌 때까지 기다린다. 스테이션이 빈 채널을 감지하면 프레임을 전송한다. 만약 충돌이 발생하면, 스테이션은 임의의 시간 동안 기다린 후 다시 모든 작업을 시작한다. 스테이션이 빈 채널을 발견할 때마다 1의 확률로 전송을 하기 때문에 1-지속 프로토콜이라고 한다.

아마도 이 방법은 완벽한 동시전송의 드문 경우를 제외하고는 충돌을 회피할 수 있을 것이라고 생각할지도 모르지만 이는 사실이 아니다. 마약 두 개의 스테이션이 제3의 전송 중간에 보낼 준비가 되었을 때 높은 전송이 끝나기를 예의 바르게 기다리다가 전송이 끝나자마자 동시에 전송을 시작하여 충돌이 일어날 수도 있다. 만약 좀 더 참을성이 있다면 충돌은 적어질 것이다.

더 미묘하게 전송 지연은 충돌에 중요한 영향을 미친다. 송신 지연은 프로토콜의 성능에 중요한 영향을 끼친다. 스테이션이 송신을 시작한 바로 후, 다른 스테이션이 전송 준비를 하고 채널을 감지할 확률이 있다. 만약 첫 번째 스테이션의 신호가 두 번째 스테이션에 아직 도달하지 않았다면, 후자는 채널이 비었다고 여기고 전송을 시작할 것이며, 그것은 충돌을 초래하게 된다. 이 확률은 채널에 들어가는 프레임의 숫자, 즉 bandwidth-delay product에 비례한다. 만약 대부분의 랜의 경우에서처럼 전송지연이 매우 작기 때문에 프레임의 아주 작은 부분만 채널에 올라간다면, 충돌의 확률은 매우 낮다. BD product가 커질수록 이 효과는 더 중요해지며 프로토콜의 성능은 더 나빠진다. 그렇다고 해도 이러한 프로토콜은 순수 ALOHA보다 훨씬 뛰어나다. 왜냐하면, 두 스테이션은 세 번째 스테이션의 프레임을 방해하지 않는 품위를 갖고 있기 때문이다. 직관적으로 보면, 이것은 순수 ALOHA보다 높은 성능을 발휘한다. 슬롯 ALOHA의 경우에도 정확히 마찬가지라고 할 수 있다.

두 번째 캐리어 센스 프로토콜은 **nonpersistent CSMA**이다. 이것의 채널 지각 시도 방식은 앞에서 말한 것보다 참을성이 많도록 만들어졌다. 전송 전에 스테이션은 채널을 감지한다. 만약 아무도 전송하고 있지 않으면, 그 스테이션은 스스로 전송을 시작한다. 그러나 만약 채널이 이미 사용 중이면, 스테이션은 이미 진행 중인 전송 작업의 종료를 즉시 감지할 목적으로 채널을 계속 감지하지 않고, 대신 임의의 시간 동안 기다린 후 그러한 알고리즘을 반복한다. 직관적으로 보았을 때, 이러한 알고리즘은 1-persistent CSMA보다 채널 사용률은 높겠지만, 송신 지연은 더 길어질 것이다.

마지막 프로토콜은 **p-persistent CSMA**이다. 이것은 슬롯 채널에 적용되며 다음과 같이 동작한다. 전송 준비가 끝나면 스테이션은 채널을 검사한다. 채널이 비었으면, p의 확률로 전송을 시작한다. $q = 1 - p$의 확률로 다음 슬롯까지 기다린 후, 다음 슬롯 역시 비었으면 p와 q의 확률로 전송하거나 다시 기다린다. 이러한 과정은 프레임이 전송되었거나 다른 스테이션이 전송을 시작했을 때까지 반복된다. 후자의 경우에 스테이션은 마치 전에 충돌이 있었던 것처럼 행동한다(임의의 시간 동안 대기한 후 다시 전송을 시작한다). 만약 스테이션이 최초 채널이 사용 중인 것을 감지하면 다음 슬롯까지 대기하고 상기한 알고리즘을 적용한다. IEEE 802.11은 p-persistent CSMA의 개선된 버전을 사용하는데 4.4절에서 논의할 것이다. 그림 4-4는 3가지 프로토콜에 대하여 순수 및 슬롯 ALOHA의 처리율과 전송량 사이의 관계를 보여준다.

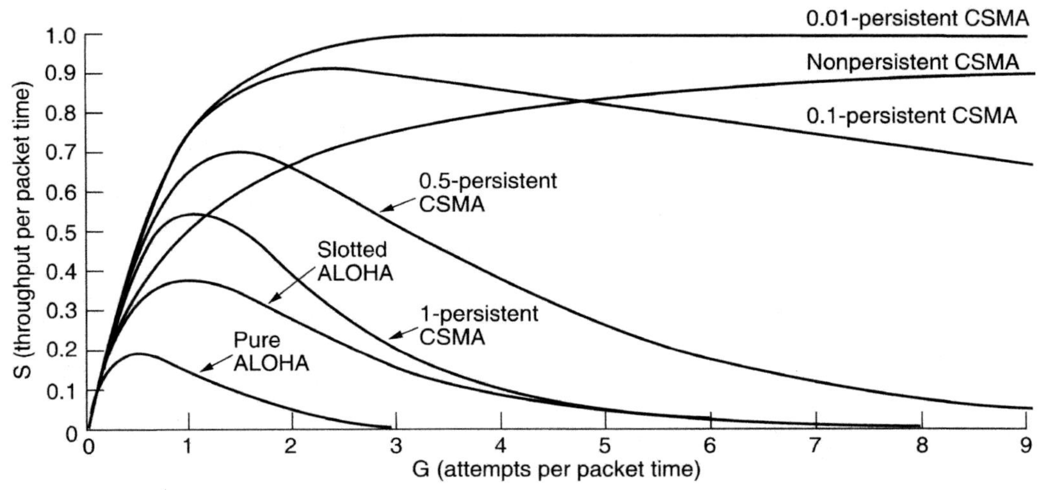

그림 4-4 다양한 임의 접속 프로토콜의 채널 사용률 대 전송량 비교

CSMA와 충돌 감지(CSMA with Collision Detection)

Persistent 및 nonpersistent CSMA 프로토콜은 채널이 사용 중이라는 것을 감지하면, 스테이션들은 전송을 시작하지 않으므로 ALOHA보다 명백히 발전된 형태이다. 또 다른 발전된 형태는 스테이션이 충돌을 감지하는 즉시 전송을 취소하는 것이다. 다시 말해서 만약 두 개의 스테이션들이 채널이 빈 것을 감지하고 동시에 전송을 시작하면, 스테이션들은 둘 다 즉시 충돌을 감지하게 될 것이다. 회복이 불가능할 정도로 왜곡된 프레임의 전송을 마치는 것보다는 충돌이 감지되자마자 전송을 중단하게 된다. 손상된 프레임을 재빨리 제거하는 것은 시간 및 대역폭을 절약하게 된다.

CSMA/CD(Carrier Sense Multiple Access with Collision Detection)로 불리는 이러한 프로토콜은 MAC 부계층 내의 LAN에서 널리 쓰이기 때문에 자세히 들여다볼 가치가 있다. 충돌 감지는 아날로그 프로세스라는 것을 인지하는 것이 중요하다. 스테이션의 하드웨어는 전송하면서 채널을 동시에 청취해야만 한다. 만약 집어넣는 신호와 되읽는 신호가 다르다면 충돌이 일어나는 것을 감지할 수 있다. 여기서의 가정은 전송신호에 비해서 수신신호가 너무 작아서는 안 된다는 것이다(무선에서는 수신신호가 전송신호에 비해서 100만 배 더 작기 때문에 이것이 매우 어렵다). 그리고 변복조는 충돌을 감지할 수 있는 것으로 선택되어야 한다(2개의 0volt 신호의 충돌은 감지하기가 불가능하다).

CSMA/CD 및 다른 많은 LAN 프로토콜들은 그림 4-5의 개념 모델을 사용한다. t_0으로 표시된 지점에서 스테이션은 프레임의 전송을 종료한다. 프레임을 전송할 다른 스테이션들도 전송 작업을 시도할 것이다. 만약 둘 혹은 그 이상의 스테이션들이 동시에 전송을 하면 충돌이 일어날 것이다 충돌은 수신된 신호의 출력이나 펄스를 확인하고 그것을 전송된 신호와 비교함으로써 감지될 수 있다.

스테이션이 충돌을 감지하면, 전송을 취소하고 임의의 시간 동안 대기한 후 다른 스테이션이 그 동안 전송을 시작하지 않았다는 가정하에서 다시 전송을 시도한다. 따라서 CSMA/CD를 사용하는 모델은 교차 경쟁(alternating contention)과 모든 스테이션들이 아무런 작업을 하지 않을 때 발생하는 휴지 기간을 포함한 전송 기간으로 구성될 것이다.

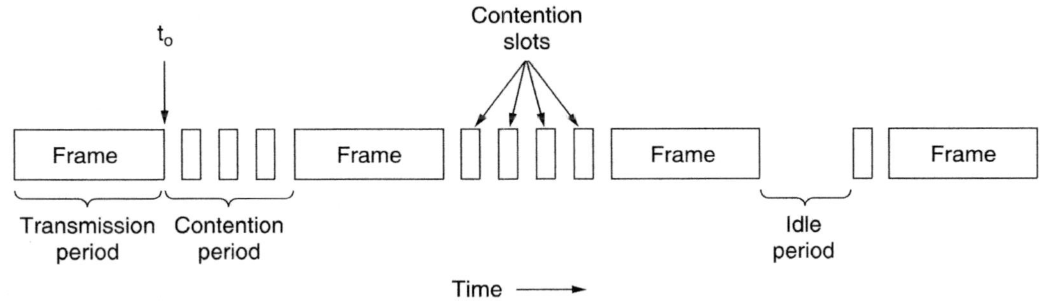

그림 4-5 CSMA/CD의 3가지 상태 : 경쟁(contention), 전송(transmission), 휴지(idle)

이제 경쟁 알고리즘을 보다 세부적으로 살펴보자. 정확히 t_0에 두 스테이션이 함께 전송을 시작한다고 가정해 보자. 그들이 충돌을 감지하기까지는 얼마나 걸릴 것인가? 그 질문에 대한 해답은 경쟁 기간의 결정에 대단히 중요하고, 따라서 지연 및 처리율이 얼마나 될 것인가에 대해서도 매우 중요하다.

충돌 감지에 걸리는 최소 시간은 바로 스테이션 사이에 신호가 전달되는 시간이다. 이러한 논거에 기초하여, 스테이션이 송신한 것이 케이블을 점유했다는 것을 확신하기 시작한 이후에 완전한 케이블 전파 시간과 똑같은 시간 동안 아무런 충돌을 듣지 못한다고 생각할 수 있을 것이다. 여기에서 '점유하였다'는 단어의 의미는 모든 스테이션들은 이 스테이션이 송신을 했다는 사실을 알았고 더 이상 방해하지 않을 것임을 의미한다. 그러한 결론은 잘못된 것이다.

밑에서 이야기할 최악의 시나리오에 대해 생각해 보라. 서로 가장 멀리 떨어진 두 개의 스테이션 사이에서 신호가 전달되는 시간을 τ 라고 하자. t_0에서 하나의 스테이션이 전송을 시작한다. 가장 먼 거리에 있는 스테이션에 신호가 도달하기 전 어느 한 순간 $\tau - \varepsilon$에서 그 스테이션 또한 전송을 시작한다. 물론, 그 스테이션은 거의 순간적으로 충돌을 감지하고 전송을 중지하지만, 충돌로 인해 발생된 작은 오류는 $2\tau-\varepsilon$의 시간까지 최초의 스테이션으로 돌아가지 않는다. 다시 말해서, 최악의 경우 스테이션은 충돌의 감지 없이 2τ의 시간 동안 전송되었을 때까지는 자신이 채널을 점유하고 있다고 확신할 수 없다.

이러한 이유로 우리는 CSMA/CD 경쟁을 2τ 길이의 슬롯을 가진 슬롯 ALOHA처럼 생각할 수 있다. 1km 길이의 장거리 동축 케이블에서 τ는 약 5μs이다. CSMA/CD와 슬롯 ALOHA의 차이는 오직 한 스테이션이 전송하는 슬롯(채널이 점유된)이후에나 나머지 프레임이 따라온다는 것이다. 이 차이는 전파 지연보다 프레임 타임이 훨씬 길 때 성능을 크게 향상시킨다.

4.2.3 충돌-회피 프로토콜

CSMA/CD를 사용하여 스테이션이 확실히 채널을 점유하면 충돌이 일어나지 않는다고 하더라도, 경쟁 기간 내에서는 여전히 충돌이 일어날 수 있다. 이러한 충돌은 시스템의 성능에 좋지 않은 영향을 끼치는데, 특히 케이블이 길고(r값이 클 때) 프레임은 짧을 때 더욱 그러하다. 충돌은 대역폭을 감소시킬 뿐만 아니라 프레임의 전송시간을 가변적으로 만들어 Voice over IP같은 실시간 서비스에 적합하지 않다. CSMA/CD는 아무데나 적용할 수는 없다.

이 절에서는 경쟁 구간에서도 전혀 충돌 없이 채널의 경쟁을 해소하는 몇 가지 프로토콜들에 대해 고찰할 것이다.

이제 설명할 프로토콜들은 접속된 N개의 스테이션들이 있고 각각 0부터 $N-1$까지의 고유 주소가 할당되어 있다고 가정한다. 어떤 스테이션들이 비활동 시간을 갖고 있다는 것은 중요하지 않다. 기본적인 의문은 존재한다. 성공적으로 전송이 완료된 후 어떤 스테이션이 채널을 점유하는가? 불연속 경쟁 슬롯이 설정된 그림 4-5의 모델을 계속 사용하기로 한다.

비트맵 프로토콜

첫 번째 충돌-회피 프로토콜, **기본 비트맵 방식(basic bit-map method)**에서 각각의 경쟁 (Contention) 간격은 정확히 N개의 슬롯들로 구성되어 있다. 만약 0번 스테이션이 보내야 할 프레임이 있을 경우, 0번 슬롯에서 1비트를 전송한다. 그 외의 어떠한 스테이션도 그 슬롯을 사용할 수는 없다. 0번 스테이션이 무엇을 하든 상관없이, 1번 스테이션은 1번 슬롯에서 1비트를 전송할 기회를 가지지만, 그것은 단지 대기한 프레임이 있을 경우에 한해서이다. 일반적으로 j번 스테이션은 자신이 전송할 프레임이 있다는 사실을 j번 슬롯에 1비트를 삽입함으로써 알리게 된다. N개의 슬롯을 모두 거친 후, 각 스테이션은 어떤 스테이션이 전송을 원하는지에 대한 완전한 정보를 얻게 된다. 그 상태에서 스테이션들은 순서대로 전송을 시작한다(그림 4-6 참조).

스테이션 모두 정해진 순서대로 작업하므로 어떠한 충돌도 일어날 수 없게 된다. 마지막 순서의 스테이션이 프레임의 전송을 끝마치게 되면, 또 다른 *N*비트의 경쟁 기간이 시작된다. 만약 하나의 스테이션이 운 나쁘게 자신의 비트 슬롯을 통과한 직후에야 준비가 되었다면, 다른 모든 스테이션이 기회를 가진 후 비트맵이 되돌아올 때까지 그 스테이션은 조용히 기다려야만 한다.

실제적인 전송에 앞서 전송 의도를 알리는 이러한 프로토콜들을 **예약 프로토콜(Reservation Protocol)**이라고 한다. 이러한 프로토콜들의 성능을 간단하게 분석해 보자. 편의를 위하여, 우리는 *d*개의 타임 유닛으로 구성된 데이터 프레임을 사용하여 시간을 경쟁 비트 슬롯의 유닛으로 측정할 것이다.

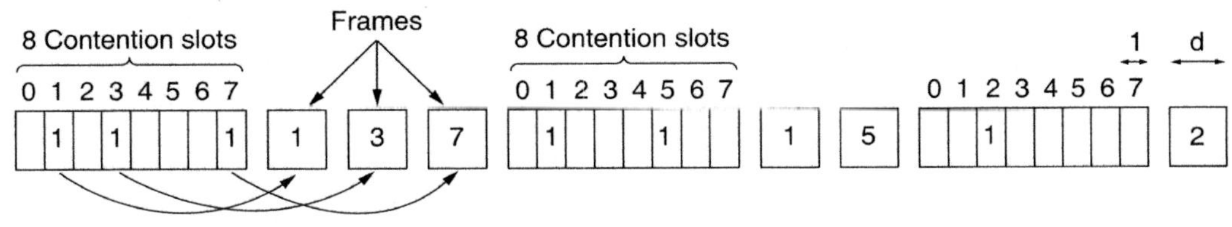

그림 4-6 기본 비트맵 프로토콜

낮은 로드 조건에서는, 비트맵은 데이터 프레임 수가 적으므로 쉽게 반복될 것이다. 0번 혹은 1번 같은 낮은 번호 스테이션의 관점에서 상황을 고찰해 보자. 전형적으로, 전송 준비가 끝나면, 그때 사용되는 슬롯은 비트맵의 중간 어딘가에 위치할 것이다. 평균적으로 스테이션은 스캔의 종료까지 *N/2*슬롯을 기다려야 할 것이며, 전송이 시작되기 전에 계속되는 스캔을 완성하기 위해 또 다른 *N*슬롯을 기다려야 할 것이다.

높은 번호의 스테이션에 대해서는 보다 전망이 밝다. 일반적으로 그러한 스테이션들은 단지 전송을 시작하기 전에 오직 스캔의 반(*N/2* 비트 슬롯)만 대기하면 될 것이다. 높은 번호의 스테이션들은 다음 스캔을 기다려야 할 경우가 많지 않다. 낮은 번호의 스테이션들은 평균 1.5*N*의 슬롯을 기다려야 하고 높은 번호의 스테이션들은 평균 0.5*N*의 슬롯을 기다려야 하므로, 모든 스테이션들에 대한 평균은 *N*슬롯이다.

저부하에서의 채널 효율은 계산하기 쉽다. 효율 $d/(N+d)$에서 프레임당 오버헤드는 *N*비트이며, 데이터의 크기는 *d*비트이다.

고부하, 모든 스테이션들이 항상 전송해야 할 것이 있을 때, *N*개의 프레임에 대해 *N* 비트의 경쟁 기간이 할당되며, 프레임당 오직 1비트의 오버헤드, 혹은 $d/(d+1)$의 효율을 산출하게 된다. 프레임의 평균 지연은 프레임들이 자신의 스테이션에 대기하는 시간의 총합과 같으며, 프레임이 내부 큐잉에 도달할 경우에는 $(N-1)d+N$의 시간이 더해진다. 인터벌의 길이는 다른 모든 스테이션들이 프레임을 보내는 순서를 가지기 위해 기다리는 시간과 추가의 비트맵이다.

토큰 패싱

비트맵 프로토콜의 핵심은 모든 스테이션들이 프레임을 미리 정해진 순서대로 돌아가면서 전송할 수 있도록 해준다는 것이다. 똑같은 것을 얻기 위한 다른 방법은 토큰이라고 불리는 작은 메시지를 한 스테이션에서 다음스테이션으로 미리 정해진 순서대로 돌리는 방법이다. 토큰은 전송하기 위한 권한을 나타낸다. 한 스테이션이 전송해야 하는 프레임이 큐에 차고 토큰을 받게 되면, 프레임을 전송하고 토큰을 다음으로 넘겨주게 된다. 만일 전송할 프레임이 없다면 그냥 토큰을 넘긴다.

토큰링 프로토콜에서는 네트워크 토폴로지가 스테이션들이 전송할 순서를 결정한다. 스테이션들은 옆 노드와 단일 링구조로 연결되어 있다. 그림 4-7에서처럼 토큰 패싱이란 한쪽에서 토큰을 받아서 다른 방향으로 전달하는 것이다. 프레임도 토큰이 전달되는 방향으로 전송된다. 이런 방식으로 프레임은 링을 돌아서 목적지인 스테이션에 도달하게 된다. 그러나 프레임이 영원히 링을 도는 것을 방지하기 위하여(토큰처럼) 어떤 스테이션은 프레임을 링으로부터 제거해야 한다. 이 스테이션은 한 사이클을 돌고난 후에 처음 프레임을 만들어낸 스테이션이거나, 프레임의 수신처로 지정된 스테이션일 수도 있다.

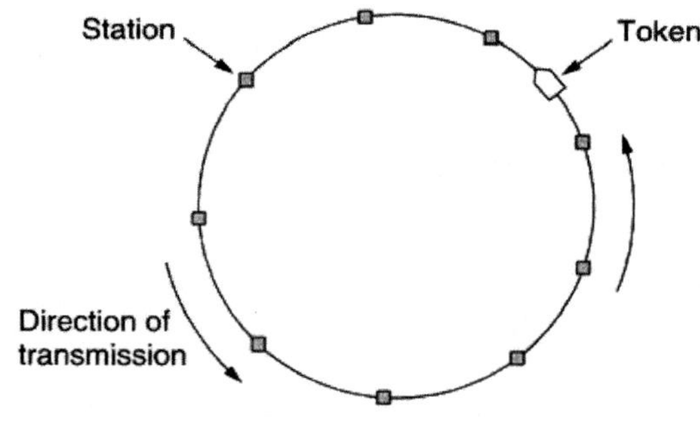

그림 4-7 토큰링

토큰 패싱을 구현하기 위하여 물리적 링이 필요하지 않음을 주목하라. 스테이션들이 연결된 채널은 단일한 긴 버스일 수도 있다. 각 스테이션들은 버스를 다음 스테이션으로 미리 정해진 순서대로 전달하는데 사용한다. 토큰의 소유는 각 스테이션이 버스를 사용해서 한 프레임을 전송하도록 허락한다. 이런 프로토콜을 토큰 버스라고 한다.

토큰 패싱의 성능은 하나의 사이클의 프레임과 경쟁 슬롯이 서로 얽혔음에도 불구하고 비트맵 프로토콜과 비슷하다. 프레임을 보내고 난 후, 각 스테이션은 자신을 포함하여 N개의 스테이션이 토큰을 인접 노드에 전송하고 N-1스테이션이 보낼 프레임이 있다면 그 프레임을 보내는 것을 기다려야 한다. 미묘한 차이는 사이클의 모든 위치가 동급이기 때문에 하위와 상위 번호 간의 바이어스가 없다는 점이다. 토큰링에서는 각 스테이션들은 프로토콜이 진행되기 전 토큰을 인접한 노드까지만 보낸다. 각 토큰은 프로토콜이 다음 단계로 진행하기 전 모든 스테이션에 전파될 필요는 없다.

토큰링은 일관성을 가지고 MAC 프로토콜로 발전해 왔다. 오래된 토큰링 프로토콜(Token Ring이라고 불리고 IEEE 802.5로 표준화됨)은 1980년대에 유행했는데 클래식 이더넷의 대안으로 제시되었다. 1990년대에는 훨씬 빠른 **FDDI(Fiber Distributed Data Interface)** 토큰링이 스위치드 이더넷에 패배하였다. 2000년대에는 **RPR(Resilent Packet Ring)**이라는 토큰링이 IEEE 802.17표준으로 정의되었는데 ISP들이 사용하는 Metropolitan area ring의 혼합으로 표준화되었다. 2010년대에는 어떤 것이 나올지 의문스럽다.

바이너리 카운트다운

기본 비트맵 프로토콜의 문제점은 오버헤드가 스테이션당 1비트라는 것이다. 바이너리 스테이션 주소를 사용하면 보다 효율적인 작업이 가능하다. 채널을 사용하기 원하는 스테이션이 자신의 주소를 바이너리 비트 스트링의 형태로 고순위 비트부터 내보낸다. 모든 주소들의 길이는 동일하다고 가정한다. 서로 다른 스테이션에 위치한 각각의 주소들의 비트들은 함께 BOOLEAN OR 연산되어 있다. 우리는 이러한 프로토콜을 **바이너리 카운트다운(binary countdown)**이라고 부를 것이다. 이 용어는 Datakit(Fraser, 1997)에서 사용되었다. 이것은 전송 지연은 무시하고 따라서 모든 스테이션들은 근본적으로 순간적으로 발생하는 명확한 비트들만을 고려한다는 가정이 암시적으로 되어 있다.

경쟁을 피하기 위해, 반드시 어떤 중재 규칙이 적용되어야 한다. 스테이션은 자신의 주소 내의 고순위 비트 포지션, 즉 0이 1로 덮어씌워져 있다는 것을 알게 되면 곧바로 자신의 작업을 포기한다. 만약 스테이션 0010, 0100, 1001 그리고 0100들이 모두 채널을 점유하려고 한다면, 첫 번째 비트 시간대에서 스테이션들은 제각기 0, 0, 1 그리고 1을 전송할 것이다. 그것들은 논리합 연산으로 모여 1의 형태를 띠게 된다. 스테이션 0010과 0100은 1을 감지하고 자신보다 높은 번호의 스테이션이 채널을 점유하기 위해 경쟁하고 있다는 것을 알게 되고, 따라서 그들은 작업을 포기하게 된다. 스테이션 1001과 1010은 작업을 계속한다.

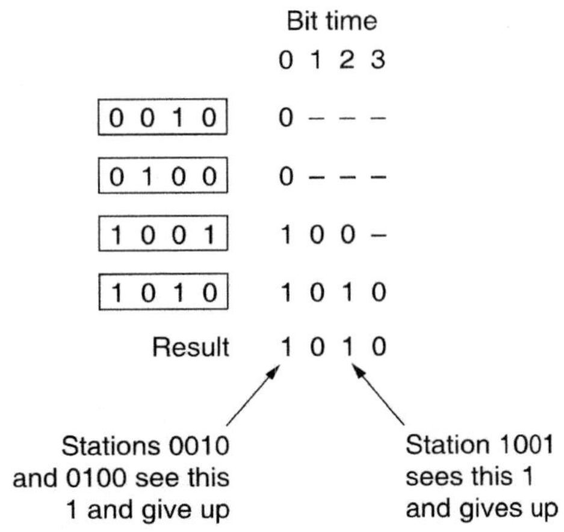

그림 4-8 바이너리 카운트다운 프로토콜. 대시(–)는 침묵을 나타냄.

다음 순서의 비트는 0이며 두 스테이션들은 작업을 계속한다. 그다음 비트는 1이므로 스테이션 1001은 작업을 포기한다. 승자는 스테이션 1010이다. 왜냐하면 가장 높은 주소를 가지고 있기 때문이다. 입찰 경쟁에서 승리하고 나면, 스테이션 1010은 또 다른 입찰 사이클이 시작된 후 프레임의 전송을 시작할 것이다. 그림 4-8을 참조하라. 높은 번호의 스테이션들은 낮은 번호의 스테이션들보다 높은 우선순위를 가지고 있고, 이것은 상황에 따라 좋을 수도 나쁠 수도 있다.

이러한 방식의 채널 효율은 d(d+log2N)이다. 그러나 만일, 프레임의 구성이 송신자의 주소가 프레임상의 첫 번째 필드에 위치하도록 현명하게 선택된다면 이러한 log2N비트가 낭비되지 않는다고 하더라도 효율성은 100%이다.

바이너리 카운트다운은 재조명 받을 때를 기다리고 있는 간단하고 정밀하며 효율성이 좋은 프로토콜이다. 아마 곧 유용하게 사용될 것이다.

4.2.4 제한-경쟁 프로토콜

우리는 케이블 네트워크에서의 채널 점유에 대한 두 가지 기본적인 방법들에 대해 논해 왔다. 두 가지 방법이란 CSMA에서의 경쟁, 그리고 충돌-회피 방식이다. 각 방법들은 두 가지의 중요한 성능 측정치인 저부하에서의 지연 및 고부하에서의 채널 효율에 대하여 얼마나 제대로 동작하느냐에 따라 등급이 설정될 수 있다. 작업량이 많지 않은 상황에서는, 낮은 지연의 이점 때문에 경쟁(순수 혹은 슬롯 ALOHA)이 바람직하다. 작업량이 증가할수록 경쟁은 바람직하지 않은데, 그 이유는 채널 중재와 관련된 오버헤드가 점점 커지기 때문이다. 충돌-회피 프로토콜의 경우는 정확히 그 반대의 경우이다. 낮은 작업량에서는 지연이 길지만, 작업량이 커질수록 채널 효율은 경쟁 프로토콜과는 반대로 증가하게 된다.

경쟁 프로토콜과 충돌-회피 프로토콜의 좋은 점만을 조합하여 적은 작업량에서는 경쟁을 사용하여 지연을 낮추고, 반대로 작업량이 많을 때에는 충돌-회피 기술을 사용하여 채널 효율을 좋게 하는 새로운 프로토콜을 만들어내는 것은 명백하게 좋은 일이라고 할 것이다. 우리가 제한-경쟁 프로토콜이라고 부르는 프로토콜들은 실제로 존재하며, 그것은 캐리어 센스 네트워크에 대한 우리의 학습을 마무리 지을 것이다. 지금까지 우리가 공부한 경쟁 프로토콜은 대칭적, 즉 각 스테이션이 각자 동일한 p의 확률로 채널 점유를 시도하는 방식이었다. 흥미롭게도, 때때로 각 스테이션의 점유 확률이 다른 프로토콜을 사용할 때 전체 시스템의 성능은 향상된다.

비대칭 프로토콜을 살펴보기 전에, 대칭적인 경우의 시스템 성능에 대해 잠깐 되돌아보자. 채널 점유를 위해 경쟁하는 스테이션들을 k라고 가정하자. 각각의 스테이션들은 각 슬롯에서 p의 전송 확률을 가지고 있다. 어떤 스테이션이 주어진 슬롯에서 성공적으로 채널을 얻게 될 확률은 따라서 $kp(1-p)k-1$이다. 적절한 p값을 찾기 위해 p에 대해서 미분하고 결과를 0으로 놓은 후 p에 대해 계산한다. 그렇게 하면 가장 알맞은 p값은 1/k라는 것을 알게 된다. p=1/k로 치환하면,

$$\Pr[\text{success with optimal } p] = \left[\frac{k-1}{k}\right]^{k-1}$$

이러한 확률은 그림 4-9에 표현되어 있다. 스테이션의 수가 작을 때는 성공의 기회가 많지만, 스테이션의 수가 5가 되면 확률은 $1/e$의 점근선 값에 가깝도록 떨어지게 된다.

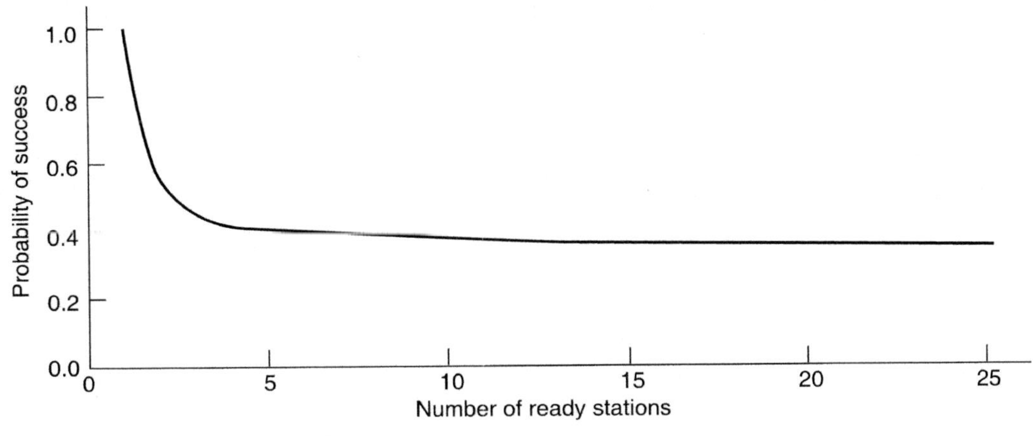

그림 4-9 대칭 경쟁 채널에 대한 점유 확률

그림 4-9에서, 스테이션이 채널을 점유하는 확률은 오직 경쟁률을 줄여야만 증가할 수 있다는 사실을 명백하게 알 수 있다. 제한-경쟁 프로토콜은 정확히 그러한 작업을 한다. 이러한 프로토콜들은 우선 스테이션들을 그룹으로 나눈다. 오직 그룹 0의 구성원하고 슬롯 0에 대해 경쟁할 수 있도록 허락된다. 그중 하나가 성공하면, 채널을 점유하고 자신의 프레임을 전송한다. 만약, 슬롯이 사용 중이지 않은 채로 있거나 충돌이 있을 경우에는 그룹 1의 구성원들은 슬롯 1을 놓고 경쟁하며, 나머지도 그런 식으로 진행된다. 스테이션을 적당한 그룹으로 나눔으로써, 각 슬롯에 대한 경쟁의 정도를 줄일 수 있으며 그럼으로써 각 슬롯은 그림 4-9의 왼쪽 끝의 효율로 작업할 수 있게 된다.

그러한 비결은 스테이션을 슬롯에 할당하는 방법에 있다. 일반적인 경우를 살펴보기 전에, 몇 가지 특별한 경우에 대해 생각해 보자. 극단적인 경우, 각 그룹은 1개의 구성원을 가지게 된다. 그러한 경우에는 슬롯 하나당 경쟁하는 스테이션이 오직 하나밖에 없기 때문에 충돌은 일어나지 않을 것이다. 우리는 그러한 프로토콜들을 보아 왔다(바이너리 카운트다운). 그다음 특별한 경우는 한 그룹에 2개의 스테이션을 할당하는 것이다. 한 슬롯에서 2개의 스테이션이 함께 전송을 하고자 할 때의 확률은 p^2 이며, 작은 p 값에 대해서는 무시할 수 있다. 같은 슬롯에 점점 많은 수의 스테이션들이 할당될수록 충돌이 일어날 확률은 증가하지만, 모두에게 기회를 주는 데 필요한 비트맵 스캔의 길이는 줄어들게 된다. 제한적인 경우는 하나의 그룹이 모든 스테이션을 포함하는 경우이다(슬롯 ALOHA). 우리가 필요로 하는 것은 작업량이 저을 때에는 하나의 슬롯에 대하여 스테이션을 많이 할당하고, 반대의 경우에는 적게(아니면 오직 1개) 할당하는 식으로, 슬롯에 스테이션을 동적으로 할당하는 방법이다.

적응 트리 워크 프로토콜(Adaptive Tree Walk Protocol)

필요한 할당을 구현하기 위한 특별하고도 간단한 방법 한 가지는, 미 육군이 2차 대전 중 병사들의 매독을 검사하기 위해 고안했던 알고리즘을 사용하는 것이다(Dorfman, 1943). 간단히 말해서 미 육군은 *N*명의 군인에게서 혈액 샘플을 채취하고, 각 샘플의 일부분을 하나의 실험용 튜브에 부은 후 이러한 혼합 샘플로 항체 실험을 행하였다. 만약 항체가 발견되지 않으면, 그 그룹의 모든 군인들은 건강한 것으로 증명되었다. 만약 항체가 나타나면, 새로운 두 개의 혼합 샘플이 준비되었는데 하나는 *N*/2명 군인들의 샘플을 혼합한 것이고, 다른 하나는 나머지 군인들 샘플의 혼합 샘플이었다. 그러한 과정을 계속 반복하여 감염된 군인들을 색출하였다.

이러한 알고리즘(Capetanakis, 1979)의 컴퓨터 버전은 그림 4-10에 나타낸 바와 같이, 스테이션들을 바이너리 트리의 리브(leaves)로 생각하면 편리하다. 성공적인 프레임의 전송이 이루어진 후 첫 번째 경쟁 슬롯, 슬롯 0에서 모든 스테이션들은 채널 점유 시도가 허가된다. 그들 중의 하나가 성공하면 문제가 없는 것이고, 만약 충돌이 일어나면 트리 구조에서 노드 2 밑으로 내려가는 스테이션들만이 슬롯 1에서 경쟁하게 될 것이다. 만약 그들 중 하나가 채널을 점유하면, 프레임에 따르는 슬롯은 노드 3밑의 스테이션들을 위해 보존된다. 반면 만약 노드 2밑의 둘 이상의 스테이션들이 전송을 원하면 슬롯 1에서 충돌이 일어날 것이며, 이런 경우 슬롯 2에서는 그러한 상황이 노드 4에서 일어나게 될 것이다.

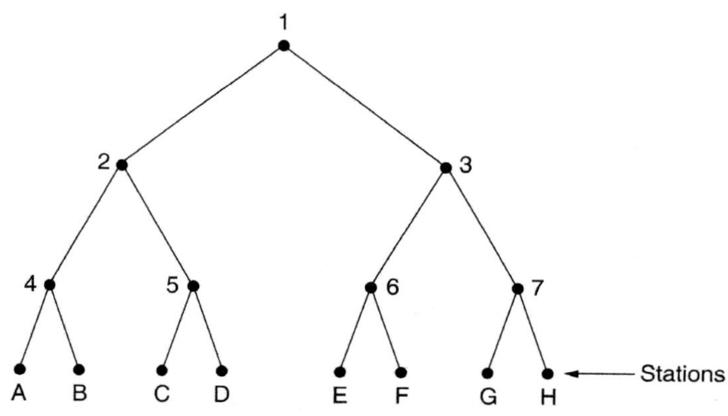

그림 4-10 8개의 스테이션으로 구성된 트리 구조

만약 슬롯 0에서 충돌이 발생하면, 모든 준비된 스테이션의 위치를 지정하기 위해 트리 전체가 깊이 우선으로 탐색된다. 각각의 비트 슬롯은 트리 내의 특별한 노드들과 관련된다. 만약 충돌이 발생하면, 노드의 왼쪽 및 오른쪽 가지들을 순환하여 검색을 계속한다. 만약 비트 슬롯 내에 작업이 없거나 오직 하나의 스테이션만이 그 안에서 전송을 하고 있으면, 그 슬롯의 노드 검색작업은 모든 준비 스테이션의 위치가 지정되었으므로 멈출 수 있다(스테이션이 하나 이상이라면 충돌이 일어날 것이다).

시스템의 작업량이 많을 때에는, 슬롯 0을 노드 1에 전념하도록 하는 노력은 거의 가치가 없다. 왜냐하면 그것은 오직 정확히 하나의 스테이션만이 전송할 프레임을 가지고 있는, 거의 발생하기 어려운 경우에만 적절하기 때문이다. 마찬가지로, 같은 이유 때문에 노드 2와 노드 3 또한 제외되어야 한다고 주장할 수도 있다. 좀 더 일반적으로 말해서, 탐색은 트리의 어느 레벨부터 시작되어야 하나? 명백하게 말해서 작업량이 증가할수록, 검색은 트리 구조상 더욱 밑에서부터 시작될 것이다. 각 스테이션은 최근의 소통량을 조사함으로써 얻어진 준비 스테이션들의 추정 개수, q를 충분히 알고 있다고 가정할 것이다.

나아가서, 그림 4-10의 노드 1은 레벨 0, 노드 2 및 3은 레벨 1과 같은 식으로 트리의 꼭대기에서부터 레벨의 번호를 매겨보자. 레벨 i에서의 각 노드는 그것의 밑에 있는 스테이션들의 분수 $2-i$를 가지고 있다는 것을 주지하라. 만약 준비 스테이션 q가 균등하게 분배되면, 예상되는 레벨 i의 특정 노드 밑의 스테이션의 수는 $2-iq$이다. 직관적으로 우리는, 슬롯당 경쟁 스테이션의 평균 개수가 1인, 즉 $2-iq=1$인, 트리 검색이 시작될 최적의 레벨을 기대할 수 있다. 이러한 방정식을 풀면 $i=\log 2q$의 식을 유도할 수 있다.

기본 알고리즘에 대하여 보다 발전된 알고리즘들이 대단히 많이 제안되었으며 Bertsekas와 Gallager(1992)에 의해 어느 정도 자세하게 논의된 바 있다. 예를 들면, 오직 스테이션 G와 H만이 전송을 원하고 있는 상황을 생각해 보라. 노드 1에서 충돌이 일어날 것이므로, 2가 조사될 것이며 그것이 비었다는 사실이 발견될 것이다. 충돌이 일어날 것이 분명한 노드 3번을 검사하는 것은 무의미하다(우리는 1번 밑의 두 개 이상의 스테이션들은 준비가 되어 있는 상태이고, 그들 중 어느 것도 2번 밑에 있지 않으므로 모두 3번 밑에 있다는 것을 알고 있다). 3번의 조사는 제외될 수 있고 다음엔 6번의 조사가 시도될 수 있다. 그것 또한 아무것도 아닌 걸로 판명되면 7번은 제외되고 다음엔 노드 G이 조사될 수 있다.

4.2.5 무선 LAN 프로토콜

1.5.3절에서 다룬바와 같이, 전파로 통신하는 랩톱 컴퓨터시스템은 무선 LAN으로 생각할 수 있다. 이런 LAN은 브로드캐스트 채널의 한 예이다. 이것은 유선 랜과 좀 다른 특성을 가져서, 다른 MAC프로토콜이 필요하다. 이 절에서는 이런 프로토콜을 살펴본다. 4.4절에서는 802.11(wifi)를 좀 더 자세히 살펴볼 것이다.

무선 랜의 일반적인 구성은 AP가 전략적으로 빌딩주변에 배치된 사무실 빌딩일 것이다. AP는 구리선이나 광섬유로 연결되어 그들과 교신하는 단말들에 접속을 제공한다. 만약 AP의 전송파워와 랩톱의 전송파워가 수십 미터의 영역에 미치도록 조정된다면 인접한 방들은 단일 셀과 같이 작용하며 각 셀당 하나의 채널만 있다는 것을 제외하면 전체 빌딩은 2장에서 공부한 셀룰러 전화 시스템과 비슷해진다. 채널은 셀 내의 모든 단말과 AP사이에 공유된다. 대체로 수 Mbps의 대역폭을 제공하는데 최대 600Mbps까지 올라간다.

우리는 무선 시스템이 일반적으로 충돌이 일어날 때 그것을 감지하지 못한다는 것을 이미 이야기했다. 수신신호는 매우 작으며 전송된 신호보다 백만 배나 작을 수도 있다. 이것을 찾는 것은 대양에서 물결을 찾는 것과 비슷하다. 대신 충돌이나 다른 오류를 찾아내는 데 수신확인을 사용한다.

유선 랜과 무선 랜 사이에는 중요한 차이가 있다. 무선 랜에서는 스테이션이 제한된 전송범위를 가지고 있기 때문에 다른 모든 스테이션으로부터 송신이나 수신을 꼭 수행할 수 있는 것은 아니다. 유선 랜에서는 하나의 스테이션이 프레임을 보낼 때, 다른 모든 스테이션들은 그것을 수신할 수 있다. 무선 랜에서의 이런 특징의 부재는 다양한 복잡도를 만들어낸다.

앞으로 이야기할 내용에서, 우리는 모든 전파 송신기들은 어떤 고정된 범위를 가지고 있다고 간단하게 가정할 것이다. 하나의 수신기가 2개의 작동 중인 송신기들의 범위 안에 있을 때 야기되는 신호는 일반적으로 엉망이 되어 쓸모없게 되어버릴 것이다(하지만 추후에 이야기할 예외 상황도 있다). 어떤 무선 LAN의 경우에는, 모든 스테이션들이 서로 통신 범위 안에 들어 있지 않고, 그러한 사실이 다양한 문제를 유발할 수도 있다는 것을 알고 있어야 한다. 나아가 실내 무선 LAN에서 스테이션 사이의 벽은 각 스테이션의 실효 통신 범위에 중요한 영향을 끼친다.

무선 LAN 사용의 자연스러운 접근은, 단지 다른 전송 작업에 귀를 기울이고 아무도 전송하지 않을 때에만 전송하는 CSMA의 사용일 것이다. 문제는, 이 프로토콜이 실제로 적합하지 않다는 것인데 왜냐하면 수신기에서는 방해가 되는 문제가 송신기에서는 그렇지 않을 수 있기 때문이다. 문제의 본질을 알기 위해, 네 개의 무선 스테이션이 표시되어 있는 그림 4-11을 살펴보자. 어떤 것이 기지국이고 어떤 것이 휴대용 컴퓨터인지는 문제가 되지 않는다. *A*와 *B*는 서로 전파 범위 안에 있으며 잠재적으로 서로 간섭할 수 있다. *C* 또한 *B*와 *D* 모두를 간섭할 수 있으나 *A*에 대해서는 그렇지 않다.

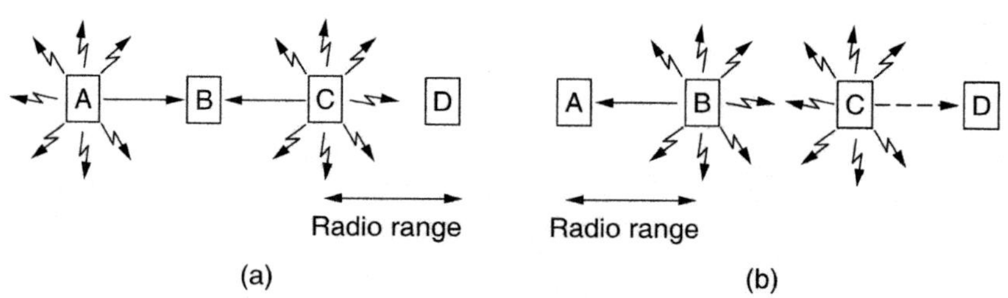

그림 4-11 무선 LAN (a) A의 전송 (b) B의 전송

우선 그림 4-11(a)에 그려진 대로, *A*가 *B*로 전송할 때 무슨 일이 일어나는지에 대해 생각해 보자. 만약 *C*가 전송매체를 감지하면, *C*는 *A*가 범위 밖에 있기 때문에 *A*를 듣지 않을 것이고, 따라서 자신이 전송을 할 수 있다는 잘못된 결론을 내리게 된다. 만약 *C*가 전송을 시작하면 그것은 *B*를

간섭하고 *A*로부터의 프레임을 지워버릴 것이다. 거리가 너무 멀기 때문에 전송 매체에 대한 잠재적인 경쟁자를 감지할 수 없는 스테이션의 문제는 때때로 **숨겨진 스테이션 문제(Hidden Station Problem)**라고 불린다.

이제 반대 상황에 대해 생각해 보자. 그림 4-11(b)에 나타난 것처럼 *B*가 *A*로 전송하는 상황이다. 만약 *C*가 전송 매체를 감지하면, *C*는 진행 중인 전송을 듣게 될 것이며 자신이 *D*로 전송할 수 없을 것 같다는 잘못된 결론을 내릴 것이고, 사실상 그러한 전송은 *B*와 *C*사이의 지역에서의 나쁜 수신율을 유발하게 될 것이다. 이러한 상황을 **드러난 스테이션 문제(Exposed Station Problem)**라고 한다.

문제는, 전송을 시작하기 전에 스테이션이 수신기 주변에 활동성이 있는지의 여부를 알고 싶어 한다는 것이다. CSMA는 단지 캐리어를 감지하는 스테이션 주변의 활동성 여부만을 알려준다. 동선을 사용할 때에는, 모든 신호가 모든 스테이션으로 전파되므로 시스템의 어디에서나 오직 하나의 전송만이 한 번에 발생하게 된다. 범위가 짧은 전파에 기초한 시스템에서는, 서로 목적지가 다르고 목적지들이 서로의 범위 밖에만 있다면 동시에 복수의 전송작업이 발생할 수 있다. 우리는 셀이 커지면 커질수록 파티에서 사람들이 이야기하기 전에 다른 사람들이 침묵하기를 기다리지 않는 것과 같은 방법으로 동시성이 일어나기를 원한다. 큰 방에서 여러 대화가 같은 위치에서 같은 방향으로 가지 않는다면 동시에 일어날 수 있다.

무선 LAN을 위해 고안된 초기의 프로토콜은 **MACA(Multiple Access with Collision Avoidance, 충돌 회피 다중 접근, Karn, 1990)**이다. 이것은 IEEE 802.11 무선 LAN 표준의 기본으로 사용되었다. 이 프로토콜의 기본 개념은 송신자가 수신자를 짧은 프레임을 출력하도록 자극하여 근처의 스테이션들이 그러한 전송을 감지할 수 있도록 하고, 곧 이루어지는 긴 데이터 프레임의 전송이 끝날 때까지 그들의 전송을 피하도록 하는 것이다.

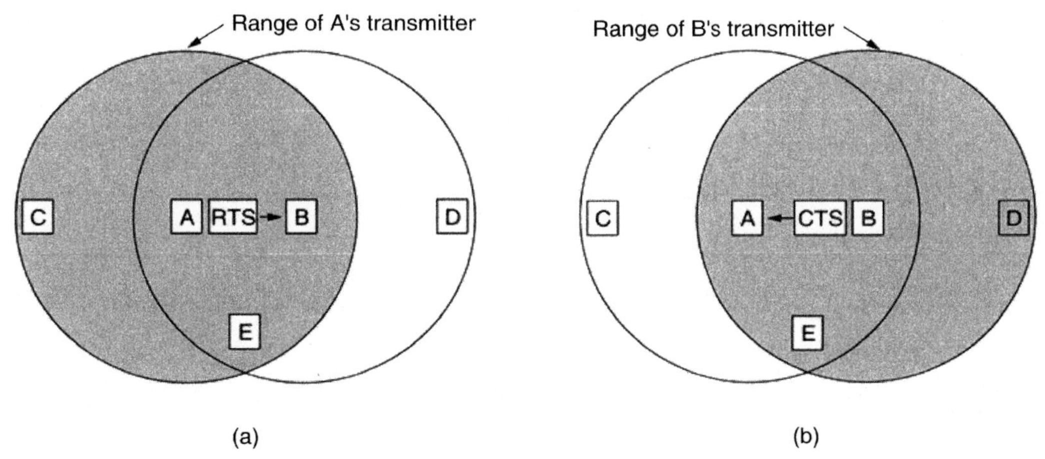

그림 4-12 MACA 프로토콜 (a) A에서 B로의 RTS 전송(b)의 A로의 CTS 응답

그림 4-12에 MACA를 나타내었다. *A*가 *B*에게 프레임을 어떻게 보내는지 생각해 보자. 그림 4-12(a)

처럼, *A*는 *B*에게 **RTS(Request To Send)** 프레임을 보냄으로써 작업을 시작한다. 그러한 짧은 프레임(30바이트)은 뒤따라올 데이터 프레임의 길이 정보를 가지고 있다. 그런 후 *B*는, 그림 4-12(b)에서 볼 수 있는 **CTS(Clear To Send)** 프레임으로 응답을 한다. CTS 프레임은 데이터의 길이(RTS 프레임으로부터 복사된) 정보를 가지고 있다. CTS 프레임을 받고 나서, *A*는 전송을 시작한다.

이제 이러한 프레임들을 엿들은 스테이션들이 어떻게 반응하는지 살펴보자. RTS를 감지한 스테이션은 명백히 *B*에 가까이 있는 스테이션이고, CTS가 아무런 문제없이 전송될 수 있는 충분한 시간 동안 침묵을 유지해야 한다. CTS를 감지한 스테이션은 분명히 *B*와 근접한 것이며, 곧 이루어질 데이터의 전송 기간 동안 침묵해야 하고 데이터의 길이는 CTS 프레임을 살펴봄으로써 알 수 있다.

그림 4-12에서, *C*는 *A*의 범위 안에 있으나 *B*의 범위 안에 있지는 않다. 따라서 *C*는 *A*로부터 오는 RTS는 듣지만 *B*로부터의 CTS는 듣지 못한다. CTS를 간섭하지 않는 한, 데이터 프레임이 전송되는 동안 자유롭게 전송할 수 있다. *D*는 *B*의 범위 안에 있으나 *A*의 범위 안에 있지는 않다. 그러므로 RTS는 못 듣지만 CTS는 듣게 된다. CTR의 청취로 인해 그것은 프레임을 받으려는 스테이션에 가까이 있다는 것을 알게 되고, 따라서 *D*는 프레임이 종료되었다고 여겨질 때까지 어떠한 것도 송신하지 않는다. CTS의 청취는 그것이 막 프레임을 받으려고 하는 스테이션에 가까이 있다는 것을 알려주며, 따라서 그것은 프레임의 전송이 끝났다는 것을 기대할 수 있을 때까지 모든 전송 작업을 연기하게 된다. 스테이션 *E*는 두 개의 제어 메시지 모두를 듣게 되며, *D*처럼 데이터 프레임이 완전히 전송될 때까지 침묵해야 한다.

이러한 예방조치에도 불구하고 여전히 충돌은 발생한다. 예를 들어 *B*와 *C*가 동시에 함께 RTS 프레임을 *A*에 보낼 수도 있으며 그러한 경우 프레임들은 충돌하고 사라지게 된다. 충돌이 발생했을 때, 전송에 성공하지 못한 송신기(기대 시간 간격 내에 CTS를 듣지 못한 송신기)는 임의의 시간 동안 기다리고 다시 시도한다.

4.3 이더넷(Ethernet)

이론적인 채널 할당 프로토콜들에 대한 일반적인 논의가 끝났고, 이제 이러한 원칙들이 실제 시스템, 그중에서도 LAN에 어떻게 적용되는지 알아볼 차례이다. IEEE 802라는 이름으로 다수의 개인, 로컬, 대도시 지역의 네트워크가 LAN과 MAN으로 알려진 LAN 표준들을 개발해 왔다. 그림 1-38에서 볼 수 있듯이 어떤 것들은 살아남았고, 어떤 것들은 사용되지 않는 것도 있다. 환생을 믿는 어떤 사람은 쓸모없는 것들을 제거하기 위해 다윈이 IEEE의 회원으로 환생하였다고 생각하기도 한다. 살아남은 프로토콜 중 가장 주목이 되는 것들은 802.3(이더넷)과 802.11(무선 LAN)이다. Bluetooth(무선 PAN)는 널리 배포됐지만 802.15의 표준화 밖이다. 802.16(무선 MAN) 등은 표준화하기에는 시기상조였던 것 같다. 본 교재의 6판에서 더 상세하게 다루겠다.

우리는 실시간 시스템 공부를 이더넷과 같이 시작한다. 아마도 세계의 대부분 유비쿼터스는 컴퓨터 네트워크 종류일 것이다. 두 종류의 이더넷이 존재한다. 이번 장에서 배울 기술을 사용하여 다중 엑세스 문제를 해결하는 고전적인 이더넷, 그리고 스위치라고 불리는 장치들이 서로 다른 컴퓨터들을 접속하기 위해 사용된 스위치 이더넷이다. 두 개의 이더넷은 상당히 다르다는 것이 중요하다. 고전적인 이더넷은 원래 형식이고 3Mbps에서 10Mbps의 속도로 실행된다. 스위치 이더넷은 이더넷이 되었고, 100Mbps, 1000Mbps 그리고 10,000Mbps의 속도로 실행되며, 빠른 이더넷, 기가 이더넷 그리고 10기가 이더넷이라 한다. 지금은 오직 스위치 이더넷만 사용된다.

우리는 이 두 가지 역사적인 이더넷의 형식에 대해 연대순으로 어떻게 발전됐는지 토론할 것이다. 이더넷과 IEEE 802.3은 뒤에 짤막하게 이야기하겠지만 두 가지 사소한 차이를 제외하고는 같기 때문에 많은 사람들이 이 두 개를 구별하지 않고 사용한다. 우리도 이 두 용어를 구별하지 않겠다. 이더넷에 대해 더 많은 정보를 원한다면 Spurgeon(2000)을 참고하면 된다.

4.3.1 고전적인 이더넷 물리 계층

이더넷의 이야기는 알로하와 같이 시작되었다. 비슷한 시기에 매사추세츠 공대(MIT) 학부생 밥 메트칼프(Bob Metcalfe)는 박사학위를 받으려고 하버드 대학으로 옮겼다. 메트칼프는 학업 중에 에이브람슨 연구에 참여하게 되었다. 하버드 대학을 졸업한 후 에이브람슨 연구에 많은 관심을 가지게 되었고, 제록스의 팔로알토 연구소(Palo Alto Research Center, PARC)에서 일하기 전에 하와이에서 에이브람슨과 일하며 여름을 보내기로 마음먹었다. 메트칼프가 PARC에서 일하게 되었을 때, PARC에 있는 연구원들이 후에 개인용 컴퓨터라고 부르는 장치를 설계하고 만들고 있다는 것을 알았다. 그러나 이 기계는 고립된 것이었다. 메트칼프는 에이브람슨 연구의 지식을 이용하여, 데이비드 복스(David Boggs)라는 동료와 최초의 근거리 통신망을 설계하고 만들었다. 이것은 동축 케이블이고 3Mbps의 속도였다.

메트칼프와 복스는 이 시스템을 '전자파 방사는 전파되는 것'이라고 생각하였고, '빛을 전달하는 에테르(luminiferous ether)'의 이름을 따서 이더넷(Ethernet)이라고 불렀다. 19세기에 영국 물리학자 제임스 클럭 맥스웰(James Clerk Maxwell)이 전자파 방사가 파동 방정식으로 표현될 수 있다는 것을 발견하였을 때, 전자파를 방사하는 미묘한 매체로 공간이 채워져 있다고 과학자들은 가정하였다. 1887년 미첼슨 몰리(Michelson-Morley) 실험 이후에 물리학자들은 전자파 방사가 진공에서 전파된다는 것을 발견하였다.

제록스의 이더넷은 1978년에 DEC, Intel, Xerox가 이끌어낸 10Mbps 이더넷으로서 매우 성공적이었으며 DIX 표준(DIX standard)이라 불렸다. DIX 표준은 약간 수정하여 1983년에 IEEE 802.3 표준이 되었다. 불행하게도 제록스사는 독창적인 발명을 이룩한 역사적인 이더넷의 상용화에는 실패하였다. 제록스는 이더넷의 표준화를 지원하는 것 외에는 거의 관심이 없었고, 메트칼프는 자신의 회사인

3Com을 설립하여 PC에 필요한 이더넷 카드를 팔았다. 이더넷 카드는 1,000만 개 이상이 팔렸다.

고전적인 이더넷은 모든 컴퓨터에 부착되어 있는 싱글 케이블로서 빌딩 주변에 뱀처럼 설치되어 있다. 이 구조는 그림 4-13과 같다. 일반적으로 Thick Ethernet이라 불리는 최초의 종류는 컴퓨터들에 부착하는 것을 나타내기 위해 2.5m 간격으로 표시가 되어 있는 노란색의 정원 호스와 비슷한 모양이다(802.3 표준은 사실 케이블이 반드시 황색일 것을 요구하지는 않지만, 그것을 제안하고 있다). 다음으로 보다 쉽게 구부러지고, 산업용 표준 BNC 커넥터를 사용하여 연결하는 Thin Ethernet이 뒤를 이었다. Thin Ethernet은 보다 비용도 적고 설치도 쉽지만, 케이블 세그먼트당 185m까지(thick Ethernet을 가지고 500m까지 지원하는 것 대신) 동작하며 오직 30개의 장치만(100개의 장치 대신)을 취급할 수 있다. 이더넷의 각 버전들은 신호가 전파될 수 있는 세그먼트 당 최대 케이블 길이(비증폭 길이)를 가지고 있다. 보다 큰 네트워크를 위해서는 복수의 케이블이 리피터(Repeater)에 의해서 연결될 수 있다. 리피터는 양방향으로 신호를 수신, 증폭(재생), 그리고 재송신할 수 있는 물리적 계층 장치이다. 소프트웨어가 관련되어 있는 이상, 리피터에 의해 연결된 일련의 케이블 세그먼트들은 단일 케이블과 전혀 다를 바가 없다(리피터에 의해 발생되는 약간의 지연 시간을 제외하고는).

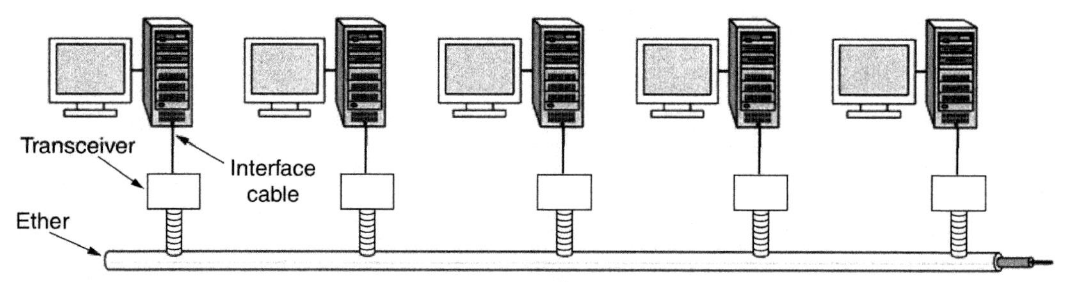

그림 4-13 최초의 이더넷 구조

이러한 케이블들의 정보는 맨체스터 인코딩에 의해 2.5초를 사용하여 보내진다고 우리는 배웠다. 한 시스템은 다수의 케이블과 다수의 리피터를 가질 수 있지만, 두 개의 트랜스시버는 2.5㎞ 이상 떨어져 있을 수 없고 두 개의 트랜시버 사이의 어떠한 경로도 네 개 이상의 리피터를 가로지를 수 없다. 이러한 제약의 이유는 다음에 살펴볼 MAC 프로토콜이 정확하게 동작되기 때문이다.

4.3.2 고전적인 이더넷 MAC 부계층 프로토콜

프레임을 전송하기 위해 사용되는 형식은 그림 4-14에서 볼 수 있다. 처음에 8바이트의 프리엠블(preamble)로 시작하며, 각각 10101010의 비트 패턴을 가지고 있다(마지막 바이트의 예외, 마지막 2bit는 11로 설정). 마지막 바이트는 802.3에 대해 프레임의 시작 구분자라고 한다. 이러한 패턴의 맨체스터 인코딩은 수신자의 클럭을 송신자의 클럭과 동기화하기 위해 6.4μsec동안 10㎒의 구형파(square Wave)

를 발생시킨다. 마지막 두 개의 1bits는 수신자를 부르고 프레임의 나머지 부분은 시작된다.

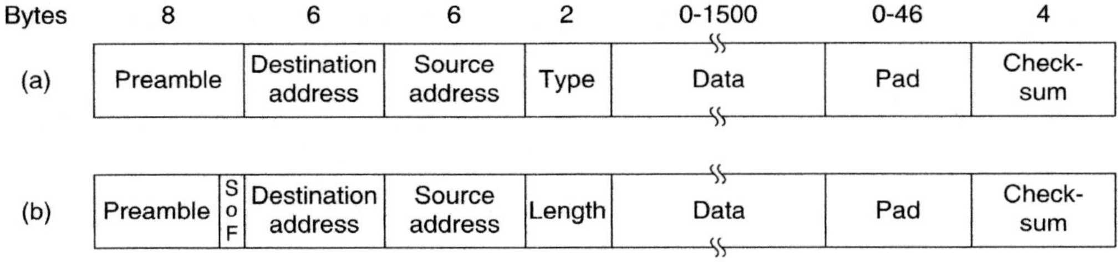

Bytes	8		6	6	2	0-1500	0-46	4
(a)	Preamble		Destination address	Source address	Type	Data	Pad	Check-sum
(b)	Preamble	SOF	Destination address	Source address	Length	Data	Pad	Check-sum

그림 4-14 프레임 형태 (a) DIX 이더넷 (b) IEEE 802.3

다음에 두 개의 주소가 오는데, 하나는 목적지 주소이며 다른 하나는 발신지 주소이다. 두 개의 주소는 각각 6바이트 길이이다. 목적지 주소의 처음 전송 비트는 보통의 주소의 경우에는 0이고, 그룹 주소는 1이다. 그룹 주소는 복수의 스테이션들이 단일 주소를 청취할 수 있도록 한다. 프레임이 그룹 주소로 보내지면, 그 그룹에 속한 모든 스테이션들이 그것을 수신한다. 스테이션 그룹에의 송신을 멀티캐스트(multicast)라고 한다. 모두 1비트로 이루어진 특별한 주소는 브로드캐스트(broadcast)를 위해 예약된다. 목적지 필드 내의 모두 1로 이루어진 프레임은 네트워크상의 모든 스테이션들에 의해 수용된다. 멀티캐스팅이 보다 선택적이기는 하지만 그룹 내에 있는 모든 스테이션을 정의하기 위한 그룹 관리가 필요하다. 정반대로 브로드캐스팅은 그룹들 사이에 결코 차이가 없지만 어떠한 그룹 관리 기능도 필요 없다.

발신지 어드레싱에 있어 또 다른 재미있는 특징은 지구상의 어떤 스테이션도 서로 똑같은 글로벌 주소를 갖지 못하도록 IEEE에 의해 지정된다. 이러한 발상은 임의의 스테이션이 단지 올바른 48비트 수를 주어짐으로서 임의의 다른 스테이션에 주소를 유일하게 지정할 수 있다. 이렇게 하기 위해 주소 필드의 처음 3바이트는 **OUI(Organizationally Unique Identifier)**를 사용한다. 이러한 필드의 값들은 IEEE에 의해 할당되고, 제조업체를 나타낸다. 제조업체들은 2^{24}개의 주소의 블록에 할당된다. 제조사들은 주소의 마지막 3바이트를 할당하고 그리고 판매되기 전에 NIC 내에 완벽한 주소를 프로그램 한다.

다음에 오는 것은 타입이나 또는 길이 필드로서 프레임은 이더넷이나 IEEE 802.3에 의존한다. 이더넷이 사용하는 Type 필드는 수신기에게 프레임에게 무엇을 해야 할 것인가를 지시한다. 다중 네트워크 계층 프로토콜이 동일한 머신에서 같은 시간에 사용될 수도 있다. 따라서 하나의 이더넷 프레임이 도착할 때 운영체제는 손쉽게 프레임을 전할 것인가를 알아야 한다. Type 필드는 어느 프로세스(process)에게 프레임을 줄 것인가를 지정한다. 예를 들어 0×0800 코드는 IPv4 데이터를 의미한다.

최선이라고 생각하는 IEEE 802.3은 프레임의 길이를 운반하는 이러한 필드를 결정하며, Ethernet 길이는 확실히 계층 위반인 데이터 내부를 살펴봄으로서 결정된다. 이는 수신기가 유입되는 프레임을 갖고 무엇을 해야 할지 알아내는 방법이 없음을 의미한다. 이 문제는 데이터 내에 **논리 링크 제어**

(Logical Link Control, LLC) 프로토콜에 대한 다른 헤더를 추가함으로서 해결했다. 2바이트의 프로토콜 타입 정보를 운반하기 위해 8바이트를 사용한다.

불행하게도 802.3이 발표되던 시점에 DIX 이더넷을 위한 하드웨어와 소프트웨어는 너무 많이 사용되고 있었기 때문에 극소수의 제조업자와 사용자만이 타입(Type) 필드를 길이(Length) 필드로 전환하는 데 관심을 보였다. 1997년에 IEEE는 그 전환을 포기했고, 두 가지 모두 사용하기로 결정했다. 그러나 운 좋게도 1997년 이전에 사용하던 모든 Type 필드는 1,500보다 큰 값을 가졌으며, 최대 데이터 크기로 설정되었다. 현재는 0×600(1,536)과 같거나 이하의 수는 Length로 해석하고, 0×600보다 큰 수는 Type으로 해석하면 된다. IEEE는 모든 사람이 거리낌이나 걱정 없이 표준을 사용하든 기존의 것을 사용하든 상관없게 되었다.

다음에 오는 것은 1,500바이트까지 가능한 데이터이다. 이 한계는 DIX 표준이 정해졌을 때 마음대로 선택했던 것이다. 이 한계는 트랜시버가 전체 프레임을 모두 보관하기 위해서는 충분한 RAM을 필요로 하고, 1978년 당시에는 RAM이 비싸다는 사실에 근거를 둔 것이다. 더 큰 한계는 더 많은 RAM을 가져야 한다는 것을 의미하고, 따라서 트랜시버는 더욱 비싸진다.

최대 프레임 길이가 존재한다는 사실 외에도 최소 프레임 길이도 역시 존재한다. 0바이트의 데이터 필드는 유용하긴 하지만 문제의 원인이 되기도 한다. 트랜시버가 충돌을 감지하면, 현재의 프레임의 나머지 부분은 버린다. 그것은 언제나 케이블상에 나타나는 프레임의 비트들과 조각들이 방향을 잃은 것을 의미한다. 쓰레기로부터 유효한 프레임을 보다 쉽게 구별하게 하는 것은 이더넷이 유효한 프레임이 목적지 주소부터 체크섬까지 적어도 64바이트의 길이를 반드시 가져야 한다고 정하고 있다. 만약 프레임의 데이터 부분이 46바이트보다 작으면, 프레임을 최소한의 크기까지 프레임을 채우기 위해 패드 필드(pad field)가 사용된다.

프레임이 최소한의 길이를 가져야 하는 또 다른 (더 중요한) 이유는 스테이션이, 첫 번째 비트가 다른 프레임과 충돌할 수 있을 정도의 케이블 거리까지 도달하기 전에 전송을 완료하는 것을 방지하기 위해서이다. 그림 4-15에 이러한 문제를 나타내었다.

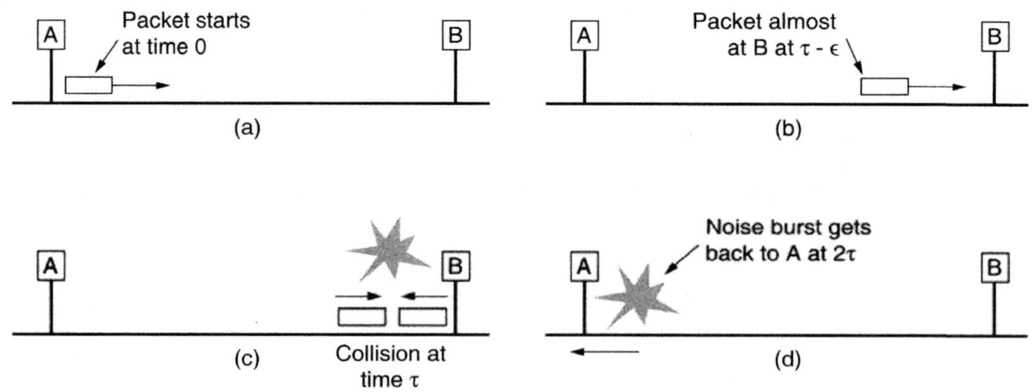

그림 4-15 충돌 검출은 2τ 의 시간이 걸림

시간 0에서 네트워크의 한쪽 끝에 있는 스테이션 A가 프레임을 전송한다. 이 프레임이 다른 쪽 끝까지 도달하는 전파 시간을 τ 라고 하자. 프레임이 다른 쪽 끝에 도달하기 바로 직전(즉 τ-ε) 가장 먼 거리의 스테이션 B가 전송을 시작한다. B가 자신이 내보낸 출력보다 큰 입력을 받고 있다는 것을 감지했을 때, 충돌이 발생했다는 것을 알게 되고, 자신의 전송을 취소하고 다른 모든 스테이션들에게 그것을 알려주기 위해 48비트의 잡음 버스트(noise burst)를 생성한다. 다시 말하면 그것은 송신기가 충돌을 놓치지 않게 하기 위해서 회선에 잼(jam) 신호를 사용한다. 약 2τ 의 시간에 송신기는 잡음 버스트를 인식하고 자신의 전송 역시 취소하게 된다. 그러고 나서 송신자는 재전송하기까지 임의의 시간 동안 대기한다.

만약 어떤 스테이션이 매우 짧은 프레임의 전송을 시도하면 충돌이 일어난다고 생각할 수 있으나, 2τ 시간에 스테이션으로 잡음 버스트가 돌아오기 전에 전송작업은 완료된다. 그 후 송신기는 프레임이 성공적으로 전송되었다는 잘못된 결론을 내리게 될 것이다. 이러한 상황이 발생하는 것을 막기 위해 모든 프레임들은 잡음 버스트가 송신기에 돌아올 때 전송이 발생되게 하기 위해서 2τ 이상의 시간이 소요되어야만 한다. 최대 2,500m 길이에 네 개의 리피터를 가진 10Mbps LAN(802.3 설명서에 의한)의 경우, 왕복시간(4개의 리피터를 거치는 지연시간을 포함한)은 최악의 경우 거의 50μsec로 결정된다. 그러므로 최소 프레임은 전송을 위해서 적어도 이 정도 길이는 되어야 한다. 10Mbps에서 한 비트는 100nsec가 걸리므로 전송 완료를 보장하기 위해서는 500비트가 최소 프레임이 된다. 안전의 어느 정도 여분을 추가하기 위해 512비트나 64바이트 정도가 되게 한다.

마지막 필드는 체크섬(Checksum)이다. 그것은 3.2장에서 배웠던 종류의 순환중복검사(cyclic redundancy check, CRC)이다. 사실 PPP, ADSL 또는 다른 회선에서 나타나는 주어진 생성다항식에 의해 정확히 정의된다. 이러한 CRC는 에러 검출 코드이고 프레임의 비트들이 정확히 수신되는 경우에 결정하기 위해 사용된다. CRC는 에러가 검출된다면 손실되는 프레임을 이용하여 오직 에러 검출을 한다.

바이너리 지수 백오프 알고리즘의 CSMA/CD

고전적인 이더넷은 1-영구 CSMA/CD 알고리즘을 사용한다는 것을 우리는 4.2에서 공부했다. 이 설명은 스테이션이 단지 매체가 유휴되자마자 스테이션이 전송하기 위한 프레임을 가지고 있거나 프레임을 보낼 때 보내기 위한 매체를 감지한다는 의미다. 스테이션은 스테이션이 프레임을 보냄으로서 충돌에 대한 채널을 감시한다. 충돌이 생기면 짧은 잼 신호와 함께 전송을 중지하고 랜덤 간격으로 재전송한다.

충돌이 발생할 때 랜덤 간격이 어떻게 결정되는지를 알아보기로 하자. 그림 4-5의 모델을 사용하기로 한다. 충돌이 일어나면, 시간은 불연속 슬롯으로 나뉘고 각 슬롯의 길이는 에테르에서의 최악의 왕복 전파 시간(2τ)과 같다. 이더넷에 의해 허용된 최장의 경로를 제공하기 위해 슬롯 타임은 512비트 타임, 혹은 51.2μsec로 설정된다 첫 번째 충돌이 일어난 후, 각 스테이션은 재시도하기 전에 랜덤에서 0 혹은 1 슬롯 타임을 기다린다. 만약 두 스테이션이 충돌하고 각각의 스테이션이 같은 랜덤 수를 선택하면, 스테이션은 또다시 충돌이 발생한다. 두 번째 충돌이 일어난 후, 각 스테이션은 랜덤에서 0, 1, 2, 3 중에서 하나를 선택하고 그 숫자만큼의 슬롯 타임을 대기한다. 만약 세 번째 충돌이 발생하면(그렇게 될 확률은 0.25임), 그 후 대기할 슬롯 타임의 수는 0 간격부터 $2^3 - 1$까지 랜덤에서 선택된다.

일반적으로 i번의 충돌이 발생한 후, 0과 2^i-1사이에서 임의의 숫자가 선택되고, 그 숫자만큼의 슬롯을 건너뛰어진다. 그러나 열 번의 충돌이 일어난 후에는 임의 구간은 최대치인 1,023슬롯으로 정해진다. 16번의 충돌 후에는, 컨트롤러는 작업을 포기하고 컴퓨터에 포기 신호를 보내게 되며, 그 후의 복구는 보다 높은 계층에서 하게 된다.

바이너리 지수 백오프(binary exponential backoff)로 불리는 이러한 알고리즘은 전송하고자 하는 스테이션의 수를 동적으로 수용하기 위해 선택되었다. 만약 모든 충돌에 대해 임의의 구간이 똑같이 1,023이라면, 2개의 스테이션이 두 번 충돌할 기회는 거의 무시될 수도 있을 것이나, 충돌 뒤의 평균대기 시간은 수백 슬롯 타임에 달할 것이며, 그것은 심각한 지연을 초래할 것이다. 만약 각 스테이션이 항상 0 혹은 1 슬롯 지연된다면, 가령 100개의 스테이션이 한꺼번에 송신하기를 원하는 경우, 그들 중 99개가 1을 선택하고, 남은 한 스테이션이 0을 선택하는 상황이 될 때까지 계속 충돌하게 될 것이다. 그것은 수년이 걸릴 수도 있다. 연속적으로 충돌이 일어나면 임의대기구간을 지수적으로 증가시킴으로써 알고리즘은 작은 수의 스테이션들이 충돌했을 때 낮은 지연을 보장할 수 있고, 또한 충돌하는 스테이션이 많은 경우 적절한 대기구간을 설정함으로써 충돌 문제를 해결할 수 있다. 1,023에서 백오프 길이를 줄임으로서 범위가 너무 커지는 것을 막는다.

충돌이 없는 경우 송신기는 아마도 프레임이 성공적으로 배달되었다고 추정한다. 즉 CSMA/CD나 Ehternet은 아무런 확인응답(acknowledgements)도 제공하지 않는다. 이 선택은 낮은 오류의 유선 및 광섬유 채널에 적합하다. 어떤 에러든지 CRC로 검색하고 상위계층에 의해 복구된다. 무선 채널은 더 많은 에러를 가지고 있어서 우리는 확인응답이 사용되는 것을 알 수 있다.

4.3.3 이더넷 성능

이제 일정 고 부하 상태 즉 k의 스테이션이 항상 전송을 준비하고 있는 상태에서의 이더넷의 성능을 간단하게 고찰해 보도록 하자. 바이너리 지수 백오프 알고리즘의 엄밀한 분석은 복잡하다. 대신 우리는 Metcalfe와 Boggs(1976)의 방법을 사용하고, 각 슬롯의 재전송 확률은 일정하다고 가정한다. 만약 각 스테이션이 p의 확률을 가진 경쟁 슬롯 동안에 전송한다면, 그 슬롯에서 어떤 슬롯이 채널을 점유할 확률 A는 다음과 같다.

$$A = kp(1-p)^{k-1} \tag{4-5}$$

$k \to \infty$임에 따라 $A \to 1/e$이며 $p=1/k$일 때 A는 최대가 된다. 경쟁 구간이 정확히 j 개의 슬롯을 가질 확률은 $A(1-A)^{j-1}$이며, 그러므로 경쟁당 평균 슬롯은 다음과 같이 주어진다.

$$\sum_{j=0}^{\infty} jA(1-A)^{j-1} = \frac{1}{A}$$

각 슬롯이 2τ 의 주기를 가지므로 평균 경쟁 구간 w는 $2\tau/A$가 된다. 최적의 p를 가정하면, 경쟁 슬롯의 평균 숫자는 결코 e보다 클 수 없으며, 따라서 w는 $2\tau e \approx 5.4\tau$ 정도밖에 될 수 없다.

만약 평균 프레임 전송에 P초가 걸린다면 많은 스테이션이 전송할 프레임을 가지고 있을 때, 채널 효율은 다음과 같다.

$$Channel\ efficiency = \frac{P}{P+2\tau/A} \tag{4-6}$$

여기서 우리는 임의의 두 스테이션 사이의 최대 케이블 거리가 성능 수치와 관계되는 부분을 알 수가 있다. 케이블이 길어질수록 경쟁 구간도 길어진다. 이것이 이더넷 표준이 왜 최대 케이블 길이를 지정하는가 하는 이유이다. 임의의 두 트랜시버 사이의 케이블 길이는 2.5㎞, 리피터의 수는 네 개를 넘지 않도록 함으로써, 왕복 시간은 51.2μs으로 제한될 수 있고, 그것은 최소 프레임 사이즈인 512비트 혹은 64바이트에 해당하는 10Mbps의 속도이다(삭제요망) 식(4-6)을 프레임 길이 F,네트워크 대역폭 B, 케이블 길이 L, 그리고 신호 전파 속도 c의 항으로 최적의 프레임당 경쟁 슬롯 수 e에 대해 공식화하는 것이 도움이 된다. $P = F/B$를 대입하면, 식(4-6)은 다음과 같이 된다.

$$Channel\ efficiency = \frac{1}{1+2BLe/cF} \tag{4-7}$$

분모의 두 번째 항이 크면 네트워크 효율은 낮아질 것이다. 그보다는 특히 네트워크 대역폭 혹은 거리(BL 곱)의 증가는 주어진 프레임 크기에 대한 네트워크 효율을 감소시킨다. 불행하게도 네트워크 하드웨어에 연구의 많은 부분은 정확히 이러한 결과의 증가를 목표로 하고 있다. 사람들은 장거리에 대한 고 대역폭을 원하고(예를 들어 광섬유 MAN), 아직도 이러한 방법에서 구현된 이더넷이 이러한 응용에 대해 최선의 시스템이 아니라는 점을 시사한다. 다음 장에서 이더넷을 구현하는 다른 방법을 알 수 있을 것이다.

그림 4-16에서 식(4-7)을 이용하여 2τ =51.2μsec와 10Mbps 데이터 전송률에 대해 대기 스테이션 수에 대한 채널 효율이 표시되어 있다. 64-바이트 슬롯타임에서, 64-바이트 프레임이 효율적이지 않다는 것은 놀랄 일이 아니다. 반면 1024-바이트 프레임과 경쟁 구간당 64-바이트 슬롯 e값에서 경쟁 주기의 길이는 174바이트이며, 효율은 85%이다. 이 결과는 ALOHA 슬롯보다 37% 향상된 결과다.

이더넷 (그리고 다른 네트워크들)에 대한 방대한 양의 이론적인 성능 분석에 대해 언급할 가치가 있다. 대부분의 결과는 두 가지 이유 때문에 에누리해서 취할 수 있다. 첫째, 가상적으로 이러한 모든 이론적인 작업들은 포아송 트래픽을 가정한다. 연구원들이 실제 데이터에 주목하기 시작함에 따라, 네트워크 트래픽은 거의 포아송이지 않다는 것을 나타내고 있다. 대신 시간 척도의 범위를 통해 자기 유사성 또는 버스트이다(Paxson and Floyd, 1995; Leland et. al., 1994).

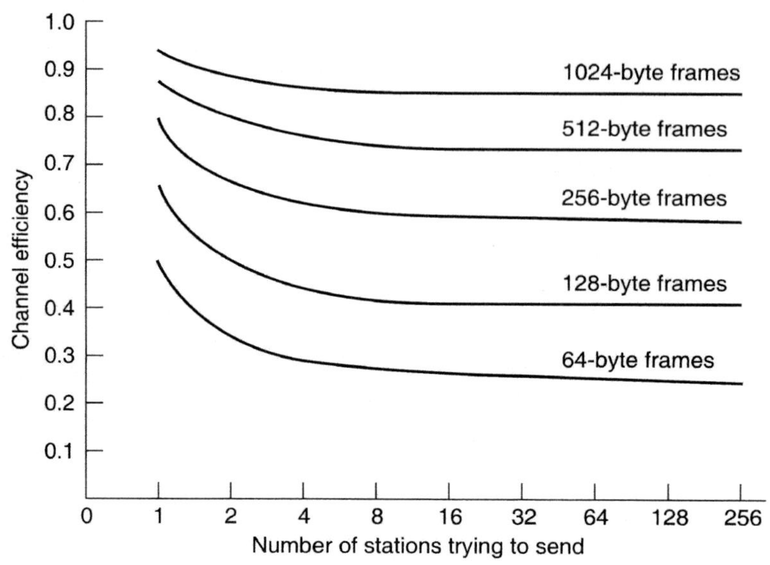

그림 4-16 512-bit의 슬롯 타임을 가진 10Mbps에서의 이더넷 효율성

이것이 의미하는 것은 긴 시간에 걸쳐 평균을 취한 것은 트래픽을 평활(smooth)하게 하지는 않는다는 것이다. 게다가 의심스러운 모델을 이용함으로서 많은 분석가들은 '흥미 있는' 비정상적인 과부하의 성능 케이스에 초점을 맞추었다. Boggs et. al.(1988)은 이더넷이 과부하에서 적절하게 잘 동작하고 있다는 것을 실험을 통해 보여줬다.

4.3.4 스위칭 이더넷

이더넷은 고전적인 이더넷의 단일 긴 케이블 구조를 벗어나 서서히 발전하기 시작했다. 절단 또는 느슨한 연결을 찾는 것과 관련된 문제는 다른 종류의 배선 패턴 쪽으로 연관되며, 각각의 스테이션은 중앙 허브에 향하는 전담 케이블을 가진다. 허브는 단순하게 모든 부착된 선들을 전기적으로 연결한다. 이 형태는 그림 4-17(a)에서 나타내고 있다.

선들은 전화 회사의 트위스트 페어이다. 대부분 오피스 빌딩들은 이미 이 방법으로 연결되어 있고 정상적으로 충분한 여분으로 이용가능하다. 이 재사용은 좋긴 하나 허브로부터 100m까지 실행되는 최대 케이블을 줄였다. 길이를 최대 100m로 줄인다(고품질 카테고리 5의 트위스트 페어가 사용되는 경우 200m). 이 형태에서 스테이션을 추가하거나 제거하는 것은 쉽고, 절단된 케이블은 쉽게 검출된다.

기존의 배선의 사용가능함과 유지보수의 편리함의 장점을 가짐으로서 트위스트 페어 허브는 빠르게 유력한 이더넷이 되었다.

그러나 허브는 고전적인 이더넷의 단일 긴 케이블과 논리적으로 동등하기 때문에 용량에서 증가하지 않았다. 점점 더 많이 스테이션이 추가됨으로서 각각의 스테이션은 정해진 용량의 감소된 몫을 갖는다. 결국 LAN은 포화상태에 이를 것이다. 하나의 해결 방법은 속도의 상승, 즉 10Mbps에서 100Mbps, 1Gbps 또는 보다 높은 속도로 속도를 빠르게 하는 것이다. 그러나 멀티미디어와 강력한 서버의 증가로 인해 심지어 1Gbps 이더넷도 포화되기 시작했다.

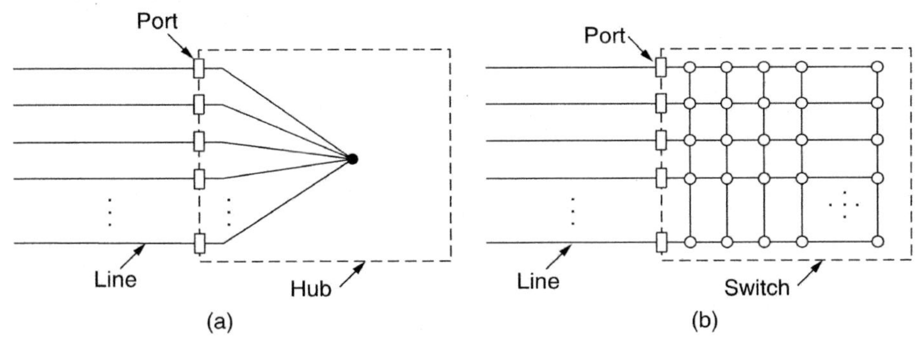

그림 4-17 (a) 허브 (b) 스위치

다행히 증가된 부하를 처리할 수 있는 다른 방법이 있는데 스위칭 이더넷(switched Ethernet)이다. 이 시스템의 중심부는 그림 4-17(b)에서 나타낸 것과 같이 모든 포트를 연결할 수 있는 고속의 후면판을 포함하고 있는 스위치이다. 바깥에서 보면 스위치는 허브처럼 보인다. 그것은 전형적으로 4개에서 48포트까지를 가진 양면의 상자로서 각각은 트위스트 페어 케이블에 대해 표준 RJ-45 커넥터를 가지고 있다. 각각의 케이블은 그림 4-18에서 나타낸 것과 같이 단일 컴퓨터에 스위치나 허브를 연결한다. 스위치는 허브와 같은 이점을 가지고 있다. 배선을 플러그나 언플러그드함으로써 새로운 스테이션을 추가하거나 제거하는 것은 쉽다. 얇게 벗긴 케이블 또는 포트가 스테이션에 영향을 미치기 때문에 결함을 찾는 것은 쉽다. 스위치 자체로 실패할 수 있는 공유된 부품들이 있다. 만약 모든 스테이션이 연결이 되지 않을 경우 IT 사람들은 어떻게 문제를 해결할지를 알고 있다: 모든 스위치를 교체한다.

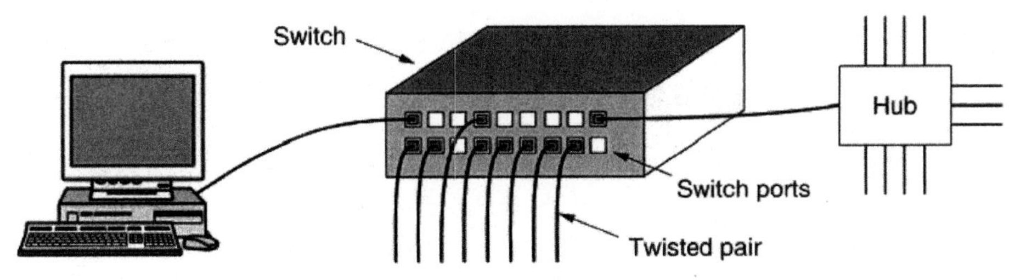

그림 4-18 이더넷 스위치

그러나 스위치의 내부에서 매우 다른 일이 벌어지고 있다. 스위치들은 오직 프레임이 향하는 포트로 프레임을 출력시킨다. 스위치 포트가 스테이션으로부터 이더넷 프레임을 수신할 때 스위치는 이더넷 주소들을 프레임이 향하는 포트를 보기 위해 검색한다. 이 단계는 주소와 일치하는 포트를 알아낼 수 있는 스위치를 필요로 하며, 프로세스는 스위치가 다른 스위치들과 연결되는 일반적인 경우에 이를 때 4.8장에서 설명할 것이다. 지금은 스위치가 프레임의 목적지 포트를 안다고 가정하자. 그리고 나서 스위치가 프레임을 고속의 후면판을 통해 목적지 포트로 프레임을 전송한다. 후면판은 전형적으로 많은 Gbps로 실행되고, 전적으로 스위치 내부에 숨겨져 있기 때문에 표준화되는 것을 필요로 하는 않는 프로토콜을 사용한다. 그런 후에 목적 포트는 의도된 스테이션에 프레임을 도달하게 하기 위해 전선에 프레임을 전송한다. 다른 포트들은 어느 것도 프레임의 존재를 모른다.

만약, 하나 이상의 스테이션과 포트들이 동시에 프레임을 보내기를 원한다면 무슨 일이 발생할까? 스위치는 허브와 다르다. 허브에서 모든 스테이션은 동일한 충돌 영역이다. 모든 스테이션들은 그들의 전송을 계획하기 위해 CSMA/CD 알고리즘을 사용하여만 한다. 스위치에서 각각의 포트는 포트 자신의 독립적인 충돌 영역이다. 케이블이 전이중 회선인 일반적인 경우에서 다른 포트들과 스테이션들에 상관없이 스테이션과 포트 둘 다 동시에 케이블에 프레임을 보낼 수 있다. 충돌은 불가능하고, CSMA/CD는 필요 없다. 그러나 케이블이 반이중인 경우에 스테이션과 포트는 보통의 방법으로 CSMA/CD를 사용한 전송을 위해 다루어야만 한다.

스위치는 두 가지 방법에서 허브를 통해 성능을 개선시킨다. 첫 번째로 충돌이 일어나지 않음으로서 용량을 좀 더 효율적으로 사용되는 것이다. 두 번째로 그리고 보다 중요하게, 하나의 스위치를 사용하여 다중 프레임들을 동시에 보내는 것이다(다른 스테이션을 통해). 이러한 프레임들은 스위치 포트에 도달할 것이고, 적절한 포트에 출력되기 위해 스위치의 후면판을 통해 전송될 것이다. 그러나 두 프레임이 동시에 동일한 출력 포트로 전송될 수 있기 때문에 스위치는 입력 프레임이 출력 포트로 전송 할 때까지 대기열이 있도록 버퍼링을 가지고 있어야 한다. 전반적으로 이러한 개선은 허브를 가지고 큰 성능을 제공하는 것이 불가능하다. 전체 시스템 효율은 종종 포트 수와 트래픽 패턴에 의존하는 규모의 크기에 의해 증가될 수 있다.

프레임이 출력되는 포트에서 변화는 보안 이점이 있다. 대부분의 LAN 인터페이스들은 모든 프레임을 각각의 컴퓨터에 주어지는 불규칙한 모드를 가지는데, 컴퓨터에 주소 지정을 하지 않는다. 허브를 이용하여 연결된 모든 컴퓨터가 다른 컴퓨터 사이에 전송된 트래픽을 볼 수 있다. 스파이들과 참견하기 좋아하는 사람들은 이러한 특징을 좋아한다. 스위치를 이용함으로서 트래픽은 트래픽이 향한 포트로 단지 포워드된다. 이 제한은 트래픽이 쉽게 탈출하지 못하고 잘못된 손에 들어가지 않도록 고립을 제공한다. 그러나 실제로 보안이 필요한 경우 트래픽을 암호화하는 것이 좋다.

스위치가 각각의 입력 포트에 표준 이더넷 프레임을 기대하기 때문에, 집선 장치로 포트의 일부를 사용할 수 있다. 그림 4-18에서 오른쪽 상단 코너의 포트가 싱글 스테이션에 연결되지 않았다. 그러나 대신에 12포트 허브에 연결되어 있다. 프레임들이 허브에 도착함으로서 프레임들은 충돌 및 바이너리 백오프를 포함하여 일반적인 방법으로 에테르를 위해 다투다. 성공적인 프레임은 허브를 통해 스위치로 그것을 만들고 임의의 다른 입력 프레임처럼 처리된다. 스위치는 프레임들이 그들의 방법대로 다투는 방법을 알지 못한다. 일단 스위치에서 프레임들이 고속 백플레인을 통해 올바른 출력 라인에 보내진다. 올바른 목적지는 허브에 부착된 회선상에 있는 것이 가능하고, 그러한 경우에 있어서 프레임들은 스위치가 드롭하기 위해 이미 배달되었다. 허브는 스위치보다 간단하고 저렴하지만, 스위치 가격의 하락으로 인해 허브들은 종(species)이 되었다. 현대의 네트워크는 크게 스위치 이더넷을 사용한다. 그럼에도 불구하고 기존 허브는 여전히 존재한다.

4.3.5 고속 이더넷

스위치가 인기 있는 시기에 10Mbps 속도의 이더넷은 퇴진 압력을 받고 있었다. 케이블 모뎀 사용자에게 텔레폰 모뎀사용자는 천국 같아 보였던 것처럼, 처음에는 10Mbps이 천국 같아 보였다. 그러나 그 신비함은 급속히 사라졌다. Parkinson 법칙(일은 그 완성을 위한 유효한 시간을 채우기 위해 확장한다)의 한 결과처럼 전송을 위한 유효한 대역폭을 채우기 위해 데이터가 확장되었다.

대용량 설치 시 더 많은 대역폭을 필요로 하였고, 따라서 미로와 같이 얽혀진 리피터, 브리지, 라우터, 게이트웨이 등에 의해 연결된 수많은 10Mbps LAN을 가지고 있었는데, 네트워크 관리자의 입장에서는 이들이 풍선껌이나 장난감 같은 전선에 의해 연결되어 있다고 느꼈다. 그러나 심지어 이더넷 스위치를 이용한 경우에도 단일 컴퓨터의 최대 대역폭은 스위치 포트에 연결된 케이블에 의해 제한되었다.

IEEE가 보다 빠른 LAN을 제시하기 위한 지시를 가지고 1992년 802.3위원회를 재소집한 것은 이러한 환경에서였다. 하나의 제안은 802.3을 완전히 그대로 유지하며 다만 속도만 빠르게 하라는 것이었다. 또 다른 제안은 이를 완전히 다시 만들고 실시간 트래픽 및 디지털화된 소리 등과 같은 여러 가지 새로운 특성을 부여하면서, 판매상의 이유로 이름은 예전 것을 그대로 사용하자는 것이었다. 약간의 논쟁 이후, 위원회는 802.3을 예전 그대로 유지하되 속도만 더 빠르게 하자고 결정했다. 이러한 계획은 기술이 바뀌기 전에 과업을 실현되었고 새로운 디자인의 브랜드를 가지고 예측하지 못한 문제를 방지하였다. 또한 새로운 디자인은 기존의 Ethernet LAN에 호환이 가능하였다. 제안에 실패해서 컴퓨터 산업에서 자존심을 잃었던 사람들은 이러한 상황에서 무엇인가를 하였다. 이들은 자신들만의 위원회를 구성하고 게다가 자신들의 LAN을 표준화하였다(결국 802.12로서). 그들은 무참하게 실패했다.

표준위원회의 기준에 의해 이 작업은 매우 빠르게 완성되었고, 그 결과로 802.3u가 1995년 6월에 IEEE에 의해 승인되었다. 802.3u는 기술적으로 새로운 표준은 아니었고 기존의 802.3 표준에다 호환을 강조하기 위하여 약간 추가한 형태였다. 모든 사람들이 이것을 802.3u보다는 **고속 이더넷(fast Ethernet)**이라고 불렀기 때문에 우리도 그렇게 부르기로 한다.

고속 이더넷에 깔린 기본 개념은 단순하다. 모든 과거의 패킷 구성, 인터페이스, 절차 규칙들을 그대로 유지하되, 비트 시간만 100μs에서 10μs으로 감소시키는 것이다. 기술적으로 10Mbps를 고전적인 이더넷으로 복사하면서 단지 10개 요소에 의해 최대 케이블 길이를 줄임으로써, 충돌을 올바른 시간에 감지하는 것이 가능했다. 그러나 트위스트 페어의 장점이 매우 컸기 때문에 고속 이더넷은 전적으로 이것의 설계에 기초를 두었다. 그래서 모든 고속 이더네트는 허브와 스위치를 사용하고 있다. 뱀파이어 탭이 있는 멀티드롭(multidrop) 케이블이나 BNC 커넥터는 허용되지 않았다.

그럼에도 불구하고 약간은 선택의 여지가 있었는데, 그중 가장 중요한 것은 지원하는 전선 타입이었다. 하나의 경쟁자는 카테고리 3의 트위스트 페어였다. 이는 서구 세계의 거의 모든 사무실에서 100m 이내의 전화 배선실로 연결하기 위해 네 개의 카테고리 3의 (혹은 더 좋은) 트위스트 페어를 사용하기 때문이었다. 때로는 2개의 이러한 케이블이 존재하기도 했었다. 그래서 카테고리 3의 트위스트 페어를 사용하는 것은, 전체 건물을 새로운 전선으로 연결시키지 않고 고속 이더넷을 사용하는 데스크톱 컴퓨터들을 연결시킬 수가 있었으며, 이는 많은 조직들에게 큰 장점이었다.

카테고리 3 트위스트 페어의 가장 큰 단점은 100m를 넘어서 100Mbp로 실어 나를 수 없다는 것인데, 컴퓨터에서 허브까지 최장 거리는 10Mbps 허브로 명시하였다. 이와는 대조적으로 카테고리 5의 트위스트 페어 배선은 100m를 쉽게 갈 수 있고 광섬유도 훨씬 멀리까지 갈 수 있다. 그래서 선택된 절충내용은 그림 4-19에서 보여 주듯이, 가능한 모든 세 가지 가능성을 다 허용하는 것인데, 필요한 부가적인 전송 능력을 주는 카테고리 3 해결에 자극이 되었다.

Name	Cable	Max. Segment	Advantages
100Base-T4	Twisted pair	100m	Uses Category 3 UTP
100Base-TX	Twisted pair	100m	Full duplex at 100Mbps(Cat.5 UTP)
100Base-FX	Fiber optics	2,000m	Full duplex at 100Mbps; long runs

그림 4-19 초기 고속 이더넷의 케이블링

100Base-T4라고 불리는 카테고리 3 UTP 방식은 25㎒ 속도의 신호를 사용하는데, 이는 표준 이더넷의 20㎒보다 겨우 25% 빠른 것이다(2.5장에서 논의되었던 맨체스터 인코딩은 초당 각각 1,000만 비트를 위한 두 개의 클록 주기를 필요로 한다는 것을 기억하라). 필요한 비트율을 얻기 위해서 100 Base-4 T는 4개의 트위스트 페어가 필요하다. 4개의 페어 중에서 하나는 항상 허브로 향하고, 또 하나는 허브로부터 있으며, 나머지 두 개는 현재의 전송 방향으로 교환가능하다. 전송방향에서 세 개의 트위스트 페어를 벗어난 100Mbps를 얻기 위해 꽤나 관련이 깊은 구조가 각각의 스위치 페어에 사용되어야 한다. 그것은 세 개의 서로 다른 전압 레벨을 이용하여 세 개의 디지트를 보내는 것과 관련된다. 이러한 계획은 엘레강스를 위한 어떠한 상도 받을 것 같지 않으며, 자세한 것은 건너뛰겠다. 그러나 몇 십 년 동안 표준 전화 배선은 케이블당 4개의 트위스트 페어를 사용하고 있었으므로, 대부분의 사무실에서는 기존의 배선 시설을 사용가능하였다. 물론 이것은 여러분의 사무실 전화를 포기해야 한다는 것을

의미하지만, 더 빠른 전자우편을 위해 지불해야 할 가격이 상당이 낮다고 할 수 있다.

많은 사무실 빌딩은 100Base-TX 이더넷을 위해 카테고리 5UTP를 이용하여 배선을 바꾸는 것처럼 100Base-T4는 진전을 보지 못했으며, 100Base-TX 이더넷은 시장을 지배하게 되었다. 이 설계는 배선들이 125㎒의 클럭율을 처리할 수 있기 때문에 매우 간단하다. 스테이션당 오직 2개의 트위스트 페어만이 사용되는데, 하나는 허브로 들어가고, 다른 하나는 허브로부터 나온다. 스트레이트 바이너리 코딩(straight binary coding)과 맨체스터 코딩은 사용하지 않고, 대신 2.5장에서 설명하였던 4B/5B라 불리는 방법을 사용하고 있다. 4개의 데이터 비트들을 5개의 신호 비트들로 부호화하고 100Mbps를 제공하기 위해 125㎒로 보낸다. 이러한 계획은 단순하나 동기화를 위한 충분한 전이를 가지고 있으며, 상대적으로 배선을 대역폭을 잘 사용한다. 100Base-TX 시스템은 전이중(full-duplex) 방식이다. 스테이션들은 하나의 트위스트 페어상에서 100Mbps의 속도로 전송할 수 있고 동시에 100Mbps를 다른 트위스트 페어상에서 수신할 수 있나.

마지막 선택사양인 100Base-FX는 두 가닥의 멀티모드 광섬유를 사용한다. 각각의 방향에 대해 한 가닥이 사용되며, 각 방향은 100Mbps의 전이중 방식으로 실행된다. 그리고 스테이션과 허브 사이 거리의 최대거리는 2㎞이다. 고속 이더넷은 허브 또는 스위치에 의해 상호 연결이 가능하다. CSMA/CD 알고리즘으로 계속 작동되도록 하려면 네트워크 속도가 10Mbps에서 100Mbps까지 최소 프레임 크기와 최대 케이블 길이 사이의 관계가 유지되어야 한다. 그래서 최소 프레임 사이즈가 64바이트로 올라가거나 최대 케이블 길이 2,500m를 비례적으로 내려가야 한다. 쉬운 선택은 두 스테이션 사이의 최대 거리를 10개의 요소에 의해 낮아지게 함으로서 100M 케이블을 가진 허브가 이미 최대치 범위 안에 포함되어 있다. 하지만 2㎞ 100Base-FX 케이블들은 정상적인 이더넷 충돌 알고리즘을 이용한 100Mbps 허브를 허용하기에는 너무 길다. 대신에 이러한 케이블들은 스위치에 연결되어야 하고, 충돌이 없게 하기 위해서 전이중 모드 방식에서 동작되어야 한다.

사용자들은 빠르게 고속 이더넷을 사용하기 시작했다. 하지만 그들은 오래된 컴퓨터들의 10-Mbps 이더넷 카드들을 버리지 않았다. 결과로써 모든 고속 이더넷 스위치들은 10Mbps와 100Mbps 스테이션의 혼합된 것을 다룰 수 있다. 업그레이드를 쉽게 하기 위해 표준 자체는 두 개의 스테이션이 자동적으로 최적의 속도(10 혹은 100Mbps)와 이중성(반이중 혹은 전이중)을 협상하게 하는 자동 협상이라고 하는 메커니즘을 제공한다. 그것은 대부분의 시간에 잘 동작하지만 링크 끝에 자동 협상 때 이중 불일치 문제를 초래한다고 알려져 있다. 하지만 링크의 다른 끝에는 자동협상하지 않고, 전이중 모드로 설정한다 (Shalunov and Carlson, 2005). 대부분의 이더넷 제품은 환경을 설정하기 위해 이 특징을 사용한다.

4.3.6 기가비트 이더넷

802위원회가 보다 빠른 이더넷에 착수하기 시작했을 때 고속 이더넷 표준은 빠르게 기가비트 이더넷이라 별명 지어졌다. IEEE는 1999년에 가장 인기 있는 유형으로 802.3ab를 승인하였다. 우리는 이제

몇 가지의 기가비트 이더넷의 중요한 특징에 대해 논의하겠다. 더 많은 정보는 Spurgeon(2000)을 참조하라.

기가비트 이더넷에 대한 위원회의 목표는 고속 이더넷에 대한 위원회의 목적과 같다. 기존의 모든 이더넷 표준안을 사용하여 호환성을 유지하는 동안에 성능을 10배 증가시킨다. 특히 기가비트 이더넷은 동일한 48비트 주소 구조를 사용하는 유니캐스트와 브로드캐스트를 이용하여 미확인 데이터그램 서비스를 제의하며, 최소 및 최대 프레임 크기를 포함한 동일한 프레임 형식을 유지한다. 최종 표준은 이러한 목표들을 충족했다.

고속 이더넷과 마찬가지로 기가비트 이더넷의 모든 구성은 포인트 투 포인트 링크를 사용한다. 그림4-20(a)에서 설명된 것처럼 가장 간단한 구성은 두 컴퓨터는 서로 직접 연결된다. 그러나 가장 일반적인 경우는 그림 4-20(b)에서 나타낸 것과 같이 여러 컴퓨터에 연결되어 있는 스위치나 허브를 사용하거나 스위치나 허브를 추가하여 사용한다. 두 가지 구성에 있어서 각각의 개별적인 이더넷 케이블은 더 많지도 더 적지도 않게 정확하게 두 개의 장치를 가지고 있다.

또한 고속 이더넷과 기가비트 이더넷처럼 전이중 모드와 반이중 모드의 두 개의 서로 다른 동작 모드를 지원한다. 일반모드는 동시에 양방향으로 트래픽을 허용하는 전이중 모드다. 이 모드는 주변에 있는 컴퓨터(또는 다른 스위치)에 연결되어 있는 중앙 스위치가 있을 때 이 모드가 사용된다. 이러한 구성에서 각각의 컴퓨터 및 스위치가 원할 때마다 프레임을 보내기 위해 자유롭기 때문에 모든 회선은 버퍼 되어 있다. 송신기는 경합이 불가능하기 때문에 어느 누군가가 채널을 사용하고 있는지 확인하기 위해 채널을 감지할 필요가 없다. 컴퓨터와 스위치 사이의 회선 상에서 컴퓨터가 스위치에 대해 유일한 송신기이며, 전송은 스위치가 지금 컴퓨터로 프레임을 전송한다 할지라도 성공할 것이다(회선이 전이중 방식이기 때문에).

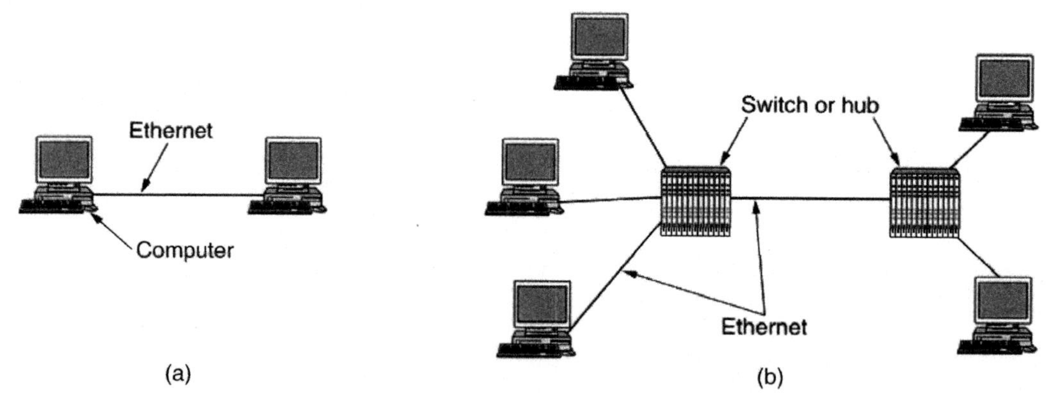

그림 4-20 (a) 2-station Ethernet (b) Multistation Ethernet

CSMA/CD 프로토콜이 사용되지 않아서 경쟁이 가능하지 않기 때문에 신호 강도에 의해 결정되는 케이블의 최대 길이가 최악의 경우의 버스트 잡음이 송신기로 얼마나 오랫동안 다시 전파되는 것보다 더 쟁점사안이다. 스위치는 혼합해도 좋고 속도에 일치한다. 자동협상은 단지 고속 이더넷에서 지원되고, 선택은 10, 100, 1000Mbps들 중에 있다.

컴퓨터가 스위치보다 허브에 연결되어 있을 때 반이중 모드가 사용된다. 허브는 입력되는 프레임을 버퍼하지 않는다. 대신 내부적으로 모든 회선을 전기적으로 연결한 시뮬레이팅 멀티드롭 케이블은 고전적인 이더넷에서 사용된다. 이 모드에서 충돌이 가능하여 표준 CSMA/CD 프로토콜이 필요하다. 64바이트 프레임(가장 짧은)이 고전적인 이더넷에 비해 100배 빠른 전송을 할 수 있다. 최대 케이블 길이는 반드시 최악의 경우라도 버스트 잡음이 송신기에 되돌아 갈 때 송신기가 전송하는 필수적인 특성을 유지하기 위해 100배 적거나 25m이어야 한다. 2,500m 긴 케이블에 있어서 송신기가 프레임이 다른 쪽 종단 지점에 10분의 1까지 도착하기 전에 1Gbps의 64byte 프레임이 완료된다.

이러한 길이 제한은 두 가지 특성이 200m까지 최대 케이블 길이를 증가시키기 위해 표준에 추가되어 짐으로서 충분히 골칫거리이지만 대부분의 사무실에 대하여 충분하다. 캐리어 확장이라는 첫 번째 특성은 프레임을 512바이트까지 확장하기 위해 정상적인 프레임 뒤에 자신의 패딩을 추가하도록 하드웨어에 반드시 지시한다. 이러한 패딩은 송신 하드웨어에 의해 추가되거나 수신 하드웨어에 의해 제거됨으로서 기존의 소프트웨어에 변화가 필요하지 않는다는 것을 의미한다. 단점은 46바이트 사용자 데이터(64바이트 프레임의 페이로드)를 전송하기 위해 512바이트의 대역폭을 사용하는 것은 단지 9%의 회선 효율을 가지고 있다는 것이다.

프레임 버스팅이라고 하는 두 번째 특성은 송신기가 단일 전송에서 다중 프레임의 연이은 순서로 전송하는 것을 허용한다. 전체 버스트가 512바이트 미만인 경우, 하드웨어가 다시 패드한다. 만약 프레임이 전송을 위해 충분히 대기하는 경우 이러한 계획은 매우 효율적이고 캐리어 확장을 통해 선호되었다. 공평하게 말하면 하나의 조직이 기가비트 이더넷 카드가 장착되어 있는 현대의 컴퓨터를 구입하고 난후 모든 충돌이 있는 고적적인 이더넷을 시뮬레이트하는 구식의 허브를 이용하여 컴퓨터들을 연결한다고 상상하는 것은 어렵다. 기가비트 이더넷 인터페이스와 스위치들은 비쌌지만 그들의 가격은 급격히 하락하였다. 여전히 호환의 가능성이 컴퓨터 산업에서 신성시되어서 위원회는 호환의 가능성을 포함하는 것을 요구했다. 오늘날 이더넷 인터페이스를 가지고 있는 대부분의 컴퓨터는 10, 100 그리고 1000Mbps 속도로 동작이 가능하고 그들 모두 호환이 가능하다.

기가비트 이더넷은 그림 4-21에서 나열된 것과 같이 구리와 광케이블 둘 다 지원한다. 1Gbps 근방에서 신호는 부호화를 필요로 하고 10억분의 1초마다 하나의 비트를 보낸다. 처음에 이러한 마술은 짧고, 차폐 구리 케이블(1000Base-CX 버전)과 광섬유에서 이루어졌다. 광섬유에 대해 두 개의 파장이 허용되고, 두 개의 다른 버전 0.85마이크론(짧은, 1000Base-SX)과 1.3마이크론(긴, 1000Base-LX). 의 결과를 낳았다.

짧은 파장에서 신호는 값싼 LED을 가지고 이루어질 수 있다. 그것은 다중모드 광섬유를 가지고 사용되고 빌딩 내에서 연결을 위해 유용하다. 50마이크론 광섬유에 대해 500m까지 이를 수 있다. 긴 파장에서 신호는 비싼 레이저를 필요로 한다. 반면에 단일 모드(10마이크론) 광섬유를 가지고 결합할 때 케이블의 길이는 5㎞까지 이를 수 있다. 이러한 제한은 캠퍼스 백본과 같은 전용 점대점 링크로 빌딩 사이의 긴 연결을 허용한다. 후에 표준의 변형은 단일 모드 광섬유를 통해 보다 긴 링크를 허용하였다.

Name	Cable	Max. Segment	Advantages
1000Base-SX	Fiber optics	550m	Multimode fiber(50, 62.5microns)
1000Base-LX	Fiber optics	5000m	Single(10μ) or multimode(50, 62.5μ)
1000Base-CX	2 Pairs of STP	25m	Shielded twisted pair
1000Base-T	4 Pair of UTP	100m	Standard category 5UTP

그림 4-21 기가비트 이더넷 케이블링

이러한 버전의 기가비트 이더넷을 통해 비트를 송신하기 위해 2.5장에서 설명하였던 8B/10B 부호화는 Fibre 채널이라고 불리는 다른 네트워크 기술로부터 차용하여 썼다. 그러한 구조는 배선과 광섬유를 통해 보내진 10비트 부호워드 내에 8비트 데이터를 부호화한다. 이런 이유로 10B/8B로 명명되었다. 부호워드는 클럭 복구를 위해 충분한 전이를 가지고 균형(동일한 0의 수와 1의 수를 갖는)을 위해 선택되었다. NRZ를 이용하여 부호화된 비트를 보내는 것은 부호화되지 않는 비트에 대해 필요한 것보다 25%의 신호 대역폭을 요구함으로서 맨체스터 부호화의 100% 넘게 큰 향상이 있다.

그러나 이러한 선택사항의 모든 것은 보다 빠른 신호를 지원하기 위해 새로운 구리 또는 광섬유 케이블을 필요로 한다. 그들의 어느 것도 고속 이더넷과 함께 설치되었던 다수의 카테고리 5 UTP를 사용하지 못한다. 1년 이내에 1000Base-T는 이러한 격차를 채우게 되었으며, 그 이후로 줄곧 가장 인기 있는 기가비트 이더넷 형태가 되었다. 사람들은 그들의 빌딩을 회선을 다시 설치하는 것을 좋아하지 않는다.

보다 복잡한 신호는 카테고리 5의 배선을 통해 이더넷을 1,000Mbps에서 실행되게 하는 것이 필요하다. 시작하기 위해 케이블 내에 4개의 트위스트 페어가 사용되며, 각각의 페어는 신호를 분리하기 위한 디지털 신호 처리를 이용함으로서 동일한 시간에 양방향에서 사용된다. 각각의 배선을 통해 2개의 비트를 실어 나르는 5개의 전압 레벨이 125Msymbols/sec에서 신호를 위해 사용된다. 비트들로부터 심벌을 생성하기 위한 매핑은 간단하지가 않다. 매핑은 전이를 위해 4개의 값을 5개의 신호 레벨에 내장한 하나의 에러 정정 부호화 뒤에 스크램블링과 관련이 있다.

1Gbps는 상당히 빠른 속도이다. 예를 들어 수신기가 1msec 동안에 다른 일로 바쁘거나 어떤 회선상에 입력 버퍼를 비우지 못한 경우 1,953프레임까지 공백 안에 누적될 수 있다. 또한 기가비트 이더넷의 컴퓨터가 고전적 이더넷의 컴퓨터에 연결된 회선으로 데이터를 실어 나를 때 버퍼에는 과부하가 걸릴 것이 틀림없다. 이 두 가지의 관찰 결과로 기가비트 이더넷은 흐름 제어를 제공한다. 메커니즘은 특정한 제어 프레임을 송신하는 한쪽 끝과 정해진 시간의 주기 동안 일시정지(pause)를 알리는 다른

쪽 끝으로 구성된다. PAUSE 제어 프레임은 0×8808 타입을 가진 보통의 이더넷 프레임들이다. 일시정지는 최소 시간 단위에서 주어진다. 기가비트 이더넷에서는 시간 단위가 512msec인데, 이것은 33.6msec 동안 일시정지를 허용한다.

기가비트 이더넷과 함께 도입된 확장이 하나 더 있다. 프레임이 1,500바이트보다 길게 되는 것을 허용하는 Jumbo 프레임은 대개 9KB까지이다. 확장은 독점적이다. 그것은 이더넷이 더 이상 초기 버전과 호환되지 않았기 때문에 표준화에 의해 승인되지 않았으나 대부분의 판매회사들은 어떤 방식으로든지 지원한다. 1,500바이트는 기가비트에서는 짧은 단위이다. 정보의 보다 큰 블록을 취급함으로서 프레임의 도착을 알려주는 처리기를 인터럽트 또는 메시지가 너무 길어 이더넷 프레임에서 맞지 않는 메시지를 분할하거나 재조합하는 것과 같은 프레임 비율과 관련된 처리에 따라 프레임의 비율을 감소시킬 수 있다.

4.3.7 10기가비트 이더넷

기가비트 이더넷이 표준화되자마자 802위원회는 다시 일을 계속하기 시작했다. IEEE는 10Gbps 이더넷을 시작하게 했다. 이 작업은 2002년과 2004년에 처음으로 나타난 광섬유와 차폐된 구리 케이블을 가진 이전의 이더넷 표준화로서 동일한 패턴을 따르는데, 2006년에 구리 꼬임 쌍선에 대한 표준화를 따른다.

10Gbps는 실로 엄청난 속도다. 원래 이더넷보다 1,000배가 더 빠르다. 어디에서 이런 속도가 필요할까? 그 답은 내부의 데이터센터와 높은 연결을 하기 위해 라우터, 스위치 그리고 서버뿐만 아니라 장거리, 높은 대역폭 등 메트로폴리탄 지역에서 이더넷과 광네트워크의 기초가 된다. 장거리 연결은 광섬유를 사용하는 데 반해 짧은 연결은 구리나 광섬유를 사용한다.

10기가비트 이더넷의 모든 버전은 오직 전이중 방법이다. CSMA/CD는 더 이상 설계의 일부분이 아니었으며, 물리 계층의 상세 표준 집중은 매우 높은 속도로 작동한다. 호환성은 아직 문제이지만 10기가비트 이더넷의 인터페이스는 자동협상 라인의 양쪽에서 지원하는 최고 속도로 귀환한다.

10기가비트 이더넷의 주요 종류는 그림 4-22에서 나열되고 있다. 멀티모드 섬유는 0.85μ (짧은) 파장을 중거리에서 쓰고, 싱글모드 섬유는 1.3μ (긴) 그리고 1.5μ (확장된)은 장거리에서 쓴다. 10GBase-ER은 40km의 중거리에서 작동하며 넓은 지역의 어플리케이션에 적합하게 만들 수 있다. 이러한 모든 버전들은 스크램블링 데이터 비트에 의해 생성된 정보의 직렬 스트림으로 보내고, 그리고 나서 64B/66B코드로 그것들을 부호화한다. 이 부호화는 8B/10B코드보다 오버헤드 되지 않는다.

최초의 구리 버전은 10GBase-CX4로 정의되며, 4개의 쌍축 구리 배선을 가진 케이블을 사용한다. 각각의 쌍은 10Gbps에 도달하기 위해 8B/10B코딩과 3.125Gsymbols/sec에 실행했다. 이 버전은 광섬유보다 저렴했으며, 초기에 마켓에서 사용되었다. 하지만 더 다양한 정원 꼬임 쌍선 배선을 통해 10기가비드 이디넷을 장기적으로 낼 수 있는지 두고 봐야 한다.

Name	Cable	Max. Segment	Advantages
10GBase-SR	Fiber optics	up to300m	Multimode fiber(0.85μ)
10GBase-LR	Fiber optics	10km	Single-mode fiber(1.3μ)
10GBase-ER	Fiber optics	40km	Single-mode fiber(1.5μ)
10GBase-CX4	4 Pair of twinax	15m	Twinaxial copper
10GBase-T	4 Pair of UTP	100m	Category 6a UTP

그림 4-22 10기가비트 이더넷 케이블링

10GBase-T버전은 UTP로 케이블을 사용한다. 카테고리 6을 연결하는 동안 설치된 케이블의 재사용을 허용하기 위해 낮은 카테고리를 사용할 수 있다(카테고리 5를 포함). 물리 계층은 꼬임 쌍선에 10Gbps 이상으로 도달하기 위해 관련된다. 우리는 오로지 높은 수준의 세부사항을 스케치한다. 4개의 트위스트 페어는 두 방향 모두 2500Mbps로 보내는 데 사용한다. 이 속도는 16볼트 레벨을 사용하고 800Msymbols/sec의 주기로 시그널을 전송한다. 심벌은 무질서한 데이터에 의해 만들어지고, 저밀도 패리티 체크(Low Density Parity Check) 코드로 심벌을 보호하고 에러 정정 코딩을 추가한다.

10기가비트 이더넷은 여전히 시장에서 흔들리고 있다. 하지만 802.3위원회는 이미 준비를 마쳤다. 2007년 말 IEEE는 40Gbps와 100Gbps로 작동하는 표준안 그룹을 만들었다. 이러한 업그레이드된 백본 네트워크에서 장거리 연결과 뒤판(backplane) 장비를 통한 짧은 연결을 포함하면서 이더넷의 매우 높은 성능 설정을 완성했다. 그 표준안은 아직 완성되지 않았으나 특허 제품은 이미 사용가능하다.

4.3.8 이더넷의 회고

이더넷은 30년 이상 사용되어 오고 있고 심각한 문제가 보이지 않으므로 앞으로 수년간 더 지속될 것으로 보인다. 몇몇의 CPU 구조, 운영 시스템, 프로그래밍 언어들은 30년 동안 최정상에 군림하고 있다. 분명히 이더넷은 무언가 훌륭한 이유가 있었다. 그것이 무엇인가?

아마 그 긴 수명의 주요 원인은 이더넷이 간단하고 유연성이 높아서일 것이다. 실제로, 간단한 것은 신뢰도가 있고, 싸고, 유지보수가 용이해서일 것이다. 오래전 뱀파이어 탭이 BNC 커넥터로 대체된 적이 있는데 실패가 거의 없었다. 사람들은 언제나 잘 돌아가는 것을 바꾸는 것을 주저한다. 특히 사람들이 컴퓨터 공장에서 수없이 많은 일들이 형편없는 상황일 때는, 그래서 소위 업그레이드라고 불리는 교체가 상황을 더 악화시킨다는 사실을 알고 나면 더욱 망설이게 된다.

간단이란 말은 '싸다'라고 번역될 수도 있다. 얇은 이더넷(Thin Ethernet)과 트위스트 페어로 가설하는 것은 상대적으로 덜 비싸다. 인터페이스 카드 역시 저가이다. 단지 허브와 스위치가 나왔을 때만 대체할 비용이 필요했다. 그러나 이들이 소개될 때는 벌써 이더넷은 잘 확립되어 있었다.

이더넷은 유지보수가 용이하다. 드라이버 외에 다른 소프트웨어는 설치할 필요가 없고, 관리해야 할 (그래서 잘못될 수도 있는) 구성 테이블도 필요 없다. 또한 새로운 호스트를 연결하는 것은 그저 선만 꽂으면 될 만큼 간단하다.

다른 또 한 가지는 이더넷은 TCP/IP와 쉽게 연동될 수 있다는 것이고, 이 점은 이제 중요한 요소가 되고 있다. IP는 비연결성 프로토콜이고 따라서 역시 비연결성인 이더넷과 완벽하게 맞는다. IP는 연결 지향적인 ATM과는 맞지 않는다. 이 불일치성은 ATM에게는 치명적이다.

마지막으로 이더넷은 확실하고 중요한 방향으로 발전을 거듭하고 있다. 속도는 양적으로는 여러 차수의 단위로 빨라지고 있고 허브와 스위치가 도입되었다. 그러나 이러한 변화가 소프트웨어의 변경을 요구하지는 않는다. 네트워크 세일즈맨이 대량으로 설치하는 장소에 나타나서 "저는 이 환상적인 새로운 네트워크를 손님을 위해 가져왔습니다. 손님이 해야 할 일은 단지 가지고 계신 하드웨어를 다 버리고 모든 소프트웨어를 다시 깔면 됩니다."라고 말한다면 그 세일즈맨은 문제가 있을 것이다.

당신이 아마도 가지고 있는 많은 대체적인 기술들이 도입되었을 때 이더넷보다 빠르나는 것을 듣지 못했을 것이다. ATM과 마찬가지로 이러한 리스트는 두 개의 링을 기본으로 한 광 LAN을 가진 광섬유 분산 데이터 인터페이스(Fiber Distributed Data Interface)와 섬유광학 채널을 포함한다. 그러나 이들은 이더넷과의 호환성이 없었다. 그것들은 훨씬 복잡하여서 복잡한 칩과 높은 가격을 초래하였다. 그 이유는 여기에서 배웠던 **KISS(Keep It Simple, Stupid)**이다. 결국 이더넷은 속도면에서도 그들을 따라 잡았고, 예를 들어 FDDI로부터 4B/5B 코딩과 Fibre 채널로부터 8B/10B 코딩과 같은 기술을 차용하면서이다. 그런 후에 이들은 더 이상 장점도 없고 특별한 역할 속으로 모두 조용히 사라졌다.

얼마동안 그것의 응용에 있어서 계속해서 확장하는 이더넷처럼 보인다. 10기가비트 이더넷은 DSMA/CD의 거리 제한으로부터 자유롭다. 네트워크 공급자가 메트로폴리탄과 광역 네트워크에 대해 그들의 고객들에게 이더넷 기반 서비스를 제공하게 하기 위해 보다 많은 노력이 캐리어-그레이드 이더넷에 더하였다(Fouli & Maler, 2009). 이러한 응용은 광섬유를 통해 이더넷 프레임을 장거리로 전송하고, 운영자가 고품질로 신뢰성 있게 제공할 수 있도록 도와주는 보다 나은 관리 특징을 필요로 한다. 매우 높은 속도의 네트워크는 또한 많은 라우터와 서버에서 부품들을 연결하는 백플레인에서 사용되는 것을 알 수 있다. 두 가지 다 사무실에서 컴퓨터 사이에 프레임을 부가적으로 전송하는 것을 사용한다.

4.4 무선 LAN

무선 랜은 점차적으로 인기가 증가하고 있다. 집, 사무실, 카페, 도서관, 공항, 동물원, 공공장소에서도 컴퓨터, PDA 그리고 스마트폰을 인터넷에 연결하기 위한 장비가 갖춰져 있다. 또한 무선 랜은 인터넷을 사용하지 않고 두 개 또는 그 이상의 컴퓨터들을 통신하게 해준다.

주요한 무선 랜 표준은 802.11이다. 1.5.3절에서 802.11에 대한 배경에 대해 언급하였다. 여기서는 802.11에 대해 좀 더 자세히 살펴보도록 한다. 다음 절에서 프로토콜 스택, 물리 계층 무선 전송 기술, MAC 부계층 프로토콜(MAC sublayer protocol), 프레임 구조, 제공된 서비스에 대해 살펴볼 것이다. 802.11에 대해 더 많은 정보를 원한다면 Gast(2005)를 보라. 실제 근거 자료에서 정확한 정보를 얻고자 한다면 802.11-2007 표준 자체를 직접 참고하기 바란다.

4.4.1 802.11 구조와 프로토콜 스택

802.11 네트워크는 두 가지 모드에서 사용된다. 가장 인기 있는 모드는 랩톱과 스마트폰과 같은 클라이언트들을 회사 인트라넷 또는 인터넷과 같은 다른 네트워크에 연결하는 것이다. 이러한 모드는 그림 4-23(a)에 보여주고 있다. 인프라스트럭처 모드에서 하나의 엑세스 포인트(Access Point)와 관련이 있는 각각의 클라이언트는 차례차례 다른 네트워크로 연결하는 것이다. 클라이언트는 AP를 경유해서 패킷들을 보내고 수신한다. 몇 개의 엑세스 포인트는 전형적으로 확장된 802.11 네트워크 형식을 가진 분산 시스템이라고 하는 네트워크에 의해 연결될 수도 있다. 이 경우에 있어서 클라이언트는 AP들을 경유해 다른 클라이언트로 프레임을 전송할 수 있다.

다른 모드는 그림 4-23(b)에 나타낸 것과 같이 애드 혹 네트워크(Ad hoc Network)이다. 이 모드는 상호 간에 직접적으로 프레임을 전송할 수 있는 컴퓨터들의 집합이다. 엑세스 포인트가 없다. 인터넷 엑세스는 무선에 대해 응용을 죽임으로써 애드 혹 네트워크는 그다지 유명하지 않았다.

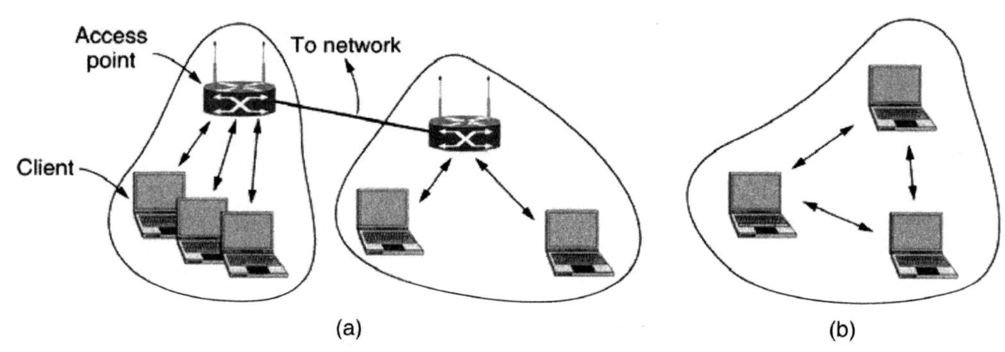

그림 4-23 802.11 구조 (a) 인프라스트럭처 모드 (b) Ad-hoc 모드

우리는 프로토콜을 살펴볼 것이다. 802.11과 이더넷을 포함한 모든 802 프로토콜은 공통적인 구조를 가진다. 그림 4-24는 802.11 프로토콜 스택의 일부를 나타낸다. 이 스택은 클라이언트와 AP에 대해서 동일하다.

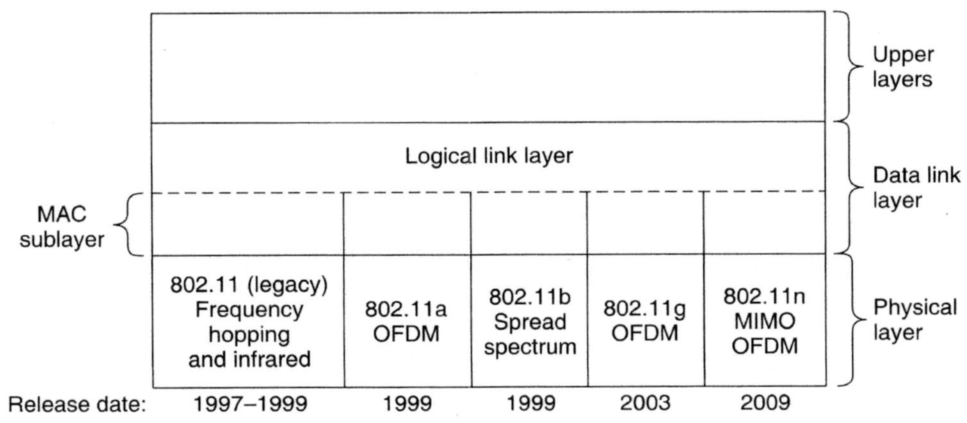

그림 4-24 802.11 프로토콜 스택의 일부

이 그림에서의 물리 계층은 OSI의 물리 계층과 잘 부합하지만, 802프로토콜의 데이터링크 계층은 둘 또는 그 이상의 부계층(sublayers)들로 나뉜다. 802.11에서 MAC 부계층은 채널을 어떻게 할당할지를 즉 누가 다음 전송을 수행할지를 결정한다. 위의 LLC 부계층이 있는데, 이 계층은 다양한 802 사양들 사이의 차이점을 은닉시키고, 네트워크 계층이 전송에 관여할 때까지 그것을 구별할 수 없도록 만드는 일들을 수행한다. 이것은 중요한 책임을 가지고 있다. 그러나 요즘에는 LLC는 8-2.11 프레임에서 전송되는 프로토콜(즉 IP)을 식별하는 접착 계층이다.

몇 가지 전송 기술이 802.11이 1997년에 처음 나타난 이래로 발전되어 왔던 것처럼 물리적 계층에 추가되었다. 텔레비전 원격 제어의 방법에서 적외선과 2.4㎓대역에서 주파수 호핑과 같은 초기의 두 가지 기술은 지금 현존하지 않는다. 2.4㎓에서 1 또는 2Mbps에서 직접 순차 확산 스펙트럼과 같은 세 번째 초기 기술은 11Mbps 비율에서 실행되기 위해 확장되었고, 빠르게 히트 되었다. 그것은 802.11로 알려져 있다. 무선의 속도를 신장시키기 위해 2.5.3장에서 설명하였던 직교 주파수 분할 다중화(Orthogonal Frequency Division Multiplexing)를 기본으로 하는 새로운 기술을 1999년과 2003년에 도입하였다. 첫 번째는 802.11a라고 하였으며, 5㎓의 서로 다른 주파수를 사용한다. 두 번째는 2.4㎓와 호환성을 유지하였으며 802.11g라고 한다. 두 가지 다 54Mbps까지 비율을 준다.

가장 최근에 속도를 신장시키기 위해 송신기와 수신기에서 다중 안테나를 연속적으로 사용하는 전송 기술은 2009년 9월에 802.11n으로 완성하였다. 4개의 안테나와 보다 넓은 채널을 이용함으로서 802.11 표준화는 놀랍게도 600Mbps까지 비율을 규정할 수 있다.

각각의 전송 기술에 대해 간략하게 살펴볼 것이다. 기술적으로는 이러한 기술이 물리 계층에 속하여서 2장에서 살펴보았지만 LAN, 특별히 802.11 LAN에 의존하기 때문에 여기서 다루도록 한다.

4.4.2 802.11 물리 계층

각각의 전송기술은 MAC 프레임을 하나의 스테이션에서 다른 스테이션으로 전송할 수 있게 한다. 하지만, 이 기술들은 기술적인 면이나 수행 속도 면에서 서로 다르다. 이 기술들에 대한 상세한 논의는 이 책의 범위를 벗어나지만, 흥미 있는 사람들이 인터넷이나 다른 곳에서 더 많은 정보를 찾아볼 수 있도록 2.5장에서 소개된 기술과 관련이 있는 중요 단어들을 제공할 것이다.

모든 802.11 기술들은 2.4CHz 또는 5㎓ ISM 주파수 대역에서 신호를 전송하기 위하여 짧은 영역의 무선을 사용하는데 2.3.3절에서 설명하였다. 이러한 대역은 허가되지 않는 장점을 가지고 있으며, 이런 이유로 인해 거의 1W(50mW는 무선 LAN 라디오에 대해 보다 전형적이다)의 방사 전력과 같은 약간의 제약을 가지고 있는 송신기를 자유롭게 이용할 수 있다. 불행하게도 이러한 사실은 제조사의 차고 열쇠, 무선 전화기, 전자레인지와 무수한 다른 장치로 알려져 있으며, 모두 다 동일 스펙트럼에 대해 랩톱과 경쟁한다. 2.4㎓ 대역은 5㎓ 대역보다 복잡하다. 그래서 5㎓는 고주파수 때문 짧은 영역을 가지고 있음에도 불구하고 어떤 응용에 대해서는 나을 수 있다.

또한 모든 전송 방법은 여러 비율로 정의된다. 이 개념은 서로 다른 비율은 현재의 조건에 의존하면서 사용된다는 것이다. 만일 무선 신호가 약하다면 저비율이 사용된다. 신호가 명백하다면 고비율이 사용된다. 이러한 조정은 비율 적응이라 한다. 비율은 10개 이상의 요인에 의해 달라지게 되므로 좋은 비율 적응은 좋은 성능에 중요하다. 물론 정보처리 상호 운용 가능성에서 필요하지 않으므로 표준화는 어떻게 비율 적응이 이루어져야 하는지 말하지 않는다.

첫 번째 전송방법은 802.11b에서 살펴볼 수 있다. 그것은 1, 2, 5.5와 11Mbps의 비율을 지원하는 확산 스펙트럼이며, 실제로 운용하는 비율은 거의 항상 11Mbps이다. 그것은 모든 사용자에 의해 공유되는 오직 하나의 확산 코드가 있다는 것을 제외하고 2.5장에서 살펴본 CDMA 시스템과 유사하다. 확산은 ISM 대역을 통해 확산되는 FCC 요구를 만족하기 위해 사용된다. 201.11b에서 사용된 확산 순서는 바커 시퀀스(Barker sequence)이다. 그것은 자동 상관이 순서가 할당될 때를 제외하고는 낮다는 특징을 가지고 있다. 이 특징은 수신가 전송의 시작에서 고정되는 것을 허용한다. 1Mbps 비율로 전송하기 위해 바커 시퀀스는 11칩당 1비트를 전송하는 BPSK 변조를 사용한다. 칩은 11Mchips/sec 비율로 전송된다. 2Mbps에서 전송하기 위해서, 11칩당 2비트를 전송하는 QPSK 변조를 사용한다. 이러한 비율은 바커 시퀀스 대신에 부호화를 구성하기 위해 보수 부호 천이(Complementary Code Keying)이라고 하는 기술을 사용한다. 5.5Mbps는 모든 8칩 코드에서 4비트를 전송하고, 11Mbps는 모든 8칩 코드에서 8비트를 전송한다.

다음에 오는 802.11a는 5㎓ ISM 대역에서 최대 54Mbps까지 지원한다. 당신은 802.11b 이전에 802.11가 나왔다라고 예측하지만 그렇지 않았다. 802.11a 그룹이 먼저 설정되었지만, 802.11b 표준화가 먼저 공인되었고 부분적으로 5㎓대역에서 운영의 어려움 때문에 802.11a 제품에 앞서 만족스러운 시장을 가져왔다.

802.11a방식은 OFDM이 스펙트럼을 효율적으로 사용하고, 다중경로와 같은 무선 신호 감소에 저항하는 직교 주파수 분할 다중화(Orthogonal Frequency Division Multiplexing, OFDM)를 토대로 하고 있다. 비트들이 병렬적으로 52비트 서브 반송을 통해 전송되면 48비트 반송 데이터와 동기화를 위해 4비트가 사용된다. 각각의 심벌은 4μs동안 지속되고 1,2,4 또는 6비트를 전송한다. 먼저 비트들은 이진 컨벌루션 코드를 가진 에러 정정을 위해 코드화되고, 단지 비트의 1/2, 2/3, 또는 3/4만이 리던던트 되지 않는다. 다른 조합을 이용하여, 802.11a는 6Mbps에서 54Mbps까지 8가지 다른 전송 비율로 실행된다. 이 전송률은 802.11b보다 빠르고, 5㎓ 대역에서 간섭이 덜하다. 비록 802.11b가 802.11a보다 7배 큰 영역을 가지고 있지만 여러 상황에 비추어볼 때 매우 중요한 일이다.

802.11이 큰 영역을 가짐에도 불구하고 속도에서 챔피언 지위를 얻고자 하지 않았다. 다행스럽게도 2002년 5월에 FCC는 미국에서 확산 스펙트럼을 사용하는 ISM 대역에서 운용되는 모든 무선 통신 장치를 요구하는 오래된 규칙을 버렸다. 그래서 2003년에 IEEE에 의해 공인된 802.11g의 작업을 시작하게 되었다. 그것은 802.11a의 OFDM 변조 방식을 복사하였으나 802.11b에 따라 2.4㎓의 ISM 협대역에서 운영되었다. 그것은 물론 802.11a(6Mbps에서 54Mbps까지)의 동일한 전송비율에다 802.11b의 호환성을 더하여 제공하였다. 이러한 서로 다른 모든 선택은 고객들에게는 혼란을 초래하였고 단일 NIC에서 802.11a/b/g를 지원하는 범용적인 제품이다.

거기에서 멈추지 않고 IEEE 위원회는 802.11n이라고 하는 고처리율(high-throughput) 물리계층을 작업하기 시작했다. 그것은 2009년에 비준하였다. 802.11에 대한 목적은 모든 무선 오버헤드가 제거된 후에 최소한 100Mbps의 처리율을 가진다. 그렇게 하기 위해 위원회는 채널을 20㎒에서 40㎒로 2배로 확장하였으며, 함께 전송하기 위해 프레임의 그룹을 허용함으로서 프레임의 오버헤드를 줄였다. 그러나 상당히 중요하게도 802.11n은 동시에 전송을 위해 4개의 안테나와 4개의 정보 스트림을 사용하였다. 스트림의 신호는 수신기에서 간섭하였으나 신호들은 다중입력 다중출력(Multiple Input Multiple Output) 통신 기술을 사용하여 분리하였다. 다중 안테나의 사용은 속도 또는 신뢰성을 크게 신장하였다. OFDM처럼 MIMO는 무선 설계를 바꾸는 분명한 통신 개념의 하나이며, 미레에서 많은 것을 들을 수 있을 것이다. 802.11에서 다중 안테나에 대한 간단한 소개는 Halperin et. al.(2010)을 참조하라.

4.4.3 802.11 MAC 부계층 프로토콜

이제 전기공학 분야에서 컴퓨터공학 분야로 방향을 바꾸어 보자. 802.11 MAC 부계층 프로토콜은 무선 통신에서 기본적인 두 요인 때문에 이더넷의 프로토콜과는 많은 차이가 있다.

첫 번째는 항상 무선이 반이중이기 때문에 단일 주파수상에 동시에 버스트 잡음을 전송하거나 들을 수 없다는 것을 의미한다. 수신된 신호는 전송된 신호보다 매우 약하게 되어서 동시에 들을 수 없다. 이더넷을 가지고, 스테이션은 에테르가 조용할 때까지 기다린 후에 전송을 한다. 처음 64바이트를 선송하는 동안에 버스트 잡음을 수신하지 않았다면 프레임은 정확하게 전달되었다. 무선에서 무선 충돌 검출 메커니즘은 동작하지 않는다.

대신에 802.11은 CSMA/CA(충돌 회피를 가진 CSMA)이라고 하는 프로토콜을 가지고 충돌을 회피하려고 한다. 이 프로토콜은 개념적으로 송신하기 전의 채널 감지와 충돌 후에 지수적으로 백오프(backoff)하는 이더넷의 CSMA/CD와 유사하다. 그러나 전송하기 위한 프레임을 가지고 있는 스테이션은 랜덤 백오프를 가지고 시작한다(스테이션이 최근의 채널을 사용하지 않는 것과 채널이 유휴되어 있는 경우를 제외하고). 스테이션은 충돌을 기다리지 않는다. 백오프하기 위한 슬롯의 수는 영역 0에서 선택되고, OFDM 물리 계층의 경우에는 15이다. 스테이션은 짧은 주기(DIFS, 아래에서 설명) 동안에 신호가 없다는 것을 감지하거나 또는 프레임이 전송될 때 멈추는 유휴 슬롯을 카운트 다운 함으로써 채널이 유휴될 때가지 기다린다. 스테이션은 카운터가 0에 도달할 때 스테이션의 프레임을 전송한다. 프레임이 전달되면 목적지는 즉시 짧은 확인응답을 전송한다. 확인응답의 부족은 충돌이던지 아니던지 간에 에러가 있다는 것을 암시한다. 이 경우에서 송신자는 백오프 주기를 두 배로 하고, 이더넷에서 프레임이 성공적으로 전송되거나 또는 재전송 최대 수가 도착할 때까지 지수적인 백오프를 가지고 계속해서 다시 시도한다.

시각표의 예를 그림 4-25에서 보여주고 있다. 첫 번째로 스테이션 A가 프레임을 전송한다. A가 전송하는 동안에 스테이션 B와 C는 전송하기 위해 준비한다. 채널이 바쁘고(busy) 유휴(idle)될 때까지 기다린다는 것을 알 수 있다. A가 확인응답을 수신한 후에 채널은 유휴하게 된다. 그러나 프레임을 곧바로 전송하거나 충돌하는 것보다 B와 C는 백오프를 수행한다. C가 짧은 백오프를 선택하고 따라서 첫 번째로 전송한다. B는 C가 채널을 이용하고 있다는 것을 감지하는 동안에 카운트다운을 정지하고, C가 확인응답을 수신한 후에 재개한다. B는 곧바로 백오프를 완료하고 프레임을 전송한다.

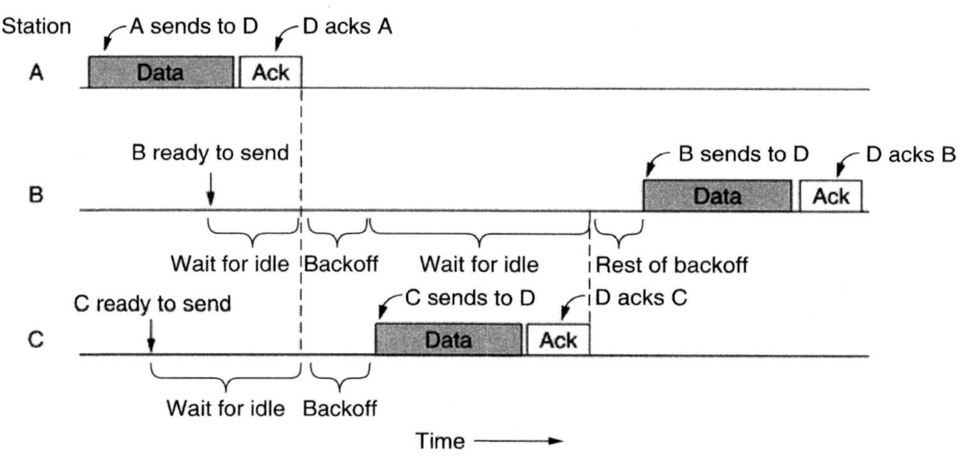

그림 4-25 CSMA/CA를 이용한 프레임 전송

이더넷과 비교하면 두 가지 중요한 차이점이 있다. 첫 번째는 백오프를 일찍 시작하는 것은 충돌을 회피하는 데 도움을 준다. 이러한 회피는 충돌이 하나가 발생한다 하더라도 전체 프레임을 재전송하기 때문에 가치가 있다. 두 번째로 확인응답은 충돌이 검출될 수 없기 때문에 충돌을 암시하기 위해 사용한다.

이러한 동작 모드는 각각의 스테이션이 어떠한 종류의 중앙제어도 없이 독립적으로 동작하기 때문에 DCF(Distributed Coordination Function)라 한다. 또한 표준화는 셀룰러 베이스 스테이션처럼 엑세스 포인트가 셀에서 모든 활동을 제어하는 곳에서 PCF(Point Coordination Function)이라고 하는 선택 모드 운용을 포함하고 있다. 그러나 실제로 PCF는 근접한 네트워크에서 트래픽을 경쟁하여 전송하는 것으로부터 스테이션을 막는 정상적인 방법이 없기 때문에 사용되지 않는다.

두 번째 문제는 서로 다른 스테이션의 전송 영역이 다르다는 것이다. 시스템은 배선을 사용하여 모든 스테이션들이 서로 들을 수 있도록 한다. RF 전파의 복잡성이 있어서 이 환경은 무선 스테이션을 포함하지 못한다. 결론적으로 숨겨진 터미널 문제와 같은 환경은 초기에 언급되었고, 그림 4-26(a)에서 다시 나타내었다. 모든 스테이션이 서로의 무선 주파수 영역 내에 있지는 않기 때문에 셀의 한 부분에서 전송이 동일한 셀 내의 어디에서도 수신될 수가 없다. 예를 들어 스테이션 *C*는 스테이션 *B*로 전송을 한다. 스테이션 *A*가 그 채널을 감지한다면, 어떤 신호도 받지 못하고 스테이션 *B로* 전송을 시작했다고 잘못 판단할 수 있다. 이 결정은 충돌을 야기한다.

또, 이와는 반대되는 문제로 그림 4-26(b)와 같이 노출된 스테이션 문제(exposed station problem)도 존재한다. 여기서 스테이션 *B*가 스테이션 *C*에게 전송하기를 원하고, 그래서 그 채널을 감지한다. *B*가 어떤 전송을 감지하면, *A*가 *D*에게(그림에는 없지만) 전송을 하려고 하는데도 불구하고 *C*에게 전송할 수 없다고 잘못 판단할 수 있다. 이 결정은 전송 기회를 낭비한다.

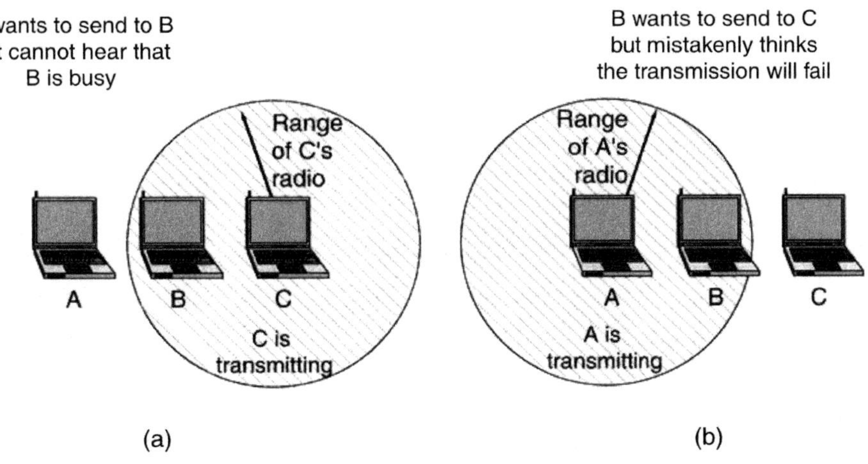

그림 4-26 (a) 숨겨진 터미널 문제 (b) 노출된 터미널 문제

스테이션이 전송하는 애매한 상태를 감소시키기 위해 802.11은 물리적 감지와 가상적 감지로 이루어진 채널 감지를 정의한다. 물리적 감지는 단순히 유효한 신호가 있는지를 알기 위해 매체를 검사한다. 가상적 감지는 각각의 스테이션이 채널이 네트워크 할당 백터(Network Allocation Vector)를 추적에 의해 사용될 때 논리적인 기록을 유지한다. 각각의 프레임은 프레임이 완전한 부분이 되기 위해 걸리는 순서가 얼마나 길어야 하는지를 알려주는 NAV를 전달한다. 이러한 프레임을 수신하는 스테이션은 채널이 물질적 신호를 감지하는 것과 관계없이 NAV에 의해 나타나는 주기 동안에 바쁘다는 것을 알 수 있다. 예를 들어 NAV 데이터 프레임은 확인응답을 전송하기 위해 필요한 시간을 포함한다. 데이터 프레임을 수신한 모든 스테이션은 확인응답 주기 동안에 연기되거나 또는 어떻든지 확인응답을 수신할 수 있다.

선택적 RTS/CTS 메커니즘은 숨겨져 있는 터미널과 같이 동시에 프레임을 전송하는 터미널을 방지하기 위해 NAV를 사용한다. 그것은 그림 4-27에 보여주고 있다. 이 예에서는, *A*가 *B*로 전송하기를 원한다. *C*는 *A*의 범위에 포함된다[그리고 *B*의 범위(range)에 포함될 가능성도 있지만, 문제되지는 않는다]. *D*는 *B*의 범위에 있으면서 *A*의 범위에는 속하지 않는 스테이션이다.

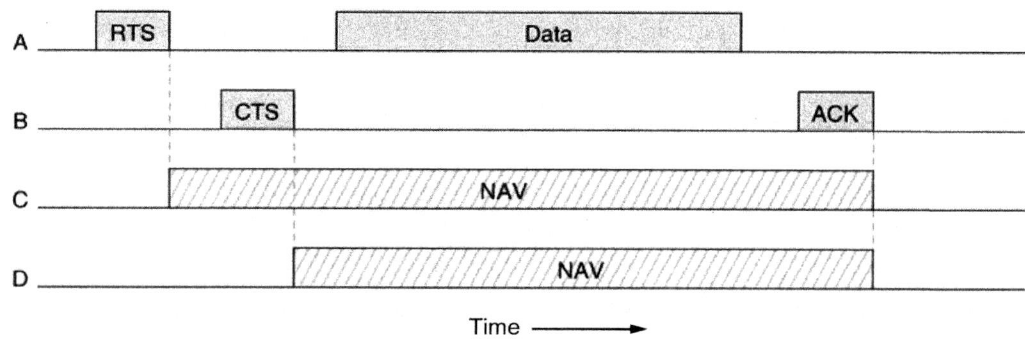

그림 4-27 CSMA/CA를 사용한 가상 채널 감지

이 프로토콜은 *A*가 *B*로 데이터를 전송하기로 결정하면 시작한다. 하나의 프레임을 전송할 수 있는 허가(permission)를 요청하는(request) RTS 프레임을 *A*가 *B*에 보내는 것으로 시작한다. *B*는 이 요청을 받으면 허가를 할 것인지의 여부를 결정짓고, 허가를 할 경우 CTS 프레임을 송신측으로 보낸다. *A*는 CTS프레임을 받자마자 자신의 프레임을 전송하고 ACK 타이머(timer)를 가동시킨다. *B*는 정상적인 데이터 프레임을 수신하자마자 교환을 완료시키는 ACK 프레임을 *A*에 보낸다. *A*의 ACK 타이머가 *B*로부터의 ACK 응답을 받기 전에 만기가 되면 충돌로 간주하고 백오프 후에 전체 프로토콜을 다시 수행한다.

이제 이러한 상호 교환을 *C*와 *D*의 관점에서 살펴보자. *C*는 *A*의 범위 내에 있고, 그래서 RTS 프레임을 수신할 수도 있다. 만약 *C*가 RTS 프레임을 수신하였다면, 누군가가 곧 데이터를 송신할 것이라는 걸 알아차리고 그 교환이 완료될 때까지 어떠한 형태의 전송도 중지한다. RTS request(요청)

에서 제공되는 이 정보로부터 마지막 ACK 프레임을 포함한 시퀀스의 길이를 알 수 있으며, 그 정보를 이용해 스스로 가상 채널이 전송 상태(busy)임을 그림 4-27의 NAV(Network Allocation Vector)로 표시한다. *D*는 그 RTS 신호를 감지하지 않지만, CTS는 감지한다. 따라서 *D*역시 스스로 NAV 신호를 설정한다. NAV 신호들이 전송되지 않는다는 것에 주목하라. NAV는 단지 어떤 일정한 주기 시간 동안에 방해받지 않음을 보장하기 위한 내부의 암시 역할(internal reminders)을 할 뿐이다.

그러나 RTS/CTS는 이론적으로 좋으나 실제적으로는 가치가 없다는 것이 증명되었다. 그것이 좀처럼 사용되지 않는 몇 가지 이유가 알려져 있다. 그것은 짧은 프레임(RTS에서 전송된) 또는 AP(정의에 의해서 모든 사람이 수신할 수 있는)에 대해서는 도움이 되지 않는다. 다른 환경에서 그것은 단지 운용을 늦춘다. 802.11에서 RTS/CTS를 수신하는 모든 사람이 충돌 없이 ACK를 허용하는 기간 동안에 조용하게 남아 있기 때문에 4.2장에서 보았던 MAC 프로토콜보다 약간의 차이점을 가지고 있다. 이것 때문에 오직 숨겨진 터미널이 있는 MACA와 같이 외부 터미널에 도움이 되지 않는다. 대부분의 흔한 경우에 숨겨진 터미널이 거의 없으며, 전송이 성공적으로 만드는 원인이 무엇이든지 간에 CSMA/CA는 이미 속도를 줄임으로서 전송이 성공적이지 못하게 한다.

물리적 감지와 가상적인 감지를 가지고 있는 CSMA/CA는 802.11 프로토콜의 핵심이다. 그러나 몇 가지의 메커니즘이 계속해서 개발되어왔다. 이러한 각각의 메커니즘은 실제 운용의 필요에 의해서 나타났으며, 우리는 간단하세 그것들을 살펴볼 것이다.

우리가 살펴볼 첫 번째 요구는 신뢰성이다. 유선 네트워크와 대조하여 무선 네트워크는 전자레인지 같은 종류의 장치로부터 발생한 간섭 때문에 잡음이 많고 비신뢰적이며, 허용되지 않는 ISM 대역을 사용한다. 확인응답과 재전송의 사용은 프레임을 처음 장소에서 획득할 확률이 적다면 거의 도움이 되지 않는다.

성공적인 전송을 증가시키기 위해 사용된 중요 전략은 전송률을 낮추는 것이다. 보다 느린 비율은 주어진 신호 대 잡음비에서 좀 더 정확하게 수신될 수 있도록 로버스트 변조를 사용한다. 많은 프레임이 손실되었다면 스테이션은 전송 비율이 더 낮아야 한다. 프레임이 거의 손실되지 않고 전송된다면 스테이션은 가끔 보다 높은 전송 비율로 테스트할 수 있다.

손상되지 않은 채로 프레임의 얻을 수 있는 확률을 개선시키는 다른 전략은 프레임을 보다 짧게 전송하는 것이다. 오류가 발생할 수 있는 모든 비트(any bit)의 확률이 p 라고 하면, 전체 프레임을 정상으로 수신한 n-비트 프레임에 대한 확률은 $(1-p)^n$ 이다. 예를 들어, 확률이 $p = 10^{-4}$이라면, 전체 이더넷 프레임(12,144비트)을 정상적으로 수신할 확률은 30% 미만이다. 대부분의 프레임이 손실된다. 그러나 만약 1/3이 손실된다면 프레임의 3/2는 정확하게 수신된다. 대부분의 프레임이 전송된다면 재전송은 거의 필요하지 않을 것이다.

보다 적은 프레임은 네트워크 계층으로부터 수용된 메시지의 최대 크기를 줄임으로서 구현된다. 대안으로 802.11은 프레임들이 각각이 자신의 체크섬을 가진 더 작은 조각으로 단편화(fragmentation)될 수 있도록 허용한다. 그 단편들은 정지 대기(stop-and-wait) 프로토콜을 이용해서 개별적으로 번호가 할당되고 전송확인을 할 수 있게 된다(송신자가 k 번째 단편의 응답을 받기 전에는 k+1번째 단편을 전송하지 않는다). 일단 채널이 획득되면 여러 개의 단편을 버스트로 전송한다. 여러 개의 단편들은 전체 프레임이 성공적으로 전송되거나 또는 전송 시간이 허용된 최대에 도달할 때까지 응답확인(가능한 재전송)에 뒤따라간다. NAV 메커니즘은 다음 응답을 받을 때까지 다른 스테이션들이 대기하도록 하고, 또 다른 메커니즘은 (아래에서 설명한) 다른 스테이션이 중간에 프레임을 전송하지 않고 전송되기 위한 버스트 단편을 허용하기 위해 사용된다.

우리가 논의할 두 번째 요구는 전력을 절약하는 것이다. 배터리의 수명은 이동무선 장비에서 항상 중요한 이슈이다. 802.11에서는 클라이언트가 정보를 수신하거나 송신하지 않을 때 전력을 소비하지 않기 위해 전력관리의 문제에 주의를 기울인다.

전력을 절약하는 기본적인 메커니즘은 비컨(beacon) 프레임을 설정하는 것이다. 비컨은 AP(예를 들어 매 100msec마다)에 의해 주기적으로 브로드캐스트한다. 프레임은 클라이언트에 AP의 존재를 알리고 AP의 식별자, 시간, 다음 비컨까지의 시간과 보안 설정과 같은 파라미터를 전달한다.

클라이언트는 클라이언트가 전력-절약-모드로 들어갔다는 것을 알리기 위해 AP에게 전송하는 프레임에서 전력-관리 비트를 설정할 수 있다. 이 모드에서 클라이언트는 수면상태가 될 수 있고 AP는 클라이언트에 트래픽을 버퍼한다. 입력되는 트래픽을 검사함으로서 클라이언트는 모든 비컨에 대해 깨고 비컨의 부분으로서 전송되는 트래픽 맵을 검사한다. 이 맵은 트래픽이 버퍼되었는지를 클라이언트에 알려준다. 만일 버퍼 되었다면 클라이언트는 AP에 풀(Pool) 메시지를 전송하고, 그런 후에 버퍼된 트래픽을 전송한다. 그 다음에 다음 비컨이 전송될 때까지 수면하기 위해 되돌아갈 수 있다.

APSD(Automatic Power Save Delivery)이라고 하는 또 다른 전력-절약 메커니즘이 2005년에 802.11에 추가되었다. 이러한 새로운 메커니즘을 이용하여 AP는 프레임을 버퍼하고 클라이언트가 AP로 프레임을 전송한 후에 클라이언트에 프레임을 전송한다. 그런 다음에 전송하거나 수신하고자 하는 많은 트래픽을 클라이언트가 가질 때까지 수면한다. 이 메커니즘은 양방향으로 빈번한 트래픽을 갖는 VoIP 같은 응용에 잘 동작한다. 예를 들어, VoIP 무선 전화는 20msec마다 프레임을 수신하고 전송하기 위해서 이 메커니즘을 사용하는 데 100msec보다 매우 빈번하다.

우리가 알아볼 세 번째와 마지막 요구는 서비스 품질이다. 이전의 예에서 VoIP가 피어-투-피어(peer-to-peer)트래픽을 가지고 경합이 일어날 때 VoIP 트래픽은 고통스럽다. VoIP 대역폭이 낮다하더라도 고대역폭 피어-투-피어 트래픽 때문에 지연될 것이다. 이러한 지연은 음성 통화를 감소시킨다. 이러한 감소를 막기 위해 우리는 우선순위를 주어 VoIP 트래픽을 피어-투-피어 트래픽에 앞서 설정한다.

IEEE 802.11은 2005년에 802.11 명명하에 확장된 세트로 도입된 이러한 종류의 서비스 품질을 제공하기 위해 명백한 메커니즘을 가지고 있다. 그것은 프레임 사이의 간격을 조심스럽게 정의한 CSMA/CD를 확장함으로서 동작한다. 프레임이 전송된 후에 어떤 스테이션이 채널이 더 이상 사용되지 않다는 것을 알아보기 위해 프레임을 전송하기 전에 일정 시간이 요구된다. 이 트릭은 서로 다른 종류의 프레임에 대해 서론 다른 시간 간격을 정의한다.

5가지 시간 간격이 그림 4-28에 묘사되었다. 규칙적인 데이터 프레임사이의 시간 간격을 DIFS(DCF InterFrame Spacing)이라 한다. 어떤 스테이션은 매체가 DIFS동안 유휴된 후에 새로운 프레임을 전송하기 위해 채널을 획득하고자 시도한다. 경합 규칙이 적용하고, 충돌이 발생한다면 이진 지수 백오프가 요구된다. 가장 짧은 시간 간격은 SIFS(Shorter InterFrame Spacing)이다. 이 시간 간격은 단일 데이터 교환에서 조각들이 제일 먼저 송출되는 기회를 허용하기 위해 사용된다. 예는 수신기가 RTS와 CTS와 같은 다른 제어 프레이인 ACK를 수신하거나 또는 송신기가 단편 버스트를 전송하는 것을 포함한다. DIFS를 기다린 후에 다음 단편을 전송하는 것은 중간 교환에 다른 스테이션이 프레임을 가지고 점프하는 것을 막는다.

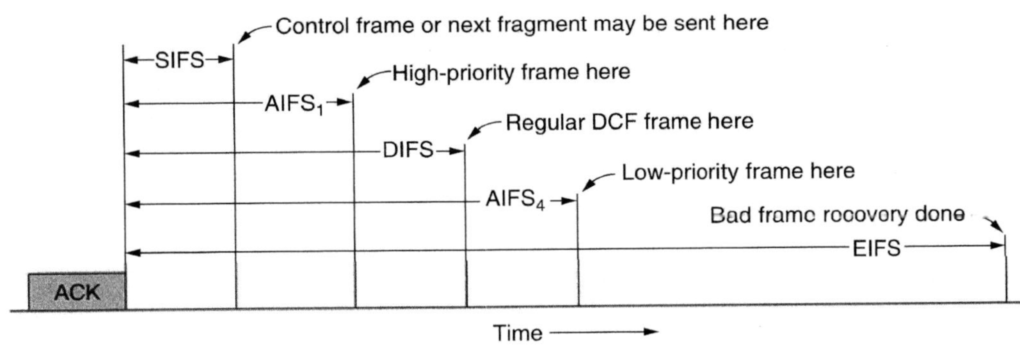

그림 4-28 802.11에서 프레임간 공간

두 가지 AIFS(Arbitration InterFrame Space) 시간 간격은 두 가지 서로 다른 우선순의 레벨의 예를 보여준다. 짧은 시간 간격 $AIFS_1$는 DIFS보다는 짧지만 SIFS보다는 길다. 그것은 음성 또는 고 순위 트래픽을 회선의 앞에 이동시키는 AP에 의해 사용된다. AP는 음성 트래픽을 전송하기 전에 짧은 시간 동안 기다리며, 그런 다음에 규칙적인 트래픽 이전에 전송한다. 긴 시간 간격 $AIFS_4$ssm DIFS보다 크다. 정기적인 트래픽 후까지 연기되는 백그라운드 트래픽을 위해 사용된다. AP는 정기적인 트래픽이 첫 번째로 전송하는 기회를 주기 위해 이러한 트래픽을 전송하기 전에 긴 시간 간격을 기다린다. 완전한 서비스 품질 메커니즘은 다른 백오프 파라미터와 마찬가지로 다른 유휴 파라미터를 가지고 있는 4개의 다른 우선순위 레벨을 정의한다.

마지막 시간 간격인 EIFS(Extended InterFrame Spacing)는 오류가 발생한 프레임이나 알지 못하는 프레임을 받은 스테이션이 문제를 보고하고자 하려고 할 때만 사용된다. 이 아이디어는 수신기가 앞으로 어떤 일이 진행되는지를 모르기 때문에, 두 스테이션 간에 진행 중인 대화를 피하기 위해 충분히 기다려야 한다.

서비스 품질 확장의 더 심오한 부분은 TXOP 개념 또는 전송 기회이다. 원래의 CSMA/CD 메커니즘은 스테이션은 한 번에 하나의 프레임을 전송하는 것이다. 이 설계는 비율의 영역이 증가할 때까지는 훌륭했다. 802.11a/g를 이용하여 스테이션은 6Mbps 비율로 전송하고, 다른 스테이션은 54Mbps로 전송한다.

그들 각각은 프레임을 전송하기 시작하며, 54Mbps 스테이션이 프레임을 전송하는 것보다 9배의 긴(고정된 오버헤드를 무시) 시간이 걸린다. 이러한 차이는 느린 송신자와 경합하는 빠른 송신자가 느린 송신기의 비율로 속도를 줄이는 좋지 못한 결과를 가져온다. 예를 들어 고정된 오버헤드를 다시 무시하고, 6Mbps와 54Mbps 송신기가 자신의 비율을 가지고 단독으로 전송할 때, 그것들은 평균적으로 5.4Mbps를 갖는다. 이것은 빠른 송신기에 대해서 불이익이다. 이러한 주제는 변칙 비율로 알려져 있다(Heusse et. al., 2003).

전송 기회를 이용하여 각각의 스테이션은 같은 프레임이 아닌 같은 양의 방송시간을 갖는다. 스테이션은 방송시간이 높은 처리량을 얻기 위해 빠른 비율로 전송한다. 예에서 6Mbps와 54Mbps 송신기가 함께 전송할 때 송신기는 제각기 3Mbps와 27Mbps를 갖는다.

4.4.4 802.11 프레임 구조

802.11 표준은 유선에서 데이터(data), 제어(control), 관리(management)의 3가지 다른 프레임을 정의한다. 이들 각각은 MAC 부계층에서 사용되는 다양한 필드를 가진 헤더를 가진다. 그리고 물리 계층에서 사용되는 몇몇 헤더도 있는데, 이 헤더들은 대부분이 변조 기술 관련 내용들을 다루고 있기 때문에 여기서는 이 기술들에 대해서는 다루지 않는다.

예로서 데이터 프레임의 형식을 살펴볼 것이다. 그것은 그림 4-29에 나타나 있다. 첫 번째 필드는 프레임 제어(Frame Control) 필드이다. 이 필드는 자신의 필드 내에 11개의 서브필드(subfield)가 있다. 이 서브필드의 첫 번째가 00으로 설정되어 있는 프로토콜 버전(protocol version)이다. 이는 같은 셀 내에서 동시에 동작할 수 있는 802.11의 미래 버전을 허용한다. 다음은 유형(Type) 필드(데이터, 제어, 관리)와 서브유형(Subtype) 필드가 온다(RTS 또는 CTS). 규칙적인 데이터 프레임(서비스 품질 없이) 경우, 그것들은 이진수 10과 0000으로 설정된다. To DS와 From DS 비트는 AP에 연결되어 있는 네트워크로부터 나가는 프레임이진 들어오는 프레임인지를 가리키며, 분산 시스템이라고 한다. More Fragment 비트는 뒤 따르는 단편 프레임이 더 있다는 것을 의미한다. Retry 비트는 이전에 보낸 프레임의 재전송을 나타낸다.

Power management 비트는 송신기가 전력-저장 모드가 되는 것을 나타낸다. Protected Frame 비트는 보안을 위해 암호화되는 프레임 몸체부분(body)을 나타낸다. 우리는 다음 장에서 보안에 대해 간단하게 논의할 것이다. 마지막으로 Order비트는 수신기에게 상위계층이 프레임의 시퀀스를 반드시 순서대로 처리해야 함을 나타낸다.

데이터 프레임의 두 번째 필드인 지속(Duration) 필드는 마이크로초에서 프레임과 프레임의 확인이 얼마나 오랫동안 채널을 점유하고 있을 것인지를 나타낸다. 이 필드는 제어 프레임에서도 나타나고, 다른 스테이션이 NAV 메커니즘을 어떻게 관리할지를 나타낸다.

다음은 주소가 온다. 프레임 헤더 AP가 가진 3개의 주소로부터 보내진다. 이는 모두 IEEE 802 표준 형태를 따른 것이다. 첫 번째 주소는 수신기이고, 두 번째 주소는 송신기이다. 그것은 분명히 필요하지만 세 번째 주소는 어떤 용도로 쓰일 것인가? AP가 프레임이 네트워크상에 클라이언트와 다른 지점 즉, 원거리 클라이언트 또는 인터넷의 포털 사이에 이동하는 것처럼 프레임을 단순히 중계하는 지점이라는 것을 기억하라. 세 번째 주소는 이러한 원거리 종점을 나타낸다.

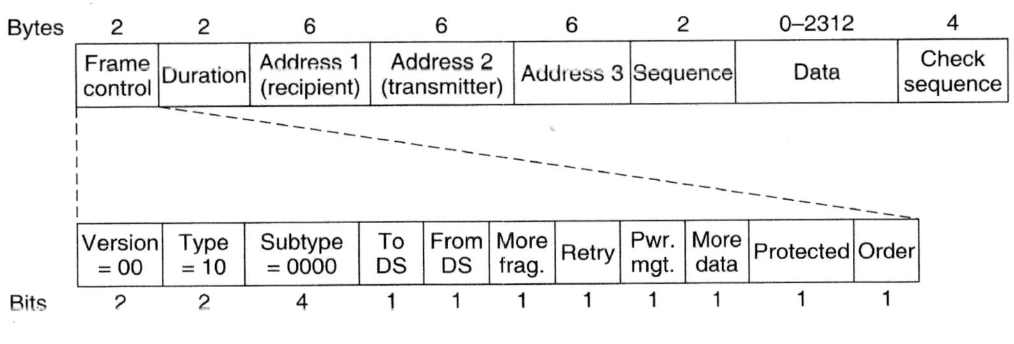

그림 4-29 802.11 데이터 프레임의 형식

시퀀스 필드는 중복이 검출될 수 있도록 프레임에 번호를 부여한다. 이 필드에서 사용하는 16비트 중에서 4비트는 단편 프레임을 식별하고, 12비트는 앞서가는 각각의 새로운 전송인 수를 운반한다. 데이터 필드는 최대 2312바이트의 페이로드를 가지며, 이러한 페이로드의 첫 번째 바이트는 **LLC(Logical Link Control)**으로 알려져 있는 형식이다. 이 계층은 페이로드가 통과하는 상위계층 포로토콜(즉 IP)를 식별한다. 마지막으로 Frame Check Sequence가 오는데 3.2.2장에서 보았던 동일한 32비트 CRC이다.

데이터 프레임과 유사한 형식을 가지고 있는 관리 프레임은 데이터 서브유형(예를 들어, 무선 프레임에서 변수들)에 따라 달라지는 데이터 부분에 대한 형태를 더한다. 제어 프레임은 짧다. 모든 프레임처럼 프레임들은 프레임 제어, 지속, 프레임 체크 순서 필드를 가진다. 그러나 프레임들은 단지 하나의 주소와 데이터가 아닌 부분을 가질 수도 있다. 여기서 가장 중요한 정보는 서브 유형 필드(예를 들어 ACK, RTS나 CTS)를 전달한다.

4.4.5 서비스

802.11 표준은 무선 LAN에 일치하는 클라이언트, 엑세스 포인트 그리고 네트워크 서비스들을 명시하고 있다. 이러한 서비스들은 몇 개의 범주로 나뉜다.

결합(Assocoation) 서비스는 AP에 연결하려고 하는 모바일 스테이션에 의해서 사용된다. 전형적으로 이것은 한 스테이션이 AP의 주파수 범위 내로 이동한 후에 사용된다. 도착하자마자 스테이션은 무선 프레임으로부터 또는 직접적으로 AP를 찾고자 하는 자신의 식별자와 용량을 알린다. 그 용량은 지원되는 데이터율, 보안 방식, 전원-저장 능력, 서비스 지원 능력 등을 포함한다. 스테이션은 AP와 관련된 요구를 전송한다. 스테이션은 요구를 수용하거나 거절할 수도 있다.

재결합(Reassociation)은 스테이션을 우선 AP로 변경을 가능하게 한다. 이러한 기능은 셀룰라 네트워크에서 핸드오버와 같이 동일한 확장된 802.11 LAN에서 하나의 AP에서 다른 AP로 이동하는 모바일 스테이션에 매우 유용하게 쓰인다. 이것이 정상적으로 수행되었다면 핸드 오버로 결과로 인한 데이터의 분실은 없을 것이다(그러나 이더넷과 유사한 802.11에서는 최선 노력 서비스[(best-efforts service]이다). 또한 스테이션 또는 AP는 관련이 없다. 스테이션은 네트워크를 정지하거나 떠나기 전에 이 서비스를 사용하여야 한다. AP는 유지를 위해 기록하기 전에 이 서비스를 사용한다.

스테이션은 스테이션이 AP를 경유해 프레임을 전송하기 전에 인증(Authentication)해야 한다.그러나 인증은 보안 방식의 선택에 따라 다르게 다루어진다. 만약 802.11 네트워크는 "open"이라면, 어느 누구든지 사용할 수 있게 허용한다. 반면에 인증서가 인증하기 위해 필요하다. WPA2(WiFi Protected Access 2)라고 하는 이 추천 계획은 802.11i 표준화에서 명시된 것처럼 보안을 실행하였다(WPA 계획은 802.11i의 서브셋을 구현하는 중간계획이다. 우리는 건너뛰고 완벽한 계획에 곧장 접근하다). WPA2를 이용하여 AP는 네트워크 접속을 허용하는 것을 결정하기 위해 사용자이름과 패스워드 데이터베이스를 가지고 있는 인증서버에게 말할 수 있다. 그 대신에 네트워크 패스워드를 위해 원하는 미리 공유한 키가 설정되어야 한다. 스테이션이 올바른 인증서를 가지고 있다는 것을 입증하기 위해 시도와 응답을 가지고 있는 스테이션과 AP사이에 몇 개의 프레임이 교환되어야 한다. 이러한 교환은 연계 후에 발생한다.

그 계획은 WPA 이전에 **WEP(Wired Equivalent Privacy)**이라고 불렸다. 이 계획은 미리 공유한 키를 사용하여 인증 협회에 보내기 전 발생한다. WEP는 타협하기 쉽게 때문에 설계 결함이 낙담했다. WEP의 결함의 실용적인 증명은 Adam Stubbledfield가 AT&T에 여름 인턴을 했을 때이다(2002년 Stubblefield et. al, 2002). 그가 공격 테스트를 하기 위해 코딩하고 있었던 주간이었다. 그는 관리자로부터 실험을 위해 WiFi 카드를 구입하기 위해 권한을 얻으려고 했다. 소프트웨어로 WEP 암호는 자유롭게 이용 가능했다.

한 프레임이 AP에 도달할 때, 분산 서비스는 어떻게 그들 경로를 설정할지 결정한다. 만약 목적지가 로컬 AP이면, 프레임은 곧바로 공중으로 보내진다. 다른 방법으로 그들은 유선 네트워크를 통해 전달된다.

통합(Integration) 서비스는 802.11 LAN 밖에서 전송하거나 수신하는 프레임을 필요로 하는 변환을 수행한다. 여기에서 흔한 경우는 무선 LAN을 인터넷에 연결하는 것이다.

데이터 전송(Data delivery)은 앞서 설명한 모든 것에 적용된다. 그래서 802.11은 데이터 전달 서비스를 제공한다. 이 서비스는 이장에서 앞에서 설명한 것처럼 스테이션이 프로토콜을 이용하여 데이터를 전송하거나 수신하게끔 한다. 802.11은 이더넷을 모델로 하여 만들어졌고, 이더넷 상의 전송이 100% 신뢰성을 제공하는 것이 아니기 때문에 802.11에서의 전송 또한 완전한 신뢰성을 보장하지는 못한다. 따라서 상위계층에서는 반드시 이러한 오류의 검출과 정정을 다루어야 한다.

무선은 브로드캐스트 신호이다. 무선 랜을 통해 전송되는 정보의 신뢰성 제공을 위해 암호화는 반드시 필요하다. 이 목적은 암호화 복호화의 세부사항을 관리하는 프라이버시 서비스를 가지고 달성되었다. WPA2에 대한 암호화 알고리즘 미국 정부가 2002년에 승인한 AES(Advanced Encryption Standard)에 기초하고 있다. 암호화를 위해 사용된 키는 인증 절차 중에 결정된다.

다른 우선순위의 트래픽을 다루기 것은 QOS 트래픽 스케줄링 서비스가 있다. 이것은 최선 노력과 백그라운드 트래픽을 비교하여 음성과 영상 트래픽을 우선적으로 취급할 수 있도록 하는 프로토콜을 사용한다. 또한 이 서비스는 상위계층의 타이머 동기화를 제공한다. 이것은 스테이션의 동작을 조정하는데, 이는 미디어 프로세싱에 매우 유용하나.

마지막으로 스테이션이 스펙트럼 사용을 관리하는 데 도와주는 두 가지의 서비스가 있다. 전송 전력 제어 서비스는 영역에서 영역으로 변하는 송신 전력에서 한계를 규제하기 위해 필요한 정보를 스테이션에 제공한다. 동적 주파수 선택 서비스는 근처의 레이더에 5㎓ 대역의 주파수에서 전송을 피하기 위해 필요로 하는 정보를 스테이션에게 제공한다.

이러한 서비스들을 가지고, 802.11이 가까운 모바일 클라이언트를 인터넷에 연결하는 기능을 제공한다. 이것은 크게 성공하였고 표준은 반복적으로 더 많은 기능을 추가하기 위해 개정되고 있다. 표준화가 이루어지고 진행되는 관점에 대해서 Hiertz(2010)를 참고하기 바란다.

4.5 광대역 무선

이제 내부에서 벗어나 밖으로 나가서 어떤 흥미로운 네트워킹이 있는지 알아보자. 그곳에는 아주 많은 일들이 진행되고 있다. 그중 몇몇은 우리가 건너야 할 마지막 어려운 여정일 것이다. 많은 나라에서 전화 시스템의 규제 철폐로 인해 다수의 경쟁 업체들이 최신의 지역 통화(local voice)와 고속 인터넷 서비스를 제공함으로써 회사를 유지하려고 노력하고 있다. 또한 여기에는 분명 수많은 수요가 있다. 그러나 문제는 수백만의 가정과 사업체들이 엄청나게 비싼 광섬유 또는 동축 케이블을 사용하는 것이다. 경쟁자들이 해야 될 일은 무엇인가?

그 답은 광대역 무선통신이다. 시 외곽의 언덕에 안테나를 세우고, 안테나를 고객 가정으로 향하게 하는 것만으로 고객들에게 땅을 파서 케이블을 길게 늘어뜨리는 것보다 훨씬 쉽고 싸게 이 서비스를 제공할 수 있다. 이와 같이 경쟁 통신사들은 음성, 인터넷, 주문형 영화(movies on demand) 같은 수 메가비트의 무선통신 서비스를 제공함으로써 실험하기 시작하였다. 시장을 시뮬레이션하기 위해 IEEE는 광대역 무선 대도시 지역 네트워크를 표준화하기 위해 그룹을 형성하였다. 802 번호가 부여된 공간에서 이용 가능한 다음 번호는 802.16이었으며, 표준화는 이 번호를 취득하였다. 비공식적으로 기술은 WiMAX(Worldwide Interoperability for Mircowave Access)라 하였다. 우리는 802.16 또는 WiMAX라는 용어를 구별하지 않고 사용한다.

처음에 802.16 표준화는 2001년에 공인되었다. 초기 버전은 상호 간에 회선을 가진 고정된 지점 사이의 무선 가입자 회선(wireless local loop)을 제공하였다. 이러한 설계는 WiMAX를 인터넷에 접속하기 위해 케이블과 DSL을 보다 경쟁력 있게 하기 위해 곧바로 변화되었다. 2003년 1월까지 802.16은 2GHz와 10GHz 사이의 주파수에서 OFDM 기술을 사용함으로서 비가시선 링크를 지원하기 위해 개정되었다.

이러한 변화는 스테이션이 고정된 위치를 통해 배치를 쉽게 하였다. 3G 셀룰러 네트워크의 증가는 높은 데이터 전송비율과 이동성에 의한 위협에 직면하게 되었다. 이러한 위협에 대응하여, 2005년 12월에 차량 속도의 이동성을 허용하기 위해 다시 강화되었다. 이동 광대역 인터넷 접속은 현재 표준화 IEEE 802.16-2009의 목표이다. 다른 802 표준안처럼 802.16도 OSI 모델로부터 (부)계층, 용어, 서비스 어원 등에서 많은 영향을 받았다. 불행히도 OSI 모델과 같이 이것 역시 매우 복잡하다. 사실 WiMAX 포럼이 상업적인 권고를 위해 표준화의 서브넷의 상호 운용을 정의하기 위해 만들어졌다. 다음의 절에서 802.16에 대한 핵심내용에 대해 알아볼 것이다. 하지만 이러한 설명들은 간단하게 처리하고 자세한 내용은 생략하였다.

그래서 표준위원회에서는 이 번호를 사용하게 되었다. 1999년 6월에 작업이 시작되었고 2002년 4월에 최종 표준을 승인받았다. 이렇게 정해진 표준을 공식적으로는 'Air Interface for Fixed Broadband Wireless Access Systems(고정 대역폭을 사용하는 무선 접근시스템에 대한 공중 인터페이스)'라고 하는데, 일부 사람들은 무선 MAN(wireless MAN)이나 무선 가입자 회선(wireless local loop)이라고 부르기도 한다. 본 교재에서는 이러한 용어들을 구별하지 않고 사용한다. WiMAX와 광대역 무선에 관한 더 많은 내용에 대해서는 Andrews et. al(2007)을 참조하라.

4.5.1 802.11과 802.16, 3G의 비교

이 시점에서 이런 생각이 들 것이다. 왜 새 표준안을 고안하는가? 왜 그냥 802.11나 3G를 사용하지 않는가? 사실 WiMAX는 802.11과 3G의 양상을 결합했고 4G 기술처럼 만들었다.

802.11처럼 WiMAX는 메가비트/초에서 케이블 또는 DSL 대신에 무선으로 장치를 연결하는 모든 것이다. 장치는 이동하거나 또는 최소한 휴대용이다. WiMAX는 음성 셀룰러 네트워크 편에서 저비율 데이터를 추가함으로서 시작하지 않는다. 802.16은 공기를 통해 IP 패킷을 전송하기 위해 설계되었으며, 최소한의 퓨즈를 가지고 IP-기반 배선 네트워크를 연결하였다. 패킷은 피어-투-피어 트래픽, VoIP 호, 응용의 영역을 지원하기 위한 스트리밍 매체를 전달할 수 있다. 또한 802.11처럼 다경로 페이딩과 같은 무선 신호 감소에도 불구하고 좋은 성능을 보장하는 OFDM기술을 토대로 하고 있으며, 고레벨의 처리량을 달성하기 위해 MIMO를 토대로 하고 있다.

그러나 WiMAX는 몇 가지 측면에서 3G(802.11와 달리)에 가깝다. 중요한 기술적인 문제는 커버할 수 있는 영역에서 많은 가입자가 높은 처리율을 갖게 하기 위해 스펙트럼을 효율적으로 사용함으로서 고 용량을 달성하는 것이다. 전형적으로 거리는 802.11 네트워크보다 10배 정도 더 멀다. 결론적으로 WiMAX 기지국은 802.11 엑세스 포인트(AP)보다 훨씬 강력하다. 원거리를 통해 약화된 신호를 취급하기 위해 기지국은 더 높은 전력과 좋은 안테나와 에러를 취급하는 좋은 과정을 수행함으로서 사용한다.

처리율을 최대화하기 위해 전송은 각각의 특별한 가입자에 대해 기지국을 주의 깊게 스케줄해야 한다. 사용된 스펙트럼은 충돌로 인해 용량을 써버리는 CSMA/CA 이용하여 남겨지지 않는다. 미국에서 WiMAX에 대해 허용된 스펙트럼은 2.5㎓ 근방을 사용한다. 모든 시스템은 802.11보다 상당히 최적화된다. 복잡성은 스펙트럼을 허가하기 위해 많은 돈이 든다. 802.11와 다르게 결과가 운영되고, 서비스 품질을 잘 지원하는 신뢰할 수 있는 서비스이다.

이러한 특징들은 802.16이 가장 표준화된 LTE(Long Term Evolution) 4G 셀룰러 넷과 닮았다. 3G 셀룰러 네트워크는 CDMA가 기초이고, 음성과 데이터를 지원한다. 4G 셀룰러 네트워크는 OFDM과 MIMO가 기초이고, 어플리케이션의 데이터와 음성을 타게팅하고 있다. WiMAX와 4G는 기술과 응용의 관점에서 충돌한다. 아마도 이 융합은 놀랍지 않으며, 인터넷은 킬러 애플리케이션이고 OFDM과 MIMO는 스펙트럼을 효율적으로 이용하는 기술로 잘 알려져 있다.

4.5.2 802.16 구조와 프로토콜 스택

802.16 구조는 그림 4-30에 나타나 있다. 기지국은 공급자의 백본 네트워크와 직접적으로 연결하고, 인터넷에 순차적으로 연결된다. 기지국은 무선 공중 인터페이스를 통해 기지국과 통신한다. 두 종류의 스테이션이 존재한다. 가입자 스테이션은 고정된 위치에서 있으며, 예를 들어 가정집을 위해서 광대역 인터넷 접속을 한다. 이동 스테이션은 WiMAX가 장착되어 있는 자동차와 같이 이동 스테이션들의 서비스를 수신한다.

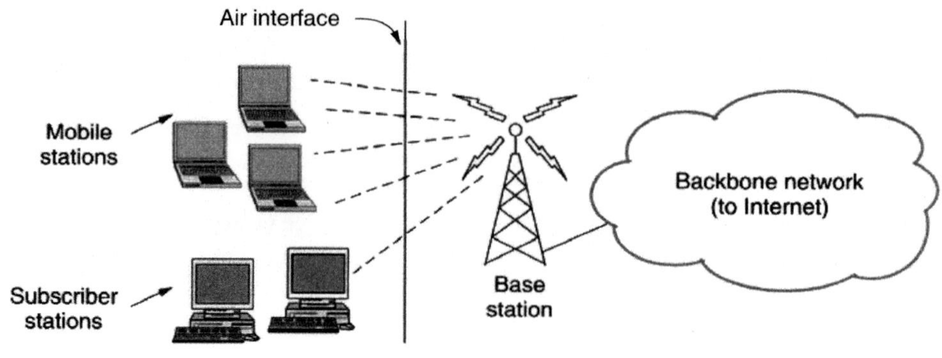

그림 4-30　802.16 구조

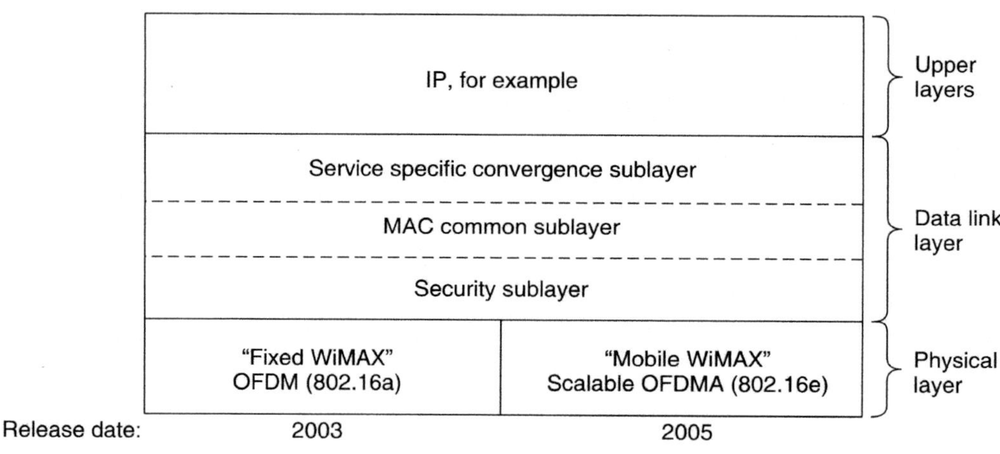

그림 4-31　802.16 프로토콜 스택

802.16 프로토콜 스택은 그림 4-31 공중 인터페이스를 통해 사용된다. 일반적인 구조는 다른 802 네트워크와 비슷하다. 하지만 더 많은 부계층들이 있다. 최하위계층은 전송을 다루고, 우리의 802.16만이 인기 있는 고정 및 이동 와이맥스 제품을 보였다. 각각의 제공에 대해 서로 다른 물리 계층이 있다. 두 계층 모두 11㎓ 아래인 허가된 스펙트럼에서 운용하고, OFDM을 사용하나 서로 다른 방식에서이다.

물리 계층의 상위인 데이터링크 계층은 세 개의 하위 부계층으로 구성되어 있다. 하위계층은 정보 보호 및 보안을 다루는데 사설 네트워크에 비해 야외 공용 네트워크를 다루는 게 훨씬 더 중요하다. 그것은 암호화, 해독 및 키 관리를 관리한다. .

다음에 오는 것은 MAC 부계층 공용부(MAC sublayer common part)이다. 여기는 채널 관리와 같은 핵심 프로토콜이 위치한 곳이다. 그 모델은 베이스 스테이션이 시스템을 제어하는 것이다. 이 모델은 다운스트림(즉 베이스 스테이션에서 가입자 스테이션으로) 채널을 매우 효과적으로 스케줄링할 수 있고,

업스트림(즉 가입자 스테이션에서 베이스 스테이션으로) 채널을 관리하는 데 핵심적인 역할을 수행한다. MAC 부계층이 일반적인 형태와 다른 점은 802계열의 다른 네트워크들과는 달리, 전화 통신과 멀티미디어 통신을 위한 QoS의 보장을 제공하기 위해 완전히 연결 지향적이라는 것이다.

서비스 지정 수렴 부계층(service specific convergence sublayer)은 다른 802 프로토콜에서 논리 링크 부계층(logical link sublayer)을 대신한다. 이 부계층의 기능은 네트워크층으로의 인터페이스를 제공하는 것이다. 서로 다른 수렴 계층은 다른 상위계층의 균일하게 서로 다른 상위계층을 통합하기 위해 정의된다. 중요한 선택은 IP이고 표준화는 이더넷과 ATM과 같은 프로토콜을 매핑한다. IP는 비연결 지향형이고, 802.16 MAC 부계층은 연결지향형이다. 이러한 계층은 주소와 연결 사이에서 매핑되어야 한다.

4.5.3 802.16 물리 계층

대부분의 WiMAX 배치는 3.5㎓ 또는 2.5㎓ 허가된 스펙트럼을 사용한다. 3G로 사용가능한 스펙트럼을 찾는 것이 핵심 문제다. 802.16 표준은 유연성을 위해 설계되었고 2㎓에서 11㎓ 채널까지의 다양한 크기를 지원한다. 예를 들어 WiMAX를 3.5㎒로 고정하기 위해 1.25㎒에서 20㎒까지 모바일 WiMAX를 지원한다.

전송은 우리가 2.5.3에서 설명하는 기술과 QFDM이 있는 채널을 통해 전송된다. 802.11과 비교하여 802.16 OFDM 설계는 허가된 스펙트럼과 광역 전송을 최대한 활용하기 위해 최적화된다. 채널은 커다란 무선 신호 감쇄를 견디는 긴 심벌 기간이 있는 부반송파로 분할된다; 와이맥스 변수가 802.11 변수보다 20배 크다. 예를 들어 이동 WiMAX에서 5㎒ 채널에 대해 512개의 부반송파가 있으며 각각의 부반송파에서 전송시간은 약 100μsec이다.

각각의 부반송파상에 심벌은 2.5.3장에서 설명한 QPSK, QAM-16, 또는 QAM-64 변조 방식을 이용하여 전송한다. 이동 또는 가입자 스테이션이 베이스 스테이션 근처에 있고 수신된 신호가 신호대 잡음(SNR)비가 높을 때 QAM-64는 심벌당 6비트를 전송하기 위해 사용될 수 있다. 낮은 SNR을 가지고 먼 스테이션에 도달하기 위해 QPSK는 심벌당 2비트를 전달하는 데 사용할 수 있다. 데이터는 3.2.1장에 설명한 컨벌루션 코딩(또는 더 좋은 구조)을 가지고 에러 정정을 위해 처음으로 부호화된다. 이러한 코딩은 재전송을 전송할 필요가 없는 비트 에러를 용인하기 위해 잡음 채널에서 흔하다. 사실 변조와 부호화 방법은 802.11 케이블과 DSL이 포함하여 우리가 공부했던 많은 네트워크에서 사용된 것처럼 현재는 유사한 소리로 들린다. 네트워크 결과는 베이스 스테이션이 다운링크 트래픽의 12.6Mbps까지와 5㎒ 채널당 업링크 트래픽의 6.2Mbps까지 지원할 수 있다는 것이다.

802.16의 설계자가 좋아하지 않는 한 가지는 GSM 및 DAMPS 방식의 특정 측면이다. 이러한 두 시스템은 동일한 업스트림 및 다운 스트림 트래픽에 대해 동일 주파수 대역을 사용한다. 즉 그들은 다운 스트림 트래픽과 같이 업스트림 트래픽이 많이 있다는 것을 암시적으로 가정한다. 음서에 대해

트래픽은 대부분 대칭적이지만 인터넷 엑세스의 경우는 자주 업스트림 트래픽보다 다운스트림 트래픽이 더 많다. 비율은 2:1, 3:1 또는 다수:1이다.

그래서 설계자는 **OFDMA(Orthogonal Frequency Division Multiple Access)**이라고 하는 스테이션 사이의 채널을 분할하는 유연한 구조를 선택했다. OFDMA을 이용하여 부반송파의 서로 다른 셋은 서로 다른 스테이션에 할당될 수 있고 하나 이상의 스테이션이이 동시에 수신하고 전송한다. 이것이 802.11이라면 모든 반송파는 주어진 임의의 순간에 하나의 스테이션에 의해 사용될 수 있다. 반송파는 다경로 영향 때문에 수신기에서 페이드되고 다른 스테이션에서는 페이드가 없기 때문에 할당된 대역폭에서 추가된 유연성이 성능을 증가시킨다. 반송파는 스테이션이 반송파를 최고로 사용할 수 있는 스테이션에 할당된다.

불균형적인 트래픽을 가지고 있을 뿐만 아니라 스테이션은 항상 전송과 수신 사이에서 보통 대체된다. 이 방법은 **시분할 이중(Time Division Duplex)**라고 한다. 스테이션이 동시에 전송하고(다른 반송파 주파수상에서)수신하는 다른 방법은 **주파수 분할 이중(Frequency Division Duplex)**라고 한다. 와이맥스는 두 가지 방법이 가능하지만 구현하기 쉽고 보다 유연하기 때문에 TDD가 좋다.

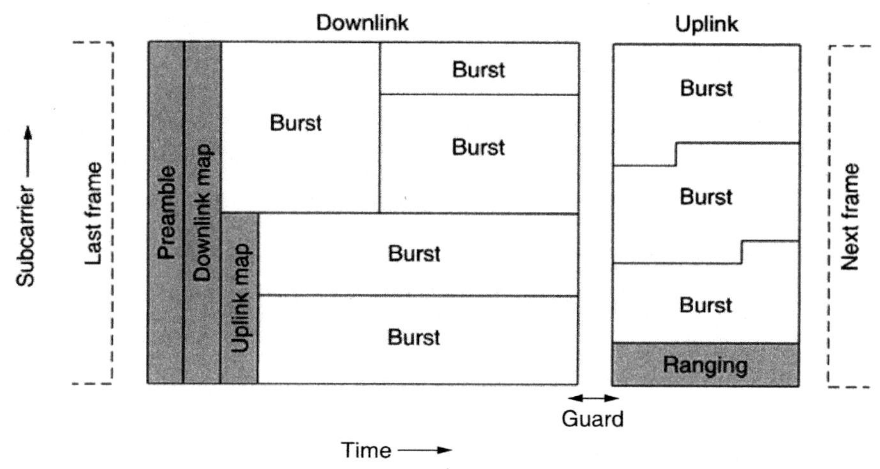

그림 4-32 시분할 다중화를 가진 OFDMA 프레임 구조

그림 4-32는 시간이 지남에 따라 반복되는 프레임 구조의 예를 보여준다. 이것은 모든 스테이션을 동기화하기 위해 프리엠블을 가지고 시작하고 베이스 스테이션으로부터 다운링크 전송을 허용한다. 첫 번째로 베이스 스테이션이 어떻게 다운링크와 업링크가 프레임을 통해 할당되는지 모든 스테이션에게 알려주는 맵을 전송한다. 베이스 스테이션은 맵을 제어하므로 각각의 스테이션의 필요에 의존하는 프레임에서 프레임으로 스테이션에 많은 다른 대역폭을 할당할 수 있다.

다음으로 베이스 스테이션은 맵에서 주어진 시간에 반송파상에 버스트 트래픽을 다른 가입자와 이동 스테이션에 전송한다. 다운링크 전송은 수신을 전송으로 교환하는 스테이션을 위해 보호시간

(guard time)에서 종료한다. 마지막으로 가입자 및 이동 스테이션은 맵에서 버스트 트래픽을 예약되는 업링크 지점에서 베이스 스테이션으로 그들의 버스트 트래픽을 전송한다. 이러한 업링크 버스트 중의 하나는 범위(ranging)를 위해 예약하는 것으로서 베이스 스테이션을 연결하는 타이밍과 요구되는 초기 대역폭을 조절하는 새로운 스테이션에 의해 처리된다. 이 상태에 설정되는 연결이 없으므로 새로운 스테이션은 충돌 없이 전송만 한다.

4.5.4 802.16 MAC 부계층 프로토콜

데이터링크 계층은 그림 4-31과 같이 3개의 부계층으로 나뉜다. 8장까지는 암호화에 대해 공부하지 않을 것이기 때문에 지금은 보안 부계층(security sublayer)이 어떻게 동작하는지에 대한 설명을 하기 어렵다. 암호화는 전송되는 모든 데이터의 보안을 유지하기 위해 사용된다는 정도만 알고 있으면 된다. 단지 프레임의 페이로드 부분만 암호화 되고, 헤더 부분은 암호화되지 않는다. 이러한 속성은 스누퍼(snooper)가 누가 누구와 대화하는지를 볼 수 있도록 하지만, 그들이 무엇에 대해 얘기하는지는 알 수 없다는 것을 의미한다.

이미 암호화를 어느 정도 알고 있다면, 보안 부계층에 대해 설명하는 다음의 문장을 읽고 이해할 수 있을 것이다. 암호화에 대해 전혀 모른다면, 다음 문장에서 설명하고 있는 바를 알아내기 힘들 것이다(그렇지만 8장을 공부하고 난 뒤에 반드시 읽도록 하라).

가입자가 베이스 스테이션에 연결할 때, X.509 인증서(certificates)를 사용하는 RSA 공개키 암호화 알고리즘을 가지고 서로 간의 인증과정을 수행하여야 한다. 페이로드 자체는 암호 블록 체인(cipher block chaining)을 가지는 DES이거나, 두 개의 키를 가지는 삼중 DES(triple DES) 중 하나의 방법을 사용한 대칭키(symmetric-key) 시스템을 이용하여 암호화되어 있다. AES(Rijndael)가 머지않아 추가될 것 같다. 통합 검사(Integrity checking)는 SHA-1을 사용한다.

이제 MAC 부계층 공용부를 살펴보자. MAC 프레임은 물리 계층의 타임 슬롯의 전체를 점유한다. 각 프레임은 여러 개의 서브프레임(subframe)으로 구성되며, 처음의 두 가지는 다운스트림 맵(downstream map)과 업스트림 맵(upstream map)이다. 이러한 맵은 무엇이 어느 타임 슬롯에 있는지 어느 타임 슬롯이 비어 있는지를 나타낸다. 다운 스트림 맵은 온라인 상태가 될 새로운 스테이션을 알리기 위한 다양한 시스템 변수(parameters)를 포함하고 있다.

다운스트림 채널은 매우 단순하다. 베이스 스테이션이 간단히 어느 서브프레임에 무엇을 넣을 것인가를 결정한다. 업스트림 채널은 네트워크에 접속할 필요가 있는 동등하지 않는 가입자(uncoordinated subscribers)가 서로 경쟁하기 때문에 조금 더 복잡하다. 이러한 채널의 할당은 QoS와 매우 밀접한 관계가 있다. 서비스의 네 개의 분류는 다음과 같이 정의된다.

1. 상수 비트율의 서비스
2. 실시간 가변 비트율 서비스
3. 비실시간 가변 비트율 서비스
4. 최대 전송 노력(Best-efforts) 서비스

802.16의 모든 서비스는 연결 지향적이고, 매 연결마다 언제 연결 설정이 될 것인가가 결정된 위의 서비스 형태 중 하나이다. 이러한 설계 구조는 MAC 부계층에서는 연결을 하지 않는 802.11이나 이더넷의 구조와는 매우 다르다.

상수 비트율 서비스는 T1 같은 채널에서 압축되지 않은 음성을 전송하는 데 사용된다. 이 서비스는 미리 정해진 시간 간격 동안 미리 결정된 데이터량을 전송할 필요가 있다. 이 형태의 연결은 매 연결마다 일정한 전용 시간 간격을 두어 처리하면 문제없이 처리될 수 있다. 대역폭이 한번 할당되고 나면, 매번 하나씩 요청하지 않아도 버스트는 자동적으로 사용가능해진다.

실시간 가변 비트율 서비스는 각 순간마다 필요한 대역폭이 다양하게 변할 수 있는 압축된 멀티미디어 데이터나 소프트 실시간 응용들을 위한 서비스이다. 이것은 매 시점마다 얼마만큼의 대역폭이 필요한지 물어보기 위해 고정된 시간 간격 동안 가입자를 폴링(polling)하는 베이스 스테이션에 의해서 처리가 가능한 서비스이다.

비실시간 가변 비트율 서비스는 대용량 파일 전송과 같은 실시간 전송이 아니면서 전송량이 많은 경우에 사용하는 서비스이다. 이 서비스를 수행하기 위해서 엄격하게 규정된 시간 간격은 아니지만 베이스 스테이션은 가입자를 자주 폴(poll)한다. 이러한 서비스를 가지고 있는 연결은 다음에서 설명된 최선 노력 서비스를 사용하고 대역폭을 요구한다.

최대 전송 노력 서비스는 그 외의 모든 것에 대한 서비스이다. 폴링의 수행 없이, 가입자는 다른 최대 전송 노력 서비스 가입자들과 대역폭을 경쟁해야 한다. 대역폭에 대한 요청은 경쟁 가능의 표시로 업스트림 맵에 마크된 타임 슬롯에서 수행된다. 요청이 성공하면 이 성공은 다음 다운스트림 맵에 기록될 것이다. 요청이 실패했다면 실패한 가입자는 나중에 다시 시도해야 한다. 충돌을 최소화시키기 위해서 이더넷의 이진지수 백오프 알고리즘을 사용한다.

4.5.5 802.16 프레임 구조

모든 MAC 프레임은 일반적인 헤더로 시작한다. 그 헤더 뒤에는 그림 4-33과 같이 선택적 페이로드(optional payload)와 선택적 체크섬(checksum, CRC)이 온다. 채널 슬롯을 요구하는 제어 프레임과 같이 제어 프레임(control frames)에는 페이로드가 필요 없다. 물리 계층의 오류 정정(error correction)과 실시간 프레임을 재전송하려고 시도하는 일이 없다는 사실 때문에 체크섬은 선택적으로 사용된다. 재전송의 시도가 없을 것이라면 왜 굳이 체크섬을 사용하겠는가? 그러나 체크섬이 있다면 그것은 IEEE 802

CRC이고 확인응답과 재전송은 신뢰성을 위해 사용된다.

그림 4-33(a)의 간략한 헤더 필드의 항목별 사항은 다음과 같다. EC 비트는 페이로드가 암호화 되었는지의 여부를 나타낸다. Type 필드는 프레임의 유형을 식별하며, 대부분 전체 프레임 전송인지 단편 프레임의 전송인지의 여부를 나타낸다.

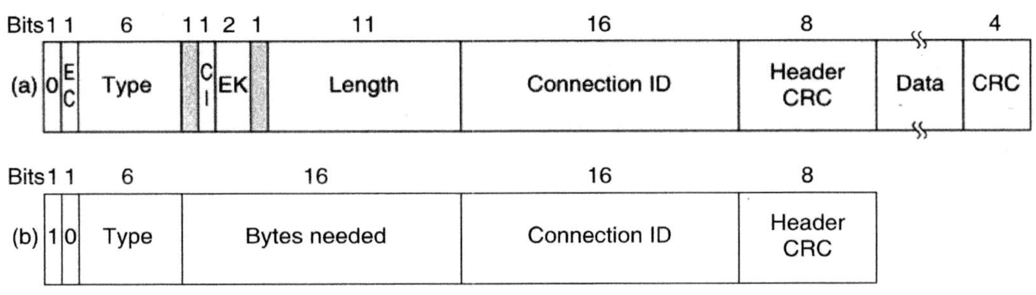

그림 4-33 (a) 일반적 프레임 (b) 대역폭 요구 프레임

CI 필드는 마지막 체크섬이 포함되는지 제외되는지를 가리킨다. EK 필드는 어떤 암호화 키(암호화 키가 존재한다면)가 사용되었는지 여부를 나타낸다. Length 필드는 헤더를 포함한 프레임의 전체 길이를 표시한다. Connection Identifier는 어느 연결에 이 프레임이 속하는지에 대해 나타낸다. 마지막으로 Header CRC 필드는 헤더에 대해서만 다항식 x^8+x^2+x+1을 적용한 체크섬을 나타낸다.

802.16 프로토콜은 많은 종류의 프레임을 가지고 있다. 프레임의 다른 형태의 예로서, 하나는 그림 4-33(b)에서 나타낸바와 같이 대역폭을 요구하기 위해 사용된다. 이 프레임은 0비트 대신 1값을 가지는 1비트로 시작하며, 지정된 수의 바이트를 전송하기 위해서는 얼마나 많은 대역폭이 필요한지를 나타내는 16비트로 된 두 번째와 세 번째 바이트를 제외하면 일반 헤더(generic header)와 거의 유사하다. 대역폭 요청 프레임은 페이로드나 전체 프레임에 대한 CRC 필드를 실어 나르지 않는다.

802.16에 대한 상세한 설명은 본 교재에서 설명하기에는 적합하지 않다. 더 많은 정보를 원한다면 IEEE.802.16-2009 표준 자체를 참고하기 바란다.

4.6 블루투스

1994년에 L. M. Ericsson 회사는 유선 케이블의 연결 없이 휴대전화와 다른 기기들(laptop 등)과의 연결에 관심을 갖게 되었다. 이외 다른 4개의 회사들(IBM, Intel, Nokia, Toshiba)과 함께 짧은 범위(Short-range), 저전력, 값싼 무선 라디오를 이용하는 부속품들과 통신 장비, 그리고 상호 연결 컴퓨팅을 위한 무선 표준화를 발전시키기 위하여 SIG(Special Interest Group, 즉 컨소시엄, Consortium)을 1998년에 결성하였다. 그 프로젝트가 덴마크와 노르웨이를 통일한 바이킹속의 왕인 Harald Blaatand(Bluetooth)

2세(940~981)의 별명에서 따온 블루투스(Bluetooth)로 명명되었고 케이블을 가지고 있지 않다.

블루투스 1.0은 1999년 7월에 배포되었고, 그 이후 SIG는 되돌아보지 않았다. 현재 모든 종류의 전자장비와 관련된 장비의 소비자는 블루투스를 사용하는데 이동전화와 랩톱으로부터 헤드셋, 프린터, 키보드, 마이크, 게임박스, 시계, 뮤직 플레이어, 내비게이션 등 다양하게 사용되고 있다. 블루투스 프로토콜은 이러한 장치들을 찾아서 한 쌍으로 상호 연결하게 하고, 데이터를 확실하게 전송한다.

블루투스 프로토콜은 수십 년을 통해 발달해왔다. 초기의 프로토콜이 안정된 후에 보다 높은 데이터율이 2004년 블루투스 2.0에 추가되었다. 2009년에 배포된 3.0의 블루투스 프로토콜은 고처리율의 데이터 전송을 위해 802.11과 결합하여 디바이스 페어링(pairing)으로 사용될 수도 있다. 2009년 겨울에 배포된 블루투스 4.0은 저전력 운용을 구체적으로 명시하였다. 이는 집 주위의 모든 장치에서 규칙적으로 배터리를 바꾸기를 원하지 않는 사람들에게 유용할 것이다. 아래에서 블루투스를 상세히 다룰 것이다.

4.6.1 블루투스 구조

블루투스 시스템이 포함하는 것이 무엇인지와 의도하고자 하는 것이 무엇인지를 대강 살펴보는 것으로 블루투스의 공부를 시작한다. 블루투스 시스템의 기본 장치는 피코넷(piconet)이다. 피코넷은 하나의 마스터 노드와 10m 이내에서 최대 7개가 동작하는 슬레이브 노드로 구성된다. 다중 피코넷은 동일한 큰 공간에 존재하며, 그림 4-34처럼 다중 피코넷에 참여하는 브리지 노드를 통해서 연결된다. 하나의 상호 연결된 피코넷 군은 스캐터넷(scatternet)이라고 한다.

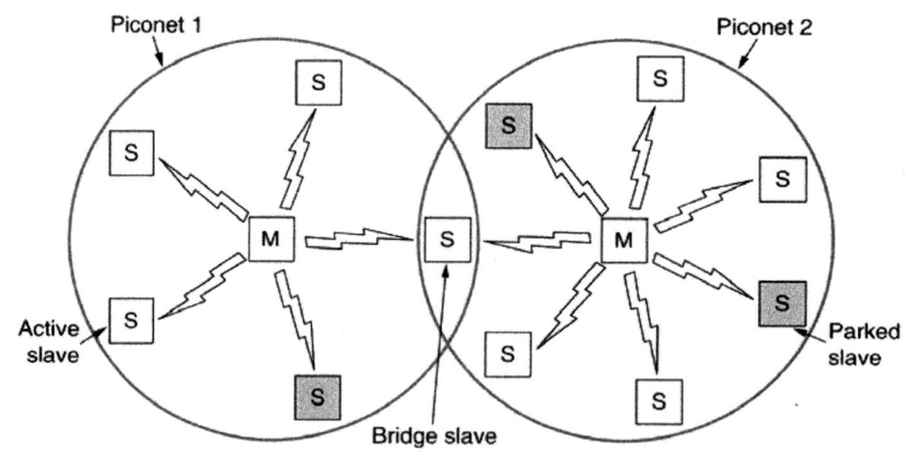

그림 4-34 스캐터넷 유형에 연결된 2개의 피코넷

하나의 피코넷에서 7개의 동작 슬레이브 노드뿐만 아니라 넷 내에 255개의 대기 노드들이 있을 수 있다. 이들은 마스터가 배터리의 방전을 줄이기 위해서 저전력 상태로 변환될 수 있는 기기들이다. 대기상태에서 기기는 마스터로부터 동작 혹은 무선 표지 신호에 대한 응답을 제외하고는 아무것도 할 수 없다. 또한 여기에는 홀드(hold)와 스니프(sniff)라고 하는 두 가지 중간 전력 상태가 존재하는데, 여기서는 다루지 않겠다.

마스터/슬레이브 설계를 하는 이유는 설계자들이 5달러 이하의 비용으로 완벽한 블루투스 칩의 구현을 가능하게 하려는 데 있다. 이러한 결론의 결과는 슬레이브는 매우 단순해서 기본적으로 마스터가 슬레이브에게 하라는 것만 한다는 것이다. 그 중심부에서 피코넷은 클럭을 제어하는 마스터와 시간 슬롯 내에 통신을 시작하는 장치를 결정하는 중앙 집중화된 TDM 시스템이다. 모든 통신은 마스터와 슬레이브 간에 이루어지며, 슬레이브와 슬레이브 간의 직접 통신은 불가능하다.

4.6.2 블루투스 응용

대부분의 네트워크 프로토콜은 통신 개체들 사이에서 채널을 제공하고, 응용 설계자들에게 그들이 무엇을 하고자 하는지에 대해서 생각하게 해준다. 예를 들면 802.11은 사용자가 전자 우편을 읽거나 웹 검색을 위해 그들의 노트북 컴퓨터를 사용하거나 또는 다른 것을 해야 하는지를 구체적으로 명시하지는 않는다. 반면 블루투스 SIG는 지원되어야 할 특별한 응용을 명시하고, 각각에 대해 서로 다른 프로토콜 스택을 제공한다. 스택에 쓰는 시간에 프로파일이라고 하는 25개의 응용이 있다. 불행하게도 이러한 접근법은 상당히 복잡하기 때문에 여기서는 생략하지만 블루투스 SIG 달성하고자 하는 것을 보다 명확하게 알 수 있는 프로파일을 간단하게 살펴볼 것이다.

6개의 프로파일을 오디오와 비디오에 서로 다르게 사용한다. 예를 들어 인터콤 프로파일은 워키-토키로서 접속하기 위한 두 전화기를 허용한다. 헤드셋과 핸드프리 프로파일은 헤드셋과 베이스 스테이션사이의 음성 통신을 제공하고, 차를 운전하는 동안에 핸드프리 전화기로 사용될 것이다. 다른 프로파일들은 스테레오 품질의 오디오와 비디오들로서 즉 휴대용 음악 플레이로부터 전화기까지 또는 디지털 카메라부터 TV까지이다.

휴먼 인터페이스 장치 프로파일은 키보드와 마우스를 컴퓨터와 연결할 수 있다. 다른 프로파일들은 이동 전화나 다른 컴퓨터가 카메라로부터 영상을 수신하게 해주고, 또는 프린터로 영상을 보내도록 해준다. 아마도 더 흥미로운 것은 TV(블루투스가 가능한)를 원격 제어하는 것으로서 이동 전화를 사용하는 프로파일이다.

다른 프로파일들은 네트워크를 가능하게 해준다. 개인 지역 네트워크 프로파일은 블루투스 장치를 하나의 애드 혹 네트워크로 형성하게 해 주거나 또는 하나의 엑세스 포인트를 경유한 802.11 LAN과 같이 원격적으로 다른 네트워크에 접근하게 해준다. 다이얼업 네트워킹 프로파일은 실제로 전체 프로젝트에 대한 동기부여다. 다일얼업 네트워크 프로파일은 노트북 컴퓨터가 선을 사용하지 않고 내장

모뎀을 포함하고 있는 이동전화로 접속하는 것을 허용한다.

또한 높은 계층의 정보 교환에 대한 프로파일이 정의되었다. 동기화 프로파일은 이동전화가 집을 떠날 때 이동전화기 내에 데이터를 로딩하거나 집으로 돌아왔을 때 이동전화로부터 데이터를 수집하게 한다.

우리는 위의 프로파일을 기반으로 하는 구성요소로서 제공하는 몇 가지의 프로파일을 제외하고 나머지 프로파일을 건너뛸 것이다. 다른 프로파일을 기반으로 한 일반적인 접근 프로파일은 마스터와 슬레이브 사이의 안전한 링크(채널)를 설정하거나 유지하기 위한 방법을 제공한다. 다른 일반적인 프로파일들은 기본적인 객체 교환과 오디오와 비디오 전송을 정의한다. 유틸리티 프로파일은 직렬 라인을 에뮬레이팅하는 것과 같은 기능을 위해 광범위하게 사용되는데 이는 특히 많은 레거시 애플리케이션에 유용하다.

이러한 모든 응용들을 자세히 설명하고, 개개인에 대해 서로 다른 프로토콜 스택을 제공하는 것이 꼭 필요한가? 그럴 필요가 없다. 표준화의 다른 부분들을 창안해낸 서로 다른 몇 개의 워킹 그룹이 있어서 개개인이 자신의 특정 문제에 단순히 초점을 맞추고 자신의 프로파일을 생성한다. 이것을 Conway 법칙 활동이라고 한다. 25개의 어플리케이션 대신에 두 개의 프로토콜과 파일 전송을 위한 하나의 프로토콜과 실시간 스트리밍 통신을 위한 하나의 프로토콜을 가지고도 가능해졌다.

4.6.3 블루투스 프로토콜 스택

블루투스 표준은 그림 4-35에서 나타낸 바와 같이 다수의 프로토콜들을 느슨하게 계층 속으로 그룹 지워 놓았다. 만들 수 있는 첫 번째 관찰은 구조가 OSI 모델, TCP/IP 모델, 802 모델 또는 어떤 다른 모델도 따르지 않는다는 것이다.

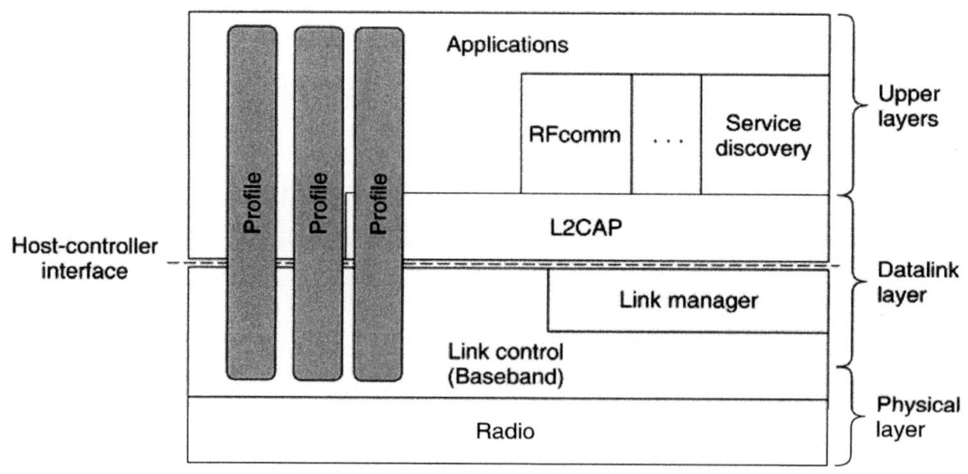

그림 4-35 블루투스 프로토콜 구조

맨 아래 계층은 OSI 모델과 802 모델의 물리 계층과 일치하는 물리 라디오 계층이다. 이 계층은 무선 전송 및 변조를 담당한다. 여기서 많이 고려되어야 할 것은 이 시스템을 값싸게 만들어서 대량 시장 품목이 가능하게끔 하는 것이다.

링크제어(기저대역) 계층은 물리 계층의 일부를 포함한 MAC 부계층과 비슷하다. 이 계층은 마스터가 어떻게 시간 슬롯을 제어할지, 이들 슬롯이 어떻게 프레임 내에 그룹화될지를 정한다.

그다음에 오는 두 개의 프로토콜은 링크 제어 프로토콜을 사용한다. 링크 관리자(Link Manager)는 전력관리, 인증, 서비스 품질(Quality of Service)을 포함한 기기들 사이의 논리 채널 설정을 취급한다. 그것은 호스 제어 인터페이스 회선 아래에 놓여 있다. 이러한 인터페이스는 구현을 편리하게 한다: 전형적으로 회선 아래에 있는 프로토콜은 블루투스 칩 상에서 구현되고, 회선 위의 프로토콜은 칩을 호스트 하는 블루투스 장치상에 구현된다.

회선 위의 링크 프로토콜은 **논리 링크 제어 채택 프로토콜(Logical link control adaptation protocol: L2CAP)**이다. 그것은 가변 길이 메시지를 프레임하고 필요할 경우 신뢰성을 제공한다. 많은 프로토콜은 두 개의 유용한 프로토콜과 같이 L2CAP를 사용한다. 서비스 발견 프로토콜은 네트워크 내에 서비스를 위치하기 위해 사용한다. **RFcomm(Radio Frequency Communication)** 프로토콜은 키보드, 마우스와 모뎀, 다른 디바이스들 간에 연결을 위해 PC상에서 기반을 두고 있는 표준화 시리얼 포트를 에뮬레이트한다.

최상위계층은 응용이 위치해 있다. 프로파일들은 각각의 프로파일이 특별한 목적을 위해 프로토콜 스택의 부분을 정의하기 때문에 수직 상자로 표현하였다. 헤드셋과 같은 특정한 프로파일은 응용에 의해 요구된 프로토콜들을 포함하고 있으며, 다른 것은 그렇지 않다. 예를 들어 프로파일은 프로파일들을 전송하기 위한 패킷들을 가지고 있다면 L2CAP를 포함하고, 프로파일들이 오디오 샘플의 안정적인 흐름을 가지고 있다면 L2CAP 스킵(skip)한다.

다음 몇 절에서 블루투스 무선 계층과 다양한 링크 프로토콜을 살펴볼 것이다. 왜냐하면 우리가 공부했던 다른 프로토콜 스택에서 대충 물리 및 MAC 부계층과 서로 일치하기 때문이다.

4.6.4 블루투스 무선계층

무선계층은 마스터에서 슬레이브로 혹은 그 역으로 비트들을 이동시킨다. 이것은 802.11처럼 2.4㎓ ISM 대역에서 동작하는 10m 범위의 저전력 시스템이다. 이 대역은 각각 1MH의 79채널로 나누어져 있다. ISM 대역을 사용하고 있는 다른 네트워크와 동시에 존재하기 위해 주파수 홉핑 스프레드 스펙트럼(frequency hopping spread spectrum)이 사용된다. 변조는 이 주파수 범위의 대부분이 간접적인 목적에 사용되기는 하지만 총 데이터율이 1Mbps가 되는 Hz당 1비트인 주파수 편이 키잉(Frequency Shift Keying)으로 행해진다. 625μsec 체류 시간에 슬롯을 통해 1600hops/sec까지 될 수 있다. 동시에 한 피코넷(piconet) 홉 주파수에서 모든 노드는 마스터에 의해 지시한 슬롯 타이밍과 의사(pseudorandom)

홉 순서를 따른다.

불행하게도 블루투스의 초기버전과 802.11은 서로 간의 간섭 때문에 전송이 방해받는 것이 입증되었다. 몇몇 회사들은 모두 블루투스를 금지시켰으며, 결국 기술적인 해결책이 고안되었다. 해결책은 다른 RF 신호가 있는 곳에서 채널을 제외하기 위해 홉 순서에 적응하는 블루투스이다. 이 프로세스는 해로운 간섭을 줄인다. 그것은 적응 주파수 호핑이라 한다.

세 가지 형식의 변조가 채널상에 비트를 전송하기 위해 사용된다. 기본적인 구조는 총 1Mbps 데이터 전송률을 위해 매 마이크로초마다 1비트 심벌을 전송하는 주파수 천이 변조를 사용하는 것이다. 블루투스 2.0버전을 도입함으로서 전송률이 향상되었다. 3Mbps 데이터 전송률을 위해 심벌당 2~3비트 전송하는 위상 천이 변조를 사용한다. 향상된 전송률은 오로지 프레임의 데이터 부분에서 사용된다.

4.6.5 블루투스 링크 계층

링크 제어 계층(기저대역)은 블루투스 프로토콜 중 MAC 부계층에 가장 가까운 계층이다. 이것은 원시 비트 스트림을 프레임으로 변환하고, 몇 개의 중요 포맷으로 정의한다. 가장 간단한 형식에서는 각각의 피코넷(piconet)에서 마스터는 짝수 슬롯에서 마스터의 전송 시작과 홀수 슬롯에서 슬레이브의 전송 시작이 있는 연속된 625μ sec 타임 슬롯을 정의한다. 전통적인 시간 분할 다중화 기법(TDM)에서는 마스터가 반의 슬롯을 차지하고, 슬레이브가 다른 반을 나누어 가진다. 프레임은 1, 3, 5슬롯 길이가 된다. 각각의 프레임은 엑세스 코드와 헤더를 위해 126비트의 오버헤드를 가지고 있으며, 값비싼 우섬 회로가 안전화 되는 것을 허용하기 위해 홉 당 250-260μsec의 안정화 시간을 더한다. 프레임의 페이로드는 마스터와 슬레이브가 연결할 때 선택되는 키(key)를 가지고 은밀하게 암호화된다.

홉은 프레임사이에 발생하며, 프레임 동안에는 발생하지 않는다. 그 결과 5슬롯 프레임의 오버헤드가 일정하기 때문에 1슬롯보다 훨씬 효율적이다.

링크 제어 관리 프로토콜은 서로 발견되는 마스터와 슬레이브 장치 간의 프레임을 전송하는 링크라고 불리는 논리 채널을 설정한다.

페어링 절차는 두 개의 디바이스가 링크가 사용되기 전에 통신하기 위해 허용된다는 사실을 확신한 다음에 온다. 오래된 페어링 방법은 두 개의 디바이스를 동일한 4-digit PIN(개인 식별번호, Personal Identification Number)를 가지고 배치되는 것이다. 매칭 PIN은 각각의 디바이스가 어떻게 원격 디바이스에 연결되는지 아는 것이다. 그러나 상상력이 부족한 사용자와 디바이스는 “0000”과 “1234”와 같이 PIN을 디폴트하는데 이는 실제로 이러한 방법이 매우 적은 보안을 제공한다는 것을 의미한다.

새로운 보안 단순 페어링(secure simple pairing)방법은 사용자가 두 개의 디바이스가 동일한 통과키를 보여준다는 것을 확신하도록 해주거나 또는 하나의 디바이스 상에 패스키를 보거나 패스키를 두 번째 디바이스 내로 들어가는 것이다. 이 방법은 사용자가 선택할 필요가 없거나 또는 PIN을 설정하기 때문에 훨씬 보안적이다. 그것들은 단지 디바이스에서 생성된 패스키를 확신한다. 물론 핸드 프리(hands-free) 헤드셋과 같은 입/출력이 제한된 어떤 디바이스에서는 사용될 수 없다.

일단 페어링이 완전하면, 링크 관리자 프로토콜은 링크를 설정한다. 두 종류의 링크가 사용자 데이터를 전송하기 위해 존재한다. 첫 번째는 SCO(Synchronous Connection Oriented)링크이다. 그것은 전화 연결과 같은 실시간 데이터를 위해 사용한다. 이러한 형태의 링크는 각각의 방향에서 고정된 슬롯을 할당한다. 슬레이브는 3개까지 SCO를 가질 수 있다. 각각의 SCO는 64,000PCM 오디오 채널을 전송한다.

SCO링크의 임계 시간(time-critical) 본성 때문에 링크를 통해 전송된 프레임이 결코 재전송되지 않는다. 대신에 신뢰성을 증가시키기 위해 포워드 에러 정정 코드가 사용된다.

다른 종류는 ACL(Asynchronous ConnectionLess)링크이다. 이 형식의 링크는 불규칙적인 간격을 통해 이용가능한 패킷-스위치 데이터를 위해 사용한다. ACL 트래픽은 최선형(Best- Efforts)을 기반으로 전달된다. 따라서 보장을 할 수는 없다. 프레임은 손실되거나 재전송될 수 있다. 슬레이브는 마스터로 가는 오직 하나의 ACL 링크를 갖는다.

ACL 링크를 통해 전송된 데이터는 L2VAP로부터 온다. 이 계층은 네 가지 주요한 기능을 가지고 있다. 첫 번째, 상위계층으로부터 64Kbps가지 패킷을 받아들이고, 선송을 위해 프레임 안으로 패킷들을 절단한다. 먼 끝 지점에서 프레임은 패킷들을 재조립한다. 두 번째로, 근원지 다중 패킷을 다중화와 역다중화를 취급하는 것이다.

패킷이 재조립될 때, L2CAP 계층은 상위계층 프로토콜이, 예를 들어 RFcomm 또는 서비스 발견과 같은 것을 어디로 넘겨주어야 할지를 결정한다. 세 번째로 L2CAP는 에러 제어와 재전송을 다룬다. 그것은 에러를 검출하고 확인이 없는 패킷을 다시 전송한다. 마지막으로 LSCAP는 다중 링크 사이에 서비스 품질 요구를 한다.

4.6.6 블루투스 프레임 구조

블루투스는 몇 개의 프레임 형식을 정의하는데, 그중 가장 중요한 형식은 그림 4-36에 보인 바와 같다. 이것은 보통 마스터가 어느 것인지 확인하는 엑세스 코드로 시작하는데, 이것은 두 마스터의 무선 범위 내의 슬레이브들이 어떠한 트래픽이 그들을 위한 것인지 말해준다. 다음으로 전형적인 MAC 부계층 필드를 포함하는 54비트 헤더가 온다. 그것은 5슬롯 전송을 위해 2,744비트를 갖는다. 단일 시간 슬롯에 대해 형식은 데이터 필드가 240비트라는 것을 제외하고는 동일하다.

프레임이 향상된 속도로 전송하는 경우에는 각각의 심벌이 1비트 대신에 2 또는 3비트 운반하기 때문에 2배 내지 3배 정도의 많은 비트를 갖는다. 이러한 데이터는 보다 빠른 데이터 비율로 스위치하기 위해 사용된 보호(guard) 필드는 동기화 패딘보다 앞에 있다. 즉 엑세스 코드의 헤더는 기본율로 운반되고, 오직 데이터 부분이 빠른 비율로 운반된다. 향상된 속도 프레임은 짧은 트레일러(trailer) 끝이다.

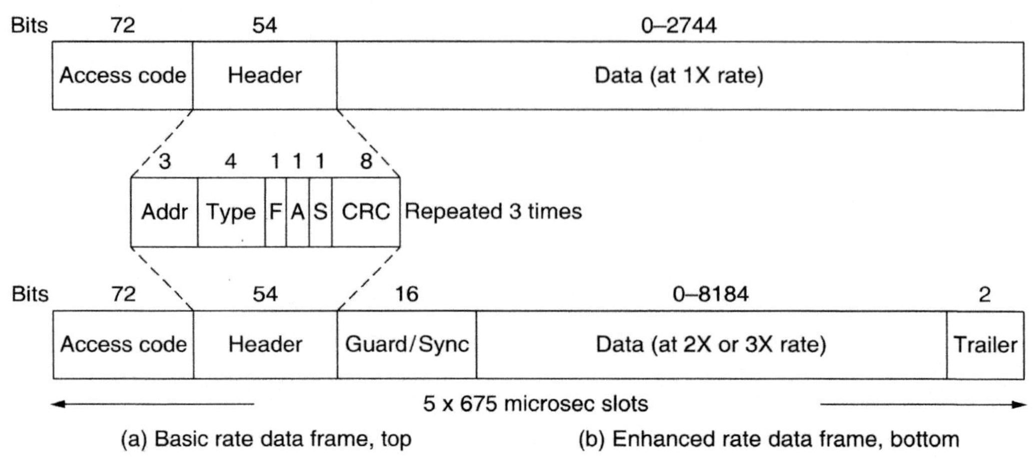

그림 4-36 전형적인 블루투스 데이터 프레임 (a) 기본 (b) 향상된 데이터율

헤더에 대해서 살펴보기로 한다. 주소(Address) 필드는 8개의 동작 중인 장치 중 프레임이 어디로 향해 갈지를 알려준다. 타입(Type) 필드는 프레임의 형태(ACL, SCO, poll, null)를 식별하고 에러 정정 타입은 데이터 필드에서 사용되며, 얼마나 많은 긴 슬롯 프레임이 있는가이다. 프레임이 얼마나 많은 슬롯이 긴가이다. 흐름(Flow) 비트는 슬레이브에 의해서 명시되는데, 그 버퍼가 꽉 차서 더 이상의 데이터를 받아들일 수 없을 때 표시한다. 이것은 초기의 흐름 제어 형식이다. 확인응답(Acknowledge) 비트는 한 프레임의 ACK를 피기백(piggyback)하는 데 사용된다. 순서(Sequence) 비트는 재전송을 검출할 수 있게 프레임에 번호를 매기는 데 사용된다. 이 프로토콜은 정지와 대기 기법이기 때문에 1비트이면 충분하다.

그다음에 오는 것이 8비트의 헤더 체크섬이다. 총 18비트 헤더는 3번의 재전송이 수행되기 때문에 그림 4-36에서 볼 수 있듯이 54비트를 형성하게 된다. 수신측에서 간단한 회로 한 개가 각 비트의 세 번 복사된 것을 검사한다. 이 3개가 모두 같다면 해당 비트는 받아들여지고, 아니면 다수의 비트를 따른다. 그러므로 54비트의 전송 능력은 10비트 헤더를 전송하기 위해 사용된다. 그 이유는 계산 능력은 떨어지지만 싸고 저전력 소모(2.5MW) 장치를 사용하는 잡음이 심한 환경에서 신뢰도 높은 데이터를 전송하는 것이고, 대단히 많은 양의 여분이 필요하다.

ACL과 SCO 프레임을 위한 데이터 필드에서 다양한 형식이 사용된다. 기본-전송률 SCO프레임은 간단한 예이다: 데이터 필드는 언제나 240비트이다. 여기서는 80, 160, 240비트의 실질적인 페이로드를 허용하는 세 가지 변수를 정의하며, 나머지 부분은 오류 수정을 위하여 사용된다. 가장 신뢰도가 높은 방법(80비트 페이로드)에서는 그 내용은 헤더와 똑같이 세 번 반복 전송된다.

우리는 다음과 같이 이러한 프레임이 있는 용량에 대해서 계산할 수 있다. 슬레이브는 홀수 슬롯만 사용하기 때문에 마스터와 같이 800slots/sec의 비율을 가진다. 80비트의 페이로드를 가지고 있는 슬레이브의 채널 용량은 64,000bps이고, 마스터의 채널 용량 역시 64,000bps이다. 이 용량은 단일 **전이중(full-duplex)** PCM 음성 채널을 위해 정확히 충분한 용량(1,600hops/sec 홉 비를 가지는 이유)이다. 즉, 원시 대역폭이 1Mbps임에도 불구하고 단일 전이중 비압축 음성 채널은 피코넷을 완전히 포화시킨다. 13% 효율은 고정 시간상에서 41% 용량의 소비, 20% 헤더와 26%와 반복 코드의 결과이다. 이러한 결점은 향상된 비율의 값과 단일 슬롯보다 많은 프레임을 강조한다.

블루투스에 대해서는 이보다 훨씬 많은 내용이 있지만 여기서는 생략한다. 호기심을 위해 블루투스 4.0 명세서는 모든 세부사항을 포함하고 있다.

4.7 RFID

우리는 LANs에서 MANS, PANs까지 살펴봤다. 마지막 예로 1.5.4에 설명되어 있는 RFID(Radio Frequency IDentification, 라디오 주파수 식별) 태그와 리더를 컴퓨터 네트워크로 종류로서 인식되지 않을 수도 있는 저가형 무선 장치의 범주를 연구해 보자.

RFID 기술은 스마트카드, 애완동물 이식, 여권, 도서관 책 등의 다양한 유형을 가지고 있다. 우리가 살펴볼 유형은 1999년 MIT에서 자동-ID 센터에서 시작해 EPC(전자 상품 코드)에 대한 탐구에서 개발되었다. EPC는 상당한 양의 정보를 운반하는 바코드를 대신하고, 심지어 보이지 않는 10m 거리 넘게 전자적으로 읽을 수 있다. 이는 다른 기술이다. 예를 들어 RFID는 트랜잭션을 수행하는 리더에게 가까이 배치되어야 하는 여권에 사용한다. 거리를 넘어서 통신할 수 있는 능력은 EPCs가 우리의 연구에 더 관련이 있다.

EPCglobal은 자동-ID 센터에서 개발한 RFID 기술을 상용화하기 위해 2003년에 설립되었다. 그 노력은 월마트가 RFID 태그를 가진 모든 화물을 분류하기 위해 상위 100개의 공급 업체를 필요로 해서 2005년에 신장되었다. 광범위한 배포가 저렴하게 인쇄된 바코드와 경쟁의 어려움으로 인해 제한되었지만 운전 면허증처럼 성장하고 있다. 우리는 이 기술의 2세대를 설명하는데 이는 비공식적으로 EPC Gen 2(EPCglobal, 2008)이라고 한다.

4.7.1 EPC Gen 2 구조

EPC Gen 2 RFID의 구조는 그림 4-37과 같다. 이는 태그와 리더라는 두 가지 핵심 요소로 구성되어 있다. RFID 태그는 작고 저렴한 장비로 유일한 96비트 EPC 식별자와 RFID 리더에 의해 읽거나 쓰이는 소량의 메모리를 가지고 있다. 메모리는 아이템의 위치 이력을 기록하기 위해 사용하고 공급망을 통해 이동한다.

태그는 가게의 선반에 놓여 있는 여러 벌의 청바지가 놓여 있는 스티커처럼 보인다. 대부분의 스티커는 스티커 위에 인쇄된 안테나를 가지고 있다. 중간의 아주 작은 점은 RFID 통합 회로이다. RFID태그는 운전 면허증처럼 물건 내에 집약되어 있다. 두 가지 경우에서 케이스로 태그들은 배터리를 가지고 있지 않고, 작동시키기 위해 가까운 RFID 리더의 무선 전송으로부터 전력을 모아야 한다. 이러한 종류의 태그는 배터리를 갖는 태그로부터 구별하기 위해 Class 1이라 한다.

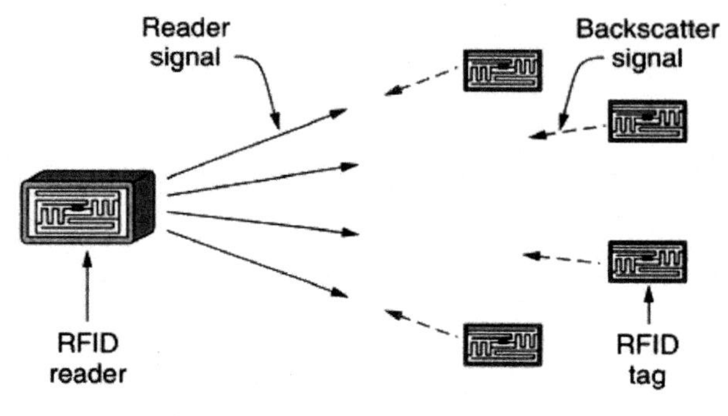

그림 4-37 RFID 구조

리더는 시스템에서 지능적으로서 셀룰러와 와이파이 네트워크에서 베이스 스테이션과 엑세스 포인트와 유사하다. 리더는 태그보다 훨씬 더 강력하다. 리더는 여러 개의 안테나를 가지고 있는 자신의 전력원을 가지고 있고, 태그가 메시지를 보내고 받는 것을 담당하고 있다. 통상 읽는 범위 내에 사수의 태그가 있기 때문에 리더는 다중 접근 문제를 해결해야 한다. 또한 동일한 지역에서 상호 경쟁하는 다수의 리더가 있다.

따라서 리더의 주요 임무는 인근에서 태그의 목록을 만드는 것인데 즉 인근의 식별자를 찾는 것이다. 물품 목록은 물리 계층 프로토콜을 가지고 이루어지고 태그-식별 프로토콜은 다음 장에서 서술한다.

4.7.2 EPC Gen 2의 물리 계층

물리 계층은 어떻게 비트가 RFID 리더와 태그 사이에 전송되는지를 정의한다. 대부분은 우리가 이전에 보았던 무선 신호를 보내는 방법을 사용한다. 미국에서 전송은 902-928㎒의 ISM 대역에서 전송된다.

이 대역은 UHF(초고 주파수)영역으로서 UHF RFID 태그라고도 한다. 리더는 최소한 400msec마다 채널을 통해 신호를 확산하고, 간섭을 제한하며 요구사항 규제를 만족하는 주파수 호핑을 수행한다. 리더와 태그는 비트를 부호화하기 위해 2.5.2에 설명되었던 ASK(Amplitude Shift Keying)변조 형태를 사용한다. 리더와 태그는 차례로 비트를 보내야 하므로 링크는 반이중 방식이다.

우리가 배워 왔던 물리적 계층에서 두 가지 주요한 차이점이 있다. 첫 번째는 리더는 통신하는 리더 또는 태그에 상관없이 항상 신호를 전송하는 것이다. 당연히 리더는 태그에 비트를 보낼 신호를 전송한다. 리더로 비트를 보내기 위한 태그의 경우, 비트가 없이 반송하는 고정된 반송 신호를 전송한다. 태그들이 실행하는 데 필요한 전력을 얻기 위해서는 이 신호를 거둬들인다. 그렇지 않으면 태그가 첫 번째 장소에서 전송할 수 없을 것이다. 데이터를 보내기 위해 태그는 목표물의 반응을 살피는 레이더 신호처럼 송신기로부터 신호를 반영하거나 신호를 받아들인다.

이 방법은 후방 산란(backsctter)이라고 한다. 이것은 송신자와 수신자가 모두 같은 시간에 전송하는 것으로 지금까지 알고 있는 다른 무선 환경과는 다르다. 후방 산란은 낮은 에너지이다. 리더에 나타나는 태그 자신의 약한 신호를 만들 수 있는 방법이다. 입력되는 신호를 복호화하는 리더에 대해 그것은 전송되는 송신 신호를 필터링해야 한다.

태그 신호가 약하기 때문에, 태그는 낮은 비율로 리더에게 비트를 보낼 수 있으며, 태그는 수신하지 못하거나 또는 다른 태그로부터 전송을 감지하지 못한다.

두 번째 차이는 매우 적은 전력으로 수행되거나 적은 비용으로 태그를 구현하기 위해 사용된 단순한 변조 형태이다. 태그로 데이터를 보내기 위해 리더는 두 가지의 진폭 레벨을 사용한다. 비트는 리더가 저전력 주기 전에 얼마나 오랫동안 기다리느냐에 따라 0 또는 1로 결정된다. 태그는 저전력 주기 사이의 시간을 측정하고 비교한다. 그림 4-38에서 보여준 것과 같이 1들이 0들보다 길다.

태그 응답은 한정된 간격에서 일련의 신호의 펄스를 발생시키는 후방 산란 상태를 대체 가능한 태그로 이루어져 있다. 어디에서도 0부터 8의 펄스 주기는 신뢰성의 필요에 의존하면서 각각의 0 또는 1을 부호화하기 위해 사용된다. 그림 4-38에서 두 개의 펄스 주기 부호화의 예에서 나타낸 것처럼 0들보다 더 적은 전이를 가지고 있다.

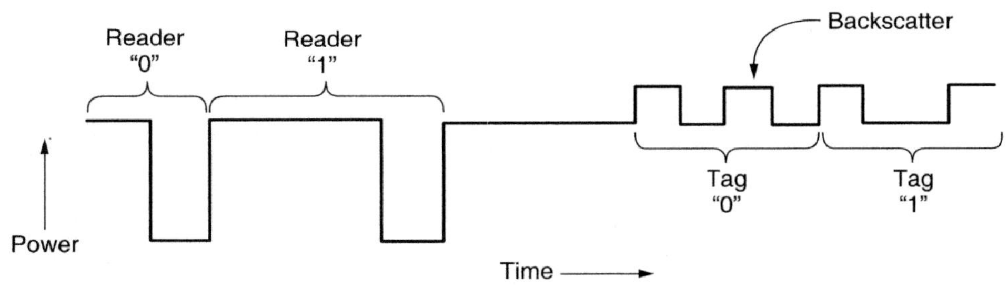

그림 4-38 리더와 태그 후반 산란 신호

4.7.3 EPC Gen 2 태그 식별 레이어

가까운 태그들에게 리더는 각각 태그들이 주는 식별자 메시지를 받는다. 이 상태는 일반적인 경우로 알려지지 않는 다중 접근 문제이다. 리더는 태그들의 식별자를 보내기 위해 모든 태그에 묻기 위한 질의를 브로드캐스트한다. 하지만 태그는 답변을 올바르게 하고, 고전적인 이더넷과 같은 스테이션 방법으로 충돌한다.

우리는 이 장에서 다중 접근 문제를 방해하는 많은 방법을 볼 수 있다. 이 상황에서 가장 가까운 프로토콜은 태그가 다른 전송을 듣지 못하는 것이다. 이것은 처음 프로토콜에서 배웠던 알로하다. 이 프로토콜은 Gen2 RFID에서 사용한다.

태그를 식별하기 위해 사용된 메시지 순서는 그림 4-39에 나타내고 있다.

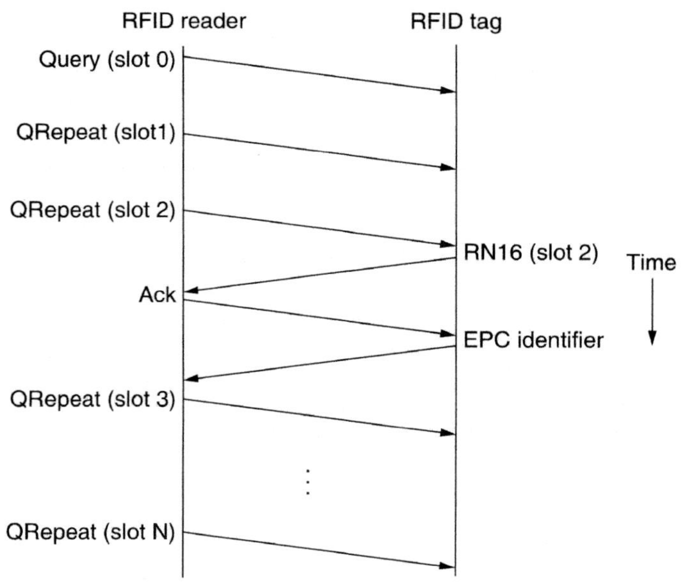

그림 4-39 태그를 식별하기 위해 교환되는 메시지의 예

첫 번째 슬롯(슬롯 0)에서 리더가 질의 메시지를 보내는 걸로 시작한다. 각각의 질의반복 메시지는 다음 슬롯으로 나아간다. 리더는 또한 태그에게 무작위 전송을 통해 슬롯 범위를 알려준다. 범위를 사용하는 것은 과정이 시작할 때 태그와 동기화를 하기 때문에 중요하다. 이더넷상에서 스테이션과 다르게 태그는 선택되는 순간에 메시지를 일깨우지 않는다.

태그는 응답하는 랜덤 슬롯을 선택한다. 그림 4-39에서 태그는 슬롯 2에서 응답한다. 하지만 태그는 처음으로 응답할 때 식별자를 보내지 않는다. 대신에 태그는 RN16메시지 내에 짧은 16비트 랜덤 수를 보낸다. 만약 충돌이 없다면 리더는 이러한 메시지를 수신하고, ACK 메시지를 보낸다. 이 단계에서 태그는 슬롯을 획득하고 EPC 식별자를 보낸다.

이러한 교환에 대한 이유는 EPC 식별자가 길기 때문이다. 그러므로 이러한 메시지에서 충돌은 값어치 있게 된다. 대신에 짧은 교환은 태그가 태그의 식별자를 보내기 위해 슬롯을 안전하게 사용하는 테스트를 위해 사용된다. 일단 태그의 식별자가 성공적으로 전송되면, 태그는 남아 있는 태그들을 식별되기 위해 일시적으로 새로운 질의 메시지에 응답을 중지한다.

중요한 문제는 리더가 충돌을 회피하기 위해 슬롯의 수를 조정하는 것이다. 이 조정은 이더넷에서 이진 지수 백오프와 유사하다. 만약 리더가 응답 없이 많은 슬롯을 보거나 또는 충돌이 있는 많은 슬롯을 본다면 태그의 응답을 통해 슬롯의 범위를 증가시키거나 감소시키기 위한 질의조정 메시지를 보낼 수 있다.

RFID 리더는 태그에서 다른 동작을 수행한다. 예를 들어 리더는 물품목록을 작성하기 전에 태그의 부분들을 선택하고, 태그된 바지와 태그되어 있지 않은 셔츠로부터 응답을 모은다. 리더는 태그들이 식별될 수 있도록 태그에 데이터를 쓸 수 있다. 이는 판매와 관련된 정보를 기록하기 위해 사용된다.

4.7.4 태그 식별 메시지 포맷

질의 메시지 형식은 리더-태그 메시지의 예로서 그림 4-40에 나타내고 있다. 메시지는 27kbps에서 128kbps까지 다운링크율이 제한되기 때문에 작다. 명령 필드는 질의어로서 메시지를 식별하기 위해 1000코드를 운반한다.

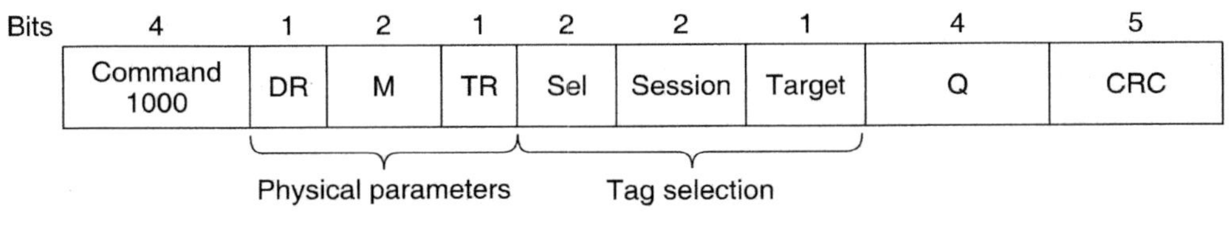

그림 4-40 질의 메시지의 형식

다음 플래그는 DR, M 그리고 TR로써 리더 전송과 태그 응답을 위해 물리 계층의 변수를 결정한다. 예를 들어 응답률은 5kbps와 640kbps 사이에 설정한다. 이러한 플래그의 자세한 설명은 건너뛴다.

그런 후에 Sel, Session, Target 3개의 필드가 오는데 응답하는 태그를 선택한다. 게다가 리더는 식별자의 부분집합을 선택 가능함으로 태그가 4개의 동시 세션까지 추적을 유지하고, 태그가 그러한 세션에서 식별된다. 이 방법에서 다중 리더는 다른 세션을 사용함으로서 겹치는 영역에서 동작될 수 있다.

다음은 이러한 명령 질의에 대해 가장 중요한 변수다. 이 필드는 태그의 0부터 2^Q-1까지 응답되는 슬롯의 범위를 정의하는 것이다. 마지막으로 메시지 필드를 보호하기 위해 CRC가 있다. 5비트로서 우리가 알고 있던 대부분의 CRC보다 짧다. 하지만 질의 메시지는 대부분의 패킷보다 훨씬 짧다.

태그-리더 메시지는 간단하다. 리더는 제어되기 때문에 각각의 전송에 대한 응답에 대해서도 메시지를 알 수 있다. 태그 응답은 EPC 식별자처럼 데이터를 단순하게 운반한다.

원래 태그는 식별 목적으로 했다. 하지만 태그는 소형 컴퓨터와 비슷하게 시간이 지남에 따라 성장했다. 센서를 가지고 있는 일부 태그는 데이터를 모으고 처리하는 소형 프로그램을 실행시킬 수 있다. 이러한 기술에 대한 하나의 비전은 물리적인 세상에서 인터넷으로 객체를 연결하는 작은 프로그램의 수집과 프로세서 데이터를 실행할 수 있다. 이 기술의 비전은 실제 세상에서 객체를 인터넷으로 연결하는 인터넷 세상이다(Welbourne et. al., 2009; and Gershenfeld et.. al., 2004).

4.8 데이터 링크 계층 스위칭

여러 기관에서는 다중 LAN을 가지고 있으며 서로 연결시키기 원한다. LAN을 단순히 연결함으로써 보다 큰 LAN을 만들 수 있다면 편리하지 않겠는가? 사실 이는 브리지로 연결하면 가능하다. 4.3.4장에서 설명하였던 이더넷 스위치들이 현재 브리지 이름이고, 브리지들은 고전적 이더넷과 다중 LAN들을 보다 크고 빠른 네트워크로 쉽게 연결할 수 있도록 해주는 이더넷 허브를 뛰어넘는 기능을 제공한다. 우리는 브리지와 스위치라는 말을 교환하여 사용할 것이다.

브리지들은 데이터 링크 계층에서 동작하고, 프레임을 순방향 시키기 위해 데이터 링크 계층 주소를 검사한다. 브리지들은 순방향된 프레임들의 페이로드 영역을 검사하기 위해 가정되지 않기 때문에 브리지들은 AppleTalk 패킷과 같은 다른 종류의 패킷과 마찬가지로 IP 패킷을 다룰 수 있다. 반대로 라우터들은 패킷의 주소를 검사하고 패킷을 토대로 라우트된다. 그러므로 라우터들은 취급하기 위해 설계된 프로토콜을 가지고 단지 동작한다.

이 장에서 우리는 브리지들이 어떻게 작동하고 다중 물리적 LAN이 단일 논리적 LAN으로 연결하기 위해 사용되는지를 살펴볼 것이다. 반대로 어떻게 물리적 LAN을 VLAN(가상 LAN)이라는 다중 논리적 LAN을 어떻게 다룰 수 있는지 살펴볼 것이다. 두 가지 기술은 네트워크를 관리하는 데 유용성을 제공한다. 브리지 스위치와 관련된 주제들의 포괄적인 취급을 위해 Seifert와 Edwards(2008)와 Perlman(2000)을 참조하면 된다.

4.8.1 브리지의 사용

브리지에 들어가기 전에 브리지가 사용되는 상황을 살펴보도록 하자. 우리는 왜 단일 조직 기관이 다중 LAN을 이용하는지 세 가지 이유를 언급할 것이다.

첫 번째 많은 대학과 협조 부서들은 자신의 개인 컴퓨터와 서버, 프린트와 같은 장치를 연결하기 위해 LAN을 갖는다. 다양한 부서들의 목적이 다르기 때문에 서로 다른 부서들은 다른 부서가 하는 것과 무관하게 서로 다른 LAN을 설정할 것이다. 그래도 조만간 상호 작용할 필요가 있기에 브리지들이 필요하다. 이러한 예에서 다중 LAN은 그 자율성 때문에 현존하게 된다.

두 번째로 기관들은 상당한 거리를 두고 여러 개의 건물들이 흩어져 있다. 각각의 빌딩에서 분리된 LAN을 갖는 것과 브리지와 모든 케이블이 단일 중앙 스위치에 실행되는 것보다 장거리 광섬유 링크를 가지고 LAN을 연결하는 것이 비용이 덜 든다. 케이블이 쉽게 부설한다 할지라도 케이블의 길이에 한계가 있다(트위스트 페어 기가비트 이더넷의 경우 200m). 네트워크는 과도한 신호 감쇠와 왕복 지연 때문에 긴 케이블에 대해서 작동되지 않는다. 유일한 해결은 LAN을 분할하는 것과 커버가 되는 전체의 물리적 거리를 증가시키는 부분을 연결하기 위한 브리지를 설치하는 것이다.

세 번째로, 논리적으로 단일 LAN이 부하를 수용하는 독립된 LAN(브리지에 의해 연결된) 속으로 나누는 것이 필요하다. 예를 들어 많은 대규모 대학에서 수천 개의 워크스테이션은 학생과 직원 컴퓨팅을 위해 도움이 된다. 또한 회사는 수천 명의 고용인을 가지고 있다. 이러한 시스템의 규모는 단일 LAN상에 모든 워크스테이션을 놓지 못하게 한다. 단일 LAN은 임의의 이더넷 허브에 있는 포트보다 많은 컴퓨터와 단일 고전적인 이더넷에 허용되는 것보다 많은 스테이션이 있다.

모든 워크스테이션을 함께 배선하는 것이 가능하다 할지라도, 하나의 이더넷 허브 또는 고전적 이더넷 사이에 보다 많은 스테이션을 놓는 것은 용량을 덧붙이지 못한다. 모든 스테이션은 정해진 대역폭을 동일하게 공유한다. 보다 많은 스테이션이 있는 경우 스테이션 당 평균 대역폭이 더 적다.

그러나 두 개의 독립된 LAN은 단일 LAN의 두 배의 용량을 가진다. 브리지가 이 용량을 유지하는 동안 LAN들을 함께 연결하게 한다. 중요한 것은 각각의 LAN이 전속력으로 실행될 수 있게 하기 위해 필요로 하지 않는 포트에 트래픽을 보내지 않는다. 이러한 동작은 또한 신뢰성을 증가시킨다. 이는 단일 LAN상에서 결함 노드는 전체 노드로 쓸모없는 연속적인 스트림 출력의 이동을 막는다. 순방향으로 진행할지와 안 할지를 결정함으로서 브리지들은 빌딩 내의 방화문처럼 동작하는데 이는 단일 노드가 전체 시스템을 파멸시키는 것을 막는다.

이러한 장점을 쉽게 이용가능하게 하기 위해서 이상적으로 브리지들을 완벽하게 투명하게 한다. 브리지들을 사서 브리지 내에 LAN 케이블을 플러그함으로써 즉시 완벽하게 모든 것들이 동작할 수 있도록 한다. 한순간에 하드웨어, 소프트웨어, 스위치의 주소 설정, 라우팅 테이블 다운로드, 변수를 바꿀 필요 없이 가능하다. 더욱이 기존 LAN의 동작은 브리지에 의해 결코 영향을 받지 않는다.

스테이션들이 관련이 있는 한 스테이션들이 브리지 된 LAN들의 부분이라 하더라도 차이점을 식별할 수 없다. 스테이션들을 단일 LAN 주위에 이동하는 것처럼 브리지된 LAN 주위로 이동하게 하는 것은 쉽다.

실제적으로 투명한 브리지들을 생성하는 것은 가능하다. 두 개의 알고리즘이 사용되는데, 필요로 하지 않는 곳에 트래픽을 전송을 멈추게 하는 백워드(backward) 학습 알고리즘과 스위치들이 함께 상관없이 케이블될 때 형성되는 고리를 깨는 스패닝(spanning) 트리 알고리즘이다. 이러한 알고리즘들이 어떻게 수행되는지를 순서대로 살펴볼 것이다.

4.8.2 러닝 브리지

함께 브리지된 두 개의 LAN의 토폴로지는 그림 4-41에 나타내고 있다. 그림의 왼쪽에서 고전적 이더넷과 같은 두 개의 멀티드롭 LAN은 양쪽에 놓여 있는 특별한 스테이션 즉 브리지에 의해 연결되었다. 오른쪽은 허브를 포함한 점대점 케이블을 가진 LAN은 함께 연결되었다. 브리지들은 스테이션과 허브가 부착된 장치들이다. LAN의 토폴로지가 이더넷이라면 브리지들은 이더넷 스위치로 잘 알려져 있다.

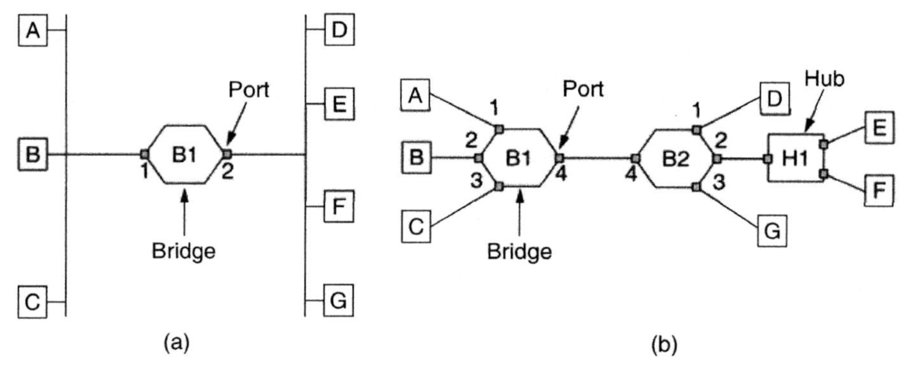

그림 4-41 (a) 두 개의 멀티드롭 LAN을 연결하는 브리지
(b) 7개의 점대점 스테이션을 연결하는 브리지(한 허브)

브리지들은 고전적 이더넷들이 사용될 때 개발되었는데 브리지들은 그림 4-41(a)처럼 멀티드롭 케이블을 가진 토폴로지로 보인다. 그러나 오늘날 접하는 모든 토폴로지들은 점대점 케이블들과 스위치들로 구성된다. 브리지들은 양쪽에서 설정된 동일한 방법으로 동작한다. 브리지상의 동일한 포트에 부착되어 있는 모든 스테이션들은 동일한 충돌 영역에 속하고, 이것은 다른 포트들의 충돌 영역보다 다르다. 고전적 이더넷, 허브 또는 반이중 링크에서처럼 하나 이상의 스테이션이 있다면 CSMA/CD 프로토콜은 프레임을 전송하기 위해 사용된다.

그러나 브리지된 LAN들이 어떻게 설정되는지 차이점이 있다. 멀티드롭 LAN들을 브리지하기 위해 브리지는 그림 4-41(a)에서와 같이 각각의 멀티드롭 LAN에 새로운 스테이션으로 추가되어야 한다.

점대점 LAN들을 브리지 하기 위해 허브들은 브리지에 연결되거나 또는 성능을 증가시키는 브리지로 대체되어야 한다. 그림 4-41(b)에서 브리지들은 하나의 허브 외에 모두 대체되었다.

또한 다른 종류의 케이블들이 하나의 브리지에 부착될 수 있다. 예를 들어 그림 4-41(b)에서 브리지 *B*1을 브리지 *B*2로 연결하는 케이블은 장거리 광섬유 링크가 될 수 있고, 반면에 브리지들을 스테이션에 연결하는 케이블은 단거리 수송의 트위스트 페이 회선이 될 수 있다. 이러한 처리 방식은 서로 다른 빌딩에서 LAN들을 브리지 하는데 유용하다.

브리지 내부에 무슨 일이 발생했는지 고려해 보자. 각각의 브리지들은 혼잡 모드에서 동작한다. 즉 브리지는 각각의 브리지의 포트에 부착된 스테이션에 의해 전송된 모든 프레임을 수용한다. 브리지들은 각각의 프레임을 순방향으로 보낼지 또는 무시할지를 결정해야만 한다. 그리고 전자의 경우 포트상에서 프레임을 출력시킨다.

이 결정은 목적지 주소를 사용함으로서 이루어진다. 하나의 예로서 그림 4-41(a)의 토폴로지를 고려해보자. 스테이션 A가 스테이션 B로 프레임을 보낸다면 브리지 *B*1은 포트 1에서 프레임을 수신할 것이다. 이 프레임은 이미 올바른 포트상에 있기 때문에 시체하시 않고 즉시 무시한다. 그러나 그림 4-41(b)의 토폴로지에서 *A*가 *D*로 프레임을 보낸다고 가정하자. 브리지 *B*1은 포트 1에서 프레임을 수신할 것이고 포트 4로 프레임을 출력시킨다. 그런 후에 브리지*B*2는 포트 4에서 프레임을 수신하고 그것을 포트 1로 출력시킨다.

이러한 방법을 구현시키는 간단한 방법은 브리지 내에 큰(해쉬) 테이블을 갖는 것이다. 이 테이블은 각각의 가능한 목적지를 나열하고 목적지에 속해 있는 포트를 출력시킨다. 예를 들어 그림 4-41(b)에서 *B*1에서 테이블은 포트 4에 속한 *D*를 나열한다. 그렇게 함으로서 *B*1은 어느 포트가 프레임을 *D*에 도착하게 하기 위해 모든 것을 알아야만 한다. 사실 순방향은 프레임이 *B*1에 흥미가 없는 *B*2를 통과할 때 일어날 것이다.

처음에 브리지들이 플러그될 때 모든 해쉬 테이블은 비어 있다. 어떠한 브리지도 목적지를 알지 못한다. 그럼으로 브리지들은 알려지지 않은 목적지에 입력되는 모든 프레임을 브리지에 연결된 모든 포트에 출력시키는 플러딩(flooding) 알고리즘을 사용한다. 시간이 지남에 따라 브리지는 목적지가 어디에 있는지를 안다. 일단 목적지가 알려지면 프레임들은 적적한 포트에 프레임을 덧붙이도록 정해진다. 그것들은 폭주 되지 않는다.

브리지에 사용되는 알고리즘은 **백워드 러닝(backward learning)**이다. 위에 기술한 대로, 브리지는 혼잡 모드로 작동하기 때문에 브리지들은 그들과 접근한 어떠한 LAN에 보내지던 모든 프레임을 살핀다.

출발지 주소를 보고 브리지는 어떤 포트가 어떠한 장치가 접속가능한지를 말해줄 수 있다. 예를 들면 그림 4-41(b)의 브리지 B1이 C로부터 나온 포트 3상의 한 프레임을 보면, C는 포트 3을 통해서 도달할 수 있다는 것을 알게 되므로, C로 가려는 프레임은 포트 3을 사용해야 한다는 사실을 해쉬 테이블에 알려 놓는다. *B*1의 다른 포트로 오는 주소가 지정된 C로 다음의 프레임이 포트 3으로 순방향 될 것이다.

장치와 브리지들은 전원이 켜지고 꺼지거나 이동될 때마다 토폴로지가 바뀔 수도 있다. 해쉬 테이블에 기재내용이 생길 때마다의 동적인 토폴로지를 다루기 위해 프레임의 도착시간이 기재된다. 이미 도착지점이 테이블 안에 기재되어 있는 프레임이 도착하면, 현재 시간으로 그 기재 내용이 다시 입력된다. 그래서 각각 입력과 연관된 시간은 장치가 가장 마지막으로 파악한 프레임의 시간이다.

브리지 내의 프로세스는, 주기적으로 해쉬 테이블을 살피고 몇 분 정도 지난 내용은 정리하여 없애 버린다. 이러한 식으로 어떤 컴퓨터가 LAN과 연결이 끊어져서 다른 곳으로 이동하여 다시 연결이 되면, 몇 분 안에 수동 조작 없이 정상적인 활동을 하게 된다. 이러한 알고리즘은 만일 어떤 머신이 몇 분 동안 활동하지 않으면, 다음에 스스로 하나의 프레임을 보낼 때까지 그 머신을 향해 전송되는 어떠한 형태의 트래픽도 범람하게 될 것이라는 사실을 의미한다.

입력 프레임을 위한 라우팅 절차는 자기가 도착하는(근원지 포트) LAN과 목적지가 실려 있는 LAN(목적지 주소)에 따라 다음과 같이 된다.

1. 목적지 주소의 포트와 출발지 포트가 같으면, 프레임을 폐기
2. 목적지 주소의 포트와 출발지 포트가 다르면, 프레임을 진행
3. 목적지 포트를 알 수 없다면 플러딩을 사용하고, 소스 포트를 제외한 모든 포트에 프레임을 전송

첫 번째 경우가 점대점 링크에서 발생한다는 것이 궁금할 것이다. 그 대답은 허브가 컴퓨터의 그룹이 브리지로 연결하기 위해 사용된다면 발생된다는 것이다. 그림 4-41(b)에서 하나의 예를 나타내고 있는데 허브 *H*1로 스테이션 *E*와 *F*가 연결되고 다음에 브리지 *B*2로 연결된다. 만일 *E*가 *F*로 프레임을 전송한다면 허브는 *B*2 뿐만 아니라 *F*로 프레임을 전달할 것이다. 허브가 그렇게 할 수 있는데 이는 하나의 포트에서 입력되는 프레임을 다른 모든 포트로 출력시키기 위해 모든 포트들은 함께 배선하면 된다. *B*2의 포트 4에 도착하는 프레임은 목적지에 도달하기 위한 오른쪽 출력 포트가 이미 있다. 브리지 *B*2는 단지 프레임을 무시를 필요로 한다.

각 프레임이 도착할 때마다 이 알고리즘은 적용되어야 하고 특별한 목적의 VLSI 칩을 이용하여 구현된다. 이 칩은 마이크로초가 지난 후에 테이블 출입을 감시하고 갱신한다. 브리지는 단지 어떻게 프레임을 포워드 시키기 위해 결정하는 MAC 주소만 살피기 때문에 나머지 프레임들이 도착하기 전에(물론 제공된 출력 회선이 이용가능하다) 목적지 헤더 필드가 입력되자마자 포워딩을 시작하는 것이 가능하다. 이 설계는 브리지를 통한 통과의 대기시간을 줄일 수 있고 뿐만 아니라 브리지는 프레임들을

버퍼 할 수 있다. 이것을 Cut-through switching 또는 wormhole routing이라 하고 하드웨어에서 자주 취급된다.

브리지가 링크 계층 장치가 되는 의미를 이해하기 위해 프로토콜 스택에 관하여 브리지의 동작을 살펴볼 것이다. 그림 4-41(a)의 환경에서 LAN들은 이더넷이라고 하고 프레임을 스테이션 *A*에서 *D*로 전송한다고 고려해 보자. 프레임은 하나의 브리지를 통해 통과할 것이다. 프로토콜 스택 처리의 관점은 그림 4-42에 보여주고 있다.

상위계층으로부터 오는 패킷을 이더넷 MAC 계층으로 내려가게 한다. 하나의 이더넷 헤더를 획득한다. 이러한 구성단위는 물리적 계층으로 보내진 후 케이블을 통해 발송되며, 브리지에서 포착하게 된다.

브리지에서 프레임은 물리적 계층으로부터 이더넷 MAC 계층으로 올려 보내지게 된다. 이 계층은 스테이션에서 이더넷 MAC 계층과 비교하게 된다. 프레임을 MAC 계층 내에 있는 릴레이로 보낸다. 브리지는 프레임을 어떻게 취급할 것인지를 결정하기 위해 단지 이더넷 MAC 헤더를 사용하는 기능을 전달한다. 이 경우에서 브리지는 스테이션 *D*에 도달하기 위해 사용된 포트의 이더넷 MAC 계층으로 프레임을 보내며 계속해서 그 방향으로 프레임을 보낸다.

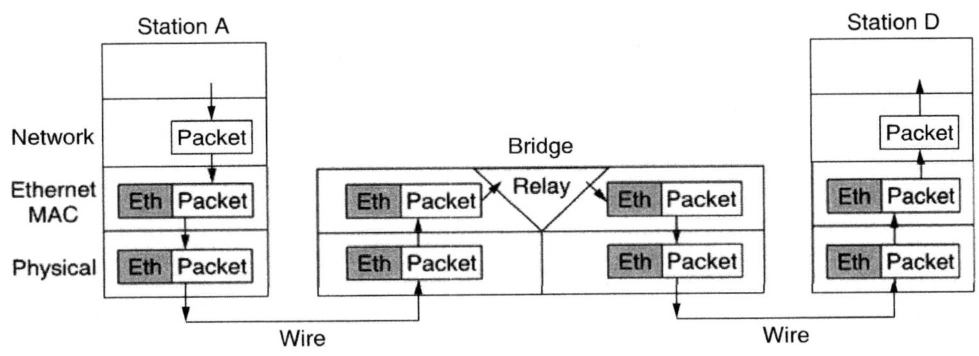

그림 4-42 브리지에서 프로토콜 과정

일반적으로 주어진 계층에서 릴레이는 그 계층에서 헤더를 다시 쓸 수 있다. VLAN은 간단하게 예를 제공한다. 어떠한 경우도 브리지는 프레임 내부를 볼 수 없고, 그것이 IP 패킷을 운반하는지 알 수 없다. 즉 브리지 프로세싱과 관계가 없으며 프로토콜 계층을 위반한다. 또한 K개의 포트를 가진 브리지는 K개의 MAC 과 물리적 계층을 가진다는 것을 주목해야 한다. 단순한 예에서 K의 값은 2이다.

4.8.3 스패닝 트리 브리지

신뢰도를 높이기 위해 여분의 링크가 브리지 사이에 사용된다. 그림 4-43의 예에서 한 쌍의 브리지 사이에 병렬적으로 두 개의 링크가 있다. 이러한 구조는 하나의 링크가 절단되는 경우 네트워크는 상호 통신할 수 없는 두 세트의 컴퓨터 구획으로 나눌 수 없다.

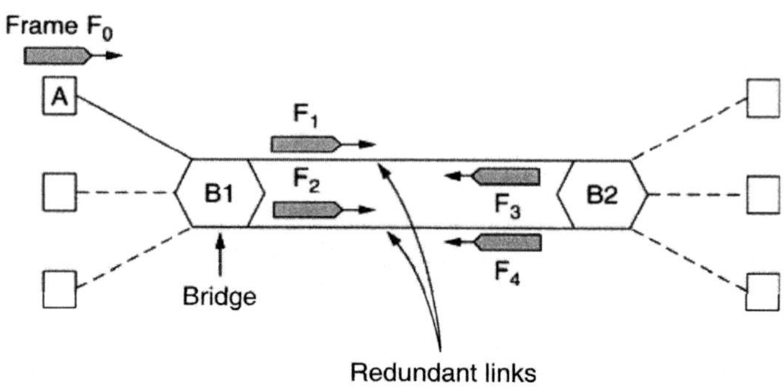

그림 4-43 두 개의 병렬 링크를 가진 브리지

그러나 이러한 중복은 토폴로지에서 루프를 생성하므로 또 다른 문제를 발생시킨다. 이러한 문제의 예는 어떻게 프레임이 *A*에 의해 그림 4-43에서 다루고 있는 이전의 알 수 없는 목적지로 보내졌는가를 살펴봄으로서 알 수 있다. 각각의 브리지는 알 수 없는 목적지를 취급하기 위해 정상적인 규칙을 따르고, 그것은 프레임을 플러드한다.

브리지 *B1*에 도달하는 *A*로부터 프레임 F_0을 호출한다. 브리지는 이러한 프레임을 모든 다른 포트에 복사해서 내 보낸다. 우리는 *B1*과 *B2*를 연결하는 브리지 포트를 고려할 것이다. *B1*에서 *B2*까지 두 개의 링크가 있기 때문에 프레임의 두 개의 복사본은 *B2*에 도달할 것이다. 그것들은 F_1과 F_2처럼 그림 4-43에 보여주고 있다.

그런 후에 브리지 *B2*는 이러한 프레임들을 수신할 것이다. 그러나 그것들이 동일한 복사본이다는 것을 알 수 없으며, 대신에 두 개의 다른 프레임들이 교대로 보낸다. 그러므로 브리지 *B2*는 F_1을 가지며 그것의 복사본을 모든 다른 포트로 보낸다. 또한 브리지는 F_2를 가지고 그것의 복사본을 모든 다른 포트로 보낸다. 이것은 *B1*으로 되돌아오는 두 개의 링크를 따라 보내지는 프레임 F_3와 F_4를 생성한다. 그러고 나서 브리지 *B1*은 알 수 없는 목적지에서 두 개의 새로운 프레임을 볼 수있고, 그것들을 다시 복사한다. 이러한 순환은 계속해서 지속된다.

이러한 어려움에 대한 해결은 상호 간의 통신할 수 있는 브리지와 모든 브리지마다 도달하는 스패닝 트리를 가진 실제적인 토폴로지를 오버레이한다. 사실상 브리지 사이의 잠재적인 연결은 실제적인 토폴로지의 부분인 허구의 루프-프리 토폴로지를 구축하기 위해서 무시된다.

예를 들어, 그림 4-44에서 상호 연결된 다섯 개의 브리지를 볼 수 있고, 또한 브리지에 연결되는 스테이션을 가지고 있다. 각각의 스테이션은 단지 하나의 브리지에 연결한다. 모든 링크가 사용된다면 루프에서 프레임을 포워드하기 위해서 브리지 사이의 중복 연결이 있다.

이러한 토폴로지는 '브리지들이 노드이고, 점대점 링크가 가장자리이다'는 그래프처럼 생각할 수 있다. 그래프는 스패닝 트리를 줄일 수 있는데, 그것은 당연히 순환을 가지고 있지 않고, 그림 4-44에서 점선과 같이 나타낸 링크를 드롭(drop)한다. 이러한 스패닝 트리를 이용함으로서 모든 스테이션이 다른 모든 스테이션으로 향하는 하나의 경로가 있다. 일단 브리지가 스패닝 트리에 동의하면 스테이션 사이의 포워딩은 스패닝 트리를 따른다. 각각의 출발지에서 목적지로 유일 경로가 있기 때문에 루프는 불가능하다.

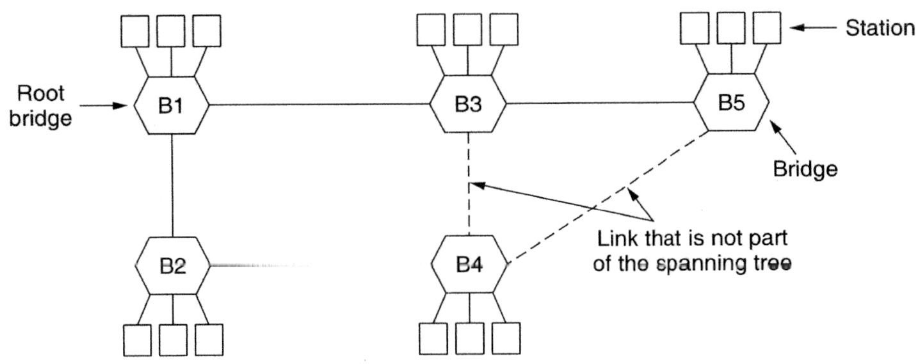

그림 4-44 다섯 개의 브리지와 연결한 스패닝 트리. 점선은 스패팅 트리의 부분이 아닌 링크들이다.

스패닝 트리를 설정하기 위해 브리지는 분산된 알고리즘을 실행한다. 각각의 브리지는 주기적으로 브리지 이웃의 모든 포트에 메시지의 배열을 브로드캐트하고, 다른 브리지로부터 수신하는 메시지를 처리한다. 이러한 메시지는 포워드 되지 않고, 그것의 목적이 트리를 설정하는 것이기 때문에 시간이 지난 후에 포워딩을 위해 사용될 수 있다.

처음에 브리지는 스패닝 트리의 루트가 되는 하나의 브리지를 선택해야 한다. 이러한 선택을 하기 위해서 각각의 브리지들은 메시지 배열에서 MAC 주소를 토대로 하는 식별자를 포함하며, 마찬가지로 루트로 되는 브리지의 식별자를 포함한다.

MAC 주소는 제조사에 의해 설정되고, 전 세계적으로 유일하게 되도록 보장하여야 하는데 이는 이러한 식별자를 편리하고 유일하게 한다. 브리지들은 루트가 되는 최저의 식별자를 가진 브리지를 선택한다. 충분한 메시지가 새롭게 확산되기 위해 교환이 된 후 모든 브리지들은 어느 브리지가 루트인지를 동의할 것이다. 그림 4-44에서 브리지 *B*1은 가장 낮은 식별자를 가지고 있고 루트가 된다.

다음으로 루트로부터 모든 브리지까지 최단 경로의 트리가 구축된다. 그림 4-44에서 하나의 홉이 최단 경로인 곳에서 브리지 $B2$와 $B3$는 브리지 $B1$으로부터 각각 직접적으로 도착할 수 있다. 브리지 $B4$는 $B2$ 또는 $B3$를 경유해서 두 개의 홉을 지난 후에 도착한다. 이러한 연결을 끊게 하기 위해 최저의 식별자를 가진 브리지를 경유한 경로를 선택하여 $B4$는 $B2$를 경유해서 도달한다. 브리지 $B5$는 $B3$를 경유한 두 개의 홉에서 도달한다.

이러한 최단 경로를 찾기 위해 브리지들은 그들의 메시지 배열에서 루트로부터 거리를 포함한다. 각각의 브리지 멤버들은 루트에 이르게 되는 최단 경로를 찾는다. 그런 후에 브리지들은 최단 경로의 부분이 아닌 포트를 벗어난다.

트리가 모든 브리지를 스팬한다 할지라도, 모든 링크들이 트리에서 필연적이지 않다. 이것은 네트워크로부터 루트까지 링크를 제거하는 포트를 벗어나기 때문이다. 심지어 스패닝 트리가 설정되고 난 후에도 이 알고리즘은 토폴로지가 트리를 바꾸고 갱신하는 것을 자동적으로 검출하는 정상적인 동작 동안에도 계속해서 실행된다.

스패닝 트리가 구축된 이후에도 이 알고리즘은 자동으로 토폴로지의 변화를 측정하고 트리를 정리하기 위하여 작동을 계속한다. 이 트리의 구축에 사용된 분산 알고리즘은 Radia Pearlman에 의해 발명되었고 그의 저서(Perlman, 2000)에 잘 설명되어 있다.

I think that I shall never see
A graph more lovely that a tree
A tree whose crucial property
Is loop-free connectivity.
A tree which can reach every LAN.
First the Root must be selected
By ID it si elected.
Least cost paths for are traced
In the tree these paths are placed.
A mesh is made by folks like me
Then bridges find a spanning tree.

그 후 스패닝 트리 알고리즘은 IEEE 802.1D로 표준화되었고 수년 동안 사용되었다. 2001년 토폴로지로 변화한 이후에 새로운 스패닝 트리로 곧이어 개정되었다. 브리지에 대한 자세한 논의는 Perlman(2000)을 참조하라.

4.8.4 리피터, 허브, 브리지, 스위치, 라우터, 게이트웨이

이 책에서 지금까지 한 케이블의 구역에서 다른 구역으로 가는 프레임과 패킷을 취하는 다양한 방법들에 대하여 알아보았다. 리피터, 브리지, 스위치, 허브, 라우터, 게이트웨이가 그것이다. 모두 일반적으로 사용되지만 이들 간에는 모두 미묘한 차이가 있다. 상당히 많은 종류가 나와 있으므로 그들 상호 간의 유사점과 차이점을 알 필요가 있다.

그림 4-45에서 묘사된 것과 같이 이들 장비들은 다른 계층에서 동작한다. 계층이 어떻게 교환되는가를 결정하기 위해 서로 다른 정보 부분을 사용하기 때문에 계층은 중요시된다. 일반적인 시나리오에서는 사용자가 원격지 머신에 보낼 데이터를 생성한다. 그들 데이터는 트랜스포트 계층에 전달되어 헤더가 덧붙여지고(TCP 헤더), 결과 유닛을 네트워크 계층에 내려 보낸다. 네트워크 계층은 네트워크 계층 패킷(IP 패킷)을 형성하기 위하여 그 자신의 헤더를 덧붙인다. 그림 4-45(b)에서 어둡게 나타낸 IP 패킷을 볼 수 있다. 그 패킷은 데이터링크 계층으로 보내고, 여기서 데이터링크 계층 자신의 헤더와 체크섬을 추가하여 프레임을 만들고, 이 프레임을 물리 계층에 보내어 LAN과 같은 전송경로를 통해 송신한다.

이제 스위칭 장비를 살펴보고, 그들이 패킷 및 프레임과는 어떤 관련이 있는가를 보자. 제일 아래의 물리 계층에는 리피터가 있다. 이것은 리피터가 연결된 곳에 케이블상에 신호를 가지고 작동하는 아날로그 장비이다. 케이블상에 나타난 신호는 제거하고 증폭되며 다른 케이블상에 만들어 놓는다. 리피터는 프레임과 패킷 혹은 헤더가 무엇인지 모른다. 그것들은 전압으로 비트를 부호화한 심벌들을 감지한다.

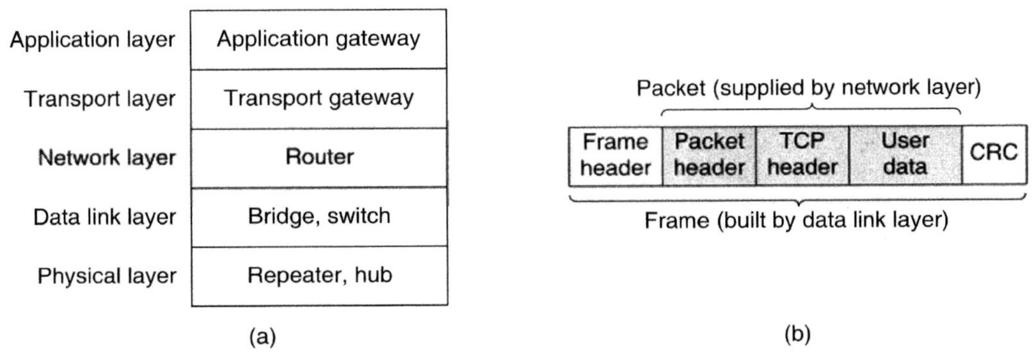

그림 4-45 (a) 어느 장비가 어느 계층에서 동작하는가? (b) 프레임, 패킷, 헤더

예를 들면 전통적인 이더넷은 케이블의 최대 길이를 500m에서 2,500m로 확장하기 위해서 네 개의 리피터를 사용할 수 있도록 설계되었다.

다음으로 허브를 살펴본다. 허브는 전기적으로 결합된 다수의 입력라인을 가지고 있다. 이 중 어느 한 회선에 도착한 프레임은 다른 모든 회선으로 송출된다. 두 개의 프레임이 동시에 도착하면 하나의 동축케이블을 사용할 때와 같이 충돌이 발생할 것이다.

허브에 연결된 모든 라인은 같은 속도로 동작한다. 허브가 리피터와 다른 점은 허브는 유입되는 신호를 증폭하지도 않고 다중 입력(multiple inputs) 회선을 위해 설계되었다. 하지만 그 차이점은 근소한 것이다. 허브는 리피터처럼 링크 계층의 주소를 검사하지 않으며, 어떠한 형태로도 주소를 이용하지 않는 물리적 계층 장치이다.

이제 상위로 올라가 데이터링크 계층에서 사용하는 브리지나 스위치에 대해 살펴보도록 하자. 브리지는 2개 이상의 LAN을 연결한다. 허브처럼 다중 포트를 가지고 있는 현대의 브리지들은 4내지 48개의 입력 회선을 가지고 있다. 허브와 달리 각각의 포트는 자시의 충돌 영역에서 고립된다. 만일 포트가 전이중 방식의 점대점 회선을 가지고 있다면 CSMA/CD 알고리즘은 필요하지 않다. 하나의 프레임이 도착하면 브리지는 프레임 헤더에서 목적지 주소를 추출해내고, 테이블을 조사하여 그 프레임을 어디로 보내야 할지 결정한다. 이더넷에서 이 주소는 그림 4-14에서 보여준 48-비트 목적지 주소이다. 브리지는 필요로 하는 포트 사에 프레임을 단지 출력시키고 동시에 다중 프레임을 포워드시킬 수 있다.

브리지는 허브보다 더 좋은 성능을 제공하며, 브리지 사이에서 분리는 서로 다른 네트워크 형태에서 입력 회선들이 서로 다른 속도로 실행되는 것을 의미한다. 아주 일반적인 예는 10, 100, 1000Mbps 이더넷 연결하는 포트를 가지고 있는 브리지이다.

브리지내의 버퍼링은 하나의 포트 상에 프레임을 수용하고 다른 포트로 프레임을 전송하기 위해 필요하다. 만일 프레임이 재전송되는 것보다 빠르게 입력된다면 브리지는 버퍼 공간을 다 써버리고 프레임들을 무시하기 시작한다. 예를 들어, 기가비트 이더넷이 최고의 속도로 10Mbps 이더넷 속으로 비트들을 집어넣는다면 브리지는 비트들을 버퍼할 것이고 메모리를 다 써버리지 않도록 호핑한다.

이러한 문제는 모든 포트가 주어진 목적지 포트로 프레임을 전송하는 것보다 많기 때문에 동일한 속도로 실행된다 할지라도 존재한다.

브리지들은 예를 들어 이더넷과 토큰 링 LAN과 같은 서로 다른 종류의 LAN들을 근본적으로 연결하는 것이다. 그러나 이것은 LAN 사이의 문제점 때문에 동작되지 않는다. 서로 다른 프레임 형식은 CPU 시간이 걸리는 복사와 형식을 새로 하는 것, 새로운 체크섬 계산을 필요로 하며, 브리지의 메모리에서 잘못된 비트들 때문에 에러를 검출하지 못하는 가능성을 초래한다. 또한 서로 다른 최대 프레임 길이는 좋은 해결책을 가지고 있지 못한 심각한 문제이다. 기본적으로 포워드하기 위한 너무 큰 프레임은 무시되어야 한다. 그래야 훨씬 투명해진다.

LAN들이 다른 곳에서 두 개의 다른 영역은 서비스 보안과 품질이다. 어떤 LAN들은 802.11과 같은 링크 계층 암호화를 가지고 있고, 이더넷에 대해서는 그렇지 못하다. 어떤 LAN들은 우선권과 같은 서비스 품질을 가지고 있는 반면에 이더넷에서는 그렇지 못하다. 결론적으로 프레임이 이러한

LAN들 사이에 이동할 때, 송신기에 의해 요구되는 서비스 보안 또는 품질이 제공되지 않을 수 있다. 이러한 모든 이유 때문에 오늘날의 브리지는 하나의 네트워크 형태와 라우터에서 흔히 동작한다. 우리는 서로 다른 형태의 네트워크를 연결하는 대신에 사용한다.

스위치는 또 다른 이름의 브리지이다. 차이는 기술적인 이슈보다 마케팅과 더 관련이 있다. 그러나 알아야 할 몇 가지가 있다. 브리지는 고전적 이더넷이 사용될 때 개발되었으며, 브리지들은 상대적으로 소수의 LAN들을 연결하는 경향이 있고, 소수의 포트를 가지고 있다. 스위치라는 용어는 오늘날 유명하다. 또한 오늘날의 모든 장치는 트위스트 페어와 같은 점대점 링크를 사용하고, 그럼으로써 개개인의 컴퓨터들을 스위치 내에 직접 플러그하고, 스위치는 많은 포트를 가지는 경향이 있다. 마지막으로 스위치는 또한 일반적인 용어로 사용된다. 브리지를 가짐으로서 기능적으로 확실하다. 그와는 반대로 스위치는 이더넷 스위치로 언급되거나 또는 전화 스위치와 같은 포워딩 결정을 하는 서로 다른 종류의 장치이다.

지금까지 살펴본 바로는 리피터와 허브가 서로 유사할 뿐만 아니라 브리지와 스위치 또한 서로 간에 더 많은 유사성을 지녔다는 것을 알 수 있다. 이제 상위로 한층 더 올라가서 이전에 설명한 모든 장치와는 차이를 보이는 라우터에 대해 살펴보자. 하나의 패킷이 라우터에 유입될 때, 그 프레임의 헤더와 트레일러는 떼어내고 나서 프레임의 페이로드(payload) 필드(그림 4-46의 음영 처리된 부분)에 위치해 있던 패킷은 라우팅 소프트웨어로 처리한다.

이 소프트웨어는 출력회선을 선택하기 위해 패킷 헤더를 이용한다. 하나의 IP 패킷에 대해, 그 패킷의 헤더는 48-비트 802계열의 주소가 아닌 32-비트(IPv4) 또는 128-비트(IPv6) 주소를 가진다. 그 라우팅 소프트웨어는 프레임 주소를 이해하지 못하며 그 패킷이 LAN을 통해 유입되었는지 점대점(point-to-point) 라인을 통해서 유입되었는지조차 알지 못한다. 5장에서는 라우터와 라우팅에 대해 설명하도록 하겠다.

상위의 또 다른 계층인 전송계층에는 전송계층 게이트웨이(transport gateways)가 있다. 게이트웨이는 서로 다른 연결형 전송 프로토콜(connection-oriented transport protocols)을 사용하는 두 컴퓨터 사이를 연결한다. 예를 들면 연결형 프로토콜인 TCP/IP 프로토콜을 사용하는 한 컴퓨터가 연결형 전송 프로토콜인 ATM 전송 프로토콜을 사용하는 어떤 컴퓨터와 통신할 필요가 있다고 하자. 전송계층 게이트웨이는 이 중 하나의 연결(connection)로부터 받은 패킷들을 필요한 포맷으로 형식을 바꿔서(reformatting) 다른 연결에 복사해줄 수 있다.

마지막으로 응용 계층 게이트웨이(application gateway)는 데이터의 포맷과 콘텐츠를 해석할 수 있고, 메시지를 다른 포맷으로 바꿀 수 있다. 즉 전자우편 게이트웨이(e-mail gateway)는 인터넷 메시지를 모바일 폰에서 사용하는 SMS 메시지로 바꿀 수 있다. 예를 들어 스위치와 게이트웨이는 다소 일반적인 용어다. 상위계층에서 실행되는 포워딩 과정을 언급한다.

4.8.5 가상 LAN

LAN의 초기에는 노란 굵은 선들이 사무실 건물의 케이블 덕트를 타고 뱀처럼 꾸불꾸불 다니고 있었고, 선들이 지나는 컴퓨터는 모두 플러그인 되어 있었다. 컴퓨터가 LAN에 속하지 않는다고 생각도 못했다. 여기서는 어느 컴퓨터가 어느 LAN에 속하는가 하는 것은 생각할 필요가 없었다. 인접 사무실의 사람들은 그것이 모두 동일 LAN이라고 생각한다. 논리적 배열도로 구성한 결과이다.

1990년대에 10BASE-T와 허브의 출현으로 모든 것이 바뀌었다. 많은 비용을 들여 기존에 설치되었던 노란 선들을 제거하고 건물들은 그림 4-46에 보인 것과 같이 모든 사무실에서 중앙 머신 룸이나 각 층 복도 끝에 있는 중앙 배선실로 연결한 선을 트위스트 페어로 교체하였다. 당시에 교체 책임자가 이 분야를 잘 아는 사람이었다면 카테고리 5의 트위스트 페어를 설치하였을 것이고, 잘 모르는 사람이었다면 수년 내 고속 이더넷을 수용하기 위해 재교체해야 할 기존의 카테고리 3인 전화선을 그대로 사용하였을 것이다.

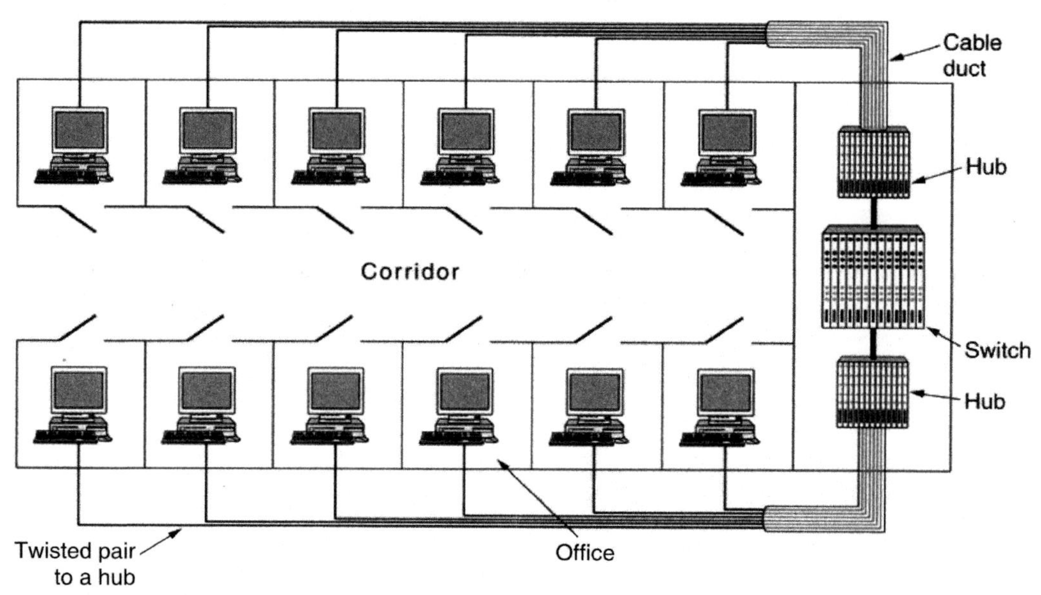

그림 4-46 허브와 스위치를 이용하여 중앙 배선을 실행한 건물

오늘날 케이블은 변화되었고 허브는 스위치가 되었다. 그러나 배선의 패턴은 동일하다. 이러한 패턴은 물리적이라기보다는 논리적으로 LAN을 구성하는 것이 가능해졌다. 한 회사가 k개의 LAN을 설치하고자 한다면 k개의 허브를 사서 설치하면 된다. 어느 커넥터가 어느 허브에 꽂혀야 할지를 잘 선택하면 LAN의 점유공간에 대한 지리적인 고려를 많이 하지 않고도 적절하게 배치할 수 있다.

그러면 누가 어느 LAN에 속하는가 하는 것이 문제가 될 수 있는가? 결국에는 가상적으로 모든 조직과 모든 LAN은 연동된다.

간단히 말하자면 그렇다. 자주 문제가 된다. 네트워크 관리자는 여러 가지 이유로 건물의 외형적 구조보다 조직적인 구조로 LAN상의 사용자들을 그룹 짓기를 원한다. 첫 번째 문제는 보안이다. 어떠한 네트워크 인터페이스도 파이프에 유입되는 모든 트래픽을 다 복사하는 혼잡모드에서 동작할 수도 있다. 연구실, 특허부서, 회계 부서 등에서 외부로 유출되면 안 되는 정보를 보유하고 있다. 이런 상황에서는 한 과의 모든 사람들을 단일 LAN내에 모으고 발생된 트래픽이 그 LAN의 외부로 나가는 것을 차단할 수 있다면 좋을 것이다. 관리자는 각 과의 모든 사람들이 아무런 방해요소 없이 인접 사무실에 위치하지 않는 한 이러한 배열로 구성하기를 원한다.

두 번째 문제는 부하(load)이다. 어떠한 LAN들은 과부하가 걸리고 때로 그들을 분리해야 할 때도 있다. 예를 들면 연구 중인 사람들이 오랫동안 프로그램이 진행되어 제어가 불가능해지거나 해당 LAN을 포화시키는 실험을 수행한다면 연구신은 이러한 문제로 그들의 성력을 소모시키는 것을 싫어 할 것이다.

세 번째 문제는 브로드캐스트 트래픽이다. 브리지는 목적지의 위치를 알 수 없을 때 트래픽을 브로드캐스트하고, 상위계층 프로토콜들은 마찬가지로 브로드캐스팅을 사용한다. 예를 들면 한 사용자가 패킷을 IP 주소 *x*로 보내고자 할 때 프레임을 어느 MAC 주소로 보내야 할지 어떻게 인식할 것인가? 이것에 대해서는 5장에서 공부하겠지만, 간단하게 요약한다면 그 답은 누가 IP 주소 *x*를 가졌는가? 라는 질문을 포함하고 있는 프레임을 브로드캐스트한다.

그런 후 답을 기다린다. LAN에서 컴퓨터의 수가 증가할수록 브로드캐스트의 수도 증가한다. 각각의 브로드캐스트는 LAN상의 모든 컴퓨터에 전달되기 때문에 정규적인 프레임보다 더 많은 LAN의 용량을 소비한다. 그들이 요구하는 것보다 더 크지 않은 LAN을 유지함으로서 브로드캐스트 트래픽의 영향이 줄어든다.

브로드캐스트와 관련하여 한동안 네트워크 인터페이스가 끊어지던지 브로드캐스트 프레임의 무한 스트림의 발생을 시작한다든지 하는 문제가 있다. 네트워크가 실질적으로 원활하지 않는다면 보다 많은 트래픽을 초래하는 응답을 이끌어낼 것이다. 이러한 브로드캐스트 스톰(broadcast storm)의 결과는 (1) 전체 LAN 용량은 이러한 프레임에 의해서 점유되고 (2) 연동된 LAN상의 모든 머신은 처리되지 못하고, 브로드캐스트 되는 모든 프레임을 폐기한다.

첫째 브로드캐스트 스톰은 LAN을 분할시킴으로써 범위를 한정시킬 수도 있지만 투명(한 머신이 아무도 모르게 브리지를 가로질러 다른 LAN으로 옮길 수 있는 방법)하게 처리하기를 원할 때는 브리지는 브로드캐스트 프레임들을 포워드해야만 한다.

많은 회사들이 다중 LAN을 가지기를 원하는 이유를 알기 위해서는 물리적인 토폴로지와 논리적인 토폴로지를 분리하는 문제로 돌아가야 한다. 한 사용자가 회사 안에서 사무실을 바꾸지 않고 한 과에서 다른 과로 옮기던지 혹은 과를 바꾸지 않고 사무실을 옮긴다고 가정하자. 허브의 배선으로 해당 LAN에 옮기는 것은 네트워크 관리자가 배선실로 직접 가서 이전 허브에서 사용자 머신의 커넥터를 뽑아

새 허브에 꽂아야 한다는 것을 의미한다.

많은 회사에서 구조적인 변경은 빈번하게 발생할 수가 있다. 이것은 시스템 관리자가 플러그를 뽑고 다른 곳에 다시 꽂는 작업에 많은 시간을 낭비한다는 것을 의미한다. 또한 어떤 경우에는, 이러한 변경이 모든 곳에서 다 가능한 것은 아니다. 왜냐하면 사용자의 머신으로부터(다른 건물에 있는) 해당 허브가 너무 멀리 있기 때문이거나 이용 가능한 스위치 포트들이 잘못된 LAN에 있기 때문이다.

사용자가 요구하는 유연성을 제공하기 위해서 네트워크 회사들은 완전히 소프트웨어로 건물을 재배선하기 시작했다. 이러한 개념은 가상 LAN(VLAN, Virtual LAN)이라고 부르며 802 위원회에서 표준화시키고 있다. 이것은 여러 조직체에서 채택되고 있다. VLAN에 대해서 간단히 살펴보자. VLAN에 대한 더욱 상세한 내용은 Seifert와 Edwards(2008)를 참조하라.

VLAN은 VLAN- aware 스위치를 기본으로 하고 있다. VLAN 기반 네트워크를 구축하기 위해서 네트워크 관리자는 VLAN의 개수, 어느 컴퓨터가 어느 LAN에 속하는가, 어느 VLAN이 호출될 것인가를 결정해야 한다. 종종 VLAN은 색깔로 구분하는데 이것은 머신의 물리적 구성을 보여주는 칼라 구성도를 출력할 수 있기 때문이다. 즉 빨간색으로는 빨간 LAN의 구성원, 초록색으로는 초록 LAN의 구성원 등으로 표시한다. 이러한 방법으로 한 장의 구조도로 물리 및 논리 구성을 모두 보여줄 수 있다.

그림 4-47에서 보여주는 바와 같이 브리지된 LAN을 가정할 수 있다. 여기서는 G(gray, 회색) VLAN에 속한 머신은 아홉 개이고, W(white, 흰색) VLAN에 속한 머신은 5개이다. 회색 VLAN으로부터 머신이 두 개의 스위치를 통해 퍼지고 허브를 경유해서 스위치로 연결하는 두 개의 머신을 포함한다. VLAN이 올바로 기능을 하게 해주기 위해서 구성 테이블이 브리지나 스위치 내에 설치되어 있어야 한다. 이 테이블들은 어느 VLAN이 어느 포트를 통해서 접근 가능한지를 나타낸다. 예를 들면 회색 VLAN에서 프레임이 들어오면 그 프레임은 G로 마크된 모든 포트로 보내져야 한다. 이것은 멀티캐스트와 브로드캐스트 트래픽뿐만 아니라 일반적인(유니캐스트) 트래픽에도 같은 방법이 적용된다. 한 개의 포트는 여러 가지의 VLAN 색으로 표시될 수 있다는 것은 중요한 사실이다.

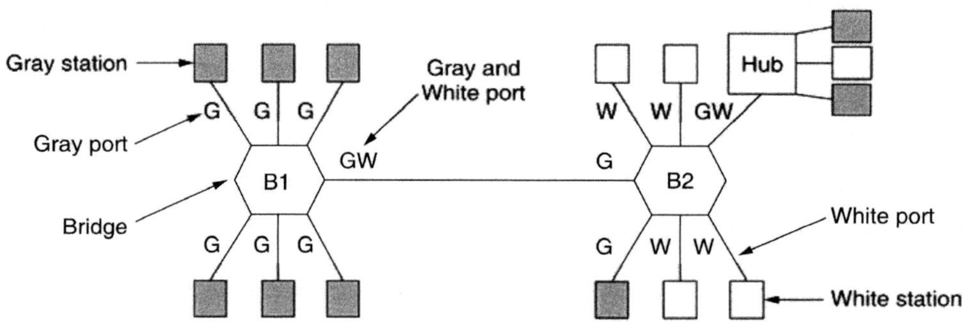

그림 4-47 브리지된 LAN상에 회색과 흰색으로 된 두 개의 VLAN

한 예로써, 그림 4-47에서 브리지 $B1$ 내에 플러그 된 하나의 회색 스테이션이 사전에 관측되지 않은 목적지로 프레임을 전송하다고 가정하자. 브리지 $B1$이 프레임을 수신하고, 그것이 회색 VLAN에 붙어 있는 한 머신으로부터 들어왔다는 것을 알게 된다. 따라서 들어온 포트를 제외한 G로 표시된 모든 포트로 그 프레임을 내보낸다. 그 프레임은 $B1$에서 브리지 $B2$로 링크를 통해서 전송되는 것과 마찬가지로 $B1$에 부착된 다섯 개의 다른 회색 스테이션으로 전송된다. 브리지 $B2$에서 프레임은 G로 표시되어 있는 모든 포트로 포워드된다. 이것은 먼 스테이션과 허브(모든 스테이션에 프레임을 전송)로 프레임을 보낸다.

허브는 두 개의 VLAN으로부터 머신을 연결하기 때문에 두 개의 표시를 가지고 있다. 그 프레임은 표시된 곳에서 G가 없는 다른 포트에 보내지 않는다. 왜냐하면 브리지가 이러한 포트를 경유해서 도착하는 회색 VLAN상에 머신이 없다는 것을 알기 때문이다.

예에서, 프레임은 브리지 $B1$으로부터 브리지 $B2$까지 보내기만 하는데 이는 $B2$에 연결되는 회색 VLAN상에 머신들이 있기 때문이다. 하얀색 VLAN을 살펴보자 브리지 $B1$에 연결된 브리지 $B2$ 포트가 W로 표시되지 않는 것을 알 수 있다. 이것은 하얀색 VLAN상의 프레임이 브리지 $B2$에서 $B1$로 포워드 되지 않는다는 것을 의미한다. 이 동작은 $B1$에 연결된 하얀색 VLAN상의 스테이션이 없기 때문에 올바르다.

IEEE 802.1Q 표준

이 계획을 구현하기 위해 브리지는 입력되는 프레임이 어디에 속하는 아는 것이 필요하다. 예를 들어 이러한 정보 없이 브리지 그림 4-47에서 $B2$가 브리지 $B1$으로부터 프레임을 얻을 때 회색 또는 흰색 VLAN으로 어디로 포워드 되어야 하는지를 알 수 없다. 만일 LAN의 새로운 형태를 설계한다면 그 프레임의 헤더에 VLAN 필드를 추가하는 것은 쉬웠을 것이다. 그러나 LAN에서 주로 많이 사용하는 이더넷에 대해서는 무엇을 해야 하는가? 그리고 VLAN 식별자에 대한 어떠한 여분의 필드(spare field)도 두지 말아야 하는가?

1995년 IEEE 802 위원회는 이 문제를 해결해야 할 책임이 자신들에게 있다는 것을 인식하였다. 긴 논쟁 끝에 문제가 되지 않는다고 판단하고 이더넷 헤더를 변경했다. 이 새로운 포맷이 1998년 IEEE 표준규격 802.1Q로 발표되었다. 802.1Q의 포맷은 VLAN 태그를 포함한다. 이 태그에 대해 간단히 살펴보도록 하겠다. 놀랄 일은 아니지만, 이더넷 헤더와 같이 확립된 무엇인가를 바꾼다는 것은 그리 쉬운 일은 아니다. 여기에 관련된 몇 가지 의문이 발생할 것이다.

1. 수억만 장의 이더넷 카드를 폐기 처분할 필요가 있을까?
2. 아니라면 누가 새로운 필드를 생성하는가?
3. 이미 최대 크기가 된 프레임에는 어떤 일이 발생하는가?

물론 802 위원회는 이러한 문제를 인지했으며 해답을 찾아냈다. 그 해결책은 VLAN 필드가 일반 사용자의 머신이 아닌 브리지와 스위치에 의해서만 사용되도록 실현하는 것이다. 따라서 그림 4-47에서 브리지나 스위치들 간에 회선이 연결되어 있는 한 종점 스테이션으로 나가는 회선상에 머신이 있느냐 없느냐 하는 것은 중요하지 않다. 또한 VLAN을 사용하는 것은 브리지가 VLAN을 알고 있어야 한다. 이 사실은 설계를 실현가능하게 하였다.

현재 존재하는 모든 이더넷 카드를 폐기처분한다는 질문에 대한 답은 '아니요'다. 802.3 위원회가 사람들로 하여금 단지 Type 필드를 길이(Length) 필드로 바꾸도록 할 수 없었다는 사실을 기억하라. '현재 사용하는 모든 이더넷 카드를 폐기 처분해야 한다'라고 발표했을 때 일어날 반발에 대해 상상해 보라. 하지만, 이 새로운 이더넷 카드가 시장에 선을 보임으로써, 그들이 802.1Q의 표준을 따르고 VLAN 필드를 올바로 채워서 사용하게 될 것이라는 희망은 있다.

컴퓨터와 스위치가 알고 있는 VLAN에 없기 때문에 첫 번째 VLAN-aware 브리지는 프레임을 VLAN필드에 추가하고 마지막의 브리지나 스위치가 그것을 제거하는 것이다. 혼합된 토폴로지에 대한 예를 그림 4-48에서 보여주고 있다. 이 그림에서 VLAN-aware 컴퓨터는 태그된(802.1Q를 사용하는) 프레임을 직접 생성하고, 게다가 스위칭은 이 태그를 이용한다. 음영 표시된 기호들은 VLAN aware이고 비어 있는 것은 VLAN aware가 아니다.

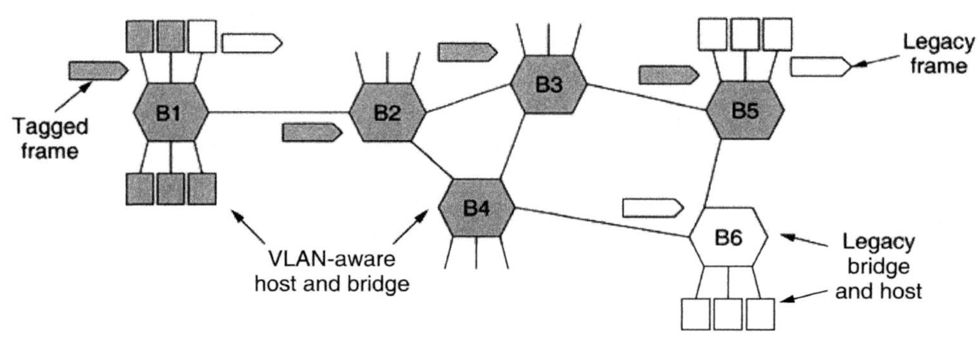

그림 4-48 부분적으로 VLAN-aware 인 브리지된 LAN. 음영이 있는 심벌은 VLAN-aware이다. 음영이 없는 기호는 VLAN-aware가 아니다.

802.1Q에서 프레임들은 프레임이 배달되는 포트에 의존하면서 색채화 된다. 이러한 방법에 대해서 포트상의 모든 머신들은 동일한 VLAN에 속하는데 이는 유연성을 줄여준다. 예를 들어 그림 4-48에서 이러한 소유는 특성은 개개인의 컴퓨터가 브리지에 연결하는 모든 포트를 가지고 있으며, 반면에 허브는 브리지 *B2*에 연결하는 모든 포트를 가지고 있지 않다.

추가적으로 브리지는 색깔을 선택하는 상위계층 프로토콜을 사용한다. 이 방법에서 포트상에 도착한 프레임은 IP 패킷 또는 PPP 프레임을 운반하는 것에 의존하면서 서로 다른 VLAN에 놓여 있다.

다른 방법이 가능하나 802.1Q에 지원되지 않는다. 하나의 예로서 MAC 주소는 VLAN 색깔을 선택하기 위해 사용한다. 이것은 프레임이 이동하는 것처럼 랩톱이 다른 포트를 경유에서 프레임을 보내는 802,11 LAN으로부터 입력되는 프레임에 대해 유용하다. 그런 후에 하나의 MAC 주소는 LAN에 들어가는 포토에 관계없이 정해진 VLAN에 매핑된다.

1,518바이트보다 긴 프레임의 문제는 단순히 802.1Q 표준 규격에서 프레임 크기의 한계를 1,522바이트로 늘려서 해결했다. 다행히 VLAN-aware 컴퓨터나 스위치는 이러한 긴 프레임을 지원한다.

이제 802.1Q 프레임 포맷을 살펴보도록 하자. 802.1Q에 대한 프레임 포맷이 그림 4-49에 나타나 있다. 변경된 부분은 단지 2-바이트로 된 한 쌍의 필드가 추가되었다는 것이다. 처음 두 바이트는 VLAN 프로토콜 ID 필드이다. 이 필드는 항상 0×8100 값을 가진다. 이 숫자가 1,500보다 크기 때문에 모든 이더넷 카드는 이 숫자를 길이(length) 정보로 보지 않고 타입(type) 정보로 해석한다. 구형 카드는 아직 이 프레임을 처리할 수 없기 때문에 논의가 더 필요하다.

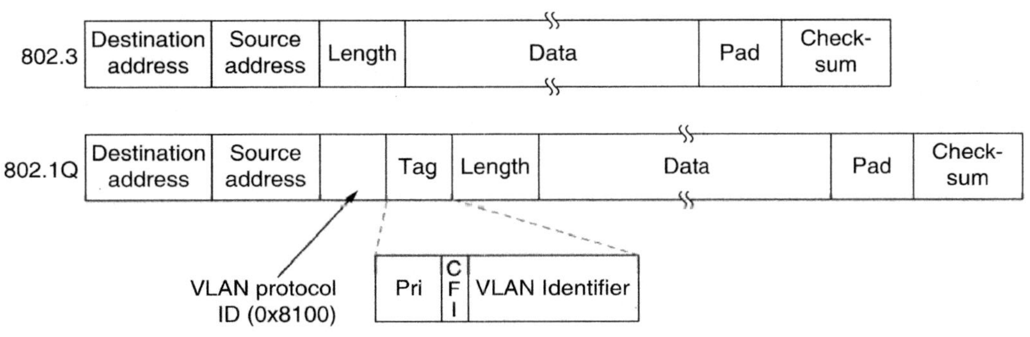

그림 4-49 802.3(구형)과 802.1Q 이더넷 프레임 형식

다음 두 번째 2-바이트 필드는 3개의 서브필드(subfield)를 포함하고 있다. 그중 핵심적인 것은 하위 12비트를 차지하는 VLAN 지시자(identifier) 필드이다. 이 필드는 프레임이 어느 VLAN에 속하는지에 대한 모든 정보를 담고 있다. 3-비트로 된 우선순위(Priority) 필드는 VLAN과 전혀 관련이 없는 필드이다. 그러나 이더넷 헤더를 변경하는 것은 100명의 사람이 3년을 소요하여 10년에 한 번 꼴로 일어날 수 있는 일이기 때문에 헤더를 변경하고자 할 때 더 좋은 기능을 미리 포함시키는 것이다. 이 필드는 이더넷에 향상된 QoS를 지원하기 위해서 시간에 덜 민감한(time-insensitive) 트래픽에서 하드(hard) 실시간 트래픽과 소프트(soft) 실시간 트래픽을 구별할 수 있게끔 한다. 이더넷상의 음성신호에 필요한 것이다(IP 패킷에 이와 유사한 필드가 있으나 25년이 지나도록 이 필드를 사용한 사람이 없다).

마지막 한 비트는, CFI(Canonical format indicator) 필드는 CEI(Corporate ego indicator)로 불려야 했으나 그러지 못했다. 이것은 원래 big-endian MAC주소에 대비하여 little-endian MAC주소를 가리키도록 하려고 했으나, 다른 논쟁을 하면서 이것의 사용에 대해서는 생략했다. 그것의 존재는 페이로드가 이더넷에서 전송을 수행하는 동안에 목적지 지점에서 사용되는 802.5 LAN을 찾고자 하는 변경이 불가한 802.5 프레임을 포함하고 있다는 것을 가리킨다. 물론, 이 모든 배치는 VLAN과는 아무런 관련이 없다. 그러나 표준 위원회의 정책은 통상적인 정책과 같다. 즉 당신이 내 편을 들어준다면, 나도 당신 편을 들어주겠다는 식이다.

위에서 설명한 바와 같이, 태그를 추가한 프레임이 VLAN-aware 스위치에 도착했을 때 그 스위치는 어느 포트로 이 프레임을 보내야 할지를 알기 위해서 테이블에 인덱스한 VLAN ID를 사용한다. 그런데 그 테이블은 어디서 왔는가? 이 테이블을 수동으로 구성한다면, 우리는 원점(브리지의 수동 설정)으로 되돌아간다. 투명(transparent) 브리지가 좋은 점은 플러그-앤-플레이가 지원되고 어떠한 수동적인 설정도 필요하지 않다는 것이다. 이러한 속성을 잃어버리면 브리지로써의 자격을 상실하는 것과 마찬가지일 것이다. 다행히도 VLAN-aware 브리지는 유입되는 태그를 관찰한 정보를 기반으로 자동 환경 설정을 수행할 수 있다. VLAN 4로 태그정보가 추가된 프레임이 3번 포트로 들어온다면 포트 3번의 어떤 머신은 분명 VLAN 4상에 있다. 802.1Q 표준은 그 테이블을 동적으로 구축하는 방법을 설명하는데, 대부분은 802.1D의 표준 알고리즘인 Perlman의 알고리즘 중 해당되는 여러 부분을 참조하고 있다.

VLAN 라우팅과 관련한 주제를 끝내기 전에 마지막으로 한 가지 더 살펴볼 것이 있다. 인터넷과 이더넷을 사용하는 많은 사람들은 비연결 지향적인 네트워킹을 무턱대고 좋아하는 경향이 있고 데이터 링크 계층이나 네트워크 계층에서 연결을 시도하는 그 어떤 것에 대해서도 격렬하게 반대한다. 그러나 VLAN은 놀라울 정도로 연결지향적인 것과 유사하다. VLAN을 올바르게 이용하기 위해서, 각 프레임은 그 프레임이 어디로 전송될지를 예견하기 위해서 스위치 내부의 테이블에서 인덱스로 사용되는 새로운 특수 식별자를 운송한다. 이것이 바로 연결지향적인 네트워크에서 일어나는 것과 일치한다. 비연결 지향적인 네트워크에서 이것은 일종의 연결 식별자(connection identifier)가 아니라 라우팅에 사용하는 목적지 주소인 것이다. 5장에서 연결성과 연관된 방법에 대해 좀 더 자세히 살펴보도록 할 것이다.

4.9 요약

어떤 네트워크는 모든 통신을 위해 사용된 단일 채널을 가지고 있다. 이러한 네트워크에서 가장 중요시 되는 설계 쟁점은 이 단일 채널을 서로 사용하려고 경쟁하고 있는 스테이션들에게 이 채널을 할당하는 방법이다. FDM과 TDM은 스테이션의 수가 작고 고정적이며, 트래픽이 연속적일 때 간단하고 효율이 높다. 두 가지 다 전화국 간 중계회선에서 대역폭을 분할하는 환경에서는 널리 사용되고 있다. 스테이션의 수가 많고 다양하고, 트래픽이 꽤나 버스트(컴퓨터 네트워크에서 가장 일반적인 경우)인 때는 FDM이나 TDM은 좋은 방법이 아니다.

많은 정적인 채널 할당 알고리즘이 창안되었다. 슬롯팅(slotting)을 하건 하지 않건, ALOHA 프로토콜은 케이블 모뎀과 RFID 실제 시스템에서 많은 파생물로 상용되었다. 채널의 상태가 감지될 수 있을 때 개선으로서 스테이션들은 다른 스테이션이 전송하는 동안 전송의 개시를 하지 않는다. 반송파 감지(carrier sensing)라는 기술은 LAN과 MAN에서 다양한 CSMA 프로토콜과 연결되었다. 그것은 고전적 이더넷과 802.11 네트워크에서 기본적이다.

경쟁을 완전히 제거하거나 또는 최소한 경쟁을 상당히 감소시키는 어떤 부류의 프로토콜은 잘 알려져 있다. 링과 같은 비트맵, 토폴로지와 바이너리 카운트다운은 경쟁을 완전히 제거한다. 트리 워크 프로토콜은 스테이션들을 동적으로 서로 다른 크기의 두 개의 해체된 그룹으로 분할하거나 한 그룹 내에 허용하게 함으로서 경쟁을 감소시킨다. 그 그룹은 하나의 스테이션이 전송되도록 허용될 때 이상적으로 한 개의 스테이션만이 전송할 준비가 될 수 있도록 선택된다.

무선 LAN은 충돌하는 전송을 감지하는 것은 어려운 부가적인 문제를 가지고 있고, 스테이션의 범위 영역은 다를 것이다. 무선 LAN, IEEE 802.11에서 스테이션은 충돌을 회피하기 위한 조그만 간격을 남겨둠으로서 첫 번째 문제를 완화시키기 위해 CSMA/CA를 사용한다. 스테이션은 또한 두 번째 문제 때문에 발생하는 숨겨진 터미널을 방지하기 위해 RTS/CTS 프로토콜을 사용한다.

IEEE 802.11은 랩톱과 다른 장치들을 무선 엑세스 포인트에 연결하기 위해 범용적으로 사용되거나 장치 사이에도 사용될 수도 있다. 여러 물리 계층들이 다중 인데나 있든 없든 간에 멀디채널 FDM과 확산 스펙트럼을 포함하면서 사용될 수 있다.

802.11과 같은 RFID 리더와 태그는 식별자와 통신하기 위해 랜덤 엑세스 프로토콜을 사용한다. 다른 무선 PAN과 MAN들은 서로 다른 설계 모양을 가지고 있다. 블루투스 시스템은 헤드셋과 선이 없는 많은 종류의 컴퓨터 주변장치와 연결한다. IEEE 802.16은 정지와 이동 컴퓨터를 위해 광역 무선 인터넷 데이터 서비스를 제공한다. 이러한 네트워크 두 가지 다 중앙 집중화되었고, 스테이션을 토대로 블루투스 마스터와 WiMAX에서 연결 지향형 설계는 각각의 스테이션이 데이터를 송신하거나 수신할 때 결정된다. 802.16에 대해 이러한 설계는 전화기와 같은 실시간 트래픽과 웹 브라우징과 같은 상호작용하는 트래픽에 대해 서로 다른 서비스 품질을 제공한다. 블루투스의 경우 마스터에서 복잡성이 저렴한 슬레이브 장치를 초래한다.

이더넷은 배선된 LAN의 지배적인 종류이다. 고전적인 이더넷은 기계에서 기계로 뱀처럼 꼬아진 정원 호스의 노란 케이블 크기에서 채널 할당을 위한 CSMA/CD를 사용했다. 구조는 10Mbps에서 10Gbps까지의 속도와 계속해서 상승하고 있는 속도로 인해 변화되고 있다. 현재 트위스트 페어와 가은 점대점 링크들은 허브와 스위치에 부착된다. 현재의 스위치와 전이중 방식의 링크를 이용하여 링크 상에서 경쟁이 없고 스위치가 병렬적으로 서로 다른 포트 사이의 프레임을 순방향시킬 수 있다.

LAN으로 가득 찬 빌딩에서 LAN들을 상호 연결 할 방법이 필요하다. 플러그 앤 플레이 브리지들은 이러한 목적을 위해서 사용된다. 이러한 브리지들은 백워드 학습 알고리즘과 스패닝 트리 알고리즘을 가지고 설정될 수 있다. 이러한 기능이 현재의 스위치 내에 설정됨으로서 브리지와 스위치라는 용어는 상호 교환되어 사용될 수 있다. 브리지된 LAN의 관리를 돕기 위해 VLAN들은 물리적 토폴로지를 서로 다른 논리적인 토폴로지로 나눈다. IEEE 802.1Q인 VLAN 표준화는 이더넷 프레임에 대한 새로운 포맷으로 도입되었다.

연습문제

1. 이 문제를 위해 첫 번째 상태 공식을 제외하고 이장의 공식을 사용하라. 프레임이 전송을 위해 100-Mbps 채널에서 랜덤하게 도착한다. 만일 프레임이 도착할 때 채널이 번잡(busy)하다면 채널은 큐 안으로 향하는 프레임을 기다린다. 프레임의 길이는 평균 10,000 bits/frame 비율로 기하급수적으로 분포한다. 프레임 도착 비율을 따르는 각각에 대해 평균 프레임에 의해 경험된 지연이 주어지며, 큐잉 시간과 전송시간을 포함한다.

   (a) 90 frames/sec

   (b) 900 frames/sec

   (c) 9000 frames/sec

2. *N*개의 스테이션으로 이루어진 한 그룹이 56kbps 순수 ALOHA를 공유하고 있다. 각 스테이션은 앞에 있는 프레임이 아직 전송되지 않는다면(스테이션이 출력 프레임을 버퍼할 수 있다) 평균 100초당 1,000비트의 프레임을 출력한다. 이때 N의 최댓값은 얼마인가?

3. 10,000개의 비행기 예약 스테이션이 단일 슬롯 ALOHA 채널을 사용하려고 경쟁하고 있다. 평균 스테이션은 시간당 18번의 요청을 하고 있다. 한 슬롯은 125μs이다. 대략적인 전체 채널 부하는 얼마인가?

4. 무한정의 사용자를 가지고 있는 슬롯 ALOHA 채널의 측정치가 10%의 슬롯이 비어 있다는 것을 나타내고 있다.

   (a) 채널 부하, *G*는 얼마인가?

   (b) 작업처리량은 얼마인가?

   (c) 이 채널의 처리량이 너무 적다고 보는가, 많다고 보는가?

5. 그림 4-4는 순수 ALOHA(가장 낮은)에서 0.01-지속 CSMA(가장 높은)로의 최대 작업 처리량 범위를 보여주고 있다. 보다 높은 최대 처리량을 달성하기 위해 , 프로토콜은 예를 들어,외부 하드웨어 지원 또는 대기 시간을 교환(trade-off)한다. 이 수치에서 플롯 프로토콜에 대해 각 프로토콜이 보다 높은 작업 처리량을 달성하기 위해 교환은 얼마인가?

6. CSMD/CD에서에서 경쟁 슬롯 길이는 얼마인가? (a) 2Km 평행 이선 케이블(신호 전파 속도는 진공에서 신호 전파 속도의 82%이다) (b)40Km 멀티모드 광섬유 케이블(신호 전파 속도는 진공에서 신호 전파 속도의 65%)

7 스테이션 s가 기본적인 비트 맵 프로토콜을 사용하는 LAN을 통해 프레임 전송을 시작하기 전에 최악의 경우에서 얼마나 오랫동안 대기해야 하는가?

8. 바이너리 카운트다운 프로토콜에서 어떻게 적은 수의 스테이션이 전송된 패킷으로부터 부족한지 설명하시오.

9. 2^n개의 스테이션들의 집단이 공유 케이블에의 접근을 중재하기 위하여 적응성 트리 워크 프로토콜을 사용한다. 만일 $2^n \gg 1$이라면 그 트리를 걸어가는 슬롯의 최대, 최소, 그리고 평균 숫자는 얼마인가?

10. 우리가 공부한 무선 LAN은 CSMA/CD 대신 MACA 같은 프로토콜을 사용했다. 어떤 경우에 CSMA/CD가 사용가능한가?

11 A에서 F까지 6개의 스테이션이 MACA 프로토콜을 사용하여 통신한다. 동시에 두 전송이 일어나는 것이 가능한지를 설명하시오?

12. 7층 건물의 층마다 이웃한 15개의 사무실이 있다. 각 사무실은 정면 벽에 소켓이 설치되어 있어서 이 소켓들은 직사각형 모양을 형성하고 있다. 즉 세로와 가로 모두 4m 간격으로 소켓들이 벌어져 있다. 이 소켓의 세로, 가로, 또는 대각선 어느 방향이든 간에 둘 사이에 똑바른 케이블을 운영하는 것이 가능하다고 할 때, 사용되는 모든 소켓을 포함하려면 몇 m의 케이블이 필요한가?

    (a) 중간에 하나의 라우터가 있는 별형 구성?
    (b) 고전적 802.3 LAN?

13. 고전적 10Mbps 이더넷의 보드 속도(baud rate)는 얼마인가?

14. 비트 스트림 0001110101에 대한 고전적 이더넷의 맨체스터 인코딩을 스케치하시오.

15. 1km 길이, 10-Mbps의 CSMA/CD LAN(802.3아님)은 200 $m/\mu sec$의 전파 속도를 갖는다. 리피터는 이 시스템에서 사용할 수 없다. 데이터 프레임은 32비트 헤더, 체크섬 및 기타 오버헤드를 포함하여 길이 256비트이다. 성공적인 전송 후 첫 비트 슬롯은 32비트 확인응답 프레임을 전송하기 위해 채널을 캡처하는 수신기에 예약된다. '오버헤드를 제외하고 충돌이 없다'라고 가정한 경우 효과적인 데이터 전송률은 얼마인가?

16. 리피터가 없는 1km 케이블을 통해 1Gbps로 실행하는 CSMA/CD 네트워크 구축을 고려하자. 케이블의 신호 속도는 200,000km/sec이다. 최소 프레임 크기는 얼마인가 ?

17. 이더넷에 의해 전송된 IP 패킷은 모든 헤더를 포함한 60바이트 길이이다. LLC를 사용하지 않을 경우 이더넷 프레임에 필요한 패딩은 몇 바이트인가?

18. 이더넷 프레임은 송신기가 여전히 케이블의 맨 끝에 충돌의 경우에 될 수 있도록 최소 64바이트여야 한다. 고속 이더넷 같은 64바이트의 최소 프레임 크기를 가지고 있지만 열 배나 빠른 비트 출력 비트를 얻는다. 어떻게 동일한 최소 프레임 크기를 유지하면서 밖으로 비트를 얻을 수 있는가? 동일한 최소 프레임 크기를 어떻게 유지하는가?

19. 기가비트 이더넷이 1Gbps로 전달한다고 할지라도 1000Base-SX 명세서는 클럭이 125㎒로 실행한다고 명시하고 있다. 이 높은 속도가 외부 안전 마진을 위해 제공되었는가? 그렇지 않다면 얼마가 제공되어야 하는가?

20. 기가비트 이더넷이 초당 얼마나 많은 프레임을 처리할 수 있는가? 신중하게 생각하고 관련 있는 경우를 고려하라.

21. 두 개의 네트워크가 프레임이 back-to-back 패킷이 되는 것을 허용한다. 왜 이 특징이 가치가 있는가?

22. 그림 4-27에서 4개의 스테이션 A ,B, C와 D를 나타내고 있다. 나머지 두 스테이션 중에 어느 것이 A에 가장 가깝다고 생각하는가? 그 이유는?

23. 802.11 프로토콜에서 RTS/CTS는 MACA 프로토콜보다 조금 다르다는 것을 나타나는 예를 들어라.

24. 하나의 AP를 가진 무선 LAN은 10개의 클라이언트 스테이션을 가진다. 4개의 스테이션이 6Mbps의 데이터 전송률, 4개의 스테이션이 18Mbps의 데이터 전송률, 나머지 두 개의 스테이션은 54Mbps의 데이터 전송률을 가지고 있다. 10개의 스테이션 모두가 함께 데이터를 전송할 때 각각의 스테이션에 의해 경험된 데이터 전송률은 얼마인가? 그리고

    (a) TXOP가 사용되지 않았는가?

    (b) TXOP가 사용되었는가?

25. 11Mbps 802.11 LAN은 10^{-7}비트 에러율을 지닌 무선 채널을 통해 64바이트 프레임 back-to-back 전송할 것을 가정하자. 초당 얼마나 많은 프레임이 평균적으로 손상되는가?

26. IEEE 802.16 네 가지 서비스 클래스를 지원한다. 어떤 서비스 클래스가 압축되지 않은 동영상을 보내기 위한 최선의 선택인가?

27. 네트워크 오류 검출 및 재전송하는 대신 네트워크가 오류 정정 코드를 사용하는 두 가지 이유를 답하시오.

28. WiMAX는 802.11과 비슷한 두 가지 방법과 그것이 802.11 다른 두 가지 방법을 나열하시오.

29. 그림 4-34으로부터 블루투스 장치는 동시에 두 피코넷(piconet)에 있다는 것을 알았다. 왜 하나의 디바이스가 동시에 두 피코넷에서 마스터가 될 수 없는 이유에 대해 설명하시오.

30. 기본 전송률에서 3-슬롯 블루투스 프레임의 데이터 필드의 최대 크기는 얼마인가?

31. 블루투스는 마스터와 슬레이브 사이의 링크의 두 가지 유형을 지원한다. 그것들은 무엇이고, 각각의 용도는 무엇인가?

32. 반복 인코딩이 있는 1-슬롯 프레임의 효율성은 약 13% 기본 데이터 전송 속도라고 4.6.6장에 언급하였다. 5슬롯 프레임이 대신 기본 데이터 전송 속도에서 사용되었다면 효율은 얼마인가?

33. 802.11의 주파수 호핑 확산 스펙트럼 변형의 비컨 프레임은 긴 시간을 포함한다. 그렇다면 블루투스의 유사 비콘 프레임도 시간을 포함한다고 생각하는가? 답을 논하시오.

34. RFID 리더 주위 10RFID 태그가 있다고 가정한다면 Q의 최고값은 무엇인가? 주어진 슬롯에서 충돌 없는 태그 응답이 얼마나 되는가?

35. RFID 시스템과 관련된 보안 일부를 나열하시오..

36. 고속 이더넷 사용하기 위해 설계된 스위치는 10Gbps를 이동할 수 있는 백플레인이 있다. 최악의 경우 얼마나 많은 frame/sec을 처리할 수 있는가?

37. 그림 4-47의 네트워크를 고려하시오. 브리지 B1에 연결된 컴퓨터가 갑자기 흰색이 되려 한다면 변경 사항은 라벨이 필요하다. 그렇다면 어떻게 해야 하는가?

38. 그림 4-41(b)에서 브리지 B1과 B2를 사용하여 연결된 확장 LAN을 고려하고 두 브리지에서 해시 테이블은 비어 있다고 가정한다. 데이터 전송의 다음 순서를 위해 전달되는 모든 포트 목록은 무엇인가?

    (a) A는 C로 패킷 보냄
    (b) E는 F로 패킷 보냄
    (c) F는 E로 패킷 보냄
    (d) G는 E로 패킷 보냄
    (e) D는 A로 패킷 보냄
    (f) B는 F로 패킷 보냄

39. store-and-forward 스위치는 손상된 프레임과 관련하여 컷스루(cut-through)을 통해 장점을 가지고 있다. 그 이점을 설명하시오.

40. 섹션 4.8.3에서 언급했듯이 어떤 브리즈는 스패닝 트리에서 존재하지 않는다. 그 이유를 설명하시오.

41. VLANs을 동작시키기 위해, 배치 테이블이 브리지에서 필요하다. 그림 4-47의 VLAN이 스위치보다 다소 허브를 사용하는 이유는 무엇인가. 허브는 배치 테이블을 필요로 하는가? 그 이유는 무엇인가? 만약 안 된다면 그 이유는 무엇인가?

42. 그림 4-48에서 오른쪽에 있는 기존 끝 도메인에 있는 스위치는 VLAN 인식 스위치이다. legacy 스위치를 사용할 수 있을까? 그렇다면 어떻게 해야 하는가? 그렇지 않다면 왜 안 되는가?

43. 프레임이 전송되는 동안 전송하기 위해 N개의 스테이션이 있을 때 이더넷을 통해 CSMA/CD 프로토콜의 동작을 시뮬레이트 하는 프로그램을 작성하시오. 프로그램은 각 스테이션이 성공적으로 프레임을 보내는 시간을 알린다. 클럭이 똑딱거리는 소리가 매 슬롯 시간(51.2μsec)에 발생하고, 충돌 검출과 혼잡(jamming) 순서의 전송이 한 슬롯 시간을 소요한다고 가정한다. 모든 프레임은 최대 길이를 허용한다.

CHAPTERR

05

COMPUTER NEWORKS

네트워크 계층(Network Layer)

네트워크 계층은 근원지에서 목적지까지로 패킷이 도달하는 데 관계한다. 목적지에 도달하기 위해서는 경로를 따라 중간 라우터들에서 많은 전송을 해야 한다. 이러한 기능은 라인(line)의 한쪽 끝에서 다른 쪽 끝으로 프레임을 이동시키는 일반적인 목적의 데이터 링크 계층의 기능과는 분명히 대조된다. 그러므로 네트워크 계층은 종단간(end-to-end) 전송을 다루는 가장 낮은 계층이다.

이 목적을 이루기 위해서, 네트워크 계층은 통신 서브넷의 형태(라우터의 설치 형태)에 대해 알아야 하고, 그것을 통과하는 적당한 경로를 선택해야만 한다. 또한 일부 통신선과 라우터에는 과부하가 걸리고 다른 부분은 놀리고 하는 일이 없도록 경로 선택을 해야 한다. 마지막으로 근원지와 목적지가 다른 네트워크 내에 있다면, 새로운 문제점들이 발생한다. 이는 이들을 처리하는 네트워크 계층에 달려 있다. 이 장에서는 무선 네트워크를 비롯한 인터넷과 네트워크 계층 프로토콜, IP를 사용하여 이러한 쟁점을 공부하고 설명한다.

5.1 네트워크 계층의 설계 쟁점

다음 장에서는 네트워크 계층의 설계자가 파악해야만 하는 몇 가지 쟁점에 대한 소개를 한다. 이 사항들은 트랜스포트 계층과 네트워크의 내부적인 설계에 제공되는 서비스를 포함하고 있다.

5.1.1 저장 후 전송 패킷 스위칭

네트워크 계층에 대해 자세히 설명하기 전에, 네트워크 계층 프로토콜이 동작하는 배경을 설명하도록 한다. 그림 5-1은 그 배경을 보여주고 있다. 시스템의 주요 요소는 음영의 타원형 내부에 제시된 캐리어의 장비(전송 라인에 의해 연결된 라우터들)와 타원형 외부에 제시된 고객의 장비에 있다. 호스트 *H*1은 임대 라인에 의해, 전달자의 라우터들 중 하나인 *A*에 직접 연결되어 있다. 반대로 *H*2는 고객의 소유로 운용되는 라우터 *F*를 갖는 LAN상에 있다. 이 라우터는 또한 캐리어의 장비까지 임대 라인을 갖는다. *F*는 캐리어에 속하지 않기 때문에 타원형 외부에 있는 것으로 보인다. 그러나 구조, 소프트웨어 및 프로토콜에 관점에서 캐리어의 라우터와 차이점이 없다. 이것이 서브넷이 속하는지의 논의에 여지가 있든 없든 간에, 본 장에서는 범위상 라우터들은 캐리어의 라우터와 같이 동일한 알고리즘들로 동작하기 때문에 서브넷의 일부분으로 고려한다(그리고 우리의 주요 관심사는 알고리즘에 있다).

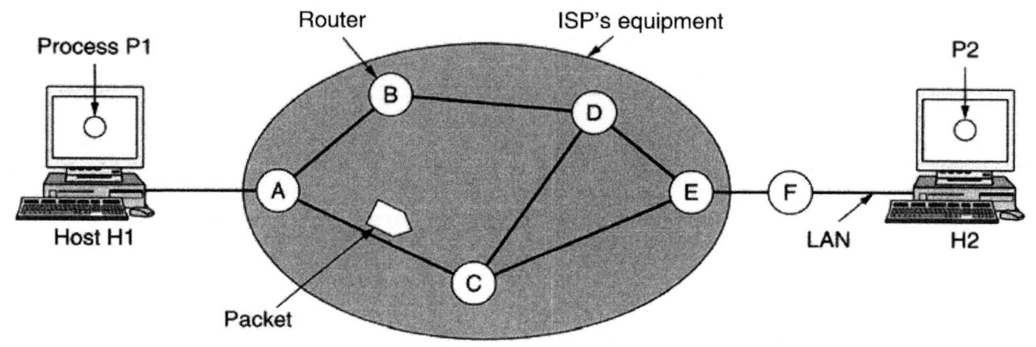

그림 5-1 네트워크 계층 프로토콜의 환경

이 장비는 다음과 같이 사용된다. 패킷을 보내고자 하는 호스트는 자기 자신의 LAN상이든 캐리어까지의 종단 링크상이든 가장 가까운 라우터로 패킷을 전달한다. 이 패킷은 다 도착하고 체크섬이 입증될 수 있도록 저장된다. 이제 목적지 호스트에 도달할 때까지 경로를 따라 다음 라우터로 전달된다. 이 메커니즘이 저장-후-전송(stop-and-forward) 패킷 스위칭이다.

5.1.2 트랜스포트 계층으로 제공되는 서비스

네트워크 계층은 네트워크 계층과 트랜스포트 계층 간의 인터페이스에서 트랜스포트 계층에게 서비스를 제공한다. 중요한 문제는 네트워크 계층이 트랜스포트 계층으로 어떤 종류의 서비스를 제공하느냐에 있다. 네트워크 계층 서비스는 다음 목적을 갖고 설계되었다.

1. 서비스는 라우터 기술에 독립적이어야 한다.
2. 트랜스포트 계층은 현재 라우터의 수, 유형, 형태로부터 독립되어야 한다.
3. 트랜스포트 계층에 가용한 네트워크 주소는 LAN과 WAN을 통해서도 일정한 번호 부여 방식을

사용해야 한다.

주어진 이 목적들에 대해 네트워크 계층의 설계자들은 트랜스포트 계층에 제공되는 서비스의 세부 명세서를 작성하는 데 자유롭다. 이 자유스러움은 두 가지 경쟁 사이에서 격렬한 싸움으로 자주 변질한다. 이 논의는 네트워크 계층이 연결형 서비스를 제공하는가 또는 비연결형 서비스를 제공하는가의 물음에 초점이 맞추어진다.

(인터넷 공동체로 대표되는) 한쪽 진영은 서브넷의 역할은 비트를 전달하는 것밖에 없다고 주장한다. 그들의 관점에서는(거의 30년이라는 컴퓨터 네트워크의 실제 경험에 기초하여), 서브넷은 어떻게 설계하든지 비신뢰적이라는 것이다. 그러므로 호스트는 서브넷을 믿을 수 없다는 사실을 받아들여야만 하고 오류 제어(즉 오류 검출과 교정)와 흐름 제어를 해야만 한다.

이 관점에서, 네트워크 서비스는 SEND PACKET과 RECEIVE PACKET 프리미티브를 사용하는 비연결형이라는 결론에 쉽게 이를 수 있다. 특히 호스트는 패킷 순서화 및 흐름 제어를 할 것이고, 이것을 두 번 수행하여 얻어지는 이득이 없기 때문에, 패킷 순서화와 흐름 제어가 행해지지 말아야 한다는 것이다. 게다가 보내지는 패킷은 각각 독립적으로 전달되기 때문에 모든 패킷은 목적지 주소 전체를 포함하여 전송되어야만 한다는 것이다.

전화회사로 대표되는 다른 진영은 서브넷은 신뢰적인 연결형 서비스를 제공해야만 한다고 주장한다. 이들은 100년간의 전 세계 전화 시스템의 성공적인 경험이 좋은 지침이라고 주장한다. 이 관점에서, 서비스의 질은 지배적인 요소이고, 서브넷 내에 연결이 없다면, 특히 음성 및 영상과 같은 실시간 트래픽에 대해, 서비스의 질은 달성하기 매우 어렵다.

앞의 두 진영은 인터넷과 ATM이 가장 좋은 예가 된다. 인터넷은 비연결형 네트워크 계층서비스를 제공한다. ATM 네트워크는 연결형 네트워크 계층 서비스를 제공한다. 그러나 서비스의 질이 더 중요해짐에 따라, 인터넷은 점점 진화하고 있다. 특히 일반적으로 연결형 서비스와 관련된 특성들을 채택하고 있다. 실제로 4장 VLAN에 관해 공부하는 동안 이 발전에 대한 약간의 지식을 얻었다.

5.1.3 비연결형 서비스의 구현

사용자에게 제공할 수 있는 두 가지의 네트워크 계층 서비스들에 의해서 이 계층이 어떻게 내부에서 동작하는지 알아보자. 제공하는 서비스 종류에 따라 두 가지 다른 구성이 가능하다. 비연결형 서비스가 제공된다면, 패킷은 개별적으로 서브넷으로 보내지고 각각 개별적으로 경로 설정된다. 사전 설정은 필요 없다. 여기서 이 패킷을 **데이터그램(datagram, 전보와 유사)**이라 하며, 이 서브넷을 **데이터그램 서브넷(datagram subnet)**이라 한다. 만일 연결형 서비스가 사용된다면, 임의의 데이터 패킷을 보내기 전에 근원지 라우터에서 목적지 라우터까지의 경로가 설정되어야 한다. 이 연결을 전화 시스템에 의하여 설정되는 물리적 회선과 유사한 가상회선(Virtual Circuit, VC)이라 하며 이 서브넷을 **가상 회선**

서브넷(Virtual-circuit subnet)이라 한다. 이 절에서는 데이터그램 서브넷을 조사한다. 다음 절에서는 가상 회선 서브넷에 대해 살펴보도록 한다.

데이터그램 서브넷이 어떻게 동작하는지 알아보도록 한다. 그림 5-2에 있는 프로세스 $P1$이 $P2$에게 보낼 긴 메시지를 갖고 있다고 가정하자. $P1$은 호스트 $H2$상의 프로세스 $P2$로 메시지를 전달하라는 명령어와 함께 트랜스포트 계층으로 메시지를 보낸다. 트랜스포트 계층 코드는 일반적으로 $H1$의 운영체제 내에서 동작한다. 메시지 앞에 전달 헤더가 추가되고, 운영체제 내의 또 다른 프로시저인 네트워크 계층으로 그 결과를 보낸다.

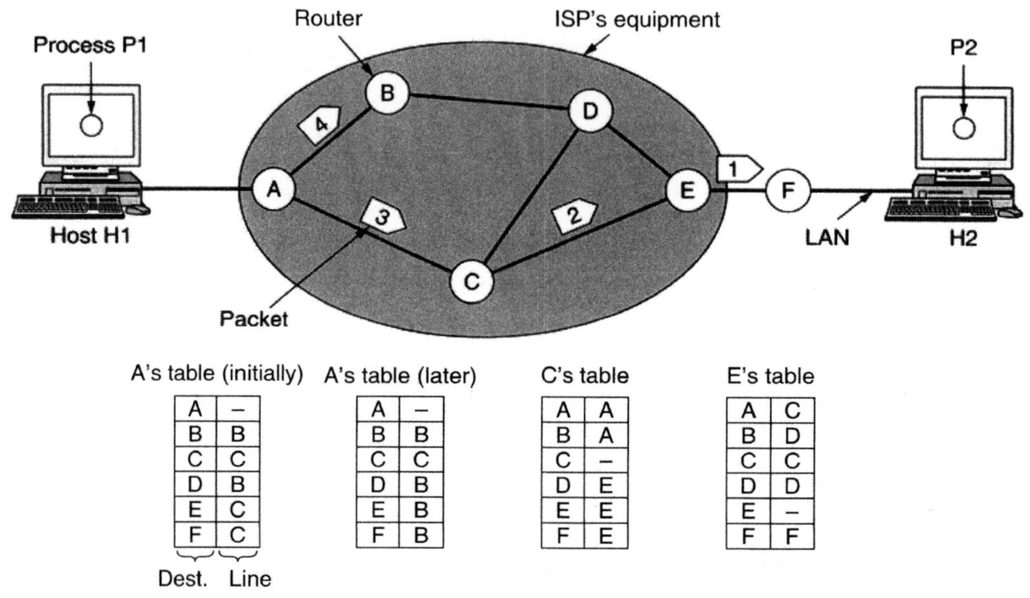

Dest.	A's table (initially)	A's table (later)	C's table	E's table
A	–	–	A	C
B	B	B	A	D
C	C	C	–	C
D	B	B	E	D
E	C	B	E	–
F	C	B	E	F

그림 5-2 데이터그램 서브넷 범위 내에서의 라우팅

메시지가 최대 패킷 사이즈보다 4배 길다고 가정하자. 네트워크 계층은 4개의 패킷 1, 2, 3, 4로 나누어야 하며, PPP와 같은 임의의 점대점(point-to-point) 프로토콜을 사용하여 라우터 A로 각각 전달한다. 이때에 캐리어가 인계받는다. 모든 라우터는 각각의 가능한 목적지로 패킷을 보내기 위한 위치를 알려주는 내부적인 테이블을 가지고 있다. 각각의 테이블 엔트리는 목적지와 그 목적지로 가기 위해 사용되는 출력 라인의 한 쌍으로 이루어진다. 오직 직접 연결된 라인만 사용될 수 있다. 예로, 그림 5-2에서 A는 두 개의 외부로 나가는 라인(B와 C)이 있다. 최종 목적지가 다른 라우터일지라도 모든 내부로 들어오는 패킷은 이 라우터들 중 하나로 보내져야 한다. A의 초기 라우팅 테이블은 라벨 "처음"으로 그림에 제시되어 있다.

패킷이 A로 도착할 때, 패킷 1, 2, 3을 (이들의 체크섬을 입증하기 위해) 잠시 저장한다. 그다음 A 테이블에 따라 각 패킷을 C로 전달한다. 패킷 1은 E로 전달된 후 F로 전달된다. F에서 이를 수신하면,

프레임을 데이터 링크 계층에서 캡슐화하고 LAN상의 *H*2로 보내진다. 패킷 2와 3은 동일한 경로로 뒤를 잇는다.

그러나 패킷 4는 조금 달라진다. *A*에서 이를 수신하면, *F*로 향할지라도 라우터 *B*로 보내진다. 몇 가지 이유로, *A*는 처음 3개와 비교하여 다른 경로를 통하여 패킷 4를 보내도록 한다. 아마도 *ACE* 경로 도중 어딘가에 트래픽 혼잡이 있다는 것을 알게 되어 라벨 "나중"에 나타난 것처럼, 이 라우팅 테이블을 갱신하였을 것이다. 이렇게 테이블을 관리하고 라우팅을 결정하는 알고리즘을 **라우팅 알고리즘(routing algorithm)**이라 한다. 라우팅 알고리즘은 이 장에서 공부할 주요 부분 중 하나이다.

인터넷의 근간이 되는 IP(Internet Protocol)은 전형적인 비연결 지향성 네트워크 서비스이다. 각각의 패킷은 제각기 다른 라우터를 통해 목적지 IP 주소까지 전달된다. 이 주소는 IPv4 에서는 32bit, IPv6에서는 128bit의 주소를 갖는다. IP에 대해서는 나중에 더 자세하게 살펴볼 것이다.

5.1.4 연결형 서비스의 구현

연결지향형 서비스를 위해서는 가상 회선 서브넷이 필요하다. 가상 회선 서브넷이 어떻게 동작하는지 알아보도록 한다. 가상 회선에 대한 요점은 그림 5-2와 같이 보내진 모든 패킷에 대해 새로운 경로를 선택해야 하는 것을 회피하는 데 있다. 그 대신 연결이 설정될 때, 근원지 머신에서 목적지 머신까지의 경로가 연결설정 시 선택되고 라우터 내부에 있는 테이블에 저장된다. 이 경로는 연결을 통해 마치 전화 시스템이 동작하는 것과 동일한 방법으로 모든 트래픽 흐름을 위해 사용된다. 연결이 해제되면, 가상회선 또한 종료된다. 연결형 서비스에서 각 패킷은 자신이 어느 가상회선에 속하는지를 알리는 식별자를 갖는다.

그림 5-3의 상황을 고려하도록 한다. 호스트 H1은 호스트 H2와 연결 1을 설정한다. 각각의 라우팅 테이블에 첫 번째 엔트리로써 이를 기억시켜 둔다. A테이블의 첫 번째 회선은 관련 연결 식별자 1인 패킷이 H1에서 들어오면, 이를 연결 식별자 1로 하여 라우터 C에게 보내라는 것이다. 유사하게, C테이블의 첫 번째 엔트리도 연결 식별자 1로 하여 E로 패킷을 전송하라는 것이다.

이제 H3이 역시 H2로 연결 설정을 원한다면 어떤 일이 일어나는지 고려해보도록 하자. 연결 식별자 1을 선택하고 가상 회선을 설정 하라고 서브넷에게 알린다. 이는 테이블에 두 번째 회선을 추가시키는 것이 된다. 비록 A는 쉽게 H1로부터의 연결 1 패킷들과 H3로부터의 연결 1패킷을 구별할 수 있지만, C는 그렇게 할 수 없기 때문에 충돌이 생긴다. 따라서 A는 두 번째 연결에 대해 외부로 출력 트래픽에 다른 연결 식별자를 할당한다. 이런 종류의 충돌을 피하는 것은 왜 라우터가 외부로 나가는 패킷의 연결 식별자를 대체하는 능력이 필요한가를 말해준다. 이를 라벨 스위칭(label switching)이라 한다. 연결 지향 네트워크 서비스의 예는 **MPLS(MultiProtocol Label Switching)**이다. 그것은 인터넷에서 ISP네트워크에서 사용되고, MPLS 헤더에 20비트 연결 식별자 또는 라벨을 가지는 IP 패킷으로 쌓여 있다.

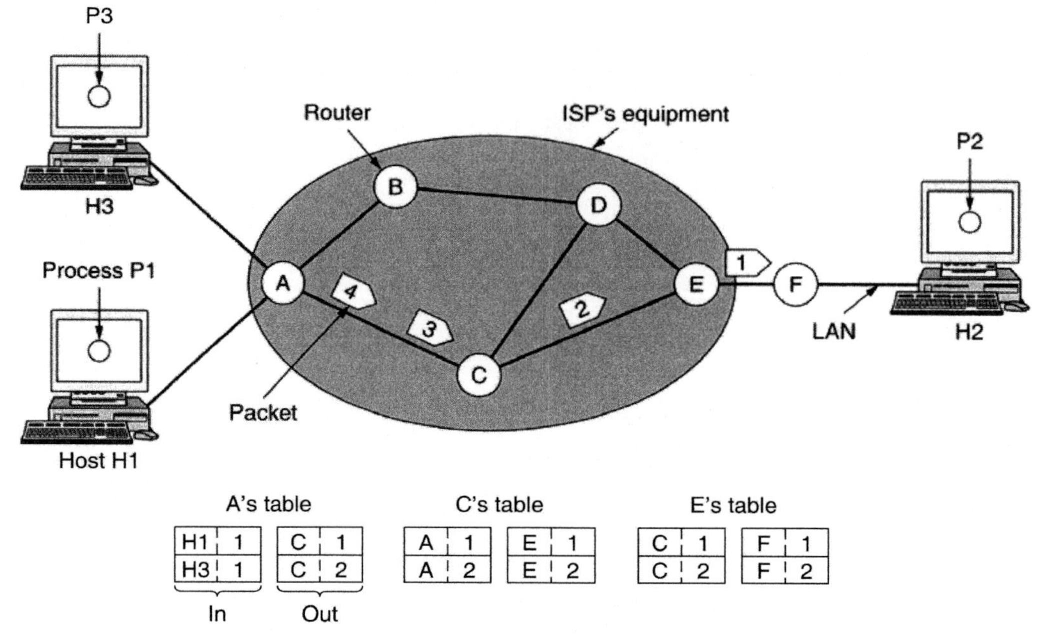

그림 5-3 가상회선 서브넷에서의 라우팅

MPLS는 ISP가 트래픽의 대용량을 위한 장기적인 관계 구축과 함께, 사용자에게 잘 알려져 있진 않지만 서비스의 품질뿐만 아니라 다른 ISP의 트래픽 관리 작업과 함께 중요하게 사용되고 있다. MPLS에 대해서는 나중에 더 살펴본다.

5.1.5 가상회선과 데이터그램 서브넷의 비교

가상 회선과 데이터그램에 대해선 찬반양론이 두드러진다. 이제 양쪽의 주장을 요약하고자 한다.

서브넷 내부에서, 몇 가지의 장단점이 가상 회선과 데이터그램 사이에 존재한다. 첫 번째 장단점 비교는 라우터 메모리 공간과 대역폭 간이다. 가상 회선은 패킷에 목적지 주소 전체 대신에 회선 번호를 포함하도록 허용한다. 만약 패킷이 상당히 짧은 경향이 있다면, 모든 패킷에 목적지 주소 전체를 포함시키는 것은 상당한 오버헤드와 그에 따른 대역폭 낭비를 뜻한다. 가상 회선을 사용하는 대가는 라우터 내에서의 테이블 공간이다. 통신 회선대 라우터 메모리의 상대적인 비용에 따라, 어느 하나의 비용이 더 경제적일 것이다.

다른 장단점 비교는 설정 시간 대 주소 분석 시간이다. 가상 회선 사용은 설정 단계를 요구하여 시간과 자원을 소비한다. 하지만, 가상 회선 서브넷에서 데이터 패킷으로 무엇을 할지는 쉬운 일이다. 라우터는 패킷이 가는 곳을 알아내기 위해 테이블 내의 인덱스로 회선 번호를 사용한다. 데이터그램 서브넷에서, 목적지에 대한 엔트리의 위치를 알아내기 위해 더 복잡하게 찾는 절차가 요구된다.

또 다른 쟁점은 라우터 메모리에서 요구되는 테이블 공간이 있다. 데이터그램 서브넷은 모든 가능한 목적지에 대한 엔트리를 가질 필요가 있는 반면, 가상 회선 서브넷은 단지 각 가상 회선에 대한 엔트리만 필요하다. 그러나 이 이점은 데이터그램에서와 같이 연결 설정 패킷도 경로설정 되어야 하며, 목적지 주소를 사용하기 때문에 다소 혼동하기 쉽다.

Issue	Datagram network	Virtual-circuit subnet
Circuit setup	Not needed	Required
Addressing	Each packet contains the full source and destination address	Each packet contains a short VC number
State information	Routers do not hold state information about connections	Each VC requires router table space per connection
Routing	Each packet is routed independently	Route chosen when VC is set up; all packets follow it
Effect of router failures	None, except for packets lost during the crash	All VCs that passed through the failed router are terminated
Quality of service	Difficult	Easy if enough resources can be allocated in advance for each VC
Congestion control	Difficult	easy if enough resources can be allocated in advance for each VC

그림 5-4 데이터그램과 가상 회선 서브넷의 비교

가상 회선은 연결이 설정될 때, 자원(버퍼, 대역폭, CPU 주기)이 미리 예약될 수 있기 때문에 서브넷 내에서는 혼잡을 피하고 서비스의 질을 보증한다는 이점이 있다. 패킷이 도착하기 시작하면, 필요한 대역폭과 라우터 용량은 이미 준비되어 있는 것이다. 데이터그램 서브넷에서 혼잡 회피는 더욱 어렵다.

트랜잭션 처리 시스템(물건을 신용 카드로 구매하는데 이를 증명하기 위해 호출하는 가게)에서, 가상 회선의 설정과 해제에 요구되는 오버헤드는 회선의 사용을 위축시킨다. 만약 트래픽의 대부분이 이러한 종류라고 예상되면, 서브넷 내 가상회선의 사용은 거의 의미 없는 것이다. 이와 반대로 수동적으로 설정되고 몇 달 또는 수 년 동안 지속되는 영구적인 가상 회선은 이런 경우 유용하게 사용될 수 있을 것이다.

가상 회선 또한 취약성 문제를 가지고 있다. 만약 라우터가 폭주하여 그것의 메모리를 잃게 되고 몇 초 후에 복구된다면, 그것을 통과하여 지나는 모든 가상 회선은 중지될 것이다. 이와 대조적으로, 만약 데이터그램 라우터가 다운된다면, 패킷에 대해 이것들이 확인응답 되었는지에 따라 다르겠지만, 이 패킷을 기다리는 그 시점에 라우터의 큐에 들어 있는 패킷을 기다리는 사용자만이 불편을 받게 될 것이다. 통신 회선의 손실은 그것을 사용하는 가상 회선에게는 치명적이지만, 데이터그램이 사용된다면 쉽게 대체될 수 있다. 데이터그램은 경로가 패킷 전송에 대한 긴 연속 동안 중도에 변경될 수 있으므로, 서브넷을 통해 트래픽의 균형을 맞추게 할 수 있다.

5.2 라우팅 알고리즘

네트워크 계층의 중요한 역할은 근원지 컴퓨터에서 목적지 컴퓨터까지 패킷의 경로를 정하는 것이다. 대부분의 서브넷에서 패킷은 여러 홉들을 요구할 것이다. 브로드캐스트 네트워크에선 예외가 있지만, 이 경우에도 근원지와 목적지가 같은 네트워크에 없다면 경로 지정이 쟁점이 된다. 경로를 선택하는 알고리즘과 사용되는 데이터구조가 네트워크 계층 설계의 주요 영역이다.

라우팅 알고리즘(routing algorithm)은 네트워크 계층 소프트웨어 부분으로써 들어온 패킷이 어느 출력 회선으로 전송되어야 할지를 결정하는 것이다. 만약 서브넷이 내부적으로 데이터그램을 사용한다면, 이 결정은 도착하는 모든 데이터 패킷에 대해 새로이 만들어져야 한다. 왜냐하면 마지막으로 결정한 시간 이래로 가장 좋은 경로가 바뀌었을 수도 있기 때문이다. 만약 서브넷이 내부적으로 가상 회선을 사용한다면, 경로의 결정은 새로운 가상 회선이 설정될 때만 만들어진다. 그 이후로, 데이터 패킷은 전에 만들어진 경로만 따른다. 후자의 경우, 경로는 모든 사용자 세션에 유지되기 때문에(터미널에서 로그인 세션 또는 파일 전송) 때때로 **세션 라우팅(session routing)**이라 부른다.

사용할 경로를 결정하는 라우팅과 패킷이 도착하면 전달(forwarding) 간의 구별은 때로는 유용하다. 내부에 두 가지 프로세스를 가지는 라우터를 생각할 수 있다. 두 가지 프로세스 중 하나는 라우팅 테이블을 사용하여 외부로 나가는 라인을 찾아 도착한 패킷을 처리한다. 이 과정이 전달(forwarding)이다. 나머지 프로세스는 라우팅 테이블을 채우고 갱신하는 역할을 하며 라우팅 알고리즘이 동작하는 곳이다.

경로가 각각의 패킷에 대해 독립적으로 선택되거나 또는 새로운 연결이 만들어질 때 결정되거나에 상관없이 라우팅 알고리즘에서 몇 가지 성질이 요구된다: 정확성(correctness), 단순성(simplicity), 견고성(robustness), 안전성(stability), 공정성(fairness), 최적성(optimality)이다. 정확성과 단순성은 특별히 설명할 필요가 없지만, 견고성의 필요는 분명하지 않을 것이다. 주요 네트워크가 운영되기 시작하면, 그 네트워크는 시스템 전체가 고장 없이 오랫동안 계속적으로 동작할 것이라 기대될 것이다. 그 기간 동안 모든 종류의 하드웨어, 소프트웨어는 고장이 있을 것이다. 호스트, 라우터, 회선들은 계속적으로 고장나고, 형태는 매우 많이 변할 것이다. 라우팅 알고리즘은 모든 호스트 내의 모든 작업들이 중지되도록 요구하지 않으면서 또한 한 라우터가 다운되더라도 전체 네트워크의 재부팅을 요구하지 않으면서 네트워크의 형태와 트래픽의 변화에 대처할 수 있어야만 한다.

안전성도 라우팅 알고리즘에서 가장 중요한 목표이다. 얼마나 오래 동작하였는가에 상관없이 결코 안정을 이룰 수 없는 라우팅 알고리즘이 존재한다. 안정된 알고리즘은 안정 상태로 되어 유지된다. 공정성과 최적성은 당연하게 들리겠지만 이들은 종종 모순된 목표를 갖는다. 이런 충돌의 간단한 예는 그림 5-5를 보면 알 수 있다. A와 A' 사이, B와 B' 사이, C와 C' 사이에 수평 링크를 채울 만한 충분한 양의 트래픽이 있다고 가정하자. 전체 흐름을 최대화하기 위해, X에서 X' 간의 전송은 막아야 할 것이다. 불행히도, X와 X'는 그 방식을 수긍할 수 없을 것이다. 분명히 개인적 연결에 대한 공정성과 전체적인 효율 사이에 몇 가지의 타협이 필요하게 된다.

공정성과 최적성 간의 장단점 비교를 찾기 전에, 최적화하기 위해 찾아야 하는 것이 무엇인지를 먼저 정해야 한다. 패킷 지연 평균의 최소화도 분명히 그 후보가 될 수 있지만, 이 경우 네트워크의 전체 처리량이 최대화도 그렇다. 게다가 이 두 가지 목표 또한 서로 상충된다. 왜냐하면 큰 용량을 가지는 큐잉 시스템의 운영은 긴 큐잉 지연을 포함하기 때문이다. 타협안으로서, 많은 네트워크는 패킷이 만들어야만 하는 홉의 수를 최소화하려고 한다. 왜냐하면 홉수의 삭감은 지연을 개선시키고 또한 소비되는 대역폭을 줄이는 경향이 있어서 처리량을 매우 개선시키는 경향이 있기 때문이다.

라우팅 알고리즘은 두 가지 주 클래스로 그룹화 될 수 있다. 즉 비적응성과 적응성이다. **비적응적 알고리즘(nonadaptive algorithm)**은 현재 트래픽과 형태의 측정 및 평가에 기반을 두지 않는다. 대신 I 에서 J까지(모든 I와 J에 대해) 가기 위해 사용되는 경로 선택은 미리 계산되고 네트워크가 부팅될 때 라우터로 다운로드 된다. 이 과정을 때때로 **정적 라우팅(static routing)**이라 부른다.

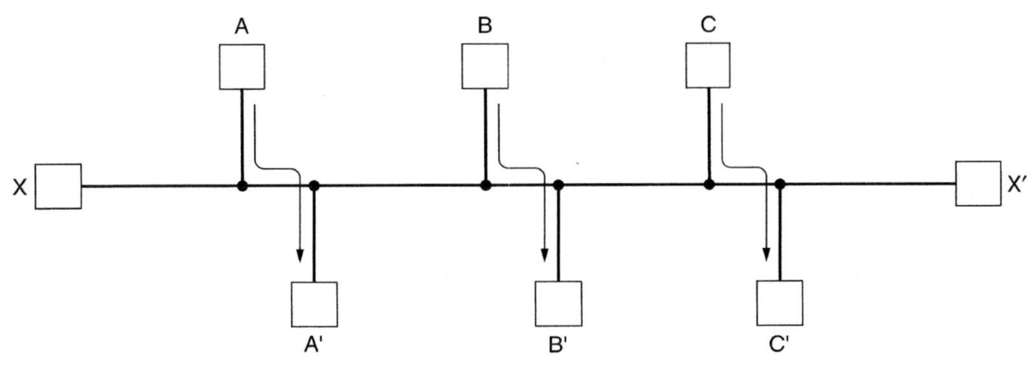

그림 5-5 공정성과 최적성 사이의 충돌

반대로 **적응적 알고리즘(adaptive algorithm)**은 형태와 트래픽의 변화를 반영하여 라우팅 결정을 바꾼다. 적응적 알고리즘은 어디서 그것들의 정보(지역적으로, 인접 라우터로부터, 또는 모든 라우터로부터)를 얻는지, 언제 경로를 변화시키는지(ΔT sec마다, 부하가 변할 때마다, 또는 토폴로지가 변할 때마다), 최적화를 위하여 어떤 메트릭(metric, 단위)이 사용되는지(거리, 홉의 수, 또는 기록된 전송시간)에 따라 다르다. 다음 절은 정적 및 동적의 다양한 라우팅에 관해 설명할 것이다. 알고리즘은 소스에서 목적지로 패킷을 보내는 외에 전송 모델을 지원하는 것이다. 가끔 다수, 전체 또는 목적지의 집합 중 하나에 패킷을 전송하는 것이 목적이다.

여기서 설명하는 토폴로지에 기반을 둔 모든 라우팅 알고리즘을 우리는 5.3에서 트래픽 수준에 따라 결정 가능성의 지연을 알아본다.

5.2.1 최적의 원리

특정 알고리즘으로 들어가기 전에 네트워크 토폴로지 또는 트래픽에 관련 없이 최적 경로에 관한 일반적인 설명을 할 수 있다면, 많은 도움이 될 것이다. 이러한 내용을 **최적의 원리(optimality principle)**라 한다. 만약 라우터 J가 라우터 I에서 라우터 K까지의 최적 경로상에 있다면, J에서 K까지의 최적 경로도 같은 경로상에 있다는 것이다. 이를 살펴보기 위해 I에서 J까지 경로의 부분을 r_1 나머지 부분을 r_2라고 하자. 만약 J에서 K까지 r_2보다 더 좋은 경로가 있다면, 이를 r_1 다음에 연결하여 I에서 K까지 경로를 개선할 수 있게 되겠지만, 이는 r_1 r_2가 최적이라는 가정에는 모순이 된다.

최적 원리의 직접적인 결과로, 모든 근원지로부터 주어진 목적지까지의 최적 경로의 세트가 목적지를 루트(root)로 하는 트리(tree)를 형성함을 알 수 있다. 이러한 트리를 싱크 트리(sink tree)라 하며, 그림 5-6에 나타난 바와 같이 거리 단위를 홉의 수로 나타낸다. 싱크 트리는 유일하지 않다는 것에 유의하자. 즉 동일한 경로 길이를 가진 다른 트리가 존재한다. 모든 라우팅 알고리즘의 목표는 모든 라우터에 대한 싱크 트리를 찾아내고 사용하는 것이다.

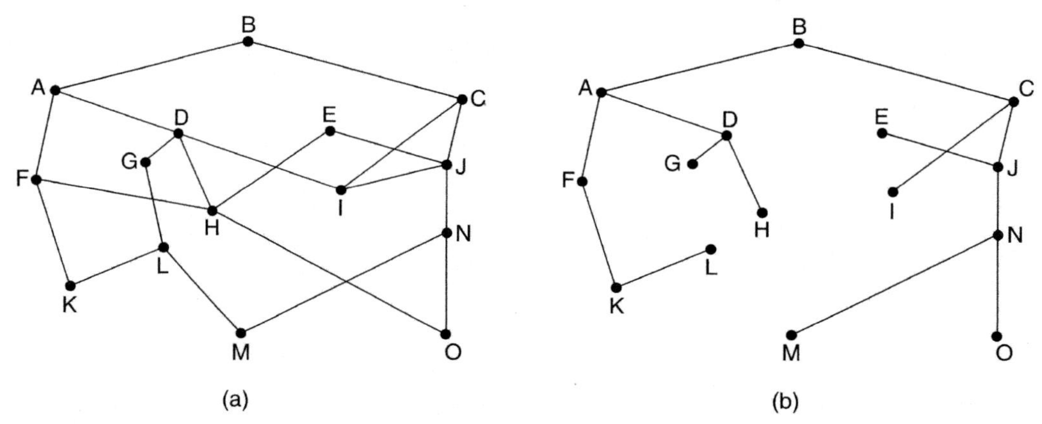

그림 5-6 (a) 서브넷 (b) 라우터 B에 대한 싱크 트리

싱크 트리가 반드시 고유하지는 않다. 동일한 경로에 길이가 다른 트리가 존재할 수 있다. 모든 가능한 경로가 선택된다면 트리는 더 일반적인 구조를 가지고 **DAG(Directed Acrylic Graph)**라 말한다. DAGs은 루프가 없다. 두 경우 모두를 위한 편리한 빠르고 정확한 싱크 트리를 사용한다. 두

경우 모두는 경로가 서로 간섭하지 않는다는 가정하에, 하나의 경로에 트래픽 혼잡이 다른 경로를 전환시키지 않는다는 것에 따라 다르다.

싱크 트리구조이기 때문에 어떤 루프도 포함하지 않는다. 그러므로 각각의 패킷은 유한한 어떤 범위의 홉수에 전달되지만 실제로는 그렇게 쉽게 되지 않는다. 링크와 라우터는 동작하는 동안 동작하거나 안하거나 할 수 있어서, 다른 라우터는 현재 토폴로지에 대해 다른 정보를 가질 수도 있다. 또한 우리는 각 라우터가 그들의 싱크 트리를 계산에 필요한 정보를 개별적으로 얻어야 하는지 또는 이러한 정보들이 그 밖의 다른 방법으로 수집될 수 있는지에 관한 문제를 자세히 다뤄야 한다. 우리는 이러한 사항들을 곧 다시 다룰 것이다. 그럼에도 불구하고 최적의 원리와 싱크 트리는 다른 라우팅 알고리즘의 측정에 있어서 기준을 제공한다.

5.2.2 최단 경로 라우팅

일단 이해하기가 간단하고 쉽기 때문에 많은 토폴로지로 널리 사용되는 기술로부터 시작하기로 하자. 이 아이디어는 라우터를 그래픽의 각 노드로 표시하고 통신 회선(종종 링크라 불린다)을 그래픽의 각 아크(arc)로 표시하는 방법을 사용하여 서브넷을 그래프로 표현한다는 것이다. 주어진 라우터들의 쌍 사이의 경로를 택하기 위해, 알고리즘은 각 그래프상의 그것들 사이의 최단 경로만을 찾는 것이다.

최단 경로(shortest path)의 개념은 몇 가지의 설명이 필요하다. 경로의 길이를 측정하는 한 가지 방법은 홉의 수를 사용하는 것이다. 이 단위를 사용할 경우, 그림 5-7에서 경로 ABC와 ABE 는 동일한 길이이다. 다른 측정 단위는 킬로미터를 사용하는 지리적 거리를 측정하는 것으로, 이 경우 ABC 는 ABE 보다 분명히 더 길다(그림은 축적으로 그려졌다고 가정한다).

그러나 홉이나 물리적 거리가 아닌 다른 측정 단위도 사용 가능하다. 예를 들어 매 시간당 테스트를 실시하여 몇몇 표준 패킷에 대한 평균 큐잉 및 전송 지연으로 각각의 아크에 라벨을 붙일 수 있다. 이런 식으로 라벨이 붙은 그래프를 활용하여 최단 경로를 찾는다면, 그것은 최소 아크수나 최소 킬로미터 수를 사용한 경로보다 훨씬 최단 경로일 것이다.

대부분의 일반적인 경우에, 아크에 붙는 라벨은 거리, 대역폭, 평균 트래픽, 통신비용, 평균 큐 길이, 측정된 지연, 그 밖의 다른 요소 등에 의한 함수로써 계산될 수 있다. 가중치 함수를 바꿈으로서, 알고리즘은 어떤 하나의 기준 또는 기준들의 조합에 따라 측정된 "최단" 경로를 계산해낸다.

그래프의 두 노드 사이에 최단 경로를 계산하기 위한 몇 가지의 알고리즘이 알려져 있다. 그 하나가 다익스트라(Dijkstra, 1959)에 의해 만들어졌다. 각각의 노드는 근원지로부터 가장 좋다고 알려진 경로로의 거리로 (괄호 안에) 라벨된다. 처음에는 어떠한 경로도 알려져 있지 않고, 따라서 모든 노드는 무한값으로 라벨이 붙여져 있다. 알고리즘이 수행되고 경로를 찾았을 때, 라벨은 더 좋은 경로로 반영하도록 바뀔 것이다. 라벨은 임시적일 수도 영구적일 수도 있다. 최초에 모든 라벨은 임시적인 것이다. 라벨이 시작 노드로부터 그 노드까지 가능한 가장 짧은 경로를 반영하고 있다는 것이 밝혀지게 되면 라벨은 영구적인 것이 되고, 그 이후로는 결코 바뀌지 않는다.

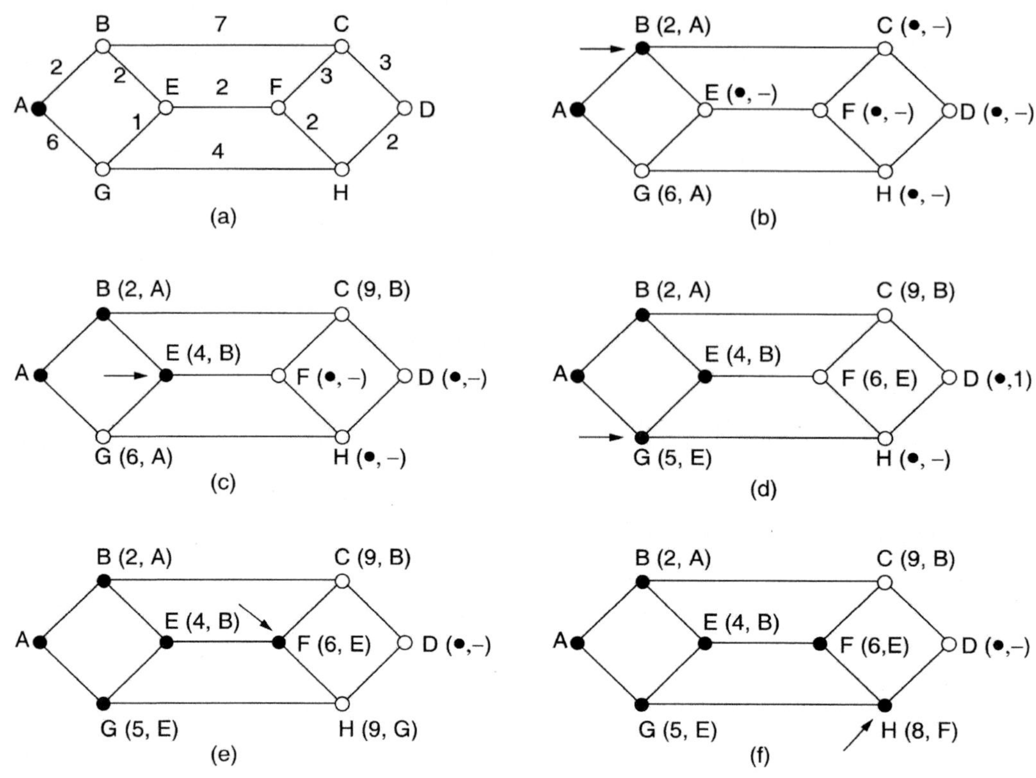

그림 5-7 첫 번째 다섯 개의 과정은 A에서 D까지의 최단 경로를 계산하는 데 사용되었다. 화살표는 동작 중인 노드를 나타낸다.

어떻게 라벨을 붙이는 알고리즘이 수행하는지 살펴보기 위해, 그림 5-7(a)의 가중치 있고 무방향성인 그래프를 보면, 가중치가 거리를 나타내고 있다. A에서 D까지 최단 경로를 찾기 원한다고 생각해 보자. 원에 색칠을 하여 A를 영구적인 것으로 표시하면서 시작한다. 그러고 나서 A(동작 중인 노드)에 인접하는 각각의 노드들에 대해 A로부터 떨어져 있는 거리를 가지고 각각 하나씩 다시 라벨 붙인다. 거리를 가지고 노드를 다시 라벨 붙일 때마다, 그 거리가 어디를 기준으로 한 것인가를 같이 라벨 붙일 수 있다. 그래서 나중에 최종 경로를 재구성할 수 있게 된다. A에 인접한 각각의 노드를 살펴보면서, 그림 5-7(b)에 나타난 것처럼, 임시 라벨이 붙여진 모든 노드를 조사하고 가장 작은 라벨의 것을 영구적인 것으로 한다. 이것이 새 작업노드가 된다. 이제 B에서 시작하여 그 인접 모두를 조사한다. 만약 B의 라벨과 B로부터 조사하는 노드까지 거리의 합이 그 노드의 라벨보다 작다면 더 짧은 경로를 얻은 것이므로 라벨을 바꾼다.

작업 노드에 인접한 모든 노드가 검사되고 필요에 따라 임시적인 라벨이 바뀐 후에, 그래프 전체는 가장 작은 값을 가진 임시 라벨이 붙여진 노드를 찾기 위해 검색된다. 이 노드는 영구적인 것이 되고 다음번에 작업 노드가 된다. 그림 5-7은 알고리즘의 첫 번째 다섯 과정을 보여준다.

왜 알고리즘이 동작하는가를 보기 위해, 그림 5-7(c)를 살펴보자. 여기서 전에 우리는 E를 영구적인 것으로 만들었다. ABE 보다 더 짧은 경로 AXYZE가 있다고 가정해 보자. 두 가지 가능성이 있다. 노드 Z가 이미 영구적인 것이거나 그렇지 않은 경우이다. 만약 그렇다면, E가 이미 조사되었기 때문에 (Z가 영구적인 것이 된 다음 회에서), AXYZE 경로는 우리가 놓친 것이 아니므로 최단 경로가 될 수 없다.

Z 가 아직도 임시적인 라벨이 붙여져 있는 경우를 생각해 보자. Z의 라벨이 E 의 것보다 크던지 같고, 이 경우 AXYZE는 ABE보다 짧은 경로가 될 수 없고, E가 아닌 Z가 먼저 영구적인 것이 된다.

이 알고리즘은 그림 5-8에 주어져 있다. 글로벌 변수 n과 dist는 그래프를 설명하고 shortest_path가 호출되기 전에 초기화 된다. 위에 설명된 알고리즘과 프로그램 사이의 유일한 차이는 그림 5-8에서 프로그램은 근원지 노드는 s가 아니라 목적지 노드 t에서 시작하는 최단 경로를 계산한다는 것이다. 무방향 그래프에서 t에서 s까지 최단 경로는 s에서 t까지의 최단 경로와 같기 때문에, 우리가 어느 쪽 끝에서부터 시작하는가는(다수의 최단 경로가 존재하여서 역으로 탐색할 경우 다른 것이 발견되지 않는 한) 그리 중요하지 않다. 역으로 탐색하는 이유는, 각 노드가 그 후의 것(successor)보다는 그 전의 것(predecessor)에 의하여 라벨이 붙여진다는 것이다. 출력 변수 path로 최종 경로를 복사할 때, 경로는 역순된다. 탐색을 역방향으로 했기 때문에 두 가지의 효과는 상쇄되고 답은 올바른 순서로 만들어진다.

5.2.3 플러딩

또 다른 정적 알고리즘은 플러딩(flooding)으로, 들어온 모든 패킷은 자신이 들어온 회선 하나만을 제외하고 모든 출력 회선으로 보내진다.

플러딩은 명백히 많은 수의 중복 패킷을 만들어내는데, 어떤 조치가 취해지지 않으면 무한정 늘어날 것이다. 취해지는 조치 중 하나로, 각 패킷의 헤더에 홉 카운터를 포함시키고, 각 홉마다 감소시켜 카운터가 0에 도달하면 패킷을 버리는 방법이 있다. 만일 송신자가 경로의 길이가 얼마나 되는지 모른다면 최악의 경우, 다시 말해서 서브넷의 전체 직경으로 초기화될 수 있다.

플러딩을 막는 또 다른 방법은 플러딩을 일으킨 패킷을 추적, 기록함으로써 그 패킷을 다시 보내서 또 플러딩을 일으키는 것을 막는 것이다. 이렇게 하기 위한 한 가지 방법은 근원지 라우터가 자신의 호스트로부터 받는 모든 패킷에 대해 순서 번호를 부여하는 것이다. 각 라우터들은 근원지 라우터 각각에 대해 그 근원지에서 비롯된 순서 번호 중 이미 지나간 것이 어떤 것인가를 기록한 리스트를 가져야 한다. 만일 들어오는 패킷이 리스트에 있다면, 이는 플러딩을 하지 않는다.

리스트가 무한정 계속 늘어나는 것으로부터 막기 위해, 각 리스트는 카운터 k값을 위해 확장 되어야만 하고, 이는 k까지의 모든 순서 번호가 검색되었다는 것을 의미한다. 패킷이 들어올 때, 패킷이 중복된 것인지의 여부를 쉽게 체크할 수 있다. 즉 만약 그렇다면 그것은 버려진다. 게다가 k가 효과적으로 나타내기 때문에 k보다 작은 전체 리스트가 필요하지 않게 된다.

```
#define MAX_NODES 1024                          /* maximum number of nodes */
#define INFINITY 1000000000                     /* a number larger than every maximum path */
int n, dist[MAX_NODES][MAX_NODES];              /* dist[i][j] is the distance from i to j */

void shortest_path(int s, int t, int path[])
{ struct state {                                /* the path being worked on */
      int predecessor;                          /* previous node */
      int length;                               /* length from source to this node */
      enum {permanent, tentative} label;        /* label state */
  } state[MAX_NODES];

  int i, k, min;
  struct state *p;

  for (p = &state[0]; p < &state[n]; p++) {     /* initialize state */
      p->predecessor = -1;
      p->length = INFINITY;
      p->label = tentative;
  }
  state[t].length = 0; state[t].label = permanent;
  k = t;                                        /* k is the initial working node */
  do {                                          /* Is there a better path from k? */
      for (i = 0; i < n; i++)                   /* this graph has n nodes */
           if (dist[k][i] != 0 && state[i].label == tentative) {
                 if (state[k].length + dist[k][i] < state[i].length) {
                       state[i].predecessor = k;
                       state[i].length = state[k].length + dist[k][i];
                 }
           }

      /* Find the tentatively labeled node with the smallest label. */
      k = 0; min = INFINITY;
      for (i = 0; i < n; i++)
           if (state[i].label == tentative && state[i].length < min) {
                 min = state[i].length;
                 k = i;
           }
      state[k].label = permanent;
  } while (k != s);

  /* Copy the path into the output array. */
  i = 0; k = s;
  do {path[i++] = k; k = state[k].predecessor; } while (k >= 0);
}
```

그림 5-8 그래프를 통해 최단 경로를 계산하는 다익스트라(Dijkstra) 알고리즘

조금 더 실제적인 플러딩은 **선택적 플러딩(selective flooding)**이라는 것이다. 이 알고리즘에서, 라우터는 들어온 패킷을 모든 회선으로 보내지 않고, 단지 대략적으로 올바른 방향이라고 판단되는 방향으로만 보낸다. 토폴로지가 매우 독특하고 라우터가 이 사실을 확신할지라도 동쪽 방향 라인으로 서쪽 방향 패킷을 보내는 일은 거의 없다.

플러딩은 대부분 어플리케이션에서는 실용적이지는 않지만, 일부에서는 유용하게 사용된다. 첫째, 네트워크상의 모든 노드들에게 패킷 전달을 보장하는 것이다. 이것은 이 패킷이 필요로 하는 목적지가 하나라면 굉장히 비효율적이지만 브로드캐스팅에서는 매우 효율적이다. 무선네트워크상에서 모든 메시지는 사실상 플러딩과 일부 이런 속성을 사용하는 알고리즘을 사용하는 주파수범위 안의 모든 다른 스테이션에 의해 수신된다.

두 번째로, 플러딩은 굉장히 견고하다는 것이다. 예를 들어 군용 네트워크의 많은 라우터가 어느 순간 작동을 하지 않는다 하더라도 단지 하나의 라우터만 존재하기만 하면 패킷은 목적지까지 전달될 수 있다는 것이다. 또한 플러딩은 셋업하는 방법이 간단하다는 것이다. 라우터는 단지 그 이웃 라우터만 알고 있으면 되기 때문이다. 플러팅은 다른 비교되는 라우팅 알고리즘과는정반대로 메트릭을 이용한다. 플러딩은 항상 병렬상태에서 사용가능한 모든 패스를 선택하기 때문에 최단경로를 선택한다. 그 결과 만약 플러딩 자체 프로세스에 의해 발생되는 오버헤드를 무시한다면 이보다 더 적은 시연을 갖는 알고리즘은 없다는 것이다.

5.2.4 거리 벡터 라우팅

현재의 네트워크는 정적 알고리즘이 현재의 네트워크 부하를 고려하지 않기 때문에 위에서 언급한 정적 라우팅 보다는 통상적으로 동적 라우팅 알고리즘을 사용한다. 특히 거리 벡터 라우팅과 링크 상태 라우팅(link state routing)이 많이 사용된다. 이 절에서는 먼저 거리 벡터 라우팅에 관하여 알아보기로 한다. 다음 절에서는 링크 상태 라우팅에 관하여 알아볼 것이다.

거리 벡터 라우팅(Distance vector routing) 알고리즘은 각 라우터가 각 목적지에 대하여, 가장 좋다고 알려진 거리 및 그 목적지에 도달하기 위하여 사용해야 하는 회선이 나와 있는 테이블(즉 벡터)을 유지함으로써 운용된다. 이러한 테이블들은 그 주위의 라우터들과의 정보 교환을 통하여 갱신된다.

거리 벡터 라우팅 알고리즘, 그 알고리즘을 누가 연구했는가에 따라서 **벨만-포드 (Bellman- Ford)** 라우팅 알고리즘, 포드-풀커슨(Ford-Fulkerson) 알고리즘 등으로 명명되기도 한다(Bellman, 1957; Ford와 Fulkerson, 1962). 이것은 ARPANET 최초의 라우팅 알고리즘이었으며, RIP라는 이름으로 인터넷에서도 사용되었다.

거리 벡터 라우팅에서 각 라우터는 서브넷의 각 라우터를 색인으로 사용하는 라우팅 테이블을 유지하는데, 각 라우터는 테이블 내에서 하나의 항목이 된다. 각 항목은 2개의 부분으로 이루어진다. 한 부분은 목적지로의 사용되는 출력회선과 목적지까지의 시간 혹은 거리를 가진다. 단위로는 홉의 숫자나 밀리세컨드(milliseconds)로 나타낸 시간 지연, 그 경로를 따라 대기되는 패킷의 총 수, 혹은 그와 유사한 것이 사용된다.

각 라우터는 이웃한 라우터 각각에 대한 "거리"를 알고 있다고 가정한다. 만일 단위가 홉이라면,

거리는 단지 1홉이 된다. 만일 단위가 큐 길이라면, 라우터는 각 큐를 간단히 검사한다. 만일 단위가 지연이라면, 라우터는 특별한 ECHO 패킷을 보내서 수신자가 타임스탬프 후 즉시 돌려보내게 하여 지연을 측정한다.

예를 들어 지연이 단위로 사용되고 라우터가 이웃한 각 라우터에 대하여 지연을 알고 있다고 하자. 매 *T* msec마다 각 라우터는 이웃들에게 각각의 목적지에 대하여 추정한 지연의 리스트를 보낸다. 또한 그 이웃들로부터 그와 비슷한 리스트를 받는다. 이러한 리스트들 중 하나가 이웃 라우터 *X*로부터 들어왔다고 가정해 보자. 여기서 X_i 는 *X*로부터 라우터 *i*까지의 거리를 나타낸다. 만일 어떤 라우터가 X까지의 지연이 *m* msec 라는 것을 알고 있다면, *X*를 통하여 *i*까지의 지연이 $X_i + m$ msec 된다는 것 또한 알 수 있다. 이러한 계산을 이웃 라우터 각각에 대하여 실시함으로써, 어떤 것이 최상인지 알 수 있게 되고 새로운 라우팅 테이블에서는 그 거리와 거기에 해당하는 회선을 사용하게 된다.

이러한 갱신 과정이 그림 5-9에 나와 있다. (a)는 서브넷을 나타낸다. (b)의 처음 네 열은 라우터 *J*의 이웃들로부터 받은 지연 벡터를 나타낸다. *A*는 *B*까지의 지연은 12-msec이고 *C*까지는 25-msec, *D*까지는 40-msec임을 나타낸다. J 가 그 이웃들 *A, I, H, K* 각각에 대하여 지연이 각각 8, 10, 12, 6msec임을 알고 있다고 가정하자.

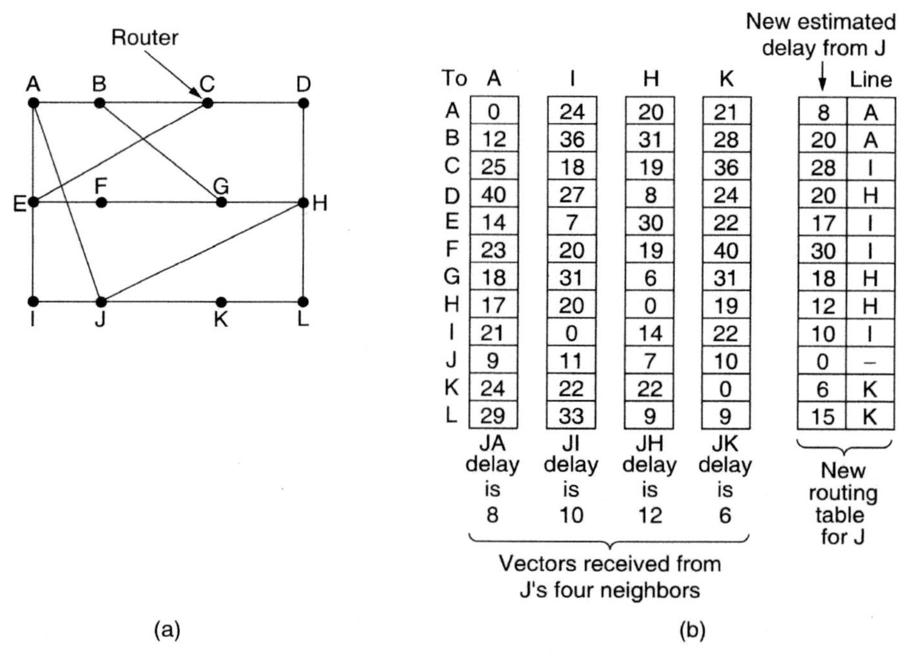

To	A	I	H	K	New estimated delay from J	Line
A	0	24	20	21	8	A
B	12	36	31	28	20	A
C	25	18	19	36	28	I
D	40	27	8	24	20	H
E	14	7	30	22	17	I
F	23	20	19	40	30	I
G	18	31	6	31	18	H
H	17	20	0	19	12	H
I	21	0	14	22	10	I
J	9	11	7	10	0	–
K	24	22	22	0	6	K
L	29	33	9	9	15	K
	JA delay is 8	JI delay is 10	JH delay is 12	JK delay is 6		

그림 5-9 (a) 서브넷 (b) A, I, H, K로부터의 입력과 J의 새로운 라우팅 테이블

*J*가 라우터 *G*에 대한 새로운 경로를 어떻게 연산해 내는가를 생각해 보자. 라우터 *J*는 *A*까지 도달하는 게 8msec가 걸린다는 것을 알고 있다. 그리고 *A*는 자신으로부터 *G*까지 *18msec*가 걸린다는 것을 통보해 왔다. 그러므로 *J*는 *G*로 가야 할 패킷을 *A*에게 전달하면 26msec 지연 후에 *G*에 도착한다

는 것을 알 수 있다.

또한 *I, H, K*를 통하여 *G*에 도달할 경우의 지연도 각각 41 (31+10), 18 (6+12), 37 (31+6)이 됨을 계산해 낼 수 있다. 이 값들 중 가장 좋은 값은 18이 된다. 따라서 라우터 J는 자신의 라우팅 테이블의 항목에 G까지의 지연은 18msec이며, 사용 경로는 H를 통하는 것이라고 기록하게 된다. 이와 같은 연산이 다른 모든 목적지에 대해서도 행하여진다. 그 결과 만들어진 새로운 라우팅 테이블이 그림의 마지막 열에 나와 있다.

무한 카운트 문제

네트워크상에서 최적의 경로로 라우팅해 나가는 것을 수렴이라고 한다. 거리 벡터 알고리즘은 이론상으로는 잘 동작하나 실제로는 중대한 결함을 가지고 있다. 정확한 답을 내기는 하나 매우 느리다는 것이다. 실제의 경우 좋은 소식에 대해서는 매우 빠르게 대응하나 나쁜 소식에 대해서는 느리게 대응한다. 목적지 *X*까지의 경로가 매우 긴 라우터가 있다고 가정해 보자. 만일 그다음 교환에서 이웃 라우터 *A*가 갑자기 자신에서부터 *X*까지의 지연이 짧아졌다고 보고하였다고 하자. 그러면 라우터는 *X*로 가야 하는 트래픽에 대하여는 *X*를 통과하도록 하기만 하면 된다. 한 번의 벡터 교환으로 처리된다.

좋은 소식이 얼마나 빨리 전파되는지를 알아보기 위해 그림 5-10과 같이 다섯 개의 노드로 이루어진 서브넷을 가정하여 보자. 여기서 지연 단위는 홉의 숫자이다. 처음에 *A*가 다운이 되었고 다른 모든 라우터들은 이것을 알고 있다고 하자. 다시 말해 모든 라우터들이 A까지의 지연을 무한대로 기록한다는 것이다.

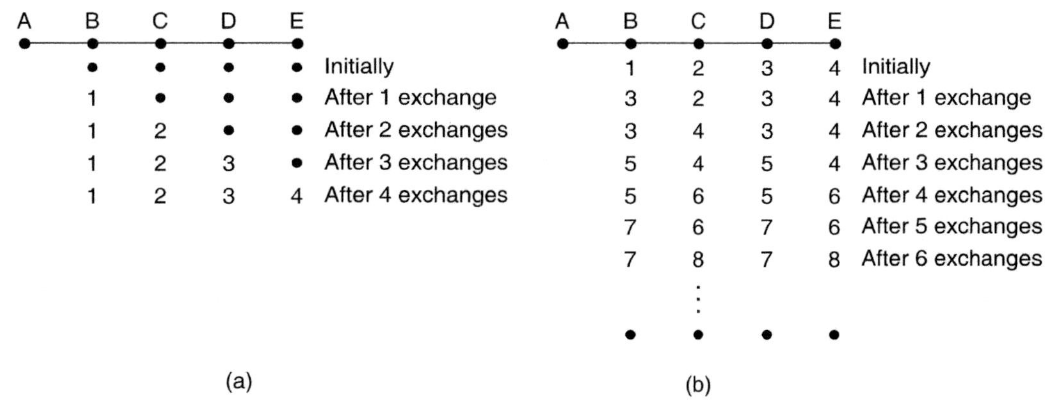

그림 5-10 무한 카운트 문제

*A*가 다시 부팅이 되면, 다른 라우터들은 벡터 교환을 통하여 그것을 알게 된다. 간단히 하기 위하여, 모든 라우터의 벡터 교환을 동시에 시작하도록 주기적으로 울리는 거대한 종이 어딘가에 있다고 가정하자. 최초의 교환에서는 *B*는 자신의 왼쪽 이웃은 *A*에 대하여 지연이 0임을 알게 된다. 이제, *B*는 자신의 라우팅 테이블에 *A*는 왼쪽으로 1홉만큼 떨어져 있다는 엔트리를 만든다. 그러나 그밖에

다른 라우터들은 여전히 *A*가 다운된 것으로 알고 있다. 따라서 이때 *A*에 대한 라우팅 테이블은 그림 5-10(a)의 두 번째 줄과 같이 된다. 그다음 교환에서 *C*는, *B*가 *A*로 갈 수 있는 거리 1의 경로를 가지고 있다는 것을 알게 된다. 그래서 *C*는 자신의 라우팅 테이블에 거리 2의 경로를 기록한다. 그러나 *D*와 *E*는 여전히 이러한 좋은 소식에 대하여 모르고 있다. 좋은 소식은 한번 교환당 한 홉의 비율로 전파된다. 가장 긴 경로가 *N*홉 길이인 서브넷에서는 *N*번의 교환이 있어야 모두가 새로 부여된 회선과 라우터에 대하여 알 수 있게 된다.

이제 그림 5-10(b)에 나와 있는 상황에 대하여 생각해 보자. 여기서는 모든 회선과 라우터가 초기에 정상 작동하고 있다. 라우터 *B, C, D, E*는 A에 대하여 각각 1, 2, 3, 4의 거리를 가지고 있다, 이때 갑자기 *A*가 다운이 되거나 또는 *A*와 *B* 사이의 회선이 끊어진다. (이는 *B*의 관점에서 보자면 실질적으로 동일한 일이다.)

처음 패킷이 교환되면 *B*는 *A*로부터 아무 정보도 얻을 수가 없다. 운 좋게도 *C*가 자신이 *A*로 갈 수 있는 거리의 2의 경로를 가지고 있음을 알려온다. *B*는 *C*의 경로가 사실은 자신을 통과하는 것이라는 것을 모른다. *B*는 *C*가 수십 개의 경로를 가지고 있고, 그중 하나가 *A*와 독자적으로 통하는 것일 거라고 간주하게 된다. 결과적으로 이제 *B*는 *C*를 통하여 *A*에 도착할 수 있다고 생각하며, 그 거리는 3이라고 생각하게 된다. *D*나 *E*는 이 처음의 교환에서 자신들의 테이블을 고치지 않는다.

두 번째 교환에서 *C*는 자신의 이웃들이 *A*까지의 거리 3의 경로를 가지고 있다고 주장하는 것을 알게 된다. 그중 하나를 참조하여 자신으로부터 *A*까지의 거리를 4로 표시하게 된다. 이것이 그림 5-10(b)의 세 번째 줄에 나와 있다. 그 이후의 교환으로 그림 5-10(b)와 같은 일이 벌어지게 된다.

이 그림에서 왜 나쁜 소식은 느리게 퍼져 나가는가를 명백하게 알 수 있다. 주위 이웃의 값들 중 최솟값보다 하나 이상 큰 값을 가지는 라우터는 없다. 점차적으로 모든 라우터는 자신들의 방식으로 무한대를 기록할 것이다. 그러나 이에 요구되는 교환은 무한대에 사용되는 수적인 값에 의존적이다. 이러한 이유로 무한대의 값을 가장 긴 경로의 길이 더하기 1로 하는 것이 현명하다.

이러한 문제가 **무한 카운트(count-to-infinity)**문제로 알려져 있다. 이를 해결하기 위해 몇 번의 시도(RFC 1058에서 폐기 유보된 수평 분할과 같이)가 있어왔으나 이들 중 어느 하나도 일반적으로 잘 동작되지 않는다. 문제의 핵심은 X 가 Y에게 경로를 알려줄 때, Y가 경로상에 있는지 여부를 스스로 알 방법이 없다는 것이다.

5.2.5 링크 상태 라우팅

거리 벡터 라우팅은 링크 상태 라우팅으로 대체되기 전까지인 1979년까지 ARPANET에 쓰였다. 무한 카운트 문제로 네트워크 토폴로지가 변경된 후에 그것을 변경하는데 너무 오래 걸리는 이유로 더 이상 사용되지 않았다. 결과적으로 거리 벡터 라우팅은 링크 상태 라우팅이라고 불리는 완전히 새로운 알고리즘으로 대체되었다. IS-IS와 OSPF로 불리는 다양한 링크 상태 라우팅은 오늘날 거대 네트워크나 인터넷에 광범위하게 사용된다.

간단한 아이디어를 갖춘 링크 상태 라우팅은 다음의 다섯 부분으로 이루어져 있다. 각 라우터는 다음과 같은 기능을 갖추어야 한다.

1. 이웃 라우터를 찾아내고 그들이 네트워크 주소를 알아내야 한다.
2. 그 이웃 각각에 대한 거리와 비용 메트릭을 설정해야 한다.
3. 알아낸 모든 정보를 전달하는 패킷을 만들어야 한다.
4. 이 패킷을 다른 모든 라우터로부터 송신하고 수신해야 한다.
5. 다른 모든 라우터에 대하여 최단 경로를 계산해내야 한다.

사실상 완전한 토폴로지는 모든 라우터에 분산되어 있다. 그러고 나서 다른 모든 라우터에 대한 최단 경로를 찾기 위하여 다익스트라의 알고리즘이 사용될 수 있다. 다음에서는 이들 다섯 단계에 대하여 보다 자세하게 알아볼 것이다.

인접한 라우터들에 대한 학습(Learning about the Neighbors)

부팅이 되면 가장 먼저 해야 할 일은 이웃한 라우터가 누구인가를 학습하는 것이다. 부팅된 라우터는 점대점 회선 각각에 대하여 특별한 HELLO 패킷을 보냄으로서 그것을 알아낸다. 그 패킷을 받은 라우터는 거기에 대한 응답으로 자신이 누구인가를 보낸다. 이 이름은 세계적으로 유일한 것인데 왜냐하면 멀리 떨어져 있는 라우터는 나중에 세 개의 라우터가 모두 *F*에 연결되었다는 것을 들었을 때, 3개 모두가 동일한 *F*를 의미하는 것인가를 결정하는 것이 중대한 문제이기 때문이다.

2개 혹은 그 이상의 라우터가 LAN으로 연결되어 있을 때 상황은 좀 더 복잡해진다. 그림 5-11(a)는 A, C, F 3개의 라우터가 LAN으로 직접 연결된 상황을 나타내고 있다. 이들 세 라우터 각각은 하나 혹은 그 이상의 추가적인 라우터가 연결되어 있다.

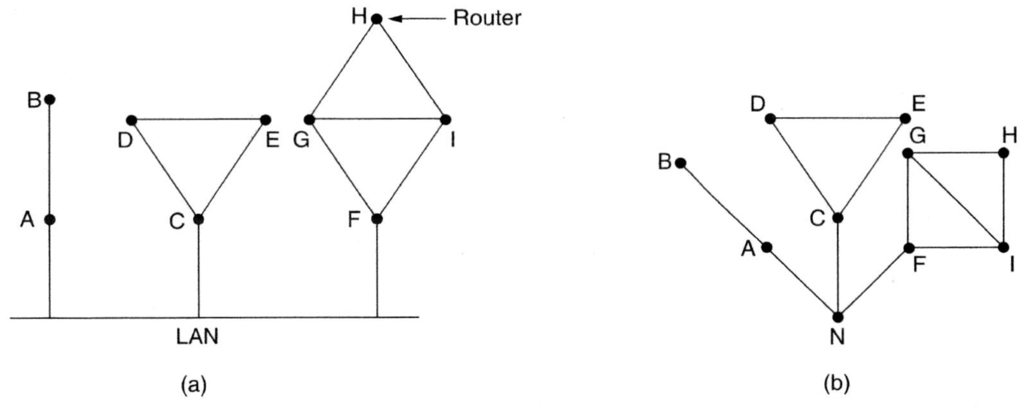

그림 5-11 (a) 아홉 개의 라우터와 LAN (b) (a)에 대한 그래프 모델

브로드캐스트 LAN은 각 쌍으로 연결된 라우터들 사이에 연결을 제공한다. 그러나 많은 점대점 링크와 같은 LAN은 토폴로지의 크기를 증가시키며 쓸모없는 메시지를 만들게 된다. 더 나은 LAN을 만드는 한 가지 방법으로는, 그림 5-11(b)에 나와 있는 것처럼 그 자체를 하나의 노드로 생각하는 것이다. 이 경우 우리는 *A, C, F*가 연결되어 있는 가상의 노드 *N*을 도입하게 된다. LAN상에 디자인된 하나의 라우터는 라우팅 프로토콜의 *N*의 역할에 따라 선택된다. *A*에서 *C*까지 LAN을 통하여 전달할 수 있다는 사실은 여기서 ANC로 표시하게 된다.

회선 비용 측정

링크 상태 알고리즘은 최단 경로를 찾기 위해 각 링크의 거리나 비용 메트릭을 필요로 한다. 인접한 라우터에 도달하기 위한 비용은 자동적으로 측정되거나, 네트워크 관리자에 의해 설정된다. 일반적인 선택은 링크의 대역폭에 대한 비용은 반비례일 수 있게 하는 것이다. 예를 들어 1-Gbps 이더넷 1비용 100Mbps의 이더넷 10 비용이 있을 수 있다. 이것은 높은 용량의 나은 경로 선택을 하게 한다.

만약 네트워크가 지리적으로 퍼져 있다면 짧은 링크를 통해 더 나은 경로가 선택되도록, 링크의 지연 비용으로 고려할 수 있다. 이러한 지연을 결정하는 가장 직접적인 방법은 상대편에게 특별한 ECHO 패킷을 보내서 받는 즉시 되돌려 보내도록 하는 것이다. 왕복에 걸린 시간을 측정하여 그것을 둘로 나눔으로써 보낸 라우터는 지연에 대한 타당한 추정치를 가지게 된다.

링크 상태 패킷 만들기

교환에 필요한 정보들이 모아지면 다음 단계는 각 라우터가 그 모든 데이터를 포함한 패킷을 만드는 것이다. 이 패킷은 송신자의 식별자로 시작을 하며 그다음에 순서 번호, 연령(뒤에 설명됨), 이웃 라우터의 리스트 순으로 구성된다. 이웃 라우터 각각에 대하여 그 이웃까지의 지연이 주어진다. 그림 5-12(a)에 서브넷의 예가 주어져 있으며, 각 회선의 숫자는 지연을 나타낸다. 여섯 개의 라우터에 해당하는 링크 상태 패킷이 그림 5-12(b)에 나와 있다.

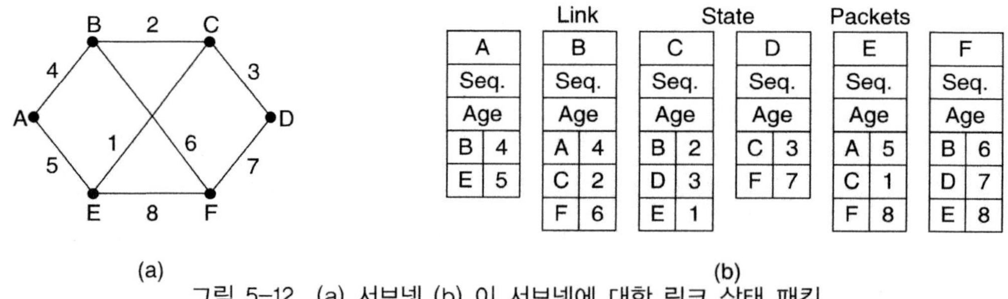

그림 5-12 (a) 서브넷 (b) 이 서브넷에 대한 링크 상태 패킷

링크 스테이크 패킷을 만드는 것은 쉬운 일이다. 정말 어려운 것은 언제 패킷들을 만드느냐 하는 것이다. 한 가지 방법은 규칙적인 간격으로 정기적으로 만드는 것이다. 또 다른 방법은, 회선이나

이웃 라우터가 다운되었을 경우나 다시 부팅되었을 경우 또는 그 특성이 상당히 바뀌었을 경우 등 중대한 이벤트가 발생했을 때 만드는 것이다.

링크 상태 패킷의 분배

링크 상태 알고리즘의 가장 까다로운 부분은 링크 상태 패킷을 신뢰성 있게 분배하는 것이다. 패킷이 전달되고 설정됨에 따라 그 패킷을 처음 받은 라우터는 그들의 경로를 바꾸게 된다. 결과적으로 다른 라우터는 다른 버전의 토폴로지를 사용할 수도 있게 되고 그로 인해 모순되거나 루프를 돌거나 도달할 수 없는 컴퓨터가 생기거나 다른 문제가 생길 수도 있다.

첫째로, 기본적인 분배 알고리즘을 살펴보기로 한다. 나중에 좀 더 개선된 것을 알아보도록 하겠다. 기본적인 아이디어는 링크 상태 패킷의 분배에 플러딩을 사용하자는 것이다. 플러드를 제어하기 위하여 새로운 패킷이 보내질 때마다 증가하는 순서 번호를 각 패킷에 포함시킨다. 라우터는 자신이 보는 모든(근원지 라우터, 순서 번호) 쌍의 기록을 추적한다. 새로운 링크 상태 패킷이 들어오면 그것이 이미 자신이 알고 있는 것인가를 확인한다. 만일 새로운 것이라면, 그 패킷을 그것이 들어온 회선을 제외한 모든 회선으로 전송한다. 만일 이미 알고 있는 것이라면, 그 패킷은 버려진다. 만일 들어온 패킷의 순서 번호가 그 이전까지의 어느 패킷의 순서 번호보다 낮은 것이라면, 라우터는 더 최근 데이터를 가지고 있으므로 오래된 것으로 간주하여 거부한다.

이 알고리즘은 약간의 문제를 가지고 있으나, 쉽게 처리될 수 있다. 먼저 만일 순서 번호가 순환될 경우 혼란이 발생할 수 있다는 문제가 있다. 이에 대한 해결책으로는 32-비트 순서 번호를 사용하는 것이다. 그럴 경우 초당 한 개의 링크 상태 패킷이 발생한다 하여도 전체 순서 번호를 한 번 순환하는데 137년이 걸리게 된다. 이럴 가능성은 무시하여도 된다.

둘째로, 만일 라우터가 손상(다운)되면 자신의 순서 번호를 잊어버리게 된다. 만일 라우터가 다시 0에서부터 시작한다면. 그다음 패킷들은 중복된 것으로 여겨져서 거부될 것이다.

셋째로, 만일 순서 번호가 손상되어서 4가 오는 대신에 65,540(1-비트 오류)이 올 경우 패킷 5에서부터 65,540은 오래된 것으로 여겨져 거부될 것이다. 왜냐하면 현재의 순서 번호는 65,540이기 때문이다.

이러한 모든 문제에 대한 해결책은 각 패킷의 순서 번호 다음에 연령을 포함시키고 초당 하나씩 감소시키는 것이다. 연령이 0이 되면, 그 라우터로부터 온 정보들은 버려진다. 일반적으로, 새로운 패킷이 예로 10초마다 하나씩 들어온다. 그래서 라우터 정보가 타임아웃에 걸린다는 얘기는 라우터가 다운되었을 때(또는 연속된 여섯 개의 패킷을 잃어버렸거나, 발생할 수 없는 일이지만)나 가능하다. Age 필드는 패킷이 없어지거나 무한정 살아있는 것을 방지하기 위하여 각 라우터에서 초기 플러딩을 처리하는 동안에도 감소된다.

이 알고리즘에 대한 몇몇의 개선안이 있다. 링크 상태 패킷이 플러딩을 위하여 라우터에 들어왔을 때, 그것은 전송을 위하여 즉시 큐에 들어가지는 않는다. 대신에 패킷은 보유 구역에 들어가 잠시 대기한다. 만일 먼저 들어온 패킷이 보내지기 전에 같은 근원지에서 나온 또 다른 링크상태 패킷이

들어오게 되면, 그들의 순서 번호가 비교된다. 만일 둘이 같으면 중복된 것으로 간주하여 버린다. 만일 둘이 다르다면, 오래된 것이 버려진다. 라우터-라우터 회선에 오류가 발생하는 것을 방지하기 위하여 모든 링크 상태 패킷은 확인응답된다. 회선이 공전(idle)할 때 보유 구역은 보내야 할 패킷이나 확인응답할 패킷을 찾기 위하여 라운드 로빈(round robin) 방식으로 탐색된다.

그림 5-12(a)의 서브넷에 나와 있는 라우터 B 의 데이터 구조가 그림 5-13에 나와 있다. 각 행은 최근 도착은 했으나 완전히 처리되지 않은 링크 상태 패킷에 대응한다. 테이블은 패킷이 처음 어디서부터 시작되었는지를 기록하고 있으며, 그의 순서 번호와 연령 그리고 데이터를 기록하고 있다. 추가로 B의 세 회선(각각 A, C, F로 가는 것들) 각각에 대해 송신과 확인응답 플래그도 가지고 있다. 송신 플래그는 지시된 회선상으로 보내져야 한다는 것을 의미한다. 확인응답 플래그는 거기서 반드시 확인응답 되어야 함을 의미한다.

Source	Seq.	Age	Send flags A	Send flags C	Send flags F	ACK flags A	ACK flags C	ACK flags F	Data
A	21	60	0	1	1	1	0	0	
F	21	60	1	1	0	0	0	1	
E	21	59	0	1	0	1	0	1	
C	20	60	1	0	1	0	1	0	
D	21	59	1	0	0	0	1	1	

그림 5-13 그림 5-12의 라우터 B에 대한 패킷의 버퍼

그림 5-13에서 보면 A로부터의 링크 상태 패킷은 직접적으로 전달되었다. 그래서 플래그를 보면 알 수 있지만, 그 패킷은 C와 F로 보내져야 하고 A로는 확인 신호가 보내져야 한다. 이와 유사하게, F로부터 들어온 패킷은 A와 C로 보내지며 F로는 확인응답이 보내진다.

그러나 E로부터 들어온 세 번째 패킷의 경우 상황은 달라진다. 한 번은 EAB를 통해 또 다른 한 번은 EFB를 통해, 이렇게 두 번 들어왔다. 결과적으로 이 패킷은 C에만 보내지고 A와 F 양쪽에는 확인응답이 보내진다.

만일 원래의 것이 여전히 버퍼에 남아 있는데도 중복된 것이 도착해서 되면 비트가 바뀌게 된다. 예를 들어 만일 테이블에서 네 번째에 나타난 항목이 보내지기 전에 C의 상태가 F로부터 도착하면, 여섯 개의 비트는 F 역시 확인응답을 받아야 하며, 그곳(F)으로 패킷을 보낼 필요는 없다는 것은 나타내기 위하여 100011로 바뀌게 된다.

새로운 경로 계산

라우터가 링크 상태 패킷을 모두 모으면, 모든 링크가 주어졌으므로 전체 서브넷 그래프를 만들 수 있다. 사실 모든 링크는 각 방향에 대하여 한 번씩, 두 번이 주어진다. 이 두 값은 평균을 내어 사용될 수도 있고 각기 사용될 수도 있다.

이제 모근 가능한 목적지에 대하여 최단 경로를 구축하기 위하여 다익스트라의 알고리즘이 지역적으로 사용된다. 이 알고리즘의 결과는 라우터 테이블에 설치될 수 있으며 정상 동작이 재가동된다.

거리 벡터 알고리즘과 비교해볼 때, 링크 상태 라우팅 알고리즘은 보다 많은 메모리와 계산을 필요로 한다. 각기 k개의 이웃 라우터를 가진 n개의 라우터로 이루어진 서브넷에 대하여 입력 데이터를 모두 저장하기 위하여 필요한 메모리는 kn에 비례한다. 커다란 서브넷에 대하여 이것은 심각한 문제가 된다. 또한 계산 시간도 쟁점 사항으로 떠오른다. 그럼에도 불구하고, 많은 실제적인 상황에서 링크 상태 라우팅은 잘 동작한다.

링크 상태 라우팅은 실제 네트워크에서 광범위하게 쓰이기 때문에 이를 사용하는 프로토콜에 대해 언급 하겠다. 많은 ISPs 가 IS-IS(Intermediate System-Intermediate System, IS-IS) 링크 상태 프로토콜을 사용해왔다(Oran, 1990). 이것은 DECnet으로 불린 초기 네트워크를 위해 설계되었다가 나중에 OSI프로토콜과 함께 사용된 ISO로 적용되었으며, IP와 같은 현저히 개선된 다른 프로토콜로 수정되었다. IS-IS의 여러 가지 새로운 개념들이 OSPF에 도입되었다(OSPF는 IS-IS보다 몇 년 뒤에 설계되었다). 여기에는 링크 상태 갱신의 플러딩에 대한 자가 안정 방법, LAN에서의 라우터 지정 개념, 그리고 경로의 분할과 여러 가지 단위를 지원하고 계산하는 방법 등이 포함된다. 결론적으로 말해서, IS-IS와 OSPF 간에는 거의 차이가 없다. 가장 큰 차이점은 IS-IS는 여러 네트워크계층 프로토콜에 대한 정보를 동시에 여러 개의 네트워크 계층 프로토콜을 지원할 수도 있다. 운반하는 것이 쉽고 자연스럽도록 되어 있다는 것이다. 이러한 특성은 OSPF에는 없는 것이다. IS-IS의 이러한 장점은 커다란 다중 프로토콜 환경에서 더욱 유용하다. 인터넷에서 널리 사용되고 있는 OSPF 프로토콜이 링크 상태 알고리즘을 사용한다. 보다 자세한 내용은 5.6.6 절의 OSPF에 나와 있다.

일반적인 라우팅 알고리즘에 대한 언급은 라우팅 알고리즘은 다음 같은 규칙을 지킨다. 연결 상태, 거리 벡터 및 기타 알고리즘은 경로를 계산하기 위해 모든 라우터들의 처리에 영향을 미친다. 적은 수의 라우터조차 하드웨어나 소프트웨어적인 문제가 네트워크를 경유할 때 대혼란을 야기할 수 있다. 예를 들어 만일 라우터가 자신이 가지고 있지 않은 회선을 있다고 하거나 자신이 회선을 갖고 있음을 잊거나 할 경우, 네트워크 그래프는 올바르지 않게 된다. 만일 라우터가 패킷을 전송하는데 실패하거나 전송하는 동안 훼손했을 경우 문제가 발생한다. 마지막으로 메모리가 부족하거나 라우팅 계산이 잘못 되었을 경우 좋지 않은 일이 발생한다. 서브넷이 수만 또는 수십만 개의 노드로 그 범위가 확산됨에 따라 몇몇 라우터가 종종 실패하는 것을 무시할 수 없다. 피할 수 없는 문제가 생겼을 경우, 그 피해 범위를 줄이도록 하는 노력은 매우 까다로운 것이다. 펄만(Perlman, 1988)은 이러한 문제에 대하여 논의하고, 그에 대한 해결책을 보다 자세하게 제시하였다.

5.2.6 계층적 라우팅

네트워크가 크기 면에서 커짐에 따라, 그에 비례하여 라우터의 라우팅 테이블도 커지게 된다. 라우팅 테이블이 커지게 되면, 라우터의 메모리를 많이 소비하게 될 뿐만 아니라 이를 검색하는 데 더 많은 CPU 시간이 투자되어야 하며, 이에 대한 상태를 보내기 위하여 보다 큰 대역폭이 필요하게 된다. 이러한 면에서 네트워크는 모든 라우터가 다른 모든 라우터에 대한 항목을 자신의 라우팅 테이블에 가질 수 있는 크기까지만 커질 수 있게 되며, 그래서 라우팅은 전화 네트워크처럼 계층적이어야 한다.

계층적 라우팅이 사용될 때 라우터는 지역(region)이라는 단위로 나누어지며, 모든 라우터는 자신의 지역에 대해서는 패킷이 어떻게 전달되어야 하는가에 대하여 상세히 알고 있지만, 다른 지역의 내부 구조에 대해서는 모르게 된다. 서로 다른 네트워크가 연결되면, 한쪽 네트워크에 속한 라우터가 다른 쪽 네트워크의 구조 등에 신경 쓰지 않아도 되도록 하기 위하여 두 네트워크를 다른 지역으로 간주한다.

거대한 네트워크의 경우 2단계의 계층이 충분하지 않을 수도 있다. 이럴 경우 지역을 클러스터로 그룹화하고, 클러스터를 존(zone)으로, 존을 그룹(group)으로, 이런 식으로 붙일 이름이 없을 때까지 계속해나갈 수 있다. 이러한 다중 단계의 계층화에 대한 예를 위하여, 캘리포니아 주의 버클리에서 케냐의 말린디로 전달되는 패킷에 대하여 생각해 보자. 버클리 라우터는 캘리포니아 주에 대해서는 잘 알고 있다. 그러나 주 바깥으로의 트래픽은 모두 로스앤젤레스 라우터로 보낸다. 로스앤젤레스 라우터는 다른 국내의 라우터에 대한 트래픽은 처리할 수 있으나 외국의 것은 뉴욕 라우터로 보낸다. 뉴욕의 라우터는 외국 트래픽을 처리하기 위하여 목적지 나라와 직접 신뢰적으로 연결하게 프로그램 되어 있고, 따라서 케냐의 나이로비로 전달된다. 최종적으로, 패킷은 케냐 내의 트리를 따라 내려가 말린디에 도착하게 된다.

그림 5-14는 다섯 개의 지역으로 구성된 2단계 계층의 라우팅을 나타내고 있다. 그림 5-14(b)에 나온 바와 같이, 라우터 *1A*의 전체 라우팅 테이블은 17개의 항목으로 구성되어 있다. 그림 5-14(c)와 같이 계층적 라우팅이 되면, 거기에는 지역 라우터에 대한 정보는 이전과 마찬가지로 나와 있지만, 그 외 다른 지역은 단일 라우터로 요약된다. 그래서 지역 2로 가야 할 모든 트래픽은 *1B -2A* 회선을 따라 이동하게 되고, 그 밖의 트래픽은 *1C -3B*를 따라 이동하게 된다. 계층적 라우팅은 17개 항목을 일곱 개 항목으로 줄여준다. 지역의 숫자 대 지역 내 라우터의 숫자가 커질수록 테이블 공간은 절약된다.

불행히도 이렇게 얻어지는 공간은 거저 얻어지는 것이 아니다. 이러한 공간을 얻는 대신에 경로길이의 증가라는 문제가 생긴다. 예를 들어 *1A*에서 *5C*까지의 최상의 경로가 실제로는 지역 2를 통과하는 것이지만, 계층적 라우팅을 사용할 경우 지역 5에 대한 모든 트래픽은 지역 3을 거쳐 간다. 왜냐하면 지역 5 내의 대부분의 목적지에 대해서는 그 쪽이 더 낫기 때문이다.

단일 네트워크가 매우 커질 경우 얼마나 많은 단계를 가질 것인가 하는 흥미로운 질문이 생겨난다. 예를 들어 720개의 라우터를 가지는 서브넷을 생각해 보자. 만일 계층구조가 아니라면, 모든 라우터는

720개의 항목을 가진 라우팅 테이블을 가지고 있어야 한다. 만일 서브넷이 30개의 라우터를 갖는 24지역으로 나뉘어져 있다면, 각 라우터는 지역 항목 30개에 원격 항목 23개, 도합 53개의 항목만을 가지면 된다. 만일 3단계로 계층을 이루어 10개의 라우터로 이루어진 지역을 9개씩 포함하는 8개의 클러스터가 있을 경우, 각 라우터는 지역 라우터를 위하여 10개의 항목을, 자신의 클러스터 내의 다른 지역 라우터를 위하여 8개의 항목을, 다른 클러스터 내의 라우터를 위하여 7개의 항목을, 이렇게 도합 25개의 항목을 가져야 한다. 카모운(Kamoun)과 클라인록(Kleinrock, 1979)은 N개의 라우터로 이루어진 서브넷에 대하여 최적의 단계 수는 $\ln N$이며, 각 라우터에 필요한 항목의 수는 $e \ln N$ 이라는 것을 알아냈다. 그들은 또한 계층적 라우팅을 사용함으로 인하여 일어나는 유효 평균 경로 길이의 증가가 통상적으로 허용할 수 있을 만큼 충분히 작다는 것도 보였다.

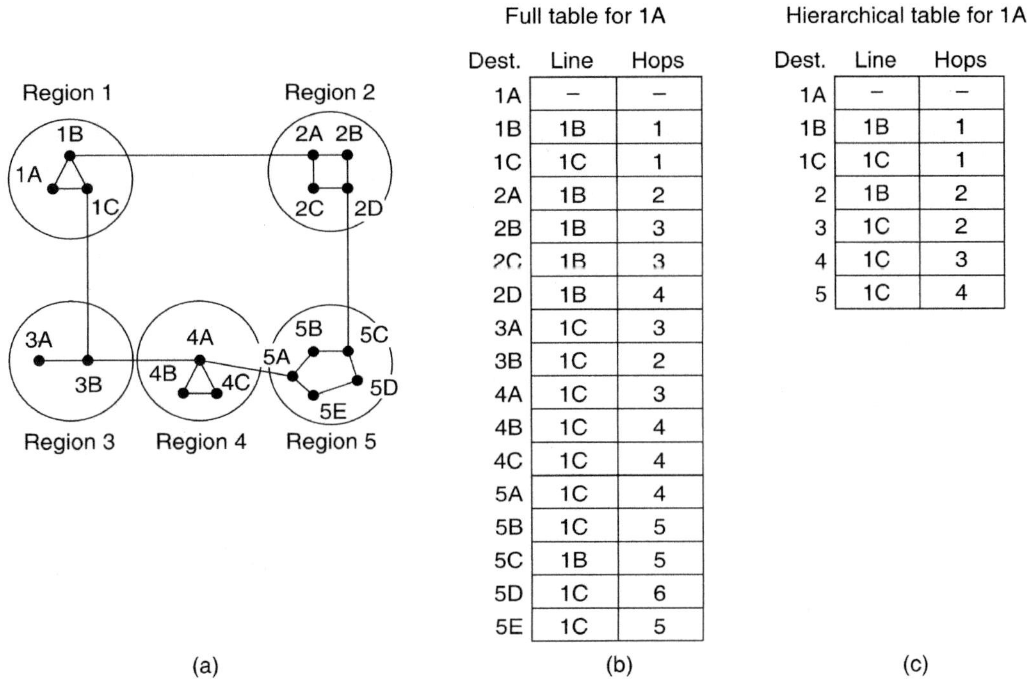

Full table for 1A

Dest.	Line	Hops
1A	–	–
1B	1B	1
1C	1C	1
2A	1B	2
2B	1B	3
2C	1B	3
2D	1B	4
3A	1C	3
3B	1C	2
4A	1C	3
4B	1C	4
4C	1C	4
5A	1C	4
5B	1C	5
5C	1B	5
5D	1C	6
5E	1C	5

(b)

Hierarchical table for 1A

Dest.	Line	Hops
1A	–	–
1B	1B	1
1C	1C	1
2	1B	2
3	1C	2
4	1C	3
5	1C	4

(c)

그림 5-14 계층적 라우팅

5.2.7 브로드캐스트 라우팅

어떤 어플리케이션에서는, 호스트는 많은 다른 호스트들에게 또는 모든 다른 호스트들에게 메시지를 보낼 필요가 있다. 예를 들어 기상청 보도, 주식 시세, 또는 생방송 라디오 프로그램 등은 모든 컴퓨터들에게 브로드캐스팅을 함으로써 최상으로 동작할 수 있고 관심이 있는 사람들이 그 정보를 읽을 수 있도록 임대하고 있다. 모든 목적지에 동시에 패킷을 보내는 것을 **브로드캐스팅(broadcasting)**이라 부르는데 그것을 위해 다양한 방법이 제안되었다.

네트워크로부터 특별한 것을 요구하지 않는 브로드캐스팅 방법 중 하나는 단순히 근원지에서 각 목적지로 가는 별개의 패킷을 보내는 것이다. 그것은 대역폭을 낭비하는 방식일 뿐만 아니라, 근원지가 모든 목적지들을 알고 있어야 한다. 현실적으로 가장 가능한 방법일 수 있지만, 적어도 그것은 바람직한 방법은 아니다.

개선 된 **다중 목적지 라우팅(multidestination routing)** 방법이 사용되어진다면, 각 패킷은 목적지의 리스트나 필요한 목적지를 지시하는 비트맵을 포함한다. 하나의 패킷이 라우터에 도착했을 때, 라우터는 필요한 출력 회선들을 결정하기 위해 모든 목적지를 검사한다(출력 회선은 만약 그것이 하나 이상의 목적지로 가는 최상의 경로라면 필요하다). 라우터는 사용될 각 출력 회선에 대한 새로운 복사본을 생성하고 각 패킷 안에 그 회선을 사용할 이들 목적지만을 포함시킨다. 목적지 집합들은 출력 회선들로 분리된다. 충분한 횟수의 홉이 지난 후에 각 패킷은 단 하나의 목적지만 가질 것이고, 정상적인 패킷으로 처리될 수 있다. 다중 목적지 라우팅은 몇몇 패킷이 동일한 라우터로 따라 들어올 때, 그들 중 하나가 모든 요금을 지불하고 나머지는 무임승차하는 경우를 제외하고는 패킷들을 분리하여 주소 지정하는 것이 좋다. 네트워크 대역폭이 보다 효율적으로 사용될 것이다. 그러나 이 같은 방법은 모든 목적지 정보를 알고 있어야 하고 게다가 이것은 다중 별개의 패킷을 위한 것처럼 하나의 다중목적 패킷이 보내질 때 라우터가 결정하기 위해 보다 많은 작업이 필요하다.

우리는 이미 더 나은 플러딩 같은 브로드캐스트 라우팅 기법에 대해 살펴보았다. 각 소스마다 시퀀스 넘버를 매겨 구현될 때, 플러딩은 단순히 관계된 라우터로 결정 규칙에 따라 효과적으로 링크되는데 사용될 것이다. 비록 플러딩이 일반적인 점대점 통신에 부적절할지라도, 브로드캐스팅에 대하여 그것은 심각하게 고려될 수 있다. 그러나 정상적으로 계산된 패킷을 위한 최단거리 경로를 결정할 때까지 최선을 다해야 한다.

(Dalal and Metcalfe, 1978)이 지적한 대로 **역경로 전송(reverse path forwarding)**이라고 불리는 이 아이디어는 대단히 간단하다. 브로드캐스트 패킷이 라우터에 도달할 때, 라우터는 일반적으로 브로드캐스트 근원지로 패킷을 보낼 목적으로 사용되는 회선에 패킷이 도착했는지를 살펴보기 위해 검사한다. 만약 그렇다면, 브로드캐스트 패킷 그 자신이 라우터로부터 출발하여 가장 좋은 경로를 따라온다는 가능성이 높다고 여기고, 라우터에 도달시키기 위해 첫 번째 것을 복사한다. 이러한 경우에 라우터는 그것으로 들어오는 하나의 회선을 제외한 다른 모든 회선으로 그것의 복사본을 전송한다. 그러나 만약 브로드캐스트 패킷이 근원지로 가는 회선이 아닌 다른 회선으로부터 도착하였다면, 그 패킷은 마치 중복된 것처럼 제거된다.

역경로 전송이라 부르는 알고리즘의 예는 그림 5-15에 나타나 있다. (a)는 네트워크이고, (b)는 네트워크의 라우터에 I에 대한 싱크 트리를 보여주고 있으며, (c)는 역경로 알고리즘이 어떻게 수행되는지 보여주고 있다. 첫 번째 홉에서, I는 트리의 두 번째 열에 나타나 있는 것처럼, F, H, J, N 으로 패킷을 보낸다. 이들 각각의 패킷은 I로 가는 추천경로에서 도착했으므로(선택된 경로는 싱크 트리를 따라

내려간다고 가정하자) 글자에 동그랗게 표시한다. 두 번째 홉에 도착하면, 첫 번째 홉에서 패킷이 도착한 라우터당 2개씩, 8개의 패킷이 생성된다. 이 8개의 패킷 모두가 이전에는 방문되지 않았던 라우터에 도달하고, 이들 중 다섯 개는 추천된 경로에 도달한다. 세 번째 홉에서 생성된 6개의 패킷 중 단지 3개만이 추천된 경로(C, E, K)로 도달하는 데 반해 다른 것들은 중복된다. 다섯 홉과 24개의 패킷이 있는 후에, 브로드캐스팅이 종료되고, 4개의 홉과 14개의 패킷들이 정확한 싱크 트리를 따라 왔는지 비교된다.

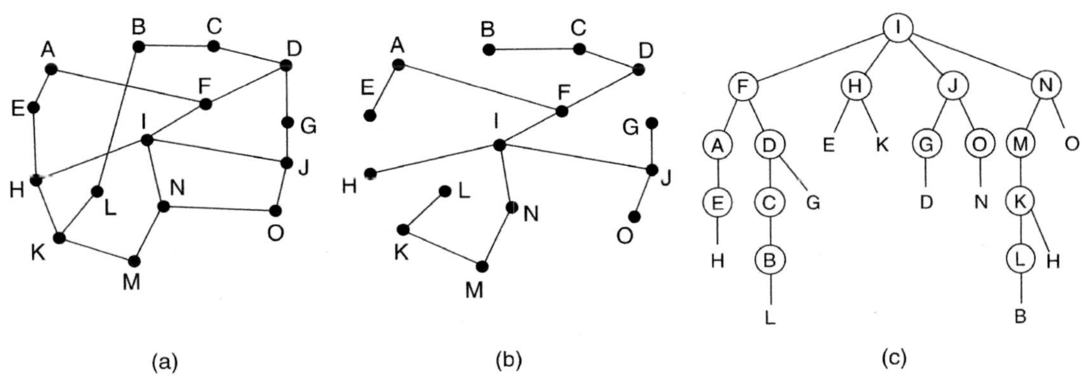

그림 5-15 역경로 선송 (a) 서브넷 (b) 신징 트리 (c) 역경로 전송으로 구성된 트리

역경로 전송의 주된 장점은 적절한 효율과 쉬운 구현이다. 라우터들은 신장 트리를 알 필요가 없고, 다중 주소 지정처럼 브로드캐스트 패킷 각각에 목적지 리스트나 비트맵을 가지는 오버헤드도 없다. 플러딩이 했던 것처럼 진행을 중단하기 위한 특정한 메커니즘(각 패킷에 있는 홉 카운터와 서브넷 크기에 대한 사전 지식, 또는 이미 알려진 근원지마다의 패킷 리스트)을 요구하지도 않는다.

우리의 마지막 브로드캐스트 알고리즘은 역경로 전달 동작을 개선시킨 것이다. 브로드캐스트를 초기화하는 라우터에 대한 싱크 트리나 그 문제에 대해서 편리한 신장 트리를 사용하는 것이다. **신장 트리(spanning tree)**는 루프가 없는 모든 라우터를 포함하는 서브넷의 부분 집합이다. 만약 각 라우터가 그것의 어느 회선이 신장 트리에 속하는지 아닌지를 안다면, 패킷이 도착하는 회선 하나만을 제외한 다른 모든 신장 트리 회선에 들어오는 브로드캐스트 패킷을 복사해 줄 수 있다. 이 방법은 대역폭을 훌륭히 사용할 수 있게 해주며, 그 작업을 하기 위해 절대적으로 최소 숫자의 패킷을 생성할 수 있도록 해준다. 단지 문제는 각 라우터가 그들에게 적합한 신장 트리에 대한 정보를 필요로 한다는 것이다. 때때로 이러한 정보는 가용하지만(링크 상태 라우팅), 때때로 그렇지 않은 경우도 있다(거리 벡터 라우팅).

5.2.8 멀티캐스트 라우팅

다중사용자 게임이나 많은 시청 지역에 스트리밍되는 스포츠 생중계 같은 일부 어플리케이션은 다중수신자에게 패킷을 보낸다. 그룹 규모가 매우 작다 하더라도, 각각의 수신측에 정확한 패킷을 보내는 데는 매우 비싼 비용이 소요된다. 한편 브로드캐스팅 패킷은 수백만 개의 노드가 있는 네트워크에서 1,000개의 컴퓨터에게 알리기 위해 브로드캐스팅을 하는 것은 대부분의 수신자들이 그러한 메시지에 관심을 가지지 않기 때문에 비능률적이다. 그러므로 크기에서 수적으로는 많지만은 전체 네트워크에 비해서는 적은 잘 정의된 그룹으로 메시지를 보낼 수 있는 방법이 필요하다.

그런 그룹으로 메시지를 보내는 것은 **멀티캐스팅(multicasting)**이라 하고, 그것의 라우팅 알고리즘을 **멀티캐스트 라우팅(multicast routing)**이라 부른다. 모든 멀티캐스팅 기법은 그룹 멤버로 라우터가 인지할 수 있게 그룹을 만들로 해체하는 방법이 필요하다. 이 작업들이 얼마나 완성도가 있는지는 라우팅 알고리즘은 신경 쓰지 않는다. 이제부터는 멀티캐스트 어드레스와 라우터가 그들이 속해 있는 그룹을 얼마나 잘 인지할 수 있는가에 의해 각각의 그룹이 인지될 수 있는지 추정해 본다. Sec. 5.6에서 살펴본 인터넷 네트워크 레이어를 그룹 멤버십에 대해 재논의한다.

멀티캐스트 라우팅 기법은 우리가 이미 공부한 대역폭을 효율적으로 만드는 동안 그룹 멤버에게 패킷을 전달하는 신장트리를 통해 패킷을 전달하는 브로드캐스팅 라우팅기법을 기반으로 만들어졌다. 그러나 가장 최선의 신장트리는 네트워크에 수신자가 얼마나 흩어져 있는지, 그룹에 속하지 않는 네트워크가 얼마나 있는지의 그룹 밀집도에 의해 결정된다. 이번 절에서는 두 가지 경우에 대해 살펴본다.

만약 그룹이 밀집되어 있다면 브로드캐스트는 네트워크의 모든 부분에 패킷을 효율적으로 얻을 수 있기 때문에 시작하기 쉬울 것이다. 그러나 브로드캐스트는 그룹에 속하지 않는 라우터에 도달하게 되면 낭비될 것이다. Deering and Cheriton(1990)이 제시한 해결책은 멤버에 의해 연결되지 않은 링크를 제거함으로써 신장트리를 잘라내는 것이다.

한 예로, 그림 5-16(a)에서 우리는 1과 2의 2개의 그룹이 있는 네트워크가 있다. 어떤 라우터들은 그림에 나타나 있는 것처럼 이들 그룹의 하나 또는 양쪽에 속해 있는 호스트에 접속되어 있다. 가장 왼쪽의 라우터에 대한 신장 트리는 그림 5-16(b)에 나타나 있다. 이 트리는 브로트캐스트에 사용할 수 있지만 다음에 보이는 정리된 두 버전에서 보이는 것처럼 멀티캐스트에 사용하기는 효과가 떨어진다. 그림 5-16(c)에 보이는 것처럼, 모든 링크는 그룹으로부터 제거된 호스트 멤버에 연결되지 못한다. 결과적으로 멀티캐스트 신장트리는 제일 왼쪽의 그룹 1로 보내진다. 멀티캐스트 패킷은 10개 대신 7개의 링크가 있기 때문에 적절한 신장 트리를 따라 전송된다. 그림 5-16(d)는 그룹 2의 정리된 멀티캐스트 신장트리를 나타낸다. 이는 5개의 링크만 존재하기 때문에 너무 효율적이다. 이것 또한 역시 다른 신장트리를 갖는 다른 멀티캐스트 그룹을 보여준다.

신장 트리를 정리하는 다양한 방식이 가능하다. 가장 간단한 것은 링크 상태 라우팅이 사용되고, 각 라우터는 호스트가 속해 있는 그룹의 완전한 서브넷의 토폴로지를 알고 있을 때 사용하는 것이다.

각 경로의 끝에서 시작해서 루트로 올라가며 그룹에 속해 있지 않은 모든 라우터들을 제거하여 신장트리를 정리할 수 있다.

신장트리를 제거하는 방법은 여러 가지가 있을 수 있다. 가장 단순한 방법은 만약 각 라우터에서 사용되는 링크 상태 라우팅이 어떤 그룹에 어떤 호스트가 포함된 토폴로지를 완성했다고 인식하는 것이다. 각각의 라우터는 싱크노트에 그룹멤버로 연결되지 않은 모든 링크를 제거하는 것처럼 송신자를 위한 싱크를 만들어 문제의 그룹에 각각의 송신자를 위한 자신들의 제거된 신장트리를 구축할 수 있다. **MOSPF(Multicast OSPF)**는 이런 방식으로 동작하는 링크상태 프로토콜을 예로 들 수 있다(Moy, 1994).

거리벡터 라우팅에서 다른 제거 규칙은 다음과 같다. 기본적인 알고리즘은 역경로 전달방식이다. 그러나 특정그룹에 관심이 없는 호스트를 가진 라우터나 그룹송신자로부터 제거 메시지에 응답하는 그룹을 위한 멀티캐스트 메시지를 수신한 다른 라우터에 연결되지 않거나 하는 라우터는 많은 멀티캐스트를 보내지 않는 안전한 라우터에 알려준다. 그 자신의 호스트에 속하지 않는 그룹 멤버가 있는 라우터는 또한 역시 멀티캐스트를 모든 라인에 제거 메시지를 송신한다. 이런 방식에서 신장트리는 재귀적인 방법으로 정리된다. **DVMRP(Distancd Vector Multicast Routing Protocol)**은 이런 방식의 멀티캐스트 라우팅 프로토콜의 예이다(Waitzman et. al., 1988).

효율적 신장트리 제거 결과 그룹에 도달한 멤버에 필요한 링크만이 사용된다. 전형적인 단점은 특히 거대 네트워크의 라우터에 많은 부하를 준다는 것이다.

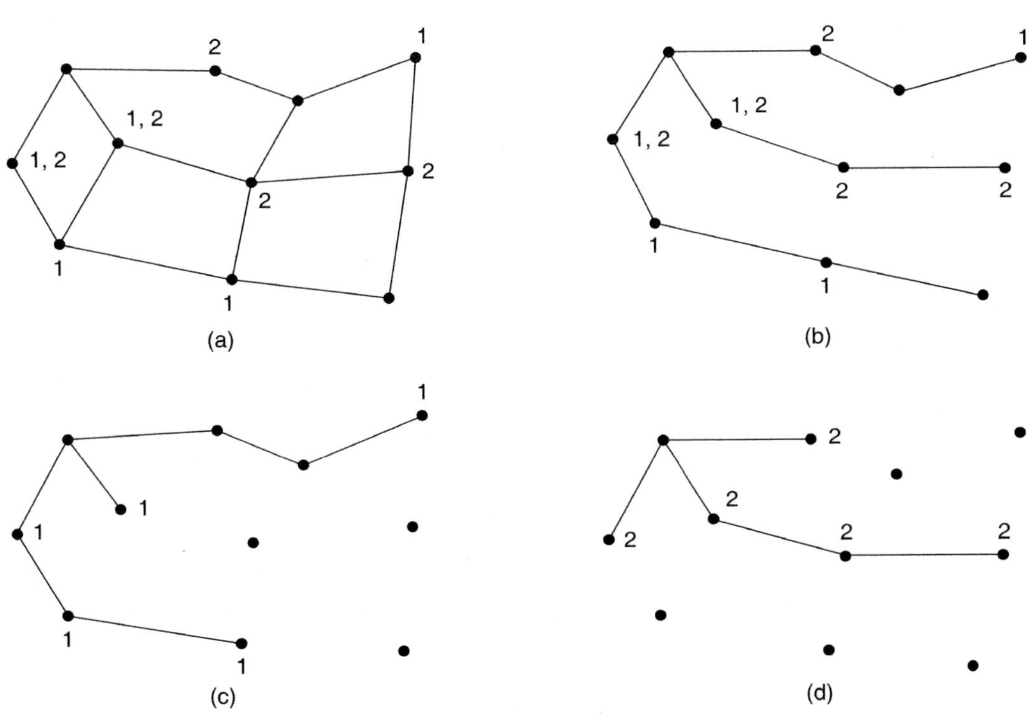

그림 5-16 (a) 서브넷 (b) 가장 왼쪽 라우터의 신장 트리 (c) 그룹 1의 멀티캐스트 트리 (d) 그룹 2의 멀티캐스트 트리

각각 평균 m개의 구성원이 있고, n개의 그룹을 가지고 있는 네트워크를 가정하자. 각 그룹에서, m개의 정리된 신장 트리가 저장되어야 하고, 전체적으로는 mn개의 트리들을 저장하여야 한다. 예를 들어 그림 5-16(c)는 그룹 1에 송신하는 가장 왼쪽의 라우터를 위한 신장트리이다. 그룹 1에 송신하는 가장 오른쪽 라우터를 위한 이 신장트리는 그래프의 왼쪽을 경유하는 것보다 그룹 멤버에 대해 직접적으로 패킷을 전달하는 것처럼 상당히 달라 보인다. 이것은 결국 라우터가 그룹에 송신하는 노드에 따라 다른 방향에서 그룹 1에 패킷을 전달할 수 있다는 것을 의미한다. 많은 송신자가 존재하는 거대한 그룹에선 모든 트리를 저장하기 위해 저장장소가 필요하단 점을 고려해야 한다.

대안적인 설계로 **코어 기반 트리(core-base trees**, Ballardie et. al., 1993)를 사용한다. 모든 라우터는 코어 혹은 대기 포인트라고 불리는 루트에 인가되고 각각의 멤버에서 루트로 패킷을 송신함으로써 트리가 만들어진다. 이 트리는 이런 패킷들에 의해 경로가 추적되어 합쳐진다. 그림 5-17(a)는 그룹 1의 코어 기반 트리를 보여준다. 패킷이 코어에 도착했을 때, 송신자는 코어에 패킷을 송신한다. 이것은 그림 5-17(b)은 네트워크의 제일 오른쪽 트리상의 송신자를 나타낸다. 최적의 성능처럼 패킷은 멀티캐스트되기 전에 코어에 도착할 필요가 없는 그룹을 위한 용도로 사용된다. 패킷이 트리에 도착하자마자, 루트를 향해 전달되고 마찬가지로 모든 다른 가지로 전달된다. 이것은 5-17(b) 그림 위에 있는 송신자의 경우이다.

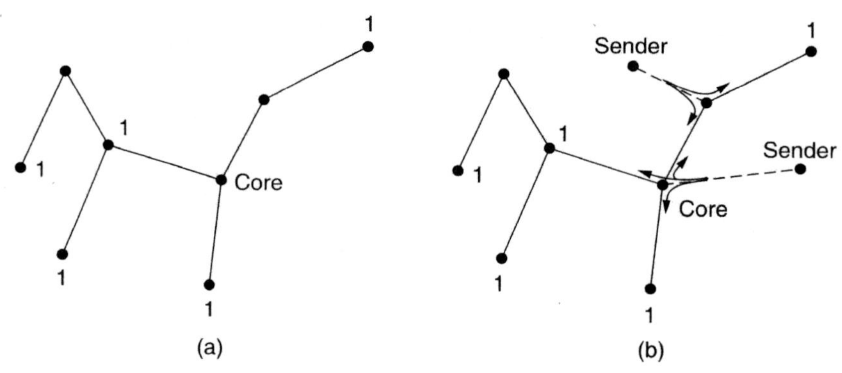

그림 5-17 (a)그룹을 위한 코어-기반 트리 (b)그룹 1로의 전송

공유 트리를 가지고 하면 모든 소스에 대해서 최적화되지 않는다. 그림 5-17(b)처럼, 바로 전달되지 않고 세 홉의 코어를 경유한 오른쪽 송신자로부터의 패킷은 상단 오른쪽 그룹 멤버에게 전달된다. 비효율성은 코어와 송신자의 위치에 따라 달려 있지만, 가끔은 코어가 송신자의 중앙에 있을 때도 영향을 미친다. 그룹에 비디오 스트림을 전송하는 것처럼 단일 송신자만 있을 때는 송신자는 코어를 최적의 상태에서 이용한다.

또한 공유트리는 주요 저장장치와 메시지 송신과 계산의 비용을 절약할 수 있다. 각각의 라우터는 m트리 대신 단지 그룹당 하나의 트리만을 가지고 있다. 더 나아가 라우터는 그룹을 지원하는 모든 작업을 트리의 일부분이 되지 않을 것이다. 이러한 이유로, 코어기반트리와 같은 공유트리 접근방식은

PIM(Protocol Independent Multicast)와 같은 대중적인 프로토콜처럼 인터넷의 스파스 그룹 멀티캐스팅에 사용된다(Renner et. al., 2006).

5.2.9 애니캐스트 라우팅

지금까지 우리는 하나의 소스가 하나의 목적지로 송신하는 유니캐스트와 모든 목적지에 송신하는 브로드캐스트, 그리고 목적지 그룹에 송신하는 멀티캐스트 전송 모델에 대해 살펴보았다. **애니캐스트(anycast)**라고 불리는 다른 전송 모델은 역시 가끔 유용할 때가 있다. 애니캐스트에서 패킷은 그룹의 근처 멤버에게 전달된다(Partrtdge et. al., 1993). 이런 경로를 찾는 방법을 **애니캐스트 라우팅(anycast routing)**이라고 한다.

왜 애니캐스트가 필요한가? 가끔 노드는 하루 종일 또는 연결되지 않은 노드 혹은 연결된 노드, 모든 올바른 정보를 갖기 위한 콘텐츠가 분산된 서비스를 제공한다. 예를 들면, 애니캐스트는 7장에서 살펴볼 예정인 DNS와 같은 인터넷의 일부분을 이용한다.

운 좋게도 정기 거리 벡터나 링크 상태 라우팅에서 애니캐스트 라우터가 만들어졌기 때문에 애니캐스트를 위해 새로운 라우팅 기법을 만들어낼 필요는 없다. 그룹 1의 멤버에게 애니캐스트를 하고자 가정해보자. 멤버들에게 각자 다른 주소 대신 1이라는 어드레스가 주어질 것이다. 거리 벡터 라우팅은 보통 벡터로 분산될 것이며, 노드는 목적지까지 최단거리를 찾을 것이다. 이것은 가장 인접한 목적지 1에 보내지는 노드가 될 것이다. 이 라우터는 그림 5-18(a)와 같다. 이 절차는 목적지 1의 다중 인스턴스가 존재함으로 구현되지 않는 라우팅 프로토콜이기 때문에 연구 중이다. 이것은 그림 5-18(b)의 토폴로지처럼 모든 노드1의 인스턴스가 같은 노드라고 받아들이기 때문이다.

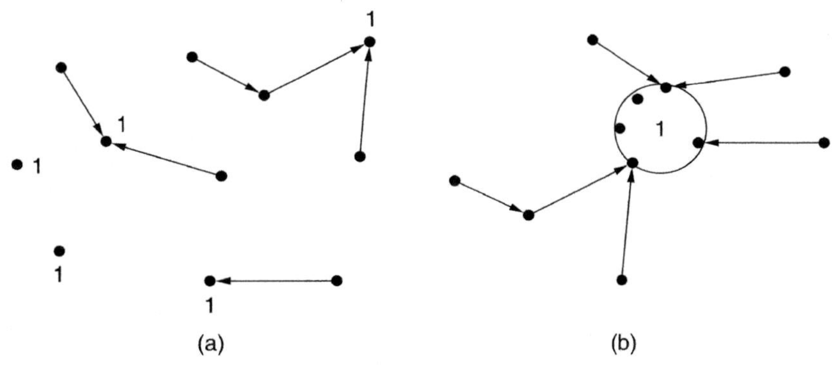

그림 5-18 (a)그룹 1로의 애니캐스트 라우터 (b)라우팅 프로토콜에 의해 나타난 토폴로지

이 절차는 외견상 노드 1을 지나는 단거리 경로를 찾는 것처럼 보이는 라우팅 프로토콜을 부가적으로 고려해야 할 것들이 있다. 이것은 노드1의 인스턴스가 네트워크의 다른 부분에 실제 위치한 노드가

있다면 초공간을 통해 점프하는 결과를 낼 것이다.

하지만, 링크 상태 프로토콜은 이미 라우터와 호스트 뚜렷한 차이가 구별된다. 우리가 전에 이 사실을 알기 때문에 그것이 우리의 논의에 필요치 않다.

5.2.10 이동 호스트를 위한 라우팅

수많은 사람들이 걸어 다니면서, 움직이는 자동차 안에서 무선기기를 이용한 모바일 환경의 랩톱을 이용해 컴퓨터를 사용한다. 전혀 움직이지 않는 고정된 호스트처럼 모바일 호스트란 용어를 같은 카테고리로 간주한다. 점차 사람들은 어디서든지 네트워크 연결을 하고 싶어 한다. 이런 모바일 호스트는 모바일 호스트에 패킷을 라우팅하고, 네트워크에 처음 접속할 때와 같은 새로운 문제를 생산해 낸다.

우리가 고려하고자 하는 세계적인 모델은 모든 호스트가 절대 바뀌지 않는 영구적인 홈 위치를 가정하는 것이다. 각 호스트는 전화번호 1-212-5551212가 미국 맨해튼을 가리키는 아날로그적 방식처럼 그 홈 위치를 결정하는 데 사용할 수 있는 고유 홈 주소를 갖는 것이다. 모바일호스트 시스템의 라우팅 목적은 그들의 고정된 홈 어드레스를 이용하여 이동기기에 패킷을 보낼 수 있게 만드는 것이며, 패킷을 가능한 어디에서든지 효율적으로 도착하게 만드는 것이다. 물론 속임수가 있지만 말이다.

이 모델의 일부 논의가 진행되고 있다. 다른 모델은 모바일 호스트가 움직이거나 토폴로지가 변경되었을 때 경로를 재계산하는 것이다. 이전 절에서 기술한 것처럼 라우팅 기법을 단순히 사용한다. 그러나 모바일 호스트 수의 증가로 인해 이 모델은 전체 네트워크에 연결하는 것은 새로운 경로를 계산하는 것은 무모한 일이다. 홈 주소를 사용하는 것은 이러한 부담을 줄일 수 있다.

다른 대안은 네트워크 레이어에 이동성을 제공하는 것인데, 오늘날 랩톱 컴퓨터에서 전형적으로 일어나는 일이다. 새로운 인터넷 장소로 옮기게 될 때, 랩톱은 새로운 네트워크 주소를 요구한다. 네트워크는 같은 랩톱인지 아닌지를 알 수 없기 때문에 이전 주소와 새로운 주소사이에는 어떤 상호 협조가 존재하지 않는다. 이 모델에서는 랩톱은 웹을 브라우징하는 데 사용됐지만 다른 호스트는 예를 들면 수신 콜 같은 패킷을 보낼 수 없으며 이동 후 Skype에 대응하기 위한 같은 더 높은 레이어 계층 서비스 없이는 불가능하다. 게다가 호스트가 움직이는 동안 새로운 연결은 시작을 반드시 해야 하기 때문에 연결을 유지할 수 없다. 네트워크 레이어 이동성은 이런 문제를 해결하는 데 유용하다.

인터넷과 셀룰러 네트워크에서 모바일 라우팅을 위한 기본적인 아이디어는 모바일 호스트가 집 위치에 호스트에게 어디 있는지를 알려주는 것이다. 모바일 호스트를 지원하는 이 호스트를 홈 에이전트라고 한다. 모바일 호스트가 현재 어디에 있는지만 안다면, 패킷을 전달할 수 있다.

그림 5-19는 모바일 라우팅의 동작을 보여준다. 시애틀의 북서쪽에 있는 송신자가 뉴욕에 있는 모바일 호스트에 패킷을 전송하고 자 한다. 흥미로운 점은 모바일 호스트가 집에 없을 때다. 대신 임시로 샌디애고에 있다.

샌디애고에 있는 모바일은 그 네트워크를 사용하기 전에 로컬 네트워크 주소를 획득한다. 이것은 네트워크 주소를 포함하고 있는 호스트에서 보편적인 방식이다. 이 장 이후에 인터넷을 위한 이 동작이 어떻게 작동하는지 알아볼 것이다. 이 로컬 주소를 보조주소라고 부른다. 모바일 호스트가 이 주소를 얻게 되면, 지금 어디에 있는지를 홈 에이전트에게 알려준다. 보조주소를 통한 홈 에이전트에게 등록 메시지를 보내는 것이 1단계이다. 이 메시지는 데이터 메시지가 아닌 제어 메시지를 가리키는 그림 5-19에 점선으로 표시되어 있다.

다음 송신자는 그 고정 주소를 이용해 모바일 호스트에 데이터 패킷을 보내는 것이 2단계이다. 이 패킷은 홈 주소에 속해 있기 때문에 홈 위치 호스트 네트워크에 의해 라우팅 된다. 뉴욕에서 홈 에이전트는 집으로부터 모바일 호스트가 떨어져 있기 때문에 이 패킷은 가로챈다. 그런 다음 이 패킷을 새로운 헤더를 붙여 보조주소로 붙여 전송하는 게 3단계이다. 이 메커니즘을 터널링이라고 한다. 이것은 인터넷에서 아주 중요한 것이므로 나중에 좀 더 자세히 살펴볼 것이다.

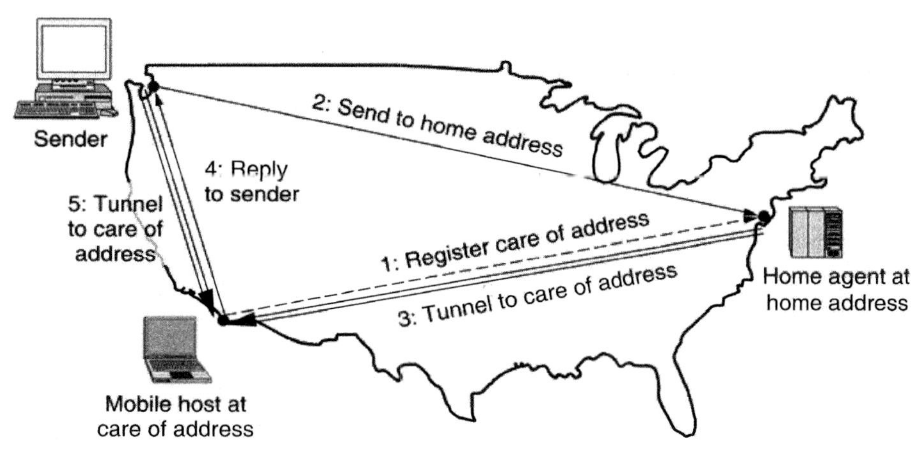

그림 5-19 이동 호스트를 위한 패킷 라우팅

캡슐화된 패킷이 보조주소에 도착할 때 모바일 호스트는 송신자로부터 온 패킷을 복원한다. 모바일 호스트는 송신자에게 직접 응답 패킷을 송신하는 게 4단계이다. 이 전 라우팅은 홈위치로부터 원격지가 멀리 떨어져 있어서 순환을 하기 때문에 트라이앵글 라우팅이라고 부른다. 4단계처럼 송신자가 현재 보조주소를 얻을 수 있다. 서브 시퀀스 패킷은 보조주소로 터널링 됨으로써 모바일 호스트로 직접 라우팅하는 게 5단계이며 홈 위치 전체를 바이패싱한다. 만약 모바일이 이동한다든가 하는 어떤 이유로 연결성을 잃는다하더라도, 홈 어드레스는 모바일에 도달할 수 있다.

중요한 측면은 이런 기술로부터 보안이 누락된 것이다. 일반적으로 호스트 또는 라우터가 "지금 바로 스테파니의 모든 편지를 나에게 보내 주세요."라는 형태의 메시지를 받았을 때, 그것은 말하고 있는 것이 누구인가와 이것이 좋은 생각인지에 대한 의문을 함께 가져야 할지도 모른다. 보안 정보는 메시지 인에 포함되는데 그 다당성에 대해서는 8장에서 배우게 될 암호 프로토콜과 함께 살펴본다.

모바일 라우팅은 많은 변수가 존재한다. IPv6 이동성에 제시된 기법은 이동성의 형태는 인터넷에 사용되고 UMTS와 같은 것은 IP기반의 셀룰러 네트워크에 사용된다. 송신자가 고정노드는 단순하지만, 둘 다 모바일 호스트가 될 수 있도록 디자인되었다. 대안으로 호스트는 비행기 안의 컴퓨터처럼 모바일 네트워크의 일부분이 될 수 있다. 기본 기법을 확장하면, 호스트의 일부분의 작업 없이 모바일 네트워크를 지원할 수 있다(Devarapalli et. al., 2005).

일부 기법은 외국 에이전트를 만드는 데 사용할 수 있으며, 셀룰러 네트워크상의 VLR(Visitor Location Register)로 아날로그화 할 수 있다. 그러나 최근에 기법들에서는 외국 에이전트는 필요하지 않다. 모바일 호스트는 자시의 외국 에이전트처럼 동작하기 때문이다. 비슷한 경우로, 모바일 호스트의 임시 장소 인식은 작은 수의 호스트로 제한되어 있기 때문에 많은 라우터들은 거대한 네트워크에서 라우팅을 재계산할 필요가 없다. 모바일 라우팅의 좀 더 자세한 정보는 Perkins(1998, 2002)와 Snoeren and Balakrishnan(2000)을 참조하기 바란다.

5.2.11 애드 혹 네트워크 라우팅

호스트가 이동하지만 라우터가 고정되어 있는 경우 라우팅을 하는 방법에 대해 알아보도록 한다. 극단적인 경우는 라우터 자신도 이동할 때이다. 가능성은 지진 지역에서 응급 요원, 전쟁터에서 군용차량, 바다에 있는 함대, 802.11이 부족한 지역에서 노트북 컴퓨터를 가지고 있는 사람들의 모임들이다.

이 모든 경우에서, 각 노드는 무선으로 통신하고 호스트와 라우터로 동작한다. 서로 근접해 있는 노드들에 대한 네트워크를 애드 혹 네트워크(ad hoc networks) 또는 MANETs (Mobile Ad Hoc NETworks)라 한다. 간단하게 이에 대해 검토해 보기로 하자. 더 많은 정보는 (Perkins, 2001)에서 찾아볼 수 있다.

유선 네트워크와 달리 애드 혹 네트워크를 다르게 만드는 것은 창문에서 갑자기 떨어진 토폴로지이다. 노드들은 들어오고 나가거나 또는 비트가 손실되는 새로운 장소에서 나타난다.

고정된 토폴로지, 고정되고 알려진 이웃들, IP 주소와 위치 간의 고정된 관계에 관한 모든 통상의 규칙들이 갑자기 적용되지 않는다는 것이다. 라우터는 새로운 곳에서 들어오고 나가거나 나타낼 수 있다. 유선 네트워크에서 라우터가 목적지까지 유효한 경로를 가진다면,

유선 네트워크에서, 라우터가 목적지까지 유효한 경로를 가진다면, 이 경로는 아주 드문 실패를 제외하고 계속해서 유효하게 유지된다. 애드 혹 네트워크에서, 토폴로지는 모든 시간에 따라 변할 수 있다. 그래서 경로의 바람직하고 유효성은 경고 없이 임의로 변할 수 있다. 말할 필요도 없이, 이 환경이 고정된 유선 네트워크에서의 라우팅보다 애드 혹 네트워크에서의 라우팅을 도전적으로 만든다.

애드 혹 네트워크에 대한 많은 라우팅 알고리즘들이 제안되고 있다. 그러나 실제로 애드 혹 네트워크가 이동 네트워크에 비교해서 적게 사용되기 때문에 이러한 프로토콜은 가장 유용한 것이라고 하기에

는 불확실하다. 예로서 가장 인기 있는 AODV(Ad Hoc On-demand Distance Vector) 라우팅 알고리즘을 살펴볼 것이다(Perkins & Royer, 1999). 그것은 이동환경에서 동작하도록 적용된 거리 벡터 알고리즘과 관련이 있으며, 노드들은 자주 제한된 대역폭과 배터리 수명주기를 가지고 있다. 라우터를 어떻게 발견하고 유지하는지를 알아보자.

경로 발견

AODV에서는 목적지로의 라우팅은 오직 누군가가 목적지로 패킷을 보낼 때만 만들어진다. 라우팅이 이용되기 전에 토폴로지가 변경되면 저장된 경로는 쓸모없어진다. 어느 시점에서도, 애드 혹 네트워크는 연결된 노드들의 그래프로 기술될 수 있다. 두 노드는 직접 무선을 이용하여 통신할 수 있다면 연결되어 있다(그래프에서 이들 사이에 호를 가진다). 우리의 목적에 충분한 기본적이지만 적절한 모델은 각각의 노드가 원형 범위 이내에 놓여있는 모는 다른 노드들과 통신할 수 있다. 실제 네트워크는 보다 복잡하고, 빌딩, 언덕 또는 장애물이 이들의 통신을 방해할 수도 있으며, A가 B보다 더 많은 파워를 가지고 있기 때문에 A는 B로 연결되나 B는 A로 연결되지 않을 가능성도 있다.

알고리즘을 기술하기 위해, 그림 5-20에 있는 새로운 애드 혹 네트워크를 고려하도록 한다. 노드 A의 프로세스는 노드 I로 패킷을 전송하길 원한다. AODV 알고리즘은 각 노드에 목적지로 색인되는 테이블을 유지한다. 이 테이블에는 목적지로 보내기 위해 패킷을 어느 이웃으로 보낼지를 포함하는 목적지에 대한 정보를 가지고 있다. 첫 째로, A가 A의 테이블을 찾아보았지만 I에 대한 엔트리를 발견하지 못했다고 가정하자. 바로 I까지의 경로를 찾아야 한다. 이것이 요구될 경우에만 경로를 발견하는 이 특성이 이 알고리즘을 "주문형"으로 만드는 것이다.

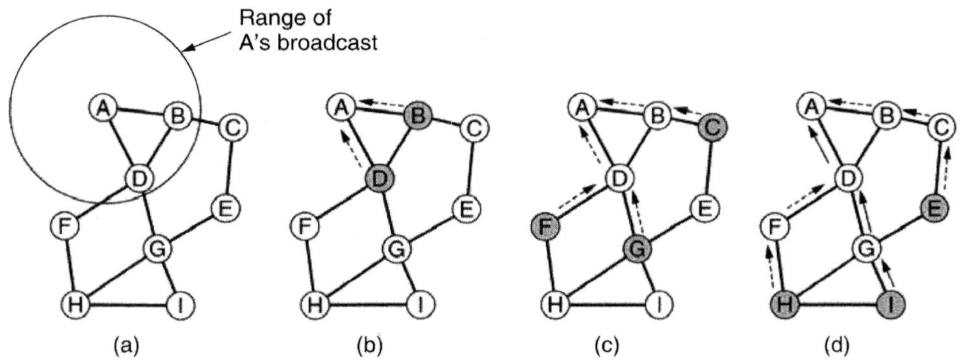

그림 5-20 (a) A의 브로드캐스트 범위. (b) B와 D가 A의 브로드캐스트를 수신한 후. (c) C, F와 G가 A의 브로드캐스트를 수신한 후, (d) E, H와 I가 A의 브로드캐스트를 수신한 후. 음영의 노드들은 새로운 수신자이다. 화살은 가능한 역경로를 표시하였다.

5.2.3절에서 설명한 것처럼 I에 도착하면 A는 ROUTE REQUEST 패킷을 만들고 플러딩을 이용한 브로드캐스팅한다. A에서 B와 D에 도착하는 전송은 그림 5-20(a)에 나와 있다. 각 노드는 그 요구에

그림 5-20(c)처럼 F,G 그리고 C 노드에 도착할 때까지 그리고 그림 5-20(d)의 노드 H, E, 그리고 I에 도착할 때까지 재브로드캐스트한다. 소스에서 시퀀스 넘버 세팅은 플러드되는 동안 중복을 제거하면서 사용된다. 예를 들면, 그림 5-20(c)에서처럼 B로부터 전송된 D는 버려진다. 왜냐하면, 그것은 이미 전달된 요구이기 때문이다.

결국, 요구가 노드 I에 도착하고 ROUTE REPLY 패킷을 만든다. 이 패킷은 요구에 의해 따르는 예약된 경로를 따라 송신자에게 유니캐스트한다. 이것을 위해서 각각의 중간 노드들은 요구를 전송한 노드를 기억해야 한다. 그림 5-20(b)-(d)에서 화살표는 저장되어 있는 역경로 정보를 보여주고 있다. 각각의 중간 노드는 또한 노드가 응답을 포워드하는 것처럼 홉 카운트를 증가시킨다. 이것은 노드들이 목적지로부터 얼마나 멀리 있는지를 말한다. 응답은 목적지에 도달하기위해 사용된 이웃인 중간노드들에게 말한다. 그것은 노드들에게 응답을 전송한 노드이다. 중간 노드 G와 D는 노드들이 응답하는 것과 같이 최상의 경로를 그들의 라우팅 테이블 속으로 집어넣는다. 응답이 A에 도착할 때 새로운 경로 ADGI가 생성된다.

큰 네트워크에서 알고리즘은 목적지가 매우 가깝게 있을지라도 많은 브로드캐스트를 만든다. 오버헤드를 줄이기 위해 브로드캐스트의 범위가 IP 패킷의 Time to live(수명시간)필드를 이용함으로서 제한되다. 이 필드는 송신자에 의해 초기화되고 각각의 홉에서 감소된다. 만일 수명시간이 0이 되면, 이 패킷은 브로드캐스트되는 대신 버려진다. 경로 발견 프로세스는 다음과 같이 수정된다. 목적지를 알아내기 위해, 송신자는 Time to live를 1로 설정한 ROUTE REQUEST 패킷을 브로드캐스트한다. 정당한 시간 이내에 응답이 없다면, Time to live를 2로 설정하여 또 다시 보내진다. 연속적인 시도로 3, 4, 5 등을 사용한다. 이 방법으로, 이 탐색은 우선 지역적으로 시도된 후 점점 그 범위를 늘린다.

경로 유지

노드는 움직이거나 전원을 끌 수 있기 때문에, 토폴로지는 빈번히 바뀔 수 있다. 예로 그림 5-20에서, G가 전원을 끄면, A는 I(ADGI)까지 사용하는 경로가 더 이상 유효하지 않다는 것을 알지 못한다. 이를 처리하기 위한 알고리즘이 필요하다. 주기적으로, 각 노드는 Hello 메시지를 브로드캐스트한다. 이 이웃의 각각은 이에 대한 응답이 요구된다. 응답이 없다면, 브로드캐스트는 이웃이 범위 밖으로 이동하였거나 더 이상 연결되어 있지 않다는 것을 알 수 있다. 유사하게 응답 없는 이웃까지 패킷을 보내는 것을 시도한다면, 그 이웃은 더 이상 이용가능하지 않다는 것을 알 수 있다.

이 정보는 더 이상 동작하지 않는 경로를 제거하기 위해 사용된다. 각각의 가능한 목적지를 위해, 각 노드 N은 최근 ΔT 초 동안 목적지에 향하는 패킷을 공급한 이웃들을 추적한다. N의 이웃 중 일부가 도착하지 않을 때 어느 목적지가 현재 없어진 이웃을 사용하여 경로를 갖는지를 알아보기 위해 라우팅 테이블을 검사한다. 이 각각의 경로들에 대해, 활동적인 이웃들에게 N을 거치는 그들의 경로가 현재 유효하지 않으므로 라우팅 테이블에서 삭제되어야 한다는 것을 알리게 된다. 예에서 A는 라우팅 테이블로터 G와 I에 대한 엔트리를 제거하고 A에 알린다. 일반적인 경우에 활동적인 이웃은 없어진 노드에 의존하는 모든 경로가 모든 라우팅 테이블로부터 제거될 때까지 계속해서 반복적으로 그들의 활동적인 이웃에게 알린다.

이 상태에서 유효하지 경로는 네트워크로부터 제거되며, 송신기는 우리가 설명했던 발견 메커니즘을 이용하여 새로운 유효한 경로를 찾는다. 그러나 문제가 있다. 거리 벡터 프로토콜을 재호출하는 것은 오래되고, 유효하지 않은 경로, 새로운, 유효한 경로가 혼잡스런 곳에서 토폴로지의 변화 후에 느린 수렴과 무한 카운트 문제로부터 고통 받는다.

빠른 수렴을 확신하기 위해 순서 번호를 포함하고 있는 경로가 목적지에 의해 제어되는 것이다. 이 목적지 순서 번호는 논리적인 시계와 같다. 목적지는 새로운 ROUTE REPLY를 전송하는 매시간 순서 번호를 증가시킨다. 송신기는 ROUTE REQUEST에서 마지막 경로가 사용된 목적지 순서 번호를 포함하면서 새로운 경로를 찾는다. 이는 경로의 순서 번호를 단지 제거하고 초기 값을 0으로 한다. 요구는 높은 순서 번호를 가진 경로가 발견될 때까지 브로드캐스트 한다. 중간 노드는 높은 순서 번호를 가지고 있는 경로 또는 현재의 순서 번호에 대해 가장 적은 홉을 저장한다.

주문형 프로토콜 식으로 중간 노드는 사용되는 경로만을 저장하다. 브로드캐스트하는 동안에 알 수 있는 다른 경로 정보는 짧은 지연 후에 타임 아웃된다. 사용된 경로를 발견하고 저장하는 것은 주기적으로 브로드캐스트가 업데이트하는 표준 거리 벡터 프로토콜에 비해 대역폭과 배터리 수명을 절약하는데 도움이 된다.

지금까지 우리는 A에서 I까지 단일 경로를 고려하였다. 자원을 더 절약하기 위해서 경로 발견과 유지는 경로가 겹칠 때 공유된다. 예를 들어, B가 I로 패킷을 전송하기를 원한다면 경로 발견을 수행할 것이다. 그러나 요구가 D에 첫 번째로 도착하는 경우에 이미 I로 경로를 가지고 있다. 그런 다음에 노드 D는 필요한 추가 작업 없이 경로를 B에게 말하기 위해 응답을 발생시킨다.

많은 다른 애드 혹 라우팅 구조가 있다. 주문형 구조에서 잘 알려진 다른 것은 **동적 소스 라우팅(Dynamic Source Routing)**이다(John et. al. 2001). 지형을 기반으로 하는 다른 계획은 **GPSR(Greed Perimeter Stateless Routing)**을 탐색하는 것이다(Karp & Kung, 2000). 모든 노드가 그들의 지형 위치를 알고 있다면 목적지로 포워딩은 올바른 방향에서 단순한 제목과 죽어 있는 종점을 한 바퀴 돌아옴으로서 경로 계산 없이 처리된다. 어느 프로토콜이 성공하는 것은 실제로 유용하다고 증명된 애드 혹 네트워크 종류에 달려 있다.

5.3 혼잡 제어 알고리즘

너무 많은 패킷들이 네트워크(의 한 부분)에 있게 될 때 성능을 나빠지게 된다. 이러한 상황을 혼잡(congestion)이라고 한다. 이런 네트워크와 전송계층은 혼잡을 제어하는 책임을 공유한다. 네트워크상에 혼잡에 발생하면, 네트워크 계층은 초과하는 패킷을 어떻게 할지 궁극적인 결정을 경험적으로 해야 한다. 그러나 혼잡을 제어하는 가장 효과적인 방법은 네트워크상에 존재하는 전송계층에 부하를 줄이는 방법이다. 이것은 네트워크와 전송계층에 함께 일하는 것을 요구한다. 이번 장에서는 혼잡측면에서의 네트워크를 살펴본다. 6장에서는 혼잡 측면에서 전송을 하는 주제를 다룰 것이다.

그림 5-21은 혼잡 상태의 발생을 묘사한 것이다. 호스트 멤버의 네트워크로 송신될 때, 용량 범위 안에서 전송되는 수의 비례해 보내진다. 호스트에 의해 네트워크로 보내지는 패킷의 수가 전송 용량 내에 있으면 그것들은 모두 전달되고, 전달된 수는 보낸 수에 비례한다. 그러나 트래픽이 너무 크게 증가하게 되면, 라우터들은 더 이상 그것을 처리하기가 어렵게 되며, 패킷을 잃어버리기 시작한다. 이런 잃어버린 패킷들은 용량의 일부를 소비하게 되고, 전달되는 패킷의 수는 이상적인 곡선 아래로 떨어진다. 네트워크는 이제부터 혼잡 상황인 것이다.

네트워크가 잘 설계되지 않았다면 이것은 용량을 벗어나 부하가 점점 늘어나는 것 같은 성능 이 급격히 떨어지는 혼잡 충돌을 경험하게 될 것이다. 패킷들이 네트워크를 떠날 때 더 이상 유용하지 않은 네트워크 내부에서 충분히 지연되기 때문에 발생할 수 있다. 예를 들면 초기 네트워크에서 느린 56Kbps 링크를 통해 송신되는 패킷 앞에 패킷의 백로그를 위해 기다리면서 소비되는 패킷 시간은 네트워크 내에서 계속 남아 있는 것을 허용하는 최대 시간에 도달될 수 있다. 그런 후 버려지게 된다. 다른 실패 모드는 송신자가 지연이 많이 됐거나 손실됐다고 생각하는 패킷을 재송신할 때 발생한다. 이 경우는 같은 패킷의 복사본이 용량을 차지하면서 다시 네트워크로 송신된다. 이런 요소들을 그림 5-21의 y축에 Goodput으로 나타나 있으며, 네트워크에서 유용하게 전송된 패킷 비율이다.

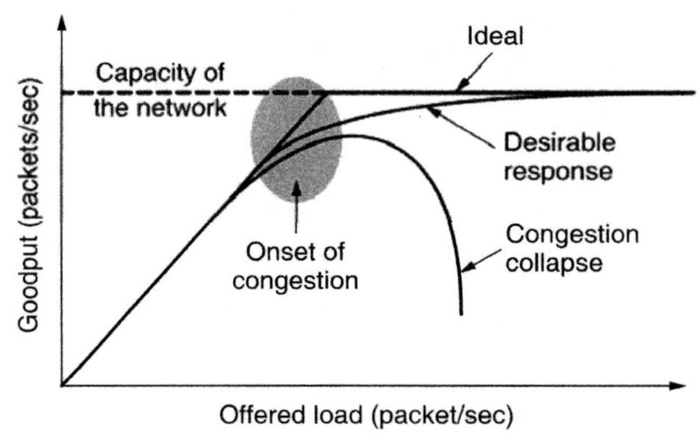

그림 5-21 너무 많은 트래픽이 제공될 때 혼잡이 생기며 성능이 급격히 떨어진다

네트워크 설계를 할 때는 가능한 혼잡을 회피하고 혼잡이 발생했을 때, 충돌을 제거해야 한다. 아쉽게도 혼잡을 완전히 회피할 수는 없다. 만약 갑작스럽게 서너 개의 입력회선에 도착한 패킷 스트림이 모두 같은 출력 회선이 필요하고 큐가 하나뿐이라면 패킷이 손실될 것이다. 만약 그것들의 모든 것을 점유하는 불충분한 메모리가 있다면 패킷은 손실될 것이다. 이런 점을 지원할 더 많은 메모리를 추가함으로써,

Nagle(1987)은 라우터가 무제한의 메모리를 갖는다면 혼잡은 더 좋아지지 않고 나빠질 것이라고 인식했다. 왜냐하면 타임 패킷은 큐의 앞단에 있으므로 그것들은 이미 타임아웃이 될 것이고 중복된 송신을 할 것이다. 이것은 상태를 더 나쁘게 만들 것이고 곧 혼잡 충돌을 야기할 것이다.

낮은 대역폭 링크나 프로세스 패킷의 라우터는 회선비율보다 더 늦어 혼잡을 야기할 것이다. 이 경우, 그 상황은 병목구간에서 다른 네트워크로 트래픽을 직접 보냄으로써 개선될 것이다. 그러나 결국 모든 네트워크 구간은 혼잡이 발생할 것이다. 이 상황에서는 부하를 줄이거나 빠른 네트워크를 구축하지 않는 한 다른 대안은 없다.

혼잡제어와 흐름 제어 관계에는 아주 미묘한 지적할 만한 다른 가치가 있다. 혼잡제어는 네트워크를 보다 확실하게 들어오는 트래픽을 운송할 수 있게 한다. 이 전체적인 이슈는, 모든 호스트와 라우터의 동작을 포함하여 해결하는 것이 목표이다. 대비적으로, 흐름 제어는 특정 송신자와 특정 수신자 사이에서의 트래픽은 관계가 있다. 이 작업은 빠른 송신자가 수신자보다 지속적인 전송데이터를 보내지 못하게 만든다.

이 두 개념 사이의 차이점을 보면, 100-GBPS 광케이블 링크인 슈퍼컴퓨터로 만들어진 네트워크는 단지 1GBps인 개인 컴퓨터로부터의 큰 파일은 강제적으로 만드는 것에 대해 고려해 봐야 한다. 또한 역시 네트워크 자체가 문제를 만들지 않는, 혼잡이 없는 것과, 흐름 제어는 개인 컴퓨터가 쉴 수 있도록 가끔 슈퍼컴퓨터를 조절해줄 필요가 있다. 다른 극단적인 부분은 1Mbps와 1,000개의 컴퓨터로 이루어진 네트워크를 고려해 보면, 절반이 100Kbps로 파일을 나머지 절반에 전송하는 경우이다. 여기서 문제는 빠른 송신자가 늦은 수신자를 압도하는 것이 아니라 전체 전송 트래픽이 네트워크가 핸들링할 수 있는 것보다 초과하는 것이다. 혼잡제어와 흐름 제어가 혼동되는 이유는 이 두 문제를 제어하는 최선의 방법은 호스트를 늦추는 것이다. 게다가 수신자가 부하를 제어할 수 없거나 네트워크가 제어할 수 없기 때문에 호스트는 슬로우 다운 메시지를 얻을 수 있다. 이 부분에 대해서는 6장에서 다시 살펴볼 것이다.

우리는 이제 다른 시간 스케일에서 사용할 수 있는 접근을 살펴봄으로써 혼잡제어의 공부를 시작할 것이다. 그런 후 우리는 첫 단계에서 발생하는 혼잡을 방지하는 접근법에 대해 살펴볼 것이다.

5.3.1 혼잡 제어 접근

혼잡의 발생은 부하가 자원이 감당할 수 있는 것보다 더 큰 경우이다. 자원을 늘리거나 부하를 감소시키는 두 가지 해결책이 있다: 그림 5-22처럼 이런 해결방안들은 흔히 혼잡 방지나 혼잡이 발생했을 때의 다른 시간 스케일을 지원한다.

혼잡을 회피하는 대부분의 기본 방식은 운반될 트래픽에 잘 맞게 네트워크를 구축하는 것이다. 만약 존재하는 트래픽이 경로에 낮은 대역폭 링크에 있다면, 혼잡은 쉽게 발생할 것이다. 어떤 경우에는 예를 들면 여분의 라우터를 가동시키거나, 오픈 마켓의 대역폭을 가져옴으로써 심각한 혼잡이 발생할 경우에는 자원을 동적으로 늘릴 수 있을 것이다. 또한 링크와 라우터는 정기적으로 빠른 기회에 업그레이드한다. 이것을 **권한설정(provisioning)**이라고 하며 롱텀 트래픽 트렌드에 의한 동작의 월별 타임 스케일에 일어난다.

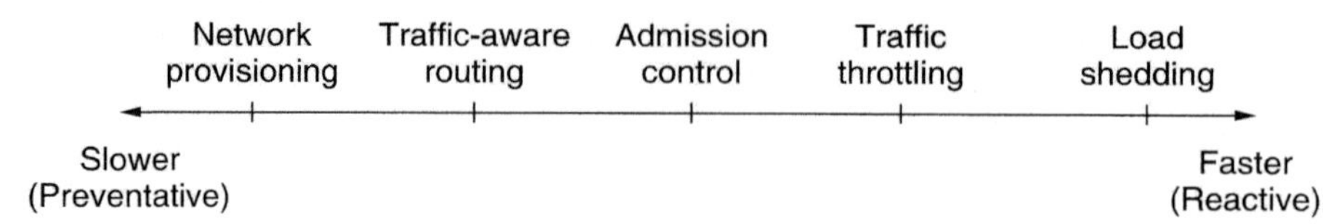

그림 5-22 혼잡 제어 접근의 기간

기존 네트워크 성능의 대부분 네트워크 용량에 라우터는 다른 타임존에서 네트워크 사용자의 기상과 슬립이 하루 동안의 변화하는 트래픽 패턴에 맞춰진다. 예를 들면 라우터는 단거리 경로 가중치가 변화함으로써 경로 사용을 무겁게 하는 이동 트래픽을 변하게 한다. 일부 로컬 라디오 방송국은 그들의 모바일 청취자를 위해 핫스팟 주위의 패킷을 라우팅하기 위해 도로의 혼잡상황에서 도시 주위를 리포트하기 위해 헬리콥터를 갖고 있다. 이것은 트래픽 인식 라우팅이라고 한다. 다중 경로를 거치는 분리된 트래픽은 훨씬 효과적이다.

그러나 어떤 때는 성능 증가가 불가능할 때도 있다. 부하를 줄일 수 있는 혼잡을 피하게 할 방법이 하나인 경우도 있다. 가상회선 네트워크에서 새로운 연결은 만약 네트워크상에 혼잡을 발생시킬 수 있으면 거절될 수 도 있다. 이것을 승인 제어라고 한다.

혼잡이 야기됐을 때 네트워크는 문제를 가기한 트래픽 흐름이 소스에 피드백을 전달할 수 있다. 네트워크는 그들의 트래픽을 조절을 요구하거나 트래픽 자체를 속도를 내릴 수 있다.

이런 접근의 두 가지 어려움은 얼마나 혼잡의 시작을 명확하게 구별할 수 있는가와 소스가 얼마나 슬로우 다운시켜야 할지 정보를 알아내는가이다. 첫 번째 이슈는 라우터는 평균 부하와 큐잉 지연, 패킷 손실을 모니터할 수 있다는 것이다. 모든 경우 늘어나는 숫자는 혼잡을 증가시킨다는 것이다.

두 번째 이슈는 라우터가 소스의 피드백 루프에 반드시 참여해야 하는가이다. 정확한 동작을 위한 기법을 위해 타임 스케일이 조심스럽게 재설정되어야만 한다. 만약 열에 매번 두 패킷이 같은 시간에 도착하면, 라우터는 STOP을 만들 것이며 20msec 동안 아이들 상태와 결로 변환되지 않으면서 GO 상태를 왔다 갔다 할 것이다. 다른 한편으로 만약 아무것도 하기 전에 30분 동안 기다리게 되면 혼잡제어 메커니즘이 너무 느리게 동작할 것이다. 전달 시간 피드백은 중대한 문제이다. 부가적인 우려는 네트워크가 이미 혼잡될 때 많은 메시지를 전송하는 라우터를 가지고 있다는 것이다.

마지막으로 이 모든 것이 실패했을 때 네트워크는 패킷을 전달하지 못하고 폐기할 것이다. 이것을 **Load Shedding**이라고 한다. 패킷을 폐기하는 것을 선택하는 좋은 정책은 혼잡 충돌을 방지하는데 도움이 되는 방향이다.

5.3.2 트래픽 인식 라우팅

첫 번째 실험접근은 트래픽 인식 라우팅이다. 그림 5-23에서 보는 것처럼 라우팅 기법은 고정 링크 가중치를 사용한다. 이런 기법들은 토폴로지 안에서 적응적으로 변화하지만 부하를 변화시키지는 않는다. 경로를 계산할 때 부하의 총량을 계산하는 목적은 네트워크의 경험적 혼잡의 처음부분인 핫스팟으로부터 트래픽을 이동시키기 위함이다.

거의 모든 방향은 링크 대역폭과 부하나 큐잉지연의 평균값을 더해 역전파 지연에 기초해 링크 가중치를 설정한다. 최소 가중치 경로는 좀 더 부하가 적거나 비슷한 가장 좋은 경로가 될 것이다.

트래픽 인식 라우팅은 초기 인터넷시대의 Khanna Zinky(1989)의 모델에 기반을 두었다. 그렇지만 지금은 peril이 있다. 그림 5-23의 네트워크를 고려해 보면, East와 West 두 부분으로 CF와 EL 두 링크로 나뉘어졌다. East와 West 사이에 CF 링크를 사용하는 대부분의 트래픽을 가정해 보면, 결과와 같이 이 링크는 오랜 지연을 갖은 무거운 부하를 가질 것이다. 단거리 경로계산을 위한 가중치 안에서 큐잉지연까지 포함하면 좀 더 매력적인 EL을 만들 수 있다. 새로운 라우팅 테이블이 만들어지고 난 후, East-West의 대부분의 트래픽은 EL을 경유하게 될 것이다. 따라서 다음 갱신에서는 CF가 단거리 경로가 될 것이다. 라우팅 테이블이 왔다 갔다 하는 결과처럼, 불규칙한 라우팅과 많은 전형적인 문제점이 만들어질 것이다.

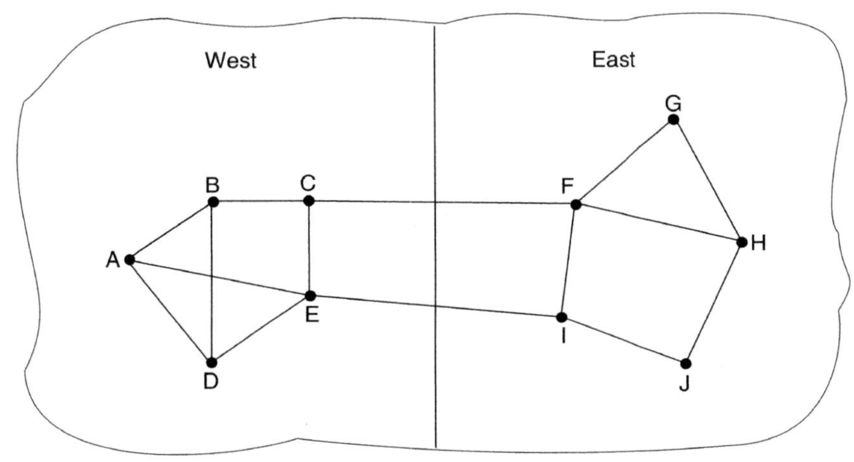

그림 5-23 동쪽과 서쪽이 2개의 회선으로 연결되어 있는 서브넷

만약 부하가 무시되거나 단지 대역폭과 역전파 지연만 고려한다면, 이 문제는 발생하지 않을 것이다. 좁은 범위에서 가중치를 제외한 부하는 단지 라우팅 변동을 낮출 것이다. 두 기법은 성공적인 해결책을 제공할 수 있다. 첫 번째는 소스에서 목적지가지 다중 경로를 제공하는 다중경로 라우팅이다. 이 예는 East에서 West 링크까지 여러 개의 링크로 트래픽이 경유할 수 있다는 것을 의미한다. 두 번째는 라우터로 드래픽이 충분히 친친히 모여들 수 있는 Gallagher(1997) 라우팅 기법이다.

인터넷 라우팅 프로토콜에서 주어진 이런 어려움들은 부하에 의해 그들의 라우터가 일반적으로 재정의 하지 않는다. 대신 입력에 대한 서서히 변화하는 방식으로 외부 라우팅 프로토콜에 의해 재정의된다. 이를 트래픽 공학이라고 부른다.

5.3.3 승인 제어

가상회선 네트워크에서 혼잡을 제어하는데 광범위하게 사용하는 것이 **승인 제어(admission control)**이다. 아이디어는 아주 간단하다: 네트워크가 혼잡에 발생하지 않고 부가되는 트래픽을 전송할 수 있을 때까지는 새로운 가상회선을 셋업하지 않는다. 따라서 가상회선이 실패할 때 시도한다. 이것은 네트워크가 바빠져 문제를 만들 때보다 훨씬 낫다. 전화 시스템에서 유추해 보면, 스위치가 과부하를 얻었을 때, 라이얼 톤을 주지 않음으로써 승인 제어를 하는 것과 같다.

이 접근방법의 트릭은 새로운 가상회선이 혼잡이 발생할 때 해결할 수 있다. 이 작업은 전화 네트워크에서 압축되지 않은 64kbps 오디오 콕의 고정된 대역폭 때문에 직통전화와 같다. 그러나 컴퓨터 네트워크에서 가상회선은 많은 형태와 크기가 들어온다. 따라서 회선은 승인 제어를 적용하려면 그 모든 트래픽 특성을 알아야 한다.

트래픽은 가끔 비율과 형태로 묘사된다. 어떻게 묘사할 것인가 하는 문제는 굉장히 어렵다. 왜냐하면 트래픽은 전형적으로 폭주하는 경향이 있고 평균 비율이라는 것은 오직 그 트래픽의 절반에 해당하기 때문이다. 예를 들면, 웹상의 폭주하는 트래픽은 혼잡한 라우터 같기 때문에 동일한 롱텀 스루풋을 갖는 스트리밍 영화는 제어하기가 더 어렵기 때문이다. 이런 현상을 **리키 버킷과 토큰 버킷(leaky Bucket and token Bucket)**이라고 해왔다. leaky bucket은 두 파라미터로 되어 있는데, 평균 비율과 트래픽의 순간 폭주 사이즈이다. leaky bucket이 서비스 품질로 넓게 사용되어왔기 때문에 5.4절에서 자세히 살펴볼 것이다.

트래픽 명세표에서 네트워크는 승인할 것인지 새로운 가상회선을 만들 것 인지 결정할 수 있다. 하나의 가능성은 혼잡이 발생하지 않은 가상회선의 각각의 경로에 속한 충분한 용량을 예약하는 것이다. 이 경우, 트래픽 명세표는 네트워크가 보장하기 위해 서비스에 동의하는 것이다. 혼잡을 방지하기는 하지만, 서비스 품질의 관계된 토픽으로 전환된다. 이것은 다음 절에 살펴보자.

보장성이 없는 것조차, 네트워크는 승인 제어를 위해 트래픽 명세표를 이용한다. 이 과정은 얼마나 많은 회선이 혼잡 없는 전송용량에 맞춰지냐에 따라 평가한다. 100Mbps 전형적인 링크를 통한 모든 10Mbps가 폭주하는 가상회선을 가정해 보자. 얼마나 많은 회선이 승인될 것인가?

분명히 10개 회선은 혼잡에 위험 없이 승인하겠지만 드물게 같은 시간에 모든 회선이 폭주한다면 보통은 이것은 어려울 것이다. 실제 네트워크에서 이전의 정적인 정송의 측정은 회선 승인 수와 허용가능한 범위 안에서의 더 나은 성능 평가에 사용된다.

승인 제어는 또한 역시 초기 설정부분처럼 트래픽 핫스팟주위의 라우터를 고려함으로써 트래픽 인식 라우팅을 포함한다. 그림 5-24(a)를 보면 두 라우터는 혼잡 상태이다.

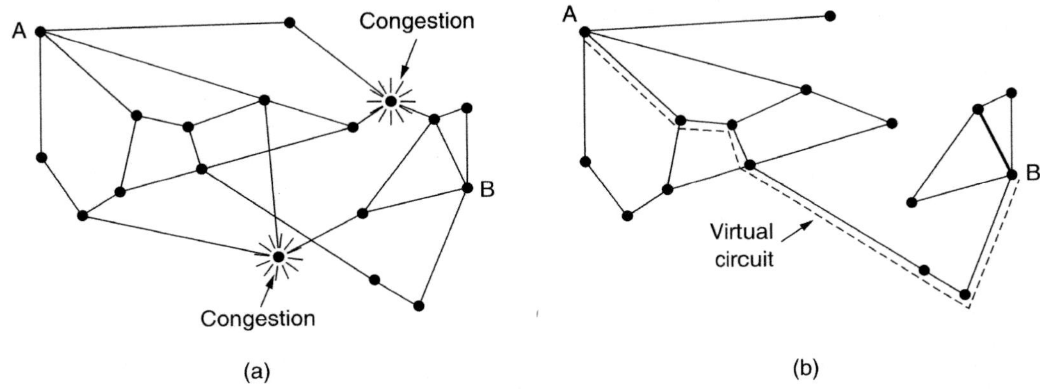

그림 5-24 (a) 혼잡 네트워크 (b) 혼잡이 없는 네트워크 부분. A에서 B까지의 가상회선

라우터 B에 있는 호스트에 연결을 원하는 라우터 A에 호스트를 하나 더 붙인다고 가정하자. 이 설정에서 네트워크의 목적은 혼잡이 발생하기 전에 운용되는 것이다. 보통 이런 상황을 회피하기 위해 그림 5-24(b)처럼 혼잡한 라우터와 그 모든 회선을 누락시킨다. 점선은 혼잡한 라우터를 회피할 수 있는 가상회선을 위한 사용가능한 라우터를 보여준다. Shaikh et. al.(1999)는 이런 부하-민감 라우팅 종류를 설계한 것을 보여준다.

5.3.4 트래픽 감속(Throttling)

인터넷과 많은 다른 컴퓨터 네트워크에서 송신자는 네트워크가 순조롭게 전송되게 트래픽 양을 송신을 재설정한다. 이 설정은 네트워크가 혼잡이 시작하기 전에 운용되는 게 목적이다. 혼잡이 임박할 때, 그것은 그들의 전송과 슬로우 다운을 병목 구간에 알려줄 것이다. 이 피드백은 예외적인 상황보다는 일반적인 상황에 더 적합하다. 혼잡회피란 가끔은 네트워크가 혼잡이 이미 발생하기 전 운용 시점과 대비되는 것이다.

이제 두 다이어그램 네트워크와 가상 회선상에 사용될 수 있는 교착하는 트래픽에 대한 접근을 살펴보자. 각 접근은 두 가지 문제를 해결한다. 첫 번째는, 라우터가 혼잡이 발생했을 때, 이상적으론 혼잡이 발생하기 이전에 결정할 수 있다. 그렇게 하기 위해선 각각의 라우터는 자원을 지속적으로 모니터할 수 있어야 한다. 가능한 것은 출력링크 이용, 라우터 안의 큐잉된 패킷 저장, 버퍼가 불충분한 동안 손실된 패킷 수를 이용하는 것이다. 이런 가능성의 두 번째는 가장 유용하다. 평균 이용은 대부분의 트래픽의 집단성에 대해 직접적으로 계산할 수 없는데 50%의 이용률은 순조로운 트래픽에 대해서는 낮고, 아주 높은 가변적인 트래픽에 대해서는 매우 높다. 패킷 손실의 계산은 매우 늦다. 혼잡은 패킷이 손실될 때까지 이미 설정된다.

라우터 내부에 큐잉 지연은 패킷에 의해 혼잡에 의해 점유된다. 대부분의 시간에 큐잉 지연은 낮게 되나 버스트 트래픽이 백로그를 발생시킬 때 점프된다. 큐잉 지연 d의 의 측정과 즉각적인 큐 길이 s의 표본을 유지하기 위해 주지적으로 생성되며 d는 다음 식에 따라서 업데이트 된다.

$$d_{nw} = \alpha d_{old} + (1 - \alpha)s$$

위식에서 상수 a는 라우터가 최근의 기록을 얼마나 빠르게 잊는가를 결정한다. 이것을 **EWMA (Exponentially Weighted Moving Average)**라고 한다.

u가 임계치 이상으로 커질 때마다 출력 회선은 "경고" 상태에 들어간다. 각각 새롭게 도착하는 패킷은 출력 라인이 경고 상태에 있는지를 알아보기 위해 검사된다. 만약 그렇다면, 어떤 동작이 취해진다. 취해진 동작은 지금 논의할 몇몇 대안 중 하나가 될 수 있다.

쵸크 패킷

송신자에게 혼잡을 알려주는 가장 직접적인 방법은 송신측에 직접적으로 알려주는 것이다. 이런 접근에서 보면, 라우터는 혼잡 패킷을 선택하고 소스 호스트에 **쵸크 패킷(choke packet)**을 송신하는 것이다. 원래의 패킷은 헤더 비트에 의해 태그되기 때문에 경로나 일반적인 전달과정에 더 이상의 어떤 초크 패킷을 발생시키지 않는다. 혼잡 상태 동안 네트워크는 더 이상 부하를 증가시키는 것을 회피하기 위해 라우터는 단지 낮은 비율로 초크 패킷만을 송신한다.

소스 호스트가 초크 패킷을 받게 되면 50% 정도의 특정 목적지의 트래픽을 줄이게 된다. 다이어그램 네트워크에서, 랜덤하게 혼잡이 있는 경우 단순히 선택된 패킷은 빠른 송신자에게 전달할 초크 패킷을 야기한다. 왜냐면, 큐에 거의 대부분의 패킷이 들어 있기 때문이다. 이 프로토콜에서 피드백은 문제를 야기하지 않는 한 어떤 송신자도 집중되지 않고 혼잡을 방지하는 데 도움이 된다. 같은 이유로, 다중 초크 패킷은 호스트와 목적지에 초크 패킷을 보낼 수 있다. 호스트는 트래픽에 영향을 미칠 때까지 고정된 시간 간격을 위해 이런 부가적인 초크 패킷을 무시할 것이다. 그런 후 다음 초크 패킷은 네트워크가 여전히 혼잡임을 알려줄 것이다.

초기 인터넷에서 초크 패킷 사용의 예는 SOURCE-QUENCH(Postel, 1981)이다. 하지만 이것은 혼잡이 발생하기 전 확실하게 효과를 발휘하지 못해 쓰이지 않았다.

명시적 혼잡 알림

패킷 추가 생성의 혼잡 경고 라우터는 전달(패킷의 헤더에 비트를 설정하여)된 정체가 발생하는 것을 신호하는 패킷에 태그 추가할 수 있다. 네트워크가 패킷을 전달하면 대상은 혼잡이 있다는 것을 유의하고 응답 패킷을 보낼 때 발신자에게 알려준다. 이전으로 보낸 다음 그 전송을 스로틀 한다.

이 디자인은 **ECN(Explicit Congestion Notification)**이라고 하며 인터넷에서 사용된다(Ramakrishnan et. al., 2001). 초기 혼잡 시그널링 프로토콜의 개선된 것은 DECENT 기법을 사용한 Ramkrishnan과 Jain(1988)의 이진 피드백 기법이다. IP패킷 헤더에 두 비트가 패킷이 혼잡인 상황을 기록하게 했다. 패킷을 송신했을 때 마크되지 않는 것이 그림 5-25에 표현되어 있다. 마약 어떤 라우터가 혼잡한 상황에 통과한다면, 라우터는 패킷에 혼잡상황임을 마크하고 전달한다. 그러면 수신자는 송신자에 어떤 마크를 돌려줌으로써 다음 응답 패킷에 명백한 혼잡 신호를 보내준다. 그림의 점선이 이것을 보여주고, IP레벨에서 발생할 수 있음을 나타낸다. 송신자는 그 전송을 쵸크 패킷의 경우처럼 줄이게 된다.

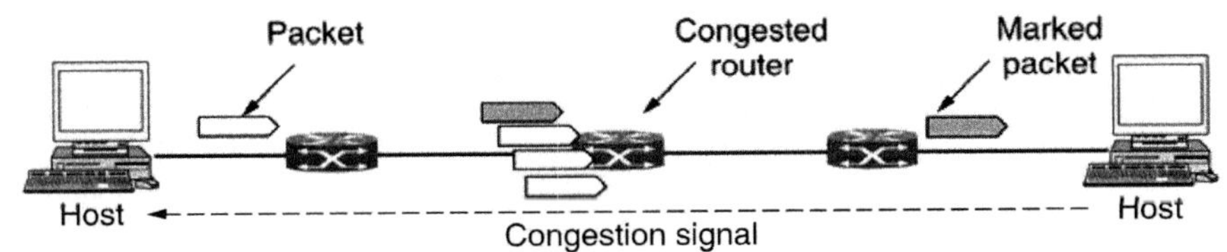

그림 5-25 명시적 혼잡 알림

홉 대 홉 배압

고속에 장거리로 근원지 호스트에게 쵸크 패킷을 전송하는 것은, 그것에 대한 반응이 너무 느리기 때문에 제대로 수행되지 않는다. 예를 들어 뉴욕에 있는 호스트(그림 5-26의 라우터 D)로 OC-3, 155Mbps의 속도로 트래픽을 전송하는 샌프란시스코의 호스트(그림 5-26의 라우터 A)를 생각해 보자. 만약 뉴욕의 호스트가 버퍼가 모자라기 시작하면, 샌프란시스코에 작업 속도 감소를 요구하는 쵸크 패킷을 보내는데 걸리는 시간은 약 40msec가 될 것이다. ECN 지표는 목적지를 거쳐 전달되기 때문에 훨씬 길어질 것이다. 쵸크 패킷 역전파는 두 번째, 세 번째, 네 번째 단계로 그림 5-26(a)에 그려져 있다. 이런 40msec에서 다른 6.2메가비트가 보내졌다. 샌프란시스코에 호스트가 즉각 완벽하게 셧다운했다 할지라도 6.2메가비트는 여전히 전송로에 방출되고 처리해야만 한다. 오직 그림 5-26(a)의 일곱 번째 다이어그램만이 뉴욕 라우터에 흐름을 천천히 하라고 알릴 것이다.

한 가지 대안적인 방법은 그림 5-26(b)에서 보는 것과 같이, 쵸크 패킷으로 하여금 자신이 통과하는 모든 홉에서 효력을 나타내도록 하는 것이다. 여기서 쵸크 패킷이 F에 도착함과 동시에 F는 D로 향하는 흐름을 감소시킬 것이 요구된다. 그러한 작업은 F가 흐름에 대해 보다 많은 버퍼를 할애할 것을 요구하는데, 그것은 근원지가 여전히 전력으로 전송하고 있지만 D에게 마치 텔레비전 광고의 두통약처럼 즉각적인 구원을 제공하기 때문이다. 다음 단계에서 쵸크 패킷은 E에 도달하고 E에게 F로의 흐름을 감소시키라고 말한다. 이러한 조치는 E의 버퍼를 많이 요구하지만, F에게 역시 즉각적인 구원을 제공하게 된다. 마침내 쵸크 패킷은 A에 도착하고 흐름은 실질적으로 속도가 감소된다.

이러한 홉 대 홉 방식의 순 효과는 혼잡 지역에 대해 보다 많은 상류 버퍼의 사용으로 빠른 구제를 제공한다는 것이다. 이러한 방식에서 혼잡은 어떠한 패킷의 손실도 없이 제거될 수 있다. 이 개념에 대한 보다 자세한 설명 및 시뮬레이션 결과가 (Mishra and Kanakia, 1996)에 나와 있다.

5.3.5 부하 줄이기

상기한 어떠한 방법으로도 혼잡 현상이 사라지지 않을 때, 라우터는 보다 강력한 방법을 사용할 수 있는데 그것이 부하 나누기이다. **부하 줄이기(load shedding)**는 라우터들이 그들이 다룰 수 없는 패킷들로 인하여 넘치게 되어 있을 때 단지 그것들을 버림으로써 문제를 해결하는 방법이다. 부하 나누기라는 용어는 전기 발전 분야로부터 온 것인데, 전기 발전에 있어 전기의 수요가 공급을 훨씬 초과하는 더운 여름, 지역 전체의 정전을 막기 위해 특정 지역만을 고의적으로 정전시키는 설비가 있다.

패킷들에 의해 넘치는 라우터는 임의로 버릴 패킷들을 골라낸다. 제거되는 패킷을 선택하는 것은 동작 중인 어플리케이션에 좌우될 수 있다. 파일 전송에 있어 오래된 패킷이 새로운 것보다 가치가 있는데, 그 이유는 6번 패킷을 버리고 7부터 10까지의 패킷들을 보존하는 것은 6부터 10까지의 패킷들을 재전송하게 하려고 할 수도 있는 수신자에게 틈을 발생시킬 것이기 때문이다(수신자가 습관적으로 순서가 잘못된 패킷들을 제거한다면). 12-패킷 파일에서 6을 제거하는 것은 7부터 12까지의 재전송이 필요할 수 있지만 반면 10을 제거한다면 오직 10부터 12까지만 재전송하면 될 것이다. 반면 멀티미디어의 경우, 새로운 패킷이 오래된 패킷보다 더 중요하다.

전자의 방식(오래된 것이 새로운 것보다 좋다는 방식)은 **와인(wine)**이라 불리고, 후자(새로운 것이 오래된 것보다 좋다는 방식)는 **밀크(milk)**라고 불린다.

이보다 지능적인 한 단계 위의 방법은 송신자들로부터 협조를 요구한다. 많은 어플리케이션들에 있어서 어떤 패킷들은 다른 것들보다 중요하다. 예를 들어 어떤 비디오 압축 알고리즘들은 주기적으로 전체 프레임을 전송하고, 그다음 마지막의 완전한 프레임과 차이로서 계속되는 프레임들을 전송한다. 이 경우, 차이를 보여주는 부분으로서의 패킷을 버리는 것이 전체 프레임으로서의 패킷을 버리는 것보다 차라리 낫다고 할 것이다. 또 다른 예로 ASCII 문자와 그림들을 포함하는 문서의 전송을 생각해 보자. 그림 중의 픽셀 한 회선의 손실이 텍스트 한 회선의 손실보다 훨씬 손해가 적을 것이다.

물론 패킷 표시에 VERY IMPORTANT-NEVER, EVER DISCARD와 같은 어떤 중요한 강조가 되어 있다면 그것은 제거되지 않을 것이다. 그 동기는 높은 우선순위 패킷보다 전송에 있어 더 싼 낮은 우선순위 패킷을 갖는 금액의 형식이 될 수 있다. 예를 들면 송신자는 낮은 부하의 상태 하에 높은 우선순위 패킷을 보내는 것을 허용한다. 그러나 부하가 증가됨에 따라, 이것들도 버려지고 결국 사용자에게 송신을 멈추게 하는 것이다. 그러한 방법은 쉬고 있는 자원을 보다 효과적으로 만들고 호스트가 형편이 좋지 않을 때 그것에 대한 권한을 만들 필요 없이, 다른 누군가가 관여하지 않는 한 그것을 사용할 수 있도록 하므로 실질적으로 나쁜 아이디어는 아니다.

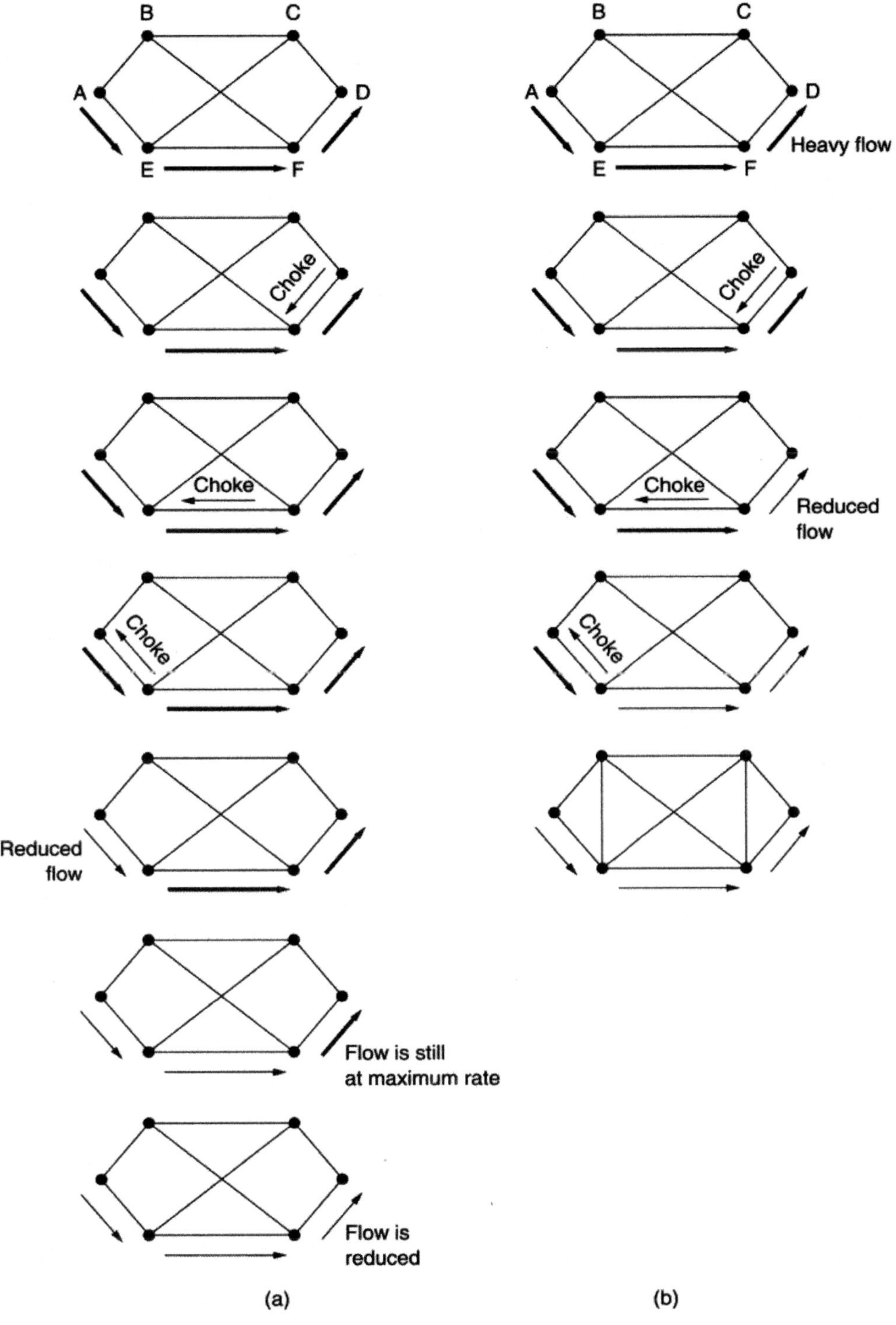

그림 5-26 (a)소스에 영향을 미치는 쵸크 패킷 (b)각각의 홉에 영향을 미치는 쵸크 패킷

임의 조기 검출

혼잡이 처음 검출된 후에 혼잡을 처리하는 것이 일을 틀어지게 하고 다시 이를 처리하는 것을 시도하는 것보다 더 효과적이라는 것을 잘 알려져 있다. 이 관찰은 모든 버퍼 공간이 고갈되기 전에 패킷을 버리는 아이디어로 전개되었다.

이 아이디어의 동기는 대부분의 인터넷 호스트가 ECN 형태의 라우터로부터 아직 혼잡 신호를 얻지 못했다에서 시작한다. 대신, 오직 네트워크로부터 얻은 호스트의 신뢰할 수 있는 혼잡 지표는 패킷 손실이다. 어쨌든, 이것은 과부하상태에서 패킷을 버리지 않는 라우터를 만들기가 어렵다. TCP와 같은 전송 프로토콜은 게다가 혼잡 손실에 반응이 하드웨어화 되어서 소스의 응답에 느리다. 이런 로직의 TCP는 유선 네트워크를 위해 설계되어져있어서 유선망에는 매우 신뢰적이어서, 손실 패킷은 전송에러보다는 거의 대부분 버퍼의 한계이다. 무선 링크는 TCP가 잘 운영되는 링크레이어(따라서 네트워크 레이어에서는 언급하지 않는다)상에서의 전송 에러는 복구되어야 한다.

이러한 상황은 혼잡을 감소시키는 데 매우 도움을 준다. 상태가 절망적이기도 전에 초기에 라우터가 패킷을 버림으로써, 너무 늦기 전에 소스가 동작을 행할 수 있게 하는 시간이 있다. 가장 대중적인 알고리즘은 **RED(Random Early Detection)**이라고 불린다(Floyd and Jacobson, 1993). 언제 버리는 것을 시작할지 결정하기 위해, 라우터는 라우터의 큐 길이의 연속적인 평균(running average)을 유지해야 한다. 동일한 회선 상의 평균 큐 길이가 임계치를 초과하면, 이 회선은 혼잡 되었다고 말하고 랜덤하게 그 패킷의 작은 일부를 버린다. 선택된 패킷은 랜덤하게 빠른 송신자가 패킷을 버리는 것을 좀 더 쉽게 알 수 있게 해준다; 이것은 다이어그램 네트워크에서 어떤 자원이 더 많은 문제점을 야기하는지 라우터가 알려줄 수 없기 때문에 가장 최선의 옵션이다. 영향을 받은 송신자는 응답이 없을 때 손실을 알 수 있으며, 전송 프로토콜은 속도를 늦출 것이다. 손실된 패킷은 따라서 어떤 명백한 신호를 보내는 라우터 없이, 쵸크 패킷과 마찬가지로 동일한 메시지를 전송할 것이다.

RED 라우터는 동작을 재조정하는 게 필요하긴 하지만, 자신의 버퍼가 다 찼을 때 패킷을 버리는 라우터와 비교해 개선된 성능을 보일 것이다.

5.4 서비스 품질

이전 절에서 살펴본 기술들은 혼잡을 줄이고 네트워크 성능을 개선시키고자 설계되었다. 그러나 멀티미디어 네트워킹의 성장과 함께, 이 임기응변적 조치들은 때때로 충분치 못하다. 네트워크 프로토콜 설계를 통한 서비스 질을 보장하는 시도가 요구된다. 다음 절에서는 네트워크 성능에 대해 공부하도록 한다. 지금은 어플리케이션 필요에 일치되는 서비스 질을 보장하기 위한 방법에 초점을 맞추도록 한다. 시작하기 전에 이 모든 아이디어가 유동적이며 변할 수 있음을 언급해둔다.

서비스의 좋은 품질을 제공하기 쉬운 해결책이 있을 것이다. 어떤 트래픽에 대한 충분한 용량과 네트워크를 구축하는 것이다. 이 방법은 오버프로비저닝이다. 그 결과 네트워크가 괜찮은 라우팅 체계를 손실 없이 응용 프로그램 트래픽을 운반하고, 낮은 대기 시간과 패킷을 전달한다. 성능은 이보다 더 낮지 않다. 어느 정도로 전화가 아닌 즉시 발신음 수요가 거의 항상 충족 수를 사용할 수 있도록 많은 용량이 있다.

서비스 메커니즘의 품질은 적은 용량 저렴한 비용뿐만 아니라 애플리케이션 요구 사항을 충족해야 한다. 또한 오버프로비저닝은 예상 트래픽에 교통 패턴이 너무 많이 변경하면 결여된 행동을 한다. 몇 가지 요청을 거절하는 비용을 서비스 메커니즘, 트래픽 스파이크의 품질이라 한다.

아래 네 가지 문제는 서비스 품질을 보장하기 위해 해결되어야 한다 :

1. 어떤 응용 프로그램은 네트워크에서 필요하다.
2. 네트워크를 입력 트래픽을 조절하는 방법에 대해 설명한다.
3. 성능을 보장하기 위해 라우터에서 자원을 예약하는 방법에 대해 설명한다.
4. 네트워크를 안전하게 더 많은 트래픽을 받아들일 수 있는지 여부.

단일 기술이 문제를 효율적으로 다루지 않는다. 대신 기술의 다양한 네트워크 (및 전송) 계층에서 사용하기 위해 개발되었다.

5.4.1 요구 사항

근원지에서 목적지로 향하는 패킷의 흐름을 **플로우(flow)**이라 한다. 흐름은 연결형 네트워크에서 연결된 모든 패킷들이 될 수 있고 또한 비연결형 네트워크에서 모든 패킷들이 하나의 프로세스에서 다른 프로세스까지 전송된다. 각 흐름의 필요는 4개의 중요한 매개변수에 의해 특징지어질 수 있다. 신뢰성, 지연, 지터, 대역폭. 이들은 모두 플로우가 요구하는 **서비스 품질(Qualtiy of Service, QoS)**를 결정한다.

그림 5-27에는 몇몇 일반적인 애플리케이션과 이들의 엄격한 요구사항이 제시되어 있다. 네트워크 요구사항이 응용 네트워크에 의해 제공된 서비스상에서 개선되는 이유로 인해 응용 요구사항보다 부담이 덜하다.

특히 네트워크는 신뢰성 파일 전송에 대해 손실되지 않는 것을 요구하지 않으며, 오디오와 비디오 출력에 대해 동일한 지연을 가진 패킷을 전달할 필요가 없다. 어떤 손실은 재전송으로 복구될 수 있고 어떤 지터는 수신기에서 패킷을 버퍼링함으로서 부드러워 질 수 있다. 그러나 네트워크가 너무 적은 대역폭과 너무 많은 지연을 제공한다면 이 상황을 해결하는 어떤 응용도 없다.

대역폭이 큰 것을 필요로 하지 않는 이메일, 모든 유형의 오디오, 원격 로그인의 응용은 대역폭이 서로 다르나 파일 공유와 모든 유형의 비디오는 큰 대역폭을 필요로 한다.

Application	Bandwidth	Delay	Jitter	Loss
E-mail	Low	Low	Low	Midium
File transfer	High	Low	Low	Medium
Web access	Medium	Medium	Low	Midium
Remote login	Low	Medium	Medium	Midium
Audio on demand	Low	Low	High	Low
Video on demand	High	Low	High	Low
Telephony	Low	High	High	Low
Video conferencing	High	High	High	Low

그림 5-27 응용별 QoS 요구사항

보다 흥미로운 것은 지연 요구사항이다. e-mail과 영상을 포함하는 파일 전송 어플리케이션은 지연에 민감하지 않다. 모든 패킷이 몇 초간 균일하게 지연된다면, 별 문제 없다. 웹 서핑과 원격 로그인과 같은 상호 작용 어플리케이션은 더 지연에 민감하다. 전화 통신과 영상 회의와 같은 실시간 어플리케이션에서는 엄격한 지연 요구사항을 가진다. 전화 통신에서 모든 단어들이 너무 길게 각각 지연된다면, 사용자들은 연결이 허용되기 어렵다는 것을 알 것이다. 반대로 서버로부터 오디오나 영상 파일을 가져오는 것은 낮은 지연을 요구하지 않는다.

지연에서 변화 또는 패킷 도착 시간을 지터라 한다. 그림 5-27에서 처음 세 개의 어플리케이션은 이들 사이에 비규칙적인 간격으로 도착하는 패킷에 민감하지 않다. 원격 로그인은 연결이 많은 지터를 겪으면 스크린 표면 위에 글자들이 갑자기 많이 보이기 때문에 어느 정도 민감하다. 오디오와 비디오는 특히 지터에 민감하다. 사용자가 네트워크상으로 영상물을 시청하고 있고 그 프레임이 정확히 2,000초가 지나 지연된다면 별 문제 없다. 그러나 전송 시간이 1~2초 사이에 임의로 변한다면, 그 결과는 심각하다. 오디오에 대해 몇 밀리세컨드의 지터는 깨끗하게 청취할 수 있다.

처음 4개의 어플리케이션은 비트가 올바르게 전달되어야 하기 때문에 손실에서 엄격한 요구사항을 가진다. 이 목표는 보통 트랜스포트 계층의 네트워크에서 손실된 패킷의 재전송으로 달성할 수 있다. 이것은 헛된 작업이다; 네트워크가 처음 장소에서 손실될 것 같은 패킷을 거절한다면 더욱더 좋을 것이다. 오디오와 비디오는 사람들이 짧은 정지와 프레임을 스킵하는 것을 인지하지 못하기 때문에 재전송 없는 손실 패킷을 참을 수 있다.

네트워크 다양성을 수용하기 위해서 네트워크는 서로 다른 카테고리의 QoS를 지원한다. 영향력이 큰 예는 ATM 네트워크로서 웅장한 네트워크의 한 부분이고, 틈새 기술을 가지고 있다. 플로우를 네 가지 주요 카테고리로 분류한다.

1. 항등 비트율(전화통신)
2. 실시간 가변 비트율(압축된 화상회의)
3. 비실시간 가변 비트율(인터넷 영화 관람)
4. 가용 비트율(파일 전송)

이 카테고리는 다른 목적과 다른 네트워크에서도 유용하다. 항등 비트율을 일정한 대역폭과 일정한 지연을 제공함으로써 유선을 시뮬레이션하기 위한 시도이다. 가변 비트 속도는 영상이 압축되었을 때 발생한다. 복잡한 프레임을 보내는 것은 많은 비트를 보내는 것을 요구하는 반면 하얀 벽의 프레임을 보내는 것은 굉장히 압축될 것이다. 주문형 비디오는 실제로 몇 초 동안의 비디오가 재생되기 전에 쉽게 수신기에서 버퍼되기 때문에 실시간이 아니다. 가용 율은 지연 또는 지터에 민감하지 않는 e-mail과 같은 애플리케이션을 위한 것이다.

5.4.2 트래픽 정형화

네트워크가 QoS를 보장하기 전에 트래픽이 보장되어야 한다. 전화망에서 이러한 특징은 단순하다. 예를 들어 음성 통화(압축하지 않은 형식)는 64kbps를 필요로 하고, 매 125μsec마다 8bit 샘플로 이루어져 있다. 그러나 데이터 네트워크에서 트래픽은 버스트이다. 음성 통화는 전형적으로 트래픽 율이 변화(압축이 있는 비디오 회의), 응용과 상호작용(새로운 웹 페이지의 브라우징), 일 사이의 컴퓨터 스위치처럼 일정하지 않은 비율로 도착한다. 버스트 트래픽은 버퍼를 채우고 패킷을 손실하는 원인이 되기 때문에 항등 율 트래픽보다 취급하기가 더 어렵다.

트래픽 정형화는 평균율과 네트워크에 들어가는 데이터 흐름의 버스트성을 조절하는 기술이다. 목표는 약간의 버스트를 포함하여 그들의 요구사항에 적합한 다양한 트래픽을 전송하는 응용을 허용하는 것으로서, 아직까지도 네트워크 트래픽 패턴을 만드는 단순하고 유용한 방법을 가지고 있다. 흐름이 설정될 때 사용자와 네트워크(소비자와 공급자)는 흐름에 대한 특정한 트래픽 패턴(정형화)에 동의한다. 결과적으로 소비자는 공급자에게 "내 전송 패턴은 이것처럼 보일 것이다. 당신은 이것을 취급할 수 있나요?"라고 말한다.

때때로 이러한 동의를 서비스 **수준 동의(Service Level Agreement, SLA)**라 하고, 특히 소비자를 위한 모든 트래픽과 같이 전체적인 흐름과 긴 주기 시간을 통해 만들 수 있다 소비자가 협상을 완료하는 동안에 계약서에 동의에 따라 패킷을 전송하고, 공급자는 적절한 시기에 패킷들을 전달한다.

트래픽 정형화는 혼잡을 감소하고 네트워크가 약속에 부응하도록 돕는다. 그러나 그렇게 하기 위해서 소비자가 동의에 따른다면 구매자가 공급자는 어떻게 말할 것인가와 소비자가 동의에 따르지 않는다면 무엇을 해야 하는지에 대한 문제가 발생하게 된다. 협정한 패턴을 넘어선 패킷은 네트워크에서 손실되거나 또는 보다 낮은 우선순위를 가지고 있는 것과 같이 표시된다. 트래픽 흐름을 감시하는 것은 **트래픽 정책(policing)**이라고 한다.

정형화와 폴리싱은 피어-투-피어에서는 그렇게 중요하지 않으며, 트랜스퍼는 이용 가능한 대역폭을 소비한다. 그러나 오디오, 비디오 연결과 같은 실시간 데이터에 대해서는 정형화와 폴리싱은 매우 중요하며, 엄격한 서비스 품질 요구사항을 가지고 있다.

리키 버킷 토큰 버킷 알고리즘

우리는 응용에 전송하는 데이터양을 제한하는 방법을 이미 배웠다. 슬라이딩은 윈도우는 많은 데이터를 주어진 시간에 어떻게 전송하는가를 제한하는 파라미터를 사용하며, 간접적으로 전송률을 제한한다. 우리는 특성화 트래픽을 보다 일반화한 방법인 리키 버킷과 토큰 버킷 알고리즘을 살펴볼 것이다.

그림 5-28(a)과 같은 밑바닥에 작은 구멍이 뚫려 있는 물통을 생각해 보라. 물통에 유입되는 물의 속도에 관계없이, 물통 안에 약간이라도 물이 있을 때의 물의 유출량은 R로 일정하고 물통이 비어 있다면 유출량은 0이다. 또한 물통이 용량 B까지 가득 차게 되면 그 이상 유입되는 물은 물통 밖으로 흘러넘치게 되고 소실되어버린다.

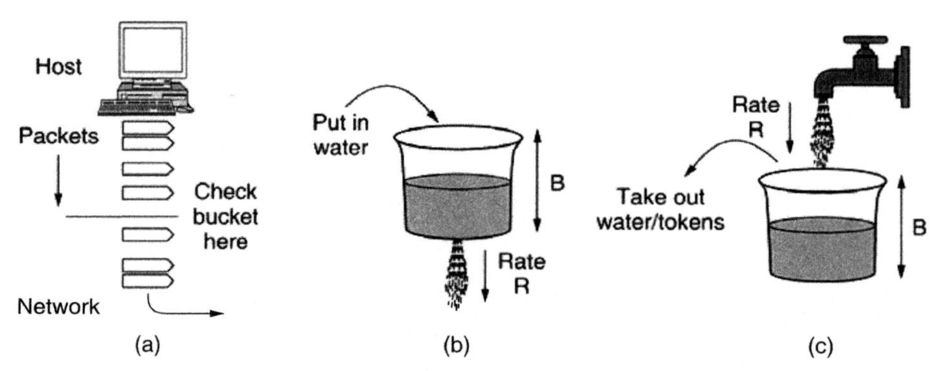

그림 5-28 (a) 세이핑 패킷 (b) 리키 버킷 (c) 토큰 패킷

그림 5-28(a)처럼, 이러한 물통은 네트워크에 입력되는 패킷을 정형화하고 폴리싱하기 위해 사용된다. 개념적으로, 각 호스트는 리키 버킷을 가지는 인터페이스에 의해 네트워크에 연결된다. 네트워크에 패킷을 전송하기 위해 가능한 물통의 물을 퍼내야만 한다. 물통이 가득 찰 때 패킷이 도착한다면 패킷은 물이 밖으로 유출될 때까지 큐되거나 또는 버려지게 된다. 전자는 운영체제 한 부분으로서 네트워크에 대한 트래픽이 정형화하는 호스트에 발생한다. 후자는 네트워크 입력되는 트래픽을 폴리싱하는 네트워크 공급자 인터페이스의 하드웨어에서 발생한다. 이러한 기술은 투머(Tumer, 1896)에 의해 제안되었으며, **리키 버킷 알고리즘(Leaky Bucket Algorithm)**이라 부른다.

다르지만 동일한 형식은 그림 5-28(c)에서 나타난 것처럼 물통이 가득 차 있는 상태로 네트워크 인터페이스를 상상하는 것이다. 이전과 같이 탭은 비율 R로 수행되고, 물통은 용량 B를 갖는다. 패킷을 전송하기 위해 우리는 물통 밖(물통 속으로 집어넣는 것보다)으로 물이나 토큰이라고 하는 내용물을 가지고 있어야 한다. 단지 정해진 토큰 수 B는 물통에서 누적되고, 물통이 비어 있다면 우리는 다른 패킷을 전송하기 전에 더 많은 토큰이 도착할 때까지 기다려야 한다. 이 알고리즘을 토큰 버킷 알고리즘(토큰 버킷 알고리즘)이라 한다.

리키와 토큰 버킷은 장기 흐름 비율을 제한하지만 바뀌지 않고 인위적인 지연이 없이 통과하는 최대 길이까지 단기의 버스트 버킷을 허용한다. 큰 버스트는 네트워크에서 혼잡을 줄이는 리키 버킷 트래픽 정형화에 의해 평평해진다. 컴퓨터가 1,000Mbps까지 데이터를 생성하고, 네트워크의 첫 번째 링크에서 이러한 속도로 실행된다고 가정하자. 호스트 트래픽 패턴은 그림 5-29(a)에 나타내었다. 이 패턴은 버스트이다. 두 번째 링크를 통한 평균율은 200Mbps이고 심지어 호스트는 1,000Mbps 최대 속도로(1/8초 동안) 6,000KB의 버스트를 전송한다.

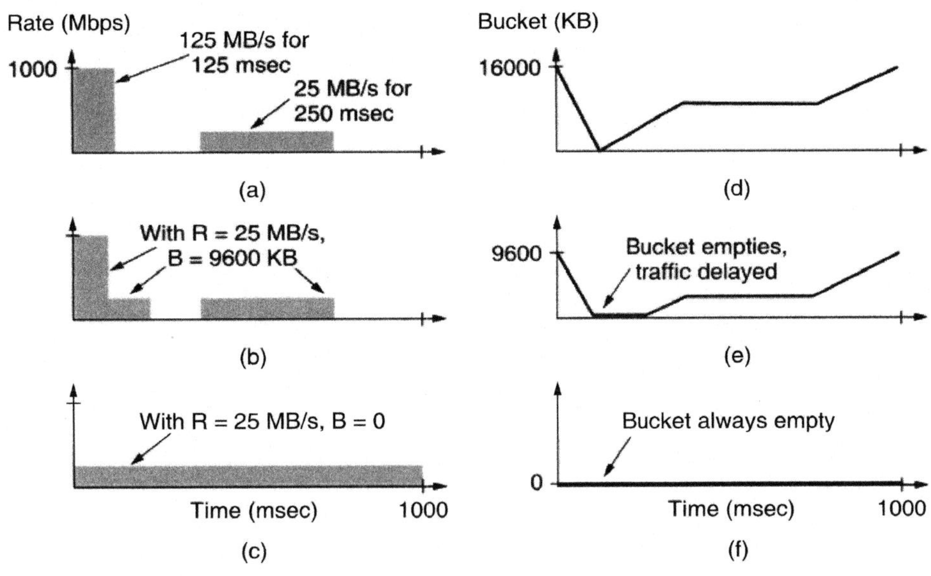

그림 5-29 (a)호스트로부터 트래픽. 200Mbps 전송률과 용량 (b) 9600KB (c) 0KB의 토큰 버킷이 정형화된 출력. 200Mbps 전송률과 용량 (d) 16,000KB (e) 9600KB (f) 0KB의 정형화하는 토큰 버킷 레벨

라우터가 버퍼가 찰 때까지 짧은 간격을 통해 최대의 속도로 데이터를 수용한다고 가정하자. 버퍼 크기는 버스트 트래픽보다 다소 적은 9,600KB이다. 긴 시간 간격을 통해 라우터는 200Mbps 초과하지 않는 상태에서 최대의 비율로 동작한다. 트래픽이 이러한 패턴에서 전송된다면 영향이 있는데 이는 트래픽의 일부가 라우터의 버퍼 내에 적합하지 않기 때문에 네트워크에서 손실된다.

패킷 손실을 피하기 위해 우리는 호스트에서 토큰 버킷을 이용하여 트래픽을 정형화시켜야 한다. 만약 200Mbps 전송률 9,600KB 용량 B를 사용한다면 트래픽은 취급 가능한 버퍼 이내에 떨어진다. 이러한 토큰 버킷의 출력을 그림 5-29(b)에 나타내고 있다. 호스트는 버킷을 비울 때까지 짧은 시간 동안 1,000Mbps 비율로 조절하여 전속력으로 전송한다. 그런 다음에 버킷은 버스트가 전송될 때까지 200Mbps의 속도로 축소하게 된다. 효과는 동시에 취급하는 양이 너무 많기 때문에 시간을 통해 버스트를 분산시키는 것이다. 토큰 버킷의 레벨을 그림 5-29(e)에서 보여주고 있다. 그것은 가득 채워지기 시작하고 초기 버스트에 의해 삭제된다. 버킷이 0으로 도달할 때 새로운 패킷들은 버퍼가 채워지는 비율로 전송되고, 버킷이 복구될 때까지 버스트가 없다. 전송하는 트래픽이 없을 때 버킷은 채워지고, 트래픽 채워지는 비율로 전송할 때 평평하다고 말한다.

우리는 또한 트래픽을 버스트하지 않게 정형화할 수 있다. 그림 5-29(c)는 R=200Mbps인 토큰 버킷, 0의 용량을 나타내고 있다. 이것은 트래픽이 완전히 매끄러운 지나친 경우이다. 버스트가 허용되지 않으며, 트래픽은 안정된 비율로 입력된다. 버킷 레벨에 일치하는 것은 그림 5-29(f)에 나타내고 있으며, 항상 비어 있다. 트래픽은 네트워크 속에서 방출하기 위해 호스트에 큐잉 되고 버킷이 허용될 때 전송되기 위해 항상 패킷을 기다린다.

마지막으로 그림 5-29(d)는 R=200Mbps 토큰 버킷과 용량 B=16,000KB에 대한 버킷 레벨을 보여주고 있다. 이것은 트래픽이 변하지 않은 채로 통과하는 가장 적은 토큰 버킷이다. 그것은 호스트가 전송한 트래픽을 폴리스 하기 위해서 네트워크의 라우터에서 사용된다. 만일 호스트가 네트워크에 적합한 토큰 버킷에 일치하는 트래픽을 전송한다면, 네트워크의 가장자리의 라우터에서 실행되는 동일한 토큰 패킷에 적합하다. 만일 호스트가 빠른 비율 또는 버스트 비율로 전송하면 토큰 버킷은 물 밖에서 수행된다. 이런 일이 발생하면 트래픽 폴리서는 기술되지 않는 트래픽이라고 알 것이다. 그런 다음에 패킷 초과량을 손실하거나 또는 네트워크 설계에 의존하는 패킷의 우선순위를 낮게 할 것이다. 예에서 버킷은 처음의 버스트 끝에 순간적으로 비우고, 그런 후에 다음 버스트를 위해 충분히 복구한다.

리키와 토큰 버킷은 구현하기에 쉽다. 우리는 토큰 버킷의 동작을 설명할 것이다. 우리는 버킷의 안과 밖으로 계속해서 물의 흐름을 설명하였음에도 불구하고 실제 구현은 별개의 요구사항을 가지고 구현해야 한다. 토큰 버킷은 버킷의 레벨에 대한 카운터를 가지고 구현되어야 한다. 카운터는 ΔT초마다 R/ΔT씩 증가된다. 위의 예에서 이것은 1msec마다 200kbit이다. 트래픽의 모든 시간 단위는 네트워크 내에 전송되고 카운터는 감소되며 트래픽은 카운터가 0이 될 때까지 트래픽은 전송될 것이다.

패킷이 모두 동일한 크기일 때, 버킷 레벨은 패킷(예를 들어 200Mbit는 1250바이트의 20패킷이다)에서 카운트된다. 그러나 가변적인 패킷이 사용된다. 이 경우에서 버킷 레벨은 바이트로 카운트된다. 잔여 바이트 카운트는 큰 패킷으로 전송하기에 너무 적다면, 패킷은 다음 짧은 시간까지 기다려야 한다(또는 채워지는 비율이 적다면 길다).

최대 속도 데이터 버스트의 길이를 계산하는 것은 약간 까다롭다. 그것은 버스트가 토큰보다 크게 출력되기 때문에 단지 9,600KB를 25MB/sec으로 나누는 것보다 길다. 만약 버스트의 길이가 S초, 토큰 버킷의 수용력은 R바이트, 최대 출력 속도를 M bytes/sec, 그리고 토큰 도착 속도는 R bytes/sec,

이라고 한다면, 출력되는 버스트는 B +RS 바이트의 최대치를 가진다. 또한 *S*초의 길이를 가지는 최대-속도 버스트 동안의 바이트 수는 MS라는 것도 알 수 있다. 그러므로 다음과 같은 식이 도출된다.

$$B+RS=MS$$

위의 식은 S = B//(M-R)식으로 풀 수 있다. B = 250 KB, M =25 MB/sec, 그리고 R =2 MB/sec의 매개변수들을 이용하여 약 94msec의 버스트 시간을 얻을 수 있다.

토큰 버킷 알고리즘의 부분적인 문제점은 큰 버스트가 최대 버스트 구간 R에 이르기까지 감소하는 것이다. 그것은 장기간의 비율을 떨어뜨리지 않으면서(또한 네트워크에 보다 많은 트래픽을 허용할 수 있도록 장기간의 비율 증가 없이) 자주 최대율을 감소시키기에 바람직하다. 평탄한 트래픽을 위한 한 가지 방법은 첫 번째 토큰 버킷 뒤에 두 번째 토큰 버킷을 삽입 하는 것이다. 두 번째 버킷의 전송 비율이 첫 번째 버킷의 전송비율보다 높다. 기본적으로 첫 번째 버킷이 약간의 버스트를 허용하면서 평균 전송 비율을 고정하면서 트래픽을 특징짓는다. 두 번째 버킷은 버스트가 네트워크에 전송되는 곳에서 최대 전송률을 감소시킨다. 예를 들어, 두 번째 토큰 버킷이 500Mbps로 설정되고, 용량이 0으로 설정되는 경우 초기 버킷이 500Mbps의 최대 비율로 네트워크 속에 입력되는데 그것은 이전에 가졌던 1,000Mbps보다 낮다.

이러한 버킷을 사용하는 것은 조금 까다로울 수 있다. 토큰 버킷이 호스트에서 트래픽 정형화를 위해 사용될 때, 패킷은 큐되고 버킷이 패킷을 전송하는 것을 허용할 때까지 지연된다. 토큰 버킷이 네트워크의 라우터에서 트래픽 폴리싱을 위해 사용될 때 알고리즘은 허가된 양 이상의 패킷들이 전송되지 않는다는 것을 확실히 시뮬레이트해야 한다. 그럼에도 불구하고, 이 툴은 서비스 질 요구사항을 만족시키는 것을 돕도록 관리하기 쉬운 네트워크 트래픽을 정형화하는 방법을 제공한다.

5.4.3 패킷 스케줄링

제공된 트래픽의 형태를 정형화하기 할 수 있는 것은 서비스의 질을 보장하기 위한 좋은 출발이다. 그러나 성능보장을 제공하기 위해, 우리는 패킷이 네트워크를 통해 갖는 라우트를 따라 충분한 자원을 예약하는 것이다. 이렇게 하기 위해 우리는 패킷 흐름이 동일한 경로를 따른다고 추정한다. 임의로 라우터 상에 이 정보들을 뿌리는 것은 어느 것도 보장하기 어렵게 한다. 결과적으로 가상회선과 유사한 것은 근원지에서 목적지까지 설정해야 하고, 플로우에 속하는 모든 패킷은 이 경로를 따라야 한다.

플로우의 패킷과 경쟁하는 플로우 중에 라우터를 할당하는 알고리즘을 패킷 스케줄링 알고리즘이라 한다. 세 가지 다른 종류의 예약이 서로 다른 플로우를 위해 예약될 수 있다.

1. 대역폭
2. 버퍼 공간
3. CPU 사이클

먼저 대역폭이 가장 명확하다. 플로우가 1Mbps를 요구하고 출력 회선이 2Mbps의 용량을 가진다면, 이 회선을 거쳐 3개의 플로우가 흐르게 하는 것은 동작하지 않을 것이다. 그러므로 대역폭을 예약하는 것은 어떤 출력 회선을 정량 이상으로 신청하지 않다는 것을 의미한다.

때때로 적은 공급이 이뤄지는 두 번째 자원은 버퍼 공간이다. 패킷이 도착하면, 선택된 출력 회선으로 전송될 때까지 라우터 내부에 저장된다. 버퍼의 목적은 플로우가 서로 경쟁하는 조그만 버스트 트래픽을 받아들이는 것이다. 버퍼를 사용할 수 없으면, 패킷은 들어갈 공간이 없기 때문에 버려져야 한다. 좋은 서비스 질을 위해, 일부 버퍼는 특정 플로우가 다른 플로우와 버퍼를 위해 서로 경쟁하지 않게 하기 위해 이 특정 플로우를 위해 예약될 수 있다. 플로우가 최대치까지 이를 필요로 하면 버퍼는 사용 가능하게 된다.

마지막으로 CPU 사이클 또한 부족한 자원이다. 패킷을 처리하기 위해 라우터 CPU 시간을 쓴다. 그러므로 라우터는 오직 초당 특정수의 패킷을 처리할 수 있다. 반면에 현재의 라우터는 대부분의 패킷을 빨리 처리할 수 있으며, 5.6장에서 설명하였던 ICMP 패킷처럼 어떤 종류의 패킷은 아주 큰 CPU처리를 필요로 한다. CPU가 과부하 되지 않는다는 것을 각 패킷의 처리를 제시간에 하기 위하여 필요하다.

패킷 스케줄링 알고리즘은 패킷 버퍼링 중 다음 출력 라인에 보낼 것을 결정함으로써 대역폭과 다른 라우터 리소스를 할당한다. 우리는 이미 가장 간단한 스케줄러에 어떻게 라우터가 작동하는지 설명한다. 각각의 라우터들은 전송할 수 있을 때까지 각각의 출력 라인에 대한 대기 열에 있는 패킷 버퍼를, 그들은 그들이 도착한 순서대로 발송된다. 이 알고리즘은 **선입선출 (First-In First-Out)** 또는 **FCFS(First-Come First-Out)**로 알려져 있다.

큐가 가득 차면 FIFO 라우터는 일반적으로 새로 도착한 패킷을 드롭시킨다. 새로 도착한 패킷은 대기열의 끝에 배치해 있기 때문에, 테일 드롭이라고 한다. 대안이 궁금할 것이다. 사실 우리가 5.3.5장에서 설명하는 RED 알고리즘은 평균 큐의 길이가 길어지게 되었을 때 무작위로 드롭한 새로 도착하는 패킷을 선택했다. 다른 스케줄링 알고리즘은 또한 버퍼가 꽉 찰 때 드롭하는 패킷을 결정하는 다른 기회를 만들 수 있다.

FIFO 스케줄링은 구현하기 쉽고, 여러 흐름이 있을 때, 한 흐름을 쉽게 다른 흐름의 성능에 영향을 미칠 수 있기 때문에 그것은 서비스의 좋은 품질을 제공하기 위해 적합하지 않다. 첫 번째 흐름은 공격적이고 패킷의 큰 파열을 보낼 경우, 그들은 대기열에서 머문다. 그들의 도착 순서에 따라 처리 패킷은 보낸 사람이 다른 흐름을 서비스의 품질을 감소, 라우터의 패킷 트레버스의 용량 대부분 독차지 할 수 있다는 걸 의미한다. 그들이 많은 공격 패킷을 보낸 뒤에 대기열에 앉아 있기 때문에 추가를 통해 받을 수 있으며 다른 흐름의 패킷이 지연될 가능성이 높다.

간섭에서 플로우와 좌절된 시도 사이에 보다 강력한 분리를 제공하는 다양한 패킷 스케줄링 알고리즘들이 고안되고 있다(Bhatti & Crowcroft, 2000). 최초의 알고리즘들 중 하나는 공정한 큐잉(fair queuing) 알고리즘(Nagle, 1987)이다. 이 알고리즘의 핵심은 라우터가 각각의 플로우에 대해, 각 출력 회선을 위한 독립된 큐들을 갖는다는 것이다. 회선이 쉬게 되는 경우, 라우터는 그림 5-30에서 나타낸바와 같이 라운드 로빈 방식으로 다음 큐의 첫 패킷을 선택하는 식으로 큐들을 훑어간다.

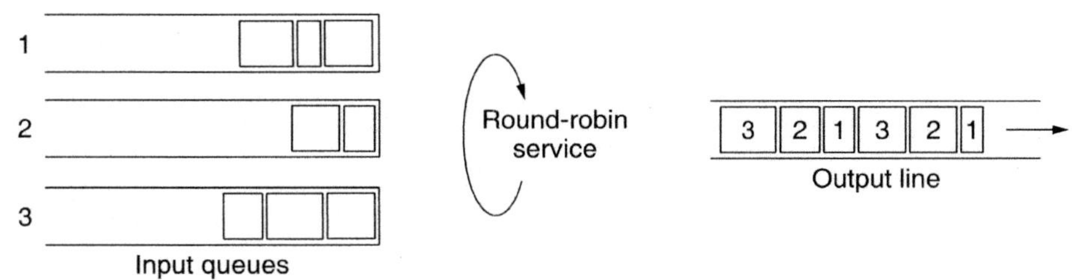

그림 5-30 라운드-로빈 페어 큐잉

이 방식에서 출력 회선에 대해 *n*개의 호스트가 경쟁하면서, 각 호스트는 매 *n* 패킷 중 하나를 보낸다. 그것은 모든 플로우가 동일한 비율로 패킷을 전송한다는 측면에서 공정하다.

이 알고리즘에는 문제점이 있다. 작은 패킷을 사용하는 호스트보다 큰 패킷을 사용하는 호스트에 더 많은 대역폭을 준다. (Demens et. al., 1990)은 **패킷 단위(packet-by-packet)**로 라운드 로빈 대신, 바이트 **단위(byte-by-byte)**로 라운드 로빈을 시뮬레이트하는 방법으로 성능 향상을 제안하였다. 이 트릭은 각각의 패킷의 전송이 완료되는 시점에서 라운드 수인 가상 시간을 계산하는 것이다. 그 패킷들은 끝마친 순서대로 저장되고 그 순서대로 보내진다.

이 알고리즘과 세 가지 흐름에서 도착하는 패킷의 종료시간이 그림 5-31에서 설명하고 있다. 패킷이 길이 L을 갖는다면 종료되는 라운드는 시작 시간 다음의 L 라운드이다. 시작 시간은 이전 패킷의 종료 시간이거나 또는 패킷이 도착할 때 큐가 비어 있다면 패킷의 도착 시간이다.

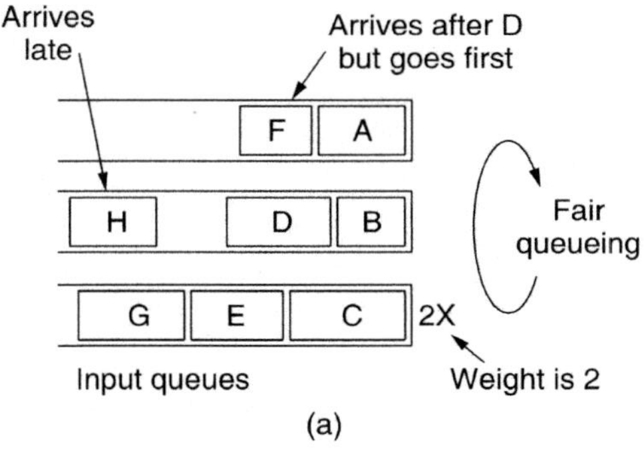

(a)

Packet	Arrival time	Length	Finish time	Output order
A	0	8	8	1
B	5	6	11	3
C	5	10	10	2
D	8	9	20	7
E	8	8	14	4
F	10	6	16	5
G	11	10	19	6
H	20	8	28	8

(b)

그림 5-31 (a) 가중치 페어 큐잉 (b) 패킷에 대한 완료시간

그림 5-31(b)의 테이블로터 상위 두 개의 큐에서 처음 두 개의 패킷을 볼 수 있으며, 패킷은 A, B, D와 F의 순서로 도착한다. 패킷 A는 라운드 0에서 도착하고 8바이트 길이로서 종료시간은 라운드 8이다. 비슷하게 패킷 B에 대한 종료시간은 11이다. 패킷 D는 B가 전송되는 동안에 도착한다. 그것의 종료시간은 B가 종료될 때 시작한 후에 9바이트 라운드이다. 비슷하게 F에 대한 종료시간은 16이다. 새로운 도착이 없는 상태에서 F가 D다음으로 도착한다 하더라도 상대적인 전송 순서는 A, B, F, D이다. 그것은 다른 조그만 패킷이 최상위 플로우에서 도착할 것이고, D 이전에 종료시간을 획득하는 것이 가능하다. 만일 패킷의 전송이 시작되지 않는다면 그것은 단지 D 앞으로 건너뛴다. 공정 큐잉은 현재 전송되고 있는 패킷을 먼저 차지하지는 않는다. 패킷들이 전부가 전송되기 때문에 공정 큐잉은 이상적인 바이트단위(byte-by-byte)의 구조와 비슷하다. 그러나 그것은 비슷하기 때문에 모든 시간에서 패킷전송의 이상적인 구조 내에 머무른다.

이 알고리즘에서의 문제점은 모든 호스트에게 동일한 우선권을 준다는 것이다. 여러 상황에서, 예를 들어 파일 서버보다 더 많은 대역폭이 영상 서버에 주어지는 것이 바람직하다. 라운드 당 두 개 이상의 바이트가 영상 서버에 주어지는 것이다. 이 수정된 알고리즘을 가중치 공정 대기열 처리(weighted fair queueing)라 한다. 라운드 당 바이트 수를 플로우의 가중치 W가 되게 함으로서 종료시간을 계산하기 위한 공식은 다음과 같이 주어진다.

$$F_i = \max(A_{i,} F_{i-1}) + L_i / W$$

위식에서 Ai는 도착 시간, Fi는 종료시간, Li는 패킷 i의 길이다. 그림 5-31(a)의 하단 대기열은 2 이상의 무게를 가지고 있으므로 그림 5-31(b)에 주어진 완료 시간에서 볼 수 있듯 그 패킷이 더 빠르게 전송됩니다.

또 다른 실용적인 구현은 복잡하다. WFQ는 패킷 정렬 대기열에 자신의 마무리 시간에 삽입해야 한다. N 흐름과 이것은 최선의 고속 라우터에서 흐름이 많이 달성하기 어렵다. 패킷마다 O(logN) 작업한다. Shreedhar 및 Varghese(1995)는 패킷마다 O(1) 동작을 이용하여 매우 효율적으로 구현할 수 있는 결핍 라운드 로빈이라는 근사치를 설명한다. WFQ는 널리 근사치를 부여하는 데 사용된다.

스케줄링 알고리즘 다른 종류도 존재한다. 간단한 예를 들어 각 패킷이 우선순위로 표시되는 높은 우선순위 패킷이 항상 버프 중인 낮은 우선순위 패킷 전에 발송된다. 우선순위 내에 패킷은 FIFO 순서로 전송된다. 그러나 우선 예약 우선순위가 높은 대기열 큰 무게의 파열이 3, 우선순위가 높은 패킷이 자주 짧은 라인을 통과 된 것이라는 (상대적으로 적은 패킷이 최우선되어야 한다) 단점을 가지고 낮은 우선순위 패킷의 일부 분율 우선순위가 높은 트래픽이 있을 경우에도 발송할 것이다. 높고 낮은 우선순위 시스템은 기본적으로 높은 우선순위는 무한 무게를 가지고 있는 두 개의 대기열 WFQ 시스템이다.

스케줄러의 마지막 예를 들면, 패킷 타임스탬프를 운반 및 타임스탬프 순서대로 발송한다. Clerk

et. al.(1992)는 타임스탬프는 그것의 경로에서 라우터의 순서를 통해 전송되는 대로 패킷 뒤에 또는 앞에 일정이 얼마나 멀리 기록하는 디자인을 알려준다. 라우터에서 다른 패킷 뒤에 대기 중이 되었다. 패킷 일정이 늦어지는 경향을 보이면, 타임스탬프를 하고 있는 패킷 동시에 빠른 패킷을 늦추고 있는 동안 느린 패킷 속도의 이익 효과가 있다. 결과는 패킷이 보다 일관성 있는 지연은 네트워크에 의해 전달되는 것이다.

5.4.4 수락 제어

이제 우리의 QoS를 위해 필요한 모든 요소를 볼 수 있고 실제로 그것을 제공해야 한다. QoS의 보장은 관리의 과정을 통해 설정된다. 약한 성능도 보장된다. 혼잡을 제어하는 데 사용 허가 컨트롤을 보았다. 지금 우리가 고려하고 있는 보장은 더 강해지만 모델은 동일하다. 사용자가 네트워크에 수반의 QoS 요구와 흐름을 제공한다. 네트워크 다른 흐름으로 만든 용량과 약속에 따라 흐름을 허용할지 또는 거부할지 여부를 결정한다. 그것이 허용하면 네트워크 트래픽이 새로운 흐름에 전송 때의 QoS를 보장하기 위해 라우터에서 사전에 용량을 보유하고 있다.

예약은 패킷은 네트워크를 통해 받아 모든 라우터를 따라 만들어야 한다. 예약 없이 경로에 있는 모든 라우터가 혼잡할 수도, 그리고 하나의 혼잡 라우터의 QoS 보장을 깰 수 있다. 많은 라우팅 알고리즘은 각 소스와 각 목적지 사이에 하나의 최고의 경로를 찾아 최고의 경로를 통해 모든 트래픽을 보낼 수 있다. 가장 좋은 경로를 따라 충분한 여분의 용량이 없다면 어떤 흐름을 거부하는 원인이 될 수 있다. 새로운 흐름에 대한 QoS 보장이 아직도 초과 용량을 가지고 흐름에 대해 다른 경로를 선택하여 지낼 수 있다. 이것은 QoS를 라우팅이라고 한다. Chen과 NAHrstedt(1998)이 기술의 개요를 제공한다. 이것은 또한 용량을 초과하는 것을 쉽게 찾는 다중 경로를 통해 각각의 목적지에 대해 트래픽을 분할하는 것이 가능하다. 간단한 방법은 라우터가 동등한 비용 경로를 선택하거나 트래픽을 동등하게 또는 외부로 나가는 링크의 용량에 비례하여 나누는 것이다. 그러나 더욱 정교한 알고리즘 또한 이용 가능하다(Nelakuditi & Zhang, 2002).

주어진 경로상에서 플로우를 수락할지 거절할지의 결정은 세 가지 차원에서 라우터의 용량을 초과하는 플로우에 의해 자원 (대역폭, 버퍼, 사이클) 요구를 비교하는 문제는 간단하지 않다. 이는 그보다 더욱 복잡하다. 처음에는 비록 몇몇 어플리케이션에서 이들의 대역폭 요구 사항을 처리할지라도 버퍼 또는 CPU 사이클에 대해 거의 아는 것이 없으므로, 플로우를 기술하기 위해서는 다른 방법이 필요하고 이러한 설명을 자원 예약으로 번역한다.

다음으로 일부 응용들은 다른 것들보다 가끔씩 없어지는 데드라인에 대해 더 내성이 있다. 응용은 네트워크가 만드는 보장이 종류를 선택하고, 보장 또는 행동이 대부분의 시간에 유지될 것이다. 모든 것이 동등하게 됨으로써 모든 사람은 어려운 보장은 좋아하나 최악의 경우 행동을 제한하기 때문에 비용이 비싸지는 이려움이 있다. 대부분의 페킷에 대한 보장은 어떤 응용에서는 충분하고, 보장이 있는 플로우는 고정된 용량을 지원한다.

마지막으로 일부 어플리케이션은 플로우 매개변수를 다른 것보다 적게 필요로 할 것이다. 예로, 일반적으로 초당 30프레임을 상영하는 영화가 초당 30프레임을 지원하기 위해 여유 대역폭이 충분치 않다면, 초당 25프레임으로 다시 떨어지려 할 것이다. 프레임당 픽셀 수, 오디오 대역폭과 그 밖의 특성들이 조정될 수 있다.

많은 당사자들이 플로우 협상(송신자, 수신자, 이들 간의 경로를 따르는 모든 라우터)에 참여할 수 있기 때문에, 플로우는 협상될 수 있는 특정한 매개변수들로 정확하게 기술되어야 한다. 이런 매개변수 셋을 플로우 명세(flow specification)라 한다. 전형적으로 송신자(예로, 비디오 서버)는 사용하려하는 매개변수를 제안하는 플로우 명세를 만든다. 그 명세는 경로를 따라 전파되면, 각 라우터는 이를 조사하고 필요하다면 수정한다. 그 수정은 이를 증가시키지 않고 그 플로우를 줄이기만 한다(더 높은 데이터율이 아닌 더 낮은 데이터율). 다른 쪽에 도착하면, 매개변수는 설정될 수 있다.

무엇이 플로우 명세에 들어갈 수 있는지 통합된 서비스에 대한 RFC 2210과 2211를 근거로 한 그림 5-32를 예로 들어보자. 다섯 개의 매개변수가 있다. 처음 두 개는 토큰 버킷 비율과 토큰 버킷 크기로서 오랜 시간 간격 동안 평균이 되는 최대 지속 속도(maximum sustained rate)를 주는 토큰 버킷과 짧은 시간 간격을 통해 전송되는 가장 큰 버스트를 사용한다.

Parameter	Unit
Token bucket rate	Bytes/sec
Token bucket size	Bytes
Peak data rate	Bytes/sec
Minimum packet size	Bytes
Maximum Packet size	Bytes

그림 5-32 플로우 명세 예

세 번째 매개변수인 피크 데이터 속도(Peak data rate)는 짧은 시간 동안 최대 허용 전송속도이다. 송신자는 이 속도를 넘어서는 안 된다.

마지막 두 매개변수들은 트랜스포트 및 네트워크 계층 헤더를 포함하여 최소와 최대 패킷 크기를 명시한다. 패킷이 얼마나 짧은지에 관계없이 각 패킷을 처리하는 데는 고정된 시간이 걸리기 때문에 최소 크기가 중요하다. 라우터는 각 1KB의 10,000패킷/초를 처리할 준비가 되어 있지만, 더 낮은 데이터율을 나타낼지라도, 각 50바이트의 100,000패킷/초를 처리할 준비는 되어 있지 않을 수도 있다. 최대 패킷 크기는 내부 네트워크 제한을 넘지 말아야 하기 때문에 중요하다. 경로의 일부가 이더넷 상으로 지난다면, 최대 패킷 크기는 나머지 네트워크가 처리할 수 있는 크기에 관계없이 1,500바이트보다 더 작게 고정될 것이다.

흥미로운 질문은 라우터가 어떤 방법으로 특정 자원 예약의 셋으로 플로우 명세를 바꾸냐는 것이다. 처음에는 라우터가 1Gbps의 속도로 실행하는 링크와 평균 패킷이 1,000bit를 가지고 있다면 라우터는 초당 100만 비트를 처리할 수 있다. 그렇지만 이러한 관찰은 부하의 통계적인 변동으로 인한 링크 상에서 유휴 주기가 있기 때문에 경우가 아니다. 만일 링크가 할 수 있는 모든 용량의 비트를 필요로 한다면, 몇 개의 비트에 대한 유휴는 결코 제거할 수 없는 백로그(backlog)를 생성한다.

그러나 이론상의 용량보다 조금 가벼운 부하에서 조차, 큐가 만들어질 수 있고 지연이 발생할 수 있다. λ 패킷/초(packet/sec)의 평균 도착률로 패킷이 랜덤하게 도착하는 상황을 고려해 보자. 각 패킷에서 요구되는 CPU 시간도 μ 패킷/초의 평균 처리하는 용량으로 역시 랜덤이다. 도착과 서비스 분포는 포아송 분포(Poisson distribution)(M/M/1 큐잉 시스템이라고 하고, M은 마르코브 의미, 즉 포아성)분포라는 가정 아래 패킷이 겪는 평균 지연은 큐잉 이론을 사용하여 증명될 수 있다.

$$T=\frac{1}{\mu}\times\frac{1}{1-\lambda/\mu}=\frac{1}{\mu}\times\frac{1}{1-\rho}$$

$\rho=\lambda/\mu$ 에서 CPU 이용률이다. 첫 번째 요소 $1/\mu$ 은 서비스 시간이 경쟁이 없을 경우가 된다. 두 번째 요소는 다른 플로우와의 경쟁 때문에 감속된다. 예로 λ =950,000 패킷/초, μ =1,000,000 패킷/초이면, 이때 ρ =0.95이고 각 패킷에서 겪는 평균 지연은 1μ sec가 아닌 20μ sec가 될 것이다. 이 시간은 부하가 매우 낮을 때($\lambda/\mu\approx 0$) 보여 질 수 있듯이, 큐잉 시간과 서비스 시간 모두 고려한 것이다. 플로우의 경로를 따르는 30개의 라우터가 있다면, 큐잉 지연만 지연의 600μ sec 만큼 될 것이다.

대역폭과 지연 성능 보장에 일치하는 라우터 자원에 대한 플로우 명세서와 관련된 하나의 방법은 Parekh와 Gallagher(1993,1994)에 주어졌다. 그것은 정형화된 (R,B)토큰 버킷의 트래픽 근원지와 라우터의 WFQ를 토대로 하고 있다. 각각의 플로우는 그림 5-33에서 나타난 바와 같이 토큰 버킷율 R을 빼내기에 충분히 큰 WFQ 가중 W가 주어진다. 예를 들어 플로우가 1Mbps 속도와 라우터 그리고 출력 링크가 1Gbps용량을 가지고 있다면 플로우 가중은 출력 링크의 라우터에서 모든 플로우에 대한 전체 가중의 1/1000보다 클 것이다. 이것은 플로우 최소 대역폭을 보장한다. 만일 충분한 전송 비율이 주어지지 않는다면 플로우는 수락되지 않는다.

가장 큰 큐잉 지연 흐름은 토큰 버킷의 버스트 크기를 알 수 있다. 만일 트래픽이 편평하다면 어떠한 버스트도 없이 패킷은 도착 즉시 빠르게 라우터로부터 추출할 수 있다. 그것은 큐잉 지연이 없다(패킷화하는 효과를 무시하면서). 그와는 달리 트래픽이 버스트에서 저장된다면, 그런 후에 최대 크기 버스트 R이 라우터에 한 번에 도착할 것이다. 이 경우에서 최대 큐잉 지연 D는 보장된 대역폭 또는 B/R에서 이 버스트를 추출하기 위해 갖는 시간이다(패킷화하는 결과를 무시하면서). 만일 이러한 지연이 너무 크다면 플로우는 네트워크로부터 더 큰 대역폭을 요구한다.

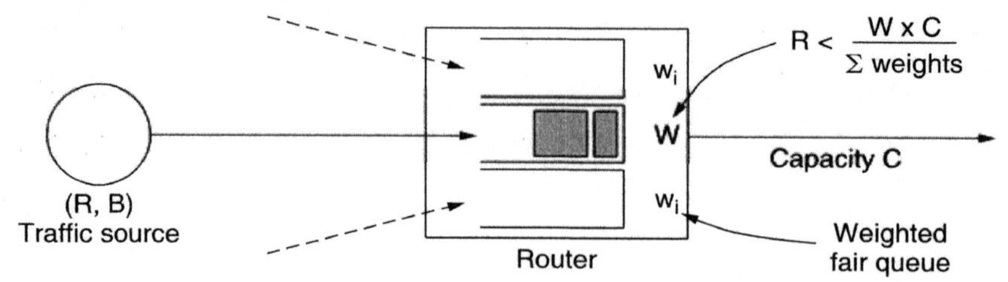

그림 5-33 (a) 토큰 버켓과 WFQ가 있는 대역폭과 지연 보장

이러한 보장은 어렵다. 토큰 버킷은 근원지의 버스트를 바운드하고, 공정 큐잉은 다른 플로우에 주어진 대역폭을 분리한다. 이것은 플로우가 다른 경쟁 플로우가 라우터에서 어떻게 동작하는지 관계없이 대역폭과 지연 보장을 충족한다는 것을 의미한다. 다른 플로우들은 트래픽을 저장하고 한 번에 전송함으로서 보장을 깨지는 못한다.

더구나 결과는 네트워크 토폴로지에서 다중 라우터를 통해 경로를 유지한다. 각각의 플로우는 각각의 라우터에서 대역폭이 보장되기 때문에 최소의 대역폭을 갖는다. 각각의 플로우가 갖는 최대의 지연을 감지하기 힘들기 때문이다. 버스트 트래픽이 첫 번째 라우터와 부딪히고, 다른 플로우 트픽과 경쟁하는 최악의 경우에서 플로우는 최대 지연 D까지 지연될 것이다. 그러나 이러한 지연은 또한 버스트를 평평하게 한다. 결국 이것은 버스트가 다음 라우터에서 큐잉 지연이 더 되는 좋지 못한 결과를 초래한다. 전체적인 큐잉 지연은 D가 될 것이다.

5.4.5 통합 서비스

1995년에서 1997년간 IETF는 스트리밍 멀티미디어에 대한 구조를 고안하여 많은 노력을 했다. 이 연구는 RFC 2205-2210으로 시작하는, 24개 이상의 RFC의 성과를 이루었다. 이 연구를 위한 일반적인 이름은 플로우 기반 알고리즘(Flow-based algorithm) 또는 통합 서비스(Integrated service)이다. 이는 유니캐스트와 멀티캐스트 어플리케이션 둘 다를 목표로 하였다. 전자의 예로 뉴스 사이트로부터 영상 클립을 내려 받는 단일 사용자가 있다. 후자의 예로 다양한 위치에 있는 많은 수신자들에게 IP 패킷의 스트림으로써 이들 프로그램들을 브로드캐스팅하는 디지털 텔레비전 방송국의 집합을 들 수 있다. 유니캐스트는 멀티캐스트의 특별한 경우이기 때문에 아래에서 멀티캐스트를 집중적으로 살펴볼 것이다.

많은 멀티캐스트 어플리케이션에서, 그룹들은 동적으로 구성원이 변경될 수 있다. 예로, 영상 회의에 참여하고 그다음 지루해지면 드라마나 요리 채널로 바꾼다. 이런 상황에서 각 송신자는 모든 청취자의 들어옴과 나감을 추적해야 하기 때문에 사전에 송신자가 대역폭을 예약한다는 접근방법은 잘 동작하지 않는다. 수백만의 시청자를 상대로 텔레비전을 전달하기 위해 설계된 시스템에 대해 전혀 동작하지 않을 것이다.

자원 예약 프로토콜

통합 서비스 구조를 위한 주요 IETF 프로토콜은 **자원 예약 프로토콜(Resource reSerVation Protocol, RSVP)**이다. 이는 RFC 2205-2210에 기술되어 있다. 이 프로토콜은 자원 예약을 위해 사용된다. 다른 프로토콜은 이 데이터를 보내기 위해 사용되지만, 이 프로토콜은 예약을 하기 위해 사용된다. RSVP는 여러 그룹의 수신자에게 여러 송신자가 데이터를 보내는 것을 허용하고 각 수신자가 채널을 마음대로 바꾸도록 허용하여 혼잡을 없애면서 대역폭을 최적화하는 것이다.

이 프로토콜의 가장 간단한 형태에 있어, 프로토콜은 앞에서 설명했던 신장 트리를 사용하는 멀티캐스트 라우팅을 사용한다. 각 그룹은 그룹 주소가 할당된다. 한 그룹에 전송하기 위해 송신자는 패킷 내에 그룹의 주소를 기입한다. 그다음, 표준 멀티캐스트 라우팅 알고리즘은 모든 그룹 구성원들을 포함하는 신장 트리를 만든다. 라우팅 알고리즘은 RSVP의 부분이 아니다. 보통의 멀티캐스팅과의 유일한 차이점은 약간의 부가 정보인데, 그것은 트리상에 위치한 라우터들에게 그들의 메모리 내에 있는 특정 데이터 구조를 관리하도록 주기적으로 그룹에 멀티캐스트 된다.

한 예로서, 그림 5-34(a)의 네트워크를 생각해 보라. 호스트 1과 2는 멀티캐스트 송신자들이며 호스트 3, 4, 5는 멀티캐스트 수신자들이다. 이 예에서 송신자들과 수신자들이 분리되어 있지만, 일반적으로 두 그룹은 겹쳐질 수 있다. 호스트 1과 2에 대한 멀티캐스트 트리가 그림 5-34(b) 및 5-34(c)에 각각 나타나 있다.

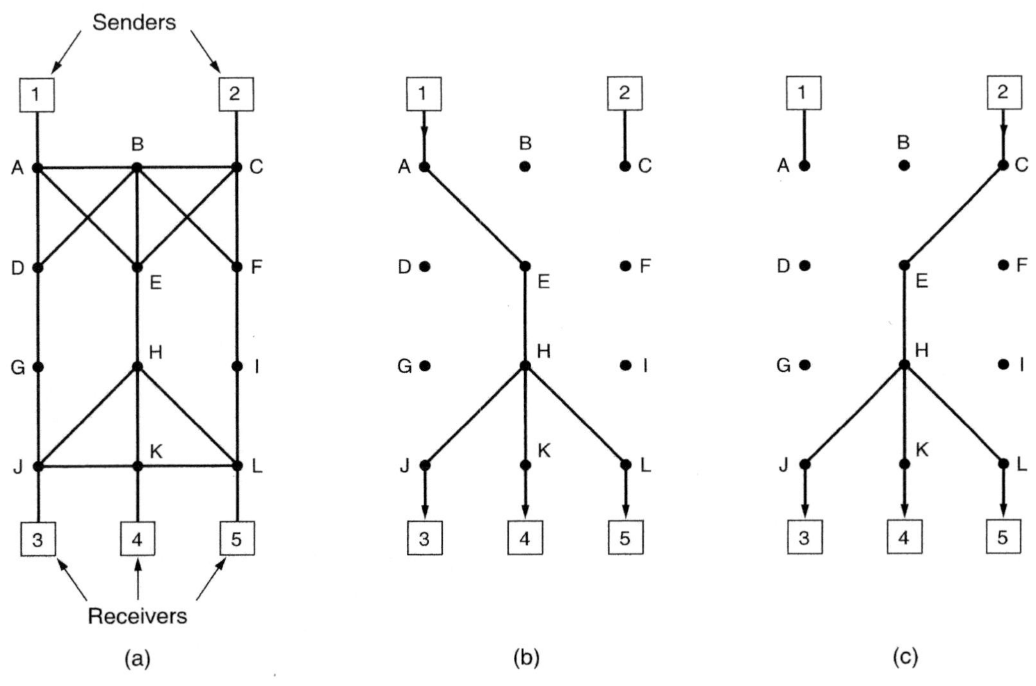

그림 5-34 (a) 네트워크 (b) 호스트 1에 대한 멀티캐스트 신장 트리 (c) 호스트 2에 대한 멀티캐스트 신장 트리

수신율을 좋게 하고 혼잡을 제거하기 위해, 그룹 내의 어떤 수신자들도 트리를 경유하여 송신자에게 예약 메시지를 보낼 수 있다. 그 메시지는 앞에서 설명했던 역경로 전송 알고리즘을 사용하여 전파된다. 각 홉에서 라우터는 예약을 주목하고 필요한 대역폭을 예약한다. 만약 필요한 대역폭이 부족할 경우, 라우터는 실패했다는 신호를 되돌려 보낸다. 메시지가 근원지로 되돌아가고 나면 송신자로부터 수신자까지 신장 트리를 따라 예약 요청을 하여 대역폭은 예약된다.

그러한 예약의 예가 그림 5-35(a)에 나타나 있다. 여기서 호스트 3은 호스트 1에게 하나의 채널을 요청하였다. 채널이 수립되면 패킷들은 1에서 3까지 혼잡 없이 전송될 수 있다. 이제, 만약 호스트 3이 다시 또 다른 송신자 호스트 2에게 채널을 예약하고, 사용자가 동시에 두 개의 텔레비전을 볼 수 있을 때 무슨 일이 일어나는지 생각해 보자. 두 번째의 경로가 그림 5-35(b)에 나타난 것처럼 예약된다. 두 개의 독립된 스트림들이 전송되고 있으므로 두 개의 분리된 채널들이 호스트 3에서 라우터 E까지 필요하다는 것에 주의하라.

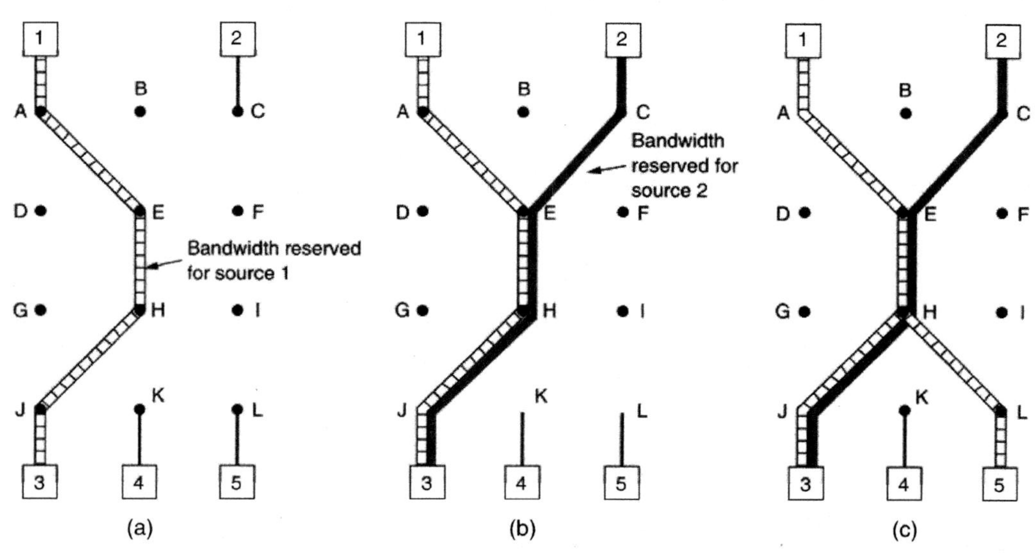

그림 5-35 (a) 호스트 3이 호스트 1에게 채널을 요구한다. (b) 호스트 3이 다시 호스트 2에게 두 번째 채널을 요구한다. (c) 호스트 5가 호스트 1에게 채널을 요구한다.

마지막으로 그림 5-35(c)에서 호스트 5는 호스트 1에 의해 전송되고 있는 프로그램을 보기로 결정하고 역시 예약을 한다. 먼저 라우터 H까지의 전용 대역폭이 예약된다. 그러나 이 라우터는 이미 호스트 1에 의해 공급되고 있음을 안다. 즉 필요한 대역폭은 이미 예약되어 있으므로, 라우터는 더 이상 예약할 필요가 없다. 호스트 3과 5는 서로 다른 양의 대역폭을 요구했을 수도 있으므로(3은 흑백텔레비전 세트를 가지고 있고 따라서 칼라 정보를 원하지 않는다), 예약된 수용량은 많은 것을 요구하는 수신자를 만족시킬 수 있을 만큼 커야 한다는 것에 주의하라.

예약에 있어서, 수신자는 (선택 사항으로) 자신이 수신 받고 싶은 하나 혹은 그 이상의 근원지를 지정할 수 있다. 또한 그러한 선택들이 예약 기간 동안 고정불변일 것인지, 아니면 차후에 근원지의 변경을 할 것인지의 여부도 지정할 수 있다. 라우터들은 이러한 정보들을 대역폭 계획의 최적화에 사용한다. 특별히 두 명의 수신자들이 만약 그들 모두 차후에 근원지를 바꾸지 않을 것에 동의한다면, 오직 하나의 경로를 공유하도록 설정된다.

완전히 동적인 상황에서 이러한 방식을 쓰는 이유는 예약된 대역폭을 근원지의 선택과 분리하고자 하기 때문이다. 한번 수신자가 대역폭을 예약하면 그것은 다른 근원지로 전환할 수도 있고, 존재하는 경로의 일부분을 새로운 근원지를 위해 유지할 수도 있다. 만약 예를 들어 다중 채널을 가지고 있는 TV 브로드캐스터인 호스트 2가 실시간으로 몇 개의 비디오 스트림들을 전송하고 있다면, 호스트 3은 자신의 예약을 바꿀 필요 없이 원하는 대로 그것들을 전환하며 시청할 수 있을 것이다. 라우터들은 수신자가 무엇을 시청하는가 하는 것에는 관심이 없다.

5.4.4 차등화된 서비스

플로우 기반 알고리즘들은 그 경로를 따라 필요한 어떤 자원이든지 예약하기 때문에, 하나 이상의 플로우에게 좋은 서비스의 질을 제공할 잠재성을 가지고 있다. 그러나 이 알고리즘도 역시 단점을 가진다. 이 알고리즘들은 각 플로우를 설정하기 위해 사전 준비가 요구되는데 이것은 수천, 수백만 플로우가 있을 경우 제대로 확장시킬 수 없게 된다. 또한 이 알고리즘들은 라우터에 내부 플로우 당 상태를 유지하여, 라우터 크래시에 취약하도록 한다. 마지막으로 라우터 코드에 요구되는 변경들이 매우 크고 플로우를 설정하기 위해 복잡한 라우터 대 라우터 교환을 포함한다. 결과적으로 RSVP 또는 이와 유사한 것들은 아직 거의 실재하지 않는다.

이러한 이유로, IETF는 모든 경로를 포함하지 않고 사전 설정도 없이 각 라우터에서 지역적으로 충분히 구현될 수 있는, 더욱 간단한 서비스 질에 대한 접근방법을 고안하였다. 이 방법은 (플로우 기반에 반대되는) 클래스 기반(class-based) 서비스 질로 알려져 있다. IETF는 RFC 2472, 2475 및 그 외에 기술된 차등화된 서비스(Differentiated Service)라 불리는, 이에 대하여 구조를 표준화하였다. 이제부터 이에 대해 기술할 것이다.

차등화된 서비스(DS)는 관리 도메인(ISP 또는 telco)를 형성하는 라우터의 집합에 의해 제공될 수 있다. 이 관리는 전송 규칙에 따르는 서비스 클래스의 집합을 정의한다. 구매자가 차등화된 서비스(DS)에 등록하면, 이 도메인으로 들어오는 구매자 패킷은 패킷이 속한 클래스를 표시한다. 이 정보는 IPv4와 IPv6의 차등화된 서비스 필드를 전송한다(5.6장에서 설명). 클래스는 네트워크를 통한 보장이 아니고 각각의 라우터에서 수신된 패킷을 취급에 비례하기 때문에 홉당 동작(per hop behavior)으로 정의된다. Type of Service(서비스 타입) 필드를 수반한다. 어떤 클래스(프리미엄 서비스)에는 다른 서비스(규칙적인 서비스)보다 좋은 서비스를 제공한다. 클래스의 트래픽은 특정화된 출력 속도와 더불어 리키 버킷과 같은, 특정 정형을 따르는 것이 요구된다. 운영자는 전송된 각각의 프리미엄 패킷에 대해 추가 비용을 징수하거나 고정된 추가 월 요금에 대해 월당 *N*프리미엄 패킷까지 허용할 것이다. 이 기법은 통합 서비스에서와 같은 사전 설정, 자원 예약, 각 플로우에 대한 종단간 협상 소비 시간이 필요 없다는 것에 주목해라. 이는 차등화된 서비스(DS)를 구현하는 것을 비교적 쉽게 만든다.

클래스 기반 서비스는 또한 다른 산업에서도 발생한다. 예로, 택배 회사는 종종 1박, 2박, 3박 서비스를 제공한다. 항공사는 일등급 클래스, 비즈니스 클래스, 일반 클래스 서비스를 제공한다. 장거리 기차는 여러 서비스 클래스를 가진다. 파리 전철에서조차 두 가지 서비스 클래스를 가진다. 패킷에 대해서, 클래스는 여러 가능성 중에 지연, 지터, 혼잡시 제거될 확률 등에 따라 다르다.

플로우 기반 서비스 질과 클래스 기반 서비스 질의 확실한 차별을 하기 위해, 인터넷 전화를 예로 생각해 보자. 플로우 기반 기법에서, 각 전화 통화는 자기 자신의 자원과 보장을 얻는다. 클래스 기반 기법에서, 모든 전화 통화는 다 같이 클래스 전화에 대하여 예약된 자원을 얻는다. 이들 자원은 파일 전송 클래스 또는 그 밖의 클래스의 패킷에 의해 빼앗기지 않는다. 그러나 개별 전화 통화는 예약된 자원으로부터 어떤 개인의 별도 자원을 얻지 못한다.

속달 전송

서비스 클래스의 선택은 각 운영자에 달려 있다. 그러나 패킷은 가끔 다른 운영자에 의해 운영되는 서브넷 사이로 전달되기도 하기 때문에, IETF는 네트워크에 독립적인 서비스 클래스를 정의하는 작업을 진행하고 있다. 가장 간단한 클래스가 속달 전송(expedited forwarding)이므로 이에 대해 시작해보도록 하자. 이는 RFC 3246에 기술되어 있다.

속달 전송에 대한 아이디어는 간단하다. 두 가지 클래스의 서비스가 이용가능하다. 일반과 속달이다. 방대한 대다수의 트래픽은 일반이지만 일부는 속달이다. 속달 패킷은 다른 패킷이 없는 것처럼 서브넷을 통과한다. 이 “two-tube” 시스템의 상징적인 표현은 그림 5-36에 있다. 실제로는 하나의 물리 회선이 있다는 것을 주의해라. 그림에서 제시된 두 개의 논리 파이프는 두 번째 물리 회선이 아니라, 대역폭을 예약하기 위한 방법을 묘사하고 있다.

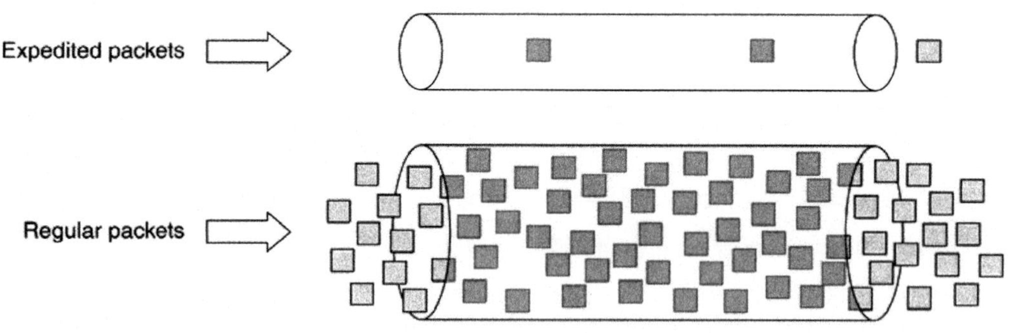

그림 5-36 트래픽-무관 네트워크를 속달 패킷

이 전략을 구현하기 위한 방법은 속달 패킷과 일반 패킷을 위해 각각 외부로 나가는 회선에 대해 2개의 출력 큐를 가지도록 라우터에 프로그램을 짜는 것이다. 패킷이 도착하면, 그에 맞게 큐에 넣는다. 패킷 스케줄링은 가중치 공정 대기열 처리(weighted fair queuing)와 같은 것을 사용한다. 예로, 트래픽의 10%가 속달이고 90%가 일반이면, 대역폭의 20%는 속달 트래픽에, 그 나머지는 일반 트래픽에 제공될 수 있다. 이렇게 함으로써 낮은 지연을 제공하기 위해 필요한 대역폭의 두 배를 속달 트래픽에게 주는 것이다. 이 할당은 (양쪽 클래스를 위한 분배 크기는 비슷하다는 가정 하에) 4개의 일반 패킷에 대해 하나의 속달 패킷을 전송함으로써 이루어질 수 있다. 이 방법에서, 속달 패킷은 사실 대량의 트래픽이 있을 경우조차, 부하 없는 서브넷을 보게 된다.

보증 전송

서비스 클래스를 관리하기 위한 좀 더 정교한 기법을 **보증 전송(assured forwarding)**이라 한다. 이는 RFC 2597에 기술되어 있다. 여기에는 4개의 우선순위 클래스가 명시되어 있고 각 클래스는 각각의 자원을 갖는다. 상위 3개의 클래스를 금, 은, 동이라 한다. 또한 혼잡(낮음, 중간, 높음)을 겪는 패킷에 대해 세 가지 버려질 확률을 정의하고 있다. 이 두 가지 요소는 12개의 서비스 클래스를 정의한다.

그림 5-37은 패킷이 보증 전송 하에서 처리되는 한 방법을 보여준다. 단계 1은 패킷을 네 개의 우선순위 클래스 중 패킷을 분류하는 것이다. 이 단계는 (그림에서 제시된 바와 같이) 송신하는 호스트 또는 입구 라우터에서 행해질 수 있고, 우선순위 패킷의 전송률은 제공되는 서비스의 부분으로서 운영자에 의해 제한된다.

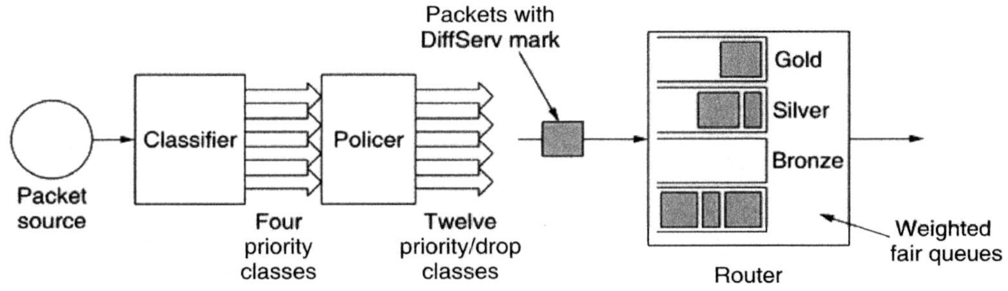

그림 5-37 보증 포워딩의 구현

단계 2는 패킷에 대한 무시되는 클래스를 결정하는 것이다. 이것은 토큰 버킷과 같은 트래픽 정책을 통해 각각의 순위 클래스의 패킷을 통과시킴으로서 이루어진다. 정책은 모든 트래픽을 통과시키기는 하나 적은 버스트 내에 적합한 패킷을 낮은 순위의 폐기로, 적은 버스트를 초과하는 패킷을 중간 순위의 폐기로, 큰 버스트를 초과하는 패킷을 높은 순위의 폐기로 하는 패킷을 식별한다. 그런 다음에 순위의 조합과 폐기 클래스는 각각의 패킷에 부호화된다.

마지막으로 패킷은 서로 다른 클래스를 구분하는 패킷 스케줄러를 가지고 있는 네트워크의 라우터에서 처리된다. 일반적인 선택은 네 개의 순위 클래스에 대해 가중치된 공정 큐잉을 사용하는 것이다. 이런 방법에서 우선순위가 높은 클래스는 대부분의 대역폭을 차지할 것이나 낮은 순위의 클래스는 대역폭을 전부 주지는 않는다. 예를 들어, 가중치가 하나의 클래스에서 다음 높은 클래스로 2배가 된다면 우선순위가 높은 클래스는 2배의 대역폭을 갖게 될 것이다. 우선순위 클래스 내에 우선순위가 있는 폐기 클래스를 가지고 있는 패킷은 **RED(Random Early Detection)**과 같은 알고리즘을 수행시킴으로서 우선적으로 손실시킬 수 있으며, 5.3.5장에서 볼 수 있다. RED는 라우터가 버퍼 공간의 밖에서 실행되기 전에 혼잡 발생하는 혼잡으로 패킷을 손실한다. 이 상태에서 낮은 순위의 폐기 패킷을 수용하는 버퍼 공간이 있으나 높은 순위의 폐기 패킷을 손실한다.

5.5 인터네트워킹

지금까지 각 계층 내 동일한 프로토콜을 사용하는 개개의 컴퓨터들은 같은 네트워크를 사용하고 있다고 생각해 왔다. 불행하게도, 이러한 가정은 너무나 낙관적인 것이다. PAN, LAN, MAN, WAN 등 다양한 네트워크가 존재한다. 케이블, 고정 및 이동 전화 네트워크, 802.11, 802.16인터넷, 이더넷을 설명했다. 다수의 프로토콜은 모든 계층과 네트워크에서 널리 사용되었다. 다음 섹션에서 간단히 인터넷에 대해 알아보고 두 개 이상의 네트워크가 하나의 인터네트워크 또는 보다 단순한 인터넷의 형태로 연결되었을 때 발생하는 문제에 주의 깊게 살펴보도록 하겠다.

모든 사람이 하나의 네트워킹 기술을 사용하는 경우 네트워크를 함께 연결하는 것은 훨씬 간단하며, 이러한 경우는 이더넷과 같은 지배적인 네트워크이다. 일부 전문가들은 모든 사람들이 얼마나 훌륭한가를 인식하자마자 다양한 기술들이 사라질 것이라고 추측한다. 각각 다른 종류의 네트워크들이 각각의 문제들을 해결하려고 노력한다. 예를 들어 이더넷 및 위성 네트워크는 항상 다를 가능성이 있다. 케이블, 전화망 및 송전선 위에서 실행되는 데이터 네트워크와 같은 기존 시스템을 재사용하는 것은 네트워크 특징들이 나누어지는 원인을 제공하는 제약들을 추가한다. 여기에 이질성이 있다.

만약 각각의 다른 네트워크에 있을 경우 상호연결이 필요하지 않다면 간단하다. 이것은 있을 수 없는 일이다. Bob Metcalfe는 N개 노드를 갖는 네트워크의 가치는 노드들 사이에 만들 수 있는 연결 수 또는 N^2이라고 생각했다(Gilder, 1993). 이것은 작은 네트워크보다 더 많은 연결을 허용하고 인센티브를 제공하므로 대규모 네트워크가 소규모 네트워크보다 값짐을 의미한다. 인터넷은 상호연결의 주요 예이다.

(다른 인터넷 또는 접속네트워크를 구분하기 위해 인터넷의 약어 "I"를 쓴다.) 이러한 모든 네트워크를 연결하는 목적은 임의의 네트워크 있는 사용자가 다른 모든 네트워크 있는 사용자와 통신을 할 수 있게

하는 것이다. 당신이 ISP 인터넷 서비스 이용을 위해 지불하면 당신의 대역폭에 따라 비용이 부과된다. 또한 인터넷의 다른 호스트와도 패킷을 교환할 수도 있다. 당신이 같은 구역에 다른 호스트로 패킷을 보낼 수 있다면 인터넷은 큰 인기를 끌지 않았을 것이다.

네트워크는 종종 중요한 방법에서 차이가 있기 때문에, 하나의 네트워크로부터 다른 네트워크로 패킷을 얻는 것은 쉬운 일이 아니다. 이종의 주소 문제와 인터넷의 규모가 커지는 결과에 따라 규모의 문제가 생긴다. 이제 네트워크가 어떻게 다른지 살펴보겠다. 그리고 IP(인터넷 프로토콜), 인터넷 네트워크 계층 프로토콜, 네트워크를 통한 터널링 기술 포함, 인터네트워크에서의 라우팅 그리고 패킷 분할 등을 살펴볼 것이다.

5.5.1 네트워크가 어떻게 다른가

네트워크는 여러 면에서 서로 다르다. 다른 변조 기술 또는 프레임 형식과 같은 차이점들은 물리 계층과 데이터 링크 계층에 있다. 이러한 차이점들은 여기에서 언급하지 않을 것이다. 대신에 그림 5-38에서 네트워크 계층에서 발생할 수 있는 여러 차이점을 나열한다.

Item	Some Possibilities
Service offered	Connectionless versus connection oriented
Addressing	Different sizes, flat or hierarchical
Broadcasting	Present or absent (also multicast)
Packet size	Every network has its own maximum
Ordering	Ordered and unordered delivery
Quality of service	Present or absent; many different kinds
Reliability	Different levels of loss
Security	Privacy rules, encryption, etc.
Parameters	Different timeouts, flow specifications, etc.
Accounting	By connect time, by packet, byte, or not at all

그림 5-38 다양한 방식의 네트워크의 차이점

네트워크상의 근원지에서 보내진 패킷이 목적지 네트워크(물론 이것은 근원지의 네트워크와는 다르다)에 도달하기 전에 하나 또는 그 이상의 외부 네트워크를 통과해야 할 때, 네트워크 사이의 인터페이스에 여러 문제가 발생할 수 있다. 소스에서 시작하기 위해 목적지의 주소가 필요하다. 어떠한 소스가 이더넷 네트워크에 있고 대상이 WiMAX 네트워크에 있다면 어떻게 해야 할까? 이더넷 네트워크로부터 WiMAX 목적지를 명시할 수 있다고 가정하면 패킷은 비연결 네트워크로부터 연결 지향 네트워크로 교차한다.

이것은 새로운 연결은 지연을 포함한 짧은 인지의 설정이 필요로 하고, 연결이 보다 많은 패킷에 사용되지 않는다면 많은 오버헤드를 필요로 한다. 어떻게 멀티 캐스트를 지원하지 않는 네트워크에 있는 일부 멤버를 가진 그룹에 패킷을 멀티캐스트할까? 또한 다른 네트워크에 의해 사용되는 서로 다른 최대 패킷의 크기가 골칫거리가 될 수 있다. 최대 크기가 1,500바이트인 네트워크를 통해 800바이트 패킷이 어떻게 통과할 수 있을까? 만일 패킷들이 연결 지향 네트워크상에서 비연결 네트워크로 전송된다면 패킷들이 송신된 순서와 달리 다른 순서로 도착될 수 있다. 그것은 송신자가 예상치 못한 것이며, 수신기에서도 마찬가지다.

이러한 종류의 차이는 약간의 노력으로 가려질 수 있다. 예를 들어 두 개의 네트워크를 연결하는 게이트웨이는 멀티캐스트를 지원하는, 보다 나은 네트워크 장소에서 각각의 목적지에 대한 서로 다른 패킷을 생성할 수 있다. 큰 패킷은 깨어져서 작은 조각으로 전송된 후 다시 원래대로 연결된다. 수신기들은 패킷을 저장할 수 있고, 패킷들을 순서대로 전달한다.

네트워크는 많은 면에서 다르기 때문에 조정하기가 더욱더 어렵다. 가장 명확한 예는 서비스 품질이다. 하나의 네트워크가 강한 Qos를 가지고 있고 다른 네트워크는 최선 노력 서비스를 제공한다면, 대역폭을 만드는 것과 종단간 실시간 트래픽을 위한 지연 보장은 불가능하다. 사실 대역폭과 지연 보장은 최선 노력 네트워크가 낮은 이용에서 운용되는 동안에 이루어질 가능성이 높거나 또는 ISP 목적에 부합되지 않기 때문에 거의 사용되지 않는다. 보안 메커니즘은 문제가 있지만, 기밀성과 데이터 무결성을 위한 최소한의 암호화는 이미 최선 노력 네트워크를 포함하지 않는 네트워크 상위에서 계층화될 수 있다.

5.5.2 네트워크가 어떻게 연결될 수 있는가

서로 다른 네트워크를 연결하기 위한 두 가지 기본 선택이 있다. 상호간의 네트워크를 위한 패킷 내에 각각의 네트워크로부터 패킷을 바꾸거나 또는 전환시키는 장치를 만들어낼 수 있다. 또한 훌륭한 컴퓨터 과학자들처럼 간접적인 계층을 추가함으로서 문제를 해결할 수 있고, 서로 다른 네트워크 위에 일반적인 계층을 구축할 수 있다. 각각의 경우에서 장치는 네트워크 사이의 경계에 위치하고 있다.

초기에 Cerf와 Kahn(1974)은 일반적인 계층에 대해 기존 네트워크의 차이를 숨길 수 있다고 주장하였다. 이러한 접근은 엄청난 성공을 거두었다. 그리고 그들이 제안했던 계층은 결국은 TCP와 IP 프로토콜로 분리되었다. 거의 40년 후, IP는 현대 인터넷의 기초가 되었다. 이러한 성취로 인해, Cerf와 Kahn 비공식적인 컴퓨터 과학의 노벨상으로 알려진 튜링상을 2004년에 수상하였다. IP는 모든 라우터가 인식하고 있는 거의 모든 네트워크를 통해 전달될 수 있는 보편적인 패킷 형식을 제공한다. IP는 전화망을 인수한 컴퓨터 네트워크로까지 범위를 확대하였다. 또한 IP는 센서 네트워크와 아주 작은 장치에서도 실행된다.

우리는 리피터, 허브, 교환기, 브리지, 라우터 및 게이트웨이를 포함한 네트워크를 연결하는 몇 가지 다른 장치를 논의했다. 중계기와 허브는 하나의 선에서 다른 선으로 단지 비트를 이동한다. 그들은 대부분 아날로그 장치이며, 높은 계층 프로토콜에 대해 아무것도 이해할 수 없다.

브리지와 교환기는 링크 계층에서 작동합니다. 그들은 네트워크를 구축하는 데 사용하지만, 10, 100, 1000Mbps의 이더넷 교환기 사이의 프로세스에서 사소한 프로토콜 변환을 가지고 있다. 이 섹션에서 우리의 초점은 즉 네트워크 계층에서 동작하는 상호 연결 장치 즉 라우터이다.

우리는 먼저 범용 네트워크 계층을 가진 상호 연결이 유사하지 않은 네트워크를 상호 연결하는 데 사용될 수 있는 방법을 높은 수준에서 탐구하자. 802.11, MPLS 그리고 이더넷 네트워크 구성된 인터넷을 그림 5-39(a)에 나타내고 있다. 802.11 네트워크상에서 소스 머신이 이더넷 네트워크상의 목적지 머신으로 패킷을 전송한다고 가정하자. 이러한 기술은 서로 다르므로 다른 종류의 네트워크 (MPLS)에 의해 더욱더 분리가 되고, 약간의 추가된 프로세싱이 네트워크 사이의 경계에서 요구된다.

일반적으로 서로 다른 네트워크는 주소의 서로 다른 형태의 주소를 가질 수 있기 때문에, 패킷은 세 개의 네트워크를 통해 임의의 호스트를 식별할 수 있는 네트워크 계층 주소를 운반한다. 첫 번째 경계에 도달하는 패킷은 802.11 네트워크로부터 MPLS 네트워크까지 패킷 전이일 때다. 802.11은 비연결 서비스를 제공하지만, MPLS는 연결 지향 서비스를 제공한다. 이것은 가상 회선이 해당 네트워크를 교차하도록 설정되어야 한다는 것을 의미한다. 일단 패킷이 가상 회선을 따라 이동을 하고 나면, 패킷은 이더넷 네트워크에 도달한다. 이러한 경계에서 패킷은 운반되기에는 너무 크므로 802.11은 이더넷보다 큰 프레임을 가지고 작업할 수 있다. 이 문제를 처리하기 위해, 패킷은 조각으로 나뉘고, 각각의 조각은 분리되어 전송된다. 조각이 목적지에 도착했을 때, 조각들은 재조립된다. 그리고 나면 패킷은 완벽하게 이동된다.

이 이동에 대한 프로토콜 프로세스는 그림 5-39(b)에 나타나고 있다. 소스는 전송 계층으로부터 데이터를 받아들이고, 범용 네트워크 계층 헤더를 가진 패킷을 생성하는 데 이 예에서는 IP이다.

궁극적인 목적지 주소를 포함한 네트워크 헤더는 패킷이 처음 라우터를 경유해서 전송되어야 한다는 것을 결정하기 위해 사용된다. 그러므로 패킷이 목적지 주소가 첫 번째 라우터이고 전송되는 802.11 프레임에서 캡슐화된다. 라우터에서 패킷은 프레임의 데이터 필드로부터 제거되고 802.11 프레임 헤더는 무시된다.

라우터는 패킷에서 IP 주소를 검사하고 라우팅 테이블에서 이 주소를 찾아본다. 이 주소를 토대로 패킷을 다음의 두 번째 라우터로 보내기 위해 결정한다. 경로의 이러한 부분에 대해 MPLS 가상 회선은 두 번째 라우터에 설립되어야 하고 패킷은 이러한 가상회선을 통해 이동하는 MPLS 헤더를 가지고 캡슐화되어야 한다. 멀리 떨어져 있는 종단에서 MPLS 헤더는 무시되고 네트워크 주소는 다시 다음 네트워크 계층 홉을 찾기 위해 찾아본다. 패킷이 이더넷을 통해 전송되기 위해 너무 길어지므로 두 부분으로 나뉜다. 이러한 부분의 각각은 이더넷 프레임의 데이터 필드에 더하고 목적지의 이더넷 주소로 보내진다. 목적지에서 이더넷 헤더는 각각의 프레임으로부터 벗겨져 내용들은 재조립된다. 결국 패킷은 목적지 주소로 도달된다.

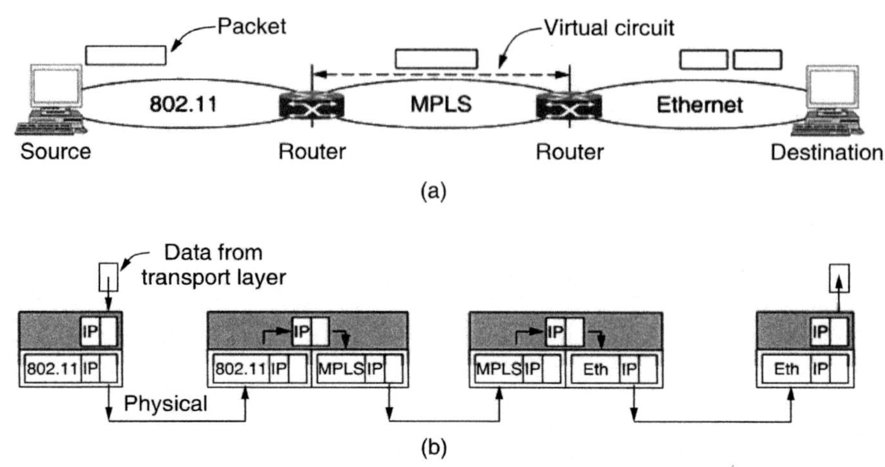

그림 5-39 (a)서로 다른 네트워크를 통과하는 패킷 (b)네트워크와 링크 계층 프로토콜 처리

라우트된 경우와 스위치된(또는 브리지된) 경우 사이에 아주 중요한 차이점이 있다는 것을 알 수 있다. 라우터를 가지고 있는 경우 패킷은 프레임으로부터 추출하고 패킷에서 네트워크 주소는 어디로 패킷을 전송해야 하는지를 결정하기 위해 사용된다. 스위치(또는 브리지)를 가지고 있는 경우 전체 프레임은 MAC 주소의 기본에 전송된다. 스위치들은 패킷을 교환하기 위해 사용되는 네트워크 계층 프로토콜을 이해하지 못하지만 라우터는 이해한다.

사실 인터네트워킹은 쉽지가 않다. 브리지가 도입되었을 때 브리지들이 서로 다른 네트워크 타입을 연결하거나 또는 최소한 LAN의 서로 다른 타입을 연결한다고 생각되었다. 브리지들은 하나의 LAN으로부터 프레임을 또 다른 LAN으로부터 프레임 내에 옮김으로서 인터네트워킹을 할 수 있다. 그러나 이렇게 하는 것은 인터네트워킹이 어렵다는 동일한 이유 때문에 잘 동작되지 않는다. 서로 다른 최대 패킷 크기와 우선순위의 클래스들을 가지고 있거나 가지고 있지 않는 LAN처럼 LAN의 특성에서 차이점은 마스크하기에 어렵다. 오늘날 브리지들은 링크 계층에서 동일한 종류의 네트워크를 연결하기 위해 대부분 사용되고, 라우터들은 네트워크 계층에서 서로 다른 네트워크를 연결한다.

인터네트워킹은 대규모 네트워크를 구축하는 곳에 매우 성공적이었다. 하지만 인터네트워킹은 단지 일반적인 네트워크 계층이 있을 때 동작한다. 사실 시간이 지남에 따라 많은 네트워크 프로토콜이 있어 왔다. 모든 사람들이 단일 포맷에 동의하는 것은 회사들이 그들이 제어하는 독점적 포맷을 갖는 것이 회사들의 상업적인 장점으로 여길 때 어렵다. 거의 보편적인 네트워크 프로토콜인 IP 외의 예들은 IPX, SNA와 AppleTalk였다. 이러한 프로토콜의 어느 것도 아직까지 광범위하게 사용되지 않았으나 항상 다른 프로토콜들이 있어 왔다. 현재 가장 관련이 있는 예는 아마도 IPv4와 IPv6이다. IPv4와

IPv6는 IP의 두 개의 버전으로 서로 호환이 될 수 없다.

다중 네트워크 프로토콜을 취급할 수 있는 라우터는 멀티프로토콜 라우터라 불린다. 멀티프로토콜 라우터는 프로토콜을 변환시키거나 또는 보다 높은 프로토콜 계층으로부터 연결을 그만둔다. 둘 중 어떠한 접근 방식도 전적으로 만족스럽지 못하다. 말하자면 TCP 이용에 의한 높은 계층에서 연결은 모든 네트워크들이 TCP를 구현하는 것을 요구한다. 그다음에 TCP를 사용하는 응용에 네트워크를 통과하는 사용을 제한한다.

대안은 네트워크들 사이의 패킷들을 변환시키는 것이다. 그러나 패킷 포맷들이 동일한 정보 필드에 거의 관련성이 없다면 전환은 항상 불완전하고 자주 실패하게 된다. 예를 들어 IPv6 주소들은 128비트 길이이다. IPv6 주소들은 32비트 IPv4 주소 필드에 맞지 않고, 라우터가 아무리 노력해도 불가능하다. 동일한 네트워크에서 실행하는 IPv4와 IPv6를 얻는다는 것은 IPv6의 전개에 중요한 걸림돌이 된다고 입증되었다. 보다 큰 문제는 근본적으로 비연결 네트워크 프로토콜과 연결 지향형 네트워크 프로토콜과 같은 서로 다른 프로토콜을 변환할 때 예측될 수 있다. 이러한 어려움이 주어진 상태에서 전환은 거의 드문 시도이다. 주장하건대 IP는 최소 공통분모의 종류처럼 서빙에 의해서만 잘 동작되어져 왔다. IP는 그다지 네트워크를 필요로 하지 않지만 최선의 서비스가 결과로 주어진다.

5.5.3 터널링

다른 두 네트워크가 서로 연동하게 만드는 일반적인 경우를 다루는 일은 대단히 어려운 일이다. 그러나 우리가 서로 다른 네트워크 프로토콜을 위해 다룰 수 있을 만한 특별한 경우도 있다. 이런 경우는 근원지와 목적지의 호스트가 동일한 형태의 네트워크상에 있어야 하며, 중간에 다른 네트워크가 있어야 한다. 그림 5-40에서와 같이 파리와 런던에서 IPv6 네트워크와 사무실 사이는 IPv4 인터넷 가지고 있는 국제 은행을 생각해볼 수 있다.

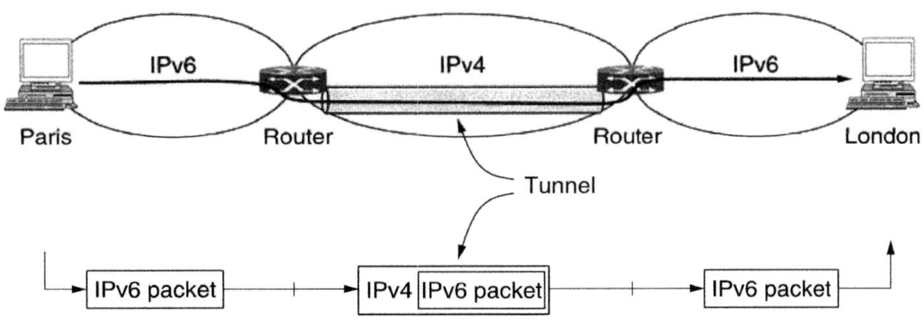

그림 5-40 파리와 런던 간의 패킷 터널링

이 문제에 대한 해결책은 터널링(tunneling)이라는 기술이다. 런던 사무실의 호스트로 IP 패킷을 보내기 위해서 파리 사무실의 호스트는 런던에서 IPv6 주소를 포함하고 패킷을 있는 구축하고, 패킷을 파리의 IPv6네트워크를 IPv4네트워크까지 연결하는 멀티프로토콜 라우터로 전송한다. 이 라우터가 IPv6 패킷을 가질 때 라우터는 런던 IPv6 네트워크에 연결하는 멀티프로토콜 라우터의 IPv4쪽에 IPv4헤더 주소가 있는 패킷을 요약한다. 즉 라우터가 (IPv6)패킷을 (IPv4)패킷 안에 넣는다. 포장된 패킷이 도착할 때 런던 라우터는 원래의 IPv6 패킷을 제거하고 목적지 호스트 쪽으로 전송한다.

IPv4 인터넷을 통한 경로는 한 멀티프로토콜 라우터와 다른 멀티프로토콜 라우터를 연결하는 큰 터널로 볼 수 있다. 단지 IP 패킷은 터널의 한 끝에서 다른 끝으로 이동할 뿐이다. IPv4를 다루는 것에 대해서는 걱정할 필요가 없다. 파리와 런던의 호스트에 대해서도 마찬가지이다. 단지 멀티프로토콜 라우터는 IPv4와 IPv6 패킷을 이해하기만 하면 된다. 사실상 한 멀티프로토콜 라우터에서 다른 라우터까지는 마치 단일 링크를 통한 홉과 같다.

좀 더 명확한 이해를 위해 유추해 보자. 파리에서 런던으로 자동차를 타고 가는 것을 생각해 보면 프랑스에서 자동차는 자신의 힘으로 움직이지만 영국 해협에 도착하면 고속 열차에 실려 철도용 해저터널을 통해 영국에 운송된다. 실제로 차는 그림 5-41에서 보이는 것처럼 화물로서 운반된다. 건너편 끝에서 자동차는 영국의 길 위에 놓이고 계속해서 자신의 힘으로 달리게 된다. 외부 네트워크를 통과하는 패킷의 터널링도 이와 같은 방식으로 동작한다.

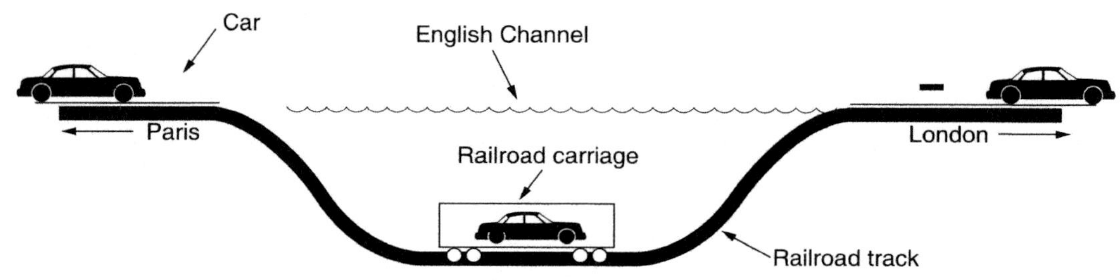

그림 5-41 프랑스에서 영국으로 터널링되는 자동차

터널링은 다른 네트워크에서 사용하고 있는 분리된 호스트와 네트워크를 연결하기 위해 광범위하게 사용한다. 이러한 결과의 네트워크는 네트워크가 기반 네트워크에 효과적으로 더하기 때문에 **오버레이(overlay)**라고 한다. 새로운 특징을 가지고 있는 네트워크 프로토콜의 배치는 흔한 이유로서 "IPv4를 통한 IPv6" 예를 보여주고 있다. 터널링의 단점은 터널된 네트워크상에 어떠한 호스트도 패킷이 중간 터널에서 벗어날 수 없기 때문에 도착될 수 없다는 것이다. 그러나 이러한 터널의 한계가 **가상사설망(Virtual Private Networks)**에서는 장점으로 변한다. 가상사설망은 보안을 제공하기 위해 사용된 오버레이이다. 우리는 8장에서 VPN을 살펴볼 것이다.

5.5.4 인터네트워크 라우팅

인터넷을 통하는 라우팅은 단일 네트워크 내에서 라우팅과 같은 동일한 기본적인 문제를 제기한다. 네트워크가 내부적으로 다른 라우팅 알고리즘을 사용하는 것으로 시작하자. 예를 들어, 하나의 네트워크가 링크 상태 라우팅과 거리 벡터 라우팅을 사용한다. 링크 상태 알고리즘은 토폴로지를 알 수 있으나 거리 벡터 알고리즘은 그렇지 못하다. 이러한 차이는 인터넷을 통한 최단 경로를 어떻게 찾을 것인가를 분명하지 않게 한다.

다른 운영자에 의해서 수행되는 네트워크는 보다 큰 문제를 야기한다. 첫 번째로, 운영자는 무엇이 네트워크를 통해 좋은 경로인지에 관해 다른 아이디어를 갖는다. 운영자는 최소한의 지연을 가지고 라우트 되기를 원한다. 반면에 다른 운영자는 가장 값싸게 라우트 되기를 원한다. 이것은 운영자가 최단 경로 비용을 설정하기 위해 서로 다른 용량을 사용하는 결과를 초래한다(예를 들어 밀리세컨드의 지연 대 금전적 비용). 가중치는 네트워크를 통해 비교되지 않으므로 그래서 인터넷상에서 최단 경로는 잘 정의되지 않는다.

더 좋지 않은 것은 하나의 운영자가 다른 운영자가 네트워크에서 세부적인 경로를 더 알기를 원하지 않는다는 것이며, 아마도 가중치와 경로가 경쟁력 있는 사업 이점을 나타내는 민감한 정보(금전적 비용과 같은)를 반영한다.

마지막으로 인터넷은 어떤 네트워크보다 훨씬 크다. 그러므로 그것은 비록 어떠한 개별적인 네트워크가 계층을 사용할 필요가 없다 할지라도 계층을 사용함으로서 잘 규모가 되어 있는 라우팅 알고리즘을 필요로 한다.

이러한 모든 고려사항이 두 레벨 라우팅 알고리즘을 초래한다. 각각의 네트워크에서 내부도메인(intradomain) 또는 내부 게이트웨이 프로토콜(interior gateway protocol)이 라우팅을 위해 사용된다. ("게이트웨이"는 "라우터"에 대한 오래된 용어) 그것은 우리가 이미 설명한 링크 상태 프로토콜이다. 인터넷을 구성한 네트워크를 통해 인터도메인(interdomain) 또는 외부 게이트웨이 프로토콜(exterior gateway protocol)이 사용된다. 네트워크는 다른 모든 내부도메인 프로토콜을 사용할 수도 있지만 네트워크는 반드시 동일한 인터도메인 사용해야만 한다. 인터넷에서 인터도메인 라우팅 프로토콜은 **BGP(Border Gateway Protocol)**라 한다. 우리는 다음절에서 설명할 것이다.

도입하고자 하는 아주 중요한 용어가 있다. 각각의 네트워크는 다른 모든 네트워크와 독립적으로 운영되기 때문에 종종 자율 시스템(Autonomous System, AS)이라 불리기도 한다. AS에 대한 좋은 모델은 ISP 네트워크이다. 사실, ISP 네트워크는 하나 이상의 AS로 구성되고, 다중 네트워크로 획득된다. 그러나 차이는 항상 중요하지 않다.

두 레벨이 국제적인 네트워크와 소규모 지역 네트워크가 둘 다 단일 네트워크에서 추상적이라면 엄밀히 계층적이지 않다 그러나 비교적 네트워크 내에서 라우트에 대한 적은 정보가 인터네트워크를 통해 라우트를 찾기 위해 노출된다. 이것은 모든 문제를 주소화 하기 위해 도움이 된다. 그것은 규모를 개선시키고 운영자가 그들이 선택한 프로토콜을 사용함으로서 자신의 네트워크 내에 라우트를 자유롭게 선택할 수 있도록 한다. 그것은 또한 네트워크를 통해 비교되는 가중치를 요구하지 않고 네트워크 밖의 민감한 정보를 노출시키지 않는다.

그러나 우리는 지금까지 어떻게 인터넷 네트워크를 통한 경로가 결정되는지 말해왔다. 인터넷에서 큰 결정 요인은 ISP 사이의 사업 합의 방식이다. 각각의 ISP는 트래픽을 전송하기 위해 다른 ISP로부터 요금을 부과하거나 받는다. 또 다른 요인은 인터네트워크 라우팅이 국제적 경계를 넘나드는 것을 요구하며, 스웨덴 국민에 대한 개인정보를 유출을 금지하는 스웨덴의 엄격한 사생활 보호법 같은 다양한 법률이 제정되고 있다. 이러한 비기술적인 모든 요인들은 네트워크가 사용하는 경로를 선택하는 자동적인 네트워크를 지배하는 라우팅 정책의 개념에서 요약된다. 우리가 BGP를 설명할 때 라우팅 정책을 또 다시 시작할 것이다.

5.5.5 단편화

각 네트워크는 패킷이 가질 수 있는 최대 크기를 부여한다. 이러한 최대 크기를 제한하는 요소는 다음과 같다.

1. 하드웨어(이더넷 프레임 사이즈)
2. 운영체제(모든 버퍼는 512바이트)
3. 프로토콜(패킷 길이 필드에서 비트 수)
4. 국제(국내) 규격에 대한 준수
5. 재전송을 야기하는 에러를 줄이기 위해
6. 하나의 패킷이 너무 오래 채널을 점유하는 것을 막기 위해

위의 요소들은 네트워크 설계자가 원하는 최대 패킷 크기를 선택하는 데 제약을 준다. 보통의 기술에서 최대 페이로드는 이더넷에 대해 1,500바이트이고 802.11에 대해서는 2,272바이트이다. IP는 보다 관대하게 65,515바이트만큼 큰 패킷을 허용한다.

호스트는 대개 대역폭이 헤더 바이트상에 낭비되는 것처럼 패킷 오버헤드를 줄이기 때문에 큰 패킷을 전송하는 것을 선호한다. 커다란 패킷이 최대 패킷 크기가 너무 적은 네트워크를 통해 전송될 때 명백한 인터네트워크 문제가 발생한다. 이러한 골칫거리는 끊임없는 문제로 지속되었고, 인터넷상에서 얻어진 많은 경험에 따라 해결책이 점진적으로 제시되었다.

하나의 해결책은 첫 번째 장소에서 문제가 애초에 발생하지 않게 하는 것이다. 그러나 이것은 말은 쉽지만 실제 행하기는 훨씬 더 어렵다. 근원지는 네트워크를 통해 목적지로 가는 패킷 경로를 대개 알지 못한다. 그래서 적은 패킷이 어떻게 도달되는지 확실히 알지 못한다. 이 패킷 크기를 **경로**

최대 전송 단위(Path Maximum Transmission Unit)라 한다. 근원지가 경로 MTU를 알지 못한다 할지라도 패킷들은 인터넷과 같은 비연결 네트워크에서 독립적으로 라우트된다. 이러한 라우팅은 경로가 갑자기 변한다는 것을 의미하는데 그것은 갑자기 경로 MTU를 변경시킬 수 있다.

문제에 대한 대안적인 해결책은 라우터가 패킷이 **단편(fragment)**로 쪼개는 것을 허용하는 것이며, 각각의 단편을 분리된 네트워크 계층 패킷으로서 전송하는 것이다. 그러나 어린 아이들의 부모가 알고 있듯이, 커다란 물체를 작은 조각으로 변환하는 것이 반대의 경우보다 쉽다(물리학자들은 이 효과를 열역학 제2법칙이라 부른다). 마찬가지로 패킷-스위칭 네트워크가 단편을 다시 합치는 데는 어려움이 있다.

단편을 다시 원래 패킷으로 재결합하기 위한 상반되는 두 방법이 존재한다. 첫 번째 방법은 최종 목적지까지 어떤 네트워크라도 분명히 통과할 수 있는 "소형 패킷"으로 단편화하는 것이다. 이 방법은 그림 5-42(a)에 나타나 있다. 이 방법에서 너무 큰 패킷이 G1에 도달하면, 라우터는 이것을 단편으로 쪼갠다. 각 단편은 동일한 출구(exit) 라우터 G2의 주소를 갖게 되며, 그 조각들은 재결합된다. 이 방법에서 소형 패킷 네트워크는 투명하게 동작한다. 다음의 네트워크들은 단편이 일어났는지조차 알지 못한다.

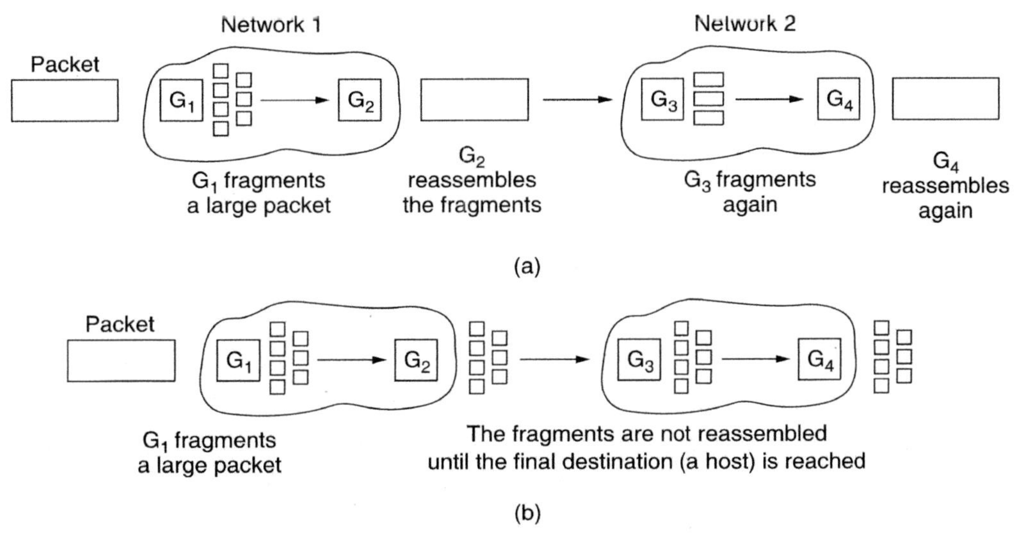

그림 5-42 (a) 투명 단편화 (b) 비투명 단편화

투명한 단편화는 간단하지만 몇 가지 문제가 있다. 한 가지 문제는 출구 라우터가 모든 조각들이 도달하였을 때를 알아야 하므로, 카운트 필드나 "패킷의 끝"을 나타내는 비트가 반드시 있어야만 한다. 또한 모든 패킷은 재조립되기 위해서 동일한 라우터를 경유하여 존재해야 하며, 경로는 부자연스러워진다. 일부 단편들은 최종 목적지까지 하나의 경로를 따라 전송되는 것을 허용하지 않고, 다른 단편들은 해체되어 경로됨으로서 다소간 성능 저하가 발생한다. 보다 중요한 것은 라우터가 할 수

있는 작업의 양이다. 그것은 단편들이 도착하면 단편들을 버퍼할 필요가 있고, 모든 단편들이 도착하지 않는다면 단편들을 버릴 때를 결정할 필요가 있다. 패킷이 일련의 소규모 패킷 네트워크를 통해 통과함으로서 작업의 일부는 낭비적이며, 반복적으로 단편화 되고 재조립되어야 할 필요가 있다.

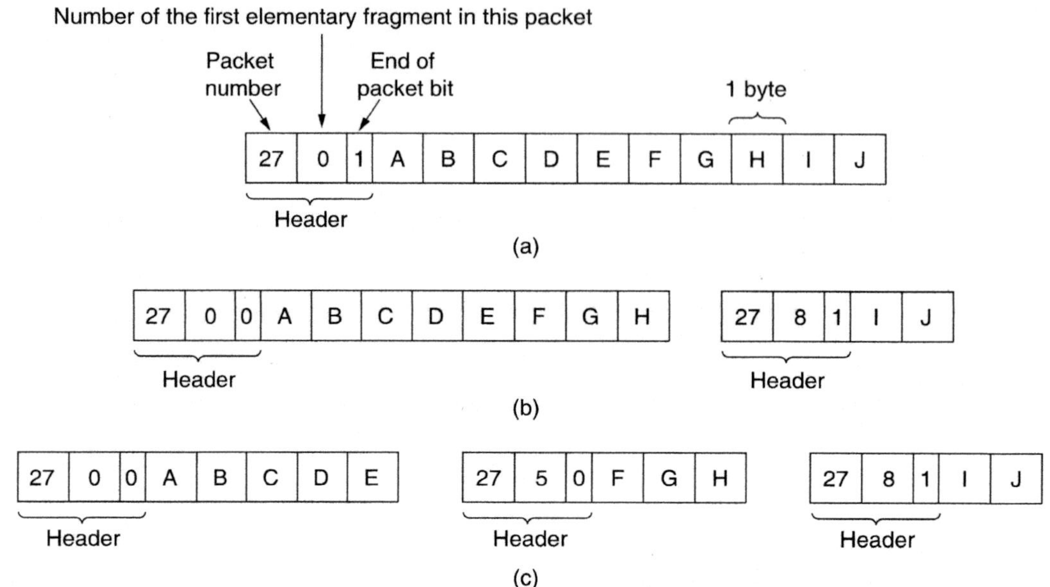

그림 5-43 데이터 크기가 1바이트 일 때 단편성. (a) 10데이터 바이트를 포함하는 원래 패킷 (b) 8바이트 페이로드 플러스 헤더의 최대 패킷 크기를 가진 네트워크를 통해 패싱 후의 단편화 (c) 크기 5게이트웨이를 통한 패싱 후의 단편화

다른 단편화 방법은 중간 라우터에서 단편을 재결합을 하지 않는 것이다. 패킷이 한 번 단편화되면, 각 단편은 마치 원래 패킷인 것처럼 취급된다. 그림 5-42(b)처럼, 라우터는 단편을 통과하며, 재결합은 단지 목적지 호스트에서만 일어난다.

불투명한 단편화의 주요한 장점은 라우터가 덜 일한다는 것을 요구하는 것이다. 완전한 설계는 단편들이 원래 데이터 스트림으로 재구성될 수 있게끔 번호를 붙여야 한다. IP에 의해 사용된 설계는 모든 단편에 패킷 번호(전송된 모든 패킷), 패킷 내에 절대 바이트 오프셋(offset)과 패킷의 끝을 나타내는 플래그(flag)를 주는 것이다. 단편들은 순서를 벗어나 도착한다 할지라도 재조립을 위해 목적지 버퍼에 있어야 한다. 단편들은 또한 적은 MTU가 있는 네트워크를 통해 통과된다면 단편되어야 한다. 이것은 그림 5-43에서 보여주고 있다. 패킷의 재전송(모든 단편이 수신되지 않는다면)은 서로 다른 조각으로 단편되어야 한다. 마지막으로 단편들은 임의의 크기가 될 수 있으며, 단일 바이트를 줄여서 패킷 헤더에 더한다. 모든 경우에서 목적지는 단순히 오른쪽에 데이터를 놓기 위해 패킷 번호와 단편 오프셋(offset)을 사용하고 목적지가 완전한 패킷을 가질 때 결정하기 위해 패킷 끝을 나타내는 플래그를 사용한다.

불행하게도 이 설계는 아직까지 문제점을 가지고 있다. 단편 헤더가 필요하지 않는 일부 링크를 통해 전송되기 때문에 투명 단편화보다 오버헤드가 높다. 그러나 실제 문제는 첫 번째 장소에서 단편의 존재다. Kent와 Mogul(1987)은 단편화가 헤더 오버헤드뿐만 아니라 단편이 분실된다면 전체 패킷이 분실되고, 단편화가 원래 인식되는 것보다 호스트에 대해 부담이 있기 때문에 해롭다고 주장했다.

이것은 네트워크에서 단편화를 제거하는 원래의 해결책으로 돌아가는 결과를 초래하고, 이 계획은 현대의 인터넷에서 사용된다. 이 프로세스를 경로 MTU 발견이라고 한다(Mogul & Deering, 1990). 그것은 다음과 같이 작동한다. 각각의 IP 패킷은 단편화가 허용되는 것이 수행되지 않다는 것을 나타내기 위해 설정된EK. 헤더 비트를 가지고 전송된다. 만일 라우터가 너무 큰 패킷을 수신한다면 라우터는 에러 패킷을 발생시키고 패킷을 근원지로 돌려보내며 패킷을 드롭한다. 이것은 그림 5-44에서 나타내고 있다. 근원지가 에러 패킷을 수신할 때 근원지는 라우터가 충분히 다룰 수 있게 작은 조각으로 패킷을 다시 단편하기 위한 정보를 사용한다. 만일 라우터가 아주 소규모 MTU를 가지는 경로 아래에 있다면 프로세스는 반복된다.

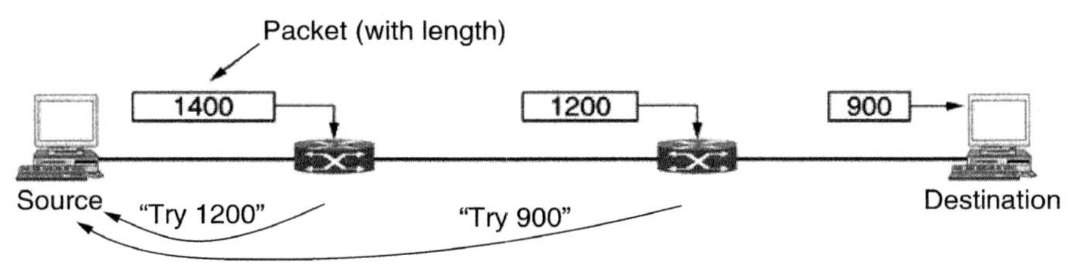

그림 5-44 MTU 경로 발견

경로 MTU 발견의 장점은 근원지가 전송되는 패킷 길이를 안다는 것이다. 만일 경로와 경로 MTU 변한다면 새로운 어퍼 패킷은 트리거(triggered)되고 근원지는 새로운 경로에 적응한다. 그러나 단편화는 상위 계층이 경로 MTU를 알고 있지 않다면 근원지와 목적지 사이에 아직까지 필요하며, 상당히 많은 양의 데이터를 IP로 통과시킨다. TCP와 IP는 전형적으로 이러한 종류의 정보를 통과시킬 수 있게 하기 위해 함께(TCP/IP로) 구현되었다. 이것이 다른 프로토콜에 대해 수행되지 않는다 하더라도 단편화는 네트워크 밖에서와 호스트 안으로 이동하였다.

경로 MTU 발견의 단점은 패킷을 전송하기 위해 시작 지연이 추가된다는 것이다. 하나 이상의 왕복 지연이 경로를 조사하기 위해 필요하고, 데이터가 목적지로 배달되기 전에 MTU를 찾는다는 것이다. 이것은 좀 더 나은 설계가 있다는 질문을 하게 만든다. 대답은 아마도 "예"이다. 각각의 라우터가 MTU를 넘어서는 패킷을 간단히 줄이는 설계를 고려하자. 이것은 목적지가 가능한 한 아주 빠르게 MTU를 알고 있고(전송된 다량의 데이터로부터), 데이터 일부분을 수신한다고 확신한다.

5.6 인터넷에서의 네트워크 계층

인터넷에서 네트워크 계층에 대한 설명을 시작하기 전에, 과거에 설계와 오늘날 성공을 만든 원리들을 알아볼 만한 가치가 있을 것이다. 많은 사람들이 종종 이것을 잊곤 한다. 이 원칙들은 읽을 만한 가치가 있고 모든 프로토콜 설계자들에 있어 필수적인, RFC 1958에 열거 및 논의되어 있다. 이 RFC는 (Clark, 1998)와 (Saltzer, 1984)에 근거를 둔 아이디어로 기술되었다. 이제부터 톱10 원칙(가장 중요한 것부터 덜 중요한 순서대로)들이 무엇인지를 고려하여 요약할 것이다.

1. **동작하는지를 확실히 해라.** 설계를 종료시키지 말고 다수의 사람들이 성공적으로 서로 통신할 수 있게 될 때까지 표준화하지 마라. 종종 많은 설계자들은 1,000페이지 분량의 표준을 작성하고 승인을 얻은 뒤 커다란 결함을 발견하고 연구하지 않는다. 그리고 버전 1.1의 표준을 작성한다. 이는 올바른 방법이 아니다.

2. **간단함을 유지해라.** 의심하여 망설일 때 가장 간단한 솔루션을 사용해라. 오캄(Occam)의 윌리엄(William)은 14세기에 이 원칙(Occam's razor)을 제시했다. 요즘말로 특성과 싸워라. 한 특성이 절대적으로 필요하지 않다면 특히 동일한 효과가 다른 특성들을 결합함으로써 성취될 수 있다면 이를 제거해라.

3. **명료한 선택을 해라.** 같은 일을 하는 여러 가지 방법이 있다면, 하나를 선택해라. 같은 일을 하기 위한 2개 이상의 방법을 갖는 것은 문제가 있는 것으로 보인다. 표준안들은 여러 가지 강력한 무리들이 그들의 방법이 최선이라고 주장하기 때문에 종종 다수의 옵션 또는 모드 또는 파라미터들을 갖는다. 설계자들은 강력하게 이 특정한 의도를 거절해야 한다. 정확히 "아니다"라고 말해라.

4. **모듈을 이용해라.** 이 원칙은 각각의 계층이 독립적인, 프로토콜 스택을 가진다는 직접적인 아이디어로 이끈다. 이 방법에서 환경에서 하나의 모듈 또는 변경된 계층을 요구한다면, 그밖에 다른 것들은 영향을 미치지 않을 것이다.

5. **이종을 예상해라.** 거대한 네트워크상에서 하드웨어, 전송 설비와 응용의 서로 다른 형태가 일어날 것이다. 이를 처리하기 위해서 네트워크 설계는 간단하고, 일반적이며, 유연성이 있어야 한다.

6. **정적인 옵션과 파라미터는 피해라.** 파라미터를 사용해야 한다면(최대 패킷 크기), 송신자와 수신자가 고정된 선택을 정의하는 것보다 값을 협상하는 것이 최선이다.

7. **좋은 설계를 찾아라. 완벽할 필요는 없다.** 종종 설계자들은 좋은 설계를 갖고 있지만, 몇몇 특별한 경우를 처리할 수 없다. 설계를 망쳐놓는 것보다는 오히려 그 설계자들의 좋은 설계를 따라야 하고, 특이한 요구 조건을 갖고 있는 사람들에게는 더욱 주의를 기울여야 한다.

8. **전송할 때는 엄격하게, 수신할 때는 관대하게 해라.** 바꿔 말하면 표준안에 따라 엄격하게 패킷을 보내라. 그러나 들어오는 패킷은 불완전한 형태로 들어오는 패킷을 예상하고, 이것들을 처리하기 위해 노력해라.

9. **확장성을 고려해라.** 시스템이 수백만 호스트와 수억 사용자들을 효과적으로 처리한다면, 어떤 종류의 중앙 집중화된 데이터베이스도 견딜 수 없다. 그리고 부하는 사용 가능한 자원에서 가능한 고르게 분포되어야 한다.

10. **성능과 비용을 고려해라.** 네트워크가 형편없는 성능 또는 굉장한 비용을 갖는다면 아무도 이를 사용하려 하지 않을 것이다.

이제부터 일반적인 원칙을 떠나 인터넷의 네트워크 계층에 대해 상세하게 살펴보도록 하자. 네트워크 계층에서 인터넷은 서로 연결된 서브넷이나 **자율 시스템(Autonomous Systems, AS)**의 집합으로 볼 수 있다. 실제 구조는 없지만 몇몇 주요 백본들이 존재한다. 이것들은 고대역 회선과 고속 라우터로 구성된다. 모든 사람들이 나머지 인터넷에 연결하는 가장 큰 백복을 **Tire 1 네트워크라** 한다. 부착된 은 백본은 인터넷을 집, 회사, 데이터 센터와 모든 서버 머신 시설, 지역(중간 단계) 네트워크에 연결을 제공하는 ISP(Internet Service Provider)이다. 데이터 센터는 인터넷을 통해 전송된 대부분의 콘텐츠를 제공한다. 지역 네트워크는 많은 대학, 회사와 다른 가장자리 네트워크에 많은 ISP와 LAN을 가지고 있다. 그림 5-45에 이러한 준계층적 구성을 보인다.

인터넷에서 통신은 다음과 같이 이루어진다. 트랜스포트 계층은 데이터 스트림을 받거나, IP 패킷으로서 전송하기 위해 데이터 스트림을 나눈다. 이론적으로 데이터 그램은 최대 64KB까지 가능하나, 실제로는 보통 1,500바이트(이더넷 프레임으로 적합한) 정도이다. 라우터에서 다음 라우터의 경로를 따라 IP 라우터는 인터넷 통해 목적지까지 도달하도록 포워드시킨다. 목적지에서 네트워크 계층은 트랜스포트 계층으로 데이터를 넘긴다. 모든 조각들이 목적지 컴퓨터에 도달하였을 때, 그것들은 네트워크 계층에서 본래 데이트 그램으로 재조립된다. 그런 후에 이 데이터 그램은 트랜스포트 계층으로 넘겨진다.

인터넷을 서로 유지시키는 것은 네트워크 계층 프로토콜인 **인터넷 프로토콜**(Internet Protocol, IP)이다. 대부분의 이전 네트워크 계층 프로토콜과는 달리, 이것은 시작부터 인터네트워킹을 염두에 두고 설계되었다. 네트워크 계층을 생각하는 적절한 방법은 IP이다. 이것이 역할은 컴퓨터들이 같은 네트워크상에 있건 없건, 또는 그것들 사이에 다른 네트워크들이 있건 없건 근원지로부터 목적지까지 데이터그램을 전송하는 최선-노력(즉 보장되지 않는다)을 제공하는 것이다.

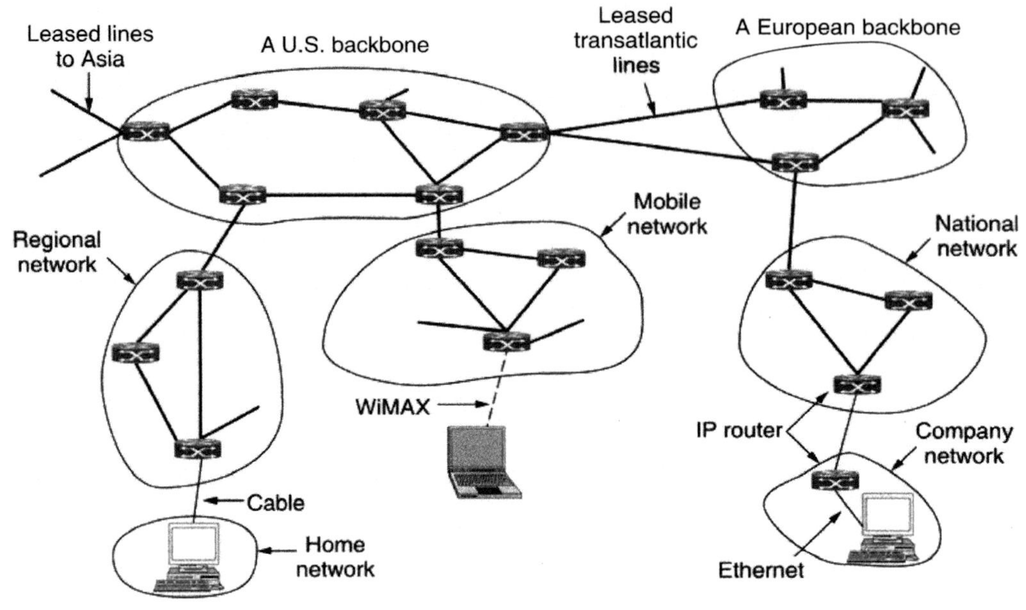

그림 5-45 많은 네트워크가 상호 연결 집합된 인터넷

그림 5-45와 같이 홈 네트워크상의 호스트에서 비롯된 패킷은 목적지 호스트가 위치해 있는 회사 네트워크에 도달하기 전에 4개의 네트워크와 수많은 IP 라우터를 가로질러 횡단한다. 실제적으로 이것은 흔하지 않으며, 많은 긴 경로가 있다. 또한 다중 장소에서 서로 연결하는 백복과 ISP을 가지고 있는 네트워크에서 여분의 연결성을 가지고 있다. 이것은 두 개의 호스트 사이에 많은 경로가 있다는 것을 의미한다. IP 라우팅 프로토콜의 임무는 사용하고자 하는 경로를 결정하는 것이다.

5.6.1 IP 버전 4 프로토콜

인터넷에서 네트워크 계층 공부를 시작하기 적절한 곳이 IP 데이터 그램 포맷이다. 하나의 IPv4 데이터 그램은 헤더 부분과 텍스트 부분으로 구성된다. 헤더는 20바이트의 고정 부분과 가변 길이의 옵션 부분을 갖는다. 그림 5-46에 헤더 포맷이 있다. 비트는 왼쪽에서 오른쪽으로 위에서 아래로 전달되고, 버전 필드의 고순위 비트를 첫 번째로 전달된다. 이것은 빅 엔디안(big-endian) 네트워크 순서이다. x86 컴퓨터와 같은 리틀 엔디안 컴퓨터상에서는, 송신과 수신 과정에서 소프트웨어 변환이 필요하다. 과거의 리틀 엔디안은 보다 좋은 선택이었으나 IP가 설계되는 시점에서는 아무도 지배적인 컴퓨팅이라고 생각하지 않는다.

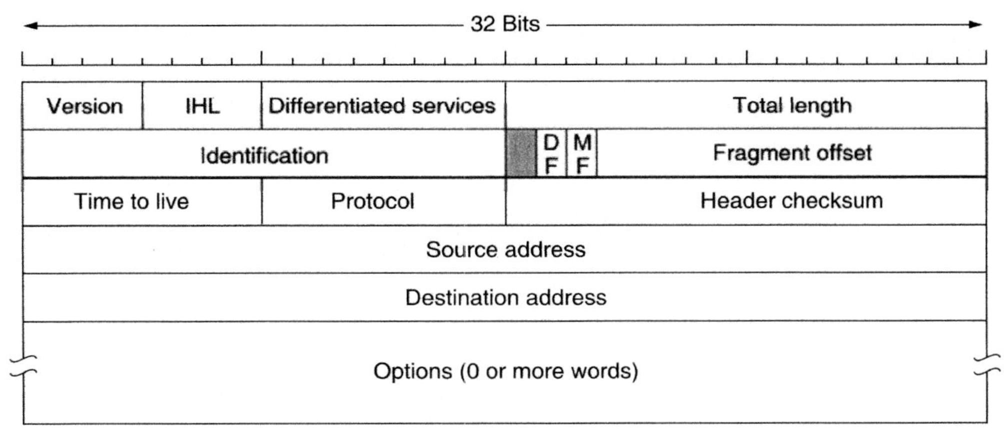

그림 5-46 IPv4(인터넷 프로토콜) 헤더

Version(버전) 필드는 데이터그램이 속한 프로토콜의 버전을 나타낸다. 버전 4는 오늘날의 인터넷에서 지배적으로서 논의를 시작하겠다. 각 데이터그램에 버전을 포함시킴으로서 오랜 시간을 통해 버전들 사이의 변환이 가능하다. 사실 차세대 IP인 IPv6는 이전의 10년보다 더 걸리며, 아직까지도 채택이 되지 않았다. IPv6은 결국 2^{31} 명의 중국 사람들 개개인이 데스크 탑 PC와 IP 폰을 가실 때 채택이 될 것이다. 넘버링을 고려하지 않는다면, IPv5는 한 번도 널리 사용되지 않았던 실험적인 실시간 스트림 프로토콜이었다.

헤더 길이가 일정하지 않기 때문에, 헤더 내 IHL 필드는 32비트 워드 단위로 헤더가 얼마나 긴지 알려준다. 최솟값은 5이다. 이 값은 아무런 옵션도 지정하지 않았을 때 적용된다. 4비트 필드의 최댓값은 15이다. 이 값은 헤더를 60바이트로 제한하므로, 옵션 필드는 40바이트가 된다. 패킷이 거친 경로를 기록하는 것과 같은 옵션의 경우, 40바이트는 너무 작아 옵션은 쓸모없게 된다.

Differentiated Service Filed(구분 서비스 필드)는 몇 년간을 통해 의미만 약간 변화된 조그만 필드의 하나다. 원래 그것은 Type of service(서비스 유형) 필드라고 하였다. 그것은 서비스의 서로 다른 클래스를 구분한다. 신뢰성과 속도에 있어서 다양한 조합이 가능하다. 파일 전송의 경우, 에러 없는 전송이 빠른 전송보다 더 중요하다. 서비스 유형 필드는 신호 우선권을 주기 위해 3비트를 제공하고, 3비트는 호스트가 지연, 처리량, 신뢰성을 위해 제공한다. 그러나 실제적으로 어느 누구도 라우터에서 이러한 비트가 무엇을 하는지 알지 못하고, 그래서 수년 동안 사용되지 않은 채로 남아 있다. 구분 서비스가 설계될 때 IETF는 이러한 필드를 포기하였고, 재사용하지 않았다. 상위 6비트는 서비스 클래스를 가지고 있는 패킷을 표시하기 위해 사용한다. 서비스 클래스는 이전 장에 신속하고 확인하는 서비스를 설명하였다. 아래 2비트는 패킷이 명백한 충돌을 갖는 것과 같은 명시적 충돌 알림 정보를 전송하기 위해 사용된다. 명시적 충돌 알림은 이전 장에서 혼잡 제어로서 설명하였다.

Total length(전체 길이)는 데이터그램 내의 모든 것-헤더와 데이터를 포함한다. 최대 길이는 65,535바이트이다. 현재로서는 이상한 값이 적절하지만 미래의 기가비트 네트워크에서는 큰 데이터그램이 필요하게 될 것이다.

Identification(식별) 필드는 새로 도착한 프래그먼트가 어느 데이터그램에 속하는지 목적지 호스트가 결정할 수 있게 하기 위해 필요하다. 하나의 데이터그램의 모든 프래그먼트는 동일한 Identification(식별) 값을 포함한다.

다음으로는 사용하지 않는 비트가 오는데 IP 헤더에서 거의 사용되는 않는 것이다. April Fool' Joke, Bellovin(2003)은 이 비트를 악의적인 트래픽을 검출하기 위해 사용하도록 제안하였다. 이것은 보안을 매우 간단하게 하는데, “evil” 비트 세트를 가진 패킷이 공격자에 의해 전송된 것으로 알고 단순히 무시한다. 불행하게도 네트워크 보안은 단순하지 않다.

다음으로는 분할과 관련 있는 두 개의 1비트 필드가 온다. DF는 Don't Fragment를 나타낸다. 이것은 라우터가 데이터그램을 프래그먼트하지 말라는 명령이다. 원래, 호스트가 프래그먼트들을 다시 넣지 못하도록 하는 경향이 있다. 지금은 MTU 경로를 찾아내는 과정의 한 부분으로서 사용된다. 그것은 분할되지 않고 경로를 따라서 전송하는 가장 큰 패킷이다. 데이터그램의 DF 비트를 표시함으로써, 송신자는 그것이 한 조각으로 도착하거나 또는 에러 메시지가 송신자로 되돌아올 것이라는 것을 알 수 있다.

MF는 More Fragment를 나타낸다. 마지막을 제외한 모든 프래그먼트는 이 비트를 설정해야 한다. 이것은 데이터그램의 모든 프래그먼트가 도착했을 때를 알기 위해 필요하다.

Fragment offset(프래그먼트 오프셋)은 현재 데이터그램에서 그 프래그먼트가 어디에 속하는지 알려준다. 마지막을 제외한 모든 프래그먼트는 기본 프래그먼트 단위인 8바이트의 배수이어야만 한다. 13비트가 제공되기 때문에, 데이터그램당 최대 8,192개 프래그먼트가 있을 수 있고, 최대 데이터그램 길이는 65,536바이트가 되며, 이것은 Total length(전체 길이) 필드보다 크다. 식별자, MF와 프래그먼트 옵셋을 함께 함으로서 5.5.5장에서 설명한 것처럼 분할을 구현하기 위해 사용된다.

Time to live(수명시간) 필드는 패킷 수명을 제한하기 위해 사용하는 카운터이다. 시간은 초단위로 계수되며 최대 수명은 255초이다. 이것은 각 홉마다 감소되어야 하고, 라우터에서 장시간동안 대기했을 때는 해당 시간만큼 감소된다고 가정한다. 실제로 이것은 단지 홉을 계수한다. 이 값이 0이 될 때 패킷은 폐기되고, 경고 패킷이 근원지 호스트로 돌려보내진다. 이런 특징은 라우팅 테이블이 변조되어 데이터그램이 영원히 떠돌아다니는 것을 방지한다.

네트워크 계층이 완전한 데이터그램을 재조립할 때, 그것으로 해야 할 것이 무엇인지 알 필요가 있다. Protocol(프로토콜) 필드는 적용된 전송 프로세스가 어떤 것인지 나타낸다. TCP는 그중의 하나이며, UDP와 다른 것들도 있다. 프로토콜의 번호는 RFC 1700에 정의된다. 그러나 현재 이것들은 www.iana.org에 있는 온라인 데이터베이스에 포함되어 있다.

헤더는 주소처럼 필수적인 정보만 운반하는 하는데 헤더는 정보 보호를 위해 자신의 체크섬인 Header checksum(헤더 체크섬)을 검증한다. 알고리즘은 헤더가 도착했을 때 1의 보수 연산을 이용하여 모든 16비트 하프워드를 더하고, 그 결과의 1의 보수를 취한다. 이 알고리즘의 의도 때문에 Header checksum(헤더 체크섬)은 도착하고 나서 0으로 간주된다. 체크섬은 패킷이 네트워크를 통해 전송되는 동안 에러를 탐지하는 데 유용하다. 이 알고리즘은 일반적인 덧셈보다 더 확실하다. 적어도 하나의 필드가 항상 변하기 때문에(Time to live[수명시간] 필드), Header checksum(헤더 체크섬)은 매 홉마다 다시 계산된다는 것에 주의하라. 그러나 계산의 속도를 높이기 위해 트릭들이 사용될 수 있다.

Source address(근원지 주소)와 destination address(목적지 주소)는 네트워크 번호와 호스트 번호를 가리킨다. 다음 절에서 인터넷 주소를 논의할 것이다.

Options(옵션) 필드는 원래 설계에서 소개되지 않은 정보를 포함하는 차기 프로토콜을 수용하고, 새로운 아이디어를 시도하는 실험자를 허용하고, 드물게 필요한 정보를 헤더 비트에 할당하는 것을 피하기 위해 설계되었다. 옵션은 가변 길이이다. 각각은 옵션을 확인할 수 있는 1바이트 코드로 시작한다. 어떤 옵션은 1바이트 옵션 길이 필드를 수반하며, 1 또는 그 이상의 데이터 바이트를 갖는다. Options(옵션) 필드는 4바이트의 배수로 늘어난다. 원래 다섯 개의 선택 리스트는 그림 5-47에 정의하였다.

Option	Description
Security	Specifies how secret the datagram is
Strict source routing	Gives the complete path to be followed
Loose source routing	Gives a list of routers not to be missed
Record route	Makes each router append its IP address
Timestamp	Makes each router append its address and timestamp

그림 5-47 IP 옵션

Security(보안) 옵션은 그 정보를 어떻게 은폐할 것인지를 나타낸다. 이론적으로 군용 라우터는 군에서 "적"이라고 여기는 어떤 나라를 통해 라우팅되지 못하게 지정하기 위해 이 필드를 사용할 것이다. 실제로 모든 라우터는 이것을 무시하고, 그래서 단지 이것의 쓸모 있는 기능은 스파이들이 좀 더 쉽게 좋은 정보를 찾는 것을 돕는 것이다.

Strict source routing(엄격한 근원지 라우팅) 옵션은 근원지로부터 목적지까지의 완전한 경로를 일련의 IP 주소로 나타낸다. 데이터그램은 정확한 경로를 따라 전송된다. 이것은 라우팅 테이블이 변조되었거나 타이밍을 측정하는 동안 긴급 패킷을 보내는 시스템 관리자에게 매우 유용하다.

Loose source routing(느슨한 라우팅) 옵션은 패킷이 거쳐야 할 라우터의 목록을 명시하고, 그 순서를 명시하지만 도중에 다른 라우터를 거쳐 지나가는 것을 허용한다. 보통 이 옵션은 특정한 경로만 강요하기 위해 소수의 라우터만 규정한다. 예를 들면 런던에서 시드니로 가는 패킷을 동쪽 대신에 서쪽으로 보내기 위해 이 옵션은 뉴욕, 로스앤젤레스, 호놀룰루에 있는 라우터를 지정하여야 한다. 이 옵션은 정치적 또는 경제적 이유로 어떤 나라를 거쳐 지나가거나 피해 갈 것이 요구될 때 매우 유용하다.

Record route(경로 기록)옵션은 경로상의 라우터가 IP 주소를 옵션 필드에 추가할 것을 나타낸다. 이것은 시스템 관리자가 라우팅 알고리즘에서 버그를 탐지하는 데 사용한다("휴스턴에서 댈러스로 가는 패킷들이 왜 모두 동경을 먼저 거치는가?"). ARPANET이 처음 설치되었을 때, 아홉 개보다 많은 라우터를 거쳐 지나간 패킷은 전혀 없었다. 그래서 40바이트의 옵션은 충분하였다. 위에서 언급한 것처럼, 이제 이 값은 너무 작게 되었다.

마지막으로 Timestamp(타임스탬프) 옵션은 라우터의 32비트 IP 주소를 기록하는 것 외에 각 라우터의 32비트 타임스탬프를 기록하는 것은 제외하곤, Record route(경로 기록) 옵션과 유사하다. 이 옵션은 또한 네트워크 관리를 위해 매우 유용한다.

오늘날 IP 옵션은 시들해졌다. 많은 라우터들이 옵션들을 무시하거나 또는 옵션들을 효과적으로 처리하지 않는데, 옵션들을 드문 경우로 전환한다. 즉 라우터들은 단지 부분적으로 지원하거나 또는 거의 사용하지 않는다.

5.6.2 IP 주소

IPv4의 정의된 특징은 32bit 주소이다. 인터넷상에 있는 모든 호스트와 라우터들은 IP 패킷의 근원지 주소와 목적지 주소의 필드를 위해 사용되는 IP 주소를 가지고 있다. IP 주소가 실제로 호스트를 언급하지 않는다는 것은 중요하다. 실제로 네트워크 인터페이스를 언급한다. 그러므로 호스트가 2개의 네트워크상에 있다면, 이는 2개의 IP 주소를 가지고 있어야 한다. 그러나 대부분의 호스트들은 하나의 네트워크상에 있으므로 하나의 IP 주소를 갖는다. 반대로 라우터들은 다중 인터페이스를 가지고 IP 주소를 다중화한다.

프리픽스(Prefixes)

IP 어드레스는 이더넷 주소와는 달리 계층적이다. 각각의 32비트는 상위 비트의 가변적인 네트워크 부분과 하위 비트의 호스트 부분으로 이루어져 있다. 네트워크 부분은 이더넷 LAN과 같은 단일 네트워크상에 모든 호스트에 대해 동일한 값을 갖는다. 이것은 IP 주소 영역의 인접한 블록과 관련이 있다는 것을 의미한다. 여기에서 이러한 블록을 프리픽스라 한다.

IP 주소는 점으로 구분된 10진 표기로 쓰인다. 이러한 형식에서 4바이트의 각 바이트는 0부터 255까지의 십진수로 쓰인다. 예를 들어 16진법 주소 80D00297은 는 128.208.2.151로 쓰인다. 프리픽스(Prefixes)는 블록에서 가장 낮은 IP 주소와 블록의 크기가 주어져 쓰인다. 크기는 네트워크 부분에서 비트수에 의해 결정된다. 호스트에서 남아 있는 비트는 가변적이다. 이것은 크기가 두 개의 전력이라는 것을 의미한다. 관례적으로 IP주소 이후에 네트워크 부분에 대한 길이를 나타내내기 위해 슬래시를 사용한다. 예를 들어 프리픽스는 2^8 개의 주소를 포함하고, 네트워크 부분을 위해 24bit를 남겨둔다. 그것은 128.208.0.0/24로 쓰인다.

프리픽스 길이는 IP 주소 하나로부터 추론할 수 없기 때문에 라우팅 프로토콜은 프리픽스를 라우터로 전송한다. 때로는 프리픽스는 단순하게 길이를 나타내는데 '/16'은 '슬래시 16'으로 나타낸다. 프리픽스의 길이는 네트워크에서 1의 이진 마스크와 일치한다. 이런 방식으로 쓸 때 서브넷 마스크로고 한다. 그것은 단지 네트워크 부분을 추출하기 위해 IP 주소를 가진 ANDed가 될 수 있다. 예를 들어 서브넷 마스크는 255.255.255.0이다. 그림 5-48은 프리픽스와 서브넷 마스크를 보여주고 있다.

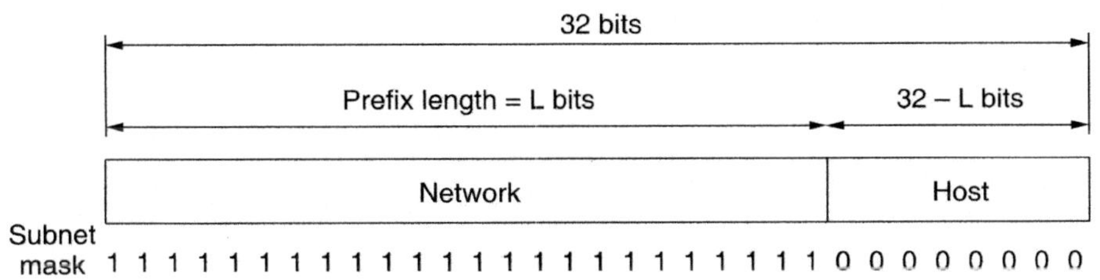

그림 5-48 IP 프리픽스와 서브넷 마스크

계층적 주소는 중요한 장점과 단점을 가지고 있다. 프리픽스의 중요한 장점은 네트워크 주소부분을 토대로 패킷을 포워드하며, 각 네트워크는 유일한 주소 블록을 가지고 있다. 호스트 부분은 라우터에 대해 중요하지 않다. 왜냐하면 동일한 네트워크상의 모든 호스트가 동일한 방향으로 전송되기 때문이다. 그것은 패킷들이 정확한 호스트로 포워드되게 하는 네트워크에 도착할 때 이다. 이것은 라우팅 테이블을 훨씬 적게 만든다. 인터넷 상에 있는 호스트가 엄청나게 접근한다고 가정하자. 모든 라우터가 이것을 유지하기 하기 위해 매우 큰 테이블이 있어야 한다. 그러나 계층을 이용함으로 라우터는 라우트를 유지하기 위해 단지 300,000프리픽스만을 필요로 한다.

반면에 계층을 사용하여 인터넷 라우팅 규모 허용하는 것은 두 가지 불리한 점을 가지고 있다. 첫 번째로 호스트의 IP 주소는 네트워크에 위치해 있는 것에 달려 있다. 이더넷 주소는 세계 어디에서도 사용될 수 있다. 그러나 IP 주소는 특정 네트워크에 속하고, 라우터는 네트워크 주소로 패킷을 전달할 수 있다. 모바일 IP와 같은 설계는 네트워크 사이의 이동하는 호스트를 지원할 필요가 있고, 동일한 IP 주소를 유지하기를 원한다.

두 번째 단점은 계층이 주의 깊게 관리되지 않는다면 주소를 낭비한다는 것이다. IP 주소가 큰 네트워크에서 할당된다면 많은 주소가 사용되지 않고 할당되는 것이다. 이러한 할당은 상당부분의 주소가 이동한다면 중요하지 않다. 20년 전보다 인터넷의 엄청난 성장이 아주 빠르게 주소 영역을 감소시키고 있다는 것을 알 수 있다. IPv6가 이러한 부족한 주소 영역에 대한 해결책이다. 그것은 효율적으로 IP 주소를 사용하기 위해 IP 주소를 할당하기 위한 커다란 압력이 있기까지 광범위하게 배치된다.

서브넷

네트워크 수는 갈등을 피하기 위해 ICANN(이름과 수를 할당하기 위한 인터넷 기업)이라고 하는 비영리 기업에 의해 관리된다. 결국 ICANN은 다양한 지방 당국에 주소 공간의 뿐을 위임하였으며, ISP와 다른 단체에 IP 주소를 나눠 준다. 이것은 IP 주소의 블록을 할당 받은 단체에 의해 처리이다.

그러나 이러한 처리는 이야기의 시작일 뿐이며, IP 주소 할당은 단체가 성장함으로서 진행 중이다. 프리픽스에 의한 라우팅은 하나의 네트워크상에 있는 모든 호스트들은 동일한 네트워크 번호를 가져야 한다. 이러한 IP 주소지정 방식의 특성은 네트워크가 커질 때 문제를 야기할 수 있다. 예를 들어 이더넷 상의 컴퓨터들을 위해 컴퓨터 과학과에서 사용되는 /16 프리픽스 예를 사용하기 시작한 대학교가 있었다고 생각해 보자. 1년 후에 전자 공학과에서 인터넷을 하기를 원한다. 미술학과는 곧바로 따라 한다.

이 학과는 어떠한 IP 주소를 사용할 것인가? 블록을 더 갖는 것은 대학 밖으로 나가는 것을 요구하고 가격이 비싸거나 또는 불편하다. 더구나 이미 할당된 /16은 6만 호스트 이상의 충분한 주소를 가지고 있다. 그것은 중요한 성장을 위해 허용되었으며, 동일한 대학에 IP 주소의 블록을 더 할당하는 것은 낭비적이다. 다른 조직기관이 필요하다.

해결책은 주소 블록을 외부 세계에 대해서는 단일 네트워크처럼 동작하지만 내부적으로는 다중 네트워크로 사용하는 몇 개의 부분으로 네트워크를 나누는 것을 허용하는 것이다. 이것을 **서브네팅(subnetting)**이라하고, 큰 네트워크를 나누는 결과로부터 생긴 네트워크(이더넷 LAN처럼)를 서브넷이라 한다. 1장에서 언급한바와 같이 새로운 용어의 사용은 네트워크에서 모든 라우터와 통신회선을 의미하는 오래된 “서브넷”의 사용과 갈등을 일으킨다.

그림 5-49는 서브넷이 어떻게 예를 도울 수 있는지를 보여준다. 단일 /16은 조각으로 나누어진다. 이러한 나눔은 더 이상 필요하지 않고, 각각의 조각은 임의의 비트가 호스트의 낮은 부분에서 사용되기 위해서 할당되어야 한다. 이 경우에서 블럭 (a/17)의 절반이 컴퓨터 학과에 할당되고, 1/4은 전자 공학과(a/18)에 할당되고, 1/8(a/19)은 예술학과에 할당된다. 남은 8번째는 할당되지 않는다. 블럭이 어떻게 나누어지는 알 수 있는 또 다른 방법은 이진 표현으로 쓰일 때 프리픽스 결과를 보는 것이다.

```
Computer Science : 10000000   11010000   1|xxxxxxx   xxxxxxxx
Electical Eng :    10000000   11010000   00|xxxxxx   xxxxxxxx
Art :              10000000   11010000   011|xxxxx   xxxxxxxx
```

여기서 수직 바(|)는 서브넷 수와 호스트 부분의 경계를 보여준다.

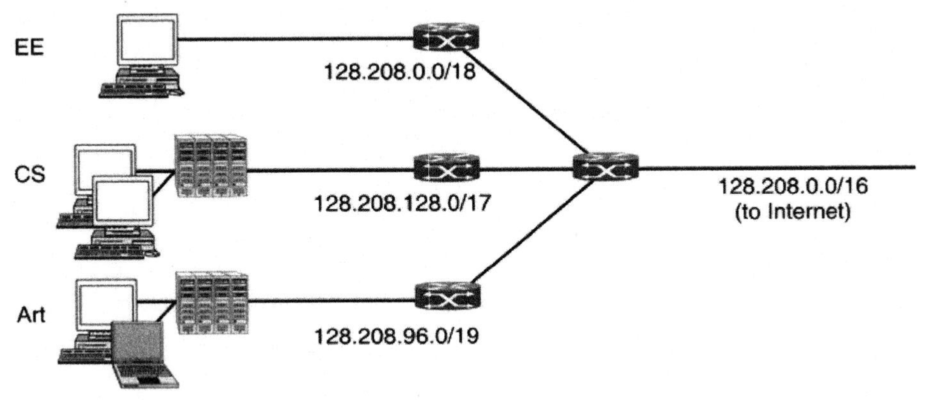

그림 5-49 IP 서브넷을 가진 독립된 네트워크 내의 IP 프리픽스 분할

패킷이 주요 라우터에 들어오면, 어떻게 어떤 서브넷(이더넷)으로 보내야 할지를 알게 될까? 한 가지 방법은 캠퍼스에 있는 각 호스트들이 어떤 라우터를 사용하는지를 알려주어 주요 라우터에 65,536개의 엔트리를 갖는 테이블을 가지는 것이다. 그러나 이것은 계층을 사용함으로서 얻을 수 있는 주요한 장점을 약화시킨다. 대신에 라우터가 캠퍼스에 있는 네트워크에 대해 마스크하는 서브넷을 알 필요가 있다.

패킷이 도착할 때 라우터는 패킷의 목적지 주소를 찾게 되고 서브넷이 어디에 속하는지를 검사한다. 라우터는 각각의 서브넷에 대한 마스크를 가지고 있는 목적지 주소를 AND함으로서 이것을 할 수 있고, 부합되는 프리픽스면 검사한다. 예를 들어 IP 주소가 128.208.2.151인 패킷을 고려해보자. IP 주소가 컴퓨터 과학과인지를 아는 것은 처음 17비트(128.208.0.0)을 얻기 위해 255.255.128.0을 가지고 AND하고, 그것들이 프리픽스 주소(128.208.128.0) 맞추는 것을 알 수 있다. 그것들은 일치하지 않는다. 전자 공학과에 대해 처음 18비트를 검사하여 서브넷 마스크를 AND할 때 128.208.0.0을 얻을 수 있다. 이것은 프리픽스 주소와 일치하며, 패킷은 전자 공학과 네트워크 인터페이스에 포워드 된다.

서브넷 분할은 대학의 모든 라우터에서 모든 서브넷 마스크를 업데이트함으로서 필요하다면 나중에 변화된다. 네트워크 밖에서 서브넷팅은 볼 수 없으며, 그래서 새로운 서브넷 할당은 ICANN 연결과 또는 외부 데이터베이스. 변화를 필요로 하지 않는다.

무등급 영역 간 경로 설정(Classless InterDomain Routing, CIDR)

IP 주소의 블록이 주소가 효과적으로 사용되기 위해 할당된다 할지라도 라우팅 테이블 증가와 같은 문제가 여전히 남아 있다.

대학과 같은 네트워크 가장자리에 있는 조직의 라우터는 각각의 서브넷에 대해 가입할 필요가 있으며, 라우터에게 이느 회선이 그리한 네트워그를 얻기 위헤 사용되는지를 알러준다. 기간 밖의 목적지에 라우트를 위해 그것들은 인터넷의 나머지 기관을 연결하는 ISP쪽의 회선상에 패킷을 전송하는 단순한 디폴트 규칙을 사용할 수 있다. 다른 목적지 주소는 어딘가에 모두 있게 된다.

ISP에서 라우터와 인터넷 중간에서 백본은 그렇게 호화롭지 못하다. 그것들은 모든 네트워크에 도달하기 위한 길과 동작되는 단순한 디폴트가 없다는 것을 알아야 한다. 이 핵심 라우터를 '인터넷의 디폴트-자유 구역에 있다'라고 한다. 실제로 어느 누구도 얼마나 많은 네트워크가 인터넷에 연결되어 있는지 알지를 못하지만 아마도 최소한 100만이 되는 큰 수이다. 이것은 매우 큰 테이블을 만든다. 테이블은 컴퓨터 표준화에 의해 크다고 할 수 없지만 라우터는 모든 패킷을 포워드하기 위해 이 테이블에서 검색을 수행하고 ISP의 라우터는 초당 수백만 개의 패킷을 포워드한다. 특별한 하드웨어와 고속 메모리는 이러한 전송속도에서 패킷을 처리하기 위해 필요하며, 다목적의 컴퓨터는 아니다.

게다가 라우팅 알고리즘은 각각의 라우터가 다른 라우터에게 도달할 수 있는 주소에 관한 정보를 교환을 요구한다. 테이블들이 더 커지면 보다 많은 정보가 통신되고 처리될 필요가 있다. 처리는 테이블 크기에 따라 적어도 선형적으로 증가한다. 엄청난 통신은 적어도 일시적으로 어떤 부분이 손실되고 라우링을 불안정하게 결과를 초래할 공산이 증가한다.

라우팅 테이블 문제는 전화망처럼 더 심오한 계층 구조로 해결되어졌다. 예를 들어 나라, 주, 도시, 네트워크와 호스트 필드를 포함한 IP 주소를 가지고 수행할 수 있다. 각 라우터는 각각의 나라, 그것이 속한 주나 지방 그리고 도시에 속한 네트워크를 어떻게 얻을 수 있는지만 알면 된다. 불행히도, 이러한 해결책은 32비트보다도 꽤 큰 IP 주소를 필요로 하고 비효율적인 주소를(리히텐슈타인 - 오스트리아와 스위스 사이에 있는 소 공화국)이 미국만큼 많은 비트를 가지는) 사용하게 한다.

다행스럽게도 라우팅 테이블 크기를 줄이는 방법이 있다. 우리는 서브넷팅과 같은 동일한 이해를 적용할 수 있다: 서로 다른 위치에서 라우터는 서로 다른 크기의 프리픽스에 속하는 주어진 IP에 대해 알 수 있다. 그러나 주소 블록을 서브넷으로 분할하는 대신에 여러 개의 조그만 프리픽스를 단일 커다란 프리픽스로 조합한다. 이러한 처리를 라우팅 집합(route aggregation)이라 한다. 큰 프리픽스 결과는 때때로 슈퍼넷이라 하고 주소의 블록을 나누는 서브넷과 대조된다.

집합을 이용하여 IP 주소는 다양한 크기의 프리픽스에 들어 있다. 하나의 라우터가 a/22(2^{10}개의 주소가 포함되어 있는 블록)의 부분으로서 취급하는 동일한 IP 주소는 큰 /20(2^{12}개의 주소를 포함)의 부분으로서 다른 라우터를 취급한다. 그것은 각각의 라우터가 부합되는 프리픽스 정보를 갖는 것이다. 이러한 설계는 서브네팅에서 동작하고 무등급 영역 간 경로 설정(Classless InterDomain Routing, CIDR)이f 이라고 하며, 음료에서 "cider"로 발음된다. 가장 최근의 버전은 RFC 4632(Fuller and Li,2006)에 명시되었다. 명명은 클래스를 계층적으로 부호화하는 주소와 대조적으로 강조하며, 우리는 짧게 설명할 것이다.

CIDR을 더 쉽게 이해하기 위해, 194.24.0.0으로 시작하는 이용 가능한 8192개의 IP 주소 블록에 대한 예를 고려해 보자. 캠브리지 대학은 2,048개의 주소가 필요하고 255.255.248.0 마스크를 따라서 194.24.0.0에서 194.24.7.255까지의 주소가 할당되어 있다고 가정하자. 이것은 a/21 프리픽스이다.

다음으로 옥스퍼드 대학은 4,096개의 주소를 필요로 한다. 4,096개 주소의 블록이 4,096byte 크기 안에 들어와야 하기 때문에, 그들은 194.24.8.0이 시작 주소가 될 수 없다. 대신에 그들은 255.255.240.0 마스크와 함께 194.24.16.0에서 194.24.31.255의 주소를 가진다. 이제 에든버러 대학은 1,024개의 주소를 필요로 하고, 194.24.8.0에서 194.24.11.255까지의 주소와 마스크로 255.255.252.0이 할당되었다. 이 할당은 그림 5-50에 요약되어 있다.

University	First address	Last address	How many	Prefix
Cambridge	194.24.0.0	194.24.7.255	2048	194.24.0.0/21
Edinburgh	194.24.8.0	194.24.11.255	1024	194.24.8.0/22
(Available)	194.24.12.0	194.24.15.255	1024	194.24.12/22
Oxford	194.24.16.0	194.24.31.255	4096	194.24.16.0/20

그림 5-50 IP 주소 할당 셋

디폴트 자유 지역에 있는 모든 라우터들은 세 개의 네트워크에서 IP 주소에 대해 말하고 있다. 대학에 가까운 라우터들은 각각의 프리픽스를 위해 서로 다른 출력 회선상에서 전송하는 것을 필요하고 라우터들은 라우팅 테이블에서 각각이 프리픽스에 대한 엔트리가 필요하다. 하나의 예는 그림 5-51에서와 같이 런던에서 라우터이다.

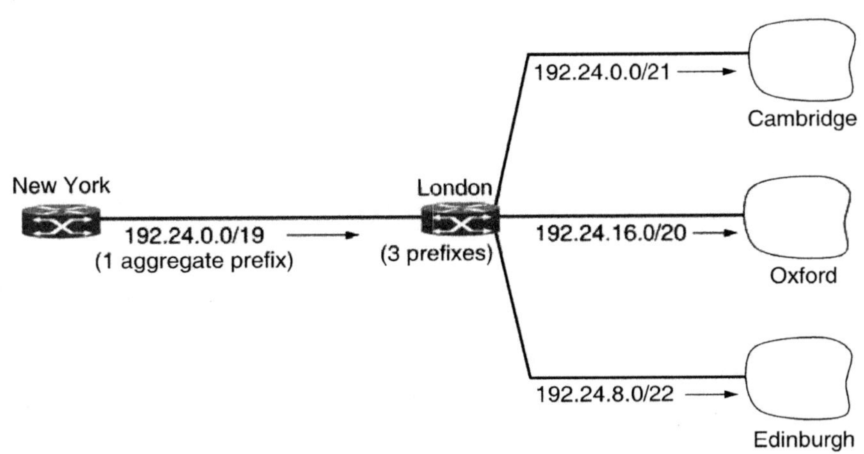

그림 5-51 IP 프리픽스 집합

뉴욕에서 멀리 떨러진 라우터의 관점으로부터 이 세 개의 대학을 살펴보자. 세 개의 프리픽스에서 모든 IP 주소들은 뉴욕(또는 반적으로 US)에서 런던으로 전송된다. 런던에서 라우팅 처리는 이것을 인식하고 세 개의 프리픽스를 뉴욕 라우터로 통과하는 프리픽스 194.24.0.0/19의 단일 집합 엔트리로 조합한다. 이 프리픽스는 8K의 주소를 포함하고 세 개의 대학을 포함시키나 그 외에는 1024 주소를 할당하지 않는다. 집합을 사용함으로서 세 개의 프리픽스는 하나로 감소되는데, 뉴욕라우터가 말하는 프리픽스 감소와 라우팅 테이블이 뉴욕 라우터에서 엔트리한다.

집합이 시도될 때 그것은 자동적으로 처리된다. 집합은 주소를 네트워크로 할당하는 관리자의 행동이 아닌 인터넷에서 프리픽스 위치에 달려 있다. 집합은 인터넷 동안 심하게 사용되고, 라우터 테이블 크기를 200,000개의 프리픽스까지 감소시킬 수 있다.

프리픽스는 겹치는 것을 허용한다. 규칙은 패킷이 대부분의 특정 라우트의 방향으로 전송되거나 또는 가장 적은 IP 주소를 가지고 있는 **최장의 매칭 프리픽스(longest matching prefix)**이다. 최장 매칭 프리픽스는 유용한 정도의 유연성을 제공하고, 그림 5-52의 뉴욕의 라우터의 동작에서 볼 수 있다. 이 라우터는 런던의 세 개의 대학에 트래픽을 전송하기 위해 단일 집합 프리픽스를 사용한다. 그러나 프리픽스 내에 이전의 이용가능한 주소의 블록은 샌프란시스코의 네트워크에 할당되었다. 하나의 가능성은 네 개의 프리픽스를 유지하는 뉴욕 라우터이고, 런던의 세 개 대학으로 패킷을 전송하고 네 번째 패킷은 샌프란시스코로 전송한다. 대신에 최장 매칭 프리픽스는 두 개의 프리픽스를 가지고 포워딩을 취급할 수 있다는 것을 보여주고 있다. 하나의 전체 프리픽스는 런던의 전체 블록을 위해 트래픽을 직접적으로 사용한다. 또한 특정 프리픽스는 샌프란시스코에서 보다 큰 프리픽스의 부분으로 직접적으로 사용된다. 최장 매칭 프리픽스 규칙을 이용하여 샌프란시스코 네트워크 내에 있는 IP 주소들은 샌프란시스코를 향하는 출력 회선상으로 전송되고 큰 프리픽스에서 다른 IP들은 런던으로 전송된다.

그림 5-52 뉴욕 라우터에서 최장 매칭 프리픽스 라우팅

개념적으로 CIDR은 다음과 같이 동작한다. 패킷이 입력될 때 라우팅은 목적지가 프리픽스 내에 있는지 결정하기 위해 스캔된다. 서로 다른 프리픽스 길이를 가지고 있는 다중 엔트리들은 부합시키는 것이 가능하고, 그 경우에서 최장 프리픽스를 가지고 있는 엔트리가 사용된다. 그러므로 a/20 마스크와 a/24 마스크에 부합된 것이 있다면 /24 엔트리는 패킷에 대한 출력 회선을 찾기 위해 사용된다. 그러나 이러한 처리는 테이블이 실제로 엔트리(entry by entry) 단위로 스캔되는 경우에는 지루하다. 대신에 복잡한 알고리즘이 주소 매칭 처리 속도를 높이기 위해 고안되었다(Ruiz-Sanchez et. al., 2001). 상업적 라우터는 하드웨어에 이러한 알고리즘을 부착된 VLSI 칩 상품을 사용한다.

등급과 특별 주소화

왜 CIDR이 그렇게 유용한 것이지 진가를 알아보기 위해 이전의 설계와 관련하여 간단하게 이야기할 것이다. 1993이전에 IP 주소들은 그림 5-53에 나열된 5개의 카테고리로 나누었다. 이 할당을 **클래스 주소화(classful addressing)**라고 불러왔다.

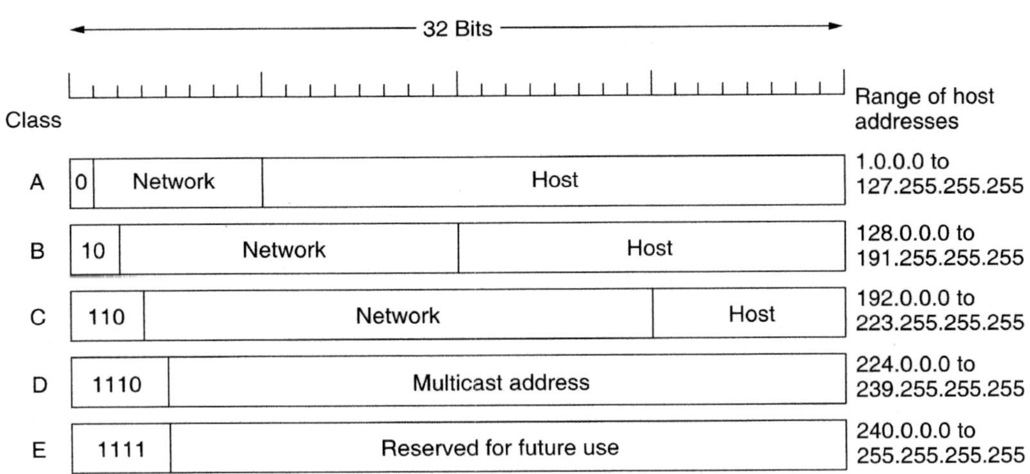

그림 5-53 IP 주소 형식

클래스 A, B와 C 형식은 각각 16백만 호스트를 가지고 있는 128개의 네트워크와 각각 65,535개의 호스트가 있는 16,384 네트워크와 각각 256개의 호스트를 가지고 있는 200만 네트워크(예를 들어 LAN)를 허용한다(몇 가지는 특별하다). 또한 지원되는 것은 멀티캐스트(클래스 D 형식)이고, 데이터그램은 다중 호스트로 유도된다. 1111로 시작한 주소는 미래에서 사용하기 위해 예약되었다. 그것들은 지금 IPv4 주소 공간의 고갈을 고려해볼 때 매우 유용하게 사용된다. 불행하게도 많은 호스트들은 그것들이 오랫동안 논의되지 않았기 때문에 유효하게 이러한 주소를 수용하지 않을 것이고, 오래된 호스트에 새로운 요령을 가르치는 것은 어렵다.

이것은 주소 블록의 크기가 고정되어 있는 CIDR와 달리 계층적 설계다. 10억 넘게 주소가 존재한다. 그러나 클래스에 의해 주소 공간을 체계화하는 것은 수백만의 주소를 낭비한다. 특히 실제 장본인은 클래스 B 네트워크이다. 대부분의 단체에 대해서 16만 주소를 가지고 있는 클래스 A 네트워크는 너무 크고, 256개의 주소를 가지고 있는 클래스 C는 너무 적다. 65,536개의 주소를 가지고 있는 클래스 B 네트워크가 적당하다. 인터넷 전통문화에서 이러한 상황을 세 마리 곰 문제로 알려져 있다[금발의 미녀와 세 마리 곰(southey, 1848)].

실제로는 클래스 B는 대부분의 기관에 대해서 너무 크다. 절반 이상의 클래스 B 네트워크가 50개보다 적은 호스트를 가지고 있다고 보여주고 있다. 클래스 C 네트워크는 일을 수행해 왔으나 틀림없이 모든 기관들이 언젠가 클래스 C 네트워크가 8비트 호스트 필드보다 더 커지는 생각을 클래스

B 주소에게 묻는다. 돌이켜 생각해보면 네트워크마다 1,022개의 호스트를 허용하는 8비트 대신 10비트를 사용하는 클래스 C 네트워크를 가지고 있는 것이 더 좋았을 수도 있었다. 이러한 경우에 있어서 대부분의 기관들은 아마도 클래스 C 네트워크에 정착이 되었을 것이고 500만의 기관들이 있었을 것이다(16,384 클래스 B 네트워크에 비해).

클래스 B 주소보다 더 많이(더 적게) 제공하는 것을 갖지 못하는 것에 대해 인터넷의 설계자의 결함을 찾는 것은 어렵다. 그 당시에 세 개의 클래스를 만드는 걸로 결정이 되었다. 인터넷은 미국에 있는 주요 연구 대학을 연결하는 연구망이었다(네트워킹 연구를 하는 몇 개 안되는 회사와 군용 사이트에 더하여). 그런 후에 어느 누구도 인터넷이 전화망에 필적하는 대중시장 통신 시스템이 될 것이라고 감지하지 못하였다. 그 당시에 누군가는 틀림없이 "미국은 약 2,000개의 전문대학과 대학을 가지고 있다"라고 말했다. 대부분의 대학들이 인터넷과 다른 나라의 대학들과 연결한다 할지라도 전 세계를 통해 많은 대학들이 없기 때문에 16,000개를 넘어서 접속하지 못한다. 더구나, 호스트가 패킷 처리 속도를 높이는 완전한 바이트 수이다(후에 전적으로 소프트웨어에서 수행되었다). 아마도 언젠가 사람들은 되돌아보고 전화 번호 계획을 설계했던 사람들의 결함을 찾을 것이며 "바보 멍청이야 왜 전화번호에서 행성의 수를 포함시키지 않았느냐?"라고 말할 것이다. 그러나 그 당시에는 그럴 필요가 없었다.

이러한 문제를 다루기 위해 유연하게 기관 내에 주소의 블록을 할당하는 서브넷이 도입되었다. 후에 CIDR이 전반적인 라우팅 테이블의 크기를 줄이기 위해 추가되었다. 오늘날 클래스 A, B 또는 C 네트워크에 속하는 IP 주소를 나타내는 비트들은 더 이상 사용이 되지 않고, 문헌에서 이러한 클래스의 참조는 범용적이다.

어떻게 포워딩 되는 클래스를 떨어지게 하는 것은 매우 복잡하며, 어떻게 그것을 오래된 클래스 시스템에서 단순하게 할 것인가를 고려해보자. 패킷이 라우터에 도착할 때 IP 주소의 복사는 4비트 클래스 번호에 넘겨주기 위해 28비트를 오른쪽으로 이동한다. 그런 다음에 16-way 브랜치(branch)는 패킷을 클래스 A의 경우에 8개, 클래스 B의 경우 4개, 클래스 C의 경우에 2개를 가지고 있는 A, B, C(D와 E) 클래스로 정렬시킨다. 그런 다음에 각각의 클래스에 대한 코드는 8, 16, 24비트 네트워크 번호로 마스크하고, 32비트 단어에서 오른쪽으로 정렬한다. A, B, C 테이블에서 네트워크 번호를 찾는데 대개 A와 B네트워크에서는 인덱스하고, C네트워크에서 해싱한다. 일단 엔트리가 발견되면 출력 회선이 검색되고 패킷은 포워드된다. 이것은 최장 매칭 프리픽스 동작보다는 간단하며, IP 주소가 임의의 길이 프리픽스를 가지기 때문에 더 이상 단순 테이블 검색을 사용할 수 없다.

클래스 D 주소는 멀티캐스트를 위해 인터넷에서 계속해서 사용된다. 실제로, 클래스 D 주소가 멀티캐스트를 위해 사용된다고 말하는 것이 보다 정확하며, 과거에 인터넷 멀티캐스트가 광범위하게 채택되지 않았다.

그림에서 나타낸바와 같이 특별한 의미를 가지는 몇 가지 다른 주소가 있다. IP 주소 0,0,0,0는 최하위 주소이고 IP 주소가 부트(booted)될 때 호스트에 의해 사용된다. 이것은 "이 네트워크" 또는 "이 호스트"를 의미한다. 네트워크 번호로서 0을 가진 IP 주소는 현재의 네트워크를 나타낸다. 이러한 주소는 머신인들이 네트워크 번호를 알지 못하는 자신의 네트워크를 나타내는 것을 허용한다(그러나 주소들은 네트워크 마스크가 얼마나 많은 0이 포함되어 있는지를 안다). 이 주소는 모두 1로 구성되거나 또는 255.255.255.255-최상위의 주소-표시된 네트워크상에 모든 호스트를 의미하기 위해 사용된다. 그것은 전형적으로 LAN인 근거리 네트워크에 브로드캐스팅을 허용한다. 적절한 네트워크 번호를 가지고 있는 주소와 호스트 필드가 모두 1로 되어 있는 것은 머신이 인터넷의 원거리 LAN에 브로드캐스트 패킷을 전송하는 것을 허용한다. 그러나 많은 네트워크 관리자들은 일반적으로 보안 위험 요소로서 이러한 특징을 이용하지 않는다. 마지막으로 127.xx.yy.zz 형태의 주소는 되돌림 시험(loopback testing)을 위해 예약된다. 그러한 주소로 전송된 패킷은 배선 쪽으로 출력되지 않는다. 패킷들은 지역적으로 처리되고 입력되는 패킷으로 취급된다. 이것은 패킷이 송신기가 호스트의 번호를 알 수 없는 호스트로 전송되는 것을 허용하는데 이는 테스팅을 위해 유용하다.

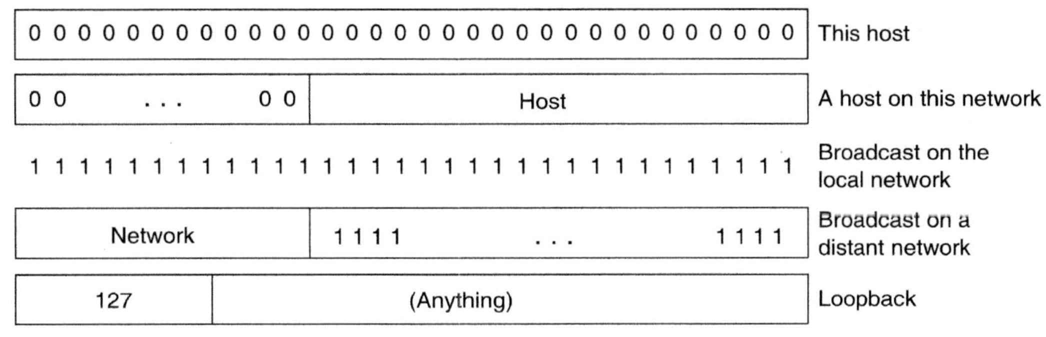

그림 5-54 특별한 IP 주소

네트워크 주소 변환

IP 주소는 부족하다. ISP는 65,534개의 호스트 번호가 주어지는, /16(클래스 B) 주소를 가지고 있다. 만약 이보다 더 많은 고객들이 있다면, 문제가 발생한다. 이러한 부족은 IP 주소를 절약하여 사용하는 기술을 가져다주었다. 하나의 접근 방법은 컴퓨터가 활성화되고 네트워크를 사용할 때 IP 주소를 컴퓨터에 동적으로 할당하는 것이며, 호스트가 비활성화 될 때 IP 주소를 도로 가져가는 것이다. 그런 다음에 다른 컴퓨터에 IP 주소가 할당되고 활성화 된다. 이 방법에서, 단일 /16 주소들은 65,534명의 활성화된 사용자까지 처리할 수 있다.

이 계획은 예를 들어 네트워크 호출과 이동컴퓨터와 다른 컴퓨터들이 일시적으로 없거나 정지되는 경우에 잘 동작한다. 그러나 사업 고객에 대해서는 잘 동작하지 않는다. 사업에서 많은 PC들은 계속되기를 기대한다. 어떤 머신들은 고용인의 머신들이고, 밤늦게까지 백업되며, 어떤 머신들은 원격 요구를 은 당장 제공하는 서버들이다. 이러한 사업은 인터넷의 나머지에 연결을 항상 제공하는 접속 회선을 갖는다.

이 상황은 케이블을 통한 인터넷 또는 ADSL로 가입하고 있는 홈 사용자들에게 적용하는데 연결에 대한 요금은 없다(단지 매월 고정 요금으로). 각 가족 중에 한 명인 많은 사용자는 집안에 두 개 이상의 컴퓨터를 가지고 있다. 그들 모두는 항상 온라인 상태에 있기를 원한다. 여기에서의 해결책은 LAN을 거쳐 모든 PC에 연결하고 LAN상에 라우터(무선)를 놓는 것이다. 그런 다음에 라우터는 ISP로 연결한다. ISP 관점에서 이 가족은 소수의 컴퓨터를 가지고 있는 소규모 사업과 같다. Johns 주식회사를 환영하자. 지금까지 우리가 알아왔던 기술을 이용하여 각각의 컴퓨터는 하루 종일 자신의 IP주소를 가지고 있어야 한다. 수천의 고객이 있는 ISP에 대해 특히 고객과 가족들은 거의 소규모 사업과 같으며, IP 주소에 대한 요구는 이용 가능한 주소 블록을 빠르게 초과하고 있다.

IP 주소의 고갈 문제는 먼 미래에서 어떤 지점에 발생하는 이론상의 문제점이 아니다. 이는 지금 현재에 발생하고 있다. 장기간에 걸친 해결책은 모든 인터넷을 128비트를 갖는 IPv6로 이동하는 것이다. 이 전이(Transition)는 천천히 발생하고 있지만 이 진행이 완전해 지기 전에 수년이 걸릴 것이다. 결과로, 몇몇 사람들은 단기간 동안 빠른 결정이 필요하다는 것을 느꼈다. 이 빠른 결정은 RFC 3022에 기술되어 있고 아래에서 요약할 네트워크 주소변환(Network Address Translation, NAT)의 형태로 출현했다. 추가적인 정보에 대해서는 (Dutcher, 2001)를 참조해라.

NAT의 기본 아이디어는 인터넷 트래픽에 대해 각 회사에 단일 IP 주소(또는 기껏해야, 적은 수의 IP 주소)를 할당하는 데 있다. 이 회사 내부에서, 모든 컴퓨터는 건물 내의 트래픽을 라우팅하기 위해 사용되는, 유일한 IP 주소를 얻는다. 그러나 패킷이 회사 네트워크에서 나가서 ISP로 갈 경우, 단일 내부 IP 주소에서 공유된 공적 IP 주소까지 주소 변환(address translation)이 발생한다. 이 기법을 가능케 하기 위해서는 IP 주소의 세 범위가 전용으로 선언되어야 한다. 네트워크들은 내부적으로 이들이 바라는 바대로 사용할 수 있을 것이다. 유일한 규칙은 이들 주소를 포함하는 패킷은 인터넷상에서는 보이지 않는다는 것이다. 이 3개의 예약된 범위는 다음과 같다.

10.0.0.0	- 10.255.255.255/8	(16,777,216 호스트들)
172.16.0.0	- 172.31.255.255/12	(1,048,576 호스트들)
192.168.0.0	- 192.168.255.255/16	(65,536 호스트들)

첫 번째 범위는 (일반적으로 0과 -1을 제외한) 16,777,216 주소를 제공하고 네트워크가 크지 않다 하더라도 보통 이 범위를 선택한다.

NAT의 동작은 그림 5-55에 제시되어 있다. 회사 내에 모든 기계는 10.x.y.z 형태의 유일한 주소를 갖는다. 그러나 패킷이 회사 내부를 떠날 경우, 이 패킷은 이 그림의 예에서 이 패킷의 내부 근원지 주소 10.0.0.1은 회사의 실제 IP 주소 198.60.42.12로 NAT 박스(NAT 박스)를 거치며 변환된다. NAT 박스는 종종 회사 네트워크로 무엇이 들어오는지, 무엇이 나가는지를 주의 깊게 제어하여 보안을 제공하는, 방화벽과 함께 단일 장치로 결합되어 있다. 방화벽은 8장에서 살펴보도록 할 것이다. 또한 라우터 또는 ADSL 모뎀에서 NAT 박스를 통합시키는 것도 가능하다.

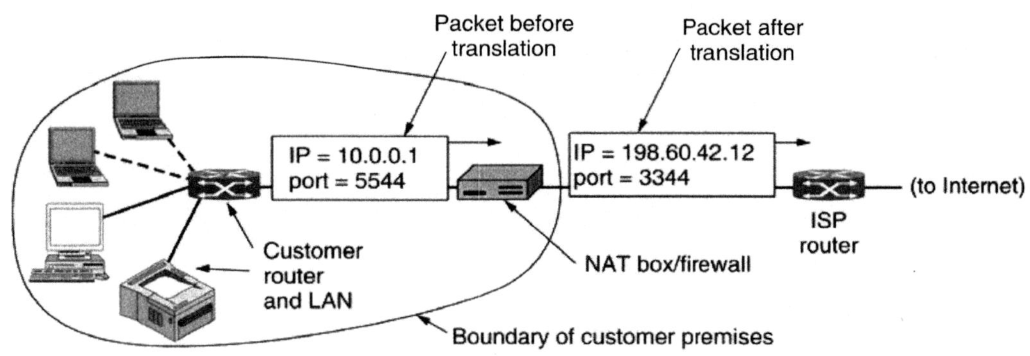

그림 5-55 NAT 박스의 배치 및 동작

이러한 내용에 대해 조금 더 자세히 알아보자. 응답이 다시 돌아올 때(예를 들면 웹 서버로부터), 당연히 주소는 198.60.42.12로 보내진다. 그러면 NAT 박스는 이 응답을 어떤 주소로 변환해야 할까? 여기에 NAT의 문제점이 있다. IP 헤더 안에 여분의 필드가 있다면, 이 필드는 실제 송신자가 누구인지의 트랙을 유지하기 위해 사용될 수 있지만, 현재 단지 1비트만이 사용되지 않고 있다. 근본적으로, 실제 근원지 주소를 유지하기 위해 새로운 옵션을 생성할 수 있지만, 이렇게 하는 것은 새로운 옵션을 처리하기 위해 전체 인터넷상의 모든 머신에 IP 코드를 변경하는 것을 요구한다. 이는 빠른 결정에 기대하는 대안이 아니다.

실제로 발생되는 것은 다음과 같다. NAT 설계자들은 대부분의 IP 패킷에 TCP 또는 UDP 페이로드를 수반하도록 했다. 6장에서 TCP와 UDP를 공부할 때, 이 둘 다 근원지 포트와 목적지 포트를 포함하는 헤더를 가진다는 것을 알 수 있을 것이다. 아래서 우리는 바로 TCP 포트를 논의할 것이다. 정확하게 UDP 포트도 이와 동일하다. 이 포트들은 TCP 연결을 시작하고 끝내는 곳이 어디인지를 나타내는 16비트 정수이다. 이 포트들은 NAT가 동작하기 위해 요구되는 필드를 제공한다.

한 프로세스가 원격 프로세스와 TCP 연결을 설정하기를 원할 경우, 자신의 머신에서 사용되지 않는 TCP 포트를 따른다. 이를 근원지 포트(source port)라 하고, 이 연결에 속하는 들어오는 패킷을 어디로 보내야 하는지를 TCP 코드에 알려준다. 이 프로세스는 또한 누가 원격 프로세스 쪽으로 패킷을 주어야 하는지를 알리기 위해 목적지 포트(destination port)를 제공한다. 포트 0-1023은 잘 알려진 서비스로 예약되어 있다. 예로, 포트 80은 웹 서버에 사용되는 포트이므로 원격 클라이언트는 이것들에 위치를 정할 수 있다. 각각의 외부로 나가는 TCP 메시지는 근원지 포트와 목적지 포트를 포함한다. 동시에 이들 포트는 양쪽 끝에서 연결을 사용하여 프로세스를 식별하는 데에 도움이 된다.

포트의 사용을 좀 더 명확하게 하기 위하여 유추해 보도록 하자. 단일 주요 전화번호를 갖는 회사를 상상해 보자. 사람들이 주요 번호로 전화를 걸 경우, 이들은 어떤 확장을 원하는지를 물어보고 그 확장을 입력하여 이들을 연결하는 교환원과 연결된다. 주요 번호는 회사의 IP 주소와 유사하고, 양쪽 끝에서 그 확장들(extensions)은 그 포트들과 유사하다. 포트들은 어떤 들어오는 패킷을 어떤 프로세스가 얻는지를 식별하는 특별한 16비트 주소화(addressing)이다.

Source port(근원지 포트) 필드를 사용하여, 우리는 매핑 문제를 해결할 수 있다. 외부로 나가는 패킷이 NAT 박스에 들어오면, 10.x.y.z 근원지 주소는 회사의 실제 IP 주소로 대체된다. 게다가 TCP Source port 필드는 NAT 박스의 65,536개의 엔트리 변환 테이블로 인덱스에 의해 대체된다. 이 테이블 엔트리는 원래 IP 주소와 원래 근원지 포트를 포함한다. 결국 IP와 TCP 헤더 체크섬 모두 재계산되고 그 패킷에 삽입된다. 머신 10.0.0.1과 10.0.0.2에서 연결이 모두 포트 5000을 사용하는 경우가 발생될 수 있기 때문에 Source port를 대체하는 것이 필요하다. 따라서 Source port 자체만으로 송신 프로세스를 식별하는 것은 충분하지 않다.

패킷이 ISP로부터 NAT 박스에 도착하면, TCP 헤더 내의 Source port는 추출되고 NAT 박스의 매핑 테이블의 인덱스로써 사용된다. 위치를 가리키는 엔트리로부터, 내부적인 IP 주소와 원래 TCP Source port는 추출되어 그 패킷에 삽입된다. 또한 IP와 TCP 체크섬 모두 재계산되고 패킷에 삽입된다. 이렇게 변환된 패킷은 10.x.y.z를 사용하여 일반적인 전달을 위해 회사 라우터로 통과된다.

또한 NAT는 ADSL와 케이블 사용자에 대한 IP 부족을 완화시키기 위해 사용될 수 있다. ISP가 각각의 사용자에게 주소를 할당할 경우, 10.x.y.z 주소를 사용한다. 사용자 머신으로부터 패킷은 ISP를 떠나 주요 인터넷으로 들어갈 경우, 이 패킷들은 ISP의 실제 인터넷 주소로 10.x.y.z 주소를 변환하는 NAT 박스를 거쳐 지나간다. 수신의 경우, 패킷은 역매핑 과정을 거친다. 이러한 관점에서 보면, ISP와 홈 ADSL/케이블 사용자들은 마치 큰 회사처럼 보인다.

이 설계가 NAT의 문제점에 대한 일련의 해결책임에도 불구하고, IP 공동체에 있는 사람들은 이를 무척 꺼려한다. 여기 간단하게 요약된 몇 가지 반대 이유가 있다. 첫 번째, NAT는 모든 IP 주소가 유일하게 전 세계적으로 단일 머신을 식별하는 것을 주장하는 IP의 설계상의 모델을 어긴다. 인터넷의 모든 소프트웨어 구조는 이 사실에 의거하여 만들어졌다. NAT에서는 수천 개의 머신들이 주소 10.0.0.1을 사용할지도 모른다.

두 번째로, NAT는 인터넷의 종단간 연결 모델을 위반하는데, 어느 호스트가 언제든지 어느 다른 호스트로 패킷을 전송할 수 있다고 말한다. NAT박스에서 매핑이 출력 패킷에 의해 설정되기 때문에 입력 패킷은 패킷을 출력할 때까지 수용할 수 없다. 실제로 이것은 NAT가 있는 홈 사용자가 원격 웹 서버에 TCP/IP 연결한다는 것을 의미하나, 원격 사용자는 홈 네트워크상에 게임 서버에 연결할 수 없다. 특별한 배치 또는 NAT 횡단 기술은 이러한 종류의 상황을 지원하기 위해 필요하다.

세 번째로, NAT는 인터넷을 비연결형 네트워크에서 연결형 네트워크로 변환시킨다. 문제점은 NAT 박스가 이를 통해 지나간 각각의 연결에 대해 정보(매핑)를 유지해야만 한다는 것이다. 네트워크가 연결 상태를 유지하도록 하는 것은 연결형 네트워크의 특성이지 비연결형 네트워크의 특성은 아니다. NAT 박스에서 크래시가 발생하고 NAT 박스의 매핑 테이블이 손상되면, 모든 TCP 연결은 파괴된다. NAT가 없을 경우, 라우터는 파괴되고 TCP 연결상에서 장기적인 영향이 없이 다시 시작한다. 송신 프로세스는 단지 몇 초 이내에 타임아웃 되고 확인응답되지 않은 모든 패킷들을 재전송한다. NAT에서 인터넷은 회선 교환 네트워크(circuit-switched network) 만큼 취약하다.

네 번째로, NAT는 대부분의 프로토콜 계층화의 기초적인 규칙들을 어긴다. 계층 *k*는 계층 k+1이 페이로드 필드에 어떤 것이 있는지에 대한 가정을 만들지 않는다. 이 기본 원칙은 계층들이 독립을 유지하기 위함이다. TCP가 나중에 다른 헤더 레이아웃(예로, 32비트)을 가지는 TCP-2로 업그레이드된다면, NAT는 실패할 것이다. 계층으로 이루어진 프로토콜의 전체 아이디어는 하나의 계층의 변경이 다른 계층들에서의 변경을 요구하지 않는다는 것을 보장하는 데에 있다. NAT는 이 독립성을 파괴한다.

다섯 번째로, 인터넷상의 프로세스는 TCP 또는 UDP의 사용이 요구되지 않는다. 머신 A 상의 사용자가 머신 B상의 사용자와 말하기 위해 새로운 전송 프로토콜 사용을 결정한다면(예로, 멀티미디어 응용), NAT 박스의 도입은 NAT 박스는 정확하게 TCP Source port의 위치를 알 수 없기 때문에 이 응용이 동작하지 않는 원인이 된다.

여섯 번째로, 관련된 문제는 규정된 방법에서 TCP/IP 연결 또는 UDP 포트를 사용하는 몇몇 응용이다. 예를 들어, FTP, 표준 파일전송 프로토콜(File Transfer Protocol) 수신자가 추출하여 사용하기 위해서 패킷의 몸체에 IP 주소를 삽입한다. NAT는 이러한 할당에 대해 아는 것이 없기 때문에 , IP 주소를 다시 쓰거나 또는 다르게 할당을 설명할 수 없다. 이러한 이해의 부족은 FTP와 H.323 이터넷 전화 프로토콜(7장에서 연구할 것이다)과 같은 다른 응용들은 특별한 예방책이 취해지지 않는다면 NAT에서는 동작하지 않을 수 있다. 이러한 경우에 대해 NAT 패치가 가능하지만 매 시간 새로운 응용에 따라 NAT 박스에 코드를 패치하는 것은 좋은 생각이 아니다.

마지막으로 TCP Source port 필드는 16비트이므로, 대부분의 65,536머신들은 하나의 IP 주소로 매핑될 수 있다. 실제로 4096포트가 특별한 사용을 위해 예약되어 있기 때문에 이 숫자는 약간 적다. 그러나 다수의 IP 주소가 사용 가능하다면, 각각 61.440머신까지 처리할 수 있다.

NAT에 대한 그 밖의 문제점들은 RFC 2993에 검토되어 있다. 문제에도 불구하고 특히 홈과 소규모 사업 네트워크를 위해 NAT는 실제로 광범위하게 사용되었으며, IP 주소 부족을 취급하는 편법 기술이다. NAT는 청하지도 않은 입력 패킷을 입력되는 패킷을 디폴트에 의해 봉쇄하기 때문에 방화벽과 전용에 몰두하게 되었다. 이런 이유 때문에 IPv6가 광범위하게 채택될 때 더 나아갈 것 같지가 않다.

5.6.3 IPv6

IP는 수십 년을 통해 많이 사용되어 왔다. IP는 극히 잘 동작하였으며, 인터넷의 기하급수적인 성장에 의해 입증되었다. 불행하게도, IP는 자신의 인기에 희생자가 되었다: 주소가 거의 고갈되고 있다. CIDR와 NAT가 주소를 절약하여 사용하였음에도 불구하고, 가장 나중의 IPv4는 2012년 이전에 ICANN에 의해 할당되는 것을 예상하였다. 이렇게 다가오는 재앙은 20년 전에 인식되었고, 상당한 논의와 무엇을 할수 있는가에 관해 인터넷 공동체에서 논란이 발화되기 시작하였다.

이장에서 우리는 두 가지 문제와 몇 가지 제안된 해결책을 설명할 것이다. 장기적인 해결은 큰 주소로 움직이는 것이다. IPv6(IP version 6)는 오직 그러한 것을 하는 대안이다. IPv6는 128비트 주소를 사용한다; 이러한 주소의 부족은 언제든지 미래에 예측할 수 없다. IPv6는 채택하기 위해 매우 어렵다고 증명되어 왔다. 그것은 실제로 많은 유사성이 있음에도 불구하고 IPv4와 실제로 연결이 되지 않는 다른 네트워크 계층 프로토콜이다. 또한 기업과 사용자가 왜 그들이 어떠한 경우에도 IPv6를 원하는지 확신하지 못하다. 결론은 IPv6를 채택하고 인터넷 표준화가 1998년 이래로 있었음에도 불구하고 인터넷의 아주 사소한 부분(추정치가 1%)으로 오로지 사용되었다. 다음 수년 동안이 흥미있는 시간이 되고, 남아 있는 IPv4 주소가 거의 할당되지 않는다. 사람들은 IPv4 주소를 eBay 경매사이트 경매로 팔기 시작할 것인가? IPv4 주소에서 암시장이 갑자기 생겨날 것인가? 누가 알겠는가.

주소 문제에 부가하여 다른 문제들이 후면에 다가오기 시작했다. 최근까지 인터넷은 대학, 하이테크 산업, 정부(특히 국방부)에 의해 널리 사용되어왔다. 1990년 중반에 시작된 인터넷에 대한 관심의 폭발과 함께, 서로 다른 요구 조건을 갖는 특별한 사람들, 서로 다른 그룹의 사람들에 의해 사용되기 시작했다. 한편으로, 스마트 폰을 가진 대다수의 사람들이 집안에서 인터넷에 접속하려고 할 것이다. 다른 면으로, 컴퓨터, 통신, 연예 산업의 통합이 임박하여, 세계에 있는 모든 텔레비전 셋과 모든 전화에 인터넷 노드가 장착되는 것이 멀지 않았고, 주문형 비디오에 사용되는 무수한 장비들이 생산되고 있다. 이러한 환경에서 IP가 발전되고 좀 더 유연해져야 하는 것은 자명한 일이다.

1990년에 이렇게 임박한 문제들을 보고, IETF는 좀 더 유연하고 효과적으로 다른 다양한 문제들을 해결하기 위해 주소가 결코 고갈되지 않는 새로운 버전의 IP에 대한 작업을 시작하였다. 그것의 중요 목표는 다음과 같다.

1. 비효율적인 주소 할당이 있음에도 불구하고 수십억 개의 호스트를 지원
2. 라우팅 테이블의 크기를 감소
3. 라우터가 패킷을 더 빠르게 처리할 수 있도록 하는 프로토콜의 단순화
4. 더 나은 보안(인증, 비공개) 제공
5. 특히 실시간 데이터에 대한 서비스의 형태에 좀 더 유의할 것
6. 명기된 허가 범위에 대한 멀티캐스팅의 지원
7. 호스트가 주소 변경 없이 이동하는 것이 가능하도록 만들 것
8. 미래에 프로토콜이 발전하는 것을 허용
9. 몇 년 동안은 구식과 신식 프로토콜이 공존하는 것을 허용

IPv6의 설계는 현재의 요구에 미치지 못하는 IPv4에서 모든 특징을 개선하는 주요한 기회를 제출하였다. 이러한 모든 요구들을 충족시키는 프로토콜을 개발하기 위해 IETF에서는 제안을 요청하였으며 RFC 1550에 있는 논의들을 부각시켰다. 21개의 응답이 처음에 접수되었다. 1992년 12월까지 일곱

가지의 중대한 제안들이 상정되었다. 그들의 범위는 IP를 약간만 수정하는 것에서 그 전체를 가지고 완전히 다른 프로토콜로 대체하는 것까지였다.

어떤 제안사항은 CLNP통해 TCP를 실행하는 것인데, 네트워크 계층 프로토콜은 OSI를 위해 설계되었다. 160bit 주소들을 이용하여 CLNP는 대양에서 물 분자를 제공하는 것과 같이 영원히 충분한 주소 공간을 제공하는 것이며, 조그만 네트워크를 설정하기 위해 충분한 주소(대략 2^5)를 제공한다. 이러한 선택은 두 개가 주요한 네트워크 계층 프로토콜을 통합하는 것이다. 그러나 대부분의 사람들은, 이 제안사항이 OSI 범주에서는 실질적으로 합당한 승인(admission)이고, 인터넷 범주에서는 정책적으로 부적절한 진술(statement)이라고 생각했다. CLNP는 IP를 거의 유사하게 본떠서 만들었기 때문에, 이 둘은 크게 차이가 나지 않는다. 사실상 최종적으로 채택된 프로토콜은 CLNP에서 차이보다 IP로부터 더 많은 차이가 난다. CLNP의 또 다른 문제점은 효율적인 멀티미디어 전송과 같은 다양한 서비스들을 제공하지 못했다는 점이다.

더 나은 세 가지의 프로토콜이 IEEE Network(Deering, 1993; Francis, 1993; Katz and Ford, 1993)에서 출간되었다. 오랜 논의, 교정, 위치의 조정이 있는 후에, Deering과 Francis의 제안이 수정되어 합해진, 지금의 SIPP(Simple Internet Protocol Plus)라 불리는 버전이 선택되었고, IPv6으로 명명되었다.

IPv6은 목적에 매우 잘 부합한다. 이것은 IP의 좋은 형태는 유지하고 나쁜 것들은 버리거나 재평가하였으며, 필요한 새로운 것들을 첨가하였다. 일반적으로 IPv6은 IPv4와 호환되지 않지만, 때로는 필요에 의해(대부분 긴 주소를 다루기 위해) 약간의 변형을 통해 TCP, UDP, ICMP, IGMP, OSPF, BGP. DNS를 포함한 다른 모든 인터넷 프로토콜과 호환된다. IPv6의 주된 형태는 아래에 논의된다. 그것에 대한 더 많은 정보는 RFC 2460부터 RFC 2466에서 찾을 수 있다.

첫 번째이자 가장 중요한 것은 IPv6이 IPv4보다 더 긴 주소를 가진다는 것이다. 그들은 128비트의 길이이고, IPv6이 풀도록 제시되었던 문제를 해결하였다. 인터넷 주소를 효과적으로 무제한으로 제공한다. 주소에 대하여 간단히 살펴 볼 것이다.

IPv6의 두 번째 주요 향상은 헤더의 단순화이다. 이것은 7개의 필드(IPv4는 13개의 필드를 가지고 있는데 반하여)만을 가진다. 이러한 변화는 라우터가 패킷을 더 빠르게 처리하고 그래서 처리와 지연을 개선되도록 해준다. 역시 헤더에 대해서도 간단히 살펴볼 것이다.

세 번째 주요한 개선사항은 옵션에 대한 지원이 더 좋아졌다는 것이다. 이러한 변화에는 이전에 요구되었던 필드들이 지금은 옵션화되었기 때문에 새로운 헤더가 필수적이다. 게다가 옵션이 표현되는 방식이 다르고, 라우터가 의도하지 않은 옵션들은 건너뛰도록 하여 라우터가 단순화된다. 이러한 특징은 패킷 처리 시간을 빠르게 한다.

IPv6이 보여주는 큰 장점의 네 번째 부분은 보안이다. IETF는 영악한 12살짜리 아이가 자기의 개인용 컴퓨터를 사용하여 인터넷상에 있는 은행과 군사 기지를 해킹한 일에 대한 신문기사로 가득 차 있었다. 거기에는 보안을 개선하려 하는 강한 의지가 있었다. 인증과 프라이버시가 새로운 IP의 핵심적인 특징이다. 그러나 IPv4는 나중에 구형이 되어 버리고, 보안영역에서 차이점이 더 이상 대단해 보이지 않는다.

마지막으로 서비스의 질에 더 많은 노력을 기울이고 있다. 과거에 다양한 노력이 있었지만 현재 인터넷상에서의 멀티미디어 증가와 함께 긴급함이 더 커지고 있다.

IPv6 메인 헤더

그림 5-56은 IPv6 헤더를 보여준다. Version(버전) 필드는 IPv6에서 항상 6이다(IPv4에서는 4). IPv4로부터 IPv6으로 변화되는 10년 동안에 라우터는 그들이 가지고 있는 패킷의 종류가 무엇인지를 알기 위해 이 필드를 검사해왔다.

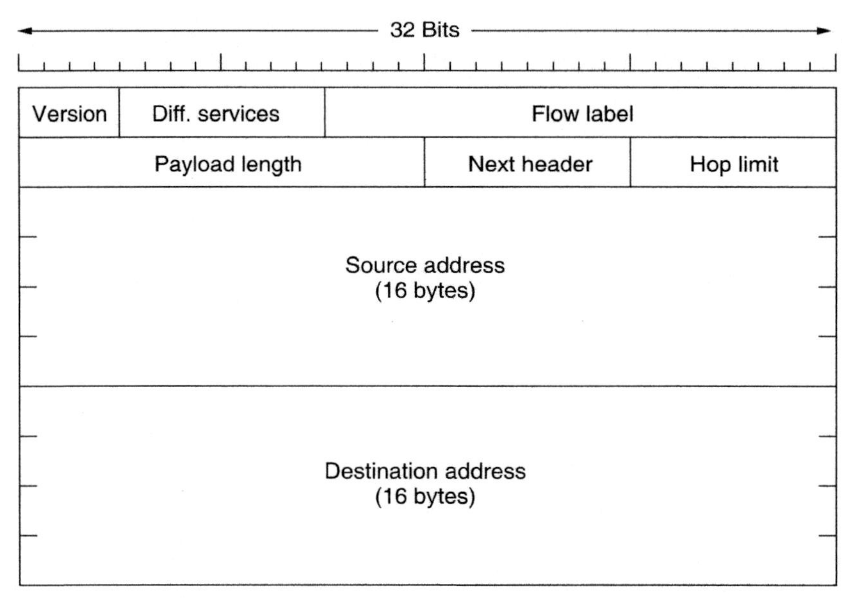

그림 5-56 IPv6의 고정 헤더(필수)

한편, 이러한 검사는 중요한 경로에서 약간의 명령어를 낭비하는 결과를 초래하므로, 대부분의 구현에서는 IPv6 패킷으로부터 IPv4 패킷을 구분하기 위해 데이터 링크 헤더에 있는 다른 필드를 사용하여 그것을 회피하려고 했다. 이 방법에서는 패킷은 올바른 네트워크 계층 처리기를 직접적으로 지나갈 수 있다. 그러나 데이터 링크 계층이 패킷의 형태를 안다는 것은 상위 계층으로부터 전달받은 비트들의 의미를 알아서는 안 된다는 각 계층에 대한 설계 원칙을 완벽하게 위반하는 것이다. "원칙을 지켜라"와 "빠르게 만들어라"라는 진영들 사이의 토론이 길고 격렬했음은 의심할 바가 없을 것이다.

구분 서비스 필드(Traffic class(트래픽 클래스)) 필드는 서로 다른 실시간 전달 요구 조건을 포함하는 패킷에 대한 서비스의 클래스를 구분하는데 사용된다. 그것은 IPv4 패킷에서 동일한 이름의 필드와 같이 동일한 방법에서 서비스 품질에 대한 서로 다른 서비스 구조에서 사용될 수 있다. 또한 낮은 순서 2비트는 IPv4에서와 동일한 방법으로 명백한 충돌 암시 신호에 사용된다.

Flow label(플로우 라벨) 필드는 여전히 검토되고 있는 필드이지만, 그것은 근원지와 목적지의 고유 특성과 요구사항을 설정하기 위해 사용될 수 있다. 예를 들어 어떤 근원지 호스트에 있는 하나의 프로세스로부터 어떤 목적지 호스트에 있는 임의의 프로세스로 가는 하나의 패킷 스트림은 엄격한 지연 요구를 가질지도 모르고, 따라서 예약된 대역폭이 필요할 수도 있다. 플로우가 미리 설정되고 하나의 식별자가 주어질 수 있다. Flow label(플로우 라벨)에 0이 아닌 값을 가진 하나의 패킷이 나타날 때 모든 라우터들은 그것이 요구하는 특별한 처리가 무엇인지 내부의 테이블에서 찾아볼 수 있다. 사실상 플로우는 데이터그램 서브넷의 유연성(flexibility)과 가상 회선 서브넷의 보장성(guarantee) 둘 다를 가지려고 시도한다.

각 플로우는 근원지 주소, 목적지 주소와 플로우 번호에 의해 지정되고, 플로우들은 주어진 IP 주소쌍 사이에서 동시에 활성화될 수 있다. 또한 이 방법에서는 2개의 플로우가 서로 다른 호스트들에서 출발하여 동일한 라우터를 동일한 플로우 라벨을 가지고 통과할지라도, 라우터는 근원지와 목적지 주소를 사용하여 그들을 개별적으로 구분할 수 있다. 플로우 라벨은 라우터가 그들을 처리할 수 있도록 만들기 위하여 1부터 시작하여 순차적으로 할당하는 것보다 임의로 선택될 것이라고 예상된다.

Payload length(페이로드 길이) 필드는 그림 5-56의 40바이트 헤더 뒤에 얼마나 많은 바이트들이 따라오는가를 말해준다. 헤더 40바이트를 그들이 사용되는 만큼의 길이를 빼고 계산되도록, 의미를 약간 변경하였기 때문에 IPv4의 이름을 Total length(전체길이) 필드에서 Payload length(페이로드 길이) 필드로 변형되었다.

Next header(다음 헤더) 필드에는 헤더가 간소화될 수 있는 이유에 대한 비밀이 들어 있다. 그것은 거기에 확장 헤더가 조건적으로 추가될 수 있기 때문이다. 이 필드는 현재는 6개의 확장 헤더가 조건적으로 추가될 수 있기 때문이다. 이 필드는 현재는 6개의 확장 헤더 중 하나가 뒤따라온다면, 그것을 가리킨다. 만약 이 헤더가 마지막 IP 헤더라면, Next header(다음 헤더) 필드는 패킷이 통과할 전송 프로토콜 처리기(TCP, UDP)를 말한다.

Hop limit(홉 제한) 필드는 패킷이 영원히 존재라는 것을 방지한다. 그것은 실제적으로 IPv4에 있는 Time to live(수명시간) 필드와 같다. 즉 각 홉(hop)마다 필드에 들어 있는 값이 감소된다. 이론적으로 IPv4에서 수 초 동안 사용하는 라우터는 없다. 그래서 그 이름은 실제적으로 사용되는 방법을 반영하여 변경된 이름이다.

다음으로 오는 것이 Source address(근원지 주소)와 Destination address(목적지 주소) 필드이다. 디어링(Deering)이 원래 제안한 SIP에서는 8-바이트 주소를 사용했지만, 많은 사람이 검토를 하는 동안에 8-바이트 주소를 가진 IPv6은 몇십 년 안에 주소가 고갈되고, 이에 반하여 16-바이트 주소를 가진 IPv6은 절대로 모자라지 않다는 것을 알게 되었다. 일부 사람들은 16-바이트가 필요 이상으로 많다고 하였으며, 이에 반하여 또 다른 사람들은 OSI 데이터그램 프로토콜에 호환되는 20-바이트 주소를 사용하는 것이 좋다고 주장하였다. 여전히 다른 그룹은 가변-크기의 주소를 원했다. 많은 토론 후에 그것은 고정-길이 16-바이트 주소가 최적의 절충안으로 결정되었다.

16-바이트 주소를 적기 위한 새로운 표시법이 고안되었다. 그것은 아래와 같이 4개의 16진수 숫자로 된 8개의 그룹 사이를 콜론(:)으로 구분하여 쓰는 것이다.

8000:0000:0000:0000:0123:4567:89AB:CDEF

대부분의 주소들이 안쪽에 많은 0이 있기 때문에, 세 가지의 최적화 기법들이 공인되었다. 첫 번째, 그룹 안에서 앞쪽에 나오는 0은 생략할 수 있다. 그래서 0123은 123으로 쓸 수 있다. 두 번째, 16개의 0을 가진 하나 이상의 그룹은 콜론 쌍(::)에 의해 대치될 수 있다. 그래서 위의 주소는 이제 아래와 같이 된다.

8000::123:4567:89AB:CDEF

마지막으로 IPv4 주소는 콜론의 쌍(::)과 예전의 점으로 구분된 10진수 숫자로 쓰일 수 있다. 예를 들어

::192.31.20.46

아마도 사용될 수 있는 주소의 수에 대하여 그렇게 정확히 알 필요는 없지만, 많은 수의 16-바이트의 주소가 있을 수 있다. 정확히 2^{128}개가 있고, 그것은 대략 3×10^{38}개이다. 만약 육지와 바다를 포함한 지구 전체가 컴퓨터로 뒤덮여 있다면, IPv6은 m^2당 7×10^{23}개의 주소가 가능하다. 화학과 학생들은 이 수가 Avogadro 수보다 크다는 것에 주목할 것이다. 지구 표면에 있는 모든 분자들에게 자신의 IP 주소를 할당하려는 의도는 아니기 때문에 더 이상 언급할 필요가 없다.

실제로 전화번호 주소 공간이 효과적으로 사용되지 않는 것처럼(맨해튼의 지역 번호인 212는 거의 꽉 차있지만, 와이오밍의 지역번호인 307은 거의 비어 있다), 주소 공간도 효과적으로 사용되지 않을 것이다. RFC 3194에서 듀랜드(Durand)와 호이트마(Huitema)가 지침에 따라 전화번호를 할당되는 것을 이용하여 계산하였는데, 대부분의 비관적인 시나리오에서조차도, 지구 표면(육지와 바다 포함)에서 m^2당 1,000개가 넘는 IP 주소로 여전히 충분하였다. 비슷한 다른 시나리오에서는 m^2당 1조 개가 나왔다. 한마디로, 예상할 수 있는 미래에서 주소 공간이 고갈될 것이라는 것은 가망이 없어 보인다.

IPv4 헤더(그림 5-46)를 IPv6 헤더와 비교하여 IPv6(그림 5-56)에서 제외된 것들을 살펴볼 것이다. IHL 필드는 IPv6 헤더가 고정 길이이기 때문에 없어졌다. Protocol(프로토콜) 필드는 Next header(다음 헤더) 필드가 마지막 IP 헤더 뒤에 오는 것(UDP 또는 TCP 세그먼트)이 무엇인지를 말해주기 때문에 제외되었다.

단편화와 관련이 있는 모든 필드들은 IPv6이 단편화에 대한 다른 접근방법을 사용하기 때문에 제외되었다. 우선 IPv6에 준거하는 모든 호스트는 사용할 패킷 크기를 동적으로 결정하는 것이 요구된다. 그것들은 5.5.5장에서 설명하였던 MTU 경로를 찾는 절차를 이용함으로서 할 수 있다. 더구나 호스트가 단편화를 하지 않고 매우 큰 IPv6 패킷을 보낼 때, 그것을 전송시킬 수 없는 라우터는 에러 메시지를 반송한다. 이 메시지는 목적지로 향하는 이후의 모든 패킷을 단편화 하도록 호스트에게 지시한다. 호스트가 첫 번째 영역에서 올바른 크기를 가진 패킷들을 보내는 것은, 결과적으로 라우터가 전송 중에 패킷들을 단편화하는 것보다 훨씬 큰 효과가 있다. 또한 1,024바이트의 데이터와 수많은 헤더를 허용하기 위해 최소치보다 높은 576에서 1280바이트의 패킷을 지원해야 한다.

마지막으로 Checksum(체크섬) 필드는 효율을 크게 감소시키는 계산 때문에 없어졌다. 일반적으로 그들 자신의 체크섬을 실시하는 데이터 링크 계층과 트랜스포트 계층이 결합되어 신뢰적인 네트워크에 현재 사용 중이시만, 아직 나른 체크섬의 가치가 그것을 제거한 것보다 효율직이지 못하다. 이러힌 모든 특징들을 제거하는 것은 네트워크 계층 프로토콜에서 기대하고 의도했던 결과이다. 그래서 IPv6의 목적-빠르고, 유연성이 있고, 주소 공간이 풍부한 프로토콜-은 이러한 설계에 의해 이루어지게 된다.

확장 헤더

몇몇 제거된 IPv4 필드들은 가끔씩 필요하기 때문에 IPv6은 선택적인 확장 헤더(extension header)의 개념을 도입하였다. 이 헤더들은 특별한 정보를 나타내기 위해 제공되었지만, 충분히 효과적인 방법으로 구성되었다. 여섯 가지 종류의 확장 헤더들은 그림 5-57에 나열되어 있는 것처럼 정의되어 있다. 각각은 선택적이지만, 만약 하나 이상이 나타난다면, 그들은 고정 헤더 뒤에 직접적으로 보여야 하고 가급적이면 순서대로 나열되어야 한다.

Extension header	Description
Hop-by-hop options	Miscellaneous information for routers
Destination options	Additional information for the destination
Routing	Loose list of router to visit
Frahmentation	Management of datagram fragments
Authentication	Verification of the sender's identity
Encrypted security payload	Information about the encrypted contents

그림 5-57 IPv6 확장 헤더

헤더의 일부는 고정 형식을 가진다. 즉 다른 것들은 다양한 수의 가변 길이 필드를 포함하고 있다. 여기에서 각 아이템은 하나의 연결고리(Type, Length, Value로 구성된)로 구성되어 있다. Type은 1-바이트 필드로 옵션을 말한다. Type 값의 처음 2비트는 옵션을 어떻게 처리해야 할지 알지 못하는 라우터에게 무엇을 해야 할지를 말해준다. 옵션을 무시하거나, 패킷을 버리거나, 패킷을 버리고 ICMP 패킷을 반송하는 것을 선택하게 된다. 멀티캐스트 주소들에 대해서는 이전 것처럼 처리를 하지만 ICMP 패킷을 보내지 않는 것이다(하나의 잘못된 멀티캐스트 패킷으로 인하여 수백만 대의 ICMP 패킷들이 발생하는 것을 방지하기 위하여).

Length 또한 1-바이트 필드이다. 그것은 값이 몇 바이트인지를 말해준다(0에서 255바이트). Value는 최대 255바이트까지의 필요한 정보를 가지고 있다.

홉 바이 홉(Hop-by-hop) 헤더는 경로상의 모든 라우터가 반드시 검사해야만 하는 정보다. 지금까지 64K 크기를 초과하는 데이터그램을 제공하는 하나의 옵션을 정의했다. 그림 5-58은 이 헤더의 형식을 보여주고 있다. 이 헤더가 사용될 경우, 고정된 헤더에서 payload length(페이로드 길이) 필드는 0으로 설정된다.

<table>
<tr><td>Next header</td><td>0</td><td>194</td><td>4</td></tr>
<tr><td colspan="4">Jumbo payload length</td></tr>
</table>

그림 5-58 대형 데이터그램을 위한 대한 홉 바이 홉(hop-by-hop) 확장 헤더 (jumbogram)

모든 확장 헤더처럼, 이 헤더는 다음에 오는 헤더의 종류가 무엇인지를 말해주는 하나의 바이트로 시작된다. 이 바이트 뒤에 뒤따라오는 것은 필수적인 첫 번째 8바이트를 제외하고, 홉 바이 홉(hop-by-hop) 헤더가 얼마일지를 말해준다. 모든 확장은 이 방법으로 시작한다.

다음 2바이트는 데이터그램의 크기(code 194)를 정의하는 옵션을 가리키며 그 크기는 4바이트 단위로 되어 있다. 마지막 4바이트는 데이터그램의 크기를 말해준다. 65,536보다 작은 크기는 허용되지 않으며, 이 경우 첫 번째 라우터에서 그 패킷을 폐기하고 ICMP 에러 메시지를 반송하는 결과가 될 것이다. 이 확장헤더를 사용하는 데이터그램을 점보그램(jumbogram)이라고 말한다. 점보그램은 기가바이트의 데이터를 효율적으로 인터넷상에 전송해야 하는 슈퍼컴퓨터 응용에 유용하게 사용된다.

목적지 옵션 헤더는 목적지 호스트에서만 해석될 필요가 있는 필드를 위해 만들어졌다. IPv6 초기 버전에서 정의된 옵션들은 null 옵션으로 정의되었으며, 단지 8바이트의 배수로 패딩을 하기 위한 옵션이었다. 그래서 초기에 이는 사용되지 않을 것이다. 누군가가 훗날 목적지 옵션을 생각할 경우에, 이는 새로운 라우팅과 호스트 소프트웨어를 다룰 수 있도록 하기 위해 포함되었다.

라우팅 헤더는 최종 목적지까지의 경로상에 존재라는 하나 이상의 라우터들에 대한 목록을 가지고 있다. 이것은 차례대로 방문한 모든 주소 리스트로서 IPv4 발신지 라우팅과 매우 유사하지만 방문한 라우터 사이의 리스트는 아니다. 라우팅 헤더의 형태는 그림 5-59에서 볼 수 있다.

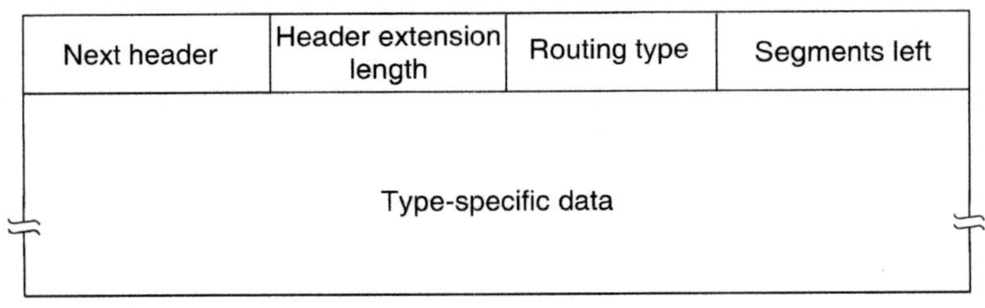

그림 5-59 라우팅에 대한 확장 헤더

라우팅 확장 헤더의 처음 4바이트는 4개의 1바이트 정수를 가지고 있다. Next header(다음 헤더)와 Header extension length(헤더 확장 길이) 필드가 위 그림에 기술되어 있다. Routing type(라우팅 형태) 필드는 헤더의 나머지 형식을 알려준다. 타입 0은 IPv6 주소의 일부 번호에 뒤따르게 되는, 예약된 32비트 워드(word)가 그 첫 번째 워드를 뒤따른다는 것을 말한다. 그 밖의 타입은 추후에 필요에 따라 개발될 것이다. 마지막으로 segments left 필드는 리스트에 있는 주소에서 아직 방문하지 않은 주소가 얼마나 있는지에 대한 추적을 유지한다. 이는 방문할 때마다 감소한다. 이 필드가 0에 도달하면, 그 패킷은 다음 경로로 안내되지 않는다. 보통 이 지점에서 최상의 경로인 목적지에 근접하게 된다.

단편화 헤더는 IPv4와 비슷한 방법으로 단편화를 다룬다. 헤더는 데이터그램 식별자, 단편 번호, 그리고 더 많은 단편들이 뒤따라오는지를 말해주는 비트를 가지고 있다. IPv4와는 다르게 IPv6에서는 오직 근원지 호스트만이 패킷을 단편화할 수 있다. 경로상에 있는 라우터들은 이 일을 하지 않는다. 이 변화는 이전의 핵심 개념을 깨는 것이지만, 그것은 라우터들의 작업을 간단하게 하고 라우팅의 속도를 빠르게 한다. 위에서 언급한 것처럼, 만약 라우터가 너무 큰 패킷과 만나면, 라우터는 패킷을 버리고 ICMP 패킷을 근원지로 반송한다. 이러한 정보는 근원지 호스트가 이 헤더를 사용하여 패킷을 다시 더 작은 조각으로 단편화시키도록 한다.

인증 헤더는 패킷의 수신자가 그것을 누가 보냈는지 확신할 수 있도록 하는 것에 관한 메커니즘을 제공한다. 암호화된 보안 페이로드는 수신자만 이를 읽을 수 있게 하기 위해 패킷의 내용을 암호화하는 것이 가능하다. 이 헤더들은 이들의 임무를 이루기 위해 암호 기술을 사용한다.

논란

개방된 설계 과정과 선택에 큰 소유권을 가진 많은 사람들이 뒤섞이면서 IPv6에 대한 많은 선택사항이 큰 논쟁거리를 제공했다는 것은 그리 놀라운 일이 아니다. 여기의 하단에서는 몇 가지를 간단하게 요약할 것이다. 세부사항은 RFC들을 보라.

우리는 이미 주소의 길이에 대한 논쟁에 대하여 언급했었다. 그 결과는 16-바이트 고정-길이 주소로 구성하는 것이었다.

다른 논쟁이 Hop limit(홉 제한) 필드에 대한 논쟁에 대하여 언급했었다. 그 결과는 16-바이트 고정-길이 주소로 타협하는 것이었다.

다른 논쟁이 Hop limit(홉 제한) 필드에 대한 길이에서 발생하였다. 한 측은 홉의 최대 제한을 255(명확하게는 8-비트 필드)로 하는 것은 큰 실수라고 강하게 주장하였다. 결국 32홉의 경로가 현재 일반적이지만, 지금으로부터 10년 이후에는 훨씬 더 긴 경로가 일반화될 것이다. 이 사람들은 큰 홉 크기를 사용하는 것은 너무 멀리 보는 것이지만, 작은 홉의 크기를 사용하는 것은 너무 근시안적이라고 주장하였다. 그들의 관점에서 컴퓨터 과학자들이 저지를 수 있는 가장 큰 잘못은 어딘가에 너무 작은 비트들을 제공하는 것이다.

이에 대한 대답은 모든 필드를 증가시켜 대형 헤더를 만드는 것에는 논쟁이 발생한다는 것이었다. 또한 Hop limit(홉 제한) 필드의 기능은 패킷이 정처 없이 오랜 시간동안 떠돌아다니는 것을 방지하는 것이고, 65,535홉은 너무 길다는 것이다. 마지막으로 인터넷이 더욱 발전하면 점점 더 긴 길이의 링크들이 만들어질 것이고, 어떤 나라에서 다른 나라로 기껏해야 여섯 개 정도의 홉만으로 연결하는 것이 가능해질 것이다. 만약 근원지와 목적지로부터 그들 각각의 국제간 게이트웨이로 가는 데 125홉보다 더 많이 걸린다면, 국가 백본이 무엇인가 잘못된 것이다. 여기에서 8비트를 주장한 사람들이 이겼다.

다른 쟁점은 최대 패킷의 크기이다. 슈퍼컴퓨터 커뮤니티는 64KB를 초과하는 패킷을 원했다. 슈퍼컴퓨터가 전송을 시작할 때, 그것은 실제로 사업적인 것임을 의미하고 64KB마다 중단되는 것을 원하지 않았다. 대규모 패킷에 대항하는 주장은 만약 1MB 패킷이 1.5Mbps T1회선에 도달하여, 패킷이 그 회선을 5초 동안 지나간다면, 그 회선을 공유하는 대화식 사용자들에게는 매우 눈에 띄는 지연이 나타날 것이라는 것이다. 절충안은 다음과 같이 되었다. 일반적인 패킷은 64KB로 제한하지만 홉 바이 홉(hop-by-hop) 확장 헤더가 점보그램을 허용하는 데 사용될 수 있다.

세 번째 논쟁은 IPv4 체크섬을 없애는 것이다. 어떤 사람들은 이러한 움직임을 차에서 브레이크를 없애는 것에 비유한다. 차에 점화기를 만들면 더 빨리 갈 수 있지만, 만약 예상치 못했던 상황이 발생한다면 문제가 발생할 것이다.

체크섬에 반대하는 주장은 데이터의 보장을 염려하는 일부의 응용에는 트랜스포트 계층에 체크섬이라는 방법이 있고, 그래서 IP(데이터 링크 계층 체크섬이 추가되어 있는)에 있는 다른 것들은 불필요하다는 것이다. 더욱이 IPv4에서 비용이 IP 체크섬을 계산하는 데 대부분 소모된다는 실험을 보여주었다. 여기에서는 체크섬 폐지측이 승리하였고 그래서 IPv6은 체크섬을 가지고 있지 않다.

이동 호스트 또한 논쟁의 중점이었다. 만약 이동식 컴퓨터가 세계의 여기저기에서 움직인다면, 그것이 동일한 IPv6 주소를 가진 목적지로 지속적인 운영을 할 수 있는가? 또한 홈 에이전트와 외부 에이전트 방식을 사용해야 하는가? 이동 호스트는 또한 라우팅에서 나오는 강력한 신호를 들을 수 있지만, 고정된 라우터는 움직이는 호스트에서 나오는 약한 신호를 들을 수 없는 경우가 있을 수 있다. 결과적으로 일부 사람들은 이동 호스트에 대한 명확한 지원을 IPv6에 넣기를 원했다. 하지만 그러한 노력은 어떠한 특정한 제안에 대해서도 호응하는 여론이 없어서 실패했다.

아마도 가장 큰 논쟁은 보안이었을 것이다. 누구나 그것이 필요하다는 것을 인정한다. 그 논쟁은 어디에 어떻게 하느냐에 대한 것이었다. 첫 번째로 위치이다. 네트워크 계층에 그것을 놓자는 주장은 그렇게 하면 어떠한 앞선 계획 없이도 모든 응용이 기본 서비스로 그것을 사용하게 된다는 것이다. 여기에 반대하는 주장은 실제적으로 보안 응용은 일반적으로 근원지 응용이 암호화를 하고 목적지 응용이 그것을 해석하는 종단간 암호화 정도만을 원한다는 것이다. 그렇지 않다면, 사용자는 그가 제어할 수 없는 어쩌면 버그가 넘칠지도 모르는 네트워크 계층의 구현에 종속된다. 이 논쟁에 대한 반응은 이들 응용들이 IP 보안 특성들이 사용을 자제할 수 있고, 자체적으로 작업할 수 있다는 것이다. 이것에 대한 대답은 사람들이 네트워크가 정확하게 동작하는 것을 믿지 않고, 비록 사용할 수 없을지라도 이러한 능력을 가지고 있는, 느리고 거대한 IP 구현들에 대한 비용 지불을 원하지 않는다는 것이다.

보안을 놓기 위한 위치에 대한 다른 관점은 많은 나라(전체는 아니지만)들이 암호화와 관련해서는 엄격한 수출 규제를 가지고 있다는 것과 관련이 있다. 프랑스와 이라크는 그것의 국내사용에 대해서도 대단히 제한을 하고, 그래서 국민들은 경찰로부터 안전해질 수 없다. 결국에, 충분히 가치가 있을 만큼 강력한 암호화 시스템을 사용한 IP 구현도 미국(그리고 다른 나라들)으로부터 세상의 사용자들에게로 수출될 수 없다. 국내용과 수출용으로 두 가지 종류의 소프트웨어를 유지하는 것을 대부분의 컴퓨터 회사들이 강력히 반대한다.

논쟁이 없었던 하나는, 아무도 일요일 아침에 IPv4 인터넷이 꺼지고 월요일 아침에 IPv6 인터넷이 켜지기를 기대하지 않는다는 것이다. 대신에, 5.5.3장에서 나타낸 것과 같이 고립된 IPv6의 “섬”들이 변화되고, 터널을 통하여 초기의 의사소통이 될 것이다. IPv6 섬이 성장할 때, 그들은 좀 더 큰 검으로 통합될 것이다. 마침내 모든 섬들이 통합되고 인터넷은 전체적으로 변하게 될 것이다.

최소한 그것들은 계획이었다. 전개계획은 IPv6의 아킬레스 건으로 입증되었다. 중요한 모든 운영체제가 그것을 전적으로 지원한다 할지라도 사소하게 사용되어 남아 있다. 대부분의 전개계획은 네트워크 운영자에서 새로운 상황들이다. 예를 들어 모바일 폰 운영자는 아주 많은 IP 주소를 필요로 한다. 많은 전략이 이러한 변환을 쉽게 하기 위해 수립되었다. 그러한 전략들은 IPv4를 통해 IPv6를 운반하는 터널을 자동적으로 설치하는 방법들이고, 호스트가 자동적으로 터널 종점을 찾는 방법이다. 듀얼 스택은 목적지 패킷에 따라 사용하는 프로토콜을 선택하기 위해 IPv4와 IPv6의 실행을 가지고 있다. 이러한 전략들은 IPv4가 고갈될 때 필연적으로 상당한 계획을 간소화시킨다. IPv6에 대한 더 자세한 정보는 Davis(2008)를 참조하라.

5.6.4 인터넷 제어 프로토콜들

데이터 전송을 위해 사용되는 IP 외에, 인터넷은 네트워크 계층에서 ICMP, ARP, RARP, BOOTP, 그리고 DHCP를 포함하는 몇 가지 제어 프로토콜들을 가지고 있다. 그러한 프로토콜들은 범용적으로 사용되기 때문에 IPv4에 일치하는 버진을 나타내면서 이 장에서는 차례대로 그들 각각을 살펴볼 것이다. ICMP와 DHCP는 IPv6에 대해 유사한 버전을 가지고 있다. ARP와 동등한 것을 IPv6에서는 **NDP(Neighbor Discovery Protocol)**이라 한다.

인터넷 제어 메시지 프로토콜

인터넷의 동작은 라우터들에 의해 면밀히 감시된다. 예기치 못한 어떤 일이 발생할 때, 그 이벤트는 인터넷 제어 메시지 프로토콜(Internet Control Message Protocol, ICMP)에 의해 통보된다. 그리고 이것은 또한 인터넷을 검사하는 데도 사용된다. 약 12개 정도의 ICMP 메시지 타입이 정의되어 있다. 각각의 ICMP 메시지 타입은 IP 패킷에 캡슐화 되어 있다. 가장 중요한 것들은 그림 5-60에 열거되었다.

DESTINATION UNREACHABLE(목적지에 도달할 수 없음) 메시지는 서브넷 또는 라우터가 목적지를 찾지 못하거나, 또는 "작은 패킷" 네트워크가 앞에 있기 때문에 DF 비트를 가진 패킷이 전달될 수 없을 때 사용된다.

TIME EXCEEDED(시간초과) 메시지는 패킷의 카운터가 0이 되었기 때문에, 패킷이 제거될 때 보내진다. 이 이벤트는 패킷이 루프를 돌거나, 심한 혼잡이 발생하거나, 또는 타이머의 값이 너무 낮게 설정되었을 때 나타나는 증상이다.

Message type	Description
Destination unreachable	Packet could not be delivered
Time exceeded	Time to live field hit 0
Parameter problem	Invalid header field
Source quench	Choke packet
Redirect	Teach a router about geography
Echo and Echo reply	Check if a machine is alive
Timestamp request/reply	Same as Echo request, but with timestamp
Router advertisement/solicitation	Same as Echo reply, but with timestamp

그림 5-60 주요 ICMP 메시지 타입

PARAMETER PROBLEM(파라미터 이상) 메시지는 부적절한 값이 헤더 필드에서 발견되었다는 것을 나타낸다. 이 문제는 송신 호스트의 IP 소프트웨어에 버그가 있거나 또는 통과한 라우터의 소프트웨어에 버그가 있을 수 있다는 것을 의미한다.

SOURCE QUENCH(근원지 억제) 메시지는 너무 많은 패킷들을 보내는 호스트들을 조절하기 위해 이전에 사용되었다. 호스트가 이 메시지를 받으면 느려지게 된다. 혼잡 상황이 발생할 때 이 메시지를 포함한 패킷들은 상황을 더 안 좋게 만들기 때문에 거의 사용되지 않는다. 인터넷에서 혼잡제어는 주로 트랜스포트 계층에서 하고 있고, 6장에서 자세히 살펴볼 것이다.

REDIRECT(경로변경) 메시지는 라우터가 패킷의 경로가 잘못 설정되고 있음을 알리기 위해 사용된다. 이것은 송신 호스트에게 있을 수 있는 오류를 알리기 위해 라우터에 의해 사용된다.

ECHO(반향요청)와 ECHO REPLY(반향응답) 메시지는 주어진 목적지가 존재하고 접근할 수 있는지를 살펴보기 위해 사용된다. ECHO 메시지를 받을 때 목적지는 ECHO REPLAY 메시지를 반대로 보낼 것이다. 이러한 메시지는 호스트가 인터넷 상에 있는지를 검사하는 Ping 기능에서 사용된다.

TIMESTAMP REQUEST(타임스탬프 요청)와 TIMESTAMP REPLY(타임스탬프 응답) 메시지는 메시지의 도착시간과 회답메시지의 출발시간이 회답에 기록된다는 것을 제외하고는 비슷하다. 이러한 장치는 네트워크의 성능을 측정하기 위해 사용된다.

이러한 메시지들 외에도 다른 메시지들이 정의되어 있다. 현재 온라인 리스트는 www.iana.org/assignments/icmp-parameters에서 유지되고 있다.

주소 해석 프로토콜

인터넷상에 있는 모든 머신들은 하나(또는 그 이상)의 IP 주소를 가짐에도 불구하고, 이러한 주소는 패킷을 전송하기 위해 충분하지 않다. 이더넷 카드와 같은 데이터 링크 계층 NIC(Network Interface Card)는 인터넷 주소를 인지하지 못한다. 이더넷의 경우에서, 모든 NIC는 48-비트 이더넷 주소를 부여받도록 제작되어 왔다. 이더넷 NIC 제작은 2개의 NIC가 동일한 주소를 받지 않도록 하기 위하여 (동일한 LAN에 2개의 NIC가 나타나는 충돌을 피하기 위하여) IEEE로부터 받은 주소 블록을 필요로 한다. NIC는 48-비트 이더넷 주소에 기반을 두고 프레임을 송신하고 수신한다. 그들이 32-비트 IP 주소에 대해 아는 것은 아무것도 없다.

이제 질문이 나왔다. 어떻게 IP 주소가 이더넷과 같은 데이터 링크 계층에 매핑될 수 있는가? 두 개의 /24 네트워크가 가지고 있는 조그만 대학이 그려져 있는 그림 5-61에 있는 예를 사용하여 이 작업이 어떻게 이루어지는지를 설명한다. 하나의 네트워크(CS)는 컴퓨터 공학과에서 스위치된 이더넷이다. 네트워크는 프리픽스 192.32.65.0/24을 가지고 있다. 스위치 이더넷인 다른 LAN(EE)는 전자 공학과이고, 프리픽스 192.32.63.0/24를 가지고 있다. 두 개의 LAN들은 하나의 IP 라우터에 연결되어 있다. 이더넷상의 각각의 머신인과 라우터 상에서 인터페이스는 유일한 이더넷 주소를 가지고 있고, E1과 E6로 라벨되었으며, CS 또는 EE 네트워크상의 유일한 IP 주소이다.

호스트 1에 있는 한 사용자가 CS 네트워크상의 호스트 2의 사용자에게 어떻게 패킷을 보내는가를 살펴보는 것으로부터 시작하자. 송신자는 eagle.cs.uni.edu 같은 원하는 수신자의 이름을 알고 있다고 가정하자. 첫 번째 단계는 호스트 2의 IP 주소를 알아내는 것이다. 이러한 탐색은 7장에서 공부할 도메인 네임 시스템에 의해 수행된다. 우선은 DNS가 호스트 2(192.32.65.5)의 IP 주소를 반환한다고 가정하자.

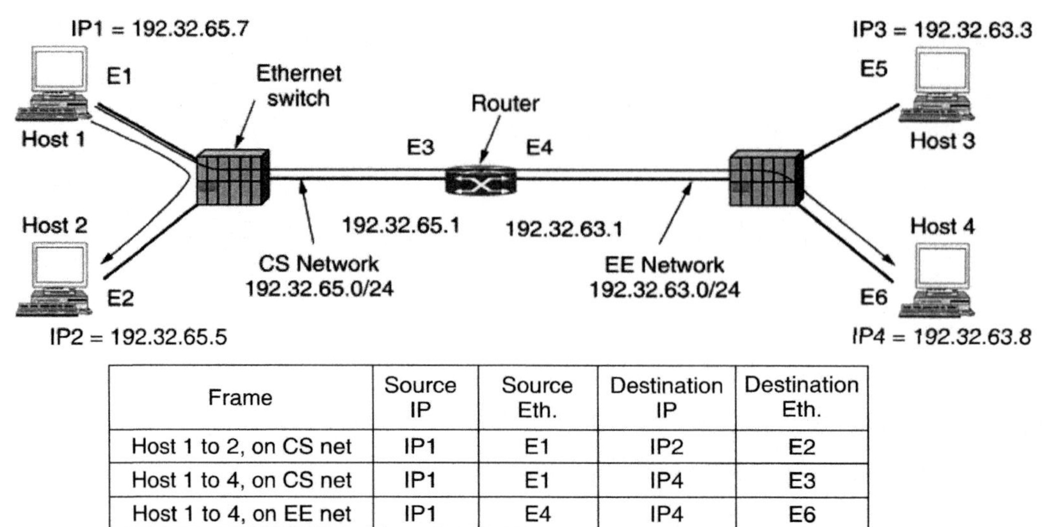

Frame	Source IP	Source Eth.	Destination IP	Destination Eth.
Host 1 to 2, on CS net	IP1	E1	IP2	E2
Host 1 to 4, on CS net	IP1	E1	IP4	E3
Host 1 to 4, on EE net	IP1	E4	IP4	E6

그림 5-61 라우터 의해 연결된 두 개의 스위치 이더넷 LAN

호스트 1의 상위 계층 소프트웨어는 이제 Destination address(목적지 주소) 필드에 192.32.65.5를 가진 패킷을 구축하고 그것을 전송하기 위해 IP 소프트웨어에 전달한다. IP 소프트웨어는 주소를 탐색하여 목적지가 자신의 네트워크에 있는지를 살펴볼 수 있지만, 목적지의 이더넷 주소를 찾기 위한 방법이 필요하다. 하나의 해결책은, 시스템 어디인가에 IP 주소가 이더넷 주소로 매핑 되어 있는 구성파일(configuration file)을 가지고 있는 것이다. 이러한 해결책이 확실히 가능하기는 하지만 수천 개의 컴퓨터로 구성되어 있는 조직에서 이러한 파일을 최신으로 유지하는 것은 오류가 발생할 수 있고, 시간 소비가 많이 된다.

좀 더 나은 해결책은 호스트 1이 누가 IP 주소 192.32.65.5을 소유하고 있는가라는 질문을 담은 브로드캐스트 패킷을 이더넷에 발송하는 것이다. 이러한 브로드캐스트는 CS 이더넷상의 각 컴퓨터에 도달하게 되고, 각각의 컴퓨터는 자신의 IP 주소를 검사할 것이다. 호스트 2만이 이더넷 주소(E2)로 응답을 하게 될 것이다. 이러한 방법으로 호스트 1은 IP 주소 192.32.65.5가 이더넷 주소 E2를 가지는 호스트의 주소임을 알게 된다. 이러한 의문에 대한 요청과 응답의 수신에 대한 프로토콜을 **주소 해석 프로토콜(Address Resolution Protocol, ARP)**이라 부른다. 인터넷상에 있는 거의 대부분의 컴퓨터들이 이것을 동작시킨다. ARP는 RFC 826에 정의되어 있다.

구성 파일에 비해 ARP를 사용하는 것의 장점은 단순성이다. 시스템 관리자는 각 컴퓨터에 IP 주소를 할당하고, 서브넷 마스크를 결정하는 것 외에는 할 일이 많이 없다. ARP가 나머지를 한다.

이러한 관점에서, 호스트 1에 있는 IP 소프트웨어는 주소가 E2로 된 이더넷 프레임을 구축하고, 페이로드 필드에 IP 패킷(192.32.65.5의 주소를 가진)을 넣어 이더넷에 내보내면 된다. 이러한 패킷의 IP와 이더넷 주소는 그림 5-59에 주어졌다. 호스트 2의 이더넷 NIC는 이 프레임을 검출하고, 그 자신에 대한 프레임이라는 것을 인지한 후, 그것을 퍼 올리고, 인터럽트를 발생시킨다. 이더넷 드라이버는 페이로드로부터 IP 패킷을 추출하고, 그것을 IP 소프트웨어에 보낸다. IP 소프트웨어는 그것이 정확한 주소를 가지고 있는지를 검사하고 그 IP 패킷을 처리한다.

ARP를 좀 더 효과적으로 만드는 다양한 최적화가 가능하다. 첫 번째는, 한 컴퓨터가 ARP를 수행할 때 동일한 컴퓨터에 더 빨리 접근할 필요가 있는 경우에는 그 결과를 캐쉬에 저장한다. 다음번에 자신의 캐쉬에서 맞는 것을 찾을 것이고, 두 번째 브로드캐스팅을 할 필요가 없게 된다. 많은 경우에, 호스트 2는 송신자의 이더넷 주소를 결정하기 위한 ARP를 수행하기 위해 강제적으로 아주 많은 회답을 보낼 필요가 있을 수 있다. 이러한 ARP 브로드캐스트는 ARP 패킷에 호스트 1이 자신의 IP-이더넷 매핑을 가지는 것에 의해서 피해질 수 있다. ARP 브로드캐스트가 호스트 2에 도착했을 때, (192.32.65.7, E1) 쌍이 다음의 사용을 위해 호스트 2의 ARP 캐쉬에 들어가게 된다. 사실상 이더넷에 있는 모든 컴퓨터들이 이러한 매핑들을 그들의 ARP 캐쉬에 저장할 수 있다.

매핑이 변경되는 것을 허가하기 위해서, 예를 들어 호스트가 새로운 IP주소(오래된 이더넷 주소를 유지하기 위해)를 사용하는 환경으로 설정되었을 때 ARP 캐쉬에 있는 엔트리들은 몇 분 후 타임아웃 될 것이다. 현재의 캐쉬 정보 유지와 성능을 최적화하는 분명한 방법은 모든 컴퓨터들이 부팅될 때 그들의 IP 주소와 이더넷 주소의 매핑을 브로드캐스트 하는 것이다. 일반적으로 이러한 브로드캐스트는 그들 자신의 IP 주소를 찾는 ARP의 형태로 수행된다. 응답은 없겠지만, 브로드캐스트의 주변효과는 모든 컴퓨터들의 ARP 캐쉬에 엔트리를 만드는 것이다. 만약 응답이 (예상 외로) 도달했다면, 두 대의 컴퓨터에 동일한 IP 주소가 할당되어 있다는 의미이다. 에러는 두 대의 컴퓨터가 네트워크를 사용하기 전에 네트워크 관리자에 의해 해결된다.

그림 5-58을 다시 살펴보자. 이번에는 호스트 1이 EE상에 있는 호스트 4(192.32.63.8)에게 패킷을 보내기를 원한다. 호스트 1은 CS 네트워크상에 없는 목적지 IP 주소를 알 수 있다. 그것은 Off-네트워크 트래픽을 네트워크로 보내는 것을 알 수 있는데, 디폴트 게이트웨이라 알려져 있다. 관례에 의해 디폴트 게이트웨이는 네트워크(198.31.65.1) 최하위 주소이다. 라우터로 프레임을 전송하기 위해 호스트 1은 CS 네트워크상의 라우터 인터페이스 주소를 알아야 한다. 호스트 1은 198.31.65.1에 대해 ARP 브로드캐스트를 송신함으로서 이것을 알 수 있다. 그런 후에 프레임을 전송한다. 동일한 검색 메커니즘은 인터넷 경로에서 라우터의 순서대로 하나의 라우터로부터 다음 라우터로 패킷을 전송하기 위해 사용한다.

라우터의 이더넷 NIC가 이러한 프레임을 수신할 때, 라우터는 패킷을 IP 소프트웨어로 보낸다. 그것은 호스트 4가 도착하는 EE 네트워크상에 패킷을 전송하는 네트워크 마스크로부터 알 수 있다. 라우터가 호스트 4에 대한 이더넷 주소를 알지 못한다면 라우터는 ARP를 다시 사용한다. 테이블은 근원지와 목적지 이더넷과 CS와 EE 네트워크상에 볼 수 있는 것처럼 프레임에 있는 IP 주소를 나열하고 있다. 이더넷 주소가 IP 주소가 상수로 남아 있는 동안 각각의 네트워크상에 프레임이 변화는 것을 알아라(그것들은 상호 연결된 모든 네트워크를 통해 종점을 나타내기 때문에).

호스트 1이 호스트 4가 다른 네트워크상에 있다는 것을 알고 있는 호스트 1이 없이 호스트 1이 호스트 4로 패킷을 전송하는 것은 가능하다. 해결책은 CS 네트워크상에 있는 ARP가 호스트 4에 대해 응답하는 라우터를 갖거나 응답으로서 이더넷 주소 E3를 주는 것이다. 직접 응답하는 호스트 4를 갖는 것은 가능하지 않는데 이는 ARP요구를 볼 수 없기 때문이다(라우터가 이더넷-레벨 브로드캐스트를 포워드하지 않는 것과 같이). 그런 후에 라우터는 192.363.8로 전송된 프레임을 수신하고, 프레임들을 EE 네트워크상에 포워드한다. 이러한 해결책을 프록시 ARP(proxy ARP)라 한다. 호스트가 실제로 다른 네트워크상에 있다 할지라도 네트워크상에 나타나기를 원하는 특별한 경우에 사용된다. 예를 들어 보통의 상황은 호스트가 홈 네트워크상에 있지 않을 때 호스트에 대해 패킷을 찾는 다른 노드들을 원하는 이동 컴퓨터이다.

DHCP–동적 호스트 배치 프로토콜

ARP(다른 인터넷 프로토콜과 마찬가지로)는 호스트가 자신의 IP 주소처럼 약간의 기본적인 정보를 가지고 설정된다고 추정한다. 어떻게 호스트가 이러한 정보를 가질 수 있는가? 그것은 각각 수동으로 환경 설정을 함으로서 가능하다. 그러나 그것은 지루하고 오류 발생이 쉽다. **DHCP(Dynamic Host Configuration Protocol)**이라고 하는 좋은 방법이 있다.

DHCP를 이용하여 모든 네트워크는 배치를 책임지는 DHCP 서버를 가지고 있다. 컴퓨터가 시작될 때 컴퓨터는 이더넷을 설정하거나 또는 IP 주소 없이 다른 링크 계층 주소를 NIC에 임베디드한다. 마치 ARP와 같이 컴퓨터는 네트워크상에 있는 IP 주소에 대해 요구를 브로드캐스트한다. 컴퓨터는 DHCP DISCOVER 패킷을 사용함으로 이것을 수행한다. 이 패킷은 DHCP 서버에 도착한다. 만일 그 서버가 직접적으로 네트워크에 부착되지 않았다면 라우터는 DHCP 브로드캐스트를 수신하기 위해 배치되고, 그것들을 DHCP 서버로 있는 곳으로 중계한다.

서버가 요구를 수신할 때 서버는 IP주소를 할당하고 DHCP OFFER 패킷 내에 요구를 전송한다(라우터를 경유해서 다시 중계된다. 호스트가 IP 주소를 가지고 있는 않는 경우에도 이 작업이 가능하다). 서버는 이더넷 주소를 사용하고 있는 호스트를 식별한다(그것은 DHCP DISCOVER 패킷에서 운반된다). 풀(pool)로부터 자동적인 IP 주소의 할당이 발생하는 문제는 얼마나 오랫동안 IP 주소가 할당되는가이다. 만일 호스트가 네트워크 벗어난다면 호스트의 IP 주소를 DHCP 서버로 돌려주지 않았다면 주소는 영원히 읽어버릴 것이다. 일정한 시간이 지난 후에 많은 주소를 잃어버린다. 이러한 것을 방지하기 위해 IP 주소 할당은 정해진 시간에 존재해야 하고 이 기술을 임대(leasing)라 한다. 임대가 만료되기 전에 호스트는 DHCP에게 호스트로 갱신하라고 요청한다. 만일 요구하는 것이 실패하거나 무시된다면 호스트는 더 이상 초기에 주어진 IP 주소를 사용하지 않는다.

DHCP는 RFC 2131과 2132에 설명되어 있다. 그것은 IP 주소를 가지고 있는 호스트를 규정에 더하여 모든 종류 파라미터를 설정하기 위해 인터넷에 광범위하게 사용한다. 게다가 사업과 홈 네트워크에서 인터넷 엑세스 링크를 통해 장치의 파라미터를 설정하는 ISP에 의해 사용된다. 소비자는 이러한 정보를 얻기 위해 그들의 ISP를 필요로 하지 않는다. 설정된 정보의 보통의 예는 네트워크 마스크,

디폴트 게이트웨이 IP 주소 그리고 DNS와 타임서버의 IP주소를 포함하고 있다. DHCP는 제한된 기능을 가지고 있는 초기 프로토콜(RARP와 BOOTP)을 대신할 수 있다.

5.6.5 라벨 스위칭과 MPLS

지금까지 인터넷의 네트워크 계층에서 우리는 IP라우터 의해 포워드되는 데이터그램에 오로지 집중하였다. 또 다른 종류의 기술 특히 ISP가 인터넷 트래픽을 그들의 네트워크를 통해 이동시키기 위해 광범위하게 사용하기 시작하였다. 이 기술을 **MPLS(MultiProtocol Label Swithing)**이라 하며, 아주 위험하게도 회로 스위칭과 밀접하다. 인터넷 공동체에서 많은 사람들은 연결 지향형 네트워크에 대해 극심한 반감을 가지고 있는 사실에도 불구하고 그 생각은 다시 유행하게 되었다. 그러나 인터넷이 라우트 구축을 취급하는 방법과 연결 지향형 네트워크가 라우트 구축을 하는 방법 사이에 아주 중요한 차이점이 있다. 그래서 그 기술은 전통적인 회로 스위칭이 확실히 아니다.

MPLS는 각각의 패킷 앞에 라벨을 추가하고 포워딩은 목적지 주소보다 라벨을 토대로 하고 있다. 내부 테이블 속에 라벨 색인을 만드는 것은 테이블 검색의 문제로 올바른 출력 회선을 찾게끔 한다. 이러한 기술을 사용함으로서 포워딩을 빠르게 할 수 있다. 이러한 장점은 MPLS 뒤에 숨어 있는 독창적인 동기였으며, 태그 스위칭을 포함한 다양한 이름으로 알려져 있는 특허 기술로 시작되었다. 결국 IETF는 그 생각을 표준화하기 시작하였다. 그것은 RFC 3031과 많은 다른 RFC에서 설명하고 있다. 시간을 걸쳐 주요한 장점들이 라우팅이 유연하게 되고, 포워딩이 서비스 품질과 마찬가지로 고속에 적합하게 되기 위해 나타났다.

첫 번째 질문은 라벨이 어디로 향하는 가이다. IP 패킷이 가상 회선을 위해 설계되지 않았기 때문에 IP 헤더 내에 가상 회선 수를 이용 가능한 필드가 없다. 이러한 이유로 새로운 MPLS 헤더가 IP 헤더 앞에 부가되었다. 프레임 형식에서 프레이밍 프로토콜과 같이 PPP를 사용하는 router-to-router 회선은 PPP, MPLS, IP 와 TCP 헤더를 포함하는데 그림 5-62에 보여주고 있다.

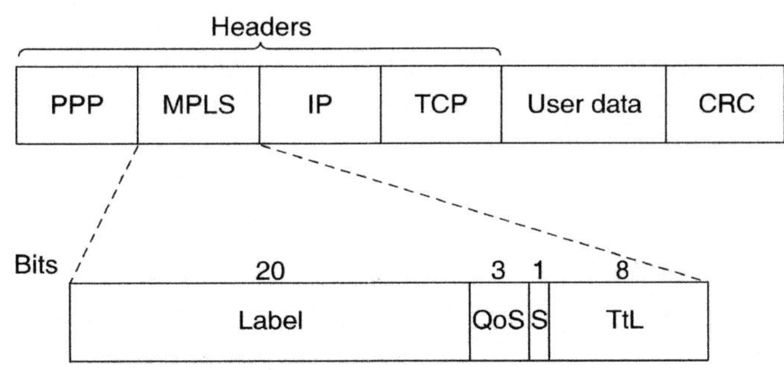

그림 5-62 IP, MPLS와 PPP를 사용하고 있는 전송 TCP 세그먼트

일반적인 MPLS 헤더는 4바이트 길이이고 4개의 필드를 가진다. 가장 중요한 것은 Label 필드로서 색인을 가지고 있다. QoS 필드는 서비스 클래스를 지시한다. S 필드는 스택 다중 라벨과 관계가 있다. TtL 필드는 어떻게 얼마나 많은 패킷이 포워드 되는지를 지시한다. 그것은 각각의 라우터에서 감소하고, 0으로 히트하게 되면 패킷이 폐기된다. 이 특징은 라우팅 불안정의 경우에 무한 루프를 방지한다.

MPLS는 IP 네트워크 계층 프로토콜과 PPP 링크 계층 프로토콜 사이에 놓여 있다. 그것은 실제로 계층 3 프로토콜이 아니며, 이는 IP 또는 라벨 경로를 설정하는 다른 계층 주소에 의존하기 때문이다. 그것은 단일 링크가 아닌 다중 홉을 통해 패킷을 포워드하기 때문에 계층 2 프로토콜이 아니다. 이런 이유 때문에 MPLS는 때로 계층 2.5 프로토콜로 나타낸다. 실제 프로토콜들이 이상적인 계층화된 프로토콜 모델에 항상 정확히 맞지 않는 실례이다.

낙관적으로 MPLS 헤더가 네트워크 계층 패킷 또는 데이터 링크 계층 프레임의 부분이 아니기 때문에 MPLS는 두 개의 계층과 독립적으로 크게 확장된다. 여러 가지 가운데서 이러한 특징은 IP 패킷과 IP가 아닌 패킷을 포워드할 수 있는 MPLS 스위치를 설정하는 것이 가능하다는 것을 의미하며 나타나는 것에 달려 있다. 이러한 특징은 MPLS 이름에서 비롯되는 "멀티프로토콜"이다. MPLS는 또한 IP 패킷이 아닌 네트워크를 통해 IP 패킷을 운반할 수 있다.

하나의 MPLS-진보 패킷이 LSR(Label Switched Router)에 도착할 때 라벨은 사용하기 위한 출력 회선과 또한 새로운 라벨을 결정하기 위해 테이블 속의 색인으로 사용된다. 이 라벨 스와핑은 모든 가상회선 네트워크에서 사용된다. 라벨은 유일한 로컬 중요성과 동일 출력 회선상에서 전송을 위해 다른 라우터 내에 동일한 라벨을 가지고 있는 관련 없는 패킷을 주는 두 개의 다른 라우터를 가지고 있다. 다른 쪽 끝에서 구별하기 위해 라벨은 모든 홉에서 재매핑되어야 한다. 우리는 이러한 메커니즘을 그림 5-63에서 볼 수 있다. MPLS는 동일한 기술을 사용한다.

코멘트로서 어떤 사람들은 포워딩과 스위칭을 구별한다. 포워딩은 패킷이 전송되는 곳을 결정하기 위해 테이블에서 목적지 주소에 가장 부합한 것을 찾는 과정이다. 하나의 예는 IP 포워딩에 사용된 최장 매칭 프리픽스 알고리즘을 사용한다. 반대로 스위칭은 포워딩 테이블 속의 색인과 같이 패킷으로부터 얻어진 라벨을 사용한다. 그것은 보다 단순하고 빠르다. 그러나 이러한 정의는 전혀 일반적이지 않다.

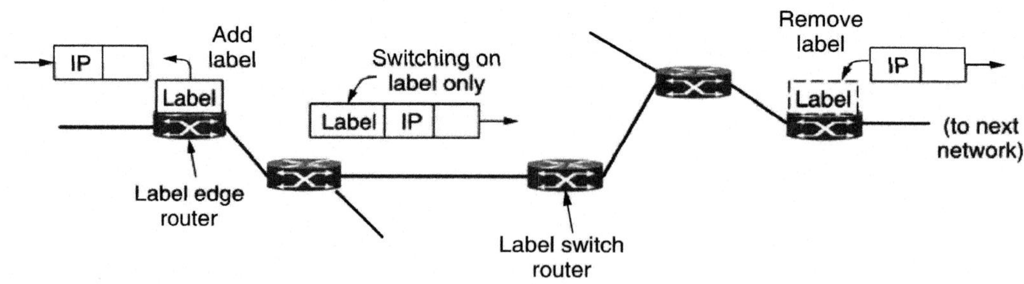

그림 5-63 MPLS 네트워크를 통한 포워딩 IP 패킷

대부분의 호스트와 라우터가 MPLS를 이해할 수 없기 때문에 우리는 언제 어떻게 라벨이 패킷에 부착되는지를 질문한다. 이것은 IP 패킷이 MPLS 네트워크 가장자리에 도착할 때 발생한다. 라벨 가장자리 라우터(Label Edge Router)는 패킷이 뒤따르는 MPLS 경로를 알기 위해 목적지 IP 주소와 다른 필드를 점검하고, 패킷 앞에 오른쪽으로 라벨을 넣는다. MPLS 네트워크 내에서 라벨은 패킷을 포워드하기 위해 사용된다. MPLS 네트워크 다른 가장자리에서 라벨이 그 목적에 도움이 되도록 제공하고 제거되며, 다음 네트워크로 다시 패킷을 나타나게 한다. 이 처리과정을 그림 5-63에서 나타내고 있다. 전통적인 가상 회로로부터 한 가지 차이점은 집합 레벨이다. 각각의 플로우가 MPLS 네트워크를 통해 자신의 라벨의 세트를 갖는 것이 확실히 가능하다. 라우터가 특별한 라우터 또는 LAN에서 종료되는 다중 플로우를 그룹하고, 단일 라벨을 사용하는 것은 보다 일반적이다. 플로우가 단일 라벨아래 함께 그룹되는 것은 동일한 **포워딩 등가 클래스(Forwarding Equivalence Class)**에 속한다고 할 수 있다. 이 클래스는 모든 패킷이 포워딩 목적을 위해 동일한 방법으로 취급되기 때문에 패킷이 진행하는 곳뿐만 아니라 그들의 서비스 클래스(차등화된 서비스 측면에서)도 포함한다.

전통적인 가상 회로 라우팅에서 마지막 목적지에서 그들을 구별하는 방법이 없기 때문에 동일한 가상 회로 식별자족에 서로 다른 종점이 있는 몇 개의 확실한 경로를 그룹화하는 것은 가능하지 않다. MPLS에서 패킷들은 계속해서 마지막 목적지 주소가 들어 있어서 라벨에 부가된다. 라벨된 라우트의 끝에서 라벨 헤더는 제거되고 포워딩은 평상시의 길로 계속 가며 네트워크 계층 목적지 주소를 사용한다.

실제로 MPLS는 한층 더 나아간다. 그것은 패킷 앞에 하나 이상의 레벨을 추가함으로서 동시에 다중 레벨에서 동작할 수 있다. 예를 들어, 목적지까지 공동의 경로를 따르는 서로 다른 레벨을 이미 가지고 있는 많은 패킷이 있다고 가정하자. 많은 라벨 스위칭 경로를 설정하는 대신에 각각의 서로 다른 레벨에서 단일 경로를 설정할 수 있다. 이미 라벨된 패킷들이 경로의 시작에 도착할 때 또 다른 라벨이 앞에 추가된다. 이것을 스택 라벨이라 한다. 가장 바깥쪽의 라벨은 경로를 따라 패킷을 안내한다. 그것은 경로의 끝에서 제거되고 패킷을 더 포워드하기 위해 사용한다면 라벨이 나타난다. 그림 5-62에서 S비트는 라우터가 부가적인 라벨이 남아 있는 알고 있는 라벨을 제거하는 것을 허용한다.

우리가 묻는 마지막 질문은 어떻게 라벨 포워딩 테이블이 패킷이 따르도록 하기 위해 설정하는가이다. 이것은 MPLS와 종래의 가상 회로 설계사이의 주요한 차이점이다. 전통적인 가상 회로 네트워크에서 사용자가 연결을 설정하고자 원할 때 설정된 패킷은 경로를 생성하고 포워딩 테이블 엔트리를 만들기 위해 네트워크 속으로 내보낸다. MPLS는 설정 단계에서 사용자를 관련시키지 않는다. 사용자가 데이터그램을 전송하는 것과 다른 무엇인가를 하기를 요구하는 것은 기존의 인터넷 소프트웨어를 망가뜨리는 것이다.

대신에 포워딩 정보는 라우팅 프로토콜과 연결 설정 프로토콜을 조합하는 프로토콜에 의해 설정된다. 이러한 제어 프로토콜은 다중을 허용하며 다른 제어 프로토콜이 사용하는 라벨 포워딩과 분명하게 구별된다. 변종의 하나가 이것같이 동작한다. 라우터가 부트될 때 라우터는 최종 목적지를 향해 경로되는지를 알기 위해 검사한다(예를 들어 라우터 인터페이스에 속한 프리픽스). 그런 다음에 라우터는 하나 이상의 FEC를 만들고 각각의 FEC에 라벨을 할당하고 이웃하는 라우터에 라벨을 통과시킨다. 결국 라우터의 포워딩 테이블 안으로 라벨이 들어가고 모든 라우터가 경로를 획득할 때가지 이웃하는 라우터에 새로운 라벨을 전송한다. 자원은 적절한 서비스 품질을 보장하기 위해 구축되는 경로로서 예약된다. 다른 변종은 사용되지 않는 용량을 계산에 넣는 트래픽 엔지니어링 경로와 같이 다른 경로를 설정하고 서비스 품질과 같은 서비스 제공을 지원하기 위해 주문형 경로를 만든다.

MPLS 뒤에 숨어 있는 기본적인 아이디어가 간단하기는 하지만 많은 변화와 적극적으로 개발된 경우를 이용하는 세부사항은 복잡하다. 보다 많은 정보를 위해서는 Davis와 Farrel(2008)과 Davie와 Rekhter(2000)을 참조하라.

5.6.6 내부 게이트웨이 라우팅 프로토콜 : OSPF

우리는 어떻게 패킷이 인터넷에서 포워드 되는지를 우리의 연구를 마칠 것이다. 이제 인터넷에서의 라우팅에 대한 다음 토픽으로 옮겨보자. 이전에 언급했듯이, 인터넷은 많은 수의 독립적인 네트워크 또는 회사, 대학 또는 ISP와 같은 서로 다른 기관에 의해 운영되는 자율적인 시스템(Autonomous System, AS)으로 구성되어 있다. 각 AS는 서로 다른 조직에 의해 운영되고, 내부적으로 그들 자신의 라우팅 알고리즘과 일반적으로 잘 알려져 있는 인트라도메인 라우팅을 사용할 수 있다. 그럼에도 불구하고, 인기 있는 몇 안 되는 표준화된 프로토콜이 있다. 이번 절에서는 인트라도메인 라우팅에 대해 연구하고 실제적으로 광범위하게 사용되는 OSPF 프로토콜을 살펴볼 것이다. 인트라도메인 라우팅 프로토콜을 내부 게이트웨이 프로토콜(interior gateway protocol)이라 부른다. AS간의 라우팅을 위한 알고리즘은 외부 게이트웨이 프로토콜(exterior gateway protocol)이라 부른다. 다음 절에서는, 독립적으로 운영되는 네트워크상의 라우팅 문제와 인트라도메인 라우팅을 연구한다. 그 경우에 대해, 모든 네트워크는 동일한 인터도메인 라우팅 프로토콜 또는 외부 게이트웨이 프로토콜(exterior gateway protocol)을 사용한다. 인터넷에서 사용하는 프로토콜은 BGP(Border Gateway Protocol)이다.

초기 내부 게이트웨이 프로토콜은 ARPANET으로부터 계승된 벨만-포드(Bellman- Ford) 알고리즘에 기반을 둔 거리 벡터 프로토콜(RIP)이다. RIP(Routing Information Protocol)는 오늘날 사용되고 있는 중요한 예이다. 그것은 작은 시스템에서는 잘 동작하지만 네트워크가 커지게 됨에 따라 잘 동작하지 않게 되었다. 또한 무한 카운트 문제에서 매우 어려워지며 일반적으로 느린 수렴을 한다. 그래서 이러한 문제 때문에 ARPANT이 1979년 3월에 링크 상태 프로토콜(link state protocol)로 대체되었다. 1988년에 IETF(Internet Engineering Task Force)는 인트라도메인 라우팅에 대한 링트 상태 프로토콜의 작업을 시작했다. OSPF(Open Shortest Path First)라 불리는 프로토콜은 1990년에 표준이 되었다. IS-IS(Intermediate-System to Intermediate-System)이라고 하는 프로토콜을 작성하였고, 하나의 ISO 표준이 되었다. 그들은 산출물을 공유하였기 때문에 두 개의 프로토콜은 매우 유사하다. 완전한 내용은

RFC 2328을 보아라. 그것들은 지배적인 인트라도메인 라우팅 프로토콜이고, 대부분의 라우터 판매회사들은 두 가지 다 지원한다. OSPF는 네트워크 회사에서 광범위하게 사용하고, IS-IS는 ISP 네트워크에서 광범위하게 사용한다. 두 개가 어떻게 동작하는지 개요를 간단히 설명할 것이다.

다른 라우팅 프로토콜들로 인한 오랜 경험이 쌓여서, OSPF 설계하고 있는 그룹은 처리해야 할 많은 요구 사항들의 긴 리스트를 가지게 되었다. 첫 번째로, 알고리즘은 공개(Open)된 문서로 발표되어야 했다. OSPF의 "O"는 여기에 기인한다. 한 회사에 의해 소유되어 있는 독자 솔루션은 그렇지 않다. 두 번째, 새로운 프로토콜은 물리적 거리, 지연(delay) 등등을 포함하는 다양한 거리 측정단위를 지원해야 했다. 세 번째, 형태적 변화에 자동적이고 빠르게 적용되는 동적인 알고리즘이어야 했다.

네 번째, 새로운 OSPF는 서비스의 형태에 기반을 둔 라우팅을 지원해야 했다. 새로운 프로토콜은 하나의 경로로는 실시간 트래픽을, 다른 경로로는 다른 트래픽이 경로설정이 가능해야 한다. 동시에 IP는 Type of Service(서비스 유형) 필드를 가지고 있지만, 그것을 사용하는 라우팅 프로토콜은 존재하지 않는다. 아마도 이러한 요구는 예정보다 빨랐고, 서비스를 구분 짓는 IETF의 작업보다 앞서 있어서 서비스 클래스에 활기를 불어넣었다.

다섯 번째, 위와 관련지어, 새로운 프로토콜은 부하를 다중 회선으로 나누어 부하에 균형을 유지하여야 했다. 대부분의 이전 프로토콜들은 모든 패킷을 가장 좋은 경로로 보냈다. 두 번째로 좋은 경로는 전혀 사용되지 않았다. 많은 경우에 다중 회선으로 부하를 나누는 것이 더 좋은 성능을 보인다.

여섯 번째, 계층 구조적 시스템에 대한 지원이 필요했다. 1988년까지 인터넷은 라우터가 더 이상 전체적인 형태를 알 수 없을 만큼 크게 성장했다. 새로운 라우팅 프로토콜은 라우터가 전체적인 형태를 알지 못하도록 설계되어야 했다.

일곱 번째, 장난을 좋아하는 학생들이 잘못된 라우팅 정보를 보내 라우터를 속이는 것을 막기 위해 약간의 보안이 필요했다. 마지막으로 터널을 통하여 인터넷에 접속하는 라우터들을 다루기 위한 대비가 필요했다. 이전의 프로토콜들은 이것들을 잘 다루지 않았다.

OSPF는 점대점 링크(예를 들어 SONET)과 브로드캐스트 네트워크(예를 들어 대부분의 LAN)을 지원한다. 실제로 다중 라우터를 가지고 있는 네트워크를 지원하는 것이 가능하여 네트워크가 브로트캐스트 능력을 가지고 있지 하더라도 각각의 네트워크는 다른 네트워크(다중접속 네트워크)에 직접적으로 통신할 수 있다. 초기의 프로토콜은 이경우를 잘 다루지 못했다.

자동적인 시스템 네트워크의 예로서 그림 5-64(a)에서 나타내고 있다. 호스트가 일반적으로 OSPF에서 역할을 하지 않기 때문에 누락된다. 반면에 라우터와 네트워크(호스트를 포함한)는 역할을 한다. 그림 5-64(a)의 대부분의 라우터들은 점대점 링크에 의해 다른 라우터와 연결하고, 그러한 네트워크상에 호스트가 도착하기 위해 네트워크로 연결한다. 그러나 라우터 R3, R4와 R5는 스위치 이더넷처럼 브로드캐스트 LAN에 의해 연결된다.

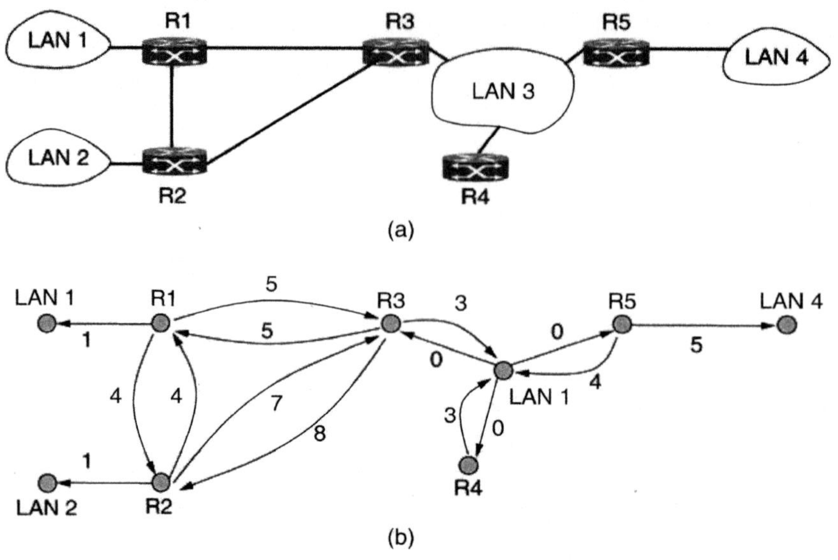

그림 5-64 (a) 자율 시스템 (b)(a)의 그래프 표현

OSPF는 실제 네트워크, 라우터, 링크의 집합을 각 아크(arc)마다 비용(거리, 지연 등)이 할당되어 있는 방향 그래프로 추상화하는 작업을 한다. 두 라우터들 사이의 점대점 연결 각 방향 중 하나를 가진 아크 쌍에 의해 표현된다. 그들의 가중치는 서로 다를 것이다. 브로드캐스트 네트워크는 자신에다 각 라우터에 대한 노드를 더한 네트워크 노드에 의해 표현된다. 네트워크 노드에서 라우터로 가는 아크는 가중치가 0이고 그래프에서 생략되었다.

그림 5-64(b)는 그림 5-64(a)의 네트워크를 그래프로 표현한 것이다. OSPF가 수행하는 작업은 실제의 네트워크를 이것과 같은 그래프로 표현하고 각 라우터에서 그 밖의 모든 라우터들로 가는 최단경로를 계산하는 것이다. 다중 경로가 발견되고 동등하게 짧다. 이 경우에서 OSPF 최단 경로의 집합과 패킷의 포워딩, 경로를 통해 분리되는 트래픽을 기억한다. 이것은 부하의 균형을 유지하기 위해 도움이 된다. 이것을 **ECMP(Equal Cost Multipath)**라 한다.

인터넷에 있는 많은 수의 AS들은 그들 자신이 크고 다루기에 쉽지 않다. 이 규모에서 작업하기 위해 OSPF는 그들을 번호가 붙은 구역(area)으로 나눌 수 있도록 해준다. 구역들은 네트워크이거나 인접하고 있는 네트워크들의 집합이다. 구역들을 서로 겹치지는 않지만 모든 부분을 포함할 필요도 없어서, 어느 구역에도 속하지 않은 라우터들이 있을 수 있다. 하나의 구역은 개별적인 네트워크의 일반화이다. 구역의 밖에서 그것의 목적지는 볼 수 있으나, 그것의 토폴로지는 볼 수 없다. 이 특징은 라우팅 규모에 대해 도움이 된다.

모든 AS는 구역 0이라 불리는 백본(backbone) 구역을 가지고 있다. 이 구역에서 라우터들은 백본 라우터라고 한다. 모든 구역이 터널에 의해 백본으로 연결되어 있고, 그래서 백본을 통하여 AS 안에 있는 임의의 구역에서 AS 안에 있는 다른 임의의 구역으로 가는 것이 가능하다. 터널은 그래프에서

비용을 가진 아크로 표현된다. 다른 구역과 마찬가지로 백본의 토폴로지는 백본 밖에서 보이지 않는다.

각각의 라우터는 구역 가장자리 라우터라는 두 개 이상의 구역에 연결된다. 구역 가장자리 임무는 한 지역에서 목적지들을 간략하게 하는 것이고, 연결되어 있는 다른 구역 속으로 이러한 간략을 더하는 것이다. 이러한 간략은 비용 정보를 포함하나 구역 내의 토폴로지의 모든 상세를 포함하지는 않는다. 패싱 비용 정보는 한 구역에 입장하기 위해 사용되는 최상의 구역 가장자리 라우터를 찾기 위해 다른 지역에서 호스를 허용한다. 통과하지 못한 토폴로지 정보는 트래픽을 감소시키고 다른 지역에 있는 라우터의 최단 경로 계산을 단순하게 한다. 그러나 구역을 벗어나 하나의 가장자리 라우터가 있다면 간략은 필요하지 않다. 구역 밖의 목적지로 라우트하는 것은 항상 "가장자리 라우터로 가라"라는 명령을 가지고 시작한다. 이러한 종류의 구역을 **스터브 구역(Stub Area)**이라 한다.

마지막 종류의 라우터는 **AS 경계 라우터**이다. 그것은 구역속의 다른 AS들에 외부 목적지로 라우트를 더하는 것이다. 그런 후에 외부 라우터들이 약간의 비용이 드는 AS 경계를 경유해서 도착하는 목적지로서 나타난다. AS, 구역, 다양한 라우터들 사이의 관계는 그림 5-65에 보여주고 있다. 예를 들어 하나의 라우터는 다중 역할을 하고 가장자리 라우터 또한 백본 라우터이다.

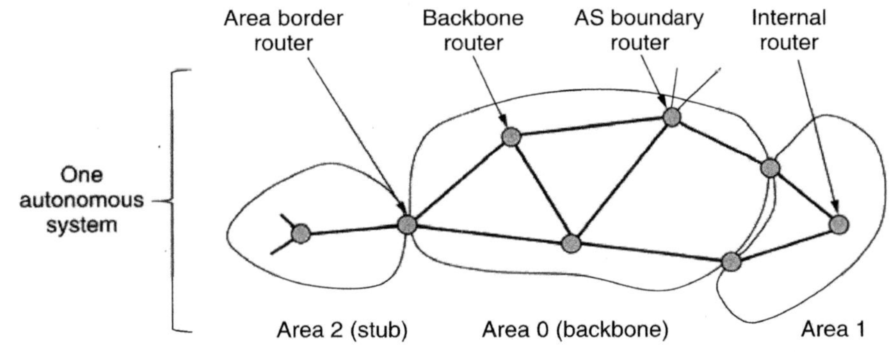

그림 5-65 OSPF에서 AS, 백본, 구역 사이 관계

정상적인 운영 중에는 각 라우터는 동일한 링크 상태 데이터베이스를 가지고 동일한 최단 경로 알고리즘을 수행한다. 그것의 주된 작업은 전체의 AS에서 자신으로부터 모든 다른 라우터와 네트워크의 최단 경로를 계산하는 것이다. 하나의 구역 지역 라우터는 그것이 연결되어 있는 모든 구역에 대해 데이터베이스가 필요하고 분리하여 각각의 구역에 대해 최단 경로 알고리즘을 수행해야 한다.

동일한 구역 내에서 근원지와 목적지에 대해 최상의 구역 내 라우트(전체적으로 구역 내에 놓여 있는)가 선택된다. 다른 구역에서 근원지와 목적지에 대해 구역 간 라우트가 근원지로부터 백본으로 목적지 구역으로 백본을 통해서 진행하며, 그런 후에 목적지로 진행한다. 이 알고리즘은 백본이 허브가 되고 바퀴의 살이 되는 다른 구역들을 가지는 OSPF에 별 모양의 형태를 만든다. 가장 적은 비용이 드는 라우트가 선택되기 때문에 네트워크 다른 부분에서 라우트는 백본과 목적지로 들어갈 수 있는 다른 구역 가장자리 라우터를 사용한다. 패킷은 근원지로부터 목적지로 "그대로(얻어진 경로대로)" 라우팅된다. 패킷들은 백본으로의 연결이 터널 밖에 없는, 그러한 구역을 통과하지 않는 한, 캡슐화 또는 터널링되지 않는다. 또한 외부 목적지로 라우트는 외부 경로를 통해 AS 경계 라우터로부터 외부 비용을 포함하거나 또는 바란다면 AS로 내부 비용을 포함한다.

라우터가 부팅될 때, 그것은 점대점 회선 전체에 HELLO 메시지를 보내고 다른 모든 라우터들로 구성된 그룹으로 LAN상에 HELLO메시지를 멀티캐스트한다. WAN상에서 그것은 누가 연결되어 있는지를 알기 위해 약간의 설정 정보를 필요로 한다. 응답으로부터, 각 라우터들은 누가 이웃에 있는지를 알 수 있다. 동일한 LAN상에 있는 라우터들은 모두 이웃들이다.

OSPF는 이웃 라우터(neighboring router)들 사이에서 하는 것과는 다르게, 인접 라우터(adjacent router)들 사이에 정보를 교환하여 작업을 수행한다. 특히 LAN에 있는 모든 라우터들이 LAN상의 모든 다른 라우터들과 대화를 하는 것은 매우 비효율적이다. 이러한 상황을 피하기 위하여, 한 라우터가 지정 라우터(designated router)로 선택된다. 이 라우터는 이 라우터의 LAN상에 있는 인접한 모든 다른 라우터들과 인접하다고 말한다. 그리고 그들 사이의 정보를 교환한다. 인접하지 않은 이웃 라우터들은 상호간에 정보를 교환하지 않는다. 백업 지정 라우터는 만약 주 지정 라우터가 고장 난다면, 변환이 쉽도록 항상 최신의 정보를 유지해야 하고, 즉시 교체가 필요하다.

정상적으로 동작되는 동안에, 각 라우터들은 주기적으로 LINK STATE UPDATE 메시지를 인접 라우터들 각각에게 플러딩한다. 이 메시지는 상태를 주고 형태 데이터베이스에서 사용되는 비용을 제공한다. 플러딩 메시지는 라우터들을 신뢰할 수 있도록 만든다고 알려져 있다. 각 메시지는 순차적인 번호를 가지고 있으며, 그래서 라우터는 들어온 LINK STATE UPDATE가 현재 가지고 있는 것보다 오래된 것인지, 새로운 것인지를 알 수 있다. 라우터들은 회선이 빨라지거나 느려짐 또는 그것의 비용이 변경되었을 때도 이들 메시지를 보낸다.

DATABASE DESCRIPTION 메시지는 송신자가 가지고 있는 현재의 링크 상태 엔트리 전체의 수를 알려준다. 자신이 가지고 있는 값들과 송신자가 보낸 값들을 비교하여 수신자는 누가 더 최근의 값들을 가지고 있는지를 결정할 수 있다. 이 메시지들은 회선이 멈추었을 때 사용한다.

Message type	Description
Hello	Used to discover who the neighbors are
Link state update	Provides the sendee' s costs to its neighbor
Link state ack	Acknowledges link state update
Database description	Announces which updates the sender has
Link state request	Requests information from the partner

그림 5-66 OSPF 메시지의 5개 타입

어느 한 쪽의 파트너는 LINK STATE REQUEST 메시지를 사용하여 다른 쪽으로부터 링크 상태 정보를 요청할 수 있다. 이 알고리즘의 결과로 인접 라우터의 각 쌍은 누가 최신 자료를 가졌는지 검사하고, 이러한 방법으로 새로운 정보가 구역의 구석구석까지 퍼져나가게 된다. 이러한 메시지들 전부는 패킷에서 직접 전송한다. 다섯 종류의 메시지들이 그림 5-66에 요약되어 있다.

마지막으로 나머지 부분들을 함께 살펴보자. 플러딩을 사용할 때, 각 라우터는 자신이 속한 구역에 있는 모든 라우터들에게 자신의 이웃들과 비용들을 알려준다. 이러한 정보는 각 라우터들 자신이 속한 구역(들)에 대한 그래프를 구성하고 최단 경로를 계산할 수 있도록 해준다. 백본 구역도 같은 방법으로 이것을 한다. 게다가 백본 라우터들은 각 백본 라우터로부터 다른 모든 라우터로의 최상 경로를 계산하기 위하여 구역 경계 라우터들로부터 정보를 받아들인다. 이러한 정보는 구역 경계 라우터로 다시 전파되어 그들의 구역에 그것을 알리도록 한다. 이 정보를 사용하여 내부 라우터들은 최상의 출구 라우터가 백본으로 가는 것을 포함하면서 그들 구역의 밖에서 목적지에 대한 최상의 출구 라우터를 선택할 수 있다.

5.6.7 외부 경계 게이트웨이 라우팅 프로토콜 : BGP

단일 AS에서, OSPF와 IS-IS는 범용적으로 사용되는 프로토콜이다. AS들 사이에서는, 다른 프로토콜인 경계 게이트웨이 프로토콜(Border Gateway Protocol, BGP)가 사용된다. 내부도메인 프로토콜과 외부도메인 프로토콜의 목적이 서로 다르기 때문에 다른 프로토콜이 필요하다. 모든 외부도메인 프로토콜이 할 수 있는 것은 근원지로부터 목적지로 가능한 한 효율적으로 패킷을 이동시키는 것이다. 여기에서는 정책적인 고민을 하지 않아도 된다.

반대로, 내부 도메인 라우팅 프로토콜은 정책에 대해 많이 고민해야만 한다(Metz, 2001). 예를 들어 법인 AS는 임의의 인터넷 사이트로 패킷을 송신하고, 임의의 인터넷 사이트들로부터 패킷을 수신할 수 있는 능력을 원한다. 그러나 그것은 외부 AS에서 시작하여 다른 외부국 AS에서 끝나는 전송 패킷을, 비록 그 자신의 AS가 두 외국 AS들 사이의 최단 경로 상에 있기는 하지만 마지못해 전달해 주고 있을 수 있다(그것은 그들의 문제지 우리의 문제는 아니다). 반면에 서비스에 대해서 요금을 지불하는 이웃 또는 특정한 AS들을 위해서는 전송 트래픽을 기꺼이 전달할 수 도 있다. 예를 들어 전화회사는 그들의 고객들에 대한 전달 역할에 기분 좋아할지도 모르지만, 다른 곳은 그렇지 않을 수 있다. 일반적인 외부 게이트웨이 프로토콜, 특히 BGP는 AS 간 트래픽에서 시행되는 많은 종류의 라우팅 정책들을 수용할 수 있도록 설계되어 있다. 전형적인 정책은 정책, 보안 또는 경제성 고려를 포함하고 있다. 라우팅의 구속 조건에 대한 몇 가지 예는 아래와 같다.

1. 교육적인 네트워크에 상업적인 트래픽을 전송하지 마라.
2. 펜타곤에서 시작하는 경로에는 절대 이라크를 넣지 않는다.

3. 값이 싸기 때문에 Verizon 대신에 Teliasoner를 이용하라.
4. 성능이 좋지 않기 때문에 오스트리아에서 AT&T를 사용하지 마라.
5. Apple에서 시작하거나 끝나는 트래픽은 Google로 전송되지 않는다.

이러한 리스트로부터 상상하는 것으로 라우팅 정책은 대단히 독특하다. 라우팅 정책은 라우팅 정책이 민감한 사업 정보를 포함하고 있기 때문에 독점적이다. 그러나 우리는 위에서 나타낸 기업의 추론을 차지하고 출발지로서 자주 사용된 몇 가지 패턴을 설명한다.

라우팅 정책은 트래픽이 AS사이의 링크를 통해 흐름을 결정함으로서 구현된다. 하나의 일반적인 정책은 고객 ISP가 인터넷상의 다른 목적지로 패킷을 전달하거나 다른 목적지로부터 패킷을 수신하는 제공자 ISP에게 지불하는 것이다. 고객 ISP는 제공자 ISP로부터 수송 서비스(transit service)를 구매했다라고 말한다. 이것은 집에 있는 고객이 ISP로부터 인터넷 엑세스 서비스를 구매한 것과 같다. 이렇게 하기 위해 제공자는 그들을 연결하는 링크를 통해 인터넷상에 모든 목적지에 대한 경로를 고객에게 알린다. 이 방법에서, 고객은 아무데나 패킷을 전송하기 위해 사용하는 경로를 갖는다. 역으로 고객은 제공자에게 경로를 인터넷상의 목적지로 알린다. 이것은 제공자가 오로지 주소를 이용하여 고객에게 트래픽을 전송하도록 한다. 고객은 다른 목적지를 향해 의도적인 트래픽을 취급하는 것을 원하지 않는다.

우리는 그림 5-67에서 수송 서비스를 예를 볼 수 있다. 네 개의 AS가 연결되어 있다. 연결은 인터넷 교환 지점(Internet eXchange Points)에서 링크를 가지고 이루어지며, IXP는 많은 ISP가 다른 ISP에 연결의 목적을 위해 링크를 가지고 있는 시설이다. AS2, AS3와 AS4는 AS1의 고객이다. 그들은 ISP로부터 수송 서비스를 구매한다. 그러므로 근원지 A가 목적지 C로 전송할 때 패킷은 AS2에서 AS1으로 전송하고 마지막으로 AS4에 전송한다. 라우팅 광고는 패킷의 반대 방향에서 전송된다. AS4는 근원지가 AS1를 경유해 C에 도착할 수 있도록 수송 제공자 AS1에게 목적지를 C에 알린다. 나중에, AS1는 고객들이 AS1를 경유해 C로 트래픽을 전송하도록 하기위해 AS2를 포함하면서 C로 경로를 알린다.

그림 5-67에서 다른 모든 AS들은 AS1로부터 수송 서비스를 구매한다. 이것은 인터넷상의 어떠한 호스트와도 상호 동작할 수 있게 하도록 그들에게 연결을 제공한다. 그러나 그들은 이러한 특권을 위해 지불해야만 한다. AS2와 AS3가 많은 양의 트래픽을 교환한다고 가정하자. 그들이 원하면 그들의 네트워크는 이미 연결되었다고 하며, 그들은 서로 다른 정책을 사용할 수 있다-그들은 서로 간에 자유롭게 직접적으로 트래픽을 전송할 수 있다. 이것은 그들 대신에 AS1 전달자를 가짐으로서 상당한 양의 트래픽을 줄일 것이며, 희망적으로 그들의 청구서를 줄일 것이다. 이 정책을 **대등접속(peering)**이라 한다.

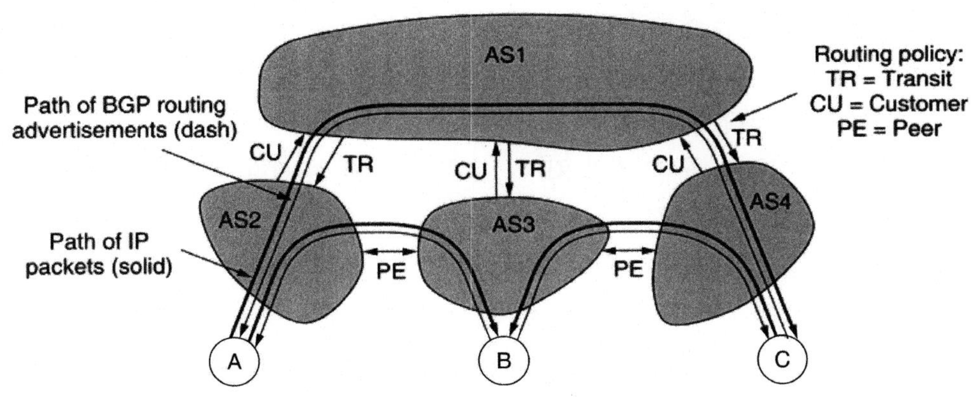

그림 5-67 4개의 자율적인 시스템 사이의 라우팅 정책

피어링을 구현하기 위해 두 개의 AS는 그들의 네트워크에서 상주하고 있는 주소를 위해 경로 광고를 서로에게 전송한다. 그렇게 함으로서 그것은 AS2가 A에서 B로 AS3 패킷을 전송하는 것이 가능하며, 그 반대도 마찬가지이다. 그러나 피어링은 수송되지 않는다는 것을 주의하라. 그림 5-67에서 AS3와 AS4는 서로 간에 피어한다. 이러한 피어링은 AS4로 직접적으로 전송하기 위해 C에서 B로 트래픽을 허용한다. 만일 C가 A로 패킷을 전송한다면 무슨 일이 발생할까? 그 결과는 심지어 물리적 경로가 존재하더라도 AS4에서 AS3와 AS2로 트래픽이 통과하지 않는다. 이 제한은 정확히 AS3를 원하는 것이다. 그것은 트래픽을 교환하기 위해 AS4를 가지고 피어(peer) 트래픽을 AS4에서 인터넷의 다른 부분으로 트래픽을 전송하는 것을 원하지 않으며, 그래서 지불하지 않게 된다. 대신에 AS4는 AS1로부터 수송 서비스를 얻는다. 그러므로 ASI는 패킷을 C에서 A로 전송할 수 있다.

지금까지 우리는 수송과 피어링(peering)에 대해 알았으므로 또한 A, B와 C가 수송 할당을 가지고 있다는 것을 볼 수 있다. 예를 들어 A는 AS2로부터 인터넷 엑세스를 구매해야만 한다. A는 하나의 가정용 컴퓨터 또는 많은 LAN을 가지고 있는 회사 네트워크일 수 있다. 그러나 그것은 오직 하나의 링크에 의해 인터넷의 나머지와 연결하는 스터브 네트워크(stub network)이기 때문에 BGP를 실행할 필요가 없다. 그래서 네트워크의 밖으로 패킷을 전송하는 유일한 장소는 AS2에 대한 링크를 통해서이다. 아무데도 갈 수가 없다. 이러한 경로는 디폴트 경로를 설정함으로서 간단히 할당된다. 이런 이유 때문에 내부도메인 라우팅에서 참여하는 AS로서 A, B와 C를 볼 수가 없다.

그와는 반대로, 다중 ISP에 연결되는 회사 네트워크가 있다. 이런 기술은 하나의 ISP를 통한 경로가 실패하더라도 회사는 다른 ISP를 경유해서 경로를 사용할 수 있기 때문에 신뢰성을 개선하기 위해 사용된다. 이러한 기술을 **멀티호밍(multihoming)**이라 한다. 이 경우에서 회사 네트워크는 주소들이 ISP 링크를 경유해 도착될 수 있도록 다른 AS에게 말하는 내부도메인 프로토콜(예를 들어 BGP)을 실행한다.

이러한 수송과 피어링 정책에서 많은 변화가 가능하다. 그러나 정책들은 어떻게 사업 관계와 제어가 경로 알림이 있는 곳을 통해 다른 종류의 정책을 구현할 수 있는지를 이미 보여주었다. 우리는 어떻게 BGP를 실행하는 라우터가 서로에게 경로를 알려주는지와 패킷을 포워드하기위해 경로를 선택하는지에 대해 보다 자세하게 고려할 것이다.

BGP는 거리 벡터 프로토콜의 형식이지만 RIP와 같은 외부도메인 거리 벡터 프로토콜과는 상당히 다르다. 우리는 정책이 최소 거리 대신에 어느 경로가 사용되는지를 선택하기 위해 사용되는 정책을 이미 보아왔다. 또 다른 큰 차이점은 각각의 목적지에 대해 경로의 비용을 관리하는 대신에 각각의 BGP 라우터가 사용된 경로를 추적을 유지하는 것이다. 이러한 접근을 **경로 벡터 프로토콜(path vector protocol)**이라 한다. 경로는 다음 홉 라우터(ISP와 상황이 다르며, 인접하지 않음)와 AS들의 순서와 또는 AS 경로들로 구성되어 있다. 마지막으로 BGP 라우터 쌍은 TCP 연결 설정에 의해 서로 통신할 수 있다. 이러한 방법으로 운영은 신뢰할 수 있는 통신을 제공하고 또한 통과하는 네트워크의 세부사항을 숨길 수 있다.

BGP 라우트가 알리는지에 대한 예는 그림 5-68에 나타내고 있다. 세 개의 AS들이 있는데 중앙의 것은 왼쪽과 오른쪽 ISP로 전이를 제공한다. 프리픽스 C에 대한 라우트 광고는 AS3에서 시작한다. 그것이 그림 위쪽에서 *R2c*로 링크를 건너서 전파될 때 그것은 단순한 AS3의 AS 경로와 R3a의 다음 홉 라우터를 갖는다. 밑에서 동일한 AS 경로를 가지나 다른 링크를 통해서 왔기 때문에 다른 다음 홉을 갖는다. 이러한 광고는 계속해서 전파하고 AS1 속으로 경계를 통과한다. 그림 위쪽의 라우터 R1a에서 AS 경로는 AS2, AS3이고 다음 홉은 R2a이다.

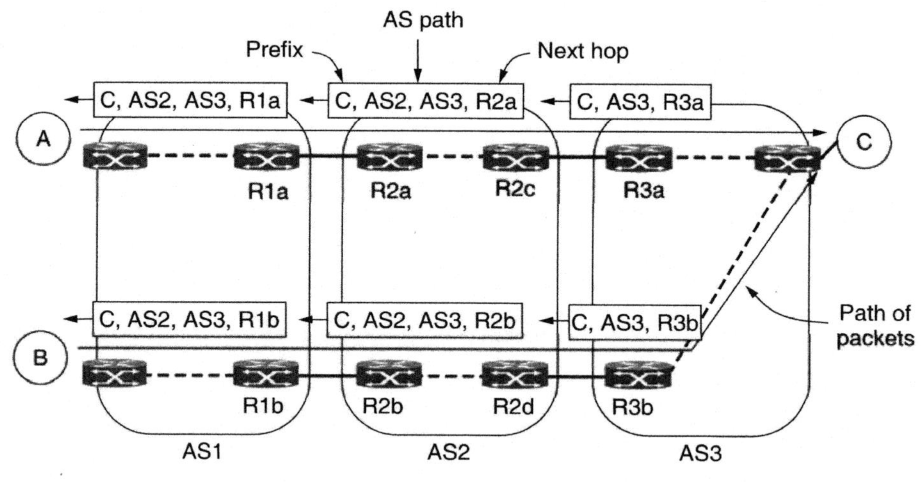

그림 5-68 BGP 라우트 광고의 전파

라우트가 있는 완벽한 경로를 운반하는 것은 수신하고 있는 라우터가 라우팅 루프를 검출하고 절단하는 것을 쉽게 만들 수 있다. 규칙은 각각의 라우터가 그 자신의 AS 수를 라우트로 전이하는 AS 밖으로 라우트를 전송하는 것이다(이것은 리스트가 역 순서이기 때문이다). 라우터가 라우트를 수신할 때, 자신의 AS 수가 AS 경로상에 이미 있는지를 검사한다. 만약 경로상에 있다면 루트가 검출된 광고는 무시된다. 그러나 다소 아이러니컬하게도 이러한 예방 BGP 자기도 모르게 무한 카운트 문제로부터 고통을 받고 있는 1990년대에 인식되었다(Lavovitz et. al., 2001). 길게 살아 있는 루프가 없다면 라우트는 수렴하기 위해 느려질 수 있고, 일시적인 루프를 갖는다.

AS들의 리스트가 주어지는 것은 경로를 명시하기 위해 매우 거친 방법이다. 하나의 AS는 소규모 회사 또는 국제적인 백본 네트워크가 될 수 있다. 경로로부터 말하는 방법이 없다. BGP는 서로 다른 AS들이 비용을 비교할 수 없는 다른 외부도메인 프로토콜을 사용하기 때문에 시도되지 않는다. 심지어 그것들이 비교된다 할지라도 내부 지표를 나타내지 않기를 원한다. 이것은 내부도메인 라우팅 프로토콜이 외부도메인 프로토콜과 다르다는 방법 중의 하나다.

지금까지 우리는 어떻게 라우팅 광고가 두 개의 ISP사이에서 링크를 통해 전송되었는지를 알았다. 우리는 ISP의 한쪽에서 다른 쪽으로 BGP 경로가 전파되는 방법을 필요로 한다. 이 작업은 외부도메인 프로토콜에 의해서 취급할 수 있으나 BGP가 큰 네트워크 규모에서 매우 좋기 때문에 BGP의 변형이 종종 사용된다. 그것을 iBGP(internal BGP)라고 하는데 eBGP(external BGP)로서 BGP의 규칙적인 사용과는 구별된다.

ISP 내에 경로를 전파하는 규칙은 ISP의 경계에 있는 모든 라우터가 모든 다른 경계 라우터에 의해 볼 수 있는 모든 라우터를 일관되게 아는 것이나. 만일 ISP에서 하나의 경계 라우터가 IP 128.208.0.0/16의 프리픽스를 안다면 모든 다른 라우터는 이 프리픽스를 알 것이다. 그런 다음에 프리픽스는 ISP 모든 부분으로부터 도착할 것이며, 어떻게 패킷이 다른 AS들로부터 ISP에 들어가는지는 중요하지 않다.

우리는 클러스터(cluster)를 피하기 위해 그림 5-68에서 이러한 전파를 알 수는 없다. 그러나 예를 들어, 라우터 R2b는 위에서 R2c 또는 아래에서 R2d를 경유해서 C에 도착하는 것을 알 수 있다. 다음 홉은 ISP의 먼 쪽에서 라우터가 어느 라우터가 다른 쪽에 ISP를 존재하기 위해 사용되는지를 알게 하기 위해 ISP내에 횡단하는 경로로서 업데이트된다. 이것은 다음 홉이 다음 ISP에서 라우터가 아닌 동일한 ISP에서 라우터를 가리키는 제일왼쪽의 경로에서 볼 수 있다.

우리는 어떻게 BGP 라우터가 목적지에 대해서 사용하는 경로를 선택하는지에 대해 설명할 것이다. 각각의 BGP 라우터는 라우터로부터 주어진 목적지에 대한 경로를 알 수 있다. 그것은 다음 ISP와 다른 모든 경계 라우터부터 연결된다(다른 ISP에서 연결되는 라우터로부터 다른 경로를 가지고 있는). 각각의 라우터는 경로의 집합에서 어느 경로가 사용하기에 최상의 경로인지를 결정해야만 한다. 궁극적으로 답은 선호된 경로를 선택하기 위해 어떻게 정책을 쓰는 ISP에 달려 있다. 그러나 이 설명은 매우 일반적이고 모든 것을 만족하지는 않는다. 그래서 우리는 최소한 일부의 범용적인 계획을 설명할 것이다.

첫 번째 계획은 경로가 수송 제공자를 경유하여 경로되기 위해 우선적으로 선택되는 피어(peered)된 네트워크를 경유한 경로이다. 전자는 자유롭고 후자는 비용이 든다. 유사한 계획은 고객의 경로가 가장 높은 선호가 주어지는 것이다. 그것은 지불하는 고객들에게 트래픽을 직접적으로 전송하는 좋은 사업이다.

다른 종류의 계획은 AS 경로가 짧을수록 더 좋다는 디폴트 규칙이다. 이것은 하나의 AS가 임의의 크기의 네트워크가 주어지는 데이터테이블이다. 그래서 세 개의 적은 AS들이 하나의 큰 AS을 통한 경로보다 실제로 짧다. 그러나 평균적으로 짧은 것은 더 좋으며, 이러한 규칙이 범용적인 타이브레이커(tiebreaker)이다.

마지막 계획은 ISP내에서 가장 적은 비용을 가지고 있는 경로를 선호하는 것이다. 이것은 그림 5-68에서 구현된다. 패킷은 AS1의 상위 라우터 R1a에서 A에서 C로 전송된다. 패킷은 아래 라우터 R1b를 경유해서 B로 전송된다. 이유는 A와 B가 최소 경비 경로 또는 AS1의 가장 빠른 경로를 가지고 있기 때문이다. 그들은 ISP의 서로 다른 부분에 위치해 있기 때문에 각각 다르다. 동일한 일이 AS2를 통해 통과된 패킷에서도 발생한다. 마지막 부분에 A3은 자신의 네트워크를 통해 B로 패킷을 운반해야 한다.

이 계획은 **초기 존재(early exit)** 또는 **홉-감자 라우팅(hop-potato routing)**이라고 알려져 있다. 그것은 경로를 비대칭적으로 만드는 경향이 있는 특이한 효과를 가지고 있다. 예를 들어, C가 패킷을 B로 되돌아서 전송할 때 취하는 경로를 고려해보자. 패킷은 맨 위 라우터 AS3에서 자원을 버려지는 것을 피하기 위해 빠르게 출구된다. 비슷하게, 패킷은 AS2가 AS1으로 가능한 한 빨리 통과할 때 맨 위에서 머무른다. 그런 다음에 패킷은 AS1에서 긴 여행을 가질 것이다. 이것은 B에서 C로 가질 수 있는 경로의 미러 영상(mirror image)이다.

위의 논의는 각각의 BGP 라우터가 알려진 확률로부터 자신의 최상 경로를 선택한다는 것을 명료하게 한다. BGP는 AS레벨에 따르는 경로를 선택하고 OSPF는 AS들 내에 있는 경로를 선택한다. BGP와 내부 게이트웨이 프로토콜은 아주 긴밀하게 통합될 것이다. 예를 들어 이것은 BGP가 홉-감자 정책의 경우에서와 같이 하나의 ISP에서 다음으로 최상의 출구 지점을 찾고 이지점이 ISP를 통해 다양하게 변한다는 것을 의미한다. 그것은 또한 AS의 다른 부분에서 BGP 라우터는 동일한 목적지에 도달하기 위해 다른 AS 경로를 선택한다. 선택을 호환하는 모든 BGP 라우터를 배치하는 ISP에 의해 주의가 요망되며 이것은 실제로 수행된다.

놀랍게도 우리는 BGP의 겉모습만 살펴보았다. 더 많은 정보를 위해서 RFC 4271와 관련된 RFC를 참조하라. 그러나 상당한 복잡성이 정책 속에 있다는 것을 인식하고 BGP 프로토콜의 명세서에서 설명하지 않겠다.

5.6.8 인터넷 멀티 캐스팅

정상적인 IP 통신은 송신기과 수신기 사이의 통신이다. 그러나 어떤 응용에서 처리가 수많은 수신자에 연속적으로 송신하는 것이 가능한 것은 유용하다. 예로 스포츠 이벤트를 많은 관중에게 스트리밍하고, 복제된 서버 군에게 업데이트하는 프로그램을 전달하고, 디지털 다수 공동 전화 회의를 취급하는 것들이다.

IP는 D IP주소를 이용하면서 일대다 통신 또는 멀티캐스팅을 지원한다. 각각의 D 클래스 주소는 호스트 그룹을 식별한다. 20-8비트는 그룹을 식별하기 위해 이용 가능하여 동시에 250만 그룹이 존재할 수 있다. 하나의 프로세스가 패킷을 클래스 D 주소로 전송할 때 최선 노력 시도가 주소화된 모든 멤버의 그룹에게 배달되도록 하나 보장이 주어지지 않는다. 어떤 멤버들은 패킷을 얻지 못한다.

IP 주소 224.0.0.0/24의 영역은 근거리 네트워크 멀티캐스트를 위해 예약된다. 이 경우에 있어서, 라우팅 프로토콜은 필요하지 않다. 패킷들은 멀티캐스트 주소를 가지고 있는 LAN에 패킷들을 단순하게 브로드캐스팅을 함으로서 멀티캐스트 한다. LAN상에 있는 모든 호스트는 브로드캐스트를 수신하고, 그룹의 멤버인 호스트는 패킷을 처리한다. 라우터는 LAN을 벗어나 패킷을 포워드하지 않는다. 로컬 멀티캐스트 주소의 예는 다음과 같다.

224.0.0.1 All systems on a LAN
224.0.0.2 All routers on a LAN
224.0.0.5 All OSPF routers on a LAN
224.0.0.251 All DNS servers on a LAN

다른 멀티 캐스트 주소들은 다른 네트워크상의 멤버들을 가지고 있다. 이 경우에 있어서, 라우팅 프로토콜이 필요하다. 그러나 첫 번째 멀티캐스트 라우터는 호스트가 그룹의 멤버인지를 알 필요가 있다. 프로세스는 호스트가 특정 그룹에 연결하는 것을 질문한다. 그것은 또한 호스트가 특정 그룹을 떠날 것인지를 질문한다. 각각의 호스트는 프로세스가 현재 속해 있는 그룹을 추적한다. 호스트 상의 마지막 프로세스가 그룹을 떠날 때 호스트는 더 이상 그룹의 멤버가 아니다. 1분에 한 번 정도 각각의 멀티캐스트 라우터는 현재 속해 있는 그룹으로 돌아가라고 알려주는 LAN(물론 224.0.0.1의 로컬 멀티캐스트 사용)상의 모든 호스트에게 질의 패킷을 전송한다. 멀티캐스트 라우터는 표준화 라우터를 같은 장소에 배치하거나 하지 않을 수도 있다. 각각의 호스트는 D 클래스 주소 모두에게 응답을 되돌려 전송한다. 이러한 질의와 응답 패킷은 **IGMP(Internet Group Management Protocol)**이라고 하는 프로토콜을 사용한다. 그것은 RFC 3376에 설명되어 있다.

몇 가지 멀티캐스트 라우팅 프로토콜의 어느 것도 송신기로부터 그룹의 모든 멤버에게 경로를 주는 멀티캐스트 스패닝 트리를 설정하기 위해 사용된다. 사용된 알고리즘은 5.2.8장에서 설명한 것들이다. AS 내에 사용된 중요한 프로토콜은 **PIM(Protocol Independent Multicast)**이다. Dense Mode PIM에서 역 경로 포워딩 트리가 생성된다. 이것은 데이터 센터 네트워크 내의 많은 서버들에게 파일을 분산하는 것과 같은 멤버가 네트워크의 어디나 있는 상황에 적합하다. Sparse Mode PIM에서, 설정된 스패닝 트리는 코어-기반 트리와 유사하다. 이것은 콘텐츠 제공자가 IP 네트워크 가입자에게

TV를 멀티캐스팅 하는 것과 같은 상황에 적합하다. 이러한 설계의 변종은 Source-Specific 멀티캐스트 PIM이 하며, 그룹에 하나의 송신기만 있는 경우에 최적화된다. 마지막으로 BGP 또는 터널로 멀티캐스트 확장은 그룹 멤버가 하나 이상의 AS보다 많을 때 멀티캐스트 라우터를 생성하기 위해 사용될 필요가 있다.

5.6.9 이동 IP

인터넷의 많은 사용자들은 휴대용 컴퓨터를 가지고 있고, 길을 가는 중에도 원격 인터넷 사이트를 방문할 때 인터넷이 연결되기를 원한다. 불행하게도 IP 주소 지정 시스템은 홈으로부터 멀어질수록 사용하는 데 용이하다고 말할 수 없다. 사람들이 어떤 방식이던지 능력을 요구하기 시작했고, IETF는 워킹 그룹이 해결책을 찾도록 설정되었다.

이 절에서는 문제점과 해결책을 검토할 것이다. 더 세부적 사항은 존슨(Johnson, 1995)에 있다.

실제로 안 좋은 것은 주소지정 설계 그 자체이다. 모든 IP 주소는 클래스, 네트워크 번호, 호스트 번호라는 3개의 필드를 가지고 있다. 예를 들어 IP 주소로 160.80.40.20/16을 가진 컴퓨터를 고려해 보자. 160.80은 네트워크 번호가 8272라는 것을 말해준다. 40.20은 호스트 번호가 10260이라는 것을 말해준다. 세계적으로 분포하고 있는 라우터들은 네트워크 160.80을 얻기 위해 사용하는 회선을 나타내주는 라우팅 테이블을 가지고 있다. 160.80.xxx.yyy 형태의 목적지 IP 주소로 가진 패킷이 올 때마다 그 회선을 지나가게 된다.

갑자기 IP 주소를 가진 컴퓨터가 어떤 먼 곳으로 이동된다면, 그 패킷들은 홈의 LAN(또는 라우터)으로 계속해서 도착될 것이다. 소유자는 더 이상 전자우편 등을 받을 수 없게 된다. 컴퓨터에 새로운 위치에 대응하는 새로운 IP 주소를 얻는 방법은 다수의 사람, 프로그램, 데이터베이스들에게 IP 주소가 변경된 것을 알려야 하기 때문에 별로 흥미를 끌지 못하는 방법이다.

다른 접근법은, 라우터가 네트워크 번호만을 가지는 대신에 라우팅에 필요한 완전한 IP 주소를 사용하는 라우터를 가지는 것이다. 그러나 이러한 방법은 인터넷에 방대한 비용이 들어가며, 수백만 개의 테이블 엔트리를 가지는 라우터들을 필요로 할 것이다.

사람들이 어디에서든지 인터넷에 연결하려는 요구가 시작되었을 때, IETF는 해결책을 찾기 위해 워킹 그룹(Working Group)을 설치했다. 워킹 그룹은 해결책을 갈망하였으며, 고려해야 할 몇 가지 목표들을 재빨리 공식화했다. 중요한 내용은 다음과 같다.

1. 각각의 이동 호스트는 어디에서든지 홈 IP 주소 사용이 가능해야 한다.
2. 고정 호스트를 바꾸는 소프트웨어는 허용되지 않았다.
3. 라우터 소프트웨어와 테이블을 변화시키는 것은 허용되지 않았다.
4. 이동 호스트로 가는 대부분의 패킷들은 도중에 우회하지 않아야 한다.

5. 이동 호스트가 홈에 있을 때에는 어떠한 오버헤드도 초래되지 않아야 한다.

선택된 해결책이 5.2.10절에서 설명되었다. 그것을 간략히 다시 살펴보면, 사용자들에게 이동을 허용하기 원하는 모든 사이트들은 홈 에이전트(home agent, HA)라고 하는 사이트에서 헬퍼(helper)를 만들어야 한다. 이동 호스트가 외부의 사이트에서 나타났을 때, 외부 사이트에 새로운 IP(Care-of Address)를 얻는다. 그런 후에 모바일은 보조 주소(Care-of Address, CoA)를 줄 수 있는 곳에서 홈 에이전트에게 알려준다. 모바일에 대한 패킷이 어디에서든지 있는 집이나 모바일에 도착할 때 홈 에이전트는 패킷을 잡고 패킷을 현재의 보조 주소의 모바일에 터널링한다. 모바일은 모바일에 통신하는 누구든지 응답 패킷을 직접적으로 전송할 수 있으나, 근원지 주소처럼 홈 주소에서 아직 사용한다. 이 해결책은 모바일 호스트에 대한 패킷이 우회하는 것을 제외하고는 위에서 나타낸 모든 요구사항을 충족한다.

지금부터 우리는 인터넷의 네트워크 계층이 포함되어서 보나 상세하게 해결책을 살펴보도록 하자. 첫 번째 장소에서 이동성을 지원하기 위한 요구는 IP 주소화하는 구조 자체에서 온다. 모든 IP 주소는 네트워크 번호와 호스트 번호를 포함한다. 예를 들어 IP 주소 160.80.40.20/16가 있는 머신을 고려해보자. 160.80은 네트워크 번호이고, 40.20은 호스트 번호이다. 전 세계를 통한 라우터는 네트워크 160.80로 가기 위해 사용되는 링크를 알려주는 라우팅 테이블을 가지고 있다. 패킷이 160.80.xx.yyy 형식의 IP 주소가 목적지에 들어올 때마다, 패킷은 회선 상에 출력된다. 갑자기 그 주소를 가지고 있는 머신이 일부 거리가 먼 사이트에서 운반하면 머신에 대한 패킷은 계속해서 홈 LAN(또는 라우터)에 라우트된다.

이 상태에서 두 가지 선택사항이 있다. 둘 다 매력적이지 못하다. 첫 번째는 보다 구체적인 트래픽에 대한 경로를 만드는 것이다. 즉 거리가 먼 사이트가 160.80.40.20/32의 경로를 알린다면 목적지로 전송된 패킷은 즉시 정확한 장소로 다시 도착하도록 시작한다. 이 선택사항은 라우터에서 사용되는 최장 매칭 프리피그 알고리즘에 달려 있다. 그러나 우리는 경로를 단일 IP 주소가 있는 IP 프리픽스에 추가하여하여한다. 세상에 모든 ISP는 이러한 프리픽스를 안다. 모든 사람이 그들의 컴퓨터를 이동할 때 이런 방식으로 전체적인 IP경로를 변경한다면 각각의 라우터는 인터넷의 천문학적인 비용이 드는 수백만 개의 테이블 엔트리를 가진다. 이 선택사항은 이용할 수 없다.

두 번째 선택사항은 모바일의 IP 주소를 변경하는 것이다. 참으로 홈 IP 주소로 전송된 패킷은 관련된 사람, 프로그램, 데이터베이스 변경을 알릴 때까지 더 이상 전달되지 않는다. 그러나 모바일이 웹을 브라우즈하고 다른 응용을 실행하기 위해 새로운 장소에서 인터넷을 사용할 수 있다. 이 선택사항은 상위 계층에서 이동성을 다룰 수 있다. 그것은 전형적으로 사용자가 커피 가게에서 휴대용 컴퓨터를 가지고 있거나 근거리 무선 네트워크를 통해 인터넷을 사용할 때 발생한다. 단점은 일부의 응용이 끊기고, 모바일이 주변으로 이동함으로서 연결성을 유지하지 않는다는 것이다.

코멘트로서, 이동은 또한 하위 계층인 링크 계층에서 취급된다. 이것은 단일 802.11 무선 네트워크상에서 휴대용 컴퓨터를 사용할 때 발생한다. 이동 IP 주소는 변경되지 않고, 네트워크 경로는 동일하게 유지된다. 그것은 이동을 제공하는 무선 링크이다. 그러나 이동의 정도는 제한되어 있다. 휴대용 컴퓨터가 너무 멀리 이동한다면 그것은 다른 IP 주소를 가지고 있는 다른 네트워크를 경유해 인터넷을 연결해야만 한다.

IPv4에 대한 이동 해결책은 RFC 3344에 주어졌다. 그것은 기존의 인터넷 라우팅을 가지고 동작하고, 그들이 이동하는 것과 같이 그들 자신의 IP 주소에 연결된 호스트가 계속 있게 하는 것을 허용한다. 그것을 동작시키기 위해 이동은 이동될 때 발견해야 한다. 이것은 ICMP 라우터 광고와 유도 메시지를 가지고 성취할 수 있다. 모바일은 주기적으로 라우터 광고를 청취하거나 또는 가장 가까운 라우터를 발견하기 위해 유도 메시지를 전송한다. 그것은 외부 네트워크상에서이다. 이 라우터가 마지막 시간이 후부터 변경된다면 모바일은 다른 외부 네트워크로 이동하여야 한다. 이러한 동일한 메커니즘이 이동 호스트가 그들의 홈 에이전트를 찾게끔 해준다.

외부 사이트에서 보조 IP 주소를 얻기 위해서 모바일은 간단하게 DHCP를 이용한다. 대안으로 IPv4 주소가 공급이 딸린다면 이동은 네트워크상에 이미 IP 주소를 가지고 있는 외부 에이전트를 경유해 패킷을 전송하고 수신할 수 있다. dled 호스트는 홈 에이전트를 찾기 위해 사용된 동일한 ICMP 메커니즘을 이용하여 외부 에이전트를 찾는다. 모바일이 IP 주소를 얻거나 외부 에이전트를 찾은 후에 홈 에이전트로 메시지를 전송하는 네트워크를 사용할 수 있으며 홈 에이전트에 현재의 위치를 알려준다.

홈 에이전트는 모바일이 집에 있지 않을 때 모바일에 전송된 패킷을 가로채기 위한 방법이 필요하다. ARP는 편리한 메커니즘을 제공한다. 패킷을 이더넷을 통해 IP 호스트로 전송하기 위해 라우터는 호스트의 이더넷 주소를 알아야 할 필요가 있다. 보통의 메커니즘은 라우터가 질문하기 위해 ARP 질의어를 전송하는 것이다. 예를 들어 그것은 이더넷 주소가 160.80.40.20이다. 모바일이 홈에 있을 때 자신의 이더넷 주소를 가지고 있는 IP 주소에 ARP 질의어를 응답한다. 모바일이 다른데 있을 때 홈 에이전트는 이더넷 주소를 주어짐으로서 이 질의어에 응답한다. 그러고 나서 라우터는 홈 에이전트로 168.80.40.20에 대한 패킷을 전송한다.

모바일이 홈에 남겨져 있거나 또는 홈으로 돌아가 도착할 때 ARP 매핑을 앞뒤로 빨리 업데이트하기 위해 **무료 ARP(gratuitous ARP)**라고 하는 다른 ARP 메커니즘이 사용된다. 기본적으로 모바일 또는 홈 에이전트는 라우터 인식과 매핑을 업데이트하는 올바른 대답을 제공하는 모바일 IP 주소를 위해 ARP 질의어를 그들 자신에게 전송하다.

보조 주소에서 홈 에이전트와 모바일 호스트 사인 패킷을 전송하는 터널링은 보조주소에 다른 IP 헤더를 가지고 있는 패킷을 압축함으로서 수행된다. 압축된 패킷이 보조 주소에 도착할 때 IP 헤더 바깥쪽은 패킷을 드러내기 위해 제거된다.

많은 인터넷 프로토콜에 있어서 가장 어려운 것은 세부사항이고, 대부분은 다른 프로토콜을 채택하고 있는 호환성의 세부사항이다. 두 개의 복잡성이 있다. 첫째로, 과거의 IP 헤더 피어링(peering)에 달려 있는 NAT 박스는 TCP 또는 UDP 헤더를 찾는 것이다. 이동 IP에 대한 터널링의 원래 형태는 일러한 헤더를 사용하지 않고, 그래서 NAT 박스에 동작하지 않는다. 해결책은 UDP 헤더를 포함하기 위해 압축을 변경하는 것이다.

두 번째 복잡성은 일부의 ISP가 근원지 IP 주소를 검사하는 것이다. 근원지 IP 주소는 근원지가 위치해 있다고 믿는 라우팅 프로토콜을 매치하는 것으로서 알 수 있다. 이 기술을 **진입 필터링(ingress filtering)**이라고 하며, 그것은 악의적일 수 있는 부정확한 주소를 가지고 있는 폐기된 트래픽을 평가하는 보안이다. 그러나 그것이 외부 네트워크상에 있을 때 모바일에서 다른 인터넷 호스트로 전송된 패킷은 장소를 벗어난 근원지 IP 주소를 가지고 있으며, 그래서 패킷들은 폐기된다. 이 문제를 피하는 방법은 모바일이 패킷이 홈 에이전트로 되돌아가도록 터널하기 위한 근원지로서 보조 주소를 사용할 수 있다. 여기서부터 패킷들은 올바른 위치에서 나타나는 인터넷으로 전송하는 것이다.

또 다른 문제는 우리는 보안에 대해서 논의하지 않았다. 홈 에이전트가 일부의 IP 주소로 모든 Roberta의 패킷을 포워드하게 하는 질문 메시지를 가질 때, Roberta가 이러한 요구의 근원지라고 확신하지 않거나 누군가가 그녀를 흉내 내려고 시도하지 않는 한 규칙에 따르지 않는 것이 좋다. 암호화 인증 프로토콜은 이 목적을 위해 사용된다. 우리는 8장에서 이 프로토콜을 배울 것이다.

IPv6 이동 프로토콜은 IPv4 토대 위에 세워졌다. 이 계획은 거리가 먼 홈 에이전트를 통해 지그재그를 갖는 모바일로 패킷을 전송하는 삼각 라우팅 문제로 고통을 받는다. IPv6에서 경로 최적은 초기 패킷이 긴 경로를 따른 후에 모바일과 다른 IP 주소 사이의 경로 직접 따르기 위해 사용된다. 모바일 IPv6는 RFC 3775에서 정의되었다.

인터넷에서 또한 정의되어 있는 또 다른 종류의 이동이 있다. 비행기가 승객들이 휴대용 컴퓨터를 인터넷 연결하기 위해 사용된 무선 네트워크를 설정할 수 있다. 비행기는 인터넷의 나머지 부분을 무선 링크를 경유하여 연결하는 라우터를 갖는다. (유선 링크를 기대하였는가?) 그래서 지금 우리는 비행 라우터를 가지고 있으며, 그것은 전체의 네트워크가 모바일이라는 것을 의미한다. 네트워크 이동 설계는 휴대용 컴퓨터가 비행기가 모바일이라고 인식하지 않고 이 상황을 지원한다. 그들이 관련되는 한 그것은 다른 네트워크이다. 물론 일부의 휴대용 컴퓨터는 그들이 비행기에 있을 때 그들의 홈 주소를 유지하기 위해 모바일 IP를 사용하고 그래서 두 레벨의 이동을 가지고 있다. 네트워크 이동은 RFC 3963에서 정의되어 있다.

5.7 요약

네트워크 계층은 트랜스포트 계층에 서비스를 제공한다. 이는 가상 회선이나 데이터그램에 기초할 수 있다. 둘 다의 경우에서 이것의 중요 작업은 근원지로부터 목적지로 패킷을 라우팅하는 데 있다. 데이터그램 네트워크에서 라우팅 결정은 모든 패킷에서 이루어진다. 가상회선 네트워크에서는 가상회선이 설정될 때 라우팅이 결정된다.

많은 라우팅 알고리즘이 컴퓨터 네트워크에 사용된다. 플러딩은 모든 경로를 따라서 패킷을 송신하는 단순한 알고리즘이다. 대부분의 알고리즘은 최단 경로를 찾고 네트워크 토폴로지에서 변화에 적응한다. 주요한 알고리즘에는 거리 벡터 라우팅과 링크 상태 라우팅이다. 대부분의 실제 네트워크는 이들 중 하나가 사용된다. 다른 중요 라우팅 주제는 큰 네트워크에서 계층 이용, 이동식 호스트를 위한 라우팅, 브로드캐스팅, 애니캐스트 라우팅들이다.

네트워크는 혼잡이 쉽게 발생하여 지연이 증가하고 패킷이 손실된다. 네트워크 설계자들은 충분한 용량을 가지고 있는 네트워크 설계, 혼잡하지 않은 라우터 선택, 많은 트래픽 수용 거절, 신호 소스를 느리게 하는 것, 부하 분산을 함으로서 혼잡 상태를 피하려고 시도한다.

혼잡을 처리하기 위한 그다음 단계는 실제로 약속된 서비스의 질을 이루도록 노력하는 것이다.

많은 응용들은 처리량에 대해 염려하고 반면에 지연과 지터에 대해 염려한다.

서로 다른 서비스 품질을 제공하기 위해 사용된 방법들은 트래픽 shaping의 조합, 라우터에서 자원 예약, 승인 제어를 포함하는 것이다. 좋은 서비스의 질을 위해 설계된 접근 방법들은 (RSVP를 포함하는) IETF 통합된 서비스와 차별화된 서비스를 포함한다.

다양한 방법으로 서로 다른 네트워크들이 있고, 그래서 다중 네트워크가 연결되었을 때 문제가 발생할 수 있다. 서로 다른 네트워크가 서로 다른 최대 패킷 크기를 가질 때 단편화가 필요하다. 다른 네트워크들이 내부적으로 다른 라우팅 프로토콜을 실행하나 외부적으로는 보편화된 프로토콜을 실행할 필요가 있다. 때때로 상대방 네트워크를 통하여 패킷을 통과시켜 문제들을 처리할 수 있지만, 만약 근원지와 목적지 네트워크가 다르다면, 이 접근법은 실패하게 된다.

인터넷은 네트워크 계층과 연관된 많은 종류의 프로토콜을 가지고 있다. 이것들은 데이터그램 프로토콜, IP와 ICMP, ARP와 DHCP와 같은 제어 프로토콜을 포함하고 있다. 네트워크 내에서 사용되고 있는 하나의 중요 라우팅 프로토콜은 OSPF이고, 네트워크를 건너 사용된 프로토콜은 BGF이다.

인터넷은 IP 주소가 빠르게 고갈되고 있어서 새로운 버전의 IP인 IPv6가 개발되고 있으나 한참 후에 채택될 것이다.

연습문제

1. 연결형 서비스가 적합한 응용의 예제 두 가지를 보여라. 그리고 비연결형 서비스가 적합한 예제 두 가지를 보여라.

2. 가상 회선 서비스의 구현에 관련한 다음의 설계 문제를 고려하자. 만약 서브넷의 내부에 가상 회선이 사용되었다면, 각 데이터 패킷은 3-바이트 헤더를 가져야 하고, 각 라우터는 회선 식별자를 위해 저장 장치의 8바이트를 예약해야만 한다. 만약 데이터그램이 내부적으로 사용되었다면, 15-바이트 헤더가 필요하지만 라우터 테이블에는 필요한 공간이 없다. 홉 당 전송 능력은 106바이트당 1센트를 지불해야 한다. 가장 빠른 라우터 메모리는 바이트당 1센트에 살 수 있고, 주당 40시간을 근무한다고 가정하여, 2년(단지 작업 시간만으로) 정도에 걸친 가치를 가진다. 통계학적 평균 세션은 200개의 패킷을 전송하는 시간으로 1,000초가 수행된다. 패킷은 평균 네 개의 홉이 필요하다. 구현이 저렴해지는가? 그렇다면 얼마인가?

3. 그림 5-7의 네트워크를 고려해라. 단, 그 회선들의 가중치는 무시해라. 라우팅 알고리즘으로써 플러딩을 사용한다고 가정하자. A에서 D로 보내진 패킷이 3의 최대 홉 카운트를 갖는다면, 모든 경로목록을 열거해라. 또한 얼마나 많은 대역폭 및 홉이 소요되는지 설명하여라.

4. 어떠한 통신 회선의 분실에서도 사라지지 않는 근원지와 목적지가 주어졌을 때, 네트워크를 통하여 2개의 경로를 찾기 위한 간단한 탐색법을 보여라(그러한 2개의 경로가 존재한다고 가정하자). 라우터들은 충분히 신뢰할 수 있으며, 라우터 고장 가능성은 걱정할 필요는 없다.

5. 그림 5-13(a)의 서브넷을 고려하자. 거리 벡터 라우팅이 사용되었고, 다음 벡터들이 B:(5, 0, 8, 12, 6, 2), D:(16, 12, 6, 0, 9, 10), E:(7, 6, 3, 9, 0, 4)로부터 라우터 C로 들어온다. B, D, E에서 계산된 지연 시간이 각각 6, 3, 5이다. C의 새롭게 갱신된 라우팅 테이블은 무엇인가? 사용할 수 있는 출력 회선과 예상되는 지연시간을 보여라.

6. 그림 5-14에서 두 종류의 ACF 비트의 Boolean OR가 모든 행에서 111이다. 이것은 단지 우연한 일인가? 아니면 모든 상황에서 모든 서브넷을 위해서 이것을 유지해야 하는가?

7. 4,800개의 라우터들로 계층 구조적 라우팅을 할 때, 3-계층의 계층 구조에서 라우팅 테이블의 크기를 최소화하기 위한 영역과 클러스터의 크기는 무엇인가? 좋은 출발을 위해, *k*개의 라우터의 *k*개의 지역의 *k*개의 클러스터를 가지는 솔루션이 가장 최적화라고 가정하자. 이것은 *k*가 약 4800의 세 제곱근(대략 16)임을 의미한다. 일반적인 16 근처의 값들로 세 파라m의 조합을 시도하여 확인하라.

8. 본문에서 이동 호스트가 홈에 없을 때, '홈 LAN에 패킷을 보내는 것은 홈 에이전트가 가로챈다'라고 말했다. 802.3 LAN에 있는 IP 네트워크에서, 어떻게 홈 에이전트가 이러한 가로채기를 수행할 수 있는가?

9. 그림 5-6의 서브넷을 살펴보라. 아래와 같은 방법을 사용했을 때, B로부터의 브로드캐스팅에 의해 만들어지는 패킷들은 얼마나 되는가?

   (a) 역경로 전달

   (b) 싱크 트리

10. 그림 5-16(a)의 네트워크를 고려하자. F와 G 사이에 새로운 회선 하나가 추가되었지만 그림 5-16(b)의 싱크 트리는 변경되지 않았다고 가정한다. 그림 5-16(c)에서 어떤 변화가 일어나겠는가?

11. 그림 5-20에서, A에서 브로드캐스트를 하여 노드 H 또는 I를 찾는 것을 보이시오.

12. 그림 5-20에서 노드 B는 바로 재부팅되었고, B의 테이블에 라우팅 정보를 가지고 있지 않다고 가정하자. 갑자기 H까지의 경로가 필요하다. TTL을 1, 2, 3…으로 설정하여 브로드캐스트를 보낸다. 그 경로를 찾기 위해 얼마나 많은 순환이 걸리는가?

13. 서브넷에서 가능한 혼잡 제어 메커니즘의 내부적인 가상 회선을 사용할 때, 라우터는 (1) 가상회선을 따라간 그 자신의 마지막 전송이 성공적으로 이루어졌다는 것을 알 때까지 그리고 (2) 그것의 버퍼가 비워질 때까지 도달된 패킷의 확인을 하지 않을 수 있다. 간단히 라우터들은 정지와 대기 프로토콜을 사용하고 각 가상 회선은 트래픽이 각 방향에 대하여 그것을 위해 대기하는 하나의 버퍼를 가지고 있다고 가정하자. 만약 그것이 패킷(데이터 또는 확인)을 전송하기 위해 T초 동안 작업을 하고, 경로상에 n개의 라우터들이 있다면, 각 패킷이 도착지 호스트에 전달되는 전송효율(rate)은 얼마인가? 전송 오류가 거의 없고 호스트-라우터 연결은 대단히 빠르다고 가정하자.

14. 데이터그램 서브넷은 라우터들이 그들이 필요할 때마다 패킷을 버리는 것을 허용한다. 라우터가 하나의 패킷을 버릴 확률이 p이다. 근원지 라우터에 연결된 근원지 호스트, 목적지 라우터에 연결된 목적지 호스트의 경우를 고려해 보자. 만약 어느 한쪽의 라우터가 패킷을 버린다면, 근원지 호스트는 결국 시간 초과되고 다시 시도한다. 만약 호스트-라우터와 라우터-라우터 회선이 홉(hop)에 의해 계산된다면, 다음의 숫자들은 어떠한 의미가 있는가?

   (a) 전송당 패킷을 만드는 홉의 수

   (b) 패킷 전송의 수

   (c) 도달되는 패킷당 요구되는 홉의 수

15. ECN 방법과 혼잡 회피의 RED 방법 사이의 두 가지 주요 차이점을 설명하시오.

16. 1,000바이트의 최대 패킷 크기를 가진 흐름 사양, 1,0000000바이트/초, 1,000,000바이트의 토큰 버킷 크기의 토큰 버킷 속도 그리고 50,000,000바이트/초 최대 전송속도를 상상해 보시오. 얼마나 최대 속도로 버스트는 지날 수 있는가?

17. 그림 5-34의 네트워크는 제시된 바와 같이 호스트1과 호스트 2에 대해 멀티캐스트 트리와 함께 RSVP를 사용한다. 호스트 3은 호스트 1에서의 플로우에 대해 대역폭 2MB/sec의 채널을 요구하고, 호스트 2에서의 플로우에 대해 대역폭 1MB/sec의 또 다른 채널을 요구한다고 가정하자. 동시에, 호스트 4는 호스트 1에서의 플로우에 대해 대역폭 2MB/sec의 채널을 요구하고 호스트 5는 호스트 2에서의 플로우에 대해 대역폭 1MB/sec의 채널을 요구한다. 라우터 A, B, C, E, H, J, K, L에서 이들 요구를 위해 얼마나 많은 대역폭이 예약되어야 하나?

18.라우터의 CPU는 2million packets/sec를 처리할 수 있다. 이에 제공된 부하는 1.5million packets/sec이다. 근원지에서 목적지까지의 경로에 10개의 라우터를 포함하고 있다면, 대기열에 넣어지고 CPU에 의해 제공되는 것이 몇 번 소비되는가?

19.expedited forwarding과 차별화된 서비스에 대한 사용자를 고려하자. 신속하게 처리된(expedited) 패킷이 일반 패킷보다 더 짧은 지연을 갖는 다는 보증이 있는가? 왜 그런가? 또는 왜 그렇지 않은가?

20.호스트 A가 라우터 R1에 연결되어 있고, R1은 또 다른 라우터 R2에 연결되어 있으며 R2는 호스트 B에 연결되어 있다고 가정하자. 900바이트의 데이터와 20바이트의 TCP 헤더를 포함하는 TCP 메시지가 B로 전달하기 위해 호스트 A에서 IP 코드로 변화되었다고 가정하자. 3개의 링크상에서 전송된 각 패킷 내의 IP 헤더의 total length, identification, DF, MF 그리고 Fragment offset 필드를 설명해라. 링크 A-R1은 8바이트 프레임 헤더를 포함하여, 512바이트의 최대 프레임 크기를 지원하고, 링크 R2-B는 12바이프 프레임 헤더를 포함하여, 512바이트의 최대 프레임 크기를 지원한다고 가정하자.

21.어떤 라우터가 1024바이트 길이의(헤더와 데이터를 포함한) IP패킷을 내보내고 있다. 패킷이 10초 동안 유지된다고 가정할 때, IP 데이터그램에서 ID 번호 공간을 통한 사이클링의 위험 없이 라우터가 동작 가능한 최대 회선속도는 얼마인가?

22. Strict source routing 옵션을 사용한 IP 데이터그램은 단편화되어 있다. 이 옵션이 각 단편들로 복사되는 것을 어떻게 생각하는가? 또는 이것이 첫 번째 단편에만 존재하는 것에 대해서는 어떻게 생각하는가?

23. 클래스 B 네트워크 부분 주소에 대해 16비트를 사용하는 대신에 20비트가 사용된다고 가정하자. 그러면 클래스 B 네트워크를 얼마나 많이 사용할 수 있는가?

24. 16진법으로 표현되는 IP 주소 C22F1582를 점으로 구분된 10진수 표현으로 변환하라.

25. 인터넷에 있는 클래스 B 네트워크는 255.255.240.0의 서브넷 마스크를 사용한다. 서브넷당 호스트의 최대 수는 얼마인가?

26. IP 주소가 특정 네트워크에 작용하는 이더넷 address가 없다. 그 이유는 무엇인가?

27. 연속적인 큰 수의 IP 주소는 198.16.0.9에서 시작하여 사용 가능하다. 네 개의 조직 A, B, C, D가 각각 4,000, 2,000, 4,000, 8,000개의 주소를 요구한다고 가정하자. 이들 각각에 대해, 할당된 첫 번째 IP 주소, 할당된 마지막 IP 주소, w.x.y.z/s 표기법으로 마스트를 주어라.

28. 라우터가 다음의 새로운 IP 주소를 수신한다. 57.6.96.0/21, 57.6.104.0/21, 57.6.112.0/21, 57.6. 120.0/21. 이들 모두가 동일한 외부 회선에서 사용한다면 집합화될 수 있는가? 만약 그렇다면 무엇을 위해서인가? 그렇지 않다면 왜 안 되는가?

29. 29.18.0.0에서 29.18.128.255까지 IP 주소 설정은 29.18.0.0/17에 집합화되었다. 그러나 서로 다른 외부로 나가는 회선에 사용하여 갑자기 호스트에 할당된 29.18.60.0에서 29.18.64.255까지 1024개의 할당되지 않은 주소의 틈이 있다. 테이블에 새로운 블록을 추가하여, 이를 구성하는 블럭으로 집합화 주소를 쪼갤 필요가 있다. 재집합화가 가능하다면 이를 보여라. 그렇지 않다면 대신 무엇이 행해질 수 있는가?

30. 라우터는 라우팅 테이블에 아래(CIDR)의 엔트리를 가지고 있다.

Address/mask	**Next hop**
135.46.56.0/22	Interface 0
135.46.60.0/22	Interface 1
192.53.40.0/23	Router 1
default	Router 2

각각 아래 IP 주소에 대해, 패킷이이 주소로 도착하면, 라우터는 어떻게 동작하나?

(a) 135.46.63.10

(b) 135.46.57.14

(c) 192.53.40.7

(d) 192.53.56.7

31. 많은 회사들은 이들 중 하나가 멈출 경우 몇몇 여분을 제공하기 위해 인터넷에 그 회사를 연결하는 2개(또는 그 이상의)의 라우터를 가지는 정책을 가진다. 이 정책은 여전히 NAT가 포함되어도 가능한가? 설명하여라.

32. 당신이 친구에게 ARP 프로토콜에 대한 설명을 시작했다. 당신이 설명을 마쳤을 때 친구가 말했다. "알아들었어. ARP는 네트워크 계층에 서비스를 제공하고, 이것은 데이터 링크 계층의 한 부분이지." 당신은 친구에게 무엇을 말해주어야 하는가?

33. 목적지에서 IP 단편 재조합 방법을 설명하여라.

34. 대부분의 IP 데이터그램 재조합 알고리즘은 재조합 버퍼가 잃어버린 단편을 영원히 기다리는 것을 피하기 위해 타이머를 가지고 있다. 데이터그램이 4개의 단편으로 단편화되어 있다고 가정하자. 앞쪽 3개의 단편들은 도착했지만 마지막 하나가 지연된다. 결과적으로 타이머가 울리고, 수신측의 메모리에 있는 3개의 단편들이 버려진다. 잠시 후 마지막 단편을 발견하게 되었을 때 그것을 어떻게 해야 하는가?

35. IP와 ATM 둘 다 헤더에 대해서만 체크섬이 있고, 데이터에 대해서는 없다. 왜 이러한 설계가 채택되었다고 생각하는가?

36. 보스턴에 사는 한 여자가 휴대용 컴퓨터를 가지고 미니애폴리스로 여행을 한다. 그러나 미니애폴리스에 있는 그녀의 목적지의 LAN은 무선 IP LAN이다. 그래서 그녀는 LAN에 직접 연결하지 못한다. 전자우편과 다른 전송을 정확하게 도착시키기 위해 여전히 홈 에이전트나 외부 에이전트를 사용하여 전체적인 일들을 처리할 필요가 있는가?

37. IPv6는 16바이트 주소를 사용한다. 만약 백만 개의 주소 블록이 매 picosecond마다 할당된다면, 주소들은 얼마나 오랫동안 할당될 수 있는가?

38. IPv4 헤더에 사용되는 protocol 필드는 고정 크기의 IPv6 헤더에서는 제공되지 않는다. 왜 그런가?

39. IPv6 프로토콜이 도입되었을 때 ARP 프로토콜이 변화되었는가? 만약 그렇다면 개념적으로 변화되었는가? 아니면 기법적으로 변화되었는가?

40. 플러딩을 사용하여 라우팅을 시뮬레이션 하는 프로그램을 작성하라. 각 패킷은 각 홉에서 결정되는 카운터를 가지고 있어야 한다. 카운터가 0이 될 때 패킷은 버려지게 된다. 각 회선은 시간 간격당 하나의 패킷을 다루어 시간은 불연속이다. 모든 회선이 플러드되고, 플러드된 뫼든 입력 회선은 제거되고, 단지 최적의 k개(통계적으로 선택된) 회선만 플러드된 세 가지 버전의 프로그램을 작성하라. 지연과 대역폭 항의 사용에서 플러딩과 결정론적인 라우팅($k = 1$)을 비교하라.

41. 불연속 시간을 사용하여 컴퓨터 네트워크를 시뮬레이트하는 프로그램을 작성하여라. 각 라우터 큐의 처음 패킷은 시간 간격당 하나의 홉으로 만들어라. 각 라우터는 제한된 크기의 버퍼만을 가지고 있다. 만약 패킷이 도착하고 이에 대해 빈 공간이 없다면, 패킷은 제거되고 재전송되지 않는다. 대신에 거기에는 종단간 프로토콜을 사용하고, 결국 근원지 라우터로부터 패킷을 재생성하는 타임아웃과 확인응답 패킷을 완성하라. 네트워크의 처리량을 종단간 타임아웃 간격에 따라 변하는 에러율의 함수로 그려라.

42. IP 라우터에서 전송하기 위한 함수를 작성하여라. 그 진행 절차는 하나의 파라미터, IP 주소를 갖는다. 또한 세 쌍의 정렬로 이루어진 global 테이블에 접속한다. 각 세 쌍은 IP 주소, 서브넷 마스크, 사용할 외부 회선인 3개의 정수를 포함한다. 이 함수 CIDR를 사용하여 테이블에서 IP 주소를 찾고, 이 값으로 사용할 회선을 돌려준다.

43. 당신의 컴퓨터에서 다른 나라의 다양한 대학교들의 경로를 추적하기 위해 traceroute(UNIX) 또는 tracert(Windows) 프로그램을 사용하여라. 발견한 해외 링크의 리스트를 만들어라.

www.berkeley.edu(California)

www.mit.edu(Massachusetts)

www.vu.nl(Amsterdam)

www.ucl.ac.uk(London)

www.usyd.edu.au(Sydney)

www.u-tokyo.ac.jp(Tokyo)

www.uct.ac.za(Cape Town)

CHAPTER

06

COMPUTER NEWORKS

트랜스포트 계층 (Transport Layer)

네트워크 계층과 함께 트랜스포트 계층은 전체 프로토콜 조직에서 가장 핵심적인 부분이다. 네트워크 계층의 역할이 데이터그램이나 가상 회선을 이용한 단대단 패킷 전송이라면, 트랜스포트 계층의 주된 역할은 현재 사용되고 있는 물리적인 네트워크에 관계없이 근원지 컴퓨터에서 목적지 컴퓨터 간에 믿을 수 있고 저렴한 데이터 전송을 제공하는 데에 있다. 그리고 이 계층에서 응용이 네트워크를 사용하는 데 필요한 추상화도 제공한다. 트랜스포트 계층을 빼놓는다면 계층화된 프로토콜에 대한 개념 전체가 별 의미 없어질 정도로 중요한 역할을 담당하고 있다. 이 장에서는 트랜스포트 계층의 서비스, 신뢰성 문제를 다루는 API(Application Programming Interface) 설계, 연결과 혼잡 제어, TCP, UDP와 같은 프로토콜, 실행 등을 포함한 모든 부분에 대해 상세히 다룰 것이다.

6.1 트랜스포트 서비스

다음 절들에서는 트랜스포트 서비스를 소개한다. 트랜스포트 계층이 응용 계층에 제공하는 서비스에는 어떠한 종류의 것들이 있는지 고찰해 본다. 트랜스포트 계층의 문제를 더 명확히 하기 위해 두 세트의 트랜스포트 계층 프리미티브를 고찰한다. 우선 기본적인 개념을 보여주는 간단한(그러나 가설인) 프리미티브를 먼저 살펴본 다음, 인터넷에서 사용되는 일반적인 인터페이스를 살펴보겠다.

6.1.1 상위 계층에 제공되는 서비스

트랜스포트 계층의 궁극적 목표는 서비스 사용자들(일반적으로는 응용 계층의 프로세스들)에게 효과적이고 신뢰성 있으며 저렴한 서비스를 제공하는 데 있다. 이 목표를 달성하기 위해 트랜스포트 계층은 네트워크 계층으로부터 제공된 서비스를 이용한다. 트랜스포트 계층 내에서 동작하는 하드웨어 및 소프트웨어를 **트랜스포트 개체(transport entity)**라고 한다. 이 트랜스포트 개체는 운영 체제의 커널 내, 독립된 사용자 프로세스 내, 네트워크 인터페이스 카드 또는 네트워크 응용 관련 라이브러리 패키지 내에 존재한다. 특히 인터넷의 경우, 운영 체제의 커널 내나, 네트워크 응용 관련 라이브러리 패키지 내에 존재하는 트랜스포트 개체가 자주 사용된다. 네트워크와 트랜스포트, 응용 계층들 간의 (논리적) 관계가 그림 6-1에 예시되어 있다.

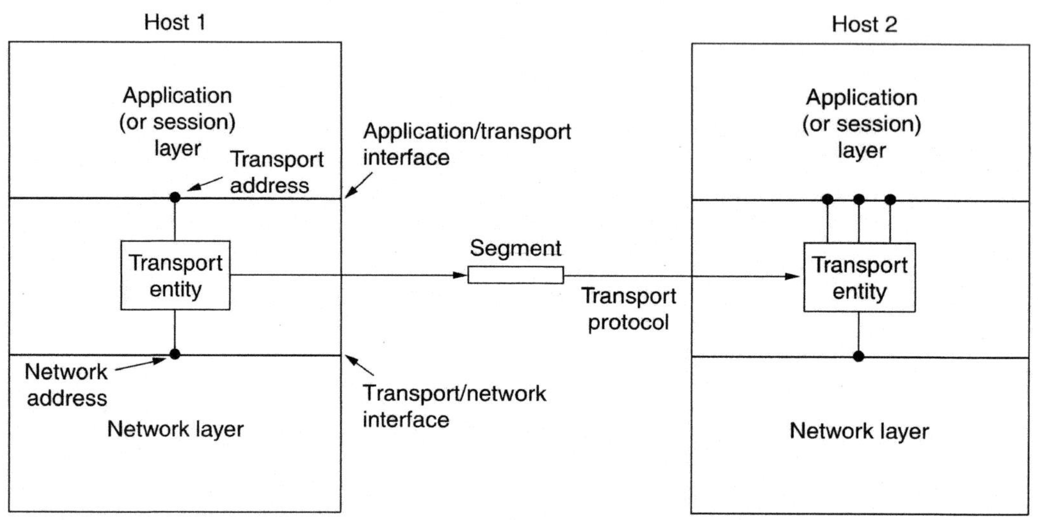

그림 6–1 네트워크, 트랜스포트 그리고 응용 계층

네트워크 서비스에 연결형과 비연결형 두 가지가 있듯이, 트랜스포트 서비스에도 두 가지 서비스가 있다. 연결형 트랜스포트 서비스는 여러 가지 면에서 연결형 네트워크 서비스와 유사하다. 둘 다 연결 설정, 데이터 전송, 그리고 해제라는 세 단계를 거쳐 이루어진다. 번지 지정과 흐름 제어도 또한 유사하다. 더욱이 비연결형 트랜스포트 서비스와 비연결형 네트워크 서비스도 매우 유사하다. 하지만, 한 패킷을 전송하기 위해 연결을 설치했다가 보낸 즉시 연결을 끊는 것은 비효율적이기 때문에 연결형 네트워크 서비스 위에 비연결형 트랜스포트 서비스를 제공하는 일은 어렵다는 점을 유의해야 한다.

이제 이런 의문이 생길 것이다. 트랜스포트 계층 서비스와 네트워크 계층 서비스가 그렇게 유사하다면, 왜 굳이 따로 구분해 놓았는가? 왜 하나의 계층으로는 불충분한가? 이에 대한 해답은 미묘하면서도 중대한 것이다. 트랜스포트 코드는 전적으로 사용자의 머신에서 동작한다. 반면에 (적어도 WAN에 대해서는) 캐리어(전달자)에 의해 동작되는, 네트워크 계층은 대부분의 라우터에서 동작한다. 네트워크 계층이 불충분한 서비스를 제공한다면 어떻게 되겠는가? 자꾸만 패킷을 잃어버린다면? 라우터가 이따

금 충돌한다면 어떻게 되겠는가? 문제가 발생한다. 사용자는 네트워크에 대해 아무런 제어권을 가지지 않기 때문에, 보다 좋은 라우터를 사용한다든가, 보다 많은 오류 처리를 데이터링크 계층에서 실시하더라도 문제를 해결할 수 없다. 단 하나의 해결책은 네트워크 계층의 상위에 또 다른 계층을 둠으로써 서비스의 품질을 높이는 것이다. 만일 비연결형 네트워크에서 패킷들을 잃어버리거나 데이터가 섞이는 등의 일이 생겼다면, 트랜스포트 개체는 문제는 감지하고, 재전송을 통해서 이를 해결할 수 있다. 반면 연결형 네트워크에서 트랜스포트 개체가 장거리 전송 중에 현재 데이터에 무슨 일이 있어났는지에 대한 어떤 표시 없이, 갑작스럽게 연결이 종료됐다는 것을 통보받는다면, 그것은 원격의 트랜스포트 개체와 새로운 네트워크 연결을 설정할 수 있다. 이 새로운 네트워크 연결을 사용하여 트랜스포트 개체는 상대에게 어느 데이터까지 도착되었는지 질의할 수 있고, 이로써 어디서부터 보내면 되는지를 알 수 있다.

요점은 트랜스포트 계층이 존재함으로써 하위의 네트워크 계층보다 신뢰성 있는 전달 서비스가 가능하게 된다는 것이다. 패킷을 잃어버리거나 데이터가 섞이는 등의 일은 트랜스포트 계층에서 감지되고 수정될 수 있다. 또한 트랜스포트 서비스 프리미티브는 네트워크 서비스 프리미티브와 독립적으로 만들기 위해 라이브러리 프로시저들을 호출하는 형태로 구현될 수 있다.

네트워크 서비스 호출은 네트워크마다 상당히 다르다(예를 들어 비연결형 LAN 서비스는 연결형 WiMAX 서비스와 매우 다르다). 트랜스포트 서비스 프리미티브의 세트 뒤에 네트워크 서비스를 숨김으로써, 네트워크 서비스의 변경은 단지 한 세트의 라이브러리와 동일 프로시저들을 변경된 네트워크 서비스 하에서 동일한 일을 하는 다른 한 세트의 라이브러리 프로시저들로 대체하는 것을 요구한다.

트랜스포트 계층으로 인해, 프로그래머는 서로 다른 서브넷 인터페이스를 다루는 문제나 신뢰성 없는 전송에 관한 문제에 대해 고려하지 않고, 한 프리미티브들의 표준 세트에 따라 코드를 작성할 수 있고, 넓고 다양한 서브넷상에서 이 프로그램들이 잘 동작하게끔 해준다. 만일 모든 실제 네트워크가 완전하고 동일한 프리미티브를 가진다면, 아마도 트랜스포트 계층이 필요 없을 것이다. 그러나 실제로 트랜스포트 계층은 상위 계층을 서브넷의 결함이나 설계, 기술 등으로부터 격리시키는 데 중요한 역할을 한다.

이런 이유로 많은 사람들은 1계층부터 4계층까지와 그 이상의 계층을 구분하여 다룬다. 하위 4개의 계층은 **트랜스포트 서비스 제공자(transport service provider)**라고 하고, 상위 계층(들)은 **트랜스포트 서비스 사용자(transport service user)**라고 한다. 이런 제공자와 사용자의 차이는 각 계층의 설계에 큰 영향을 주었으며 트랜스포트 계층을 중요한 위치에 자리하게 하였다. 왜냐하면 트랜스포트 계층이 신뢰성 있는 데이터 트랜스포트 서비스의 제공자와 사용자 간에 주된 경계를 이루기 때문이다. 그리고 그것은 응용 계층에서만 알 수 있다.

6.1.2 트랜스포트 서비스 프리미티브

사용자들이 트랜스포트 서비스를 액세스할 수 있게 하기 위해, 트랜스포트 계층은 응용 프로그램에 몇몇 연산 동작들, 즉 트랜스포트 서비스 인터페이스를 제공해야 한다. 각각의 트랜스포트 서비스는 고유의 인터페이스를 갖는다. 이 절에서 우리는 먼저 근본적인 것을 알아보기 위해 간단한(가설의) 트랜스포트 서비스와 그 인터페이스를 살펴보고, 그다음 절에서는 실제 예를 살펴본다.

트랜스포트 서비스는 네트워크 서비스와 비슷하나 몇 가지 중요한 차이를 가진다. 가장 주된 차이는 네트워크 서비스는 실제 네트워크가 제공하는 서비스를 따르려 하는 것이다. 실제 네트워크는 패킷을 잃어버릴 수도 있기 때문에, 네트워크 서비스는 일반적으로 신뢰성이 없다.

대조적으로 연결형 트랜스포트 서비스는 신뢰성이 있다. 물론 실제 네트워크는 오류를 가질 수 있다. 그러나 신뢰성 없는 네트워크 위에서 신뢰성 있는 서비스를 제공하는 것이 트랜스포트 계층의 존재 이유이다.

예로써 유닉스(UNIX)에서 파이프를 통해서 서로 연결되어 있는 두 개의 프로세스 (또는 내부 프로세스들 간의 통신 기능)를 생각해 보자. 그들은 이 연결이 완전하다고 생각한다. 그들은 확인응답이나 패킷 유실, 혼잡 등의 일에 대해 알고 싶어 하지 않는다. 두 프로세스가 원하는 것은 100% 믿을 수 있는 연결이다. 파이프의 한쪽에 프로세스 *A*가 데이터를 넣으면 반대쪽에서 프로세스 *B*가 꺼내간다. 이것이 연결형 트랜스포트 서비스이다. 즉 네트워크 서비스의 잘못을 감추고 심지어는 각각 다른 머신에 위치하는 사용자 프로세스들로 하여금 오류가 없는 비트 스트림이 있는 것으로 생각하게 하는 것이다.

덧붙여서 말하자면, 트랜스포트 계층은 신뢰성 없는(데이터그램) 서비스도 제공한다. 그러나 그것에 대해서는 별로 언급할 것이 없는 관계로 이 장에서는 주로 연결형 트랜스포트 서비스에 대해 관심을 집중하도록 하겠다. 그럼에도 불구하고, 비연결형 전송에 이익을 얻는 클라이언트-서버 컴퓨팅과 스트리밍 멀티미디어와 같은 몇몇 응용이 있다. 따라서 이들을 나중에 간략히 소개한다.

네트워크 서비스와 트랜스포트 서비스간의 두 번째 차이점은, 누가 그 서비스에 관심을 가지는가 하는 것이다. 네트워크 서비스는 단지 트랜스포트 개체에 의해서만 사용된다. 소수의 사용자만이 자신들만의 트랜스포트 개체를 작성하며, 네트워크 서비스를 직접 다뤄야 하는 사용자나 프로그램은 거의 없다. 이와는 대조적으로 많은 프로그램들(따라서 프로그래머)이 트랜스포트 프리미티브를 다룬다. 결과적으로 트랜스포트 서비스는 편리하며 사용하기 쉬워야 한다.

트랜스포트 서비스가 무엇인지를 알기 위해 그림 6-2에 열거된 다섯 개의 프리미티브들을 살펴보자. 이 트랜스포트 인터페이스는 사실 간단해 보인다. 그러나 그것은 연결형 전송 인터페이스가 해야 할 것에 대한 본질적인 특색을 잘 나타내고 있다. 트랜스포트 인터페이스는 응용 프로그램이 연결을 설정하고 사용하고 해제할 수 있게 한다. 실제로 이것이 많은 응용이 필요로 하는 모든 것이다.

Primitive	Packet sent	Meaning
LISTEN	(none)	Block until some process tries to connect
CONNECT	CONNECTION REQ.	Actively attempt to establish a connection
SEND	DATA	Send information
RECEIVE	(none)	Block until a DATA packet arrive
DISCONNECT	DISCONNECT REQ.	This side wante to release the connect

그림 6-2 간단한 트랜스포트 서비스를 위한 프리미티브

이러한 프리미티브들이 어떻게 사용되는지를 알기 위해, 하나의 서버와 몇 개의 원격 클라이언트로 이루어진 응용을 생각해 보자. 처음에 서버가 라이브러리 프로시저를 호출하여 LISTEN 프리미티브를 실행한다. 이 라이브러리 프로시저는 클라이언트가 가동될 때까지 서버를 블로킹 상태로 만드는 시스템 호출(system call)을 만들어내는 일을 한다. 클라이언트가 서버와의 통신을 원할 경우, 클라이언트 CONNECT 프리미티브를 실행한다. 이 프리미티브를 실행하기 위해서 트랜스포트 개체는 호출자를 블로킹하고 서버로 패킷을 보낸다. 이 패킷 내의 내용은 서버의 트랜스포트 개체를 위한 트랜스포트 계층 메시지이다.

사용 용어에 대해 간단히 요약하기로 한다. 적절한 용어가 부족한 관계로, 트랜스포트 개체에서 다른 전송 개체로 보내지는 메시지는 **세그먼트(segment)**라 하기로 한다. TCP, UDP 그리고 다른 인터넷 프로토콜들도 이 용어를 사용한다. 예전 프로토콜들은 **트랜스포트 프로토콜 데이터 유닛 (Transport Protocol Data Unit, TPDU)**라는 부적합한 용어를 사용했었다. 이 용어는 더 이상 사용되지는 않지만, 가끔 오래된 논문들이나 책에서 찾아볼 수 있을 것이다. 그러므로 트랜스포트 계층에서 교환되는 세그먼트는 네트워크 계층에서 교환되는 패킷에 포함된다. 다음으로, 패킷은 데이터링크 계층에서 교환되는 프레임에 포함된다. 프레임이 도착했을 때 데이터링크 계층은 프레임의 헤더 부분을 처리한 후 프레임의 내용을 네트워크 개체로 넘겨준다. 그러면, 네트워크 개체는 패킷의 헤더를 처리한 후, 패킷의 내용을 트랜스포트 개체로 넘겨준다. 이런 과정이 그림 6-3에 나와 있다.

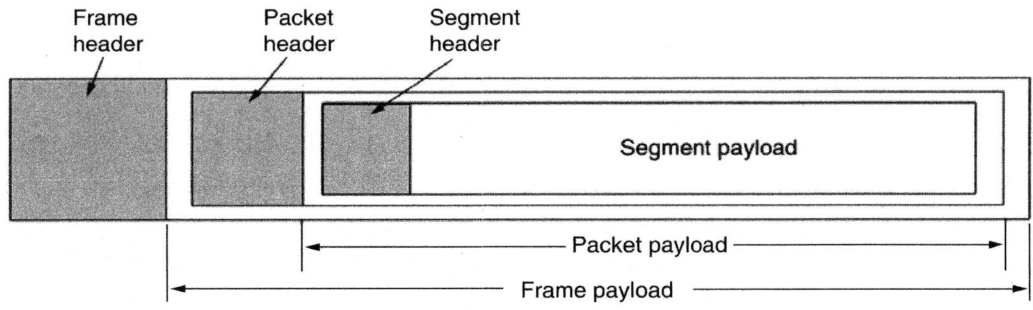

그림 6-3 세그먼트, 패킷, 그리고 프레임들의 네스팅(nesting)

위의 클라이언트-서버 모델로 다시 돌아가 보자. 클라이언트의 CONNECT 호출은 CONNECTION REQUEST 세그먼트가 서버로 보내지도록 한다. 이것이 도착했을 때 트랜스포트 개체는 서버가 LISTEN으로 블로킹되어 있는지를 확인한다(즉 요청을 처리하고자 하는가를 확인한다). 이제 서버의 블로킹을 해제시키고 클라이언트로 CONNECTION ACCEPTED 세그먼트를 보낸다. 이 세그먼트가 도착하면 클라이언트의 블로킹이 해제되고 연결이 설정된다.

이제 데이터는 SEND와 RECEIVE 프리미티브를 사용하여 교환된다. 가장 간단한 형태는 한쪽이 RECEIVE를 실행하여 블로킹된 상태로, 다른 한쪽이 SEND 하는 것을 기다리는 것이다. 세그먼트가 도착하게 되면 수신자의 블로킹이 해제된다. 그러면 그것은 세그먼트를 처리할 수 있고 그에 대한 응답을 보낼 수가 있다. 양쪽 모두가 서로 데이터를 보내는 순서를 지키는 이상 이 시스템은 잘 동작한다.

트랜스포트 계층에서는 간단한 단방향성 데이터 교환이라 할지라도, 네트워크 계층보다 훨씬 복잡하다. 보내지는 모든 데이터 패킷 역시 확인응답되어야 한다. 제어 세그먼트를 갖는 패킷들도 역시 확인응답되어야 한다. 이러한 확인응답은 네트워크 계층 프로토콜을 사용하여 트랜스포트 개체에 의하여 관리되는데, 이러한 것들은 트랜스포트 사용자에게는 보이지 않는다. 이와 비슷하게, 트랜스포트 개체는 타이머와 재전송에 대해서도 고려해야 하는데 트랜스포트 사용자는 이를 인지하지 못한다. 트랜스포트 사용자의 입장에서 보면 연결은 단지 신뢰성 있는 비트 파이프일 뿐이다. 가령 한 사용자가 비트들을 되는대로 보내면 반대편에서 마법같이 동일한 순서대로 나타난다. 이렇게 내부의 복잡함을 숨기는 것이 계층화된 프로토콜을 매우 유용한 도구로 만들어 주는 이유가 된다.

연결이 더 이상 필요 없다고 판단되면 양쪽 트랜스포트 개체 안의 테이블 공간을 해제한다. 연결 해제는 대칭적과 비대칭적의 두 가지 경우를 가진다. 비대칭적인 경우, 양쪽 전송 사용자 중 어느 쪽이나 DISCONNECT 프리미티브를 사용하여 DISCONNECT 세그먼트를 원격 트랜스포트 개체에 보낼 수 있다. 이 세그먼트가 도착하게 되면 연결이 해제된다.

대칭적인 경우, 각 방향은 독자적으로 다른 것에 상관없이 닫힐 수 있다. 이 경우, 한쪽 편이 DISCONNECT하는 것은 이제 더 이상 보낼 데이터가 없다는 것을 의미한다. 그러나 상대편으로부터 오는 데이터는 계속 받을 수 있다. 이러한 모델에서는 양쪽 모두가 DISCONNECT를 실행해야만 연결이 해제된다.

이런 간단한 프리미티브를 이용한 연결 설정 및 해제에 관한 상태 다이어그램이 그림 6-4에 있다. 각 상태 천이는 지역 트랜스포트 사용자가 프리미티브를 실행시킨다던가 패킷이 들어오는 등의 사건(event)에 의해 이행된다. 간단하게 여기서는 각 세그먼트가 개별적으로 확인응답되었다고 가정한다. 또한 클라이언트가 먼저 보내는 대칭적 연결 해제 모델이 사용되었다고 가정한다. 이러한 모델이 매우 단순한 것임에 유의하라. 이후에 좀 더 실질적인 모델을 다루기로 한다.

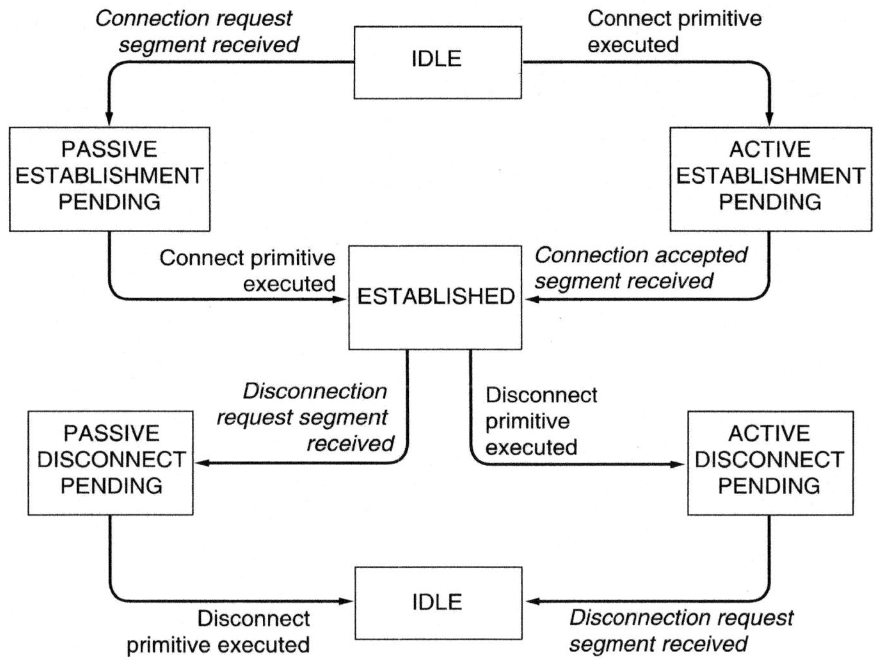

그림 6-4 간단한 연결 관리 기법의 상태 다이어그램. 이탤릭체로 이름 붙여진 상태천이는 패킷이 도착함으로써 일어난다. 실선으로 표시된 것은 클라이언트의 상태를, 점선으로 표시된 것은 서버의 상태를 나타낸다.

6.1.3 버클리 소켓

이제 또 다른 전송 프리미티브를 살펴보기로 하자. 소켓 프리미티브들은 TCP를 위해 버클리 유닉스에서 사용되었다. 1983년 버클리 유닉스 4.2BSD 소프트웨어의 일부분으로 배포되었고, 급속도로 많이 사용되었다. 이 프리미티브들은 인터넷 프로그래밍에서 널리 사용되는데, 특히 유닉스 기반 시스템에서 자주 사용되고 있으며, 윈도우에서는 소켓 스타일의 API인 winsock이 사용된다. 그림 6-5에 그 목록이 나와 있다. 대략적으로 말하면, 이것들은 우리가 처음 제시한 예제의 모델을 따르고 있으나 더 나은 특징과 유연성을 제공한다. 여기서, 해당되는 세그먼트들을 알아보지는 않는다. 그에 관해서는 이 장 뒷부분에서 TCP를 알아본 후에 논의한다.

처음 네 개의 프리미티브는 순서대로 서버에 의해 실행된다. SOCKET 프리미티브는 새로운 종단점(end point)을 생성하고 트랜스포트 개체에 이를 위한 테이블 공간을 할당한다.

호출 시 매개변수로 사용할 주소형과 서비스 유형(예를 들어 신뢰성 있는 바이트 스트림), 프로토콜 등을 명시한다. SOCKET 호출이 성공하게 되면 OPEN을 호출했을 경우와 비슷하게 정상적인 파일 기술자(descriptor)가 반환된다.

새로 생성된 소켓은 주소를 가지지 않는다. 주소의 할당은 BIND 프리미티브를 사용하여 이루어진다. 일단 서버가 주소를 소켓과 결합하면 원격 클라이언트는 거기에 연결할 수 있다. SOCKET 호출이 직접 주소를 생성하지 않는 이유는 몇몇 프로세서는 자신의 주소를 관리하는 반면(예를 들어 같은 주소를 몇 년 동안 사용하여 모두가 그 주소를 알고 있을 경우), 그렇지 않은 것들도 있다.

Primitive	Meaning
SOCKET	Create a new communication end point
BIND	Attach a local address to socket
LISTEN	Announce willingness to accept connection; give queue size
ACCEPT	Block the caller until a connection attempt arrives
CONNECT	Actively attempt to establish a connection
SEND	Send some data over the connection
RECEIVE	Receive some data from the connection
CLOSE	Release the connection

그림 6-5 TCP를 위한 소켓 프리미티브

LISTEN 호출은 여러 개의 클라이언트가 동시에 접속을 시도할 경우에 사용되는 큐를 위한 공간을 할당한다. 이전에 우리가 처음 든 예제에서의 LISTEN과 달리 소켓 모델에서의 LISTEN은 블로킹이 아니다.

연결 요청을 기다리도록 블로킹하기 위해서는 서버가 ACCEPT 프리미티브를 실행한다. 연결을 위해 세그먼트 요청이 도착하게 되면 트랜스포트 개체는 원래의 것과 같은 특성을 가진 새로운 소켓을 생성하고 그것의 파일 기술자를 반환한다. 그 후에 서버는 새로운 프로세스나 스레드를 분기(fork)하여 새로운 연결을 관리하도록 하고, 자신은 다시 원래의 소켓으로 들어오는 새로운 연결을 기다리게 된다. ACCEPT는 파일에서와 같이 동일한 표준 방법에서 읽고 쓰기 위해 사용될 수 있는 전형적인 파일 기술자를 반환한다.

이제 클라이언트 쪽에서 살펴보기로 하자. 이 경우도 SOCKET을 사용하여 새로운 소켓을 만드는 것은 동일하다. 그러나 주소 사용이 서버에 아무런 문제가 되지 못하기 때문에 BIND는 필요하지 않다. CONNECT 프리미티브는 호출자를 블로킹하고 연결 프로세스를 능동적으로 시작한다. 이것이 완료되었을 경우(다시 말하자면, 적절한 세그먼트가 서버로부터 도착했을 경우), 클라이언트 프로세스의 블로킹이 해제되고 연결이 설정된다. 이제 양쪽 모두 SEND와 RECEIVE를 사용하여 전이중(full-duplex) 연결을 통해서 데이터를 보내고 받을 수 있다. 또한 표준 유닉스 READ와 WRITE 시스템 호출이 SEND와 RECEIVE의 특별한 옵션들 중 아무것도 요구하지 않는다면 사용될 수 있다.

소켓을 사용한 연결의 해제는 대칭적이다. 양쪽 모두가 CLOSE 프리미티브를 수행했을 때만 연결이 해제된다.

소켓은 굉장한 인기를 입증해왔고, 응용프로그램에서 트랜스포트 서비스가 추상화되기 위한 사실상의 표준이 되었다. 이 소켓 API는 신뢰할 수 있는 바이트 스트림(reliable byte stream)이라고 하는 연결 지향적인 서비스를 지원하기 위해서 TCP 프로토콜을 사용한다. 하지만 다른 프로토콜들이 같은 API를 사용하여 이 서비스 구현에 이용될 수 있다. 서비스가 어떤 형식으로 구현되든 간에 트랜스포트 서비스 사용자들에게는 모두 같은 혜택을 제공해야 한다.

소켓 API가 응용프로그램에 의해서 다른 트랜스포트 서비스에도 이용될 수 있다는 것이 장점이다. 예를 들면, 소켓들은 비연결형 전송 서비스에도 사용된다. 이 경우, CONNECT가 원격 전송 피어(peer)에 연결을 만들고, SEND와 RECEIVE를 이용해서 원격 피어와 데이터그램을 주고받는다. (또한 이것은 확장 호출들의 기본 구조로 사용된다. 가령 SENDTO와 RECEIVEFROM의 경우, 메시지를 강조하면서 응용프로그램을 단일 전송 피어에 국한시키지 않는다.) 게다가 소켓은 바이트 스트림보다 메시지 스트림을 제공하고, 혼잡 제어를 할 수 있거나 혹은 못하는 전송 프로토콜들에도 사용된다. DCCP(Datagram Congestion Controlled Protocol)가 혼잡 제어를 할 수 있는 UDP이다(Kohler et al., 2006). 자신이 어떤 서비스를 사용하고 있는지는 이해하는 것은 전송 사용자의 몫이다.

현재 소켓을 마지막으로 전송 인터페이스에 관해서 배웠다. 하지만 전송 인터페이스를 완전히 이해했다고 할 수는 없다. 같은 서버에서 몇몇 객체들을 요청하는 웹 브라우저와 같이 응용프로그램은 관련된 스트림의 그룹과 일한다. 소켓을 이용해서 응용프로그램이 한 객체당 하나의 스트림을 사용하는 것이 일반적이다. 이러한 구조는 혼잡 제어가 그룹 단위(자신책)가 아닌 각 스트림당 적용된다는 것을 의미한다. 결국 응용이 그 세트의 관리를 담당하는 부담을 지게 된다. 그래서 응용프로그램이 좀 더 효율적이고 간단하게 관련 스트림의 그룹들을 지원할 수 있도록 새로운 프로토콜들과 인터페이스들이 고안되었다. RFC 4960에 명시된 **SCTP(Stream Control Transmission Protocol)**와 **SST (Structured Stream Transport)**가 예로써 존재한다(Ford, 2007). 이 프로토콜들은 관련 스트림의 혜택을 얻기 위해서 소켓 API를 조금 바꿔야 한다. 그리고 연결지향형과 비연결형, 심지어 여러 네트워크들을 모두 지원한다. 이 프로토콜들이 문제가 없는지는 향후에 밝혀질 것이다.

6.1.4 소켓 프로그래밍 예제: 인터넷 파일 서버

소켓 호출이 어떻게 사용되는지에 대한 예로써, 그림 6-6의 클라이언트와 서버 코드를 고려해 보도록 하자. 다음은 아주 기초적인 인터넷 파일 서버와 이를 사용하는 클라이언트가 있다. 이 코드는 (아래에 논의된) 많은 제약들이 있지만 원칙적으로 서버 코드는 컴파일될 수 있고 인터넷에 연결된 유닉스 시스템에서 동작될 수 있다. 그 밖에 이 클라이언트 코드도 컴파일될 수 있고, 어느 곳에서든, 인터넷상의 어떤 유닉스 머신에서도 작동될 수 있다. 클라이언트 코드는 서버가 이 머신에 접속하여 파일을 가져오기 위해서 적당한 매개변수들과 함께 실행될 수 있다. 이 파일은 물론 파일 또는 파이프(pipe)로 리다이렉트될 수 있는 표준 출력으로 작성된다.

```
/* This page contains a client program that can request a file from the server program
 * on the next page. The server responds by sending the whole file.
 */

#include <sys/types.h>
#include <sys/socket.h>
#include <netinet/in.h>
#include <netdb.h>

#define SERVER_PORT 12345                  /* arbitrary, but client & server must agree */
#define BUF_SIZE 4096                      /* block transfer size */

int main(int argc, char **argv)
{
 int c, s, bytes;
 char buf[BUF_SIZE];                       /* buffer for incoming file */
 struct hostent *h;                        /* info about server */
 struct sockaddr_in channel;               /* holds IP address */

 if (argc != 3) fatal("Usage: client server-name file-name");
 h = gethostbyname(argv[1]);               /* look up host's IP address */
 if (!h) fatal("gethostbyname failed");

 s = socket(PF_INET, SOCK_STREAM, IPPROTO_TCP);
 if (s <0) fatal("socket");
 memset(&channel, 0, sizeof(channel));
 channel.sin_family= AF_INET;
 memcpy(&channel.sin_addr.s_addr, h->h_addr, h->h_length);
 channel.sin_port= htons(SERVER_PORT);

 c = connect(s, (struct sockaddr *) &channel, sizeof(channel));
 if (c < 0) fatal("connect failed");

 /* Connection is now established. Send file name including 0 byte at end. */
 write(s, argv[2], strlen(argv[2])+1);

 /* Go get the file and write it to standard output. */
 while (1) {
     bytes = read(s, buf, BUF_SIZE);       /* read from socket */
     if (bytes <= 0) exit(0);              /* check for end of file */
     write(1, buf, bytes);                 /* write to standard output */
 }
}

fatal(char *string)
{
 printf("%s\n", string);
 exit(1);
}
```

그림 6-6 소켓을 사용한 클라이언트 코드. 다음 페이지는 서버 코드

```
#include <sys/types.h>                          /* This is the server code */
#include <sys/fcntl.h>
#include <sys/socket.h>
#include <netinet/in.h>
#include <netdb.h>

#define SERVER_PORT 12345                       /* arbitrary, but client & server must agree */
#define BUF_SIZE 4096                           /* block transfer size */
#define QUEUE_SIZE 10

int main(int argc, char *argv[])
{
 int s, b, l, fd, sa, bytes, on = 1;
 char buf[BUF_SIZE];                            /* buffer for outgoing file */
 struct sockaddr_in channel;                    /* holds IP address */

 /* Build address structure to bind to socket. */
 memset(&channel, 0, sizeof(channel));          /* zero channel */
 channel.sin_family = AF_INET;
 channel.sin_addr.s_addr = htonl(INADDR_ANY);
 channel.sin_port = htons(SERVER_PORT);

 /* Passive open. Wait for connection. */
 s = socket(AF_INET, SOCK_STREAM, IPPROTO_TCP);    /* create socket */
 if (s < 0) fatal("socket failed");
 setsockopt(s, SOL_SOCKET, SO_REUSEADDR, (char *) &on, sizeof(on));

 b = bind(s, (struct sockaddr *) &channel, sizeof(channel));
 if (b < 0) fatal("bind failed");

 l = listen(s, QUEUE_SIZE);                     /* specify queue size */
 if (l < 0) fatal("listen failed");

 /* Socket is now set up and bound. Wait for connection and process it. */
 while (1) {
     sa = accept(s, 0, 0);                      /* block for connection request */
     if (sa < 0) fatal("accept failed");

     read(sa, buf, BUF_SIZE);                   /* read file name from socket */

     /* Get and return the file. */
     fd = open(buf, O_RDONLY);                  /* open the file to be sent back */
     if (fd < 0) fatal("open failed");

     while (1) {
          bytes = read(fd, buf, BUF_SIZE); /* read from file */
          if (bytes <= 0) break;                /* check for end of file */
          write(sa, buf, bytes);                /* write bytes to socket */
     }
     close(fd);                                 /* close file */
     close(sa);                                 /* close connection */
 }
}
```

먼저 서버 코드를 살펴보자. 몇몇 표준 헤더를 포함하여 시작한다. 표준 헤더 중 마지막 세 개는 주요 인터넷 관련 정의와 데이터 구조들을 포함한다. 다음에는 12345로 *SERVER_PORT*를 정의한다. 이 숫자는 임의로 선정되었다. 1024에서 65535 사이의 숫자는 다른 프로세스에서 사용하지 않는 한 제대로 동작할 것이다. 1023 이하의 포트들은 특권이 주어진 사용자가 이용한다.

서버에서 그다음 두 줄은 요구되는 두 가지 상수를 정의한다. 첫 번째 상수는 파일 전송에 사용되는 크기를 정의한다. 두 번째 상수는 추가적인 연결들이 도착하여 버려지기 전에 얼마나 많은 펜딩된 연결들을 유지할 수 있는지를 결정한다.

지역 변수들의 선언 이후, 서버 코드가 시작된다. 서버의 IP 주소를 넣어둘 데이터 구조를 초기화함으로써 시작한다. 이 데이터 구조는 서버의 소켓으로 바인드될 것이다. *memset* 호출은 이 데이터 구조를 모두 0으로 설정한다. 이 뒤에 오는 3개의 할당들은 이들의 필드 중 3개를 채운다. 3개의 할당 중 마지막은 서버의 포트를 포함한다. 함수 *htonl*과 *htons*는 표준 형식으로 값들을 변환하도록 하여 이 코드가 빅엔디안(big-endian) 머신(SPARC)과 리틀엔디안(little-endian) 머신(예; 인텔 X86)상에서 동작하도록 한다. 이들의 정확한 의미들은 여기에서 다루지 않겠다.

그다음 서버는 소켓을 생성하고 (*s*<0으로 지적되는) 오류들을 검사한다. 코드의 상업 버전에서의 오류 메시지는 하찮은 것이지만 좀 더 부연 설명적이다. *setsockopt* 호출은 포트가 재사용되는 것을 허용하도록 하기 위해 필요하다. 이렇게 함으로써 계속되는 요청들을 처리하여, 그 서버는 무한정 동작할 수 있다. 이제 IP 주소는 소켓에 바운드되고, *bind* 호출이 잘되었는지를 알아보기 위해 검사한다. 초기화의 마지막 단계는 들어오는 호출을 수락하려는 서버의 의지를 공고하기 위해 *listen*을 호출하고, 서버가 현재 하나를 처리하고 있는 동안 새로운 요청이 도착한 경우에, 이들을 *QUEUE_SIZE*개만큼 유지할 수 있도록 시스템에 알린다. 큐가 가득 채워졌을 때 추가적인 요청들이 도착한다면, 이것들은 그냥 버려진다.

이제 서버는 메인 루프에 들어가고 절대 이 루프를 떠나지 않는다. 이를 멈추게 하는 방법은 오직 외부에서 이를 죽이는 것이다. *accept* 호출은 클라이언트가 서버와의 연결 설정을 시도할 때까지 서버를 블로킹한다. *accept* 호출이 잘되었다면, 파이프로부터 읽고 쓰기 위해 사용되는 파일 기술자(descriptor)와 유사하게, 읽고 쓰기 위해 사용될 수 있는 파일 기술자가 반환된다. 그러나 단방향인 파이프와 달리, 소켓은 양방향이다. 그러므로 *sa*(accepted socket)는 그 연결로부터 읽고 쓰기 위해 사용될 수 있다. 파이프 기술자는 읽거나 쓰기가 가능하지만 둘 다 지원되지는 않는다.

연결이 설정된 후, 서버는 이것으로부터 파일 이름을 읽는다. 그 파일 이름이 아직 사용 가능하지 않다면, 서버는 이를 기다리며 블로킹한다. 파일 이름을 얻은 후, 서버는 파일을 열고, 전체 파일이 복사될 때까지 교대로 파일에서 블록들을 읽고, 소켓으로 이들을 쓰는 루프로 들어간다. 그런 다음, 서버는 파일과 그 연결을 닫고, 다음 연결을 기다린다. 이 루프는 영원히 반복된다.

이제 클라이언트 코드를 살펴보도록 하자. 어떻게 동작하는지를 이해하기 위해서는 어떻게 이것이 호출되는지를 이해하는 것이 필요하다. 이 호출을 *client*라 가정하면, 전형적인 호출은 다음과 같다.

client flits.cs.vu.nl /usr/tom/filename>f

이 호출은 서버가 이미 *flits.cs.vu.nl*에서 동작하고 있고 파일 */usr/tom/filename*이 존재하고 서버가 이 파일로 읽기 접근을 갖는다면 동작한다. 만약 이 호출이 제대로 되었다면, 클라이언트 프로그램이 종료된 이후, 파일은 인터넷상에서 전송되고 *f*로 작성된다. 서버가 전송 이후에도 지속하기 때문에 클라이언트는 다시 시작될 수 있고 다시 그 밖의 파일을 얻을 수 있다.

클라이언트 코드는 몇 개의 include와 선언들과 함께 시작한다. 실행은 올바른 인수(argument) 개수를 가지고 호출되었는지를 검사하는 것으로 시작한다(argc=3은 프로그램 이름과 두 개의 인수를 의미한다). *argv*(1)가 그 서버의 이름(예; flits.cs.vu.nl)을 포함하고 *gethostbyname*에 의해 IP 주소로 변환된다는 것을 주의해라. 이 함수는 이름을 찾기 위해 DNS을 사용한다. DNS는 7장에서 살펴본다.

다음으로 소켓이 생성되고 조기화된다. 그다음, 클라이언트는 *connect*를 사용하여, 서버에 TCP 연결 설정을 시도한다. 만약 서버가 켜 있고 명명되어 있는 머신상에서 돌고 있으며 *SERVER_PORT*에 접속되어 있고 서버가 휴지 상태이거나 *listen* 큐에 여유가 있다면, 연결이 설정될 것이다. 연결을 사용하여, 클라이언트는 파일 이름을 소켓 상에 씀으로서 파일 이름을 전송한다. 그 이름 뒤의 바이트 0이 그 이름이 끝나는 부분이 어디인지를 서버에 알리기 위해 전송되어야 하기 때문에 전송되는 바이트의 수는 이름보다 하나 더 크다.

이제 클라이언트는 소켓에서 블록으로 파일을 읽고, 표준 출력으로 복사하는 루프상태로 들어간다. 이것이 완료되면 종료된다.

프로시저 *fatal*은 오류 메시지를 출력하고(시스템에서) 나간다. 서버는 동일한 프로시저가 필요하지만 이 페이지의 공간 부족으로 생략하도록 한다. 클라이언트와 서버는 각각 컴파일되고, 일반적으로 서로 다른 컴퓨터에서 동작하기 때문에, 이들은 *fatal* 코드를 공유할 수 없다.

이 책에 대한 웹 사이트에서 이 두 프로그램을 가져올 수 있다.

http://www.pearsonhighered.com/tanenbaum

단지 기록 차원에서 언급하자면 이 server에 대한 설명은 끝이 아니다. 이 server의 오류 검사는 불충분하고 오류 보고도 그저 그런 상태이다. 오류 검사에 관한 모든 요청들은 철저하게 일련으로(오직 단일 쓰레드를 가지고 있기 때문에) 처리되므로 그 성능은 좋지 않다. 보안에 대해 확실하게 확인된 적이 없으며, 기본 유닉스시스템 호출들을 사용하는 것은 플랫폼 독립성에 있어서도 최종적이지 않다. 파일 이름이 버퍼 크기에 맞고, 원자적으로 전달된다는 가정과 같은, 기술적으로 불법인 몇몇 가정들을 한다. 이러한 단점에도 불구하고 인터넷 파일 서버 동작은 완벽하다. 소켓 프로그래밍에 대한 자세한 정보는 Donahoo and Calvert(2008, 2009)를 참조하라.

6.2 트랜스포트 프로토콜의 요소

트랜스포트 서비스는 두 전송 개체 간에 사용되는 **트랜스포트 프로토콜(transport protocol)**에 의하여 구현된다. 어떤 면에서는 트랜스포트 프로토콜은 우리가 3장에서 살펴본 데이터링크 프로토콜과 닮았다고 볼 수도 있다. 둘 다 오류 제어, 순서화, 흐름 제어 등을 수행한다.

그러나 둘 사이에는 중대한 차이점이 존재한다. 이런 차이점은 그림 6-7에 나와 있는 바와 같이, 두 프로토콜이 수행되는 환경의 차이에서 기인한다. 데이터링크 계층의 경우는 두 개의 라우터가 유선이든 무선이든 간에 서로 물리적으로 직접 연결되어 있는 데 비해, 트랜스포트 계층에서는 이 물리적 연결 부분이 서브넷으로 대치된다. 이 차이가 프로토콜에 있어서 매우 중요한 의미를 가진다.

차이점 중 하나는 데이터링크 계층에서는 한 라우터가 어떤 특정 라우터와 통신하고자 하는지를 나타낼 필요가 없다는 것이다. 각 출력선은 특정 라우터를 나타낸다. 트랜스포트 계층에서는 목적지에 대한 명백한 주소 지정이 필요하다.

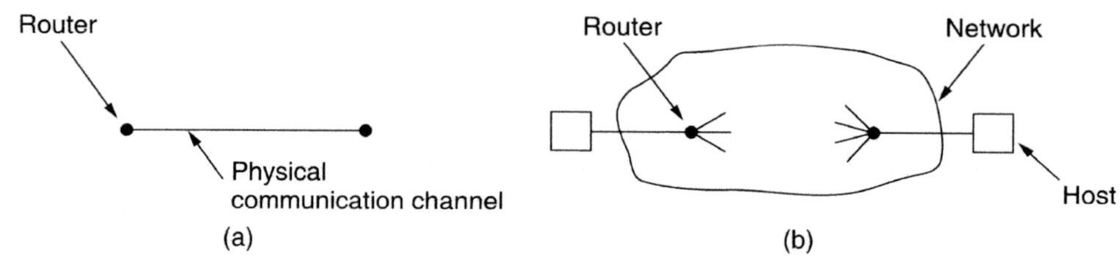

그림 6-7 (a) 데이터링크 계층의 환경 (b) 트랜스포트 계층의 환경

또 다른 차이는 그림 6-7(a)와 같은 구조에서는 연결 설정 과정이 매우 단순하다는 것이다. 상대방이 크래시(crash)하지 않는 한 상대방이 있다는 것이다. 이 경우 할 일이 별로 없다. 심지어 무선 링크에서조차 프로세스가 크게 다르지 않다. 메시지를 보낸다는 것 자체만으로 모든 목적지들에 도달하기 충분하다. 만약 에러 때문에 메시지가 인지되지 못한다면 다시 보낼 수 있다. 트랜스포트 계층의 경우는 연결 설정을 위한 초기 설정이 훨씬 복잡해진다.

데이터링크 계층과 트랜스포트 계층과의 또 다른 차이점은 서브넷 내에 저장 용량이 잠재적으로 존재한다는 것이다. 한 라우터가 프레임을 보냈을 때 그것은 상대편에 도착되거나 중간에서 잃어버릴 수는 있으나, 패킷이 어딘가로 돌아다니다가 세계 어느 구석에 잠깐 숨어 있다가 30초쯤 후에 갑자기 나타나는 일은 없을 것이다. 만일 서브넷이 데이터그램과 적응적 라우팅을 사용한다면, 패킷이 몇 초간 저장되어 있다가 후에 전달될 가능성을 무시할 수 없다. 서브넷이 패킷을 저장할 수 있는 능력을 가졌다는 것은 때로는 막심한 피해를 끼칠 수도 있으며 특별한 프로토콜의 사용을 요구한다.

데이터링크 계층과 트랜스포트 계층의 마지막 차이점은 특성이 아니라 양적인 문제이다. 버퍼링이나 흐름 제어는 양쪽 모두에게 필요하다. 그러나 트랜스포트 계층에 있어서 동적으로 변화하는 많은 수의 연결이 있다는 것은 데이터링크 계층에서 사용한 것과는 다른 접근 방식을 요구한다. 3장에서 몇몇 프로토콜은 일정 크기의 버퍼를 각 라인에 할당하여 프레임이 도착하면 언제든지 버퍼를 사용할 수 있도록 했다. 트랜스포트 계층에서는 각 연결에 많은 버퍼를 할당하는 방식으로 관리할 연결수가 많아질수록 덜 흥미롭게 된다. 나중에 이런 중요한 쟁점들과 그 외의 다른 사항에 대해 살펴본다.

6.2.1 주소 지정

응용 프로세스가 원격지의 응용 프로세스와 연결을 설정하고자 할 경우, 어느 것과 연결할 것인가를 명시하여야 한다(비연결형 전송도 마찬가지이다: 누구에게 메시지를 보낼 것인가?). 일반적으로 사용되는 방법은 프로세스들이 연결 요청을 청취할 수 있는 트랜스포트 주소를 정의하는 것이다. 인터넷에서는 이 종단점을 **포트**라고 한다. 여기서는 일반적인 **TSAP (Transport Service Access Point, 트랜스포트 서비스 액세스 포인트)**란 용어를 쓰기로 한다. 네트워크 계층에서의 유사한 종단점(네트워크 계층주소)은 **NSAP**이라 부른다. IP 주소는 NSAP의 예이다.

그림 6-8은 NSAP, TSAP와 트랜스포트 연결 사이의 관계를 나타내고 있다. 클라이언트와 서버 응용 프로세스들은 원격 TSAP로 연결하기 위해 자신들을 TSAP에 접합시킨다. 이 연결들은 보이는 바와 같이, 각 호스트상이 NSAP까지 연결된다. TSAP를 갖는 목적은, 일부 네트워크에서는 각 컴퓨터가 하나의 NSAP를 가지므로, NSAP를 공유하는 다중 트랜스포트 종단점들을 구별할 수 있는 방법이 필요하기 때문이다.

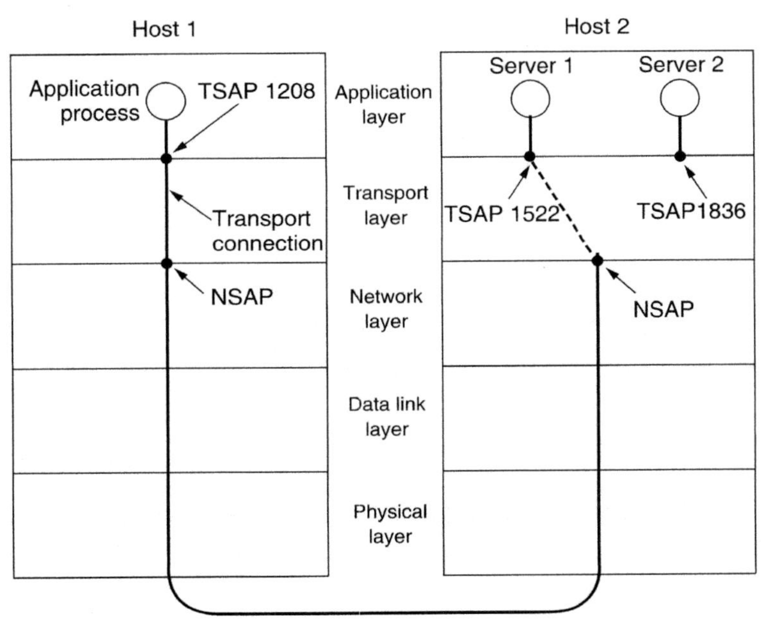

그림 6-8 TSAP, NSAP 그리고 트랜스포트 연결

트랜스포트 연결에 대해 가능한 시나리오는 다음과 같다.

1. 호스트 2의 메일 서버 프로세스는 TSAP 1522에 접속하고 호출을 기다린다. TSAP에 프로세스를 붙이는 방법은 네트워킹 모델의 문제가 아니며 지역 운영 체제에 달려 있다. 예를 들자면 LISTEN 같은 호출이 사용될 수 있다.

2. 호스트 1의 응용 프로세스가 메일을 보내기 위해 이 프로세스는 TSAP 1208을 근원지로, TSAP 1522를 목적지로 명시한 CONNECT 요청을 만든다. 이 동작은 호스트 1의 응용 프로세스와 호스트 2의 서버 1 사이의 트랜스포트 연결이 전송되도록 한다.

3. 그런 다음 응용 프로세스는 메일을 보낸다.

4. 메일 서버 프로세스는 메일을 전달하는 것으로 응답한다.

5. 그 이후 트랜스포트 연결은 해제된다.

호스트 2의 다른 서버들이 다른 TASP들에 접합되어 있고, 동일한 NSAP상에 도달하는 들어오는 연결들을 기다린다는 것을 유의하라.

위의 것은 한 가지 작은 문제만 제외하고는 훌륭하다. 그 문제는 호스트 1에 있는 프로세스는 메일 서버가 TSAP 1522에 붙어 있는지를 어떻게 알 수 있느냐 이다. 한 가지 방법은 시간 서버가 근래 수년간 TSAP 1522에 붙어 있어서 네트워크의 모든 사용자가 그것을 다 알게 되는 것이다. 이 경우, 서비스는 어떤 서버가 어떤 포트에 영구적으로 붙어 있는지를 열거하고 있는 유닉스 시스템의 */etc/services* 파일 같은 잘 알려진 장소의 파일 내에 열거되어 있는 안정적인(stable) TSAP 주소를 가진다.

(web 서버 같은) 변하지 않는 소수의 중요 서비스에 대해 고정적인 TSAP 주소가 잘 동작하겠지만, 일반적인 경우, 사용자 프로세스는 잠깐씩만 존재하고 잘 알려진 TSAP 주소도 가지지 못한 다른 사용자 프로세스와 통신하고 싶어 한다.

이러한 경우를 처리하기 위해서 다른 방안이 종종 사용된다. 이 모델에는 **portmapper**라 불리는 특별한 프로세스가 있다. 주어진 서비스 이름(예를 들어 "BitTorrent")과 일치하는 TSAP 주소를 찾아내기 위하여 사용자는 portmapper와 연결을 설정한다(portmapper는 잘 알려진 TSAP에서 기다린다). 그리고 사용자가 서비스명을 명시한 메시지를 portmapper에 보내고, portmapper는 그 서비스에 해당하는 TSAP를 응답으로 보낸다. 그러면 사용자는 portmapper와의 연결을 해제하고 연결하고자 했던 서비스와 새로운 연결을 설정하게 된다.

이러한 모델에서는 새로운 서비스가 생기게 되면, 자신의 서비스명(일반적으로 ASCII 문자열)과 자신의 TSAP 모두를 portmapper에 등록하여야 한다. portmapper는 이러한 정보를 자신의 내부 데이터베이스에 저장하였다가 그 후에 질의가 들어오면 대답하여 주게 된다.

portmapper의 기능은 전화 시스템의 전화번호 안내 도우미와 비슷하다. 그들은 주어진 이름에 해당되는 전화번호를 제공한다. 전화 시스템에서와 마찬가지로 portmapper에 의해 사용되는 잘 알려진 TSAP 주소야말로 정말로 잘 알려져 있는 것이 중요하다. 당신이 만약 교환수의 번호를 모른다면, 당신은 정보를 알아낼 방법이 없을 것이다. 만일, 당신이 정보를 얻기 위하여 거는 번호가 명확한 것이라고 생각한다면, 다른 나라에 가서 그 번호를 가지고 한번 시도해 보라.

서버 프로세스 중 많은 수가 드물게 사용되므로 이들을 계속 활성화시켜 놓고 고정 TSAP 주소에서 계속 기다리는 것은 매우 낭비적인 일이 된다. 따라서 더 나은 방안이 필요하다. 더 나은 방안 중 하나가 그림 6-9에 간략하게 나와 있다. 이것은 **초기 연결 프로토콜(initial connection protocol)**이라고 알려져 있다. 모든 가능한 서버가 잘 알려진 TSAP을 청취하는 대신에 원격 사용자에게 서비스를 제공하고자 하는 각 컴퓨터는 잘 사용되지 않는 서버에 대하여 프록시(대리자, proxy)처럼 동작하는 특별한 **프로세스 서버(process server)**를 갖는다. 유닉스 시스템에서는 이 서버를 inetd라고 부른다. 이 서버는 TCP 연결 요청이 들어오기를 기다리면서 동시에 여러 포트를 청취한다. 서비스 사용자는 그들이 원하는 서비스의 TSAP 주소를 명시한 CONNECT 요청으로 연결을 시작한다. 만일 어떠한 서버도 그 요청에 대해 대기하고 있지 않다면, 그들은 그림 6-9(a)와 같이 프로세스 서버와의 연결을 가지게 된다.

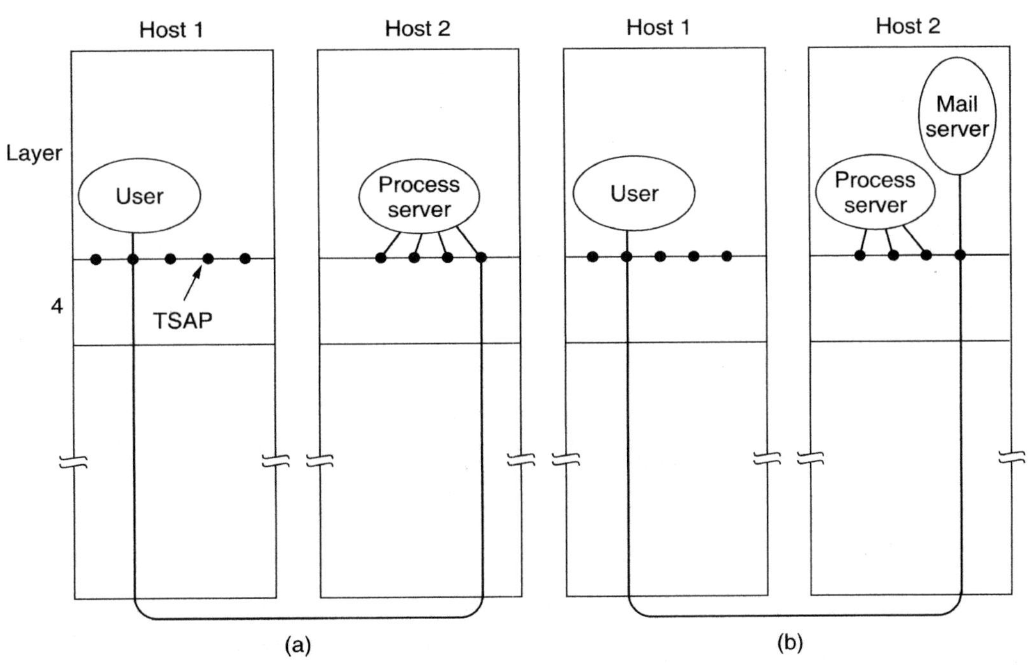

그림 6-9 호스트 1에 있는 사용자 프로세스가 호스트 2에 있는 시간 서버와 연결하는 방법

프로세스 서버가 요청을 받으면, 프로세스 서버는 요청된 그 서버를 복제하여 사용자와의 현재 존재하고 있는 연결을 상속하여 준다. 복제되어 생겨난 이 새로운 서버가 요청된 일을 전담하게 되며,

프로세스 서버는 다시 대기 상태로 들어가 새로운 연결 요청을 기다리게 된다(그림 6-9[b]). 단 이 방법은 서버들이 요청에 의해 만들어질 때 적용된다.

6.2.2 연결 설정

연결을 설정한다는 것이 언뜻 듣기에는 쉬운 일처럼 들린다. 그러나 실제로는 놀라울 정도로 까다로운 일이다. 처음 생각해 보면 한 트랜스포트 개체가 목적지로 CONNECTION REQUEST 세그먼트를 보내고 CONNECTION ACCEPTED 응답이 돌아오기를 기다리는 것으로 충분한 것처럼 보인다. 문제는 네트워크가 패킷을 잃거나 저장하거나 복사할 경우가 발생한다. 이 동작이 심각한 복잡성의 원인이 된다.

네트워크가 매우 혼잡하여 확인응답이 시간 내에 돌아오기가 매우 힘들고 각 패킷이 시간 초과되며, 그래서 두 번 혹은 세 번씩 재전송되는 서브넷을 상상해 보자. 이 서브넷이 내부적으로 데이터그램을 사용하고, 모든 패킷이 서로 다른 경로를 따라 이동된다고 가정해 보자. 어떤 패킷은 서브넷 내의 데이터 통행 혼잡으로 도착하는데 매우 많은 시간이 걸릴 것이다. 이 경우, 패킷이 서브넷 내에서 이동의 지연이 되었다가 한참 후에 나타나게 되고, 보낸 개체는 데이터를 잃었다고 생각하게 된다.

가장 나쁜 경우는 다음과 같다. 한 사용자가 은행과 연결을 설정하고 정직하지 못한 어떤 사람의 구좌로 많은 양의 돈을 이체하도록 메시지를 보낸 후 연결을 해제하였다고 하자. 불행히도 패킷들이 목적지까지 멀리 돌아가는 길을 선택해서, 결국 시간이 초과되어서 재전송을 했다. 이번에는 패킷들이 최단거리의 경로를 선택해서 전달되고, 보낸 개체는 연결을 해제했다.

불행히도, 위에서의 각 패킷이 전부 복사되어 네트워크 내에 저장됐다고 하자. 연결이 해제된 후에 그 패킷들이 네트워크에서 나와 목적지(은행)에 순서대로 도착되고 새로운 연결의 설정을 요청하여, 또 다시 돈을 전송하고 연결을 해제하게 된다. 은행으로서는 이것들이 복사되어 중복된 돈인지 알아낼 방법이 없다. 은행은 이 요청이 두 번째 별도의 거래라고 가정하여 돈을 보내게 한다.

이 시나리오가 말이 안 된다고 생각할 수도 있고, 억지스럽다고 느낄 수도 있지만, 프로토콜들은 모든 경우를 고려해서 만들어져야 한다는 점이 중요하다. 일반적으로 좋은 네트워크 성능을 효율적으로 얻어내기 위한 구현이 필요하지만, 특별한 경우는 그러한 구현을 제공하지는 않더라도 네트워크의 통신에 장애가 있어서는 안 된다. 그렇지 않으면 상황이 안 좋을 때, 어떤 경고도 없이 제멋대로 동작하지 않는 네트워크를 만든 것이나 다름없기 때문이다.

이 절의 나머지 부분은 연결 설정을 상호 신뢰적인 방법으로 할 수 있는 알고리즘에 특별히 강조하면서 위와 같은 일이 벌어지지 않도록 지연된 복사본 문제를 고찰한다. 문제의 난점은 지연된 복사본이 존재한다는 것이다. 패킷 전송이 지연되거나, 패킷이 복제되는 것을 막을 수 없기 때문에 복제된 패킷이거나 이미 전송된 패킷이 다시 전송됐을 경우, 이 패킷들을 거부해야 한다.

이것은 매우 다양한 방법으로 공격받을 수 있다. 해결책의 하나로 1회용 전송 주소를 사용하는 방법이 있다. 이 방법에서는 매번 새로운 전송 주소가 필요할 때마다 새로운 것이 생성된다. 연결이 해제될 때 그 주소는 버려지고 절대 다시 사용되지 않는다. 그렇게 되면 늦게 도착한 복제 패킷의 경우, 자신의 목적지를 찾을 수 없기 때문에 문제가 발생하지는 않지만, 결국 프로세스에 처음 접근을 더 어렵게 만드는 꼴이 된다.

다른 방법으로는 각 연결마다 연결 식별자(연결이 설정될 때마다 증가하는 순서 번호)를 주어 연결을 요청한 초기자에 의해 선택된 세그먼트를 포함한 각 세그먼트에 넣어서 보내도록 하는 것이다. 연결이 해제될 때마다, 각 트랜스포트 개체(피어 트랜스포트 개체와 연결 식별자)는 쌍으로 이루어진 폐기된 연결을 기록한 테이블을 갱신하여야 한다. 매번 연결이 요청될 때마다, 트랜스포트 개체는 그 테이블을 검색하여 연결 식별자가 이전에 사용 해지되었던 것인지를 확인한다.

불행히 이 방법은 기본적으로 허점이 있다. 모든 트랜스포트 개체가 이전의 연결에 대한 방대한 양의 기록을 무기한적으로 가지고 있어야 한다는 것이다. 만일 시스템이 붕괴되어 기록을 잃어버렸을 경우, 어떤 연결 식별자가 이전에 사용되었던 것인지 구별할 방법이 없게 된다.

대신에, 우리는 다른 방법을 써야 한다. 패킷이 서브넷 내에서 영원히 살아남아 있지 않도록 하기 위해 서브넷을 헤매고 다니는 오래된 패킷을 제거하는 기법을 고안해야 한다. 일정시간보다 더 오랜 시간 동안 남아 있는 패킷이 없도록 만들 수 있다면 문제는 좀 더 간단해진다.

패킷의 수명은 아래와 같은 기법을 사용하여 최대시간 내로 세한할 수 있다.

1. 제한된 서브넷 설계
2. 모든 패킷에 홉 카운터 삽입
3. 각 패킷의 타임스탬핑

첫 번째 기법은 패킷이 가장 먼 경로를 거치게 됨으로써 발생할 수 있는 혼잡 지연을 제한하는 방법과 결합하여 루프에 빠지는 것을 방지하는 모든 방법을 포함한다. 인터넷의 범위가 한 도시에서 전 세계에 이르기까지 다양하기 때문에 이 기법으로 문제를 해결하기는 쉽지 않다. 두 번째 기법은 패킷에 적정한 값으로 초기화되고 패킷이 전달(forward)될 때마다 감소되는 홉 카운터를 가지며, 네트워크 프로토콜은 홉 카운터가 0이 되는 모든 패킷을 버리도록 한다. 세 번째 기법은 각 패킷이 자신이 생성된 시간을 가지고 있어서 라우터는 이를 확인하여, 일정 시간이상 된 것일 경우 버리는 방법이다. 이 세 번째 기법의 경우 각 라우터의 클럭(clock)들은 서로 동기화되어 있어야 하는데, 실제적으로 홉의 카운터가 예상한 일정 시간과의 차이가 거의 없기 때문에 이러한 동기화는 쉬운 일이 아니다.

실제로 패킷이 없어지는 것뿐만 아니라, 그에 대한 모든 확인 응답도 없어지는 것을 보장하여야 하기 때문에, 패킷의 실제 최대 수명의 몇 배수에 해당하는 시간 T를 도입한다. 몇 배가 될 것인지는 프로토콜에 의존적이며, 간단하게 생각하자면 단지 T를 좀 더 길게 하는 효과를 가진다. 패킷이 보내진 후 T만큼 시간이 지나면, 패킷에 대한 흔적이 무두 사라져버려 패킷이나 그 확인 응답 등이 갑자기 다시 나타나는 경우가 없을 것이다.

패킷의 수명이 정해지면 안전하게 연결을 설정하는 아주 간단한 방법을 고안할 수 있다. 아래에 나와 있는 이 방법은 (Tomlinson, 1975)에 의해 개발됐다. 이 방법은 후에 (Sunshine and Dala, 1978)에 의하여 개선됐다. 이 개선안에 대한 여러 가지 변형들이 실제로 널리 사용되고 있다.

T시간 동안 중복되지 않으면서 순차적인 번호를 세그먼트에 부여하는 것이 이 방법의 핵심이다. 시간 T와 초당 패킷 전송률은 순서번호의 크기를 결정한다. 이 경우, 순서번호를 가진 하나의 패킷이 문제를 일으킬 수 있다. 패킷에 대한 복사가 일어날 수 있고 복사본들은 전송에 실패하도록 버려져야 한다. 하지만 지연된 복사본이 만약 새로 만들어진 다른 패킷과 동일한 순서 번호를 가지고 있어 그 새로운 패킷 대신 목적지에 도달할 수 있다는 문제는 더 이상 문제가 아니다.

컴퓨터 고장에 의해 메모리 내의 모든 내용을 날려버렸다면 호스트가 다시 원상 복구되었을 때, 그 트랜스포트 개체는 순서공간의 어디에 있었는지를 알 수가 없게 된다. 이에 대한 하나의 해결책으로는 호스트가 복구되고 나서 *T*초 동안 전송 개체가 휴지(idle) 상태가 되도록 요구하는 것이다. 이렇게 함으로써, 모든 오래된 패킷들이 사라지도록 한다. 그러나 복잡한 인터넷에서는 *T*가 매우 크기 때문에 이러한 방법이 별로 매력적이지 못하다

톰린슨(Tomlinson)의 경우, 각 호스트마다 시각 클럭을 장치하는 것을 제안했다. 서로 다른 호스트 내의 클럭들은 동기화될 필요가 없다. 각 클럭은 일정한 시간마다 증가하는 이진 카운터의 형태를 가진다. 또한 카운터의 비트 수는 순서번호를 나타내는 비트 수보다 같거나 커야 한다. 마지막으로, 클럭은 호스트가 정지하더라도 계속 동작하여야 한다고 가정한다.

연결이 설정될 때 클럭의 하위 *k*비트가 초기 순서번호로 사용된다. 그러므로 3장의 다른 프로토콜과는 달리, 각 연결은 자신들의 세그먼트에 서로 다른 순서번호를 매기고 시작한다. 순서공간은 충분히 커야 한다. 그래서 순서번호가 한 바퀴 돌아 다시 왔을 때에는 같은 순서번호를 갖는 오래된 세그먼트는 사라진 지 오래 돼야 한다. 시간과 초기 순서번호 사이의 선형 관계가 그림 6-10(a)에 나타나 있다.

금지구역(forbidden region)은 어떤 세그먼트의 순서번호와 시간에 대한 잘못된 조합을 나타내는데 어떤 세그먼트가 이 구역에 속하게 되면 패킷 전송이 지연되고, 패킷이 가지고 있는 순서 번호와 동일한 다른 패킷으로 인식할 수도 있다. (이 문제는 나중에 논의할 것이다.) 예를 들어 호스트가 고장 나서 70초 후에 다시 원상 복구되었다면 호스트는 다시 시작하기 위해 클럭에 의한 초기 순서번호를 사용한다. 호스트는 절대 금지구역보다 더 낮은 순서번호를 사용하지 않는다.

양쪽 트랜스포트 개체가 초기 순서번호에 동의하고 나면, 데이터 흐름 제어를 위하여 어떠한 슬라이딩 윈도우 프로토콜도 사용될 수 있다. 이미 받아들여진 복제된 패킷들은 윈도우 프로토콜이 찾아서 없앨 것이다. 실제로는, 클럭의 증가량이 불연속적이기 때문에(굵은 선으로 나타난) 초기 순서번호 커브는 직선보다는 계단형이다. 여기서는 간단히 하기 위해 이러한 세부 사항은 무시한다.

패킷의 순서번호가 금지구역에 들지 않도록, 두 가지 경우를 잘 살펴야 한다. 그렇지 않으면 문제에 봉착할 수 있다. 만일 호스트가 새로 설정한 연결을 통하여 너무 많은 데이터를 너무 빨리 보낼 경우, 실제 순서번호 대 시간 그래프는 초기 순서번호 대 시간 그래프에 비하여 매우 가파르게 치솟을 것이다. 이는 순서번호가 금지구역에 들어가는 문제를 야기한다. 또한 이것은 트랜스포트 개체가 크래시난 후 새로 시작할 때에 새로운 연결을 설정하기 전에 동일한 순서번호가 두 번 사용되는 것을 막기 위해서는 1클럭 틱을 기다려야 한다는 것을 의미한다. 이 두 가지 모두 클럭 틱(100만분의 1초 정도)이 짧은 것이 좋다고 할 수 있다. 하지만 클럭은 순서번호에 비례해 너무 빨리 틱을 할 수 없다. 클럭의 틱 속도를 C라고 하고, 순서번호의 범위를 S라고 할 때, S/C가 T보다 크면 (S/C > T) 순서번호 부여가 너무 빨리 되어 중복 사용되는 일을 예방할 수 있다.

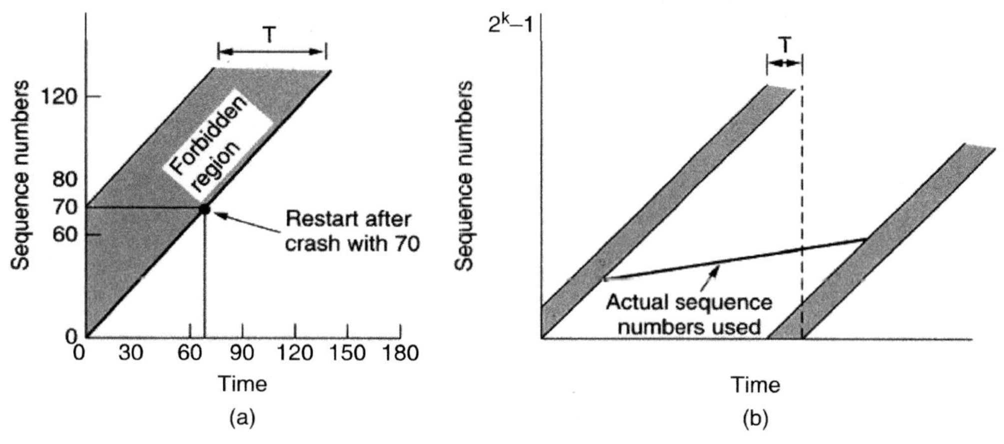

그림 6–10 (a) 세그먼트는 금지구역(forbidden region) 내로 진입하지 못함 (b) 재동기화 문제

불행히 문제에 봉착하는 경우가 이렇게 고속으로 데이터를 전송함으로써 금지구역에 돌입하는 경우만 있는 것이 아니다. 그림 6-10(b)에서 클럭 속도보다 느린 데이터 전송의 경우 실제 사용되는 순서번호 대 시간 그래프가 결국 좌측에서부터 금지구역으로 들어갈 수도 있음을 보여주고 있다. 실제 순서번호 커브의 기울기가 클수록, 이 경우가 지연될 것이다. 이러한 상태를 피하는 것은 얼마나 천천히 순서번호들이 연결에 부여되는지에 관한(얼마나 연결 상태를 유지하는지에 관한) 제약을 만든다. 클럭 기반 방법은 데이터 세그먼트에 대한 지연 중복 문제를 해결한다. 그러나 이 방법이 유용하기 위해서는 연결이 먼저 설정되어야 한다. 보통 목적지로 보낸 순서번호들을 외우는 것이 아니기 때문에 초기 순서번호를 가지고 있는 CONNECTION REQUEST가 복사되었다 하여도 그 사실을 잘 모른다. 하지만 슬라이딩 윈도우 프로토콜이 현재 순서번호를 알기 때문에 연결 중에는 문제가 일어나지 않는다.

이러한 문제를 해결하기 위하여 톰린슨(Tomlinson, 1975)은 **3단계 핸드셰이 (three-way handshake)**라는 것을 도입하였다. 이 설정 프로토콜은 한 피어(peer)에게 현재 연결 요청이 있는지에 관한 확인도 포함한다. 호스트 1이 시작하는 정상적인 설정과정이 그림 6-11(a)에 나와 있다. 호스트 1은 순서번호 x를 선택하고 이것을 포함한 CONNECTION REQUEST 세그먼트를 호스트 2로 보낸다. 호스트 2는 이에 대해 x에 대한 확인응답과 자신의 초기 순서번호 y가 담긴 ACK 세그먼트를 돌려보낸다. 끝으로, 호스트 1이 호스트 2의 초기 순서번호에 대한 확인응답을 포함시켜 최초의 데이터 세그먼트를 보낸다.

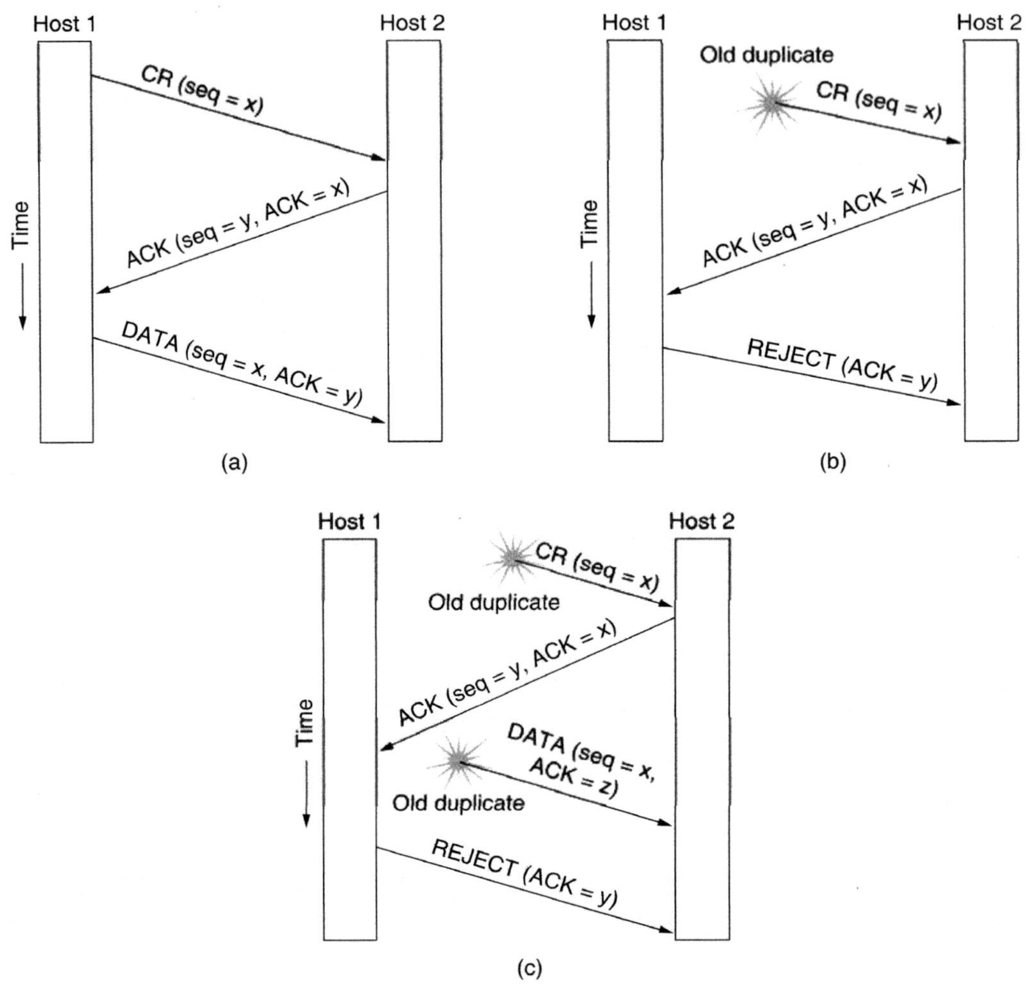

그림 6-11 3단계 핸드셰이크를 사용한 연결 설정의 세 가지 경우. CR은 CONNECTION REQUEST를 나타낸다. (a) 정상동작 (b) 오래된 복제 CONNECTION REQUEST가 나타나는 경우 (c) 복제 CONNECTION REQUEST와 복제 ACK가 있는 경우

이제 지연된 복제 제어 세그먼트가 있을 경우, 이 3단계 핸드셰이크가 어떻게 동작하는지에 대하여 알아보기로 하자. 그림 6-11(b)에서 처음 세그먼트는 예전의 연결로부터 지연 복제된 CONNECTION REQUEST이다. 이 세그먼트는 호스트 1과는 관계없이 호스트 2에 도착한다. 호스트 2는 이 세그먼트

에 반응하여 호스트 1에게 호스트 1이 정말로 새 연결설정을 원하는지 확인을 묻는 ACK 세그먼트를 보낸다. 호스트 1이 호스트 2의 연결 설정 시도를 거부한다면 호스트 2는 처음의 세그먼트가 지연 복제에 의한 가짜라는 것을 알게 되고 시도했던 연결을 철회하게 된다. 이럴 경우 지연된 복제는 더 이상 문제가 되지 않는다.

최악의 상황은 지연된 CONNECTION REQUEST와 ACK, 양쪽 모두가 서브넷을 돌아다니고 있는 경우이다. 이 경우가 그림 6-11의 (c)에 나와 있다. 바로 이전의 예에서와 같이, 호스트 2가 지연된 CONNECTION REQUEST를 받아서 그에 대한 응답을 한다. 이때 중요한 점은 호스트 2가 자신으로부터 호스트 1로의 통신에 y를 초기 순서번호로 사용할 것을 제안한다. 이때 순서번호 y를 갖는 세그먼트나 y에 대한 확인응답이 존재하고 있지 않다는 것을 알고 있는 상태이다. 두 번째 지연 세그먼트가 호스트 2에 도착하였을 때 y가 아닌 z로 확인응답이 된다는 것은 이것 역시 오래된 복제된 것이라는 것을 호스트 2에게 알려주는 것이다. 여기서 하고자 하는 가장 중요한 점은 프로토콜의 동작 실패나 아무도 바라지 않은 연결이 우연히 설정되는 것 등을 초래하는 오래된 세그먼트 조합이 없다는 것이다.

TCP는 연결 설정을 위해 3단계 핸드셰이크를 사용한다. 연결 중, 최대 패킷수명 내에서 순서번호가 겹치는 일이 없도록 순서번호의 범위를 32비트로 확장하는 데 타임스탬프(timestamp)가 사용된다. 이러한 메커니즘은 좀 더 빠른 링크들에서 사용되는 TCP에 적합하다. RFC 1323에 자세한 설명이 나와 있고 **PAWS(Protection Against Wrapped Sequence numbers)**라고 부른다. PAWS가 도입되기 전, TCP는 연결 상태에 있을 때, 초기 순서번호에 관해서 클럭 기반의 구조를 이용했다. 하지만 이는 보안에 취약했다. 공격자가 클럭이 제공하는 다음 초기 순서번호를 예상하기 쉬워 예상되는 패킷들을 보내 3단계 핸드셰이크를 대신하고 연결을 가로챈다. 이러한 문제를 방지하기 위해서는 무작위로 생성된 초기 순서번호들을 실제 연결에 사용한다. 초기 순서번호를 생성하는 것이 무작위라고는 하지만 지연된 복사본이 문제를 일으킬 수 있기 때문에 일정 간격 안에 초기 순서번호들이 반복되어서는 안 된다는 규칙이 필요하다.

6.2.3 연결 해제

연결의 해제는 설정보다 훨씬 쉽다. 그럼에도 불구하고 생각보다는 많은 문제가 있다. 앞에서 말한 바와 같이 연결을 해제하는 데는 비대칭적 해제와 대칭적 해제, 두 가지 형태가 있다. 비대칭적 해제란 일반 전화와 같이 어느 한쪽이 끊으면 자동으로 연결이 해제되는 것을 말한다. 대칭적 해제는 연결을 2개의 개별적인 단방향성 연결로 간주하여 각각이 개별적으로 끊어지는 것을 요구한다.

비대칭적 해제는 돌발적으로 일어날 수 있으며 데이터의 손실을 가지고 올 수 있다. 그림 6-12의 경우를 생각해 보자. 연결이 설정되고 나서 호스트 1이 세그먼트를 보내고 이것은 호스트 2에 제대로 도착하였다. 그 후 호스트 1은 또 다른 세그먼트를 보낸다. 불행히도 이 두 번째 데이터 세그먼트가 호스트 2에 도착하기 전에 호스트 2가 DISCONNECTION를 발송하면, 결과적으로 연결은 해제되고 데이터는 손실된다.

당연히 데이터의 손실을 막을 수 있는 좀 더 정교한 프로토콜이 필요하다. 한 가지 방법은 양방향이 각각 개별적으로 해제되는 대칭적 해제를 쓰는 것이다. 이 경우 자신이 비록 DISCONNECT 세그먼트를 발송했어도 자신에게 들어오는 데이터는 받을 수 있게 된다.

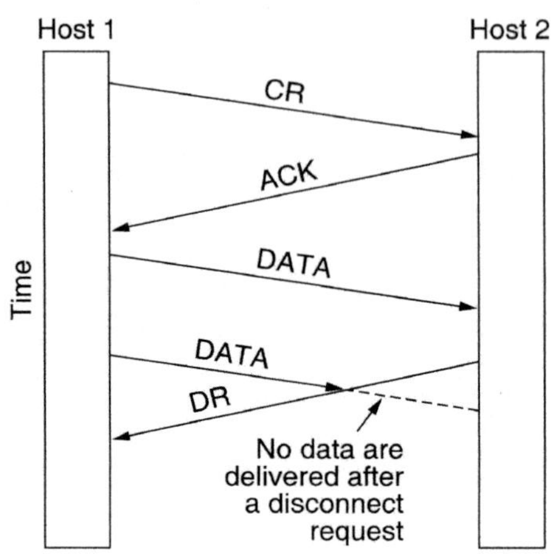

그림 6-12 데이터의 유실을 초래하는 돌발적인 연결 단절

대칭적 해제는 각 프로세스가 고정된 양의 데이터를 갖고 있으며 이를 언제 보낼지를 확실히 알고 있을 때 제대로 동작한다. 그렇지 않으면 모든 일들이 다 끝나고 연결이 해제되어도 되는지 결정하기가 어려워진다. 아마도 프로토콜은 이런 식으로 동작할 수 있을 것이다. 호스트 1이 "나는 일이 모두 끝났다. 너도(호스트 2) 모든 일이 끝났는가?" 이때 만일 호스트 2가 "나도 끝났다. 안녕." 하고 응답한다면 연결은 안전하게 해제된다.

불행히 이 프로토콜이 항상 잘 동작하는 것은 아니다. 이 문제를 잘 나타내는 **두 부대 문제(two-army problem)**라는 유명한 문제가 있다. 그림 6-13에서 보는 바와 같이 백색 부대가 계곡에 주둔한다고 하자. 여기를 포위한 언덕위에는 청색 부대가 있다고 하자. 백색 부대가 양쪽 청색 부대 각각보다는 크지만 둘을 합친 것보다는 작다. 만일, 백색 부대를 양쪽 청색 부대가 각각 임의로 공격을 한다면 패배하지만 두 청색 부대가 동시에(동기화되어서) 공격한다면 승리를 거둘 수 있을 것이다.

두 청색 부대는 서로 공격을 맞추기를(동기화시키기를) 원하지만, 그들이 가지고 있는 유일한 통신 수단은 계곡을 통하여 전령을 보내는 것이다. 그럴 경우 백색 부대에게 체포되어 메시지를 잃어버릴 수도 있다(신뢰성 없는 통신 채널을 사용해야만 한다). 문제는 청색 부대를 승리로 이끌 프로토콜이 존재하는가 하는 것이다.

청색 부대 #1의 지휘관이 다음과 같은 메시지를 보냈다고 하자: "3월 29일 새벽에 공격하는 계략이 있는데, 너는 어떻게 생각하나?" 이 메시지가 도착하고 청색 부대 #2의 지휘관도 좋다고 생각을 했고, 그의 답변이 안전하게 푸른색 부대 #1로 돌아갔다고 하자. 공격이 실행되겠는가? 아마도 아닐 것이다. 왜냐하면 지휘관 #2는 자신의 답변이 지휘관 #1에게 확실히 도달했는지 알 수 없기 때문이다. 만일 도달하지 못했다면, 청색 부대 #1은 공격에 참여하지 않을 것이고, 이 경우 싸움을 벌이는 것은 바보짓이기 때문이다.

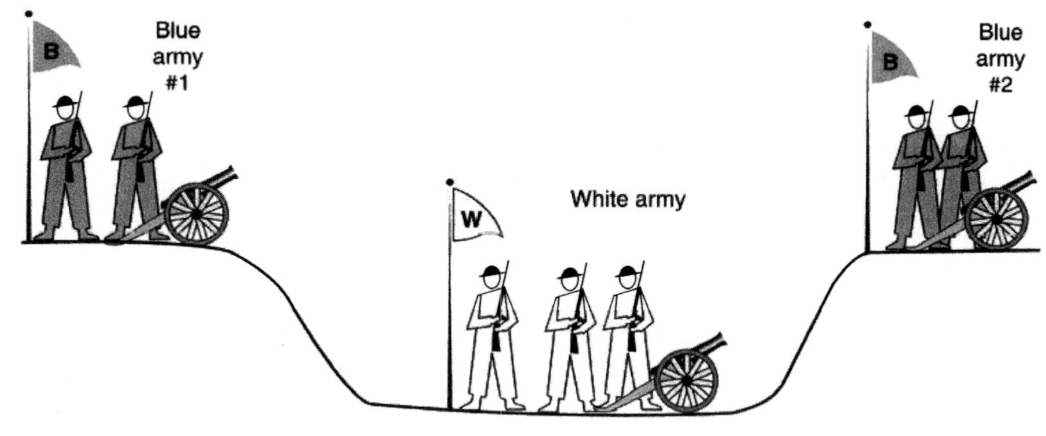

그림 6-13 두 부대 문제

이제 3단계 핸드셰이크를 사용하여 이 프로토콜을 개선시켜 보자. 문제의 출발점은 답변에 대한 확인응답이 있어야 한다는 것이다. 어떠한 메시지도 손실되지 않는다면, 청색 부대 #2의 지휘관은 자신의 답변에 대한 확인응답을 받아볼 수 있을 것이다. 그러나 이제는 지휘관 #1이 망설이게 된다. 자신이 보낸 확인 메시지가 제대로 전달되었는지 알 수가 없고, 만일 전달되지 않았다면 부대 #2는 공격에 참여하지 않을 것이기 때문이다. 이를 위해 4단계 핸드셰이크 프로토콜을 만들 수 있으나 그러나 근본적인 문제는 해결되지 않는다.

실제로 제대로 동작할 수 있는 프로토콜은 존재하지 않는다는 것을 증명할 수 있다. 그런 프로토콜이 있다고 가정해 보자. 이 프로토콜의 맨 마지막 메시지는 필수적일 수도 있고 아닐 수도 있다. 필수적인 것이 아니라면 이 맨 마지막 메시지(그 외 필수적이지 않은 메시지)도 제거하고 모든 메시지가 필수적이 될 때까지 제거할 수 있다. 그러면 남는 것은 필수적인 것이기 때문에 만일 전달되지 않는다면 공격이 이루어지지 않을 것이다. 송신자는 마지막 메시지가 제대로 전달됐다는 확신이 없기 때문에 공격을 감행할 수 없다. 마찬가지로 반대쪽 청색 부대도 이 사실을 알기 때문에 공격을 실행할 수 없게 된다.

이러한 두 부대 문제와 연결 해제 간의 상관관계를 알아보기 위하여, 위에서 사용한 "공격(attack)"이라는 말을 "단절(disconnect)"이라는 말로 바꾸어 보자. 만일 양쪽 모두가 상대편이 단절할 준비가 되어 있다는 확신이 있을 때까지는 단절을 준비하지 않고, 단절은 결코 일어나지 않을 것이다.

실제의 경우 백색 부대를 공격하는 것보다 연결을 해제하는 것이 더 많은 위험성에 대비하므로 상황이 완전히 비관적인 것은 아니다. 그림 6-14는 3단계 핸드셰이크를 사용하는 연결 해제의 네 가지 경우를 보이고 있다. 이 프로토콜이 완전한 것은 아니지만 흔히 사용된다.

그림 6-14(a)는 한 사용자가 연결을 해제하기 위해 DR(DISCONNECTION REQUEST) 세그먼트를 보내는 일반적인 경우를 나타내고 있다. 이 세그먼트가 도착하게 되면 수신자도 역시 DR 세그먼트를 보내고, 이 DR이 분실될 경우를 대비해서 타이머를 가동시킨다. 원래의 송신자 측에 이 DR이 도착하면, 이 송신자는 다시 ACK 세그먼트를 보내고 연결을 해제한다. 마지막으로 ACK 세그먼트가 도착하면 수신자 역시 연결을 해제한다. 연결을 해제한다는 것은 트랜스포트 개체가 그 연결에 대한 정보를 현재 설정된 연결 등의 테이블에서 제거하고 그 연결의 소유자(전송 사용자)에게 통보해 주는 것을 말한다. 이러한 행위는 트랜스포트 사용자가 DISCONNECTION 프리미티브를 발생시키는 것과는 전혀 다르다.

만일 그림 6-14(b)와 같이 마지막 ACK 세그먼트가 유실되었을 경우, 상황은 타이머에 의해서 처리된다. 타이머 시간이 끝나게 되면 연결을 무조건 해제된다.

이제 두 번째 DR이 분실되었을 경우를 생각해 보자. 해제를 처음 요청한 사용자가 일정 시간이 경과하도록 기대하는 응답을 받지 못할 경우, 모든 과정은 처음부터 다시 시작하게 된다. 그림 6-14(c)에서 이것이 어떻게 동작하는가를 볼 수 있다. 여기서는 두 번째 시도에서는 어떤 세그먼트도 분실되지 않았으며 제 시간에 전달되었다고 가정했다.

마지막 경우인 그림 6-14(d)는 그림 6-14(c)와는 같지만 세그먼트를 잃어버림으로 인하여 재전송 시도에서의 DR도 잃어버리는 경우가 다르다. *N*번의 재시도 후에는 송신자는 포기하고 연결을 해제한다. 그러는 동안 수신자 쪽은 시간 초과가 되어 역시 연결을 해제한다.

이 프로토콜은 대부분의 경우, 만족스럽게 동작하나 이론적으로 보자면 초기 DR과 *N* 번의 재전송 모두가 분실될 경우 실패하게 된다. 송신자는 포기하고 연결을 해제하나 상대편에서는 이 모든 시도를 알 수가 없으므로 계속 연결 설정상태로 있게 된다. 그 결과 반 설정 연결(half-open connection)이 된다.

이러한 문제를 해결하기 위한 한 방법으로 송신자가 *N*번 재시도 후 스스로 포기하는 대신에 응답을 받을 때까지 계속 대기하게 할 수 있다. 그러나 상대편이 시간 초과에 의한 연결 해제가 허용되어 있으면, 송신자는 상대로부터 어떠한 응답도 받지 못했기 때문에 영원히 계속되게 된다. 만일, 수신자 쪽도 시간 초과에 의한 연결 해제를 허용치 않을 경우, 프로토콜은 그림 6-14(d)상태로 보류된다.

이러한 반 설정 연결을 없애는 한 방법은, 수초 동안 어떠한 세그먼트도 도착하지 않을 경우 연결을 자동적으로 해제하는 것이다. 이 경우, 한쪽 편의 연결이 해제되면 다른 쪽은 동작의 없음을 감지하여 연결을 해제한다. 어느 한쪽이 먼저 연결을 끊는 경우가 아닌 연결 단절(네트워크가 더 이상 패킷을 호스트에 전달할 수 없기 때문에)도 이 규칙으로 해결할 수 있다. 물론, 이러한 방식을 도입할 경우, 트랜스포트 개체는 타이머를 가지고 세그먼트가 보내질 때마다 타이머를 재시작해야 한다. 만일 타이머가 종료되면 자동 연결 해제하는 것을 막기 위하여 더미(dummy) 세그먼트를 보낸다. 한편 자동 연결

해제가 사용되고 휴지상태의 연결 상에 많은 더미 세그먼트를 분실하게 된다면, 우선적으로 한쪽 그리고 나머지 쪽이 자동적으로 차단될 것이다.

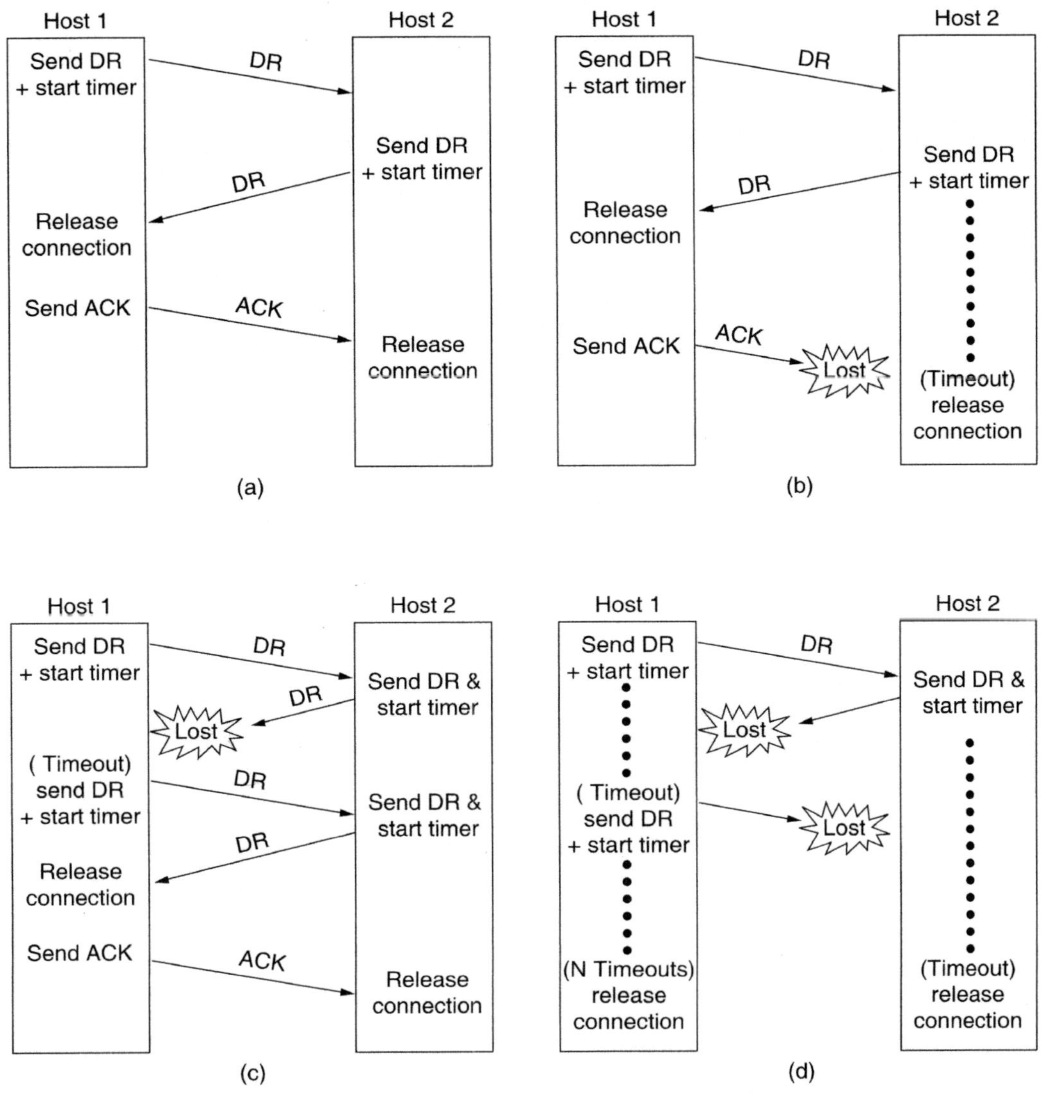

그림 6-14 연결 해제의 네 가지 경우 (a) 3단계 핸드셰이크를 사용하는 정상적인 경우 (b) 마지막 ACK가 유실된 경우 (c) 응답이 유실된 경우 (d) 응답 유실 후 그 다음에 오는 DR이 유실되는 경우

더 이상 언급하지는 않겠지만, 지금까지 언급한 것만으로도 데이터 손실 없이 연결을 해제한다는 것이 보기보다는 간단치 않다는 것을 알아야 한다. 전송 매체 자체만으로 연결 해제에 대한 문제를 완벽하게 해결할 수 없기 때문에 트랜스포트 사용자가 언제 연결을 해제할 것인지에 관한 결정을 내려야 할 때도 있다. TCP가 정상적으로 대칭식 종료(양쪽에서 데이터를 보낼 때 FIN 패킷을 같이 보내서

각각 독립적으로 종료가 가능)를 하는 반면 많은 웹 서버들은 클라이언트에게 비대칭 종료와 비슷한 급작스런 연결 종료를 야기하는 RST 패킷을 보낸다는 점을 응용의 중요성에 비추어서 잘 고려해보아라. 웹 서버가 데이터 교환의 패턴을 알기 때문에 이 일이 가능한 것이다. 우선 클라이언트가 서버에게 모든 데이터를 포함한 요청을 보내면 서버는 클라이언트에게 응답을 보낸다. 웹 서버가 응답을 마치고 나면, 모든 데이터들이 어느 한쪽에 전달되어 있다. 그 서버는 클라이언트에게 경보 메시지를 보내고 급하게 종료한다. 클라이언트가 이 메시지를 받으면 서버에 대한 통신이 불가능하고, 연결이 해제되었다는 사실을 알게 된다. 결국 데이터는 어느 한쪽에 성공적으로 전송되었다는 사실을 알 수 있다.

6.2.4 오류 제어와 흐름 제어

연결의 설정과 해제에 관해서는 어느 정도 설명하였으니, 이제 연결이 사용되는 동안 어떻게 관리되는지에 관하여 알아보기로 하자. 주요 논점에는 오류 제어와 흐름 제어가 있다. 오류 제어는 보내는 모든 데이터가 에러 없이 전송된다는 신뢰를 주는 것이고, 흐름 제어는 고속 송신자 때문에 저속 수신자에 과부하가 발생하는 것을 방지하는 것이다.

데이터 링크 계층을 배울 때 이 두 제어에 대한 내용이 언급되었다. 트랜스포트 계층에서 사용되었던 해결책들은 3장에서 배운 메커니즘과 동일하다. 간단히 요약해 보자면,

1. 프레임은 정보가 올바르게 도착했는지를 확인하는 에러 감지 코드(CRC 또는 checksum)를 가지고 있다.
2. 프레임은 자신임을 증명하는 순서번호를 가지고 있고 수신자로부터 성공적 전달에 대한 확인응답 메시지를 받을 때까지 송신자가 프레임을 재전송한다. 이것을 **ARQ(Automatic Repeat reQuest)**라고 한다.
3. 수신자가 확인응답 메시지를 제시간에 보내지 않았을 경우, 송신자가 언제든지 프레임을 처리하지 않고, 멈출 수 있는 상태를 허용하는 최대 프레임 수가 정해져 있다. 최대 프레임 수가 한 개일 경우, 이를 정지 **대기(stop-and-wait)**라고 부른다. 더 큰 윈도우는 파이프라인(pipeline)을 가능하게하고, 길고 빠른 링크에서 성능을 향상시킨다.
4. **슬라이딩 윈도우(sliding window)** 프로토콜이 위의 특징들을 가지며, 양방향 데이터 전송을 지원한다.

위에서 주어진 메커니즘은 링크 계층의 프레임에 사용된다. 그렇다면 왜 이 메커니즘을 트랜스포트 계층에서도 동일하게 사용하지 않은지 궁금할 것이다. 하지만 실질적으로 링크 계층과 트랜스포트 계층은 거의 유사한 점이 없다. 비록 같은 메커니즘을 사용한다고 하여도, 기능이나 정도에서 차이가 있다.

기능면에서 다른 점으로는 에러 감지를 들 수 있다. 링크 계층의 체크섬(checksum)은 프레임을 단일 링크 상에서 보호한다면, 트랜스포트 계층의 체크섬은 전체 네트워크상에서 세그먼트를 보호한다. 이것은 단대단 검사로서 각 링크에서 검사를 하는 것과는 다르다. Saltzer et al, (1984) 패킷들이 라우터 안에서 손상됐을 경우를 들어 이를 설명한다. 링크 계층 체크섬의 경우, 링크 위에 있는 패킷들을 보호할 뿐 라우터로 들어간 패킷들은 보호하지 못한다. 그렇기 때문에 각 링크에서 오류가 없다고 판단해도, 결과적으로는 패킷들이 올바르게 전달이 안 되어 있을 수도 있다.

이와 다른 예를 들어 Saltzer et al은 **단대단 주장(end-to-end argument)**을 설명했다. 이 주장에 따르면, 단대단으로 실행되는 트랜스포트 계층 체크섬은 패킷의 오류 확인을 위해서 필수불가결하고 링크 계층 체크섬은 필수적이진 않더라도 성능 향상을 위해서 필요하다(이러한 검사들이 없다면 손상된 패킷이 불필요하게 목적지까지 보내질 것이다).

징도 측면에시 다른 점으로는 재전송과 슬리이딩 윈도우 프로토콜이 있다. 위성 링크를 제외한 대부분의 무선 링크들은 송신측에서 처리하지 않은 단일 프레임을 한 번에 하나씩 가질 수 있다. 즉 링크를 위한 대역폭-지연 곱(bandwidth-delay product)이 프레임 전체를 링크 안에 저장할 수 없을 정도로 작다는 것이다. 이런 경우 작은 윈도우 크기(window size)가 좋은 성능을 내기에 충분하다. 예를 들면 803.11은 각 프레임을 전송하거나 재전송하고, 해당 프레임이 확인응답을 받은 후에 다음 프레임으로 넘어가는 징지-대기 프로토콜을 사용한다. 한 프레임보다 큰 윈도우 사이즈를 갖게 된다면, 성능향상 없이 오직 전보다 복잡해지기만 할 뿐이다. 이더넷이나 ISP backbone과 같은 광학 섬유 와이어 링크의 경우, 링크 계층 재전송을 생략해도 될 만큼 오류 발생이 적다. 단대단 재전송이 남은 프레임 손실을 해결한다.

한편 많은 TCP 연결들은 단일 세그먼트보다 훨씬 큰 대역폭-지연 곱을 가진다. 왕복 시간(round-trip)이 100msec이고 1Mbps 전송 속도로 미국을 가로질러 데이터를 보내는 연결이 있다고 하자. 이 느린 연결에서도 200KB 데이터가 수신기에 저장되는 시간에 세그먼트가 보내지고, 확인응답을 받는다. 이 같은 상황에서는 큰 슬라이딩 윈도우를 사용해야 하며 정지-대기는 제 기능을 다 할 수 없다. 이처럼, 네트워크가 실질적으로 얼마나 빠르든지 간에 대역폭-지연 곱은 매 200msec에 1 세그먼트나 1sec에 5세그먼트로 성능을 제한한다.

전송 프로토콜들이 일반적으로 더 큰 슬라이딩 윈도우를 사용하는 점을 고려할 때, 데이터 버퍼링에 관한 문제를 좀 더 자세히 살펴볼 필요가 있다. 호스트는 각각 처리되는 많은 연결들을 가지고 있다고 한다면 이때문에 슬라이딩 윈도우들을 위해서 상당한 양의 버퍼링이 필요할 것이다. 송신자와 수신자 모두 이 버퍼들이 필요하다. 확실히, 송신자 측에서는 만약 전송한 세그먼트들이 유실되어 다시 보내야 할 경우를 위해서 모두 전송은 되었지만 아직 확인응답을 받지 못한 세그먼트들이 위한 버퍼가 필요하다.

그러나 송신자가 버퍼링을 한다면 수신자는 특정 연결들을 위한 특정 버퍼들을 사용할 수도 있고 안 할 수도 있다. 예를 들어 수신측이 모든 연결을 위해 단일 버퍼 풀을 유지한다고 하자.

한 세그먼트가 들어오면 새로운 버퍼를 동적으로 할당받으려고 할 것이다. 만일 빈 곳이 있다면, 세그먼트가 받아들여지지만 그렇지 않다면 버려진다. 비록 자원 낭비의 문제는 있지만 송신자가 세그먼트를 버리는 것으로 인한 문제는 일어나지 않는다. 송신측은 확인이 보내질 때까지 보내기를 계속 시도한다.

근원지 버퍼링(source buffering)과 목적지 버퍼링(destination buffering) 사이의 최적 절충안은 연결을 통해 이동되는 전송의 형태에 달려 있다. 대화식 터미널에 발생되는 것 같은 저대역폭(low-bandwidth)의 버스트 한 트래픽의 경우, 어떤 버퍼를 할당해 주기보다는 양쪽 끝이 필요시 동적으로 얻을 수 있도록 하는 것이 좋다. 송신자는 수신자가 버퍼를 얻을 것이라는 것을 확신할 수 없기 때문에 확인응답이 올 때까지 세그먼트의 복사본을 유지해야 한다. 한편, 파일 전송과 같은 고대역폭(high-bandwidth)의 전송에서는, 데이터가 최고 속도로 흘러가도록 하기 위하여 수신측에 최대 크기의 버퍼를 할당하는 것이 좋다. TCP가 이런 방법을 사용한다.

버퍼 풀을 어떻게 사용해야 하는가에 대한 문제가 여전히 남아 있다. 만일 대부분의 세그먼트들이 거의 같은 크기를 가진다면 그림 6-15(a)에서와 같이 버퍼당 한 세그먼트의 동일한 크기를 가지는 버퍼들의 집합(풀)을 구성하는 것이 당연하다. 그러나 웹페이지에 대한 짧은 요청들에서부터 피어 대 피어(peer-to-peer) 파일 전송을 위한 큰 패킷들까지 세그먼트의 크기가 가지각색이라면 고정 크기 버퍼의 풀은 문제를 일으킨다. 만일 버퍼 크기를 있을 수 있는 최대 크기의 세그먼트에 맞춘다면, 공간이 매우 낭비될 것이고, 만일 최대 세그먼트 크기보다 작도록 맞춘다면, 큰 세그먼트를 위해 여러 개의 버퍼가 필요하게 되고 부수적인 혼란이 발생할 것이다.

버퍼 크기 문제에 대한 또 다른 접근 방법은 그림 6-15(b)와 같이 가변 크기 버퍼를 사용하는 것이다. 이 방식의 장점은 메모리 사용 효율이 좋아진다는 점이고, 단점으로는 관리가 복잡해진다는 것이다. 세 번째 방법은 그림 6-15(c)와 같이 연결 하나당 커다란 단일 원형 버퍼(circular buffer)를 할당하는 것이다. 이 시스템은 간단하고, 세그먼트의 크기에 대해 고려하지 않아도 되지만 이 시스템에 큰 부하가 걸릴 경우, 훌륭한 메모리 사용 효율을 발휘한다.

연결이 설정되거나 해제되고 전송의 패턴이 달라짐에 따라, 송신자와 수신자는 그들의 버퍼 할당을 동적으로 조절하는 것이 필요하다. 결과적으로 트랜스포트 프로토콜은 송신 호스트가 상대편에게 버퍼 공간을 요청하는 것을 허락해야 한다. 버퍼는 두 호스트 사이에 모든 연결에 대하여 각 연결당 하나씩 할당되거나 또는 집합적으로 할당될 수 있다. 다시 말해 수신자 측에서 자신의 버퍼 상태를 알고(그러나 주어진 트래픽은 모르면서) 송신자에게 "당신을 위해 *X* 버퍼를 준비해 놨다"라고 얘기할 수 있다. 만일 설정된 연결의 수가 증가하면, 프로토콜은 이러한 기능을 제공하기 위하여 연결당 버퍼 할당량을 줄일 필요가 있다.

동적 버퍼 할당을 관리하는 일반적인 방법은 3장의 슬라이딩 윈도우 프로토콜과는 반대로 버퍼링을 확인응답과 분리하는 것이다. 동적 버퍼 관리는 그 효과 면에서 보자면, 가변-크기 윈도우를 의미한다. 초기에 송신자는 파악된 요구량에 근거하여 일정 크기의 버퍼를 요구한다. 수신자는 자신이 제공할 수 있는 만큼의 양을 허가한다. 송신자가 세그먼트를 보낼 때마다 버퍼량은 줄어들 것이고 할당이 0이 되면 전체가 멈추게 된다. 수신자는 확인응답과 버퍼 할당량을 역방향 트래픽을 통하여 피기백으로 돌려보내게 된다. TCP는 헤더 필드에 윈도우 크기라고 부르는 버퍼 할당량을 넣는 이 전략을 사용한다.

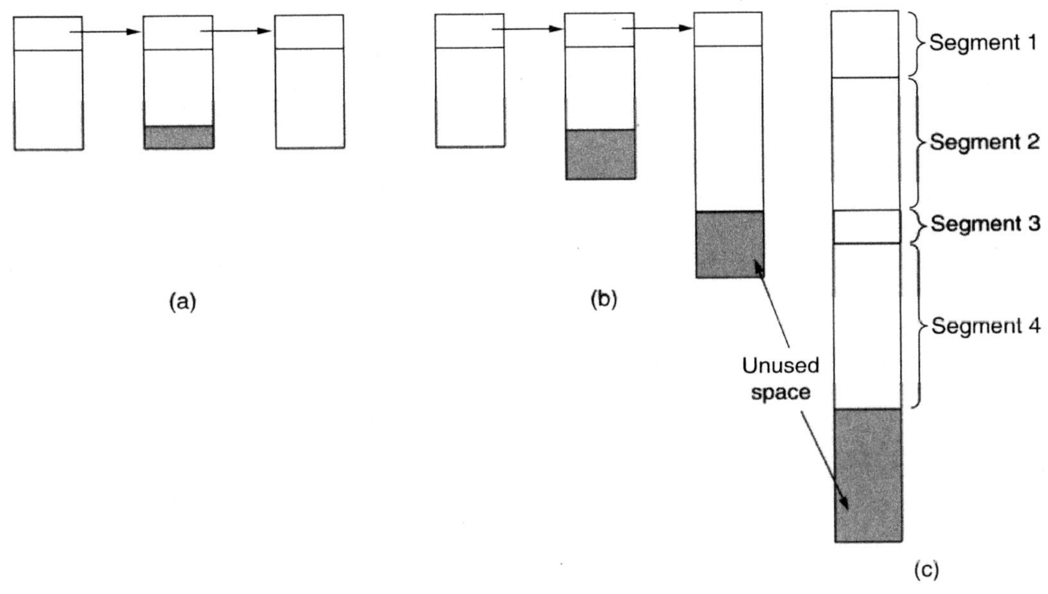

그림 6-15 (a) 체인화된 고정 크기 버퍼 (b) 체인화된 가변 크기 버퍼 (c) 연결당 하나의 긴 회전형 버퍼

그림 6-16은 4비트 순서번호를 사용하는 데이터그램 서브넷에서 동적 윈도우 관리가 어떻게 동작하는지에 관한 예제이다. 데이터는 호스트 A에서 호스트 B로 이동하고, 확인응답과 버퍼 할당 정보는 역방향으로 이동한다고 가정하자. 처음에 *A*가 8개의 버퍼를 원하나 그중 4개만이 허가된다. 그 후 3개의 세그먼트를 보내나 세 번째 것이 유실된다. 세그먼트 6을 통해 순서번호 1을 포함한 모든 세그먼트가 응답되었음을 알리고, 이에 따라 *A*가 이들에 대한 버퍼를 해제하는 것을 허락하며, 이것은 *A*에게 순서 번호 1 이후에 세그먼트 3개(예를 들어 세그먼트 2, 3, 4)를 보내는 것을 허가한다는 것을 의미한다. *A*는 자신이 이미 세그먼트 2를 보낸 것을 알고 있기 때문에 세그먼트 3과 4를 보내야 한다고 생각하여 실행한다. 여기서 *A*는 블록되어 더 많은 버퍼가 할당되기 위해 기다려야 한다. 그러나 이미 할당된 버퍼를 사용할 수 있기 때문에 블록되어 있는 동안 시간 초과로 인한 재전송이 일어날 수 있다. 10번째 줄에서 *B*는 순서번호 4까지의 모든 세그먼트를 확인하지만, *A*가 계속 동작하는 것은 거절한다. 이러한 상황은 3장의 고정 윈도우 프로토콜에서는 불가능한 것이다. *B*에서 *A*로 가는 다음 세그먼트에서 추가버퍼를 할당하고 *A*를 계속 진행하도록 한다. 아마 트랜스포트 사용자가 더 많은 세그먼트 데이터를 수용하기 때문에 B에 공간이 있을 때 이 같은 경우가 생긴다.

	A	Message	B	Comments
1	→	< request 8 buffers>	→	A wants 8 buffers
2	←	<ack = 15, buf = 4>	←	B grants messages 0-3 only
3	→	<seq = 0, data = m0>	→	A has 3 buffers left now
4	→	<seq = 1, data = m1>	→	A has 2 buffers left now
5	→	<seq = 2, data = m2>	• • •	Message lost but A thinks it has 1 left
6	←	<ack = 1, buf = 3>	←	B acknowledges 0 and 1, permits 2-4
7	→	<seq = 3, data = m3>	→	A has 1 buffer left
8	→	<seq = 4, data = m4>	→	A has 0 buffers left, and must stop
9	→	<seq = 2, data = m2>	→	A times out and retransmits
10	←	<ack = 4, buf = 0>	←	Everything acknowledged, but A still blocked
11	←	<ack = 4, buf = 1>	←	A may now send 5
12	←	<ack = 4, buf = 2>	←	B found a new buffer somewhere
13	→	<seq = 5, data = m5>	→	A has 1 buffer left
14	→	<seq = 6, data = m6>	→	A is now blocked again
15	←	<ack = 6, buf = 0>	←	A is still blocked
16	• • •	<ack = 6, buf = 4>	←	Potential deadlock

그림 6-16 동적 버퍼 할당. 화살표는 전송 방향을 나타내고 생략 표시 (…)는 유실된 세그먼트를 나타냄.

만일 제어 세그먼트를 잃어버린다면, 이런 종류의 버퍼 할당 방법은 데이터그램 네트워크에서 문제를 야기할 수 있다. 16번 줄을 보자. *B*가 추가버퍼를 할당했으나 할당 세그먼트가 유실됐다. 제어 세그먼트는 순서번호도 없고 시간 초과에도 걸리지 않기 때문에 *A*는 교착상태(deadlock)에 빠지게 된다. 이러한 상황을 막기 위해서 각 호스트는 모든 연결에 대해 확인응답 및 버퍼 상태를 포함하는 제어 세그먼트를 정기적으로 보내야 한다. 이렇게 하면 조만간 교착상태를 벗어나게 된다.

여기까지는 송신자의 데이터 전송 속도가 수신자 측의 가용 버퍼 크기에 의해서만 제한된다고 가정했다. 메모리의 가격이 급격하게 떨어짐에 따라, 많은 메모리를 장착한 호스트 컴퓨터가 등장하게 되고 그로 인하여 버퍼의 크기가 문제가 되는 일은 드물어 졌다. 물론 TCP가 아니라면, 버퍼의 크기를 충분하게 정하는 문제가 있을 수 있다(Zhang et al., 2002).

버퍼 공간이 더 이상 데이터 최대 전송량에 대해 제한이 되지 않을 때 또 다른 병목현상(bottleneck)이 일어난다. 바로 서브넷의 전송 능력이다. 만일 인접한 라우터가 최대 *x*프레임/*sec*로 교환하고 호스트 쌍마다 *k*개의 별개의 경로가 있다면, 그 호스트들에 버퍼가 아무리 많이 가용하더라도 호스트들 간에 *kx* 세그먼트/*sec* 이상 교환할 수 없다. 만일 송신자가 매우 많이 전송하게 되면(예를 들어 kx 세그먼트/sec 이상 전송) 서브넷에 혼잡(congest)이 발생할 것이다. 왜냐하면 서브넷은 들어오는 데이터를 다 처리할 만큼 빠르지 못하기 때문이다.

수신자의 버퍼 능력이 아니라 서브넷의 전송 능력에 기반을 둔 방법에서 필요한 것은 무엇인가? (Belsnes, 1975)는 송신자가 윈도우 크기를 네트워크의 전송 능력에 맞게 동적으로 조정하는 슬라이딩 윈도우 흐름 제어 기법(sliding window flow control scheme)을 제안하였다. 이는 동적 슬라이딩 윈도우가 흐름 제어와 혼잡 제어를 모두 구현할 수 있다는 것이다. 만일 네트워크가 *c* 세그먼트/*sec*를 처리할 수 있고 주기(수신측에서 전송, 전파, 대기, 처리 및 확인 신호 발송을 포함하는 시간)가 *r*이라면 송신자의 윈도우 크기는 *cr*이 된다. 이 윈도우 크기로 송신자는 파이프라인(pipeline) 상태로 정상 작동하게 된다. 네트워크에서 어떠한 자그마한 이상이라도 생기게 되면 송신자는 바로 블록 된다. 어떤 주어진 흐름에 대한 네트워크의 수용능력이 다양하기 때문에 윈도우 크기가 전송능력의 변화에 잘 맞추기 위해 자주 변경되어야 한다. 추후에 TCP가 이런 기법을 사용하는 것을 뒷부분에서 배우게 될 것이다.

6.2.5 다중화

연결, 가상 회선(virtual circuit), 물리적 링크(physical link)상의 다수의 통신을 멀티플렉싱 하는 것은 네트워크 구조의 여러 계층에서 동작한다. 트랜스포트 계층에 있어서 멀티플렉싱은 여러 방면에서 요구되고 있다. 예를 들어 호스트에 오직 하나의 네트워크 주소가 사용 가능하다면, 이 머신의 모든 트랜스포트 연결들은 이 주소를 사용해야 한다. 세그먼트가 들어오면, 어떤 프로세스에 이 세그먼트를 주어야 할지 알리는 것이 필요하다. 이 상황을 **상향 다중화(upward multiplexing)**이라 하며 이는 그림 6-17(a)에 제시되어 있다. 이 그림에서 보면 4개의 별개의 트랜스포트 연결이 하나의 네트워크 연결(예를 들어 IP 주소)을 사용하여 원격 호스트에 연결하고 있다.

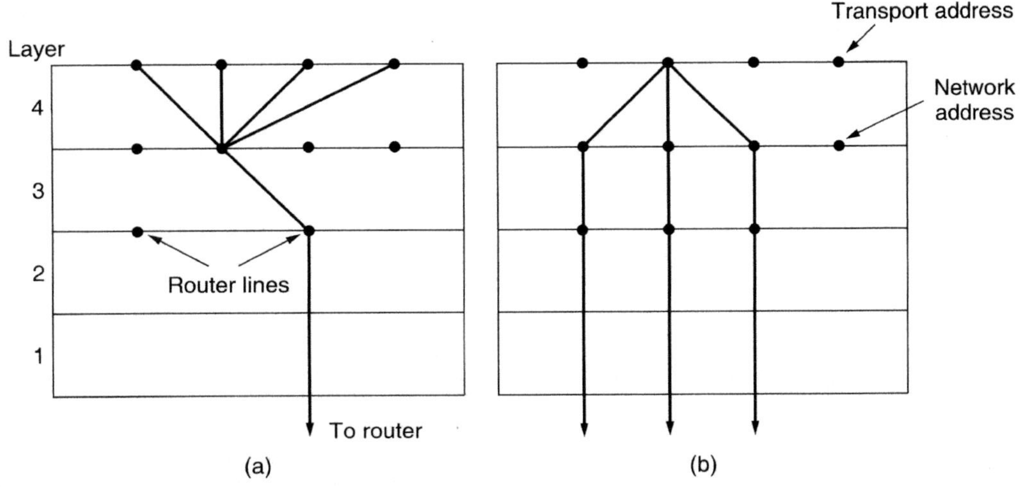

그림 6-17 (a) 상향 멀티플렉싱 (b) 하향 멀티플렉싱

다중화는 또 다른 이유로 트랜스포트 계층에서 유용하게 쓰일 수도 있다. 예를 들어 서브넷이 내부적으로 가상 회선을 사용하고 각각마다 최대 데이터 전송률을 부가한다고 가정하자. 만약 사용자가 하나의 가상 회선이 제공할 수 있는 것보다 더 많은 대역폭을 필요로 하면, 이를 해결하기 위한 방법은 여러 네트워크 연결을 열고 그림 6-17(b)에 나타낸 바와 같이, 라운드 로빈(round-robin) 기반으로

이들 사이에서 트래픽을 분배하는 것이다. 이러한 방식을 **역다중화(Inverse multiplexing)**라고 한다. *k*개의 네트워크 연결에서는, 효과 대역폭은 *k*배로 증가한다. 역다중화의 예로 여러 네트워크 인터페이스들을 이용한 연결 위에서 실행되는 **SCTP(Stream Control Transmission Protocol)**가 있다. 이와 반대로 TCP는 단일 네트워크 종단점을 사용한다. 고성능 링크처럼 사용하기 위해 여러 개의 저성능 링크들을 동시에 이용할 때도 역다중화가 링크 계층에서 이용된다.

6.2.6 크래시 복원

만일 호스트와 라우터가 크래시(crash)되거나, 연결들이 길어질 경우(예를 들어 용량이 큰 소프트웨어나 미디어를 다운받을 때), 이러한 크래시에서 복원되는 것이 중요한 문제가 된다. 또한 트랜스포트 개체가 호스트 안에 있다면, 네트워크와 라우터의 크래시로부터 복원하는 것은 수월한 일이 된다. 만일, 네트워크 계층에서 데이터그램 서비스를 제공한다면 트랜스포트 개체는 항상 세그먼트의 손실에 대해 대비하고 또 실제 손실이 일어났을 경우 어떻게 대처해야 하는지를 알고 있다.

보다 까다로운 문제는 호스트의 크래시에서 어떻게 복원하느냐 하는 것이다. 특히 클라이언트 서버가 크래시 났다가 바로 재부팅되었을 때도 하던 일을 계속할 수 있다는 것이 바람직한 것이다. 어려운 점을 설명하기 위해, 한 호스트(클라이언트)가 다른 호스트(파일 서버)에게 간단한 정지 대기(stop-and-wait) 프로토콜을 사용하여 긴 파일 하나를 전송한다고 가정해 보자. 서버의 트랜스포트 계층이 할 일은 들어오는 세그먼트를 하나씩 하나씩 전송 사용자에게 넘겨주는 것뿐이다. 전송을 하는 중간에 서버가 크래시되었다고 하자. 서버가 다시 부팅되었을 때 서버의 테이블은 재초기화되고 따라서 서버는 자신이 어떤 상태인지를 정확하게 알 수가 없다.

이전 상태로 돌아가기 위해 서버는 모든 호스트에게 브로드캐스트 세그먼트를 보내서 자신이 방금 크래시 되었던 상태에서 재부팅됐으며, 연결됐던 모든 클라이언트는 열려 있는 모든 연결의 상태에 대해 알려줄 것을 요청한다. 모든 클라이언트는 세그먼트를 전송 중이었던 *S1* 상태이거나 세그먼트를 전송하지 않고 있는 *S0* 상태 중 하나가 될 수 있다. 이러한 상태 정보에 의하여, 클라이언트는 최근의 모든 세그먼트를 재전송할 것인가 하는 것을 결정할 수 있다.

얼핏 보기에는 모든 것이 명백해 보인다. 클라이언트는 서버의 크래시를 알았을 때 확인응답되지 않은 세그먼트를 가지고 있다면(다시 말해 S1 상태이면) 재전송을 하면 된다. 그러나 자세히 살펴보면 이러한 단순한 방식에는 많은 어려움이 있음을 알 수 있다. 예를 들어 서버의 트랜스포트 개체가 먼저 확인응답을 보내고 나서, 확인응답이 다 보내진 후에 응용 프로그램에 받은 세그먼트를 기입한다고 가정해 보자. 세그먼트를 출력 스트림에 기입하는 것과 확인응답을 보내는 것은 서로 다른 사건이므로 동시에 일어나지 못한다. 만일, 서버의 크래시가 확인 신호를 보내고 기입은 아직 끝나지 않은 상태에서 발생한다면 클라이언트는 확인응답을 받을 것이고, 따라서 크래시가 복원되어 브로드캐스트 세그먼트를 받았을 때 그 상태는 *S0*이 된다. 그러므로 클라이언트는 자신이 보냈던 세그먼트가 제대로 전송됐다고 생각하여 재전송을 하지 않게 된다. 클라이언트의 이러한 잘못된 결정은 세그먼트의 손실을 초래하게 된다.

이 시점에서 이런 생각이 들 것이다: "이 문제는 아주 간단히 해결될 수 있다. 전송개체를 먼저 기입하고 난 후에 확인 신호를 보내도록 하면 간단하지 않은가." 다시 생각해 보자. 기입이 완료가 되었고, 확인응답이 보내지기 전에 크래시가 일어났다고 가정하자. 클라이언트는 *S1* 상태가 되어 재전송할 것이고 이는 결국 서버 응용 프로그램에 대한 출력 스트림에 세그먼트를 중복해서 기입하는 것을 초래할 것이다.

클라이언트와 서버가 어떻게 프로그램 되어 있든지 간에 항상 프로토콜이 복구에 실패하는 상황은 존재한다. 서버는 확인이 먼저냐 기입이 먼저냐 하는 두 가지 방식 중 하나로 프로그램 될 수 있다. 클라이언트는 항상 마지막 세그먼트를 재전송하는 경우와 항상 하지 않는 경우, *S0* 상태일 때 재전송하는 경우와 *S1* 상태일 때 하는 경우 이렇게 네 가지로 프로그램 될 수 있다. 이에 따라 서버와 클라이언트 간에는 여덟 가지의 조합이 가능하다. 그러나 이후에 보겠지만 모든 조합에 대해 프로토콜이 실패하는 상황이 존재한다.

서버에게는 확인 신호를 보내는 것(*A*)과 출력 프로세스에 기입하는 것(W), 그리고 크래시 나는 것(C), 이렇게 세 가지의 사건이 있을 수 있다. 이 세 가지 사건이 여섯 가지의 다른 순서로 발생할 수 있다: *AC*(W), *AWC*, *C*(AW), *C*(WA), *WAC*, *WC*(A), 여기서 괄호는 크래시 된 후에는 *A* 나 *W*가 올 수 없음을 나타낸다(크래시 난 후 확인응답 전송이나 기입이 일어날 수 없다는 것이다). 그림 6-18은 클라이언트와 서버간의 여덟 가지 가능한 조합과 각 조합에 대해 가능한 사건들의 순열을 나타낸다. 각 조합에 대하여 프로토콜이 실패하도록 만드는 사건 순열이 있음에 유의하라. 예를 들어 클라이언트가 항상 재전송할 경우 다른 두 가지 사건은 제대로 동작하지만 *AWC* 사건은 항상 검출되지 않는 중복을 만들어낸다.

	Strategy used by receiving host					
	First ACK, then write			First write, then ACK		
Strategy used by sending host	AC(W)	AWC	C(AW)	C(WA)	W AC	WC(A)
Always retransmit	OK	DUP	OK	OK	DUP	DUP
Never retransmit	LOST	OK	LOST	LOST	OK	OK
Retransmit in S0	OK	DUP	LOST	LOST	DUP	OK
Retransmit in S1	LOST	OK	OK	OK	OK	DUP

OK = Protocol functions correctly
DUP = Protocol generates a duplicate message
LOST = Protocol loses a message

그림 6-18 클라이언트와 서버 전략의 에러 다른 조합

프로토콜을 보다 정교하게 만드는 것도 도움이 되지 못한다. 심지어는 서버가 기업을 시도하기 전에 몇 개의 세그먼트를 클라이언트와 서버가 교환하여 클라이언트가 무슨 일이 일어났는지 확실하게 알게 한다고 하더라도 클라이언트는 크래시가 기입 직전에 일어났는지 직후에 일어났는지 알 방법이 없다. 결론적으로 말하자면, 사건이 비동시적으로 일어나는 상황 하에서는 호스트의 크래시 복구가 상위 계층들로부터 투명(transparent)하게 행해질 수 없다는 것이다.

좀 더 일반적으로 말하자면, *N* 계층의 크래시는 *N*+1 계층에 의해서만 복구될 수 있으며 그것도 상위 계층이 충분한 상태 정보를 가지고 있는 경우에 한해 그렇다는 것이다. 위에서 언급한 바와 같이, 네트워크 계층의 실패에 대한 복구를 연결의 각 끝(호스트)들이 크래시가 어디서 일어났는지에 대해 계속 정보를 유지해야만 트랜스포트 계층에 의해서 이루어질 수 있다.

이 문제는 흔히 말하는 종단간 확인응답이 진짜로 무엇을 의미하는지를 보여준다. 원칙적으로, 전송 프로토콜은 종단간에 이루어지는 것이지 하위 계층같이 체인화되는 것이 아니다. 여기서, 사용자가 원격 데이터베이스에 처리를 요구하는 경우를 생각해 보자. 원격의 트랜스포트 개체는 먼저 세그먼트를 상위 계층으로 전달한 후에 확인응답을 보내도록 프로그램이 있다고 가정하자. 이러한 경우조차도 사용자의 컴퓨터로 확인응답이 돌아오는 것이 반드시 원격 호스트가 실제로 데이터베이스를 업데이트할 때까지 기다렸다는 것을 의미하지는 않는다. 확인응답을 받는다는 것이 실제 그 일이 끝났다는 것을 의미하며 받지 못한다면, 그 일이 수행되지 않았다는 것을 의미하는 진정한 종단간 확인응답을 구현하는 것은 불가능한 일일 것이다. 이러한 것들은 잘쩌(Saltzer, 1984)를 보면 좀 더 자세히 알 수 있다.

6.3 혼잡 제어

여러 머신에 있는 전송 개체들이 많은 패킷을 네트워크에 매우 빠르게 내보낸다면, 네트워크 안에서 패킷들이 유실하거나 지연되는 저성능을 보이며 혼잡해질 것이다. 이런 문제를 피하기 위해서 네트워크 계층과 트랜스포트 계층이 혼잡 제어를 담당한다. 라우터에서 혼잡이 일어나면 네트워크 계층의 몫이다. 하지만 궁극적으로 트랜스포트 계층에서 네트워크로 보내지는 데이터의 속도와 양에 의해 혼잡이 발생한다. 트랜스포트 계층에서 패킷을 천천히 네트워크로 내보는 것이 혼잡을 일으키지 않는 효율적인 방법이다.

5장에서 네트워크 계층에 있는 혼잡 제어 메커니즘에 대해서 배웠다. 이 장에서는 트랜스포트 계층에서의 혼잡 제어에 대해서 공부할 것이다. 혼잡 제어의 목적을 설명한 후, 호스트가 패킷을 네트워크로 보낼 때, 어떤 방식을 사용해서 속도 조절하는지에 관해 알아볼 것이다. 인터넷은 TCP와 다른 프로토콜에서 생성된 특정 알고리즘들이나 혼잡 제어를 포함해 많은 부분을 트랜스포트 계층에 의지하고 있다.

6.3.1 바람직한 대역폭 할당

트래픽을 조절하는 방법을 설명하기에 앞서, 혼잡 제어 알고리즘을 실행시켜 우리가 얻으려는 것이 무엇인지에 관한 이해가 필요하다. 단순히 혼잡을 피하는 것 이상의 목표를 가지기 때문에 우선 좋은 혼잡 제어 알고리즘이 네트워크에서 동작하기 위한 상태를 구체화해야 한다. 네트워크를 사용하는 트랜스포트 개체들에게 대역폭을 최적으로 할당하는 방법을 찾아야 한다. 최적 할당은 좋은 성능을 만들어낸다. 구체적으로 혼잡 없는 최대 대역폭 사용이 가능해지고, 트랜스포트 개체들 간의 경쟁이 공정해지고, 트래픽 요구에 관한 변화에 빠른 반응을 보일 수 있다는 장점이 있다. 이 장점들에 관해 좀 더 자세하게 알아보도록 하겠다.

효율과 일률

트랜스포트 개체의 효율적인 대역폭 할당은 사용 가능한 모든 네트워크를 모두 이용해서 이루어진다. 하지만 한 예로 100-Mbps 링크가 있다고 해서 각각 5개의 전송 개체들이 각각 20Mps를 가져야 하는 것은 아니다. 성능 향상을 위해 그들은 20Mbps보다 낮은 대역폭을 할당받게 될 것이다. 그 이유는 트래픽이 버스티(bursty)하기 때문이다. 5.3절에서는 제공 부하(offered load)에 대한 처리량(Goodput, 또는 수신자가 받은 유용한 패킷들의 전송률)에 대해 자세히 설명했다. 이 처리량 곡선과 이에 매치되는 또 다른 함수로 제안 부하에 대한 지연 곡선이 그림 6-19에 나와 있다.

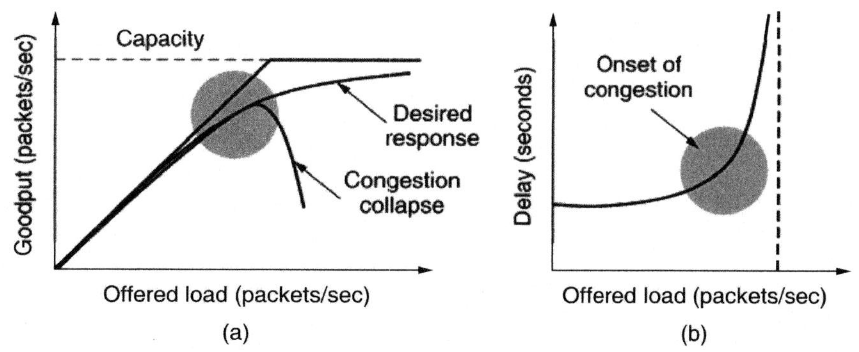

그림 6-19 (a)처리량과 (b)지연에 관한 제안 부하의 함수

그림 6-19에서 부하가 증가할수록 처리량도 같은 비례로 증가하지만, 부하가 수용 용량에 도달하게 되면 처리량이 더욱 서서히 증가한다. 때때로 트래픽 버스트가 증가할 수 있어서 네트워크 내 버퍼에서 손실이 야기되기 때문에 감소가 발생하는 것이다. 트랜스포트 프로토콜을 제대로 설계하지 않고,

재전송된 패킷들이 지연되었을 경우, 네트워크는 혼잡 상태로 빠져들 수 있다. 이런 경우 송신자가 쉴 새 없이 패킷들을 보낸다고 하여도 성공적으로 전달되는 패킷의 수는 아주 조금 증가하는 정도이다. 그림 6-19(b)는 제공 부하에 따른 지연에 관한 함수가 나와 있다. 여기서 지연은 네트워크 안의 전파 지연(propagation delay)으로 처음 시작할 때, 고정값을 가진다. 부하가 수용 용량에 가까워질수록 지연은 초반에는 천천히 증가하다가 어느 순간 급작스럽게 증가한다. 이유는 앞서 언급했다시피, 과부하일 때, 트래픽 버스트가 증가하려는 경향이 있기 때문이다. 사실 라우터에 버퍼가 무한개 존재하지 않는 이상, 지연이 영속적이지는 않다. 대신 최대 버퍼링 지연을 넘어가면 패킷들을 유실하게 된다.

처리량과 지연을 모두 고려해보았을 경우, 혼잡이 시작된다면 성능은 저하되기 시작한다. 좀 더 쉽게 말하면 지연이 급격히 증가하지 전까지 대역폭 할당을 늘려나가면, 네트워크상에서 가장 좋은 성능을 얻을 수 있게 된다는 이야기다. 여기서 중요한 점은 아래의 수용 용량이다. 이를 알아보기 위해서 Kleinrock(1979)은 일률을 제안하였다. 일률 계산은 다음과 같다.

$$일률 = \frac{부하}{지연}$$

초반에 지연이 짧고 변화가 작기 때문에 일률은 제안 부하와 같이 증가할 것이다. 하지만 지연이 급속도로 증가하면 일률은 최댓값을 찍고 감소하게 된다. 전송 개체가 네트워크로 이동할 때, 최대 일률의 부하가 효율적인 부하를 뜻한다.

최대-최소 공평성

이제까지 서로 다른 전송 송신자 사이에서 어떻게 대역폭을 나누는지에 대한 논의가 없었다. 모든 송신자들에게 똑같은 크기의 대역폭을 제공한다고 생각한다면 답하기 쉬운 질문으로 보일지 모른다. 하지만 대역폭 분배를 위해서 몇몇 고려사항이 더 필요하다.

아마도 첫 번째 고려 사항으로는 이 문제에 관해 혼잡 제어가 어떤 역할을 하는지 생각해봐야 한다는 것이다. 네트워크가 송신자에게 어느 정도의 대역폭을 사용하도록 제공한다면 송신자는 딱 그만큼의 대역폭을 사용할 수 있다. 하지만 주로 네트워크가 각 연결이나 흐름에 대한 대역폭을 엄격히 정해 놓는 경우가 드물다. 서비스의 질이 보장되어야 하는 경우가 아닌 이상 많은 연결들이 어떤 대역폭이든 간에 사용 가능한 것을 찾아 나서거나, 네트워크에 의해서 일괄적으로 정해진 공통 할당을 부여받을 수 있다. 예를 들어 IETE의 차별화된 서비스들은 트래픽을 두 클래스로 구분하고, 이로써 연결들이 각 클래스 내에서 대역폭을 얻기 위한 경쟁한다. IP 라우터 내의 모든 연결들은 주로 같은 대역폭을 얻기 위해 경쟁한다. 이 경우 혼잡 제어 메커니즘이 경쟁하는 연결들에게 대역폭을 할당해주는 역할을 한다.

두 번째 고려 사항은 네트워크 내의 흐름이 갖는 공정한 분배는 무엇을 의미하는지 알아보는 것이다.

만약 N개의 흐름들이 단일 링크를 사용하는 경우라면, 1/N의 대역폭을 각 흐름에 제공하는 아주 간단한 문제가 된다. (트래픽이 버스티[bursty]한 경우라면 아마 효율 때문에 대역폭이 보다 조금 적게 사용될 수 있다.) 하지만 흐름들이 모두 다르면서 네트워크 경로가 서로 겹친다면 어떻게 되겠는가? 가령 한 흐름이 세 링크를 지나고, 나머지 흐름들은 한 링크만을 지난다고 하자. 세 링크를 지나는 흐름은 더 많은 네트워크 자원을 소비한다. 그렇다면 이 흐름은 한 개의 링크를 지나는 흐름들에 비해 더 적은 대역폭을 제공받는 것이 공평해 보인다. 세 링크를 지나는 흐름의 대역폭을 줄임으로써 한 링크만을 지나는 흐름들을 더 많이 지원할 수 있다는 분명한 사실 때문이다. 이는 결국 공평성과 효율 간의 내재하는 갈등을 보여주고 있다.

하지만 우리는 네트워크 경로에 제약받지 않는 공평성의 기본 개념을 이용할 것이다. 이 단순한 모델을 가지고도, 연결들에게 대역폭을 동일한 범위로 제공하는 것이 조금 복잡하다. 이유는 서로 다른 연결들이 각각 다른 네트워크 경로를 가지고, 이 경로들 또한 각각 다른 수용 용량 을 갖고 있기 때문이다. 이런 경우 한 흐름이 하향(downstream) 링크에서 병목현상을 만나게 되고, 다른 흐름들에 비해 상향(upstream) 링크에서는 더 작은 범위를 차지하게 된다. 설령 나머지 흐름들의 대역폭을 줄여서 그들의 속도를 줄인다고 해도 병목현상이 일어난 흐름의 상태를 해결해줄 수는 없다.

네트워크 사용에 종종 쓰이는 공평성의 형식에는 **최대-최소 공평성(max-min fairness)**이 있다. 한 흐름에 주어진 대역폭 증가를 위해서 크지 않은 다른 흐름의 대역폭 감소를 필요로 하는 것이 최대-최소 공평 할당이다. 한 흐름의 대역폭을 증가시키는 것은 대역폭이 그다지 크지 않은 다른 흐름들의 상태를 안 좋게 만드는 결과를 낳는다.

예를 한번 들어보자. 그림 6-20에서 네 흐름 A, B, C와 D에 최대-최소 공평 할당을 적용시킨 결과를 보여준다. 비록 일반적인 경우 각 링크들은 다른 수용 용량을 갖지만, 우선 라우터 사이의 각 링크들은 똑같이 1unit이라는 수용 용량을 가진다고 하자. 세 흐름은 왼쪽 아래에 보이는 R4와 R5 라우터 사이의 링크에서 경쟁을 벌인다. 그래서 각 흐름당 1/3의 대역폭을 갖는다. 나머지 흐름 A는 R2와 R3 사이의 링크에서 흐름 B와 경쟁을 하는데 B가 1/3의 대역폭을 갖기 때문에 A는 2/3의 대역폭을 가질 수 있다. 모든 흐름들이 수용 용량을 공유한다는 것을 알 수 있다. 하지만 다른 수용 용량을 줄이는 방법 외에는 이 수용량을 줄 수 있는 흐름은 없다. 만약 R2와 R3 사이의 링크에서 흐름 B에 대역폭을 더 할당하려고 한다면, 흐름 A의 대역폭 값이 줄어들 것이다. A가 이미 더 많은 대역폭을 할당받았기 때문에 이런 감소가 타당해 보인다. 문제는 흐름 C 또는 D의 수용 용량이 (또는 둘 다) B에 할당될 대역폭을 위해 줄어들어 결국 B보다 적은 대역폭 값을 갖게 된다는 것이다. 그러므로 이를 최대-최소 공평성 할당이라고 부른다.

최대-최소 할당은 네트워크의 전반적인 정보를 통해 계산된다. 모든 흐름들이 0에서 시작하고 천천히 증가한다고 생각한다면 이해하기 쉬울 것이다. 어떤 흐름이든 병목현상이 발생하는 속도에 도달하면 그 흐름은 더 이상 증가하지 않는다. 나머지 흐름들은 각각 병목현상 발생 직전까지는 사용 가능한 수용 용량을 동등하게 공유해서 계속 증가해나간다.

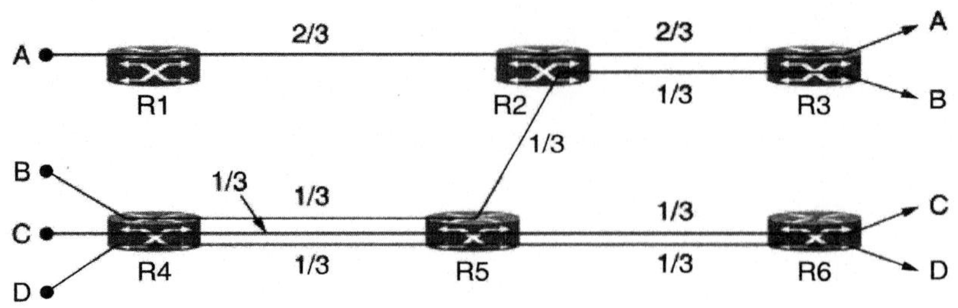

그림 6-20 네 흐름을 위한 최대-최소 대역폭 할당

세 번째 고려사항은 대역폭 할당에 대한 공평성을 무엇을 기준으로 판단할지에 대한 문제이다. 네트워크는 두 호스트 간의 연결들이나, 한 호스트가 가진 모든 연결들과 같이 연결을 기준으로 하면 공평한 할당이 가능할 수 있다. 5.4절에서 WFQ(Weighted Fair Queueing)에 관한 논의를 했을 때 이 문제를 조사했고, 모든 정의들이 각각의 문제를 가지고 있다는 결론을 내렸다. 예를 들어 공평성을 위한 할당을 정의할 때 호스트를 기준으로 둔다면 네트워크 전송이 많은 서버와 개인 휴대폰이 같은 대역폭을 할당받는 상황이 생기는 반면 연결이 기준이 된다면 호스트들이 많은 연결을 열어놓으려 할 것이다. 이처럼 확실한 해결책이 없다는 점을 감안해서, 연결을 기준으로 한 공평성이 종종 고려된다. 그러나 정확히 공평하게 할당하는 방법은 고려 대상이 아니다. 현실에서는 모든 연결들이 정확히 같은 양의 대역폭을 갖게 되는 것보다 대역폭이 부족한 연결이 있어서는 안 되는 것이 더 중요한 문제이기 때문이다. 물론 TCP의 경우는 다중 연결이 가능하고 대역폭에 대한 경쟁이 훨씬 공격적이어서 피어 대 피어(peer to peer)의 파일 공유를 위한 BitTorrent와 같이 대역폭이 부족한 응용에서 사용된다.

수렴점

혼잡 제어 알고리즘이 대역폭 할당의 효율과 공평성으로 빨리 수렴되는가가 마지막 고려 기준이다. 이 이상점(desirable operating point)에 대한 논의는 통계적인 네트워크 환경을 가정한다. 연결은 항상 네트워크에서 오고 가고를 빈번히 하고, 연결에 주어진 대역폭은 사용자가 웹 페이지를 이용하거나, 큰 파일을 다운받는 경우처럼 다양하게 변화한다.

요구에 대한 변화가 다양하기 때문에 네트워크에 대한 이상점 또한 다양하다. 좋은 혼잡 제어 알고리즘은 이상점에 빨리 수렴해야 하고, 이상점의 변화를 잘 파악해야 한다. 수렴 정도가 느리면, 알고리즘은 절대 변화 이상점과 비슷해질 수 없다. 만약 알고리즘이 안정적이지 못하다면, 올바른 수렴점을 찾을 수 없거나 수렴점 주변만을 헤매게 될 것이다.

한 예로, 대역폭 할당이 매번 바뀌고, 대역폭 할당이 빠르게 수렴하는 과정이 그림 6-21에 나와 있다. 처음에 흐름 1이 모든 대역폭을 가지고 있다가 1초 후에 흐름 2가 시작해서 대역폭을 필요로 한다. 순간적으로 이 흐름들에게 각각 절반의 대역폭을 할당한다. 4초 후에 흐름 3이 합쳐져지지만,

공평한 할당보다 적은 대역폭의 20%를 제공받는다. 흐름 1과 2는 대역폭의 40%를 각각 나누어 갖는다. 9초 후 흐름 2가 떠나고, 세 번째 흐름은 그대로고, 흐름 1이 대역폭의 80%를 차지한다. 항상 할당된 대역폭은 거의 100%에 가깝기 때문에 네트워크를 충분히 사용하고 있다고 할 수 있고, 경쟁하는 흐름들은 동등한 대우를 받는다(하지만 그들이 필요로 하는 양 이상의 대역폭을 사용할 필요는 없다).

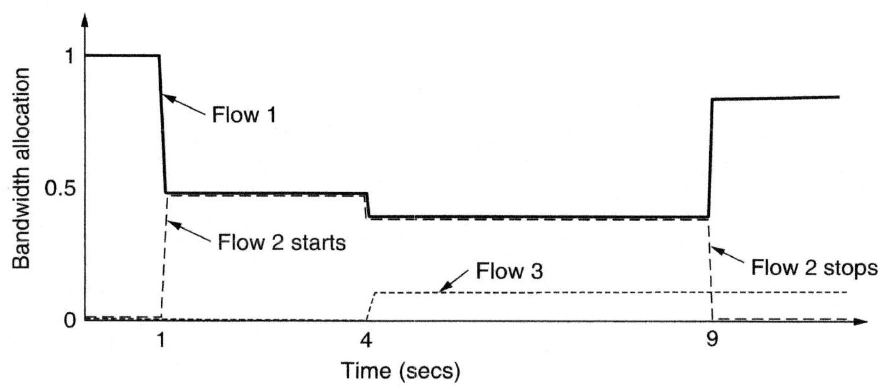

그림 6-21 시간이 지남에 따라 변하는 대역폭 할당

6.3.2 전송 속도 규제

이제 핵심에 관해 공부할 것이다. 우리는 바람직한 대역폭 할당을 얻기 위해 보내는 전속 속도들을 어떻게 규제 하는 것이 좋겠는가? 보내는 전송 속도는 두 요소에 의해 제한될 수 있다. 첫 번째는 흐름 제어로 수신자의 버퍼가 부족할 경우이고, 두 번째로는 네트워크의 수용 용량이 부족할 경우에 발생하는 혼잡이 있다. 그림 6-22에서 이 문제를 수압으로 표현했다. 그림 6-22(a)를 보면, 두꺼운 파이프가 적은 수용 용량을 가지 수신자에 연결되어 있다. 양동이를 가득 채울 수 있는 양 이상의 물만 보내지 않는다면, 물을 버리는 일은 없을 것이다. 그림 6-22(b)에서는 제한 요소가 양동이의 크기가 아니고, 내부에서 전달하는 네트워크의 수용 능력이다. 아주 많은 양의 물이 갑자기 나오면, 물이 역류하거나 어느 정도는 버려질 것이다(깔때기에 물이 넘치는 경우).

위의 경우는 송신자가 전송을 너무 빨리해서 패킷들이 유실되는 상황과 유사하다. 하지만 두 경우는 각기 다른 문제를 낳고, 해결방법 또한 다르다. 이미 흐름 제어에 관한 문제에 대해 윈도우 크기를 다양화하는 해결책을 언급했었다. 이제는 혼잡 제어에 관한 해결책을 마련해 보자. 두 문제 모두 발생할 수 있기 때문에 트랜스포트 프로토콜은 기본적으로 두 문제에 대한 해결책을 마련하고, 만약 둘 중 하나가 발생한다면 전송 속도를 줄이고 해결방법을 실행한다.

트랜스포트 프로토콜이 전송 속도를 지키는 방법은 네트워크에서 되돌아오는 피드백 형식에 달려 있다. 피드백은 직접 표현되어 있거나 내포되어 있을 수도 있고 자세하거나 모호할 수도 있다.

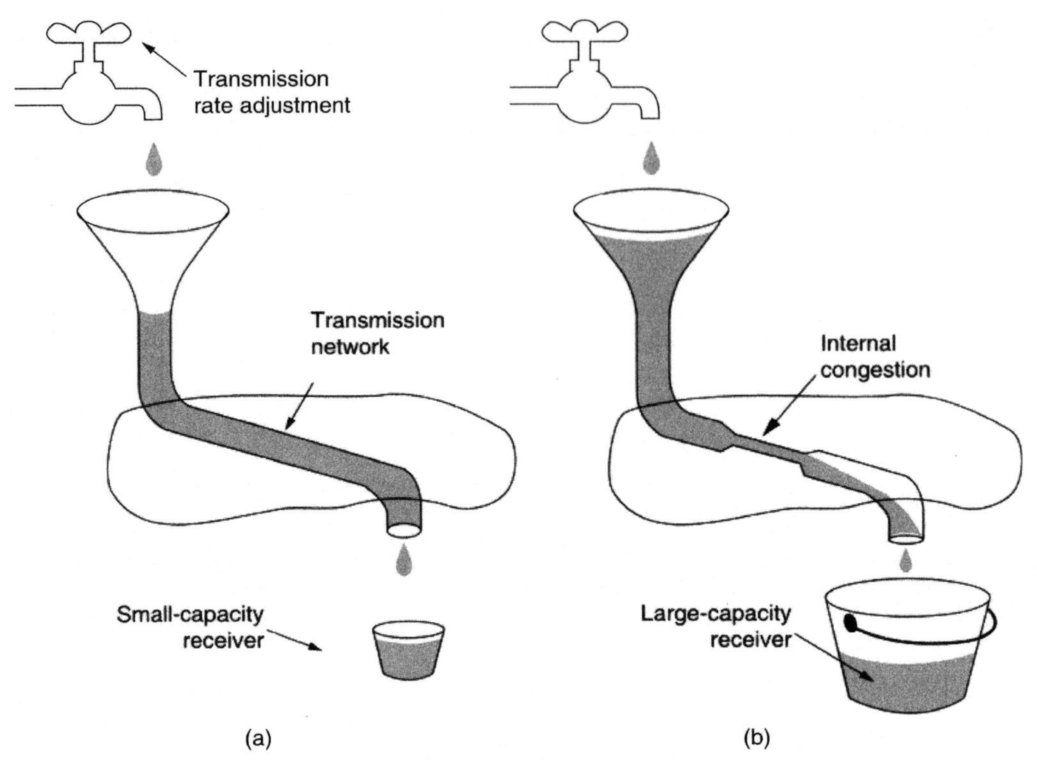

그림 6-22 (a) 작은 용량 수신자에게 연결된 빠른 네트워크 (b) 큰 용량 수신자에게 연결된 느린 네트워크

명백하면서 자세하게 피드백을 디자인 하는 경우, 라우터가 송신측에 전송 속도를 말해준다. XCP(eXplicit Congestion Protocol)과 같은 디자인 관련 문헌은 위와 같이 동작한다(Katabi et al., 2002). 명백하면서 모호한 디자인은 TCP를 이용한 ENC(Explicit Congestion Notification)에서 사용된다. 이 디자인은 혼잡이 발생하면 라우터가 패킷에 비트를 설정해서 송신자에게 전송 속도를 줄이라고 경고하지만 얼마나 줄여야 하는지에 관해서는 언급하지 않는다.

나머지 디자인들은 직접적인 신호가 없다. FAST TCP는 왕복 지연을 측정하고 그 값을 혼잡을 예방하기 위해 신호로 사용한다(Wei et al., 2006). 오늘날 인터넷에서 가장 널리 쓰이는 혼잡 제어의 형식 중에 drop-tail이나 RED 라우터, 패킷 유실을 가진 TCP가 속해 있고 혼잡이 네트워크 내에 시작되었다는 신호로 사용된다. 리눅스에서 사용하는 CUBIC TCP를 포함해서 이 TCP의 형식을 변형시켜 만든 형식들이 많이 있다(Ha et al., 2008). 이들 간의 조합 또한 가능하다. 가령, 윈도우에 포함되어 있는 Compound TCP는 패킷 유실과 지연을 피드백 신호로써 이용한다(Tan et al., 2006). 이 디자인들이 그림 6-23에 요약되어 있다.

만약 분명하고 자세한 신호가 주어진다면, 전송 개체는 전송 속도를 조절할 수 있는 새 작용점(operating point)으로 이 신호를 사용할 수 있다. 예를 들어 XCP가 송신자에게 특정 속도를 사용하라고 알린다면, 송신자는 단순히 그 속도로 보내기만 하면 된다. 하지만 나머지 경우들은 몇몇 추측들이 필요하다. 혼잡 신호가 없을 경우, 송신자는 보내는 속도를 증가시키고 혼잡 신호가 나타나면 속도를 감소시켜야 한다. 전송 속도를 증가시키거나 감소시키는 결정은 제어 법칙(control law)에 따른다. 이 법칙들은 성능에 큰 영향을 미친다.

Protocol	signal	Explicit?	Precise?
XCP	Rate to use	Yes	Yes
TCP with ECN	Congestion warring	Yes	No
FAST TCP	End-to-end delay	No	Yes
Compuound TCP	Packer loss & end-to-end delay	No	Yes
CUBIC TCP	Packet loss	No	No
TCP	Packet loss	No	No

그림 6-23 일부 혼잡 제어 프로토콜의 신호들

Chiu와 Jain(1989)는 이진수의 혼잡 피드백에 관해 공부해서 효율적이고 공평한 작용점에 도달하기 위해서는 AIMD(Addictive Increase Multiplicative Decrease)라는 제어 법칙을 필요하다는 결론을 내렸다. 이를 주장하기 위해, 그들은 단일 링크에서 대역폭 경쟁을 하는 두 연결의 간단한 경우에 관한 도표를 구성했다. 그림 6-24의 도표는 x축 위의 사용자 1과 y축 위의 사용자 2에게 할당된 대역폭을 보여주고 있다. 할당이 공평하다면 두 사용자 모두 같은 양의 대역폭을 받게 될 것이다. 점선으로 된 공평선(fairness line)을 보고 알 수 있다. 링크의 수용 용량을 100%로 할당할 때, 효율적인 할당이라고 한다. 이는 점선으로 된 효율선(efficiency line)을 통해 알 수 있다. 이 두 선들의 교차점은 두 사용자가 같은 대역폭 값을 할당받고 100%의 대역폭 이용이 이루어진 이상점(ideal operating point)이다.

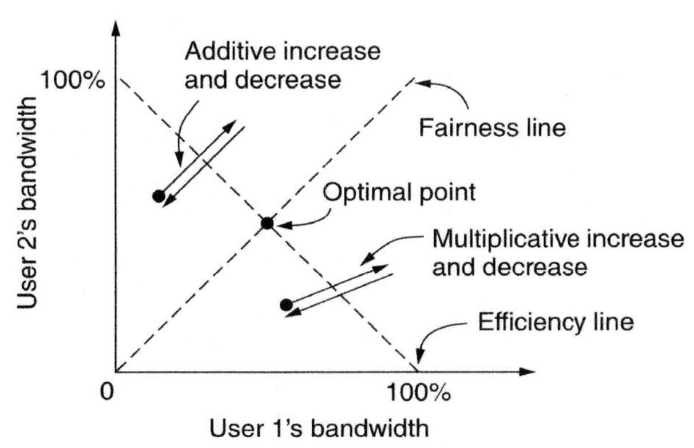

그림 6-24 합 증가/곱 감소 대역폭 조정

만약 시간이 흐르면서 사용자 1과 사용자 2 모두 추가적으로 각 대역폭을 증가시킨다면 시작 할당은 어떻게 되는 걸까? 예를 들어, 사용자들이 매초 1Mpbs로 진송 속도를 증가시킬 수 있다면 작용점은 효율선을 사이에 두고 왔다 갔다 하고, 결국 두 사용자들은 네트워크로부터 혼합 신호를 받는다. 이 단계에서는 그들의 할당을 줄여야 한다. 하지만 추가적인 감소는 단순히 추가선(addictive line)을 따라 오가는 현상을 만들게 될 것이다. 이 상황이 그림 6-24에 나와 있다. 이런 반응은 작용점을 효율에 맞출 수는 있어도, 공평한 할당은 가능할 수도 있고, 그렇지 않을 수도 있다.

마찬가지로 사용자들이 혼잡 신호를 받기 전까지 시간이 흐를수록 그들의 대역폭을 배로 증가시키는 경우에 대해 생각해 보자. 가령 사용자들은 매초 전송 속도의 10%를 증가시킬 수 있다. 만약 그들이 전송 속도를 급속히 줄인다고 한다면, 사용자들의 작용점은 배수선(muliplicative line)을 따라 진동하게 될 것이다. 이 반응 또한 그림 6-24에 나타나 있다. 이 배수선은 추가선과는 다른 경사로 되어 있다. (추가선은 45도의 경사를 갖는 반면 배수경사는 원점을 향해 기울어져 있다.) 둘 중 어느 한 경우도 사용자들이 효율과 공평한 할당을 만족시키는 최상의 수렴점은 찾을 수 없을 것이다.

이제 사용자들이 추가적으로 그들의 대역폭 할당을 증가시키고 나서 혼잡 신호를 받았을 때 이를 급속히 감소시키는 상황을 고려해 보자. 이 반응은 그림 6-25에 나와 있는 AIMD 제어 법칙이다. 이 반응을 통해 추적된 경로는 효율과 공평성을 가진 최적점에 수렴하는 것으로 보인다. 이 수렴은 시작점이 어디든지 상관없이 일어나서 대체적으로 AIMD를 유용하게 만들었다. 동일한 주장을 통해 오직 다른 조합, 급격한 증가와 추가적인 감소가 최적점에서 발산될 수 있다.

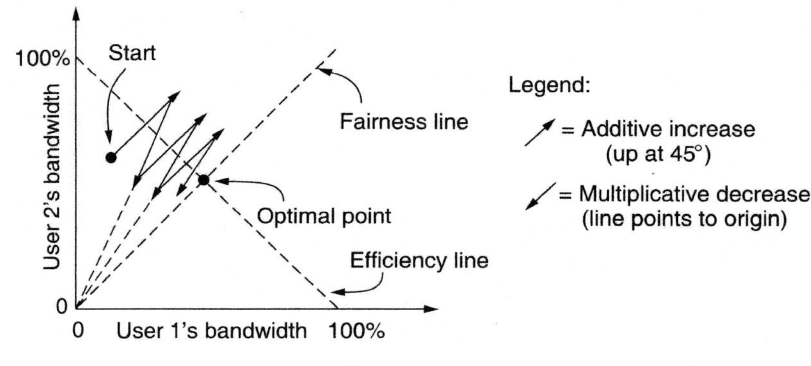

그림 6-25 합 증가/곱 감소 제어 법칙

AIMD는 이 주장과 다른 안정적인 주장을 바탕으로 TCP에 사용되는 제어 법칙이다(네트워크는 혼잡 상태로 빠지기 쉽고 회복이 어려워서 증가시키는 정책은 유연하게 하고 감소시키는 정책은 엄격해야 한다). 주어진 매 왕복 시간에 의해 TCP연결이 윈도우 크기를 조정하기 때문에 이는 꽤 공평한 것은 아니다. 다른 연결들은 각기 다른 왕복 시간을 가질 것이다. 이것은 호스트와 가까운 연결들은 멀리 있는 호스트와의 연결에 비해 더 많은 대역폭을 받게 된다는 편견을 만든다.

6.5절에서 TCP가 보내는 속도를 조절하고 혼잡 제어 제공을 위해서 어떻게 AIMD 제어 법칙을 구현하는지 자세히 설명할 것이다. 속도들이 어느 정도 간격에 의해 측정되고 트래픽이 버스티(bursty)하기 때문에 보기와 달리 작업이 상당히 어렵다. 속도를 직접적으로 조정하는 대신, 슬라이딩 윈도우의

크기를 조정하는 전략이 실제로 자주 사용된다. TCP는 이 전략을 사용한다. 만약 윈도우 크기가 W고 왕복 시간이 RTT라면 속도는 W/RTT가 된다. 이 전략은 윈도우 크기를 이미 쓰고 있는 흐름 제어와 합치기 쉽고, 송신자가 패킷들의 속도를 확인 응답을 통해서 조절할 수 있고 만약 패킷이 유실됐다는 보고마저 받지 못하게 된다면 한 RTT만큼 속도를 감소시킬 수 있는 이점이 있다.

마지막 문제로 트래픽을 네트워크상으로 보내는 많은 다른 프로토콜들이 있을 수 있다. 다른 프로토콜들이 다른 제어 법칙과 혼잡을 피하기 위한 경쟁하면 어떤 일이 벌어질까? 동일하지 않은 대역폭 할당이 일어날 것이다. TCP는 인터넷에서 혼잡 제어 형태로 널리 사용되기 때문에 공평한 할당을 위해서 새로운 프로토콜을 만들어내는 것은 부담이 큰 문제이다. 초기 스트리밍 미디어 프로토콜(streaming media protocol)들의 경우, 공평한 할당 경쟁을 하지 않았기 때문에 TCP의 처리량을 지나치게 줄여서 문제를 야기했다. 이 문제는 TCP와 TCP가 아닌 다른 트랜스포트 프로토콜들이 부작용 없이 자유롭게 섞일 수 있는 TCP 우호적 혼잡 제어의 개념을 이끌어냈다(Floyd et al., 2000).

6.3.3 무선 문제

혼잡 제어를 구현하는 TCP와 같은 트랜스포트 프로토콜은 네트워크 계층과 링크 계층에 제약을 받지 않는다. 이 내용은 좋은 이론이지만, 실제 무선 네트워크에서 몇몇 문제들이 존재한다. 주요 문제는 앞서 논의한 TCP를 포함해 패킷 유실이 혼잡 제어의 신호가 된다는 점이다. 재전송 오류 때문에 무선 네트워크는 항상 패킷을 잃어버린다.

AIMD 제어 법칙을 이용한 고효율 처리는 유실되는 패킷이 상당히 적다. Padhye(1998)의 분석에서 처리량은 패킷 유실률의 역제곱근 값으로 나온다는 것을 보여줬다. 실제로 빠른 TCP 연결의 유실률은 매우 작다는 것을 의미한다. 1%는 적당한 패킷 유실률이고, 패킷 유실률이 10%가 되면 연결이 중단된다. 하지만 802.11 LAN과 같은 무선 네트워크에서는 최소 10%의 유실률을 갖는 것이 일반적이다. 이런 차이는 패킷 유실을 신호로 이용하는 혼잡 제어 기법과 같은 방어책이 없다면 불필요하게 낮은 속도로 무선 링크를 지나는 연결들을 막는다.

함수가 잘 동작하기 위해서는 패킷이 유실 되었을 경우, 혼합 알고리즘에서 관찰이 가능한 대역폭 부족 때문에 생긴 패킷 유실이어야 한다. 그렇지 않고, 전송 오류로 발생하는 패킷 유실은 함수 작동에 문제가 된다. 이 문제에 대한 해결책으로는 무선 링크에 재전송을 보내 잃어버린 데이터를 감추는 것이다. 예를 들어 802.11은 상위 계층에 패킷이 유실된 것을 보고하기 전에 필요하다면 정지-대기 프로토콜을 이용해 여러 번 프레임 전송을 재시도한다. 대부분 상위 계층에 보이지 않는 순간적인 전송 오류들에도 불구하고 패킷은 전달된다.

그림 6-26은 마스킹 전략(masking strategy)을 이용한 유선 링크와 무선 링크의 경로를 나타낸다. 두 가지 측면에 주목해야 한다. 첫째는 송신자는 유선 링크와 직접적으로 연결이 되어 있기 때문에

경로에 무선 링크가 포함되는지를 알 필요는 없다. 인터넷 경로들이 매우 다양한 종류로 이루어져있고, 송신자가 경로를 어떤 링크로 구성할지에 관해 전달하는 일반적인 방법은 없다. 유선을 위한 프로토콜과 무선을 위한 프로토콜을 나누어 사용하는 것은 쉬운 일이 아니어서 이런 경우 혼잡 제어 문제가 복잡해진다.

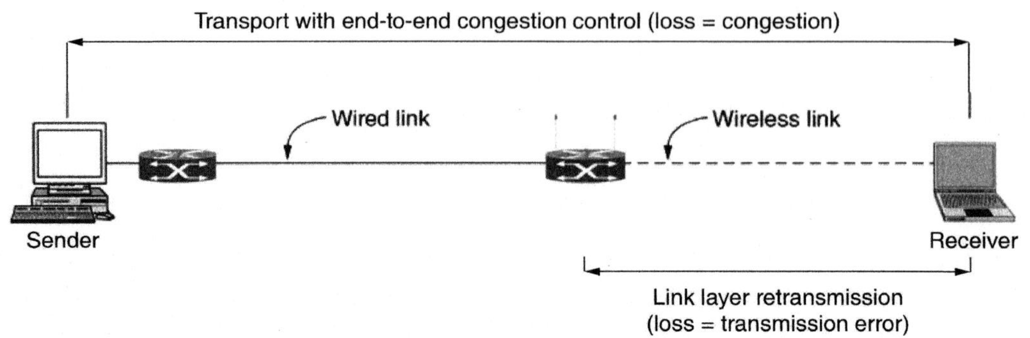

그림 6-26 무선 링크를 가진 경로의 혼잡 제어

두 번째 측면은 마치 퍼즐처럼 애매한 부분이 있다. 링크 계층의 프레임 재전송과 트랜스포트 계층의 혼잡 제어, 이 두 유실에 의한 메커니즘들이 그림 6-25에 나와 있다. 이 두 메커니즘을 혼란 없이 같이 이용하기 위한 방법 구현이 까다롭다. 유실은 전송 오류나 혼잡 신호, 이 둘 중 하나 때문에 발생하는 것이니까 결국은 한 메커니즘을 실행해야 한다. 두 경우가 모두 발생할 수는 없다. 만약 두 메커니즘이 모두 실행된다면 (프레임을 재전송하고, 전송 속도를 줄인다면), 무선 링크 상에서 너무 늦게 실행되는 전송 본연의 문제를 다시 맞닥트린다. 위의 까다로운 문제에 관해 고심해 보고, 해결이 가능한지 생각해 보자.

해결책은 각기 다른 시간 범위에서 두 메커니즘들이 동작하는 것이다. 802.11과 같은 무선 링크의 경우, 링크 계층의 재전송은 수 마이크로초(microseconds)에서 수 밀리초(milliseconds) 사이에 일어난다. 트랜스포트 계층의 유실은 수 밀리초에서 수 초(seconds) 사이에서 발생한다. 세 자리수의 차이를 보이고 있다. 이는 결국 전송 개체가 패킷 유실이라고 추론도 하기 전에 무선 링크가 프레임이 유실된 것을 감지하고, 전송 오류를 바로잡기 위해 프레임을 재전송하는 것을 가능하게 한다.

마스킹 전략은 거의 모든 무선 링크 상에서 대부분의 전송 프로토콜들이 잘 실행될 수 있도록 한다. 하지만 모든 문제에 대한 해결책은 아니다. 위성과 같은 무선 링크는 긴 왕복 시간을 가진다. 이런 링크들의 경우 유실을 감추기 위해서는 FEC (Forward Error Correction)와 같은 기술이 더 필요하거나, 전송 프로토콜이 유실되지 않았을 때 보내는 신호를 혼잡 제어에 이용해야 한다.

무선 링크에서 혼잡 제어를 이용할 때 나타나는 두 번째 문제는 가변적인 수용 용량이다. 다시 말해 노드들은 움직이고 신호 대 잡음비(signal-to-noise ratio)가 채널의 조건에 따라 변하기 때문에 무선 링크의 수용 용량은 시간이 지나면서 변하고, 때로는 급작스럽게 변한다. 수용 용량 값이 고정된 유선 링크와는 차이가 있다. 전송 프로토콜은 무선 링크의 수용 용량 변화에 잘 적응해야 한다. 그렇지 않으면 네트워크가 혼잡해지거나 사용할 수 있는 수용 용량을 찾는 데 실패할 것이다.

이 문제를 해결할 수 있는 방법은 단순히 문제에 대해서 걱정을 하지 않는 것이다. 혼잡 제어 알고리즘이 이미 네트워크에 들어오는 새 사용자나 전송 속도를 바꾸는 기존 사용자에 관한 처리를 해야 하기 때문에 위의 해결책이 가능하다. 비록 유선 링크의 수용 용량이 정해져 있긴 하지만 다른 사용자의 존재 자체가 대역폭 할당에 변화로 작용한다. 그러므로 802.11 무선 링크로 된 경로에 TCP가 실행되고 합당한 성능을 얻는 일은 가능하다.

그러나 무선 변화가 갑작스레 커진다면, 유선 링크에 맞게 디자인된 전송 프로토콜들은 문제를 만들 수 있고, 좋지 못한 성능을 보일 수도 있다. 이런 경우의 해결책은 무선 링크에 맞는 전송 프로토콜을 설계하는 것이다. 특히 도전적인 환경은 그물형 네트워크로 방해하는 무선 링크들이 서로 겹쳐 있고, 경로들은 유동성 덕분에 자주 변하고, 데이터 유실도 많다. 이 분야에 대한 연구는 진행 중이다. 무선 전송 프로토콜의 예로 Li at el. (2009)를 찾아 보는 것도 좋다.

6.4 인터넷 트랜스포트 프로토콜: UDP

인터넷은 트랜스포트 계층에 연결형 프로토콜과 비연결형 프로토콜, 이렇게 두 개의 주된 프로토콜을 가진다. 이 프로토콜들은 서로를 보완해준다. 비연결형 프로토콜이 UDP이다. 응용을 필요로 할 때, 상단에서 프로토콜을 생성하는 일을 가능하게 하고, 패킷을 응용들 사이에서 전달하는 일 이상은 관여하지 않는다. 연결형 프로토콜은 TCP이다. 이 프로토콜을 모든 것을 거의 다고 보면 된다. 연결을 만들고 흐름 제어와 혼잡 제어와 마찬가지로 재전송에 신뢰성을 준다.

다음 절에서 UDP와 TCP에 대해 알아본다. UDP를 먼저 살펴보고 UDP를 사용하는 방법을 두 가지 경우로 나누어 살펴볼 것이다. UDP는 운영체제 위에서 동작하는 전형적인 트랜스포트 계층의 프로토콜이고, UDP를 사용하는 프로토콜들은 보통 사용자 공간(user space)에서 동작 때문에 이러한 사용을 응용으로 간주할 수도 있다. 하지만 이를 사용하는 기술은 많은 응용에서 유용하며, 전송 서비스에 속한다고 간주되기 때문에 이 장에서 그 부분까지 설명할 것이다.

6.4.1 UDP 소개

인터넷 프로토콜은 **UDP(User Datagram Protocol, 사용자 데이터그램 프로토콜)**라는 비연결형 트랜스포트 프로토콜을 지원한다. UDP는 응용에 캡슐화된 IP 데이터그램을 캡슐화하여 보내는 방법과 연결 설정을 하지 않고 보내는 방법을 제공한다. UDP는 RFC 768에 상세히 나와 있다.

UDP **세그먼트**는 8바이트의 헤더와 이다음에 오는 페이로드로 구성된다. 그 헤더가 그림 6-27에 나와 있다. 2개의 포트(port)는 근원지와 목적지 컴퓨터 사이에서 종단점(end point) 식별의 용도로 쓰인다. UDP 패킷이 도착하면, 이 패킷의 페이로드는 목적지 포트에 붙어 있는 프로세스로 넘긴다. 이 연결은 TCP(바인딩 프로세스는 UDP에 대해 동일하다)에 대한 그림 6-6에서 보았던 바와 같이 BIND 프리미티브 또는 이와 유사한 것들이 사용될 경우 발생한다. 포트를 응용들이 사용하는 패킷이 도착하는 우편함이라고 가정한다. TCP도 포트를 사용하기 때문에 추후에 TCP를 설명할 때 더 자세히 살펴보도록 하겠다. UDP를 갖는 주요 값은 근원지와 목적지 포트의 추가이다. 포트 필드 없이, 트랜스포트 계층은 패킷을 가지고 무엇을 해야 하는지 알지 못한다. 포트 필드를 가지고 트랜스포트 계층은 정확하게 세그먼트들을 전달한다.

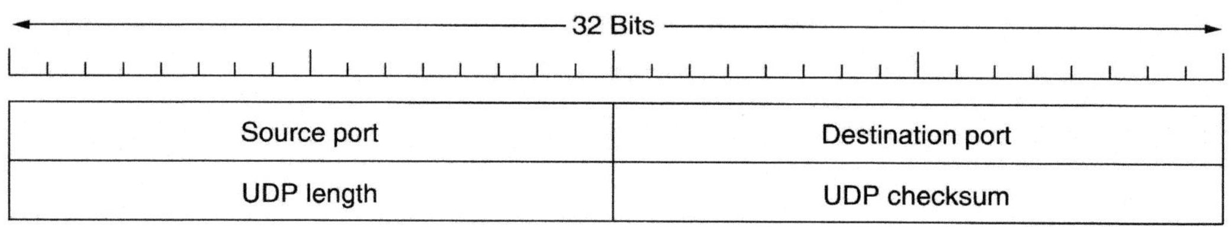

Source port	Destination port
UDP length	UDP checksum

그림 6-27 UDP 헤더

근원지 포트는 응답이 근원지로 다시 보내져야 할 때 주로 필요하다. 유입 세그먼트로부터 *source port*(근원지 포트) 필드를 가져와서 유출 세그먼트의 *destination port*(목적지 포트) 필드로 복사함으로써 응답을 전송하는 프로세스는 전송하는 머신상의 어떤 프로세스가 이를 받아야 할지 지정할 수 있다.

UDP *length*(길이) 필드는 8바이트 헤더와 데이터를 포함한 전체 길이를 나타낸다. 최소 길이가 8바이트로 헤더까지 포함된 길이다. 최대 길이는 65,155바이트로 IP 패킷에 크기 제약이 있기 때문에 16비트가 갖는 최대 길이보다는 작다.

Checksum(체크섬)은 또한 신뢰성을 높이기 위해 제공된다. 그림 6-30에서 보여주는 바와 같이 헤더, 데이터, 개념적 유사헤더(pseudoheader)를 가지고 체크섬을 수행한다. 체크섬 연산을 할 때, *Checksum* 필드는 0으로 세트되며, 데이터 필드 길이가 홀수이면 한 개의 0값을 가지는 바이트를 패딩(padding)한다. 체크섬 알고리즘은 모든 16-비트 워드들을 일의 보수(one's complement)로 더해 그 합한 결과의 일의 보수를 취한다. 결과적으로 수신자가 *Checksum* 필드를 포함하는 전체 세그먼트에 대해 동일 연산을 수행할 때의 결과는 0이 돼야 한다. UDP *checksum* 필드는 선택사항으로 계산되지 않는다면 0으로 저장된다(실례로 계산된 0은 모두 1로 저장된다). 데이터의 질이 중요하지 않은 경우(디지털화된 음성)를 제외하고는 이를 사용하는 것이 좋다.

IPv4에 대한 유사헤더(pseudoheader)는 그림 6-28과 같다. 이것은 근원지와 목적지 머신의 32비트 IPv4 주소들, UDP 프로토콜 번호 (17), 그리고 UDP 세그먼트의 바이트 총합을 포함한다 (헤더까지 합쳐서). 이것은 IPv6와 차이가 있지만 유사한 편이다. UDP 체크섬 계산에 포함된 유사헤더는 잘못 전달된 패킷들을 도울 수 있지만, IP 주소가 UDP 계층이 아니라 IP 계층에 속하기 때문에 유사헤더를 포함시키는 것은 프로토콜 계급 체제를 위반하게 되는 일이다. TCP에서도 이와 똑같은 유사헤더를 체크섬에 사용한다.

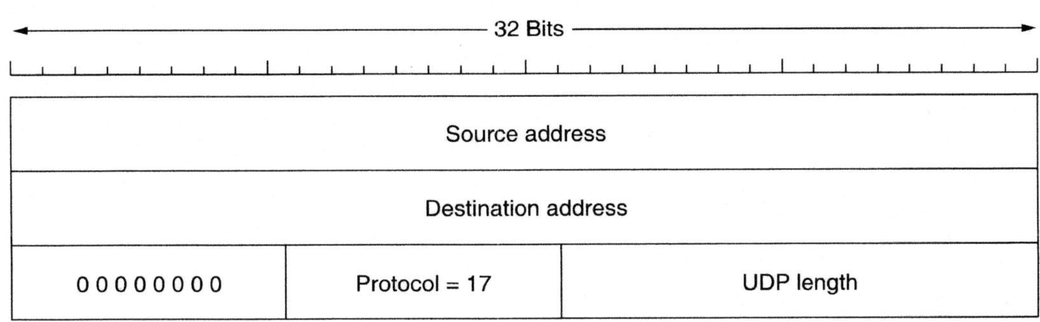

그림 6-28 UDP 체크섬에 포함된 IPv4 유사헤더

UDP가 행하지 않는 것들을 명백히 언급할 가치가 있을 것이다. UDP는 흐름 제어, 오류 제어 또는 손상된 세그먼트의 수신에 대한 재전송을 하지 않는다. 이들 모두는 사용자 프로세스의 몫이다. UDP가 행하는 것은 포트들을 사용하여 다중 프로세스들을 역다중화(디멀티플렉싱)하는 추가된 기능과 함께 IP 프로토콜에 인터페이스를 제공하는 것이다. 이게 UDP가 행하는 전부이다.

정확한 패킷의 흐름 제어, 오류 제어 또는 타이밍(timing)을 필요로 하는 응용에 대해, UDP는 단지 시키는 것만 한다. UDP가 특별히 유용한 분야는 클라이언트-서버 상황이다. 종종 클라이언트는 서버로 짧은 요청을 보내고, 짧은 응답을 기대한다. 만약 요청 또는 응답이 손실된다면, 클라이언트는 단지 시간 종료(time out)되고 다시 시도할 수 있다. 코드가 간단할 뿐 아니라 TCP처럼 초기 설정(initial setup)에서 요구되는 프로토콜에서 보다 (각 방향으로) 적은 메시지가 요구된다.

UDP를 사용한 응용에는 DNS(Domain Name System)가 있으며 이는 7장에서 공부할 것이다. 간단하게 (www.cs.berkeley.edu 같은) 어떤 호스트 네임의 IP 주소를 찾을 필요가 있는 프로그램은, DNS 서버로 호스트 네임을 포함한 UDP 패킷을 보낸다. 이 서버는 호스트의 IP 주소를 포함한 UDP 패킷으로 응답하다. 사전에 설정(setup)이 필요하지 않으며, 그 후에 해제가 필요하지 않다. 단지 2개의 메시지가 네트워크상에서 사용된다.

6.4.2 원격 프로시저 호출

원격 호스트로 메시지를 전송하고 이에 대한 응답을 얻는 것은 프로그래밍 언어에서 프로시저 호출하는 것과 많이 비슷하다. 두 경우에서 하나 이상의 매개변수를 가지고 시작하고 결과를 얻는다. 이 관찰은 사람들을 네트워크에서의 요청-응답 상호동작을 프로시저 호출형태로 연관되도록 조정하였다. 그런 조정은 네트워크 응용을 프로그래밍하기 더 쉽고 다루기 더 익숙하게 만든다. 예로 UDP 패킷을 DNS 서버로 전송하고 응답을 기다리고, 만약 어느 정도 빨리 보지 못하여 시간 초과되고 이를 다시 시도하는 *get_IP_address*(host_name)이라 명명된 프로시저를 가정해 보자. 이렇게 하여 모든 네트워크의 세부 사항이 프로그래머로부터 숨겨질 수 있다.

이 분야에서의 핵심은 (Birrell and Nelson, 1984)에 의해 행해졌다. 너트셸(Nutshell)에서 버렐(Birrell)과 넬슨(Nelson)이 제안했던 것은 원격 호스트에 위치한 프로시저를 호출하는 프로그램을 허용하는 것이었다. 머신 1상의 프로세스가 머신 2상의 프로세서를 호출할 때, 머신 1상의 호출하는 프로세스는 일시 정지되고 피호출된 프로시저의 실행이 머신 2상에서 일어난다. 정보는 매개변수를 통해 호출자에서 피호출자로 전송될 수 있고, 프로시저 결과로 반환될 수 있다. 어떤 메시지 전달도 프로그래머에게는 보이지 않는다. 이 기술은 **원격 프로시저 호출(Remote Procedure Call, RPC)**로 알려져 있으며, 많은 네트워킹 응용에 대한 기본이 된다. 전통적으로, 호출하는 프로시저는 클라이언트이며 호출되는 프로시저는 서버이며, 우리는 그 이름들을 여기서 그대로 사용하겠다.

RPC에 깔린 아이디어는 원격 프로시저 호출을 로컬과 같이 보이게 만든다는 것이다. 가장 간단한 형태로, 원격 프로시저를 호출하기 위해, 클라이언트 프로그램은 클라이언트의 주소 공간에서 서버 프로시저를 기술하는 **클라이언트 스터브(client stub)**라 불리는 작은 라이브러리 프로시저와 함께 있어야 한다. 유사하게, 서버는 **서버 스터브(server stub)**라 불리는 프로시저와 함께 묶여 있어야 한다. 이 프로시저들은 클라이언트에서 서버로의 프로시저 호출이 지역적이지 않다는 사실을 숨긴다.

RPC를 만들기 위한 실제 단계들은 그림 6-29에 설명되어 있다. 단계 1은 클라이언트가 클라이언트 스터브를 호출하는 것이다. 이 호출은 일반적인 방법으로 스택에 올린 매개변수들을 갖는, 로컬 프로시저 호출이다. 단계 2는 클라이언트 스터브가 메시지에 매개변수들로 메시지로 정렬하여 만들고 메시지를 전송하기 위한 시스템 호출을 만드는 것이다. 매개변수들을 넣는 것을 **정렬하기(marshaling)**라 한다. 단계 3은 커널이 클라이언트 머신에서 서버 머신으로 메시지를 전송하는 것이다. 단계 4는 커널이 서버 스터브로 들어오는 패킷을 넘기는 것이다. 마지막 단계 5는 서버 스터브가 분리된 매개변수들로 서버 프로시저를 호출하는 것이다. 이 응답은 다른 방향으로 동일한 경로를 따른다.

여기서 주목해야 하는 핵심 항목은 사용자에 의해 작성된 클라이언트 프로시저가 서버 프로시저와 같이 동일한 이름을 갖는 클라이언트 스터브로 일반적(예; 로컬) 프로시저 호출을 한다는 것이다. 클라이언트 프로시저와 클라이언트 스터브는 동일한 주소 공간에 있으므로, 그 매개변수들은 통상적인 방법으로 전달된다. 유사하게 서버 프로시저는 그 주소 공간 내의 프로시저에 의해 호출된다. 서버 프로시저에게는, 여느 때와 다른 것은 없다. 이 방법으로, 소켓에 행해지는 I/O 대신, 네트워크 통신은 정상적인 프로시저 호출을 가장함으로써 행해진다.

RPC의 개념적인 정확함에도 불구하고, 몇몇 위험성이 있다. 가장 큰 것은 포인터 매개변수를 사용하는 것이다. 일반적으로, 프로시저로 포인터를 전달하는 것은 문제가 없다. 호출된 프로시저는 호출한 프로시저와 같은 방식으로 포인터를 사용할 수 있는데, 이는 두 프로시저가 같은 가상주소 공간에 있기 때문이다. RPC를 사용하여 포인터를 전달하는 것은 클라이언트와 서버가 서로 다른 주소 공간을 가지고 있기 때문에 불가능하다.

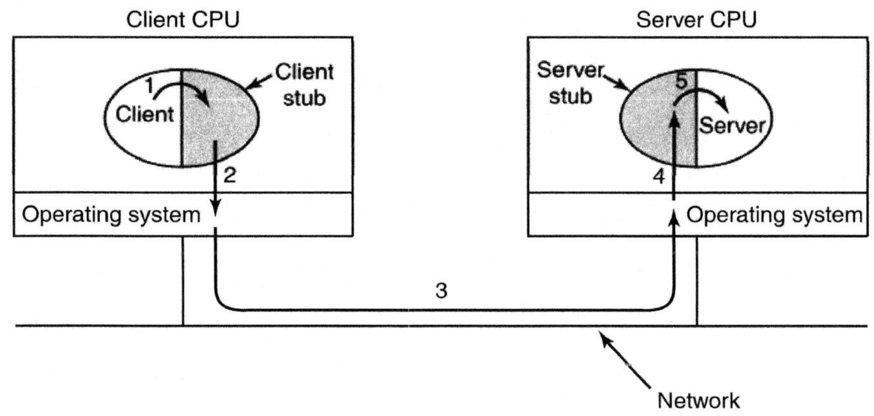

그림 6-29 원격 프로시저 호출을 만드는 단계들. 스터브들은 음영 표시됨

일부의 경우에서, 포인터 전달을 가능하게 만드는 기술들이 사용될 수 있다. 첫 번째 매개변수가 정수 *k*로의 포인터라고 가정하자. 클라이언트 스터브는 *k*를 정렬시켜 그 서버로 이를 전송한다. 그 서버 스터브는 *k*로 포인터를 생성하고 서버 프로시저로 이를 전달한다. 서버 프로시저가 서버 스터브로 제어를 반환하면, 서버가 *k*를 변경하였으면, 서버 스터브는 전의 *k*위에 새 *k*가 복사되는 클라이언트로 *k*를 돌려보낸다. 사실상, 참조 호출(call-by-reference)의 표준 호출은 copy-restore로 대체되었다. 불행히도, 이 기술은 포인터가 그래프 또는 복잡한 데이터 구조를 가리키는 예같이 항상 동작하지는 않는다. 이런 이유로, 원격 호출된 프로시저로의 매개변수들에는 몇 가지 제한을 둬야 한다.

두 번째 문제는 C언어와 같은 언어들에 있다. C언어는 어느 쪽이 얼마나 큰지에 대한 명시 없이, 두 개의 벡터들(정렬들)의 곱을 계산하는 프로시저를 작성하는 것은 적법하다. 호출 또는 피호출되는 프로시저에서만 알려진 특별한 값에 의해 각각 종료될 수 있다. 이 상황에서 클라이언트 스터브가 매개변수들을 정렬시키는 것은 본질적으로 불가능하다.

세 번째 문제는 형식적 명세(formal specification) 또는 코드 자체로부터도 매개변수들의 형태를 추론하는 것이 항상 가능하지 않다는 것이다. 예를 들어 (최소한 하나) 얼마든지 매개변수를 가질 수 있고, 그 매개변수들은 다양한 길이의 정수형(integer), short형(shorts), long형(longs), 문자형(characters), 문자열형(sting), 플로팅 포인트의 수와 그밖의 형태들이 임의로 섞여 있을 수 있는, *printf*가 있다. 원격 프로시저로써 *printf* 호출을 시도하는 것은 C 언어가 너무 허용되기 때문에 실제적으로 불가능하다. 그러나 RPC는 C(또는 C++) 언어로 프로그램을 작성하지 않은 것이 사용될 수 있다.

네 번째 문제는 글로벌 변수들의 사용과 관련된다. 일반적으로 호출하는 프로시저와 호출되는 프로시저는 매개변수를 매개로 통신하는 것에 추가하여, 글로벌 변수들을 사용하여 통신할 수 있다. 호출되는 프로시저가 원격 머신으로 이동된다면, 글로벌 변수들이 더 이상 공유되지 않기 때문에 그 코드는 실패할 것이다.

이런 문제점들이 RPC가 가망이 없다는 것을 시사하는 것은 아니다. 이는 널리 사용되고 있지만 실제로 잘 동작하도록 하기 위해서는 몇몇 제한들이 필요하다.

트랜스포트 계층 프로토콜들에 관해서는 UDP가 RPC를 구현하기 위한 좋은 기본 바탕이다. 가장 단순한 경우, 요청과 응답 모두 단일 UDP 패킷으로 전해지고 동작도 빠르다. 하지만 구현에는 다른 시스템도 포함되어야 한다. 요청이나 응답이 유실될 수 있기 때문에 클라이언트는 요청을 재전송하기 위한 타이머를 유지해야 한다. 응답이 요청에 대한 간접적인 확인응답의 역할을 한다면, 요청은 확인응답을 구분할 필요가 없다. 때때로 매개변수들이나 결과들은 최대 UDP 패킷 크기보다 클 수 있기 때문에 이런 경우, 큰 메시지들을 전달할 수 있는 프로토콜이 필요하다. 다수의 요청들과 응답들이 겹칠 수 있다면 (동시 프로그램 작성과 같은 경우), 식별자는 요청과 응답을 짝지을 수 있어야 한다.

높은 단계의 문제는 연산이 멱등원 형식으로 되지 않을 수 있다는 것이다(예를 들어 안전한 반복의 경우). 멱등원 연산의 기본적인 경우는 DNS의 요청과 응답이다. 응답이 아직 준비되지 않았다면, 클라이언트가 안전하게 이 요청들을 계속 반복해서 재전송할 수 있다. 서버가 요청을 받지 못했거나, 응답이 유실됐는지는 크게 문제되지 않는다. 결국 도착하기만 한다면, 응답은 같을 것이다 (DNS 데이터베이스가 그동안 업데이트가 되지 않았다고 가정하자). 하지만 모든 연산이 멱등원이 되는 것은 아니다. 예를 들어 카운터를 증가시키는 것과 같은 중요한 부작용들이 있기 때문이다. 이 연산들을 위한 RPC는 프로그래머가 프로시저를 호출했을 경우, 반복해서 실행되지 않도록 하기 위해 더 강한 의미적 요소들이 필요하다. 이런 경우는 UDP를 사용하는 것보다는 TCP 연결을 설정하고, TCP상에서 요청을 전송하는 서버가 필요하다.

6.4.3 실시간 트랜스포트 프로토콜

클라이언트-서버 RPC는 UDP가 널리 사용되는 분야의 하나 또 다른 분야로 실시간 멀티미디어 응용이 있다. 특히 인터넷 라디오, 인터넷 전화, 주문형 음악(music-on-demand), 화상회의, 주문형 비디오(video-on-demand), 그 밖의 멀티미디어 응용들이 더욱 흔해졌고, 사람들은 각 응용이 유사한 동일한 실시간 트랜스포트 프로토콜을 다시 수정하고 있다는 것을 알았다. 점차 여러 응용에 대한 일반적인 실시간 전송 프로토콜을 갖는 것은 좋은 생각이라는 것이 명백해졌다.

그래서 **실시간 트랜스포트 프로토콜(Real-time Transport Protocol, RTP)**가 탄생되었다. 이는 RFC 3350에 기술되어 있으며 현재 널리 사용되고 있다. 실시간 트랜스포트의 두가지 측면에 대해서 공부할 것이다. 우선 첫 번째는 오디오와 비디오 데이터 패킷 형식으로 전송하는 RTP 프로토콜이다. 두 번째는 대부분 수신자의 입장에서 봤을 때, 오디오와 비디오를 적당한 시기에 재생하기 위해서 발생하는 처리 방법이다. 그림 6-30에서 보듯 이 기능들이 프로토콜 스택에 맞춰져 있다.

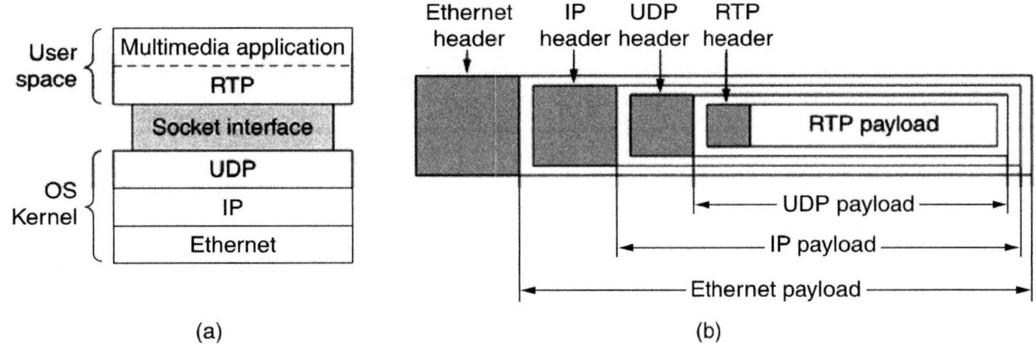

그림 6-30 (a) 프로토콜 스택에서 RTP의 위치 (b) 패킷 네스팅(nesting)

RTP를 사용자 공간에 두고, UDP상에서 (일반적으로) 동작하도록 결정됐다. RTP는 다음과 같이 동작한다. 멀티미디어 응용은 다중 오디오, 영상, 텍스트, 가능한 그 밖의 스트림들로 이뤄진다. 이것들에게 응용과 같이 사용자 공간에 있는 RTP 라이브러리를 공급한다. 이 라이브러리는 스트림을 다중화하고 RTP 패킷으로 인코드하고 소켓에 넣는다. (동작하는 시스템 커널 내의) 소켓의 아래쪽에서, UDP 패킷은 생성되고 IP 패킷 내에 넣는다. 컴퓨터가 이더넷상에 있다면, IP 패킷은 전송을 위해 이더넷 프레임에 넣어진다. 멀티미디어 응용은 결국 RTP 라이브러리를 통해 멀티미디어 데이터를 받는다. 응용은 미디어를 재생할 의무가 있다. 이 상황에 대한 프로토콜 스택은 그림 6-30(a)와 같다. 차례로 포개 넣어진 패킷은 그림 6-30(b)에 제시돼 있다.

이 설계의 결과로써, RTP가 어떤 계층에 있는지를 말하기는 약간 어렵다. 사용자 공간에서 동작하고 응용 프로그램에 연결되어 있기 때문에, 확실히 응용 프로토콜처럼 보인다. 또 한편으로, 단지 전송 기능을 제공하는 일반적인 응용에 독립적인 프로토콜이므로 또한 트랜스포트 프로토콜처럼 보이기도 한다. 응용 계층에 구현돼 있는 트랜스포트 프로토콜이라고 하는 것이 가장 좋은 설명일 것이다.

RTP—The Real-time Transport Protocol

RTP의 기본 기능은 UDP 패킷의 단일 스트림으로 몇몇 실시간 데이터 스트림을 멀티플렉싱하는 것이다. UDP 스트림은 단일 목적지(유니캐스팅) 또는 다중 목적지들(멀티캐스팅)로 전송될 수 있다. RTP는 단지 일반적인 UDP를 사용하기 때문에, 몇몇 일반적인 IP 서비스의 질(QoS) 특성들을 가용케 하지 않는다면, 이 패킷들은 특별히 취급되지 않는다. 실제로 전달, 지연, 손실 등에 대한 특별한 보장이 없다.

RTP 형식은 수신자가 멀티미디어 정보를 작업하는 일을 돕기 위해 몇몇 특징을 포함하고 있다. RTP 스트림에서 보내지는 각 패킷은 바로 전 패킷보다 하나 높은 번호가 주어진다. 이런 번호부여 방식은 목적지로 하여금 어느 패킷이 분실됐는지를 알 수 있게 한다. 만약 한 패킷이 없다면, 이를 회득하기 위해 목적지에서의 최상의 동작은 보간(interpolation)에 의해 손실한 값에 대한 근사치를 얻는 것이다. 재전송은 재전송된 패킷이 유용하기에 너무 늦게 도착하므로 대개는 실용적인 옵션이 아니다. 그러므로 RTP는 확인응답이 없고, 재전송을 요청하는 메커니즘도 없다.

각각의 RTP 페이로드는 여러 샘플들을 포함하고 응용이 원하는 어떠한 방법으로든 코딩된다. 인터네트워킹을 허용하기 위해서, RTP는 몇몇 프로파일(단일 영상 스트림)을 정의하고 각 프로파일에 대해, 다중 인코딩 형식들이 허용될 수도 있다. 예로, 단일 음성 스트림은 8kHz에서 8비트 PCM 샘플, 델타 인코딩, GSM 인코딩, MP3 등으로 인코딩될 수 있다. RTP는 근원지가 인코딩을 명시할 수 있는 곳은 헤더 필드를 제공하지만 어떻게 인코딩이 행해지는지는 포함되지 않는다.

많은 실시간 응용이 필요로 하는 또 다른 기능은 타임 스탬핑(time stamping)이다. 여기서 이 아이디어는 근원지가 각각의 패킷에서 첫 번째 샘플과 타임스탬프를 관련시키는 것을 허용하는 것이다. 타임스탬프들은 스트림의 시작 시간에서부터의 상대적인 시간이므로, 타임스탬프들 간의 차이만이 의미가 있다. 절대적인 값들은 의미가 없다. 이 기법은 스트림 시작 후에 샘플을 포함한 패킷이 언제 도착했는지는 상관없이 목적지가 버퍼링을 조금만 하고 수 밀리초의 샘플을 재생하도록 하는 것이다. 타임스탬핑이 네트워크 안에서 다양한 변화를 줄일 뿐 아니라 다중 스트림이 동기화되는 것을 허용한다. 예로, 디지털 텔레비전 프로그램은 하나의 영상 스트림과 2개의 오디오 스트림들을 가질 수 있다. 2개의 오디오 스트림들을 스테레오 브로드캐스트를 위한 것이거나 또는 원래 언어 사운드트랙과 로컬 언어로 더빙된 사운드트랙을 가진 영화 같은 것이 있을 수 있다. 각각의 스트림은 서로 다른 물리적 디바이스로부터 오지만, 이들이 단일 카운터로부터 타임스탬프 되어 있다면, 이들은 스트림들이 약간 불규칙적으로 전송될지라도 동시에 동작될 수 있다.

RTP 헤더는 그림 6-31에 제시되어 있다. 3개의 32비트 워드와 어느 정도의 확장워드들로 이루어져 있다. 첫 번째 워드는 이미 2로 되어 있는 *Version*(버전) 필드를 포함한다. 이 버전이 (비록 3이 실제 버전이 확장 워드에 있다는 의미로서 정의될 지라도) 오직 하나의 코드 포인트가 남아 있기 때문에 이 버전이 마지막 버전에 아주 가깝기를 기대하자.

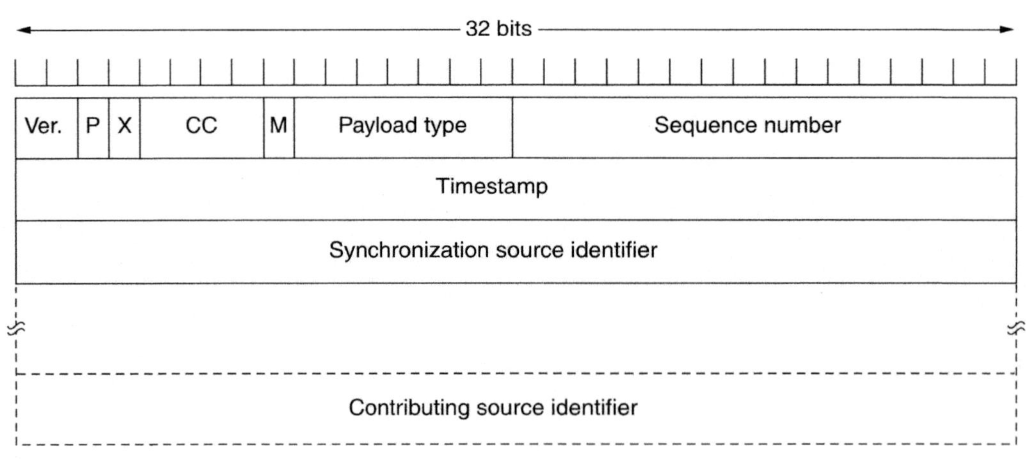

그림 6-31 RTP 헤더

P 비트는 패킷이 4바이트의 배수로 패딩되어 있다는 것을 나타낸다. 마지막 패딩 바이트는 얼마나 많은 바이트가 추가되었는지를 알려준다. *X* 비트는 확장 헤더가 존재한다는 것을 나타낸다. 확장 헤더의 형식과 의미는 정의되어 있지 않다. 정의되어 있는 오직 하나는 확장의 첫 번째 워드가 그 길이를 부여한다는 것이다. 이것은 불투명한 미래의 요구 사항들에 대한 탈출구인 것이다.

CC 필드는 0에서 15까지(아래 참조) 얼마나 많은 근원지들이 존재하는지를 알려준다. *M* 비트는 응용-특정 마커(application-specific marker) 비트이다. 이는 영상 프레임의 시작, 오디오 채널에서의 워드의 시작 또는 응용이 이해하는 그 밖의 어떤 것들을 마크하기 위해 사용될 수 있다. *payload type*(페이로드 타입) 필드는 어떤 인코딩 알고리즘이 사용되고 있는지를 알려준다(예로, 압축되지 않은 8비트 영상, MP3 등). 모든 패킷은 이 필드를 전송하기 때문에, 인코딩은 전송하는 동안 바뀔 수 있다. *Sequence number*(순서번호)는 단지 전송된 각각의 RTP 패킷에 대해 증가되는 카운터이다. 이는 손실된 패킷을 검출하는데 사용된다.

timestamp(타임스탬프)는 패킷에서 첫 번째 샘플이 만들어졌을 때 스트림의 근원지에 의해 만들어진다. 이 값은 패킷 도착 시간으로부터 재생(playback)을 분리함으로써 수신자에서 지터라고 부르는 타이밍 변화를 줄일 수 있도록 해준다. *synchronization source identifier*(동기화 근원지 식별자)는 어떤 스트림에 패킷이 속하는지를 알려준다. 이는 UDP 패킷의 단일 스트림 상에 데이터 스트림을 다중화와 역다중화하는 데 사용된 방법이다. 마지막으로, 만일 존재한다면, *contributing source identifiers*(제공한 근원지 식별자들)는 믹서(mixers)가 스튜디오에 존재할 경우 사용된다. 이 경우, 믹서는 동시성을 가지는 근원지와 여기에 열거된 혼합되어 있는 스트림들이다.

RTCP—The Real-time Transport Control Protocol

RTP는 **RTCP(Real-time Transport Control Protocol)**로 불리는 자매 프로토콜을 갖는다. RTCP는 RTP를 따라 RFC 3550 정의되어 있고, 피드백, 동기화, 사용자 인터페이스를 처리하지만 어떤 데이터도 전송하지 않는다. 첫 번째 기능은 근원지에게 지연, 지터, 대역폭, 혼잡과 그 밖의 네트워크 특성들을 제공하는 것이다. 이 정보는 네트워크가 잘 동작할 때 데이터율을 증가시키고(더 좋은 질[quality]을 부여하기 위해) 그리고 네트워크에 문제가 있을 때 데이터율을 다시 감소시키도록 인코딩 프로세스에 의해 사용될 수 있다. 지속적인 피드백을 제공함으로써, 인코딩 알고리즘들은 지속적으로 현재 환경 하에서 가능한 최상의 질(quality)을 제공하기 위해 적응될 수 있다. 예로, 전송하는 동안 대역폭이 증가하거나 감소한다면, 인코딩은 요구되는 대로 MP3에서 델타 인코딩으로, 8비트 PCM으로 전환할 것이다. *payload type*(페이로드 타입) 필드는 현재 패킷을 대해 사용되는 인코딩 알고리즘이 무엇인지 목적지에 알리기 위해 사용되며, 요구에 따라 변할 수 있도록 한다.

피드백을 제공할 때 생기는 문제는 모든 참여자에게 RTCP 기록이 전달된다는 것이다. 큰 그룹으로 이루어진 멀티캐스트 응용의 경우, RTCP를 이용한 대역폭은 빨리 증가할 것이다. 이런 일이 발생하지 않도록, RTCP 송신자들은 미디어 대역폭이 5% 이상은 소비하지 않기 위해 전송 속도를 낮춘다.

이렇게 하면, 각 참여자들이 송신자로부터 미디어의 대역폭을 알아야 하고 다른 RTCP 기록을 들음으로써 짐작되는 참여자의 수도 알아야 한다.

RTCP는 또한 스트림간의 동기화를 처리한다. 문제점은 서로 다른 스트림은 입자율(granularities)과 드리프트율(drift rate)이 서로 다른 클럭을 사용한다는 것이다. RTCP는 동기 상태이니 이들을 유지하는 데 사용될 수 있다.

마지막으로 RTCP는 다양한 근원지들(예로, ASCII 텍스트에서)을 명명하기 위한 방법을 제공한다. 이 정보는 현재 누가 말하고 있는지를 나타내기 위해 수신자의 스크린에 보일 수 있다.

RTP에 대한 더 자세한 정보는 퍼킨스(Perkins, 2003)에서 찾아볼 수 있다.

버퍼링과 지터 제어 재생

미디어 정보가 수신자에게 도착하면, 미디어는 적절한 때에 재생되어야 한다. 패킷들이 네트워크로부터 전송되는 시간이 약간씩 차이가 있을 수 있기 때문에 일반적으로 RTP 패킷이 수신자가 RTP 패킷을 받는 시각은 재생 시각으로는 좋지 않다. 심지어 송신자 측에서 패킷들을 정확한 간격을 두고 패킷을 전송했다고 하더라도, 수신자는 상대적으로 다른 시간에 받게 될 것이다. 이런 지연의 차이를 **지터(jitter)**라고 한다. 아무리 작은 양의 패킷 지터라도 패킷이 도착하자마자 재생을 시키면 흔들리는 비디오 프레임이나, 둔탁한 오디오 같이 산만한 미디어 산물을 만들어낼 수 있다.

이 문제의 해결책은 지터를 줄이기 위해서 패킷들을 재생하기 전에 **버퍼**에 넣어둔다. 예를 들어 그림 6-32에서 상당한 지터를 가지고 있는 패킷의 흐름이 전달되고 있다. 패킷 1은 송신자가 0초에 보냈고, 클라이언트는 t가 1초일 때 받았다. 패킷 2는 더 긴 지연이 있었고, 도착하는 데 2초가 걸렸다. 패킷들이 도착해서 클라이언트 머신의 버퍼로 이동한다. t가 10초일 때, 재생을 시작한다. 이때 패킷 1에서 패킷 6까지 버퍼에 위치하기 때문에 원활한 재생을 위해서 획일적인 간격으로 버퍼에서 삭제될 수 있다. 통상적으로 RTP가 타임스탬프를 이용해서 미디어를 언제 재생할지 알려줄 수 있기 때문에 간격을 획일화할 필요는 없다.

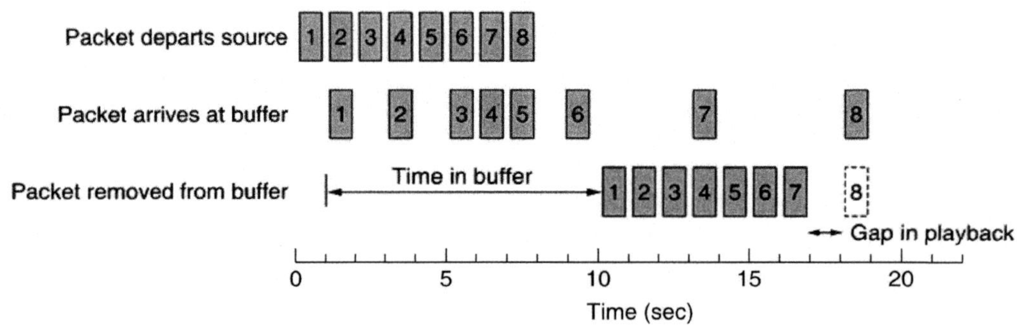

그림 6-32 패킷 버퍼링에 의한 원활한 출력 스트림

안타깝게도 패킷 8이 재생 슬롯이 나올 때는 사용 불가능할 정도로 늦게 도착하는 것을 볼 수 있다. 두 가지 차선책이 있다. 패킷 8을 건너뛰고 나머지 패킷들을 이용해서 재생할 수 있다. 그렇지 않으면, 패킷 8이이 오기 전까지는 재생을 멈춰서 음악이나 영화에서 지루한 정지 상태를 만든다. Voice-over-IP 같이 라이브 미디어 응용에서 패킷은 전형적으로 생략된다. 라이브 응용들은 잘 보류시키지 않는다. 스트리밍 미디어 응용에서는 재생 장치가 멈출 지도 모른다. 더 큰 버퍼를 사용해서 시작 시간을 조금 더 늦추는 것이 차라리 더 문제를 경감시킬 수도 있다. 스트리밍 오디오나 비디오 재생 장치의 경우, 10초의 버퍼를 사용해서 재생 장치에 제시간에 (네트워크에서 유실되지 않는) 모든 패킷들이 다 전송되었다고 확신한다. 화상 회의와 같은 라이브 스트리밍은 즉각적인 반응을 위해 짧은 버퍼가 필요하다.

원활한 재생을 위해 중요한 고려사항을 재생 시점(playback point) 또는 수신자가 미디어를 재생하기 전까지 얼마나 기다려야 하는가이다. 지터에 따라서 기다려야 하는 정도가 달라진다. 저지터(low-jitter)와 고지터(high-jitter) 연결 차이가 그림 6-33에 나와 있다. 둘의 평균 지연이 크게 다른 것은 아니지만, 저지터보다 고지터일 때 재생 시점에서 훨씬 99%에 가까운 패킷을 확보하는 것이 가능할 것이다.

좋은 재생 시점을 고르기 위해서 응용은 RTP 타임스탬프와 도착시간의 차이에서 지터를 계산할 수 있다. 각 차이는 지연의 표본 (추가적으로 임의의 고정 오프셋[offset])이 된다. 하지만 경쟁하는 트래픽이나 경로 변화로 인해 지연도 시간이 흐르면서 변할 수 있다. 이 변화에 맞추기 위해서는 응용들이 실행되고 있는 동안 패킷들의 재생 시점을 결정해야 한다. 하지만 잘못하면 재생 시점을 바꾸는 것에 의해 사용자가 식별 가능한 결함을 만들 수 있다. 오디오에서 이 문제를 해결하기 위한 일방적인 방법은 대화의 사이인 talkspurt 사이에 재생 시점을 집어넣는 것이다. 그리고 짧은 적막과 약간 길어진 적막의 차이를 아무도 알아채지 못할 것이다. RTP는 응용에 새로운 talkspurt를 가리키는 M마커 비트를 설정한다.

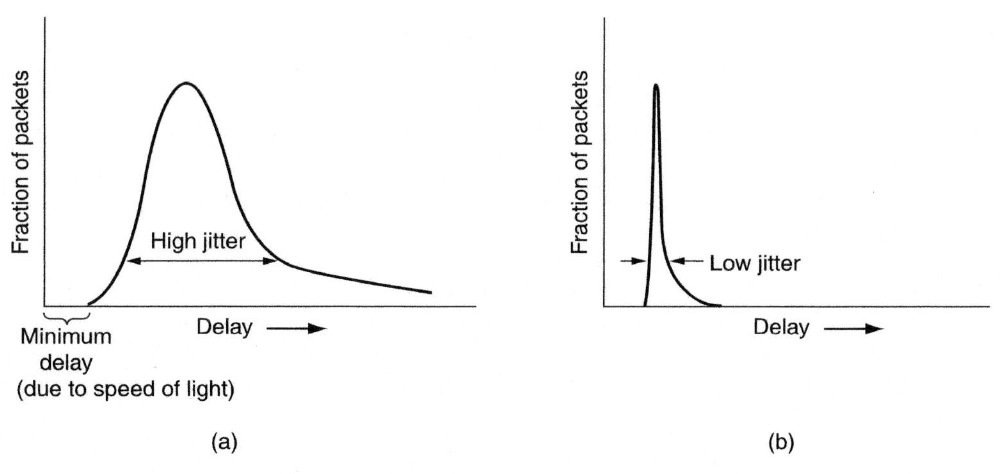

그림 6-33 (a) 고지터 (b) 저지터

만약 미디어가 재생되기까지 너무 오래 걸리면, 라이브 응용들은 악화된다. 직행 경로가 이미 사용되었다면, 전파 지연을 줄이는 것은 불가능하다. 패킷들의 큰 부분이 너무 늦게 도착해서 재생될 수 없다는 것을 받아들이고 재생 시점을 멈춰 세울 수도 있다. 만약 이것도 받아들여지지 않는다면, 재생 시점을 멈출 수 있는 일방적인 방법은 더 좋은 서비스의 질(차별화된 신속한 서비스)을 이용해서 지터를 줄이는 방법이 있다. 이는 더 좋은 네트워크가 되기 위한 방법이다.

6.5 인터넷 트랜스포트 프로토콜: TCP

UDP는 단순한 프로토콜로서 클라이언트-서버 연동 및 멀티미디어 같은 일부 분야에서 이용되고 있다. 그러나 대부분의 인터넷 응용분야들은 신뢰성과 순차적인 전달을 필요로 한다. UDP로는 이를 만족시킬 수 없으므로 또 다른 프로토콜이 필요하다. TCP로 불리는 이 프로토콜은 인터넷의 주요 작업 요소이다. 여기서는 이 TCP에 대해 자세히 알아본다.

6.5.1 TCP 개요

TCP(Transmission Control Protocol, 전송 제어 프로토콜)는 신뢰성 없는 인터넷을 통해 종단 간에 신뢰성이 있는 바이트 스트림을 전송하도록 특별히 설계됐다. 인터넷은 각 부분이 서로 다른 토폴로지(형태), 대역폭, 지연, 패킷 크기 등을 가진다는 점에서 단일 네트워크와는 다르다. TCP는 인터넷 속성에 동적으로 잘 적응할 수 있고 많은 종류의 고장에도 잘 견디도록 설계됐다.

TCP는 RFC 793에서 공식적으로 정의됐다. 시간이 흐르면서, 다양한 오류와 모순점들이 발견됐으며 일부 영역에서는 요구사항이 변하기도 했다. 이에 대한 수정 사항들은 RFC 1122에 자세히 기술돼 있으며, 확장안은 RFC 1323에 기술돼 있다. 선택적 확인응답은 RFC 2018에, 혼잡 제어는 RFC 2581에, 서비스 질을 위한 헤더필드의 리퍼포징(repurposing)은 RFC 2873에, 향상된 재전송 타이머는 RFC 2988에 그리고 확실한 혼잡 알림은 RFC 2581에 나와 있다. 많은 RFC를 포함한 모음집은 더 크며 RFC 문서, RFC 4614로 따로 존재한다.

TCP를 지원하는 각 컴퓨터는 라이브러리 프로시저, 사용자 프로세스, 혹은 커널의 일부로서 TCP 트랜스포트 개체를 가지고 있다. 이 모든 경우에 있어서, TCP 트랜스포트 개체는 TCP 스트림을 관리하고 IP 계층과의 인터페이스 역할을 수행한다. 한 TCP 개체는 지역 프로세스로부터 받은 사용자 데이터 스트림을 64KB가 넘지 않는 크기의 조각(한 이더넷 프레임에 적합하도록 IP 및 TCP 헤더를 포함하여 통상 1,460 바이트)으로 나누고, 각 조각들을 별도의 IP 데이터그램으로 전송한다. 이처럼 TCP 데이터로 구성된 IP 데이터그램들이 다른 컴퓨터에 의해 수신되면, 이들은 TCP 개체(entity)로 보내져서 원래의 바이트 스트림으로 재구성된다. 설명의 단순성을 위해, 앞으로는 종종 TCP 전송 개체(소프트웨어의 한 부분)나 TCP 프로토콜(규칙의 한 집합)을 단순히 "TCP"로 쓸 것이다. 어느 의미인지는 문맥상에서 쉽게 알 수 있을 것이다. 예를 들어 "사용자가 TCP에게 데이터를 넘겨준다"의 TCP는 TCP 전송 개체를 의미함을 쉽게 알 수 있다.

IP 계층은 데이터그램의 올바른 전달을 보장하지 않으므로, 필요시 시간 종료(timeout) 처리나 재전송은 전적으로 TCP의 몫이다. 또한 데이터그램은 잘못된 순서로 도착할 수도 있다. 이들을 올바른 순서로 재조립(구성)하는 것 또한 TCP의 몫이다. 요약하면 TCP는 모든 사용자가 원하는 그러나 IP는 제공하지 못하는, 신뢰성을 가져야 한다.

6.5.2 TCP 서비스 모델

TCP 서비스는 송신자와 수신자 모두가 6.1.3에서 논의한 것처럼 소켓이라고 부르는 종단점(끝점)을 생성함으로써 이루어진다. 각 소켓은 호스트의 IP 주소와 그 호스트에 국한된 16비트 숫자로 구성된, **포트**(port)라고 불리는 소켓 번호(주소)를 가진다. 포트는 TSAP에 대한 TCP 이름이다. TCP 서비스를 하기 위해서는 송신측 소켓과 수신측 소켓이 연결돼 있어야 한다. 그림 6-5에 소켓 호출 명령들이 나열돼 있다.

한 소켓이 동시에 다수의 연결을 위해 사용될 수 있다. 다시 말해, 한 소켓에 대해 2개 이상의 연결 설정이 행해질 수 있다. 각 연결은 양끝의 소켓 식별자(identifier)들, 즉(socket1, socket2)에 의해 식별된다. 어떤 가상 회선 번호나 다른 식별자도 사용되지 않는다.

1024번 아래의 포트 번호들은 **잘 알려진 포트(well-known ports)**라고 불리며 표준 서비스를 위해 예약돼 있다 (한 예로, 유닉스 시스템의 루트). 예를 들어 어떤 프로세스 원격으로 한 호스트에게서 메일을 회수하려고 한다면 이 프로세스는 목적지 호스트의 143번 포트로 연결을 시도하여 IMAP 데몬(daemon)과 접속해야 한다. 잘 알려진 포트들은 *www.iana.org*에 나와 있는데, 700개 이상이 이미 할당돼 있다. 그림 6-34은 이들 중 더 잘 알려진 잘 알려진 포트들을 나열하고 있다.

1024에서 49151의 포트들은 표준 서비스가 아닌 다른 서비스들을 위해 IANA에 등록 가능하만 응용들이 자신의 포트를 선택할 수 있다. 예를 들어 피어 대 피어(peer to peer)의 파일 공유를 위한 BitTorrent 응용은 (비공식적으로) 포트 6881-6887을 사용하고 아마 다른 포트는 사용하지 않을 것이다.

부팅 시에 FTP 데몬 자신을 포트 21에 접속하고, 텔넷(telnet) 데몬 자신을 포트 23에 접속하고 하는 등의 방법을 이용하여 처리가 가능하다. 그러나 대개는 휴지상태(idle)에 있는 데몬들로 인해 메모리의 낭비가 있을 수 있다. 따라서 이렇게 하는 대신 유닉스(UNIX)에서는 **inetd(Internet daemon)**로 불리는 단독 데몬을 여러 포트들로 접속시키고 연결 설정이 들어올 때까지 기다리는 방법을 사용하는 것이 일반적이다. 연결 설정 요청이 들어오면, inetd는 새로운 프로세스를 포킹(forking)하고 그 안에서 해당 데몬을 실행시킨 후, 그 데몬으로 하여금 해당 요청을 처리하게 한다. 이런 방법으로

inetd를 제외한 다른 데몬들은 그들이 할 일이 있을 때에만 동작한다. Inetd는 형상 파일(configuration file)로부터 자신이 사용해야 포트가 어떤 것인지를 알아낸다. 결과적으로 시스템 관리자는 시스템에서 가장 자주 사용되는 (예를 들면 80번 같은) 포트들에 대해서는 데몬들이 상시 존재하도록 하고 나머지 포트들에 대해서는 inetd를 사용하는 방법으로 시스템을 설정할 수 있다.

Port	Protocol	Use
21	FTP	File transfer
23	Telnet	Remote login
25	SMTP	E-mail
69	TFTP	Trivial file transfer protocol
79	Finger	Lookup information about a user
80	HTTP	World Wide Web
110	POP-3	Remote e-mail access
119	NNTP	USENET news

그림 6-34 할당된 포트들 일부

모든 TCP 연결은 전이중(full-duplex), 점대점(point-to-point) 방식이다. 전이중이란 전송이 양방향으로 동시에 일어날 수 있음을 의미한다. 또한 점대점이란 각 연결이 정확히 2개의 연결 종단점을 가지고 있음을 의미한다. TCP는 멀티캐스팅(multicasting)이나 브로드캐스팅(broadcasting)을 지원하지 않는다.

TCP 연결은 메시지 스트림(message stream)이 아니라 바이트 스트림 (byte stream)의 형태를 가진다. 메시지의 시작에서 끝까지의 경계가 유지되지 않는다. 예를 들어 송신 프로세스가 4개의 512-바이트 스트림을 전송하기 위해 TCP 스트림에 기록했다고 하자. 이 데이터는 4개의 512-바이트 조각, 2개의 1,024-바이트 조각, 또는 1개의 2048-바이트 조각의 형태로 수신 프로세스로 전달될 수 있다(그림 6-35을 보라). 수신측이 원래 데이터가 어떤 단위로 쓰여졌는지를 알아낼 방법은 없다.

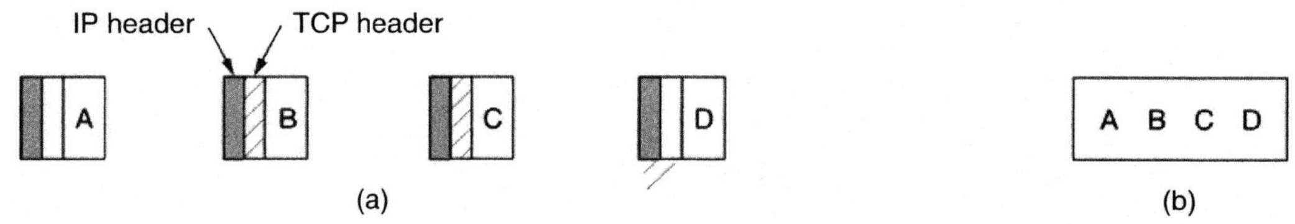

그림 6-35 (a) 별도의 IP 데이터그램으로 보내진 네 개의 512-바이트 세그먼트
(b) 단독 READ 호출로 응용 프로그램으로 전달된 2048바이트 데이터

유닉스 파일들 역시 이런 속성을 가지고 있다. 파일을 읽는 쪽은 파일이 한 번에 한 블록씩 쓰였는지, 한 번에 한 바이트씩 쓰였는지, 또는 한 번에 모두 쓰였는지의 여부를 알 수 없다. 유닉스 파일의

경우처럼 TCP 소프트웨어도 바이트들이 무엇을 의미하는지를 모를 뿐만 아니라 알아야 할 이유도 없다. 바이트는 그냥 바이트일 뿐이다.

응용프로그램이 TCP로 데이터를 넘겨주면, TCP는 필요에 따라 그것을 즉시 전송할 수도 있고 버퍼에 저장할 수도 있다(한 번에 보낼 정도의 양을 모으기 위해). 그러나 응용프로그램들은 가끔 데이터를 즉시 보내기를 원할 때가 있다. 예를 들어 대화형 게임의 한 사용자가 업데이트 스트림을 보내고 싶어 한다고 하자. 업데이트는 즉시 보내는 것이 중요하기 때문에 버퍼에 있어서는 안 된다. 응용프로그램은 데이터를 강제로 내보내기 위해 PUSH 플래그(flag)를 사용할 수 있는데, 이는 TCP에게 전송을 지연시키지 말 것을 알려준다. 하지만 응용은 데이터를 보낼 때, 문자 그대로 PUSH 플래그를 설정하는 것은 사실 불가능하다. 대신, 다른 운영체제가 전송을 촉진시키기 위해 다른 옵션을 진전시키는 것이다 (가령 TCP_NODELAY는 리눅스와 윈도우에 존재한다).

언급할 가치가 있는 TCP 서비스의 마지막 특징으로 **긴급 데이터(urgent data)**가 있다. 응용이 높은 우선권을 가진 데이터를 즉시 보내야 할 때, 한 컴퓨터에서 이미 시작된 일을 중단하기 위해 한 원격지의 사용자가 DEL이나 CTRL-C 키를 누를 경우, 송신 응용프로그램은 데이터 스트림에 어떤 제어 정보를 넣은 후, 그것을 URGENT 플래그와 함께 TCP로 보낸다. 이 경우 TCP는 데이터 수집을 중지하고 자신이 현재 가지고 있는 특정 연결에 대한 모든 데이터를 즉시 전송한다.

긴급 데이터가 목적지에서 수신되면, 수신 응용프로그램은 인터럽트가 걸려서(유닉스 용어로는 시그널) 자신이 하고 있었던 일을 (무슨 일이었든 간에) 중단하고, 데이터 스트림을 읽어서 긴급 데이터를 찾는다. 긴급 데이터의 끝은 표시가 돼 있으므로, 응용프로그램은 그것이 어디서 끝나는지를 알 수 있다. 긴급 데이터의 시작은 표시돼 있지 않다. 이 방식은 원시적인 신호 기법을 제공하며 모든 나머지 처리는 응용프로그램의 몫으로 남겨둔다.

이 기법은 원(crude) 신호 메커니즘을 제공하고, 그 외의 나머지는 모두 응용에게 맡긴다. 하지만 긴급 데이터가 잠정적으로 유용한 반면, 이에 알맞은 응용이 초기에 없었기 때문에 긴급 데이터는 사실상 무용지물이었다. 현재는 응용들이 자신의 신호를 처리하는 구현의 방식으로 인해 긴급 데이터의 사용이 더 이상 필요하지 않게 되었다. 아마 미래의 트랜스포트 프로토콜은 더 좋은 신호를 제공할 것이다.

6.5.3 TCP 프로토콜

이 절에서는 TCP 프로토콜을 개략적으로 살펴보고, 다음 절에서는 프로토콜 헤더를 각 필드별로 살펴본다.

TCP 프로토콜 설계를 지배하는 한 가지 주된 특징은 TCP 연결상의 모든 바이트가 고유의 32-비트 순서 번호(sequence number)를 가진다는 것이다. 인터넷이 처음 시작되었을 때, 라우터 간의 연결선들은 대개 56-kbps 임대 회신이었으므로, 호스트가 최대 속도로 진송할 경우, 순시 번호를 시작부터 끝까지 다 사용하여 다시 처음부터 시작하는 데 1주일이 걸렸다. 나중에 살펴보겠지만, 현재의 네트워크 속도에서는 순서번호들이 걱정스러울 정도로 빠르게 소진된다. 아래에서 설명하겠지만, 확인응답(acknowledgment)과 윈도우 메커니즘(window mechanism)의 경우, 각기 별도의 순서번호를 사용한다.

송수신 TCP 개체들은 세그먼트의 형태로서 데이터를 주고받는다. 한 **TCP 세그먼트(TCP segment)**는 고정 2바이트 헤더(+ 옵션 부분)와 그 뒤를 따르는 0개 이상의 데이터 바이트들로 구성된다. TCP 소프트웨어는 세그먼트가 얼마나 커야 하는지를 결정한다. 몇 개의 데이터들을 모아서 한 세그먼트로 만들 수도 있고, 한 개의 데이터를 쪼개어 몇 개의 세그먼트로 만들 수도 있다. 세그먼트의 크기를 제한하는 두 개의 제약요소가 있는데, 첫째는 모든 세그먼트들은 TCP 헤더를 포함하여 IP 수용량인 65,515바이트를 넘을 수 없다는 것이며, 둘째는 모든 네트워크는 정해진 **MTU(maximum transfer unit, 최대 전송 단위)**를 가지는데, 각 세그먼트는 이 MTU를 넘을 수 없다는 것이다. 세그먼트는 쪼개지 않은 단일 패킷을 보낼 수 있기 위해서 송수신자의 MTU의 크기와 맞아야 한다. 실제 MTU는 일반적으로 1,500바이트(이더넷 페이로드 크기)이며, 이 크기가 세그먼트의 최대 크기가 된다.

하지만 작은 MTU를 갖는 링크를 지날 때, IP 패킷이 TCP 세그먼트를 조각내서 이동할 수 있다. 만약 이런 경우가 생긴다면, 성능은 하향되고, 다른 문제를 야기할 수 있다(Kent와 Mogul, 1987). 대신 새로운 TCP 구현은 5.5.5절에서 설명했던 RFC 1191의 기술을 사용해서 경로 MTU 탐색 (path MTU discovery)을 수행한다. 이 기술은 ICMP 오류 메시지를 이용해서 경로상에 놓인 링크들 중 가장 작은 MTU를 가진 링크를 찾는다. 그리고 TCP는 패킷이 단편화(fragment)되는 것을 방지하기 위해 세그먼트 크기를 그에 맞게 축소시킨다.

TCP 개체들에 의해 사용되는 기본 프로토콜은 동적으로 윈도우 크기를 조절하는 슬라이딩 윈도우 (sliding window) 프로토콜이다. 송신자는 한 세그먼트를 전송할 때, 또한 타이머를 구동시킨다. 그 세그먼트가 목적지에 도착하면, 수신측 TCP 개체는 다음에 받으려고 하는 순서번호와 같은 확인응답 번호를 포함하는 세그먼트를(보낼 데이터가 있다면 그 데이터와 함께, 아니면 데이터가 없는 상태로) 송신측으로 보낸다. 만일 확인응답의 수신전에 타이머가 종료되면, 송신자는 그 세그먼트를 재전송한다.

이 프로토콜이 단순하게는 보이지만, 여기에는 우리가 다음에 논의할 많은 고려사항들이 있다. 세그먼트들은 순서가 뒤바뀐 상태로 도착할 수 있으며, 따라서 3,072에서 4,095바이트까지는 도착하였으나 2,048에서 3,071바이트까지는 아직 도착하지 않음으로 인해 확인응답이 되지 않을 수 있다. 또한 세그먼트는 전송 중의 지연으로 인해 해당 타이머가 종료돼서 재전송될 수도 있다. 이렇게 재전송된 것들은 원래 전송된 것과는 다른 범위의 데이터 바이트들을 가질 수 있으므로, 현재 어떤 바이트들이 올바르게 수신된 상태인지를 알 수 있도록 조심스러운 관리가 요구된다. 이러한 관리는 스트림 내의 각 바이트가 자기 고유의 오프세트(offset, 상대적 위치)를 가지고 있으므로 가능하다.

TCP는 이러한 문제들을 다루고 효율적으로 해결할 수 있도록 준비돼야 한다. 네트워크 문제들에 직면한 상황에서도 TCP 스트림의 성능을 최적으로 만들기 위한 많은 노력이 있어 왔다. 이제 TCP

구현을 위해 사용된 많은 알고리즘들에 대해 논의해 보자.

6.5.4 TCP 세그먼트 헤더

그림 6-36은 TCP 세그먼트의 레이아웃(layout)을 보여주고 있다. 모든 세그먼트는 20 바이트의 고정 헤더를 가진다. 이 고정 헤더 뒤에 헤더 옵션들이 올 수 있으며, 그 뒤로 65,535-20-20=65,495바이트의 데이터가 올 수 있다. 여기서 처음 20은 IP 헤더, 두 번째 20은 TCP 헤더에 대한 것이다. 데이터를 포함하고 있지 않은 세그먼트도 정상으로서 보통 확인응답이나 제어 메시지를 위한 경우에 사용된다.

이제 TCP 헤더를 필드별로 살펴보자. *Source port*(근원지 포트)와 *Destination port*(목적지 포트) 필드는 연결에서의 지역의 두 종단점(local end points)을 나타낸다. 한 포트 번호와 그 호스트의 IP 주소가 합쳐져서 48비트의 유일한 종단점 식별자가 된다. 근원지 종단점과 목적지 종단점은 함께 이용돼서 해당 연결에 대한 식별자가 된다. 이 연결의 식별자는 프로토콜(TCP), 근원지 IP와 포트 그리고 목적지 IP와 포트 이렇게 5가지 정보들로 구성되어 있기 때문에 5투플(tuple)이라고 부른다.

Sequence number(순서 번호)와 *Acknowledgement number*(확인응답 번호) 필드는 자신들의 통상적 기능을 수행한다. 여기서 후자는 마지막으로 받은 바이트가 아니라 다음에 올 것으로 기대되는 바이트를 명시함을 주목해야 한다. 받은 데이터를 단일 숫자로 정리한 것이기 때문에 누적 확인응답(cumulative acknowledgement)이라고 한다. 이 둘 모두 그 크기가 32비트인데, 그 이유는 TCP 스트림 내의 모든 데이터 바이트에 번호를 붙이기 때문이다.

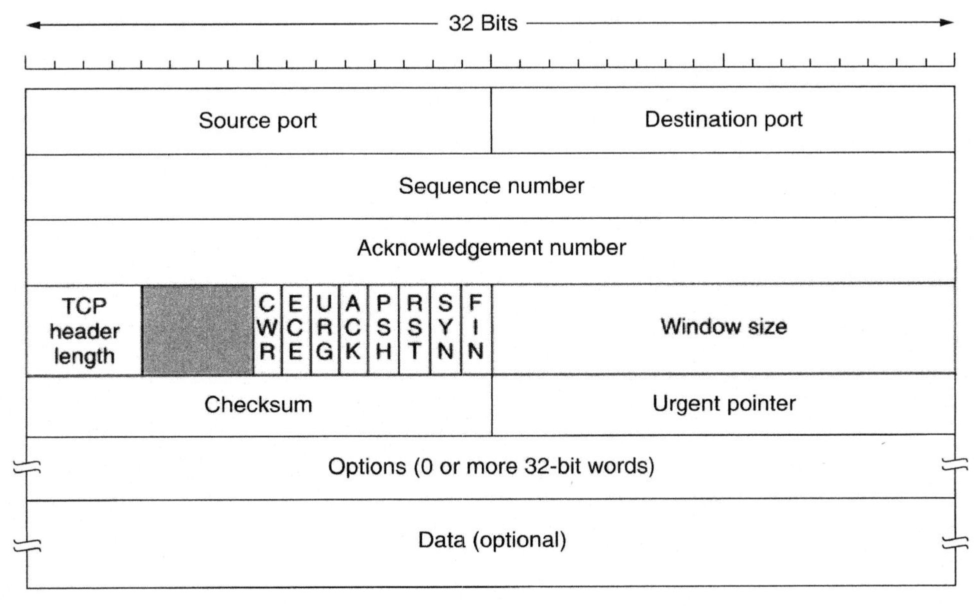

그림 6-36 TCP 헤더

TCP header length(TCP 헤더 길이)는 TCP 헤더가 얼마나 많은 32-비트 워드(word)로 구성돼 있는지를 나타낸다. 이 정보가 필요한 이유는 *Options*(옵션) 필드의 길이가 가변적이어서 헤더의 길이도 가변적으로 되기 때문이다. 기술적인 측면에서 보면 이 필드는 해당 세그먼트 내에서 32-비트 워드 단위로 측정된 데이터의 시작 위치를 나타낸다. 이 필드 값은 헤더 길이를 워드 단위로 나타낸 것이다. 이 두 의미 중 어떤 의미로 해석해도 그 효과는 같다.

다음에는 사용되지 않는 4-비트 크기의 필드가 온다. 이 필드가 30년이 지나도록 그대로 있다(기존의 6비트 중 2비트만 수정되었다)는 점만 봐도 TCP가 얼마나 심사숙고하여 만들어졌는지를 알 수 있다. 아마도 군소 프로토콜들의 경우 원 설계에 있는 버그들을 고치기 위해 이 필드를 사용할 수 있지도 모른다.

이제 여덟 개의 1-비트 플래그(flag)들이 온다. RFC 3168에 구체적으로 기술되어 있는 ECN (Explicit Congestion Notification)가 사용될 때, CWR과 ECE가 신호 혼잡에 사용된다. TCP 수신자가 네트워크로부터 혼잡 조짐을 받았을 때, TCP 송신자에게 전송 속도를 조금 늦출 것을 알리는 ECN-E*cho* 신호를 ECE가 설정해서 보낸다. CWR은 TCP 송신자가 TCP 수신자에게 *Congestion Window Reduced*라는 신호를 설정해서 송신자가 전송 속도를 줄였으니 ECN-E*cho* 신호를 그만 보낼 것을 요청한다. ECN의 역할에 관해서는 6.5.10절의 TCP 혼잡 제어에서 공부할 것이다.

*URG*는 *Urgent pointe*r(긴급 포인터)가 사용 중일 경우 1이 된다. Urgent pointer는 현재의 순서 번호로부터 긴급 데이터까지의 바이트 오프세트를 나타낸다. 이 방식은 인터럽트 메시지들 대신 이용된다. 앞서 언급한 것처럼 이 방식은 송신자가 수신자에게 인터럽트를 걸 필요가 있을 때, TCP 자체를 연관시킴 없이 수신자에게 신호를 보낼 수 있게 해주는 가장 기본적인 방법이다. 하지만 거의 사용되지 않는다.

ACK 비트는 1일 때 *Acknowledgement number*(확인응답 번호)가 유효함을 나타낸다. 이는 거의 모든 패킷에 적용된다. *ACK*가 0이면, 그 세그먼트는 확인응답 신호를 포함하지 않은 것으로 간주되고 따라서 *Acknowledgement number*(확인응답 번호) 필드는 무시된다.

PSH 필드는 *PUSH*된 데이터를 나타낸다. 수신자는 이로 인해 받은 데이터를 버퍼가 가득 찰 때까지 저장하지 않고 받자마자 응용프로그램으로 전달하게 된다.

RST 비트는 호스트 고장이나 다른 이유들로 인해 불안정해진 연결을 리세트(reset)하는 데 사용된다. 또한 잘못된 세그먼트를 기각하거나 연결 설정 시도를 거부하기 위해 사용된다. 일반적으로, *RST* 비트가 표시돼 있는 세그먼트를 받게 되면, 받은 쪽에서 그에 대한 처리를 해야 한다.

SYN 비트는 연결 설정에 사용된다. 연결 요청은 피기백(piggyback)된 확인응답 필드를 사용하지 않음을 나타내기 위해 *SYN*=1, *ACK*=0을 가진다. 연결에 대한 응답은 확인응답 신호를 포함하고 있으므로, *SYN*=1, *ACK*=1이 된다. 본래 *SYN* 비트는 CONNECTION REQUEST와 CONNECTION ACCEPTED를 나타내기 위해 사용되며, 이 둘의 구분을 위해 *ACK*를 사용한다.

FIN 비트는 연결의 해제 시 사용된다. 이는 송신자가 보낼 데이터가 더 이상 없음을 나타낸다.

그러나 연결 종료(close) 후에도, 종료 중인 프로세스는 데이터를 계속 받을 수도 있다. *SYN*과 *FIN* 세그먼트 모두 순서 번호를 가지며, 따라서 올바른 순서로 동작하는 것이 보장된다.

TCP에서 흐름 제어는 가변-크기의 슬라이딩 윈도우(sliding window)를 사용하여 처리된다. *Window size*(윈도우 크기) 필드는 확인응답된 바이트에서 시작하여 얼마나 많은 바이트가 보내질 수 있는지를 나타낸다. *Window size*(윈도우 크기) 필드 값이 0인 것은 정상으로서, *Acknowledgement number*(확인응답 번호) −1까지의 바이트들이 수신됐음을 나타낸다. 그러나 수신자는 휴식이 필요하므로, 당분간은 더 이상의 데이터 수신을 원하지 않는다는 의미이다. 후에 수신자는 동일한 *Acknowledgement number*(확인응답 번호)와 0이 아닌 *Window size*(윈도우 크기) 필드를 갖는 세그먼트를 전송함으로써 송신을 허가할 수 있다.

3장의 프로토콜에서 도착한 프레임의 확인응답과 새로운 프레임을 보낼 수 있는 허가는 같이 묶여 있었다. 이는 각 프로토콜에 대해 윈도우 크기가 고정되어 있었기 때문이다. TCP에서 추가적으로 데이터를 보내려고 할 때, 이에 대한 확인응답과 허가는 완전히 분리되어 있다. 사실상 수신자가 다음과 같이 말할 수 있다. "k바이트까지는 받았지만, 이제 더 많은 바이트를 원하지 않는다." 이 분리(사실 가변적인 윈도우)는 부가적인 유연성을 제공한다. 더 자세한 내용은 아래에서 논의할 것이다.

Checksum(체크섬)은 또한 신뢰성을 높이기 위해 제공된다. 이것은 헤더, 데이터, 개념적 유사헤더(pseudoheader)를 UDP와 똑같은 방식으로 검사한다. 단, 유사헤더가 TCP를 위한 프로토콜 번호 (6)를 가지며, 체크섬은 TCP에게 있어서 필수적이다. 자세한 내용은 6.4.1절을 참조하라.

Options(옵션) 필드는 기본 헤더로 할 수 없는 기능들을 추가하는 한 방법을 제공한다. 많은 옵션들이 정의되었고, 그 몇몇 옵션들은 흔히 사용된다. 가변적인 길이의 옵션들은 0으로 패딩하는 것을 이용해서 32비트의 배수를 채우고, 가장 긴 TCP의 헤더에 충분한 공간을 제공하기 위해서 40바이트까지 늘릴 수 있다. 어떤 몇몇 옵션들은 협상을 하거나 반대쪽의 능력을 알아내기 위해 연결이 설정될 때 전송되는 반면, 나머지 옵션들은 연결되어 있는 동안 패킷에 의해 전송된다.

널리 사용되는 옵션은 각 호스트에게 **MSS(Maximum Segment Size)**를 정의하도록 허용하고 이를 수용하는 것이다. 큰 세그먼트로서 전송하는 것이 작은 세그먼트로서 하는 것보다는 더 효율적이다. 왜냐하면 20-바이트 헤더들이 줄어든 만큼을 데이터를 위해 사용할 수 있기 때문이다. 그러나 작은 호스트들은 큰 세그먼트들을 처리할 수 없을 수도 있다. 연결 설정 중 양쪽 호스트는 자신의 최대 처리 능력을 알리고 상대방의 처리 능력을 알 수 있다. 만약 한 호스트가 이 옵션을 사용하지 않는다면, 기본 값인 536-바이트 페이로드로 설정된다. 모든 인터넷 호스트들은 536+20=556바이트의 세그먼트는 받아들일 수 있어야 한다. 양 방향의 최대 세그먼트 크기가 같을 필요는 없다.

대역폭이나 지연이 큰(또는 이 2개가 다 큰) 회선(line)의 경우, 16비트 필드에 해당하는 64-KB 윈도우는 문제가 될 수 있다. OC-12 회선(600Mbps)의 경우, 64-KB 윈도우 전체를 보내는 데 1msec도 걸리지 않는다. 왕복(round-trip) 전파 지연(propagation delay) 시간이 50msec일 경우(대륙 간 광섬유의 경우에 해당함), 시간의 98% 정도를 확인응답 신호를 기다리면서 낭비하게 된다. 윈도우 크기가 클수록 송신자는 데이터를 계속해서 내보낼 수가 있다. RFC 1323에는 **window scale(윈도우 스케일)** 옵션이 제안돼 있는데, 이를 이용하여 송신자와 수신자는 윈도우 스케일 값(factor)을 협상할 수 있다. 이 옵션은 양측이 *Window size*(윈도우 크기) 필드를 14비트까지 왼쪽으로 이동(shift)할 수 있게 하여, 2^{30}바이트 크기의 윈도우를 허용한다. 대부분의 TCP가 이 옵션을 지원한다.

타임스탬프(timestamp) 옵션은 송신자가 타임스탬프를 보내면, 수신자가 타임스탬프를 되돌려 보내는 방식을 수행한다. 이 옵션은 모든 패킷에 포함되어 있다. 연결이 생성되면, 옵션은 왕복 시간을 계산하는데, 왕복 시간을 알면 패킷을 잃어버린 시각을 추정할 수 있다. 32비트 순서 번호의 논리적 확장으로도 사용된다. 빠른 연결에서는 패킷에 대한 순서 번호가 빨리 부여됨으로써 예전 데이터와 새 데이터가 동일한 순서 번호를 갖는 혼란이 발생할 수도 있다. 이 문제를 예방하기 위해서 오래된 타임스탬프를 가진 세그먼트가 도착했을 경우, **PAWS(Protection Against Wrapped Sequence numbers)** 기법이 이 세그먼트를 버린다.

마지막으로 **SACK(Selective ACKnowledgement)** 옵션은 수신자가 자신이 받은 순서 번호의 범위를 송신자에게 알릴 수 있다. 이는 *Acknowledgement number*(확인응답 번호)를 보완해주고, 패킷을 잃어버리고, 그다음 (또는 복제된) 데이터가 도착했을 때에도 이 옵션을 사용한다. 헤더의 *Acknowledgement number* 필드는 오직 다음에 올 순서의 바이트만 제공하기 때문에 새로운 데이터는 필드에 나타나지 않는다. 송신자는 SACK을 통해서 수신자가 어떤 데이터 받게 될지 분명히 알 수 있고 그렇기 때문에 어떤 데이터를 다시 전송해야 할지 결정할 수 있다. SACK은 RFT 2108과 RFC 2883에 설명되어 있고, SACK의 사용이 증가하는 추세다. 6.5.10절에서 혼잡 제어와 함께 SACK에 대해서 공부할 것이다.

6.5.5 TCP 연결 설정

TCP에서 연결 설정(connection establishment)은 6.2.2절에서 논의한 3-단계 핸드셰이크(three-way handshake)를 통해 행해진다. 하나의 연결을 설정하려면 한쪽은(서버는) LISTEN과 ACCEPT 프리미티브를 실행함으로써 연결 요청을 수동적으로 기다린다. 이 LISTEN과 ACCEPT는 특정 근원지를 명시할 수도 있고 하지 않을 수도 있다.

다른 한쪽은(클라이언트는) CONNECT 프리미티브를 실행하고, 목적지 IP 주소와 포트, 수신 가능한 최대 TCP 세그먼트 크기 그리고 기타 사용자 데이터(예를 들어 패스워드)를 명시한다. CONNECT 프리미티브는, *SYN* 비트는 ON, *ACK* 비트는 OFF인 상태로 TCP 세그먼트를 보내고 응답을 기다린다.

이 세그먼트가 목적지에 도착하면, 목적지의 TCP 개체는 *Destination port*(목적지 포트) 필드에 명시돼 있는 포트에 대해 LISTEN을 실행한 프로세스가 있는지 확인한다. 만일 없다면, *RST* 비트가 ON 상태로 응답을 보내서 연결을 거부한다.

만일 그 포트를 LISTEN하고 있는 프로세스가 있다면, 수신한 TCP 세그먼트는 그 프로세스로 전달된다. 이때, 그 프로세스는 연결을 허가하거나 거부할 수 있다. 연결을 허가하는 경우에는 확인응답 세그먼트를 내보낸다. 그림 6-37(a)는 정상적인 경우에 전송되는 TCP 세그먼트들을 보여준다. *SYN* 세그먼트는 1바이트의 순서 공간(sequence space)을 가지므로 확실하게 확인응답될 수 있음에 주목하라.

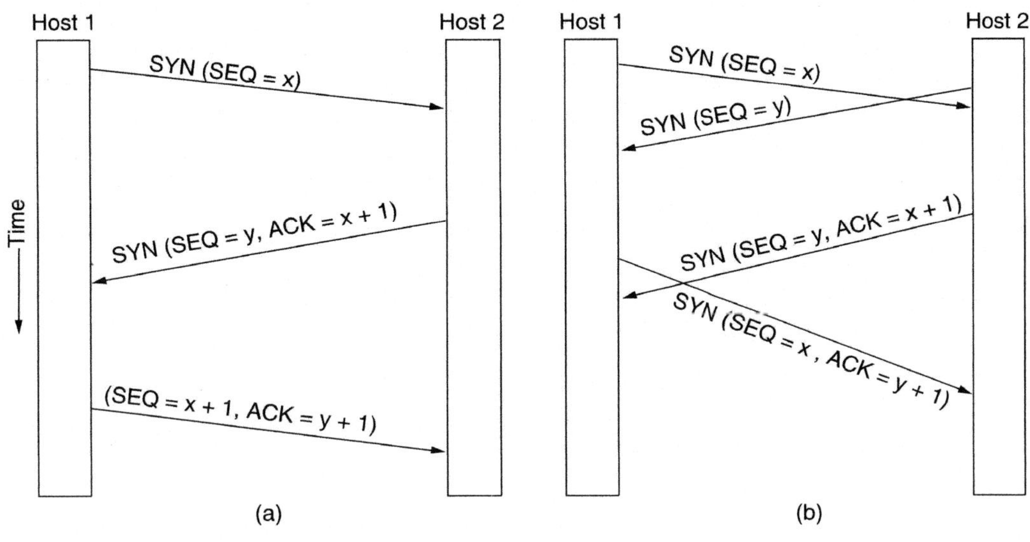

그림 6-37 (a) 정상적인 경우의 TCP 연결 설정 (b) 호출 충돌의 경우

그림 6-37(b)는 2개의 호스트가 동일한 소켓 쌍 사이에서 동시에 연결 설정을 시도할 경우 발생하는 사건들을 보여준다. 이러한 사건들의 결과로서 하나의 연결만이 설정된다. 왜냐하면 연결은 그 양 종단(end point)에 의해 식별되기 때문이다. 만일 첫 번째 설정의 연결 식별자가 (*x*, *y*)이고 두 번째 것 역시 동일하다면, (*x*, *y*)라는 하나의 테이블 엔트리(table entry)만이 만들어진다.

각 호스트가 선택한 초기 순서 번호를 0과 같은 하나의 상수로 고정하기보다는 순환해야 한다는 사실을 상기해보자. 이 규칙은 지연된 중복 패킷을 방지하기 위한 것으로 6.2.2절에 설명되어 있다. 매 4μ sec마다 클럭 틱(tick)이 발생하는 클럭 기반(clock-based) 기법이 사용된다.

하지만 3단계 핸드셰이크 구현의 취약점은 요청을 기다리는 프로세스는 자신의 *SYN* 세그먼트에 반응하자마자 그 순서 번호를 기억해야 한다는 점이다. 다시 말하면, 악의가 있는 송신자가 *SYN* 세그먼트들의 스트림을 보내서 한 호스트의 일방적으로 묶어두어 다음 연결이 불가능하도록 만들 수 있다. 이런 공격을 **SYN flood**라고 부르고, 1990년대에 많은 서버들이 이 공격을 당했다.

이 공격을 방어할 수 있는 한 가지 방법은 **SYN 쿠키(cookies)**를 쓰는 것이다. 순서 번호를 기억하는 대신에 한 호스트가 암호로 생성된 순서 번호를 선택해서 보내는 데이터에 이 번호를 부여하고 잊도록 한다. 만약 3단계 핸드셰이크가 끝나면, 순서 번호는 (1을 더한) 호스트로 다시 돌아올 것이다. 그러면 동일한 암호 함수의 입력값들을(다른 한쪽의 호스트 IP와 포트, 로컬 비밀 등) 아는 한 이 함수를 사용해서 올바른 순서 번호를 재생성할 수 있다. 이 절차는 해당 호스트가 각각의 순서 번호를 기억하지 않아도 확인응답 순서 번호를 확인할 수 있도록 도와준다. TCP 옵션 처리가 불가능하다는 경고들이 있기 때문에 호스트가 SYN flood의 공격을 받을 경우만 *SYN* 쿠키가 사용될지도 모른다. 하지만 연결 설정에서 흥미로운 트위스트임에는 틀림없다. 더 많은 정보를 위해서는 RFC 4987과 Lemon(2002)을 보아라.

6.5.6 TCP 연결 해제

TCP 연결은 전이중(full duplex)이지만, 어떻게 연결이 해제되는지를 알려면, 이를 한 쌍의 단향(simplex) 연결로 생각하는 것이 좋다. 쌍을 구성하는 각 연결은 서로 독립적으로 해제된다. 연결 해제(connection release)를 위해 양측은 *FIN* 비트가 세트된 상태로 TCP 세그먼트를 보낼 수 있는데, 이는 더 이상 전송할 데이터가 없음을 의미한다. *FIN*이 확인응답될 때, 그 방향으로의 전송이 폐쇄돼서 새 데이터를 보낼 수 없게 된다. 그러나 반대 방향으로는 데이터가 제약 없이 흘러갈 수 있다. 양방향 모두가 폐쇄되면 연결이 해제된다. 일반적으로, 각 방향당 하나의 *FIN*과 하나의 *ACK*가 필요하므로 연결 해제를 위해서는 총 4개의 세그먼트가 필요하다. 그러나 첫 번째 *ACK*와 두 번째 *FIN*을 한 세그먼트에 담는 것이 가능하므로 전체 수는 3개로 줄일 수 있다.

쌍방이 동시에 수화기를 내려놓아 전화를 끊는 전화 시스템처럼, TCP 연결의 양 끝도 *FIN* 세그먼트를 동시에 보낼 수 있다. 이들 각각은 일반적인 방법으로 확인응답되고 연결이 해제된다. 사실상 두 호스트가 연결을 순차적으로 해제하든 동시에 하든, 이들 간에 별 차이는 없다.

두 부대 문제(two-army problem)를 피하기 위해 타이머가 사용된다. 만일 *FIN*에 대한 응답이 최대 패킷 수명의 2배 내에 오지 않는다면, *FIN*의 송신자는 연결을 해제한다. 상대방도 마침내 그 연결에 대해 청취하고 있는 프로세스가 없다는 것을 인식하게 된다. 이러한 부대 문제에 대한 완전한 해결책은 이론적으로 존재하지 않으며, 이 해결책 역시 완전하지 않다. 그러나 실제의 경우 문제는 드물게 일어난다.

6.5.7 TCP 연결 관리 모델링

연결을 설정하고 해제하는 데 필요한 각 단계는 그림 6-38에 있는 11개의 상태를 가지는 유한상태기기(finite state machine)로 표현될 수 있다. 각 상태에는 그 발생이 적법한(legal) 특정 사건(event)이 있다. 한 적법한 사건이 발생하면, 그에 따른 행위(action)가 취해진다. 만일 적법하지 않은 다른 사건이 발생하면 오류(error)가 통보된다.

각 연결은 *CLOSED* 상태에서 시작한다. 이 상태는 수동적이거나(LISTEN) 능동적으로(CONNECT) 열릴 때까지 지속된다. 만일 상대편이 이에 대응하는 행위를 하면, 연결이 설정돼서 *ESTABLISHED* 상태가 된다. 어느 편에서든지 연결해제를 시작할 수 있다. 해제가 끝나면 다시 *CLOSED* 상태로 돌아간다.

State	Description
CLOSED	No connection is active or pending
LISTEN	The server is waiting for an incoming call
SYN RCVD	A connection request has arrived; wait for ACK
SYN SENT	The application has started to open a connection
ESTABLISHED	The normal data transfer state
FIN WAIT 1	The application has said it is finished
FIN WAIT 2	The other side has agreed to release
TIMED WAIT	Wait for all packets to die off
CLOSING	Both sides have tried to close simultaneously
CLOSE WAIT	The other side has initiated a release
LAST ACK	Wait for all packets to die off

그림 6-38 TCP 연결 관리 유한상태기기에 사용되는 상태들

TCP 연결 관리를 위한 유한상태기기가 그림 6-39에 있다. 수동적 서버에 능동적으로 연결을 시도하는 클라이언트의 통상적인 경우는 굵은 선으로 표시돼 있다(실선은 클라이언트, 점선은 서버). 가는 선은 통상적이 아닌 사건들을 나타낸다. 그림 6-39의 각 선은 한 *사건/행위*(event/action) 쌍에 의해 표시된다. 사건은 사용자의 시스템 호출(CONNECT, LISTEN, SEND, CLOSE), 세그먼트의 도착(SYN, FIN, ACK, RST) 혹은 최대 패킷 수명의 2배 이상의 시간 초과일 수 있다. 행위는 아무 행위도 취하지 않거나(-로 표기) 1개의 제어 세그먼트(SYN, FIN, RST)의 전송일 수 있다. 괄호 안은 주석(comment)을 나타낸다.

데이터그램을 잘 이해하려면, 먼저 클라이언트 경로(굵은 실선)를 따라가고, 그다음에 서버 경로(굵은 점선)를 따라가는 것이 좋다. 클라이언트 측의 응용프로그램이 CONNECT 요청을 하면, 해당 TCP 개체는 연결 레코드(connection record)을 생성하고, *SYN SENT* 상태로 표시한 후 SYN 세그먼트를 전송한다. 다수의 응용프로그램들을 위해 다수의 연결이 동시에 열려 있거나(open) 열리고 있는 중일 수 있다. 그러므로 각 연결당 하나씩의 상태가 존재하고 연결 레코드에 기록된다. *SYN+ACK*가 도착하면, TCP는 3-단계 핸드셰이크에 있어서의 마지막 *ACK*를 보내고 *ESTABLISHED* 상태가 된다.

한 응용프로그램이 끝날 때는, CLOSE 프리미티브를 실행시킨다. 이 프리미티브는 해당 TCP 개체로 하여금 *FIN* 세그먼트를 전송하고 이에 상응하는 *ACK*를 기다리게 한다(active close로 표기된 점선 사각형). *ACK*가 도착하면 *FIN WAIT 2*로 상태천이가 일어나며, 연결의 한쪽이 닫힌다. 다른 한쪽도 닫히게 되면 *FIN*이 들어오게 되고 이에 대한 확인응답이 전송된다. 이제는 연결의 양쪽 모두가 닫힌 상태이다. TCP는 한 연결에서 확인응답의 유실이 발생하는 것과 같은 경우에, 모든 패킷들이 다 없어지도록 해주기 위해 타이머를 동작시켜 최대 패킷 수명만큼을 기다린다. 타이머가 종료될 때, TCP는 연결 레코드를 삭제한다.

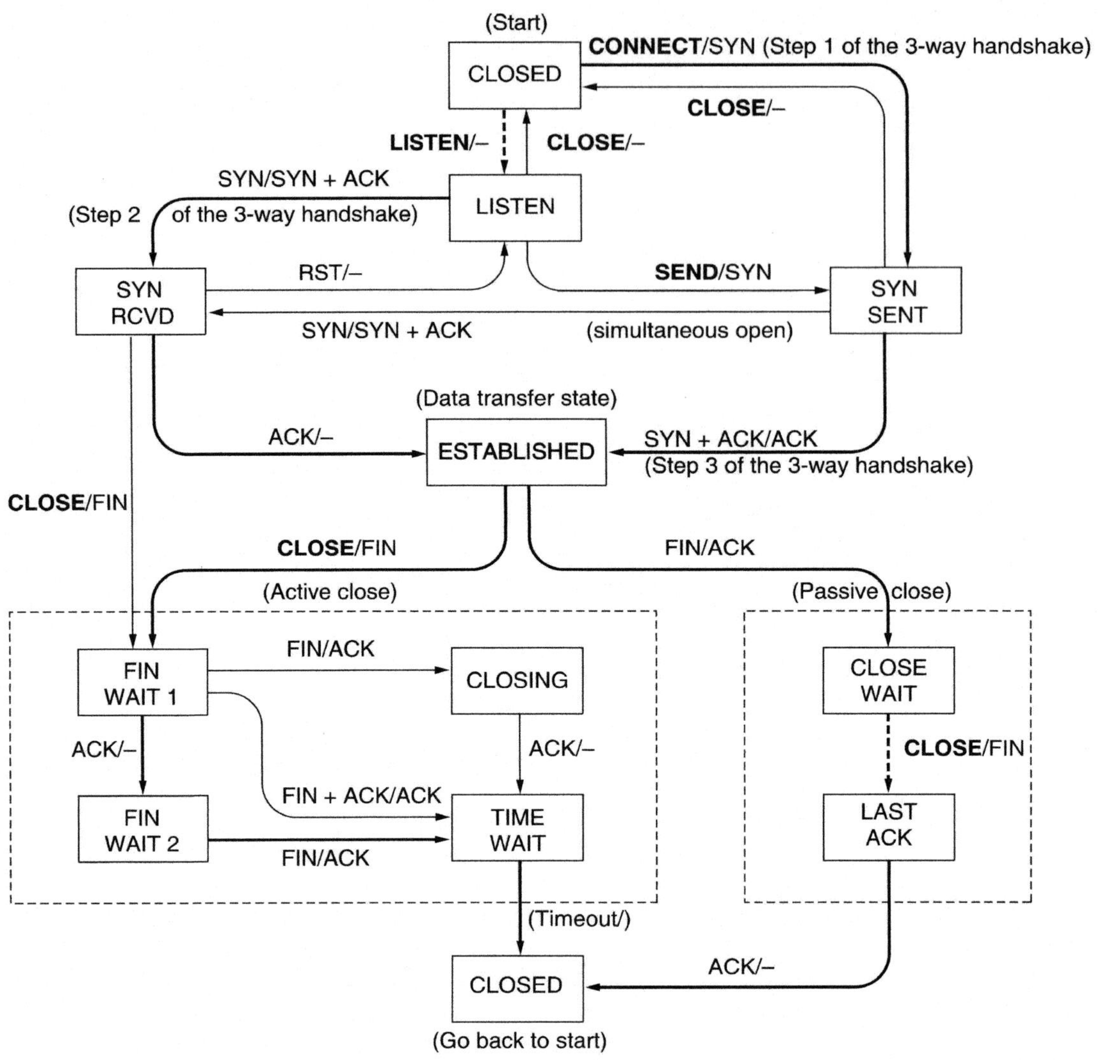

그림 6-39 TCP 연결 관리 유한상태기기. 굵은 실선은 클라이언트에 대한 정상 경로이다. 굵은 점선은 서버의 정상 경로이다. 가는 선들은 비정상적인 사건들의 경우이다. 각 천이는 슬래시(/)로 구분된 천이 유발 사건과 그로 인한 행위로 레이블(lable)돼 있다.

이제 서버의 관점에서 연결 관리를 살펴보자. 서버는 LISTEN을 실행하고 나서 누군가가 오기를 기다린다. *SYN*이 오면, 서버는 확인응답을 한 후 *SYN RCVD* 상태가 된다. 이 상태에서 서버 자신의 *SYN*에 대한 확인응답을 받으면, 3단계 핸드셰이크가 완료되고, 서버는 *ESTABLISHED* 상태가 된다. 이제 데이터 전송이 행해질 수 있다.

클라이언트는 끝날 때 CLOSE를 실행시키는데, 이로 인해 서버에게 *FIN*이 보내진다(passive close로 표기된 점선 사각형). 이렇게 *FIN*을 받은 서버가 CLOSE를 실행하게 되면, *FIN*이 클라이언트로 보내진다. 클라이언트로부터 확인응답이 오면, 서버는 연결을 해제하고 연결 레코드를 삭제한다.

6.5.8 TCP 슬라이딩 윈도우

앞서 언급한 바와 같이, TCP에서의 윈도우 관리는 대개의 데이터링크 프로토콜들이 그러하듯 확인응답들과 직접적으로 연관돼 있지 않다. 예를 들어 그림 6-40에 있는 것처럼 수신자가 4,096바이트 크기의 버퍼를 가지고 있다고 하자. 만일 송신자가 2,048바이트를 전송하고 그것이 올바로 수신되었다면, 수신자는 그 세그먼트에 대한 확인응답을 보낼 것이다. 그러나 수신측에는 단지 2,048바이트의 버퍼만 남아 있으므로(응용프로그램이 버퍼로부터 데이터를 제거하기 전까지), 수신자는 수신될 것으로 기대되는 다음 바이트부터 시작하는 2,048바이트 크기의 윈도우가 있다고 통지한다.

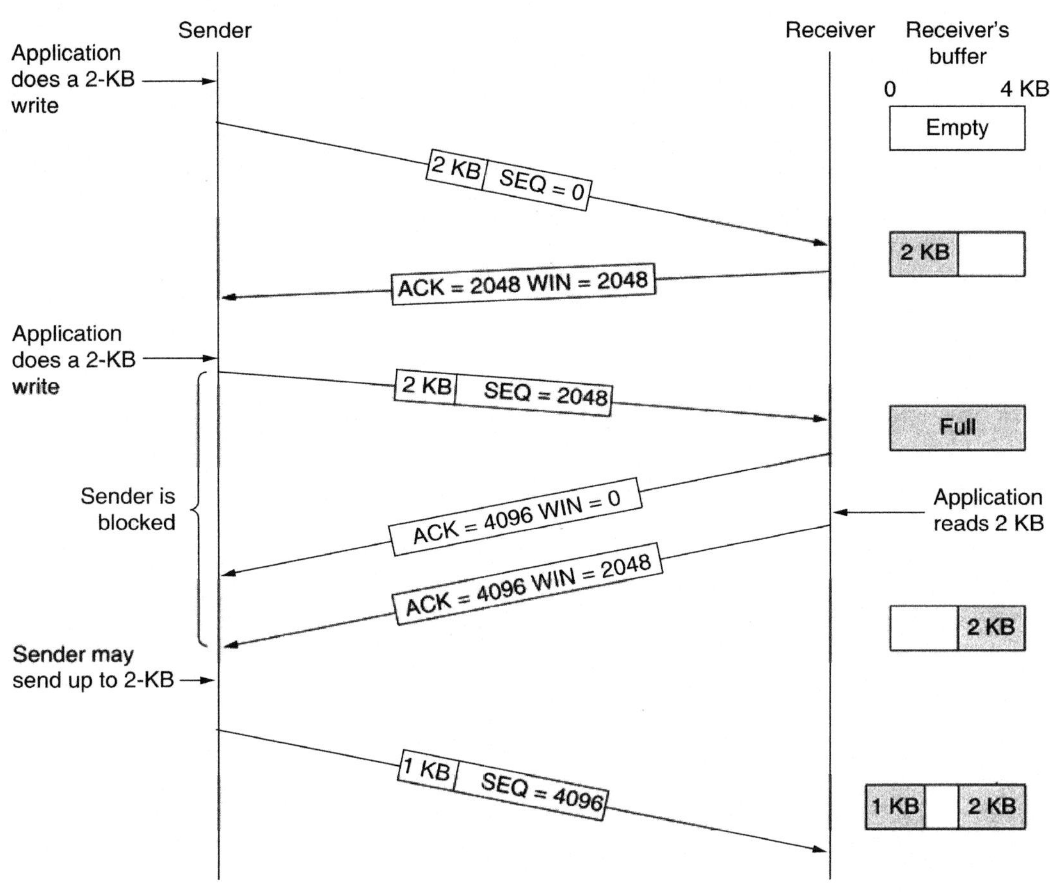

그림 6-40 TCP에서의 윈도우 관리

이제 송신자가 다음번 2,048바이트를 보내면, 이에 대한 확인응답이 보내지는데 이때 통보되는 윈도우 크기는 0이다. 그러면 송신자는 수신측의 응용프로그램이 버퍼에서 데이터를 제거하고 TCP가 윈도우에 여유 공간이 생겼음을 통보할 때까지 송신을 멈춰야 한다.

윈도우가 0이 될 때, 송신자는 보통 두 가지 경우 외에는 세그먼트를 전송할 수 없다. 첫째는, 긴급 데이터(urgent data)의 한 예로서, 사용자가 원격 컴퓨터에서 동작하고 있는 프로세스를 죽이도록 할 때와 같은 경우이다. 둘째는, 수신자가 다음에 수신할 바이트와 윈도우 크기를 송신자에게 재공지(reannouncement)하도록 송신자가 수신자에게 1바이트 세그먼트를 보내는 경우이다. 이 패킷을 **window probe**라고 한다. TCP 표준은 윈도우 공지의 유실(loss) 시 발생할 수 있는 교착상태(deadlock)를 방지하기 위해 이런 옵션을 제공한다.

송신자는 응용프로그램에서 데이터가 올 때마다 그것들을 전송할 필요는 없다. 마찬가지로 수신자도 데이터를 받은 즉시 확인응답을 해야 하는 것은 아니다. 예를 들어 그림 6-40에서처럼, 첫 2KB의 데이터가 들어오면 TCP는 자신이 4KB의 전송을 위한 윈도우를 가지고 있음을 알고 있으므로, KB의 데이터를 더 채워서 한 번에 4-KB 페이로드 세그먼트를 전송할 수 있을 때까지 이를 버퍼에 보관할 수도 있다. 이러한 융통성은 성능 개선을 위해 활용될 수 있다.

각 키보드 입력마다 즉시 반응해야 하는 인터랙티브(interactive, 대화형) 에디터(editor)에 TELNET 연결을 한 경우를 생각해 보자. 최악의 경우, 송신측 TCP 개체에 한 문자가 도착하면, TCP는 헤더를 첨부하여 21-바이트 TCP 세그먼트를 생성되고, 이것이 IP로 주어져서 41바이트의 IP 데이터그램으로 전송된다. 수신측의 TCP는 즉시 40바이트의 확인응답(20바이트의 TCP 헤더와 20바이트의 IP 헤더)을 보낸다. 나중에 에디터가 그 바이트를 읽어 들이면 TCP는 윈도우 갱신(update) 메시지를 보내고, 윈도우를 오른쪽으로 1바이트 이동시킨다. 이 패킷도 또한 40바이트이다. 마지막으로 에디터가 그 문자를 처리하게 되면 에디터는 그 문자를 41-바이트 패킷으로서 에코(echo)한다. 따라서 한 문자가 입력될 때마다 총 162바이트의 대역폭이 사용되고, 네 개의 세그먼트가 전송된다. 이런 방법은 대역폭이 부족할 경우 바람직하지 않다.

이런 상황의 최적화를 위해, 많은 TCP 구현들이 사용하는 한 방법을 **지연 확인응답(delayed acknowledgements)**이라고 한다. 보낼 데이터가 생겨서 지연 확인응답과 윈도우 갱신 메시지를 무료로 덧붙여 보낼 수 있으리라는 희망 하에, 확인응답과 윈도우 갱신 메시지의 전송을 500msec 동안 지연시키는 것이다. 에디터가 500msec 이내에 에코하게 되면, 단지 1개의 41-바이트 패킷만을 원격 사용자로 보내면 되게 돼서 패킷 수나 대역폭 사용량이 반으로 줄어든다.

비록 이 규칙이 수신자에 의한 네트워크 부하를 감소시켜준다 하더라도, 송신자는 여전히 1-바이트 데이터를 갖는 41-바이트 크기의 패킷을 전송하는 비효율적 작업을 계속 수행한다. 이 문제의 해결을 위한 한 방법으로 **네이글 알고리즘(Nagle's algorithm)** (Nagle, 1984)이 알려져 있다. 네이글이 제안한 것은 간단하다. 데이터가 한 번에 한 바이트씩 송신자로 올 경우, 첫 번째 바이트만을 송신하고 나머지는 보낸 바이트에 대한 명백한 확인응답이 올 때까지 버퍼에 보관한다는 것이다. 그리고 버퍼 내의 모든 문자를 하나의 TCP 세그먼트로서 전송한 후, 모두에 대한 확인응답이 올 때까지, 입력 데이터들을 버퍼에 저장한다. 즉 작은 패킷 하나는 즉시 전송이 가능하다. 만약 한 왕복 시간에 응용이 많은 데이터를 보낸다면, 네이글 알고리즘을 통해서 각 세그먼트마다 상당한 양의 데이터를 넣어 보낼 수 있고, 따라서 사용대역폭을 상당히 줄일 수 있다. 부가적으로 이 알고리즘은 충분한 양의 데이터가 모여서 윈도우의 반, 즉 최대 세그먼트만큼을 채워야만 새로운 패킷이 전송되는 것을 허용한다.

네이글 알고리즘은 TCP 구현 시에 널리 사용되고 있다. 그러나 가끔은 이를 사용하지 않는 것이 나을 때가 있다. 특히 인터넷상에서 실행되는 대화형 게임의 경우, 사용자들은 일반적으로 짧은 업데이트 패킷의 빠른 스트림을 원한다. 한 번에 업데이트들을 보내기 위해서 모으는 것은 게임이 불규칙적으로 반응하기 때문에 사용자들로 하여금 이용에 불편을 준다. 좀 더 미묘한 문제로는 가끔 네이글 알고리즘이 일시적인 교착상태(deadlock)를 야기하는 지연 확인응답에 반응할 수 있다는 것이다. 수신자가 피기백(piggyback)할 확인응답을 위한 데이터를 기다리고 있는 한편 송신자는 더 많은 데이터를 보내기 위해서 수신자로부터 확인응답을 기다리고 있는 상태를 교착상태라고 한다. 이런 상호 작용은 웹 페이지의 다운을 지연시킬 수 있다. 이런 문제들 때문에 네이글 알고리즘이 무용지물이 될 수 있다는 것이다(이를 TCP_NODELAY 옵션이라고 한다). Mogul과 Minshall(2001)은 이에 대한 해결책과 그 외의 다른 해결책들에 관해서 논의한다.

TCP 성능을 저하시키는 또 다른 문제로서 **실리 윈도우 신드롬(silly window syndrome)** (Clark, 1982)이 있다. 이 문제는 송신측 개체에는 데이터가 큰 블록 단위로 주어지나, 수신측의 인터랙티브 응용프로그램은 한 번에 한 바이트의 데이터만 읽을 수 있는 경우에 발생한다. 이 문제를 보려면, 그림 6-41를 참조하라. 초기에, 수신측 TCP 버퍼는 꽉 차 있고 송신자는 이를 알고 있다(즉 크기가 0인 윈도우를 가지고 있다). 이때 인터랙티브 프로그램이 TCP 스트림으로부터 한 문자를 읽어 온다. 이렇게 되면 수신측 TCP는 여유가 생기게 되고, 윈도우 갱신(update) 메시지를 송신측으로 보내서 한 바이트의 수신이 가능하다고 알린다. 송신자는 이에 따라 한 바이트를 전송한다. 이제 버퍼는 다시 꽉 차게 되고, 그래서 수신자는 이 한 바이트 세그먼트에 대한 확인응답을 보낸다. 그러나 윈도우의 크기는 다시 0이 된다. 이 행위가 계속 반복된다.

클라크(Clark) 해결책은 수신자가 1바이트에 대한 윈도우 갱신 통보를 하지 않게 하는 것이다. 그 대신, 수신자는 어느 정도의 공간이 확보될 때까지 기다린 후에 이를 통보한다. 특히 수신자는 연결이 설정 당시 통보한 세그먼트의 최대 크기를 처리할 수 있거나 버퍼의 반이 빈 상태가 될 때까지(둘 중 작은 쪽 선택), 윈도우 갱신을 통보하지 말아야 한다.

이에 더해 송신자도 작은 세그먼트들을 전송하지 않음으로써 도움을 줄 수 있다. 그 대신 송신자는 꽉 찬 세그먼트, 즉 적어도 수신자 버퍼 용량의 반(half)은 되는 세그먼트를 전송하는 데 충분한 윈도우 공간이 확보될 때까지 기다리는 노력을 기울여야 한다.

네이글 알고리즘과 실리 윈도우 신드롬에 대한 클라크 해결책은 상호보완적이다. 네이글은 송신측의 응용프로그램이 TCP에게 한 번에 한 바이트 씩 데이터를 전달함으로써 발생하는 문제를 해결하려고 했고, 클라크는 수신측 응용프로그램이 TCP로부터 한 번에 한 바이트씩의 데이터를 가져가는 데 따른 문제를 해결하려고 했다. 이 두 해결책은 모두 타당하며 함께 이용될 수 있다. 목표는 송신자가 작은 세그먼트를 보내지 않고, 수신자는 작은 세그먼트들의 전송을 요청하지 않도록 하는 것이다.

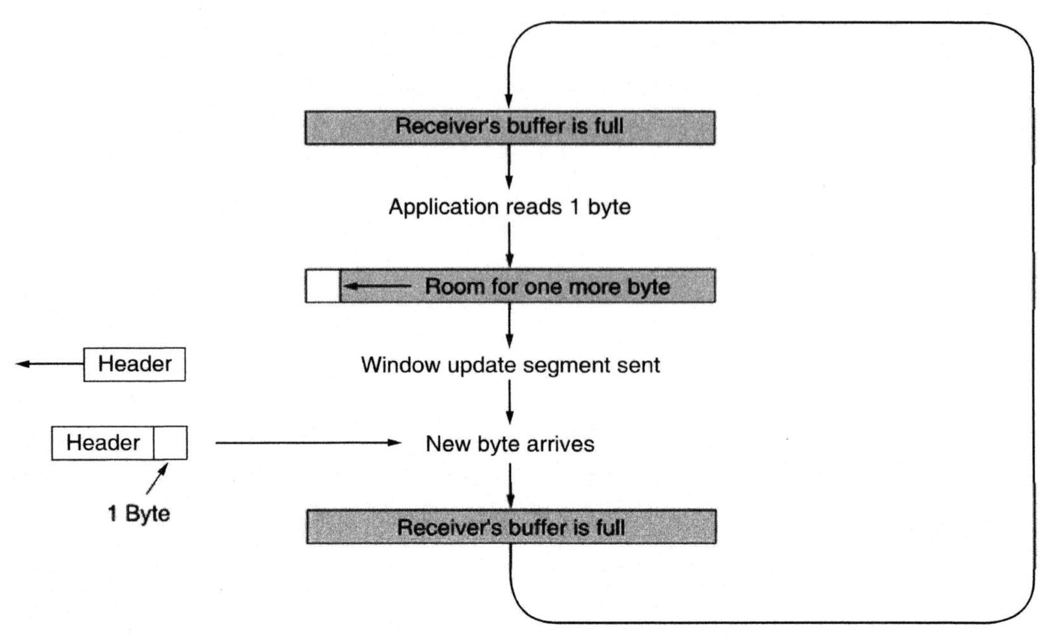

그림 6-41 실리 윈도우 신드롬

단지 윈도우 갱신 통보를 큰 블록 단위로 하는 것보다 더 성능이 개선되도록 수신측 TCP를 만들 수 있다. 송신측 TCP처럼, 수신측도 데이터를 버퍼에 저장할 수 있다. 그래서 큰 데이터 블록을 제공할 수 있을 때까지 응용프로그램으로부터의 READ 요청을 막을 수 있다. 이렇게 함으로써 TCP 호출 횟수를 줄이고, 그에 의해 부하도 감소시킬 수 있다. 물론 이로 인해 응답(response) 시간은 길어진다. 그러나 파일 전송 같은 인터랙티브하지 않은 응용프로그램들의 경우, 효율이 개별 요청들에 대한 응답 시간보다 훨씬 중요하다.

수신측의 또 다른 문제는 뒤바뀐 순서(out-of-order)로 수신된 세그먼트를 어떻게 할 것인가 하는 것이다. 수신자는 데이터가 응용에게 순서대로 보내지기 전까지 버퍼에 데이터를 저장할 것이다. 사실 순서대로 전송되는 세그먼트들이 버려졌을 경우는 송신측에서 다시 데이터를 재전송을 하기 때문에 크게 문제가 되지는 않지만, 자원이 낭비될 수 있다.

확인응답은 이전 확인응답 된 바이트 이후의 모든 데이터가 수신되었을 때 보내진다. 이를 **누적 확인응답(cumulative acknowledgement)**이라고 한다. 수신자가 세그먼트 0, 1, 2, 4, 5, 6, 7을 수신했다면, 수신자는 세그먼트 2의 마지막 바이트를 포함하여 그 이전의 모든 세그먼트에 대한 확인응답을 한다. 송신측에 시간종료가 발생하면, 송신자는 세그먼트 3을 재전송한다. 만일 수신자가 세그먼트 4에서 7까지를 버퍼에 보관하고 있었다면, 세그먼트 3을 받았을 때 세그먼트 7을 포함한 모든 세그먼트들에 대해 확인응답을 할 수 있다.

6.5.9 TCP 타이머 관리

TCP는 자신의 일을 위해 (적어도 개념적으로는) 여러 개의 타이머를 사용한다. 이들 중 가장 중요한 타이머는 **재전송 타이머(Retransmission TimeOut, RTO)**이다. 재전송 타이머는 세그먼트가 전송될 때 시작된다. 이 타이머의 종료 전에 세그먼트가 확인응답된다면 타이머는 멈춘다. 확인응답이 오기 전에 타이머가 종료된다면 세그먼트는 재전송된다(그리고 타이머는 다시 시작된다). 여기서 문제는 타이머 시간을 얼마로 설정해야 하는가 하는 것이다. 이 문제는 3장에서 다루었던 일반적인 데이터링크 프로토콜들의 경우보다는 802.11과 같은 인터넷 트랜스포트 계층에서 훨씬 어렵다. 데이터링크 프로토콜의 경우, 예상 지연이 마이크로초 단위로 측정되고, 지연의 예측이 상당히 가능하다(즉 낮은 분산). 그래서 타이머를 그림 6-42(a)에서 보는 것처럼, 타이머를 확인응답이 올 것으로 기대되는 시간보다 약간 뒤로 설정할 수 있다. 데이터 링크 계층에서 확인응답이 지연되는 경우는 매우 드물기 때문에(혼잡이 없으므로), 예측된 시간에 오지 못한 확인응답은 프레임이나 확인응답의 유실을 의미한다.

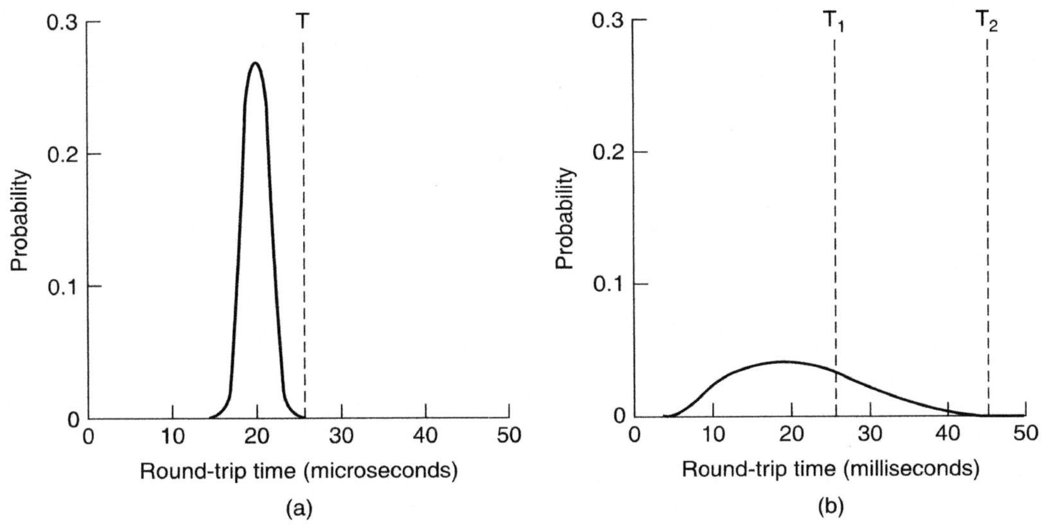

그림 6-42 (a) 데이터링크 계층에서 확인응답 도착 시간들의 확률 밀도
(b) TCP에서 확인응답도착 시간들의 확률 밀도

TCP는 근본적으로 다른 문제에 직면해 있다. TCP 확인응답을 받는 데 걸리는 시간에 대한 확률 밀도 함수(probability density function)는 그림 6-42(a)보다는 그림 6-42(b)에 더 가깝다. 더 크고 더 다양하다. 목적지에 대한 왕복시간(round-trip time)의 확인은 쉽지 않다. 비록 이를 안다 하더라도, 타이머 종료시간(timeout interval)을 결정하는 것 또한 어렵다. 만일 종료시간이 그림 6-42(b)의 T_1 같이 너무 짧게 설정된다면, 불필요한 재전송이 일어날 것이고 쓸모없는 패킷으로 인터넷이 가득 찰 것이다. 만일 T_2 같이 너무 길게 설정된다면, 패킷이 유실될 때는 긴 재전송 지연으로 인한 성능 문제가

있을 것이다. 게다가, 확인응답 도착 분포의 평균 및 분산도 혼잡 현상이 있느냐 없느냐에 따라서 짧은 시간 내에 빠르게 변할 수 있다.

해결책은 네트워크 성능을 계속해서 측정한 값들에 근거하여, 타이머 값을 지속적으로 조절하는 매우 동적인 알고리즘을 사용하는 것이다. TCP에서 일반적으로 사용되는 알고리즘은 (Jacobson, 1988)의 것으로서 다음과 같이 동작한다. 각 연결에 대해, TCP는 해당 목적지까지의 왕복시간에 대한 최선의 현재 예측치를 나타내는 *SRTT*(Smoothed Round Trip Time)라는 변수를 유지한다. 세그먼트가 전송되면 확인응답이 돌아오기까지 얼마나 걸리는 지와 너무 오래 걸릴 경우 재전송을 시도하게 하기 위해 타이머가 시작된다. 만일 타이머의 시간종료 전에 확인응답이 돌아오면 TCP는 확인응답이 오기까지의 시간 *R*을 측정한다. 그리고 다음 식을 이용하여 *SRTT*를 갱신한다.

$$SRTT = \alpha SRTT + (1-\alpha)R$$

여기서, α 는 이전 *SRTT* 값에 얼마만큼의 가중치를 부여할 것인가를 결정하는 유연성 부여 인자(smoothing factor)이다. 일반적으로, α = 7/8이다. 이런 공식을 **EWMA(Exponentially Weighted Moving Average)** 또는 잡음을 제거하는 저역 통과 필터(Low pass filter)라고 한다.

좋은 *SRTT* 값을 가지고 있다 해도 적당한 재전송 타이머 시간종료 값을 선택하는 것은 쉬운 일이 아니다. 초기 TCP는 2x*RTT*를 사용하였는데 시간이 지나면서 고정된 값을 가지는 것이 좋지 않다는 것을 알게 되었다. 왜냐하면 변이(variance)가 커지면 응답을 실패하게 되기 때문이다. 특히 임의의 트래픽 (예를 들어 Poisson)에 대한 큐 모델들은 부하가 수용 능력에 도달할 때, 지연이 더 커지고 변화가 심해지는 것을 예측할 수 있다. 이는 재전송 타이머를 종료시키고, 원래 패킷이 네트워크상에서 전송되고 있다 하더라도 복제 패킷을 전송시킨다. 이것은 마치 추가적인 패킷들을 가장 안 좋은 시기에 네트워크상에 내보낼 때 발생하는 과부하와 같다.

이 문제를 해결하기 위해서, 제이콥슨은 유연한(smoothed) 왕복시간뿐 아니라 일반적인 왕복시간의 변화에 민감한 타임아웃 값을 제안했다. 이러한 변화는 또 다른 유연성을 지닌 변수, RTTVAR (Round-Trip Time VARiation)을 공식에 필요로 한다.

$$RTTVAR = \beta\, RTTVAR + (1 - \beta)\,|SRTT - R|$$

EWMA는 앞서 언급한 내용과 동일하고, 일반적으로 β = 3/4이다. 재전송 타임아웃, RTO는 아래와 같이 설정된다.

$$RTO = SRTT + 4 \times RTTVAR$$

4로 정한 것은 다소 임의적이다. 그러나 여기에는 두 가지 장점이 있다. 첫째로, 4를 곱한 것은 한 번의 쉬프트 연산으로 구해질 수 있다. 둘째로, 전체 패킷 중 1%가 안 되는 숫자의 패킷만이 표준 편차의 4배보다 늦게 들어온다. *RTTVAR*은 정확히 말하자면, 표준 편차와 같지 않다. 하지만 사실상 충분히 표준 편차에 가깝다고 할 수 있다. 제이콥슨의 논문은 단순히 정수를 더하고, 빼고, 이동하는 것을 이용해서 타임아웃을 계산하는 영리한 방법으로 가득하다. 이 경제적인 측면은 현대 호스트에게는 필요치 않지만, 슈퍼컴퓨터부터 작은 장치까지 모든 종류의 장치들에서 TCP가 동작할 수 있다는 방식의 일부분으로 자리매김을 했다. 지금까지는 RFID 칩에 이것을 첨부할 생각을 아무도 하지 않았지만, 언젠가는 가능하지 않겠는가.

초기 변수들을 설정하는 것을 포함해서 이 타임아웃을 어떻게 계산하는지에 관한 자세한 내용은 RFC 2988에 나와 있다. 재전송 타이머 또한 추정치와 상관없이 최소 1초간 멈춰 있다. 이 측정을 기반으로 했을 때 거짓으로 추정되는 재전송을 예방하기 위해서 선택한 최솟값이다(Allman and Paxson, 1999).

*RTT*의 동적 예측 시 일어나는 한 가지 문제는 세그먼트가 시간종료가 돼서 재전송할 때 무엇을 해야 하는가 하는 것이다. 확인응답이 왔을 때, 이 응답이 첫 번째 전송에 대한 것인지 다음 것들에 대한 것인지는 확실하지 않다. 잘못 예측하면, *RTT* 예측이 심각하게 잘못될 수 있다. 필 칸(Phil Karn)은 이 문제를 매우 어렵게 발견했다. 그는 매우 열성적인 아마추어 무선 통신사로서 신뢰성 없기로 소문난 매체(운이 좋아야 패킷들 중 절반 정도가 전달된다)인 햄(ham) 무선 통신을 통해 TCP/IP 패킷을 전송하는 데 관심이 있었다. 그는 재전송된 어떤 세그먼트들에 대한 *RTT*도 갱신하지 않는다는 아주 간단한 계획을 세웠다. 대신, 세그먼트들이 처음으로 전달될 때까지 실패 시마다 타이머 시간종료 값을 2배로 늘린다. 이 수정안을 **칸 알고리즘(Karn's algorithm)**이라고 하며 대부분의 TCP가 이를 사용한다.

재전송 타이머만을 TCP가 사용하는 것은 아니다. TCP가 사용하는 두 번째 타이머는 **퍼시스턴스 타이머(persistence timer)**이다. 이 타이머는 교착상태의 방지를 위해 사용된다. 수신자는 윈도우 크기가 0임을 확인응답에 실어 보냄으로서 송신자에게 기다릴 것을 알린다. 나중에 수신자는 윈도우를 갱신하지만 그 갱신 정보를 실어 보낸 패킷이 유실됐다고 하자. 그러면 수신자와 송신자 모두는 상대방이 무엇인가를 하기를 기다리게 된다. 지속 타이머가 종료되면, 송신자는 프로브(probe, 탐사 메시지)를 수신자에게 보낸다. 이에 대한 응답으로 수신자는 윈도우 크기를 알려준다. 만일 크기가 여전히 0이면 지속 타이머는 재설정되고 이 과정이 반복된다. 0이 아니면, 데이터를 전송해도 좋은 상태이다.

세 번째 타이머는 **킵얼라이브 타이머(keepalive timer)**이다. 연결이 휴지(idle) 상태로 오래 지속되면, 킵얼라이브 타이머가 종료돼서 상대편이 아직 연결돼 있는지를 확인한다. 만일 응답이 없으면 연결을 종료시킨다. 이 특성은 논쟁의 여지가 있다. 왜냐하면 추가적인 부하가 걸리고 일시적인 네트워크 단절로 인해 정상적인 연결을 종료시킬 수 있기 때문이다.

각 TCP 연결에서 사용하는 마지막 타이머는 연결 종료(close) 시 *TIMED WAIT* 상태에서 이용된다. 이 타이머는 보통 최대 패킷 수명의 2배 정도의 시간 동안 동작하는데, 이는 이 연결로 인해 만들어진 모든 패킷이 다 처리돼서 없어지는 것을 확실히 하기 위해서이다.

6.5.10 TCP 혼잡 제어

이제 TCP의 주요 기능 중 하나인 혼잡 제어만이 남았다. 임의의 네트워크에 자신이 처리할 수 있는 것보다 많은 부하가 걸리면 혼잡(congestion)이 유발된다. 인터넷도 예외는 아니다. 네트워크 계층은 라우터의 큐가 커질 때 혼잡을 감지하고 패킷들을 버릴 수 있다면 혼잡을 관리할 수도 있다. 네트워크 계층으로부터 혼잡에 대한 피드백을 받는 것과 네트워크로 데이터를 내보내는 트래픽의 속도를 늦추는 것은 트랜스포트 계층의 선택에 달려 있다. 인터넷에서 TCP는 신뢰할 수 있는 전송뿐 아니라 혼잡을 관리하는 부분에서 큰 역할을 차지한다. 그렇기 때문에 이 프로토콜이 다른 프로토콜에 비해 특별하다고 할 수 있다.

우리는 앞서 6.3절에서 일반적인 혼잡 현상에 관해서 공부했다. 트랜스포트 계층이 네트워크로부터 전달된 이진 혼잡 신호들에 대한 응답으로 AIMD 제어 법칙을 사용하고 이를 통해서 트랜스포트 계층이 공평하고 효율적인 할당으로 수렴될 수 있는 것이다. 패킷 유실을 알려주는 이진 신호와 윈도우를 기반으로 TCP 혼잡 제어가 구현된다. 이를 위해서는 TCP는 송신자가 언제든지 네트워크상에서 지닐 수 있는 바이트 수와 동일한 크기를 가지는 혼잡 윈도우(congestion window)를 유지해야 한다. 이때, 윈도우 크기를 연결의 왕복 시간으로 나눈 값이 혼잡 윈도우에 상응하는 속도가 된다. TCP는 AIMD 규칙에 따라 윈도우 크기를 조절한다.

흐름 제어 윈도우는 수신자가 버퍼에 저장할 수 있는 바이트 수를 구체화하는데 이 흐름 제어 윈도우 외에도 혼잡 윈도우가 유지되고 있다는 점을 유념하자. 두 윈도우들은 평행하게 추적되고, 전송되는 바이트 크기가 두 윈도우에 비해 더 작다. 그러므로 효과적인 윈도우는 송수신자측에서 모두 괜찮다고 생각하는 크기보다 작은 크기가 전달된다. 즉, 송수신자 모두에게 윈도우에 관한 책임이 있다는 것을 의미한다. TCP는 혼잡이나 흐름 제어 윈도우가 일시적으로 가득 차게 되면 데이터 전송을 멈출 것이다. 만약 수신자가 "64KB를 보내라"라고 말하지만, 송신자는 32KB가 넘는 버스트가 네트워크를 막히게 한다는 것을 알고 있다면, 송신자는 32 KB를 보낼 것이다. 반면, 수신자가 "64KB를 보내라"라고 말하고, 송신자는 128KB까지는 문제없음을 알고 있다 하더라도, 송신자는 수신자가 알려준 대로 64KB만을 전송한다. 이 흐름 제어 윈도우는 전에 설명했기 때문에 이제 혼잡 윈도우에 대해서 논의하기로 한다.

현대 혼잡 제어는 반 제이콥슨(Van Jacobson, 1988)에 의해서 TCP에 추가되었다. 1986을 시작으로 커져가던 초기 인터넷의 인기로 인해 처음으로 **혼잡 붕괴(congestion collapse)** 현상이 발생했다. 네트워크에 혼잡이 일어나서 장기간 동안 처리량이 급작스럽게 떨어졌다. 제이콥슨은 (그 외 다른 사람들도) 무슨 일이 일어난 것인지에 관해 이해하고, 상황을 개선시켜나갔다.

제이콥슨이 구현한 높은 단계의 고정값은 AIMD 혼잡 윈도우에 가깝다. TCP 혼잡 제어의 복잡성과 비슷하면서도 재밌는 점은 기존 구현에 혼잡 제어를 추가할 때, 혼잡 제어 배치를 가능하게 하는 어떤 메시지도 변화시키지 않고 추가가 가능했다는 점이다. 처음에 그는 패킷 유실이 혼잡의 신호로 알맞은지 알아봤다. 이 신호는 약간 늦지만(네트워크가 이미 혼잡 상황이기 때문에) 꽤 신뢰할 수 있다. 결국 과부하 상태일 때, 패킷을 놓치지 않도록 라우터를 만드는 것이 관건이라는 사실은 여전히 변함이 없다. 심지어 테라바이트 메모리가 방대한 양의 패킷들을 버퍼에 저장할 것 같아 보여도 이 메모리들을 채우기 위해서는 결국 초당 테라비트를 내보내는 네트워크를 가져야 한다.

하지만 패킷 유실을 혼잡 신호로 사용하는 것은 상대적으로 자주 발생하지 않는 전송 오류일 때 더 신뢰할 만하다. 이는 링크 계층에 자신만의 재전송 메커니즘을 포함시키는 802.11과 같은 무선링크와는 일반적으로 다른 경우를 보인다. 무선 재전송 때문에 전송 오류로 인한 네트워크 계층의 패킷 유실이 보통 무선 네트워크에 의해 감춰진다. 또한 유선들과 광학 섬유들이 낮은 비트-에러율을 가지고 있기 때문에 이 같은 링크들에서도 보기 드문 현상이다. 모든 인터넷 TCP 알고리즘들의 경우, 혼잡에 의해서 패킷들이 유실되고, 모니터는 타임아웃 되어서 마치 광부가 카나리아를 보듯 문제의 신호를 기다린다고 가정한다. 좋은 재전송 타이머는 패킷 유실을 정확하고 시기적절한 상황을 감지하기 위해서 필요하다. 우리는 앞서 TCP 재전송 타이머가 어떻게 왕복 시간의 평균과 표준 편차에 관한 예측을 포함하는지에 관해 공부했다. 변화요인을 포함해 이 타이머를 고정시키는 과정은 제이콥슨의 연구에서 봤을 때 중요한 단계이다. 좋은 재전송 타임아웃이 주어졌을 때, TCP 송신자는 네트워크에 부하되는 바이트의 수를 추적할 수 있다. 전송된 데이터의 순서번호와 이에 대한 확인응답의 순서번호들 간에 차이가 있음을 알 수 있다.

이제 해야 할 작업이 쉬워 보인다. 순서번호와 확인응답 번호들을 사용해서 혼잡 윈도우를 추적하고, AIMD 규칙에 따라 혼잡 윈도우의 크기를 조절하는 일만 남았다. 하지만 사실 생각보다는 더 복잡하다. 첫 번째 고려사항으로는 (심지어 단기간 동안일지라도) 네트워크 내에 패킷을 보내는 방법이 네트워크의 경로와 일치해야 한다. 그렇지 않으면 트래픽에 혼잡이 발생한다. 예를 들어 64KB의 혼잡 윈도우를 가지고 있는 호스트가 1-Gbps의 교환형 이더넷에 연결되어 있다고 하자. 만약 호스트가 윈도우 전체를 한 번에 내보낸다면, 트래픽 버스트는 경로를 따라 느린 1-Mbps ADSL 선 위로 이동하게 될지도 모른다. 1-Gbps 선에서 단 0.5밀리초가 걸리는 버스트는 완전히 음성 IP와 같은 프로토콜들을 방해하면서 1-Mbps 선의 흐름을 0.5초간 막을 것이다. 물론 이 행위가 혼잡을 야기하는 프로토콜을 구성할 때 좋을지 몰라도, 혼잡을 제어하기 위한 프로토콜로는 적절하지 않다.

하지만 이점(advantage)을 위해 패킷의 작은 버스트를 사용할 수 있다. 빠른 네트워크(1-Gbps 링크)상의 송신자가 네 패킷들로 구성된 작은 버스트를 병목현상이 발생을 할 수 있는 네트워크이거나 경로 중 가장 느린 축에 속하는 네트워크(1Mbps 링크)상의 수신자에게 보내려고 할 때 어떤 현상이 나타나는지를 그림 6-43에서 보여주고 있다.

초기에 네 패킷들은 송신자가 보낸 속도만큼 빠르게 링크 위를 이동한다. 한편, 라우터의 경우 빠른 링크에서 들어오는 패킷보다 느린 링크로 보내지는 패킷의 속도가 더 늦기 때문에 도착한 패킷들은 우선 큐에 쌓인다. 하지만 적은 수의 패킷들만을 한 번에 보내기 때문에 큐가 크지는 않다. 이 때문에 느린 링크 위에는 패킷들이 늘어난다는 사실을 유념하자. 패킷이 1KB라고 하면 이 패킷은 빠른 링크보다 느린 링크로 보내질 때 더 많은 시간이 소요되기 때문에 패킷을 보내는 데 소요되는 시간이 길어진다.

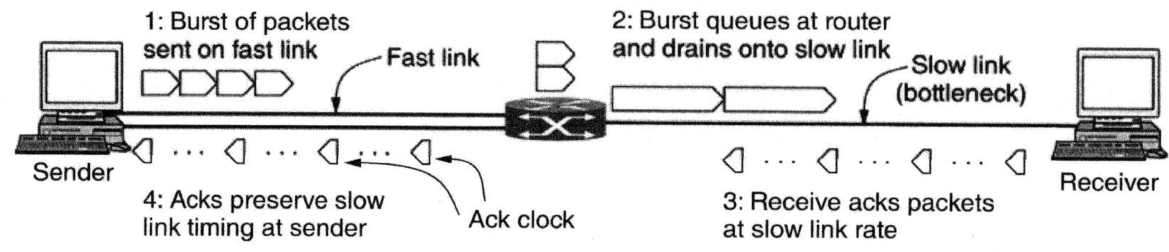

그림 6-43 송신자가 보낸 패킷들의 버스트와 되돌아오는 ack 클럭

마침내 패킷은 패킷에 대한 확인응답이 가능한 수신자에게 전달된다. 확인응답에 걸리는 시간은 패킷들이 느린 링크를 지나 수신자에게 도착하는 시간을 반영한다. 그래서 이것들이 전달되면서 빠른 링크상의 본래 패킷들과 비교된다. 이 확인응답들은 네트워크를 통해 송신자에게 전달되기 때문에 이 타이밍을 보존할 수 있다.

확인응답이 경로에서 가장 느린 링크를 통해 이동하는 속도로 송신자에게 도착한 경우가 중요한 관찰 요소가 된다. 이것은 정확하게 송신자가 원하는 속도라고 할 수 있다. 만약 송신측에서 새로운 패킷들을 이 속도로 전송한다면, 이것들은 느린 링크의 제약 아래서 최대한 빠른 속도로 전송하는 것이며, 큐에 쌓이지도 않고, 경로에 속하는 어떤 라우터도 혼잡이 발생하지 않는다. 이 타이밍을 **ack 클럭**(clock)이라고 한다. 이것은 TCP의 필수적인 부분이다. ack 클럭을 이용해서 TCP는 트래픽을 부드럽게 하고 라우터에 불필요한 큐가 쌓이는 것을 피한다.

두 번째 고려사항은 혼잡 윈도우가 작은 크기로 시작했다면 AIMD 규칙이 빠른 네트워크상에서 좋은 작용점을 갖기까지 오래 걸린다는 점이다. 100밀리초 왕복시간을 갖는 10Mbps의 보통 네트워크 경로를 고려해보자. 적당한 혼잡 윈도우는 1메가비트 또는 각각 1250바이트로 된 100개 패킷들로 만들어진 대역폭-지연 곱(bandwidth-delay product)이다. 만약 혼잡 윈도우가 한 패킷에서 시작하고, 각 RTT당 한 패킷씩 증가한다면, 연결이 알맞은 속도로 유지되기 전까지 100RTT 또는 10초의 시간이 걸릴 수도 있다. 이는 알맞은 속도로 전송하기까지 걸리는 시간치고는 긴 시간이다. 초기 윈도우를 더 크게 잡으면, (한 50패킷 정도) 착수 시간을 줄일 수 있다. 하지만 이 윈도우는 느리거나 작은 링크에는 너무 클 수도 있다. 앞서 설명했듯이 모두 한 번에 사용하면 혼잡이 생길 것이다.

대신, 제이콥슨이 이 두 고려사항들을 모두 해결하기 위해 선택한 방법은 직선형 증가와 배수형 증가를 합치는 것이다. 일단 연결이 설정되면, 송신자는 혼잡 윈도우를 최대 네 개의 세그먼트들 정도에 해당하는 작은 값으로 초기화하고(자세한 내용은 RFC 3390에 설명되어 있다) 네 세그먼트들은 경험을 바탕으로 해서 미리 설정된 한 세그먼트의 초기값을 증가시키는 데 사용한다. 그 후, 송신자는 초기 윈도우를 전송한다. 패킷들은 확인응답이 되기까지 왕복 시간만큼 시간이 소요된다. 재전송 타이머가 끝나기 전에 확인응답된 각 세그먼트의 경우, 송신자는 한 세그먼트에 해당하는 바이트만큼을 혼잡 윈도우에 추가한다. 게다가, 그 세그먼트가 확인이 되었다면, 현재 네트워크상에는 세그먼트 하나가 더 적게 존재하는 것이다. 최종적인 결말은 각 확인응답된 세그먼트가 두 개 이상의 세그먼트를 보내는 것을 가능하게 한다. 다시 말하면, 혼잡 윈도우는 각 왕복 주기마다 배가 된다.

슬로우 스타트(slow start)라는 알고리즘은 이름과 달리 전혀 느리지 않다. 전체 흐름 제어 윈도우를 한 번에 보내는 예전 알고리즘과의 비교를 제외하고는 이 알고리즘은 오히려 기하급수적으로 증가한다고 볼 수 있다. 그림 6-44에 슬로우 스타트가 나와 있다. 첫 왕복 주기에서 송신자가 패킷 하나를 네트워크로 내보낸다(그리고 송신자는 패킷 하나를 받는다). 두 패킷들이 다음 왕복 주기에 보내지고, 네 패킷들이 세 번째 왕복 주기에 보내진다.

슬로우 스타트는 링크 속도 범위와 왕복 주기들 사이에서 동작을 잘하고, 송신자의 전송 속도를 네트워크 경로에 맞추기 위해 ack 클럭을 사용한다. 그림 6-44에서 확인응답이 송신자에게서 수신자로 돌아오는 방법을 잘 보아라. 송신자가 확인응답을 받았을 때, 이것은 혼잡 윈도우를 하나 증가시키고 즉시 네트워크에 두 개의 패킷들을 보낸다. (패킷 하나가 추가로 생성되고, 나머지 다른 패킷은 확인응답을 받고 네트워크로 떠난 패킷 대체물이 된다. 매번, 확인응답을 받지 않은 패킷 수가 혼잡 윈도우를 통해 주어진다.) 하지만 이 두 패킷들이 보내질 때 다닥다닥 붙어서 수신자측에 전달되는 것은 아니다. 예를 들어 송신자가 100-Mbs 이더넷에 있다고 가정하자. 각 1,250바이트의 패킷이 전송되는 데 걸리는 시간은 100마이크로초이다. 그래서 패킷 간의 지연은 적어도 100마이크로초가 걸린다. 이 패킷들이 경로를 따라 언제든지 1Mbps ADSL선을 지난다면 상황은 달라진다. 이제 같은 패킷을 보내는 데 10밀리초가 걸린다. 이것은 두 패킷의 최소 간격이 100배 증가한 셈이다. 패킷들이 나중 링크의 큐에서 모여 같이 기다리지 않으면 패킷 간의 간격은 커질 것이다.

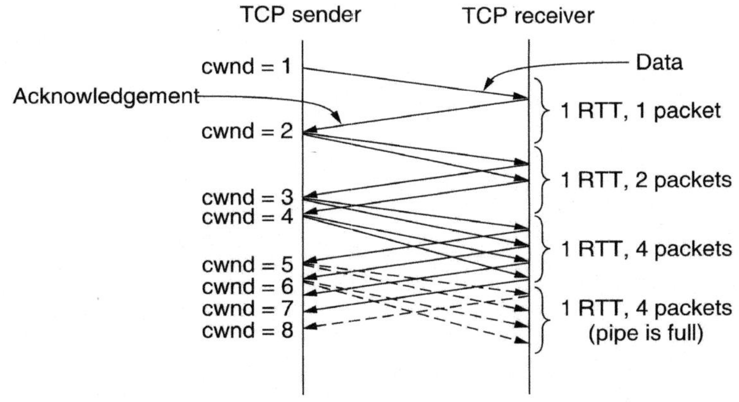

그림 6-44 한 세그먼트의 초기 혼잡 윈도우에서 슬로우 스타트

수신자가 받은 데이터 패킷들 간의 간격을 최소로 만들 경우에 나타나는 효과가 그림 6-44에 나타나 있다. 수신자가 확인응답을 보낼 때와 송신자가 그 확인응답을 받을 때도 같은 간격이 유지된다.

네트워크 경로가 느리면, 확인응답이 늦게 올 것이다(RTT의 지연 후에). 만약 네트워크의 경로가 빠를 경우, 확인응답들이 빨리 도착할 것이다(다시 말해 RTT 후). 모든 송신자들이 해야 하는 일은 새로운 패킷을 보낼 때, ack 클럭의 타이밍을 따르는 것이다. 이 과정이 슬로우 스타트가 하는 일이다.

슬로우 스타트는 기하급수적인 증가를 야기하기 때문에 결국에 이것은 많은 패킷들을 네트워크상에 빨리 전송하려고 할 것이다. 이렇게 되면 네트워크에서는 큐가 생성되고, 이 큐들이 가득차면, 한 개 이상의 패킷들이 유실될 수도 있다. 패킷 유실이 발생해서 확인응답이 제시간에 도착하지 못하면 TCP 송신자는 타임아웃 될 것이다. 슬로우 스타트가 점점 빨라지는 현상을 그림 6-44에서 확인해볼 수 있다. 세 번의 RTT 후에 네 개의 패킷들이 네트워크에 존재한다. 이 네 패킷들이 수신자에게 도착하기까지 한 RTT가 걸린다. 즉, 네 개 패킷을 가지는 혼잡 윈도우가 이 연결에 적합한 크기임을 의미한다. 이 패킷들이 확인응답이 된 후에 슬로우 스타트가 다음 RTT의 혼잡 윈도우를 여덟 개의 패킷으로 증가시킨다. 하지만 아무리 많은 패킷을 보내도 네트워크 파이프가 가득 찼기 때문에 한 RTT 동안 오직 네 개의 패킷들만이 수신자에게 전달될 것이다. 송신자에 의해서 추가적으로 네트워크에 전달되는 패킷들은 수신자에게 충분히 빠르게 전달될 수 없기 때문에 라우터에 큐가 생성된다. 이런 경우, 혼잡과 패킷 유실이 발생할 수 있다.

슬로우 스타트를 제어하기 위해서는 송신자가 연결에 관한 임계치(threshold)를 유지해야 하는데 이를 **슬로우 스타트 임계치(slow sart threshold)**라고 한다. 처음에 이 값은 흐름 제어 윈도우의 크기를 위한 임의의 높은 값으로 설정되어 있어서 연결에 제한을 주지 못한다. 혼잡 윈도우가 임계치를 넘어 타임아웃이 일어나기 전까지 (또는 수신자의 윈도우가 다 찼을 때까지) TCP는 슬로우 스타트에 의한 혼잡 윈도우의 증가를 유지한다.

예를 들어 패킷 유실이 타임아웃에 의해서 감지되면 슬로우 스타트 임계치는 혼잡 윈도우의 절반으로 설정되고, 전체 프로세스가 다시 시작한다. 너무 큰 현재 윈도우로 인해서 이미 발생한 혼잡의 경우, 결국은 타임아웃에 의해서야 감지된다. 이전에 성공적으로 사용되었던 윈도우 크기의 절반은 패킷 유실이 없으면서 경로의 수용 능력에 거의 가까운 혼잡 윈도우로서 더 좋은 추정치일지도 모른다. 그림 6-44에서 보여주는 예시로, 네 개의 패킷으로 구성된 혼잡 윈도우는 이전 RTT에서 알맞은 값이었던 반면 여덟 개 패킷들의 혼잡 윈도우는 패킷 유실을 일으킬 수 있다. 그렇게 되면 혼잡 윈도우는 다시 그 작은 초기값으로 맞추고, 슬로우 스타트를 다시 시작한다.

슬로우 스타트 임계치를 넘어갈 때마다 TCP는 슬로우 스타트에서 가산적인 증가로 전환을 한다. 이 방식은 혼잡 윈도우가 매 왕복 주기마다 하나의 세그먼트가 증가하는 것이다. 슬로우 스타트와 같이 매 RTT마다 한 번씩 증가하기보다는 보통 이것은 확인응답이 된 각 세그먼트에 대한 증가로 구현된다. 혼잡 윈도우를 *cwnd*라하고 최대 세그먼트 크기를 *MSS*라고 하자. 일반 근사치는 확인응답이 되었을법한 *cwnd/MSS*개의 각 패킷에 대해서 *(MSS × MSS)/cwnd*만큼 *cwnd*를 증가시킨 것이다. 이때 윈도우 크기를 빠르게 증가시킬 필요는 없다. 결국 TCP 연결에 관한 전반적인 생각은 혼잡 윈도우가 처리량이 낮을 정도로 작지도 않고 혼잡이 일어날 정도로 크지도 않는 최적의 값을 구하는

데 많은 시간이 소요된다는 것이다.

그림 6-45에서 보여주는 가산적인 증가는 슬로우 스타트와 같은 상황이다. 각 RTT의 끝에서 송신자의 혼잡 윈도우가 추가적인 패킷이 들어가기 충분할 정도로 증가한다. 슬로우 스타트와 비교하면, 선형적인 증가율은 훨씬 낮다. 이처럼 혼잡 윈도우가 작은 경우는 차이가 거의 없지만 혼잡 윈도우를 가령 100세그먼트로 증가시키는 데 걸리는 시간은 큰 차이를 보인다.

성능을 향상시키는 데 다른 방법이 또 있다. 지금까지 전략에서의 결함은 타임아웃을 기다린다. 타임아웃은 보수적이여야 하므로 상대적으로 길다. 패킷을 잃어버린 후에는 수신자가 이에 대한 확인응답을 보내지 못한다. 그래서 확인응답 번호는 고정될 것이고, 혼잡 윈도우가 가득 찼기 때문에 송신자는 어떤 새로운 패킷도 네트워크로 전송하지 못한다. 타이머가 끝날 때까지 이런 상태가 상대적으로 오래 지속될 수 있고, 타임아웃 후에 유실된 패킷은 재전송된다. 이 단계에서는 TCP 슬로우가 다시 시작된다.

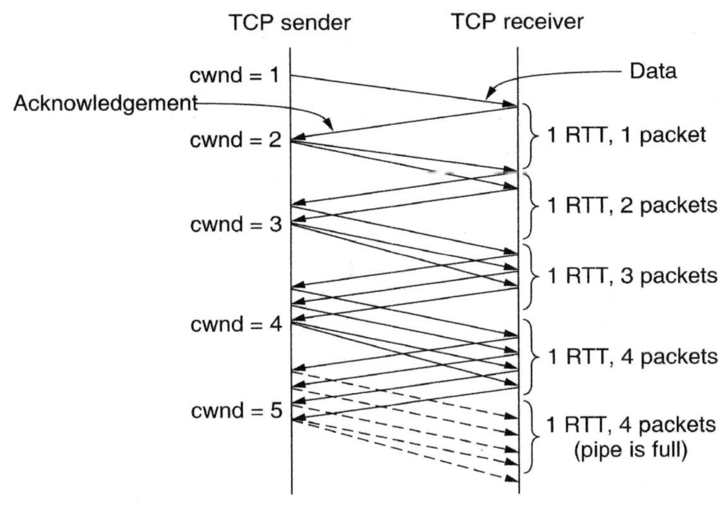

그림 6-45 한 세그먼트의 초기 혼잡 윈도우의 가산적인 증가

송신자가 유실된 패킷들 중 하나를 인식하는 빠른 방법이 있다. 잃어버린 패킷의 다음 패킷들을 수신자가 받았을 때, 그 패킷들이 확인응답들을 송신자에게 전달하도록 만든다. 이 확인응답들은 같은 확인응답 번호를 가지고 있다. 이를 **복제 확인응답(duplicate acknowledgement)**이라고 한다. 송신자가 복제 확인응답을 받을 때마다 다른 패킷이 수신자에게 전달될 수 있고, 유실된 패킷은 여전히 나타나지 않을 수 있다.

패킷들이 네트워크상에서 이동할 때 서로 다른 경로를 통해서 이동되기 때문에 목적지에 순서대로 도달하지 않는다. 유실된 패킷이 없다 할지라도 복제 확인응답이 실행될 수 있다. 하지만 이런 현상은 인터넷에서 보기 드물다. 다양한 경로들에 관해 재배치가 있을 때, 받은 패킷들이 재배치되는 일이 많지 않다. TCP는 세 개의 복제 확인응답들이 패킷 하나를 유실했다는 것을 의미하는 어느 정도

독단적인 가정을 만든다. 유실된 패킷의 정보(identity)는 확인응답 번호로도 추론이 가능하다. 그것은 유실된 패킷 바로 다음 패킷의 순서 번호이다. 그래서 재전송 타임아웃이 끝나기 전에 이 패킷은 바로 재전송 될 수 있다.

이 휴리스틱한(hueristic) 방법을 **빠른 재전송(fast retransmission)**이라고 하다. 타이머가 끝난 후에 슬로우 스타트 임계치는 계속해서 타이머와 함께 현재 혼잡 윈도우의 절반으로 초기화된다. 슬로우 스타트는 혼잡 윈도우를 패킷 하나로 지정해서 다시 시작한다. 유실이 감지되기 전에 보내졌던 모든 데이터를 따라 재전송된 패킷을 확인응답하는데, 이때 걸리는 왕복 주기 후에 슬로우 스타트가 정한 윈도우를 가지고 새로운 패킷이 전송될 것이다.

지금까지 알아본 혼잡 알고리즘에 관한 실례가 그림 6-46에 나와 있다. 이 TCP가 1988년 4.2BSD Tahoe 릴리즈에 포함된 이후, 이 버전을 TCP Tahoe라고 부른다. 여기서 최대 세그먼트 크기는 1KB이다. 처음에 혼잡 윈도우는 64KB이지만 타임아웃이 발생한 후, 임계치는 32KB로, 혼잡 윈도우는 전송 0에 관해 1KB로 설정된다. 임계치(32KB)에 도달할 때까지 혼잡 윈도우는 급격하게 증가한다. 윈도우는 새 확인응답이 도착할 때마다 증가하는데 연속적으로 증가하기보다는 분리된 계단형 패턴으로 증가한다. 임계치를 넘으면, 윈도우는 선형적인 증가를 보인다. 이는 한 RTT당 한 세그먼트가 증가하는 형식이다.

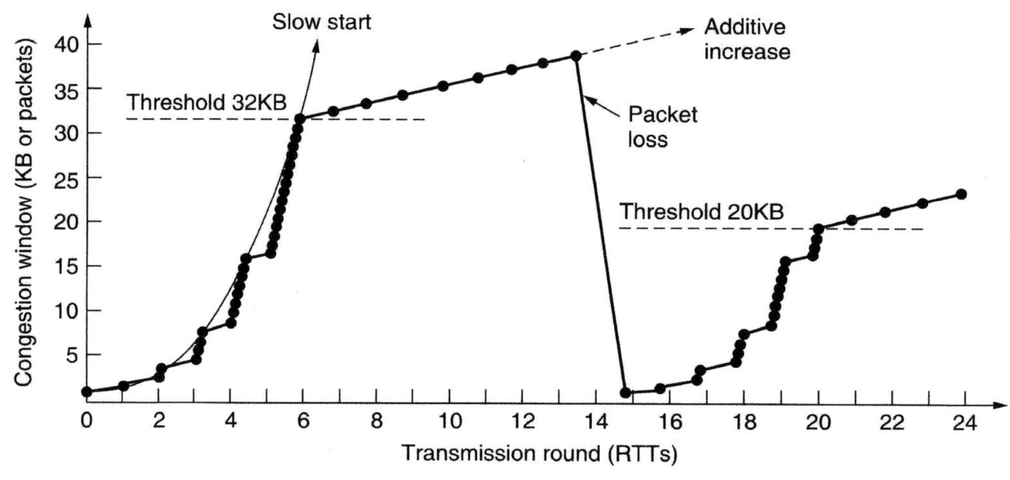

그림 6-46 TCP Tahoe의 가산적인 증가를 따르는 슬로우 스타트

13번째 왕복 주기의 전송들은 운이 없다(이것들은 이 사실을 알았어야만 했다). 이들 중 하나는 네트워크상에서 유실될 것이다. 이 유실은 세 개의 복제 확인응답들이 도착한 후에 감지된다. 이때, 유실된 패킷이 다시 전송되고, 임계치는 현재 윈도우 (현재 40KB이므로 반은 20KB)의 절반으로 설정되고 나면, 슬로우 스타트는 처음부터 다시 시작한다. 패킷 하나를 혼잡 윈도우로 설정한 후의 재시작은 한 왕복 주기가 걸린다. 이 왕복 주기는 예전에 전송된 모든 데이터가 네트워크를 떠나고 확인응답받는 데

걸리는 시간이다. 혼잡 윈도우는 20KB라는 새로운 임계치에 도달하기 전까지, 이전과 마찬가지로 슬로우 스타트에 의해 커지다가 임계치에 도달한 이후에는 다시 선형증가를 보인다. 복제 확인응답이나, 타임아웃을 통해 다른 패킷 유실이 감지되기 (또는 수신자의 윈도우가 가득 차기) 전까지는 위의 구조가 반복될 것이다.

TCP Tahoe(좋은 재전송 타이머를 포함한)는 혼잡 붕괴 문제를 풀 수 있는 혼잡 제어 알고리즘을 제공한다. 제이콥슨은 이것이 보다 더 좋은 역할을 한다는 사실을 깨달았다. 빠른 재전송을 할 때, 혼잡 윈도우가 너무 크긴 하지만, 일단 작동 가능한 ack 클럭을 가지고 시작한다. 매번 다른 복제 확인응답이 전송될 때마다, 그 다른 패킷이 네트워크에서 유실됐을 것이다. 네트워크에 있는 패킷의 개수를 세기 위해 복제 확인응답을 이용한다. 이는 몇몇 패킷들이 네트워크에 존재하는 것과 각 추가 복제 확인응답에 대해 새 패킷을 계속 전송하는 것을 가능하게 한다.

빠른 복구(fast recovery)는 이 작용을 구현한 휴리스틱이다. 이것은 임시 모드로서, 새로운 임계치 또는 빠른 재전송의 혼잡 윈도우를 절반으로 한 임계치를 갖는 혼잡 윈도우와 함께 ack 클럭이 실행되는 것을 목적으로 한다. 이를 위해서는 네트워크에 있는 패킷들의 개수가 새로운 임계치로 떨어질 때까지 복제 확인응답들의 개수를 (빠른 재전송을 유도하는 세 개의 확인응답까지 포함해서) 센다. 이것은 대략 왕복 시간의 절반이 소요된다. 그때부터 쭉 수신자로부터 받은 각 복제 확인응답에 대한 새로운 패킷이 전송될 수 있다. 즉, 빠른 재전송 이후의 한 왕복 주기에서 잃어버린 패킷이 확인응답될 것이다. 그때 복제 확인응답 스트림이 멈추고, 빠른 복구 모드는 종료된다. 혼잡 윈도우는 슬로우 스타트 임계치로 설정되고, 가산적인 증가를 보일 것이다.

이 휴리스틱의 결론은 연결이 처음으로 시작될 때와 타임아웃이 발생할 때를 제외하고, TCP는 슬로우 스타트를 피해야 한다는 것이다. 후자의 경우, 한 개 이상의 패킷이 유실되고, 빠른 재전송이 적절한 복구를 하지 못했다면 여전히 문제가 발생할 수 있다. 반복되는 슬로우 스타트 대신에 실행 중인 연결의 혼잡 윈도우에 톱니 패턴을 적용시킨다. 톱니 패턴은 각 RTT당 한 세그먼트씩 증가하는 가산적인(additive) 증가와 한 RTT당 기존 값의 절반에 해당하는 배수적인(multiplicative) 감소로 구성되어 있다. 이것은 정확히 우리가 구현하려고 했던 AIMD 규칙이다.

이 톱니 작용은 그림 6-47에 나와 있다. 1990년에 출시된 4.3BSD Reno 릴리즈의 이름을 따서 TCP Reno라는 이름으로 생산되고 있다. TCP Reno는 기본적으로 TCP Tahoe에 빠른 복구가 추가된 형태이다. 초기 슬로우 스타트 이후, 복제 확인응답에 의해 패킷 유실이 감지되기 전까지 혼잡 윈도우는 선형적인 증가를 보인다. 유실된 패킷은 재전송되고, 빠른 복구는 재전송이 확인응답될 때까지 ack 클럭을 유지한다. 그때 혼잡 윈도우가 1이 아닌 새로운 슬로우 스타트 임계치로 설정된다. 이 작용은 독립적으로 계속되고, 주로 연결은 대역폭-지연 곱의 최적값에 가까운 혼잡 윈도우를 가지고 실행된다.

혼잡 윈도우를 조절하는 메커니즘을 포함한 TCP Reno는 20년 넘게 TCP 혼잡 제어의 기본 구조로 사용되었다. 가령, 초기 윈도우들을 변화시키고, 많은 모호한 부분들을 제거하는 등의 가벼운 방법으로 오랜 동안 많은 변화들을 통해서 이 메커니즘들을 조정해왔다. 패킷의 윈도우에서 두 개 이상의 유실을 복구하기 위한 목적으로 몇몇 개선 사항들이 만들어졌다. 예를 들면, TCP NewReno 버전은 기존 유실 외에 또 다른 유실을 찾고 복구하기 위해서(Hoe, 1996) 재전송 후의 확인응답 번호에 대해서 부분적으로 발전된 형태를 이용한다. 이 내용은 RFC 3782에 자세히 설명되어 있다. 1990년 중반부터 여러 변화들이 나타나고 있다. 이 변화들은 앞서 설명했던 기본 원칙들을 따르면서 약간 다른 제어 법칙들을 이용한다. 실례로 리눅스는 CUBIC TCP(Ha et al., 2006)라는 변종을 사용하고, 윈도우에서는 Compound TCP(Tan et al., 2006)라는 변종을 포함한다.

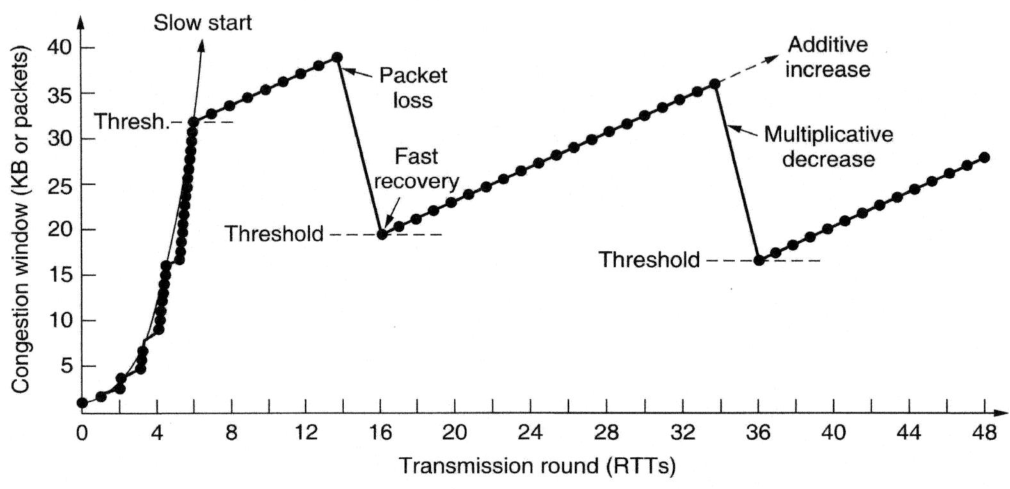

그림 6-47 빠른 복구와 TCP Reno의 톱니 패턴

더 큰 두 가지 변화들 또한 TCP 구현에 영향을 미친다. 우선 어떤 패킷이 도착했고, 어떤 패킷이 유실되었는지에 알려주는 복제 확인응답 스트림을 통해서 TCP가 복잡해지는 정도를 알 수 있다. 누적 확인응답 번호는 이 정보를 제공하지 않는다. 전송된 바이트를 세 범위로 나누어 기록한 **SACK(Selective ACKnowledgements)**을 단순한 고정값으로 사용한다. 이 정보를 이용해서 송신자는 혼잡 윈도우를 구현하기 위해서 어떤 패킷을 재전송하고, 또 그것을 가지고 전송 중인 패킷을 추적할지에 관해서 더 직접적인 결론을 내릴 수 있다.

송수신자 간의 연결이 설정됐을 때, 그들이 선택적인 확인응답을 알 수 있다는 신호를 보내는 TCP 옵션으로 허락된 SACK을 서로에게 전달한다. SACK이 한 번 연결해서 가능해지면, 그림 6-48과 같은 형태로 동작한다. 수신자는 통상적인 방법으로 TCP 확인응답 번호 필드를 수신자가 받은 가장 높은 유효 바이트의 누적 확인응답으로 사용한다. 수신자가 순서에 맞지 않은 패킷 3을 받았다면(패킷 2가 유실돼서), 수신자는 패킷 1에 대한 누적 확인응답과 함께 수신 데이터에 대한 *SACK option*을 보낼 것이다. *SACK option*은 누적 확인응답에 의한 번호보다 높은 숫자를 바이트의 범위로 지정해준다. 첫 번째 범위는 복제 확인응답이 유도한 패킷이고, 그다음 범위들은 오래된 블록들이다. 이렇게 해서 세 범위까지가 주로 사용된다. 패킷 6이 도착했을 때까지, 두 SACK 바이트 범위들은 패킷 6과 패킷 3, 4가 도착했다는 사실을 포함해서 패킷 1까지의 모든 패킷들이 도착했다는 사실을 알리는 데 사용한다. 전달받은 각 *SACK option*의 정보로부터 송신자는 어떤 패킷들을 재전송해야 하는지 결정할 수 있다. 이 경우, 패킷 2와 5를 전송하는 것이 좋다.

SACK은 엄격히 경고 정보일 뿐이다. 혼잡 윈도우에 대한 복제 확인응답들과 조정들을 이용해서 실제 유실을 감지하는 것은 전과 마찬가지다. 하지만 SACK을 이용하면 TCP 송신자가 어떤 패킷이 전달되지 않았는지 알기 때문에, 많은 패킷들이 한 번에 유실된 상황에서 TCP가 좀 더 쉽게 복구할 수 있다. SACK은 이제 널리 효율적으로 사용된다. 관련 내용은 RFC 2883에 설명되어 있고, SACK을 이용한 TCP 혼잡 제어는 RFC 3517에 자세히 나와 있다.

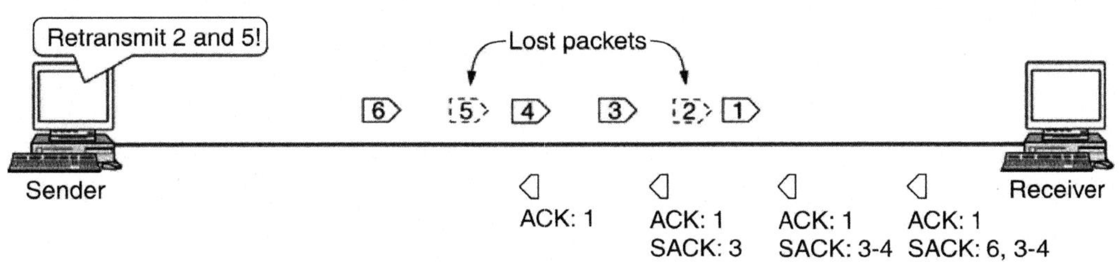

그림 6-48 선택적인 확인응답

두 번째 변화는 혼잡 신호로서의 패킷 유실뿐 아니라 ECN(Explicit Congestion Notification)의 사용이다. ECN은 5.3.4절에서 배운 호스트들의 혼잡을 알리기 위한 IP 계층 메커니즘이다. 이것을 이용해서 TCP 수신자는 IP로부터 혼잡 신호들을 받을 수 있다.

연결이 만들어지는 동안 송수신자 모두 ECN의 사용이 가능하도록 ECE와 CWR 비트를 설정한다면 TCP 연결상에서 사용할 수 있다. ECN이 사용된다면, TCP 세그먼트를 운반하는 각 패킷에 자신이 ECN 신호를 갖고 있다고 IP 헤더에 표시한다. 혼잡이 일어난 후, ECN 플래그(flag)가 있는 패킷들이 아직 유실되지 않고 혼잡 근처에 있을 때, ECN을 지원하는 라우터들은 이 패킷들을 혼잡 신호로 설정한다.

전송된 패킷들 중 어떤 패킷이든지 ECN 혼잡 신호를 가지고 있다면 TCP 수신자에게 통보된다. 그리고 수신자는 ECE(ECN echo) 플래그를 사용해서 송신자에게 패킷이 혼잡을 감지했다는 신호를 보낸다. 송신자는 수신자에게 CWR(Congestion Window Reduced) 플래그를 이용해서 신호를 들었다는 사실을 알린다.

TCP 송신자는 복제 확인응답들을 통해 알게 된 패킷 유실에 대한 반응과 동일한 반응을 위의 알림들에서도 보인다. 하지만 엄밀히 따지면, 패킷 유실 없이 혼잡이 감지되기 때문에 후자의 상태(복제 확인응답들을 통한 패킷 유실보다)가 더 낫다고 할 수 있다. ECN은 RFC 3168에서 자세히 설명되어 있다. ECN은 호스트와 라우터의 지원이 모두 필요하고, 인터넷에서 아직 활발히 사용되지는 않고 있다. TCP에서 구현되는 혼잡 제어 동작들에 관한 좀 더 자세한 정보는 RFC 5681에 나와 있으니 참조하라.

6.5.11 TCP의 미래

TCP는 인터넷의 주된 일꾼으로서 다양한 응용에 사용되고 오랫동안 네트워크상의 성능 향상을 위해서 확장되어 왔다. 많은 버전들이 우리가 공부했던 클래스 알고리즘(예를 들어 공격에 대한 혼잡 제어와 건장함을 위한 알고리즘들)과 약간씩 다른 구현을 사용한다. TCP가 인터넷과 함께 지속적으로 발전할 것으로 예상된다. 다음에서 이에 관련되는 두 개의 특정 주제를 설명한다.

첫째로, TCP는 모든 응용이 원하는 전송 의미(semantics)를 제공하지 않는다. 예를 들어 어떤 응용들은 메시지나 기록들이 고정된 것을 원하고, 다른 응용들의 경우, 동일한 서버로부터 몇몇 객체들을 전송하는 웹 브라우저와 같이 대화형 그룹들을 원한다. 여전히 다른 응용들은 그들이 사용하는 네트워크 경로가 더 잘 제어되기를 원하다. 표준 소켓을 가진 TCP 인터페이스는 이런 조건들을 충족시키지 못한다. 그리고 기본적으로 응용은 TCP에서 해결하지 못한 문제에 대해 처리해야 하는 의무가 있다. 이것은 약간 다른 인터페이스를 제공하는 새 프로토콜에 대한 제안을 이끌어낸다. 두 개의 예로, SCTP(Stream Control Transport)와 SST(Structured stream Transport)가 있고, 이에 대한 설명은 RFC960에 나와 있다(Ford, 2007). 그러나 어떤 사람이 이제까지 매우 잘 동작해 온 것을 변경하자고 제안할 때는 언제나 "사용자들은 더 많은 특징들을 원한다"는 측과 "문제가 없으면 고치지 마라"는 측 사이에 격렬한 논쟁이 발생한다.

두 번째 문제는 혼잡 제어이다. 시간이 흘러 메커니즘들이 발전하고, 많은 심사숙고가 있었기 때문에 아마 문제가 해결되었을 거라고 기대할 수도 있지만, 사실 그렇지는 않다. 사실 그렇지는 않다. 앞서 설명했듯 널리 사용되고 있는 TCP 혼잡 제어의 형태는 패킷 유실을 혼잡 제어의 신호로 이용한다. Padhye et al.(1998)가 톱니모양 패턴 기반의 TCP 처리량을 모델화했을 때, 그들은 패킷 유실률이 갑자기 떨어지고, 이때 떨어지는 속도 또한 가속화된다는 사실을 발견했다. 1,500바이트 패킷들과 100밀리초의 왕복 시간을 가지고 1Gbps만큼의 처리량에 도달하기 위해서 한 패킷이 약 10분 간격으로 유실될 것이다. 이것은 극히 작은 수인, 2×10^{-8}의 패킷 유실률을 갖는다. 그것은 너무 희박한 값으로 좋은 혼잡 신호로 사용될 수 없고, 처리량을 제한함으로써, 다른 어떤 자원의 유실(예를 들어 패킷 전송 오류가 날 확률은 10^{-7}이다.)도 쉽게 그것을 지배할 수 있다.

과거에는 이 관계가 문제되지 않았지만 네트워크가 점점 빨라지면서 많은 사람들이 혼잡 제어를 다시 찾도록 만들고 있다. 패킷 유실을 신호로 사용하지 않는 대체적 혼잡 제어를 사용하는 것이 한 방법이라고 할 수 있다. 6.2절에서 이에 관련된 많은 예제들을 공부했었다. FAST TCP에서는 왕복 시간을 신호로 이용해서 네트워크가 혼잡하게 되면 점점 길어진다. 이외에 다른 접근들도 가능하다. 어떤 방법이 최선인지는 시간이 지나면 알게 될 것이다.

6.6 성능 문제

컴퓨터 네트워크에서 성능은 매우 중요하다. 수천 대의 컴퓨터가 서로 연결돼 있을 때, 예측하기 어려운 복잡 미묘한 상호작용이 일어날 수 있다. 이러한 복잡성은 자주 성능을 나쁘게 하는데, 어느 누구도 그 이유를 모른다. 다음 절들에서는 어떤 종류의 문제들이 있고 어떻게 다룰 수 있는지를 알기 위해 네트워크 성능과 관련된 많은 문제들을 다룬다.

불행히도, 네트워크 성능을 이해한다는 것은 과학이라기보다는 기술에 가깝다. 실제적으로 사용되고 있는 기반 이론은 거의 없다. 기껏해야 우리가 할 수 있는 것은 실제 경험을 통해 얻은 감각을 제시하고 실제 세계에서 얻어진 예들을 제시하는 것이다. 우리는 응용에 미치는 성능은 트랜스포트, 네트워크와 링크 계층의 성능 혼합 정도에 따라 달라지기 때문에 TCP의 트랜스포트 계층을 배우기까지 이에 대한 논의를 미뤄 왔다.

아래의 다섯 절에서는 네트워크 성능을 여섯 가지 관점에서 살펴본다.

1. 성능 문제
2. 네트워크 성능 측정
3. 더 좋은 성능을 위한 시스템 설계
4. 빠른 세그먼트 처리
5. 헤더의 압축
6. LFN(Long Fat Networks)를 위한 프로토콜

네트워크들의 속도와 크기가 증가할 때, 위의 관점들은 네트워크 성능을 호스트 입장과 네트워크의 입장에서 모두 고려한다.

6.6.1 컴퓨터 네트워크에서의 성능 문제

혼잡과 성능 문제들은 자원에 대한 일시적인 과부하로 인해 발생한다. 처리할 수 있는 양보다 더 많은 데이터가 갑자기 라우터에 들어오면, 혼잡이 심화돼서 성능 문제가 일어날 것이다. 이미 앞장에서 우리는 혼잡에 대해 자세히 살펴봤다.

또한 구조적으로 자원이 불균형을 이룬 경우에도 성능은 저하된다. 예를 들어 기가비트 통신 회선이 저급 PC에 연결돼 있다면, 저급 CPU는 유입 패킷들을 빠르게 처리할 수 없고 그 결과로 일부가 유실될 수 있다. 이 유실된 패킷들은 결국 재전송될 것이고, 그로 인해 지연이 발생하고 대역폭이 낭비되며, 일반적으로 성능이 저하될 것이다.

이에 발 맞춰, 과부하도 함께 발생할 수 있다. 예를 들어 세그먼트가 잘못된 매개변수(예; 목적지 포트)를 가지고 있을 때, 많은 경우 수신자는 오류를 통보한다. 잘못된 세그먼트가 1만 대의 컴퓨터로 브로드캐스트 되었을 경우를 생각해 보자. 각 컴퓨터들은 모두 오류 메시지를 송신자에게 보낼 것이다. 그 결과로 발생하는 **브로드캐스트 스톰(broadcast storm)**은 네트워크를 무력화시킬 것이다. UDP는 ICMP 프로토콜이 변경돼서 호스트들이 브로드캐스트 주소로 보낸 UDP 세그먼트들의 오류에 대한 응답을 억제하도록 되기 전에는 이 문제를 겪었다. 브로드캐스트는 당연히 발생하고, 무선 대역폭은 제한이 있기 때문에 무선 네트워크들은 특별히 확인되지 않은 브로드캐스트의 응답들을 피하는 것에 주의해야 한다.

함께 발생하는 과부하에 대한 두 번째 예는 전기가 끊어졌을 때 발생한다. 전기가 다시 들어오면, 모든 컴퓨터들은 동시에 자신들의 ROM으로 점프해서 리부팅을 시작한다. 전형적인 리부팅 과정은 아마도 먼저 어느 (DHCP) 서버에 접속해서 자기의 고유번호를 알고, 그다음에 어느 파일 서버에 접속해서 운영 체제의 사본을 가져오는 것일 것이다. 만일 수백 대의 컴퓨터가 동시에 이를 시도한다면, 서버는 아마도 그 부하로 인해 중단될 것이다.

이러한 과부하들이 발생하지 않고 사용가능한 충분한 자원이 있더라도, 시스템이 잘 조절(tuning)돼 있지 않다면, 성능이 나빠질 수 있다. 예를 들어 만일 어떤 컴퓨터가 CPU 성능과 메모리는 충분하나 버퍼 공간을 위한 메모리 할당이 충분하지 않다면, 흐름 제어는 세그먼트 수신을 늦추고 성능을 제한한다. 인터넷이 빨라졌지만, 흐름 윈도우의 크기는 64KB로 고정된 기본값이어서 많은 TCP 연결들에 문제가 발생할 수 있다.

또 다른 조절 문제는 시간종료의 올바른 설정이다. 세그먼트가 전송되면, 대개 타이머는 이의 유실을 방지할 수 있도록 설정된다. 타이머가 너무 짧게 설정돼 있으면, 불필요한 재전송이 발생하게 되고 회선의 원활한 흐름을 방해하게 된다. 타이머가 너무 길게 설정돼 있으면, 세그먼트의 유실 후 불필요한 지연이 발생한다. 조절할 수 있는 또 다른 매개변수들로는 별도의 확인응답을 보내기 전에 피기백(piggyback)을 위해 데이터를 얼마나 오래 기다려야 하는지, 그리고 전송을 포기하기 전에 몇 번의 재전송을 시도해야 하는지 등이 있다.

오디오나 비디오 같이 시간에 민감한 응용분야에서 발생하는 또 다른 성능 문제는 지터(jitter)이다. 짧은 평균 전송 시간만으로는 충분하지 않다. 짧은 전송 지연 또한 필요하다. 결과적으로 짧은 지연을 얻기 위해서는 네트워크상에서 부하의 세밀한 공학 계산과 링크나 네트워크 계층(또는 둘 다)에서 서비스의 질적 지원이 요구된다.

6.6.2 네트워크 성능 측정

네트워크의 성능이 좋지 않을 때 사용자들은 네트워크 관리자에게 불평을 하곤 한다. 성능 개선을 위해서, 관리자는 먼저 상황을 정확히 판단해야 한다. 실제 무슨 일이 일어나고 있는지를 확실히 알려면, 관리자는 측정을 행해야 한다. 이 절에서는 네트워크 성능 측정을 다룬다. 아래의 논의들은 모걸(Mogul, 1993)의 연구에 근거한다.

측정은 여러 가지 방법으로 그리고 많은 곳(물리적으로 그리고 프로토콜 스택 내에서)에서 행해질 수 있다. 가장 기초적인 측정은 어떤 행위의 시작 시 타이머를 구동하여 그 행위의 수행 시간을 재는 것이다. 예를 들어 세그먼트가 확인응답되기까지 걸린 시간은 하나의 주요 측정이다. 다른 측정들은 어떤 사건이 얼마나 발생했는지를 기록하는 카운터(counter)를 이용하여 행해진다(유실된 세그먼트 수). 마지막으로 특정 시간구간 동안 처리된 바이트 수처럼, 어떤 것의 양을 아는 것도 필요하다.

네트워크 성능과 매개변수의 측정에는 내재된 많은 함정들이 있다. 아래에서 이들에 대해 짧게 설명한다. 네트워크 성능 측정을 시도할 경우 이와 같은 것들을 피하도록 유의해야 한다.

샘플 크기가 충분히 큰지를 확인하라

한 세그먼트의 전송에 걸린 시간을 측정하지 말고 반복하여 측정하라. 즉 100만 번 정도 측정을 반복하여 그 평균을 내라. 휴지 기간 이후, 대역폭을 할당을 받으려고 하는 802.16 네트워크 인터페이스 카드나 케이블 모뎀과 같이 스타트업 효과(startup effect)는 첫 번째 세그먼트를 늦출 수 있고, 큐잉은 다양한 결과를 만든다. 큰 샘플을 가짐으로써 측정치의 평균과 표준 편차의 불확실성을 줄일 수 있다. 이 불확실성은 표준 통계 공식들을 사용하여 계산할 수 있다.

샘플들이 대표성이 있는지 확인하라

이상적으로, 시스템 부하가 다를 경우의 영향을 알기 위해, 100만 번의 측정은 다른 날 다른 시간에 반복적으로 행해져야 한다. 예를 들어 혼잡 측정을 할 경우, 혼잡이 없는 순간 측정했다면 쓸모없는 것이 된다. 오전 11시와 오후 1시에 혼잡이 심하고 정오에는 혼잡이 없는 경우처럼(모든 사용자가 점심을 먹으러 갔을 때), 가끔 결과는 예상과 다를 수 있다.

무선 네트워크의 경우, 신호가 전파된다는 것을 고려한다면 장소가 중요한 변수이다. 심지어 무선 클라이언트에 가까이 위치한 측정 노드는 안테나들에서 생기는 차이 때문에 그 클라이언트의 동일한 패킷들을 관측하지 못할지도 모른다. 무엇이 보이는지를 보기 위해 연구되는 무선 클라이언트를 이용해서 문제를 해결하려는 접근이 가장 좋다. 실패했다면, 상태를 확인할 수 있는 더 완전한 그림을 얻기 위해서 각기 다른 유리한 점들을 가지고 무선 측정들을 혼합하기 위한 기술들을 사용하는 것이 가능하다(Mahajan et al., 2006).

캐시는 측정을 엉망으로 만들 수 있다

해당 프로토콜이 캐싱 메커니즘을 사용한다면, 측정을 여러 번 반복하는 것은 뜻밖에 빠른 응답을 되돌려 받을 수 있다. 가령 웹 페이지를 불러오는 것이나 DNS 이름을 찾는 것 (IP 주소를 얻기 위해서)은 처음에 네트워크 교환을 수반할지도 모른다. 그리고 네트워크상에서 어떤 패킷의 전송 없이 로컬 캐시의 응답이 반환될 수도 있다. 그런 측정을 통한 결과는 기본적으로 쓸모는 없다(캐시의 성능을 측정을 원하는 것이 아니라면).

버퍼에 저장하는 것도 비슷한 효과를 보일 수 있다. 잘 알려진 TCP/IP 성능 유틸리티 프로그램의 보고에 따르면, UDP는 통신 회선이 물리적으로 허용하는 이상의 성능을 낼 수 있다고 돼 있다. 어떻게 이럴 수 있을까? UDP에 대한 호출은 일반적으로 메시지가 커널에 의해 받아들여지고 전송 큐에 추가되는 것과 동시에 제어를 반환한다. 만일, 충분한 버퍼 공간이 있을 경우 1,000번의 UDP 호출이 그 모든 데이터의 전송을 의미하지는 않는다. 이들 대부분은 여전히 커널에 있을 것이다. 그러나 성능 유틸리티는 이들 모두가 전송됐다고 생각한다.

어떻게 데이터가 캐시 되고 네트워크 연산자로서 버퍼에 저장되는지 이해하는 것이 절대적으로 필요하다.

측정 기간 동안 예기치 않은 일이 발생하지 않도록 하라

한 대학에서 어떤 실험실 프로젝트가 수행될 때의 측정 결과와 그밖의 다른 상황에서 측정한 것의 결과는 많이 다를 수 있다. 유사하게, 어떤 연구원이 당신이 측정을 수행하는 동안 네트워크를 통해 화상 회의를 하기로 했다면, 왜곡된 결과가 얻어질 수 있다. 휴지 상태의 시스템에서 시스템의 모든 작업부하를 당신이 만들어서 측정하는 것이 최선이다. 그러나 이 방법에도 함정은 있다. 당신은 새벽 3시에 어느 누구도 네트워크를 사용하지 않을 것이라고 생각할 수 있다. 그러나 바로 그 점 때문에 자동 백업(backup) 프로그램이 그 시간에 모든 디스크를 비디오테이프로 복사할 수도 있다. 게다가, 시간대가 다른 지역의 사람들이 당신의 훌륭한 WWW 페이지를 보기 위해 많은 부하를 걸 수도 있다.

모든 자원들의 간섭으로부터 무선 네트워크를 분리시키는 것이 불가능하다는 점에서 무선 네트워크는 다소 힘든 조건을 가지고 있다. 심지어 근처의 다른 무선 네트워크가 데이터를 보내려고 하지 않아도, 만약 어떤 사람이 전자레인지에 팝콘을 넣고 돌렸을 경우, 우연히 802.11 성능을 저하시키는 간섭을 야기할 수 있다. 이러한 이유 때문에 전반적인 네트워크 활동을 모니터링 하는 것이 적어도 뜻밖의 일이 벌어졌을 때 알려주니까 실질적으로 좋다.

시간 단위가 큰 클럭의 사용 시 주의하라

컴퓨터 클럭은 일정 간격으로 어떤 계수기에 하나씩 더하는 방식으로 동작한다. 예를 들어 밀리세컨드(millisecond) 타이머는 1msec마다 1을 더한다. 이런 타이머를 사용하여 1msec 미만이 걸리는 작업을 측정하는 것은 가능은 하지만 특별한 주의를 요한다. 어떤 컴퓨터들은 좀 더 정확한 클럭을 가지고 있지만, 언제든지 측정하기 어려울 정도로 짧은 이벤트들은 항상 있다. 클럭을 읽으려고 할 때, 전달하는 시간이 정확하게 맞는 것이 아니라는 사실을 유념하라.

예를 들어 한 세그먼트의 전송 시간을 측정할 경우, 트랜스포트 계층 프로그램 코드의 시작과 종료 시에 시스템 클럭(msec 단위의)을 읽어야 한다. 만일 실제 세그먼트의 전송 시간이 300 μsec라면, 두 개의 읽혀진 시스템 클럭 값의 차이는 0 또는 1일 것인데, 이 두 값 모두가 옳지 않다. 그러나 만일 측정을 100만 번 반복하고 전체 측정값을 더한 후 100만으로 나눈다면, 그 평균값은 1msec보다 더 나은 정확도로 구해질 것이다.

결과를 추정할 때는 주의하라

0(휴지상태)에서 0.4(용량의 40퍼센트)까지의 모의 네트워크 부하들을 이용하여 어떤 것을 측정하려 한다 하자. 가령 Voice-over-IP 을 802.11 네트워크에 보내는 데 걸리는 응답 시간이 그림 6-49에서 보이는 데이터 점들과 이를 연결한 실선으로 표현되어 있다. 점선과 같이 응답 시간이 선형 증가할 것으로 추정하고 싶은 생각이 들 수 있다. 그러나 큐를 이용한 많은 결과들은 1/(1-ρ)요소와 관계가 있다(여기서 ρ 는 부하). 그러므로 실제 값들은 선형이 아니라 더욱 급격히 증가하여 그림의 섬(dash) 선에 더 가깝게 된다. 즉 과부하에서 훨씬 확실해지는 경쟁 효과를 조심해하라.

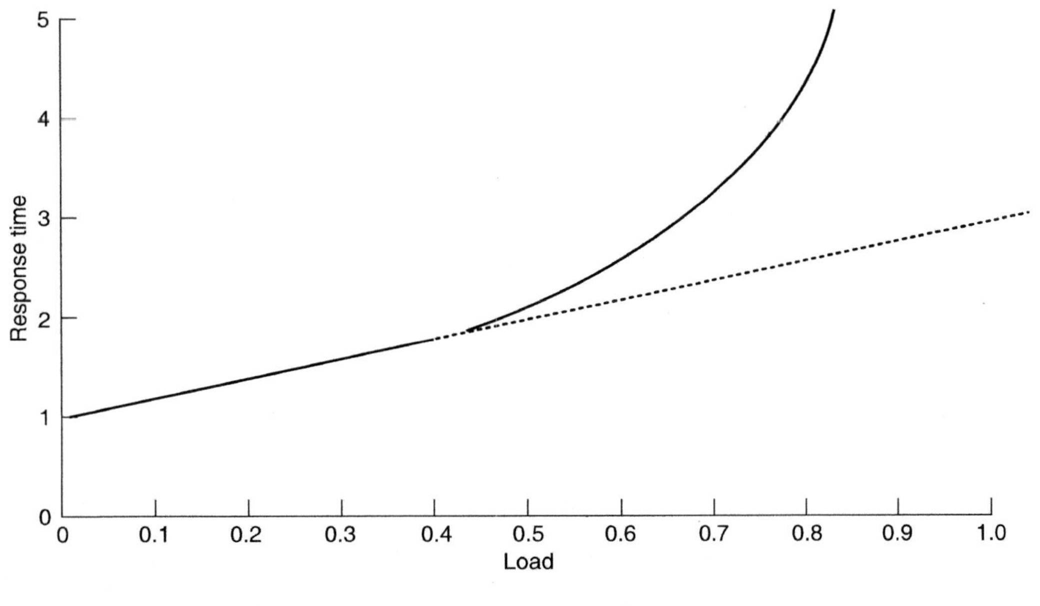

그림 6-49 부하의 함수로서의 응답시간

6.6.3 더 좋은 성능을 위한 시스템 설계

측정하고 대강 손을 보아도 성능이 상당히 좋아지는 경우가 있다. 그러나 이런 일들이 처음부터 설계를 잘하는 것을 대신할 수는 없다. 잘 설계되지 않은 네트워크도 어느 정도까지는 성능이 좋아질 수 있다. 그러나 그 이상을 원한다면 처음부터 다시 설계를 해야 할 것이다.

이 절에서, 호스트상에서 네트워크 프로토콜들의 소프트웨어 구현을 위해 다수 네트워크들에서 경험한 몇 가지 규칙들을 제시할 것이다. 놀랍게도 두 가지 이유를 통해서 빠른 네트워크가 아니면 종종 병목현상을 보인다는 것을 경험으로 보여준다. 첫째로, NIC(Network Interface Card)와 라우터들이 이미 "와이어 속도"에서 실행되기 위해 (하드웨어 지원과 함께) 조작되었다. 패킷들이 링크에 도착하는 속도와 동일하게 저것들이 패킷들을 처리할 수 있다는 것을 뜻한다. 두 번째는 관련 성능이 어떤 응용을 얻느냐는 것이다. 이것은 링크 수용 능력이 아니고 네트워크와 트랜스포트 처리 후의 처리량과 지연이다. 소프트웨어의 오버헤드를 줄이는 것은 처리량을 늘리고, 지연을 줄임으로써 성능을 향상시킨다. 또한 네트워킹에서 소모하는 에너지를 줄일 수 있다. 이 부분은 모바일 컴퓨터에서 중요한 고려사항이다.

이 개념들은 모걸(1993)에 의하여 처음 시작됐다. 여기 소개된 개념들은 대개 이와 비슷하다. 다른 자료로는 메트칼프(Metcalfe, 1993)의 것이 있다.

규칙 #1: CPU 속도가 네트워크 속도보다 더 중요하다

오랜 경험에 비춰 보면, 거의 모든 네트워크에서 운영체제와 프로토콜 오버헤드가 전송 회선의 그것을 훨씬 앞선다. 이론상 1-Gbps 이더넷 상에서의 최소 RPC 시간은 요청과 응답이 각각 512-바이트일 경우 1μsec이다. 실제로는 소프트웨어 오버헤드를 극복하고 RPC 시간을 그와 비슷한 정도로 만드는 것이 실질적인 성과이다.

유사하게, 1Gbps에서 동작할 때의 가장 큰 문제점은 사용자 버퍼에 있는 데이터 비트들을 충분히 빠르게 광섬유로 내보낼 수 있느냐 하는 것과 수신측 CPU가 그들이 들어오는 대로 충분히 빠르게 처리할 수 있느냐 하는 것이다. 요약하자면, CPU 속도를 두 배로 증가시키면 처리율도 거의 두 배가 될 수 있을 것이다. 그러나 네트워크 용량을 두 배로 증가시킴은 병목현상은 거의 호스트에서 발생하므로 거의 효과가 없을 것이다.

규칙 #2: 소프트웨어 오버헤드를 줄이려면 패킷 숫자를 줄여라

세그먼트의 처리는 세그먼트당 상당한 오버헤드(헤더 처리)와 바이트당 상당한 처리 시간(체크섬 조사)이 걸린다. 대역폭은 두 컴포넌트들에게 모두 필요하고, 프로세싱 또한 두 컴포넌트들에게 필요하다(예를 들어 헤더 프로세싱과 체크섬). 100만 바이트가 전송될 때, 바이트당 오버헤드는 세그먼트가 얼마나 크든 상관없이 같다. 그러나 128-바이트 세그먼트들을 사용하는 것은 4KB 세그먼트를 사용하는 것보다 세그먼트당 오버헤드가 32배나 많게 된다. 이 대역폭과 오버헤드는 빠르게 반영된다.

세그먼트 오버헤드 외에, 하위 계층들에도 고려할 오버헤드가 있다. 각 패킷의 도착은 인터럽트를 유발시킨다. 최신 파이프라인 프로세스상에서, 각 인터럽트는 CPU의 파이프라인을 막고, 캐시를 방해하며, 메모리 관리의 문맥 교환을 필요로 하며, 상당수의 CPU 레지스터들이 저장되게 만든다. 전송 세그먼트를 n배 줄이면 인터럽트와 패킷의 부하도 n에 비례하여 줄어든다.

사람과 컴퓨터 모두 멀티태스킹을 잘못한다고 볼 수 있다. 이러한 관찰은 조각나지 않을 정도로 큰 MTU 패킷들을 전송하는 것이 바람직함을 보여준다. 네이글 알고리즘과 실리 윈도우 신드롬에 대한 클라크 해결책은 바로 이를 위한 시도이다.

규칙 #3: 데이터 접근을 최소화하라

한 계층의 프로토콜 스택을 구현하는 가장 간단한 방법은 각 계층에 대해 한 모듈을 가지는 것이다. 불행히 각 계층은 자신의 일을 하기 때문에 복사 (또는 다양한 경로로 접근하는 것)가 유도된다. 가령 네트워크 인터페이스 카드에 의해 한 패킷을 받게 되면 이것은 보통 커널 버퍼에 저장된다. 이를 시작으로 네트워크 계층의 프로세싱을 위해 네트워크 계층 버퍼에 저장되고, 다음은 트랜스포트 계층의 프로세싱을 위해 트랜스포트 계층의 버퍼에 저장되고 나면 마지막으로 응용 계층 프로세스로 이동한다. 패킷이 전달되어 해당 세그먼트를 열기 전까지 들어오는 패킷이 서너 번 복사되는 것은 흔히 있는 일이다. 메모리 연산자들은 레지스터-레지스터 명령어보다 더 느리기 때문에 이 모든 복사는 성능을 저하시킬 수 있다.

예를 들어 사실 명령어의 20%가 메모리로 이동한다면(즉, 캐시가 놓친 명령어들) 들어오는 패킷에 접근할 때, 평균 명령어 실행 시간은 2.8 ($0.8 \times 1 + 0.2 \times 10$)배 정도 낮아진다. 보조 하드웨어는 도움이 안 된다. 이 문제는 운영체제가 너무 많은 복사를 한다는 것이다. 똑똑한 운영체제는 여러 계층의 프로세싱을 복합해서 복사를 최소화할 것이다. 예를 들어 TCP와 IP는 일반적으로 같이 구현되기 때문에 (TCP/IP) 네트워크 계층에서 트랜스포트 계층으로 프로세싱을 바꿀 때, 패킷의 페이로드(payload)를 복사할 필요가 없다. 다른 방법으로는 데이터를 단일 경로를 가진 계층에서 다양한 연산자를 수행하는 것이다. 가령 (필요에 의해서) 데이터를 복사하는 동안 체크섬(checksum)은 자주 계산하고 새롭게 계산된 체크섬은 마지막에 추가된다.

규칙 #4: 문맥 교환을 최소화하라

문맥 교환(context switch, 커널 모드에서 사용자 모드로 전환)은 매우 치명적이다. 이것은 인터럽트와 복사가 합쳐져 나쁜 특성을 가지고 있다. 이러한 이유로 전송 프로토콜들이 주로 커널에서 구현된다. 패킷의 카운터(counter)를 줄이는 것처럼 문맥 교환 횟수는 데이터를 전송하는 라이브러리 함수가 보낼 데이터를 상당량이 될 때까지 내부 버퍼에 보관하게 함으로써 줄어들 수 있다. 이와 유사하게, 수신측의 경우 유입되는 작은 세그먼트들을 모아서 사용자에게 한 번에 전달함으로써 문맥 교환을 최소화할 수 있다.

최상의 경우, 유입 패킷이 현재 사용자에서 커널로 문맥 교환을 일으키고, 그 후에 새로 도착한 데이터를 수신 프로세스로 주기 위해 문맥 교환이 일어난다. 불행히 많은 운영 체제에서 추가적인 문맥 교환이 일어난다. 예를 들어 만일 네트워크 관리자가 특별 프로세스로서 사용자 공간에서 실행되고 있을 경우, 패킷이 도착하면 현재 사용자에서 커널로 문맥 교환이 일어나고, 다시 커널에서 네트워크 관리자로, 그리고 다시 커널로, 그리고 마지막으로 커널에서 수신 프로세스로 문맥 교환이 일어난다.

그림 6-50은 이런 일련의 일들을 보여준다. 이러한 문맥 교환을 각 패킷마다 모두 하게 된다면 CPU 시간이 매우 낭비될 뿐만 아니라 네트워크의 성능에도 심각한 영향을 주게 된다.

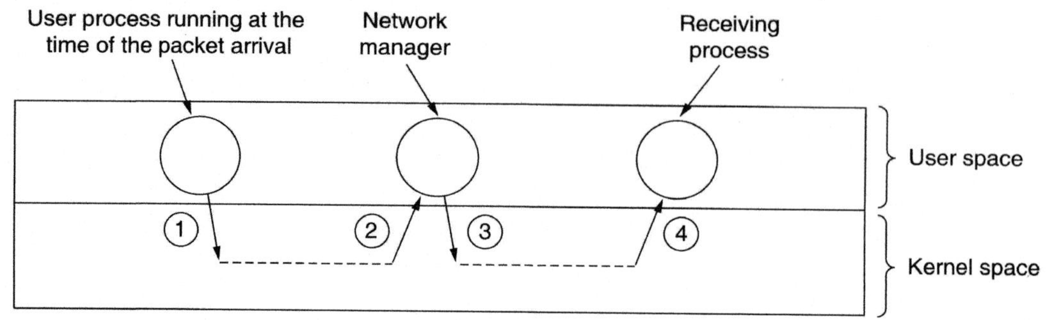

그림 6-50 사용자-공간 네트워크-관리자와 한 패킷의 처리를 위한 네 번의 문맥 교환

규칙 #5: 혼잡의 방지가 복구보다 더 낫다.

네트워크 혼잡에 관한 오랜 격언 중의 하나로서 간단한 예방이 값비싼 복구보다 낫다는 말이 있다. 네트워크가 혼잡하게 되면 패킷이 유실되고 대역폭이 낭비되며 쓸데없는 지연이 일어난다. 이의 복구는 많은 시간과 인내를 필요로 한다. 애초에 이런 일들이 일어나지 않도록 막는 것이 훨씬 낫다. 혼잡을 방지한다는 것은 DTP 예방접종을 하는 것과 비슷하다. 예방을 하면 조금은 아프지만, 후에 올 수 있는 큰 고통을 막아준다.

규칙 #6: 시간종료를 예방하라.

타이머들은 네트워크에서 꼭 필요하다. 그러나 이들을 매우 아껴 (꼭 필요할 때만) 사용해야 하고, 시간종료의 발생은 최소화해야 한다. 타이머가 종료되면, 통상적으로 어떤 행위가 반복적으로 행해진다. 만일 그 행위의 반복이 정말로 필요한 것이면 해야 하지만, 불필요하게 반복한다면, 그것은 낭비이다.

불필요한 작업을 막는 방법은 타이머들을 약간 보수적으로 설정하는 것이다. 종료까지 오래 걸리는 타이머는 (드문) 세그먼트 유실 사건의 발생 시, 약간의 추가 지연만이 발생한다. 종료되면 안 되는데 종료되는 타이머는 CPU 시간을 고갈시키고, 대역폭을 낭비하며, 아마도 수십 대의 라우터들에게 쓸데없이 부하를 걸 수 있다.

6.6.4 빠른 세그먼트 처리

앞서 언급한 내용의 주요 골자는 빠른 네트워크의 실현에 대한 주된 방해물은 프로토콜 소프트웨어라는 것이다. 이 절에서는 이 소프트웨어의 속도를 높이는 방법에 대해 살펴본다. 더 자세히 알고자 하면, (Clark et al., 1989와 Chase et al., 2001)을 보라.

세그먼트 처리 오버헤드에는 두 가지 요소가 있다. 하나는 세그먼트당 오버헤드이고 또 하나는 바이트당 오버헤드이다. 두 가지 모두 다 다루어져야 한다. 빠른 세그먼트 처리를 위한 핵심은 정상인 경우(normal case, 단방향 데이터 전송)를 따로 분리해서 특별히 처리하는 것이다. 많은 프로토콜들은 어떤 것이 잘못됐을 때(한 패킷이 유실될 때), 무엇을 해야 할지를 강조하지만, 프로토콜들을 빠르게 만들려면 설계자는 모든 것들에 문제가 없다는 조건하에 프로세싱 시간을 최소화를 목적으로 만들어야 한다. 오류가 발생했을 때 프로세싱 시간을 최소화하는 것은 부수적인 문제이다.

비록 *ESTABLISHED* 상태가 되기 위해서 일련의 특별한 세그먼트들이 필요하기는 하나, 일단 그 상태에 이르면, 어느 한쪽이 연결 닫기(connection close)를 시작할 때까지는 세그먼트 처리는 아주 명료하다. *ESTABLISHED* 상태에서 전송할 데이터가 있는 전송측부터 살펴보자. 설명의 명확성을 위해, 트랜스포트 개체가 커널 내에 있다고 가정하자(트랜스포트 개체가 사용자 공간 프로세스나 라이브러리에 있어도 마찬가지이지만). 그림 6-51에서, 송신 프로세스는 SEND의 실행을 위해 커널을 트랩(trap)한다. 트랜스포트 개체가 행하는 첫 번째 일은 정상인 경우(ESTABLISHED 상태인가, 어느 쪽도 연결 닫기를 시도하고 있지 않은가, 완전한 일반[regular, 대역외가 아닌] 세그먼트를 전송 중인가, 수신측에 충분한 크기의 윈도우가 있는가)에 해당하는지를 알기 위한 검사를 하는 것이다. 모든 조건들이 만족되면 더 이상의 검사 없이 송신 트랜스포트 개체를 통해 빠른 경로(fast path)를 택할 수 있다. 대개의 경우 이 경로가 채택된다.

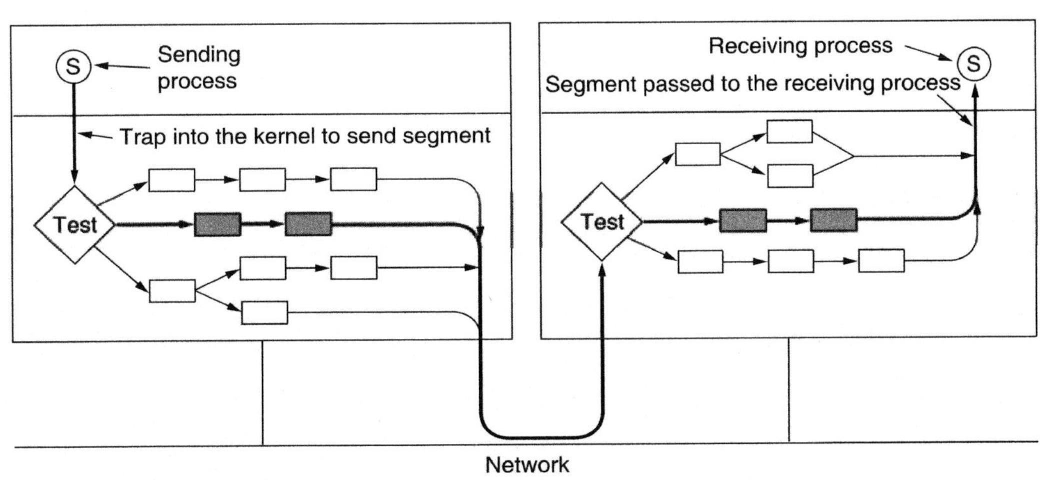

그림 6-51 송신자에서 수신자까지의 빠른 경로가 굵은 선으로 표시돼 있다.
이 경로에 대한 처리 스텝들은 음영으로 표시했다.

보통 연속적인 데이터 세그먼트들의 헤더는 거의 같다. 이 사실에 근거해서 트랜스포트 개체 내에 헤더 원형(prototype)을 저장할 수 있다. 빠른 경로를 시작 시, 이것은 최대한 빨리 워드 단위로 버퍼에 복사된다. 세그먼트별로 서로 다른 필드들은 버퍼에서 덮어쓰기(overwrite) 한다. 보통 이런 필드들은 상태 변수(state variable)로부터 얻어낼 수 있다. 그 다음에 세그먼트 헤더에 대한 포인터와 사용자 데이터에 대한 포인터가 네트워크 계층으로 전달된다. 이 경우에도 똑같은 방법이 적용된다(그림 6-51에서는 볼 수 없지만). 마지막으로 네트워크 계층은 전송을 위해 결과 패킷(resulting packet)을 데이터 링크 계층으로 넘겨준다.

이 예제의 실제 동작 예로서, TCP/IP를 생각해보자. 그림 6-52(a)는 TCP 헤더를 보여준다. 단방향 흐름에서 연속된 세그먼트들이 갖고 있는 동일한 필드는 음영을 주어 나타냈다. 송신측 트랜스포트 개체가 해야 하는 일은 헤더 원형에서 출력 버퍼로 다섯 워드를 복사하여 넣고, 순서번호를 채워 넣고(메모리로부터 복사해 와서), 체크섬을 계산한 후, 메모리 내의 순서번호를 증가시키는 것이다. 그 다음에 한 개의 일반적인, 최대 세그먼트의 송신을 위해 그 헤더와 데이터를 특수 IP 프로시저로 전달할 수 있다. 그 후, IP는 다섯 워드 헤더 원형(그림 6-52[b]를 보라)을 버퍼로 복사하고, *Identification* 필드를 채우고, 체크섬을 계산한다. 이제 패킷을 전송할 준비가 됐다.

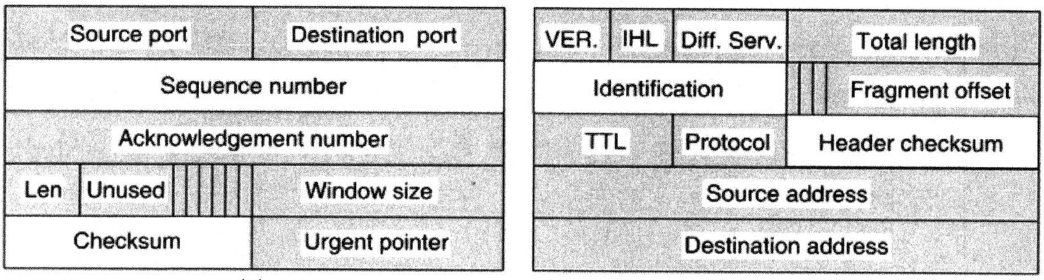

Source port			Destination port
Sequence number			
Acknowledgement number			
Len	Unused		Window size
Checksum			Urgent pointer

(a)

VER.	IHL	Diff. Serv.		Total length
Identification				Fragment offset
TTL		Protocol		Header checksum
Source address				
Destination address				

(b)

그림 6-52 (a) TCP 헤더 (b) IP 헤더. 두 경우 모두에서 음영진 필드들은 변형없이 프로토타입에서 가져온 것임.

이제 그림 6-51의 수신측에 대한 빠른 경로 처리를 살펴보자. 1단계는 유입 세그먼트에 대한 연결 레코드(connection record)를 찾는 것이다. TCP의 경우 연결 레코드는 두 개의 IP 주소와 두 개의 포트로 구성된 단순 함수가 키(key)인 해시(hash) 테이블에 저장될 수 있다. 일단 연결 레코드가 찾아지면 올바른 레코드를 찾았는지의 확인을 위해 두 주소와 두 포트 모두가 비교돼야 한다.

연결 레코드 검색(lookup) 속도를 좀 더 빠르게 하는 한 가지 최적화된 방법은 마지막 사용된 레코드에 대한 포인터를 유지하고 그 레코드를 제일 먼저 찾아보는 방법이다. 클라크(Clark) et al. (1989)은 이 방법을 시도했고 90%가 넘는 적중률(hit rate)을 가짐을 확인했다.

그다음에는 세그먼트가 정상(ESTABLISHED 상태이고, 어느 쪽도 연결 닫기[close connection]를 시도하지 않고, 완전한[full] 세그먼트인지, 세트된[set] 특별 플래그가 없고, 순서 번호가 기대했던 것인지)인지를 검사한다. 이런 검사들은 명령어 몇 개로 행해진다. 만일 모든 조건이 충족되면, 하나의 특별한 빠른 경로 TCP 프로시저가 호출된다.

빠른 경로는 연결 레코드를 갱신하고 데이터를 사용자로 복사한다. 또한 복사 중에 체크섬을 계산하고 데이터에 대한 나머지 절차를 생략한다. 만약 체크섬이 정확하다면 연결 레코드가 갱신되고 확인응답 신호가 보내진다. 우리가 기대하는 헤더인지의 빠른 검사와 이의 처리를 위한 특별 프로시저를 갖는 한 일반적인 방법으로서 **헤더 예측(header prediction)** 방법이 있다. 많은 TCP 구현들은 이를 사용한다. 이런 최적화와 이 장에 소개된 모든 것들이 함께 사용될 때, TCP는 지역 내의 메모리-대-메모리 복사 속도의 90%에 달하는 성능을 가질 수 있다. 물론 네트워크 자체가 충분히 빠르다고 가정할 경우에 그렇다.

상당한 성능 향상이 가능한 또 다른 두 분야로는 버퍼 관리와 타이머 관리가 있다. 버퍼 관리에서의 문제는 위에 언급한 것처럼 불필요한 복사를 방지하는 것이다. 타이머 관리는 거의 모든 설정 타이머가 종료되지 않으므로 중요하다. 이들은 세그먼트의 유실 방지를 위해 설정된다. 그러나 대부분의 세그먼트들과 그에 대한 확인응답 신호들은 제대로 도착한다. 그러므로 드물게 일어나는 타이머 종료의 경우에 대한 타이머 관리를 최적화하는 것이 매우 중요하다.

흔히 쓰는 방법은 타이머 사건을 종료시간에 따라 정렬(sort)하여 연결 리스트(linked list)로 만드는 것이다. 헤드 엔트리(head entry)는 종료까지 얼마나 틱(tick)이 남아 있는가를 알려주는 카운터(counter)를 가진다. 뒤에 계속되는 엔트리들은 바로 전 것을 기준으로 얼마나 틱이 남아 있는지를 알려주는 카운터를 가진다. 그러므로 만약 타이머가 3, 10, 12 틱에서 끝나야 한다면 세 카운터는 각각 3, 7, 2의 값을 가진다.

매 클럭 틱마다 헤드 엔트리에 있는 카운터가 감소한다. 카운터가 0이 되면, 그 사건이 처리되고 리스트상의 그다음 항목이 헤드가 된다. 이 항목의 카운터는 변경될 필요가 없다. 이 방식에서, 타이머의 삽입과 삭제는 연산 비용이 비싸며 수행 시간은 리스트 길이에 비례한다.

최대 타이머 간격(interval)이 고정돼 있고 이를 안다면, 더 효과적인 방식이 사용될 수 있다. 여기서는 그림 6-53에 있는 것과 같은 **타이밍 휠(timing wheel)**로 불리는 배열을 이용할 수 있다. 각 슬롯은 한 클럭 틱에 해당한다. 현재 시간 *T*는 4(T=4)이다. 타이머들은 현재 시간으로부터 3, 10, 그리고 12틱 후에 종료하도록 스케줄 돼 있다. 만일 한 새로운 타이머가 7틱에 끝나도록 갑자기 설정되면, 슬롯 11엔트리에 등록하면 된다. 이와 유사하게, 만일 *T*+10으로 설정돼 있는 타이머를 취소해야 한다면, 슬롯 14에서 시작하는 리스트를 찾아서 해당 엔트리를 삭제하면 된다. 그림 6-53의 배열이 *T*+15보다 큰 타이머들은 수용할 수 없음에 주목하라.

클럭 틱이 발생할 때마다, 현재 시간 포인터를 한 슬롯씩 원형 방식으로(circularly) 이동시킨다. 이때 가리키고 있는 곳의 내용이 0이 아니면, 해당되는 모든 타이머들이 처리된다. 이런 기본 개념에 대한 여러 변형들이 (Varghese and Lauck, 1987)에서 다뤄진다.

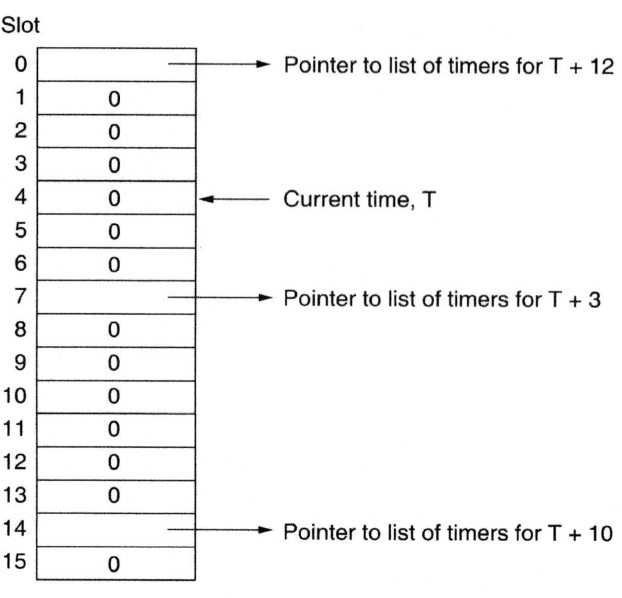

그림 6-53 타이밍 휠

6.6.5 헤더 압축

지금까지 오랫동안 빠른 네트워크에 대해서 알아봤다. 하지만 여전히 공부하지 않은 내용들이 있다. 이제 무선 네트워크와 대역폭이 제한된 다른 네트워크의 성능에 관한 고려가 필요하다. 소프트웨어의 오버헤드를 줄이는 것은 모바일 컴퓨터들이 더 효율적으로 실행되는 데 도움이 되지만 네트워크 링크들이 병목현상을 보이면, 오버헤드를 줄이는 것 자체로는 성능 향상에 도움이 안 된다.

대역폭을 잘 활용하기 위해서는 프로토콜 헤더와 페이로드가 최소 비트로 이동해야 한다. 페이로드의 경우, 비트맵보다는 JPEG 형식의 이미지들, 압축이 포함된 PDF 문서 형식들과 같은 정보에 대해서 인코딩을 하고 압축해서 사용한다는 것을 의미한다. 애초에 전송을 줄일 수 있는 웹 캐시와 같은 응용-단계의 캐싱 메커니즘을 의미하기도 한다.

프로토콜의 헤더는 어떠한가? 무선 네트워크의 경우, 부족한 대역폭을 가지고 설계되기 때문에 링크 계층에서 무선 네트워크의 헤더는 간단하다. 예를 들면, 802.16헤더들은 긴 주소 대신 짧은 연결 확인자들을 갖는다. 하지만 IP, TCP, UDP와 같은 상위 계층의 프로토콜들은 모든 링크 계층에서 대해서 하나의 버전을 가지고 있고, 설계된 헤더들이 간단한 것이 아니다. 사실, 소프트웨어 오버헤드를 줄이기 위한 간결한 프로세싱이 종종 간단해야 할 헤더를 더 복잡하게 만든다(실례로 IPv6는 IPv4보다 덜 간단한 헤더를 가지고 있다).

상위 계층의 헤더들은 중요한 성능 향상의 요인이 될 수 있다. 예를 들어 voice-over-IP가 IP, UDT 그리고 RTP의 혼합을 이용해서 이동된다고 가정하자. 이 프로토콜들은 40바이트의 헤더가 필요하다(IPv4는 20, UDP는 8 그리고 RTP는 12). IPv6의 경우는 더 심각하다. IPv6의 40바이트 헤더를 포함해서 60바이트 크기의 헤더를 갖는다. 전송된 데이터의 대부분이 헤더일 수도 있고, 이 때문에 절반 이상의 대역폭을 헤더로 소비할 수 있다.

헤더 압축(Head Compression)은 이동하는 링크에서 소비되는 대역폭을 줄이기 위해 상위 계층의 헤더에서 이용된다. 헤더가 짧아서 따로 압축하지 않고, 압축 해제는 이전에 전송받은 모든 데이터에 필요하기 때문에(만약 패킷 유실이 있다면, 이 경우에 해당하지 않는다) 일반적인 방법 대신에 특별하게 설계된 방법들이 사용된다.

프로토콜 형식에 관한 정보를 이용해서 헤더 압축은 큰 이득을 얻을 수 있다. 느리고 연속적인 링크를 지나는 TCP/IP 헤더를 압축하기 위한 첫 번째 기법들 중 하나를 반 제이콥슨 (Van Jacobson, 1990)이 설계했다. 이것은 전형적인 40바이트 TCP/IP 헤더를 평균 3바이트로 줄였다. 이 방법의 요령(trick)이 그림 6-52에 나타나 있다. 많은 헤더 필드들이 패킷과 패킷 사이에서 변경되지는 않는다. 예를 들어 모든 각 패킷에 대해 동일한 IP TTL 또는 동일한 포트 번호를 보낼 필요가 없다. 그것들은 송신측의 링크에서 삭제될 수 있고, 수신측에서 채워질 수 있다.

유사하게 다른 필드는 예측 가능한 방법으로 변경된다. 가령, 유실을 제외하고, TCP 순서 번호는 데이터와 함께 이동한다. 이러한 경우, 수신자가 비슷한 값을 예상할 수 있다. 실제 번호는 예상되는 번호와 다를 때만 전송이 필요하다. 새로운 데이터가 상대측에 도착할 때, 확인응답 번호가 증가하는 것처럼 심지어 전달된 번호도 예전 값에서 많은 차이가 없을 것이다.

헤더 압축을 통해 상위 계층 프로토콜이 간단한 헤더를 가질 수 있고, 낮은 대역폭 링크에서 인코딩을 압축할 수 있다. **ROHC(RObust Header Compression)**은 RFC 5957에 프레임워크로 설명되어 있는 헤더 압축의 새로운 버전이다. 무선 링크들에서 발생하는 유실을 허용할 수 있도록 설계했다. IP/UDP/RTP와 같이 각 압축된 프로토콜 집합에 대한 프로파일이 존재한다. 압축된 헤더는 (기본적으로는 연결인) 문맥에 속해서 전송된다. 헤더 필드는 같은 연결의 패킷에 대해서 쉽게 예측이 되지만 다른 연결의 패킷들에 대해서 예측이 어렵다. 전형적인 연산으로 ROHC는 IP/UDP/RTP 헤더의 크기인 40바이트를 1에서 3바이트 정도로 줄인다.

헤더 압축은 주로 사용하는 대역폭 축소를 목표로 하는데 이것은 또한 지연을 줄이는 데에도 유용하다. 지연은 주어진 네트워크 경로 상에서 고정된 전파지연과 전송하는 데이터의 양과 대역폭에 의해서 발생하는 전송지연으로 구성된다. 예를 들면 1-Mbps 링크는 1마이크로초 동안 1비트를 보낸다. 무선 네트워크에서 미디어가 전송되는 경우, 네트워크가 상대적으로 느려서 전송지연은 전반적인 지연에서 중요한 요인이 될 수 있고, 낮은 지연은 서비스의 질적 측면에서 중요하다.

헤더 압축은 전송하는 데이터의 양을 줄이는 데 도움이 되고, 그렇기 때문에 결과적으로 전송지연을 줄일 수 있다. 즉 더 작은 패킷들을 보내서 같은 효과를 볼 수 있다는 것이다. 증가하는 소프트웨어의 오버헤드와 줄어드는 전송지연을 맞바꾸는 셈이다. 큐잉 지연이 또 다른 잠재적인 지연이라는 사실을 유념해야 한다. 무선 링크들이 종종 네트워크 내에서 제한된 자원으로 사용되기 때문에 중요하다.

이런 경우 무선 링크는 낮은 지연에서 실시간 패킷을 주는 서비스의 질적 메커니즘을 가진다. 헤더 압축으로는 충분하지 않기 때문이다.

6.6.6 Long Fat Network를 위한 프로토콜

1990년대 초에 기가비트 네트워크들이 등장하기 시작했다. 빠른 네트워크 또는 "대용량 파이프"(fat pipe)와 긴 지연시간이 합쳐져서 이 네트워크들을 LFN(long fat network, 장광망)이라고 한다. 사람들은 처음에는 이들 상에서 예전의 프로토콜들을 사용했다. 그러나 여러 가지 문제들이 빠르게 발생했다. 이 절에서는 이런 문제들 중의 일부를 살펴보고, 네트워크들이 점점 빨라짐에 따라 이들의 해결을 위해 새 프로토콜들이 취해야 할 방향에 대해 알아본다.

첫 번째 문제는 많은 프로토콜들이 32-비트 순서번호를 사용한다는 것이다. 인터넷 시작 당시의 라우터 간 선로는 대개 56-Kbps 임대회선(leased line)이었다. 그래서 최고 속도로 전송하는 호스트의 경우 순서번호가 되돌아오는 데는 1주일이 넘게 걸렸다. TCP 설계자들에게, 2^{32}은 거의 무한대에 가까운 값이었다. 왜냐하면 오래된 패킷들이 전송 후 1주일 이상 떠돌아다닐 위험이 거의 없었기 때문이다. 10-Mbps 이더넷에서 순서번호의 재발생(한 바퀴 돌아서 다시 나타나는) 시간(wrap time)은 57분이다. 인터넷에 데이터를 퍼붓는 1-Gbps 이더넷에서는 약 34초인데, 이는 인터넷 패킷 수명 120초에 비해 상당히 짧은 시간이다. 따라서 2^{32}은 더 이상 무한대의 근사치가 될 수 없다. 왜냐하면 송신자의 전송 순서번호가 오래된 패킷들이 아직 존재하는 데도 재발생될 수 있기 때문이다.

문제는 많은 프로토콜 설계자들이 전체 순서번호 공간을 소모하는 데 걸리는 시간이 패킷의 최대 수명보다 훨씬 길 것이라고 문서에 언급하지도 않고 단순히 가정해버린 것이다. 결과적으로 순서번호가 재발생됐을 때 아직 존재하는 오래된 패킷들에 대한 문제는 걱정할 필요조차 없다. 그러나 기가비트의 속도에서는 이 가정이 틀리게 된다. 하지만 다행이도, 각 패킷의 TCP 헤더에서 옵션으로 사용되는 타임스탬프를 높은 비트(high-order bit)로 처리함으로써 효율적인 순서번호를 확장시키는 것이 가능하다는 걸 증명했다. 이러한 메커니즘을 PAWS(Protection Against Wrapped Sequence numbers) 라고 하면 RFC 1323에 설명되어 있다.

두 번째 문제는 흐름 제어 윈도우의 크기는 크게 증가한다는 것이다. 예를 들어 64KB 수신자 버퍼를 채우기 위해, 샌디에고(San Diego)에서 보스톤(Boston)으로 64KB 데이터를 보낼 때, 링크가 1Gbps이고 단 방향 광섬유 광속지연(speed-of-light-in-fiber) 지연이 20msec라고 가정하자. 최초 즉 $t=0$에서는 그림 6-54(a)에서 보는 것처럼 파이프는 비어 있다. 단 500μ sec 후에는 그림 6-54(b)처럼 모든 세그먼트들이 광섬유 상에 있다. 선두 세그먼트는 브럴리(Brawley) 부근(여전히 캘리포니아 서부 깊숙한 곳)에 있을 것이다. 그러나 송신자는 윈도우 갱신 메시지를 받을 때까지 전송을 멈추고 있어야 한다.

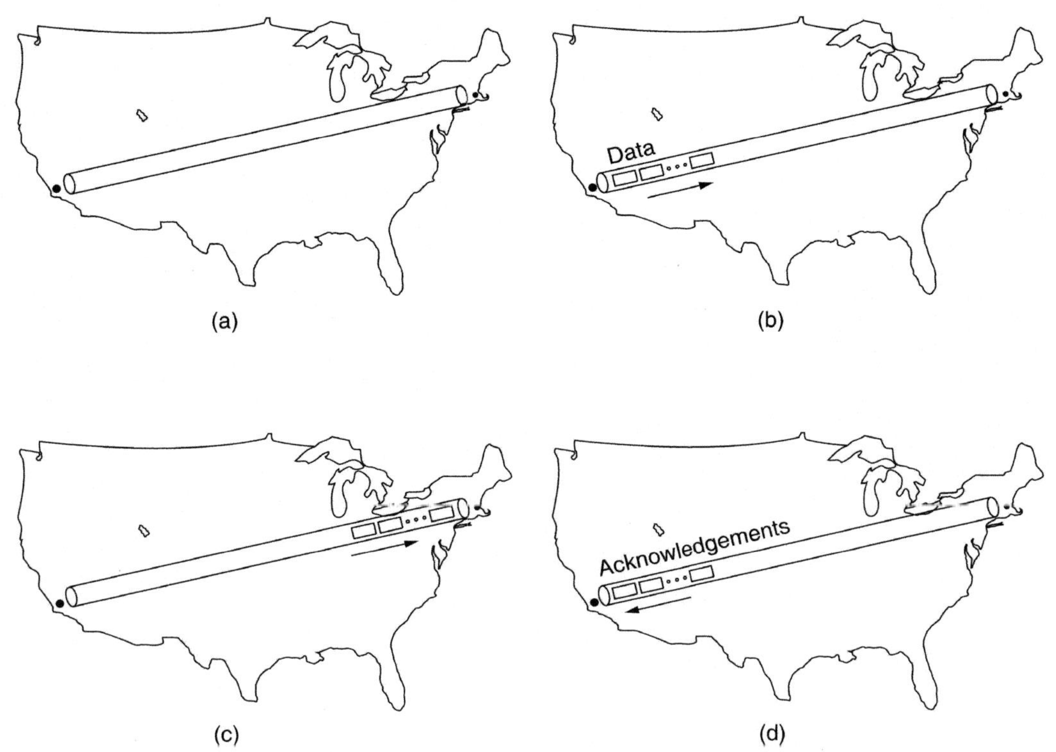

그림 6-54 샌디에고에서 보스톤으로 1메가비트를 전송할 때의 상태
(a) t=0에서 (b) 500μ sec 후 (c) 20msec 후 (d) 40msec 후

20msec 후, 선두 세그먼트는 그림 6-54(c)처럼 보스톤에 도착하고 확인응답된다. 마지막으로 시작한 후 40msec가 지나면 최초의 확인응답이 송신자로 오고 송신자는 두 번째 송신을 하게 된다. 전송 회선은 100msec 중 1.25msec만 사용되었으므로 효율은 1.25%이다. 이런 상황은 기존 프로토콜들이 기가비트 회선상에서 동작할 경우 흔히 나타난다.

네트워크의 성능을 분석 시 고려해야 하는 유용한 수치는 **대역폭-지연 곱(bandwidth-delay product)**이다. 이는 대역폭(비트/초)과 왕복 지연 시간(초 단위)의 곱이다. 이 값은 송신자에서 수신자까지와 그 반대 방향의 파이프 용량이다(비트 수).

그림 6-54의 예에서, 대역폭-지연 곱은 4,000만 비트이다. 다시 말해 첫 번째 확인응답이 올 때까지 송신자는 4,000만 비트를 멈춤 없이 계속해서 전송해야 할지도 모른다는 것이다. 파이프를 (양 방향으로) 가득 채우려면 이렇게 많은 비트가 필요하다. 이것이 50만 비트의 효율이 1.25%밖에 되지 않는 이유이다. 50만 비트는 파이프 용량의 1.25%밖에 되지 않는다.

여기서 내릴 수 있는 결론은 좋은 성능을 위해서는 수신자의 윈도우가 적어도 대역폭-지연 곱만큼은 돼야 하며, 수신자가 바로 응답할 수 없을 수도 있으므로 더 클수록 더 좋다는 것이다. 대륙을 횡단하는 기가비트 회선이라면 적어도 5메가바이트 정도가 필요하다.

세 번째 문제는 Go-Back-N 프로토콜은 큰 대역폭-지연 곱(bankwidth-delay product)을 갖는 회선에 대해 성능이 나쁘게 동작한다는 것이다. 예를 들어 1Gbps로 동작하는 4,000km의 회선을 생각해 보자. 왕복(round-trip) 전송 시간은 40msec이다. 이 시간 동안 송신자는 5메가바이트를 전송할 수 있다. 만일 오류가 감지되었다면, 송신자는 40msec가 지난 후에야 이를 알게 될 것이다. Go-back-N을 사용하면, 송신자는 잘못된 패킷뿐만 아니라 그 이후에 보내진 5메가바이트 상당의 패킷도 다시 전송해야 한다. 이는 분명히 심각한 자원의 낭비이다.

네 번째 문제는 긴 기가비트 회선은 대역폭보다는 지연에 더 제약을 받는다는 점에서 메가비트 회선과 근본적으로 다르다는 것이다. 그림 6-55는 4,000km 전송선을 통해 1메가비트 파일을 다양한 전송 속도로 전달할 때 걸리는 시간을 보여준다. 1Mbps 정도까지는 비트 전송률의 지배를 받는다. 1Gbps에 이르면, 40msec의 왕복 지연이 광섬유에 비트를 내보내는 데 걸리는 시간인 1msec를 지배한다. 이 이상의 대역폭 상승은 아무런 효과가 없다.

그림 6-55는 네트워크 프로토콜들에 대해 별로 좋지 않은 암시를 준다. 즉 RPC 같은 정지-대기 프로토콜들은 근본적으로 성능의 상한선이 있음을 말한다. 빛의 속도에서 이 제약은 다음과 같이 기술된다. 어떤 광통신 기술의 진보도 문제를 절대 개선할 수 없다(새로운 물리학 법칙이 나와 도움을 줄지는 모르지만). 호스트가 응답을 기다리는 동안, 기가비트 회선에 대한 다른 사용을 찾지 못하면 기가비트 회선은 비쌀 뿐 메가비트 회선보다 나을 것이 없다.

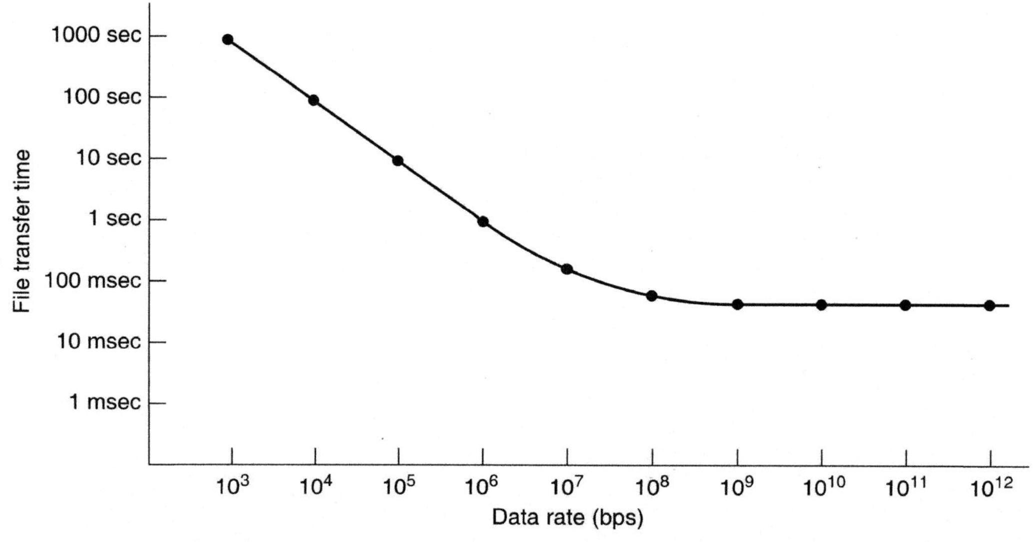

그림 6-55 1-메가비트 파일의 4,000-km 전송선을 통한 전달과 확인응답 시간

다섯 번째 문제점은 통신 속도가 컴퓨터 속도보다 훨씬 더 빠르게 향상돼 왔다는 것이다(컴퓨터 기술자에게 가서 통신 기술자와 논쟁해서 이겨 봐라). 1970년대에 ARPANET은 56kbps로 동작했고 1MIPS로 동작하는 컴퓨터가 연결돼 있었다. 이 수치들을 한 기가비트 회선을 통해 패킷들을 교환하는 1000-MIPS 컴퓨터와 비교해 보자. 바이트당 명령어는 10배 정도 감소한다. 정확한 숫자들은 시간과

시나리오에 따라 달라지기 때문에 논란의 여지가 있지만 결론은 이렇다. 프로토콜 처리를 위해 사용가능한 시간이 예전보다 더 적으므로 프로토콜들이 더 단순해져야 한다는 것이다.

이제 이 문제들의 처리방법에 대해 논의해 보자. 모든 고속 네트워크 설계자가 마음에 새겨야 할 기본 원리는 다음과 같다.

대역폭의 최적화를 위해서가 아니라 속도를 위해서 설계하라.

예전의 프로토콜들은 종종 -작은 필드들을 바이트와 워드 단위로 묶어서 사용함으로써 - 전송 비트 수를 최소화하도록 설계됐다. 이러한 고려는 무선 네트워크에서 여전히 유효하지만, 기가비트 네트워크에서는 고려하지 않아도 된다. 프로토콜 처리가 문제이다. 그래서 프로토콜들은 이를 최소화하도록 설계돼야 한다. IPv6의 설계자들은 이 원칙을 확실히 알았다.

빠르게 하기 위한 한 가지의 매력적인 있는 방법은 빠른 네트워크 인터페이스 하드웨어를 만드는 것이다. 이 방법의 난점은 프로토콜이 아주 간단하지 않는 한 하드웨어는 단지 두 번째 CPU와 그 전용 프로그램으로 만들어진 플러그-인(plug-in) 보드를 의미한다는 것이다. 네트워크 보조프로세서(coprocessor)가 주 CPU보다 확실히 싸게 하기 위해, 종종 느린 칩(chip)을 사용한다. 이런 설계의 결과로, (빠른) 주 CPU가 (느린) 보조 CPU가 수행하는 중요 작업이 끝나기를 기다리며 많은 시간을 휴지상태로 있게 된다. 기다리는 동안 주 CPU가 다른 작업을 할 것이라고 생각하는 것은 근거가 희박한 생각일 뿐이다. 더욱이, 두 개의 범용 CPU가 통신할 때, 경쟁 조건(race condition)이 발생할 수 있고, 따라서 이 두 프로세서들을 바르게 동기화해주는 정교한 프로토콜이 필요하게 된다. 통상적으로, 가장 좋은 방법은 프로토콜을 단순하게 만들어서 주 CPU가 자신의 일을 할 수 있게 해주는 것이다.

기가비트 네트워크에서 패킷 구조는 매우 중요하다. 처리시간을 줄이기 위해, 헤더는 가능한 한 적은 수의 필드를 가져야 하며, 필드들은 일을 하기에 충분히 커야 하고, 처리가 용이하도록 워드-단위로 배열돼야 한다. 이 문맥에서 "충분히 크다"는 오래된 패킷들이 아직 존재하는데, 동일 순서번호로 재발생됐다든지 윈도우 필드가 너무 작아 수신자가 충분한 윈도우 공간의 통지를 해 줄 수 없다는 것과 같은 문제들이 일어나지 않도록 윈도우 필드가 커야함을 의미한다.

최대 데이터 크기는 긴 지연에서도 효율적 처리가 가능하도록 커야 한다. 기가비트 이더넷이 9KB까지의 아주 큰 프레임을 지원하고, IPv6가 64KB 이상의 큰 패킷들을 지원하기 때문에 1500바이트는 고속 프로토콜로는 너무 작다.

이제 고속 프로토콜들에서의 피드백(feedback) 문제를 살펴보자. (상대적으로) 긴 지연 루프로 인해, 피드백은 가급적 피해야 한다. 수신자가 송신자에게 신호를 보내는 것은 너무 시간이 오래 걸린다. 피드백의 한 예로서 슬라이딩 윈도우 프로토콜을 사용하여 전송률을 제어하는 것이 있다. 송신자에게 윈도우 갱신을 알리는 수신자의 근본적인 (긴) 지연을 피하기 위해서는 전송률-기반(rate-based)의 프로토콜을 사용하는 편이 더 낫다. 이 같은 프로토콜에서, 양자(송신자와 수신자)가 미리 동의한 전송률보다 더 빨리 전송하지 않는 한, 송신자는 자신이 보내고자 하는 모든 것을 전송할 수 있다.

피드백의 두 번째 예로서 제이콥슨의 슬로우 스타트(slow start) 알고리즘이 있다. 이 알고리즘은 네트워크가 처리할 수 있는 양을 알기 위해 여러 개의 탐침(probe) 메시지를 사용한다. 고속 네트워크의 경우, 네트워크가 어떻게 응답하는지를 알기 위한 여섯 개 정도의 작은 탐침도 엄청난 양의 대역폭을 낭비한다. 더 효율적인 방법은 연결의 설정 시에 송신자, 수신자, 그리고 네트워크 모두가 필요한 자원을 예약하는 것이다. 자원을 미리 예약하는 방법은 또한 지터(jiter)를 줄이기 쉽게 해주는 장점이 있다. 짧게 말해서, 네트워크를 고속으로 만드는 것은 그 설계를 연결-지향적이거나 그와 비슷한 형태가 되도록 한다. 물론 장차 대역폭이 엄청나게 커서 아무도 이의 낭비를 개의치 않는다면, 설계 규칙들은 매우 다르게 될 것이다.

또 하나의 주요 특징은 연결 요청과 함께 정상 양의 데이터를 전송하는 능력이다. 이 방식으로, 한 번의 왕복 시간을 절약할 수 있다.

6.7 지연 허용 네트워킹

이 장을 마치기 전에 인터넷에서 중요한 부분을 차지할 새로운 종류의 전송을 설명하고자 한다. TCP와 다른 대부분의 프로토콜은 송수신자가 지속적으로 어떤 작업 경로에 의해 연결되어 있고, 프로토콜이 전송에 실패하면 데이터는 전달되지 않는다는 가정을 기반으로 한다. 어떤 네트워크의 경우, 종종 단대단 경로가 없다. 실례로 LEO(Low-Earth Orbit) 인공위성이 지상국과 통신할 때 이용하는 스페이스 네트워크(space network)가 있다. 어떤 한 인공위성은 특정 시점에만 지상국과 통신할 수 있고, 두 인공위성끼리는 서로 통신이 절대 불가능할 수도 있다. 중간에 지상국을 경유해서 통신한다고 하더라도 둘 중 한 인공위성은 통신범위 밖에 존재하기 때문에 통신이 불가능할 수도 있다. 다른 예로는 네트워크는 잠수함, 버스, 휴대전화 그리고 컴퓨터와 관련된 다른 장치들을 포함하는데 이 장치들은 이동성이나 극한 상태 때문에 간헐적인 연결을 가진다.

이렇게 때에 따라 연결되는 네트워크들에서 노드들에 데이터를 저장하고, 나중에 작업 링크가 열렸을 때 데이터를 포워딩함으로써 데이터는 여전히 통신이 가능하다. 이런 기술을 **메시지 교환(message switching)**이라고 한다. 결국 그 데이터는 목적지에 전송될 것이다. 이 접근을 기반으로 한 네트워크의 구조를 **DTN(Delay-Tolerant Network, 또는 Distribution-Tolerant Network)**라고 한다.

DTN에 관한 연구들은 2002년 IETF가 이 주제를 가지고 연구팀을 구성하면서 시작됐다. DTN에 대한 영감은 뜻밖의 것에서 생겨났다. 우주에서 패킷을 전송하려는 노력이 그 시작이었다. 스페이스 네트워크는 간헐적인 통신과 아주 긴 지연에 대한 처리가 필요했다. 케빈 폴(Kevin Fall)은 행성 간의 인터넷을 간헐적 연결로 구성된 지구상의 네트워크에 적용시킬 수 있을 것이라는 문제에 관해 연구했다(Fall, 2003). 통신 중 저장과 지연이 발생할 수 있는 인터넷에 대해서 이 모델은 유용한 일반화를 만들어냈다. 데이터 전송은 라우터에서 패킷을 교환하는 것보다도 우편 시스템 또는 전자 메일과 유사하다.

2002년 이래로 DTN 구조는 개선되었고 DTN 모델의 응용들도 많이 생겨났다. 주요 응용을 과학적 실험들, 미디어 관련 일 또는 웹 기반의 서비스들에 의해 생산되는 많은 테라바이트들의 거대한 데이터 세트를 주요 응용이라고 하고, 전 세계의 각기 다른 위치에 있는 데이터 센터에 이를 저장한다고 간주하자. 연산자들에 관해서는 이미 지불했지만 사용하지 해보지 않았고, 어느 정도의 지연을 허용하는 대역폭을 사용하기 위해서 이런 육중한 트래픽을 피크 타임이 아닌 때에 전송하고 싶어 할 것이다. 이것은 마치 다른 응용들이 네트워크를 사용하지 않을 시각인 밤에 백업을 하는 것과 같다. 포괄적인 서비스의 경우, 문제는 지역마다 피크 타임이 다르기 때문에 공통적으로 피크타임이 아닌 때를 정할 수 없다는 것이다. 보스턴과 퍼스에 있는 데이터 센터들은 거의 피크 타임이 겹치지 않는다.

하지만 DTN 모델은 전송 중에 저장과 지연을 허용한다. 이 모델을 이용하면 비수기(off-peak) 대역폭을 사용해서 6시간 차이가 나는 보스턴에서 암스테르담까지 데이터 세트를 보내는 것은 가능하다. 암스테르담에서는 퍼스와 암스테르담 사이의 대역폭이 비수기 상태가 될 때까지 그 데이터 세트를 저장한다. 그러면 결국 퍼스에 전달되고 전송은 완료된다. Lautais et al.(2009)는 이 모델에 관해 알아보고 적은 소비로 중요한 수용능력을 제공할 수 있는지와 전형적인 단대단 모델과 비교했을 때 DTN 모델의 사용이 수용능력을 배로 증가시키는지에 관한 연구를 하고 있다.

이제 IETF DTN 구조와 프로토콜들에 관해서 공부할 것이다.

6.7.1 DTN 구조

DTN이 완화 (relax)를 찾는 인터넷에서 주요 가정은 출발지와 목적지 사이의 단대단 경로는 통신 기간의 전체적인 지속을 위해서 존재한다는 것이다. 정상적인 인터넷 프로토콜들이 고장 난 경우라면 위의 가정에서 제외된다. 그림 6-56에서 보여주고 있듯, DTN은 메시지 교환 기반의 구조를 가진 단대단 연결 부족 문제를 해결한다. 이것은 또한 신뢰가 낮은 링크와 긴 지연을 허용하려는 경향이 있다. RFC 4838에서 이 구조가 구체적으로 명시되어 있다.

DTN 전문 용어에서 메시지는 **번들(bundle)**이라고 부른다. DTN 노드들이 통상적으로 디스크나 플래쉬 메모리와 같은 영구적인 저장소를 준비한다. 링크가 이용가능해질 때까지 번들을 저장하고 이후에 번들을 포워딩한다. 링크들은 띄엄띄엄 일한다. 그림 6-56은 지금 일하지 않는 다섯 개의 간헐적 링크들과 작업 중인 두 개의 링크들을 보여준다. 일하는 링크를 **콘택트(contact)**라고 한다. 그림 6-56은 또한 두 개의 DTN 노드들에 저장돼서 전송되기 위해 콘택트를 기다리고 있는 번들들을 보여주고 있다. 이런 방법으로, 번들들은 콘택트를 지나 근원지에서 목적지로 이동한다.

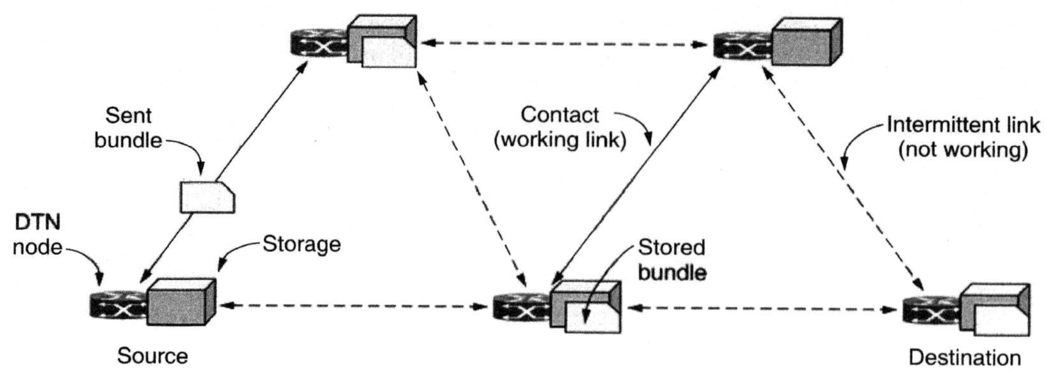

그림 6-56 지연 허용 네트워킹 구조

DTN에서 번들의 저장과 포워딩은 라우터에서 패킷의 큐잉, 포워딩과 유사하지만 질적인 차이가 있다. 인터넷의 라우터에서는 큐잉은 수밀리초 또는 기껏해야 1초 동안 유지된다. DTN 노드들에서는 버스가 도착할 때까지, 비행기가 비행을 끝낼 때까지, 센서 노드들이 충분한 태양열을 얻어 이를 이용해 실행될 때까지, 대기 모드의 컴퓨터가 일어날 때까지 등등 번들은 몇 시간 동안 저장될 수 있다. 이 예제들은 또한 두 번째 차이도 가리키고 있다. 저장된 데이터를 가지고 있는 동안 노드들이 움직일 수 있고(버스 또는 비행기로) 이 움직임은 데이터 전송의 핵심이다. 인터넷의 라우터는 움직일 수 없다. 움직이는 번들의 전체적인 프로세스는 "store-carry-forward"로 잘 알려져 있다.

한 예로, 우주에서 사용된 DTN 프로토콜이(Wood et al., 2008) 나와 있는 그림 6-57의 시나리오를 생각해보자. 번들의 시초는 재난 모니터링 인공위성들 중 지구의 이미지들을 기록하는 LEO 인공위성이다. 그 이미지들은 이미지를 모으는 부분(collecting point)으로 돌아가야 한다. 하지만 인공위성은 간헐적인 연결밖에 되지 않기 때문에 그 위성의 궤도 범위에 세 개의 지상국들이 존재한다. 각 지상국은 순서대로 위성과 통신한다. 각 위성, 지상국, 모으는 부분은 DTN 노드의 역할을 한다. 각 연결에서 번들(또는 번들의 일부분)은 지상국으로 전달된다. 그러면 번들들은 백홀(backhaul) 지상 네트워크를 이용해서 모으는 부분으로 전달되고 전송은 끝이 난다.

이 예제에서 DTN 구조의 주된 이점은 그때 당시에 이미지를 전송하는 연결이 없었기 때문에 이미지를 저장해야 하는 인공위성의 상황과 자연스럽게 일치한다는 것이다. 두 개의 이점들이 더 있다. 첫째, 이미지를 보내기에 충분한 단일 콘택트가 없었을 것이다. 하지만 이미지들은 세 개의 지상국과 연결된 콘택트를 통해서 전송될 수 있었다. 둘째, 인공위성과 지상국 사이의 링크 사용은 백홀 네트워크의 링크와 구분된다. 이것은 인공위성 다운로드가 지구의 느린 링크에 제한을 받지 않는다는 것을 의미한다. 이것은 지상국에 저장된 번들을 가지고 모으는 부분에 전송될 때까지 최대 속도로 진행될 수 있다.

구조에 의해서 구체화되지 않았던 중요한 문제는 DTN 노드들을 경유하는 좋은 라우터를 어떻게 찾느냐 하는 것이다. 경로에 사용되는 라우터. 좋은 라우터는 언제 데이터를 전송할지 그리고 또 어떤 콘택트를 이용할지에 관한 구조의 종류에 따라 달라진다. 우주에서 천체의 움직임이 좋은 예가 될 수 있다. 우주 실험의 경우, 콘택트가 발생하기에 앞서 각 지상국으로 전달되는 전송당 5분에서 14분 정도의 콘택트 간격이 있다는 사실과 다운링크 수용 능력이 8.134Mbps였다는 사실을 알 수 있다. 주어진 정보를 통해, 이미지 번들의 전송은 미리 계획할 수 있다.

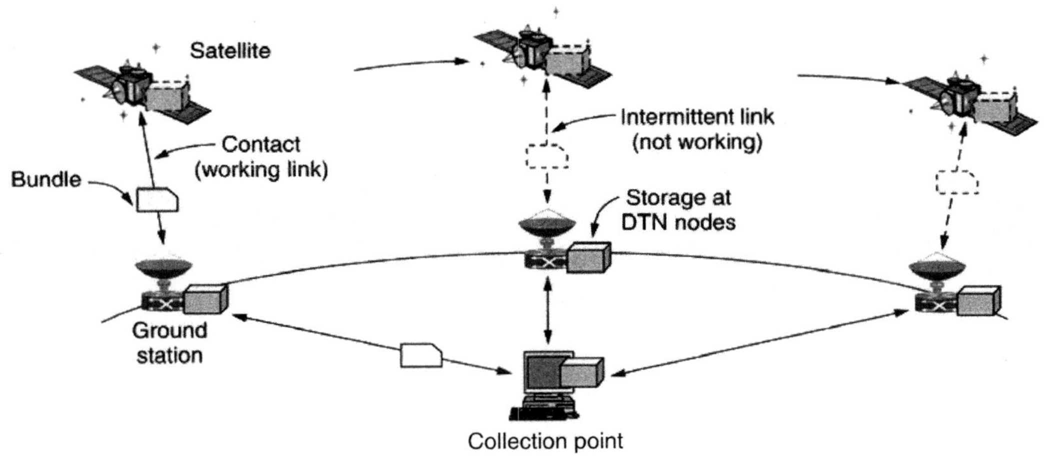

그림 6-57 우주에서 DTN의 사용

다른 경우, 콘택트들은 예상이 가능하지만 정확도는 떨어진다. 시간표 덕분에 가장 일반적인 방법으로 연결되어 있는 버스들도 예제에 포함된다. 하지만 버스들도 몇몇 변수들과 과거 데이터로부터 추측이 가능한 시간과 비수기의 대역폭(ISP 네트워크 내)을 가지긴 한다. 콘택트들은 간헐적이 무작위적이다. 한 예로 데이터를 휴대 전화를 이용해서 한 사용자에서 다른 사용자로 전송할 때, 하루 동안 어떤 사용자들이 서로 콘택트를 만드는지에 의해 좌우된다. 콘택트에서 예상치 못한 부분이 있다면 한 라우팅 전략은 번들의 복사본들을 각각 다른 경로를 통해 전송해서 수명시간이 끝나기 전에 하나라도 목적지에 도착하는 것을 목표로 한다.

6.7.2 번들 프로토콜

DTN의 연산을 자세히 살펴보면, 우리는 IETF 프로토콜을 찾아볼 수 있다. DTN은 네트워크에서 떠오르는 분야이고 IETF 프로토콜들이 꼭 이용되어야 할 필요는 없기 때문에 실험적인 DTN은 다른 프로토콜들을 사용해왔다. 하지만 IETF 프로토콜들이 최소한 시작하기 좋은 상태이자 많은 핵심 문제들을 강조한다.

DTN 프로토콜 스택은 그림 6-58에 나와 있다. 핵심 프로토콜은 **번들 프로토콜(Bunble protocol)**이다. 이는 RFC 5050에 자세히 설명되어 있다. 응용으로부터 유입된 메시지를 책임지고 하나 이상의 번들을 store-carry-forward 연산을 이용해서 목적지 DTN 노드까지 전송하는 책임도 있다. 번들 프로토콜은 그림 6-58처럼 TCP/IP 단계를 위해서 실행된다. 다시 말하면 TCP/IP는 DTN 노드들 사이에서 번들을 전송하기 위해 각 콘택트를 사용한다. 번들 프로토콜이 트랜스포트 계층 프로토콜인지, 또는 응용 계층 프로토콜인지에 관한 위치 지정 문제가 있다. 번들 프로토콜은 RTP와 같이 주로 트랜스포트 프로토콜 위에서 실행되지만, 이 장에서 DTN을 공부하는 과정에서는 번들 프로토콜이 각기 다른 여러 응용들에게 전송 서비스를 제공한다고 가정하자.

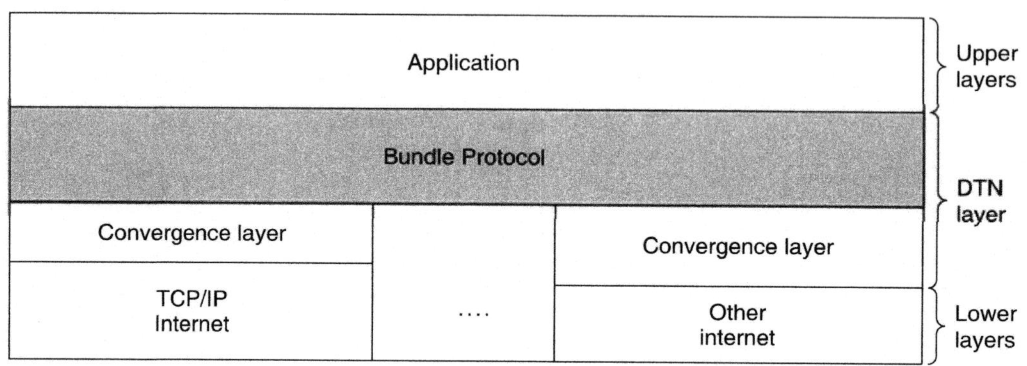

그림 6-58 DTN(지연 허용 네트워킹) 프로토콜 스택

그림 6-58은 번들 프로토콜이 UDP과 같이 다른 프로토콜들로 실행될 수 있다. 가령, 스페이스 네트워크 링크들은 아주 긴 지연을 갖는다. 행성들의 상대적인 위치에 따라 지구와 화성 사이의 왕복 주기는 20분 소요될 수도 있다. TCP 확인응답과 재전송이 그 링크에서 특히 상대적으로 짧은 메시지에 관해서 얼마나 잘 동작하는지 상상해보라. 잘 작동 되지 않을 것이다. 대신 오류를 교정하는 코드를 가진 다른 프로토콜이 사용되거나, 자원을 심각하게 제한하는 센서 네트워크에서 TCP보다 훨씬 가벼운 프로토콜이 사용될 수 있다.

번들 프로토콜이 고정되어 있기 때문에 아직 많은 프로토콜에서 실행되려는 경향이 있지만 기능면에서 프로토콜들 사이의 갭이 존재한다. 그림 6-58에서 변환 계층(convergence layer)이 포함된 이유가 그 갭 때문이다. 변환 계층은 합쳐야 하는 프로토콜들의 인터페이스들을 매치시키는 접착제 계층이다. 정의에 의하면 각각 다른 더 낮은 계층의 전송에 대해 다른 변환 계층이 필요하다. 변환 계층들은 보통 새로운 프로토콜과 기존의 프로토콜을 합치기 위해서 사용된다.

번들 프로토콜의 메시지 형식이 그림 6-59에 나와 있다. 이 메시지들에서 다른 필드들은 번들 프로토콜에 의해서 처리되는 핵심 문제를 말해주고 있다. 각 메시지들은 헤더라고 생각되는 주요 블록, 데이터를 위한 페이로드 블록 그리고 다른 블록들로 구성되고 예를 들어 이런 메시지들은 보안 변수를 전송하기 위해서 사용된다. 주요 블록은 *Flags* 필드가 따라오는 *Version* 필드(현재 6)로 시작된다. 다른 함수들 중에 플래그들은 이것의 번들이 높은 우선순위인지 또는 낮은 우선순위인지 표시를 위해 클래스의 서비스를 암호화하고 목적지에서 번들에 관해 확인응답을 할지 말지와 같은 다른 처리 요청도 플래그가 담당한다.

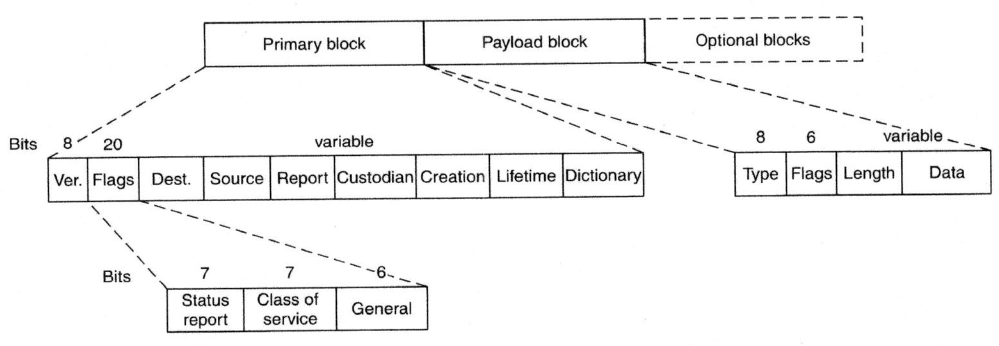

그림 6-59 번들 프로토콜 메시지 형식

설계에서 강조되는 흥미로운 세 부분을 설명하겠다. 목적지와 근원지 식별자 필드로 *Custodian* 식별자가 있다. custodian은 번들이 전달되는지를 알아보기 위한 책임이 있다. 만약 데이터가 궁극적으로 목적지에 전달이 안 된다면 노드가 재전송을 해야 하기 때문에 인터넷에서 근원지 노드는 보통 custodian이다. 하지만 DTN에서 근원지 노드는 항시 연결되어 있는 것이 아니기 때문에 데이터가 전달되었는지에 관해 알 방법이 없다. DTN은 **Custody 전송(Custody transfer)**을 이용해서 이 문제를 처리한다. 이는 목적지에 가까운 다른 노드가 데이터가 제대로 도착했는지에 관해 관리한다고 가정한다. 예를 들어 비행기에 번들이 포워딩을 위해 저장되어 있다면 비행기는 번들의 custodian이 되는 것이다.

두 번째 흥미로운 측면은 이 식별자들이 IP 주소가 아니라는 점이다. 번들 프로토콜은 다양한 전송과 인터넷을 거쳐서 동작하기 때문에 이것은 자신만의 식별자로 정의된다. 이 식별자들은 IP 주소들이나 하위 레벨의 주소들이 아니라 웹 페이지 URL과 같은 상위 레벨의 이름들과 유사하다. 그들은 DTN에게 이메일 전송이나 소프트웨어 업데이트 등과 같은 응용 단계 라우팅의 측면을 부여한다.

세 번째 흥미로운 점은 식별자들을 암호화하는 방법이다. 진단 메시지를 위한 *Report* 식별자가 있다. 모든 식별자들은 참조로서 *Dictionary* 필드의 변수 길이만큼 암호화된다. custodian이나 기록 노드들이 근원지나 목적지로 동일할 경우, 이것은 압축을 제공한다. 사실 대부분의 메시지 형식이 변수 길이 필드의 간편한 대푯값들을 이용해서 확장성과 효율성을 고려한 설계로 이루어진다. 무선 링크나 센서 네트워크와 같은 자원 제약 노드들에게 간편한 대푯값은 중요한 부분이다.

순서를 위해 근원지로부터 순서번호에 따라 번들이 생성된 시간을 수반하는 *Creation* 필드와 번들의 데이터가 더 이상 필요가 없을 때를 알리는 *Lifetime* 필드가 있다. DTN 노드들에서 오랜 기간 동안 데이터가 저장돼있어야 하기 때문에 이러한 필드들이 존재한다. 그리고 이들을 통해서 어떤 방법으로든 네트워크상의 오래된 데이터도 지울 수 있다. 인터넷과 달리, DTN 노드들이 동기화 클럭을 느슨하게 할 필요가 있다.

주요 블록은 *Dictionary* 필드로 완성되고 그 이후에는 페이로드 블록이 자리한다. 이 블록은 페이로드인지를 식별하는 짧은 *Type* 필드로 시작된다. *Type* 필드는 프로세싱 옵션을 설명하는 작은 플래그 세트로 되어 있다. *Length* 필드 다음으로 *Data* 필드가 온다. 마지막으로 보안 변수들을 포함하는 블록과 같이 다른 옵션 블록들이 존재할 것이다.

DTN의 많은 측면들이 연구 커뮤니티들을 통해 실험되어 왔다. 콘택트들의 성향에 따라 달라지는 라우팅의 좋은 전략들은 위에서 언급했다. 네트워크 안에서 데이터를 저장하는 것은 다른 문제들을 불러일으킨다. 이제 혼잡 제어는 노드들의 저장소를 감소될 수 있는 또 다른 자원으로 간주해야 한다. 단대단 통신의 부족은 또한 보안 문제를 악화시킨다. DTN 노드가 번들의 관리를 맡기 전에 송신자가 네트워크를 사용할 권한이 있는지와 번들을 목적지에서 원하는지를 먼저 알아야 한다. 스페이스 네트워크와 센서 네트워크가 서로 다른 것처럼 이 문제들의 해결책은 DTN 종류에 따라 달라진다.

6.8 요약

트랜스포트 계층은 계층화된 프로토콜들의 이해를 위한 핵심이다. 이 계층은 다양한 서비스를 제공한다. 그중 가장 중요한 것은 송신자로부터 수신자까지의 종단-대-종단 간 또는 단-대-단(end-to-end) 신뢰성 있는 연결형 바이트 스트림 서비스이다. 이 서비스는 연결을 설정, 사용, 그리고 해제해 주는 프리미티브들을 통해 액세스(access)된다. 일반적인 트랜스포트 계층 인터페이스의 하나로서 버클리(Berkeley) 소켓들에 의해 제공되는 인터페이스가 있다.

트랜스포트 프로토콜들은 신뢰성 없는 네트워크상에서도 연결 관리를 할 수 있다. 연결설정은 적절하지 않은 때에 다시 나타날 수 있는 중복 패킷이 존재하기 때문에 더 복잡해질 수 있다. 이에 대한 처리를 위해, 3단계 핸드셰이크(handshake)가 사용된다. 연결해제는 설정보다는 쉽지만, 두 부대(two-army) 문제로 인해 단순하지는 않다.

네트워크 계층을 완전히 신뢰할 수 있다 하더라도 트랜스포트 계층은 할 일이 매우 많다. 모든 서비스 프리미티브들을 다뤄야 하고, 연결과 타이머 관리를 해야 하며, 크레디트(credit)를 할당하고 활용해야 한다.

혼잡 제어는 경쟁하는 흐름들에게 공평하게 모든 대역폭을 할당해야 하고, 네트워크 사용에 대한 변화를 잘 감지해야 한다. AIMD 제어 법칙은 공평하고 효율적인 할당으로 바꿔준다.

인터넷은 2개의 주 전송 프로토콜, 즉 TCP와 UDP를 가지고 있다. UDP는 단일 IP 주소를 사용해서 복수개의 프로세스들을 다중화(multiplexing)하고 역다중화(demultiplexing)하는 부가적인 기능을 통해 주로 IP 패킷들에 대한 래퍼(wrapper) 역할을 하는 비연결형 프로토콜이다. UDP는 클라이언트-서버(RPC를 사용하는 경우 같은) 분야에서 이용될 수 있다. 또한 RTP 같은 실시간(real-time) 프로토콜들을 위해서도 사용될 수 있다.

인터넷의 주된 트랜스포트 계층 프로토콜은 TCP이다. TCP는 신뢰성 있는 양방향 바이트 스트림을 제공한다. TCP는 모든 세그먼트(segment)들에 대해 20바이트 헤더를 사용한다. 세그먼트들은 인터넷상의 라우터에 의해 단편화(fragment)될 수 있으므로, 호스트들은 이를 다시 재조립(reassembly)할 수 있도록 준비돼야 한다. TCP 성능의 최적화를 위해, 네이글, 클라크, 제이콥슨, 칸 등의 알고리즘들을 이용한 많은 연구들이 행해져 왔다.

통상 네트워크 성능은 프로토콜과 세그먼트 처리에 따른 부하에 지배를 받는다. 이런 상황은 속도가 고속일수록 더 나빠지게 된다. 프로토콜은 세그먼트의 개수, 문맥 교환(context switch), 각 세그먼트의 복사 시간 등이 최소화되도록 설계돼야 한다. 기가비트 네트워크들의 경우, 단순 프로토콜들이 더 바람직하다.

지연 허용 네트워킹은 연결이 발생하거나 링크간의 지연이 발생할 수 있는 네트워크상에서 전송 서비스를 제공한다. 중간 노드들은 정보를 저장, 전송 그리고 포워드하기 때문에 만약 송신자에서 수신자까지 일하는 경로가 없다고 하더라도 결국 데이터는 전송될 것이다.

연습문제

1. 그림 6-2의 트랜스포트 프리미티브(transport primitive)들의 예에서, LISTEN은 블로킹 호출(blocking call)이다. 블로킹 호출이 반드시 필요한가? 아니라면, 어떻게 논블로킹 프리미티브가 사용될 수 있는지를 설명하라. 본문에서 설명한 방식과 비교할 때 이 방식의 장점은?

2. 그림 6-4 기반의 모델의 네트워크 계층에서 패킷은 유실될 수 있고, 따라서 패킷마다 별도의 확인응답이 있어야 한다고 가정된다. 만약 네트워크 계층이 완벽한 신뢰성이 있어서 절대로 패킷 유실이 발생하지 않는다면, 그림 6-4에 (변화가 있다면) 어떤 변화가 있어야 하는가?

3. 그림 6-6의 양쪽에, SERVER-PORT 값이 서버와 클라이언트 모두에서 같아야 한다는 주석이 있다. 왜 이것이 중요한가?

4. 초기 순서 번호(sequence number)의 생성을 위해 15-비트 크기의 클럭 카운터를 갖는 클럭-구동 방식이 사용됐다고 하자. 클럭 틱(tick)은 매 100msec마다 발생하고, 최대 패킷 수명은 60초이다. 얼마나 자주 재동기화를 행해야 하는가?

   (a) 최악의 경우

   (b) 데이터가 분당 240순서번호를 소비할 경우

5. 최대 패킷 수명 *T*가 패킷뿐만 아니라 그에 대한 확인응답 신호의 소멸까지를 보증해야 하는 이유는 무엇인가?

6. 프로토콜 타임아웃을 이용해서 링크 계층에서와 트랜스포트 계층에서 슬라이딩 윈도우 프로토콜이 사용되는 차이점들을 설명하라.

7. 호스트 크래시(crash)의 복구 문제(즉 그림 6-18)를 생각해 보자. 만약 확인응답의 쓰기(writing)와 보내기(sending)간 시간 간격 또는 그 역이 상대적으로 작게 만들어질 수 있다면, 프로토콜 실패 확률의 최소화를 위한 최선의 송신자-수신자 정책 두 가지는 무엇인가?

8. 그림 6-20에서 새로운 흐름 *E*가 추가되어 *R1*에서 *R2*를 지나 *R6*까지의 경로로 이동한다고 가정하자. 5개의 흐름들에 대해서 어떻게 최대-최소 대역폭 할당 변화할 것인가?

9. 크레디트와 슬라이딩 윈도우 프로토콜의 장단점을 논하라.

10. 혼잡제어에서 공평성에 관한 다른 정책들로 AIAD(Additive Increase Additive Decrease), MIAD(Multiplicative Increase Additive Decrease) 그리고 MIMD(Multiplicative Increase Multiplicative Decrease)가 있다. 이 세 정책들을 수렴성과 안정성에 관하여 논의해 보라.

11. UDP가 존재하는 이유는? 사용자 프로세스들이 그냥 IP 패킷들을 전송할 수 있게 하는 것만으로도 충분하지 않은가?

12. 웰-노운(well-known) 주소에 위치한 원격지 서버로부터 클라이언트가 파일을 읽어올 수 있게 해주는, UDP 위에서 동작하는 한 단순한 응용-계층 프로토콜을 생각해보자. 먼저 클라이언트가 파일명을 가지고 요청을 하면, 서버는 요청된 파일을 구성하는 부분들로 만들어진 일련의 데이터 패킷들을 가지고 응답한다. 신뢰성과 전송된 순서대로의 전달을 보장하기 위해, 클라이언트와 서버는 stop-and-wait 프로토콜을 사용한다. 성능 문제가 있음을 무시한다고 할 때, 이 프로토콜에 다른 문제가 있는가? 프로세스 크래시(crash)들이 일어날 가능성을 신중히 생각해보라.

13. 한 클라이언트가 1-기가비트 광섬유를 통해 100-km 떨어진 서버로 128-바이트 크기의 요청 메시지를 보낸다. 이 원격 프로시저 호출동안의 회선 효율은?

14. 문제 13의 상황을 다시 생각해보자. 주어진 1-Gbps 회선과 1-Mbps 회선 모두의 경우에 대해 가능한 최소 응답 시간을 계산하라. 이 결과들로부터 어떤 결론을 내릴 수 있는가?

15. UDP와 TCP 모두는 메시지를 전달 할 때 목적지 개체의 확인을 위해 포트 번호를 이용한다. 이 두 프로토콜들의 설계 당시 이미 존재하고 있었던 프로세스 ID들을 사용하는 대신에, 이러한 새로운 추상(abstract) ID(즉, 포트 번호)를 고안해서 사용 했는지에 대한 이유 두 가지를 말하라.

16. 왜 RTP는 보통 TCP가 아닌 UDP에서 구현되는가? 한 응용이 TCP에서 구현된 RTP를 사용했을 경우 필요한 조건들을 알아보아라.

17. *N1*과 *N2*인 두 네트워크는 근원지 *A*에서 목적지 *D*까지의 지연시간이 동일하다고 가정하자. *N1*에서 각기 다른 패킷에 대한 지연이 균등하게 최대 지연 10초로 분배받은 반면, *N2*에서는 2.99%의 패킷들에 대해서 최대 지연시간 없이 1초 미만의 지연이 있었다. 이 두 네트워크들에게 라이브 오디오와 비디오 스트림을 보낼 때, RTP는 어떤 방식으로 사용되는지 논의해 보아라.

18. TCP와 IP오버헤드는 포함하고 데이터링크 계층 오버헤드는 포함하지 않을 경우, 최소 TCP MTU의 크기는?

19. 데이터그램 단편화와 재조립은 IP에 의해 행해지고 TCP는 알지 못한다. 이 말은 TCP는 잘못된 순서로 도착한 데이터에 대해 걱정할 필요가 없다는 뜻인가?

20. RTP는 CD 수준의 오디오 전송을 위해 사용되는데, 이를 위해 한 쌍의 16-비트 샘플(각 스테레오 채널당 한 샘플씩)을 초당 44,100번 전송한다. RTP는 초당 얼마나 많은 패킷들을 전송해야 하는가?

21. 호스트 1상의 프로세스는 포트 p에, 그리고 호스트 2상의 프로세스는 포트 q에 할당돼 있다. 이 두 포트 간에 동시에 두 개 이상의 TCP 연결이 가능한가?

22. 그림 6-36에서 32-비트 Acknowledgement(확인응답) 필드 외에 4번째 워드에 ACK 비트가 있음을 보았다. 이 비트의 추가는 어떤 의미가 있는가? 있다면(혹은 없다면) 그 이유는?.

23. 그림 6-39의 SYN RCVD 상태로 가는 두 가지 방법을 설명하라.

24. 네이글(Nagle) 알고리즘이 심각하게 혼잡한 네트워크에서 사용될 경우 잠재하는 단점은?

25. 10 msec의 왕복(round-trip) 시간과 혼잡이 없는 회선에서, 슬로우 스타트(slow-start)를 사용하였을 때의 효과에 대해 생각해 보자. 수신 윈도우는 24KB이고 최대 세그먼트 크기는 2KB이다. 최초로 꽉 찬 상태의 윈도우가 보내질 때까지 걸리는 시간은?

26. TCP 혼잡 윈도우가 18 KB로 설정돼 있고 시간종료(timeout)가 발생하였다고 가정하자. 다음 네 개의 전송이 모두 성공하려면, 윈도우가 얼마가 커야 하는가? 최대 세그먼트 크기는 1KB라고 가정한다.

27. 만일 TCP 왕복시간 RTT가 현재 30msec이고 확인응답 신호가 각각 26, 32, 24msec에 수신됐다면, 제이콥슨(Jacobson) 알고리즘을 이용한 새로운 RTT는? α = 0.9이다.

28. TCP 컴퓨터가 65,535바이트 크기의 꽉찬 윈도우를 단방향 지연이 10msec인 1-Gbps 채널을 통해 전송할 때의 최대 처리율(throughput)은? 회선의 효율은?

29. IP 버전 4의 제약들을 고려해서 주요 노력이 IP 버전 6 설계를 유도한 IETF를 통해서 이루어지고 있지만 여전히 새 버전을 사용하는 데에 대한 자기 저항이 있다. 하지만 그런 주요 노력이 TCP의 제약을 고려할 때는 필요하지 않다. 왜 그런 것인지 설명하라.

30. 최대 세그먼트 크기가 128바이트, 최대 세그먼트 수명이 30초, 그리고 8-비트 순서번호를 사용하는 네트워크에서, 한 연결당 최대 데이터 전송률은?

31. 한 세그먼트의 수신시간을 측정하고 있다고 하자. 인터럽트가 발생하면, 당신은 시스템 클럭을 msec 단위로 읽는다. 해당 세그먼트가 완전히 처리되면, 클럭을 다시 읽는다. 0msec가 27만 번, 1msec가 73만 번 측정되었다면, 한 세그먼트를 수신하는 데 걸린 시간은?

32. 한 CPU가 1,000MIPS로 명령어를 실행한다고 하자. 데이터는 한 번에 64비트씩 복사될 수 있고 한 워드의 복사를 위해 10개의 명령어 수행이 필요하다. 만일 유입 패킷이 두 번씩 복사된다면, 이 시스템은 1Gbps 회선을 처리할 수 있는가? 문제를 간단하게 하기 위해, 메모리 쓰기와 읽기를 포함한 모든 명령어들은 1,000MIPS로 처리된다고 가정한다.

36. 오래된 패킷들이 존재하여 일어나는 순서번호 재발생(wrap around) 문제의 해결을 위해, 64-비트 순서번호가 사용될 수 있다. 그러나 이론상 광섬유는 75Tbps의 속도를 낼 수 있다. 75Tbps의 속도를 내는 미래의 네트워크가 64-비트 순서번호를 사용하더라도 순서번호 재발생 문제가 일어나지 않도록 보장하려면 최대 패킷 수명이 얼마가 돼야 하는가? TCP와 마찬가지로, 각 바이트는 고유의 순서번호를 가지고 있다고 가정한다.

34. 6.6.5절에서, 한 기가비트 회선이 초당 8만 개의 패킷을 호스트로 쏟아 부을 수 있고, 이의 처리를 위해 단지 6,250개의 명령어가 사용되며, CPU 시간의 반은 응용프로그램을 위해 남겨 놓은 것을 계산했다. 이 계산은 패킷 크기가 1500-바이트라는 가정하에 행해졌다. ARPANET-크기의 패킷(128바이트)의

경우에 대해 다시 계산을 수행하라. 두 경우 모두에서, 주어진 패킷 크기는 모든 오버헤드를 다 감안한 것으로 가정한다.

35. 4,000km 길이의 1-Gbps 네트워크에서는 대역폭(bandwidth)이 아니라 지연(delay)이 제약 요소가 된다. 근원지와 목적지 간의 거리가 평균 20km 정도인 MAN을 고려해 보자. 1-KB 패킷에 대해 빛의 속도에 의한 왕복 지연과 전송 지연이 같게 되는 데이터 전송률은?

36. 다음 네트워크들에 대한 대역폭-지연 곱을 계산하라: (1) T1(1.5 Mbps) (2) 이더넷(10 Mbps) (3) T3(45 Mbps), 그리고 (4) STS-3(155 Mbps). RTT는 100msec라고 가정한다. TCP 헤더가 Window Size를 위해 16비트 공간을 보유하고 있음을 기억하라. 얻어진 계산 결과에 비춰볼 때, 알 수 있는 것들은?

37. 정지궤도(geostationary) 위성의 50-Mbps 채널에 대한 대역폭-지연 곱은? 만약 각 패킷이 오버헤드를 포함해서 1,500바이트라면, 윈도우는 몇 패킷 크기여야 하는가?

38. 그림 6-6의 파일 서버는 완전한 것과는 거리가 멀고 몇 가지를 개선할 수 있다. 다음과 같이 수정하라.

(a) 클라이언트에 바이트 범위를 명시하는 세 번째 인수(argument)를 부여하라.

(b) 파일의 서버로의 기록을 허가해 주는 클라이언트 플래그(flag) -w를 추가하라.

39. 흐름 제어에서 모든 네트워크 프로토콜들은 메시지를 조작하는 함수가 필요하다. 헤더를 추가하고 제거하는 방식으로 메시지를 조작하는 프로토콜들을 떠올려보아라. 어떤 프로토콜들은 단일 메시지를 나누어 여러 조각들(fragment)로 만들고, 나중에 이 조각들을 다시 하나로 만드는 작업을 한다. 이 과정의 마지막에 새로운 메시지 생성, 메시지에 헤더 추가, 메시지로부터 헤더 부리, 메시지를 두 개로 나누기, 두 메시지를 한 메시지로 합치기 그리고 메시지를 복사해서 저장하기를 제공하는 메시지 관리 라이브러리를 구현하고 디자인하라. 설계와 구현하라. 위의 내용을 구현할 때, 가능한 한 버퍼에서 다른 버퍼로 데이터 복사하는 것을 최소화해야 한다. 메시지를 조작할 때, 데이터에 접근하는 것보다는 오직 포인터를 이용해서 조작하는 것이 중요하다.

40. 여러 그룹의 사용자들이 서로 채팅(chatting)할 수 있게 해주는 채팅 시스템을 설계하고 구현하라. 채팅의 중재자(coordinator)는 웰-노운(well-known) 주소에 위치하며, 채팅 클라이언트들과 UDP를 사용하여 통신하고, 각 채팅 세션마다 채팅 서버를 설정해 주며, 채팅 세션 디렉토리(directory)를 유지한다. 채팅 세션당 한 개의 채팅 서버가 있으며, 채팅 서버는 TCP를 사용하여 클라이언트들과 통신한다. 채팅 중재자는 사용자(클라이언트)들의 세션 시작(start), 참여(join) 및 탈퇴(leave)를 가능하게 한다.

응용계층(Application Layer)

모든 준비를 끝냈으므로, 이제 모든 응용프로그램들을 볼 수 있는 계층을 살펴보자. 응용 계층의 하부 계층들은 신뢰성 있는 전달을 위해 존재하지만, 사용자들을 위한 실질적인 일은 하지 않는다. 이 장에서는 실제적인 네트워크 응용프로그램들을 살펴본다.

그러나 응용 계층에서도 응용프로그램의 기능 수행을 위해서는 프로토콜을 지원할 필요가 있다. 따라서 응용프로그램 자체를 살펴보기에 앞서, 프로토콜 중의 하나를 살펴본다. 살펴볼 대상은 인터넷에서 명칭 부여(naming)를 수행하는 DNS이다. 그다음 3개의 실제 응용프로그램인 전자우편(electronic mail), 월드 와이드 웹(World Wide Web), 멀티미디어를 살펴본다. 그리고 단대단(peer-to-peer) 네트워크를 포함한 네트워크상의 콘텐츠 배포 방법을 살펴보는 것으로 이 장을 마친다.

7.1 DNS-도메인 네임 시스템

프로그램들은 이론상으로는 호스트, 우편함(mailbox), 그리고 다른 네트워크(IP) 주소들을 가지고 참조할 수 있다. 그러나 이 주소들은 사람이 기억하기에 쉽지 않다. 또한, 128.111.24.41에 위치하는 회사 웹 페이지를 예로 들 때, 웹 서버의 위치가 변경이 될 경우, 그 회사는 모든 사람들에게 새로운 IP 주소를 알려야 한다는 것을 의미한다. 결과적으로, 기계명과 기계주소의 분리를 위해 읽어서 이해할 만한 명칭이 도입됐다. 이 방법으로 할 경우, 웹서버의 주소는 아마도 사용하는 IP 주소와 상관없이 www.cs.washington.edu 같은 형식으로 소개될 것이다. 그러나 네트워크 자신은 숫자로 표시된 주소만을 인식하므로, 이 이름을 네트워크 주소로 변환해주는 어떤 방법이 필요하다. 다음 절에서 어떻게 인터넷에서 이 주소 매핑(mapping)이 행해지는지를 살펴본다.

예전의 ARPANET에서는 단순히 모든 호스트들과 그들의 IP 주소들을 열거해 놓은 hosts.txt라는 파일이 있었다. 매일 밤 모든 호스트들은 이 파일이 위치한 사이트(site)에서 이 파일을 가져오곤 했다. 수백 대 크기의 대형 시분할(time sharing) 컴퓨터들의 네트워크에서는 이 방법이 꽤 잘 동작했다.

그러나 수천 대의 미니컴퓨터들과 PC들이 네트워크에 연결됐을 때, 모든 사람들은 이 방법이 계속 잘 동작할 수는 없음을 알았다. 그 이유는 파일이 너무 커질 수 있다는 것이고, 더 중요한 이유는 중앙 관리(central management)가 되지 않으면 호스트 명칭들의 충돌이 계속 발생할 수 있다는 것이다. 그러나 거대한 국제 네트워크의 경우, 중앙 관리는 부하(load) 및 지연(latency) 문제로 인해 생각조차 할 수 없다. 이런 문제들을 풀기 위해 **DNS(Domain Name System)**가 1983년에 고안되었다. 그 후 이 기술은 인터넷의 핵심 부분이 되어 왔다.

DNS의 핵심은 계층적 도메인-기반 명칭(hierarchial domain-based naming) 부여 방식과 이 방식의 구현을 위해 분산 데이터베이스(distributed database) 시스템을 고안한 것이다. 이들은 주로 호스트의 명칭 및 전자우편 목적지를 IP 주소로 매핑하는 데 이용되지만, 다른 목적으로도 이용된다. DNS는 RFC 1034, 1035. 2181 등에 정의돼 있다.

요약하면 DNS가 사용되는 방법은 다음과 같다. 한 명칭을 IP 주소로 매핑하기 위해, 응용프로그램은 리졸버(resolver)라고 불리는 라이브러리 프로시저를 호출하고, 그 명칭을 파라미터(인수)로서 전달한다. 우리는 이미 그림 6-6에서 리졸버의 한 예인 gethost-byname을 보았다. 리졸버는 UDP 패킷을 한 지역 DNS 서버로 보낸다. 이 지역 DNS 서버는 그 명칭을 살펴보고 해당 IP 주소를 리졸버로 전달한다. 리졸버는 이를 다시 호출자에게 전달한다. 전달된 IP 주소를 가지고, 프로그램은 이제 목적지와 TCP 연결을 설정하거나 목적지로 UDP 패킷들을 보낼 수 있다.

7.1.1 DNS 명칭 공간

크고 지속적으로 변하는 명칭들의 집합을 관리하는 것은 쉬운 문제가 아니다. 우편 시스템에서, 명칭 관리는 편지에 수신자의 국가, 주 또는 도, 시 및 거리 주소를(명시적으로나 암묵적으로) 기재하게 함으로써 행해진다. 이런 종류의 계층적 주소 체계를 사용함으로써, 뉴욕 주 화이트 플레인의 메인가에 사는 마빈 앤더슨이라는 사람과 텍사스 주 오스틴의 메인가에 사는 마빈 앤더슨을 명확히 구별할 수 있다. DNS도 이와 같은 방법으로 동작한다.

인터넷 명칭 계층구조 관리는 ICANN(Internet Corperation for Assigned Names and Numbers)라는 기관에 의해서 총괄 관리된다. ICANN은 1998년에 인터넷을 전 세계적으로, 경제적으로 더욱 성숙시키려는 의도하에 신설되었다. 개념적으로, 인터넷은 250개가 넘는, 각각이 많은 호스트들로 구성된, **최상위 계층 도메인(domain)**들로 구분된다. 각 도메인은 서브도메인들로 분할되고, 이 서브도메인들도 더 작게 분할되며, 이러한 분할은 계속 진행된다. 모든 이런 도메인들은 그림 7-1에서 보는 것처럼 트리(tree) 구조로 표현될 수 있다. 리프(leaf) 도메인은 단일 호스트를 포함하는 도메인일 수도 있고, 아니면 수천 호스트들을 갖고 있는 한 회사를 나타내는 것일 수도 있다.

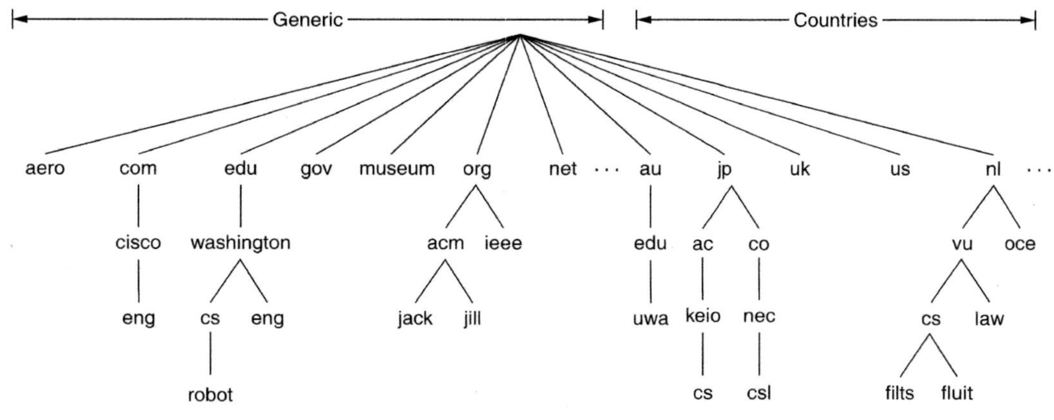

그림 7-1 인터넷 도메인 네임 공간의 일부

최상위 도메인들은 일반(generic)과 국가(countries)의 두 부류로 나뉜다. 그림 7-2에 보이는 일반 도메인들은 1980년대부터의 원도 도메인들과 ICANN으로의 응용을 통해 소개된 도메인을 포함한다. 다른 일반 최상위 도메인들은 향후 추가될 것이다. 비-라틴 알파벳을 사용하는 다국어 도메인국가 도메인들은 ISO 3166의 정의에 따라 국가별로 하나의 도메인을 가진다. 비-라틴 알파벳을 사용하는 다국어 도메인이 2010년에 소개되었다. 이 도메인들은 사람들에게 아랍어, 러시아어, 중국어 또는 그 밖의 다른 언어로 호스트들의 명칭을 갖도록 한다.

일반적으로, 회사명.com 같은 두 번째 계층의 도메인을 얻는 것은 쉽다. 최상위 도메인들은 ICANN에 승인된 등록 기관들에 의해 운영된다. 단지 해당 최상위 도메인(이 경우는 com)을 위한 등록기관에 가서 원하는 회사명의 사용가능 여부를 확인한다. 만약 문제가 없으면, 요청인은 소정의 비용을 지불하고 그 명칭을 부여받는다. 하지만 인터넷이 더욱 상용화되고 국제화됨에 따라, 더욱 논쟁거리가 생기게 되었다. 특히 명명과 관련된 문제에 있어서는 더욱 그러하다. 이 논쟁은 ICANN 자체도 포함한다. 예를 들어, xxx 도메인의 생성은 몇 년에 걸쳐 진행되고, 해결해야 할 법정 문제이기도 하다. pro를 예로 들자. pro는 특정 전문인들을 위해 만들어진 것이다. 그러나 누가 전문인인가? 그리고 누가 이를 공인하는가? 의사나 법률가는 분명히 전문인이다. 그렇다면 프리랜서 사진작가, 피아노 교사, 마술사, 배관공, 이발사, 해충 제거자, 문신 예술가, 용병, 매춘부들의 경우는 어떠한가? 이 직업들도 전문직이고, 따라서 pro 도메인의 부여가 타당한가? 그렇다면 누가 이 분야에서 일하는 개개인을 공인하는가?

이름에는 가격 또한 존재한다. 투발루(Tuvalu)는 국가 도메인인 tv 도메인을 5,000만 달러에 판매하였는데, 이는 이 도메인이 텔레비전 광고 사이트에 적합했기 때문이다. 사실상 모든 영어 단어들은 철자가 틀린 단어까지 com 도메인 내에 존재한다. 가정용품, 동물, 식물, 무엇이든지 시도해 보라!

도메인 등록은 높은 가격을 부르는 단체에게 도메인을 팔기 위한 수단으로 바뀌었다. 심지어 사이버스쿼팅(Cybersquatting, 도메인 무단 점유)이란 이름도 있다. 명명 논란을 해결하기 위한 정책들이 여전히 개선되고 있음에도 불구하고, 인터넷 시대가 시작했을 때 느지막이 대처했던 많은 회사들은 선착순이라는 이유로 자신들의 도메인이 침해당한 것을 발견했다.

Domain	Intended use	Start date	Restricted?
com	Commercial	1985	No
edu	Educational institutions	1985	Yes
gov	Government	1985	Yes
int	International organizations	1988	Yes
mil	Military	1985	Yes
net	Network providers	1985	No
org	Non-profit organizations	1985	No
aero	Air transport	2001	Yes
biz	Businesses	2001	No
coop	Cooperatives	2001	Yes
info	Informational	2002	No
museum	Museums	2002	Yes
name	People	2002	No
pro	Professionals	2002	Yes
cat	Catalan	2005	Yes
jobs	Employment	2005	Yes
mobi	Mobile devices	2005	Yes
tel	Contact details	2005	Yes
travel	Travel industry	2005	Yes
xxx	Sex industry	2010	No

그림 7-2 일반 최상위 도메인

각 도메인은 자신으로부터 루트(root)로 가는 경로로 명명된다. 구성요소들은 ("닷[dot]"으로 발음되는) 마침표에 의해 구분된다. 따라서 시스코(Cisco)의 기술(Engineering) 부서는 유닉스-형식-표기인 /com/cisco/eng보다는, eng.cisco.com의 형식을 가질 수 있다. 이 계층적 명칭 부여는 eng.cisco.com이 워싱턴 대학교 영문학과를 나타내는 eng.washing.edu의 eng와 상충되지 않음을 의미한다.

도메인명은 절대적이거나 상대적일 수 있다. 절대 도메인명은 항상 마침표로 끝나는 반면(eng.cisco.com), 상대 도메인명은 그렇지가 않다. 상대 도메인명들은 그들의 실제 의미를 (유일하게) 찾기 위한 어떤 방법으로 해석돼야 한다. 명칭이 부여된 도메인은 트리상의 특정 노드와 그 밑의 모든 노드를 지칭한다.

도메인명은 대소문자를 구별하지 않는다. 그래서 edu, Edu, EDU는 동일한 것을 의미한다. 도메인명을 구성하는 요소들의 명칭은 최대 63자까지 허용되며, 전체 도메인명은 255자를 초과하지 못한다.

근본적으로, 도메인들은 두 가지 다른 방법으로 트리에 삽입될 수 있다. 예를 들어 cs.washington.edu는 cs.washington.ct.us같이 미국 도메인에 위치할 수 있다. 그러나 실제로 미국 내의 대부분 기관들은 일반 도메인에 속하며, 미국을 제외한 대부분의 국가들은 자신들의 국가 도메인에 속한다. 두 개의 최상위 계층 도메인에 등록하는 것을 금하는 규칙은 없다. 다국적 기구들(예, sony.com과 sony.net, sony.nl)을 제외하면 그런 경우가 거의 없다.

각 도메인은 자신의 하위 도메인들의 할당을 제어한다. 예를 들어 일본은 edu와 com에 해당하는 도메인으로 ac.jp와 co.jp를 가진다. 네덜란드는 이러한 구분 없이 모든 조직이 nl 아래 직접 속한다. 이같이 아래의 세 도메인 네임들 모두는 대학의 컴퓨터과학과를 나타낸다.

1. cs.washing.edu(워싱턴 대학교, 미국)
2. cs.vu.nl(프리[Vrije] 대학교, 네덜란드)
3. cs.keio.ac.jp(게이오 대학교, 일본)

새로운 도메인을 만들기 위해서는 자신이 속할 상위 도메인의 허가를 얻어야 한다. 예를 들어, 워싱턴 대학에서 VLSI 그룹을 만들고 vlsi.cs.washington.edu라는 도메인 명을 사용하고 싶을 경우 cs.washington.edu의 관리자에게 허가를 받아야 한다. 즉 노던 사우스 다코타(Nothern South Dakota) 대학교가 신설됐을 경우, edu 도메인 관리자에게 unsd.edu 도메인의 할당을 요청해야 한다. 이런 방법으로, 각 도메인은 도메인명의 충돌을 막고 자신의 서브도메인들을 관리할 수 있다. 새로운 도메인으로 등록되면, 상위 도메인들로부터 허가를 받지 않고도, cs.unsd.edu 같은, 자신의 서브도메인들을 만들 수 있다.

도메인 네임은 물리적 네트워크를 따라 부여되는 것이 아니라 조직의 범위를 따라 부여된다. 예를 들어, 컴퓨터과학과와 전기공학과가 같은 건물에 위치하고 같은 LAN을 공유하고 있다 하더라도, 서로 다른 도메인을 사용할 수 있다. 유사하게, 컴퓨터과학과가 배기지 관(Baggage Hall)과 튜어링 관(Turing Hall)으로 나뉘어 있다 하더라도, 두 건물 내의 모든 호스트들은 통상 같은 도메인에 속할 것이다.

7.1.2 자원 레코드

모든 도메인은 그것이 단일 호스트이든 최상위 도메인이든, **자원 레코드(resource record)**를 가진다. 이 레코드들은 DNS 데이터베이스이다. 단일 호스트의 경우, 가장 일반적인 자원 레코드는 IP 주소 자체이지만, 많은 다른 종류의 자원 레코드도 또한 존재한다. 리졸버가 도메인명을 DNS에게 알려주면, DNS는 그 도메인명에 관련된 자원 레코드를 넘겨준다. 그러므로 DNS의 주 기능은 도메인 명의 해당 자원 레코드로의 매핑이다.

하나의 자원 레코드는 다섯 투플(tuple)로 구성된다. 비록 이들은 효율을 위해 이진 인코딩(binary encoding)되어 있지만, 대개는 한 자원 레코드당 한 줄씩의 ASCII 문서로 표현된다. 사용할 자원 레코드의 형식은 다음과 같다.

Domain_name Time_to_liv Class Type Value

Domain_name은 이 레코드가 적용되는 도메인을 알려준다. 보통 각 도메인마다 많은 레코드가 존재하며, 데이터베이스의 각 사본은 여러 도메인에 대한 정보를 가지고 있다. 따라서 이 필드는 질의(query)에 대한 답을 찾기 위해 사용되는 주요 탐색 키(primary search key)이다. 데이터베이스 내의 레코드들의 순서는 중요하지 않다.

Time_to_live 필드는 이 레코드가 얼마나 안정적인지에 대한 지표이다. 매우 안정적인 정보에는 86400 같은, 큰 값(하루를 초로 바꾼 값)이 할당된다. 쉽게 소멸되는 정보에는 60초 같은 작은 값이 할당된다. 이 문제는 다음에 캐시에 대해 논할 때 다시 살펴본다.

모든 자원 레코드의 세 번째 필드는 Class이다. 인터넷 정보의 경우, 이 값은 항상 IN이다. 인터넷 정보가 아닌 경우, 다른 코드들이 사용될 수 있지만, 실제로는 매우 드물게 사용된다.

Type 필드는 무슨 유형의 레코드인지를 나타낸다. 그림 7-3은 가장 중요한 유형들을 열거하고 있다.

Type	Meaning	Value
SOA	Start of authority	Parameters for this zone
A	IPv4 address of a host	32-Bit integer
AAAA	IPv6 address of a host	128-Bit integer
MX	Mail exchange	Priority, domain willing to accept email
NS	Name server	Name of a server for this domain
CNAME	Canonical name	Domain name
PTR	Pointer	Alias for an IP address
SPF	Sender policy framework	Text encoding of mail sending policy
SRV	Service	Host that provides it
TXT	Text	Descriptive ASCII text

그림 7-3 주요 DNS 자원 레코드 유형

한 SOA 레코드는 (아래에 설명된) 네임 서버(name server)의 영역(zone), 관리자 이메일 주소나, 유일한 일련 번호(serial number), 그리고 다양한 플래그 및 시간 종료 등에 대한 주요 정보 제공처의 이름이다.

가장 중요한 레코드 유형은 A(Address) 레코드이다. 이것은 임의의 호스트에 대한 32비트 IPv4 주소를 가진다. AAAA 또는 "quad A"에 해당하는 레코드는 128비트 IPv6 주소를 갖는다. 모든 인터넷 호스트는 적어도 하나 이상의 IP 주소를 가지므로 호스트들은 이를 통해 서로 통신한다. 일부 호스트들은 2개 이상의 네트워크 연결을 가진다. 이 경우, 이들은 두 가지 또는 그 이상의 A 타입 또는 AAAA 자원 레코드를 갖게 될 것이다. 따라서 DNS는 단일 이름당 다수의 주소를 줄 수 있다.

다음으로 중요한 레코드 유형은 MX 레코드이다. 이것은 특정 도메인의 이메일을 수신하도록 준비된 호스트명을 나타낸다. 이 레코드는 모든 호스트가 이메일 수신을 할 준비가 돼 있지 않은 경우에 사용된다. 만약 어떤 사람이, 예를 들어 bill@microsoft.com으로, 이메일을 전송하려고 한다면, 전송 호스트는 이메일을 받을 준비가 된 microsoft.com 우편 서버(mail server)를 찾을 필요가 있다. MX 레코드는 이런 정보를 제공할 수 있다.

NS 레코드들은 네임 서버들을 나타낸다. 예를 들어, 모든 DNS 데이터베이스는 보통 최상위 도메인당 하나의 NS 레코드를 가진다. 그러므로 예를 들자면 이메일은 명칭 트리 상에서 멀리 떨어져 있는 곳까지도 전달된다. 이 점에 대해서는 나중에 다시 논의한다.

CNAME 레코드는 별칭의 생성을 허용한다. 예를 들어, 인터넷의 명칭 부여에 대해 일반적으로 잘 아는 한 사람이 M.I.T 컴퓨터과학과의 로그인명이 paul인 사람에게 메시지를 보내려고 할 때, 아마도 paul@cs.mit.edu로 보내면 될 것으로 추측할 수 있다. 실제로는 이 주소는 맞는 주소가 아니다. 왜냐하면 M.I.T. 컴퓨터과학과의 도메인은 csail.mit.edu이기 때문이다. 그러나 이를 알지 못하는 사람들을 위한 서비스로서, M.I.T는 CNAME 엔트리(entry)를 생성하여 사람이나 프로그램들에게 바른 방향을 알려 줄 수 있다. 다음과 같은 레코드 엔트리가 이런 작업을 해줄 수 있다.

```
cs.mit.edu    86400    IN    CNAME    csail.mit.edu
```

CNAME과 마찬가지로 PTR도 다른 명칭을 가리킨다. 그러나 CNAME이 매크로(macro) 정의인 것과는 달리, PTR은 속해 있는 곳의 문맥에 따라 해석이 달라지는 정규 DNS 데이터형이다. 실제 PTR은 항상 명칭을 IP 주소와 연결시킴으로써, IP 주소를 가지고 검색을 하여, 그 IP 주소에 해당하는 컴퓨터명을 찾아 알려주는 데 이용된다. 이러한 과정을 역방향 조회(Reverse lookup)라고 일컫는다.

SRV는 호스트가 한 도메인에서의 주어진 서비스로 식별되도록 하는 새로운 형태의 레코드이다. 가령, cs.washington.edu를 위한 웹 서버는 cockatoo.cs.washington.edu로 식별될 수 있다. 이 레코드는 같은 작업을 수행하지만 단지 메일 서버를 위해 수행하는 MX 레코드를 일반화한다.

SPF 역시 새로운 형태의 레코드이다. 이것은 도메인에게 그 도메인 내에 어떤 머신들이 인터넷의 나머지에 메일을 보낼 것인지에 대한 정보를 암호화하도록 한다. 이것은 메일이 유효한지 검사하는 머신을 수신하는 머신을 돕는다. 만약 dodgy라고 불리는 머신이 메일을 수신하고 있고, 도메인 레코드들은 smtp로 불리는 머신에 의해 메일이 도메인 외부로 보내진다고 한다면, 메일은 스팸 메일로 처리되어 버려지는 것이다.

리스트의 마지막에 있는 TXT 레코드는 도메인들이 자신을 임의의 방법으로 확인할 수 있도록 해준다. 최근에는 머신이 읽을 수 있는 정보로 표현하는데, 보통 SPF 정보로 표현한다.

마지막으로 Value 필드가 있다. 이 필드는 숫자, 도메인 명, 혹은 ASCII 문자열(string)일 수 있다. 그 의미는 레코드 유형에 따라 달라진다. 주요 레코드 유형의 Value 필드에 대한 간략한 설명을 그림 7-3에서 볼 수 있다.

```
; Authoritative data for cs.vu.nl
cs.vu.nl.       86400  IN  SOA    star boss (9527,7200,7200,241920,86400)
cs.vu.nl.       86400  IN  MX     1 zephyr
cs.vu.nl.       86400  IN  MX     2 top
cs.vu.nl.       86400  IN  NS     star

star            86400  IN  A      130.37.56.205
zephyr          86400  IN  A      130.37.20.10
top             86400  IN  A      130.37.20.11
www             86400  IN  CNAME  star.cs.vu.nl
ftp             86400  IN  CNAME  zephyr.cs.vu.nl

flits           86400  IN  A      130.37.16.112
flits           86400  IN  A      192.31.231.165
flits           86400  IN  MX     1 flits
flits           86400  IN  MX     2 zephyr
flits           86400  IN  MX     3 top

rowboat                IN  A      130.37.56.201
                       IN  MX     1 rowboat
                       IN  MX     2 zephyr

little-sister          IN  A      130.37.62.23

laserjet               IN  A      192.31.231.216
```

그림 7-4 cs.vu.nl의 가상 DNS 데이터베이스 일부

그림 7-4는 한 도메인의 DNS 데이터베이스에서 찾을 수 있는 정보들의 종류에 대한 한 예를 보여준다. 이 그림은 이전에 그림 7-1에 있는 cs.vu.nl 도메인에 대한 (준가상적인) 데이터베이스의 일부를 보여준다. 이 데이터베이스는 일곱 유형의 자원 레코드를 가진다.

그림 7-4에서 주석 다음의 첫째 줄은 도메인에 대한 기본 정보를 제공한다. 그다음 두 줄은 도메인의 위치에 대한 문자 정보이다. 그 뒤 두 줄은 person@cs.vu.nl로 보내진 전자우편을 전달해야 할 첫 장소와 둘째 장소를 가리킨다. zephyr(특정 컴퓨터)로 먼저 전달을 시도하는데, 실패할 경우 top으로 전달을 시도하게 된다. 다음 줄은 star 같은 도메인을 위한 네임 서버를 식별한다.

가독성을 높이기 위한 공백 줄 뒤에는 star, zephyr, top의 IP 주소가 명시된 줄들이 나온다. 다음은 www.cs.vu.nl이라는 별칭으로서, 특정 컴퓨터를 지정하지 않아도 통용될 수 있도록 하기 위해 사용된

다. 이 별칭은 현재 이용 중인 주소를 취소하고 새로 만드는 불편 없이 cs.vu.nl이 자신의 월드 와이드 웹 서버를 교체하는 것을 가능하게 한다. 그다음에 있는 ftp.cs.vu.nl도 이와 비슷하다. 그다음으로 flits.cs.vu.nl로 보내진 전자우편을 처리를 위한 세 가지 선택 방법이 나와 있다. 먼저 flits로 전달을 시도한다. 실패하면 zephyr로 전달을 시도하고, 그래도 안 되면 마지막으로 top으로 전달을 시도한다.

다음 세 줄은 한 컴퓨터에 대한 전형적인 엔트리(여기서는 rowboat.cs.vu.nl)를 포함한다. IP 주소와 1, 2순위 전자우편 수신자가 포함된다. 그다음에는 스스로는 전자우편을 받을 능력이 없는 비-유닉스(non-UNIX) 시스템과 인터넷에 연결된 레이저 프린터에 대한 엔트리 정보가 나온다.

7.1.3 네임 서버

적어도 이론상으로는 한 네임 서버(name server)가 전체 DNS 데이터베이스를 포함할 수 있고 그에 대한 모든 질의에 응답할 수 있다. 실제로는 이 서버에 부하가 너무 많이 걸려 거의 쓸모가 없어질 수 있다. 더욱이 이 서버가 고장이 날 때마다 인터넷 전체가 무능해질 수 있다.

정보를 제공하는 자원이 단지 하나뿐임으로 인한 문제점들을 피하기 위해 DNS 명칭 공간은 서로 겹치지 않는 **영역(zone)**들로 분할된다. 그림 7-1의 명칭 공간에 대한 한 분할 예가 그림 7-4에 있다. 각 영역은 트리의 일부분을 포함하고 있으며 또한 자기 영역에 대한 정보를 가지고 있는 네임 서버들도 포함하고 있다. 보통 한 영역은 하나의 주(primary) 네임 서버와 하나 이상의 보조(secondary) 네임 서버들을 가진다. 주 서버는 정보를 디스크의 파일로부터 가져오고 보조 서버들은 주 서버로부터 가지고 온다. 신뢰성 향상을 위해 한 영역을 위한 서버들이 그 영역 바깥에 존재할 수 있다.

한 영역 내의 영역 경계 설정은 그 영역의 관리자에게 달려 있다. 이 결정은 대개 얼마나 많은 서버가 필요하고 어디에 있어야 하는지에 따라 내려진다. 예를 들어, 그림 7-5에서 Washington은 eng.washington.edu를 처리하는 washington.edu 서버를 가진다.

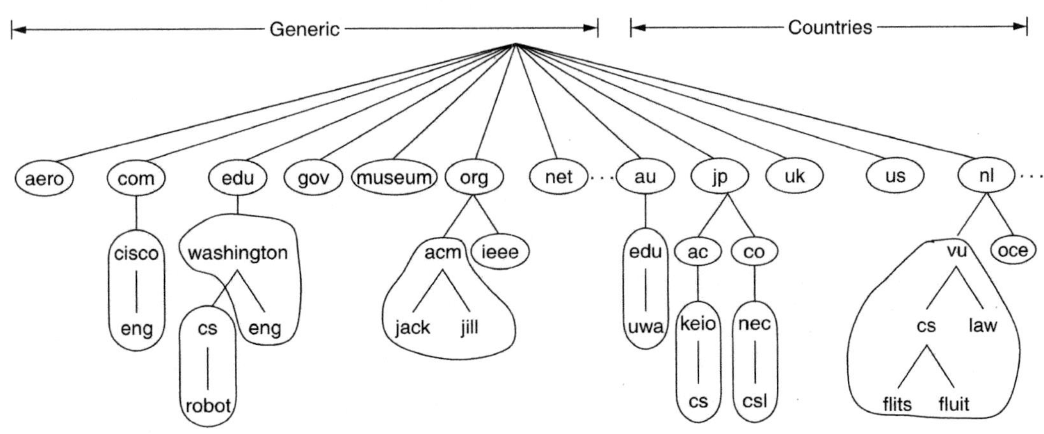

그림 7-5 영역으로 분할된 DNS 명칭 공간의 일부

그러나 이 서버는 cs.washington.edu는 처리하지 않는다. 왜냐하면 cs.washington.edu는 자체 서버를 갖고 있는 별개의 구역에 속해 있기 때문이다. 이와 같은 결정은 아마도 영문학과는 자체 서버의 운영을 원하지 않으나 컴퓨터과학과는 원하기 때문에 이루어졌을 것이다. 결과적으로 cs.washington.edu는 별개의 영역이지만 eng.washington.edu는 그렇지 않다.

리졸버는 한 도메인 명에 대한 질의를 받으면 지역(local) 네임 서버들 중의 한 서버로 그 질의를 전달한다. 만일 찾고자 하는 도메인이 top.cs.vu.nl가 cs.vu.nl에 있는 것처럼, 해당 네임 서버에 있다면, 그 네임 서버는 즉시 **공인된 자원 레코드(authoritative resource record)**를 전해준다. 공인 레코드란 그 레코드의 관리 기관에서 가져온, 그래서 언제나 틀림이 없는 레코드를 말한다. 공인 레코드는 시간이 흐르면 구닥다리 정보가 될 수 있는 캐시에 저장된 레코드와는 대조적인 레코드이다.

그러나 요청된 도메인이 원격지에 있어서 그 도메인에 대한 어떤 정보도 자기 지역 내에 없다면, 네임 서버는 요구된 도메인에 대한 최상위 계층 서버로 질의 메시지를 보낸다. 이 과정의 더 확실한 이해를 위해 그림 7-6의 예를 살펴보자. flits.cs.vu.nl의 한 리졸버가 워싱턴 대학의 robot.cs.washington.edu 라는 호스트의 IP 주소를 알려고 한다 하자. 단계 1에서, 리졸버는 지역 서버인 cs.vu.nl로 질의를 보낸다. 이 질의는 찾고자 하는 도메인의 유형이 (A)이고 클래스가 (IN)임을 포함하고 있다.

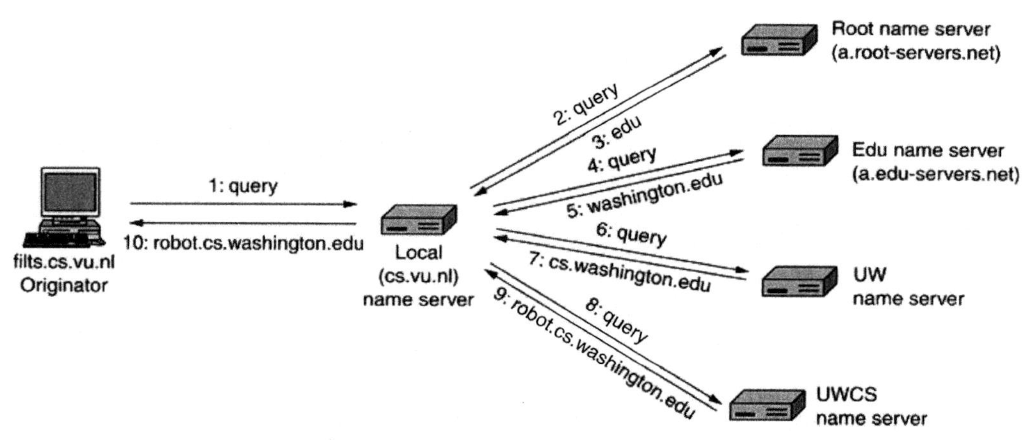

그림 7-6 리졸버가 원격 호스트명을 찾는 10단계

다음 단계는 루트 네임 서버들 중 하나를 요청함으로써 네임 계층의 최상위에서 시작한다. 이 네임 서버들은 각 상위 계층 도메인에 대한 정보를 갖고 있다. 이는 그림 7-6의 단계 2에 해당한다. 루트 서버와의 접촉을 위해서, 각 네임 서버는 반드시 하나 또는 그 이상의 루트 네임 서버들에 대한 정보를 갖고 있어야 한다. 이 정보는 보통 시스템 설정 파일에 존재하며 DNS 서버가 시작할 때 DNS 캐시로 로드된다. 이것은 단순히 루트를 위한 NS 레코드들과 그에 상응하는 A레코드들의 리스트이다.

진부한 이름이지만 a-root-servers.net에서 m.root-servers.net의 불리는 13개의 DNS 서버들이 있

다고 하자. 각 루트 서버는 논리적으로는 단일 컴퓨터가 될 수 있다. 하지만 전체 인터넷이 그 루트 서버들에 의존하기 때문에 그들은 아주 많이 복제된 컴퓨터들이 된다. 그 서버들의 대부분은 다수의 지형적 위치들에 존재하고, 애니캐스트(anycast) 라우팅을 사용하여 소통한다. 그때 패킷은 도착지 주소의 가장 가까운 개체에 전달된다(애니캐스트는 5장에서 설명하였다). 복제는 신뢰도와 성능을 향상시킨다.

루트 네임 서버는 워싱턴 대학(UW)에 있는 머신의 주소를 모를 것이고, 아마도 UW의 네임 서버도 모를 것이다. 그러나 루트 네임서버는 반드시 cs.washington.edu가 위치한 edu 도메인을 위한 네임 서버를 반드시 알아야 한다. 그것은 단계 3에서 이름과 응답의 일부인 IP 주소를 전달한다.

그다음 지역 네임 서버는 요청을 계속하고, 전체 질의를 edu 네임 서버(a.edu-servers.net)로 보낸다. 그 네임 서버는 UW을 위한 네임 서버를 전달하며, 이는 단계 4와 5를 나타낸다. 지역 네임 서버는 질의를 워싱턴 대학 네임 서버로 보낸다(단계 6). 만일 찾고 있었넌 도메인 이름이 영문학과에 있다면, UW의 장소가 영문과를 포함하기 때문에 응답이 발견되어야만 한다. 하지만 컴퓨터 과학과는 그 과에서 소유한 네임 서버를 구동하도록 선택되었다. 그 질의는 UW 컴퓨터 과학 네임 서버의 이름과 IP 주소를 반환한다(단계 7).

마지막으로, 지역 네임 서버는 UW의 컴퓨터 과학 네임 서버를 질의한다(단계 8). 이 서버는 cs.washington.edu 도메인을 위한 공인된 서버이므로, 반드시 응답을 해야만 한다. 그 서버는 지역 네임 서버가 최종 응답을 반환(단계 9)을 하면 그 응답을 flits.cs.vu.nl 로 전달한다(단계 10). 이로써 명칭이 분할된다.

이 과정을 실제 수행해 보려면 대부분의 유닉스 시스템에 설치된 dig 프로그램과 같은 표준 툴을 사용해서 수행해볼 수 있다. 가령, 명령어

dig@a.edu-servers.net robot.cs.washington.edu

는 robot.cs.washington.edu를 위한 질의를 a.edu-servers.net 네임 서버로 보내서 그 결과를 출력해준다. 이는 위의 예시에서 단계 4에서 얻은 정보를 보여주며, UW 네임 서버의 명칭과 IP 주소를 알 수 있다.

이 기나긴 시나리오에 대해 논의해 볼 점이 세 가지 있다. 첫째는 그림 7-6에서 두 가지 다른 질의 메커니즘이 동작한다는 점이다. 호스트 flits.cs.vu.nl이 그의 질의를 로컬 네임 서버에게 보낼 때, 그 네임 서버는 반환하기에 바람직한 응답을 가질 때까지 flits을 대신해서 해답 찾기(resolution)를 한다. 불완전한 응답은 도움이 되더라도 그것들은 질의가 찾고 있는 것이 아니므로 반환하지 않는다. 이러한 메커니즘을 **재귀적 질의(recursive query)**라고 일컫는다.

이와 다른 방법으로는 루트 네임 서버(그리고 하부 네임 서버)는 지역 네임 서버를 위한 재귀적으로 질의를 계속하지 않는다. 단지 불완전한 응답을 반환하고 다음 질의로 이동한다. 지역 네임 서버는

질의를 계속 발행함으로써 해답 찾기를 계속 담당한다. 이를 **반복적 질의(iterative query)**라고 한다.

한 번의 이름 변환(name resolution)은 두 메커니즘 모두와 연관이 있다. 다음 예시는 이 연관성을 보여준다. 재귀적 질의는 항상 더 나아 보일 수도 있지만, 대다수의 네임 서버들이 (특히 루트의 경우) 재귀적 질의를 다루지 않을 것이다. 반복적 질의는 발신자에게 부담을 준다. 지역 네임 서버가 재귀적 질의를 돕는 이유는 그 서버의 도메인에 속하는 호스트들에게 변환 서비스를 제공하기 때문이다. 그 호스트들은 완전한 네임 서버를 수행하는 서버로 설정되면 안 되며, 그저 지역 네임 서버의 역할만 담당한다.

두 번째는 캐싱이다. 모든 반환된 불완전한 응답을 포함한 응답 모두는 캐싱된다. 이러한 방식으로, 또 다른 호스트 cs.vu.nl가 robot.cs.washington.edu를 질의했다면, 응답은 이미 알려질 것이다. 심지어 만약 어떤 호스트가 같은 도메인 내의 다른 호스트에게 질의를 할 때(그 호스트를 galah.cs.washington.edu라고 하자) 그 질의는 공인된 네임 서버로 직접 보내질 수 있다. 유사하게, washington.edu 내의 다른 도메인들에 대한 질의들은 washington.edu 네임 서버로부터 직접적으로 시작할 수 있다. 캐시 된 응답들을 사용하는 것은 하나의 질의에서의 단계들을 확연히 감소시켜 주며 성능을 향상시켜준다. 우리가 계획한 원래 시나리오는 쓸모없는 정보가 캐시 됐을 때 발생하는 최악의 경우이다.

그러나 캐시 저장 정보는 공인된 것은 아니다. 왜냐하면 cs.washington.edu에 행해진 변화가 전 세계의 모든 해당 캐시로 전파될 수는 없기 때문이다. 이때문에 캐시 엔트리들의 수명이 길면 안 된다. 바로 이것이 각 자원 레코드가 Time_to_live 필드를 가지고 있는 이유이다. 이 필드는 원격 네임 서버에게 캐시 레코드들이 얼마나 오래됐는지를 알려준다. 만일 특정 컴퓨터가 수년간 동일한 IP 주소를 가지고 있었다면, 이를 하루 정도 캐시에 두는 것은 괜찮을 수도 있다. 매우 빠르게 변화하는 정보들은 몇 분 정도 후에 캐시에서 없애는 것이 더 안전할 것이다.

세 번째 이슈는 질의와 응답에 사용되는 트랜스포트 프로토콜로, UDP가 사용된다. DNS 메시지들은 UDP 패킷으로 보내지는데, 질의와 응답 그리고 변환을 계속 진행하는 데에 사용될 수 있는 네임 서버들에 대한 정보를 위한 간단한 형식으로 보내진다. 우리는 이 형식에 대해 여기서 자세히 다루지는 않겠다. 만약 짧은 시간 이내에 어떠한 응답도 없다면, DNS 클라이언트는 질의를 반복하며 소수의 재시도 후에는 그 도메인을 위해서 또 다른 서버에 시도를 한다. 이 과정은 아무리 다수의 질의들이 동시에 처리되는 상황이더라도 대응되는 질의에 응답들을 매치할 수 있도록 16비트 식별자가 각 질의에 포함되며 그 응답으로 복제된다.

비록 목적은 단순하더라도, DNS는 서로 함께 구동하는 수백만 개의 네임 서버들로 구성된 거대하고 복잡한 분산된 시스템이라는 것만은 분명하다. 또한 그것은 인간이 읽을 수 있는 도메인 이름과 머신의 IP 주소 사이를 연결하는 키를 형성하며, 복제와 성능 및 안정성을 위한 캐싱을 포함하여, 매우 견고하게끔 설계되었다. 여기서 보안에 대한 부분은 설명하지 않았지만, 만약 부정적인 방면으로 이름에서 주소로의 매핑 변경이 행해지는 경우 매우 치명적인 결과를 가져올 수 있다. 따라서 DNSSEC이라고 하는 보안이 확장된 형태가 DNS를 위해 개발되고 있다. 이에 대해서는 8장에서 설명한다.

더욱 유연한 방식으로 이름을 사용하는 것에 대한 응용 요구 또한 존재한다. 예를 들면 콘텐츠를 명명하거나, 근처에 그 콘텐츠를 갖고 있는 호스트의 IP 주소로 연결하는 것이 있다. 영화를 찾거나 다운로드하는 형태의 모델에 적합하다. 사실 여기서 문제는 영화이지 그것의 복사본을 갖는 컴퓨터가 아니다. 모두가 원하는 것은 그 영화의 복사본을 갖는 근처의 어떤 컴퓨터의 IP 주소이다. 콘텐츠 분배 네트워크는 이러한 매핑을 구성하기 위한 방법이다. 어떻게 DNS 상에서 구성하는지는 이 장의 후반부인 7.5절에서 설명한다.

7.2 전자우편

많은 애용자들에게 **e-mail**로 알려진 전자우편은 20년이 넘도록 사용돼 왔다. 1990년 전에는 주로 학술기관에서 사용됐으며 1990년대에 대중에게 알려졌다. 기하급수적으로 증가하여 지금은 하루에 전송되는 전자우편의 수가 종이우편(느림보 우편)의 수보다 훨씬 많아지게 됐다. 인스턴트 메시징(채팅)이나 인터넷 전화(voice-over-IP) 같이 또 다른 형태의 네트워크 통신이 더욱 확장돼왔지만, 여전히 전자우편이 인터넷 통신에서 중요한 수단으로 여겨진다. 전자우편은 현재 많은 업체들이 사내 통신으로 널리 이용하고 있다. 전자우편은 원격지에 있는 직원들이 서로 다른 시간대에 있더라도 복잡한 프로젝트들을 협력하여 수행할 수 있도록 해준다. 불행하게도, 종이우편처럼 전자우편 역시 대부분이 (10개의 메시지 중 9개) 정크 메일(junk mail) 또는 **스팸 메일(spam mail)** 이라고 한다(McAfree, 2010).

전자우편은 대개의 다른 통신 수단들과 마찬가지로 고유의 규칙과 형식을 가진다. 특히, 전자우편은 매우 비공식적이며 사용의 제약이 거의 없다. 귀빈(VIP)에게 전화를 걸거나 편지를 쓸 생각을 꿈도 꾸지 못하는 사람들도 그냥 써 내려간 전자우편을 보내는 데 잠시도 망설이지 않을 것이다. 등수, 나이, 성별에 제한 없이 전자우편은 신분이나 지위 보다는 그 내용에 더 중심을 둔다. 즉 아르바이트 학생한테서 얻은 기발한 아이디어가 부사장이 던진 쓸모없는 한마디보다 훨씬 더 영향력이 클 수도 있다는 것이다.

전자우편에는 BTW(By The Way), ROTFL(Rolling On The Floor Laughing), 그리고 IMHO(In My Humble Opinion) 같은 많은 특수용어들이 사용된다. 많은 사람들은 또한 자신의 전자우편에 ":-) "로 시작하는 **스마일리(smiley)**를 사용한다. 본 교재를 시계 방향으로 90도 돌려보면 좀 더 이해가 쉬울 것이다. 이러한 심벌이나 **이모티콘(emoticon)**을 사용하면 메시지의 분위기를 함께 전달하는 데에 도움을 준다. 이러한 것들은 인스턴트 메시징 같은 다른 형태의 커뮤니케이션 방식에서 널리 사용되고 있다.

전자우편의 프로토콜들은 전자우편을 사용한 이래 점차적으로 진화된 형태를 보인다. 초기 전자우편 시스템들은 단순한 파일 전송 프로토콜로 구성됐고, 각 메시지(파일)의 첫 번째 줄이 수신자 주소를 가지도록 규정돼 있었다. 점차 파일 전송과 분리되고 하나의 메시지를 다수의 사람들에게 한 번에 보내는 것과 같은 다양한 기능들이 추가되었다. 1990년대에는 이미지와 그 밖에 비텍스트 파일들을 메시지와 함께 보내기 위한 멀티미디어 가용성이 중요하게 되었다. 전자우편을 읽기 위한 프로그램들이 더욱 정교해졌으며, 텍스트 기반에서 GUI로 변하고 사용자가 원하는 곳이면 어디든지 그들의 랩톱 컴퓨터에서 메일을 확인할 수 있도록 변화되었다. 결국 스팸의 보급으로, 메일 구독자들과 메일 전송 프로토콜은 원치 않는 메일을 발견해서 삭제하도록 주의를 기울여야 한다.

우리는 메일 리더(reader) 프로그램의 룩 앤드 필(look and feel, 가시적인 인터페이스 표현)을 다루기보다는 우편 메시지들이 사용자들 사이에서 이동하는 방법을 더 초점을 두겠다. 그렇지만 전반적인 구조를 표현한 후에, 대부분의 독자들이 잘 알고 있을 전자우편 시스템에서 사용자가 마주치는 부분부터 시작하겠다.

7.2.1 구조와 서비스

이 절에서는 전자우편 시스템이 할 수 있는 것과 그것이 어떻게 구성돼 있는지를 개괄적으로 살펴본다. 전자우편 시스템의 구조는 그림 7-7과 같다. 전자우편 시스템은 보통 두 개의 '서브시스템' - 사람들이 전자우편을 읽고 전송하도록 해주는 **사용자 에이전트(user agent)**와 메시지를 출발지에서 목적지로 이동시켜 주는 메시지 **전달 에이전트(message transfer agent)**로 구성된다. 또한 우리는 메시지 전달 에이전트를 비공식적으로 **메일 서버(mail server)**라고 하겠다.

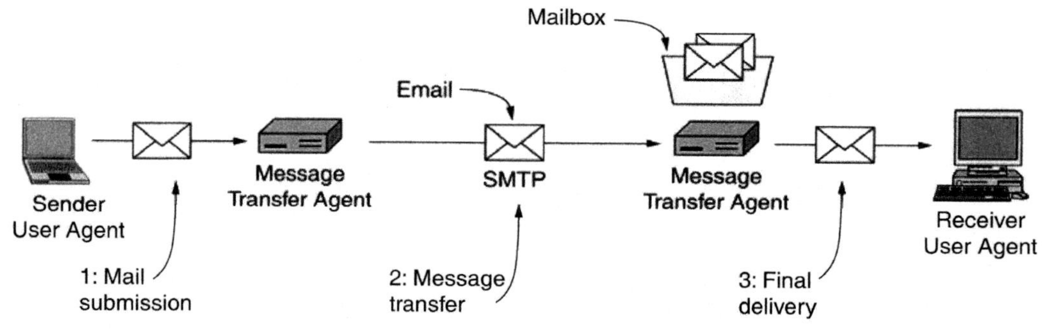

그림 7-7 전자우편 시스템의 구조

사용자 에이전트들은 전자우편 시스템과의 상호작용을 위한 명령-기반, 메뉴-기반, 또는 그래픽 방식의 도구를 제공하는 지역 프로그램이다. 이는 메시지들을 구성하고 메시지에 대응하며 들어오는 메시지들을 보여준다. 뿐만 아니라 보관하고 찾고 그것들을 폐기함으로써 메시지를 준비한다. 메시지 전달을 위해 메일 시스템으로 새로운 메시지를 보내는 행동을 메일 전송(mail submission)이라고 한다.

일부 사용자 에이전트 과정은 사용자가 원하는 것을 예측해서 자동화되어 수행될 수도 있다. 예를 들어, 수신 메일 중 스팸처럼 보이는 메시지들을 추출하기 위해 거르거나 순위를 떨어뜨린다. 일부 사용자 에이전트들은 고급 기능도 제공하는데, 전자우편 응답으로 "저는 최고의 휴가를 보내고 있습니다. 잠시 후에 연락드리겠습니다." 같은 자동 답신이 그 예라고 할 수 있다. 사용자 에이전트는 사용자는 그의 메일을 읽을 때 사용하는 컴퓨터와 동일 컴퓨터에서 수행된다. 이것은 단지 또 다른 프로그램이고 일부의 시간에만 구동한다.

메시지 전달 에이전트는 보통 시스템 프로세스들을 말한다. 그것들은 메일 서버 머신들 상의 배후에서 동작하며, 항상 가능하도록 의도됐다. 그들이 하는 일은 자동으로 시스템을 통해 전자우편을 발신자에서 수신자까지 **SMTP(Simple Mail Transfer Protocol)**로 이동하는 것이다. 이것이 메시지 전송 단계이다.

SMTP는 원래 RFC 821로 명세 되었는데, 현재는 RFC 5321으로 개정되었다. 이 프로토콜은 연결을 통해 메일을 보내고 전송 상태와 발생하는 에러를 보고한다. 전자우편의 배달 확인이 중요하고 심지어는 법적인 효력도 가질 수 있는 매우 많은 응용 분야들이 존재한다("글쎄요, 재판장님, 제 전자우편 시스템이 매우 불안정하므로, 전자 소환장이 어딘가에서 유실된 것으로 추측됩니다.").

메일 전송 에이전트는 또한 이메일 주소록에 있는 모두에게 같은 메시지를 보내도록 e-mail 주소들의 목록인 **주소목록(mailing list)**이 만들있다. 다른 고급 기능들로는 기본 기피(carbon copy), 블라인드 카본 카피(blind carbon copy), 우선순위 전자우편, 보안(암호화된) 전자우편, 주 수취인이 없을 경우의 대리 수취인, 그리고 비서들이 상관의 전자우편을 다룰 수 있게 해주는 기능 등이 있다.

사용자 에이전트와 메시지 전송 에이전트를 연결하는 것은 메일박스와 이메일 메시지의 표준 형식이다. **우편함(mailbox)**는 사용자가 수신한 전자우편을 저장하며 메일 서버에 의해 유지된다. 사용자 에이전트들은 단순히 사용자의 메일박스에 있는 내용을 보여준다. 이를 위해 사용자 에이전트는 우편함의 생성 및 삭제, 내용 검사, 메시지 삭제 등을 위한 명령들을 메일 서버에 보낸다. 메일 회수는 그림 7-7에서 보이는 것처럼(단계 3) 최종 전송을 말한다. 이러한 구조를 통해 단일 사용자는 하나의 우편함(mailbox) 접근을 위해 여러 컴퓨터에서 각기 다른 사용자 에이전트를 사용할 수도 있다.

메일은 표준 형식으로 메일 전송 에이전트 사이에서 보내진다. 원래 형식인 RFC 822는 현재 RFC 5322로 개정되었고, 멀티미디어 콘텐츠와 다양한 나라의 문자들을 지원하기 위해 확장되고 있다. 이 구조를 MIME이라고 하며 추후 설명할 것이다. 그렇지만 여전히 많은 사람들이 인터넷 전자 우편을 RFC 822라고 칭하고 있다.

전자우편 시스템의 핵심 개념은 **전자봉투(envelope)**와 그 내용물의 구분에 있다. 전자봉투는 메시지를 보관한다. 전자봉투는 목적지 주소, 우선권, 그리고 보안 등급, 메시지 전송에 필요한 모든 정보 등 메시지 자체와는 구별되는 모든 것들을 포함하고 있다. 메시지 전달 에이전트는 우체국이 그런 것처럼 전달 경로의 결정을 위해 전자봉투를 사용한다.

전자봉투안의 메시지는 전자우펴 **헤더(header)**와 **본문(body)**의 두 부분으로 구성된다. 헤더는 사용자 에이전트를 위한 제어 정보를 가지고 있다. 본문은 전적으로 수취인을 위한 내용이다. 그림 7-8은 전자봉투와 메시지를 그림으로 보여준다.

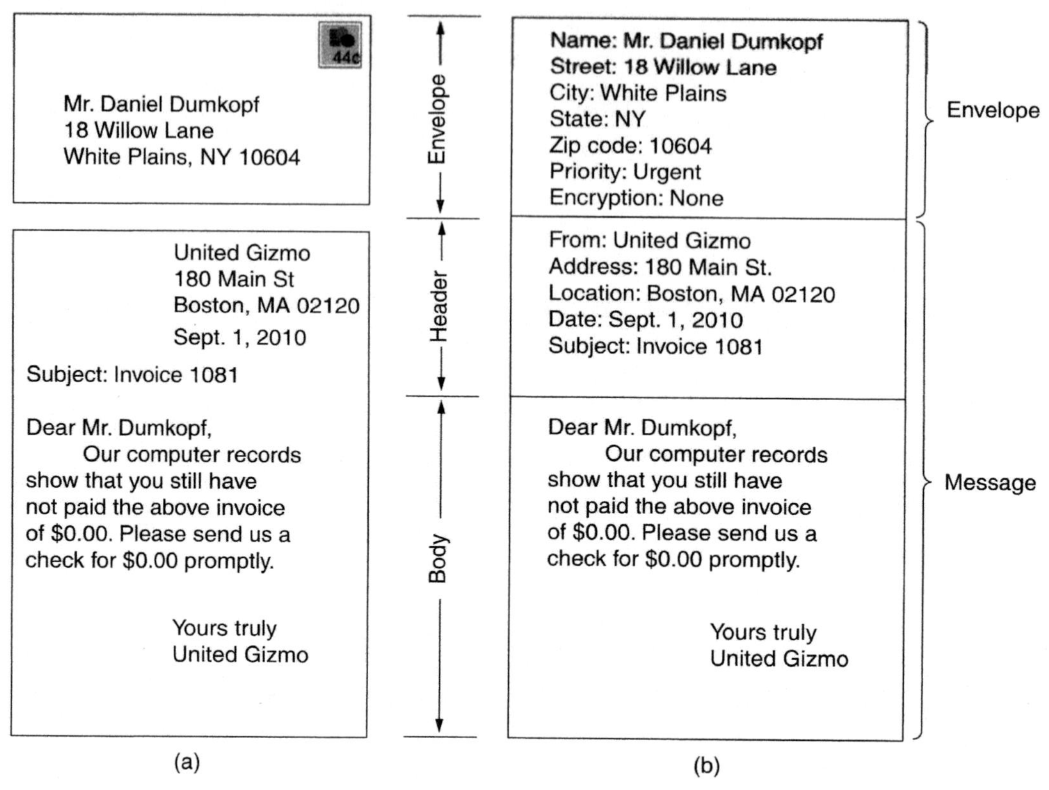

그림 7-8 전자봉투와 메시지 (a) 종이우편 (b) 전자우편

7.2.2 사용자 에이전트

사용자 에이전트는 보통 메시지 구성, 수신, 응답, 우편함 조작을 위한 다양한 명령들을 받아들이는 프로그램이다[종종 우편 판독기(email reader)라고도 한다]. Google의 gmail를 포함하여 Microsoft의 Outlook, Mozilla의 Thunderbird 그리고 Apple의 Mail과 같이 많은 대중적인 사용자 에이전트들이 있고, 그들은 저마다 다른 모습을 가질 수 있다. 대부분의 사용자 에이전트들은 마우스 혹은 작은 핸드폰에서 터치를 요구하는 메뉴 혹은 아이콘으로 운용되는 그래픽 인터페이스를 가지고 있다. Elm, mh, Pine과 같이 오래된 사용자 에이전트들은 텍스트 기반 인터페이스를 제공하고 키보드로부터 1-문자 명령을 기다린다. 사용자 에이전트 인터페이스의 일반적인 요소는 그림 7-9와 같다. 물론 여러분이 사용하는 우편 판독기가 훨씬 더 좋은 형태를 갖겠지만, 아마 기능은 동일할 것이다.

전형적으로 사용자 에이전트는 시작될 때, 우편함에 있는 메시지에 대한 한 줄로 된 요약을 보여준다. 요약은 분류된 순서로 각 메시지에 대해 한 줄로 표시되며, 화면상의 각 줄은 메시지 봉투나 헤더에서 추출한 메시지의 중요한 부분을 강조한다.

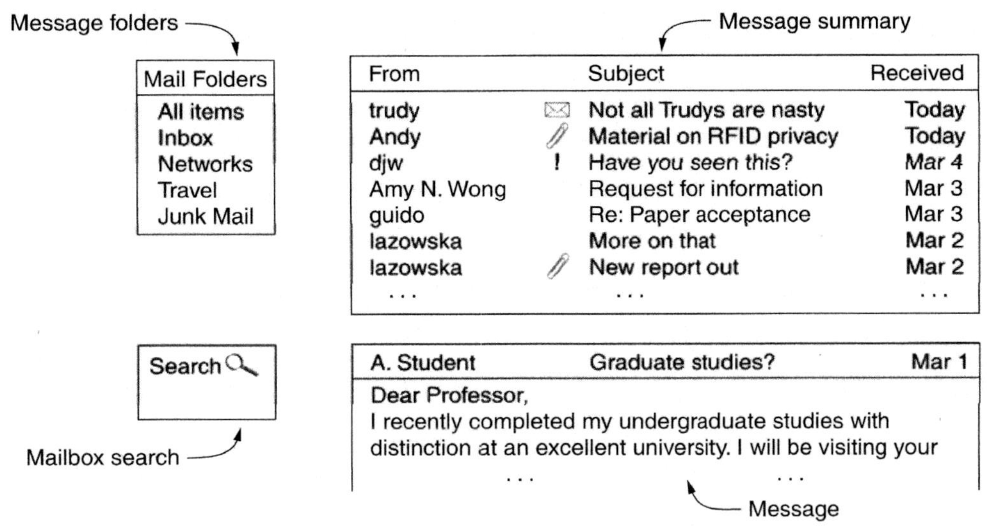

그림 7-9 사용자 에이전트 인터페이스의 일반적인 요소

그림 7-9에서 우편함은 일곱 개의 메시지에 대한 7개의 요약 줄을 보여준다. 각 줄은 누가 메시지를 보내고, 무엇에 관한 내용인지, 그리고 언제 받았는지를 보여주기 위해서 *From*, *Subject* 그리고 *Recieved* 필드를 사용한다. 모든 정보는 메시지 필드의 문자 그대로를 보여주기보다는 사용하기 쉬운 방법으로 구성되어 있고, 이것은 메시지 필드에 기반을 둔다. *Subject* 필드를 포함시키는 데 실패한 사람들은 자신들의 전자우편에 대한 회신이 우선순위를 가지지 않는 경향이 있음을 자주 발견한다.

많은 다른 필드 혹은 표시도 가능하다. 예를 들어 그림 7-9에서 메시지 제목 옆에 아이콘들은 읽지 않은 메일(편지봉투), 첨부파일(클립) 그리고 중요한 메일(느낌표)을 나타낸다.

순서를 분류하는 것 또한 가능하다. 가장 일반적인 방법은 메시지 수신 시간을 기반으로 가장 최근에 받은 것을 순서화하는 것으로, 새로 받은 메시지 혹은 사용자가 이미 읽었는지에 대한 표시를 함께 한다. 요약에 있는 필드와 분류 순서는 사용자의 선호에 따라 바꿀 수 있다.

사용자 에이전트는 사람들이 전자우편을 필요할 때 읽을 수 있도록 수신되는 메시지를 보여줄 수 있어야 한다. 그림 7-9처럼 사용자들이 언제 추가적으로 읽을지를 결정할 수 있도록 메시지에 대한 짧은 미리보기가 제공된다. 미리보기는 메시지의 내용을 서술하기 위해 작은 아이콘이나 이미지를 사용한다. 다른 처리에 대한 방식은 표현에 맞게 메시지를 다시 포맷하고, 더 편리한 포맷으로 내용을 번역, 변경하는 것을 포함한다(텍스트 인식을 위한 디지털 음성).

메시지를 읽은 후에, 사용자는 이것으로 무엇을 할지를 결정할 수 있다. 이것은 **메시지 수신(message disposition)**이라고 한다. 이를 위한 옵션은 메시지 삭제, 답장하기, 다른 사용자에게 메시지 전송 그리고 추후 참조를 위해 메시지 보관을 포함한다. 대부분의 사용자 에이전트들은 도착하는 메일을 관리하기 위해 여러 폴더로 메일을 저장하여 우편함을 관리할 수 있다. 폴더는 보낸 사람, 주제 혹은 다른 카테고리에 따라서 메시지를 저장할 수 있다.

메시지에 대한 분류는 사용자들이 메시지를 읽기 전에 사용자 에이전트에 의해 자동으로 이루어 질 수 있다. 일반적인 예로, 메시지가 스팸 메시지인지를 결정하기 위해서 메시지의 필드와 내용은 이전 메시지에 대한 사용자의 피드백에 따라 검토되고 사용된다. ISP와 회사는 많은 사용자의 메일을 볼 수 있다는 이점을 가지고 있고, 잘 알려진 스팸 메일 전송자(spammer)들의 리스트를 가지고 있다. 만약 수백 명의 사용자가 유사한 메시지를 받는다면, 이것은 아마 스팸 메일일 것이다. 들어오는 메일을 "타당한 메일"과 "스팸 메일"로 사전에 분류함으로써, 사용자 에이전트는 스팸 메일로부터 타당한 메일을 분류할 수 있다.

그리고 가장 일반적인 스팸 메일은 무엇일까? 이것은 **봇넷(botnet)**이라는 대형 컴퓨터에 의해 생성되며, 이 내용은 사용자가 어디에 사는지에 따라 다르다. 보통 아시아에서는 학력 위조가, 미국에서는 값싼 약과 수상쩍은 물건 제공이 다반사며, 나이지리아에서는 주인 없는 은행 계좌에 대한 것이 많고, 여러 신체 일부분의 확대를 위한 약은 어디에서든 보편적이다.

다른 분류 규칙은 사용자에 의해서 구성될 수 있다. 각각의 규칙은 조건과 그에 대한 반응을 명세한다. 예를 들어, 상사로부터 받은 메시지는 바로 읽기 위해 하나의 폴더로 옮기도록 하고, 특정 메일리스트로 온 메시지는 추후에 읽도록 또 다른 폴더로 옮기도록 규칙을 정할 수 있다. 그림 7-9에서 여러 폴더를 볼 수 있다. 가장 중요한 폴더는 수신된 메일 중 어디에도 분류되지 않은 메일을 포함하는 받은 편지함(Inbox)과 스팸이라고 여겨지는 메시지를 위한 스팸 메일함(junk mail)이다. 사용자 에이전트는 폴더뿐만 아니라 메일 검색을 위한 풍부한 기능을 제공 한다. 이는 그림7-9에서 보여 진다. 검색 기능은 사용자들이 메시지를 빨리 찾을 수 있도록 한다.

전자우편은 단지 파일 전달만을 했던 과거에서 많이 변화해 왔다. 제공자는 오랜 기간 동안 사용자의 상호작용에 대해 상세히 열거된 메일을 1GB까지 저장할 수 있는 편지함을 지원한다. 검색과 자동처리 방식을 지원하는 사용자 에이전트의 수준 높은 메일 처리는 대용량의 이메일을 관리할 수 있도록 한다. 1년에 수천 통의 메시지를 보내고 받는 사람들에게 이러한 도구는 매우 가치 있다.

또 다른 유용한 특징은 메시지에 대해 자동으로 응답하는 기능이다. 응답은 수신 메일을 다른 주소로 전송하는데, 컴퓨터는 라디오나 위성을 사용함으로써 사용자를 호출하는 무선 서비스에 의해 동작하고, 사용자의 호출기에 *Subject:* 줄을 표시한다. 이런 **자동응답기(auto responders)**는 사용자 에이전트가 항상 동작하는 게 아니며, 오직 필요할 때에만 메일을 검색하기 때문에, 반드시 메일 서버에서 동작해야 한다. 이러한 요인 때문에 사용자 에이전트는 정확한 자동화된 응답을 제공할 수 없다. 그러나 보통 자동 응답을 위한 인터페이스는 사용자 에이전트에 의해 표시된다.

자동 응답의 다른 예는 베이케이션 **에이전트(vacation agent)**다. 이것은 각각의 수신 메시지를 검토하고 "안녕하세요. 저는 휴가 중입니다. 8월 24일에 돌아오면 연락드리겠습니다." 같은 메시지를 보내는 것이다. 그런 응답은 중간에 긴급한 문제를 어떻게 처리할지 혹은 문제가 생기면 연락할 사람에 대한 정보 등을 명세할 수 있다. 대부분의 베이케이션 에이전트들은 부재 중 응답을 보냈던 사람들을 추적하고, 같은 사람에게 두 번 응답하는 것을 막는다. 그러나 이 에이전트를 이용하면 곤란한 경우가 있다. 즉 많은 메일 리스트에 부재 중 응답을 보내는 것은 바람직하지 않다.

이제 한 명의 사용자가 다른 사용자에게 메시지를 보내는 시나리오에 관한 내용으로 넘어 가자. 지금까지 얘기하지 않았던 사용자 에이전트 지원하는 기본적인 특징 중의 하나는 전자우편 구성이다. 이것은 메시지를 생성하고, 메시지에 응답하고, 그런 메시지들을 전송을 위해 나머지 메일 시스템으로 보내는 것과 관련된다. 비록 텍스트 에디터는 메시지 바디 부분을 생성하기 위해 사용될 수 있지만 보통은 전자우편을 보내고, 각각의 메시지에 첨부된 헤더 필드를 지원하기 위해 사용자 에이전트에 통합된다. 예를 들어, 메시지에 응답할 때 전자우편 시스템은 수신 우편으로부터 발신자의 주소를 찾아내고, 자동적으로 이 주소를 응답 메시지의 적절한 위치에 삽입한다. 다른 기본적인 특징은 메시지의 밑 부분에 **서명 블록(Signature block)**을 추가하고, 스펠링을 체크하고, 메시지가 유효한지를 보여주기 위해 디지털 서명을 보여주는 것이다.

메일 시스템으로 보내진 메시지는 사용자 에이전트로 공급된 정보로부터 생성된 표준 포맷을 가지고 있다. 전송을 위해 메시지의 가장 중요한 부분은 전자봉투(envelope)이고, 전자봉투에서 가장 중요한 것은 목적지 주소다. 목적지 주소는 반드시 사용자 에이전트가 처리할 수 있는 형식이어야 한다. 많은 사용자 에이전트들은 user@dns-address 형태의 주소를 기대한다. 이 장의 앞부분에서 이미 DNS를 공부했으므로 다시 반복하지 않는다.

그러나 다른 형태의 주소 방식이 존재함을 언급할 필요가 있다. 특히 **X.400** 주소들은 DNS 주소들과는 전혀 다른 모습을 보인다.

X.400는 한때 SMTP와 경쟁자였던 메시지 처리 시스템을 위한 ISO 표준이다. 비록 X.400 시스템이 여전히 사용되고 있기는 하지만, SMTP는 미국 이외의 국가에서 쉽게 이겼다.

X.400 주소는 사선에 의해 구분되는 attribute=value 쌍들로 구성되는데 다음의 예와 같다.

/C=US/ST=MASSACHUSETTS/L=CAMBRIDGE/PA=360 MEMORIAL DR./CN=KEN SMITH/

이 주소는 국가, 주, 지역, 개인 주소 및 통용명(Ken Smith)을 지정한다. 다른 많은 속성(attribute)들이 가능하므로, 수신자의 전자우편 주소를 정확히 모르더라도 다른 속성들이 충분히 주어지면(회사와 직책명 등) 전자우편을 보낼 수 있다. 비록 X.400 명칭들이 DNS 명칭들보다 상당히 불편하지만, 대부분의 전자우편 시스템들은 사람의 이름을 입력하거나 선택하면 해당 전자우편 주소를 가져오게 해주는 종종 별명으로 불리는 에일리어스(alias)들을 가지고 있다. 결과적으로, 대개는 X.400 주소의 경우에도 이들 이상한 주소 문자열들을 실제로 입력할 필요는 없다.

전자우편 전송에서 다룰 마지막 포인트는 주소 목록으로, 이것은 사용자들이 동일한 메시지를 주소 목록상의 사람들에게 하나의 명령어로 전송할 수 있도록 한다. 주소목록을 어떻게 관리할지에 대한 두 가지 선택 가능성이 있다. 만약 주소목록이 사용자에 의해 지역적으로 관리된다면, 이 경우에 사용자 에이전트는 수신자마다 메시지를 별도로 전송할 수 있다.

그러나 이 주소목록이 메시지 전송 에이전트에서 관리된다면, 메시지 전송 시스템에서 여러 사용자들이 목록상에 있는 리스트에 메시지를 보낼 수 있도록 하여 메시지는 확장 전송된다. 어떤 조류 탐사가 그룹이 meadowlark.arizona.edu에 설치된 birders라는 이름의 주소목록을 가지고 있다면, birders@meadowbrook.arizona.edu로 보내지는 모든 메시지는 애리조나 대학교로 전달될 것이고, 그곳에서 모든 주소목록에 있는 사람들에게, 그들이 세계 어느 곳에 있더라도, 개별적으로 메시지로 전달될 것이다. 이 주소목록의 사용자들은 그것이 주소목록임을 알 수 없다. 이 주소목록은 마치 Gabriel. O. Birders 교수의 개인 우편함인 것처럼 여겨질 수 있다.

7.2.3 메시지 형식

이제 사용자 인터페이스에서 전자우편 메시지 자체의 형식으로 시선을 돌려 보자. 사용자 에이전트가 발송한 메시지들은 메시지 전송 에이전트가 다룰 수 있는 표준 형식을 지켜야 한다. 우선 기존 인터넷 메시지 형식 RFC 822의 최신 개정판인 RFC5322를 사용하는 기본적인 ASCII 전자우편을 살펴보고, 다음으로 RFC 822의 멀티미디어 확장을 살펴본다.

RFC 5322-인터넷 메시지 형식

메시지들은 기본 전자봉투(primitive envelope, RFC 5321에서 SMTP의 일부로 설명된), 몇 개의 헤더 필드, 공백 줄, 그리고 메시지 본문으로 구성된다. 각 헤더 필드는 (논리적으로) 필드 명칭을 포함하는 한 줄의 ASCII 문자, 콜론, 그리고 필드값들로 구성된다. 기존 RFC 822는 수십 년 전에 설계되어서, 전자봉투 필드들과 헤더필드들을 명확히 구분하지 않는다. 비록 RFC 5322에서 수정은 됐지만, 이미 널리 사용되고 있으므로 이를 완전히 새롭게 만드는 것은 가능하지 않다. 보통의 경우, 사용자 에이전트는 메시지를 만들어 이를 메시지 전달 에이전트에게 넘긴다. 이를 받은 전달 에이전트는 실제적인 전자봉투를 구성하기 위해 몇 개의 헤더 필드를 사용하는데, 이런 것이 바로 메시지와 전자봉투가 혼합된 구식 형태이다.

메시지 전달에 관계된 주요 헤더 필드들이 그림 7-10에 열거돼 있다. To: 필드는 기본(primary) 수신자의 DNS 주소를 알려준다. 물론 복수의 수신자도 허용된다. Cc: 필드는 부가(secondary) 수신자들의 주소이다. 전달의 관점에서 기본 수신자와 부가 수신자들 간의 차이는 없다. 단지 관련된 사람들 사이의 심리적인 측면일 뿐, 메일 시스템에 있어서는 중요한 문제가 아니다. Cc: (Carbon Copy)라는 용어는 컴퓨터가 더 이상 복사용 카본지를 사용하지 않게 됨에 따라 옛 용어가 되었으나 여전히 많이 사용되고 있다. Bcc:(Blind Carbon Copy) 필드는 기본 수신자와 부가 수신자들에게 보내지는 모든 복사본에서 이 줄이 삭제된다는 점을 제외하고는 Cc: 필드와 같다. 이 기능은 사람들이 제3의 수신자에게 기본 수신자와 부가 수신자들이 모르게 복사본을 보낼 수 있도록 해준다.

Header	Meaning
To:	Email address(es) of primary recipient(s)
Cc:	Email address(es) of secondary recipient(s)
Bcc:	Email address(es) for blind carbon copies
From:	Person or people who created the message
Sender:	Email address of the actual sender
Received:	Line added by each transfer agent along the route
Return-Path:	Can be used to identify a path back to the sender

그림 7-10 메시지 전달 관련 RFC 5322 헤더 필드들

그다음 두 필드인 From:과 Sender:는 각각 누가 그 메시지를 쓰고 보냈는지를 말해주는데 이 둘은 서로 다를 수 있다. 예를 들면, 어떤 회사의 중역이 메시지를 작성했지만 실제로는 비서가 그것을 보낼 수 있다. 이 경우, 중역은 From: 필드에, 비서는 Sender: 필드에 기재돼 있을 것이다. From: 필드는 반드시 있어야 되지만 Sender: 필드는 From: 필드와 일치하면 생략될 수 있다. 이 필드들은 메시지가 전달될 수 없어서 송신자(sender)에게로 되돌아와야 할 경우에 필요하다.

Received : 필드를 포함하는 줄은 전달 과정 경로 상의 각 메시지 전달 에이전트에 의해 추가된다. 이 줄은 에이전트의 신분(identity), 메시지 수신 날짜 및 시간, 그리고 경로 결정(routing) 시스템에서 버그를 발견하는 데 사용될 수 있는 정보들을 포함한다.

Return-Path : 필드는 최종 메시지 전달 에이전트에 의해 추가되며 어떻게 메시지가 발신자에게로 되돌아갈 수 있는지를 알려주기 위한 목적으로 만들어졌다. 이 정보는 이론상 모든 Received: 헤더들로부터 수집될 수 있는 것이지만(발신자 우편함 이름은 제외), 거의 그렇게 수집되지는 않고 단지 발신자 주소만을 포함한다.

그림 7-10의 필드들뿐만 아니라 RFC 5322 메시지는 사용자 에이전트나 수신인에 의해 사용되는 다양한 헤더필드들 또한 포함할 수 있다.

가장 널리 쓰이는 것들이 그림 7-11에 열거돼 있다. 이들 대부분은 그냥 쉽게 이해할 수 있으므로 자세한 설명은 하지 않는다.

Reply-To : 필드는 메시지의 작성자나 발송인 어느 한 사람도 답신을 보기를 원하지 않을 때 때때로 사용된다. 한 판촉 이사가 새로운 상품을 고객들에게 설명하는 전자우편 메시지를 보낸다고 하자. 이 메시지는 비서에 의해 보내지지만 Reply-To: 필드에는 고객들의 질문에 대답하고 주문도 받을 수 있는 판촉부서장의 이름이 들어갈 것이다. 또한 이 필드는 발송인이 전자우편 주소를 여러 개

가지고 있고, 다른 주소로 답신을 받고 싶을 때 유용하게 사용될 수 있다.

Message-Id : 필드는 자동 생성된 숫자로 메시지들을 연결하거나(In-Reply-To: 필드에서 사용될 때) 전자우편이 복제되는 것을 방지하기 위해 사용된다.

Header	Meaning
Date:	The date and time the message was sent
Reply-To:	Email address to which replies should be sent
Message-Id:	Unique number for referencing this message later
In-Reply-To:	Message-Id of the message to which this is a reply
References:	Other relevant Message-Ids
Keywords:	User-chosen keywords
Subject:	Short summary of the message for the one-line display

그림 7-11 RFC 5322 메시지 헤더에서 사용되는 몇 가지 필드

RFC 5322 문서들은 사용자로 하여금 사적인 이용을 위해 새로운 헤더를 만들 수 있음을 명시적으로 언급한다. RFC 822때부터의 관습으로 새로운 헤더는 문자열 X-로 시작한다. 이는 미래의 어떤 헤더도 X-로 시작하는 이름을 갖지 않도록 하여 공식 헤더와 사적 헤더 간의 충돌을 막기 위함이다. 때때로 똑똑한 척하는 학생들은 X-Fruit-of-the-Day나 X-Disease-of-the-Week 같은 필드를 만드는데, 이는 항상 그런 것은 아니지만 합법적이다.

헤더 다음에는 메시지 본문이 오는데, 사용자가 원하는 것은 무엇이든 쓸 수 있다. 어떤 사람들은 간단한 ASCII 문자 만화나, 유명/무명 기관의 인용, 정치적 문구, 모든 종류의 책임 회피(ABC 주식회사는 절대 내 의견에 책임이 없으며 사실 알지도 못한다) 등을 포함하는 메시지들을 세련된 서명과 함께 끝맺음하기도 한다.

MIME-(다목적 인터넷 우편 확장)

ARPANET 초기의 전자우편은 영어로 작성되고 ASCII로 표현된 문자 메시지로만 이루어졌다. 이런 환경에서, RFC 822는 임무를 완벽하게 수행할 수 있었다. 즉 헤더만 지정하고 나머지 내용은 전적으로 사용자에게 일임했다. 1990년대 인터넷의 전 세계적인 사용과 전자우편 시스템을 통해 더 풍부한 콘텐츠를 전송하고자 하는 요구는 이 방법이 더 이상 적절하지 않음을 의미했다. 강세(accent)가 있는 언어로 된 메시지(불어와 독일어), 비-라틴계 알파벳 문자 메시지(히브리어와 러시아어), 알파벳을 사용하지 않는 언어로 된 메시지(중국어나 일본어), 전혀 문자를 포함하지 않는 메시지(소리와 영상)들에서 송수신 문제가 발생하였다.

MIME(Multipurpose Internet Mail Extensions, 다목적 인터넷 우편 확장) 개발이 해결책이었다. 인터넷을 통한 메시지 전송 및 웹 브라우징과 같은 다른 어플리케이션을 위한 콘텐츠를 표현하기

위해 널리 사용되고 있다. MIME에 대해 더 알기를 원하면 RFC(2045-2047, 4288, 4289, 2049)를 살펴보라.

MIME의 기본 개념은 RFC 822 형식(MIME이 제안되었을 때의 RFC 5322의 이전 형식)을 그대로 사용하지만 거기에 메시지 본문에 구조를 만들고 비-ASCII 메시지들에 대한 인코딩 규칙들을 정의해 주는 것이다. RFC 822를 벗어나지 않음으로써, MIME 메시지들은 기존 전자우편 프로그램과 프로토콜(RFC 821부터 현재의 RFC 5321까지)에 의해 전송될 수 있다. 변경되어야 할 모든 부분은 송수신 프로그램들인데, 이는 사용자들이 스스로 해결할 수 있다.

MIME은 그림 7-12에서 보듯이, 다섯 개의 새로운 메시지 헤더를 정의한다. 첫 번째 것은 단순히 메시지를 수신하는 사용자 에이전트에게 이것은 MIME 메시지이며 어떤 MIME 버전을 사용하고 있는지를 알려준다. MIME-Version을 포함하지 않은 메시지의 경우, 헤더는 영어 평문(또는 ASCII 문자만 사용한 것)으로 간주되어 처리된다.

Header	Meaning
MIME-Version:	Identifies the MIME version
Content-Description:	Human-readable string telling what is in the message
Content-Id:	Unique identifier
Content-Transfer-Encoding:	How the body is wrapped for transmission
Content-Type:	Type and format of the content

그림 7-12 MIME에 의해 추가된 메시지 헤더

Content-Description: 헤더는 메시지 내에 어떤 내용이 있는지를 알려주는 ASCII 문자열이다. 이 헤더는 수신자로 하여금 메시지를 디코딩해서 읽을 가치가 있는지를 알게 하기 위해 필요하다. 만일 스트링이 "바바라(Barbara)의 햄스터 사진"이라고 되어 있고 이 메시지의 수신자가 햄스터의 열렬한 팬이 아니라면, 이 메시지는 고해상도 컬러 사진으로 디코딩 없이 폐기될지도 모른다.

Content-ID: 헤더는 내용을 식별한다. 이 헤더는 표준 *Message-Id:* 헤더와 같은 형식을 사용한다.

Content-Transfer-Encoding : 본문이 네트워크에서 전송되기 위해 어떻게 포장되는지 알려준다. MIME이 개발되었을 당시의 핵심 문제는 전자우편 전송 프로토콜(SMTP)은 1,000개의 문자를 넘지 않는 ASCII 메시지만을 전송했다는 것이다. ASCII 문자들은 8비트로 이루어진 각 바이트 중에서 7비트를 사용하지만, 실행 프로그램이나 이미지와 같은 이진 데이터는 확장된 문자 셋처럼 각 바이트의 8비트 모두를 사용한다. 이러한 데이터가 안전하게 전송되리라는 보장은 없다. 그러므로 이진 데이터를 마치 ASCII 전자우편 메시지처럼 보이도록 하는 방법이 필요했다. 오늘날까지도 인코딩되지 않은 이진 데이터는 전자우편 시스템을 통해서 전송되지 않을지 모르지만, MIME의 개발로 인한 SMTP의 확장은 8비트 이진 데이터가 전송될 수 있게 하였다.

MIME은 새로운 방안으로의 돌파구를 포함한 다섯 가지 전송 인코딩 방안을 제공한다. 가장 단순한 안은 바로 ASCII 문자이다. ASCII 문자들은 7비트를 사용하며 1,000개의 문자를 넘지 않는 줄(line)은 전자우편 프로토콜에 의해 직접 운반될 수 있다.

그다음으로 간단한 안은 똑같은 형태지만 8비트를 사용한다. 즉 0에서 255까지의 모든 값을 사용한다. 8-비트 인코딩을 사용하는 메시지들도 역시 줄당 최대 글자수를 고수해야 한다.

더 문제가 되는 것은 이진 인코딩을 사용하는 메시지들이다. 이 메시지들은 임의의 이진 파일로서 모두 8비트를 사용할 뿐만 아니라 한 줄당 1,000개의 제한 글자수도 지키지 않는다. 실행 가능한 프로그램들이 이 범주에 해당한다. 요즘 전자우편 서버들은 데이터를 이진(또는 8비트) 인코딩으로 전송할 것인지 ASCII로 전송(두 종단인 확장 프로토콜을 지원하지 않을 경우)할 것인지를 협상할 수 있다.

이진 데이터의 ASCII 인코딩 방식은 base64 인코딩이라 불린다. 이 방식에서는 24-비트의 그룹들이 4개의 6-비트 단위로 나뉘고, 각 단위는 합법적인 ASCII 문자로 전송된다. 이 코딩은 0은 "A", 1은 "B"의 형식으로 코딩되는데, 26개 소문자와 10개의 아라비아 숫자가 그 뒤를 따르며, 마지막으로 +와 /는 각각 62와 63이 된다. ==와 =는 각각 마지막 그룹이 8비트 또는 16비트들만 포함하고 있음을 나타낸다. 캐리지 리턴(CR)과 라인피드(LF)는 무시되므로, 각 줄을 충분히 짧게 할 수 있도록 마음대로 삽입될 수 있다. 이 인코딩 방식은 이진-가용(binary-capable) 전자우편 서버가 널리 사용되기 전에는 매우 인기 있는 방식이었고 여전히 흔히 사용된다.

일부 문자들을 제외한 거의 대부분이 ASCII 문자들로 구성된 메시지들의 경우, base64 인코딩은 다소 비효율적이다. 그 대신, **quoted-printable 인코딩**이 사용된다. 이 인코딩은 그냥 7-비트 ASCII이며, 127을 넘는 모든 문자는 두 16-진수 값을 "=" 문자 뒤에 위치시킴으로써 문자값을 표시한다. 제어 문자, 구두점, 수식 기호, 연속되는 공백들 또한 이 방식을 사용한다.

요약하면 이들을 사용하지 않아야 할 충분한 이유가 있을 때는 Content-Transfer-Encoding: 헤더 내에 사용자-정의 인코딩을 지정해주는 것도 가능하다.

그림 7-12의 마지막 헤더는 실제로 가장 흥미 있는 것이다. 이는 메시지 본문의 성격을 규정하고, 전자우편을 넘어선 영향력을 가진다. 그 예로, 웹에서 다운로드받는 콘텐트는 브라우저가 이것을 어떻게 표현할 것인지 알 수 있도록 MIME 유형으로 지정된다.

초기에 RFC 1521에서 일곱 가지 MIME 유형이 정의되었다. 각 유형은 하나 이상의 세부유형을 가지고 있다. 유형과 세부유형은 "Content-Type: video/mpeg"에서처럼 '/'로 구분된다. 그 이후로, 새로운 유형의 어플리케이션이 개발될 때마다 새로운 MIME 유형과 그에 따른 수백 가지 세부유형들이 추가되었다. 이러한 MIME 유형과 세부유형들은 온라인 IANA(www.iana.org/assign- ments/media-types)에서 관리된다.

그림 7-13에 유형들과 자주 사용되는 세부유형들의 목록이 있다. 이제 text유형부터 시작해서 이들을 살펴보자. *text/plain*은 인코딩이나 다른 처리 없이 받은 그대로 보일 수 있는 보통 메시지들을 위한 것이다. 이 옵션은 보통 메시지들이 단지 소수의 헤더 추가만으로 MIME을 통해 전달될 수 있도록 한다. 웹이 널리 사용되면서(RFC 2854일 때), *text/html*이 추가돼서 RFC 822 전자우편으로 웹 페이지들

의 전송이 가능하게 됐다. XML(eXtensible Markup Language, 확장가능 마크업 언어)를 위한 세부유형인 *text/xml*은 RFC 3023에 정의돼 있다. XML 문서들은 웹과 함께 빠르게 확산되었다. HTML과 XML에 대해서 7.3절에서 살펴볼 것이다.

Type	Example subtypes	Description
text	plain, html, xml, css	Text in various formats
image	gif, jpeg, tiff	Pictures
audio	basic, mpeg, mp4	Sounds
video	mpeg, mp4, quicktime	Movies
model	vrml	3D model
application	octet-stream, pdf, javascript, zip	Data produced by applications
message	http, rfc822	Encapsulated message
multipart	mixed, alternative, parallel, digest	Combination of multiple types

그림 7-13 MIME 유형 및 세부유형

다음 MIME 타입은 *image*로서 이것은 정지영상의 전송에 사용된다. 오늘날 정지 영상을 위한 저장 및 전송을 위해 압축을 이용하거나 이용하지 않는 많은 형식들이 널리 사용되고 있다. 이 중 GIF, JPEG, TIFF는 거의 모든 브라우저에서 채택하고 있다. 다른 형식들과 거기에 부합하는 세부유형 또한 존재한다.

*audio*와 *video* 유형은 각각 소리와 동영상을 위한 것이다. *video*는 단지 시각 정보만을 포함하고 사운드트랙은 포함하지 않음에 주목하라. 만약 소리와 함께 영화가 전송돼야 한다면, 사용되는 인코딩 시스템에 따라 비디오와 오디오가 분리돼서 전송돼야 할 수도 있다. 지금까지 정의된 유일한 비디오 형식은 MPEG(Moving Picture Experts Group, 동영상 전문가 그룹)에 의한 것밖에 없었다. 그러나 그 이후 계속해서 다른 것들이 추가되고 있다. *audio/basic* 외에, 새로운 유형으로 *audio/mpeg*이 RFC 3003에 추가돼서 사람들이 MP3 오디오 파일을 전자우편으로 보내는 것이 가능해졌다. *video/mp4*와 *audio/mp4* 유형은 각각 새로운 MPEG4 형식에 저장된 비디오와 오디오 데이터를 전송하는 데 사용된다.

application 유형은 다른 유형들로서 다룰 수 없는, 외부 처리를 필요로 하는 형식들을 위한 다용도 유형이다. PDF 문서, 자바스크립트 프로그램, Zip 파일들을 위한 예로 *pdf*, *javascript*, *zip* 세부유형이 있다. 이런 콘텐츠를 수신한 사용자 에이전트들은 콘텐츠를 디스플레이하기 위해 제3의 라이브러리나 외부 프로그램을 이용한다. 디스플레이는 사용자 에이전트와 통합되어 나타날 수도 그렇지 않을 수도 있다.

MIME 유형을 사용함으로써, 사용자 에이전트는 어플리케이션이 개발된 형태 그대로 새로운 유형들을 다룰 수 있는 확장성을 획득한다. 이것은 상당한 이득이다. 반면에 콘텐트의 여러 새로운 형식들은 위험요소가 존재하는 어플리케이션에 의해 실행되거나 번역된다. 분명한 것은 "친구들"이 전자우편 시스템을 통해 전송한 임의의 프로그램을 실행하는 것은 안전의 위협이 될 수 있다. 프로그램은 접근하는 모든 컴퓨터 부분에 온갖 심각한 손상을 입힐 것이다. 파일을 읽고 쓸 수 있어나 네트워크를 이용하는 경우에는 더욱 심하다. 덜 분명하게, 문서 형식 또한 위해를 가할 수 있다는 것이다. 이것은 PDF와 같은 파일이 실제로는 프로그래밍 언어가 위장한 것일 수 있기 때문이다. 문서들은 일정 범위 내에서 번역되고 제한되지만 종종 번역기의 버그들은 위장 문서들이 이러한 제한 경계를 벗어나게 한다. 앞에서 살펴본 예들 외에도, 다양한 어플리케이션이 존재하는 만큼 다양한 어플리케이션 세부 형식들이 존재한다. 어플리케이션에 적합하다고 알려진 세부유형이 존재하지 않을 때의 대비책으로 일련의 확인되지 않은 바이트들을 나타내는 *octet-stream* 세부유형이 있다. 이런 스트림의 수신에 있어, 사용자 에이전트는 아마도 사용자에게 이를 파일로 복사할 것을 제안하고 파일명을 결정해서 입력하라고 표시할 것이다. 그다음의 처리는 사용자에게 달려 있다.

마지막 두 유형은 메시지 자체를 구성하고 조작하는 데에 유용하다. *message* 유형은 한 메시지가 완전히 다른 메시지 속에 캡슐화(encapsulation)되도록 한다. 이 유형은 전자우편의 회송에 유용할 수 있다. 완전한 RFC 822 메시지가 다른 메시지의 내부에 캡슐화되면, *rfc 822* 세부유형이 사용돼야 한다. 이와 비슷하게 캡슐화는 HTML 문서에서도 흔히 사용된다. *partial* 세부유형은 캡슐화된 메시지를 조각으로 나눠서 이들을 분리해서 전송할 수 있게 한다(캡슐화된 메시지가 너무 클 경우). 파라미터들을 사용하면, 도착지에서 분리된 메시지들을 올바른 순서로 재조립하는 것이 가능하다.

마지막 유형으로 *multipart*가 있다. 이 유형은 메시지가 하나 이상의 구역들로 구성될 수 있게 한다. 각 구역의 시작과 끝은 그 경계가 명백히 표시돼 있다. *mixed* 세부유형은 부가적으로 다른 구조를 사용하지 않고, 각 구역이 서로 구분될 수 있게 한다. 많은 전자우편 프로그램들은 사용자가 문자 메시지에 하나 이상의 첨부물을 갖는 것을 허용한다. 이들은 *multipart* 유형을 사용하여 전송된다.

*mixed*와는 대조적으로, *alternative* 세부유형은 동일한 메시지가 여러 번 포함될 수 있게 한다. 그러나 각각은 반드시 다른 매체 표현 방식으로 표현돼야 한다. 한 메시지가 보통 ASCII, HTML, 그리고 PDF로 전송될 수 있다. 이런 메시지를 수신한 사용자 에이전트가 제대로 설계됐다면, 사용자 기호에 따라 표현할 것이다. 아마 PDF가 첫 번째일 것이고, PDF로 표현할 수 없다면 두 번째로 HTML 표현일 것이다. 만약 두 가지 모두 불가능하다면 ASCII 텍스트가 그대로 디스플레이 될 것이다. 구역들은 MIME을 사용하기 이전(pre-MIME)의 사용자 에이전트들을 가지고 있는 수신자들이 그 메시지를 파악하는 것을 돕기 위해 간단한 형태에서 복잡한 형태의 순서로 정렬돼야 한다(pre-MIME 사용자라도 보통 ASCII 문자는 읽을 수 있다).

alternative 세부유형은 또한 복수 언어들에 대해서도 사용될 수 있다. 이런 문맥에서, Rosetta Stone은 초기 *multipart/alternative* 메시지로 간주될 수 있다.

다른 두 개의 세부유형에서 *parallel* 세부유형은 모든 구역들이 동시에 "보여줘야(viewed)" 할 때 사용된다. 예를 들어, 영화는 대부분 오디오 채널과 비디오 채널을 가지고 있다. 이들이 연속적으로 실행되는 것보다는 동시에 실행돼야만 영화를 제대로 볼 수 있게 된다. *digest* 세부유형은 하나의 복합 메시지 내에 많은 메시지들이 함께 들어 있을 때 사용된다. 예를 들어, 인터넷상의 어떤 토론

그룹은 가입자들로부터 메시지들을 모아서 그들을 하나의 *multipart/digest* 메시지로 그 그룹에게 보낼 수 있을 것이다.

그림 7-14는 한 멀티미디어의 예이다. 생일 축하 메시지가 HTML과 오디오 파일로 전송된다. 수신자가 오디오 설비를 갖추고 있다면, 그 안의 사용자 에이전트는 사운드 파일을 재생할 것이다. 이 경우 사운드는 *message/external-body* 세부유형으로 전송되므로 사용자 에이전트는 먼저 FTP를 통해 사운드 파일인 birthday.snd를 받아야 한다. 만약 오디오 설비를 갖추고 있지 않다면, 조용하게 노래 가사만이 화면에 보일 것이다. 각 구역은 boundary 파라미터에서 명시된 사용자-정의 문자열이 뒤따르는 2개의 하이픈(–)으로 구분된다. 이 메시지는 다음과 같이 표시될 수가 있을 것이다.

이 예제에서는 *Content-Type* 헤더가 세 군데 있음을 주목하라. 맨 앞은 메시지가 복수의 구역들을 가짐을 나타낸다. 각 구역 내에서는 그 구역의 유형 및 세부유형을 나타낸다. 마지막으로, 두 번째 구역의 본문에서는 사용자 에이전트가 가져와야 할 외부 파일의 종류가 무엇인지를 말해준다. 이런 사용상의 작은 차이를 나타내기 위해, 비록 모든 헤더에서 대소문자의 구별이 없음에도, 여기서는 소문자를 사용했다. 이와 유사하게, *Content-Transfer-Encoding*은 7-비트 ASCII로 인코딩되지 않은 외부의 본문을 위해 필요하다.

```
From: alice@cs.washington.edu
To: bob@ee.uwa.edu.au
MIME-Version: 1.0
Message-Id: <0704760941.AA00747@cs.washington.edu>
Content-Type: multipart/alternative; boundary=qwertyuiopasdfghjklzxcvbnm
Subject: Earth orbits sun integral number of times

This is the preamble. The user agent ignores it. Have a nice day.

--qwertyuiopasdfghjklzxcvbnm
Content-Type: text/html

<p>Happy birthday to you<br>
Happy birthday to you<br>
Happy birthday dear <b> Bob </b><br>
Happy birthday to you</p>

--qwertyuiopasdfghjklzxcvbnm
Content-Type: message/external-body;
        access-type="anon-ftp";
        site="bicycle.cs.washington.edu";
        directory="pub";
        name="birthday.snd"

content-type: audio/basic
content-transfer-encoding: base64
--qwertyuiopasdfghjklzxcvbnm--
```

그림 7-14 HTML과 오디오를 포함한 multipart 메시지

7.2.4 메시지 전달

지금까지 사용자 에이전트와 메일 메시지에 대해서 설명하였고 지금부터는 메시지 전달 에이전트가 발신자로부터 수신자로 가는 메시지들을 어떻게 중계(relay)하는지 설명한다. 메시지 전달은 SMTP 프로토콜에 의해서 이루어진다.

가장 간단한 방법은 발신자 컴퓨터와 수신자 컴퓨터 간에 전달을 위한 연결을 설정하고 메시지를 전달하는 것이다. 이 방법은 초기 버전의 SMTP 프로토콜에서 사용한 방법이다. 그러나 해가 지날수록 SMTP 프로토콜의 사용이 크게 두 가지로 나누어졌다.

첫 번째 사용은 메일 제출(mail submission)이다(그림 7-7의 1단계 참조). 이 단계에서 사용자 에이전트는 메시지를 메일 시스템에 보낸다. 두 번째 사용은 메시지 전달 에이전트 사이에 메시지를 전송하는 법이다(그림 7-7의 2단계 참조). 이 단계에서 보내는 에이전트와 받는 에이전트 사이의 메시지 전달은 한 홉에 이루어진다. 최종 전달은 SMTP가 아닌 다른 프로토콜이 사용된다.

이 절에서 SMTP 프로토콜의 기초를 살펴보고, 메일 제출과 메시지 전달에 어떻게 다르게 사용되는지 고찰하도록 한다.

SMTP(Simple Mail Transfer Protocol)와 확장

인터넷에서 전자우편은 발신자 컴퓨터가 수신자 컴퓨터의 25번 포트에 TCP 연결을 설정함으로써 전달된다. 이 포트를 살피는 것은(listening) **SMTP(Simple Mail Transfer Protocol)**와 교신하는 메일 서버이다. 이 서버는 유입 연결을 허용하고, 보안 점검을 한 후 메시지들을 받아들인다. 만약 메시지가 전달될 수 없으면, 해당 메시지의 첫 부분을 포함하는 오류 보고가 발신자로 보내진다.

SMTP는 단순한 ASCII 프로토콜이다. ASCII 텍스트는 쉽게 개발, 테스트, 디버그를 할 수 있는 장점이 있다. 명령어를 보내고 받은 메시지를 쉽게 읽을 수 있어서 테스트하기 쉽다. 대부분의 어플리케이션 레벨 프로토콜은 이 방식을 따른다(HTTP).

지금부터 메일 서버 간에 간단한 메시지를 전달하는 것을 살펴보도록 하자. 먼저 25번 포트로 TCP 연결이 설정된 후, 클라이언트로 동작하는 송신자 컴퓨터는 서버로 동작하는 수신자 컴퓨터가 먼저 말하기를 기다린다. 서버는 자신의 신원을 밝히고 우편의 수신 준비가 되었는지를 말해주는 한 줄의 문자를 전송함으로써 시작한다. 만약 이렇게 되지 않으면, 클라이언트는 접속을 해제하고 다음에 재시도한다.

만약 서버가 전자우편을 받을 준비가 되면, 클라이언트는 전자우편을 보내는 사람(발신자)과 받을 사람(수신자)을 알린다. 만약 수신자가 목적지에 존재하면, 서버는 클라이언트에게 메시지를 보내라는 신호를 준다. 그러면 클라이언트는 메시지를 보내고 서버는 이에 대한 확인응답을 보낸다. TCP는 신뢰할 수 있는(reliable) 바이트 스트림을 제공하므로 체크섬은 필요하지 않다. 보낼 전자우편이 더 있으면, 이를 계속 보낸다. 양방향에서 모든 전자우편의 교환이 끝나면 연결이 해제된다. 그림 7-14에

있는 메시지를 전송하는 대화의 예를 그림 7-15에서 SMTP에 의해 사용된 숫자 부호(numerical code)와 함께 볼 수 있다. 클라이언트(송신자)에 의해 전송된 줄은 C:로, 서버(수신자)에 의한 것은 S:로 표시돼 있다.

클라이언트로부터의 첫 번째 명령은 HELO이다. HELLO에 대한 다양한 4-문자 약어들 중에서 HELO는 다른 것들에 비해 많은 장점이 있다. 왜 모든 명령들이 4-문자여야 하는지는 시간이 지나면서 잊혀졌다.

```
                    S: 220 ee.uwa.edu.au SMTP service ready
C: HELO abcd.com
                    S: 250 cs.washington.edu says hello to ee.uwa.edu.au
C: MAIL FROM: <alice@cs.washington.edu>
                    S: 250 sender ok
C: RCPT TO: <bob@ee.uwa.edu.au>
                    S: 250 recipient ok
C: DATA
                    S: 354 Send mail; end with "." on a line by itself
C: From: alice@cs.washington.edu
C: To: bob@ee.uwa.edu.au
C: MIME-Version: 1.0
C: Message-Id: <0704760941.AA00747@ee.uwa.edu.au>
C: Content-Type: multipart/alternative; boundary=qwertyuiopasdfghjklzxcvbnm
C: Subject: Earth orbits sun integral number of times
C:
C: This is the preamble. The user agent ignores it. Have a nice day.
C:
C: --qwertyuiopasdfghjklzxcvbnm
C: Content-Type: text/html
C:
C: <p>Happy birthday to you
C: Happy birthday to you
C: Happy birthday dear <bold> Bob </bold>
C: Happy birthday to you
C:
C: --qwertyuiopasdfghjklzxcvbnm
C: Content-Type: message/external-body;
C:        access-type="anon-ftp";
C:        site="bicycle.cs.washington.edu";
C:        directory="pub";
C:        name="birthday.snd"
C:
C: content-type: audio/basic
C: content-transfer-encoding: base64
C: --qwertyuiopasdfghjklzxcvbnm
C: .
                    S: 250 message accepted
C: QUIT
                    S: 221 ee.uwa.edu.au closing connection
```

그림 7-15 elinor@abcd.com에서 carolyn@xyz.com으로의 메시지 전달

그림 7-15에서 메시지는 오직 한 수신자에게만 전송되므로 한 개의 RCPT 명령만이 사용되었다. 이런 명령들은 한 메시지가 여러 수신자들로 보내지는 것을 가능하게 한다. 각 메시지는 개별적으로 확인 응답되거나 거부된다. 일부 수신자들이 거부되더라도(목적지에 그들이 존재하지 않아서), 나머지 수신자들에게는 전송될 수 있다.

마지막으로, 클라이언트로부터의 4-문자 명령 구문(syntax)이 엄격히 규정돼 있다 할지라도 회신 구문(syntax of reply)들은 덜 엄격하다. 오직 숫자 부호만이 실제로 표현된다. 구현 시 숫자 부호 뒤에 원하는 어떤 문자열을 추가해도 무방하다.

기본 SMTP는 동작을 잘하지만 보안과 같은 여러 추가 기능이 필요하다. 이 예에서 FROM 명령어는 누구든지 볼 수 있고 종종 스팸을 보내는데 사용될 여지가 있다. 또한 SMTP는 바이너리 데이터가 아닌 ASCII 메시지이다. 따라서 base64 MIME 콘텐츠 전송 인코딩 기법이 추가적으로 필요하다. 그러나 이와 같은 인코딩은 메일 전송 시 대역폭을 비효율적으로 사용하며 종종 대용량의 메시지를 보낼 경우 문제의 소지가 있다. 세 번째로 SMTP 프로토콜은 메시지를 공개적으로 보내므로 개인정보 보호할 수 있는 암호화(encryption) 기법이 없는 것을 들 수 있다.

이와 같이 여러 문제를 보완하여 확장된 SMTP프로토콜이 제정되었고 RFC5321 표준문서에 명시되어 있다. 이런 확장된 SMTP를 ESMTP(Extended SMTP)라고 한다.

확장버전을 쓰기 원하는 클라이언트는 HELO 대신 EHLO를 보내면 된다. 만약 이 명령어가 거부된다면 서버는 기본 SMTP 서버이므로 클라이언트는 기본 방법으로 다시 접근해야 한다. 만약 EHLO가 허용된다면 서버는 확장버전으로 대답할 것이다. 이런 확장버전은 그림 7-16에 있다.

그림에서 자주 사용되는 키워드와 그 설명이 나타나 있다. 자세한 설명은 여기에서는 생략한다.

Keyword	Description
AUTH	Client authentication
BINARYMIME	Server accepts binary messages
CHUNKING	Server accepts large messages in chunks
SIZE	Check message size before trying to send
STARTTLS	Switch to secure transport (TLS; see Chap. 8)
UTF8SMTP	Internationalized addresses

그림 7-16 SMTP 확장 키워드

어떻게 SMTP와 이 장에서 설명한 다른 몇 개의 프로토콜들이 동작하는가를 좀 더 잘 알려면, 이들을 시도해 보라. 이 모든 경우, 먼저 인터넷에 연결된 컴퓨터로 가라. 유닉스 시스템의 셀(shell)의 경우, 다음 명령을 입력하라.

```
telnet mail.isp.com 25
```

이 명령의 입력 시 mail.isp.com 대신 여러분이 사용하는 ISP 우편서버의 DNS 명칭을 사용하라. 윈도우즈 시스템의 경우에는 먼저 "시작"을 그리고 "실행"을 클릭한 다음, 대화상자(dialogbox)에 telnet 명령을 입력하라. Vista 또는 Window 7 컴퓨터는 먼저 telnet을 설치하고 시작해야 할 것이다. 이 명령어는 텔넷(telnet) (즉, TCP) 연결 시 컴퓨터의 25번 포트로 설정할 것이다. 25번 포트는 SMTP 포트이다(다른 공용 포트들에 대해서는 그림 6-27을 보라). 아마도 당신은 다음과 같은 응답 메시지를 볼 수 있을 것이다.

Trying 192.30.200.66...
Connected to mail.isp.com
Escape character is '^]'.
220 mail.isp.com Smail #74 ready at Thu, 25 Sept 2002 13:26 +0200

처음 세 줄은 텔넷으로부터 온 것으로서 지금 텔넷이 무엇을 하는지를 말해준다. 마지막 줄은 원격지에 있는 SMTP 서버로부터 온 것으로서 기꺼이 당신과 대화하며 전자우편을 받아들이겠다는 것을 알려준다. 어떤 명령들을 받아들이는지를 알려면 다음 명령어를 입력하라.

HELP

지금부터는 클라이언트의 HELO 명령부터 시작하여, 그림 7-16에 있는 명령어들의 나열이 가능하다.

메일 제출(Mail Submission)

원래 사용자 에이전트는 메시지 전송 에이전트와 같은 컴퓨터에서 실행되었다. 이때 메시지는 사용자 에이전트가 로칼 메일 서버로 앞에 설명한 그대로 이야기만 하면 된다. 그러나 이제는 그런 구조가 사용되지 않는다.

사용자 에이전트는 노트북컴퓨터, 집 PC, 이동전화 등 다양한 곳에서 실행되며, 인터넷에 계속 연결되어 있지 않다. 메일 전송 에이전트는 ISP와 회사 서버에서 실행되고 항상 인터넷에 연결되어 있다. 이 차이는 보스턴의 사용자 에이전트가 메일을 보내기 위하여 시애틀에 있는 메일 서버를 접속할 필요가 있다는 것을 의미한다.

이런 원격 통신은 문제가 되지 않는다. TCP/IP 프로토콜이 이런 일을 지원한다. 그러나 ISP 나 회사는 자기의 메일 서버에 메시지를 전송해 달라는 원격 사용자의 요청을 원하지 않는다. 보통 ISP나 회사는 공개서비스로 이런 메일 서버를 실행을 하지 않는다. 또한 이런 공개 메일 전달은 스팸공격을 가능케 한다. 이것은 원래 송신자를 공개하는 방법을 제시하고 이로 인해 스팸 메일을 구별해내는 것이 어려워진다. 이런 고민은 SMTP와 *AUTH* 확장을 통해 메일 제출을 하도록 한다. 이런 확장은 메일 서버가 사용자의 인증정보를 확인하도록 한다.

이와 같이 SMTP를 사용하는 메일 제출에 여러 가지 고려할 사항이 있다. 587 포트를 이용하여 SMTP 서버가 사용자 에이전트로부터 전송받은 메시지의 형식을 확인하고 수정하는 데 사용된다. SMTP의 메일 전송에 이런 제한적 사용에 대한 정보는 RFC 4409에 있다.

메시지 전송

일단 송신 메일 전송 에이전트가 사용자 에이전트로부터 메시지를 받은 다음 SMTP를 이용해서 수신 메일 전송 에이전트에 전달해야 한다. 그림 7-15의 *bob@ee.uwa.edu.au*를 가진 메시지의 경우 어느 메일 서버에게 메일이 전달되어야 할까?

옳은 메일 서버를 결정하기 위하여 DNS가 관여한다. 이전 절에서 DNS가 *MX* 또는 메일 교환자, 레코드를 포함한 여러 타입의 레코드를 가지고 있다는 것을 설명하였다. 이 예를 *ee.uwa.edu.au* 도메인 서버에 대한 DNS 질의를 보낸다. 이 질의는 이름과 한 개 이상의 메일 서버의 IP 주소의 리스트를 가진 응답이 돌아온다.

송신 메일 전송 에이전트는 수신 메일 전송 에이전트를 가진 메일 서버의 IP 주소를 가지고 25번 포트를 이용하여 TCP 연결을 만들고 메시지를 전송한다. 수신 메일 전송 에이전트는 받은 메일을 Bob의 메일함에 저장하고 나중에 전달받을 수 있도록 한다. 이 최종 전달 단계는 여러 컴퓨터에 메시지를 이동하는 일이다.

메일은 처음과 마지막 메일 전송 에이전트 사이의 전달은 한 홉에 이루어진다. 즉 메시지 전송 단계의 중간 서버가 없다는 것이다. 그러나 여러 번에 걸쳐 메일을 전달하는 것도 가능하다. 이전에 설명한 것처럼 메일 전송 에이전트가 메일리스트를 가지고 있을 때이다. 이때 하나의 메시지가 그 리스트의 여러 사용자에게 전송되어야 할 경우 각 사용자의 개별 주소에 메일이 확장되어 전송된다.

또 재전달의 예는 Bob이 M.I.T를 졸업했을 경우이고 이때 그는 *bob@alum.mit.edu*로 연락할 수 있다. 여러 메일 계정으로 메일을 수신하기보다 이 주소로 온 메일을 bob@ee.uwa.edu에게 전달하도록 할 수 있다. 이때 *bob@alum.mit.edu*로 온 메일은 두 단계를 수행한다. 먼저 *alum.mit.edu*의 메일 서버가 메일을 받고 다시 *ee.uwa.edu*의 메일 서버로 전달된다. 이 두 단계의 전송은 메일 전송 에이전트 사이에서 각각 일어난다.

다른 문제로는 스팸을 생각할 수 있다. 10개 중 9개 메시지가 스팸이다(McAfee, 2010). 스팸을 원하는 사람은 없으나 보통 메일처럼 들어오는 스팸을 피하기는 어렵다. 메시지를 받기 전에 스팸을 줄이기 위한 추가 확인을 해야 한다. alice@cs.washington.edu로부터 온 Bob의 메시지를 생각해 보자. 수신 메일 전송 에이전트는 DNS를 통해 송신메일 전송 에이전트를 검색한다. 이때 연결자의 IP 주소가 DNS 이름에 맞는지 확인한다. 일반적으로 수신 에이전트는 DNS를 통해 송신 도메인이 메일 송신 정책이 있는지 확인한다. 이 정보는 *TXT*나 *SPF* 레코드에 포함되어 있다. 또한 다른 검사도 가능한데 예를 들면 *cs.washington.edu*에서 전송된 메일은 항상 *june.cs.washington.edu*에서 오는지 확인한다. 만약 *june*이 아니라면 문제라고 할 수 있다.

만약 이런 검사에서 실패하면 가짜 송신주소로 판명할 수 있고 이 경우 메일을 삭제한다. 그러나 이 과정을 성공한다고 스팸이 아니라고 판단할 수는 없다. 이 검사는 메일이 적절한 곳으로 여겨지는 네트워크 지역에서 왔다는 것을 보여주는 정도이다. 스팸공격자가 송신주소까지 정확하게 써야 공격이 가능하다는 것을 보여준다. 이런 것은 스팸을 인식하고 삭제하는 것을 용이하게 한다.

7.2.5 최종 전달

이제 메일 전달의 마지막 부분에 대해서 이야기하자. 메일 메시지가 밥의 우편함(mailbox)에 도착했다. 남은 일은 이 메시지의 복사본이 밥의 사용자 에이전트로 전달해서 보이도록 하면 된다(그림 7-7 구조의 3단계 참조). 이 부분은 메일 전송 에이전트와 사용자 에이전트가 한 컴퓨터에 있던 초기 인터넷의 경우에는 단순 작업이었다. 메일 전송 에이전트가 새로운 메시지를 우편함 끝에 쓰고 사용자 에이전트는 그 우편함을 단순히 확인하는 것이었다.

지금은 사용자 에이전트가 ISP나 회사 메일 서버가 아닌 PC, 노트북 컴퓨터, 무선기기 등의 다양한 곳에 존재한다. 사용자는 자신의 메일을 원격으로 어느 곳에서나 받기를 원한다. 집의 PC, 노트북 컴퓨터, 원격지의 사이버카페 등 다양한 곳에서 메일을 읽기를 원한다. 또한 메일을 오프라인에서 쓰고 그다음 재접속 후 수신메일을 받고 송신메일을 보내기 원한다. 나아가 사용자는 때에 따라 사용하기 편리한 여러 컴퓨터에 사용자 에이전트를 실행하기도 한다.

이런 조건하에 사용자 에이전트는 우편함의 내용을 보여주는 일과 원격에서 우편함을 조작하는 일을 해야 한다. 이런 조건을 만족하기 위하여 SMTP가 아닌 여러 다른 프로토콜이 사용된다. SMTP는 보내기 중심의 프로토콜이다. 메시지를 받고 원격 서버에 연결하고 전송한다. 최종 전달은 우편함은 메일전송 에이전트에 저장되어 있어야 하고 사용자 에이전트가 SMTP가 메시지를 전달하려고 할 때 인터넷에 연결되어 있지 않을 수 있기 때문에 이런 방식으로 이루어질 수 없다.

IMAP–The Internet Message Access Protocol

최종 전달 프로토콜로서 **IMAP(Internet Message Access Protocol)**이 사용된다. 이 프로토콜의 4번째 버전이 RFC 3501에 정의되어 있다. IMAP을 사용하기 위해서는 메일 서버가 IMSP 서버를 실행하고 143포트를 열어둔다. 사용자 에이전트는 IMAP 클라이언트를 실행한다. 클라이언트가 서버를 연결하고 그림 7-17에 있는 명령어들을 실행시킨다.

먼저 메시지와 명령어가 보호되는 보안이 되는 연결을 하고 로그인을 하거나 서버를 통해 인증한다. 그 후 여러 폴더나 메시지를 정렬하거나 메시지를 전체 또는 일부 읽거나 특정 메시지를 표시하거나 메시지를 폴더에 재정리하는 등의 명령어를 사용한다. 여기서 '폴더'는 한 사용자의 우편함 안에 여러 폴더들이 속해 있다고 정의할 수 있다. 하지만 IMAP 표준문서에는 *mailbox*라고 하여 한 사용자는 여러 폴더를 가진다고 하는 것을 IMAP *mailbox*가 있다고 한다.

기타 기능으로는 메일을 나타내는 방법이 숫자를 사용해서가 아닌 속성을 가지고 할 수 있다. (엘리스로부터 온 메일부터 정렬) 특정 조건을 만족하는 메일을 찾는 검색이 가능하고 그런 메일만 사용자에게 전달하도록 할 수 있다.

Command	Description
CAPABILITY	List server capabilities
STARTTLS	Start secure transport (TLS; see Chap. 8)
LOGIN	Log on to server
AUTHENTICATE	Log on with other method
SELECT	Select a folder
EXAMINE	Select a read-only folder
CREATE	Create a folder
DELETE	Delete a folder
RENAME	Rename a folder
SUBSCRIBE	Add folder to active set
UNSUBSCRIBE	Remove folder from active set
LIST	List the available folders
LSUB	List the active folders
STATUS	Get the status of a folder
APPEND	Add a message to a folder
CHECK	Get a checkpoint of a folder
FETCH	Get messages from a folder
SEARCH	Find messages in a folder
STORE	Alter message flags
COPY	Make a copy of a message in a folder
EXPUNGE	Remove messages flagged for deletion
UID	Issue commands using unique identifiers
NOOP	Do nothing
CLOSE	Remove flagged messages and close folder
LOGOUT	Log out and close connection

그림 7-17 IMAP (4버전) 명령어

IMAP은 최종 전달에 사용되는 초기 프로토콜 POP3(Post Office Protocol, version 3)을 개선해서 나왔다. 이 POP3는 RFC 1939에 정의되어 있다. 이 프로토콜은 단순히 몇 가지 기능을 제공하고 보안도 떨어진다. 사용자 컴퓨터에 메일을 다운로드하고 서버에는 메일을 남기지 않는다. 이런 방법은 서버의 일은 간단하고 사용자의 일이 많다. 메일을 여러 컴퓨터에서 읽는 것이 어렵고 사용자 에이전트가 있는 컴퓨터가 망가지면 그 메일은 영원히 사라진다. 그럼에도 불구하고 여전히 POP3가 지금까지도 사용되고 있다.

그 외 비표준화된 프로토콜이 개별 회사에서 메일 서버와 사용자 에이전트를 같이 제공할 경우 사용된다. 마이크로소프트사의 Exchange가 그런 비표준화 프로토콜의 예이다.

웹메일

IMAP과 SMTP를 대체할 만한 인기 있는 프로토콜은 웹을 사용하여 메일을 주고받는 것이다. Google Gmail, Microsoft Hotmail, Yahoo!Mail이 그런 예이다. 웹메일은 웹을 사용하여 메일 사용자 에이전트 같은 서비스를 제공하는 것이다.

이 구조 내에 메일 제공은 메일 서버가 SMTP 프로토콜을 사용하여 25포트로 받아들이는 부분은 같다. 그러나 사용사 에이전트 부분이 다르다. 독립 프로그램이 이닌 웹 페이지를 통해 제공되는 사용자 인터페이스이다.

아직 웹을 배우지 않았지만 간단히 설명하면 사용자가 전자우편 웹 페이지를 가면 로그인 페이지를 만난다. 사용자 이름과 비밀번호를 서버에 전달하면 서버가 확인한다. 이때 성공하면 서버는 사용자의 우편함을 웹 페이지로 만들어서 전송한다. 웹 페이지는 브라우저를 통해 전시된다.

그 웹 페이지의 많은 부분이 클릭 가능하며 읽기, 지우기 등 다양한 명령어도 가능하다. 이때 웹 인터페이스는 다양하게 변화하는데 자바스크립트 프로그램을 실행하여 보여주게 된다.

이 프로그램은 사용자 컴퓨터에서 실행되어 사용자의 입력이벤트(마우스 클릭 등)에 따라 변화하고 그와 동시에 후면에서 메시지를 다운로드하고 업로드하여 다음 메시지를 보여주거나 새 메시지를 전송하는 일을 준비한다. 이때 메일 제출은 데이터를 URL로 보내는 방식인 웹프로토콜에 의해서 실행된다. 웹서버는 이 메시지를 기존 메일 전달 시스템에 보낸다. 보안은 기본 웹프로토콜을 통해서 웹 페이지를 암호화하는 방법으로 이루어진다.

7.3 월드 와이드 웹

월드 와이드 웹(World Wide Web)은 인터넷에 연결된 수백만 대의 컴퓨터에 산재해 있는 서로 연결된 문서들의 액세스를 위한 구조적 틀이다. 10년이 지나면서, 스위스의 고-에너지 물리 실험 설계를 하던 응용에서 시작하여 이젠 수많은 사람들이 “인터넷(The Internet)”이라고 말하는 응용이 존재하는 상태로 변화해 왔다. 이런 엄청난 대중성은 초보자도 쉽게 사용할 수 있는 화려한 그래픽 인터페이스와 동물에서 언어에 이르는, 생각할 수 있는 거의 모든 주제에 대한 정보를 풍족하게 제공한다.

(WWW으로도 알려진) 웹은 1989년 CERN(European center for nuclear research)에 의해 시작됐다. 웹은

국제적으로 분산된 연구원들로 구성된 연구팀들이 계속 바뀌는 보고서, 청사진, 제도, 그림 및 분자 물리학의 실험에 의해 만들어진 기타 문서들을 가지고 공동으로 연구해야 하는 필요성에서 비롯됐다. 연결된 문서들로 구성된 웹은 CERN의 물리학자인 팀 버너스-리(Tim Berners-Lee)에 의해 최초로 제안됐다. 초기 문자 기반의 문서형태는 18개월 후에 사용가능하게 됐고, 하이퍼텍스트(Hypertext) '91 학술회의에서 시연되었는데 평가는 다른 연구자들의 관심을 집중시켰고, 이로 인해 일리노이 대학교의 마크 안드레슨(Mark Andreessen)은 첫 그래픽 브라우저 개발을 시작하게 됐다. 모자이크(Mosic)는 1993년 2월에 처음 출시됐다. 이것이 매우 인기가 있게 되자, 1년 후 안드레슨은 학교를 떠나 넷스케이프 커뮤니케이션즈(Netscape Communications)사를 설립했다. 이 회사의 목표는 웹 소프트웨어를 개발하는 것이었다. 그 후 3년간, 넷스케이프의 내비게이터(Navigator)와 마이크로소프트의 인터넷 익스플로러(Internet Explorer)는 "브라우저 전쟁"에 돌입했고, 각 회사는 미친 듯이 더 많은 기능들을(그래서 더 많은 버그들을) 추가하려고 노력했다.

1990년대와 2000년대를 지나면서 웹 사이트, 웹 페이지는 수백만 사이트와 수억의 사이트로 기하급수적으로 확장되었다. 이런 사이트 중 극소수의 인기가 엄청나게 높아졌다. 예를 들면 서점(Amazon, 1994년 창업, 자본금 50조$), 시장(eBay, 1994, $30B), 검색 엔진(Google, 1998, $150B) 그리고 소셜네트워크(Facebook, 2004, 비상장 $15B)를 들 수 있다. 2000년대는 웹회사는 하룻밤에 수백만 달러의 가치로 여겨지다 다음날 도산으로 판명되던 시기로 여겨지며 이때를 닷컴 시대(dot com era) 라고 한다. 여전히 새로운 아이디어가 부자로 이어지는 일이 웹에서는 존재한다. 많은 부분이 학생들로부터 생긴다. 예를 들면 Mark Zuckerberg는 Facebook을 시작할 때 하버드 학생이었고 Sergey Brin Larry Page 역시 Gooogle을 시작할 시 스탠포드 학생이었다.

1994년 CERN과 M.I.T.는 **W3C (WWW 컨소시엄)**을 만들기로 협정했다. 이 단체는 웹 개발, 프로토콜 표준화, 그리고 사이트 간의 상호운용성(interoperability)을 높이는 데 심혈을 기울였다. 버너스-리는 이 단체의 회장이 되었다. 그 후 수많은 대학과 회사들이 이 단체에 가입했다. 웹에 대한 많은 책들이 나와 있지만, 가장 최신 정보를 얻을 수 있는 곳은 (당연히) 웹 자체에 있다. 이 컨소시엄의 홈페이지 주소는 www.w3.org이다. 관심 있는 독자는 이 사이트를 참조하기 바란다.

7.3.1 구조적 개요

웹은 **웹 페이지(Web page)**로 불리는(종종 페이지로 단축돼서 불리는) 방대한 그리고 전 세계에 걸친 문서들로 구성된다. 각 페이지는 세계 어딘가에 있는 다른 페이지들에 대한 링크들을 포함할 수 있다. 사용자들은 해당 링크를 클릭하여 원하는 페이지로 갈 수 있다. 이 절차는 없이 계속 반복될 수 있다. 한 페이지가 다른 페이지를 가리키게 하는, **하이퍼텍스트(hypertext)**라고 불리는 이 개념은 총명한 MIT 전기공학과 교수인 배너바 부시(Vannevar Bush)가 인터넷이 고안되기 오래전인 1945년에 만들어낸 것이다. 사실 이 시기는 여러 대학에서 큰 방에 현대의 소형 계산기보다 적은 전력으로 실험적인 프로토타입을 만들던 때로 상업용 컴퓨터가 존재하기 전이다.

페이지들은 **브라우저(browser)**라고 불리는 프로그램을 통해서 볼 수 있는데, 유명한 브라우저는 Firefox, 인터넷 익스플로러와 Chrome이 있다. 브라우저는 요청된 페이지를 가져오고, 내용을 해석하여, 해당 페이지의 형식을 적절히 정의하여 스크린에 보여준다. 이때 내용은 텍스트, 이미지, 전통적인 문서의 방식이나 또는 비디오나 사용자와 상호작용하는 그림 인터페이스를 만드는 프로그램 등의 다른 형식을 가진 방법으로 형식을 정하는 형식(formatting) 명령어들이 혼합되어 있다.

그 예로 그림 7-18의 맨 왼쪽 위에 나타나 있다. 많은 웹 페이지들처럼, 이 예제는 워싱턴 대학의 컴퓨터과학과와 컴퓨터공학과를 위한 페이지이다. 이 페이지는 텍스트와 그림 요소들을 보여준다. 페이지 일부에 다른 페이지로 의 연결이 있는 링크가 있다. 텍스트, 아이콘, 이미지 등 다른 페이지로 연결을 가진 것을 **하이퍼링크(hyperlink)**라고 한다.

그 링크를 따라 가려면 사용자는 그 페이지 영역에 마우스 커서를 갖다 놓는다(보통 이때 커서가 다른 형태로 바뀌기도 한다). 링크를 따라가는 것은 브라우저에게 다른 페이지를 읽어오는 것을 요청하는 간단한 방법이다. 초기 웹에서는 다른 페이지에 대한 링크인 문자 스트링은 종종 밑줄이나 특정 색깔, 또는 둘 모두의 형태로 강조(highlight)된다. 지금은 웹 제작자가 연결된 지역을 제어할 수 있어 마우스가 그곳을 지나갈 때 아이콘이 나타나게 하거나 그 생김새를 바꾸는 것도 가능하다. 링크를 잘 보이도록 하고 사용가능한 인터페이스 제공하는 페이지 제작자에 달려 있다.

그 학과의 학생들은 링크되어 있는 페이지를 따라가면서 학생들에게 특별히 필요한 정보를 얻을 수 있다. 이 링크는 동그라미 친 부분을 클릭하면 접근할 수 있다. 그러면 브라우저가 새 페이지를 가져오고 그림 7-18의 왼쪽 아래에 있는 것처럼 보여준다. 이 예에서는 수십 개의 페이지가 첫 페이지에 연결되어 있다. 연결된 각각의 페이지들의 위치가 첫 페이지와 같은 컴퓨터인지 지구 반대쪽의 컴퓨터에서 오는 것인지 사용자는 구별하지 못한다. 페이지 받아오기는 사용자의 도움 없이 브라우저가 수행하며 내용을 보여주는 사이에 컴퓨터로 이동하는 것은 표시나지 않는다(Seamless).

그림 7-18는 웹 동작 방법에 대한 기본 모델을 보여준다. 여기서 브라우저는 클라이언트 컴퓨터상에 웹 페이지를 보여준다. 각 페이지는 하나 또는 여러 개의 서버에 보내는 명령어를 보내고 그 답변으로 페이지를 받아서 사용자에게 보인다. 요청-응답 프로토콜은 TCP 위에 동작하는 텍스트 기반 프로토콜이다. 이것을 HTTP(HyperText Transfer Protocol)라고 한다. 내용은 단순히 디스크에서 읽어 들일 수 있거나 데이터베이스의 질의 결과, 프로그램의 수행의 결과로 얻을 수 있다. 만약 문서가 매번 같은 내용을 보여준다는 페이지는 정적 페이지(static page)라고 하고 이와 반대로 프로그램의 수행으로 만들어지거나 프로그램을 포함하고 있다면 이 페이지는 동적 페이지(dynamic page)이다.

동적 페이지는 매번 수행할 때마다 다른 내용을 보여줄 수 있다. 예를 들면 전자상거래 가게를 위한 페이지는 각각의 사용자에게 다른 페이지를 보여줄 수 있다. 서점 고객이 과거에 추리소설을 구매한 적이 있다면 그 고객이 다시 그 서점을 방문하였을 때 시간 스릴러를 포함한 페이지를 볼 수 있도록 하는 것이다. 어떻게 웹이 누가 어떤 내용을 좋아하는지 기록하는가를 간단히 살펴보자. 답은 쿠키를 사용한다.

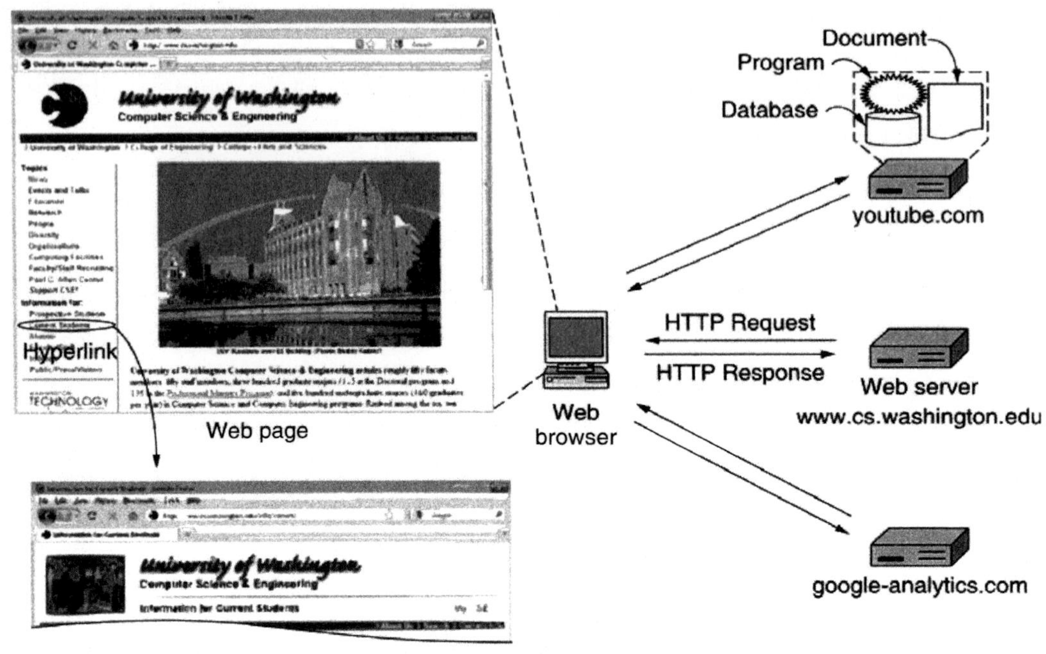

그림 7-18 웹의 구조

그림에서 브라우저는 두 페이지를 얻어오기 위하여 세 개의 서버, *cs.washington.edu, youtube.com, google-analytics.com*을 접속하였다. 이 세 개의 서버의 내용이 브라우저에 의해 합쳐졌다. 어떤 내용인지에 따라 일련의 프로세싱을 한다. 텍스트와 그림을 보여주는 것 외에 비디오를 실행하고 사용자 인터페이스를 수행하는 스크립트를 실행할 수 있다. 이 경우 *cs.washington.edu* 서버는 기본 페이지를 공급하고 *youtube.com*는 내장 비디오를, *google-analytics.com*는 사용자에게 보여주는 것은 없지만 방문자를 기록한다. 방문자 기록에 대해서는 다시 언급한다.

클라이언트 측

이제 그림 7-18에 있는 클라이언트 측을 더 자세히 살펴보자. 본래 브라우저는 웹 페이지를 보여주는 프로그램이며 화면에 보이는 페이지의 항목들에 대한 마우스 클릭을 인식한다. 한 항목이 선택되면, 브라우저는 하이퍼링크를 따라가서 선택된 페이지를 가져온다. 페이지를 처음 만들면 삽입된 하이퍼링크는 웹상의 다른 페이지에 명칭을 부여하는 방법과 페이지 찾는 메커니즘이 필요하다. 특히 아래 3개의 질의는 선택된 페이지가 보이기 전에 고려되어야 한다.

1. 페이지가 요청한 것이 무엇인가?
2. 페이지가 위치한 곳은 어디인가?
3. 페이지는 어떻게 접근되는가?

모든 페이지가 만약 고유의 이름으로 되어 있다면 페이지를 찾는데 모호하지 않을 것이다. 그럼에도 불구하고 여전히 문제가 있다. 사람과 페이지를 비교해 보자. 미국인은 모두 고유의 사회보장번호가 있다. 그러나 사회보장번호만 알아서는 개인의 주소와 그 사람의 사용언어를 알아낼 수 없다. 웹 또한 같은 문제를 가지고 있다.

이 페이지를 선택하는 데 발생하는 세 가지 문제를 한 번에 해결하는 방법이 있다. 각 페이지에 **URL(Uniform Resource Locator)**을 이용하여 전 세계에서 쓰일 수 있는 이름으로 부여한다. URL은 프로토콜(또는 스킴), 페이지가 존재하는 컴퓨터의 DNS 이름, 특정 페이지를 가리키는 특정 패스(path, 컴퓨터에서 실행되는 파일 또는 프로그램)의 세 부분으로 구성된다. 일반적인 경우, 패스의 해석은 파일 디렉토리 구조를 모델로 한다. 그러나 이 패스의 해석은 서버에서 정의한 대로 쓰이지만 간혹 실제 디렉토리 구조와 맞지 않을 수 있다.

그림 7-18에서 보이는 URL은 다음과 같이 표현된다.

http://www.cs.washington.edu/index.html

URL은 프로토콜명(http), 해당 페이지가 있는 컴퓨터의 DNS명(www.cs.washington.edu), 패스명(index.html)의 세 부분으로 되어 있다.

사용자가 하이퍼링크를 클릭하면, 브라우저는 해당 페이지를 가져오기 위해 일련의 단계들을 밟는다. 지금부터 예제의 링크가 클릭되었을 때에 일어나는 단계들을 추적해 보자.

1. 브라우저는 URL을 결정한다(무엇이 선택됐는지를 봄으로써).
2. 브라우저는 www.cs.washington.edu의 IP 주소를 DNS에게 물어본다.
3. DNS는 128.208.3.88이라고 알려준다.
4. 브라우저는 128.208.3.88상의 HTTP프로토콜로 지정되어 있는 80번 포트로 TCP 연결을 시도한다.
5. 그다음에 파일 /index.html을 요청하는 HTTP메시지를 보낸다.
6. www.cs.washington.edu의 서버는 파일 /index.html을 HTTP응답메세지로 보낸다.
7. 그 페이지가 전시에 필요한 다른 URL을 포함하고 있다면 브라우저는 위와 같은 방법으로 다른 URL을 얻어온다. 이때 URL은 www.cs.washington.edu으로 부터 여러 개의 내장 이미지를 얻어오고, youtube.com으로부터 내장 비디오를, google-analytics.com으로부터

는 스크립트를 받아온다.

8. 브라우저는 /index.html에 있는 모든 내용을 보여준다.
9. 같은 서버에게 다른 요청이 없다면 TCP 연결이 끊어진다.

많은 브라우저들은 현재 어느 단계를 수행하고 있는지를 화면 밑의 상태줄(status line)에 나타낸다. 이런 방법으로, 사용자는 성능이 나쁠 때 그 이유가 DNS가 응답하지 않아서인지, 서버가 응답하지 않아서인지, 아니면 단순히 페이지 전송 시의 네트워크 혼잡으로 인한 것인지를 알 수 있다.

이 URL 설계는 브라우저들이 다양한 종류의 자원들을 얻기 위해 여러 프로토콜들을 사용하는 것이 용이하도록 하여 제약이 없다고 할 수 있다. 사실 다양한 다른 공통 프로토콜들에 대한 URL들이 정의돼 있다. 일반적인 형태를 단순화한 형식이 그림 7-19에 열거돼 있다.

Name	Used for	Example
http	Hypertext (HTML)	http://www.ee.uwa.edu/~rob/
https	Hypertext with security	https://www.bank.com/accounts/
ftp	FTP	ftp://ftp.cs.vu.nl/pub/minix/README
file	Local file	file:///usr/suzanne/prog.c
mailto	Sending email	mailto:JohnUser@acm.org
rtsp	Streaming media	rtsp://youtube.com/montypython.mpg
sip	Multimedia calls	sip:eve@adversary.com
about	Browser information	about:plugins

그림 7-19 공통 URL의 일부

이 열거 목록을 간단히 살펴보기로 하자. http 프로토콜은 웹 서버가 사용하는 웹의 기본 언어이다. **HTTP**는 **HyperText Transfer Protocol**의 약자이다. 이 장의 나중에서 좀 더 자세히 살펴본다.

FTP 프로토콜은 인터넷 파일 전달 프로토콜인 FTP에 의해 파일에 액세스하는 데 사용된다. FTP는 20년 이상 사용돼 왔고 잘 정착했다. 이용자는 어디서든지 FTP에 로그인하여 커맨드 입력 인터페이스가 아닌 간단히 클릭하는 인터페이스를 이용해 FTP 서버의 파일을 자유롭게 다운받을 수 있다. 이렇게 사용자 편의를 고려한 방법이 웹의 성장을 가져온 이유 중의 하나다.

file 프로토콜이나 단순히 파일명을 가지고, 웹 페이지로서 지역파일을 액세스할 수 있다. 이 접근 방식은 FTP를 사용하는 것과 유사하나 서버를 가지고 있을 필요는 없다. 물론, 이 방식은 지역 파일들에 대해서만 동작하며 원격지 파일들에 대해서는 동작하지 않는다.

mailto 프로토콜은 웹 페이지를 얻어오는 형식은 아니지만 꽤 유용하다. 사용자에게 웹브라우저에서 이메일을 보내는 것을 허용한다. 대부분의 브라우저는 mailto 링크가 사용자의 메일 에이전트가 메시지를 작성하도록 해주고 이때 주소정보를 자동으로 채워서 보여준다.

rtsp와 sip프로토콜은 스트리밍 미디어 세션을 생성하고 비디오와 오디오 전화가 가능하도록 한다.

마지막으로 about 프로토콜은 브라우저의 정보를 제공하는 형식을 제공한다. 예를 들어 about:plugins 링크가 있다면 브라우저에게 MIME 타입 정보를 제공하는 페이지를 보여주고 플러그인이라 불리는 브라우저 확장자들을 제어한다.

요약하면 URL은 사용자가 웹 페이지를 얻어오는 것에만 사용되는 것이 아니라 FTP와 같은 기존의 프로토콜과 오디오, 비디오 같은 다소 최근의 이메일 서비스와 로컬 파일이나 브라우저 정보를 편리하게 접근할 수 있도록 해준다. 이 방법은 필수가 아닌 다른 서비스를 위하여 특화된 사용자 인터페이스 프로그램을 가능할 수 있도록 하고 대부분의 인터넷 접근을 하나의 프로그램(웹 브라우저)으로 통합하는 효과를 보여준다. 만약 이 아이디어가 스위스 연구소에서 일하는 영국 물리학자가 생각해낸 것이 아니라면 소프트웨어 회사의 홍보과에서는 비현실적인 계획으로 치부하였을 것이다.

이런 좋은 속성에도 불구하고 웹의 사용이 늘어감에 따라 URL 구조의 유전적 약점도 드러났다. URL은 특정 컴퓨터를 지정해서 쓰고 있으나 가끔은 그 웹 페이지의 위치를 공개하지 않고 사용하는 것이 유용할 때도 있다. 특정 페이지가 과도히 사용되는 경우 그 내용을 다수로 복사하여 멀리 분산시켜 놓아서 네트워크의 사용량을 줄이는 것이 바람직한 경우가 있다.

이런 문제를 해결하기 위하여 URL은 URI(Uniform Resource Indicator)로 일반화할 수 있다. 일부 URI는 어떻게 자원을 분산시킬지 알려준다. 그 외 URI는 자원의 이름은 말하지만 어디에서 찾을지는 알려주지 않는다. 이런 URI를 URN(Uniform Resource Name)라고 한다. URI를 작성하는 방법은 RFC 3986에 있으나 사용 중인 다양한 URI 스킴은 IANA에 의해 관리된다. 그림 7-19에 나타나 있는 스킴 외에 많은 다른 종류의 URI도 있으나 그 그림에 있는 스킴이 오늘날 웹에서 가장 많이 사용되는 것들이다.

MIME 타입

브라우저가 새 페이지를 (또는 임의의 페이지를) 보여주려면, 그 페이지의 형식(format)을 알아야 한다. 모든 브라우저가 모든 웹 페이지들을 알 수 있게 하기 위해, 웹 페이지들은 HTML이라고 부르는 표준 언어로 작성된다. 이 언어는 웹 페이지들을 설명한다. 이에 대해서는 이 장의 뒤쪽에서 자세히 다룬다.

브라우저는 기본적으로 HTML 번역기지만, 대부분의 브라우저들은 웹을 쉽게 항해할 수 있게 해주는 버튼(button)을 가지고 있다. 대개는 전 페이지로 되돌아가게 해주는 버튼, 다음 페이지로 넘어가게 해주는 버튼(단지 사용자가 그 페이지로부터 전 페이지로 되돌아갔을 경우에만 동작), 그리고 사용자의 시작 페이지로 되돌아가게 해주는 버튼을 가지고 있다. 대부분의 브라우저들은 주어진 페이지의 북마크(bookmark)와 북마크 목록을 보여주는 버튼이나 메뉴 항목을 가짐으로써, 단지 몇 번 마우스를 클릭하여 리스트상의 어느 곳이라도 다시 갈 수 있다.

앞에서 보여준 예처럼 HTML페이지는 단순한 텍스트와 하이퍼텍스트 외에, 다양한 종류의 내용 요소를 포함할 수 있다. 추가된 일반화로는 모든 페이지가 또한 HTML를 포함하지 않는다. 페이지는

MPEG 형식의 비디오, PDF 형식의 문서, JPEG 형식의 사진으로 구성될 수 있다. 표준 HTML 페이지는 이런 요소들과 링크할 수도 있으므로 브라우저가 어떻게 해석을 해야 할지 모르는 경우 문제에 봉착하게 된다.

대부분의 브라우저들은 브라우저를 점점 더 크게 하는 것보다는, 빠르게 변화하는 모든 파일 형태를 위한 번역기를 만들기 위한 일반적인 해결책 찾는 것을 우선적으로 왔다. 서버가 페이지를 넘겨줄 때, 그 페이지에 대한 부가 정보도 또한 넘겨준다. 이 정보는 페이지의 MIME 유형을 포함한다(그림 7-13를 보라). text/html 유형의 페이지들은 기본 유형 페이지와 마찬가지로 바로 보인다. MIME 유형이 기본 유형 중의 하나가 아니면, 브라우저는 어떻게 페이지를 보여줄지를 알려주는 MIME 유형 도표를 참조한다. 이 도표에는 MIME 유형과 그와 연계되는 뷰어(viewer)가 나타나 있다.

플러그인(plug-in)과 헬퍼 응용프로그램(helper application)의 두 가지 방식이 있을 수 있다. 플러그인은 브라우저가 디스크의 특정 디렉토리(directory)로부터 가져와서, 그림 7-20(a)에 있는 것처럼 자신의 한 확장된 형태로 설치하는 코드 모듈이다. 많이 사용되는 예로는 PDF, Flash, Quicktime 등이 문서내용을 보이고, 오디오와 비디오를 실행하는 플러그인이 있다. 플러그인들은 브라우저 내에서 수행되므로, 현재 페이지에 액세스해서 수정할 수 있다.

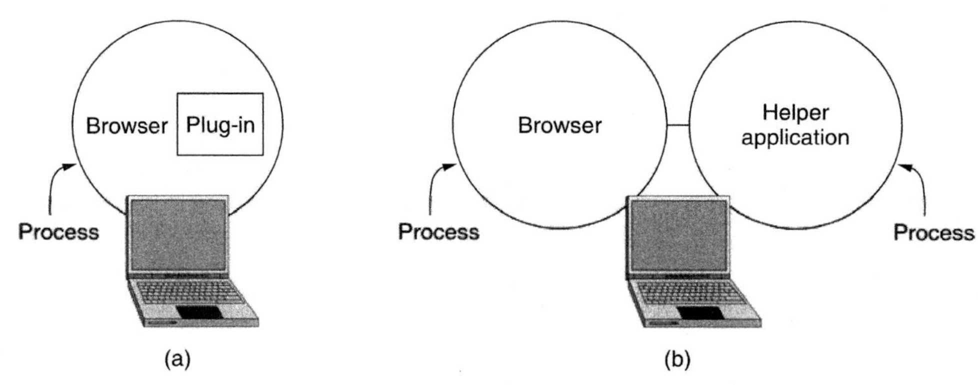

그림 7-20 (a) 브라우저 플러그인 (b) 헬퍼 응용프로그램

각 브라우저는 모든 플러그인들이 구현해야 하는데, 그래서 브라우저가 플러그인을 호출할 수 있게 해주는 프로시저들의 집합을 가진다. 브라우저의 베이스 코드(base code)가 플러그인에게 화면에 보여줄 데이터를 제공하기 위해 호출하는 프로시저가 전형적인 예이다. 이런 프로시저들의 집합은 플러그인들의 인터페이스이며 브라우저에 따라 다르다.

그 외에, 브라우저는 플러그인들에게 서비스를 제공하기 위해, 플러그인이 이용가능한 자기 고유의 프로시저들의 집합을 가진다. 브라우저 인터페이스에 있는 전형적인 프로시저들로는 메모리 할당 및 해지, 브라우저의 상태줄 메시지 보여주기, 그리고 브라우저에게 파라미터 묻기가 있다.

한 플러그인을 사용하려면, 먼저 설치를 해야 한다. 설치 절차는 대개 사용자가 플러그인이 있는 웹 사이트에 가서 설치 파일을 다운로드 받는 것이다. 이 프로그램은 플러그인의 압축을 풀고, 그 플러그인의 MIME 유형을 등록하고 이를 플러그인과 연결하기 위한 호출을 한다. 브라우저는 보통 유명한 플러그인들을 사전에 준비한다.

브라우저를 확장하는 또 하나의 방법은 **헬퍼 응용프로그램(helper application)**을 사용하는 것이다. 이것은 완전히 별개의 프로세스로 동작하는 완전한 프로그램으로서, 그림 7-20(b)에 예시돼 있다. 헬퍼는 별개의 프로그램이므로, 브라우저에 대한 인터페이스 제공도 브라우저 서비스들의 사용도 하지 않는다. 대신, 목차 파일이 저장돼 있는 스크래치(임시) 파일의 이름을 받아서 그 파일을 연 다음, 그 내용을 보여준다. 전형적으로, 헬퍼들은 브라우저와는 독립적으로 존재하는 큰 MS-Word나 PowerPoint와 같은 것들이다.

많은 헬퍼 응용프로그램들은 application MIME 형태를 사용한다. 결과적으로 다양한 종류의 서브타입들이 정의되어 있다. 예를 들면 PowerPoint 파일을 위한 application/vnd.ms-powerpoin가 있다. 여기서 vnd는 제작자정의 형식을 의미한다. 이런 방법으로 URL은 PowerPoint 파일을 직접 지정할 수 있다. 그 파일을 클릭하면 PowerPoint가 자동으로 실행되고 내용을 연계한다. 헬퍼 응용프로그램들은 application MIME 유형만을 사용하도록 한정된 것이 아니다. 예를 들어, 어도비 포토샵은 image/x-photoshop을 사용한다.

결과적으로, 브라우저들은 자신을 변경하지 않고 거의 무한대의 문서 유형들을 처리하도록 구성될 수 있다. 최신 웹 서버들은 수백 가지의 유형/세부유형들로 종종 구성되며, 새로운 프로그램이 설치될 때마다 새로운 유형들이 추가되곤 한다.

여기서 충돌이 일어날 수 있다. 여러 플러그인들과 헬퍼 프로그램들이 서브타입 *video/mpeg* 같은 일부 타입을 서로 처리하려고 하기 때문이다. 이유는 최근 플러그인을 설치 시, 이미 그 타입을 제어하는 MIME 타입의 연계를 끊고 새로운 플러그인으로 덮어버렸기 때문이다. 결국 새로운 프로그램을 설치하는 것은 브라우저가 기존 타입을 관리하는 방법을 바꾸는 일이 생긴다.

브라우저들은 또한 (원격지의 웹 서버로부터 가져오는 것이 아니라) 자신의 지역 파일(local file)들을 열 수 있다. 이때 브라우저들은 파일의 MIME 유형을 맞는 어떤 플러그인이나 헬퍼를 사용할지를 결정하기 위한 방법을 필요로 한다. 표준 방법으로는 운영체제가 MIME 타입의 파일 확장자를 연계시킨다. 일반적인 설정방법으로, foo.pdf 를 열 때 application/pdf 플러그인을 사용해서 브라우저에서 열고 bar.doc은 application/msword 헬퍼를 이용해서 연다.

여기서도 역시 충돌이 일어날 수 있다. 왜냐하면 사실 많은 프로그램들이 소위 mpg 같은 것을 서로 처리하려고 하기 때문이다. 설치 시, 전문가들을 대상으로 한 프로그램들은 자신들이 처리할 수 있는 MIME 유형들과 확장자들에 대한 체크 상자(checkbox)들을 나타냄으로써 사용자들이 적절한 것들을 선택하여 현재 결합된 상태가 우연히 다른 상태로 바뀌지 않게 한다. 소비자 시장을 겨냥한 프로그램들은 사용자가 MIME 유형이 무엇인지를 모른다고 가정하고, 이전에 설치돼 있던 프로그램들이 무엇이었는지에 상관없이 할 수 있는 모든 일을 시도한다.

많은 새로운 유형들을 가지도록 브라우저를 확장하는 것은 편리한 일이나 또한 많은 문제를 가져올 수 있다. Window PC의 브라우저가 .exe 확장자의 파일을 가져올 때, 이 파일이 실행 가능한 프로그램이며 따라서 헬퍼가 없다는 것을 인식한다. 명백한 행위는 그 프로그램을 실행시키는 것이다. 그러나 이것은 커다란 보안상의 허점일 수 있다. 모든 악의적인 웹 사이트가 해야 하는 일은 소위 바이러스(소프트웨어)와 연결된 유명 영화배우나 스포츠맨들의 사진이 있는 웹 페이지를 만드는 일이다. 이 중 하나를 클릭하게 되면 알려지지 않은 악의적인 실행 프로그램이 사용자의 컴퓨터로 들어와서 실행되게 된다. 이 같은 불청객들을 막기 위해, Firefox와 브라우저들은 알려지지 않은 프로그램들이 자동 실행되는 것을 조심하여 구성하지만 모든 사용자가 편리성보다 안정성을 추구하지는 않는다.

서버 측

클라이언트 측에 대해 많은 내용을 다뤘다. 이제 서버 측을 살펴보기로 하자. 위에서 본 것처럼, 사용자가 URL을 입력하거나 하이퍼텍스트 줄을 클릭할 때, 브라우저는 해당 URL을 분석하고 검사할 DNS명으로서 http://와 다음 슬래시(/) 사이에 있는 부분을 해석한다. 서버의 IP 주소를 가지고, 브라우저는 서버의 80번 포트로 TCP 연결을 설정한다. 그리고 URL의 나머지 부분을 가지고 있는 명령문을 보낸다. 이것이 그 서버에 있는 파일의 명칭이다. 서버는 브라우저가 보여줄 파일을 전달한다.

대략적으로는, 웹 서버는 그림 6-6의 서버와 유사하다. 이 서버는 실제 웹 서버처럼 검사할 파일명을 받아서 그 파일을 전달한다. 양자 모두의 경우, 서버가 메인 루프(main loop)에서 수행하는 절차들은 다음과 같다.

1. 클라이언트(브라우저)로부터의 TCP 연결 수락.
2. 요청된 파일명 접수.
3. (디스크로부터) 파일 가져오기
4. 클라이언트로 파일 전달.
5. TCP 연결 해제.

최신 웹 서버들은 더 많은 기능들을 가지고 있으나, 본질적으로는 이것이 바로 웹 서버가 파일로 저장되어 있는 내용에 대한 간단하게 행하는 일이다. 동적 내용은 세 번째 단계가 프로그램을 실행한 결과로 생성된 내용을 전달하는 것으로 변경되어야 한다.

그러나 웹서버는 초당 다수의 요청을 처리하는 새로운 설계로 구현되어 있다. 간단한 설계의 문제는 파일을 얻는 일이 종종 병목(bottleneck) 된다는 것이다. 디스크를 읽은 일은 프로그램을 실행하는 것에 비해 매우 느리고 같은 파일이 시스템 콜을 이용하여 반복적으로 디스크로부터 읽힐 수 있다. 또 다른 문제는 한 번에 한 요구만 처리가 가능하다는 것이다. 만일 파일이 클 경우, 이 파일이 전송될 때까지 다른 요청들은 무시 될 것이다.

(모든 웹 서버들이 사용하는) 한 가지 명백한 개선 방법은 가장 최근에 사용된 *n*개의 파일들 또는

특정 기가비트 크기의 내용을 메모리에 캐시를 만들어 유지하는 것이다. 한 파일을 가져오기 위해 디스크로 가기 전, 서버는 캐시를 검사한다. 만약 그 파일이 거기에 있으면, 그것을 메모리에서 바로 가져옴으로써 디스크 액세스를 피할 수 있다. 효과적인 캐싱을 위해 많은 메모리와 캐시를 검사하고 그 내용을 관리하기 위해 약간의 처리 시간 오버헤드가 있지만, 캐시로 인한 시간 절약을 생각하면 이러한 오버헤드와 비용은 감수할 만하다.

한 번에 한 요구만 처리하는 문제를 해결하기 위한 다음 단계는 서버를 다중-스레드화(multi-threading)하는 것이다. 한 가지 설계 방법은 그림 7-21에 있는 것처럼 서버를 모든 유입 요청들을 받아들이는 프론트-엔드 모듈(front-end module)과 *k*개의 처리 모듈들로 구성하는 것이다. *k*+1개의 스레드는 모두 한 프로세스 내에 있으므로, 모든 처리 모듈(processing module)들은 그 프로세스의 주소 공간 내에서 캐시를 액세스한다. 요청이 들어오면, 프론트-엔드 모듈이 이를 받아서 이것을 설명하는 짧은 레코드를 만든다. 그리고는 이 레코드를 처리 모듈들 중의 한 군데로 보낸다.

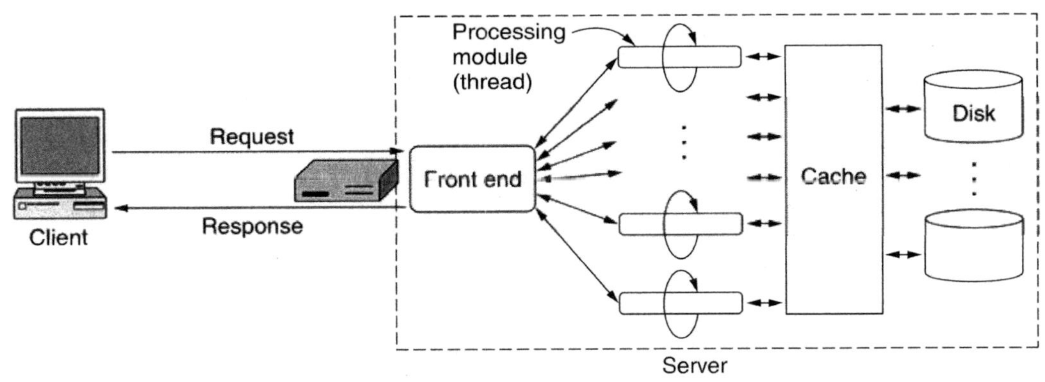

그림 7-21 프론트-엔드 모듈과 처리 모듈들로 구성된 다중-스레드 웹 서버

처리 모듈은 우선 원하는 파일이 있는지를 확인하기 위해 캐시를 검사한다. 만약 있다면, 레코드를 갱신하여 그 안에 파일에 대한 포인터(pointer)를 포함시킨다. 만약 없다면, 처리 모듈은 디스크를 동작시켜 파일을 캐시로 읽어 들인다(읽어 들일 공간의 확보를 기존의 일부 파일들이 캐시에서 삭제될 수 있다). 디스크에서 읽어 들인 파일은 캐시에 들어가고 클라이언트에게도 보내진다.

이 방식의 장점은 다수의 처리 모듈들이 디스크나 네트워크 동작이 끝나기를 기다리면서 블로킹(blocking) 상태에 있을 때(CPU를 사용하지 않고 있을 때), 다른 모듈들이 다른 요청들에 대한 작업을 활발히 진행할 수 있다는 것이다. 물론 단일-스레드 모델에 비해 어떤 실질적인 개선이 되려면, 디스크가 여러 개 있어서 둘 이상이 동시에 동작할 수 있어야 한다. *k*개의 처리 모듈과 *k*개의 디스크가 있을 때의 처리율(throughput)은 단일-스레드 서버와 단일 디스크일 때보다 *k*배 만큼 높을 수 있다. 물론, 디스크나 네트워크가 성능을 제한하는 요소일 때 다중 디스크나 좀 더 빠른 네트워크를 가지고 싱글 스레드 모델일 때보다 좋은 성능을 낼 필요가 있다.

최신 웹 서버들은 단순히 파일 이름들을 받아서 해당 파일들을 전달하는 것 이상의 일들을 수행한다. 사실, 각 요청에 대한 실제 처리는 매우 복잡할 수 있다. 이런 이유로, 많은 서버들의 경우 각 처리 모듈은 일련의 단계들을 수행한다. 프론트-엔드 모듈은 유입된 각 요청을 사용가능한 첫 모듈에게 넘겨준다. 그러면 요청을 넘겨받은 처리 모듈은 아래 단계들의 일부를 사용하여 일을 수행한다(어느 부분이 사용되는지는 요청의 종류에 따라 다르다). 이런 스텝들은 TCP 연결을 만들고 보안 전달 메커니즘(SSL/TLS, 8장에서 설명함)을 한 후에 진행된다.

1. 요청된 웹 페이지명을 알아낸다.
2. 웹 페이지에 대한 액세스 제어를 수행한다.
3. 캐시를 검사한다.
4. 요청된 페이지를 디스크로부터 가져오거나 결과를 만들 프로그램을 실행한다.
5. 나머지 응답형식을 결정한다(예, 응답 메시지에 포함시킬 MIME 유형을 결정한다).
6. 클라이언트에게 응답한다.
7. 서버에 로그 엔트리를 남긴다.

단계 1이 필요한 이유는 유입된 요청이 문자열 형태의 파일명 또는 실행한 프로그램을 포함하지 않을 수도 있기 때문이다. 번역이 필요한 내장된 축약 명칭을 가질 수도 있다. 예를 들면, URL http://www.cs.vu.nl을 살펴보자. 이 경우는 파일명이 없다. 따라서 index.html과 같은 어떤 디폴트 파일명으로 확장돼야 한다. 다른 흔한 규칙으로는 , ~사용자/는 사용자의 웹 디렉토리로 매핑될 수 있다. 이런 두 규칙은 함께 사용가능하다. 저자(AST)의 홈페이지에 다음과 같이 하여 도달할 수 있다. 이때 기본 사용 파일 이름은 index.html이 된다.

http//www.cs.vu.nl/~ast/

최신 브라우저들은 사용자의 디폴트 언어(영어 또는 이태리어)를 지정하여 서버가 해당 언어로 된 웹 페이지를(만약 있다면) 선택하게 해준다. 이를 통해 서버가 이동 장비를 위하여 작은 그림을 선호하는 언어를 가진 웹 페이지를 선택할 수 있다. 일반적으로, 명칭 확장은 파일 디렉토리, 프로그램과의 연결에 대한 다양한 규약들로 인해 처음에 본 것처럼 그렇게 단순하지는 않다.

단계 2는 해당 페이지 자체와 연관된 어떤 제약조건들이 있는지를 알기 위한 조사를 한다. 모든 페이지가 대중에게 공개된 것은 아니다. 클라이언트의 신분 확인(사용자이름, 비밀번호) 정보에 따라 또는 DNS 나 IP 주소영역의 클라이언트의 위치에 따라 클라이언트가 페이지를 접근할 수 있을지 결정된다.

즉 회사 내 사용자들만 액세스할 수 있다든가 하는 제약을 가진 페이지가 있을 수 있다. 이는 서버의 설계에 따라서 결정된다. Apache 서버의 경우, 특정 파일이 원하는 페이지가 디렉토리 내에 존재한다면, 특정 도메인들에 대해 그 파일의 액세스에 대한 제약을 가할 수 있다.

단계 3과 4는 페이지 획득을 포함한다. 캐시에서 파일을 가져올지는 실행 규칙에 달려 있다. 예를 들면, 프로그램 실행에 의해 생성된 페이지는 수행 시마다 다른 결과를 생성하므로 항상 캐시에 저장될 수가 없다. 파일도 그 내용이 변경 되었는지 검사를 수행하여 캐시에 저장된 지 오래된 내용을 삭제해야 한다. 페이지가 프로그램 실행을 요구하면 그 프로그램을 위한 파라미터 또는 입력값을 지정할 필요가 있다. 이런 데이터는 요청 경로 또는 요청의 일부로서 제공된다.

단계 5는 페이지의 내용과 함께 응답에 필요한 다른 부분을 결정하는 단계이다. MIME 유형이 한 예이다. 파일 확장자, 파일 내의 첫 몇 자 또는 프로그램 실행 결과, 형상 파일, 다른 정보 소스(source)들을 포함한다.

단계 6는 결과를 되돌려 보내는 일이다. 성능을 향상시키기 위하여 한 개의 TCP 연결이 클라이언트와 서버 사이에 다중 페이지 전송을 위해 사용된다. 이 재사용은 요청과 연계된 응답을 할 수 있게 하는 흐름 로직이 필요하다는 것을 의미한다.

단계 7은 관리 목적상 시스템 로그 엔트리를 만드는 일이다. 이 같은 로그들은 사용자 행위, 즉 사람들이 페이지를 액세스하는 순서 같은 행위에 대한 가치 있는 정보들을 캐내기 위해 이용될 수 있다.

쿠키(Cookies)

여러 웹 페이지를 방문한다는 것은 독립적인 페이지들을 연속으로 얻어오는 것을 의미한다. 로그인 세션의 개념도 없다. 브라우저는 서버에게 요청하여 파일을 받는다. 그리고 서버는 그 클라이언트를 만난 적이 있다는 사실을 잊는다.

처음에 웹이 공개된 문서들의 검색을 위해 막 사용됐을 때, 이 모델은 완벽하게 적합했다. 그러나 서로 다른 페이지들을 서로 다른 사용자에게 각각 서버와 함께 하고 있던 일에 따라 진행을 해야 할 경우에는 적합하지 않다. 이런 행위는 진행형의 상호작용을 유지하기 위하여 필요하다. 또한 일부 사이트(신문)는 클라이언트들이 이용하기 위한 (유료) 등록을 해야 한다. 이 문제는 어떻게 서버들이 등록된 사용자들의 요청과 그 외의 사용자들의 요청을 구별할 수 있는가 하는 문제를 야기했다.

두 번째 예는 전자 상거래(e-commerce) 분야이다. 만약 사용자가 전자상점을 배회하다가 상품들을 자신의 쇼핑카트(장바구니)에 가끔씩 집어넣는다면, 어떻게 서버는 카트의 내용을 추적할 수 있는가? 세 번째 예는 Yahoo 같은 개인별 조절 가능한 웹 포털(portal)들이다. 사용자들은 그들이 원하는 정보만을 갖는 자세한 초기 페이지를 만들 수 있다(주식, 스포츠 등). 그러나 만약 사용자가 누군지 모른다면 어떻게 서버가 올바른 페이지를 디스플레이할 수 있을까?

얼핏 보면, 사람들은 서버들이 사용자들의 IP 주소들을 추적할 수 있다고 생각할 수 있다. 그러나 이 방법은 가능하지 않다. 무엇보다도 먼저 많은 사용자들은, 특히 회사들의 경우에는, 공유된 컴퓨터상에서 작업한다. 그리고 IP 주소는 단지 컴퓨터를 식별해주지 사용자를 식별해주지는 않는다. 둘째로, 더 심각한 문제는 많은 ISP들이 NAT(Network Address Translation)를 사용한다는 것이다. 그러므로 사용자로부터 나가는 모든 패킷들은 동일한 IP 주소를 갖는다. 많은 ISP들은 수천 고객들에게 DHCP를 이용하여 IP 주소를 할당한다. IP 주소가 시간에 따라 달라지므로 서버에게는 갑자기 다른 사람처럼 보이기도 한다. 이러한 이유로 서버는 사용자를 추이하는 방법으로 IP 주소를 사용할 수 없다.

이 문제를 해결하기 위해, **쿠키**라고 불리는 매우 쟁점이 됐던 기술을 고안해 냈다. 이 명칭은 프로그램이 한 프로시저를 호출하고 나중에 결과를 받기 위해 제시할 무엇인가를 받는다는 예전의 프로그램 속어로부터 유래했다. 이런 의미에서, 유닉스의 파일 설명자(file descriptor)나 윈도우즈 객체 핸들(handle)은 쿠키로 간주될 수 있다. 쿠키는 1994년 넷스케이프 브라우저에서 처음으로 구현되었고 지금은 RFC 2109에 명시되어 있다.

한 클라이언트가 웹 페이지를 요청하면, 서버는 요청된 페이지와 함께 부가 정보를 제공할 수 있다. 쿠키는 서버가 브라우저와 연계할 수 있도록 하는 작은(최대 4KB) 파일(또는 문자열)이다. 이 정보는 사용자별로 각각 다르며, IP 주소보다 좀 더 긴밀하고 유용하게 해준다. 브라우저들은 사용자가 저장을 불가능하게 해놓지 않는 한, 서버가 제공한 쿠키를 클라이언트의 하드디스크에 있는 쿠키 디렉토리에 저장한다. 쿠키는 단지 파일이나 문자열이지, 실행 가능한 프로그램은 아니다. 본래, 쿠키는 바이러스를 포함할 수 있다. 그러나 쿠키는 데이터로 간주되므로, 바이러스가 실제로 실행돼서 해를 끼칠 공식적인 방법은 없다. 그러나 어떤 해커가 브라우저의 버그를 이용하여 바이러스를 구동시킬 가능성은 언제나 있다.

쿠키는 그림 7-22에서 보는 것처럼 다섯 개까지의 필드를 포함할 수 있다. Domain은 쿠키가 어디에서 왔는지를 알려준다. 브라우저들은 서버들이 그들의 도메인에 대해 거짓말을 하는지를 조사하도록 돼 있다. 각 도메인은 클라이언트당 20개보다 많은 쿠키들을 저장할 수 없다. Path는 서버 파일 트리의 어느 부분들이 쿠키를 사용해도 좋은지를 알려주는 서버 디렉토리 구조 내의 경로이다. 종종 /로 표시되는데, 이는 전체 경로를 의미한다.

Domain	Path	Content	Expires	Secure
toms-casino.com	/	CustomerID=297793521	15-10-10 17:00	Yes
jills-store.com	/	Cart=1-00501;1-07031;2-13721	11-1-11 14:22	No
aportal.com	/	Prefs=Stk:CSCO+ORCL;Spt:Jets	31-12-20 23:59	No
sneaky.com	/	UserID=4627239101	31-12-19 23:59	No

그림 7-22 일부 쿠키의 예

Content 필드는 name = value의 형식을 취한다. name과 value 모두 서버가 원하는 임의의 내용일 수 있다. 이 필드가 바로 쿠키의 내용이 저장될 장소이다.

Expires 필드는 쿠키가 언제 시한이 만료될지를 규정한다. 이 필드가 없으면, 브라우저는 자신이 종료될 때 쿠키를 삭제한다. 이와 같은 쿠키를 **비지속적 쿠키(nonpersistent cookie)**라고 부른다. 만약 시간과 날짜가 주어지면, 쿠키는 **지속적(persistent)**이라고 불리며 시간이 지날 때까지 유지된다. 종료 시간들은 그리니치 평균 시간(Greenwich Mean Time)으로 주어진다. 클라이언트의 하드디스크로부터 쿠키를 제거하려면, 서버는 그 쿠키가 이미 종료된 시간을 갖게 하여 다시 한 번 보내면 된다.

마지막으로, Secure 필드는 브라우저가 SSL/TLS(8장에서 배우게 될 것이다.) 같은 보안전송을 사용하는 서버로만 쿠키를 반환할 수 있음을 나타내기 위해 사용될 수 있다. 이 기능은 전자상거래, 은행업무, 기타 보안이 필요한 응용에 사용된다.

지금까지 쿠키를 얻는 방법을 보아왔다. 그러면 이들은 어떻게 사용되는가? 페이지 요청을 웹 사이트로 보내기 바로 전, 브라우저는 요청이 보내질 도메인(웹 사이트)으로부터 과거에 받아들여진 쿠키들이 있는지 확인하기 위해 자신의 쿠키 디렉토리를 조사한다. 있다면, 그 도메인에 의해 받아들여진 모든 쿠키들이 요청 메시지에 포함된다. 메시지를 수신한 서버는 자신이 원하는 방식으로 이들을 처리할 수 있다.

쿠키의 몇 가지 사용 예를 살펴보자. 그림 7-22에서, 첫 쿠키는 toms-casino.com에 의해 설정돼서 고객 확인을 위해 사용된다. 고객이 좀 더 많은 돈을 투입하기 위해 다음 주에 로그인할 때, 브라우저는 그 쿠키를 다시 보내 서버로 하여금 고객이 누군지를 알게 한다. 서버는 고객 ID를 가지고 데이터베이스에 있는 고객의 기록을 살펴보고, 이 정보를 이용하여 고객에게 보여줄 직절한 웹 페이지를 만든다. 이 페이지는 고객의 알려진 도박 습성에 따라서 포커(poker hand), 오늘의 경마 리스트, 또는 슬롯머신으로 구성될 수 있다.

두 번째 쿠키는 joes-store.com으로부터 온 것이다. 고객이 한 상점 주변을 돌아다니며 살 물건들을 찾고 있다고 하자. 고객이 상품 하나를 찾아서 클릭하면, 서버는 그 상품들의 수량과 코드를 포함하는 쿠키를 만들어서 이를 고객에게 다시 보낸다. 고객이 계속 상점을 돌아다니면, 페이지 요청 시마다 쿠키가 반환된다. 계속 다른 상품들을 구매하면, 서버는 이들을 쿠키에 추가한다. 마지막으로, 고객이 PROCEED TO CHECKOUT을 클릭하면, 쿠키는 완전한 상품 구매 목록을 갖게 된다. 이 쿠키는 요청과 함께 보내진다. 이런 방식으로 서버는 판매된 것들을 정확히 알게 된다.

세 번째 쿠키는 웹 포탈에 대한 것이다. 고객이 이 웹 포털에 대한 링크를 클릭하면, 브라우저는 해당 쿠키를 보낸다. 이것은 포털에게 시스코(Cisco)와 오라클(Oracle)의 주가, 뉴욕 제트(New York Jet) 축구 경기의 결과를 포함하는 웹 페이지를 만들 것을 알려준다. 쿠키는 최대 4KB이므로 신문의 표제기사, 지역 날씨, 특별 제안 같은 내용들을 자세히 보여주기 위한 충분한 공간을 가지고 있다.

논쟁의 여지가 있는 쿠키의 사용은 사용자들의 웹 브라우징 습관에 대한 정보를 몰래 수집하는 것이다. 이는 웹 사이트 운영자가 그들의 사이트를 어떻게 방문하는지 이해하고 광고주는 광고나 특정 사용자가 보는 사이트의 프로파일을 만든다. 이런 논쟁거리는 보통 사용자가 자신의 활동이 어떻게 추이되는지, 나아가 자세한 프로파일, 관련 없는 사이트들까지 추이된다는 것을 인식하지 못한다는 것이다. 그럼에도 불구하고 웹 트래킹(Web Tracking)은 큰 비즈니스이다. 광조를 제공하고 트래킹하는 DoubleClick은 웹 감시회사 Alexa에 의해 세계에서 100대 활발한 웹 사이트로 평가된다. 운영자가 사이트 사용 추이를 분석할 수 있게 하는 구글 Analytics는 활발한 10만 사이트의 절반보다 더 많이 사용된다.

서버에게는 쿠키를 사용하여 사용자 활동을 추이하는 것은 쉽다. 서버가 얼마나 많은 방문자들이 사이트를 떠나기 전에 얼마나 많은 페이지를 읽었는지를 알려고 한다고 하자. 처음 요청이 왔을 때는 어떤 쿠키도 같이 포함돼서 오지 않으므로, 서버는 Counter=1을 포함하는 쿠키를 보낸다. 이 사이트를 방문하기 위해 클릭할 때마다 쿠키는 서버로 보내질 것이다. 카운터들을 유지함으로써, 서버는 첫 페이지 만으로 끝낸 사람, 두 페이지를 읽고 끝낸 사람 등을 알아볼 수 있다.

사이트들 간에 사용자의 돌아다니는 행동을 추이하는 것은 조금 복잡하다. 이 수집은 다음과 같이 행해진다. 스니키 애즈(Sneaky Ads)라는 광고대행사가 주요 웹 사이트들에 접속하여 그들의 웹 페이지들 상에 자신의 고객들을 위한 배너 광고들을 올린다. 이를 위해 업자는 사이트들의 소유주들에게 비용을 지불한다. 각 사이트에 올려질 GIF나 JPEG 파일을 주는 대신, 업자는 각 페이지에 추가할 URL을 제공한다. 제공된 각 URL은 파일 부분에 다음과 같은 고유 번호(unique number)를 가진다.

http://www.sneaky.com/382674902342.gif

사용자가 이와 같은 광고를 포함하고 있는 페이지 P를 처음으로 방문할 때, 브라우저는 HTML 파일을 가져온다. 그리고 브라우저는 HTML 파일을 검사하여 www.sneaky.com에 있는 이미지 파일에 대한 링크를 알아낸 다음 그곳으로 그 이미지에 대한 요청을 보낸다. 그 광고를 포함하고 있는 GIF 파일이 그림 7-22에 있는 유일 사용자 ID인 3627239101을 포함하고 있는 쿠키와 함께 전달된다. 스니키는 이 ID를 가지고 있는 사용자가 페이지 P를 방문했다는 사실을 기록한다. 이것은 매우 쉽다. 왜냐하면 요청된 파일(382674902342.gif)은 페이지 P에서만 참조되기 때문이다. 물론 실질적인 광고는 수천 페이지에 나타날 수 있다. 그러나 매번 다른 파일 이름으로서 존재한다. 스니키는 아마도 매번 광고를 사용자에게 실을 때마다 상품 제조업자로부터 약간의 돈을 받을 것이다.

나중에 사용자가 스니키의 광고들 중 어떤 것을 포함하는 다른 웹 페이지를 방문하게 되면, 브라우저는 서버로부터 해당 HTML 파일을 가져온 후에 소위 http://www.sneaky.com/ 493654919923.gif에 대한 링크를 보고 그 파일을 요청한다. 브라우저는 sneaky.com 도메인에서 가져온 쿠키를 이미 가지고 있으므로 브라우저는 스니키의 쿠키에 사용자의 ID를 포함시킨다. 이제 스니키는 사용자가 방문한 두 번째 페이지를 알고 있다.

머지않아 스니키는 사용자가 자신의 어떤 광고를 클릭한 적이 없다 하더라도 그의 브라우징 습관들에 대한 완전한 프로파일(profile)을 구축할 수 있다. 물론 아직 사용자의 이름을 알아 낸 것은 아니다(비록 다른 데이터베이스를 이용하여 이름을 유도하기에 충분한 IP 주소를 가지고 있기는 하지만). 그러나 만약 사용자가 스니키와 제휴하고 있는 어떤 사이트에 그의 이름을 등록했다면, 완전한 프로파일이 그의 이름과 함께 정보를 원하는 어느 누군가에게 판매될 수 있다. 이 정보를 판매해서 스니키는 더 많은 웹 사이트에 광고를 올릴 수 있게 되고 따라서 더 많은 정보를 수집할 수 있게 된다.

만약 스니키가 약간 꾀를 낸다면 광고는 고전적인 의미의 광고일 필요가 없다. 배경화면에 픽셀로 구성된 (그래서 보이지 않는) "광고"는 일반 배너 광고와 같은 효과를 갖는다. 이 광고는 브라우저로 하여금 1x1-픽셀 gif 이미지를 가져와야 하므로 그 픽셀 도메인에서 시작된 모든 쿠키들을 보낸다.

위와 같이 쿠키는 행동을 추이하는 것으로 인해 온라인 사생활(privacy)에 대한 논쟁을 일으키는 민감한 사인이 되어 왔다. 전체 비즈니스 중 가장 문제시되는 부분은 많은 사용자가 정보 수집에 대해서 완전히 인식하지 못하고, 심지어 위의 광고들을 클릭만 안 하면 안전하다고 생각한다. 이와 같은 이유로 사이트들 간에 사용자를 추이하는 쿠키는 스파이웨어(spyware)라고 한다. 당신의 브라우저에 저장된 쿠키를 들여다보자. 아이디뿐만 아니라 이름, 이메일 주소, 비밀번호를 보고 놀라게 될 것이다. 운 좋게 신용카드는 없다고 해도 남용에 대한 가능성이 명백하다.

사생활 유지를 위해 일부 사용자들은 자신의 브라우저가 모든 쿠키들을 기각하도록 해놓는다. 그러나 이는 쿠키를 사용하는 합법적인 웹 사이트들의 경우 문제가 될 수 있다. 대안으로 대부분의 브라우저는 사용자가 제3자 쿠키(Third-party cookie)를 막도록 할 수 있다. 제3자 쿠키란 받아온 주요 페이지가 아닌 다른 사이트에서 온 것을 의미한다. 예를 들어, sneaky.com 쿠키는 다른 사이트에서 그 페이지와 상호작용할 때 사용된다. 이러한 쿠키를 막는 것은 다른 여러 웹 사이트들을 추이하는 것을 막을 수 있게 한다. 브라우저 확장자를 설치하는 것도 쿠키의 사용 여부에 대한 다양한 제어를 제공한다. 논쟁이 계속될수록, 많은 회사가 어떻게 그들이 공유하는 정보가 남용되지 않도록 개인정보 보호정책을 개발하는 중이다. 물론 이런 정책은 단순히 회사가 어떻게 정보를 관리하는가를 나타낸다. 예를 들면 "우리는 우리 회사에서 당신으로부터 모아진 정보를 사용할 수도 있다." 이는 그 정보를 팔아넘길 수도 있다는 뜻이다.

7.3.2 정적 웹 문서

웹의 기본은 서버에서 클라이언트로 웹 페이지들을 전달하는 것이다. 가장 단순한 형태의 웹 페이지는 정적 웹 페이지이다. 즉, 어느 서버 안에 있으면서 매번 같은 방식으로 검색되고 보이는 단순한 파일들이다. 그러나 그 파일들이 단순히 정적(static)이라고 해서 브라우저에 단순히 삽입된다는 것은 아니다. 비디오를 포함하고 있는 페이지 또한 정적 웹 페이지이다.

앞서 언급하였듯이, HTML은 웹에서 가장 많은 페이지에 이용된 공용어라고 할 수 있다. 교수진들이 만든 홈페이지는 보통 정적 HTML 페이지로 구성되어 있다. 회사들의 홈페이지의 경우 보통 동적 페이지로 구성되며 웹 디자인 회사의 도움을 받아 구현하게 된다. 이 절에서는 간단히 나중에 배울 요소들의 초석으로 정적 HTML 페이지에 대해 알아본다. HTML에 대해 잘 알고 있는 독자들은 이 절을 건너뛰고 동적 요소들과 웹 서비스에 대한 절로 가도 된다.

HTML

웹 페이지들은 현재 **HTML(HyperText Markup Language)**이라고 불리는 언어로 작성된다. HTML은 사용자들이 문자, 그래픽, 그리고 다른 웹 페이지들을 가리키는 포인터들을 포함하는 웹 페이지들을 만드는 것을 가능하게 한다. HTML은 마크업(markup) 언어, 즉 문서들의 형식(format)이 어떻게 돼야 하는지를 묘사하는 언어이다. "마크업"이라는 용어는 옛날에 신문 편집자들이 인쇄자에게 (당시에는 사람이 직접 인쇄를 위한 조판 작업을 했음) 사용할 폰트 등을 문서에 직접 표시하여 알려준 것으로부터 유래했다. 따라서 마크업 언어들은 형식을 만들기 위한 명시적 명령어(explicit command)들을 포함한다. 예를 들면, HTML에서 <b>는 볼드체(boldface) 모드의 시작을 의미하고, 그리고 </b>는 볼드체 모드의 종료를 의미한다. LaTeX와 TeX는 마크업 언어의 또 다른 예로 학술 저자들이 많이 쓴다.

명시적인 마크업을 사용하지 않는 언어에 비해 마크업 언어가 갖는 장점은 마크업 언어 덕분에 내용물과 그 내용물이 어떻게 보이는가를 구분할 수 있다는 것이다. 브라우저의 작성이 단순하다는 것이다. 브라우저는 단순히 마크업 명령어들을 이해하고 그것을 내용물에 적용하면 되는 것이다. 각 HTML 파일에 모든 마크업 명령어들을 삽입하고 이들을 표준화함으로써, 어떤 웹 브라우저라도 임의의 웹 페이지를 읽어 들이고 형식을 재구성할 수 있게 된다. 웹 페이지들을 받아서 그 형식을 재구성할 수 있는 것은 매우 중요하다. 왜냐하면 24비트 색상, 1600×1200 해상도로 만들어진 어느 한 웹 페이지를 640×320의 모바일 폰의 윈도우에 나타내야 하는 경우가 발생할 수 있기 때문이다.

이제 HTML이 어떻게 생겼는지를 보여주는 정도로 HTML을 간단히 소개하려고 한다. 어떤 표준 에디터(editor)로도 HTML 문서를 작성할 수 있고 또한 많은 사람들이 그렇게 작성하고 있다. 그러나 대부분의 작업을 알아서 해주는 (그래서 최종 결과의 모든 세밀한 부분들에 대해 사용자의 제어 권한이 적은) 특수한 HTML 에디터나 워드프로세서를 사용하는 것 또한 가능하다.

HTML로 작성된 간단한 웹 페이지와 그 페이지가 브라우저에 보이는 것이 그림 7-23에 나타나 있다. 웹 페이지는 <html>과 </html> 태그(형식 정의 명령)들로 에워싸여 있는 헤드(head)와 바디(body)로 구성된다(비록 대부분의 브라우저들이 이 태그들이 생략돼도 이를 문제 삼지는 않는다). 그림 7-23(a)에서 볼 수 있는 것처럼, 헤드는 <head>와 </head> 태그로, 바디는 <body>와</body> 태그로 둘러싸인다. 태그 내부의 문자열을 지시어(directive)라고 부른다. 대부분의 HTML 태그들은 이 같은 형식으로 구성된다. 즉, <어떤 것>은 어떤 것의 시작을 의미하고, </어떤 것>은 어떤 것의 끝을 의미한다.

태그들은 대문자와 소문자 모두 가능하다. 따라서 <HEAD>와 <head>는 같은 의미이다. 그러나 소문자로 쓰는 것이 호환성이 더 높다. 사실 HTML 문서의 실제 배치는 아무 상관이 없다. HTML 파서(parser, 구문분석기)들은 여분의 스페이스와 캐리지리턴을 무시한다. 왜냐하면 이들은 해당화면 영역에 적합하도록 문자 형식을 다시 만들어야 하기 때문이다. 결과적으로, HTML 문서 자체의 가독성

```
<html>
<head> <title> AMALGAMATED WIDGET, INC. </title> </head>
<body> <h1> Welcome to AWI's Home Page </h1>
<img src="http://www.widget.com/images/logo.gif" ALT="AWI Logo"> <br>
We are so happy that you have chosen to visit <b> Amalgamated Widget's</b>
home page. We hope <i> you </i> will find all the information you need here.
<p>Below we have links to information about our many fine products.
You can order electronically (by WWW), by telephone, or by email. </p>
<hr>
<h2> Product information </h2>
<ul>
  <li> <a href="http://widget.com/products/big"> Big widgets </a> </li>
  <li> <a href="http://widget.com/products/little"> Little widgets </a> </li>
</ul>
<h2> Contact information </h2>
<ul>
  <li> By telephone: 1-800-WIDGETS </li>
  <li> By email: info@amalgamated-widget.com </li>
</ul>
</body>
</html>
```

(a)

Welcome to AWI's Home Page

We are so happy that you have chosen to visit **Amalgamated Widget's** home page. We hope *you* will find all the information you need here.

Below we have links to information about our many fine products. You can order electronically (by WWW), by telephone, or by email.

Product Information

- Big widgets
- Little widgets

Contact information

- By telephone: 1-800-WIDGETS
- By email: info@amalgamated-widget.com

(b)

그림 7-23 (a) 견본 웹 페이지에 대한 HTML (b) 형식에 맞춰 만들어진 웹 페이지

을 높이기 위해 정말로 필요하다면 여백들을 의도적으로 추가할 수 있다. 또 다른 결과는 공백 줄들은 그냥 무시되므로 단락(paragraph) 구분을 위해 사용될 수 없다는 것이다. 이 경우 명시적 태그의 사용이 요구된다.

일부 태그들은 **애트리뷰트(attribute)**라고 불리는 (명명된) 파라미터들을 가지고 있다. 예를 들어 그림 7-23의 <img> 태그는 텍스트와 함께 이미지를 포함시키기 위해 사용된다. 이것은 src와 alt라는 두 개의 애트리뷰트를 가지고 있다. 첫 번째 속성은 이미지에 대한 URL을 제공한다. HTML 표준에서는 이미지 형식에 제한을 두지 않는다. 실제로 모든 브라우저는 GIF나 JPEG 파일 형식을 모두 수용할 수 있다. 브라우저는 다른 형식의 이미지에 대해서도 수용한다. 그러나 이러한 확장성은 양날의 칼과도 같다. 만약 사용자가 TIFF 파일 형식의 사용에 익숙해져서 그의 웹 페이지를 TIFF 파일 형식을 이용하여 이미지를 만들었는데 다른 브라우저에서 TIFF 형식의 파일을 열지 못한다면 그는 당황스러워질 것이다.

두 번째 속성은 이미지가 보이지 않을 경우에 대체되는 텍스트이다. HTML 표준은 각 태그에서 허용되는 파라미터들의 목록과 의미를 제공한다. 각 파라미터에는 개별 명칭이 부여돼 있으므로, 나열 순서는 염려하지 않아도 된다.

기술적으로 보면, HTML 문서는 ISO 8859-1 Latin-1 문자 집합으로 작성돼 있다. 그러나 ASCII 만을 지원하는 키보드들의 사용자들을 위해, è와 같은 특수 문자들을 위한 이스케이프 시퀀스(escape sequence)를 제공한다. 이 특수 문자들의 목록은 표준에 정의돼 있다. 이들 모두는 &로 시작해서 ;으로 끝난다. 예로서, 은 여백을 만들어내고, è는 è를 만들어내며, é는 é를 만들어낸다. 문자 <, >, 그리고 &는 특수 의미를 가지므로, 이들은 각기 <, >, 그리고 &의 이스케이프 시퀀스(escape sequence)로 표현돼야 한다.

헤드에서의 주요 항목은 <title>로 시작해서 </title>로 끝나는 주제이다. 그러나 특정 종류의 메타-정보(meta-information)들도 또한 있을 수 있다. 주제 자체는 웹 페이지에 나타나지 않는다. 일부 브라우저들은 주제를 해당 페이지 윈도우의 레이블(label)로 사용한다.

이제 그림 7-23에 나타나 있는 일부 다른 특징들을 살펴보자. 헤딩(heading)들은 <hn> 태그에 의해 생성되는데, 여기서 *n*은 정수 1에서 6까지의 범위를 갖는다. <h1>은 가장 중요한 헤딩이고, <h6>은 가장 덜 중요한 표제를 의미한다. 이들의 적절한 화면출력 형태는 브라우저에 따라 다르다. 통상 숫자가 낮을수록 헤딩은 더 크고 굵은 폰트(font)로 출력된다. 또한 브라우저는 각 헤딩 레벨에 따라 다른 색상으로 출력할 수도 있다. 보통 <h1> 헤딩은 위아래에 적어도 하나 이상의 공백 줄을 갖는 큰 볼드체 폰트로 출력된다. 이와 다르게, <h2>는 그보다는 적은 공백 줄과 볼드체 폰트로서 출력된다.

<b>와 <i> 태그들은 각각 볼드체와 이탤릭체 모드의 시작을 의미한다. <hr> 태그는 화면상에 수평의 라인을 제공해준다.

<p>는 문단의 시작을 의미하며, 이 태그는 공백 줄 삽입과 들여쓰기(indentation)를 할 수도 있다. 흥미롭게도 </p>태그는 문단의 마지막을 나타내기 위해 존재하지만 종종 게으른 HTML 프로그래머들

덕분에 생략되기도 한다.

HTML은 네스티드 리스트(nested list)를 표현하는 것을 포함한, 다양한 리스트 작성 메커니즘을 제공한다. 무정렬(unordered) 리스트는 그림 7-23에 나와 있는 것처럼 <ul>과 <li>를 자신의 항목 앞에 붙인다. 또한 <ol>이라는 태그는 정렬된 리스트를 표현할 때 사용한다. 정렬이 되지 않은 리스트의 각 항목들은 불렛(bullet,•)이 앞에 붙게 된다. 정렬된 리스트의 항목들은 브라우저에 의해 순서가 앞에 붙는다.

마지막으로 우리는 하이퍼링크에 대해 배울 것이다. 그림 7-23에서 <a>(anchor)와 </a> 태그가 바로 그것이다. <a>태그는 다양한 파라미터를 가지며 가장 중요한 것으로는 href를 이용하여 링크된 URL을 표시하는 것이다. <a>와 </a>사이에 있는 텍스트는 브라우저에 나타나는 내용이다. 만약 그것(텍스트)이 선택되면 하이퍼링크를 따라 새로운 페이지로 이동할 것이다. 이것은 또한 다른 요소로 링크되는 것을 가능하게 한다. 예를 들어 <a>와 </a>사이에 이미지가 <img>태그를 이용하여 주어질 수도 있다. 이러한 경우 클릭이 되어 하이퍼링크가 작동하게 되면 이미지가 보이게 된다.

다양한 HTML태그와 속성이 존재하고 우리가 미처 간단한 예제로 다루지 못한 것들이 있다. 예를 들어 <a>태그는 name이라는 파라미터로 하이퍼링크를 심을 수 있고, 그 하이퍼링크가 페이지의 중간을 가리키게 할 수도 있다. 예를 들어 콘텐츠들이 클릭 가능한 테이블로 이루어진 웹 페이지인 경우 유용하다. 콘텐츠로 구성된 테이블의 한 아이템을 클릭하면 사용자는 그에 상응하는 섹션이 있는 페이지의 위치로 이동하게 된다.
태그는 브라우저에서 새로운 줄을 시작하게 해준다.

아마도 태그들을 이해하는 가장 좋은 방법은 직접 사용하면서 동작방법을 눈으로 확인하는 것이다. 그렇게 하기 위해서는 웹 페이지를 골라 여러분의 브라우저에서 HTML이 어떻게 작동되는지 보는 것이다. 브라우저들은 메뉴 항목으로 소스 보기(View Source) 또는 이와 유사한 항목을 가진다. 이 항목을 선택하면 해당 페이지의 형식에 따라 만들어진 형태 대신 HTML 소스(source)를 보여준다.

우리는 지금까지 웹의 초창기부터 존재해왔던 태그들에 대해 배웠다. HTML은 지속적으로 진화해왔다. 그림 7-24는 몇 가지 더해진 성공적인 HTML 버전의 변천사를 보여준다. HTML 1.0은 웹의 초창기 때 쓰인 HTML 버전을 말한다. HTML 버전 2.0, 3.0과 4.0은 몇 년간의 웹의 급속한 성장을 반영한다. HTML 4.0은 표준 버전 HTML 5.0이 나오기 전까지 거의 10년 동안 사용되어 왔다.

왜냐하면 HTML 5.0으로 가는 것은 브라우저가 고급의 콘텐츠를 다룰 수 있게 합병하는 큰 업그레이드였고 HTML 5.0으로 가는 노력은 현재도 진행 중이고 빨라도 2012년 전까지는 표준된 것을 내놓지 못할 것이라고 생각했기 때문이다. 주요 브라우저들은 벌써 HTML 5.0의 기능을 지원한다.

HTML 버전의 발전은 표준화가 되기 전까지 표준화되지 않은 곳(플러그인 등)에서 사용자들이 원하는 요소들이 새롭게 추가되는 것을 말한다. 예를 들어 HTML 1.0과 HTML 2.0에서는 테이블이 없었고 HTML 3.0에서 추가가 되었다. HTML 테이블은 한 개 이상의 행(row)으로 구성되며, 각 행은 또한 한 개 이상의 셀(cell)로 구성된다. 셀은 문자, 그림, 아이콘, 사진, 그리고 또 다른 테이블을 포함한 광범위한 요소들을 가질 수 있다. 셀들은 합쳐질 수 있다.

HTML 4.0에는 더 많은 새로운 기능들이 추가됐다. 이 추가기능들에는 장애인들을 위한 액세스 기능들, 객체 삽입(object embedding, <img>를 일반화하여 다른 객체들도 페이지 안에 넣을 수 있게 한 것임), 스크립트 언어 지원(동적 콘텐츠를 위해) 등이 포함돼 있다.

Item	HTML 1.0	HTML 2.0	HTML 3.0	HTML 4.0	HTML 5.0
Hyperlinks	x	x	x	x	x
Images	x	x	x	x	x
Lists	x	x	x	x	x
Active maps & images		x	x	x	x
Forms		x	x	x	x
Equations			x	x	x
Toolbars			x	x	x
Tables			x	x	x
Accessibility features				x	x
Object embedding				x	x
Style sheets				x	x
Scripting				x	x
Video and audio					x
Inline vector graphics					x
XML representation					x
Background threads					x
Browser storage					x
Drawing canvas					x

7-24 HTML 버전간의 차이

HTML 5.0은 오늘날 일상적으로 웹에서 사용되는 고급 미디어를 다룰 수 있는 많은 요소들을 포함한다. 비디오와 오디오가 페이지들에 포함될 수 있고 사용자가 플러그인을 설치할 필요 없이 브라우저에 의해 재생된다. 브라우저에서 그리기(drawing)는 JPEG나 GIF와 같은 비트맵 이미지 형식이 아닌 벡터 그래픽으로 그릴 수 있다. 이 밖에도 브라우저상에서 스크립트를 실행하기 위한 많은 것들이 지원되는데 예를 들어 계산을 위한 백그라운드 쓰레드와 저장 공간에 대한 접근 등이 있다. 이 모든 요소들은 웹 페이지가 문서가 아닌 사용자의 인터페이스를 갖고 전통의 어플리케이션보다 나은 것이 되고자 돕는다. 이것이 바로 웹이 진화하고 있는 방향이다.

입력과 폼

우리가 아직까지 토론해보지 않은 중요한 한 가지 능력이 있다. 바로 입력(input)이다. HTML 1.0은 기본적으로 단방향이었다. 사용자들은 정보제공자로부터 페이지를 가져올 수는 있었지만 그 반대로 정보를 보내는 것은 힘들었다. 많은 상업 기관들이 웹을 사용하기 시작하면서 양방향 전송에 대한 요구가 많아졌다. 예를 들면, 많은 업체들은 그들의 웹 페이지를 통해서 상품에 대한 주문을 받기를 원했고, 소프트웨어 개발업체들은 웹을 통해서 소프트웨어를 배포하고 사용자들이 등록 카드에 전자적으로 입력하기를 원했다. 그리고 웹 검색을 제공하는 회사들은 사용자들이 검색어를 입력할 수 있기를 원했다.

입력한 것을 사용자로부터 브라우저를 통해서 서버로 보내는 것은 두 가지의 도움이 필요하다. 첫째로 HTTP는 데이터를 올바른 방향으로 전달할 수 있어야 한다. 우리는 다음 섹션에서 데이터를 어떻게 올바른 방향으로 전달하는지에 대해 배울 것이다. 그것은 POST라는 메서드를 이용한다. 두 번째로 필요한 것은 입력을 모아 포장된 사용자 인터페이스 요소들을 보여줄 수 있어야 한다. 이런 요구들은 결과적으로 HTML 2.0부터 **폼**(form)들을 포함하게 했다.

폼은 사용자가 정보를 입력하거나 선택해서 그 정보를 페이지 소유자에게 전송할 수 있도록 해주는 상자들이나 버튼들을 포함한다. 폼은 HTML의 그림 7-25와 같이 다른 파트들처럼 비슷한 방법으로 쓴다. 그러나 언급하자면 폼은 정적 콘텐츠다. 이것들은 누가 이것을 사용하느냐에 상관하지 않고 늘 같은 동작을 하게 된다. 동적 콘텐츠는 보내진 브라우저의 환경에 따라 행동이 매우 의존적인 프로그램으로부터 입력값을 모으기 위해 좀 더 정교한 방법을 제공하며 나중에 이에 대해 다룰 것이다.

모든 폼들처럼, 이 예도 <form>과 </form> 태그로 에워싸여 있다. 이 태그의 속성들은 입력으로 받은 데이터를 가지고 무엇을 해야 할지 말한다. 이 경우 데이터를 특정한 URL로 보내기 위해서는 POST 메서드를 사용한다. 태그로 에워싸여 있지 않은 문자는 그냥 보인다. 모든 보통 태그(<b>)는 폼에서 사용될 수 있다.

세 종류의 입력 상자가 폼 안에서 사용되며 각각 <input> 태그를 이용한다. 이 태그는 크기, 특성, 그리고 화면에 보여진 상자의 사용법의 결정을 위한 다양한 파라미터들을 가진다. 가장 일반적인 폼들로는 사용자 문자를 받아들이기 위한 공백 필드, 체크 상자, 활성 맵, 그리고 제출하기(submit) 버튼들이 있으며 그것들은 데이터를 서버로 보내준다.

처음 입력 상자는 텍스트 박스(text box)로 문자 "Name" 뒤에 나온다. 이 상자는 46문자 길이를 가지고 사용자 입력을 기다린다. 입력된 스트링은 변수 customer에 저장되고 나중에 처리된다.

폼의 다음번 줄은 사용자 주소를 요청한다. 이 상자는 한 줄에 40문자 길이를 가진다. 이후에는 도시, 주, 그리고 국가 입력이 요청된다. 이 필드들 간에는 <p> 태그들이 사용되지 않았으므로 브라우저는 필드들이 적당한 위치에 잘 맞는다면 분리된 문단으로 보여주는 것을 대신하여 한 줄에서 이들을 적당한 형태로 보여준다. 브라우저의 관점에서, 이 단락은 이들은 단지 세 스트링과 세 상자, 즉 여섯 항목들을 포함한다. 다음 줄은 신용카드 번호와 카드 유효기간 종료일을 요청한다. 인터넷을 통해 신용카드 번호를 전송하려면 적절한 보안 조치가 취해져야 한다. 일부 브라우저들은 사용자 전송 정보를 암호화시킨다. 이런 보안 문제들을 8장에서 살펴본다.

```
<html>
<head> <title> AWI CUSTOMER ORDERING FORM </title> </head>
<body>
<h1> Widget Order Form </h1>
<form ACTION="http://widget.com/cgi-bin/order.cgi" method=POST>
<p> Name <input name="customer" size=46> </p>
<p> Street address <input name="address" size=40> </p>
<p> City <input name="city" size=20> State <input name="state" size =4>
Country <input name="country" size=10> </p>
<p> Credit card # <input name="cardno" size=10>
Expires <input name="expires" size=4>
M/C <input name="cc" type=radio value="mastercard">
VISA <input name="cc" type=radio value="visacard"> </p>
<p> Widget size Big <input name="product" type=radio value="expensive">
Little <input name="product" type=radio value="cheap">
Ship by express courier <input name="express" type=checkbox> </p>
<p><input type=submit value="Submit order"> </p>
Thank you for ordering an AWI widget, the best widget money can buy!
</form>
</body>
</html>
```

(a)

Widget Order Form

Name [ ]

Street address [ ]

City [ ] State [ ] Country [ ]

Credit card # [ ] Expires [ ] M/C ○ Visa ○

Widget size Big ○ Little ○ Ship by express courier ○

[Submit order]

Thank you for ordering an AWI widget, the best widget money can buy!

(b)

그림 7-25 (a) 상품 주문 폼 HTML (b) 형식에 맞춰 만들어진 페이지

신용카드 유효기간 종료일 입력 상자 다음에는 라디오 버튼이라는 새로운 특성을 만나게 된다. 라디오 버튼은 두 개 이상의 대립되는 항목 중에 하나를 선택할 때 사용한다. 여기에 보이는 세련된 라디오 버튼 모델은 방송을 선택하는 여섯 개의 버튼을 가진 카라디오(car radio)이다. 브라우저는 폼 내부에 이들 버튼들을 출력해서 사용자들이 마우스 클릭이나 키보드를 사용해서 이들을 선택하거나 해제할 수 있도록 한다. 하나를 선택하면 동일 그룹에 속하는 다른 버튼들은 해제된다. 이 버튼이

보이는 형태는 브라우저에 따라 다르다. 위젯(widget) 크기 또한 두 버튼으로 구성된다. 이 두 그룹은 name 필드에 의해 구분되는 것이지, <radiobutton>, </radiobutton> 같은 것을 사용하는 정적 영역(static scoping)에 의해 구분되는 것은 아니다.

value 파라미터는 어떤 라디오 버튼이 선택되었는지를 가리키는 데 사용된다. 예를 들어 사용자가 어떤 신용카드 옵션을 선택했는지에 따라, 변수 cc는 스트링 "mastercard" 또는 "visacard"로 설정된다.

두 세트의 라디오 버튼 다음에는 checkbox 유형으로 표현되는 선적(shipping) 옵션이 나온다. 이 상자도 선택되거나 해제될 수 있다. 오직 하나만을 선택할 수 있는 라디오 버튼과는 달리 각 checkbox 유형의 상자들은 서로 상관없이 선택되거나 해제될 수 있다.

```
customer=John+Doe&address=100+Main+St.&city=White+Plains&
state=NY&country=USA&cardno=1234567890&expires=6/14&cc=mastercard&
product=cheap&express=on
```

그림 7-26 사용자가 브라우저에 입력한 정보가 서버로 가는 응답 예

마지막으로 제출하기(submit) 버튼을 살펴보자. 여기서 value 문자열은 버튼 위에 위치하도록 나타나는 레이블이다. 사용자가 제출하기 버튼을 누르면, 브라우저는 수집된 정보를 하나의 긴 줄로 패키지하고 그것을 <form> 태그의 일부로서 제공된 URL의 서버에 보낸다. 간단한 인코딩(encoding)이 사용된다. 필드 구분을 위해 &를, 그리고 공백을 나타내기 위해 +를 사용한다. 우리 예제의 폼에서, 제출하기 버튼을 눌러 생성된 라인은 그림 7-26과 같을 것이다. 이 문자열은 한 줄로 서버에 전달될 것이다(여기서는 세 줄로 나뉘어 있다. 왜냐하면 페이지가 충분히 넓지 않기 때문이다). 이 문자열을 이해하는 것은 서버에게 달려 있다. 어떻게 처리할 수 있는 지에 대해서는 이 장 뒤에서 살펴본다.

우리가 이번 예제에서 다루지는 않았지만 다른 입력 타입들도 존재한다. 두 개의 다른 타입으로는 password와 textarea가 있다. password 상자는 text 상자와 동일한 형태를 가지지만, 기본 타입으로는 이름을 가질 필요가 없으며 입력한 문자가 입력한 문자대로 보이지 않는다는 점에서 다르다. text area 상자는 여러 줄을 포함할 수 있는 점을 제외하면 text 상자와 동일하다.

긴 항목들 중에서 선택을 해야 하는 경우에는 <select>와 </select> 태그가 이들 많은 항목들을 나타내기 위해서 제공된다. 이 항목은 드롭-다운(drop-down) 메뉴의 형태로 처리된다. 의미상으로는 라디오 버튼과 같다(multiple 파라미터가 없을 경우, 이 경우는 체크상자[checkbox]와 같은 의미를 가진다).

마지막으로, 사용자가 바꿀 수 있는 초기 값이나 기본 값을 명시하기 위한 많은 방법들이 있다. 예를 들어 텍스트상자의 경우 value 필드를 두고, 콘텐츠들은 사용자가 수정하거나 지울 수 있도록 폼 안에 보인다.

CSS – Cascading Style Sheets

HTML의 궁극적 목적은 그것 자체의 보임이 아니라 문서의 구조를 명시하기 위함이었다.

<h1>Deborah's Photos</h1>

이것은 브라우저가 헤딩(제목)을 강조하라고 지시한다. 그러나 문자 유형(typeface), 글자 크기, 색깔과 같은 어떠한 정보도 말하지 않는다. 이런 것들은 디스플레이의 속성들(장치의 속성들을)을 아는 브라우저의 몫이다. 그러나 많은 웹 페이지 디자이너들은 그들의 페이지가 어떻게 보이는지에 대한 확실한 제어(control)를 원했다. 그래서 어떻게 보이는지에 대한 제어가 가능한 새로운 태그들이 HTML에 포함되었다.

<font face="helvetica" size="24" color="red">Deborah's Photos</font>

또한 스크린에서 정확한 위치에 놓이는 것을 제어하기 위한 몇 가지 방법들이 추가되었다. 이러한 접근 방식의 문제는 이식성(portability)이 없다는 것이다. 비록 웹 페이지가 자신이 만들어진 브라우저에서는 완벽히 보여질 수 있지만, 다른 브라우저나 같은 브라우저의 다른 버전, 또는 다른 스크린 해상도에서는 완전히 엉망일 수 있다.

더 나은 대안 점은 스타일 시트를 이용하는 것이다. 문자 편집기(text editors)안에서 스타일 시트는 사용자가 문자를 물리적 스타일이 아니라 논리적 스타일로 연관 짓는 것을 허락한다. 예를 들어 "italic text"를 대신해 "initial paragraph"를 사용하는 것이다. 각 스타일의 모양은 각각 다르게 정의된다. 이러한 방식으로 만약 사용자가 초기 문단(initial paragraph)이 이탤릭체로 글자크기 14를 정의한 것에서 글자크기 18의 굵은 분홍색의 서체로 바꾼다면 이 한 가지 정의만을 바꾼 것으로 문서 전체가 바뀐다.

CSS(Cascading Style Sheets)는 비록 와이드스프레드(widespread)가 쓰이고 브라우저의 지지가 2000년까지 제대로 이루어지지 않았지만, HTML 4.0의 웹에 스타일 시트를 소개하였다. CSS는 태그된 콘텐츠의 보임을 제어하기 위한 규칙을 표현하기 위해 간단한 언어를 정의한다. 아래의 예제를 살펴보자. AWI가 네이비 색상의 Arial 폰트를 가진 황백색 배경의 레벨 헤딩들은 각 레벨마다 그전의 텍스트들보다 최대 100% 그리고 50% 크게 반영되는 아주 멋진 웹 페이지를 원한다고 가정하자. 이러한 규칙을 적용한 CSS의 정의가 그림 7-27에 있다.

```
body {background-color:linen; color:navy; font-family:Arial;}
h1 {font-size:200%;}
h2 {font-size:150%;}
```

그림 7-27 CSS의 예

보는 것과 같이 스타일의 정의는 압축되어 보일 수 있다. 각 줄은 그것이 적용될 하나의 속성의 값을 갖는 하나의 요소를 선택한다. 요소의 속성들은 마치 모든 다른 HTML 요소들이 그것을 포함하고 있는 것처럼 초기 값으로 적용한다. 따라서 body라는 스타일 정의는 실제 본문의 텍스트에서 적용된다. 이것은 글자 색을 설정하는 데에도 그냥 red라고 명시를 하면 되므로 간단하다. 어떠한 정의되지 않은 스타일의 파라미터들도 브라우저에 의해 기본값으로 설정될 수 있다. 이러한 행동은 스타일 시트의 정의가 부가적이게 만든다. 따라서 몇 가지 표현들은 스타일 시트가 없이도 발생하기도 한다.

스타일 시트는 HTML파일로 대체되기도 한다. 이러한 경우에는 <style> 태그를 이용한다. 그러나 통상적으로 스타일 시트를 파일로 분리하여 참조해서 사용하는 것이 일반적이다. 예를 들어 그림 7-28에서 AWI 페이지의 <head> 태그는 스타일 시트가 있는 파일인 awistyle.css를 불러온다. 이 예제는 또한 CSS파일이 text/css파일 형태가 되기 위한 MIME 타입을 보여준다.

```
<head>
<title> AMALGAMATED WIDGET, INC. </title>
<link rel="stylesheet" type="text/css" href="awistyle.css" />
</head>
```

그림 7-28 CSS 스타일 시트를 포함한 예

이러한 전략은 두 가지의 장점이 있다. 첫째로 웹 사이트의 많은 페이지에 적용할 수 있는 스타일 세트를 제공한다. 이러한 구조는 심지어 다른 프로그래머에 의해 다른 시간에 작성된 페이지일지라도 페이지의 일관된 외관을 제공하고 전체 사이트를 한눈에 관리할 수 있다. 또한 HTML이 아닌 하나의 CSS파일로 전체 사이트의 스타일을 바꿀 수 있게 해준다. 이 메서드는 C프로그램의 #include와 비교될 수 있다. 한 마크로 정의를 바꾸면 그 헤더를 포함하고 있는 모든 프로그램 파일들의 내용이 바뀐다. 두 번째 장점으로는 HTML파일의 용량을 줄일 수 있다. 왜냐하면 브라우저는 하나의 CSS파일을 모든 페이지를 위해 다운로드하기 때문이다. 각각의 웹 페이지를 위해 새로운 복사본을 다운받을 필요가 없다.

7.3.3 동적 웹 문서와 웹 어플리케이션

우리가 지금까지 사용해 온 정적 문서 모델은 편리하게 서로 연결되어 있는 멀티미디어 문서들을 다루고 있다. 이런 모델은 방대한 양의 정보가 온라인에 존재하였던, 웹 초기 시절에는 적절한 모델이었다. 요즘 웹에서 흥미로운 것들은 이 모델을 어플리케이션과 서비스로 사용하고 있다. 예를 들면, 전자 상거래 사이트에서 물건을 사고, 도서 목록이나 지도를 검색하는 일, 이메일을 읽고 쓰는 일 그리고 문서 작성을 위해 공동으로 작업하는 것을 말한다.

이러한 새로운 사용은 마치 전통적인 어플리케이션 소프트웨어(이메일 프로그램, 워드 프로세서)와 같다. 어플리케이션은 인터넷 데이터센터의 서버에 저장된 사용자 데이터를 가지고 브라우저 내부에서 실행된다. 사람들은 인터넷을 통해 정보에 접근하기 위해, 브라우저가 사용자의 인터페이스를 나타낼 수 있도록 웹 프로토콜을 사용한다. 이런 접근의 장점은 사용자가 개별적인 어플리케이션 프로그램을 설치할 필요가 없고, 다른 컴퓨터들이 사용자의 데이터에 접근이 가능하고, 서비스 제공자들에 의해 백업될 수 있다는 점이다. 물론, 이러한 어플리케이션은 큰 제공업체들이 공짜로 제공한다. 이 모델은 컴퓨터 조작이 개인의 데스크톱 컴퓨터로부터 떨어져 나와 인터넷의 공동 서버 클러스트에서 가능하게 된 **클라우드 컴퓨팅**의 가장 대중적인 모델이다.

어플리케이션처럼 동작하기 위해 웹 문서는 더 이상 정적이어서는 안 된다. 동적 콘텐츠가 필요하다. 예를 들면, 도서 목록의 페이지는 어떤 책들이 현재 대여 가능하며 또 어떤 책들은 이미 대여가 되어 대출이 가능하지 않은지 반영할 수 있어야 한다. 또 다른 비슷한 예로, 유용한 주식 시황 페이지는 사용자로 하여금 다양한 기간의 주가를 확인할 수 있게 해주고, 이익과 손실을 계산할 수 있게끔 만들어져야 한다. 앞의 예제들에서 확인할 수 있듯이 동적 콘텐츠는 서버상에서나 브라우저상(혹은 둘 다)에서 돌아가는 프로그램에 의해 생성될 수 있어야 한다.

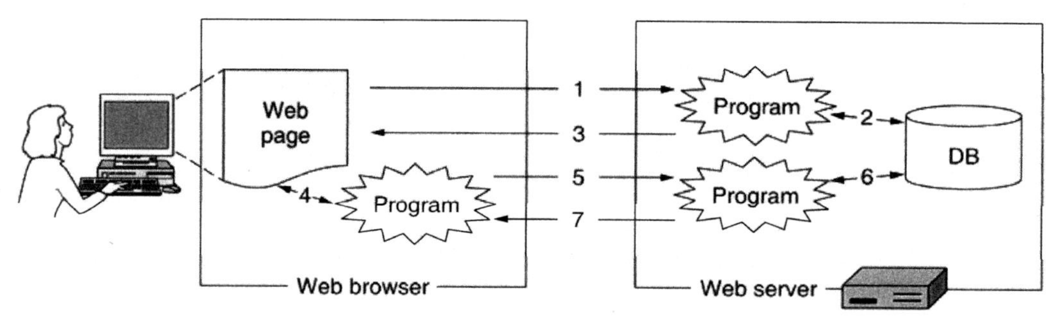

그림 7-29 동적 페이지

이번 장에서 우리는 이 두 가지 경우를 차례로 실행시킬 것이다. 그림 7-29는 일반적인 상황을 보여준다. 예를 들어, 사용자가 주소를 입력하고 그 주소의 위치를 주소에 보여주는지도 서비스를 생각해 보자. 어느 위치에 대한 요청이 들어오면, 웹 서버는 프로그램을 사용하여 주소와 다른 지리적 정보를 담고 있는 데이터베이스로부터 그 위치의 지도를 보여줄 수 있는 웹 문서를 만들어낸다. 이러한 작동은 step 1부터 step 3의 과정이다. 요청(step 1)은 서버에서 프로그램을 실행시킨다. 이 프로그램은 데이터베이스가 요청에 따른 적절한 문서를 생성할 수 있도록 해준다(step 2). 그 결과 생성된 문서를 브라우저로 보낸다(step 3).

동적 콘텐츠의 경우, 더 많은 과정이 뒤따른다. 브라우저로 보내진 문서는 문서 자체에 브라우저에서 실행되는 프로그램을 포함한다. 앞서 살펴본 지도 서비스를 예로 들면, 프로그램은 사용자가 필요한 경로를 검색하거나 주변 지역의 다른 정보를 탐색할 수 있게 해주는 것처럼 말이다. 웹 문서를 갱신하거나 사용자에 의해서 지도가 확대되거나 축소될 수 있다(step 4). 이런 상호작용을 처리할 수 있도록 프로그램은 서버로부터 더 많은 데이터를 필요로 할지도 모른다. 이 경우, 프로그램은 서버에게 요청을 보내고(step 5), 서버는 데이터베이스에서 더 많은 정보를 검색한다(step 6). 그리고 브라우저 측에 응답한다(step 7). 이제 브라우저는 웹 문서를 갱신할 수 있게 된다(step 4). 위와 같은 요청과 응답은 내부적으로 발생한다. 따라서 어쩌면 사용자는 위의 과정을 알지 못 할 수도 있다. 왜냐하면 웹 페이지 URL과 문서 타이틀은 변하지 않기 때문이다. 클라이언트 측 프로그램을 포함하기 때문에 웹 문서는 서버 프로그램만 홀로 작동할 때보다 더 반응이 잦은 인터페이스를 보여줄 수 있다.

서버 측 동적 웹 페이지 생성

서버 측 콘텐츠의 생성에 대해서 더 자세히 알아보자. 서버 측의 처리가 필요한 간단한 상호아에서는 폼을 사용한다. 사용자가 그림 7-25(b)의 AWI 주문 폼을 채우고 요청 버튼을 누르는 것을 생각해보자. 사용자가 버튼을 누르면, 사용자가 채운 주문 폼(이 경우, POST는 http://widget.com/cgi-bin/ order.cgi)의 내용들을 URL에 맞는 서버가 받는다. 이 데이터는 프로그램이나 스크립트가 수행될 수 있도록 보내진다. 그러면 URL은 프로그램이 수행될 수 있도록 식별한다(데이터는 입력값으로 프로그램에 제공된다). 이런 경우, 프로세스는 AWI의 내부 시스템에 주문을 넣는 것을 포함하고, 고객 레코드를 업데이트하며, 신용카드에서 계산한다. 이 요청에 의해 반환된 웹 문서는 처리 과정 동안 발생한 일들에 의해 달려있다. 이는 정적 웹 문서처럼 고정되어 있지 않다. 만약 주문이 이루이지면 반환된 문서는 예상 출고 날짜를 보여줄 것이다. 만약 성공하지 못하면, 재고 부족이나 어떠한 이유로 신용카드 결제가 유효하지 않다고 보여줄 것이다. 그 이유는 인터페이스는 지배적일 수 있고 브라우저는 상세히 알 필요가 없기 때문이다.

그럼에도 불구하고, 표준 API는 웹 서버가 프로그램을 실행시킬 수 있도록 발전되어 왔다. 인터페이스의 존재는 개발자가 웹 어플리케이션을 가지고 서로 다른 서버를 확장시키는 데 용이하도록 해주었다. 우리는 API가 어떤 것을 수반하는지 두 가지 API를 간단히 살펴볼 것이다.

첫 번째 API는 웹의 초기 시작부터 사용가능했던 동적 웹 페이지의 요청을 다루는 한 시스템이다. **CGI(Common Gateway Interface)**라고 불리는 이것은 RFC 3875에 정의되어 있다. CGI는 웹 서버들이 입력을 받아서 그 응답으로 HTML 페이지들을 생성하는 백-엔드(back-end) 프로그램들과 스크립트들에게 통신할 수 있게 해주는 표준화된 인터페이스이다. 이러한 프로그램들은 어떠한 프로그래밍 언어로 쓰이더라도 개발자들에게 편리하며, 특히 스크립트 언어는 더욱 용이하다. 파이손(Python), 루비(Ruby), 펄(Perl) 또는 선호하는 언어 어떤 것이라도 상관없다.

관습적으로, 이들은 cgi-bin으로 불리는 (URL에서 볼 수 있는) 디렉토리에 위치한다. 서버는 요청을 이 디렉토리의 프로그램 이름과 실행을 개별적인 프로세스로 맵핑한다. 이것은 프로그램의 입력값으로 요청된 모든 데이터를 제공한다. 프로그램의 출력값은 브라우저로 변환되는 웹페이지를 제공한다.

우리의 예제에서, order.cgi 프로그램은 그림 7-26의 인코드된 폼의 입력값으로부터 나온다. 그러면 프로그램은 그 파라미터들을 패싱하고 주문을 처리한다. 만약 폼의 입력값이 주어지지 않는다면 프로그램은 주문 폼의 HTML을 반환할 것이다. 이러한 방법의 경우, 프로그램은 폼의 표현법을 알고 있을 것이다.

두 번째로 살펴볼 API는 조금 다른 것이다. HTML 페이지에 스크립트를 거의 넣지 않고, 서버가 스크립트들을 실행시켜 페이지를 생성한다. 이런 스크립트들의 작성을 위한 잘 알려진 언어로서 **PHP(PHP: Hypertext Preprocessor)**가 있다. 이를 사용하려면, 서버는 (마치 브라우저가 스타일 시트로 작성된 웹 페이지들을 해석하기 위해 CSS를 이해해야 하듯이) PHP를 이해해야만 한다. 보통 서버들은 PHP를 가지고 있는 웹 페이지들이 파일 확장자로서 html이나 htm이 아니라 php를 가지고 있기를 바란다.

PHP는 폼들을 처리할 때 특히 좋으며 CGI 스크립트를 사용하는 것보다 더 단순하다. PHP가 어떻게 폼들을 가지고 작업을 하는지에 대한 예로서, 그림 7-30(a)를 생각해 보자. 이 그림은 보통의 HTML 페이지로서 그 안에 하나의 폼을 가지고 있다. 이 페이지에서 유일하게 이상한 부분은 첫 줄로서, 이 줄은 사용자가 폼을 채워 넣고 그 폼을 제출한 후에 파일 action.php가 파라미터들의 처리를 위해 실행될 것이라고 규정한다. 이 페이지는 두 개의 문자 상자를 보여준다. 하나는 이름을 요청하기 위한 것이고 다른 하나는 나이를 요청하기 위한 것이다. 이 두 상자가 채워져서 폼이 제출된 후, 서버는 자신에게 보내어진

그림 7-26 형태의 문자열을 파싱하고, 이름은 name 변수에 나이는 age 변수에 넣는다. 그리고는 그림 7-30(b)에 보이는 것 같이, 응답으로서 action.php 파일의 처리를 시작한다. 이 파일을 처리할 동안 PHP 명령들이 실행된다. 사용자가 두 상자에 각각 "Barbara"와 "32"를 입력하면, 되돌려 보내진 HTML 파일은 그림 7-30(c)와 같을 것이다. 이처럼 PHP를 사용하면 폼 처리가 아주 간단해진다.

사용하기는 쉽다 하더라도, PHP는 웹과 서버 데이터베이스 사이의 인터페이스 전용으로 만들어진 강력한 프로그래밍 언어이다. PHP는 변수, 문자열, 배열, C에 있는 대부분의 제어 구조들을 가지고 있으며 그냥 printf보다는 훨씬 더 강력한 I/O를 가지고 있다. PHP는 공개 소스 코드이며 무료로 사용가능하다. PHP는 특히 아파치(Apache)와 잘 동작하도록 설계돼 있다. 아파치도 또한 공개 소스이며 전 세계에서 가장 널리 사용되는 웹 서버이다. PHP에 대해 더 자세히 알려면 Valde(2009)를 보라.

우리는 동적 HTML 페이지를 생성하는 두 가지 다른 방법들인 CGI 스크립트와 삽입된 PHP를 살펴봤다. 또한 **JSP(Java Server Page)**로 불리는 세 번째 기술도 존재한다. JSP는 동적 부분이 PHP가 아닌 자바(Java) 프로그래밍 언어로 작성돼 있다는 점을 제외하면 PHP와 유사하다. 이 기술을 사용한 페이지들은 파일 확장자 jsp를 가진다. 네 번째 기술인 ASP(Active Server Page)는 PHP와 JavaServer 페이지의 마이크로소프트 버전이다. ASP는 마이크로소프트의 전용 스크립트 언어를 사용한다. 이 기술을 사용하는 페이지들은 확장자 aspx를 가진다. PHP, JSP, ASP 중 어느 것을 선택하는가 하는

것은 기술적 측면보다는 정치적 측면(공개 소스 대 선[Sun] 대 마이크로소프트)과 관련이 많다. 왜냐하면 세 언어 모두 필적할 만하기 때문이다.

```
<html>
<body>
<form action="action.php" method="post">
<p> Please enter your name: <input type="text" name="name"> </p>
<p> Please enter your age: <input type="text" name="age"> </p>
<input type="submit">
</form>
</body>
</html>
```

(a)

```
<html>
<body>
<h1> Reply: </h1>
Hello <?php echo $name; ?>.
Prediction: next year you will be <?php echo $age + 1; ?>
</body>
</html>
```

(b)

```
<html>
<body>
<h1> Reply: </h1>
Hello Barbara.
Prediction: next year you will be 33
</body>
</html>
```

그림 7-30 (a) 폼을 갖고 있는 웹 페이지 (b) 폼 출력 처리를 위한 PHP 스크립트
(c) 입력이 "Barbara"와 "24"일 때, PHP 스크립트의 출력

클라이언트 측 동적 웹 페이지 생성

PHP 그리고 CGI 스크립트들은 폼 처리와 서버에 있는 데이터베이스와의 상호작용 문제를 해결한다. 이들은 폼들로부터 모든 유입 정보를 받고 1개 이상의 데이터베이스에 있는 정보를 살펴보며 결과를 담은 HTML 페이지들을 생성할 수 있다. 이들 중 어느 누구도 할 수 없는 것은 마우스 이동에 대해 응답하고 사용자들과 직접 상호작용하는 것이다. 이를 위해, 서버 컴퓨터가 아니라 클라이언트 컴퓨터에서 실행되는 스크립트들이 HTML 페이지 내에 삽입되도록 하는 것이 필요하다. HTML4.0을 시작으로, <script> 태그를 사용하는 그와 같은 스크립트들이 허용된다. 즉석으로 콘텐츠를 생성하는 기술들의 모음을 종종 **동적 HTML(dynamic HTML)**이라고 부른다.

클라이언트 측을 위한 가장 널리 알려진 스크립트 언어는 **자바스크립트(JavaScript)**이다. 그러므로 이를 지금 간략하게 살펴보려고 한다.

이름에서 찾아볼 수 있는 유사성에도 불구하고, 자바스크립트는 자바 프로그래밍 언어와 아무런 연관이 없다. 다른 스크립트 언어들처럼 역시 하이 레벨(high level) 언어이다. 예를 들면, 자바스크립트 한 줄로 대화 상자(dialogbox) 하나를 띄우고, 문자 입력을 기다리며, 받아들여진 문자열을 한 변수에 저장하는 것이 가능하다. 이 같은 하이 레벨 특징들은 상호작용적인 웹 페이지들의 설계에 있어 자바스크립트를 이상적으로 만든다. 한편, 표준화돼 있지 않고 X-선 장비 내에 갇힌 초파리보다 더 빠르게 변화한다는 사실은 자바스크립트 프로그램들의 작성을 매우 어렵게 만든다. 언젠가는 이 문제가 안정화될 수도 있다.

자바스크립트로 작성된 프로그램의 한 예로서, 그림 7-31을 생각해 보자. 그림 7-30처럼, 이 프로그램도 이름과 나이를 묻는 폼을 나타나게 하고는 내년에 그 사람이 나이가 얼마가 될지를 예측한다. 바디는 PHP 예제의 경우와 거의 같으나, 주된 차이는 제출하기 버튼의 선언과 그 안의 할당문이다. 이 할당문은 브라우저에게 버튼이 클릭되는 즉시 response 스크립트를 실행시키고 그 파라미터로서 폼을 넘겨줄 것을 알려준다.

여기서 완전히 새로운 것은 제목 배경 색상 등을 위해 준비된 HTML 파일의 헤드(head)에 있는 자바스크립트 함수 response의 선언이다. 이 함수는 폼에서 name 필드값을 꺼내 이를 변수 person에 문자열로 저장한다. 또한 이 함수는 age 필드 값을 꺼내 이를 eval 함수를 이용하여 정수로 변환한 다음 1을 더한 값을 변수 years에 저장한다. 그다음에 이 함수는 출력을 위해 문서 하나를 열고, writeln 메소드(method)를 이용하여 쓰기 네 번을 수행한 다음, 문서를 닫는다. 이 문서는 그 안의 다양한 HTML 태그로 HTML 파일임을 알 수 있다. 그러면 브라우저는 화면에 이 문서를 출력한다.

PHP와 자바스크립트가 HTML 파일 안의 코드에 포함되어 있다는 것은 비슷해 보이지만 전혀 다르게 처리된다는 것을 아는 것이 중요하다. 그림 7-30의 PHP 예제에서, 사용자가 제출하기 버튼을 클릭하게 되면 브라우저는 정보를 긴 문자열로 모은 다음, 이를 그 PHP 페이지를 전송한 서버로 다시 보낸다. 서버는 PHP 파일 이름을 보고 그 파일을 실행한다. PHP 스크립트는 새로운 HTML 페이지를 만든다. 만들어진 페이지는 화면에 보이도록 브라우저로 다시 보내진다. 브라우저는 심지어 이것이 프로그램에 의해 만들어진 것인지 확신할 수 없다. 이 처리는 단계 1에서 단계 4로 그림 7-32(a)에 설명되어 있다.

그림 7-31의 자바스크립트 예제에서, '제출하기' 버튼이 클릭되면 브라우저는 그 페이지 내에 있는 자바스크립트 함수를 해독한다. 모든 작업은 브라우저 내에서 끝난다. 서버와는 다시 접촉하지 않는다. 이런 과정은 그림 7-32(b)의 step 1과 2와 같다. 따라서 결과는 거의 동시에 나타난다. 반면 PHP의 경우, 최종 HTML이 클라이언트에 도착하기까지 몇 초간의 지연이 있을 수 있다.

```
<html>
<head>
<script language="javascript" type="text/javascript">
function response(test_form) {
   var person = test_form.name.value;
   var years = eval(test_form.age.value) + 1;
   document.open();
   document.writeln("<html> <body>");
   document.writeln("Hello " + person + ".<br>");
   document.writeln("Prediction: next year you will be " + years + ".");
   document.writeln("</body> </html>");
   document.close();
}
</script>
</head>

<body>
<form>
Please enter your name: <input type="text" name="name">
<p>
Please enter your age: <input type="text" name="age">
<p>
<input type="button" value="submit" onclick="response(this.form)">
</form>
</body>
</html>
```

그림 7-31 폼 처리를 위한 자바스크립트의 사용

이 차이는 자바스크립트가 PHP보다 더 나음을 의미하는 것은 아니다. 이들은 완전히 다르게 사용된다. PHP는 (그리고 JSP와 ASP를 포함하여) 원격지 데이터베이스와의 인터랙션(interaction)이 필요할 때 사용된다. 자바스크립트 (그리고 다른 클라이언트 측 언어, 앞으로 언급될 VBScript 같은)는 클라이언트 컴퓨터에 있는 사용자와 인터랙션할 때 사용된다. HTML 페이지들은 PHP, 자바스크립트와 결합할 수 있다 (앞으로 간단히 살펴볼 것이다).

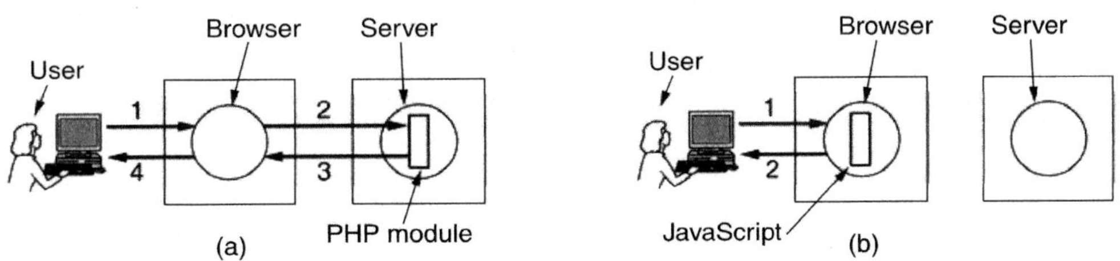

그림 7-32 (a) PHP를 갖는 서버 측 스크립트의 사용 (b) 자바스크립트를 갖는 클라이언트 측 스크립트의 사용

자바스크립트만이 웹 페이지들을 상호작용이 잘되게 하는 유일한 방법은 아니다. 또 다른 잘 알려진 방법으로서 **애플릿(applet)**을 사용하는 방법이 있다. 애플릿은 **JVM (Java Virtual Machine)**이라고 불리는 한 가상 컴퓨터를 위한 기계적 명령어들로 컴파일(compile)된 작은 자바 프로그램이다. 애플릿들은 HTML 페이지들에 (<applet>과 </applet> 사이에) 삽입돼서 JVM이 가능한 브라우저들에 의해 해석될 수 있다. 자바 애플릿들은 바로 실행되는 것이 아니라 해석돼서 실행되므로 자바 번역기는 이들에게 좋지 않은 일들이 일어나는 것을 막을 수 있어야 한다. 적어도 이론상으로는 그렇다. 실제로는 애플릿 작성자들은 사용하는 자바 I/O 안에서 계속해서 나타나는 버그들을 찾아내 왔다.

선(Sun)의 자바 애플릿들에 대한 마이크로소프트의 답변은 웹 페이지들이 **액티브 엑스 트롤(Active X control)**들을 가지게 허용한다는 것이었다. 액티브-엑스 컨트롤은 펜티엄(Pentium) 기계어로 컴파일되어서 펜티엄 컴퓨터상에서 바로 실행되는 프로그램이다. 이 기능은 이들을 자바 애플릿들이 해독되는 것보다 매우 빠르고 유연하게 만들었다. 왜냐하면 이들은 프로그램이 할 수 있는 것은 뭐든지 할 수 있기 때문이다. 인터넷 익스플로러는 웹 페이지 내의 액티브 엑스 컨트롤을 만나면 이를 다운로드하여 신원을 확인한 다음 이를 실행한다. 그러나 외부 프로그램을 다운로드하여 실행하는 것은 보안 문제를 유발시킨다. 이에 대해서는 8장에서 언급한다.

모든 브라우저들은 자바 프로그램과 자바스크립트 모두를 해독할 수 있으므로, 매우 인터랙티브한 웹 페이지를 만들기 원하는 디자이너는 적어도 두 기술 중 하나를 선택할 수 있다. 그리고 만약 복수 플랫폼들로의 이식성이 문제가 아니라면, 액티브 엑스(Active X)도 사용할 수 있다. 일반적으로, 자바스크립트 프로그램은 만들기가 더 쉽고, 자바 애플릿은 더 빨리 실행되며, 액티브 엑스 컨트롤은 제일 빠르게 실행된다. 또한 모든 브라우저들은 똑같은 JVM을 구현하므로, 자바 애플릿이 자바 스크립트 프로그램들보다 더 이식성이 좋다. 자바 스크립트에 대한 정보를 얻을 수 있는 방대한(1,000페이지가 넘는) 책들이 많이 있다. Flanaga(2010)을 살펴보길 바란다.

AJAX – 비동기적 자바 스크립트(Asychronous JavaScript) 그리고 XML

강력한 웹 어플리케이션은 반응적인 사용자 인터페이스를 필요로 하고 원격 웹 서버에 저장된 데이터에 끊김 없이 접근할 수 있도록 해야 한다. 클라이언트의 스크립팅(자바스크립트) 과 서버(PHP)는 솔루션을 제공하는 기본적인 기술들이다. 이러한 기술은 보통 다른 다양한 주요 기술들과 함께 사용되는데, 이러한 결합은 **AJAX(Asychronous JAvascript and Xml)**로 불린다. 고성능 웹 어플리케이션의 예인 구글의 Gmail, Maps, Docs은 AJAX로 쓰였다.

AJAX는 어떤 면에서 혼란스럽다. 이것은 언어가 아니기 때문이다. 이것은 함께 작동되어 웹 어플리케이션을 가능하게 하는 기술의 집합이다. 전통적인 데스크톱 어플리케이션처럼 매 비트가 반응적이고 강력하다. 그 기술은 다음과 같다.

1. HTML과 CSS는 문서에 정보를 나타낸다.

2. DOM(Document Object Model)은 문서가 보이는 동안에 그 부분을 바꾼다.
3. XML(eXtensible Markup Language)은 프로그램이 서버와 어플리케이션 데이터를 교환할 수 있게 한다.
4. 프로그램이 XML 데이터를 주고받는 프로그램의 비동기식 방법.
5. 언어로서의 자바 스크립트가 이 모든 기능을 하나로 통합한다.

하나의 집합체로, 우리는 각각의 속성을 살펴볼 것이다. 우리는 이미 HTML과 CSS를 살펴보았다. 어떠한 프로그램이라도 HTML과 CSS를 생성할 수 있고 디스플레이 엔진으로 웹 브라우저를 사용할 수 있다.

DOM(Document Object Model)은 프로그램에 접근 가능한 HTML 문서의 표현법이다. 이 표현법은 트리 구조로 되어 있고 HTML 요소의 구조를 반영한다. 예를 들어, 그림 7-30(a)의 HTML의 DOM 트리는 그림 7-33에 주어진다. *html*의 root는 전체 HTML 블록을 나타낸다. *body* element의 부모이다(*body* element는 *form* element의 부모이다.) 이 form은 오른쪽에 두 개의 속성을 가진다. 하나는 form의 메소드(a POST)이고 다른 하나는 form의 동작(요청하는 URL)이다. 이 element는 세 개의 children을 가지며 두 개의 paragraph 태그를 가지고 하나의 input 태그를 가지는데 form에 포함되어 있다. 이 트리의 bottom에는 leaf를 가지고 있는데 이것은 element나 문사열과 같은 문장 중 하나를 가진다.

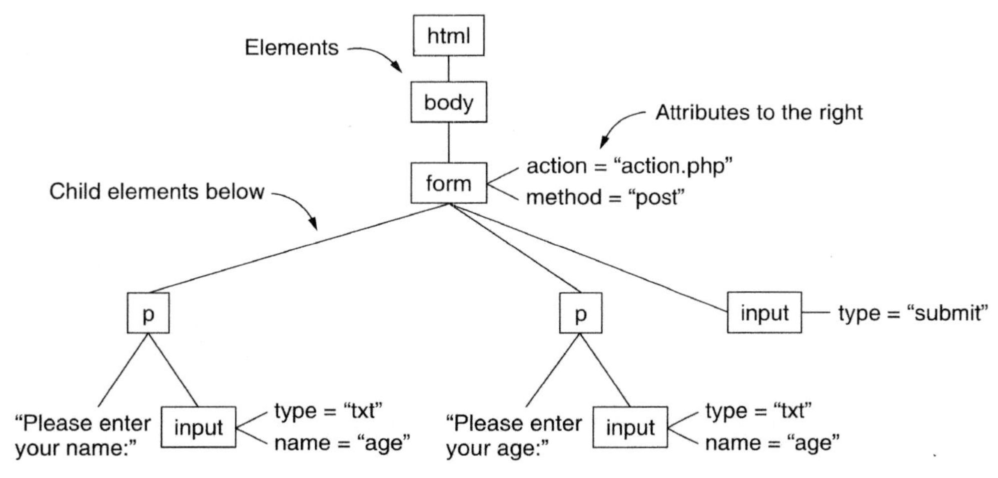

7-33 그림 7-30(a)에서 보여지는 HTML을 위한 DOM 트리

DOM 모델의 중요한 점은 이것이 문서의 부분을 바꾸는 데 직설적인 방법을 가진 프로그램을 제공한다는 것이다. 즉 문서 전체를 다시 쓸 필요가 없다는 것이다. 오직 바뀌어야 하는 노드만 교체되면 되는 것이다. 이러한 변화가 발생할 때, 브라우저는 그 변화에 상응되도록 페이지의 디스플레이를

업데이트 할 것이다. 예를 들어, DOM에서 문서 한 부분의 이미지가 바뀌면 브라우저는 문서의 다른 부분은 바꾸지 않고 이미지만 업데이트할 것이다. 우리는 이미 그림 7-31의 자바 스크립트 예제에서 브라우저 윈도우의 하단에 새로운 문서열을 첨가하기 위해 document element에 라인을 첨가하는 DOM의 동작을 보았다. DOM은 진화할 수 있는 문서를 생성할 수 있는 강력한 시스템이다.

세 번째 기술은 **XML(eXtensible Markup Language)**로, 웹 내용을 구조적인 방법으로 기술하는 언어이다. HTML은 또한 그 내용이 형식 정의(formatting) 명령과 혼합돼 있다. 왜냐하면 이것은 정보의 프레젠테이션과 함께 고려되기 때문이다. 그러나 웹 어플리케이션이 점차 일반화됨에 따라 정보의 프레젠테이션으로부터 분리된 구조의 내용에 대한 필요성이 증가하고 있다. 책이나 CD를 싸게 사기 위해 웹을 검색하는 프로그램은 많은 웹 페이지들을 분석하여 제품 이름과 가격을 찾는다. HTML로 된 웹 페이지들에서, 프로그램이 제품 이름과 가격이 어디에 있는지를 알아내는 것은 매우 어려운 일이다.

이런 이유로, W3C는 자동화된 처리를 위해 웹 페이지들의 구조화를 가능하게 해주는 개선된 XML(Bray et al., 2006)을 만들어냈다. HTML과 다르게, XML에는 정의된 태그가 존재하지 않는다. 각각의 사용자는 그들만의 태그를 정의할 수 있다. XML 문서의 간단한 예제가 그림 7-34에 나와 있다. 이 문서는 book_list라고 불리는 구조, 즉 도서 목록을 정의한다. 각 도서는 세 개의필드, 즉 제목, 저자, 그리고 발행 연도를 가진다. 이 구조들은 매우 단순하다. 반복 필드(복수 저자), 옵션 필드(오디오 북의 URL), 그리고 대체(alternative) 필드(출간 상태이면 서점의 URL, 절판 상태이면 경매 사이트의 URL)를 갖는 구조가 허용된다.

이 예제에서, 세 필드는 각각 분할불가 개체(indivisible entity)이다. 그러나 필드를 세부적으로 구분하는 것도 또한 허용된다. 저자 필드는 검색과 형식정의를 정확히 하기 위해 다음과 같이 될 수 있다.

```
<author>
    <first_name> George </first_name>
    <last_name> Zipf </last name>
</author>
```

각 필드는 서브필드로 계속해서 세분될 수 있다.

그림 7-34의 모든 파일이 하는 것은 세 권의 도서를 갖고 있는 도서 목록을 정의하는 것이다. 이것은 브라우저상에서 실행되는 프로그램과 서버 사이에서 정보를 변환하는 데 알맞지만, 이것은 어떻게 화면에 웹 페이지를 보여줄지에 대해서는 아무것도 말하지 않는다. 그 대안으로, **XSLT(eXtensible Stylesheet Language Transformations)**라고 불리는 언어가 있다. 이 언어는 XML이 어떻게 HTML로 변환하는지를 정의하는 데 사용된다. XSLT는 CSS와 비슷하지만, 더욱 강력하다. 앞으로 우리는 상세히 다룰 것이다.

```
<?xml version="1.0" ?>

<book_list>

<book>
   <title> Human Behavior and the Principle of Least Effort </title>
   <author> George Zipf </author>
   <year> 1949 </year>
</book>

<book>
   <title> The Mathematical Theory of Communication </title>
   <author> Claude E. Shannon </author>
   <author> Warren Weaver </author>
   <year> 1949 </year>
</book>

<book>
   <title> Nineteen Eighty-Four </title>
   <author> George Orwell </author>
   <year> 1949 </year>
</book>

</book_list>
```

그림 7-34 간단한 XML 문서

HTML에 대신, XML에서 데이터를 표현하는 데 강점은 프로그램이 이를 분석하기 더 쉽다는 것이다. HTML은 기본적으로 비자동적으로 쓰이기 때문에 몹시 엉성하다. 때때로 </p>와 같은 종료 태그는 누락된다. 다른 태그들도
처럼 종료 태그와 매칭(matching)될 필요가 없다. 여전히 다른 태그들은 부적절하게 짝을 맞출 수도 있고, 태그의 종류와 속성 이름은 매우 다양할 수 있다. 대부분의 브라우저들은 의도한 일을 해내기 위해 최선을 다한다. XML은 그 정의에서 더 엄격하고 깔끔하다. 태그 이름과 속성은 항상 소문자이어야 하고, 태그는 열린 순서와 반대로 닫아져야 한다(만약 빈 태그가 그에 맞는 종료가 없다면 명확히 지시되어야 한다). 속성값은 반드시 따옴표로 둘러싸여야 한다. 이런 상세한 정의는 파싱을 쉽고 명확하게 할 수 있게 해준다.

HTML은 XML의 용어로 정의되기도 한다. 이러한 접근은 **XHTML(eXtended HyperText Markup Language)**로 불린다. 기본적으로, 이 언어는 HTML의 까다로운 버전이라고 할 수 있다. XHTML 문서는 엄격하게 XML의 규율을 따라야 한다. 그렇지 않으면 브라우저에 의해 받아들여지지 않는다. XML의 요점은 프로그램(여기서는 웹 어플리케이션)에 더 좋은 문서를 만드는 것이다. 그러나 XHTML이 1998년부터 존재해 왔던 것에 비해 HTML을 따라잡는 속도는 느렸다. HTML을 사용하는 사람들은 왜 XHTML이 필요한지 알지 못 했고, 브라우저의 뒷받침 또한 미미했다. 지금은 HTML 5.0이 정의되어서 문서가 HTML이나 XHTML 둘 중 하나로 표현될 수 있다. 결국에는, XHTML이 HTML을 대체해야 하고 이러한 변화가 되기까지는 오랜 시간이 걸릴 것이다.

XML은 또한 프로그램들 사이에서 통신하는 언어로써 널리 알려졌다. HTTP 프로토콜에 의해서 통신이 수행되면(다음 장에서 다루겠다) 이 통신은 웹 서비스로 불린다. 특히, **SOAP(Simple Object Access Protocol)**은 독립적으로 응용프로그램들 간에 RPC를 수행하는 한 방법이다. 클라이언트는 하나의 XML 요청 메시지를 만들어서 이를 HTTP 프로토콜을 이용하여 서버로 보낸다. 서버는 XML 형식으로 정의된 응답 메시지를 보낸다. 이런 식으로, 이형 플랫폼들 상의 응용프로그램들이 서로 통신할 수 있다.

AJAX로 돌아오자. 요점은 간단하다. XML은 브라우저와 서버에서 실행되는 프로그램 간에 데이터를 교환하기 위한 유용한 형식이라는 것이다. 그러나 데이터를 주고받는 동안에 브라우저에서 반응적인 인터페이스를 제공하기 위해서, XML은 비동기적인 입출력(요청에 대한 반응을 기다리는 동안에 디스플레이를 막지 않는다)을 수행하는 스크립트가 가능하도록 해야 한다. 지도를 예로 들어보면, 브라우저에서 스크롤이 가능해야 한다. 스크롤 액션이 확인되면, 지도 문서의 스크립트는 서버로부터 더 많은 데이터를 요청할지도 모른다(만약 지도의 화면이 데이터의 마지막이라면). 이러한 데이터가 적재(fatch)되기 전에 인터페이스는 멈추면 안 된다. 대신 스크롤링은 천천히 해야 한다. 데이터가 도착하면 스크립트는 이를 확인하고 데이터를 사용할 수 있을 것이다. 모든 것이 잘 수행되면, 새로운 지도 데이터는 곧 적재될 것이다. 현대의 브라우저는 이러한 모델의 통신을 지탱해왔다.

퍼즐의 마지막 부분은 스크립트 언어가 지금까지 언급된 기술에 접근을 제공함으로써 AJAX를 같이 가지고 있다는 것이다. 대부분의 경우, 이 언어는 자바 스크립트이지만 VBScript와 같은 것도 존재한다. 우리는 자바 스크립트의 간단한 예를 앞서 실었다. 그 예제의 간단함에 속지 마시길 바란다. 자바스크립트는 모든 C 또는 자바의 능력을 가진 만개한 프로그램 언어이다. 이 언어는 변수, 문자열, 배열, 객체, 함수, 그리고 모든 일반적인 제어 구조를 가진다. 자바스크립트는 또한 화면상의 객체들에 대한 마우스 이동을 추적할 수 있다. 많은 자바스크립트 웹 페이지들은 어느 문자나 이미지 위에서 마우스 커서가 움직일 때, 무슨 일인가가 일어나는 속성을 가진다. 종종 이미지가 변하거나 메뉴가 갑자기 나타난다. DOM이 문서에 접근하고, HTML과 XML의 조작, 비동기적 HTTP 통신을 수행하는 데 이용된다.

동적 웹 콘텐츠라는 주제를 떠나기 전에, 지금까지 다룬 내용을 간단히 요약해 보자. 완전한 웹 페이지들은 서버상의 다양한 스크립트들에 의해 바로 생성될 수 있다. 스크립트들은 PHP, JSP 또는 ASP.NET과 같은 서버 확장 언어들로 써진다. 혹은 독립된 CGI 프로세스처럼 실행될 수 있어 어떤 언어로든지 작성될 수 있다. 이러한 옵션은 그림 7-35에서 볼 수 있다.

웹 페이지들은, 브라우저에 의해 일단 받아들여지면, 보통 HTML, CSS 그리고 다른 MIME 형태의 페이지처럼 간주되어 출력된다. 브라우저 안에서 실행되는 플러그인(plug-in)과 브라우저의 외부에서 실행되는 헬퍼 응용프로그램(helper application)은 확장된 MIME 형태로 설치될 수 있으며, 브라우저에 의해 수행된다.

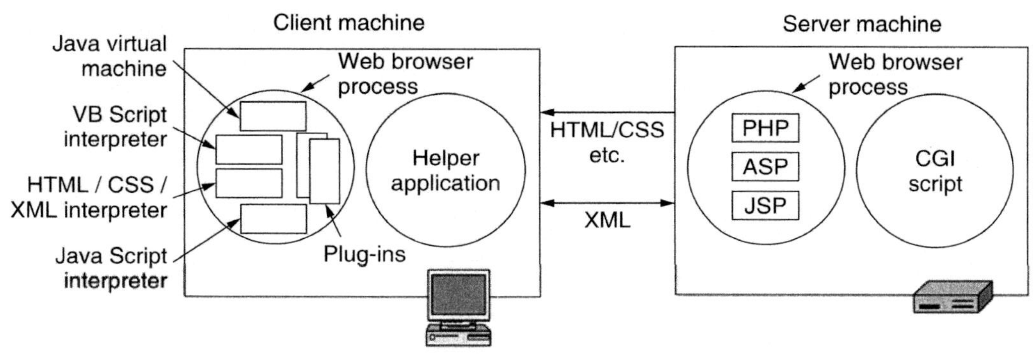

그림 7-35 콘텐츠를 생성하고 보여주는 다양한 방법들

동적 콘텐츠 생성은 또한 클라이언트 측에서도 가능하다. 프로그램은 웹 페이지 안에 내장되며 자바 스크립트, VBScript, Java 그리고 다른 언어로 작성될 수 있다. 이러한 프로그램들은 임의의 연산을 수행할 수 있다. AJAX와 함께, 웹 페이지의 프로그램은 XML과 서버의 다른 종류의 데이터와 비동기적으로 교환할 수 있다. 이 모델은 브라우저 위에서 실행되는 것과 인터넷의 서버에 저장된 정보에 접근하는 것을 제외하면 웹 어플리케이션을 도와주는 측면에서 전통적인 어플리케이션처럼 보인다.

7.3.4 HTTP-The HyperText Transfer Protocol

앞 장의 내용을 통해 웹 콘텐츠와 웹 응용에 대해 이해했을 것이다. 이제 이러한 정보를 웹 서버와 클라이언트 사이에서 전송하는 프로토콜을 살펴보자. RFC 2616에 명시된 **HTTP(HyperText Transfer Protocol)**가 그것이다.

HTTP는 TCP상에서 운용되는 단순한 형태의 요청·응답 프로토콜로, 클라이언트가 서버로 전송하는 메시지의 형식과 서버가 보내는 응답 메시지를 명시한다. 요청과 응답 헤더는 SMTP처럼 ASCII를 사용한다. 메시지 내용은 MIME과 유사한 형식을 따르며 이 또한 SMTP와 같다. 이처럼 단순한 모델은 개발과 배포를 용이하게 함으로써 웹의 성공에 기여했다.

이 절에서는 HTTP의 더 중요한 속성들을 살펴볼 것이다. 그러나 그전에 HTTP가 진화하는 인터넷에서 사용되는 방법을 알아보겠다. HTTP는 TCP에서 운용될 뿐 아니라 웹과 밀접한 관련이 있으므로 응용 계층 프로토콜이다. 이것이 이 장에서 HTTP 프로토콜을 설명하는 이유이다. 그러나 서로 다른 네트워크를 가로질러 통신이 처리되는 방식을 제공한다는 점에서 점점 전송 프로토콜이 되어가고 있다. 미디어 플레이어는 서버와 통신하여 앨범 정보를 요청하는 것에 HTTP를 사용할 수 있다. 바이러스 방어 프로그램은 최신 업데이트를 다운받을 때 HTTP를 사용할 수 있다. 개발자들은 프로젝트 파일들을 가져오는 것에 HTTP를 사용할 수 있다. 디지털 액자와 같은 가전제품은 종종 바깥세상과의 인터페이스로 내장된 HTTP 서버를 사용한다. 갈수록 기계 간의 통신이 HTTP상에서 이루어지고 있다. 예를 들어 항공사 서버는 휴가 패키지의 일부로 렌터카를 예약하기 위하여 렌터카 서버에 접속할 때 SOAP(HTTP상의 XML RPC)을 이용한다. 이러한 추세는 HTTP 사용의 확장과 함께 계속될 것이다.

연결

브라우저가 서버에 접속하는 통상적인 방법은 서버 컴퓨터의 포트 80번으로 TCP 연결을 설정하는 것이다(비록 이 절차가 공식적으로 요구되는 것은 아니지만). TCP 사용의 가치는 브라우저와 서버 모두가 유실 메시지, 중복 메시지, 긴 메시지, 또는 확인응답들에 대해 걱정할 필요가 없다는 것이다. 이런 문제들은 TCP 구현을 통해 처리되어진다.

HTTP 1.0에서는 연결이 설정된 후에 한 요청이 보내지면 그에 대한 응답이 돌아온다. 그리고는 TCP 연결이 해제된다. 이 방법은 보통의 웹 페이지들이 거의 HTML 문자로만 구성된 세상에서는 적절했었다. 그러나 수년 내에 웹 페이지는 아이콘, 이미지, 그리고 다른 눈요기 거리들을 갖게 됐다. 그래서 한 아이콘의 전달을 위해 TCP 연결을 설정하는 것은 많은 비용이 든다.

이런 문제들은 결국 HTTP 1.1이 나오게 만들었다. HTTP 1.1은 **지속적 연결(persistent connection)**들을 지원한다. 이 기능은 TCP 연결을 설정한 후에 요청을 보내고 그에 대한 응답을 받은 뒤, 다시 다른 요청을 보내고 그에 대한 응답을 받는 것을 가능하게 해준다. 복수 개의 요청들에 대한 TCP 연결 설정과 해제를 합침으로써, TCP로 인한 상대적인 오버헤드가(매 요청당) 많이 줄게 된다. 요청들을 연이어 보내는 것(pipelining)도 또한 가능하다. 즉 요청 1에 대한 응답이 오기 전에 요청 2를 보내는 것이 가능하다.

이 세 가지 경우의 수행의 차이가 그림 7-36에 나와 있다. (a)는 하나가 다른 요청의 뒤에 보내지고 각각 구분된 연결을 이용하는 세 개의 요청을 보여준다. 이것을 같은 서버에 두 개의 내장(embedded) 이미지를 가진 웹 페이지라고 가정하자. 이미지의 URL들은 주페이지가 결정하므로 주페이지 이후에 불려진다. 요즘의 전형적인 페이지는 해당 객체를 표시하기 위해 반드시 서버로부터 가져와야 하는 40여 가지 다른 객체들을 가지지만 이것을 모두 표현하면 매우 큰 그림이 되기 때문에 여기서는 두 개의 내장된 객체만을 사용한다.

그림 7-36 (b)에서 페이지는 지속적 연결을 통해 불려진다. 시작 시에 TCP 연결이 만들어지고 (a)와 같이 세 개의 요청이 순서대로 보내지게 된다. 모든 요청이 보내졌을 때 연결이 끊기게 된다. 객체를 불러오는 과정이 더 빠른 것을 관찰할 수 있다. 이렇게 시간이 단축된 것에는 두 가지 이유가 있다. 첫 번째 이유는 지속된 연결을 이용함으로써 추가적인 연결을 설정하는 데에 시간이 낭비되지 않았다는 것이다. 두 번째는 TCP의 혼잡 제어(Congestion control)로 이미지의 전송 과정이 더욱 빨리 이루어지기 때문이다. TCP는 처음 연결을 시작할 때, 네트워크의 동작을 알 때까지 일정량씩 처리량을 늘리기 위하여 느린 시작(Slow-start) 프로시저를 사용한다. 이렇게 최종 연결까지 걸리는 기간으로

인하여 짧게 반복적으로 이루어지는 TCP 연결에서의 정보 전송이 하나의 긴 TCP 연결보다 긴 전송 시간을 갖게 한다.

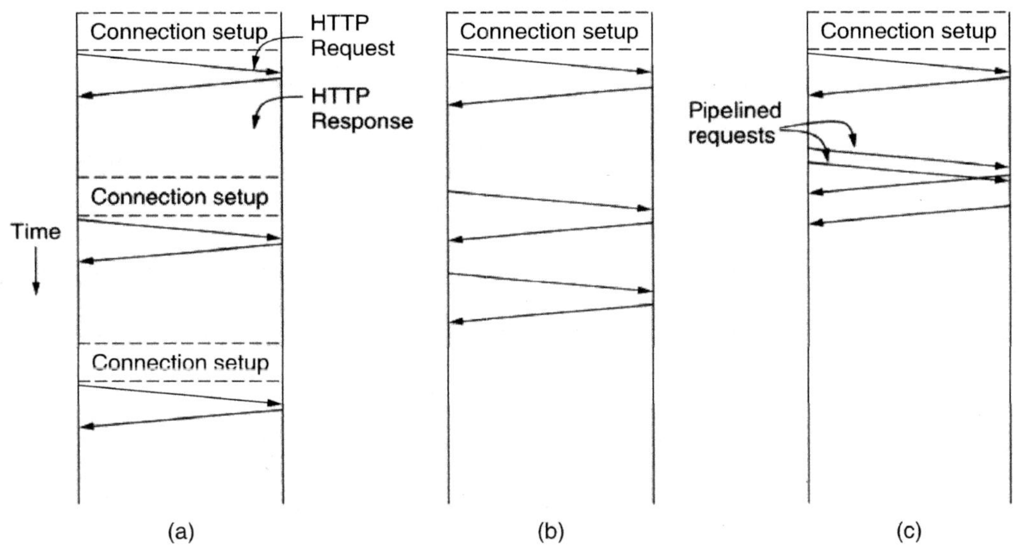

그림 7-36 HTTP (a) 다중 연결과 순차적인 요청 (b) 지속적 연결과 순차적인 요청. (c) 지속적 연결과 연이은(pipelined) 요청

마지막으로, 그림 7-36 (c)에는 지속적 연결에서 연이어 요청을 보내는 것을 볼 수 있다. 특히, 두 번째와 세 번째 요청은 주페이지가 이미지 객체를 서버로부터 불러야 할 만큼 클라이언트에 회수되자마자 신속한 연쇄로 서버에 보내지게 된다. 이 방법은 서버가 유휴상태에 있는 시간을 줄이므로 이것이 성능을 더욱 향상시킨다.

그러나 지속적 연결 또한 단점은 있다. 새롭게 떠오르는 이 문제점은 언제 연결을 닫을까 하는 것이다. 페이지가 로드되는 동안 서버와의 연결은 유지되어야 한다. 만약 사용자가 새로운 페이지에 대한 요청을 보내는 링크를 클릭하면 즉시 요청을 전송할 수 있어야 한다. 그러나 클라이언트가 짧은 시간 내에 서버에 요청을 보낼 것이라는 보장이 없다. 실제로 클라이언트와 서버는 일정 기간(60초) 동안 유휴상태가 지속되거나 많은 연결이 열려 있어서 그중 몇 개를 닫아야 할 때까지 연결을 유지한다.

관찰력 있는 독자라면 이미 알아챘겠지만 한 가지 남겨둔 조합이 있다. 요청 하나당 하나의 TCP 연결을 이용하는 것으로 한 가지 다른 점은 TCP 연결들이 병렬로 이루어진다는 것이다. 이 병렬연결(Parallel connection) 방법은 지속적 연결 이전에 다양한 브라우저에서 사용했었다. 이 방법은 순차적 연결 방식과 같이 여분의 오버헤드를 갖는 단점이 있지만 연결 설정이나 연결을 증가시키는 과정에서 발생하는 몇몇 지연이 감춰져 더 나은 성능을 가진다. 내장된 두 개의 이미지를 갖는 예제에서 두 이미지 전송을 위한 연결이 동시에 구축될 수도 있다. 그러나 같은 서버에 많은 TCP 연결을 운용하는 것은 권장하지 않는다. TCP의 혼잡 제어가 각각의 연결마다 독립적으로 이루어져 추가적인 패킷 손실을 일으키며 서로 경쟁하게 되고 개별 연결일 때보다 더욱 공격적인 사용자가 된다. 따라서 오버헤드를 피하고 혼잡 문제를 겪지 않는다는 점에서 지속적 연결이 병렬연결 보다 우수하다.

메소드

HTTP는 웹에서의 사용을 위해 설계되었으나, 미래의 객체 지향 응용프로그램들을 염두에 두고 현재 필요한 것보다는 좀 더 일반적으로 만들어졌다.

Method	Description
GET	Read a Web page
HEAD	Read a Web page's header
POST	Append to a Web page
PUT	Store a Web page
DELETE	Remove the Web page
TRACE	Echo the incoming request
CONNECT	Connect through a proxy
OPTIONS	Query options for a page

그림 7-37 내장 HTTP 요청 명령들

이런 이유로 웹 페이지들을 요청하는 것만이 아니라 **메소드(method)**라고 부르는 연산이 지원된다. 이 일반성이 SOAP가 존재하게 해준다.

각 요청은 한 줄 이상의 ASCII 문자로 구성되는데, 첫 줄의 첫 단어가 요청된 메소드 명칭이다. 그림 7-37은 내장된 메소드들을 보여준다. 보통 객체들을 액세스를 위해, 부가적인 객체만을 위한 특정 메소드들을 사용하는 것 또한 가능하다. 메소드 명칭의 경우 대소문자를 구분하므로, GET은 맞는 메소드지만 get은 아니다.

GET 명령은 서버에게 페이지(일반적인 의미로 객체라고 한다. 실제로는 그냥 파일인 경우가 보통이다.) 전송을 요청한다. 페이지는 MIME 형태로 적절히 인코딩돼 있다. 웹 서버들에 대한 매우 방대한 양의 요청들은 GET을 통해 이루어진 것이다. GET 형식은 다음과 같다.

GET 파일명 HTTP/1.1

여기서 파일명은 가져올 자원(파일)의 명칭이고 1.1은 사용된 프로토콜의 버전이다.

HEAD 명령은 실제 페이지가 아니라 메시지 헤더만을 요청한다. 이 메소드는 페이지의 마지막 수정된 시간을 알아보거나, 인덱싱(indexing) 목적으로 정보를 수집하거나 또는 해당 URL이 아직도 유효한지를 알아보기 위해서 사용된다.

POST는 폼(form)을 제출할 때 사용된다. POST와 GET은 모두 SOAP 웹 서비스에 사용된다. GET처럼 이것 역시 URL을 포함하고 있지만, 단순히 페이지를 회수하는 것이 아니라 서버에 데이터를 업로드한다(폼의 내용이나 RPC 파라미터들). 그러면 서버는 URL에 따라 데이터를 가지고 어떤 작업을 수행한다. 개념적으로는 객체에 데이터를 첨부하는 일이다. 예를 들어 물건을 구입하거나 프로시저를 호출하는 효과를 낸다. 마지막으로 메소드는 결과를 나타내는 페이지를 반환한다.

남아있는 메소드들은 자주 사용되지는 않는다. PUT은 GET과 반대다. 페이지를 읽어오는 대신 페이지를 기록한다. 이 메소드는 원격지의 웹 서버에 웹 페이지들을 모으는 것을 가능하게 한다. 이 요청의 바디(body)는 웹 페이지를 포함한다. 바디는 MIME을 사용해서 인코딩될 수 있는데, 이 경우 PUT 뒤에 나오는 줄들은 Content-Type 헤더와 인증(authentication) 헤더를 포함할 수 있다. 이들은 호출자가 정말로 요청된 연산의 수행에 대한 허가를 받았는지를 증명한다.

DELETE는 단어 자체에서 알 수 있는 것처럼 페이지를 삭제한다. 혹은 삭제하지 않더라도 최소한 웹 서버가 페이지를 삭제하는 것에 동의했다는 것을 알려준다. PUT의 경우처럼 이 메소드 역시 인증과 허가가 중요한 역할을 한다.

TRACE는 디버깅을 위한 것이다. 이 메소드는 서버에게 요청을 다시 보낼 것을 알려준다. 이 메소드는 요청들이 올바로 처리되지 않고 클라이언트는 서버가 실제로 받은 요청이 무엇인지를 알기 원할 때 유용하다.

CONNECT는 사용자가 웹 캐시와 같은 중개 장치를 통해 웹 서버에 연결할 수 있도록 한다.

OPTIONS는 클라이언트가 페이지를 위해 서버에 질의하고 페이지에서 사용할 수 있는 메소드와 헤더를 얻을 수 있는 방법을 제공한다.

모든 요청들은 상태줄과 부가 정보(페이지 전체 또는 일부)로 구성된 응답을 받는다. 상태줄은 요청이 성공했는지의 여부를 알려주는 세 자리 수 코드를 포함한다. 첫째 자리는 그림 7-38에서 볼 수 있는 것처럼 응답들을 다섯 개의 주요 카테고리로 분류한다.

Code	Meaning	Examples
1xx	Information	100 = server agrees to handle client's request
2xx	Success	200 = request succeeded; 204 = no content present
3xx	Redirection	301 = page moved; 304 = cached page still valid
4xx	Client error	403 = forbidden page; 404 = page not found
5xx	Server error	500 = internal server error; 503 = try again later

그림 7-38 상태 코드 응답 그룹들

1xx 코드는 실제 거의 사용되지 않는다. 2xx 코드는 요청이 성공적으로 처리돼서 그 내용이 (있다면) 전달되고 있음을 의미한다. 3xx 코드는 클라이언트에게 다른 URL이나 자신 소유의 캐시를 사용하여, 다른 곳을 살펴볼 것을 알려준다. 4xx 코드는 잘못된 요청이나 페이지가 존재하지 않음 같은 클라이언트 오류들로 인해 요청이 실패했음을 의미한다. 마지막으로 5xx 오류들은 코드 내의 오류나

일시적인 오버로드로 인해 서버 자체에 문제가 있음을 의미한다.

메시지 헤더

요청 줄(GET 메소드를 갖는 줄)에는 더 많은 정보들을 갖는 부가적인 줄들이 뒤따라 올 수 있다. 우리는 이들을 요청 헤더(request header)라고 부른다. 이 정보는 프로시저 호출 시의 파라미터들과 비교될 수 있다. 응답들의 경우 역시 응답 헤더(response header)들을 가질 수 있다. 일부 헤더들은 이들 모두에서 사용될 수 있다. 그림 7-39는 가장 중요한 것들을 선정한 것이다. 결코 짧지 않은 이 목록을 보고 각 요청과 응답에 사용되는 다양한 헤더들이 있는 것을 알 수 있을 것이다.

User-Agent 헤더는 서버에게 클라이언트의 브라우저 구현 정보(Mozilla/5.0, Chrome/5.0.375.125)를 알려준다. 브라우저별로 다양한 동작을 수행할 수 있기 때문에 이러한 정보는 서버가 브라우저에 맞추어 응답을 보내게 하는 데 유용하다.

네 개의 Accept 헤더는 서버에게 받아들일 수 있는 것에 대한 제약이 있을 때 클라이언트가 무엇을 받아들일지를 알려준다. 첫 번째 헤더는 처리할 수 있는 MIME 유형(text/html)을 규정한다. 두 번째 헤더는 문자 세트(ISO-8859-5 또는 Unicode-1-1)를 알려준다. 세 번째는 압축 방법들(gzip)을 다룬다. 네 번째는 자연어(스페인어 등)를 나타낸다. 만약 서버가 페이지들을 선택할 수 있다면 서버는 클라이언트의 요구를 위해 이 정보를 사용할 수 있다. 만약 요청을 만족시킬 수 없으면 오류 코드가 반환되고 요청은 실패한다.

If-Modified-Since와 If-None-Match 헤더는 캐싱에 이용된다. 이 두 헤더는 클라이언트가 가지고 있는 캐시된 페이지가 더 이상 유효하지 않을 때, 새로운 페이지를 요구하는 데 사용된다. 뒤에서 캐싱에 대하여 짧게 설명할 것이다.

Host 헤더는 서버명을 알려준다. 이 명칭은 URL로부터 얻어졌다. 이 헤더는 필수적이다. 이는 일부 IP 주소들은 복수 개의 DNS 명칭으로 사용되는데 서버는 요청을 보낸 호스트가 어느 호스트인지 알아낼 방법이 필요하기 때문이다.

Authorization 헤더는 보호된 페이지를 위해 필요하다. 이 경우, 클라이언트는 요청된 페이지를 볼 권리가 있음을 증명해야 할지 모른다. 그런 경우 이 헤더가 사용된다.

클라이언트는 현재 요청하는 URL에서 참조하는 URL에 대한 정보를 알리기 위하여 철자가 틀린 Referer 헤더를 사용한다. 대부분 이전 페이지의 URL이다. 이 헤더는 클라이언트가 페이지에 도달한 방법을 서버에게 알려줌으로써 웹 브라우징을 추적하는 데 유용하다.

쿠키들은 RFC 2616이 아니라 RFC 2109에서 다뤄지지만, 이들 또한 헤더를 가지고 있다. Set-Cookie는 서버가 클라이언트로 쿠키를 보내는 방법에 대한 것이다. 클라이언트는 쿠키를 저장하고 나중에 요청들이 행해질 때 이 쿠키를 Cookie 헤더를 이용하여 서버로 반환할 것으로 기대된다(최신의 쿠키와 새로운 헤더에 대한 명세가 RFC 2965에 있지만 업계에서 대체로 거부했을 뿐만 아니라, 잘 사용되고 있지 않다).

Header	Type	Contents
User-Agent	Request	Information about the browser and its platform
Accept	Request	The type of pages the client can handle
Accept-Charset	Request	The character sets that are acceptable to the client
Accept-Encoding	Request	The page encodings the client can handle
Accept-Language	Request	The natural languages the client can handle
If-Modified-Since	Request	Time and date to check freshness
If-None-Match	Request	Previously sent tags to check freshness
Host	Request	The server's DNS name
Authorization	Request	A list of the client's credentials
Referer	Request	The previous URL from which the request came
Cookie	Request	Previously set cookie sent back to the server
Set-Cookie	Response	Cookie for the client to store
Server	Response	Information about the server
Content-Encoding	Response	How the content is encoded (e.g., *gzip*)
Content-Language	Response	The natural language used in the page
Content-Length	Response	The page's length in bytes
Content-Type	Response	The page's MIME type
Content-Range	Response	Identifies a portion of the page's content
Last-Modified	Response	Time and date the page was last changed
Expires	Response	Time and date when the page stops being valid
Location	Response	Tells the client where to send its request
Accept-Ranges	Response	Indicates the server will accept byte range requests
Date	Both	Date and time the message was sent
Range	Both	Identifies a portion of a page
Cache-Control	Both	Directives for how to treat caches
ETag	Both	Tag for the contents of the page
Upgrade	Both	The protocol the sender wants to switch to

그림 7-39 주요 HTTP 메시지 헤더들

다른 많은 헤더들은 서버의 응답에 사용된다. Server 헤더는 서버가 자신이 누구인지 (알리고 싶으면) 알릴 수 있게 해준다. 그다음에 오는 다섯 개의 헤더는 Content-로 시작하는데, 서버가 자신이 전송하는 페이지들의 속성을 설명할 수 있게 해준다.

Last-Modified 헤더는 언제 페이지가 마지막으로 수정됐는지를 알려준다. Expires 헤더는 페이지가 얼마 동안 유효한지 알려준다. 이 두 헤더는 페이지 캐싱 시에 중요한 역할을 한다.

Location 헤더는 다른 URL을 시도해보라고 클라이언트에게 알리기 위해 서버에 의해 사용된다. 이 헤더는 페이지가 이동했거나 (서로 다른 서버에 있을 수 있는) 동일 페이지를 참조하는 복수 URL들의 허용을 위해 사용된다. 이 헤더는 또한 메인 웹 페이지는 com 도메인에 있으나 그들의 IP 주소나 선호하는 언어에 근거해서 클라이언트들을 한 국가 단위나 지역 단위 페이지로 연결을 전환(redirect)하는 회사들을 위해 사용된다.

만약 페이지가 너무 크면, 소 용량 클라이언트는 그 페이지를 한 번에 모두 원하지 않을 수 있다. 일부 서버들은 바이트 단위 범위로 요청들을 받아들인다. 따라서 페이지는 복수 개의 작은 단위들로 나누어 가져올 수 있다. Accept-Ranges 헤더는 이런 형태의 부분적인 페이지 요청을 기꺼이 수락하겠다는 것을 알린다.

이제 요청과 응답 모두에 사용되는 헤더들을 알아보자. Date 헤더는 양방향으로 사용될 수 있으며 메시지가 보내진 시간과 일자를 포함하고 Range 헤더는 응답에 사용되는 페이지의 바이트 범위를 알려준다.

ETag 헤더는 페이지 내용을 위한 이름으로 짧은 태그를 포함한다. 이것은 캐싱에 이용된다. Cache-Control 헤더는 페이지를 어떻게 캐시할 것인지(또는 대부분의 경우 어떻게 캐시하지 않을지)에 관한 다양한 명확한 지시를 담고 있다.

마지막으로 Upgrade 헤더는 HTTP 프로토콜이 미래에 호환성이 없을 수도 있는 버전으로 바뀌는 것을 용이하게 해주기 위해 사용된다. 이 헤더는 클라이언트가 자신이 지원할 수 있는 것이 무엇인지, 서버가 자신이 지금 사용하는 것이 무엇인지를 알리는 것을 가능하게 한다.

캐싱

사람들은 보통 이전에 봤던 웹 페이지로 돌아가고, 리턴된 웹 페이지들은 같은 내장 리소스들을 가지고 있다. 사이트를 제공하기 위해 사용되는 이미지뿐만 아니라 공통된 스타일 시트와 스크립트가 그 예이다. 브라우저는 이미 웹 페이지에 대한 복사본을 가지고 있기 때문에 매번 모든 리소스들을 다시 호출하는 것은 매우 소모적인 일이다.

다음번 사용을 위해 페이지들을 저장하는 것을 **캐싱(caching)**이라고 한다. 이것은 캐싱 페이지를 재사용할 수 있어서 전송을 반복할 필요가 없다는 것이 장점이다. HTTP는 사용자들이 언제 페이지를 안전하게 재사용할 수 있을지를 확인할 수 있도록 도와준다. 이러한 지원을 통해 네트워크 트래픽과 반응시간을 줄임으로서 성능을 향상시킬 수 있다. 균형은 브라우저가 페이지들을 저장해야 되는 것이지만, 저장 로컬 스토리지가 저렴하기 때문에 이것은 대체로 가치 있는 균형이다. 브라우저가 다시 사용될 수 있도록 하기 위해 페이지는 보통 디스크에 유지된다.

HTTP 캐싱이 가지고 있는 어려운 문제는 이전에 캐싱 페이지의 복사본과 다시 불린 페이지가 같은지를 확인하는 것이다. 이러한 확인은 단지 URL만으로는 결정할 수 없다. 예를 들어, URL이 최신 뉴스를 보여주는 웹 페이지를 보여준다고 하자. 이 페이지는 똑같은 URL을 유지하고 있기는 하지만 웹 페이지의 내용은 빈번하게 업데이트 될 것이다. 그렇지 않으면, 페이지의 내용은 그리스 및 로마 신화에 나오는 신들의 목록일 것이다. 이러한 페이지는 천천히 변해야 한다.

HTTP는 이러한 문제를 해결하기 위해 두 개의 방식을 사용한다. 이 방식들은 요청(1단계)과 응답(5단계) 사이의 프로세싱 형태로서 그림 7-40과 같다. 첫 번째 방식은 페이지 검증이다(2단계). 이 단계에서 캐싱을 참조하고, 거기에 여전히 유효한 URL 요청을 위한 페이지 복사본이 있다면, 서버로부터 이것을 다시 부를 필요가 없다. 대신 캐싱 페이지는 바로 리턴될 수 있다. 캐싱 페이지가 원래 호출되었고 현재 날짜와 시간이 이러한 결정에 사용될 수 있을 때, Expires 헤더는 리턴된다.

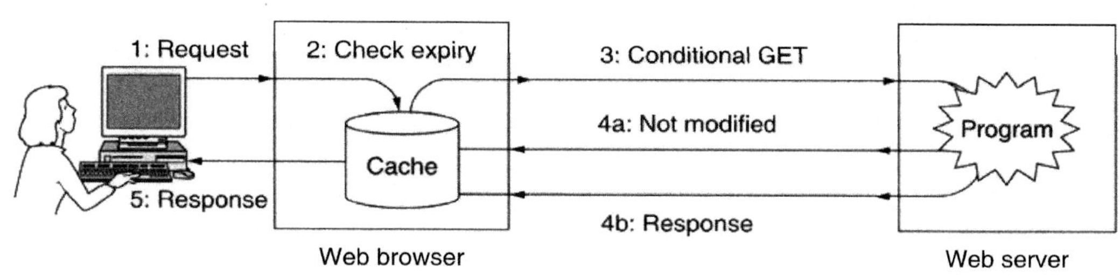

그림 7-40 HTTP 캐싱

그러나 언제 페이지가 다시 불러져야 되는지에 대한 정보를 말해주는 *Expires* 헤더가 모든 페이지에 함께 오는 것은 아니다. 결국 예측하는 것은 어렵고, 특히 미래의 경우에는 더욱 그러하다. 이러한 경우에, 브라우저는 휴리스틱(heuristic)을 사용한다. 만약 페이지가 작년에 수정되지 않았다면(Last-Modified 헤더가 말해주는 정보에 의해), 이것은 나음 몇 시간 내에도 변경되지 않을 것이라는 안정적인 추측을 할 수 있다. 그러나 그러한 보장이 없고, 좋지 않은 예측일 것이다. 예를 들어, 주식 시장은 페이지가 몇 시간 동안 바뀌지 않도록 하기 위해 그날 동안 닫지만, 이것은 다음 거래가 시작되면 빠르게 변할 것이다. 이같이 어느 페이지의 캐싱 능력(cache ability)은 시간에 따라 다르게 변할 것이다. 이러한 이유로 휴리스틱은 실제에서 잘 동작하더라도 유의해서 사용해야 한다.

만기가 끝나지 않은 페이지를 찾는 것은 캐싱의 가장 유용한 사용 방법으로, 이 방법은 서버가 전혀 연결될 필요가 없기 때문이다. 물론 항상 그러한 것만은 아니다. 서버는 페이지가 언제 업데이트 되는지를 보장할 수 없기 때문에 반드시 *Expires* 헤더를 사용해야 한다. 사실 캐싱 복사본은 여전히 유효하지만 사용자는 이를 알 수 없다.

두 번째 방법은 캐싱 복사본이 여전히 유효한지를 서버에 요청할 때 사용하는 방식이다. 이 요청은 **Conditional GET**이라 하고, 그림은 7-40에서 3단계와 같다. 만약 서버가 캐싱 복사본이 여전이 유효하다고 알고 있다면, 이것은 짧은 응답을 보낸다(4a 단계). 그렇지 않으면 이것은 전체 응답을 보낼 것이다(4b 단계).

서버가 캐싱 복사본이 여전히 유효한지를 체크하기 위해서 많은 필드가 사용된다. 사용자는 *Last-Modified* 헤더로부터 캐싱 페이지가 언제 마지막으로 업데이트됐는지에 대한 시간을 알 수 있다. 그동안에 변경된 페이지에 대한 요청을 하기 위해서 이 시간을 *If-Modified-Since* 헤더를 사용하여 서버에게 보낼 수 있다.

그렇지 않으면 서버는 페이지를 포함하고 있는 ETag 헤더를 리턴한다. 이 헤더는 페이지의 내용에 대한 짧은 이름을 태그(tag)로 주는 것으로, checksum과 유사하지만 더 좋다. (이것은 암호화 해시일 수 있으며, 8장에서 다룬다.) 사용자는 캐싱 복사본(copy)의 태그를 리스트하는 *If-None-Match* 헤더를 서버에게 보냄으로서 캐싱 복사본을 검증할 수 있다. 만약 어떠한 태그라도 서버가 응답하는 내용과 매치 된다면, 대응되는 캐싱 복사본이 사용될 것이다. 이 방법은 새로운 것을 결정하는 것이 편리하지 않거나 유용하지 않을 때 사용된다. 예를 들어 서버는 같은 URL이라 할지라도 무슨 언어이고 어떠한 MIME 타입이 선호되는지에 따라 다른 내용을 리턴할 것이다. 이러한 경우에 수정 날짜는 단독으로 서버가 캐싱 페이지가 새로운 페이지인지 결정하는 데 도움이 안 될 것이다.

마지막으로, 두 가지의 캐싱 방식은 *Cache-Control* 헤더의 지시에 의해 중단된다는 것을 명심하라. 지시들은 캐싱이 부적절할 때, 그러한 캐싱을 제한하기 위해 사용된다(no-cache). 다음번에 다른 페이지를 불러오는 동적 페이지가 그러한 예이다. 승인을 요구하는 페이지 또한 캐싱되지 않는다.

많은 캐싱이 있지만 우리는 오직 두 가지 중요한 요소만을 다룬다. 우선 캐싱은 브라우저 이외에서도 사용된다. 일반적으로 HTTP 요청은 여러 캐싱을 통해 보내진다. 브라우저 외부에서 캐싱을 사용하는 것을 **프록시 캐싱(proxy caching)**이라 부른다. 캐싱에 추가된 각각의 레벨은 요청이 연결되는 것을 줄일 수 있도록 도와준다. 이것은 다른 사용자에게 캐싱 페이지의 혜택을 주기 위해 프록시 캐싱을 동작시키는 ISPs와 회사 같은 조직에게는 일반적인 방법이다. 프록시 캐싱에 대한 좀 더 포괄적인 내용은 이 장의 마지막에 있는 7.5절에서 다룬다.

두 번째로, 캐싱은 원하는 만큼은 아니지만 성능을 증가시키기 위한 요소를 제공한다. 그러한 이유로, 웹에는 인기 있는 문서들이 많은 반면에 인기 없는 문서 또한 많고, 대부분은 매우 길다(예를 들어 videos처럼). 캐싱에 있는 인기 없는 문서의 "long tail"과 캐싱으로부터 처리될 수 있는 요청의 수는 캐싱 사이즈와 함께 천천히 증가한다. 웹 캐싱은 요청된 것보다 적게 다룰 수 있다. 추가 정보는 Breslau et al.(1999)을 참고하기 바란다.

HTTP 사용법 예제

HTTP는 ASCII 프로토콜이므로 단말기에 있는 사람이 (브라우저 앞에서) 웹 서버들과 직접 대화를 나누는 것이 매우 쉽다. 필요한 것은 단지 서버 포트 80번으로 TCP 연결을 하는 것이다. 독자들이 개인적으로 이 시나리오를 시도해볼 것을 권한다. 대부분의 UNIX 쉘에서 잘 수행될 것이고, (일단 telnet 프로그램이 가능하다면) Windows의 커맨드 창에서도 잘 동작할 것이다.

```
telnet www.ietf.org 80
GET /rfc.html HTTP/1.1
Host: www.ietf.org
```

이 명령들은 IETF 웹 서버인 www.ietf.org의 포트 80번으로 telnet(TCP) 연결을 시작한다. 이 세션의 결과는 나중에 검사를 하기 위해 파일 log로 보내진다. 다음으로 파일 이름과 프로토콜 이름을 갖는 GET 명령이 온다. 다음 줄은 반드시 있어야 하는 Host 헤더이다. 블랭크(blank) 또한 반드시 있어야 한다. 이 줄은 서버에게 더 이상 요청 헤더가 없음을 알려준다. 그러면 서버는 응답을 보낼 것이다. 서버와 URL에 따라서 여러 다양한 헤더와 페이지들을 볼 수 있다.

7.3.5 모바일 웹(Mobile Web)

웹은 모바일 폰을 포함한 대부분의 모든 형태의 컴퓨터에서 사용된다. 이동하면서 무선 네트워크로 웹을 브라우징하는 것은 매우 유용할 수 있다. 하지만 화려한 화면을 제공하는 다수의 웹 콘텐트들은 광대한 접속 환경을 갖는 데스크톱 컴퓨터에서 만들어졌기 때문에 기술적인 문제들을 일으킨다. 이 절에서는 모바일 장치에서 웹으로의 접근 또는 **모바일 웹**이 어떻게 개발되고 있는지를 설명하겠다.

모바일 폰은 직장이나 집에 있는 데스크톱 컴퓨터와 비교했을 때 웹 브라우징을 할 때 몇 가지 어려움이 있다.

1. 상대적으로 작은 화면이므로 커다란 페이지나 사진을 못 담는다.
2. URL이나 긴 문장의 입력이 어렵다.
3. 무선 링크상에서 네트워크 대역폭이 제한된다. 특히 셀룰러(3G) 네트워크의 경우 비용이 너무 비싸다.
4. 연결이 잘 끊긴다.
5. 배터리 수명, 크기, 열 소멸, 비용으로 인해 컴퓨팅 전력이 제한된다.

이러한 어려움은 단순히 모바일 웹으로 사용자가 데스크톱 콘텐츠를 사용할 때 불만스러울 수 있음을 의미한다.

초창기 모바일 웹에의 접근은 제한된 가용성을 갖는 무선기기들에 맞게 새로운 프로토콜로 계획되었다. **WAP(Wireless Application Protocol)**이 가장 잘 알려진 이 계획의 한 예이다. WAP의 노력은 처음 노키아(Nokia), 에릭슨(Ericsson), 모토로라(Motorola) 같은 주요 모바일 폰 회사에 의해 1997년에 시작되었다. 하지만 무언가 기대하지 않았던 일이 갑자기 발생했다. 10년 후, 3G 데이터 서비스와 더욱 커진 화면 그리고 더욱 빠른 프로세서와 802.11 무선 능력까지 탑재된 모바일 폰의 등장으로 네트워크 대역폭과 기기의 능력들이 점점 거대하게 성장했다. 갑작스럽게 모바일 폰에서 간단한 웹 브라우저를 수행하는 것이 가능해졌다. 여전히 모바일 폰과 데스크톱 컴퓨터 사이에는 절대 없어지지 않을 차이가 존재하지만, 프로토콜 스택을 나누도록 촉진했던 다수의 기술적인 문제들은 점점 사라졌다.

점점 더 많이 사용되고 있는 이 접근 방식은 모바일과 데스크톱 컴퓨터를 위해 동일한 웹 프로토콜을 사용하며, 사용자가 모바일 장치에서 웹 브라우저를 사용할 때는 웹 사이트에서 모바일 환경에 맞게 콘텐트를 전달해준다. 웹 서버들은 요청 헤더를 확인하여 웹 페이지를 데스크톱 컴퓨터 형태로 보낼 것인지 모바일용으로 보낼 것인지 감지할 수 있다. 특히 사용자 에이전트(User-Agent) 헤더는 브라우저 소프트웨어를 식별할 수 있기 때문에 매우 유용하다. 따라서 웹 서버가 요청을 받을 때 헤더를 보고 iPhone(아이폰)에는 작은 이미지와 적은 텍스트 그리고 더 단순한 형태의 경로를 갖는 페이지를 넘겨주고 랩톱(labtop) 컴퓨터에는 완전하게 갖춰진 페이지를 넘겨준다.

W3C는 여러 방식으로 이 접근을 장려하고 있다. 한 가지 방식은 모바일 웹 콘텐트를 위한 모범 사례들을 표준화하는 것이다. 그러한 모범 사례 60개의 리스트가 첫 명세로 제공되었다(Rabin and McCathieNevile, 2008). 이 사례들의 대부분은 페이지의 크기를 줄이는 데에 합리적인 단계들을 골랐다. 통신비용이 계산 비용보다 높으므로 압축을 사용해서 크기를 줄이는 것과 캐싱의 효과를 최대로 하여 크기를 줄이자는 것과 같은 내용이 포함되어 있다. 이러한 접근은 여러 사이트, 특히 규모가 큰 사이트에게 사이트의 콘텐트들에 대해 모바일용 콘텐트도 함께 만들 것을 권장하였다. 이러한 것이 바로 모바일 웹 사용자를 사로잡기에 요구되는 것들이기 때문이다. 또한 이러한 사용자들을 위해 모바일 웹상에 잘 보이도록 된 페이지들을 표시하는 로고가 존재한다.

또 다른 유용한 도구는 HTML의 불필요한 요소들을 모두 제거한 버전인 **XHTML-Basic**이다. 이 언어는 모바일 폰, 텔레비전, PDA, 자판기, 호출기, 자동차, 게임기기, 심지어는 시계에도 사용되는 XHTML의 일부분이다. 이런 이유로 XHTML-Basic은 스타일 시트(Style sheet), 스크립트(script) 또는 프레임(frame)은 지원하지 않지만 대부분의 표준 태그(tag)들은 지원한다. 이것들은 11가지 모듈로 분류되며 그중 일부는 필수이고 일부는 선택적으로 사용해도 좋다. 모두 XML로 정의되며, 그림 7-41에 모듈과 태그 예시를 나타냈다.

Module	Req.?	Function	Example tags
Structure	Yes	Doc. structure	body, head, html, title
Text	Yes	Information	br, code, dfn, em, h*n*, kbd, p, strong
Hypertext	Yes	Hyperlinks	a
List	Yes	Itemized lists	dl, dt, dd, ol, ul, li
Forms	No	Fill-in forms	form, input, label, option, textarea
Tables	No	Rectangular tables	caption, table, td, th, tr
Image	No	Pictures	img
Object	No	Applets, maps, etc.	object, param
Meta-information	No	Extra info	meta
Link	No	Similar to <a>	link
Base	No	URL starting point	base

그림 7-41 XHTML Basic의 모듈과 태그

하지만 모든 페이지가 모바일 웹에서 잘 구동되도록 설계되지는 않았다. 따라서 이를 보완하는 접근법으로 **콘텐트 변형(Content Transformation)** 또는 **변환 부호화(Transcoding)**가 있다. 이 방법에서는 컴퓨터가 모바일과 서버 사이에 위치해서 모바일로부터 오는 요청을 받고, 서버로부터 콘텐트를 가져오며, 그것을 모바일용 웹 콘텐트로 변형한다. 간단한 변형은 크기가 큰 이미지들을 더 낮은 해상도로 재구성해서 크기를 감소시키는 것이다. 변환 부호화는 모바일 웹의 초창기 이래로 성공적으로 사용되어 왔다. (그 사례로는 Fox et al[1996]을 보라.) 하지만 두 가지 방법이 모두 사용되었을 때, 모바일 콘텐트에 대한 결정을 서버와 부호 변환기 중 무엇으로 할 것인지에 대해 갈등이 있었다. 예를 들어, 웹 사이트는 모바일 웹 사용자를 위해 오직 이미지 형식을 바꾸는 부호 변환기를 갖는 특정 이미지와 텍스트의 혼합을 선택할 수도 있다.

여기까지 우리는 프로토콜이 아닌, 모바일 웹을 현실화하는 데에 가장 큰 문제인 콘텐트에 대해 알아보았다. 하지만 우리는 간단히 프로토콜 이슈에 대해 다루려고 한다. 웹에서 사용되는 HTTP, TCP 그리고 IP 프로토콜은 헤더 같은 프로토콜 오버헤드에서 굉장히 많은 양의 대역폭을 소비할지도 모른다. 이 문제에 대해 논하기 위해, WAP과 그 밖의 해결 방안들은 특수 목적의 프로토콜을 정의하였다. 이것은 매우 불필요하게 바뀌게 됐다. 6장에서 소개될 ROHC(RObust Header Compression)와 같은 헤더 압축 기술들은 이 프로토콜들의 오버헤드를 줄여줄 수 있다. 이런 방식으로 프로토콜의 한 세트(HTTP, TCP, IP)를 갖는 것이 가능하며, 그것들을 높거나 낮은 대역폭에서 각각 사용할 수 있다. 낮은 대역폭 링크에서 사용하는 경우는 단순히 헤더가 압축 돼 있도록 요구한다.

7.3.6 웹 서치(Web Search)

웹에 대한 설명을 마무리하기 위해서, 가장 성공적인 웹 응용 프로그램을 알아보도록 하자. 1998년 스탠포드 대학원생이었던 세르게이 브린과 래리 페이지는 더 나은 웹 검색을 위해서 구글(Google)이라는 초기 엔진을 구성했다. 그들은 검색 알고리즘이 사용자가 찾는 키워드가 많이 포함되어 있는 페이지를 찾아주기보다는 각 페이지가 얼마나 많이 다른 페이지들에 링크되어 있는지를 계산해서 해당 페이지를 제공해야 한다는 획기적인 아이디어를 가지고 있었다. 예를 들어, 사용자가 "시스코(Cisco)"라는 단어를 찾을 때, 시스코가 많이 언급되었을 뿐인 다른 페이지보다는 많은 페이지들이 연결되어 있는 시스코 회사의 홈페이지를 찾아주는 것이 검색 결과에 더 적합하다.

결국 그들이 옳았다. 더 나은 검색엔진을 구현하는 일이 가능하다는 것을 증명해냈고, 많은 사람들이 구글을 사용하기 시작했다. 벤처기업을 기반으로 구글은 엄청나게 성장했다. 2004년에 구글은 시가총액 230억 달러의 공개 기업이 되었고, 전 세계적으로 데이터센터에 보유한 서버들만 100만 대 이상인 것으로 추정되었다.

웹의 시작 이후, 검색이 발전해왔기 때문에 어떤 의미에서 검색은 단순히 또 다른 웹 응용 프로그램이다. 비록 가장 발전된 웹 응용 프로그램들 중 하나일지라도. 하지만 웹 검색은 이제 필수불가결한 존재가 되었음이 증명되었다. 하루에 웹 검색이 10억 번 이상 발생하는 것으로 추정된다. 온갖 형태의 정보를 원하는 사람들은 맨 처음 구글로 검색을 한다. 예를 들어, 어떤 웹 사이트도 시애틀에서 베지마이트(vegemite)를 어디서 사야 하는지 찾기 위한 적당한 시작 페이지가 아니라는 사실과 동일한 맥락이다. 하지만 검색엔진은 원하는 정보를 가진 페이지를 알고 있고, 즉시 알려줄 수 있다는 기회가 추가적으로 제공된다.

전형적인 방법으로 웹 검색을 수행하기 위해서는 사용자는 웹 검색 사이트의 URL을 직접 브라우저에 연결할 수 있다. 구글, 야후!(Yahoo!) 그리고 빙(Bing)이 주요 검색 사이트들이다. 다음으로, 사용자들이 어떤 형식을 사용해서 검색어를 보낸다. 그러면 검색엔진은 데이터에서 쿼리를 수행해 관련 페이지나 이미지, 또는 찾고 있는 자료에 대해서 동적 페이지를 반환하다. 그렇게 되면 사용자들은 반환된 페이지에 있는 링크들을 따라갈 수 있다.

웹 검색은 논의하기에 흥미로운 주제이다. 왜냐하면 이것은 네트워크의 설계와 사용에 영향을 받기 때문이다. 첫 번째, 웹 검색이 어떻게 페이지들을 찾을 수 있을까? 웹 검색엔진은 쿼리를 실행하기 위해서 데이터베이스의 페이지들을 가지고 있어야 한다. 각 HTML 페이지는 다른 페이지들에 대한 링크를 포함할 수도 있고 흥미로운(또는 검색이 가능한) 모든 것들이 어딘가에 연결되어 있다. 이것은 이론적으로 도움이 되는 페이지들로 검색 시작이 가능하고, 모든 페이지들과 링크들을 돌아다니면서 웹상의 다른 모든 페이지들을 찾는 것이 가능함을 의미한다. 이 과정을 **웹 크롤링(Web crawling)**이라고 한다. 모든 웹 검색엔진들은 웹 크롤러(Web crawler)를 사용한다.

크롤링의 첫 번째 문제는 찾을 수 있는 페이지의 종류이다. 정적인 문서들과 다음 링크를 부르는 것은 쉽다. 하지만 많은 웹 페이지들은 사용자의 요청에 따라 다른 페이지들을 보여주는 프로그램들이 포함되어 있다. 한 사례로 상점에 관한 온라인 물품목록이 그러하다. 제품 목록은 한 제품 데이트베이스와 다른 제품들의 쿼리에서 생성된 동적 페이지들을 포함할 수도 있다. 이런 종류의 콘텐츠들은 돌아다니기 쉬운 정적인 페이지들과는 다르다. 웹 크롤러들은 어떻게 이 동적 페이지들을 찾을 수 있을까? 정답은 대부분 크롤러는 찾을 수 없다는 것이다. 이 숨겨진 콘텐츠 종류를 **딥 웹(Deep Web)**이라고 한다. 딥 웹을 검색하는 방법은 현재까지도 많은 사람들이 고민하고 있는 열린 문제이다. (madhavan et al.[2008]을 참조하라.) 사이트 중에는 한 페이지(robots.txt로 알려진)가 크롤러에게 사이트들의 어떤 부분을 방문해야할지 말아야할 지에 관해 알릴 수 있도록 하는 것과 같은 형식들도 존재한다.

두 번째 고려사항은 크롤 된 모든 데이터를 어떻게 처리할 것인가에 관한 문제이다. 번호를 매기는 알고리즘을 실행하기 위해서는 그 페이지들이 저장되어야 한다. 추측은 다양하지만, 주요 검색엔진들은 수백억 웹 페이지들의 인덱스 번호를 가지고 있어야 한다. 평균 페이지 크기는 320 KB이다. 크롤된 웹의 복사본은 20petabytes나 2×10^{16}바이트 정도를 저장한다. 이는 실로 큰 숫자인 반면, 이것은 또한 인터넷 데이터센터에서 수월하게 저장되고 처리되는 정도의 양이다(Chang at el., 2006). 가령, 디스크 저장소가 테라바이트당 20달러라면, 2×10^4TB는 40만 달러가 드는데 이는 구글, 마이크로소프트, 야후의 회사 크기에 비해 크다고 할 수 없다. 웹이 확장되는 반면, 디스크 가격은 급속히 하락했다. 그래서 웹 전체를 저장하는 것은 아마 큰 회사에서는 미래를 위해서 여전히 가능한 일이지도 모른다.

이 데이터가 의미가 통하는 지는 다른 문제이다. 즉석 형식들(ad hoc formats)이 많은 추측들로 데이터 구조를 이해해야 하는 것에 반해, XML이 프로그램들이 데이터의 구조를 추출하기 쉽게 도와준다는 것에 감사해야 한다. 형식들 사이의 전환과 언어들 사이의 통역에 대한 문제에서 데이터의 구조를 아는 것은 이 문제의 일부일 뿐이기 때문이다. 무엇을 의미하는지 이해하는 것이 더 어려운 점이다. 이는 검색 쿼리와 더 관련 있는 결과 페이지부터 보여주는 것으로 가치를 드러낼 수 있다. 궁극적인 목표는 질의에 대한 답변을 할 수 있는 것으로, 예를 들면 당신이 사는 도시에서 싸지만 맛있는(질 좋은) 토스트 가게를 알려주는 것이다.

웹의 세 번째 측면은 높은 레벨의 명명법에 관한 문제이다. 만약 당신이 긴 URL보다 이름을 더 잘 기억한다고 가정하고, 사람의 이름으로 웹 페이지를 검색하는 것이 가능하다면 긴 URL을 기억할 필요가 없다. 이 전략은 갈수록 좋은 결과를 얻고 있다. DNS 이름들이 컴퓨터의 IP 주소로 맵핑되는 것과 마찬가지로 웹 검색도 URL를 컴퓨터와 연관 짓는 것이다. 검색은 철자 오류 또는 입력 오류를 올바르게 하는 것은 가능하지만, 만약 URL 입력이 잘못됐다면 잘못된 페이지를 얻게 된다.

마지막으로 웹 검색은 네트워크의 설계와는 거의 무관하고 몇몇 인터넷 서비스들의 성장과 큰 관련이 있다는 것을 보여준다. 가령 광고는 큰돈이 된다. 광고는 웹 검색의 성장을 좌우하는 경제적 엔진이다. 광고를 단순히 보여주기만 한 것과 크게 달라진 점은 관련 광고를 증가시키기 위해 사람들이 찾는 것에 대해 광고를 하는 능력이다. 경매 메커니즘에서의 다양성은 검색 쿼리를 가장 가치 있는 광고와 매치시키기 위해 사용된다(Edelman et al., 2007). 물론 이 새로운 모델은 **클릭 사기(click fraud)**와 같은 새 문제를 야기한다. 클릭 사기는 사용자 흉내를 내서 광고를 클릭하도록 만드는 프로그램으로 결국 불법적으로 돈을 얻는 방법이다.

7.4 스트리밍 오디오와 비디오

많은 사람들에게 멀티미디어(multimedia)는 네트워킹의 성배(holy grail)이다. 멀티미디어라는 단어가 처음 언급되었을 때, 기술자와 사업가의 지대한 관심을 불러 일으켰다. 전자는 모든 컴퓨터에 인터넷 전화와 주문형 비디오를 공급할 때 기술적으로 엄청난 도전이 있음을 알았고, 후자는 그 안에 엄청남 이익이 있음을 알았다.

인터넷을 이용해 오디오와 비디오를 전송하려는 아이디어는 1970년대부터 있어 왔지만, 실시간 오디오/비디오 전송은 2000년대 이후에 본격적으로 등장하기 시작했다. 웹에서는 페이지 로드에 걸리는 시간이 다소 차이가 있거나 중단이 발생해도 큰 문제가 되질 않지만, 실시간 트래픽은 미리 결정된 속도로 재생되어야만 한다는 점에서 웹 트래픽과 차이가 있다.

스트리밍 오디오와 비디오의 발전의 두 가지 요인은 다음과 같다. 첫 번째, 컴퓨터의 성능이 강력해지고 마이크로폰과 카메라 등의 장비를 갖추기 시작하면서, 오디오와 비디오 데이터를 쉽게 입력, 출력뿐만 아니라 처리할 수 있게 되었다. 두 번째로는 인터넷 대역폭의 확장에 있다. 인터넷 중심부는 기가비트 단위로 전송이 되고 있으며, 인터넷 가장자리에 위치한 일반 사용자들은 브로드밴드나 802.11 무선 네트워크를 이용할 수 있다. 이러한 발전으로 인해 인터넷 서비스 제공업체들은 막대한 용량의 트래픽을 인터넷 기간망을 통해 전송시킬 수 있으며 일반 사용자들도 56-kbps 전화모뎀보다 100배 이상 빠르게 인터넷에 접속할 수 있다.

인터넷 대역폭이 오디오와 비디오 트래픽 증가의 원인이기는 하지만, 여기에는 다른 이유도 있다. 일반적으로 전화통화는 상대적으로 작은 대역폭(대개 64kbps를 사용하지만 압축을 사용하면 더 적을 수 있음)을 차지하지만 가격은 비싸다. 회사들은 인터넷을 통해 음성을 전송시킴으로써 전화비용을 낮출 수 있는 방법을 생각하기 시작하였다. Skype 같은 선행주자들은 인터넷 연결을 통해 사용자들이 무료 통화를 할 수 있는 서비스를 제공하기 시작하였고, 현재는 엄청난 양의 음성 데이터가 인터넷을 통해 전송되고 있다. 이를 VoIP(Voice over IP) 혹은 인터넷 전화(Internet telephony)라 한다.

비디오는 오디오와 다르게 많은 양의 대역폭을 차지한다. 보통 인터넷 비디오는 1Mbps 정도로 부호화되며 대개의 DVD 영화의 용량은 2GB이다. 브로드밴드의 보급 이전에는 인터넷을 통해 영화를 시청하는 것이 어려운 일이었으나, 지금은 각 가정에서 인터넷을 통해 양질의 비디오를 시청할 수 있다. 매일 인터넷에 접속하는 사용자들의 4분의 1가량이 YouTube를 방문하는 것으로 추정되며, 영화 대여 산업은 이미 온라인 다운로드로 옮겨 갔다. 현재 인터넷 트래픽량의 많은 부분을 비디오가 차지하고 있으며 수년 내에 90%에 이를 것으로 전망된다(Cisco, 2010).

만약 오디오와 비디오를 전송하기에 충분한 대역폭이 있다면, 스트리밍과 컨퍼런스 응용 프로그램에 있어서 가장 중요한 문제는 네트워크 지연(delay)이다. 오디오와 비디오는 실시간 상영이 필수적이므로 미리 결정된 속도로 재생되어야 한다. 만일 지연시간이 길어지게 된다면 사용자는 혼란스럽게 될 것이다. 절대지연(absolute delay)은 미디어의 재생 시작시간에만 영향을 주므로 별 문제가 되지 않지만, 지연시간의 변동(jitter)은 오디오와 비디오 재생품질에 많은 문제가 된다.

이 절에서는 지연 문제를 다루는 기법들과 오디오와 비디오 세션 셋업에 대한 프로토콜들을 다룰 것이다. 디지털 오디오와 비디오에 대한 소개 후, 각 디자인에 따라 세 가지 경우로 나누어 설명한다. 첫 번째로는 YouTube와 같이 저장되어 있는 미디어를 스트리밍하는 경우이고, 두 번째는 라이브 미디어를 스트리밍하는 경우이다. 인터넷 이용자들에게 생중계하는 인터넷 라디오, 인터넷 텔레비전(IPTV) 등이 여기에 속한다. 세 번째는 Skype와 같이 인터렉티브한 오디오와 비디오 스트리밍 경우이다.

인터넷상에서는 멀티미디어(multimedia)라는 용어는 종종 비디오와 오디오를 지칭한다. 글자 그대로, 멀티미디어는 2개 이상의 매체를 의미한다. 이런 사전적 의미에 따르면 이 책은 텍스트와 그래픽(그림)을 포함하고 있으므로 멀티미디어로 기술되었다고 할 수 있다. 따라서 앞으로 '멀티미디어'라는 용어를 쓸 때는 두 가지 이상의 매체가 일정 시간 동안 재생되며 사용자 인터랙션이 있는, 2개 이상의 **연속 매체(continuous media)**의 조합을 의미하도록 한다. 실제, 두 매체는 오디오와 비디오, 즉 음향과 동영상이다. 많은 사람들은 인터넷 전화나 인터넷 라디오 같은 순수 오디오를 또한 멀티미디어라고 하지만 이것은 분명히 멀티미디어가 아니다. 더 적당한 용어는 **스트리밍 미디어(streaming media)**이다. 그러나 우리는 대중의 의견을 따라 실시간 오디오도 멀티미디어로 간주하도록 한다.

7.4.1 디지털 오디오

오디오 파형(wave)은 일차원적인 음향(음압) 파이다. 음향 파가 귀에 들어오면, 고막을 진동시키고 이와 함께 귀 속의 작은 뼈 조각을 진동시켜 신경 펄스를 뇌에 전달한다. 사람은 이 펄스들을 소리로 인식한다. 이와 유사한 방식으로 음향 파형이 마이크(microphone)에 부딪지면, 마이크는 선기적 신호를 발생시킨다. 이 신호는 소리의 진폭을 시간의 함수로 표현한다.

인간의 귀는 20에서 20,000Hz의 주파수 영역을 감지할 수 있다. 그러나 개와 같은 동물들은 더 높은 주파수를 감지할 수 있다. 귀는 로그 함수적으로 주파수를 감지한다. 그러므로 강도(power)가 A와 B인 두 소리의 비는 보통 다음 공식에 따라 **dB(decibel)**로 표현된다.

$$dB = 10\log10(A/B)$$

만일 1kHz 사인파의 최저 가청도를(약 0.0003dyne/cm2의 압력을) 0dB로 정의한다면, 100만분의 1의 유동 범위에서, 일상적인 대화는 약 50dB이고 고통을 느끼는 한계치는 약 120dB이다.

인간의 귀는 단지 1,000분의 수 초 동안 지속되는 소리 변화에도 민감하다. 반대로, 인간의 눈은 이 시간 동안 지속되는 빛의 변화는 알지 못한다. 이 관찰 결과는 멀티미디어 전송 중에 발생하는 단지 1,000분의 수 초 동안의 지터(jitter)가 화질보다는 음질에 더 많은 영향을 줌을 의미한다.

디지털 오디오는 재생을 위해 오디오 파형을 디지털 형태로 표현한다. 오디오 파형은 **ADC (Analog Digital Converter)**에 의해 디지털 형태로 변환된다. ADC는 전압을 입력으로 받아 출력으로 이진수를 생성한다. 그림 7-42(a)는 사인파의 한 예이다. 이 신호를 디지털로 나타내기 위해, 그림 7-42(b)의 크기가 다른 막대기처럼, 매 ΔT 시간마다 샘플링(sampling)을 한다. 만일 사운드의 파형이 순수한 사인파가 아니라 최대 주파수 성분이 f인 사인파들의 중첩(superposition)이라면, 나이퀴스트 정리(Nyquist theorem)는 $2f$의 주파수에서 샘플들을 만들면 충분함을 말해준다(2장 참조). 이 같은 샘플링이 감지할 수 있는 더 높은 주파수가 존재하지 않으므로, 이보다 더 자주 샘플링을 하는 것은 의미가 없다.

디지털 샘플들은 절대 정확할 수 없다. 그림 7-42(c)의 샘플들은 -1.00에서 +1.00까지 각 0.25의 단계를 가지는 아홉 개의 값만을 가진다. 8비트 샘플은 서로 다른 256개의 값들을 가지며, 16비트 샘플은 서로 다른 65,536개의 값들을 가진다. 샘플 당 한정된 비트수로 인한 오차(error)를 **양자화 잡음(quantization noise)**이라고 한다. 이 잡음이 너무 크면, 인간의 귀는 이를 감지한다.

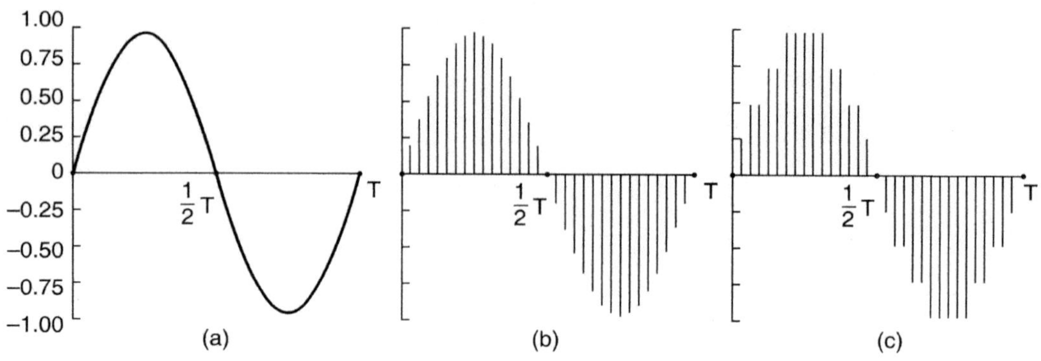

그림 7-42 (a) 사인파 (b) 사인파 샘플링 (c) 4비트로 양자화된 샘플

샘플링된 사운드의 대표적인 예는 전화와 오디오 CD이다. 전화 시스템 내에서 사용되는 펄스 코드 변조(PCM: Pulse Code Modulation)는 8-비트 샘플을 초당 8,000개나 만든다. 북미와 일본에서는 μ-law 인코딩기법을 유럽에서는 A-law 인코딩기법을 사용한다. 모두 64,000bps의 데이터 전송률을 갖는다.

오디오 CD는 44,100샘플/초의 샘플링 비율을 갖는 디지털로서 사람에게는 충분한 22,050 Hz까지의 주파수를 포착할 수 있다. 샘플들은 각각 16비트이고 진폭 구간상에서 선형이다. 비록 동적 청각 범위는 들을 수 있는 가장 작은 소리의 단계로 측정되었을 때 약 100만 정도이지만, 16-비트 샘플들은 65,536개의 서로 다른 값만을 허용한다. 그러므로 오디오 CD급의 음질은 전화음질보다는 월등하지만, 샘플당 16비트만을 사용하므로 양자화 잡음이 발생한다(비록 완전한 동적 범위가 수용되지는 않지만 -CD의 경우는 문제가 없다). 때문에 오디오 마니아들은 22khz에서 나이퀴스트 주파수 컷오프(cutoff)를 하지 않고 양자화잡음이 없는 33-RPM LP 레코드를 선호하기도 한다. 초당 44,100개의 각 16비트 샘플 오디오 CD는 모노(monaural)의 경우 705.6 Kbps, 스테레오(stereo)의 경우 1,411Mbps의 대역폭을 필요로 한다.

오디오 압축

오디오는 필요한 대역폭과 전송시간을 줄이기 위해 압축을 한다. 모든 압축 시스템은 소스에서 데이터를 압축하고 종착지에서 압축을 복원하는 두 가지 알고리즘을 필요로 한다. 이 책에서는 **인코딩(encoding)**과 **디코딩(deconding)**이라는 용어를 사용하도록 한다.

압축 알고리즘은 비대칭성이 있으며 오디오와 비디오에 모두 해당이 된다. 다시 말하면 많은 응용 프로그램에 있어서 멀티미디어 문서는 (멀티미디어 서버에 저장될 때) 한 번 인코딩되는 데 반해 디코딩은 각 사용자가 문서를 재생할 때마다 수행된다. 이러한 대칭성은 인코딩 알고리즘은 느린 것이 허용되고 고가의 장비가 필요하더라도 디코딩 알고리즘은 경제적이고 빨라야 됨을 의미한다. 멀티미디어 서버 운영자는 전체 비디오 라이브러리의 인코딩을 위해 기꺼이 몇 주간 병렬 슈퍼컴퓨터를 임대하려할 것이다. 그러나 두 시간 동안 비디오를 보는 데 고객들이 슈퍼컴퓨터를 임대해야 한다면 성공할 확률이 거의 없을 것이다. 따라서 실제로 많은 압축 시스템에서는 인코딩이 늦거나 복잡하더라고 디코딩을 빠르고 간단하게 하기 위해서 노력하고 있다.

한편 VoIP 같은 라이브 오디오나 비디오의 경우에는 빠른 인코딩이 요구된다. 인코딩은 실시간으로 수행되어야 하기 때문이다. 따라서 실시간 멀티미디어는 저장되어 있는 데이터를 스트리밍하는 경우와는 다른 알고리즘들이나 파라미터들을 사용한다. 이 경우 종종 다소 낮은 비율로 압축된다.

또 다른 비대칭성으로는, 인코딩과 디코딩은 반드시 역변환(invertible)이 가능할 필요가 없다는 것이다. 즉 일반 데이터 파일을 압축하여 전송한 다음 수신측에서 복원할 때, 사용자는 압축 전의 원래 파일과 동일한 내용을 기대하기 때문에 마지막 비트까지 정확히 받는다. 멀티미디어의 경우, 이런 요구사항은 존재하지 않는다. 오디오와 비디오의 품질이 많이 차이가 나지 않는다면 복원된 비디오 신호가 압축 전의 신호와 약간 다른 것은 수용 가능하다. 복원된 출력이 원본 입력과 정확하게 일치하지 않는 시스템을 **손실(lossy)** 시스템이라고 한다. 입력과 출력이 동일한 시스템은 **무손실(lossless)** 시스템이라고 한다. 손실 시스템은 소량의 정보 손실을 수용함으로써 보다 높은 압축비를 얻을 수 있기 때문에 유용하다.

역사적으로 전화선은 늘 비쌌기 때문에 음성압축을 수행하는 보코더(voice coder)에 대한 많은 연구가 있어 왔다. 인간의 음성은 대개 600Hz~6,000Hz 범위에 존재하고 화자의 발성 기관와 입 구조에 의해 기계적으로 생성된다. 일부 보코더들은 음성을 몇 개의 파라미터들로(다양한 공동의 크기와 모양) 줄이고, 데이터 비율을 2.4kbps로 줄이기 위해 발성시스템 모델을 사용한다. 그러나 이런 보코더(vocoder)들이 어떻게 동작하는지는 이 책의 범위를 넘어선다.

우리의 주된 관심은 인터넷상으로 전송되는 CD 음질에 가까운 오디오이다. CD 음질 오디오는 1.411Mbps의 전송 대역폭을 필요로 하므로 웹 트래픽에서의 비디오 전송에 필요한 대역폭이 부족하다. 따라서 인터넷을 통한 전송을 실용적으로 만들려면 상당한 압축이 필요하다.

압축과 복원은 신호처리(signal processing)를 필요로 한다. 다행이 디지털화된 음향과 영상은 컴퓨터 소프트웨어로 쉽게 처리될 수 있으며, 현재 사용자가 녹음, 편집, 재생, 합성, 저장을 가능하게 하는 많은 프로그램들이 있다. (결과적으로 음악가들과 저작권 소유자들로부터 많은 소송이 제기됐다.)

다양한 오디오 압축 알고리즘들이 개발되었지만 아마도 가장 대중적인 것은 **MP3(MPEG audio layer 3)**와 **MP4(MPEG-4)**에서 쓰이는 **AAC(Advanced Audio Coding)**일 것이다. MPEG은 오디오와 비디오 압축을 제공하며, MPEG의 버전으로는 MPEG-1, MPEG-2, MPEG-4 가 있다. MP3는 MPEG-1 표준의 오디오 압축을 지칭한다. AAC는 MP3의 후계자이며 MPEG-4에서 쓰인다. MPEG-2에서는 MP3와 AAC를 모두 사용한다.

오디오 압축은 두 방법 중의 하나로 할 수 있다. 음성파형 코딩(waveform coding)에서 신호는 푸리에 변환(Fourier Transform)에 의해 주파수 성분으로 수학적으로 변환된다. 그림 2-1(a)는 시간과 그 푸리에 진폭들의 한 예제 함수를 보여준다. 각 성분의 진폭은 최소한으로 인코딩(encoding)된다. 목표는 가능한 적은 수의 비트들로 반대편(수신지)에서 파형을 정확히 재생하는 것이다.

또 하나의 방법은 **인지 코딩(perceptual coding)**으로서, 인간의 청각 시스템의 특정 결함들을 이용하여, 비록 신호가 오실로스코프(oscilloscope) 상에서는 아주 다르게 보일지라도 듣는 이에게는 똑같이 들리도록 신호를 인코딩한다. 인지 코딩은 - 어떻게 사람들이 사운드를 인지하는가 하는 - **심리음향학(psychoacoustics)**에 그 기초를 둔다.

인지 코딩의 주요 속성은, 어떤 소리가 다른 소리를 **마스크(mask)**할 수 있다는 것이다. 어느 여름날 당신이 라이브 플루트 콘서트를 중계하고 있다고 상상해 보자. 그때 갑자기 근처에 있는 한 떼의 노동자들이 망치(jackhammer)들을 가지고 거리를 부수기 시작한다면 아무도 플루트 연주를 듣지 못할 것이다. 전송 목적상 망치에 의해 사용된 주파수 대역(frequency band)만을 인코딩하는 것만으로도 충분하다. 왜냐하면 어쨌든 청취자들은 플루트 소리를 들을 수 없기 때문이다. 이를 **주파수 마스킹(frequency masking)** - 큰 소리의 주파수대가 큰 소리가 없으면 들을 수 있을지 모르는 작은 소리의 주파수대를 가리는 능력 - 이라고 부른다. 실제는 망치 소리가 멈춘 후에도 얼마간은 플루트 소리를 들을 수 없을 것이다. 왜냐하면 망치 소리가 시작됐을 때 청각 이득(gain, 능력)을 낮췄고 이를 다시 올리는 데는 얼마간의 시간이 걸리기 때문이다. 이 효과를 **일시적 마스킹(temporal masking)**이라고 한다.

이 효과를 더 상세히 알기 위해 실험 1을 생각해 보자. 조용한 방에 있는 사람이 컴퓨터의 사운드 카드에 연결된 헤드폰을 쓴다. 컴퓨터는 처음에는 100Hz의 순수한 사인파를 만들어내지만 서서히 파워(power)를 증대시킨다. 그 사람은 소리를 들을 때 키(key)를 치도록 지시받는다. 컴퓨터는 현재의 파워 수준을 기록하고, 200Hz, 300Hz 그리고 사람이 들을 수 있는 주파수의 한계까지 이 실험을 반복한다. 많은 사람들에 대해 평균을 낼 때, 한 주파수가 들리게 되려면 얼마나 많은 파워가 필요한가에 대한 로그-로그 그래프는 그림 7-43(a)에 있는 것과 같다. 이 곡선의 직접적인 결과는 파워가 가청 한계(audibility threshold) 이하인 주파수들을 인코딩하는 것은 필요하지 않다는 것이다. 예를 들어, 그림 7-43(a)에서 100 Hz에서의 파워가 20dB라면, 이 주파수는 청력의 질에 손실을 전혀 주지 않고 출력 시에 생략될 수 있다. 왜냐하면 100Hz에서의 20dB는 가청 한계 이하에 있기 때문이다.

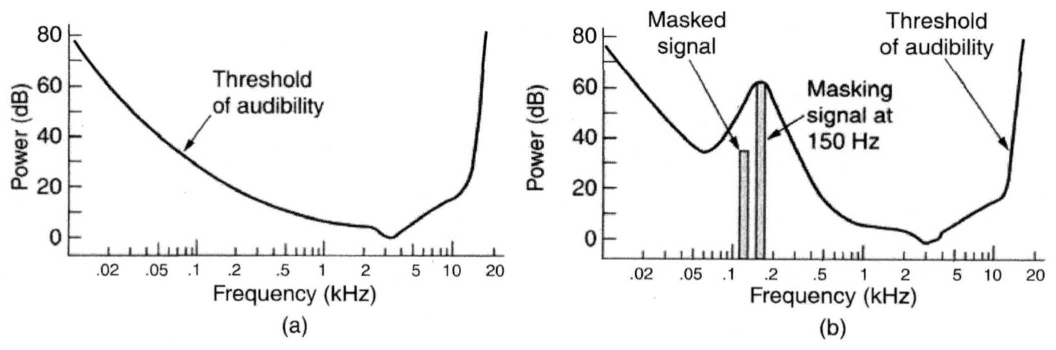

그림 7-43 (a) 주파수의 함수로서의 가청 한계 (b) 마스킹 효과

이제 실험 2를 생각해 보자. 컴퓨터는 실험 1을 다시 수행하나, 이번에는 시험 주파수에 고정-진폭(constant-amplitude)을 가진 150Hz의 사인파를 덧붙인다. 그림 7-43(b)에 보이는 것처럼 주파수 150Hz 부근에서 가청 한계가 올라간 것을 발견할 수 있다.

이 새로운 관찰의 결과는 신호들이 더 강력한 신호들에 의해 자기 주파수 대역 부근에서 마스킹된 것들을 추적함으로써, 인코딩된 신호에서 더 많은 주파수들을 생략할 수 있고, 그래서 비트 양을 줄일 수 있다는 것이다. 그림 7-43에서 125Hz 신호는 출력에서 완전히 생략될 수 있고 아무도 그 차이를 느낄 수 없을 것이다. 일시적 마스킹 속성은, 어느 주파수 대역에서 한 강한 신호가 정지된 후조차도, 청각이 회복되는 시간 동안 마스킹된 주파수들을 계속 생략하는 것을 허용한다. MP3와 AAC의 본질은 각 주파수에서 파워를 얻기 위해 사운드를 푸리에 변환하고, 가능한 적은 양의 비트들을 인코딩하여 마스킹되지 않은 주파수들만을 전송하는 것이다.

이 정보를 바탕으로 하여, 어떻게 인코딩이 행해지는지를 알 수 있다. AAC 오디오 압축은 8~96kHz(주로 44.1kHz)에서 파형을 샘플링하며 샘플링은 한 개(모노) 혹은 두 개(스테레오) 채널에서 행해진다. 우선, 출력 비트율(bit rate)이 선택된다. MP3는 팬들이 듣는 데 전혀 문제가 없도록 스테레오 락큰롤 CD를 질적으로 거의 손실이 없는 수준인 96kbps로 낮춰서 압축할 수 있다. 피아노 콘서트의 경우에는 적어도 128kbps가 필요하다. 이처럼 다른 이유는 락큰롤에 대한 신호-대-잡음(signal-to-noise) 비율이 피아노 콘서트의 비율에 비해 훨씬 높기 때문이다. 더 낮은 출력 비트율을 선택하고 약간의 실 손실을 수용하는 것도 또한 가능하다.

이제 샘플들은 작은 그룹으로 처리된다. 각 그룹은 주파수 밴드를 얻기 위해 디지털 필터를 통과한다. 이와 동시에 마스킹된 주파수를 알아내기 위해 심리음향학 모델로 넣어진다. 다음 단계에서는, 주파수 밴드별로 총 사용가능한 비트들을 분배한다. 가장 강한 마스킹이 안 된 스펙트럼 파워(spectral power)를 가지는 밴드들에게 비트를 더 많이 할당하고, 그렇지 않은 밴드들에게는 더 적게 할당하며, 마스킹된 밴드들에게는 할당하지 않는다. 마지막으로 자주 나타나는 숫자들에게는 짧은 코드를, 그렇지 않은 코드들에게는 긴 코드를 할당하는 허프만 코딩(Huffman coding)을 사용하여 인코딩한다. 이 과정에 대한 보다 자세한 정보는 Brandenburg(1999)에 있다.

7.4.2 디지털 비디오

지금까지 청각에 대해 논의를 해왔고 이제부터 시각에 대해 알아보자. 인간의 눈은 이미지가 망막의 보일 때, 사라지기 전 1,000분의 수 초 동안 이를 유지하는 속성을 가지고 있다. 만약 초당 50개의 이미지들을 하나씩 그린다면, 눈은 자신이 분리된 이미지들을 보고 있다는 것을 인식하지 못한다. 모든 비디오 시스템은 동영상들을 생산하기 위하여 이 원리를 이용한다.

가장 단순한 디지털 비디오 표현방법은 프레임들을 일렬로 나열하는 것이다. 각 프레임은 **픽셀(pixel)**이라고 불리는 사각 격자 모양의 그림 요소들로 구성된다. 각 픽셀은 단일 비트로서, 단지 흑백만을 표현할 수도 있다. 하지만 그림파일들을 흑백으로 바꾸어 본 적이 있다면 이 방식이 그림 화질이 얼마나 나쁜지 알 수 있다.

약간 개선된 방법은 픽셀당 8비트를 사용해서 256그레이(gray) 레벨을 나타내는 것이다. 이 방식은 고화질 흑백 비디오를 제공한다. 컬러 비디오의 경우는 RGB 컬러 각각에 대해 8비트를 사용한다. 이러한 방식이 가능한 이유는 모든 색은 적색, 녹색, 청색의 적절한 강도의 선형배합(linear superposition)으로 나타내질 수 있기 때문이다. 픽셀당 24비트를 사용하면 인간의 눈이 구별해낼 수 있는 것보다 많은 1,600만 개의 색을 제공할 수 있다.

LCD 모니터와 텔레비전의 각 픽셀은 붉은색, 녹색, 파란색의 서브픽셀로 이루어져 있고, 프레임은 각 서브픽셀의 강도에 의해 재생된다.

일반적인 프레임 재생속도는 24frames/sec(35mm 영사기에서 유래), 30frames/sec(NTSC U.S. 텔레비전에서 유래), 그리고 30frames/sec(PAL 텔레비전에서 유래)가 있다. (정확하게는 NTSC 컬러텔레비전은 29.97frames/sec로 동작한다. 원래 흑백시스템은 30frames/sec로 동작했는데 컬러시스템으로 바뀌면서 29.97frames/sec으로 감소하였다.) PAL 시스템은 NTSC 이후에 발명되었고 25,000frames/sec을 사용한다. SECAM 시스템은 프랑스, 아프리카 일부, 동유럽에서 사용된다. 처음에는 동독에서 국민들이 서방의 PAL 텔레비전을 시청하지 못하도록 하기 위해 도입되었으나 지금은 PAL 시스템으로 교체되었다.

텔레비전에서 쓰이는 25frames/sec은 부드러운 동작들을 표현하기 위해 이미지들을 홀수 스캔 줄과 짝수 스캔 줄의 2개의 **필드(fields)**로 나누고, 각 필드들을 순서대로 송출한다(60[NTSC], 50[PAL] fields/sec) 이 기술은 **인터레이싱(interlacing)**이라 부른다. 아날로그 텔레비전과는 달리 컴퓨터는 프레임 버퍼(frame buffer)를 갖는다. 컴퓨터에서 재생되는 비디오는 인터레이싱을 하지 않고 **프로그레시브(progressive)**라고 불리는데, 이는 컴퓨터 모니터는 그래픽 카드의 버퍼에 CPU가 30times/sec으로 이미지를 보내고, 그래픽 카드는 50 혹은 100times/sec으로 재생하기 때문이다. 따라서 인터레이싱기술이 적용된 비디오가 컴퓨터에서 빠른 동작이 재생될 때에는 가장자리에 짧은 수평선이 보이기도 하는데 이를 **코우밍(combing)**이라 한다.

인터넷상 비디오의 프레임 크기는 가용한 대역폭에 의해 결정된다. 저해상도의 비디오는 320x240 픽셀, 전체화면(full-screen) 비디오는 640x480 픽셀이다. 이 수치는 초기 컴퓨터 모니터와 NTSC 텔레비전의 해상도에 따른 것이다. 4:3이라는 화면의 **종횡비(aspect ratio)**는 표준 텔레비전과 같다. HDTV(High-Definition TeleVision) 비디오는 1280x720픽셀인데, 와이드스크린(widescreen) 이미지들은 16:9의 종횡비, 또는 영화필름과 같은 3:2 종횡비를 갖는다. 표준 DVD 비디오는 보통 720x480픽셀, 블루레이 디스크는 1080x820 픽셀이다.

인터넷에서는 미디어 플레이어는 이미지를 여러 크기로 재생할 수 있다. 이미지의 픽셀수가 많으면 화질이 향상되며 확장될 때 희미함이 없다. 대부분의 모니터는 HDTV보다 더 많은 픽셀로 이미지를 보여준다.

비디오 압축

640x480pixels/frame, 24bits/pixel, 30frames/sec의 표준 품질을 갖는 비디오조차 200Mbps 이상의 대역폭을 차지하므로 인터넷 비디오 전송을 위해 압축은 매우 중요하다. 200Mbps는 일반 가정은 말할 것도 없이 대부분의 회사의 인터넷 대역폭을 초과한다. 비디오를 압축하지 않은 형태로 전송한다는 것은 (적어도 WAN상에서는) 절대로 불가능하기 때문에 유일한 희망은 대량 압축을 가능하게 하는 것이다. 다행히도 지난 수십 년 동안 멀티미디어 전송을 가능하게 하는 많은 압축 기법과 알고리즘들이 개발돼 왔다.

많은 독점적인 혹은 표준의 인터넷 비디오 형태가 사용되어 왔다. 그중 가장 널리 쓰이는 것은 MPEG이다. MPEG은 mpeg이나 mp4 확장파일에서 공개된 표준이다. 이 절에서는 MPEG에서 비디오 압축이 어떻게 이루어지는지를 살펴본다. 우선 정적인 이미지 압축인 JPEG을 살펴본다. 비디오는 단지 순차적 이미지(더하기 소리)이므로, 비디오를 압축하는 방법 중의 하나는 각 이미지들을 인코딩하는 것이다. 첫 번째 접근방법으로는 MPEG은 각 프레임을 JPEG으로 인코딩하고 프레임 간의 중복을 제거한다.

JPEG 표준

JPEG(Joint Photographic Experts Group)는 정지 이미지에 대한 표준 압축 알고리즘으로 ITU, ISO, IEC, 그리고 기타 표준화단체의 공동 지원하에 사진 전문가들에 의해 개발됐다. 현재 가장 널리 사용되고 있으며 10:1 이상의 압축률을 제공한다. JPEG은 국제 표준 10918에 정의돼 있다. JPEG은 단일 알고리즘이라기보다는 마치 쇼핑 목록과 유사하다. 하지만 우리는 오직 손실 순차모드(sequential mode)만이 관련이 있다. 우리는 24비트 RGB 비디오 이미지들의 인코딩을 위해 일반적으로 사용되는 JPEG 방식을 집중적으로 살펴본다. 단순성을 위해 일부 세부 사항들은 제외한다.

알고리즘은 그림 7-44에 나타나 있다. 1단계는 블록 준비과정이다. JPEG 입력은 그림 7-45와 같이 640x480, 24 bits/pixel RGB 이미지로 가정한다. 사실 RGB는 압축 사용을 위한 최상의 컬러 모델은 아니다. 인간의 눈은 **색차(chrominance)** 신호보다 **휘도(luminance)** 신호에 더 민감하기 때문에, R, G, B 요소로 부터 먼저 휘도 *Y*를 계산하고 2개의 색차 *Cb*와 *Cr*를 계산한다. 다음 식은 0부터 255까지의 값을 갖는 8bit에 대한 식이다.

$$Y = 16 + 0.26R + 0.50G + 0.09B$$
$$Cb = 128 + 0.15R - 0.29G - 0.44B$$
$$Cr = 128 + 0.44R - 0.37G + 0.07B$$

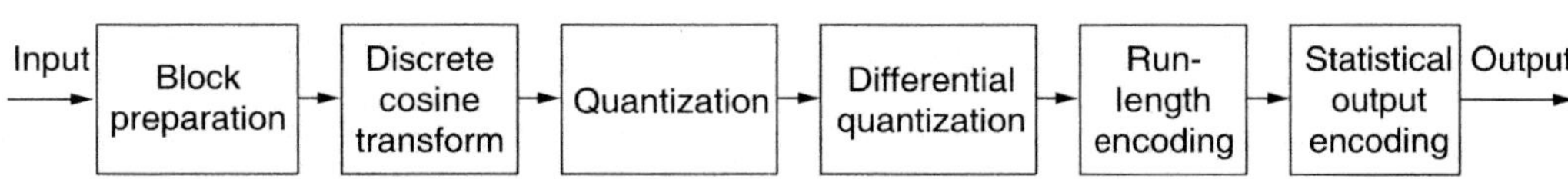

그림 7-44 JPEG lossy sequential encoding 단계

Y, *Cb*, 그리고 *Cr* 각각에 대해 별도의 행렬들이 만들어진다. 다음에 320×240으로 축소하기 위해, *Cb*와 *Cr* 행렬 내에서 네 픽셀로 구성된 정사각형 블록들 각각에 대해 평균값을 구한다. 이 축소는 손실 기법에 해당하지만, 인간의 눈은 색차보다 휘도에 더 민감하게 반응하므로 거의 인식을 못한다. 그럼에도 불구하고, 이 방식은 전체 데이터의 양을 반으로 줄인다. 중간값들을 0으로 만들기 위해 세 행렬 내의 각 요소에서 128을 뺀다. 결국 각 행렬은 8×8 행렬로 분할된다. 그림 7-45(b)와 같이 *Y* 행렬은 4,800개의 블록을 가지고, 나머지 두 행렬은 각 1,200개의 블록을 가지고 있다.

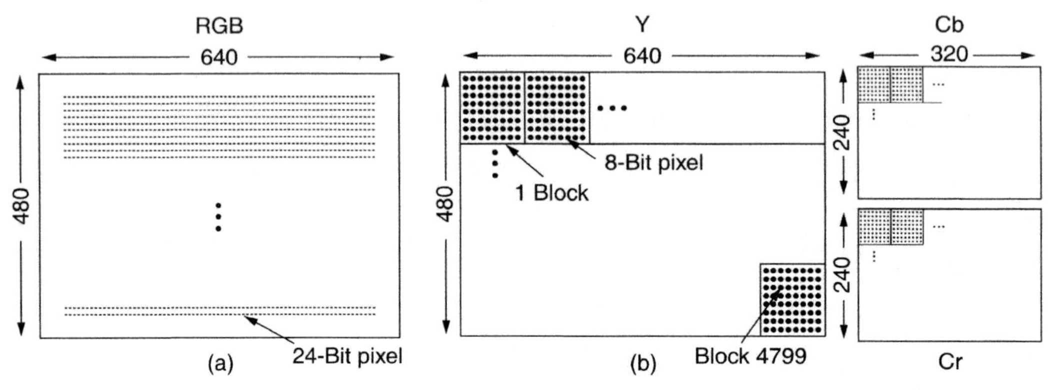

그림 7-45 (a) RGB 입력 데이터 (b) 블록 준비 후

JPEG의 2단계는 7,200개의 블록들 각각에 대해 **DCT(Discrete Cosine Transformation)**를 적용하는 것이다. 각 DCT 출력은 8×8의 DCT 계수 행렬이다. DCT 요소(0,0)은 그 블록의 평균값이다. 다른 요소들은 각 공간 주파수(spatial frequency)에 스펙트럼 전력(spectral power)이 얼마나 많이 존재하는지를 알려준다. 보통, 이 요소들은 그림 7-46에서 제안된 것처럼 원점(0,0)에서 멀어질수록 빠르게 소멸된다.

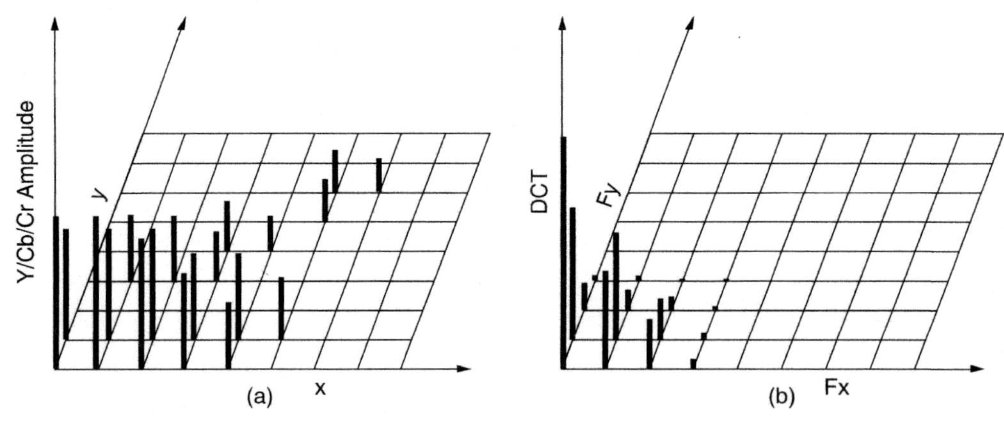

그림 7-46 (a) Y행렬의 한 블록 (b) DCT 계수들

일단 DCT가 완료되면, JPEG은 **양자화(quantization)**라고 불리는 3단계로 넘어간다. 이 단계에서

중요도가 떨어지는 DCT 계수들은 제거된다. 이 (손실) 변환은 8×8 DCT 행렬의 각 계수들을 도표에서 취한 가중치로 나눔으로써 행해진다. 모든 가중치가 1이라면, 변환은 아무 일도 하지 않는다. 그러나 가중치들이 원점으로부터 현저하게 증가한다면, 높은 공간 주파수들이 빠르게 제거된다.

그림 7-47는 3단계의 예를 보여준다. 여기서 우리는 초기 DCT 행렬과 양자화 도표, 그리고 각 DCT 요소를 해당 양자화 도표 요소로 나눈 결과를 볼 수 있다. 양자화 도표의 값들은 JPEG 표준에 속하지 않는다. 각 응용분야는 자기 자신의 도표를 제공해야 하고, 손실-압축 흥정(trade-off)이 가능해야 한다.

DCT coefficients

150	80	40	14	4	2	1	0
92	75	36	10	6	1	0	0
52	38	26	8	7	4	0	0
12	8	6	4	2	1	0	0
4	3	2	0	0	0	0	0
2	2	1	1	0	0	0	0
1	1	0	0	0	0	0	0
0	0	0	0	0	0	0	0

Quantization table

1	1	2	4	8	16	32	64
1	1	2	4	8	16	32	64
2	2	2	4	8	16	32	64
4	4	4	4	8	16	32	64
8	8	8	8	8	16	32	64
16	16	16	16	16	16	32	64
32	32	32	32	32	32	32	64
64	64	64	64	64	64	64	64

Quantized coefficients

150	80	20	4	1	0	0	0
92	75	18	3	1	0	0	0
26	19	13	2	1	0	0	0
3	2	2	1	0	0	0	0
1	0	0	0	0	0	0	0
0	0	0	0	0	0	0	0
0	0	0	0	0	0	0	0
0	0	0	0	0	0	0	0

그림 7-47 양자화된 DCT 계수 계산

4단계는 각 블록의 (0,0) 값(좌측 최상단)을 이전 블록에 있던 해당 요소와의 차이값으로 대치하여 감소시킨다. 이 요소 각각은 개별 블록의 평균값이기 때문에, 천천히 변환되어야 한다. 따라서 차이값들을 취하면 대개는 작은 값들이 된다. 나머지 값들에 대해서는 어떤 차이값도 구하지 않는다. (0,0) 값들은 DC 성분으로 불리고 나머지 값들은 AC 성분으로 불려진다.

5단계는 이 64개의 요소를 선형으로 배치시켜 그 리스트에 RL 인코딩을 적용한다. 각 블록을 왼쪽에서 오른쪽으로 그리고 위에서 아래로 스캐닝을 하면 0이 한쪽으로 모이지 않으므로, 그림 7-48처럼 지그재그(zig-zag) 스캐닝 패턴을 사용한다. 이 예에서 지그재그 패턴의 결과로 38개의 연속적인 0을 행렬의 뒤에 집중시켰다. 이 문자열은 0이 38개라는 단일 계수로 대치될 수 있다. 이 기술을 **RL(run-length) 인코딩**이라고 한다.

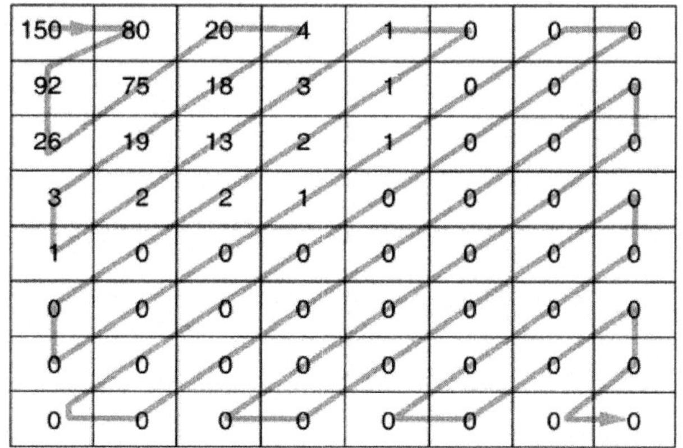

그림 7-48 양자화된 값들의 전송 순서

이제 우리는 (변환 공간에서) 이미지를 나타내는 숫자 리스트를 가지고 있다. 6단계는 데이터의 저장이나 전송을 위해 허프만(Huffman) 코딩으로 이 숫자들을 압축한다. 일반적인 숫자들에게는 그렇지 않은 숫자들에 비해 더 짧은 코드를 부여한다.

JPEG은 복잡하게 보인다. 이는 JPEG이 실제로 복잡하기 때문이다. 그러나 JPEG은 자주 20:1 이상의 압축률을 제공하므로 널리 사용되고 있다. JPEG 압축 이미지의 복원은 알고리즘을 역으로 적용시켜 행해진다. JPEG은 거의 대칭적이다. 디코딩 시간도 인코딩만큼 걸린다. 그러나 모든 압축 알고리즘들이 그런 것은 아니다.

MPEG 표준

이제 문제의 핵심인 **MPEG(Motion Picture Experts Group)** 표준을 살펴보기로 한다. 많은 알고리즘들이 있지만, MPEG 표준은 비디오 압축의 주된 알고리즘으로 1993년 이래 널리 사용되고 있다. 영화는 영상과 음향으로 구성되므로, MPEG은 오디오와 비디오를 압축한다. 오디오 압축과 정지 이미지 압축은 이미 살펴봤으므로, 여기서는 비디오 압축을 살펴본다.

최초의 표준은 1993년에 발표된 MPEG-1(mp3 포함)이다. 이 표준의 목표는 1Mbps 정도의 전송률을 이용해서 비디오-레코더 수준의 출력을 40:1로 압축하는 것으로 웹 사이트에서 사용하기에 적당하다.

1996년에 발표된 MPEG-2 표준은 방송 수준의 화질을 위해 설계되었다. 현재 DVD와 디지털 위성 방송(DVB)의 기본이 됨에 따라 일반적인 표준이 됐다. DVD 화질의 비디오는 보통 4-8Mbps로 인코딩된다.

MPEG-4 표준은 두 가지 비디오 포맷을 가지고 있다. 첫 번째 포맷은 1999년에 발표되었는데 비디오를 객체기반으로 표현한다. 이 방식으로는 자연적인 이미지와 여러 종류의 미디어를 혼합하여 합성이미지를 만들 수 있다(기상캐스터가 기상도를 설명하듯이). 이 구조는 프로그램이 영상 데이터와 상호작용이 용이하다. 두 번째 포맷은 2003년에 발표되었는데 **H.264** 혹은 **AVC(Advanced Video Coding)**이라고 불린다. 이 포맷의 목적은 비디오 압축률을 이전 것보다 두 배로 늘려서 네트워크에서 비디오 전송을 지원하기 위함이다. 대부분의 블루레이 디스크의 HDTV 인코더에서 사용된다.

이러한 표준들의 세부사항들은 다양하다. 최근의 표준들은 초기 것들보다 많은 특징들과 인코딩을 위한 옵션들을 가지고 있다. 대개의 경우 비디오 압축 기술은 혁신적이라기보다는 조금씩 향상되었으므로 여기서는 대략적인 개념들만 소개한다.

MPEG은 오디오와 비디오를 모두 압축한다. 오디오와 비디오 인코더는 서로 독립적으로 동작하므로 두 스트림들이 수신 측에서 동기화(synchronization)되어야 하는 문제가 있다. 이 문제는 두 인코더에 하나의 타임스탬프(timestamp)를 출력해주는 클럭으로 해결될 수 있다. 이 타임스탬프(timestamp)들은 인코딩된 출력 스트림에 포함되어 수신측으로 전송된다. 수신측은 이 타임스탬프를 이용해서 오디오와 비디오 스트림을 동기화시킨다.

MPEG 비디오 압축은 영화에 존재하는 공간(spatial)과 시간(temporal), 두 종류의 여분정보(redundancy)

를 이용한다. 공간 여분정보는 단순히 각 프레임을 JPEG으로 개별적으로 코딩함으로써 이용될 수 있다. 이런 방법은 가끔 이용되는데, 특히 비디오를 편집할 때와 같이, 각 프레임을 임의로(random) 액세스할 필요가 있을 때 이용된다. 이 방식으로 JPEG 수준의 압축이 가능하다.

연속되는 프레임들은 비슷한 경우가 많다는 사실을 이용해서 추가적인 압축이 가능하다. 그러나 효과는 생각보다 작을 수 있다. 왜냐하면 많은 영화 제작자들은 장면(scene)을 3~4초 간격으로 끊기 때문이다. 그럼에도 불구하고 75개의 유사한 프레임들은 단순히 각 프레임을 JPEG로 개별 압축하는 것에 비해 상당히 압축될 가능성을 제공한다.

카메라와 배경이 고정돼 있고 한두 명의 배우가 천천히 움직이는 장면의 경우, 이 장면에 대한 프레임들의 모든 픽셀들은 거의 같다. 이때 이전 프레임과 동일한 픽셀들을 제거한 나머지 픽셀들에 대해서만 JPEG을 적용해도 좋은 결과를 얻을 수 있다. 그러나 카메라가 빠르게 이동하거나 확대축소(zooming)될 경우에는 그 효율이 나쁠 수 있다. 이런 움직임의 보정(motion compensation)을 위한 어떤 방법이 필요하다. 이것이 바로 MPEG이 하는 일이고 JPEG과 다른 점이다.

MPEG 출력은 세 종류의 프레임으로 구성된다.

1. I(Intracoded) 프레임: 압축된 성지 화년
2. P(Predictive) 프레임: 이전 프레임과의 블록별 차이
3. B(Bidirectional) 프레임: 이전 프레임과 다음 프레임 간의 차이

I-프레임은 JPEG 기법 등으로 압축된 정지 화면이다. I-프레임은 다음 세 가지 이유로 인해 출력 스트림에 주기적으로 나타나야 한다. 첫째, MPEG은 보는 사람이 마음대로 조정할 수 있는 멀티캐스트 전송에 사용될 수 있다. 만일 모든 프레임이 이전 프레임들에 의존하고 이전 프레임들은 첫 프레임에 의존한다면, 첫 프레임을 놓쳐버린 경우 결코 그 이후의 프레임들을 복원 할 수 없을 것이다. 둘째, 오류가 발생한 프레임을 수신한 경우, 더 이상의 복원은 불가능하다. 셋째, I-프레임 없이 빠른 전진이나 후진을 할 때, 디코더는 지나간 모든 프레임들을 계산해서 자신이 정지했던 프레임 값을 알아내야 한다.

대조적으로, P-프레임은 프레임 간 차이점들을 코딩한다. 이 프레임은 **매크로블록 (macroblock)** 개념에 그 기반을 둔다. 이 블록은 휘도 공간의 16×16 픽셀과 색차 공간의 8×8 픽셀을 수용(cover)한다. 한 매크로블록은 자신의 이전 프레임이나 자신과 많이 다르지 않은 프레임을 검색함으로써 압축될 수 있다.

그림 7-49는 P-프레임이 얼마나 유용한지를 보여준다. 이 그림에서 우리는 동일한 배경화면을 가지지만 사람의 위치는 다른, 3개의 연속적인 프레임들을 볼 수 있다. 배경화면을 포함하는 매크로블록은 서로 정확하게 일치한다. 그러나 사람을 포함하는 매크로블록들은 위치에 따라 어느 정도 다를 것이므로 이를 추적해서 알아내야 할 것이다.

그림 7-49 연속적인 세 프레임

MPEG 표준은 어떻게 검색하고, 얼마나 많이 검색하고, 또는 고려 대상이 되기 위해 얼마나 잘 일치해야 하는지를 규정하고 있지 않다. 이것은 구현상의 문제이다. 예를 들어, 어떤 구현은 이전 프레임의 현재 위치에서 매크로블록을 검색하고, 그 외의 다른 위치들의 경우, x축 방향으로는 $\pm\Delta x$ 만큼 y축 방향으로는 $\pm\Delta y$ 만큼 떨어진 위치에서 검색한다. 각 위치에 대해, 휘도 행렬에서 일치하는 개수를 계산할 수 있다. 만일 그 값이 미리 정의된 임계값(threshold)보다 높다면, 가장 높은 값을 가진 위치가 선택될 것이다. 그렇지 않으면, 이 매크로블록을 못 찾았다고 할 수 있다. 물론 이보다 훨씬 정교한 알고리즘들도 또한 가능하다.

만일 매크로블록을 찾았다면, 휘도와 두 색차에 대해 현재 프레임과 이전 프레임의 값 차이를 취하여 인코딩한다. 그런 후 JPEG의 경우처럼 차분 행렬(difference matrix)들에 DCT, 양자화, RL 인코딩, 그리고 허프만 인코딩을 적용한다. 출력 스트림에서 이 매크로블록에 대한 값은 (매크로블록이 이전 위치에서 각 방향으로 얼마나 이동했는지를 나타내는) 이동 벡터(motion vector)이다. 그 뒤에는 허프만 인코딩 리스트 번호가 따라온다. 만일 이 매크로블록이 이전 프레임에 위치하지 않는다면, I-프레임에서와 마찬가지로, 현재 값이 인코딩된다.

이 알고리즘은 비대칭적이다. 원한다면 이전 프레임의 모든 가능한 위치들에 대해 시도하거나 어디로 이동됐든 간에 모든 이전 매크로블록을 찾기 위해 필사적으로 시도하도록 구현해볼 수도 있다. 이 방법은 압축은 느리게 되는 대신, MPEG 스트림이 최소화되도록 인코딩할 것이다. 이 방법은 필름 자료를 인코딩할 때는 적합할 수도 있으나 실시간 화상회의의 경우에는 적합하지 않다.

이와 유사하게, "발견된" 매크로블록이 어떻게 구성되어야 하는지는 매 구현마다 자유롭게 결정할 수 있다. 이런 자유로움은 구현자들에게 알고리즘의 질과 속도에 대해 서로 경쟁하도록 허용 하면서도 항상 호환되는 MPEG 출력값을 만들어낸다. 어떤 검색 알고리즘을 사용하든지, 최종 결과물은 현 매크로블록의 JPEG 압축이거나 현 매크로블록과 이것으로부터 특정 위치만큼 떨어진 이전 프레임의 매크로블록과의 차이값에 대한 JPEG 압축이다.

지금까지의 MPEG디코딩은 간단하다. I-프레임 디코딩은 JPEG 이미지의 디코딩과 비슷하다. P-프레임 디코딩은 디코더가 이전 프레임을 버퍼에 저장하도록 함으로써, 완전히 인코딩된 매크로블록과 이전 프레임과의 차이를 포함하는 매크로블록들을 기반으로 해서 두 번째 버퍼에 새 프레임을 만든다. 이 새 프레임은 매크로블록 단위로 조립된다.

B-프레임은 참조(reference) 매크로블록이 이전 프레임, 또는 이후 프레임에 있을 수 있다는 점을 제외하면, P-프레임과 유사하다. 이 부가적인 자유는 움직임 보정을 향상시키며, 예를 들어, 물체가 앞이나 뒤에 있는 다른 물체를 통과 할 경우 유용하다. B-프레임을 인코딩하려면, 인코더는 일련의 프레임(이전 프레임, 현재 인코딩되는 프레임, 그리고 이후 프레임) 모두를 메모리에 가지고 있어야 한다. 디코딩도 마찬가지로 좀 더 복잡하고 약간의 지연을 더하게 된다. 이것은 해당하는 B-프레임이 의존하고 있는 연속하는 프레임들이 디코딩된 후에야 그 프레임이 디코딩이 될 수 있기 때문이다. 이런 이유로, B-프레임들은 최고의 압축률을 제공하나 복잡성과 버퍼링 때문에 항상 사용되지는 않는다.

MPEG 표준은 높은 수준의 압축을 위한 앞선 기술을 포함한다. AVC는 50:1을 초과하는 비율(이는 네트워크의 대역폭 요구조건을 같은 계수로 줄인다)로 비디오를 압축하는 데 사용될 수 있다. AVC에 대해 더 많은 정보를 원하면 Sullivan and Wiegand(2005)를 참조하도록 한다.

7.4.3 스트리밍 비디오

저장되어 있는 비디오를 스트리밍하는 네트워크 응용 프로그램을 다루도록 하자. 가장 일반적인 예는 인터넷으로 비디오를 시청하는 경우이다. 이는 **주문형 비디오(VoD: Video on Demand)**의 한 형태이며 다른 형태로는 케이블 TV 같이 인터넷망이 아닌 독자적인 네트워크로 비디오를 제공하는 것이다.

다음 절에서는 IPTV, 인터넷 라디오와 같이 라이브 미디어를 스트리밍하는 경우를 살펴보고, 다음으로는 VoIP, Skype과 같은 실시간 컨퍼런스 경우를 소개한다. 이 세 가지 경우는 지연시간과 지터에 주의를 기울여야 하는 이유로 인해 네트워크상의 오디오와 비디오 전송에 엄격한 요구사항을 부여한다.

인터넷에는 저장된 음악과 비디오를 스트리밍하는 사이트로 가득하다. 사실 저장된 미디어들을 다루는 가장 쉬운 방법은 스트림하지 않는 것이다. 만약 온라인 영화 사이트를 만들어서 애플의 iTunes과 경쟁하기로 했다고 가정하자. 보통의 웹 사이트는 사용자들이 영화를 다운로드받고 시청하도록 한다. 이 과정은 그림 7-50에 있다.

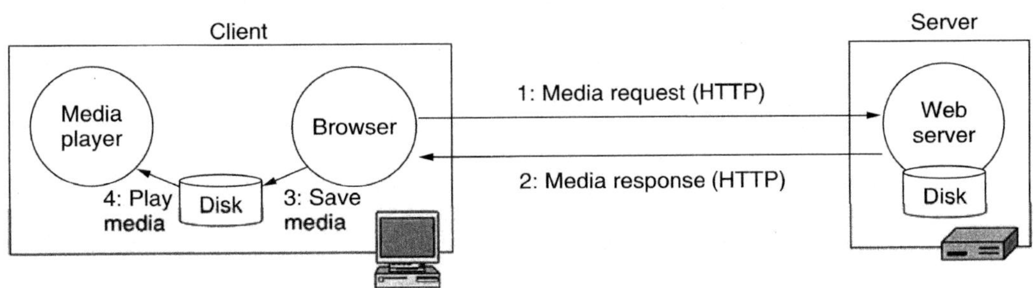

그림 7-50 웹 다운로드 방식을 통한 미디어 재생

사용자가 영화명을 클릭하면 웹브라우저가 실행을 시작한다. 단계 1에서 웹 브라우저는 웹 서버로 어떤 영화가 선택되었는지 HTTP 요청을 보낸다. 단계 2에서 서버는 mp4 등의 형식으로 저장되어 있는 영화를 불러와서 웹 브라우저에게 전송한다. 예를 들어 video/mp4의 경우는 MIME를 이용해서 브라우저가 재생방법을 찾는다. 이 경우 미디어 플레이어가 헬퍼 응용프로그램이다. 단계 3에서 브라우저는 전체 영화를 디스크의 파일에 저장하고, 마지막으로 단계 4에서 미디어 플레이어를 이용해서 재생을 시작한다.

원칙적으로 그림 7-50의 과정은 정확하게 영화를 재생한다. 하지만 영화 재생을 위해선 전체 영화를 모두 전송받아야 한다는 점에선 문제가 있다. 모든 사용자는 영화 감상을 위해서 장시간 기다리기를 원하지 않는다. 이러한 방식은 오디오에서도 문제가 된다. 만일 음악파일이 mp3파일의 일반적인 크기인 4MB이고 네트워크 대역폭이 1MB라면, 음악 재생까지 수십 초를 기다려야 할 것이다.

브라우저가 동작하는 방법을 바꾸지 않고 이 문제를 해결하기 위해 음악 사이트들은 그림 7-51과 같은 방법을 사용한다. 노래 제목에 링크돼 있는 파일은 실제 음악파일이 아니다. 대신 이 파일은 **메타파일(metafile)**로 불리는, 단지 음악명만을 갖는 매우 짧은 파일이다. 전형적인 메타파일은 아래 보이는 것처럼 한 줄의 ASCII 문자로 이루어질 수 있다.

rtsp://joes-movie-server/movie-0025.mp4

브라우저는 단계 1과 2에서 한 줄짜리 파일을 받게 되면, 단계 3에서 헬퍼로서 미디어 플레이어를 구동시키고 파일의 이름을 넘겨준다. 미디어 플레이어는 메타파일을 읽고 URL 주소를 확인한다. 단계 4에서 미디어 플레이어는 joes-movie-server에 접속하여 영화를 요청한다. 단계 5에서 미디어서버는 미디어 플레이어에 영화를 스트리밍한다.

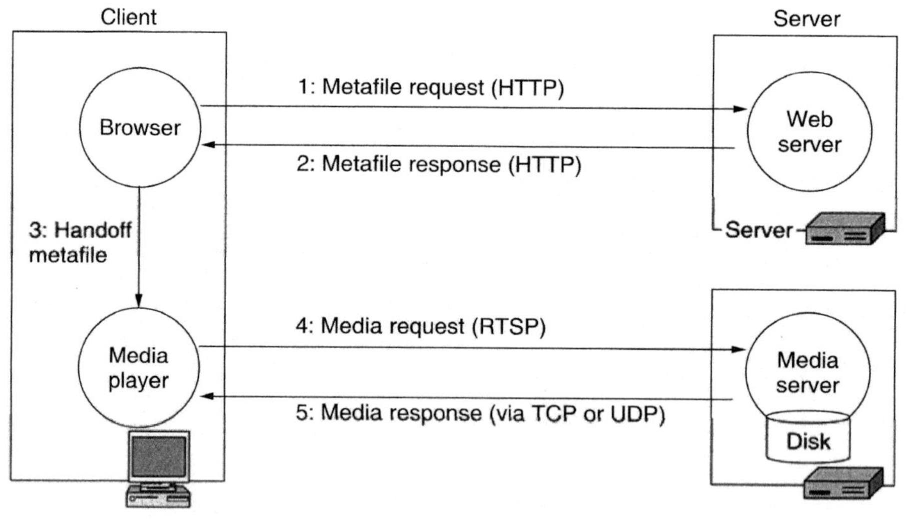

그림 7-51 웹과 미디어서버를 이용한 스트리밍

이 방식의 장점은 미디어 재생 대기시간이 짧다는 것이다. 일단 메타파일이 다운로드 되면 브라우저는 더 이상 이 루프 안에 있지 않음을 주목하라. 미디어는 미디어 서버에서 미디어 플레이어로 직접 전송이 되므로 전체 파일이 다운로드 되지 않아도 재생이 시작된다.

대부분 메타파일 내에 지정된 서버는 웹 서버와 같지 않기 때문에 그림 7-51에는 2개의 서버가 존재한다. 일반적으로 그 서버는 HTTP 서버가 아닌 특별한 미디어 서버이다. 미디어 서버는 기법(scheme)명이 rtsp로 표시된 **RTSP(Real Time Streaming Protocol)**를 사용한다.

미디어 플레이어는 다음의 네 가지 주요 임무를 수행한다.

1. 사용자 인터페이스 관리
2. 전송 오류 처리
3. 압축 해제
4. 지터(jitter) 제거

오늘날 대부분의 미디어 플레이어들은 현란한 사용자 인터페이스를 가진다. 어떤 것들은 버튼들, 손잡이, 슬라이더, 그리고 비디오 디스플레이들이 장착된 스테레오의 기능을 갖기도 한다. 이들은 종종 사용자들이 교체할 수 있는, **스킨(skin)**이라고 불리는 프론트 패널들을 가진다. 미디어 플레이어는 이런 모든 것을 관리하고 사용자와 상호작용을 해야 한다.

미디어 플레이어의 나머지 임무들은 네트워크 프로토콜과 관련되어 있다. 전송 오류 처리부터 살펴보기로 하자. 오류처리는 HTTP처럼 TCP 기반 전송인지 혹은 RTP 같은 UDP 기반 전송인지에 따라 처리방식이 다르다. 만일 TCP 기반으로 전송된다면 TCP에서 재전송기법을 통해 이미 신뢰성 있는 패킷전송을 지원하기 때문에 미디어 플레이어에서 처리할 오류는 없다. 이 경우 미디어 플레이어에서 오류 처리는 용이하나 나중에 지터 제거작업이 어렵다.

이에 반해 RTP처럼 UDP기반의 프로토콜의 경우 재전송이 없다(6장 참고). 그러므로 혼잡이나 전송 오류에 의한 패킷 유실이 있을 수 있으며, 이의 처리는 미디어 플레이어의 몫이다.

사용자는 음악이나 영화 재생에 있어서 긴 지연을 원치 않기 때문에 패킷유실은 큰 문제가 된다. 하지만 소량의 미디어 데이터의 유실은 일반 파일 전송에서와 같이 심각한 문제를 발생시키지는 않는다. 비디오의 경우, 초당 25프레임 대신 24프레임을 재생한다 하더라도 사용자는 거의 알아채지 못한다. 오디오의 경우, 재생 중의 비어 있는 간격은 주변음으로 마스킹이 가능하다.

위의 예는 유실된 미디어가 소량일 경우만 해당된다. 하지만 혼잡이나 전송 오류에 의한 패킷 유실은 보통 연속적으로 발생한다. 이런 경우에는 FEC와 인터리빙(interleaving)의 두 가지 방법이 사용된다.

FEC(Forward Error Correction)은 응용 계층에서 수행되는 오류 정정 코딩이다(3장 참고). 패러티

(Shacham and McKenny, 1990)는 한 예이다. 4개의 데이터 패킷을 보낼 때마다 5번째 패킷을 **패러티 패킷**으로 작성해서 보낸다. 그림 7-52에서 A, B, C, D는 데이터 패킷이고 P는 데이터 패킷들을 XOR 연산자 합 혹은 패러티 값을 포함하고 있다. 만일 전송 오류가 발생하지 않았다면 패러티 패킷을 폐기처분한다.

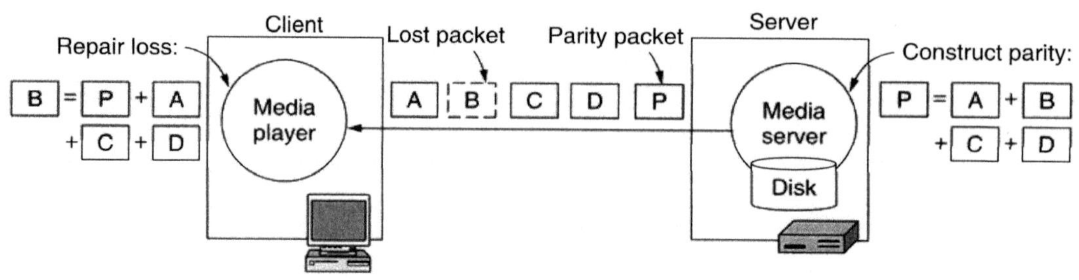

그림 7-52 패러티 패킷의 사용

만일 한 데이터 패킷 (그림 7-52에서는 패킷 B)이 유실되었다면, 유실된 패킷의 데이터는 패러티 비트들로 복구될 수 있다. 그림 7-52의 예에서는 B=P+A+C+D로 패킷 B를 복구한다(여기서 +는 XOR를 의미).

위와 같은 방법으로 FEC는 미디어 플레이어 레벨에서의 오류를 어느 정도 감소시키기는 하지만 한계가 있다. 만일 5개의 패킷 중 2개 이상의 패킷이 유실되었다면 복구는 불가능하다. FEC에 대해 고려해야 할 또 다른 사항은 비용이다. FEC를 위해서는 4개의 패킷마다 1개의 패러티 패킷을 추가하므로 필요한 미디어의 대역폭량이 25% 증가한다. 또한 복구를 위해서는 패러티 패킷이 전송될 때까지 기다리고 복구과정을 거쳐야 하므로 대기시간이 증가한다.

3장에서 패러티를 이용한 오류 탐지를 설명하였고 이 장에서는 오류 정정을 설명하였다. 어떻게 두 가지가 동시에 가능할까? 대답은 오류 정정 경우에는 어떤 패킷이 유실되었는지 알 수 있다는데 있다. 3장에서는 오류가 발생한 프레임이 도착하면 어떤 비트에 오류가 발생했는지는 알지 못하였다. 이런 경우는 오류 정정이 어렵지만 몇 번째 패킷이 유실되었는지를 알면 오류 정정이 가능해진다.

두 번째 방법은 **인터리빙**이다. 이 방법은 전송 전에 미디어의 순서를 섞거나 끼워 넣기를 한다. 한 개의 패킷이 유실된다면 유실의 효과는 지속되지만 재생 시 큰 공백은 발생하지 않는다. 예를 들어, 한 패킷이 220개의 스테레오 샘플들을 포함하고, 각 샘플은 보통 5msec 정도의 음악에 알맞은 한 쌍의 16-비트 숫자들을 포함한다. 만일 샘플들이 순차적으로 보내질 때, 하나의 패킷이 유실되면 재생 시 5msec의 공백이 발생한다. 하지만 샘플들이 그림 7-53과 같이 10msec 간격으로 모든 홀수 샘플들을 한 패킷으로 만들어 보내고 모든 짝수 샘플들을 다른 패킷으로 전송하면, 유실된 패킷 3은 5msec 공백을 나타내는 것이 아니라, 10msec 동의 하나씩 건너뛴 샘플들이다. 이런 손실은 미디어 플레이어가 이전 샘플들과 다음 샘플들을 가지고 보간(interpolate)하여 유실된 값들을 추정함으로써 쉽게 처리될 수 있다. 10msec은 조금 이상할 수도 있지만 무시할 수 있는 시간이다.

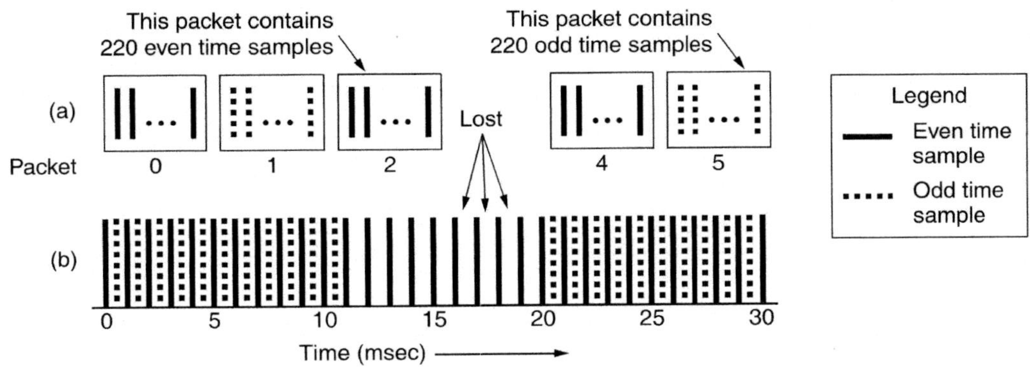

그림 7-53 패킷들의 번갈아 발생하는 샘플들을 전달할 때 패킷 유실은 시간 틈을 만들기보다는 일시적인 정확성을 감소시킨다.

이러한 인터리빙 기법은 압축이 되지 않은 샘플들의 경우에만 동작하지만, 압축된 경우라도 샘플의 경계를 알 수 있다면 적용할 수 있다. RFC 3119는 압축된 오디오를 가지고 동작하는 방법을 알려준다.

인터리빙은 FEC와 달리 추가적인 대역폭을 필요로 하지 않으므로 매력적인 기술이기는 하지만, 관련된 패킷들이 모두 도착할 때까지 기다려야 하는 대기시간이 문제가 된다.

미디어 플레이어의 세 번째 일은 압축을 해제하는 것이다. 비록 이런 일은 많은 연산을 필요로 하지만 상당히 단순한 일이다. 정작 어려운 문제는 네트워크 프로토콜이 전송 오류를 처리해 주지 않을 때 미디어를 디코드하는 것이다. 압축 기법에서 데이터 복원은 이전 데이터에 의존적이 경우가 많기 때문에 먼저 연관된 이전 데이터의 복원이 필수적이다. UDP 기반의 전송에는 패킷 유실이 발생할 수 있기 때문에 인코딩은 패킷 유실상황에서도 디코딩을 할 수 있도록 설계되어야 한다. 이러한 요구사항으로 인해 MPEG에서 I-, P-, B-프레임들을 사용한다. I-프레임들은 이전 프레임의 손상에 상관없이 독립적으로 디코딩이 가능하다.

네 번째 일은 모든 실시간 시스템들의 취약점인 지터를 제거하는 것이다. 6.4.3절에서 기술한 바와 같이 일반적인 해결책은 버퍼를 이용하는 것이다. 모든 스트리밍 오디오 시스템들은 그림 7-54와 같이 음악 재생의 시작 전에 10~15초 정도의 버퍼링을 한다. 초기 대기시간은 버퍼가 저수위(low-water)까지 데이터를 채울 수 있도록 한다. 기본 아이디어는 데이터가 지속적으로 공급되어 버퍼가 비어 있지 않게 하는 것이다. 만일 버퍼에 데이터가 없으면 미디어 플레이어는 멈출 것이다. 버퍼는 데이터가 혼잡 등의 이유로 늦게 도착하더라도 저장된 데이터로 최대한 정상적으로 재생하게 한다.

버퍼 크기와 미디어 서버의 전송속도는 네트워크 프로토콜에 따라 정해진다. 여러 가지 결정요인들 중에서 TCP 기반 전송을 사용하는지 UDP 기반 전송을 사용하는지가 가장 중요하다.

만약 UDP 기반의 RTP가 사용되고 있고, 미디어 서버로부터 미디어 플레이어까지 대역폭에 여유가 있고 오류가 거의 발생하지 않는다면, 패킷 전송속도는 미디어 재생속도와 일치시키면 된다. 이 경우 지연시간의 변화가 없기 때문에 버퍼링이 거의 필요 없다. 만일 인터리빙이나 FEC가 사용되면 관련된 패킷들이 모두 도착할 때까지 버퍼링이 필요는 하겠지만 아주 적은 양에 불과하다.

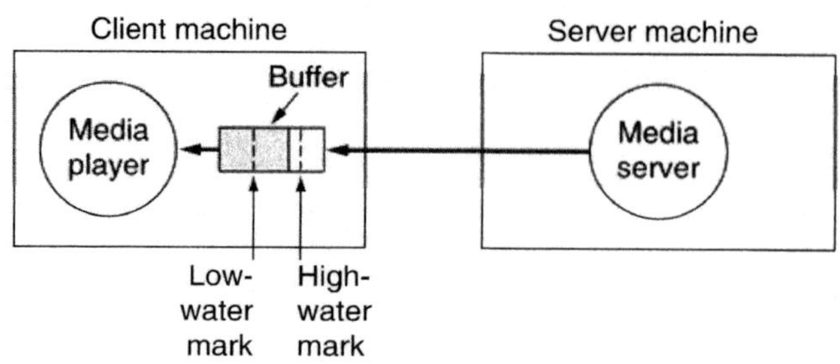

그림 7-54 미디어 플레이어는 미디어 서버로부터 입력을 받고,
네트워크로부터 직접 재생하는 것이 아니라 버퍼로부터 재생한다.

하지만 이런 경우는 다음의 두 가지 측면에서 비현실적이다. 첫 번째, 네트워크 경로상의 대역폭은 계속 변화하기 때문에 미디어 서버는 미디어 플레이어까지 충분한 대역폭이 있는지 확실히 알 수가 없다. 간단한 해결책은 하나의 미디어를 여러 해상도로 인코드하고 각 사용자가 자신의 인터넷 연결에 맞추어 선택하도록 하는 것이다. 보통 고품질(1.5Mbps 이상)과 저품질(512kbps 이하)로 나눈다.

두 번째, 지터가 발생하거나 미디어 샘플의 전송시간에 차이가 있을 수 있다. 지터에는 두 가지 원인이 있다. 하나는 웹 브라우저와 미디어 플레이어를 동시에 사용하는 것과 같이 멀티태스킹을 하는 사용자들의 경우, 네트워크에 동시에 여러 트래픽이 존재한다. 이 경우 미디어 전송 속도에 변동이 있을 수 있다. 다른 하나는 패킷이 아니고 프레임 때문이다. 압축에서 비디오 프레임들은 내용에 따라 길어지거나 짧아질 수가 있다. 예를 들면 액션장면은 잔잔한 배경화면보다 인코딩에 더 많은 비트를 필요로 한다. 만일 네트워크 대역폭이 일정하다면 미디어 전송시간은 변화한다. 이러한 이유로 지터가 더 많이 발생할수록, 버퍼 언더런(underrun)이 일어나지 않도록 저수위는 유지돼야 한다.

만일 HTTP 같이 TCP 기반의 프로토콜로 미디어를 전송한다면, 재전송기법과 패킷을 순서대로 전송함으로 인해 발행하는 지연으로 말미암아 미디어 플레이어에서의 지터는 훨씬 증가한다. 따라서 큰 버퍼용량과 높은 저수위가 필요하다. 하지만 TCP는 최대한 빠르게 데이터를 전송하는 장점이 있다. 미디어가 손실 복원 때문에 늦어지는 경우도 종종 있지만, 대개의 경우 네트워크는 플레이어의 재생속도보다 빠르게 데이터를 전송한다. 따라서 네트워크가 미디어 재생속도보다 월등하게 빠른 경우에는 버퍼가 빠르게 채워지기 때문에 버퍼가 비워지는 걱정할 필요는 없다.

TCP 혹은 UDP 기반이든 전송 속도가 재생 속도보다 빠른 경우에는 미디어 서버와 미디어 플레이어가 미리 어느 정도로 작업을 할지가 문제가 된다. 너무 많은 양의 데이터를 재생 전에 다운받아 놓는다면 불필요한 스토리지 낭비를 초래할 수 있다. 해결방법은 미디어 플레이어가 버퍼에 **고수위(high-water)**를 지정하는 것이다. 기본적으로, 서버는 버퍼가 고수위에 이를 때까지 데이터를 공급한다. 고수위에 이르면 미디어 플레이어는 중단할 것을 명령한다. 서버는 중단 요청을 받을 때까지 연속적으로 데이터를 공급한다. 고수위와 버퍼 끝 간의 거리는 네트워크의 대역폭-지연 곱(bandwidth-delay product)

보다 커야 한다. 서버가 중지한 후, 버퍼는 비워지기 시작할 것이다. 저수위에 도달하면, 미디어 플레이어는 서버에게 다시 시작할 것을 명령한다. 버퍼의 저수위는 버퍼 언더런이 일어나지 않도록 미디어 서버가 미디어 전송 시 네트워크 대역폭-지연 곱을 고려한다.

미디어 전송과 수신의 시작을 위해서, 미디어 플레이어는 이에 대한 원격 제어를 필요로 한다. 이것이 바로 RTSP가 제공하는 것이다. 이에 대한 내용은 RFC 2326에 정의되어 있는데, 플레이어가 서버를 컨트롤하는 메커니즘을 제공한다. RFC 2326은 스트림의 시작과 멈춤뿐만 아니라 전후 검색(back/forward seek), 구간 재생, 빠른 재생, 느린 재생 등을 제공한다. 이것은 데이터 스트림에 대한 것이 아니다. 데이터 스트림에 대한 것은 RTP(over UDP) 혹은 RTP(over HTTP over TCP)가 제공한다.

RTSP가 제공하는 주요 명령들이 그림 7-55에 열거돼 있다. 이것들은 HTTP 메시지같이 간단한 텍스트 형식이며 TCP로 전달된다. 또한 UDP로도 동작가능하다.

Command	Server action
DESCRIBE	List media parameters
SETUP	Establish a logical channel between the player and the server
PLAY	Start sending data to the client
RECORD	Start accepting data from the client
PAUSE	Temporarily stop sending data
TEARDOWN	Release the logical channel

그림 7-55 플레이어가 서버로 보내는 RTSP 명령들

TCP는 실시간 트래픽과 어울리지 않는 듯이 보이지만 실제로는 자주 사용된다. 주된 이유로는 HTTP 포트상에서 UDP보다 방화벽을 쉽게 통과할 수 있기 때문이다. 대부분의 네트워크 관리자들은 그들의 네트워크를 불청객으로부터 보호하기 위해 방화벽을 설치한다. 포트 554(RSTP)와 포트 5004(RTP)를 포함해서 대부분의 포트들은 차단이 되지만 원격 포트 80에서 오는 TCP 연결은 HTTP와 웹 트래픽들을 위해서 항상 허용된다. 그러므로 미디어 스트림이 방화벽을 가장 쉽게 통과하게 하는 방법은 웹 사이트가 HTTP 서버처럼 HTTP response 메시지를 보내는 것이다.

TCP 사용의 장점은 다음과 같다. TCP는 신뢰성 있는 전송을 지원하므로, 미디어 플레이어가 완전한 미디어 파일을 다운로드 받게 한다. 그러므로 사용자는 쉽게 데이터 유실을 걱정할 필요 없이 되감기를 할 수 있다. 또한 TCP는 버퍼가 데이터를 가능한 빠르게 최대한 채울 수 있도록 한다. 버퍼비용이 저렴한 경우, 미디어 플레이어는 재생 중에 미디어 데이터를 다운로드한다. 일단 다운로드가 완료되면 네트워크 연결이 끊기더라도 중단 없이 재생된다. 이러한 특성은 연결 상태가 자주 변화하는 모바일 사용자들에게 유용한 특성이다.

TCP 사용의 단점은 TCP 개시(startup)에 의한 지연과 높은 저수위이다. 하지만 네트워크 속도가 미디어 재생속도보다 월등하게 큰 경우 별 문제가 되지 않는다.

7.4.4 스트리밍 라이브 미디어

인터넷에서는 저장된 비디오뿐만 아니라 라이브 미디어 스트리밍도 많은 인기를 얻고 있다. 인터넷을 통해 오디오와 비디오 스트림을 내보내는 것이 가능해지자, 상업 방송국들은 그들의 콘텐츠를 공중파뿐만 아니라 인터넷을 통해 방송할 생각을 했다. 그리고 대학 라디오 방송국들도 인터넷을 통해 방송을 하기 시작했다.

현재 다양한 사람들과 회사들이 라이브 미디어를 스트리밍하고 있다. 이 분야는 기술과 표준의 진화로 혁신의 온상이 되었다. 주요 방송국들은 온라인 라이브 스트리밍을 제공하며 이를 **IPTV(IP TeleVision)**이라 부른다. 또한 BBC같은 라디오 방송국에서도 사용되며 이를 **인터넷 라디오**라 한다. 전 세계의 청취자들은 IPTV와 인터넷 라디오를 통해 패션쇼에서부터 월드컵 축구경기까지 다양한 이벤트들을 접할 수 있다. IP를 통한 라이브 스트리밍은 케이블 사업자들이 방송 시스템을 구축하는데 사용된다. 현재의 기술로 누구나 저렴한 비용으로 손쉽게 라디오 방송을 할 수 있다.

라이브 스트리밍의 한 가지 방법은 프로그램들을 녹음해서 디스크에 저장하는 것이다. 시청자는 라디오 방송국 보관소(archives)에 접속하여 원하는 프로그램을 꺼내서 다운받는다. **팟캐스트(podcast)**가 바로 그런 예이다. 또한 생방송 후에 즉시 프로그램을 저장할 수 있으며, 따라서 보관소는 라이브 후 단지 30분 이하로 가동된다.

사실 이 접근방식은 앞에서 살펴보았던 미디어 스트리밍에서 쓰이는 방식과 같다. 이제까지 언급한 모든 기술들은 여기서도 동작한다. 그리고 시청자는 보관소에 있는 모든 프로그램을 골라서 선택가능하다.

다른 방식은 인터넷을 통한 생방송이다. 시청자들은 텔레비전과 마찬가지로 방송 중인 미디어 스트림을 시청한다. 또한 미디어 플레이어는 멈춤, 되감기 등의 기능을 추가로 제공한다. 라이브 미디어는 사용자가 준비될 때까지 스트림을 통해 전송되고 미디어 플레이어는 버퍼에 저장한다. 브라우저의 관점에선 저장된 미디어를 스트리밍하는 것과 차이가 없다. 플레이어에게는 콘텐츠들이 저장된 파일에서 오든 라이브 미디어에서 오든 아무 문제가 되지 않고 (라이브 스트림의 경우 빨리 감기가 불가능하지만) 구별하지도 못한다. 하지만 위에서 살펴보았던 방식들과는 몇 가지 차이가 있다.

한 가지 중요한 점은 지터 처리를 위해 사용자 측에 버퍼링을 할 필요가 있다는 것이다. 사실 라이브 스트리밍은 많은 양의 버퍼링을 필요로 한다. 라이브 스트리밍이 아닌 경우, 미디어는 재생속도보다 빠른 속도로 송출되어 버퍼를 채움으로써 네트워크 지터를 완화시킬 수 있다. 이에 반해서, 라이브 미디어 스트리밍은 미디어가 생성되는 속도 이상으로 송출될 수 없다는 것이다. 결과적으로 버퍼는 네트워크 지터의 전 범위를 처리할 수 있을 정도로 커야 한다. 실제로는 재생을 시작하기 전에 10초나 15초 정도의 분량을 저장함으로써 큰 문제가 되지는 않는다.

또 다른 중요한 차이점은, 저장된 미디어를 스트리밍하는 경우와는 달리 라이브 스트리밍은 대개 수백 또는 수천의 시청자가 동시에 같은 콘텐츠를 시청한다는 것이다. 이런 상황에서 자연스러운 해결책은 멀티캐스팅(multicasting)을 사용하는 것이다.

스트림 멀티캐스트는 다음과 같이 동작한다. 서버는 미디어 패킷을 하나의 IP 멀티캐스트 그룹 주소로 보내면 네트워크에서 그룹 내의 컴퓨터들에게 패킷을 복사하여 전송한다. 미디어 수신을 원하는 사용자들은 그룹에 가입되어 있어야 한다. 사용자는 미디어 서버가 이미 라이브 스트리밍을 하고 있기 때문에, 미디어 서버에 RTSP 메시지를 보내는 대신 IGMP를 이용한다.

멀티캐스트는 일대다 전송서비스이기 때문에, 미디어 데이터는 RTP 패킷으로 UDP로 전송된다. TCP는 한 쌍의 수신자와 송신자 사이에서만 동작한다. UDP는 신뢰성 있는 프로토콜이 아니기 때문에, 패킷의 유실이 발생할 수 있다. 따라서 FEC, 인터리빙 등을 사용하여 데이터 유실에 대응할 수 있다.

FEC를 사용하면 그림 7-56과 같이 멀티캐스트에 유리한 경우가 있다. 패킷이 멀티캐스트 될 때, 사용자들은 서로 다른 패킷들을 유실한다. 사용자 1은 패킷 B, 사용자 2는 패킷 P, 사용자 3은 패킷 D를 유실할 수 있다. 서로 다른 패킷들을 유실하더라도 사용자들이 하나의 패킷만 유실한다면 사용자들은 패러티 계산을 통해 원래의 데이터를 복원할 수 있다. 이 아이디어는 Nonnenmacher(1997)에 기술되어 있다.

RTP와 UDP를 통한 미디어 멀티캐스트는 다수의 사용자가 존재하는 경우에 가장 효율적인 방법이다. 그렇지 않다면 N명의 사용자마다 N개의 스트림을 전송해야 되므로 많은 네트워크 대역폭을 소비할 것이다.

놀랍게도 Internet에서는 이런 방식으로 동작하지 않는다. 실제로는 각 사용자들이 서버와 별개의 TCP 연결을 통해 미디어 데이터를 전송받는다. 사용자들에게는 저장된 미디어를 전송받는 것과 같다. 사용자들이 별개의 TCP 연결을 하는 이유는 다음과 같다.

첫 번째 이유는 인터넷에서 IP 멀티캐스트는 넓게 사용할 수 없다. 몇몇 ISP업체와 네트워크에서 내부적으로 지원되기는 하지만 인터넷에서 보편적으로 지원되지는 않는다. 또 다른 이유는 TCP가 UDP에 비해 갖는 장점들 때문이다. TCP를 이용하면 HTTP로 위장하여 방화벽들을 쉽게 통과할 수 있고, 신뢰성 있는 전송을 하므로 미디어 되감기가 가능하다.

UDP와 멀티캐스트가 스트리밍에 사용될 수 있는 한 가지 중요한 경우가 있다. 예를 들어 케이블회사에서 TV채널을 고객의 셋톱박스에 IP 기술을 이용해서 전송하고자 할 경우이다. 이는 IPTV라 불린다. 케이블회사는 소유한 네트워크에 대한 완벽한 제어를 할 수 있으므로 IP 멀티캐스트와 UDP를 위한 충분한 대역폭을 지원할 수 있다. 이러한 IP 기술은 케이블 회사의 네트워크 내에서만 이루어지므로 사용자는 인식하지 못한다. 서비스 관점에서는 케이블 TV와 동일하지만, IP 기반에서 셋톱박스 역할은 UDP를 지원하는 컴퓨터가, TV세트는 모니터가 된다.

원래로 돌아가서, TCP를 사용하게 되면 서버는 각 사용자들마다 미디어를 스트리밍해야 하는 단점이 있다. 하지만, 서버에 충분한 네트워크 대역폭이 제공되고, 적당한 수의 사용자가 있을 경우에는 실현 가능하다(특히 오디오인 경우). 이는 가정 내 위치한 컴퓨터가 아닌 호스팅 업체의 데이터센터 내의 컴퓨터를 사용해야 함을 의미한다. 현재 호스팅 시장은 경쟁이 치열하므로 비용이 저렴하다.

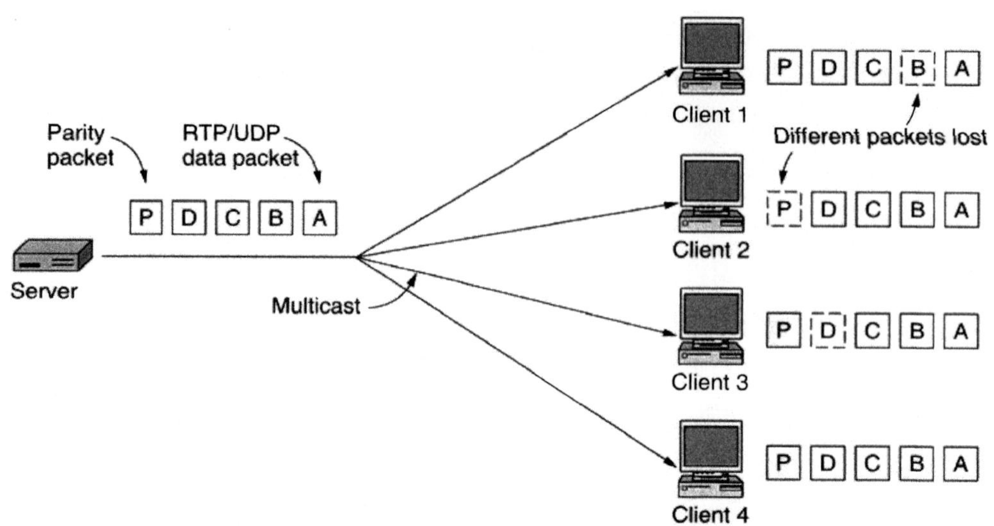

그림 7-56 패리티 패킷 멀티미디어 스트리밍

사실 누구든지 인터넷 라디오 방송국 같은 스트리밍 미디어 서버를 만들어서 운영할 수 있다. 그림 7-57은 그 주요 구성요소들을 보여준다. 인터넷 방송국의 기본은 사운드 카드와 마이크로폰을 갖춘 보통 PC이다. 소프트웨어는 MP4 같은 오디오 캡처와 선택된 출력 형식에 대한(MP4) 엔코더와 함께 오디오를 청취하기 위한 미디어 플레이어가 사용된다.

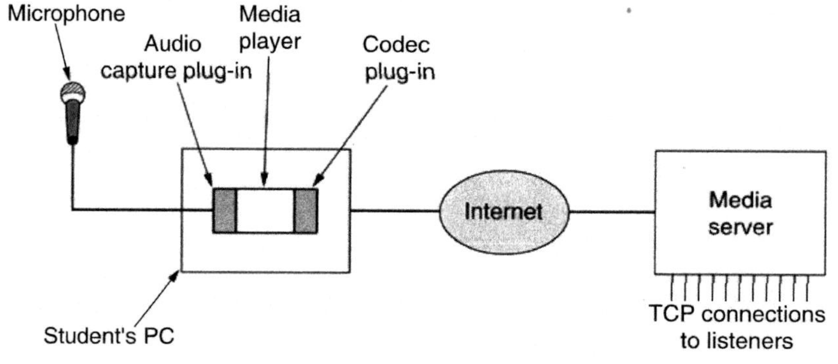

그림 7-57 학생 방송국

PC에서 생성된 오디오 스트림은 충분한 네트워크 대역폭을 보유한 미디어 서버나, 스트리밍을 위한 팟캐스트로 전달된다. 서버는 대규모 TCP 연결을 통해 미디어 배포를 담당한다. 또한 스트리밍 콘텐츠가 저장된 웹 사이트의 링크를 통해서 제공될 수 있다. 이런 모든 부분들을 관리하기 위한 상업용 소프트웨어 패키지뿐만 아니라, icecast 같은 공개 소스 패키지들도 있다.

많은 사용자가 이용할 경우, 한 대의 서버가 TCP로 각 사용자에게 미디어를 전송하는 것은 실현가능하지 않다. 이는 서버의 대역폭만의 문제가 아니다. 많은 스트리밍 사이트들에서 스트리밍은 지역적으로 분산된 여러 서버에서 수행되며, 사용자는 가장 가까운 서버와 연결된다. 이를 콘텐츠 분산 네트워크(content distribution network)라 하고, 이 장의 마지막에서 살펴보게 될 것이다.

7.4.5 실시간 컨퍼런스

과거에는 음성통화는 전화망을 통해서 이루어졌으며, 네트워크의 트래픽은 대부분의 음성 트래픽과 약간의 데이터 트래픽으로 이루어졌다. 이후 인터넷과 웹이 등장하였다. 1999년까지는 데이터 트래픽과 음성 트래픽량이 비등할 정도로 데이터 트래픽량이 증가하였다. 현재는 음성 트래픽량은 거의 증가가 없는데 반하여, 데이터 트래픽량은 기하급수적으로 늘어나고 있으며 이러한 추세는 계속되고 있다.

이러한 추세는 전화망을 완전히 바꾸어 놓았다. 현재 음성 트래픽은 인터넷으로 전달되고 있으며 네트워크 대역폭의 아주 작은 부분만을 차지한다. 이러한 혁신적인 기술은 **VoIP(voice over IP)** 혹은 **인터넷 전화(Internet telephony)**라 한다.

VoIP는 경제적 요인에 의해 여러 형태로 사용된다. 한 가지는 일반 전화와 비슷한 형태로서 이더넷에 플러그인되어 네트워크로 통화를 하는 것이다. 이러한 형태는 MIT 학부생이었던 Pehr Anderson과 친구들에 의해 수업 과제로 설계되었다. 그들은 성적은 B를 받았지만, 1996년에 NBX라는 회사를 설립하여 3년 뒤에 3Com에 9,000만 불에 매각하였다. 회사들은 별도의 전화선이 필요하지 않으므로 이러한 방식을 선호한다.

IP 기술을 이용한 또 다른 접근은 장거리 전화망이다. 음성 샘플들은 패킷에 담겨서 네트워크를 통해 목적지까지 전송된다. IP 장비들은 전화통신망 장비보다 훨씬 저렴하므로 비용 면에서 유리하다.

가격의 차이는 전적으로 기술적인 문제만은 아니다. 지난 수십 년 동안 전화서비스는 회사에서 요금에 고정된 이윤을 부과하는 독점적 산업이었다. 회사들은 안정성을 향상시킨다는 명목 아래 요금들을 계속 인상해 왔다. (전화 시스템은 40년마다 2시간, 평균적으로 3분/년 동안만 정지가 허가된다.) 이러한 제약은 폐지가 되었지만 고가의 장비들은 여전히 유지된다. 그러나 IT 산업에서는 이러한 역사가 존재하지 않는다.

여기서 중점적으로 다룰 VoIP 형태는 가장 많이 쓰이는 컴퓨터 간의 통화에 대해 다룬다. 이러한 형태는 PC가 마이크로폰, 스피커, 카메라 등을 장비하고, CPU가 미디어를 처리할 만큼 속도가 빨라지고, 각 가정에 광대역 인터넷 회선이 연결되면서 널리 보급되었다. 잘 알려진 Skype은 2003년 출시되었다. Skype과 유사 업체들은 IP 주소를 이용한 컴퓨터뿐만 아니라 일반 전화번호로도 통화를 지원한다.

네트워크 대역폭의 증가와 함께, 음성통화에 영상이 덧붙기 시작하였다. 초기에는 영상통화는 회사 업무용이었다. 영상통화시스템은 여러 곳에 있는 회사 임원들이 서로의 영상을 교환하면서 회의를 할 수 있도록 설계되었다. 광대역 인터넷의 보급과 비디오 압축 소프트웨어의 발전으로 가전에서도 사용할 수 있게 되었다. Skype 같은 툴은 처음에는 음성 전용으로 시작되었지만 지금은 비디오를 이용하여 전 세계의 누구와도 영상통화를 할 수 있다.

우리의 관점에서는, 인터넷 음성 혹은 영상통화 역시 일반적인 미디어 스트리밍보다 훨씬 제한적이기는 하지만 미디어 스트리밍의 한 문제이다. 추가되는 제약은 양방향 통신을 위해 지연시간이 짧아야 한다는 것이다. 전화망은 한 방향 지연시간을 최대 150msec까지 허용하며, 그 이상이 되면 통화자들이 어색함을 인식하게 된다. (국제 통화의 경우 지연시간이 400msec까지 될 수가 있다.)

이러한 짧은 지연시간의 유지는 어려운 문제다. 라이브 운동경기 중계에서와 같이 5-10초간의 버퍼링은 유효하지 않고, 비디오와 VoIP 시스템은 반드시 지연시간을 최소화해야 한다. 이러한 목표는 재전송으로 인해 최소한 한 번의 왕복(round-trip)만큼의 지연이 있는 TCP보단 UDP가 좋은 선택이라 의미한다. 그러나 UDP에서도 몇 가지 형태의 지연은 존재한다. 예를 들면, 시애틀과 암스테르담의 거리는 8,000km에 가깝다. 이러한 거리의 광케이블의 전파지연시간(propagation delay)은 40msec이다. 실제로는 네트워크상의 거리는 더 길고, IP 라우터에서 패킷을 저장하고 처리하는 전송지연시간(transmission delay)까지 포함되므로 더 오래 걸린다.

또 다른 지연의 원인은 패킷크기와 연관되어 있다. 보통 큰 패킷을 사용하는 것이 네트워크 대역폭을 더 효율적으로 사용한다. 64kbps인 오디오 샘플링으로 1KB 크기의 패킷을 채우기 위해서는 125msec가 걸린다(압축까지 하면 더 걸린다). 이러한 지연은 전체 지연시간의 대부분을 차지할 것이다. 더욱이 1KB 패킷이 1Mbps로 동작하는 광대역망으로 전송된다면, 8msec가 걸릴 것이다. 또한 상대방으로부터 오는데 8msec가 또 걸릴 것이다. 따라서 패킷크기가 큰 것은 적합하지 않다.

실제 VoIP 시스템은 대역폭 효율성을 포기하는 대신 지연시간을 줄이기 위해 작은 크기의 패킷을 사용한다. 보통 20msec의 작은 유닛으로 오디오 샘플들을 배치한다. 이는 64kbps에서(압축 없이) 160byte의 데이터이다. 그러나 패킷화에 20msec의 지연이 있고, 전송지연시간은 패킷 크기가 작으므로 더 작을 것이다. 여기의 예에서는 1msec 정도이다. 작은 패킷을 이용하면, 시애틀과 암스테르담 사이의 편도 지연시간은 181msec(40+125+16)에서 62msec(40+20+2)로 감소한다.

소프트웨어의 오버헤드는 전체 지연시간에 포함되지만 아직 고려하지 않았지만, 비디오의 경우, 대역폭 절약을 위해 압축되므로 포함되어야 한다. 실시간 시스템은 저장된 파일의 스트리밍과 다르게 고압축률을 위해 계산이 복잡한 인코더를 사용할 만한 시간적 여유가 존재하지 않으므로 인코더와 디코더 모두 빠르게 동작하여야 한다.

미디어 샘플들의 재생을 위해서 버퍼링은 필요하지만, 지연시간이 msec 단위로 유지되어야 하기 때문에 버퍼가 되는 양은 소량이어야 한다. 패킷 하나가 전송되는 데 오래 걸린다면 미디어 플레이어는 그 패킷을 건너뛰고 대신에 프레임을 반복하거나 손실을 마스크(mask) 기법을 사용하여 보합한다. 지터(jitter)를 처리하기 위한 버퍼의 크기와 유실되는 미디어량에는 트레이드오프가 존재한다. 작은 버퍼는 지연시간을 감소시키지만 지터로 인한 손실을 가져온다. 따라서 버퍼크기가 줄어들면 사용자는 손실을 인지하게 될 것이다.

아직 우리는 네트워크 계층 프로토콜에 대해 언급하지 않았다. 네트워크는 서비스 품질(quality of

service) 기법을 사용하여 지연시간 혹은 지터를 감소시킬 수 있다. 이러한 이슈들을 언급하지 않았던 이유는, 스트리밍은 어느 정도의 대기시간에서 잘 동작할 수 있기 때문이다. 대기시간이 중요한 사항이 아니라면, 사용자 컴퓨터에 충분한 버퍼를 두어 지터를 처리할 수 있다. 그러나 실시간 컨퍼런스에서는 네트워크가 지연시간과 지터를 줄이는 것이 중요하다.

5장에서 여기에 도움이 될 만한 두 가지 서비스 품질 기법을 설명하였다. 한 가지는 패킷에 클래스 표시(mark)를 하여 네트워크에서 다르게 처리되도록 하는 DS(Differentiated Services) 기법이다. VoIP를 위한 적당한 표시는 저지연시간(low delay)이다. 잘 알려진 *Expedited Forwarding* 클래스에 *Low Delay* 서비스 타입을 표시한다. 이러한 방식은 웹 트래픽 등으로 인해 혼잡한 광대역 링크에서 특히 유용하다. 혼잡(congestion)은 지연시간과 지터를 증가시킨다. 1KB 크기의 패킷이 1Mbps 링크에서 전송되는데 8msec이 필요하며 VoIP패킷들이 웹 트래픽과 같은 큐(queue)를 사용할 경우 이러한 지연은 그대로 더해진다. 그러나 저지연시간으로 표기된 VoIP는 큐에서 웹 패킷보다 우선처리될 수 있다.

지연시간을 줄이는 두 번째 방법은 충분한 대역폭을 확보하는 것이다. 만일 가용 대역폭이 변화한다거나 전송속도가 불규칙적으로 움직여서 종종 대역폭이 충분해지지 않는다면, 패킷 유실을 방지하기 위해 큐가 만들어지고 지연시간이 늘어나게 될 것이다. 이는 DS기법을 사용해도 마찬가지이다. 충분한 대역폭확보를 위해 네트워크 예약서비스를 사용할 수 있다. 그러나 이는 통상적으로 지원되지는 않는다. 그보다는 네트워크는 예상되는 트래픽 레벨로 설계되거나 또는 네트워크 사용자들은 트래픽 레벨에 대한 서비스 수준을 제공받는다. 혼잡 방지와 불필요한 지연시간을 피하기 위해 어플리케이션은 이 트래픽 레벨 이하에서 동작하여야 한다. 통상적인 가정용 비디오 컨퍼런스 시스템에서 사용자는 비디오 품질을 대역폭에 위임하거나, 소프트웨어가 네트워크를 테스트하여 적합한 자동으로 품질을 선택한다. 실시간 컨퍼런스는 대기시간이 길어질 수 있기 때문에 주의가 필요하다. 전체적인 VoIP에 대한 사항은 Goode(2002)를 참고하라.

여태까지 미디어 스트리밍 경로(path)에 대한 문제를 살펴보았고, 이제 다른 문제를 언급할 차례이다. 이 문제는 통화를 어떻게 시작하고 종료하는가 하는 문제이다. 이에 널리 사용되는 프로토콜, H.323과 SIP에 대해 살펴보기로 한다.

H.323

처음부터 명백했던 한 가지는 만약 각 사업자마다 자기 고유의 프로토콜 스택을 설계했다면 시스템이 정상적으로 작동하지 않을 것이라는 것이다. 이 문제를 피하기 위해 많은 관심 집단들이 표준을 만들고자 ITU의 후원 하에 함께 모였다. 1996년 ITU는 "Visual Telephone Systems and Equipment for Local Area Networks Which Provide a Non-Guaranteed Quality of Service"라는 제목의 H.323 권고안(recommendation)을 발표했고, 곧 이어서 1998년 "Packet-based Multimedia Communication Systems"로 개정되었다. H.323은 첫 번째 인터넷 컨퍼런스 시스템의 토대가 되었고, 2009년 7번째 버전까지 가장 널리 쓰이고 있다.

H.323은 특정 프로토콜이라기보다는 인터넷 전화의 구조에 대한 개요라고 할 수 있다. H.323은 말하는 많은 언어의 코딩, 호 설정, 신호처리, 데이터 전달, 그리고 기타 영역들을 규정하는 것이라기보다는 오히려 이러한 것들을 참조한다. 그림 7-58는 일반적인 모델을 보여준다. 중앙에는 인터넷을 전화 네트워크에 연결해 주는 **게이트웨이(gateway)**가 있다. 이 게이트웨이는 인터넷과는 H.323 프로토콜들로 통신하고 전화망과는 PSTN 프로토콜들로 통신한다. 이런 통신 장비를 **터미널(terminal)**이라고 부른다. LAN은 **게이트키퍼(gatekeeper)**를 가질 수 있는데, 게이트키퍼는 **영역(zone)**으로 불리는 자기 구역 내의 종단점(endpoint)들을 제어한다.

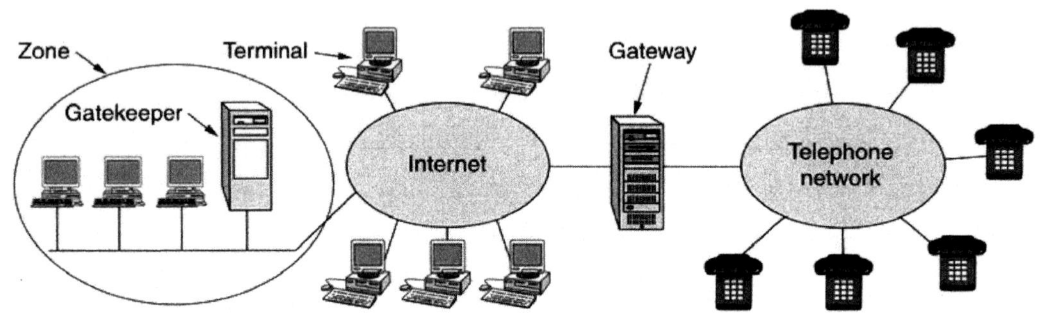

그림 7-58 인터넷 전화를 위한 H.323 구조 모델

전화 네트워크는 많은 프로토콜들을 필요로 한다. 우선, 오디오와 비디오를 인코딩하고 디코딩하기 위한 프로토콜이 있다. 표준전화는 음성을 64kbps로 보내기 위해 초당 8000번 8-비트 샘플을 샘플링함으로서, 한 음성 채널을 인코딩하며 이는 ITU 권고안인 **G.711**에 정의돼 있다. 모든 H.323 시스템은 G.711을 지원해야 한다. 의무는 아니지만, 다른 언어 압축 프로토콜들도 허용된다. 이들은 다른 압축 알고리즘들을 사용하고 품질과 대역폭 간의 균형을 조절(trade-off)한다. 비디오의 경우 이전에 기술하였던 H.264를 포함해서 MPEG 형태의 비디오압축이 지원된다.

복수 개의 압축 알고리즘이 허용되므로, 터미널들이 어느 알고리즘을 사용할 것인지를 협상할 수 있게 하는 프로토콜이 필요하다. 이 프로토콜은 **H.245**로 불린다. H.245는 또한 비트 전송률 같은 연결과 관련된 다른 상태들도 교섭한다. RTCP는 RTP 채널들의 제어를 위해 필요하다. 또한 연결 설정 및 해제, 다이얼 톤(dial tone) 제공, 신호음(ringing tone) 만들기, 그리고 표준 전화에서의 나머지들을 위한 프로토콜이 필요하다. ITU **Q.931**은 여기에 사용된다. 터미널들은 게이트키퍼(만약 있다면)와의 통신을 위한 프로토콜을 필요로 한다. 이를 위해 H.225가 사용된다. H.225가 관리하는 PC-게이트키퍼 채널은 **RAS (Registration/Admission/Status)** 채널로 불린다. 이 채널은 터미널들이 영역에 들어오고(join) 나가는 것(leave), 대역폭을 요청하고 반환하는 것, 그리고 상태 갱신 정보 제공을 가능하게 한다. 마지막으로, 실제 데이터 전송을 위한 프로토콜이 필요하다. 이를 위해 RTP가 사용된다. RTP는 물론 RTCP에 의해 관리된다. 그림 7-59는 이 모든 프로토콜들이 어디에 위치하는지를 보여준다.

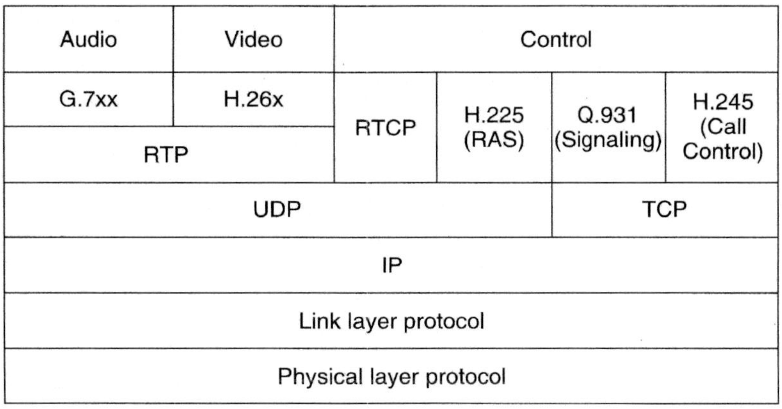

Audio	Video	Control			
G.7xx	H.26x	RTCP	H.225 (RAS)	Q.931 (Signaling)	H.245 (Call Control)
RTP					
UDP			TCP		
IP					
Link layer protocol					
Physical layer protocol					

그림 7-59 H.323 프로토콜 스택

이 프로토콜들이 어떻게 함께 어울리는지를 알기 위해, 원격지로 전화하는(게이트키퍼를 가진) 한 LAN상의 PC 터미널을 생각해 보자. PC는 먼저 게이트키퍼를 찾기 위해 포트 1718번으로 'UDP 게이트키퍼 찾기 패킷'을 브로드캐스트 한다. 게이트키퍼가 응답하게 되면, PC는 게이트키퍼의 IP 주소를 알게 된다. 지금 PC는 UDP 패킷으로 게이트키퍼에게 RAS 메시지를 보냄으로써 게이트키퍼에 등록을 한다. 등록이 된 후, PC는 게이트키퍼에게 대역폭을 요구하는 'RAS 승인 메시지'를 보낸다. 대역폭이 할당된 이후에만, 호 설정이 시작된다. 이렇게 미리 대역폭을 요청하는 것은 게이트키퍼가 전체 호의 수를 제한하여 출력 회선상의 사용자 과잉 상태를 피함으로써 필요한 수준의 서비스를 제공하기 위함이다.

전화시스템도 같은 방식이다. 사용자가 수화기를 들면 지역전화국으로 신호가 보내진다. 전화국에서 통화를 수용할 수 있으면 다이얼음을 발생한다. 현재는 전화망의 발전으로 거의 항상 바로 다이얼음을 듣게 되지만, 초창기에는 다이얼음을 듣기까지 몇 초가 걸리기도 하였다. 이제 우리 자손들이 "왜 다이얼음이 있지요?"라고 묻는다면 대답할 수 있겠지만, 그때는 기존전화는 존재하지 않을 것이다.

이제 PC는 호 설정을 시작한 게이트키퍼로 TCP 연결을 수립한다. 호 설정은 이미 존재하는 연결 지향 방식의 전화 네트워크 프로토콜들을 사용하므로 TCP가 필요하다. 대조적으로, 전화 시스템은 RAS와는 전혀 달라서 전화들은 자신의 존재를 알리는 것이 가능하다. 그래서 H.323 설계자들은 RAS에 UDP든 TCP든 마음대로 사용할 수 있었고, 오버헤드가 적은 UDP를 선택했다.

이제 대역폭이 할당되었으므로, PC는 TCP 연결을 통해 Q.931 SETUP 메시지를 보낼 수 있다. 이 메시지는 호출되고 있는 전화번호를(또는 만약 컴퓨터가 호출되면 IP 주소와 포트를)를 명시한다. 게이트키퍼는 요청을 잘 받았다는 것을 알리기(확인응답하기) 위해, Q.931 CALL PROCEEDING 메시지를 보낸다. 그리고 게이트키퍼는 SETUP 메시지를 게이트웨이로 회송한다(forward).

그러면 반은 컴퓨터이고 반은 전화 스위치인 게이트웨이는, 수신자(일반) 전화에게 전화를 건다. 수신측 전화가 연결돼 있는 전화국 시스템은 수신측 전화기에 벨 소리가(신호음이) 나게 하고, 전화 신호음이 울리고 있음을 발신측 PC에게 알리기 위해 Q.931 ALERT 메시지를 보낸다. 수신측 전화를 사람이 받으면, 해당 전화국 시스템은 PC에게 연결됐음을 알리기 위해 Q.931 CONNECT 메시지를 보낸다.

일단 연결이 수립되면, 게이트키퍼는 더 이상 전화 루프상에 개입하지 않는다(물론 게이트웨이는 있다). 이 후의 패킷들은 게이트키퍼를 우회하여(bypass) 게이트웨이의 IP 주소로 직접 간다. 이 시점에서, 우리는 그냥 양측 사이에만 있는 터널을 사용한다. 이는 단지 비트 이동을 위한 물리 계층상의 연결일 뿐이다. 양측 모두 서로에 대해 전혀 아는 것이 없다.

H.245 프로토콜은 호 파라미터들의 협상(negotiation)에 사용된다. 이 프로토콜은 H.245 제어 채널을 사용하는데, 이 채널은 항상 사용이 가능하다. 양측은 각기 자신의 보유 기능(capability)을 , 또는 회의 전화(conference call)을 처리할 수 있는지, 자신이 어떤 코덱들을 지원하는지 등을 알리는 일부터 시작한다. 일단 상대방이 처리할 수 있는 일들이 무엇인지를 알게 되면, 두 개의 단방향 데이터 채널이 설정되고 코덱과 다른 파라미터들이 할당된다. 양측은 각기 다른 장비를 가지고 있을 수도 있으므로, 순방향 코덱들과 역방향 코덱들이 서로 다를 수 있다. 모든 협상이 끝난 후, 데이터 흐름(송수신)은 RTP를 이용하여 시작된다. 이 일은 RTCP에 의해 관리되는데, RTCP는 혼잡제어의 역할을 한다. 만약 비디오가 있다면, RTCP는 오디오/비디오의 동기를 맞추는 일을 처리한다. 그림 7-60은 다양한 채널들을 보여준다. 어느 한쪽이 전화를 끊으면 Q.931 호 신호 채널이 연결 해제를 위해 사용된다.

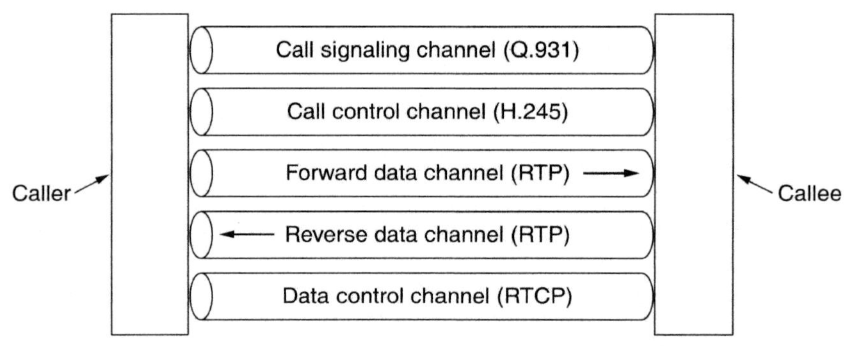

그림 7-60 호 과정 동안의 호출자와 피호출자 간의 논리적 채널들

호가 끝나면, 호출자(calling) PC는 RAS 메시지를 이용하여 다시 게이트키퍼와 접촉하여 할당된 대역폭을 해제하거나, 다른 새로운 호를 시작할 수 있다.

서비스의 질(QoS, quality of service)은 VoIP를 성공시키는 데 필수적이다. 그러나 우리는 지금까지 이에 대해 아무것도 말한 적이 없다. 왜냐하면 QoS는 H.323의 범위 밖에 있기 때문이다. 만약 기반 네트워크가 호출자 PC에서 게이트웨이까지 안정적이고, 지터가 없는 연결을 만들어 낼 수 있다면, 그 호에서의 QoS는 좋을 것이다. 그렇지 않으면 좋을 수가 없을 것이다. 이에 반하여 전화 통신 부분은 항상 지터가 없다.

SIP – 세션 시작 프로토콜

H.323은 ITU에 의해 설계되었다. 인터넷 공동체의 많은 사람들은 이를 크고, 복잡하며, 유연성이 없는 전형적인 통신회사 제품으로 봤다. 결과적으로, IETF는 VoIP를 더 단순하고 더 모듈화 되도록 설계하기 위한 위원회를 만들었다. 지금까지 나온 주요 결과물은 RFC 321에 기술된 **SIP (Session Initiation Protocol)**이다. 가장 최근 버전은 2002년에 발표되었다. 이 프로토콜은 인터넷 호, 화상회의, 그리고 다른 멀티미디어 연결들의 설정 방법을 설명한다. 완전한 프로토콜의 모음(protocol suite)인 H.323과는 달리, SIP는 단일 모듈이다. 그러나 이 모듈은 기존 인터넷 응용프로그램들과 잘 상호동작을 할 수 있도록 설계됐다. 예를 들면, SIP는 전화번호를 URL로서 정의한다. 그래서 웹 페이지들은 이들을 포함할 수 있고, 링크를 클릭하여 전화를 거는 것이 가능하다(mailto 기법이 전자 우편 메시지를 보내는 프로그램을 불러오는 링크를 클릭할 수 있는 것과 같은 방법이다).

SIP는 투-파티(two-party) 세션들(일반적인 전화 호들), 멀티-파티(multi-party) 세션들(모든 사람이 듣고 말할 수 있는), 그리고 멀티캐스트 세션들(한 명의 발송인, 많은 수신인)을 설정할 수 있다. 이 세션들은 오디오, 비디오, 또는 데이터를 가질 수 있는데, 예를 들면 멀티캐스트 세션들은 다중사용자 실시간 게임들에 유용하다. SIP는 단지 세션 설정, 관리, 그리고 종료를 처리한다. RTP/RTCP와 같은 프로토콜들은 데이터 전달을 위해 사용된다. SIP은 응용 계층 프로토콜로서 UDP나 TCP상에서 동작할 수 있다.

SIP는 (자기 집 컴퓨터상에 있지 않을 지도 모르는) 수신자 위치 추적과 수신자 보유 기능 확인, 그리고 호 설정 및 종료 처리를 포함한, 다양한 서비스를 제공한다. 가장 단순한 경우, SIP는 발신자(호출자) 컴퓨터에서 수신자 컴퓨터로 세션을 설정한다. 따라서 이를 먼저 살펴보기로 한다.

SIP의 전화번호는 sip 스킴(scheme)을 사용하여 URLs로서 표현된다. 예를 들면, DNS명이 cs.university.edu인 호스트명이 Ilse인 사용자의 경우는 sip:ilse@cs.university.edu이다. 또한 SIP URL들은 IPv4 주소들, IPv6 주소, 또는 실제 전화번호를 포함할 수 있다.

SIP 프로토콜은 HTTP를 본따 만들어진 문자 기반 프로토콜이다. 어느 한 파티(party)가 ASCII 문자 메시지를 보낸다(첫 줄에는 메소드명, 그다음에는 파라미터 전달을 위한 헤더들을 포함하는 줄이 있다). MIME에서 가져온 많은 헤더들은 SIP이 기존 인터넷 응용프로그램들과 상호동작을 할 수 있게 해준다. 그림 7-61은 핵심 명세서(core specification)에 정의된 여섯 가지 메소드를 열거하고 있다.

세션 설정을 위해, 발신자는 수신자와 TCP 연결을 수립하고 TCP로 INVITE 메시지를 보내거나 UDP 패킷으로 INVITE 메시지를 보낸다. 두 가지 모두의 경우, 둘째 줄 이하에 있는 헤더들은 메시지 바디의 구조를 묘사한다. 메시지 바디 구조는 발신자 보유 기능, 미디어 유형 및 형식을 포함한다. 만약 수신자가 호를 수락하면, HTTP-유형의 응답 코드(그림 7-38의 그룹들을 사용한 세 자리 수, 수락 코드는 200임)로 응답한다. 응답 코드 줄(line) 뒤에, 수신자 역시 보유 기능, 미디어 유형 및 형식 정보를 제공할 수 있다.

Method	Description
INVITE	Request initiation of a session
ACK	Confirm that a session has been initiated
BYE	Request termination of a session
OPTIONS	Query a host about its capabilities
CANCEL	Cancel a pending request
REGISTER	Inform a redirection server about the user's current location

그림 7-61 핵심 명세서에 정의된 SIP 메소드들

연결은 3-방향 핸드셰이크를 사용하여 행해진다. 그러므로 발신자는 프로토콜을 끝내기 위해 ACK 메시지로 응답하고 나서 200코드 메시지를 받아서 이를 확인한다.

어느 쪽이든지 간에 BYE 메소드를 포함하는 메시지를 보냄으로써 세션 종료를 요청할 수 있다. 상대방이 이에 대한 확인응답을 보내면, 세션이 종료된다.

OPTIONS 메소드는 자신의 기능을 컴퓨터에 질의할 때 사용된다. OPTIONS 메소드는 통상 세션을 시작하기 시작 전에, 해당 컴퓨터가 VoIP 기능이 있는지 또는 어떤 유형의 세션이 진행 중인지를 알기 위해 사용된다.

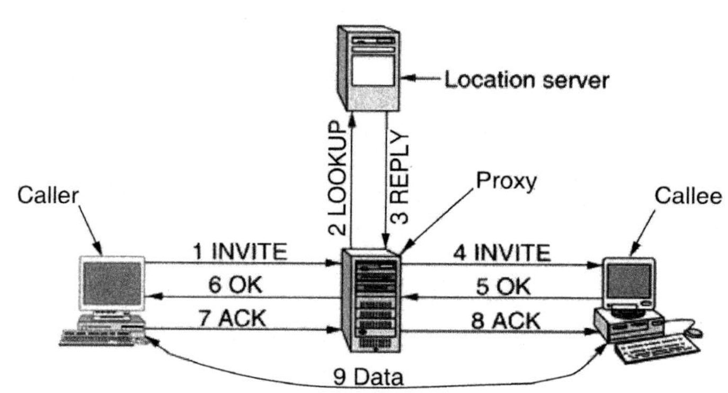

그림 7-62 SIP에서 프록시와 방향전환 서버를 사용하는 경우

REGISTER 메소드는 집에서 멀리 떨어져 있는 사용자를 찾아서 연결하는 SIP의 기능과 연관이 있다. 이 메시지는 누가 어디에 있는지를 찾아내는 SIP 위치 서버로 보내진다. 나중에 이 서버는 나중에 사용자의 현재 위치를 찾기 위한 질의를 받을 수 있다. 그림 7-62은 방향전환(redirection) 연산에 대한 설명이다. 여기서 발신자는 가능한 한 방향 전환이 알려지지 않도록, 프록시 서버(proxy server)로 INVITE 메시지를 보낸다. 프록시 서버는 사용자가 어디에 있는지를 알아본 다음 그곳으로 INVITE 메시지를 보낸다. 그리고 3-방향 핸드셰이크 동안 뒤따르는 메시지들을 위한 중재자(relay) 역할을 한다. LOOKUP과 REPLY 메시지들은 SIP의 일부가 아니다. 어떤 종류의 위치 서버가 사용됐는지에

따라, 어떤 적당한 프로토콜도 사용가능하다.

H.323과 SIP의 비교

H.323과 SIP는 많은 유사점뿐만 아니라 또한 일부 차이점들도 가지고 있다. 둘 다 컴퓨터와 전화를 종단점으로 사용하는 투-파티(two-party)와 멀티-파티(multi-party) 호를 허용한다. 그리고 파라미터 협상, 암호화, 그리고 RTP/RTCP 프로토콜들을 지원한다. 그림 7-63은 유사점들과 차이점들에 대한 요약을 보여준다.

Item	H.323	SIP
Designed by	ITU	IETF
Compatibility with PSTN	Yes	Largely
Compatibility with Internet	Yes, over time	Yes
Architecture	Monolithic	Modular
Completeness	Full protocol stack	SIP just handles setup
Parameter negotiation	Yes	Yes
Call signaling	Q.931 over TCP	SIP over TCP or UDP
Message format	Binary	ASCII
Media transport	RTP/RTCP	RTP/RTCP
Multiparty calls	Yes	Yes
Multimedia conferences	Yes	No
Addressing	URL or phone number	URL
Call termination	Explicit or TCP release	Explicit or timeout
Instant messaging	No	Yes
Encryption	Yes	Yes
Size of standards	1400 pages	250 pages
Implementation	Large and complex	Moderate, but issues
Status	Widespread, esp. video	Alternative, esp. voice

그림 7-63 H.323과 SIP의 비교

기능들은 비슷하지만, 이 두 프로토콜은 그 철학이 아주 다르다. H.323은 전형적인 중량급 전화 사업 표준으로서, 프로토콜 스택을 완전히 규정하고 허용되는 것과 그렇지 않은 것을 명확히 정의한다. 이런 접근 방식은 결과적으로 각 계층별로 프로토콜들이 매우 잘 정의되고 상호연동 작업도 쉽게 해줬다. 그러나 많은 비용, 복잡성, 미래의 응용분야에 적응하기 어려운 경직성 등이 초래됐다.

대조적으로, SIP는 몇 줄의 ASCII 문자를 교환함으로써 동작하는 전형적인 인터넷 프로토콜이다. 이 프로토콜은 기존 전화 시스템들의 신호처리 프로토콜들과는 그렇게 잘 상호동작 하지는 못하지만 다른 인터넷 프로토콜들과는 아주 잘 상호 동작하는 경량급 모듈이다. 왜냐하면 IETF의 VoIP 모델은 상당히 모듈화되어 있고, 유연하며 새로운 응용분야에 적응력이 강하기 때문이다. 단점은 상호연동 문제들이다. 비록 서로 구현을 다르게 한 업체들이 자기 시스템들의 시험을 위해 자주 모여 이 문제들을 논의하고 있기는 하지만 말이다.

7.5 콘텐츠 전달

인터넷은 통신의 모든 부분에서 이용되고 있다. 초창기에는 연구자들이 원격지에 있는 컴퓨터에 접속해서 작업을 수행하였다. 이후로 이메일을 이용하여 통신을 해왔고 IP를 이용한 비디오와 음성 통신이 이루어지고 있다. 하지만 웹의 발전으로 인해 인터넷은 통신보다 콘텐츠 중심으로 가고 있다. 많은 사람들이 웹을 이용해 정보를 검색하고, 피어투피어(peer-to-peer)를 통해 영화, 음악 같은 파일공유를 하고 있다. 이러한 콘텐츠 중심으로의 전환은 인터넷 대역폭의 대부분이 저장된 비디오의 전달에 사용되고 있는 사실에서 확인할 수 있다.

콘텐츠를 제공하는 웹 사이트들 중에 몇 개는 인기가 높다. YouTube는 좋은 예로서, 사용자들이 제작한 비디오들을 서로 공유할 수 있게 한다. 많은 사람들이 자신들이 직접 제작한 비디오를 공유를 위해 업로드하고 있다. 오늘날 전체 인터넷 트래픽량의 10%가량을 YouTube가 차지하고 있는 것으로 추산된다.

하나의 서버로 이러한 요구를 충분히 만족시키기는 부족하다. 따라서 YouTube나 다른 대형 콘텐츠 제공자들은 콘텐츠 배포 네트워크(content distribution networks)를 구축한다. 이 네트워크는 전 세계에 산재된 데이터센터를 이용해서 많은 수의 사용자들에게 좋은 성능으로 콘텐츠들을 제공한다.

콘텐츠 배포를 위한 기법들은 계속 발전되어 왔다. 웹 성장초기에는 웹의 인기가 문제였다. 콘텐츠에 대한 요구가 늘어날수록 서버와 네트워크는 과부하 상태가 되었고, 많은 사람들은 WWW를 "World Wide Wait"라고 조롱하였다.

고객들의 요구에 부응하기 위해 인터넷 코어에 많은 양의 대역폭이 제공되었고, 빠른 광대역 통신망이 사용자들에게까지 연결되었다. 대역폭은 성능 개선의 중요한 요인이지만 해결책의 일부일 뿐이다. 지연시간을 줄이기 위해 연구자들은 콘텐츠 배포를 위한 다른 형태의 아키텍처를 발전시켜 왔다.

CDN(Content Delivery Networks)은 그중의 한 형태이다. 콘텐츠 제공자들은 인터넷의 여러 곳에 서버들을 산재하고 고객들에게 콘텐츠 제공에 사용한다. 이는 대형 사업자들에게나 가능하다. 또 다른 형태는 P2P(피어투피어) 네트워크이다. P2P 네트워크에서는 컴퓨터들이 풀(pool)을 만들어 별도의 서버나 제어를 위한 중심이 없이, 서로의 자원들을 공유하여 콘텐츠 배포를 한다. 이러한 아이디어는 개인들이 협동하여 큰 영향을 미칠 수 있다는 사실 때문에 많은 사람들의 상상력을 자극해 왔다.

여기서는 인터넷에서 콘텐츠 배포 문제와 실제로 사용되는 해결방안들을 살펴본다. 먼저 콘텐츠

인기도와 인터넷 트래픽에 대해 간단히 언급하고 강력한 웹 서버구축방법, 웹 사용자들을 위한 캐싱 방법을 살펴본다. 이후 콘텐츠 배포의 두 가지 주요 아키텍처인 CDN과 P2P 네트워크에 대해 알아본다.

7.5.1 콘텐츠와 인터넷 트래픽

좋은 네트워크 설계를 위해서는 네트워크의 트래픽에 대한 이해가 필요하다. 콘텐츠 중심이 되어가면서 회사사무실의 서버들이 대규모의 서버와 네트워크 연결이 제공되는 인터넷 데이터센터로 이동되었다. 오늘날 작은 서버를 운영하고자 하더라도 인터넷 데이터센터의 가상서버를 대여하는 것이 집이나 사무실에 실제 서버를 운영하는 것보다 쉽고 저렴하다.

다행히도, 인터넷 트래픽에 대해 반드시 알아야 할 것은 두 가지 사실이다. 첫 번째 사실은 인터넷 트래픽은 빠르게 변화한다는 것이다. 1994년 이전에는 대부분의 트래픽은 전통적인 FTP 파일 전송과 이메일이었다. 이후 웹이 등장하고 급속히 성장하였다. 2000년의 닷컴버블 이전에 이미 웹 트래픽은 FTP와 이메일 트래픽을 압도하였다. 2000년쯤 P2P를 이용한 음악과 영화 파일 공유가 시작되었고, 2003년에는 P2P 트래픽이 인터넷 트래픽의 대부분을 차지하였다. 2000년대 후반에는 YouTube 같은 콘텐츠 배포를 이용하는 비디오 스트림이 P2P 트래픽을 추월하기 시작하였다. 2014년까지 인터넷 트래픽의 90% 정도가 비디오가 차지할 것으로 예상된다(Cisco 2010).

트래픽량이 항상 문제가 되는 것은 아니다. 2003년 Skype 출시 이전에 VoIP 트래픽이 급증했을 때, 오디오가 대역폭에서 차지하는 양은 미디어에 비해 훨씬 작았다. 하지만, VoIP 트래픽은 대기시간에 민감해서 네트워크에 부담을 주었다. 또 다른 예로는, 2004년 Facebook 이후로 급성장한 온라인 소셜 네트워크이다. 2010년에 처음으로 Facebook에 접속하는 사용자수가 Google에 접속하는 사용자수를 추월하였다. 트래픽량은 차지하고라도, 온라인 소셜 네트워크는 인터넷상의 사람들이 상호작용하는 방식을 바꾸어 놓았으므로 중요하다.

인터넷 트래픽의 변화는 빠르고 일정하게 일어난다. 다음에 어떤 일이 벌어질까? 이 책의 6판에서는 아마도 대답을 해줄 수 있을 것이다.

두 번째 사실은, 인터넷 트래픽은 매우 기울기가 심하다는 것이다. 예를 들면, 성인들의 평균 신장을 구하면 대부분의 성인들은 평균 키 근처에 몰려 있을 것이다. 이러한 특성을 이용해서 대부분의 개체를 포함할 수 있는 작은 범위를 구할 수 있다.

하지만 인터넷 트래픽은 다르다. 오래전부터 소수의 대규모 트래픽을 가진 웹 사이트들과 대다수의 미미한 트래픽량을 가진 웹 사이트들이 있다는 것이 알려져 왔다. 이러한 특징은 네트워크의 중요한 문제이다. 초기 논문들은 많은 수의 패킷들이 갑자기 한꺼번에 링크를 돌아다니는 **패킷 트레인(packet trains)**이라는 개념을 다루었다(Jain and Routhier, 1986). 이는 **자기유사성(self-similarity)**라는 용어로 공식화되었다(Leland et al., 1994). 나중의 논문들에서 긴 트래픽 흐름을 **코끼리(elephants)**, 작은 트래픽 흐름을 **쥐(mice)**라 칭하였다. 소수의 코끼리와 대다수의 쥐들이 존재하더라도 코끼리만이 문제가 된다는 개념이다.

같은 종류의 현상이 웹 콘텐츠 관련해서도 존재한다. 비디오 대여점, 공공 도서관, 그리고 이와 유사한 단체들의 경험상, 모든 것들이 다 인기가 있는 것은 아니다. 경험적으로, N편의 영화들이 있을 때, k번째로 인기가 있는 영화가 요청될 비율은 대략 C/K이다. 여기서 C는 총합이 1로 정규화(normalize)돼서 계산된다. 즉,

$$C = 1/(1 + 1/2 + 1/3 + 1/4 + 1/5 + \cdots + 1/N)$$

이처럼, 가장 인기 있는 영화는 일곱 번째 인기 있는 영화보다 7배 인기가 있다. 이를 단어사용 빈도는 인기순위와 반비례한다는 것을 알아낸 하버드대학교 언어학자인 George Zipf의 이름을 따라 **지프의 법칙(Zipf's law)**이라고 한다(Zipf, 1949). 예를 들어, 40번째로 자주 쓰이는 단어는 80번째 단어보다 2배 더 자주 쓰이고, 120번째 단어보다는 3배 더 자주 쓰인다.

그림 7-64(a)는 지프 분포이다. 소수의 인기 있는 아이템과 대다수의 비인기 아이템으로 이루어져 있다. 데이터를 x, y축에 대한 로그 스케일(log scale)로 나타낸 것이 그림 7-64(b)이다.

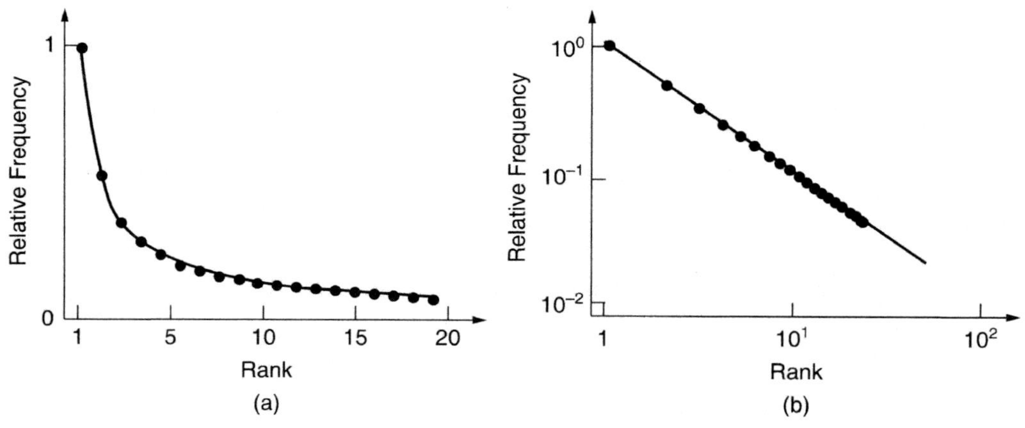

그림 7-64 지프 분포 (a) Linear scale, (b) Log-log scale

웹 페이지들에 대한 인기도를 살펴보면, 지프의 법칙이 대충 들어맞는다(Breslau et al., 1999). 지프 분포는 **파워로(power laws)** 분포의 일종이다. 파워로는 사회의 부의 분포와 같은 현상에 명확하게 나타난다. 파워로 분포에서는 소수의 큰 개체들과 대다수의 작은 개체들로 나타난다. 인터넷 토폴로지는 파워로 분포로 기술될 수 있다(Faloutsos et al., 1999). 연구자들은 생각해낼 수 있는 인터넷 특성들을 로그 스케일로 그려보고 직선을 발견한 후 파워로라고 판명하였다.

그러나 로그 스케일 그래프의 직선보다 더 중요한 것은 이러한 분포가 네트워크의 설계와 사용에 어떠한 의미를 갖는가 하는 것이다. 지프나 파워로 분포를 갖는 많은 형태의 콘텐츠들을 보았을 때, 인터넷 웹 사이트들은 기본적으로 지프와 같은 인기도를 보인다. 이는 평균적인 사이트는 유용한

표현이 아니라는 뜻이다. 사이트는 인기 사이트 혹은 비인기 사이트로 기술되는 것이 나은 표현이다. 소수의 인기 사이트가 인터넷 트래픽의 대부분을 차지하므로 문제가 된다. 하지만 놀랍게도 비인기 사이트도 역시 문제가 된다. 왜냐하면 비인기 사이트들의 수가 아주 많고, 이들의 트래픽들도 전체 트래픽의 큰 부분을 차지하기 때문이다. 이러한 개념은 *The Long Tail*(Anderson, 2008a) 같은 책을 통해 대중화되었다.

그림 7-64(a)의 곡선은 일반적이지만 모두 동일하지는 않다. 특히 감소율이 남은 데이터량에 비례할 경우(불안정한 방사성 원자), 지프의 법칙보다 훨씬 빠르게 감소하는 **지수 감 (exponential decay)**를 나타낸다. 시간 t에 남은 아이템 수는 보통 $e^{-t/\alpha}$(α는 감소속도를 결정하는 상수)로 나타내진다. 지수 감소와 지프의 법칙의 차이점은 지수 감소에서는 꼬리부분을 무시해도 되지만, 지프의 법칙에서는 꼬리부분의 전체 무게가 중요하므로 무시할 수 없다.

비인기 사이트들은 다루기가 쉽다. DNS를 사용하면 많은 다른 사이트들은 실제로는 이들을 운영하는 인터넷상의 하나의 컴퓨터를 가리킬 수 있다. 이에 반하여 인기 사이트들은 다루기가 쉽지 않다. 하나의 컴퓨터는 충분하지 않고 수백만 명의 사용자들이 접근할 수 없기 때문이다. 이러한 인기 사이트들을 위해 콘텐츠 배포시스템이 필요하다.

7.5.2 서버 팜과 웹 프록시

여태까지 살펴본 웹 디자인은 단일 서버가 여러 클라이언트 컴퓨터를 상대하는 형태였다. 우수한 성능을 가진 웹 사이트를 구축하기 위해서는 서버 측과 클라이언트 측의 처리속도를 향상시켜야 한다. 서버 측에서는 컴퓨터들을 묶어서 하나의 서버처럼 동작하는 서버 팜(server farm)으로 더 강력한 웹 서버를 구축할 수 있다. 클라이언트 측에서는 발전된 캐싱기법으로 더 나은 성능을 보일 수 있다. 특히 프락시 캐시는 한 그룹의 클라이언트들에게 커다란 공유 캐시를 제공할 수 있다.

이 절에서는 이러한 기술들을 하나씩 살펴보기로 한다. 그러나 이 기술들은 거대한 웹 사이트 구축을 위해서는 충분하지 않다. 거대한 인기 사이트들은 다음 절에서 기술하는, 여러 곳에 위치한 컴퓨터들을 조합하는 콘텐츠 배포 방식들을 필요로 한다.

서버 팜

하나의 서버가 충분한 대역폭을 가지고 있더라도 웹 요청이 처리능력보다 폭주하게 된다면 문제가 된다. 이 경우의 해결 방안은 웹 서버를 여러 대의 컴퓨터로 구축하는 것이다. 그림 7-65는 **서버 팜(server farm)** 모델이다.

간단해 보이는 위 모델의 어려운 점은 서버 팜을 구성하는 여러 컴퓨터들이 사용자들에게는 논리적으로 하나의 웹 사이트로 보여야 한다는 것이다.

여러 서버들을 하나의 웹 사이트로 만드는 것은 여러 해결 방법이 있다. 이를 위해, 모든 서버들은 웹 사이트 내용을 복사해 가지고 있어야 한다. 서버들은 공용의 백-엔드(back-end) 데이터베이스와 연결되어 있고 그림에서 점선으로 표시되었다.

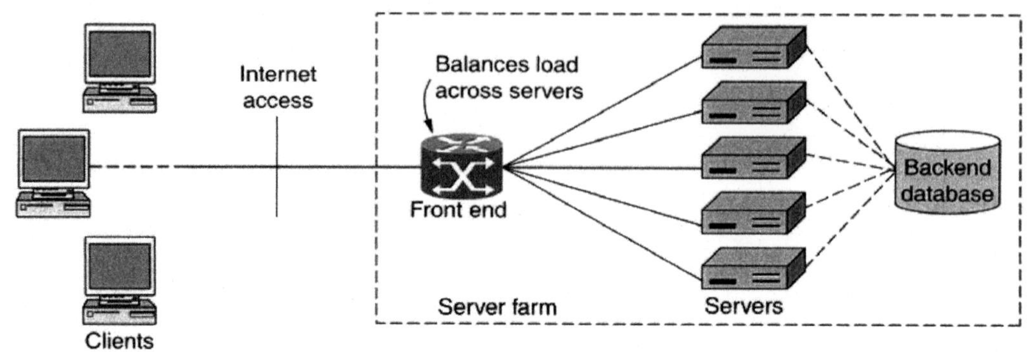

그림 7-65 서버 팜

하나의 해결방법은 DNS를 이용해서 서버 팜 내의 서버들에게 처리요청을 분산시키는 것이다. 웹 URL에 대한 DNS 요청이 오면, DNS 서버는 서버들의 IP 주소들을 교대로 알려준다. 사용자들은 같은 웹 사이트에 접속하더라도 서로 다른 서버에 연결이 된다. DNS 방법은 CDNs의 핵심이므로 이 절에서 다시 보게 될 것이다.

다른 해결방법은 사용자가 단일 IP 주소를 통해 서버 팜에 접근할 때, 프론트-엔드(front-end)에서 유입 요청들을 서버 팜의 서버들에게 분배하는 것이다. 프론트-엔드는 일반적으로 링크계층의 스위치거나 IP 라우터같이 프레임이나 패킷을 처리하는 장치이다. 이 방식들은 모두 네트워크, 전송, 혹은 어플리케이션 계층의 패킷 헤더를 변칙적으로 사용한다. 웹 요청과 응답 메시지는 모드 TCP연결을 이용한다. 정상적으로 동작하기 위해서는 프론트-엔드는 서버요청 패킷을 잘 분해할 수 있어야 한다.

프론트-엔드의 간단한 설계는 유입되는 모든 요청들을 모든 서버에게 브로드캐스트하는 것이다. 서버들은 요청의 일정량만을 미리 정해진 계약에 따라 처리한다. 예를 들면, 16대의 서버가 요청자의 IP 주소를 보고, 그중에 마지막 4비트가 규칙에 맞는 패킷만 응답을 하고 나머지는 무시한다. 이 방식은 유입되는 대역폭의 낭비가 크지만, 응답이 요청에 비해 길어지는 경우가 많으므로 그다지 비효율적이진 않다.

더 일반적인 설계는, 프론트-엔드가 패킷의 IP, TCP, HTTP 헤더를 조사해서 임의의 서버로 매핑하는 것이다. 이러한 매핑의 목적은 부하를 서버들에 골고루 분산시키는 것이므로 **부하 균형(load balancing)** 정책이라고 불린다. 정책들은 간단한 것도 있고 복잡한 것도 있다. 간단한 정책으로는 각 서버들을 연속적으로 사용하는 라우드-로빈(round-robin)이 있다. 이 접근방식에서는 프론트-엔드는 각 패킷에 대한 매핑을 기억하고 같은 요청에 속하는 후속 패킷들을 모두 같은 서버로 보내야 한다. 또한 단일 서버를 사용할 때보다 신뢰성을 높이기 위해서, 프론트-엔드는 서버에 이상 상황이 발생하면 조치를 취할 수 있어야 한다.

NAT와 마찬가지로, 프론트-엔드 설계는 각 계층은 자신의 계층에 속하는 헤더만을 제어 목적으로 사용해야 하고 페이로드(payload)의 내용을 보거나 사용해서는 안된다는 계층적 프로토콜 구조의 기본 원칙들을 위반하기 때문에 불안정하고 위험하다. 프론트-엔드는 스위치거나 라우터지만 전송계층의 정보 혹은 그 이상 계층의 정보를 기반으로 동작한다. 이러한 장비는 프로토콜 스택에 따라서 네트워크 경로사이에 넣어두게 되므로 **미들박스(middlenox)**라 불린다. 이 경우 프론트-엔드는 서버 팜의 내부에서 어플리케이션 계층까지 아우르는 부분으로 간주된다.

단점들에도 불구하고 프론트-엔드는 실제로 유용하다. TCP 헤더를 참조하는 이유는 IP 정보만을 참조할 때보다 부하 규형에 유리하기 때문이다. 예를 들어 하나의 IP 주소는 전체 회사를 모두 나타낼 수 있다. 이러한 하나의 IP 주소를 갖는 많은 요청들을 여러 서버로 매핑하는 데 TCP 혹은 상위 계층의 정보들이 이용될 수 있다.

HTTP 헤더를 참조하는 이유는 조금 다르다. 많은 웹 상호작용은 데이터베이스에 접근하거나 업데이트를 한다. 데이터베이스 처리요청을 담당하는 서버는 백-엔드 데이터베이스에 query를 보내야 한다. 이때 같은 사용자로부터 유입된 후속 요청들은 같은 서버로 가도록 하는 것이 유용하다. 왜냐하면, 서버에 사용자에 대한 정보가 이미 캐시에 저장되어 있기 때문이다. 웹 쿠키가 가장 간단한 예이다. 따라서 HTTP헤더를 참조하는 이유는 위와 같은 이유 때문이다.

마지막으로, 이러한 설계를 웹 사이트를 중심으로 기술하였는데, 서버 팜은 다른 종류의 서버 구축을 위해서도 사용될 수 있다. 예를 들면, UDP를 통한 미디어 스트리밍 시스템의 경우, 프론트-엔드에서 웹 요청과는 다른 프로토콜 헤더를 처리하고 부하 균형을 할 수 있도록 해주기만 하면 된다.

웹 프록시

웹 요청과 응답 메시지는 HTTP를 사용한다. 7.3절에서 브라우저가 응답들을 캐시에 저장하고 이후 요청들에 재사용하는 방법에 대해 기술하였다. 브라우저는 캐시에 저장된 웹 페이지들이 fresh 상태인지 결정하기 위해 여러 헤더필드들과 규칙들을 사용한다.

캐시는 응답시간단축과 네트워크 부하감소를 통하여 성능을 향상시킨다. 만약 브라우저가 스스로 캐시에 저장된 페이지들이 fresh 상태인지 결정할 수 있다면, 즉시 캐시로부터 가져올 것이다. 하지만 브라우저가 서버에게 페이지가 fresh 상태인지 문의하기만 해도 응답시간은 단축되고, 큰 페이지의 경우 네트워크 부하도 감소가 된다.

하지만 브라우저가 할 수 있는 최선은, 사용자가 최근에 방문한 웹 페이지들을 캐시에 저장하는 것이다. 인기도에 관한 설명을 떠올려보면, 많은 사람들이 계속 방문하는 소수의 인기 있는 페이지들과 대다수의 인기 없는 페이지들이 있다. 이는 브라우저의 캐시의 효율성을 제한한다. 왜냐하면 사용자는 대다수의 페이지들을 한 번만 방문하고 이러한 페이지들을 서버로부터 가져와야 하기 때문이다.

캐시의 효율성을 높이는 전략 중의 하나는 여러 사용자들이 캐시를 공유하는 것이다. 한 사용자에 의해 방문된 페이지는 캐시에 저장되어 있다가 다른 사용자의 요청에 사용되어질 수 있다. 브라우저가 페이지를 캐시에 저장해 놓지 않는다면 두 사용자 모두 서버에서 동일한 페이지를 가져와야 한다. 물론 암호화된 트래픽, 인증이 필요한 페이지, 인터넷 금융같이 어플리케이션에 의해 캐시가 안 되는 페이지들은 공유될 수 없다. 또한 동적으로 생성되는 페이지들은 캐싱이 비효율적인 경우이다. 그럼에도 불구하고 수많은 웹 페이지들이 많은 사용자들에 의해 공유되고 있다.

웹 프록시(Web proxy)는 사용자들이 캐시를 공유하는데 사용된다. 프록시란 누군가(예를 들면 사용자)를 대신하여 처리해주는 대리인을 의미하는데 많은 종류의 프록시가 있다. 예를 들면, ARP 프록시는 ARP 요청에 대해 사용자들을 대신하여 응답해준다. 웹 프록시는 사용자들을 대신해서 웹 요청들을 가져온다. 보통은 웹 응답을 캐싱하며, 여러 사용자들에 의해 공유되므로 브라우저보다 큰 캐시 크기를 가진다.

하나의 웹 프록시가 조직 내의 모든 사용자들을 대신해주는 형태가 가장 일반적이다. 조직은 회사나 ISP가 될 수 있다. 웹 요청에 대한 속도향상과 대역폭 절약을 가져올 수 있다.

이러한 설정은 그림 7-66에 있다. 프록시를 사용하기 위해서 각 브라우저는 실제 서버가 아닌 프록시에 웹 페이지 요구를 하도록 설정한다. 만약 요청하는 페이지가 프록시의 캐시에 있다면 즉시 응답을 보내고, 그렇지 않으면 서버에서 가져와서 캐시에 저장한다.

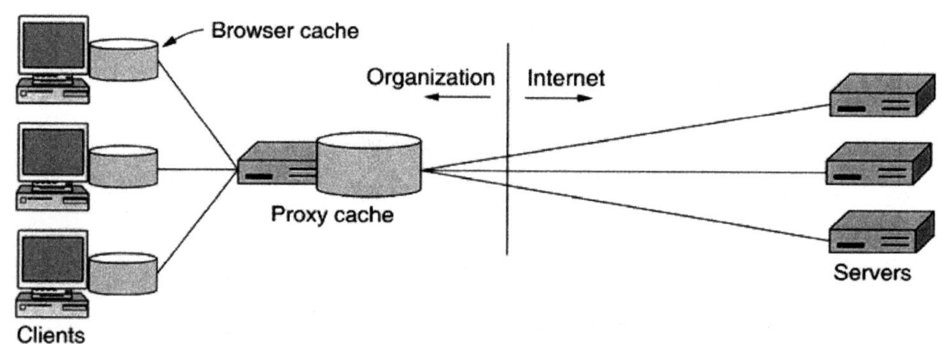

그림 7-66 웹 브라우저와 웹 서버 사이의 프록시 캐시

웹 요청을 실제 서버대신 프록시로 보내는 것 이외에, 사용자들은 브라우저 캐시를 사용하기도 한다. 먼저 브라우저의 캐시를 시도해보고 이후에 프록시 캐시를 시도한다. 따라서 프록시는 2차 단계의 캐시이다.

여러 단계의 캐시를 위해서 복수개의 프록시를 사용하기도 한다. 각 프록시 혹은 브라우저는 **상위 프록시(upstream proxy)**에 요청을 보내고, 상위 프록시는 **하위 프록시(downstream proxy)**를 위해 캐시를 한다. 회사 내에서 브라우저는 회사의 프록시를 이용하고, 회사의 프록시는 실제 서버에 연결되는 ISP의 프록시를 이용할 수 있다. 하지만 실제로는 그림 7-66에서 보는 단일 계층의 프록시 캐싱으로도 충분히 효율적이다. 문제점은 인기도의 롱 테일(long tail)이다. 웹 트래픽에 대한 연구들에 의하면 캐시를 공유하는 기법은 작은 회사 규모(약 100명)의 사용자들에게 특히 유용하다는 것이 밝혀졌다.

사용자수가 늘어나게 되면 캐시 크기 제한 때문에 저장되지 못하는 비인기 페이지 요청 때문에 효용성이 줄어들게 된다(Wolman et al., 1999).

웹 프록시는 어느 곳에 배치할지 결정하는 데 추가적인 이점을 제공한다. 하나의 이점은 콘텐츠를 필터하는 것이다. 관리자는 프록시에 블랙리스트 사이트들을 설정해서 이들의 요청들을 필터할 수 있다. 예를 들면, 회사 관리자들은 직원들이 업무 중에 YouTube나 성인물을 보지 못하도록 차단할 수 있다. 또 다른 이점은 사용자의 정보를 서버로부터 보호해주므로, 기밀성(privacy)과 익명성(anonymity)을 들 수 있다.

7.5.3 콘텐츠 전달 네트워크

서버 팜과 웹 프록시는 대규모 사이트 구축과 웹 성능개선에 도움이 되지만, 전 세계적인 콘텐츠 제공을 하는 인기 있는 웹 사이트를 구축하기에는 불충분하다. 이러한 사이트들에게는 다른 접근방법이 필요하다.

CDNs (Content Delivery Networks, 콘텐츠 전달 네트워크)은 전통적인 웹 캐시 아이디어를 바꾸어 놓았다. 사용자들이 요청한 페이지들을 주변의 캐시에서 찾는 것이 아니라 콘텐츠 공급자들이 여러 곳의 노드에 페이지들을 복사해서 놓아두고 사용자들을 가까운 노드를 찾아가도록 하는 것이다.

CDN에 의해 분산된 데이터 흐름은 그림 7-67과 같이 트리구조이다. CDN에서 원 서버는 시드니, 보스톤, 암스테르담의 CDN 노드에 점선으로 표현한 것과 같이 콘텐츠의 복사본을 배포한다. 실선으로 표현한 것과 같이 사용자들은 가까운 CDN 노드에서 원하는 페이지를 가져온다. 이런 방식으로 시드니에 있는 사용자는 유럽에 있는 원 서버가 아닌 복사본이 저장되어 있는 시드니에서 페이지를 가져온다.

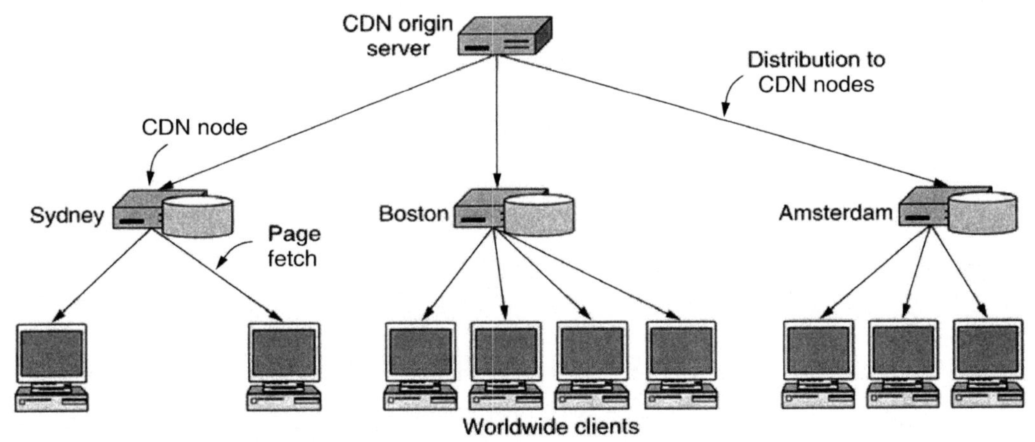

그림 7-67 CDN 배포 트리

트리구조는 다음과 같은 세 가지 장점을 가지고 있다. 첫 번째는 콘텐츠 배포는 필요한 노드들을

CDN에 추가하므로 얼마든지 많은 사용자들을 지원할 수가 있고, CDN 노드에 병목현상이 생기면 트리의 계층을 추가하면 된다. 사용자수에 관계없이 트리 구조는 효율적이다. 원 서버는 모든 페이지 요청에 대해 일일이 응답을 할 필요 없이 트리의 CDN 노드를 통해서 사용자들을 대하기 때문에 과부하가 걸리지 않는다. 두 번째, 각 사용자들은 페이지들을 멀리 떨어진 서버에서가 아니라 가까운 서버에서 가져오기 때문에 성능이 좋아진다. 이는 연결 설정을 위한 왕복시간이 짧아지므로 TCP 슬로우 스타트(slow start)가 빨라지고, 단축된 네트워크 경로는 인터넷 혼잡구간을 지날 확률이 작아지기 때문이다. 마지막으로, 네트워크의 전체 부하가 최소화된다. 만약 CDN 노드들이 잘 배치되어 있다면 페이지 트래픽은 네트워크 일부분만을 지나게 된다. 네트워크 대역폭에는 비용이 드므로 중요한 문제이다.

배포 트리를 이용하는 생각은 매우 간단하다. 문제는 트리를 위해 각 사용자들을 편성하는 것이다. 그림 7-67에서 각 사용자들이 웹 프록시로 시드니, 보스톤, 암스테르담 CDN 노드를 설정하였다면 배포는 그대로 트리구조를 따르면 된다. 그러나 이 방법은 다음의 세 가지 이유로 실용적이지 않다. 첫 번째 이유는, 네트워크의 같은 부분에 존재하는 사용자라도 서로 다른 조직에 속해 있으면 다른 웹 프록시를 쓴다. 제한된 캐시의 크기와 보안 때문에 여러 조직들이 캐시를 공유하지는 않는다. 두 번째, 복수의 CDN이 존재하더라도 각 사용자는 하나의 프록시 캐시를 사용한다. 이 경우 사용자는 어떤 CDN을 프록시로 사용할 것인가? 아마도 가장 실제적인 이슈는 웹 프록시는 사용자들에 의해 설정된다는 것이다. 사용자들은 CDN과 상관없이 마음대로 설정하기 때문이다.

배포 트리를 지원하기 위한 또 다른 간단한 방법은 **미러링(mirroring)**이다. 이 방식에선, 원 서버는 콘텐츠를 CDN 노드들에 복사한다. 네트워크 각 부분의 CDN노드들을 **미러(mirror)**라 한다. 원 서버의 웹 페이지는 미러들의 위치에 대한 명시적 링크를 포함한다. 이 방식은 사용자가 콘텐츠 다운로드를 위한 가까운 서버를 선택하도록 한다. 미러링의 예로는 큰 소프트웨어 패키지를 미국 동·서부, 아시아, 유럽의 미러들에 배치하는 것이다. 미러 사이트들은 보통 정적이며 몇 년 동안 변하지 않는다. 미러들은 서로 연결되어 있지만 사실은 다른 웹 사이트이므로 콘텐츠 배포는 사용자들에 의해 수행된다.

세 번째 방법은, **DNS 리다이렉션(DNS redirection)**이다. 사용자가 *http://www.cdn.com/page.html* URL을 가지는 페이지를 가져오기를 원한다고 가정하자. 브라우저는 *www.cdn.com*의 IP 주소를 찾기 위해 DNS를 이용할 것이다. 브라우저는 DNS 프로토콜로 *cdn.com*을 위한 네임 서버의 IP 주소를 찾고, 네임 서버에게 *www.cdn.com*의 IP 주소를 문의한다. CDN에 의해 운용되는 네임 서버는 모든 요청에 대해 동일한 IP 주소를 응답하는 것이 아니라, 사용자의 IP 주소를 보고 사용자에 가장 가까운 CDN 노드의 IP 주소를 보내준다. 만약 시드니에 있는 사용자가 CDN 네임 서버에게 *www.cdn.com*의 IP 주소를 문의하면, 네임 서버는 시드니 CDN 노드의 주소를 대답하지만, 암스테르담에 있는 사용자가 같은 문의를 하면 암스테르담 CDN 노드의 주소를 답한다.

이 방식은 DNS와 잘 부합된다. 이미 살펴본 것과 같이 네임 서버들은 바뀐 IP 주소 목록을 응답하기 때문이다. 네임 서버 질의는 DNS 캐시에 저장되므로, 이후의 페이지 요청들은 모두 시드니의 CDN

노드로 전해진다. 전체적인 순서는 그림 7-68에 있다.

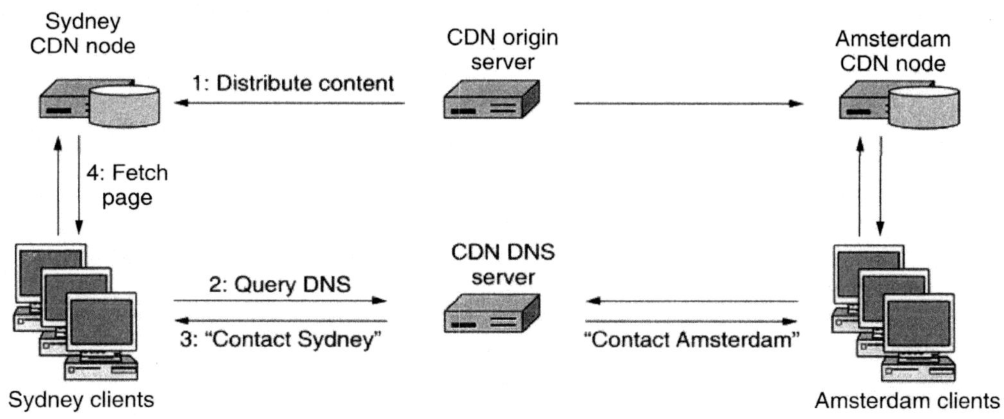

그림 7-68 DNS를 이용한 CDN

한 가지 생각해볼 문제는, "가장 가까운 CDN 노드란 무엇을 뜻하는가?"이다. 가깝다는 것은 실제 지리적 의미가 아니다. 사용자를 CDN 노드에 매핑하기 위해서는 최소한 두 가지 요인을 고려해야 한다. 하나는 네트워크 거리이다. 사용자는 거리가 짧고 대용량의 네트워크 경로를 CDN 노드와의 사이에 가져야 한다. 이러한 조건은 빠른 다운로드를 위해 필요하다. CDN은 사용자의 IP 주소와 네트워크 위치 간의 맵을 만들어 사용한다. 선택된 CDN 노드는 이것을 바탕으로 가장 가까운 노드를 선택한다. 이때 문제가 되는 것은 네트워크 경로의 길이와 각 링크의 용량의 조합이 문제가 된다. CDN 노드가 과부하가 된다면, 웹 서버의 경우와 마찬가지로 응답이 늦어지게 된다. 그러므로 CDN 노드 간의 부하 균형은 중요하다.

DNS를 콘텐츠 배포에 사용하는 기법은 1998년 웹이 초창기 성장으로 인해 과부하가 심화될 때 Akamai에 의해 시작되었다. Akamai는 최초의 주요 CDN이고 이 분야의 선두가 되었다. 아마도 DNS를 이용하여 사용자들을 가까운 서버에 연결하는 아이디어보다 더 좋은 것은 사업의 보상제도일 것이다. 회사들은 빠르게 반응하는 웹 사이트를 통해 콘텐츠를 고객에게 전달하기 위해 Akamai에게 돈을 지불한다. CDN 노드들은 ISP 네트워크내부와 같이 좋은 연결성이 있는 네트워크에 위치해야 한다. ISP업체들은 CDN 노드를 그들의 네트워크에 보유함으로써 업스트림 네트워크 대역폭량을 줄일 수 있다. 또한 CDN 노드는 ISP 고객들에게 응답성(responsiveness)를 향상시키므로 CDN 노드를 보유하지 않은 ISP보다 이점을 가지게 된다. 그러므로 콘텐츠 공급자, ISP, 사용자 모두 CDN에 의해 혜택을 받음으로 CDN은 사업성이 있다. 1998년 이후, 많은 회사들이 사업에 뛰어들어서 경쟁을 펼치고 있다. 실제로 많은 회사들은 콘텐츠 전달을 위해서 자체적인 CDN을 구축하는 대신 Akamai같은 CDN 공급자들의 서비스를 이용한다.

웹 사이트 소유자가 콘텐츠 배포를 위해 CDN 공급자와 계약을 하면, 먼저 소유자는 배포할 콘텐츠를 CDN 공급자에게 전달한다. 소유자는 배포하려는 콘텐츠를 재작성하고, CDN 공급자는 콘텐츠를

CDN 노드들에 복사된다. 어떻게 이 방식이 실제 동작하는지를 알기 위해, 그림 7-69(a)의 Fluffy Video의 웹 페이지를 살펴보자. 처리 후, 이 웹 페이지는 그림 7-69(b) 같이 변환돼 Fluffy Video의 서버인 *www.fluffyvideo.com/index,html*에 저장된다.

```
<html>
<head> <title> Fluffy Video </title> </head>
<body>
<h1> Fluffy Video's Product List </h1>
<p> Click below for free samples. </p>

<a href="koalas.mpg"> Koalas Today </a> <br>
<a href="kangaroos.mpg"> Funny Kangaroos </a> <br>
<a href="wombats.mpg"> Nice Wombats </a> <br>
</body>
</html>
```

(a)

```
<html>
<head> <title> Fluffy Video </title> </head>
<body>
<h1> Fluffy Video's Product List </h1>
<p> Click below for free samples. </p>

<a href="http://www.cdn.com/fluffyvideo/koalas.mpg"> Koalas Today </a> <br>
<a href="http://www.cdn.com/fluffyvideo/kangaroos.mpg"> Funny Kangaroos </a> <br>
<a href="http://www.cdn.com/fluffyvideo/wombats.mpg"> Nice Wombats </a> <br>
</body>
</html>
```

(b)

그림 7-69 (a) 원래 웹 페이지 (b) 변형된 페이지

사용자가 브라우저에 *www.fluffyvideo.com*을 입력하면, DNS는 Fluffy Video 자체 웹 사이트의 IP 주소를 알려줘서, 메인(HTML) 페이지가 정상적으로 열리게 한다. 사용자가 하이퍼링크를 클릭하면, 브라우저는 DNS에게 www.cdn.com을 찾아 달라고 요청하고, CDN의 DNS 서버는 가까운 CDN의 IP 주소를 찾아준다. 그 후 브라우저는 CDN 노드에게, 예를 들면 /flyffyvideo/koalas.mpg 같이, HTTP 요청 메시지를 보낸다. 이 URL은 *fluffyvideo*로 시작되는 반환될 페이지를 나타내어 CDN 노드들이 원 소유자들을 구별할 수 있다. 마지막으로 CDN 노드는 콘텐츠를 사용자에게 전송한다.

콘텐츠는 CDN이 호스트하고 엔트리 페이지(entry pages)는 콘텐츠 소유자가 호스트하는 방식은 실제 콘텐츠 전송은 CDN이 하더라도 콘텐츠 소유자에게 제어권을 주기 위함이다. 대부분의 엔트리 페이지는 작은 HTML 텍스트 파일로 비디오나 이미지 같은 큰 파일들과 링크되어 있다. CDN이 다루는 것은 이러한 큰 파일들이다. 이러한 방식을 사용하면 사이트의 성능이 향상된다. 사이트가 CDN을 사용함으로써 얻을 수 있는 이점은 또 있다. 웹 사이트에 대한 미래 수요는 예측하기 힘들다. 웹에는 **반짝 인파(flash crowds)**로 알려진 현상이 종종 발생한다. 이러한 현상은 최신 상품이 출시되거

나 패션쇼 혹은 이벤트 등으로 뉴스의 초점이 될 때 발생할 수 있다. 과거에는 알려지지 않아서 방문받지 못하던 후미진 웹 사이트가 갑자기 세계의 집중 조명을 받게 되는 현상이 일어나기도 한다. 대부분의 사이트들은 이러한 경우 대규모의 트래픽에 준비되어 있지 않기 때문에 문제가 된다. 예를 들어, 2000년 11월 6일까지, 플로리다 주 장관의 웹 사이트인 www.dos.state.fl.us는 플로리다 주 의회의 회의록들과 어떻게 플로리다에서 공증인이 될 수 있는지에 대한 사항들을 조용히 제공하고 있었다. 그러나 2000년 11월 7일, 미국 대통령직이 갑자기 소수의 플로리다 카운티의 수천 표에 의해 갑작스레 그 향방이 결정될 때, 그 사이트는 전 세계의 상위 다섯 사이트 중의 하나가 되었다. 말할 필요도 없이, 사이트는 자신에게 걸린 부하를 처리할 수 없어서 정지 상태가 됐다. 만약 CDN을 사용하였더라면 아마도 살아남았을 것이다.

CDN을 사용하면 사이트는 거대한 콘텐츠 제공 능력을 갖게 된다. 최대 규모의 CDN 업체들은 수만 대의 서버를 전 세계에 걸쳐 운용하고 있다. 반짝 인파가 닥치게 되면 단시간에 사이트의 수용능력을 확대시킬 수 있는 CDN을 이용하여 처리하면 된다.

여태까지는 Akamai의 동작을 간략하게 기술한 것이고 실제로는 더 구체적인 문제들이 있다. 통상적으로 CDN 노드들은 서버들의 클러스터이다. DNS 리다이렉션은 사용자를 네트워크 위치에 대략 매칭하고, 그 위치의 노드의 부하를 분산시키는 두 단계로 수행된다. 신뢰성과 성능은 모두 중요한 관심사이다. 사용자를 클러스터 내의 한 서버에서 다른 서버로 옮기기 위해서 DNS는 두 번째 단계에서 응답한다. 마지막으로, 여태까지 이미지나 비디오 같은 정적인 객체의 배포에만 관심을 두었지만, CDN은 동적인 페이지 생성, 미디어 스트리밍 등도 지원할 수 있다. 자세한 정보는 Dilley et al.(2002)에 있다.

7.5.4 P2P(피어투피어) 네트워크

전 세계의 1000대의 서버를 대여하는 것은 호스팅업체들을 이용하면 기술적으론 어려운 일은 아니지만, 누구나 1000개의 노드로 이루어진 CDN을 셋업할 수 있는 것은 아니다. 하지만 P2P(피어투피어) 네트워크를 이용하면 쉽게 대용량의 콘텐츠를 배포할 수 있다.

P2P 네트워크는 1999년에 등장하였다. 첫 대중적인 어플리케이션이었던 냅스터는 논쟁 끝에 법원에 의해 중단될 때까지 수천만 명의 사용자들이 저작권이 있는 음악들을 저작권자의 허가 없이 상호교환을 하였다. 다른 P2P 시스템들은 사용자들의 지대한 관심 속에 발전을 거듭하여 웹 트래픽을 빠르게 잠식하고 있다. 현재 BitTorrent가 가장 인기 있는 P2P 프로토콜이며 비디오를 비롯하여 다양한 콘텐츠 공유에 사용되고 있다.

P2P를 이용한 파일공유 네트워크의 기본 아이디어는 많은 컴퓨터들이 자원을 서로 공유해서 하나의 콘텐츠 배포 시스템을 구성하는 것이다. 참여하는 컴퓨터들은 대개 인터넷 데이터센터의 컴퓨터들이 아닌 일반 가정의 PC들이다. 각 컴퓨터들은 서로 콘텐츠를 제공하는 서버, 콘텐츠를 가져오는 클리이

언트 역할을 동시에 수행하므로 피어(peer)로 불린다. P2P 시스템은 CDN과 달리 전용 기반구조가 필요치 않기 때문에 매력이 있다. 모든 사용자들은 콘텐츠 배포에 참여하며, 중앙에서 제어하는 서버가 존재하지 않는다.

많은 사람들은 P2P 기술이 약자들에게 막강한 힘을 줄 수 있는 기술로 생각해서 환호하였다. CDN을 이용할 수 있는 대기업과 달리 P2P 네트워크는 누구나 참여할 수 있을 뿐만 아니라, P2P 네트워크는 거대한 웹 사이트에 버금가는 엄청난 콘텐츠 배포능력이 있기 때문이다.

평균적으로 1Mbps 연결을 가진 *N*명의 사용자들로 구성된 P2P 네트워크를 가정하자. P2P 네트워크의 총 업로드 용량 혹은 사용자들이 인터넷에 트래픽을 전송할 수 있는 속도는 *N* Mbps이다. 다운로드 용량 혹은 사용자들이 트래픽을 수신할 수 있는 속도도 *N* Mbps이다. 모든 사용자는 동시에 업로드와 다운로드를 할 수 있으며 양방향 1Mbps의 링크속도를 가진다.

이것이 반드시 사실인지는 명확하지 않지만, 하나의 파일을 모든 사용자들과 공유하는 콘텐츠 배포일 경우라도 유용한다. 사용자들이 다른 두 사용자들에게 파일을 복사해 전송하는 이진트리로 조직되어 있다고 가정하자. 하나의 파일은 트리상의 모든 노드들에게 전달될 것이다. 사용가능한 모든 업로드 대역폭을 사용하기 위해서 사용자들의 네트워크 동작들을 파이프라인(pipeline)으로 연결할 필요가 있다. 파일이 1,000조각으로 나누어졌다고 가정하자. 각 사용자들은 트리의 상위노드로부터 조각을 받고, 동시에 받은 조각을 트리의 하위노드로 내려 보낸다. 이런 식으로 파이프라인을 연결하고 작동을 시작하면, 처음 몇 개의 조각을 전송한 이후(트리의 깊이와 동일), 리프노드(leaf node)를 제외한 모든 사용자들은 파일을 업로드하게 된다. 대략 *N*/2명의 리프노드가 아닌 사용자들이 존재하므로 트리의 업로드 대역폭은 *N*/2 Mbps가 된다. 리프노드와 리프노드가 아닌 노드들의 역할을 서로 바꾸어서 나머지 대역폭 *N*/2 Mbps를 사용하는 새로운 트리를 만들면 모든 대역폭을 활용할 것이다.

이러한 논의들은 P2P 네트워크가 셀프-스케일링(self-scaling)한다는 것을 의미한다. 사용가능한 업로드 용량은 사용자들의 다운로드 요구에 따라 늘어날 수 있다. P2P 네트워크는 전용 기반구조가 없어도 어떤 면에서는 “충분히 큰” 네트워크이다. 이에 비해서, 큰 웹 사이트라도 용량은 고정되어 있으므로 너무 클 수도 있고, 너무 작을 수도 있다. 어떤 사이트가 10Gbps를 갖는 100개의 클러스터로 구성되었다고 가정하자. 이 거대한 용량은 사용자가 소수일 때는 아무런 도움이 되지 않는다. 이 사이트는 *N*명의 사용자에게 *N* Mbps 이상의 속도로 정보를 제공하지 못한다. 웹 사이트가 아닌 사용자 수가 제약이기 때문이다. 1Mbps를 갖는 100만 명 이상의 사용자들이 있다면, 웹 사이트는 모든 사용자들이 다운로드에 바쁘도록 할 만큼의 데이터를 전송하지 못한다. 100만 명이라는 숫자는 큰 수치같이 보이지만, 대규모 BitTorrent(Pirate Bay) 네트워크는 1,000만 명 이상의 사용자들을 기록하기도 한다. 이 수치는 웹 사이트가 10terabits/sec의 속도를 가졌을 때와 같다. 이와 같은 수치는 P2P가 가진 무한한 잠재력을 나타낸다.

P2P 네트워크의 중요한 문제 중 하나는 다양한 업로드, 다운로드, 크기 등을 가진 사용자들이 존재할 때 대역폭을 잘 사용하는 것이다.

P2P 네트워크가 중요한 또 다른 이유는 다음과 같다. CDN과 같이 중앙 관리 방식의 서비스들은 공급자들이 개인들의 정보, 선호하는 온라인 쇼핑장소부터 이메일과 집 주소까지 가지게 된다. 이 정보들은 보다 나은 개인화된 서비스 제공을 위해 쓰일 수도 있지만 개인의 사생활을 침해할 수도 있다. 후자의 경우는 고의적 혹은 우연한 실수로도 일어날 수 있다. P2P 시스템에서는 전체 시스템을 감시하는 공급자가 존재하지 않는다. 이는 P2P 시스템이 프라이버시를 제공해야 한다는 것을 의미하는 것이 아니라, 중앙 관리방식과는 다른 형태의 프라이버시를 제공한다는 것을 의미한다. P2P 시스템들은 파일 공유 이외의 서비스들을 시도하기 시작하였으며, 시간이 가면 P2P의 가치가 밝혀질 것이다.

P2P 기술은 두 가지 경로를 따라 발전해 왔다. 실용적인 면에서는 BitTorrent 프로토콜에 기반을 둔 시스템이 있고, 학문적인 면에서는 DHT(Distributed Hash Table) 알고리즘에 대한 연구가 있어 왔다.

BitTorrent

BitTorrent 프로토콜은 피어들 간의 빠르고 쉬운 파일 공유를 위해 2001년 Brahm Cohen에 의해 고안되었다. 웹 서버와 HTTP통신을 할 수 있는 많은 브라우저가 존재하듯이, 무료로 BitTorrent프로토콜을 사용할 수 있는 많은 클라이언트 프로그램들이 있다. BitTorrent 프로토콜은 공개 표준으로 *www.bittorrent.org*에 공개되어 있다.

BitTorrent같은 통상적인 P2P 시스템에서는 각 사용자는 나른 사용자들이 관심을 가질 민한 정보들을 가지고 있다. 이 정보들은 공개 소프트웨어, 음악, 비디오, 사진 등이다. 이러한 상태에서 콘텐츠 공유를 위해서는 다음의 세 가지 문제를 해결해야 한다.

1. 사용자가 원하는 콘텐츠를 가진 다른 피어를 어떻게 찾을 것인가?
2. 모든 사용자들의 고속 다운로드를 위해 콘텐츠들을 어떻게 복사할 것인가?
3. 어떻게 피어들이 콘텐츠를 다운로드할 뿐만 아니라 다른 사용자들을 위해 업로드하게 만들 것인가?

첫 번째 문제는 모든 피어들이 모든 콘텐츠를 가지고 있지 않기 때문에 발생한다. BitTorrent에서는 모든 콘텐츠 공급자가 **토런트(torrent)**로 불리는 콘텐츠 표식을 생성하도록 한다. 토런트는 콘텐츠보다 훨씬 작은 크기이며 사용자가 다운로드한 데이터의 무결성(integrity)을 검증하는 데 사용된다. 콘텐츠를 다운로드하기를 원하는 사용자는 웹 페이지 같은 곳에서 먼저 토런트를 다운로드받아야 한다.

토런트는 두 가지 종류의 중요한 정보를 포함하는 특정 형태의 파일이다. 하나는 피어들을 토런트의 콘텐츠로 안내하는 서버, **트래커(tracker)**의 이름이다. 다른 종류의 정보는 콘텐츠의 청크(chunk)들의 목록이다. BitTorrent는 콘텐츠들은 같은 크기의 작은 조각들로 쪼개고 이를 **청크**라 한다. 청크의 크기는 토런트에 따라 다르지만 보통 64KB에서 512KB이다. 토런트 파일은 청크의 160-bit SHA-1 해시값을 포함한다. SHA-1에 대해서는 8장에서 다루기로 한다. 여기서는 해시는 좀 더 길고 안전한 체크섬(checksum)으로 생각한다. 토런트 파일은 콘텐츠보다 월등히 작은 크기이기 때문에 빨리 전송될 수 있다.

토런트 내에 표기된 콘텐츠를 다운로드받기 위해서는, 피어는 먼저 트래커에 접속한다. 트래커는 그 콘텐츠를 다운로드하거나 업로드하고 있는 다른 피어들의 목록을 보유한 서버이다. 이 피어들의 집합을 **스웜(swarm)**이라 한다. 스웜 내의 피어들은 트래커에 정기적으로 접촉하여 상태를 알리기도 하고, 스웜 탈퇴를 통보하기도 한다. 새로운 피어가 스웜에 가입하기 위해서 트래커에 접속하면, 트래커는 스웜 내의 다른 피어들의 정보를 알려준다. 토런트를 획득하고 트래커 접속은 콘텐츠 다운로드의 첫 두 단계이고, 그림 7-70에 있다.

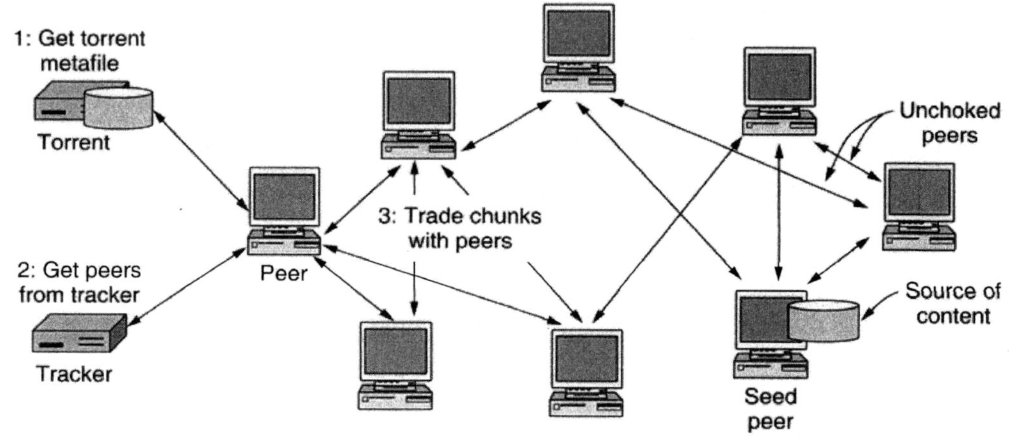

그림 7-70 BitTorrent

두 번째 문제는 빠른 다운로드를 위해서 어떻게 콘텐츠를 공유해야 하는 것이다. 스웜이 처음 만들어지면, 콘텐츠의 모든 청크를 가지고 있는 피어가 존재한다. 이들을 **씨더(seeder)**라 한다. 새로 스웜에 가입한 피어들은 콘텐츠를 다운로드받는 피어들이기 때문에 청크를 하나도 보유하고 있지 않다.

스웜 내에 피어가 있는 동안, 피어는 다른 피어들로부터 청크를 다운로드 받는 동시에 가지고 있는 청크를 필요로 하는 피어들에게 업로드할 수 있다. 그림 7-70의 마지막 단계에 나타나 있다. 시간이 지나면, 피어는 콘텐츠의 모든 청크를 다운로드받게 된다. 피어는 스웜에 언제든지 가입 및 탈퇴를 할 수 있다. 피어들은 다운로드를 마치면 곧 스웜을 떠나기 때문에 피어들의 스웜의 가입 및 탈퇴 속도는 매우 높다.

위 기술한 방식이 잘 동작하기 위해서는 모든 청크들이 많은 피어들로부터 다운로드가 가능해야 한다. 만일 모든 피어들이 같은 순서로 청크를 획득하고자 하면, 모두 씨더에 의존하고자 할 것이다. 이는 병목현상을 발생시킨다. 대신에, 피어들은 자신이 보유한 청크 목록을 다른 피어들과 교환한다. 이후 다운로드받기 어려운 드문 청크를 선택한다. 드문 청크를 먼저 다운로드하여 보유함으로써 다른 피어들은 청크를 쉽게 다운로드할 수 있게 도울 수 있다. 모든 피어들이 이렇게 하면, 청크의 다운로드가 쉬워질 것이다.

세 번째 문제는 가장 흥미롭다. CDN은 사용자에게 콘텐츠를 배타적으로 공급하도록 설정되었지만 P2P는 그렇지 않다. P2P 노드는 사용자 컴퓨터이며, 사용자들은 다른 사용자들을 돕기보단 자신이 원하는 콘텐츠 다운로드에 관심이 더 많다. 전체 시스템에 기여함이 없이 자원만 사용하는 노드를 **무임승차자(free-rider)** 혹은 **리처(leechers)**라 한다. 시스템에 이런 노드가 너무 많아지면 잘 동작하지 않을 것이다. 초기 P2P 시스템은 이러한 노드들의 온상이었으므로(Saroiu et al., 2003) BitTorrent는 이들을 최소화하기 위해 노력한다.

BitTorrent는 업로드에 기여를 많이 한 피어들에게 보상을 한다. 각 피어는 다른 피어를 임의로 선택해서 청크를 교환한다. 피어들은 주로 뛰어난 다운로드 성능을 제공하는 소수의 피어들과만 청크를 교환하고, 임의의 피어들과도 시도를 한다. 한 노드와 청크를 교환하고 있는 피어들은 **unchoked**라 한다.

이 알고리즘에서는 시간이 지날수록 피어들의 업로드와 다운로드 속도는 비등해진다. 다른 피어들에게 업로드를 많이 할수록, 더 많은 다운로드를 기대할 수 있다. 또한 여러 피어들로부터 다운로드받음으로써 성능이 향상된다. 한편 피어가 다른 피어들에게 청크를 업로드하지 않거나 느린 속도로 하게 되면, 곧 제외될 것이다(**choked**). 이 방식은 스웜에 무임승차하려는 피어들을 차단한다.

choking 알고리즘은 종종 반복적인 상호작용과 협력 촉진을 위한 **tit-for-tat** 전략으로 표현되기도 한다. 그러나 이는 사용자들의 무임승차를 완전히 차단하지는 못한다(Piatek et al., 2007) 그럼에도 불구하고 이 문제에 대한 관심은 일반 사용자들의 무임승차를 어렵게 하여 BitTorrent의 성공에 기여하였다.

이상에서 살펴보았듯이 BitTorrent에는 토런트, 스웜, 씨더, 트래커, choking, lurking, snubbing 등의 많은 용어가 쓰인다. 자세한 정보는 BitTorrent(Cohen, 2003) 혹은 *www.bittorrent.org*를 참조하기 바란다.

DHTs – 분산 해시 테이블

2000년대의 P2P 파일 공유 네트워크의 출현은 많은 연구자들의 관심을 불러일으켰다. P2P 시스템의 본질은 CDN 같이 중앙에서 관리가 되는 구조를 지양하는 것이다. 이는 중요한 이점이 있다. 중앙의 컴포넌트가 관리하는 시스템은 규모가 커지면 병목현상이 생기거나 단일 오류지점(single point of failure)가 발생할 수 있다. 중앙 컴포넌트는 제어 지점(point of control)으로도 사용될 수 있다. 초기의 P2P 시스템은 부분적으로만 분산된 형태였다. 만약 그렇지 않았다면 비효율적이었을 것이다.

전형적인 BitTorrent 형태는 피어 간의 데이터전송과 스웜을 위한 중앙의 트래커를 사용한다. P2P 시스템에서는 트래커가 분산시키기 어려운 부분이다. 핵심적인 문제는 어떤 피어가 찾고 있는 콘텐츠를 가지고 있는지 알아내는 것이다. 예를 들면, 모든 사용자가 다른 사용자가 원하는 노래, 사진, 프로그램, 파일 등을 가지고 있다면, 어떻게 피어를 찾을 수 있을까? 누가 무엇을 가지고 있는지 목록을 중앙에서 관리하는 것은 간단해 보이지만 좋은 방법이 아니다. 또한 목록을 모든 피어가 보유하는 것도 목록들의 업데이트와 관리가 쉽지 않으므로 좋은 방법이 아니다.

연구자들이 해결하고자 한 문제는 뛰어난 성능을 가진 분산된 P2P 목록을 만들려는 것이었다. 뛰어난 성능이란 다음의 세 가지를 의미한다. 첫 번째, 각 노드는 다른 노드들의 정보를 조금만 가져야 한다. 이는 목록을 업데이트하는 데 비용이 적게 들어야 한다는 의미이다. 두 번째, 각 노드는 목록 검색을 빠르게 할 수 있어야 한다. 그렇지 않다면 목록은 유용하지 않을 것이다. 세 번째, 각 노드는 다른 노드의 출입 시에도 목록을 동시에 사용할 수 있어야 한다. 이는 노드의 수가 늘어날수록 목록의 성능이 향상됨을 뜻한다.

위 문제에 대한 답은 "Yes"이다. 2001년 네 가지의 다른 해결방안이 제안되었다. 이들은 Chord(Stoica et al., 2001), CAN(Ratnasamy et al., 2001), Pastry(Rowstron and Druschel, 2001), Tapestry(Zhao et al., 2004)이다. 이후에 Kademlia(Maymounkov and Mazieres, 2002) 같은 다른 해결방안도 제안되었다. 이 방식들은 목록의 기본 기능이 키(key)를 값(value)에 매핑하기 때문에 **DHTs(Distributed Hash Tables)**이라 알려졌다. 해시 테이블이 분산된 형태의 버전이다.

DHT는 노드들 사이의 통신에 규칙적인 구조를 부여한다. 이는 피어들 간의 연결이 마음대로 이루어지는 전통적인 P2P 네트워크와 상당히 다르다. 이러한 이유로 DHT는 **구조적 P2P 네트워크(structured P2P networks)**로 불리며 전통적인 P2P 프로토콜은 **비구조적 P2P 네트워크(unstructured P2P networks)**로 불린다.

DHT 중에서 여기서 설명하려는 것은 Chord이다. BitTorrent에서 사용되던 중앙에서 관리되는 전통적인 트래커가 어떻게 분산형태로 바뀌었는지 살펴본다. Chord에서 전체 목록은 콘텐츠 다운로드를 위해서 가입해야 하는 스웜들이다. 목록 검색의 키는 콘텐츠의 토런트 표기이다. 이는 콘텐츠 청크들의 해시값으로 콘텐츠를 다운로드받을 수 있는 스웜을 유일하게 식별해준다. 각 키에 대응하는 값으로 목록에 저장된 것은 각 스웜 내 피어들의 목록이다. 이 피어들이 콘텐츠 다운로드를 위해 접속해야 하는 컴퓨터들이다. 영화와 같은 콘텐츠를 다운로드받기를 원하는 사용자는 토런트 표기만을 가지고 있다. DHT가 해야 할 일은, 사용자가 중앙의 데이터베이스 없이 수백만 개의 BitTorrent 노드들 중에서 어떤 노드들로부터 원하는 영화를 다운로드받을지 찾아내도록 하는 것이다.

Chord의 DHT는 n개의 참여 노드로 구성되어 있다. 여기서는 BitTorrent 노드라 하자. 각 노드는 IP 주소가 있다. 전체 목록은 노드들에 분산되어 있다. 이는 모든 노드는 다른 노드들을 위해 목록의 일부를 저장하고 있다는 것을 암시한다. Chord는 노드의 IP 주소나 콘텐츠 제목이 아닌 가상공간에서의 식별자(identifier)를 사용하여 목록을 검색한다. 개념적으로, 식별자들은 단순히 m비트의 숫자이고 오름차순으로 배열될 수 있다.

노드주소를 식별자로 변환하려면, 해시 함수를 이용하여 m비트의 숫자로 변환한다. Chord는 SHA-1을 해시 함수로 사용한다. SHA-1은 8장에서 자세한 사항을 다루기로 한다. 여기서는 가변 길이의 문자열을 입력으로 받아 임의의 160비트 수를 출력하는 함수로 생각한다. 따라서 IP 주소를 **노드 식별자(node identifier)**로 불리는 160비트 수로 변환하는 데 사용한다.

그림 7-71(a)는 m=5일 때 노드 식별자 서클이다. 몇몇 식별자는 노드에 해당하지만 대부분은 그렇지 않다. 그림에서는 노드 식별자 1,4,7,12,15,20,27만이 실제 노드에 해당하고 나머지는 해당 노드가 존재하지 않는다.

함수 *successor(k)*는 서클에서 시계방향으로 *k* 이후의 첫 번째 실제 노드의 노드 식별자를 구하는 함수로 정의하자. 그림에서는 *successor*(6)=7, *successor*(8)=12, *successor*(22)=27이다.

키(key)는 콘텐츠 이름을 해시 함수(i.e., SHA-1)를 사용하여 160비트 숫자로 생성한다. 여기서는 콘텐츠 이름은 토런트이므로, *key=hash*(torrent)로 계산한다.

새로운 스웜을 시작하려면, 노드는 (torrent,my-IP 주소)으로 이루어진 새로운 키-값 쌍을 목록에 삽입해야 한다. 이를 위해 노드는 *successor*(hash[torrent])에게 *my-IP 주소*의 저장을 요청한다. 이러한 방식으로 목록은 노드들에 임의로 분산된다. 오류 저항(fault tolerant)을 위해서, *p*개의 다른 해시 함수들을 이용하여 데이터를 *p*개 노드에 저장할 수도 있다.

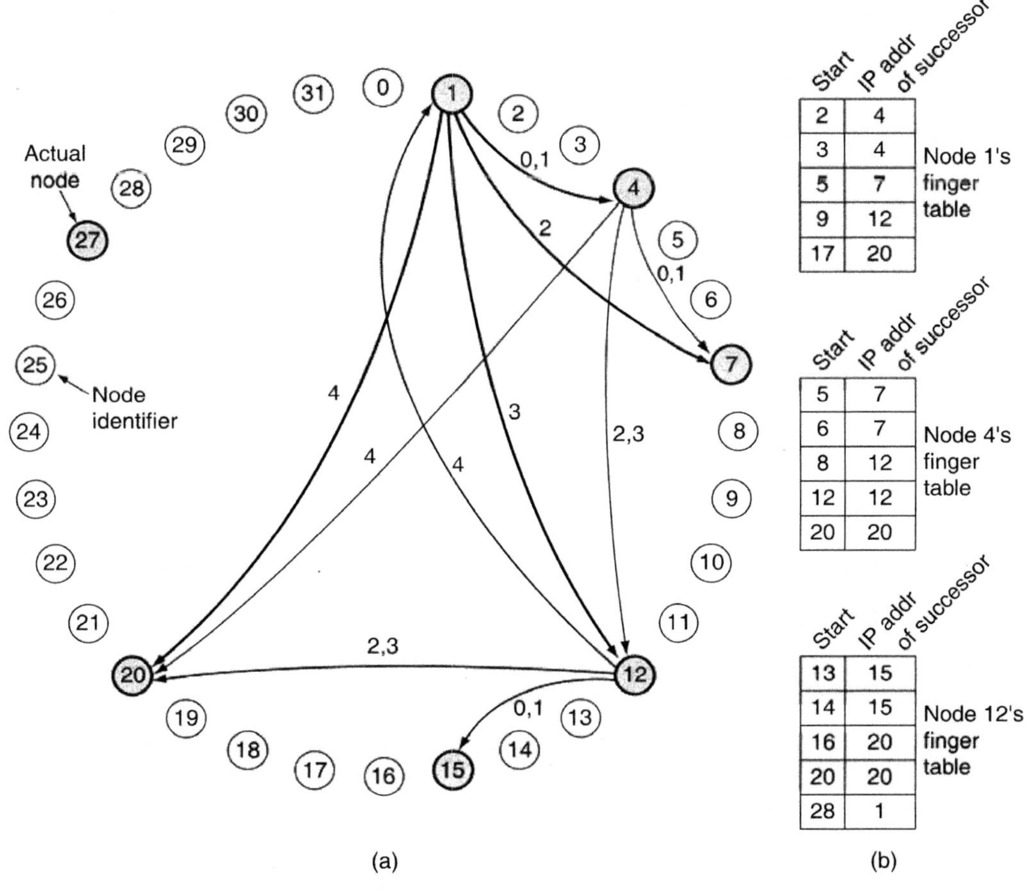

Start	IP addr of successor
2	4
3	4
5	7
9	12
17	20

Node 1's finger table

Start	IP addr of successor
5	7
6	7
8	12
12	12
20	20

Node 4's finger table

Start	IP addr of successor
13	15
14	15
16	20
20	20
28	1

Node 12's finger table

그림 7-71 (a) 32개 노드 식별자가 배열된 써클. 화살표는 노드 1, 4, 12의 핑거를 보여준다
(b) 핑거 테이블의 예

DHT가 만들어진 후, 다른 노드가 스웜에 가입하여 콘텐츠를 다운로드받기 위해 토런트를 찾고자 한다. 노드는 먼저 키(key)를 위해 해싱을 하고, *successor*(key)로 해당 값을 가지고 있는 노드의 IP 주소를 찾는다. 값은 스웜 내 피어들의 목록이고, 자신의 IP 주소를 목록에 추가하고 다른 노드들에 접속하여 BitTorrent 프로토콜로 콘텐츠를 다운로드받는다.

첫 번째 단계는 쉽지만 두 번째는 쉬운 일이 아니다. 특정키에 대응하는 노드의 IP 주소를 찾기 위해, 각 노드는 관리를 위한 자료 구조를 유지해야 한다. 그중 한 가지가 노드 식별자 서클의 후속 노드의 IP 주소이다. 예를 들어, 그림 7-71에서 노드 4의 후속노드는 7이고, 노드 7의 후속노드는 12이다.

목록 검색은 다음과 같이 이루어진다. 요청하는 노드는 후속노드에게 IP 주소와 찾고 있는 키를 포함하는 패킷을 보낸다. 패킷은 찾는 노드 식별자의 후속노드에 도달할 때까지 원을 따라 전파된다. 후속노드는 키에 대응하는 정보가 있는지 찾아보고 있으면 요청하는 노드에게 직접 IP 주소를 이용해서 전송한다.

대규모의 P2P 시스템에서 선형 검색은 평균 노드 검색이 *n/2*이므로 비효율적이다. 속도 향상을 위해서, 각 노드는 Chord에서 핑거 테이블(finger table)로 불리는 테이블을 유지한다. 핑거 테이블은 *0 ~ m-1*로 표시된 *m*개 엔트리를 가지며, 각각은 실제 노드를 가리킨다. 각 엔트리는 그림 7-71(b)에서와 같이 두 가지 필드 *start*와 *successor*(start)*의 IP 주소*를 가진다. 식별자 *k*인 노드에서의 엔트리 *i*의 필드는 다음과 같다.

$start = k + 2^i \ (modulo\ 2^m)$

successor(start[i])의 IP 주소

각 노드는 상대적으로 적은 수의 노드들의 IP 주소들을 저장하고, 이들은 노드 식별자 관점에서는 매우 가까운 거리에 있다.

핑거 테이블을 사용해서 노드 *k*에서 키(key)의 검색은 다음과 같다. 만약, 키가 *k*와 *successor(k)*사이에 있다면, 키의 정보를 가지는 노드는 *successor(k)*이고 검색은 종료된다. 그렇지 않은 경우는, 핑거 테이블에서 키에 가장 근접한 전위노드를 start 필드로 갖는 엔트리를 찾는다. 이후 검색을 계속하려면 핑거 테이블 엔트리의 IP 주소로 직접 문의를 한다. 키에 보다 가까우므로, 추가로 몇 번의 문의 후 원하는 응답을 받을 확률이 높아진다. 사실 한 번의 검색마다 목적지까지의 거리가 반으로 감소하므로 평균적인 탐색은 log_2n이다.

첫 번째 예로, 노드 1에서 *key*=3인 경우, 노드 1은 3이 1과 후위노드 4의 중간에 있으므로, 노드 4가 원하는 노드이고 노드 4의 IP 주소를 반환하고 탐색을 종료한다.

두 번째 예로, 노드 1에서 *key*=16인 경우, 16은 1과 4 사이가 아니므로 핑거 테이블을 참조한다. 16의 가장 가까운 전위는 9이므로 9의 엔트리에 있는 노드 12의 IP 주소로 요청이 전달된다. 노드

12에서는 엔트리 14에 있는 노드 15의 IP 주소를 반환한다. 노드 15는 16이 자신과 후위노드(20)사이에 있음을 알고 노드 20의 IP 주소를 요청하는 노드에게 반환한다.

노드의 가입과 탈퇴는 항상 발생하므로 Chord는 이러한 행동의 처리가 필요하다. 여기서는 시스템이 처음 시작될 때, 써클과 핑거 테이블 작성을 위해 직접 정보들을 교환할 수 있을 정도로 노드들의 수가 적다고 가정한다. 이후에는 자동화된 처리 방식이 필요하다. 노드 *r*이 가입을 원하면, 기존의 노드들에 접속하여 *successo(r)*의 IP 주소 검색을 요청해야 한다. 다음으로 *successo(r)*에게 전위노드 검색을 요청한다. 이후 양 노드에게 써클 내 삽입을 요청한다. 예를 들어, 그림 7-71에서 24가 가입을 원하면 *successor(24)*, 노드 27,의 검색을 하고, 노드 27에게 *predecessor(20)*를 요청한다. 노드 20은 24를 후위노드로 사용하고, 노드 27은 24를 전위노드로 사용한다. 추가로, 노드 27은 21부터 24 사이의 키들을 넘겨준다.

그러나 많은 핑거 테이블에 오류가 발생한다. 모든 노드들은 백그라운드 프로세스를 수행하여 정기적으로 *successor*를 호출하여 핑거를 다시 계산한다. 새로운 노드를 발견하면 해당 핑거 엔트리를 업데이트한다.

노드가 정상적으로 탈퇴를 할 경우는, 키들을 후위노드들에 넘기고 전위노드에게 탈퇴를 알려서 전위노드가 후위노드로 바로 링크를 만든다. 그렇지 않을 경우는, 전위노드는 정당한 후위노드를 갖지 않게 되므로 문제가 발생한다. 이러한 문제를 보완하기 위해, 각 노드는 직접 후위노드뿐만 아니라, *s*개의 후위노드들을 유지한다.

DHT가 고안된 이래로 엄청난 양의 연구가 행해졌다. 얼마나 많은 양의 연구들이었는지 감을 주기 위해 질문을 하겠다. 여태까지 가장 많이 인용된 네트워크 논문은 무엇일까? 아마도 Chord 논문(Stoica et al., 2001)보다 더 많이 인용된 논문을 찾기 힘들 것이다. 방대한 연구에도 불구하고 DHT 어플리케이션은 겨우 조금씩 출현하고 있다. 몇몇 BitTorrent 클라이언트들은 DHT로 분산된 트래커를 제공하고 있다. Amazon Dynamo 같은 대규모 상용 클라우드 서비스에서도 DHT 기술을 포함하고 있다 (DeCandia et al., 2007)

7.6 요약

초창기 ARPANET의 명명체계(Naming)는 모든 호스트들과 해당 IP 주소들의 목록을 하나의 ASCII 파일에 저장하고 모든 호스트들이 매일 다운로드받는 방식을 사용하였다. 그러나 ARPANET이 인터넷으로 발전하면서 규모가 급증함에 따라 도메인 네임 시스템 (DNS)으로 불리는 계층 구조 방식이 사용되고 있다. 최상위 레벨은 약 200개의 나라 도메인들뿐만 아니라 com과 edu 도메인들을 포함하는 잘 알려진 범용(generic) 도메인들이다. DNS는 전 세계에 걸쳐 서버들을 가지는 분산 데이터베이스 시스템으로서 구현된다. DNS는 IP 주소, 메일 교환과 기타 정보들을 가지는 레코드들을 보유한다. 프로세스는 DNS 서버에 질의(querying)함으로써 인터넷 도메인 명을 IP 주소로 매핑(mapping)할 수 있다.

전자우편은 어린아이부터 노인에 이르기까지 가장 많이 사용되는 인터넷 응용 프로그램 중의 하나이다. 전 세계에 있는 대부분의 전자우편 시스템은 현재 RFC2821과 RFC2822에 정의된 우편 시스템을 사용한다. 이 우편 시스템에서 메시지들은 메시지 속성들의 정의를 위해 ASCII 헤더를 사용하며 다양한 종류의 콘텐츠들은 MIME을 사용한다. 메시지들은 SMTP를 사용하여 전송되며, 송신측 호스트에서 수신측 호스트까지 TCP 연결을 수립하고 그 경로를 통해 직접 전자우편을 전달한다.

웹(Web)은 인터넷과 동의어로 쓰일 정도로 대중화된 인터넷 응용 프로그램으로 원래는 HTML로 작성된 하이퍼텍스트 문서들을 하이퍼링크하기 위한 시스템이다. 브라우저는 HTTP를 사용해서 서버로부터 각 페이지들을 다운받는다. 최근에는 웹상의 많은 콘텐츠들이 서버 측에서는 PHP 등을 사용해서, 브라우저측에서는 자바스크립트를 사용해서 동적으로 만들어진다. 이러한 동적인 페이지들은 데이터베이스와 결합하여 e-commerce, 웹 검색 등에 활용되기도 한다.

캐싱(Caching)과 지속적 연결(persistent connection)은 Web 성능 향상을 위해 널리 사용된다. 소형 휴대 장비들을 통한 Web 접근은 네트워크 대역폭과 장비의 발달에도 불구하고 아직 어려운 문제이기 때문에 종종 웹 사이트들은 작은 화면을 가진 소형 휴대 장비들을 위해 작은 이미지들과 간단한 화면구성을 가진 페이지들을 따로 관리하기도 한다.

XML은 HTML을 대신하여 콘텐츠 기술에 널리 쓰이며, SOAP는 XML 메시지를 HTTP로 전선하는 RPC 메커니즘이다.

2000년 이후의 인터넷에서는 디지털 오디오와 비디오가 핵심적인 역할을 하고 있다. 현재 인터넷 트래픽은 RTP/UDP, RTP/HTTP/TCP 같은 프로토콜로 송신하는 스트림 비디오가 대부분을 차지하고 있으며, 인터넷 라디오, TV, 컨퍼런스, 전화 등에서 활발히 사용되고 있다.

웹 사이트들 중에 인기가 많은 곳들은 원활한 서비스 제공을 위해 CDN을 사용한다. CDN은 DNS를 사용하여 사용자들의 요청을 가까운 서버로 유도한다. P2P 네트워크는 참여하는 사용자들이 콘텐츠들을 공유할 수 있게 함으로써, 확장성 있는 콘텐츠 배포능력 면에서 대형 사이트들과 경쟁 관계에 있다.

연습문제

1. 그림 7-4에서 laserjet 뒤에 마침표가 없는 이유는 무엇인가?

2. 사이버 테러리스트들이 전 세계의 DNS 서버들을 동시에 다운시키는 상황이 일어났다고 가정하면, 각 인터넷 사용자에게는 어떤 일이 벌어질까?

3. 인터넷에는 많은 은어들이 있다.

   (a) 인터넷상의 문장 "FTTB PAYG. IAC it's FCFS. IKYP"를 영문으로 번역해 보라.

   (b) 인터넷 은어를 사용하면 어떤 장점과 단점이 있는가?

4. UDP 패킷들은 최대 576바이트보다는 그 길이(크기)가 작다. 검색돼야 하는 DNS명이 이보다 더 길면, 무슨 일이 일어나는가? DNS 명을 두 개의 패킷으로 나눠 보낼 수 있는가?

5. 253개의 문자로 이루어진 도메인명을 com 범용 도메인에 등록하려고 한다. 가능한가?

6. 하나의 DNS 명을 가진 컴퓨터가 여러 개의 IP 주소들을 가질 수 있는가? 가능하다면 어떻게 이런 일이 있을 수 있는가?

7. 한 대의 컴퓨터가 서로 다른 최상위 계층 도메인에 속하는 두 개의 DNS명을 가질 수 있는가? 만약 그렇다면 가능한 예를 들어보라. 아니면 왜 그런지를 설명하라.

8. 일부 전자우편 시스템들은 Content Return: 헤더 필드를 지원한다. 이 필드는 전달이 안됐을 경우, 메시지 본문(body)이 반송돼야 하는지를 규정한다. 이 필드는 전자봉투(envelope)에 속해야 하는가? 헤더(header)에 속해야 하는가?

9. 전자우편 시스템들은 사람들의 전자우편 주소를 찾아볼 수 있도록 해주는 디렉토리들을 필요로 한다. 이와 같은 디렉토리들을 만들려면, 명칭(이름)들은 검색이 가능하도록 표준화된 요소들로(first name, last name) 세분화돼야 한다. 이들을 국제 표준으로 받아들이기 위해 반드시 해결돼야 할 문제들에 대해 논하라.

10. 많은 직원들을 거느린 회사에서 직원들의 이메일시스템을 운영해 왔다. 여태까지는 직원들이 임의로 login 명을 만들어 <login>@companyEmail.com으로 사용하였으나 firstname.lastname@ companyEmail.com으로 변경하고자 한다. 이 문제를 해결할 방법이 있을까? 있다면, 제안서를 만들어서 그 동작 방법을 설명하라. 없다면, 왜 불가능한지를 설명하라.

11. quoted-printable MIME 인코딩 방식을 생각해 보자. 이 책에서 다뤄지지 않은 한 문제를 언급하고 해결책을 제안하라.

12. 이 책에서 언급하지 않은 다섯 개의 MIME 유형들을 말해 보라. 인터넷이나 브라우저를 통해 이를 찾아볼 수 있다.

13. 친구에게 MP3 파일을 보내려고 한다. 그러나 친구의 ISP(메일 서비스 업체)는 유입되는 편지는 1MB, MP3는 4MB로 그 크기를 제한한다. RFC822와 MIME을 이용하여 이 상황을 해결할 방법이 있는가?

14. 앨리스는 자신의 회사 메일을 자신의 친구와 같이 공유하는 메일주소로 자동 회송시켜 놓았다. 친구는 이 사실을 모르고 베이케이션 데몬(vacation daemon)을 실행시켰다. 만약 누군가 앨리스의 회사 주소로 메일을 보낸다면 어떤 일이 발생할 것인가?

15. RFC822와 같은 어떤 표준에서는, 무엇이 허용되는 지에 대한 명확한 문법이 있어야만 서로 다르게 구현된 프로그램들이 인터랙션(상호 작용)할 수 있다. 간단한 항목들조차도 조심스럽게 정의돼야 한다. SMTP 헤더들은 토큰들 사이에 화이트 스페이스(white space)을 허용한다. 토큰들 사이의 화이트 스페이스에 대해 가능한 정의 두 가지를 제시하라.

16. 베이케이션 데몬은 사용자 에이전트의 일부인가 메시지 전달 에이전트의 일부인가? 물론 이 데몬은 사용자 에이전트를 사용하여 설치된다. 그러나 실제로 사용자 에이전트가 응답(reply)들을 보내는가? 설명해 보라.

17. 간단한 Chord 피어투피어 알고리즘에서는 검색에 핑거테이블(finger table)을 사용하는 대신에 원을 따라 선형검색을 한다. 노드는 어떤 방향으로 검색을 해야 하는지 미리 정확하게 추측이 가능할까? 설명해보라.

18. IMAP은 사용자가 원격지의 우편함(mailbox)에서 전자우편을 꺼내서 다운로드 할 수 있게 한다. 이 말은 우편함의 내부 형식(internal format)이 표준화돼서, 클라이언트 측에 있는 어느 IMAP 프로그램도 어느 우편 서버(mail server)의 우편함을 읽을 수 있음을 의미하는가? 답하고 논의하라.

19. 그림 7-71에서 노드 18이 온라인 상태로 바뀐다면 어떤 핑거테이블이 어떻게 영향을 받을지 설명해보라.

20. 웹 메일(Webmail)은 POP3를 사용하는가? IMAP을 사용하는가? 아니면 아무것도 사용하지 않는가? 만약 하나를 사용한다면, 왜 그것이 사용되었는가? 아무것도 사용하지 않는다면, 어느 것이 심적으로 더 가까운가?

21. 외부 뷰어(external viewer)들은 언제 필요한가? 어떤 것을 사용하는지 브라우저는 어떻게 아는가?

22. 파이어팍스에서 사용자가 링크를 클릭하면 특정 헬퍼가 시작될 때, 같은 링크를 인터넷 익스플로러에서 클릭하면 다른 헬퍼가 실행될 수 있는가? 이 두 경우의 반환되는(returned) MIME 유형이 같다고 가정하자.

23. 표준 http URL은 웹 서버가 80포트로 listening(청취) 한다고 가정한다. 그러나 웹 서버가 다른 포트로 청취하는 것도 가능하다. 표준 포트가 아닌 포트로 파일을 액세스할 수 있도록 하기 위한 URL에 대한 합리적인 문법(syntax)를 만들라.

24. 스탠포드대 수학과의 한 학생이 자신의 문서를 FTP로 동료들에게 배포하기 위해 ftp/pub/forReview/new-Proof.pdf 라는 FTP 디렉토리에 저장하였다고 하자. 이 문서에 대한 URL은 어떻게 될 것인가?

25. 그림 7-22에 보면, www.aportal.com은 쿠키 내에 사용자 선호도들을 유지한다. 이 방식의 단점은 쿠키가 4KB로 제한된다는 점이다. 예를 들어 증권, 스포츠, 뉴스 형태, 도시들의 날씨, 수많은 제품 종류의 특가품 등 사용자 선호도의 양이 증가하면 4KB의 한계에 도달할지 모른다. 이 문제가 없이 선호도를 유지할 수 있는 새로운 방법을 설계하라.

26. 슬로스 은행(Sloth Bank)은 게으른 고객들을 위해 온라인 뱅킹을 쉽게 만들기를 원한다. 그래서 그 은행은 고객이 사인하고 패스워드로 인증한 후에, 고객 ID 번호를 포함하고 있는 쿠키를 돌려준다. 이 방법을 통해, 고객은 온라인 뱅킹을 다시 이용할 경우 자신의 신분을 밝히거나 패스워드를 입력할 필요가 없게 된다. 당신은 이 아이디어가 어떻다고 생각하는가? 이 방식이 잘 동작할까? 이 방법은 좋은 것인가?

27. 문자열 "A baby picture of me"이 웹 사이트 www.cs.uha.edu/amb에 있는 babypic.jpg 이미지로 하이퍼링크 되게 하는 데 필요한 <a> 태그의 사용법을 보여라.

28. 이메일주소 username@DomaninName.com 으로 가는 링크가 포함되는 HTML 문서를 작성해 보라. 사용자가 이 링크를 클릭하면 어떤 일이 벌어지는가?

29. 다음의 HTML문은 5개의 에러를 갖고 있다. 모두 찾아내고 옳게 정정하라.

```
<html>
<body>
<h1> FIND THE ERRORS HERE </h2>
<p> This exercise is intended for you to learn how to <b>detect</b>
errors in HTML code. <u>These five words are underlined.
<img src="http://www.murdermysterymadness.com/images/CRTA1659.jpg "/> </p>
<p> You will find five HTML errors included here. Additional information
for learning HTML can be found at the
<a href=http://www.w3schools.com> W3Schools </a> website. <p>
</body>
</html>
```

30. 피자를 인터넷으로 주문할 수 있도록 하는 회사 피자넷(Pizzanet)를 위한 폼(form)을 설계하라. 이 폼은 피자 크기(큰 것 또는 양 많은 것 중 하나)와 세 가지 토핑 옵션인 양파, 페퍼로니, 버섯뿐만 아니라 고객명, 주소, 거주 도시의 정보도 포함해야 한다. 피자 값은 배달 시 현찰로 받으므로 신용카드 정보는 필요하지 않다고 가정하자.

31. 학교의 교무처에서 쓰일 수 있는 학생들의 이름, 주소, 성적을 리스트해주는 XML 페이지를 작성해 보라.

32. 사용자가 세 숫자를 입력하도록 요청하는 폼을 설계하라. 사용자가 제출하기(submit) 버튼을 클릭하면,

서버는 그 곱을 알려준다. 서버 측은 PHP 스크립트를 가지고 작성하라.

33. 다음 각 응용프로그램에 대해, (1) 실현가능한지, (2) PHP 스크립트나 자바 스크립트를 사용하는 것이 더 나은 방법인지, 그리고 왜 그런지를 말하라.

    (a) 1752년 9월 이후의 모든 달(month)에서, 임의의 달(month)이 요청될 경우 그 달에 대한 달력을 보여라.

    (b) 암스테르담에서 뉴욕까지의 비행 스케줄을 보여라.

    (c) 사용자가 입력하는 계수(coefficient)들로 만들어진 다항식(polynomial)을 보여라.

34. 2보다 큰 정수를 입력으로 받아서 그 수가 소수인지를 알려주는 자바스크립트 프로그램을 작성하라. 자바스크립트의 if와 whileas는 C나 자바와 문법이 같음을 주목하라. 모듈로(나머지) 연산자는 %이다. x의 제곱근을 구하려면, Math.sqrt(x)을 이용하라.

35. 다음과 같은 HTML 페이지가 있다.

```
<html> <body>
<a href = "www.info-source.com/welcome.html"> Click here for info </a>
</body></html>
```

사용자가 하이퍼링크를 클릭하면, TCP 연결이 열리고 일련의 줄(line)들이 서버로 전송된다. 이 줄들을 모두 나열하라.

36. If-Modified-Since 헤더는 캐시 된 페이지가 아직 유효한지 아닌지의 확인을 위해 사용될 수 있다. HTML 뿐만 아니라, 이미지, 소리, 비디오 등을 포함하는 페이지를 요청할 수 있다. HTML과 비교할 때, 이 기술의 효율성(effectiveness)이 JPEG 이미지에 대해 더 좋은지 아닌지에 대한 자신의 생각을 말하라. "효율성"이라는 말이 무엇을 의미하는지를 신중히 생각하여 답하라.

37. 어느 인기 있는 스포츠 종목의 챔피언십 게임 같은 메이저 스포츠 이벤트가 있는 날, 많은 사람들은 공식 웹 사이트로 몰리게 된다. 이것은 2000년 플로리다 선거 때와 같은 의미의 반짝 인파(flash crowd)인가? 그렇다면 왜 그런지, 아니라면 왜 아닌지를 설명하라.

38. CDN의 사용이 나쁠 수 있는 것은 어떤 조건들에서인가?

39. 오디오 CD에 압축 기술이 사용되지 않는다면, 2시간의 음악을 듣기 위해선 CD에 몇 MB의 데이터가 저장될 수 있어야 하나?

40. 그림 7-42(C)에서, 양자화 잡음(quantization noise)은 9개의 신호 값을 나타내는 4-비트 샘플들을 사용함으로 인해 발생한다. 주기 시간 0에서, 첫 번째 샘플은 정확하나 다음에 오는 것들은 정확하지 않다. 주기 1/32, 2/32, 그리고 3/32에서, 샘플들에 대한 오차(error)는 %인가?

41. 오디오 스트리밍 서버는 미디어 플레이어와 단 방향으로 100msec의 거리를 가지고 있다. 이 서버는 1Mbps로 스트림을 출력한다. 만약 미디어 플레이어가 2-MB 버퍼를 가지고 있다면, 최저 수위와 최고 수위의 위치(값)들은 어떻게 되어야 하는가?

42. 그림 7-53의 인터리빙(interleaving) 알고리즘은 재생 시 갭(gap)을 유발함 없이, 가끔 나타나는 패킷 유실 상황에서도 잘 동작하는 장점을 가지는 알고리즘이다. 그러나 인터넷 전화에 사용될 경우 이 또한 작은 단점이 있다. 무엇인가?

43. 픽셀당 16-비트의 압축되지 않은 1200x800 픽셀 컬러 프레임을 50frames/sec으로 전송하기 위한 전송률은?

44. 50,000-사용자 비디오 서버를 생각해 보자. 이 서버의 각 고객은 한 달에 2편의 영화를 본다. 모든 영화의 2/3는 오후 9시에 서비스된다. 이 서버는 얼마나 많은 영화를 이 시간에 동시에 전송해야 하는가? 각 영화가 6Mbps를 사용한다면, 이 서버는 얼마나 많은 OC-12 연결을 네트워크에 필요로 하는가?

네트워크 보안(Network Security)

초기 수십 년 동안 컴퓨터 네트워크는 주로 대학의 연구원들 간에 전자우편을 주고받거나 조직 내의 구성원들 사이에 프린터를 공유하는 데 사용되었다. 이러한 상황에서는 보안이 큰 문제가 되지 않았다. 하지만 오늘날 수백만 명의 일반 시민들이 은행 업무를 보고 쇼핑을 하고 세금 환급을 받는데 네트워크를 사용하는 상황에서는 네트워크 보안이 커다란 문제로 부각되고 있다. 본 장에서는 보안을 여러 각도에서 살펴보고 문제점을 해결하여 네트워크를 보다 안전하게 만들 수 있는 알고리즘과 프로토콜에 대하여 알아본다.

보안은 매우 폭넓은 문제이다. 가장 간단한 형태의 보안은 염탐하고자 하는 사람이 다른 사람에게 가는 메시지를 몰래 읽거나 수정하지 못하도록 하는 방법이다. 그리고 허가된 사용자가 아닌 경우 원격 서비스에 접근할 수 없도록 하는 것도 포함한다. 또한 자신이 IRS(Internal Revenue Service, 미국 연방 국세청)라고 주장하는 자가 "금요일까지 돈을 내지 않으면 끝장이야"라는 메시지를 보내왔을 때, 그가 정말 IRS인지 아니면 마피아인지를 알아내는 방법과도 관련이 있다. 보안은 또한 합법적인 메시지를 가로채서 사용하는 문제와 메시지를 보내고 나서 메시지를 보내지 않았다고 부인하는 것과 관련된 문제를 다룬다.

대부분의 보안 문제는 악의적인 사람이 어떠한 이득을 얻거나 주의를 끌거나 다른 사람에게 해를 끼칠 목적으로 고의적으로 저지른다. 가장 일반적인 가해자들의 일부를 소개하면 그림 8-1과 같다. 이 리스트를 보면 네트워크 보안이란 단순히 프로그램에 에러가 없도록 하는 것보다는 훨씬 많은 것을 포함하고 있다는 것을 알 수 있다. 즉, 아주 영리하고 열정적이며 자금력이 뛰어난 공격자를 포함한다. 일반적으로 우발적인 공격자들은 중대한 사건에 별로 큰 영향을 미치지 않는다. 경찰의 기록에 따르면 대부분의 공격은 외부 침입자들이 전화선을 도청하여 자행하는 것이 아니라 악의를 가지고 있는 내부자에 의한 것이란 사실이다. 결과적으로 보안 시스템을 설계할 때는 이러한 사실을 감안해야 한다.

공격자	목 적
학생	다른 사람들의 전자우편을 악의적으로 공격함
크래커	다른 사람의 보안시스템을 테스트하거나 데이터를 훔침
판매원	Andorra 공화국뿐 아니라 유럽 전체를 대표하고자 함
사업가	경쟁자의 마케팅 기밀을 알아내고자 함
퇴직 종업원	해고에 대한 앙갚음 하기
회계 담당자	회사의 공금을 횡령
증권 중매인	고객과 전자우편으로 한 약속을 부인
사기꾼	신용카드 번호 훔치기
스파이	적의 군사 또는 산업 기밀 알아내기
테러리스트	전쟁 기밀 훔치기

그림 8-1 보안 문제를 유발시키는 사람들과 그 이유

네트워크 보안 문제들은 서로 밀접한 관계를 가지고 있는 기밀성(secrecy), 인증(authentication), 부인봉쇄(nonrepudiation), 무결성(integrity) 제어의 4가지 영역으로 나눌 수 있다. 기밀성, 혹은 은밀성(confidentiality),은 특정 정보에 대해 접근이 허락되지 않은 사용자가 정보에 접근하는 것을 막는 것이다. 이것이 '네트워크 보안'하면 우리가 생각하는 가장 일반적인 경우이다. 인증이란 민감한 정보를 노출하거나 사업상의 거래를 시작하기 전에 누구와 이야기를 하고 있는지를 결정하는 문제이다. 부인봉쇄는 서명과 관련된 문제이다. 만일 여러분의 고객이 어떤 물건을 개당 89센트에 1,000만 개를 전자 주문해 놓고 나중에 개당 69센트에 주문했었다고 주장한다면 이것을 어떻게 증명하겠는가? 어쩌면 그 사람은 주문을 하지 않았다고 할 수도 있다. 무결성 제어란, 여러분이 받은 메시지는 발신자가 보낸 원본 메시지이며, 다른 악의적인 공격자가 전송 중에 수정하거나 날조한 것이 아니라는 것을 증명하는 것이다.

이러한 모든 문제들은 (기밀성, 인증, 부인봉쇄, 무결성) 전통적인 시스템에서도 자주 발생하지만 여기와는 몇 가지 중요한 차이점이 있다. 무결성과 기밀성은 등기우편을 사용하여 문서를 봉인하면 된다. 오늘날 우편 열차를 약탈하는 것은 제시 제임스가 서부 개척시대에 우편 열차를 약탈하는 것보다 더 어렵다.

또한 사람들은 일반적으로 진짜 서류와 복사본과의 차이를 알아낼 수 있으며 이것이 문제가 된다. 시험적으로 사용 가능한 수표의 복사본을 만들어 보자. 월요일에 은행에 가서 진짜수표를 내고 현금으로 환전해 보라. 그리고 화요일에는 복사한 수표를 가지고 현금을 요구해 보라. 그리고 은행원의 행동을 관찰해 보라. 전자 수표인 경우 진짜와 복사본을 구별할 수가 없다. 은행이 이것을 처리하는 방법을 배우는 데는 시간이 걸린다.

사람들은 얼굴, 목소리, 필체 등을 통하여 다른 사람을 인증한다. 서명에 대한 증명은 인쇄된 편지지 상의 서명 날인에 의해 다루어진다. 원본을 부정하게 수정하는 것은 필체, 잉크 또는 종이 전문가에 의해 발각된다. 이러한 방법들은 전자적으로는 전혀 가능하지 않다. 다른 해결책이 필요하다는 것은 자명하다.

해결책에 대해서 알아보기 전에, 네트워크 보안이 네트워크 프로토콜 계층의 어디에 속하는지를 알아보는 것은 의미가 있다. 아마도 한 계층에만 속하지 않을 것이다. 모든 계층이 보안에 기여할 수 있는 무엇인가를 가지고 있다. 물리 계층에서는 전송선을 높은 압력의 가스가 들어 있는 튜브로 에워싼다면 도청을 피할 수 있다. 튜브 안으로 침입하려고 하면 가스가 누출되어 튜브 내의 압력이 떨어져 경보를 울리게 된다. 몇몇 군사 시설은 이러한 기술을 사용한다.

데이터링크 계층에서는 점대점 링크상의 패킷을 송신 장치에서 전송되기 전에 암호화하고 수신 장치에서 복호화할 수 있다. 모든 세부적인 일은 상위계층에서는 감지되지 않고 데이터링크 계층에서 처리될 수 있다. 이러한 방법은 패킷이 여러 라우터를 거치게 될 경우 각 라우터에서 복호화되므로 라우터 내로부터의 공격에 취약해지므로 좋은 해결책이 아니다. 또한 이러한 해결책은 몇몇 세션(신용카드를 사용해 온라인으로 물건을 구입하는 경우)에 대해서는 적용되지 못한다. 그럼에도 불구하고 **링크 암호화(link encryption)**라 불리는 이 방법은 어떤 네트워크에서나 쉽게 사용할 수 있으며 가끔 유용하다.

네트워크 계층에서는 방화벽(firewall)을 설치하여 악의적인 패킷이 들어오는 것을 막을 수 있다. IP 보안 또한 이 계층에서 동작한다.

전송계층에서는 모든 연결을 암호화할 수 있다. 즉, 프로세스 간의 암호화가 가능하며, 보안을 극대화하기 위해서는 종단간 보안이 필요하다.

마지막으로 사용자 인증이나 부인봉쇄와 같은 문제들은 응용계층에서만 처리할 수 있다.

보안은 어느 특정 계층에 전적으로 속하지 않기 때문에 8장에서 독립적으로 다룬다.

예를 들어 은행의 경우 대부분의 보안 시스템의 파괴는 영리한 범인이 전화선을 도청하여 암호화된 메시지를 해독하는 것이 아니라 무능한 직원이나 방만한 보안 체계로 인하여 발생한다. 만약 어떤 사람이 ATM(Automatic Teller Machine, 자동현금인출기) 기계가 설치되어 있는 은행의 어느 지점에 들어가서 자신이 비밀번호를 잊어버렸다고 얘기를 하고 그 장소에서 새로운 비밀 번호를 받게 된다면 전 세계에 있는 모든 암호문에 대한 남용을 막을 수 없을 것이다. 이점에 있어서 로스 앤드슨(Ross Anderson)의 책은 정말 눈을 휘둥그레지게 할 정도로 수많은 회사에서 발생한 보안 시스템의 파괴에 대한 사례를 잘 정리해 놓고 있다. 이 사례들의 대부분은 보안에 대한 부주의와 무관심으로 발생한 것들이다(Anderson, 2001). 그럼에도 불구하고 우리는 전자상거래가 확산됨에 따라 회사들이 결국은 자신들의 운영체제를 수정하여 보안상의 허점을 제거하고 보안의 기술적인 특성을 강조하게 될 것이므로 긍정적으로 생각하고 있다.

물리계층에서의 보안을 제외하면 거의 모든 보안은 암호학 원리에 기초하고 있다. 따라서 우리는 보안을 공부하기에 앞서 암호학에 대하여 좀 더 상세하게 살펴보고자 한다. 8.1절에서 우리는 암호학의 기본 원리에 대하여 살펴본다. 8.2절부터 8.5절까지는 암호학의 기본적인 알고리즘과 자료 구조를 다룬다. 그리고 우리는 이러한 개념이 네트워크 보안에 어떻게 사용되는지 자세히 살펴볼 것이다.

시작하기 전에 우리가 다루지 않을 부분에 대하여 언급하고자 한다. 비록 구분하는 것이 쉽지는 않지만 운영체제나 응용 프로그램의 문제를 다루기보다는 주로 네트워킹 이슈들을 다룬다. 예를 들면 이 책에서는 생물 통계학을 이용한 사용자 인증, 비밀번호에 대한 보안, 버퍼 오버플로우 공격, 트로이 목마, 로그인 위장(login spoofing), 논리폭탄 (logic bombs), 바이러스, 웜 등에 대한 내용은 다루고 있지 않다. 이 모든 주제들은 Modern Operating Systems(Tanenbaum, 2001)의 9장에서 자세히 다루고 있으니 시스템 보안에 관심 있는 독자들은 참고하기 바란다.

8.1 암호

암호(cryptography)란 용어는 '비밀문서'를 뜻하는 그리스 단어에서 유래했으며 수천 년의 찬란한 역사를 가지고 있다. 이 절에서 우리는 몇 가지 중요한 역사적인 내용에 대하여 간략하게 알아볼 것이며, 암호에 대한 보다 상세한 역사를 알고 싶으면 칸의 책(Kahn, 1995)을 참조하기 바란다. 보안, 암호화 알고리즘, 프로토콜 및 응용에 대하여 최신의 종합적인 내용을 알고 싶으면 (Kaufman et al., 2002)을 참고하기 바란다. 그리고 보다 더 수학적인 접근을 원하면 (Stinson, 2002)을 참고하고 수학적인 내용이 덜 포함된 참고 도서로는 (Burnett and Paine, 2001)을 보기 바란다.

전문가들은 암호(cipher)와 코드(code)를 구분한다. **암호**란 메시지가 담고 있는 언어적인 구조를 고려하지 않고 문자 대 문자 또는 비트 대 비트로의 변환이다. 한편, **코드**는 하나의 단어를 다른 단어나 기호로 대치하는 것이다. 코드들은 찬란한 역사를 가지고 있지만 이제 더 이상 사용되지 않는다. 지금까지 개발된 가장 성공적인 코드는 제2차 세계 대전 당시 태평양전에서 미군이 사용한 것이었다. 미군들은 군사 용어들이 해독되지 않도록 하기 위해 참전한 나바호(Navajo) 인디언으로 하여금 나바호 언어로 통신하도록 하였다. 나바호 말은 음색이 특이하고 매우 복잡하며 글씨로 나타낼 수도 없었다. 따라서 일본군들은 아무도 그 말을 알아들을 수 없었던 것이다.

1945년 9월 *San Diego Union*은 이 코드를 두고 "3년 동안 해병대가 어디에 상륙하더라도 일본군들은 티베트 승려들의 외치는 소리와 뜨거운 물병에서 물을 비울 때 나는 소리와 비슷한 이상한 소리를 들었을 것이다"라고 회고하고 있다. 일본군들은 이 코드를 결국 해독하지 못했고 많은 나바호 코드를 구사하던 사람들은 특별한 공로와 용감함에 대하여 군사 훈장을 받았다. 일본군은 미군의 나바호 코드를 해독하지 못한 데 반해, 미군이 일본군의 코드를 해독한 것이 태평양 전쟁에서 미군의 승리의 결정적인 역할을 하였다.

8.1.1 암호의 소개

역사적으로 볼 때 네 그룹의 사람(군인, 외교관, 일기 쓰는 사람, 연인)들이 암호 기술을 사용하고 발전시켰다. 이 중에서 군인들이 가장 중요한 역할을 하였으며, 수 세기에 걸쳐 그 체계를 정립하였다. 군대 조직 내에서 메시지의 암호화는 전통적으로 적은 임금을 받는 사무원에 의해 행하여지고 전송되었다. 그 당시에는 메시지의 양이 적었기 때문에 소수의 우수한 전문가가 아니어도 암호화를 할 수 있었다.

컴퓨터가 출현하기 전까지 암호의 가장 큰 제한 요소 중 하나는 전쟁터에서 장비도 거의 없는 상태에서 암호화에 필요한 변환을 수행하는 사무원의 능력이었다. 또 다른 제한 요소는 하나의 암호화 방법에서 다른 암호화 방법으로 빠르게 전환하기가 어렵다는 것이다. 왜냐하면 많은 사람들을 재교육시켜야 하였기 때문이다. 그러나 암호화를 하는 요원이 적에게 체포되는 위험은 항상 도사리고 있기 때문에 즉시 암호 방법을 변경할 수 있는 능력이 요구되었다. 이러한 상충된 요구사항으로 인하여 그림 8-2와 같은 모델이 개발되었다.

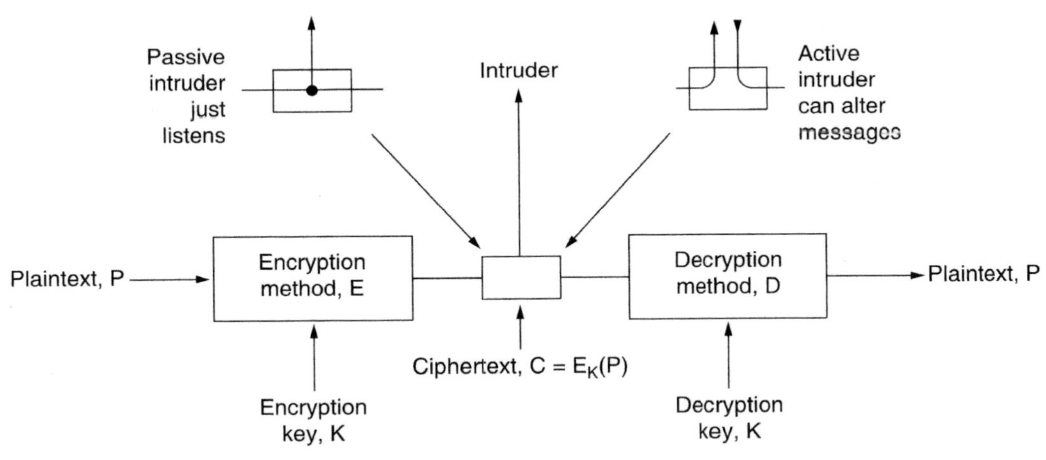

그림 8-2 대칭키 암호 모델

흔히 **평문(plaintext)**이라 불리는 암호화될 메시지는 **키(key)**라는 매개변수를 사용하는 함수에 의해 변환된다. 암호화 프로세스의 출력은 **암호문(ciphertext)**이라 불리며, 유선 또는 무선으로 전송된다. 적이나 **침입자**가 암호문을 도청하고 완전한 복사본을 가진다고 가정해 보자. 그러나 메시지를 받게 되어 있는 수신자와는 달리 침입자는 복호화 키를 알지 못하기 때문에 쉽게 암호문을 해독하지 못한다. 종종 침입자는 단지 통신 채널을 엿듣는 것(소극적 침입자)뿐 아니라 메시지를 녹음하여 나중에 재생하고 원래의 메시지가 수신자에게 전송되기 전에 자신의 메시지를 삽입하거나 정당한 메시지를 수정하는 경우도 있다(적극적 침입자). 암호문을 파괴하는 기법을 **암호분석(cryptanalysis)**이라고 하고 암호문을 만드는 기법을 암호(cryptography)라고 하며, 이 둘을 합쳐 **암호학**(cryptology)이라 한다.

평문과 암호문 그리고 키 사이의 관계를 나타내는 표현식은 종종 유용하게 쓰인다. 여기서 $C = E_K(P)$라는 표현식은 평문 P를 키 K로 암호화하여 암호문 C가 출력됨을 나타낸다. 유사하게 $P = D_K(C)$라는 표현식은 암호문 C를 해독하여 평문을 다시 복원함을 의미한다. 즉, 다음과 같은 관계식이 성립한다.

$$D_K(E_K(P)) = P$$

위 표현식에서 E와 D는 단순히 수학적인 함수이다. 여기서 주의를 기울여야 할 부분은 두 함수 모두 두 개의 매개 변수를 가지고 있으며, 이중의 하나인 키는 매개 변수가 아니라 첨자로 나타내었다는 것인데 이것은 키를 메시지와 구분하기 위함이다.

암호에서 가장 기본적인 것은 분석자(cryptanalyst)가 암호화 및 복호화하는 데 사용된 방법을 알고 있다고 가정해야 한다는 것이다. 다시 말하면 분석자는 그림 8-2에 나와 있는 암호화 방법 E와 복호화 방법 D를 자세히 알고 있다.

이전 방법이 누출되었거나 누출되었다고 생각되었을 때마다 새로운 알고리즘을 개발하고 시험하고 적용하는 데 많은 노력이 필요하였기 때문에 항상 새로운 알고리즘을 비밀로 유지하는 것은 비실용적이었다. 현재의 방법에 대해 비밀이 유지되고 있지 않은 상황에서 비밀이 유지되고 있다고 생각하는 것은 득보다 실이 많은 것이다.

따라서 키라는 개념이 등장하게 된다. 키는 가능한 암호화 가운데 하나를 선택하는 비교적 짧은 문자열로 이루어져 있다. 일반적인 암호화 방법의 경우 몇 년에 한 번씩 바꿀 수 있는데 반하여 키는 필요하면 언제든지 바꿀 수 있다. 그러므로 우리가 얘기하고 있는 기본 모델은 쉽게 바꿀 수 있는 비밀키를 사용하는 안정적이고 널리 알려진 일반적인 방법이다. 분석자가 알고리즘을 알고 있지만 기밀성은 전적으로 키에 달려 있다는 개념은 1883년 플랑드르 군대의 암호작성자(cryptographer)로서 최초로 이 법칙을 주창한 Auguste Kerckhoff의 이름을 따서 **Kerckhoff의 법칙(Kerckhoff's principle)**이라고 한다(Kerckhoff, 1883). 즉, Kerckhoff의 법칙은 다음과 같다.

모든 알고리즘은 공개되어야 한다. 그러나 키만은 비밀로 유지되어야 한다.

알고리즘은 비밀로 유지되지 않아야 한다. 알고리즘을 비밀로 유지하려고 하는 것은 **은둔 보안 방식(security by obscurity)**적인 접근으로 결코 통하지 않는다. 또한 알고리즘을 개방하게 되면 암호작성자는 암호화 시스템을 파괴하여 자신들이 얼마나 영리한지를 증명하기 위하여 논문을 발표하려고 하는 수많은 학구적인 암호학자들로부터 무료로 컨설팅을 받을 수 있다. 만일 어떠한 알고리즘이 발표되고 나서 오랫동안 많은 전문가들이 파괴하려고 노력했다가 결국 실패했다면 그 알고리즘은 상당히 안전한 것이다.

기밀성의 핵심은 키에 있기 때문에 키의 길이는 주요한 설계 이슈이다. 간단한 숫자 조합형 자물쇠

(combination lock)를 생각해 보자. 기본 원리는 여러 개의 숫자를 차례로 입력하는 것이다. 누구나 이 원리를 알고 있지만 키는 비밀이다. 두 개의 숫자를 키로 사용하면 모든 가능한 경우의 수는 100가지이다. 3자리의 키를 사용하면 1,000가지의 경우의 수가 있으며, 6자리이면 100만 가지가 된다. 키의 길이가 길어질수록 분석자가 처리해야 할 **작업 요소(work factor)**가 많아진다. 가능한 모든 키를 검색하여 시스템에 침입하기 위한 작업요소는 키의 길이에 따라 지수적으로 증가한다. 비밀 유지는 강력한 공개 알고리즘과 긴 키에 의해 제공된다. 어린 동생이 전자우편을 보지 못하도록 하기 위해서는 64비트 정도의 키면 충분하지만 상용으로 사용하기 위해서는 적어도 128비트를 사용해야 한다. 주요 정부기관이라면 적어도 256비트 정도의 키가 필요하다.

분석자의 관점에서 보면 분석을 위해 해결해야 할 문제는 3가지로 압축된다. 만일 분석자가 많은 암호문만 가지고 있고 평문은 하나도 가지고 있지 않다면 그는 **단순암호문(ciphertext-only)** 문제에 직면하게 된다. 신문의 퍼즐난에 있는 암호문이 이런 종류의 문제이다. 만일 분석자가 몇 개의 합치되는 암호문과 평문을 가지고 있다면 이 문제는 **알려진 평문(known plaintext)** 문제라고 한다. 마지막으로 분석자 자신이 고른 평문의 일부를 암호화할 수 있으면 **선택 평문(chosen plaintext)** 문제가 된다. 신문의 암호문 정도는 분석자가 "ABCDEFGHIJKL의 암호문은 무엇일까?"를 생각하면 쉽게 깨진다.

암호 사업의 초보자들은 암호 방법이 단순 암호문 공격에 버틸 수 있으면 안전하다고 생각한다. 그러나 이것은 매우 순진한 생각이다. 많은 경우에 있어서 분석자는 원문의 일부를 추측해낼 수 있다. 예를 들면 사용자가 호출한 컴퓨터가 가장 먼저 사용자에게 보내는 메시지는 "login"이다. 평문과 이 평문과 일치하는 암호문 쌍을 가지게 되면 분석자의 일은 훨씬 쉬워진다. 비밀 유지를 위해 암호 사용자는 보수적이어야 하며 상대가 임의의 원문을 암호화할 수 있을지라도 시스템이 깨지지 않도록 해야 한다.

암호 방법은 전통적으로 대치 암호(substitution cipher)와 전치 암호(transposition cipher)로 나누어진다. 여기서 우리는 현대 암호의 기본이 되는 이 두 가지에 대해 개략적으로 살펴보고자 한다.

8.1.2 대치 암호

대치 암호(substitution cipher)에서는 각 문자 또는 문자 그룹이 다른 문자 또는 다른 문자 그룹으로 치환된다. 가장 오래된 치환 암호법은 **줄리어스 시저(Julius Caesar)**가 고안해낸 시저 암호이다. 이 방법을 사용하면 *a*는 *D*가 되고, *b*는 *E*가 되고, *c*는 *F*가 되며, *z*는 *C*가 된다. 예를 들면, *attack*이란 단어는 *DWWDFN*이 된다. 이 예에서 평문은 소문자이고 암호문은 대문자로 바뀐다.

시저 암호를 일반화시키면 *k*개의 문자를 움직일 수 있다. 이 경우 k가 일반적인 시저 암호에서 키가 된다. 시저 암호는 폼페이(Pompey)를 속일 수 있었지만 그 이후로는 효용성이 없었다.

그다음 나온 방법이 평문의 각 글자를 가가 다른 글자로 매핑하는 방법이다. 예를 들어 26개의 알파벳을 각각 다른 글자로 매핑하는 경우를 살펴보자.

평 문: a b c d e f g h i j k l m n o p q r s t u v w x y z
암호문: Q W E R T Y U I O P A S D F G H J K L Z X C V B N M

이와 같이 문자 대 문자 치환을 하는 시스템을 **단일 알파벳 대치(monoalphabetic substitution)**라 부르며 키로는 전체 알파벳에 대응하는 26자의 문자열이 사용된다. 위의 키를 사용하면 평문 *attack*은 *QZZQEA*로 암호화된다.

얼핏 보아서는 분석자가 전체 시스템(문자 대 문자 대치한다는 것)을 알고 있더라도 $26! \approx 4 \times 10^{26}$개의 가능한 키 중 어느 것이 사용되었는지 알 수 없기 때문에 이 시스템은 매우 안전해 보인다. 시저 암호와는 다르게 모든 경우에 대하여 시도해보는 것은 좋은 방법이 아니다. 한 번을 시도하는 데 1nsec(나노 초)가 걸리는 백만 대의 컴퓨터가 동시에 하더라도 모든 경우의 수를 시도하는 데 10,000년이 걸린다.

그럼에도 불구하고 놀랄 만큼 적은 양의 암호문을 가지고도 이 암호를 쉽게 깰 수 있다. 기본적인 공격 방법은 언어의 통계적인 특성을 이용하는 것이다. 예를 들어 영어의 경우 e는 가장 자주 사용되는 글자이며 그다음으로 t, o, a, n, i 순이다. 가장 널리 사용되는 두 글자의 조합을 **다이그램(digrams)**이라 부르며, th, in, er, re, an 등이 있다. 가장 널리 사용되는 세 글자의 조합은 **트라이그램(trigrams)**이라고 하며, the, ing, and, ion 등이다.

단일 알파벳 대치 암호를 깨려고 하는 분석자는 가장 먼저 암호문에 들어 있는 모든 글자들이 나오는 상대적인 횟수를 세게 된다. 그리고 나서 시험적으로 가장 많이 나온 문자를 e로 그다음으로 많이 나온 문자를 t로 바꾸어 본다. 다음으로는 트라이그램을 살펴보다가 빈번하게 나타나는 tXe 형태의 트라이그램을 찾아내서 X를 h로 치환한다. 같은 방법으로 thYt 형태가 자주 나오면 Y를 a로 대치한다. 이러한 정보를 통하여 빈번히 나타나는 aZW 형태의 트라이그램은 and 라고 할 수 있게 된다. 이와 같이 자주 나오는 문자, 다이그램, 트라이그램에 대하여 추측을 하고 모음과 자음의 유사 형태를 알게 됨으로써 분석자는 시험적인 원문을 문자 단위로 구성해낼 수 있다.

또 다른 접근 방법은 가능한 단어나 어구를 추측하는 것이다. 그 예로, 한 회계회사에서 나온 다음과 같은 다섯 글자씩 그룹이 되어 있는 암호문을 생각해 보자.

CTBMN BYCTC BTJDS QXBNS GSTJC BTSWX CTQTZ CQVUJ
QJSGS TJQZZ MNQJS VLNSX VSZJU JDSTS JQUUS JUBXJ
DSKSU JSNTK BGAQJ ZBGYQ TLCTZ BNYBN QJSW

회계회사에서 사용하는 메시지 중에서 가장 흔히 사용하는 단어는 financial일 것이다. financial이라는 단어는 두 개의 중복되는 문자 i 사이에 다른 4개의 문자가 들어가 있음을 알 수 있다. 이러한 형태는 암호문의 6, 15, 27, 31, 42, 48, 56, 66, 70, 71, 76, 82 위치에 있으며, 총 12곳이 있다. 그러나 이 중에서 단 두 곳 즉, 31번째와 42번째만이 적당한 위치에 반복되는 다음 문자(평문의 n에 해당)를 가지고 있음을 알 수 있다. 이 두 경우에 대하여 31번째만이 a에 대한 정확한 위치를 가지고 있음을 알 수 있으므로, 우리는 financial이란 단어가 30번째부터 시작함을 알 수 있다. 이러한 사실을 바탕으로 영문에 대한 빈도 통계를 이용하여 키를 유추해내는 일은 쉬운 일이다.

8.1.3 전치 암호

대치 암호에서는 평문 문자를 다른 문자로 대치시키지만 그 순서는 유지된다. 한편, **전치 암호 (transposition cipher)**는 평문의 문자들을 재배열하지만 다른 문자로 바꾸지는 않는다. 그림 8-3은 널리 알려진 원주형 전치 암호(columnar transposition cipher)라는 널리 알려진 전치 암호 과정을 나타내고 있다. 이 암호법은 반복되는 문자를 포함하지 않는 단어나 어구를 키로 사용한다. 예를 들면, MEGABUCK가 키가 될 수 있다. 키의 목적은 세로열의 개수를 정하고 세로열 번호 1을 키 단어 중에서 알파벳 순서가 가장 빠른 글자 아래에 쓰고 세로열 번호 2는 알파벳 순서가 두 번째 빠른 글자 아래에 쓰며, 나머지도 같은 방법으로 써나간다. 세로열 번호가 매겨지면 원문은 처음부터 가로로 써나간다. 암호문은 키에 할당된 숫자가 가장 작은 열부터 시작하여 세로로 읽어 낸다.

M	E	G	A	B	U	C	K
7	4	5	1	2	8	3	6
p	l	e	a	s	e	t	r
a	n	s	f	e	r	o	n
e	m	i	l	l	i	o	n
d	o	l	l	a	r	s	t
o	m	y	s	w	i	s	s
b	a	n	k	a	c	c	o
u	n	t	s	i	x	t	w
o	t	w	o	a	b	c	d

Plaintext

pleasetransferonemilliondollarsto
myswissbankaccountsixtwotwo

Ciphertext

AFLLSKSOSELAWAIATOOSSCTCLNMOMANT
ESILYNTWRNNTSOWDPAEDOBUOERIRICXB

그림 8-3 전치 암호

전치 암호를 깨기 위해서는 분석자는 먼저 자신이 다루고 있는 암호가 전치 암호라는 것을 알아야 한다. E, T, A, O, I, N 등의 빈도수를 살펴보고 이들이 원문에 대한 일반적인 패턴과 일치하는지를 조사하는 것은 간단하다. 만약, 원문의 패턴과 일치하면 이러한 암호문에서는 각 문자들은 원문의 힌 문지를 나타내고 빈도수도 변하지 않으므로 이 암호는 전치 암호문이라는 것을 알 수 있다.

다음 단계는 세로열의 개수를 추정하는 것이다. 대부분이 경우 가능한 단어나 어구는 문맥으로부터 추정할 수 있다. 예를 들어 분석자가 milliondollars라는 단어가 메시지의 어느 곳엔가 있다고 의심한다고 가정하자. 그러면 이 어구(milliondollars)의 순서에 따라 암호문으로부터 가능한 다이그램을 구하면 MO, IL, LL, LA, IR, OS를 얻을 수 있다. 두 글자가 어구 내에서 키 길이만큼 떨어져 있기 때문에 암호문의 문자 M 뒤에는 암호문 문자 O(즉, 이 두 문자는 세로열 4에 인접해 있다)가 오게 된 것이다. 만약 키의 길이가 일곱 자리였다면, 위의 다이그램 대신 MD, IO, LL, LL, IA, OR NS가 얻어졌을 것이다. 실제로, 키 길이가 달라지면 거기에 해당하는 다른 다이그램 셋이 암호문 내에 만들어지게 된다. 여러 가지 다양한 가능성을 검토하여 분석자들은 키 길이를 쉽게 유추해낼 수 있다.

이제 남은 일은 세로열들을 배열하는 것이다. 만일 세로열의 개수 k가 작다면 각각의 k(k-1)개의 세로열 쌍에 대하여 다이그램의 빈도수가 영문 원문의 빈도수와 일치하는지를 검사해 본다. 가장 잘 일치하는 쌍이 올바른 위치라고 할 수 있다. 그리고 남은 세로열의 각각에 대해서도 같은 검사를 해본다. 다이그램과 트라이그램의 빈도수가 가장 잘 일치하는 세로열을 일단 정답으로 가정한다. 이전의 세로열들도 이와 같은 방법으로 구해진다. 이러한 과정은 가능성 있는 정답을 찾아낼 때까지 반복된다. 여기서 원문을 알아볼 수 있어야 한다(예를 들어 million이 얻어졌다면 무엇인가 잘못된 것이다).

어떤 전치 암호는 고정된 길이의 입력 블록을 받아들여 고정된 길이의 출력 블록을 생성한다. 이러한 암호는 각 글자들이 출력되는 순서를 알려주는 리스트만 있으면 완벽하게 파악할 수 있다. 예를 들어 그림 8-3에 있는 암호는 64글자의 블록 암호로 볼 수 있다. 이 암호의 출력은 12, 20, 28, 36, 44, 52, 60, 5, 13, … 62가 된다. 다시 말하면, 네 번째 입력 문자인 a가 첫 번째 출력이 되고, 열두 번째 입력인 f가 두 번째 출력이 되는 식이다.

8.1.4 원 타임 패드

깨지지 않는 암호를 만드는 것은 실제로 매우 쉬운 일이며, 이러한 기술은 지난 수십 년 동안 알려져 왔다. 먼저 임의의 비트열을 선택하여 키로 삼는다. 그다음 평문을 비트열로 바꾼다. 예를 들어 평문 각 문자의 ASCII 값을 사용한다. 마지막으로 이 두 개의 열을 비트 대 비트 단위로 XOR(eXclusive OR) 연산을 한다. 이 결과로 나온 암호문은 절대로 깨지지 않는다. 왜냐하면 충분히 큰 암호문 샘플 내에서는 각각의 문자들이 동일한 횟수로 나타나기 때문이다. **원 타임 패드(one-time pad)**로 알려져 있는 이와 같은 방법은 침입자가 아무리 훌륭한 계산력을 가지고 있더라도 현재와 미래의 어떠한 공격에도 안전하다. 그 이유는 정보이론(information theory)에 근거를 두고 있다. 즉, 정해진 길이의 모든 가능한 평문들이 항상 발생할 확률은 동일하기 때문에 메시지 내에는 특별한 정보가 없기 때문이다.

그림 8-4는 원 타임 패드의 한 예를 나타낸 것이다. 먼저 메시지 1인 “I love you”를 7비트 ASCII 변환한다. 그다음 원 타임 패드인 pad 1을 생성하여 원래 메시지와 XOR 연산을 하여 암호문을

만든다. 분석자는 모든 가능한 원 타임 패드를 이용하여 각각에 대한 출력 평문이 어떻게 나오는지 검사한다. 예를 들어 그림 8-4에 있는 pad 2를 원 타임 패드로 사용하면 출력으로 "Elvis lives"라는 평문이 나온다. (이러한 결과는 사실 쉽게 얻을 수 없다.) 실제로 11 개의 문자로 되어 있는 ASCII 평문에 대하여 이 평문을 생성하는 원 타임 패드는 하나 밖에 없다. 이것이 바로 우리가 암호문에는 정보가 없다고 말한 이유이다.

Message 1:	1001001	0100000	1101100	1101111	1110110	1100101	0100000	1111001	1101111	1110101	0101110
Pad 1:	1010010	1001011	1110010	1010101	1010010	1100011	0001011	0101010	1010111	1100110	0101011
Ciphertext:	0011011	1101011	0011110	0111010	0100100	0000110	0101011	1010011	0111000	0010011	0000101
Pad 2:	1011110	0000111	1101000	1010011	1010111	0100110	1000111	0111010	1001110	1110110	1110110
Plaintext 2:	1000101	1101100	1110110	1101001	1110011	0100000	1101100	1101001	1110110	1100101	1110011

그림 8-4 암호화를 위한 원 타임 패드의 사용 및 다른 패드를 사용하여 암호문으로부터 평문을 얻을 수 있는 가능성

원 타임 패드는 이론적으로 매우 훌륭하지만 실제적으로는 수많은 단점을 가지고 있다. 먼저 키를 기억할 수 없기 때문에 송신자와 수신자는 키의 복사본을 가지고 있어야 한다. 송신자나 수신자 중 한쪽이라도 키를 노출하게 되면 기록된 키는 전혀 소용이 없게 된다. 그리고 전송할 수 있는 최대 데이터양도 사용 가능한 키의 크기에 따라 제한된다. 만약 스파이가 암호화된 데이터를 해독하여 많은 데이터를 가지고 있다고 하더라도 이미 키를 사용해버렸기 때문에 데이터를 본부에 전송할 수 없다. 또 다른 문제점은 이 방법은 문자를 잃거나 중간에 문자가 삽입되는 데에 민감하다는 것이다. 만일 송신자와 수신자가 동기화를 잃게 되면 그 이후의 모든 데이터는 왜곡될 것이다.

컴퓨터의 출현과 함께 원 타임 패드는 몇몇 어플리케이션에서 실용화되었다. 키는 수 기가바이트의 특수한 DVD에 담겨져서, DVD 영화 박스에 몇 분짜리의 비디오를 앞부분에 삽입하고 그다음에 키를 기록하면 전혀 의심받지 않고 운반될 수 있다. 물론 기가비트의 속도를 가진 네트워크에서 매 30초마다 새로운 DVD를 갈아 끼우는 것은 매우 지루한 일이다. 그리고 DVD들은 메시지를 보내기 전에 송신자가 수신자에게 직접 전달되어야 하므로 실용적인 방법이 되지 못한다.

양자암호

원 타임 패드를 네트워크상에서 어떻게 전송할 것인가에 대한 해결책이 있는데, 흥미롭게도 이 방법은 양자역학(quantum mechanics)에서 나왔다. 이 분야는 아직 실험 단계에 있으나 초기 테스트 결과는 희망적이다. 이 방법이 완벽하고 효율적이라는 것이 판명되면 사실 모든 암호는 결국 기존의 암호 방법보다 훨씬 안전한 원 타임 패드 암호를 사용하게 될 것이다. 여기서 **양자암호(Quantum Cryptography)**가 어떻게 동작하는지 간략하게 소개하고자 한다. 특히 이 방법을 개발한 Bennet와 Brassard의 이름과 개발 연도(Bennet and Brassard, 1984)를 따서 **BB84**라 불리는 프로토콜을 살펴본다.

사용자 Alice는 상대방 사용자인 Bob과 원 타임 패드를 개설하고자 한다. Alice와 Bob은 우리의 이야기에서 주연 배우들이다. 예를 들어 Bob은 Alice가 함께 사업을 하고 싶어 하는 은행가이다. "Alice"와 "Bob"이라는 이름은 지난 10년 동안 거의 모든 암호에 대한 논문과 책에서 주인공으로 사용되어 왔다. 암호 작성자들은 전통을 좋아한다. 만약 우리가 "Bob"과 "Alice" 대신에 "Andy"와 "Barbara"라는 이름을 사용한다면 아무도 이 장에 있는 내용을 믿으려 하지 않을 것이다. 따라서 우리도 전통을 따르기로 한다.

Alice와 Bob이 원 타임 패드를 개설했다면 이들은 안전하게 통신하기 위하여 이것을 사용할 수 있다. 문제는 어떻게 이들이 사전에 키가 들어 있는 DVD를 교환하지 않고 이것을 개설할 수 있는가 하는 것이다. Alice와 Bob은 서로 광케이블의 반대편에 위치하여 광 펄스를 주고받을 수 있다고 가정한다. 그러나 용감한 침입자인 Trudy가 광케이블을 자르고 능동탭(active tap)을 삽입하여, 양 방향으로 오가는 모든 비트들을 읽어낼 수 있다. 그녀는 또한 위조된 데이터를 양쪽으로 보낼 수도 있다. 이러한 상황은 Alice와 Bob에게 매우 절망적이지만, 양자 암호는 이 문제를 해결할 수 있는 새로운 방법을 제공한다.

양자 암호는 빛이 **광자(photons)**라 불리는 작은 패킷으로부터 나오고 이 광자는 특이한 특성을 가지고 있다는 사실에 기초한다. 더군다나 빛은 편광 필터를 통과시키면 편광현상을 나타내며, 이러한 사실은 선글라스를 착용하는 사람이나 사진사에게는 잘 알려져 있는 사실이다. 빛의 빔(광자의 스트림)을 편광 필터를 통과시키면 나오는 모든 광자들은 필터의 세로축 방향으로 편광 된다. 이 빔을 두 번째 편광 필터에 통과시키면 두 번째 필터로부터 나오는 빛의 세기는 축 사이의 각도의 코사인(cosine)의 제곱에 비례한다. 만약 두 축이 수직이면 전혀 광자가 통과하지 못한다. 두 필터의 방향은 문제가 되지 않고 이들 사이의 각도가 영향을 미친다.

원 타임 패드를 생성하기 위해서 Alice는 두 세트의 편광 필터가 필요하다. 첫 번째 세트는 수직 필터(vertical filter)와 수평 필터(horizontal filter)로 구성된다. 이러한 구성을 **직선기저(rectilinear basis)**라 한다. 기저(basis)는 좌표계(coordinate system)를 의미한다. 두 번째 필터 세트는 첫 번째 세트와 동일하며 45도 만큼 회전된다. 따라서 한 필터는 좌측 아래에서 우측 위를 향하며 다른 필터는 좌측 위로부터 우측 아래로 향한다. 이러한 구성은 **대각기저(diagonal basis)**라 불린다. 그러므로 Alice는 두개의 기저를 가지고 있으며, 자신이 원할 때는 언제나 광선 빔을 빠르게 집어넣을 수 있다. 실제로 Alice는 4개의 서로 다른 필터들을 가질 필요가 없으며, 고속으로 네 방향으로 전기적 편광 스위칭이 가능한 크리스털이 있으면 된다. Bob 또한 Alice와 동일한 장치를 가지고 있어야 한다. Alice와 Bob이 가능한 두 개의 기저를 가져야만 양자암호가 가능하다.

각 기저에 대하여 Alice는 한쪽 방향에는 0을 할당하고 다른 쪽 방향에는 1을 할당한다. 위에서 설명한 예에서 Alice가 수직 방향에 대하여 0을 할당하고 수평 방향에 1을 할당했다고 가정하자. 이것과는 독립적으로 Alice는 좌측 아래에서 우측 위쪽 방향에 0을 할당하고 좌측 위로부터 우측 아래 방향에 1을 할당한다. Alice는 이러한 자신의 선택을 Bob에게 평문으로 알린다.

Alice는 난수발생기(random number generator) 등을 이용하여 원 타임 패드를 생성한다. 그리고 이것을 비트 단위로 Bob에게 전송하는데 이 때 자신이 전송하는 각 비트에 대하여 임의로 기저모드를 설정한다. 한 비트를 보내기 위해 Alice의 광자 총(photon gun)은 이 비트를 위해 할당된 기저모드에 대하여 정확하게 편광된 하나의 광자를 방출한다. 예를 들어 Alice는 자신이 보내는 데이터 비트들에 대하여 대각, 직선, 직선, 대각, 직선 등으로 기저모드를 설정할 수 있다. Alice는 기저모드와 함께 원 타임 패드 1001110010100110을 전송하기 위하여 그림 8-5(a)에 나타낸 광자들을 전송한다. 원 타임 패드와 기저모드 열에 의해 각 비트에 대하여 사용되는 편광은 정확하게 결정된다. 한 번에 하나의 광자가 전송하는 비트들을 **큐비트(quantum bits, qubits)**라고 한다.

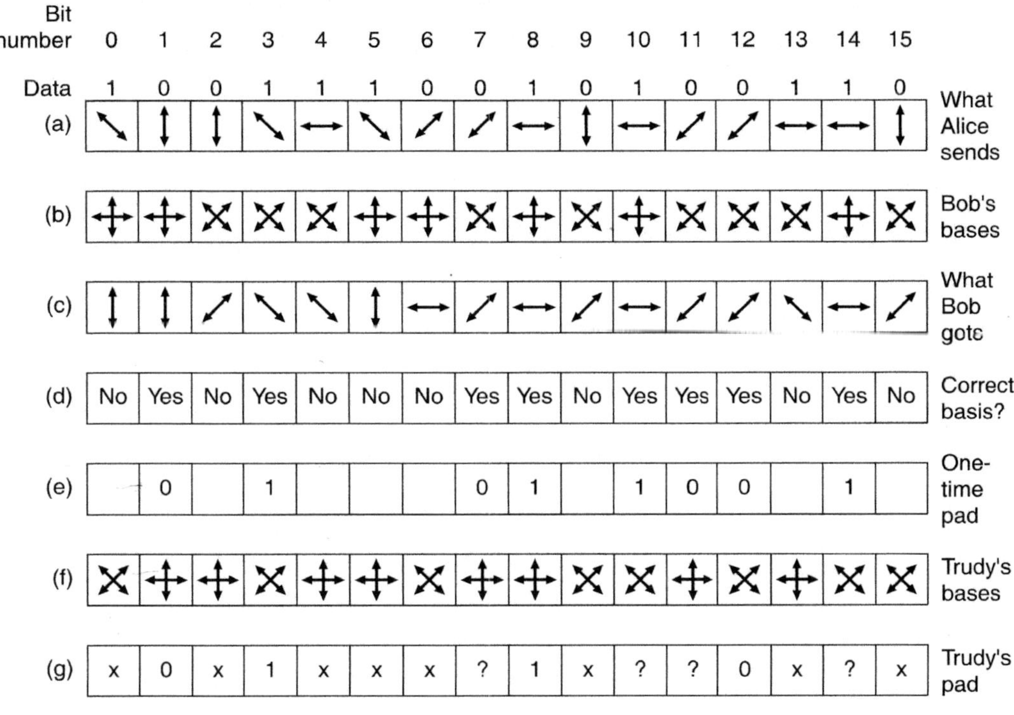

그림 8-5 양자 암호의 예

Bob은 데이터를 수신하기 위하여 어느 기저를 사용해야 할지 모르기 때문에 그림 8-5(b)와 같이 임의로 입력되는 광자를 선택하여 사용한다. 만약 정확한 기저를 선택하였다면 정확한 비트를 얻게 된다. 그러나 부정확한 기저를 선택하게 되면 결과적으로 임의의 비트를 얻게 된다. 왜냐하면 광자가 원래 편광보다 45도 기울어진 필터에 다다르면 동일한 확률을 가지고 필터의 방향으로 편광될 수도 있고, 필터의 직각 방향으로 편광될 수도 있기 때문이다. 광자의 이러한 특성이 양자역학의 기본이다. 따라서 몇몇 비트들은 정확하고 다른 비트들은 임의의 비트들이지만 Bob은 어느 것이 어느 것인지 알지 못한다. Bob이 얻은 결과는 그림 8-5(c)와 같다.

Bob은 어떻게 어느 기저가 옳고 어느 기저가 틀린지 알아낼 수 있을까? Bob은 평문에 있는 각 비트에 대하여 자신이 사용한 기저를 Alice에게 알려주고, Alice는 그림 8-5(d)와 같이 평문 가운데 어느 것이 옳고 어느 것이 틀린지를 Bob에게 알려준다. 이러한 정보를 바탕으로 두 사람은 그림 8-5(e)에 나타낸 것과 같은 비트열을 만들 수 있다. 평균적으로 이 비트열은 원래 비트열의 길이의 반 정도 길이에 해당되지만 두 사람은 이것을 원 타임 패드로 사용할 수 있다. 이제 Alice가 해야 할 일은 원하는 길이의 두 배보다 약간 긴 비트열을 전송하고 Bob과 Alice는 원하는 길이의 원 타임 패드를 생성하게 된다. 이렇게 하여 문제는 해결되었다.

이제 공격자 Trudy에 대해 얘기해 보자. 그녀는 Alice가 하는 말을 엿듣고자 광케이블을 자르고 자신의 탐지기(detector)와 전송기(transmitter)를 연결하였다고 하자. 불행하게도 그녀는 각 광자에 대하여 어느 기저를 사용해야 할지 알지 못한다. 그녀가 할 수 있는 가장 좋은 방법은 Bob이 한 것처럼 임의로 각 광자에 대한 기저를 선택하는 것이다. Trudy가 선택한 기저의 예는 그림 8-5(f)와 같다. Bob이 나중에 어느 기저를 자신이 사용했는지를 평문으로 알려주고 Alice는 그 가운데 어느 것이 옳은지를 평문으로 알려주므로 Trudy는 언제 자신이 옳은 값을 가졌고 언제 틀린 값을 가졌는지 알게 된다. 그림 8-5에서 Trudy는 0, 1, 2, 3, 4, 6, 8, 12, 13비트에 대하여 옳은 값을 가졌다. 그러나 그녀는 그림 8-5(d)에 있는 Alice의 응답을 보고 비트 1, 3, 7, 8, 10, 11, 12, 14만이 원 타임 패드의 일부라는 것을 알게 된다. 이들 비트들 가운데 4개(1, 3, 8, 12)에 대해서만 그녀는 옳게 예측을 하였고 나머지 4개(7, 10, 11, 14)에 대해서는 틀리게 예측하였으므로 전송된 비트를 알지 못한다. 따라서 Bob은 그림 8-5(e)로부터 원 타임 패드가 01011001로 시작함을 알지만, 그림 8-5(g)로부터 Trudy가 아는 것은 01?1??0?뿐이다.

물론 Alice와 Bob은 Trudy가 자신들의 원 타임 패드의 일부를 가로챘다는 것을 알고 Trudy가 가지고 있는 정보를 줄이려고 한다. 이들은 기존의 데이터에 대한 변환을 함으로써 정보의 양을 줄일 수 있다. 예를 들어 원 타임 패드를 1024비트 단위로 나누어 각각을 제곱하여 2048비트 수를 만들고 이 2048비트 수들을 연결하여 원 타임 패드로 사용할 수도 있다. 전송된 비트열의 일부에 대한 정보만을 가지고 Trudy는 이러한 정보를 전혀 추정할 수가 없게 된다. 이와 같이 원래의 원 타임 패드로부터 변환을 하여 다른 원 타임 패드를 생성하여 정보의 양을 줄이는 방법을 **프라이버시 증폭(privacy amplification)**이라고 한다. 실제로는 제곱을 하는 방법 보다 각 입력 비트에 따라 출력 비트가 계산되는 변환 방식을 많이 사용한다.

Trudy의 경우 원 타임 패드가 무엇인지도 모를 뿐 아니라 자신의 존재에 대한 비밀도 보장되지 않는다. 결국 Trudy는 자신이 중간에서 비트들을 가로채고 있다는 것을 노출시키지 않으려면 수신한 비트들을 고스란히 Bob에게 보내야 한다. 문제는 Trudy가 할 수 있는 최선의 길은 큐비트를 수신하기 위하여 사용한 편광을 이용하여, 수신한 큐비트를 전송하므로 전체 시간 중에서 반은 틀린 데이터를 생성하며, 결과적으로 Bob의 원 타임 패드에 많은 오류를 유발시키게 된다는 것이다.

Alice는 데이터를 전송할 때 강력한 순방향 오류 정정 부호(forward-error-correcting code)를 이용하여 부호화 한다. Bob의 관점에서 보면 원 타임 패드에서 한 비트 오류는 한 비트 전송 오류와 같다. 어떻든 그는 틀린 비트를 받게 된다. Bob은 오류가 발생하더라도 오류 정정 능력이 충분하다면 발생한 모든 오류를 정정할 수 있다. 그러나 그는 몇 개의 오류가 발생했는지를 계산하여 이 숫자가 장치의 평균 오류율 보다 훨씬 크게 되면 Trudy가 전송선을 가로챘음을 알아차리고 적절한 대응을 한다(Alice에게 무선 채널로 바꾸라고 하든지 아니면 경찰에 신고 등). 만약 Trudy가 광자를 복제하여 하나는 자신이 가지고 다른 하나를 Bob에게 보낼 수 있으면 발각되지 않을 수 있지만 현재로서는 광자를 완벽하게 복제할 수 있는 기술은 알려져 있지 않다. Trudy가 광자를 복제하더라도 원 타임 패드를 설정하는 양자 암호의 유용성은 줄어들지 않는다.

양자 암호는 60km 이상 떨어진 광선로상에서 동작하는 것이 입증되었지만 장치가 복잡하고 고가이다. 아직까지 이 아이디어는 전망이 밝으며, 양자 암호에 대한 보다 상세한 정보를 원하면 (Mullins, 2002)를 참조하기 바란다.

8.1.5 두 가지 기본적인 암호 원리

앞으로 많은 다양한 암호 시스템에 대하여 공부하겠지만 먼저 가장 기본이 되는 두 가지 중요한 암호 원리를 소개하고자 한다.

과잉성(Redundancy)

첫 번째 규칙은 모든 암호화된 메시지는 메시지를 이해하는 데는 필요하지 않은 여분의 정보를 포함해야 한다는 것이다. 예를 들어 설명하면, 이것이 왜 필요한지 보다 명확해질 것이다. 6만 개의 제품을 가지고 있는 Couch Potato(TCP)라는 통신 판매 회사가 있다고 하자. 이 회사의 프로그래머가 주문 메시지를 16바이트의 고객 이름과 3바이트의 데이터 (1바이트는 수량을, 나머지 2바이트는 제품 번호를 나타낸다)로 구성하기로 결정했다고 하자. 이 3바이트의 데이터는 회사와 고객만이 알고 있는 매우 긴 키를 사용하여 암호화된다.

얼핏 보기에는 이 방법은 안전해 보인다. 왜냐하면 소극적 침입자(passive intruder)는 메시지를 해독할 수 없기 때문이다. 불행하게도 이것 역시 무용지물로 만드는 치명적인 약점을 가지고 있다. 최근에 회사로부터 해고되어 회사에 대해 앙심을 품고 있는 여직원이 있다고 하자. 그녀가 회사를 그만두기 직전 고객 명단을 가지고 나왔다면 밤새 작업을 하여 실제 고객의 이름을 이용하여 가짜 주문을 하는 프로그램을 만들 수 있다. 그녀는 키 리스트를 가지고 있지 않기 때문에 임의의 숫자를 마지막 3바이트에 넣은 후 수백 개의 주문을 회사로 발송하게 된다.

이 메시지들이 도착하면, 회사의 컴퓨터는 고객의 이름을 가지고 키를 찾은 다음 그 메시지를 해독하게 된다. 회사에게는 불행하게도 대부분의 3바이트 메시지는 유효한 값을 가진 것으로 인식되고 컴퓨터는 발송지시서를 프린터하기 시작한다. 한 사람의 고객이 837세트의 어린이용 그네 또는 540개의 모래 놀이통을 주문한다면 이상하게 보이고 컴퓨터도 이 사실을 알지만 그 고객이 놀이터 체인점 사업을 하려고 하는 것으로 생각한다. 이러한 방법으로 적극적 침입자(active intruder, 해고된 직원)는 자신의 컴퓨터가 만들어낸 메시지가 어떤 것인지 전혀 이해하지 못해도 심각한 문제를 야기할 수 있다.

이러한 문제는 모든 메시지에 여분의 정보를 포함시킴으로써 해결할 수 있다. 예를 들어 주문 메시지를 12바이트로 확장하고 처음 아홉 자리를 0으로 채우면 이러한 공격은 더 이상 통하지 않는다. 왜냐하면 해고된 직원은 유효한 메시지의 긴 스트림(stream)을 더 이상 만들어낼 수 없기 때문이다. 위 이야기의 요점은, 모든 메시지는 상당한 양의 여분의 정보를 포함해서 적극적 침입자가 임의의 쓰레기 데이터를 보내 유효한 메시지인 척하는 것을 막을 수 있다는 것이다.

그러나 여분의 정보를 추가하는 것 역시 분석자가 메시지를 쉽게 분석하게 해줄 수도 있다. 통신 판매 사업이 매우 경쟁이 치열하다고 가정해 보자. 그러면 경쟁사인 Sofa Tuber사는 회사가 모래 놀이통을 얼마나 팔았는지를 알고 싶을 것이고 결국 회사의 전화선을 도청한다고 하자. 3바이트 메시지를 사용하는 원래의 방식에서는 해독해 내는 것이 거의 불가능하다. 왜냐하면 키를 추정해 낸 후에 그 추정이 맞았는지를 확인할 방법이 없기 때문이다. 결국 대부분의 모든 메시지가 기술적으로는 합법적일 것이다. 12바이트를 사용하는 새로운 방법에서는 분석자가 유효한 메시지와 유효하지 않은 메시지를 구분하기가 더 쉬워진다. 따라서 첫 번째 암호 규칙은 다음과 같다.

암호 규칙 1: 메시지는 반드시 어느 정도의 여분 정보를 포함해야 한다.

즉 메시지를 복호화한 다음 수신자는 메시지를 검사하거나 간단한 계산을 하여 메시지가 유효한지를 알아낼 수 있어야 한다. 이러한 여분 정보는 적극적 침입자가 엉터리 메시지를 보내 수신자가 이를 복호화하도록 유도하여 "평문"을 알아내려고 하는 시도를 막기 위해 필요하다. 그러나 동일한 여분의 정보는 소극적 침입자가 메시지를 해독하는 것을 더욱 쉽게 해줄 수 있다는데 문제점이 있다. 더군다나, 여분 정보가 *n*개의 0을 메시지의 앞이나 뒤에 붙이는 형태를 가져서는 안 된다. 왜냐하면 어떤 알고리즘에서는 이러한 메시지를 암호화하면 예측 가능한 형태의 결과를 보이고, 이로 인해 분석자가 더욱 쉽게 해독할 수 있기 때문이다. CRC 다항식은 수신자가 이것을 쉽게 검증할 수 있기 때문에 *n*개의 0을 사용하는 것보다 좋다. 더 좋은 방법은 암호 해시(cryptographic hash)를 사용하는 것이며, 이 방법은 나중에 다루기로 한다.

잠시 양자암호의 경우를 생각해보면 우리는 여분정보가 어떤 역할을 하는지 알 수 있다. 광자에 대한 Trudy의 방해로 인하여 Bob의 원 타임 패드의 몇 비트에 오류가 발생한다. Bob은 입력되는 메시지에 오류가 있는지 알아내기 위해 여분 정보를 필요로 한다. 여분 정보를 생성하는 간단한 방법은 메시지를 두 번 반복하는 것이다. 두 개의 메시지가 동일하지 않으면 Bob은 광케이블에 잡음이 많아 오류가 발생하였거나 누군가가 메시지를 가로채고 있다는 것을 알아차리게 된다. 물론 모든 메시지를 두 번 보내는 것은 무리이다. 해밍코드(Hamming code)나 리드솔로몬(Reed-Solomon) 코드가 오류를 탐지하고 정정하는 데 더욱 효율적인 방법이다. 그러나 약간의 여분정보는 유효한 메시지와 그렇지 않은 메시지를 구분해 내기 위해 필요하며, 특히 적극적 침입자를 막기 위해서는 필수적이다.

참신성(Freshness)

두 번째 암호규칙은 수신된 각각의 메시지가 아주 최근에 수신된 것임을 확인할 수 있는 방법이 필요하다는 것이다. 이 방법은 적극적 침입자가 오래된 메시지를 다시 사용하는 것을 막기 위해 필요하다. 이러한 방법이 전혀 없다면 앞에서 언급한 해고된 직원이 회사의 전화선을 도청하여 먼저 보내진 유효한 메시지를 되풀이하여 보낼 수도 있을 것이다. 두 번째 암호 규칙은 다음과 같다.

암호규칙 2: 재전송공격(replay attack)을 막을 수 있는 방법이 필요하다.

이러한 방법 중의 하나는 모든 메시지에 예를 들어 단 10초간만 유효한 타임스탬프(timestamp)를 포함시키는 것이다. 수신자는 메시지를 10초 정도만 유지하고 새로 도착한 메시지와 이전 메시지를 검사하여 중복된 메시지를 걸러낸다. 10초 이상 경과된 메시지는 재전송공격으로 간주하여 버린다. 타임스탬프 이외의 다른 방법은 다음에 나루기로 한다.

8.2 대칭키 알고리즘

현대 암호는 전치(transposition)와 대치(substitution)라는 전통적인 아이디어를 그대로 사용하며, 단지 강조하는 점이 다를 뿐이다. 전통적으로 암호 작성자는 간단한 알고리즘을 사용한다. 그러나 오늘날은 그 반대이다. 현대 암호의 목적은 암호 알고리즘을 아주 복잡하게 만들어서 분석자가 많은 양의 암호문을 얻는다 하여도 키가 없으면 사용한 암호에 대하여 전혀 알 수 없도록 하는 것이다.

이 장에서 우리가 공부하고자 하는 첫 번째 암호 알고리즘들은 암호화와 복호화를 할 때 같은 키를 사용하는 **대칭키 알고리즘(symmetric-key algorithm)**들이다. 그림 8-2는 대칭키 알고리즘의 사용 예를 나타낸다. 특히 우리는 n비트의 평문 블록을 입력한 다음 암호화키를 사용하여 n비트의 블록 암호문을 생성하는 **블록암호(block cipher)**에 초점을 맞추고자 한다.

암호 알고리즘은 하드웨어 또는 소프트웨어로 구현할 수 있으며, 전자는 속도를 빠르게 하고 후자는 융통성을 제공한다. 여기서 우리는 주로 실제적인 하드웨어 구현과는 상관이 없는 알고리즘과 프로토콜에 대하여 공부하겠지만 암호 하드웨어를 구현하는 방법에 대해 간략하게 알아보는 것도 흥미있는 일이다. 전치와 대치는 간단한 전기 회로로 구현할 수 있다. 그림 8-6(a)는 **P-box(P는 순열[permutation])**로 알려져 있는 장치로서 8비트 입력을 전치할 때 사용된다. 만일 8비트 입력의 번호가 위에서부터 아래로 01234567이라면, 이 P-box의 출력은 36071245이다. 내부 배선을 적절히 하면 P-box는 계산이 필요하지 않기 때문에 어떠한 전치도 빛의 속도로 실행할 수 있다. 이러한 아이디어는 Kerckhoff의 법칙을 따른다. 즉, 공격자는 비트들을 교환한다는 일반적인 방법은 알지만 어느 입력 비트가 어느 출력 비트로 교환되는지는 알 수 없는 것이다.

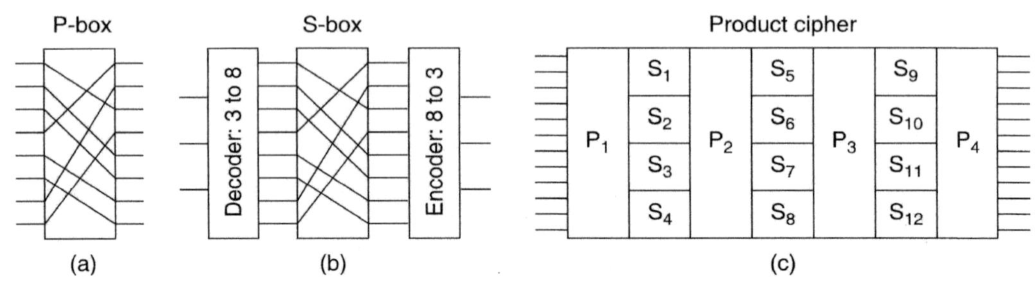

그림 8-6 혼합 암호의 기본적인 요소들. (a) P-box (b) S-box (c) 혼합기

대치는 그림 8-6(b)에 나타낸 바와 같이 **S-box**를 사용한다. 이 예에서는 3비트의 평문이 입력되고 3비트의 암호문이 출력된다. 첫 단계에서, 3비트 입력은 여덟 개의 라인 중에서 하나를 골라서 1로 설정하고 나머지는 0으로 한다. 두 번째 단계는 P-box이다. 세 번째 단계는 선택되어진 입력 라인을 다시 이진수로 부호화하는 것이다. 위의 예에서 여덟 개의 8진수 01234567이 차례로 입력되면 출력은 24506713이 된다. 다시 말해서 0이 2가 되고 1이 4가 되는 식이다. 마찬가지로, S-box 내에 P-box를 사용하면 어떠한 대치도 가능하다. 더군다나 이러한 장치는 하드웨어로 제작할 수 있으므로 고속 처리가 가능하다. 왜냐하면 인코더와 디코더는 단지 하나 또는 두 개 정도의 게이트 지연(나노 초 이하)을 가지며, P-box에서의 전파시간은 1피코초(picosecond)보다 훨씬 작기 때문이다.

이러한 기본 요소들의 진정한 힘은 그림 8-6(c)에 나타낸 바와 같이 모든 박스들을 직렬로 연결하여 혼합 암호를 만들었을 때 발휘된다. 이 예에서, 첫 단계(P1)에서 12개의 입력 라인이 전치된다. 이론상으로는 두 번째 단계에서 S-box를 사용해 12비트의 숫자를 다른 12비트의 숫자로 매핑하는 것이 가능하다. 그러나 이러한 장치는 내부적으로 2^{12}=4096개의 배선을 가져야 한다. 그러므로 그 대신에 입력은 3비트를 가지는 4그룹으로 나누어지고 그 각각은 다른 그룹과 관계없이 독립적으로 대치된다. 이 방법은 범용성이 떨어지지만 매우 강력하다. 혼합 암호의 중간에 충분히 많은 단계를 넣는다면, 출력은 입력에 대해 굉장히 복잡한 함수 형태가 될 것이다.

k비트의 입력을 이용하여 k비트의 출력을 생성하는 혼합 암호는 많이 있다. 여기서 k값은 주로 64에서 256 사이의 값이다. 그림 8-6(c)은 일곱 단계로 되어 있는 혼합 암호를 나타내지만 일반적으로 하드웨어로 구현하는 경우 적어도 18개의 물리적인 단계를 거치게 된다. 소프트웨어로 구현할 경우 적어도 8개의 반복문을 사용하여 프로그램하며, 각 반복문은 64에서 256비트 데이터 블록의 서브 블록에 대한 S-box 대치를 한 다음 S-box의 출력을 혼합하는 교환 과정을 거친다. 초기 단계나

끝 단계에서 교환을 하는 특별한 경우도 있다. 논문에서는 반복(iteration) 과정을 **라운드(round)**라고 부른다.

8.2.1 DES-The Data Encryption Standard

1977년 1월 미국 정부는 IBM이 개발한 혼합 암호를 기밀 취급을 받지 않는 정보에 대한 공식적인 표준으로 받아들였다. 이 암호가 바로 **DES(Data Encryption Standard, 데이터 암호 표준)**이며, 보안 제품을 생산하는 업체들이 널리 사용하였다. 최초 개발된 DES는 더 이상 안전하지 않지만 개선한 것은 여전히 유용하다. 지금부터 DES의 동작 원리에 대하여 알아보고자 한다.

DES의 개요는 그림 8-7(a)에 나타나 있다. 평문은 64비트의 블록으로 나누어져 64비트 암호문으로 바뀐다. 알고리즘은 56비트의 키를 사용하는 독립된 19개의 단계로 이루어진다. 첫 번째 단계는 키와 상관이 없는 64비트 평문에 대한 전치 단계이다. 마지막 단계는 이 전치에 대한 역변환이다. 마지막 바로 이전의 단계는 왼쪽 32비트와 오른쪽 32비트를 서로 바꾸는 것이다. 나머지 16단계는 기능적으로 동일하다. 그러나 키를 사용한 다른 함수값을 인자로 사용한다. 이 알고리즘은 대칭키 알고리즘의 특성에 따라 암호화키와 복호화 키가 같도록 설계하였다. 복호화 과정은 암호화 과정의 역순이다.

중간 단계 중 하나의 동작 과정이 그림 8-7(b)에 나타나 있다.

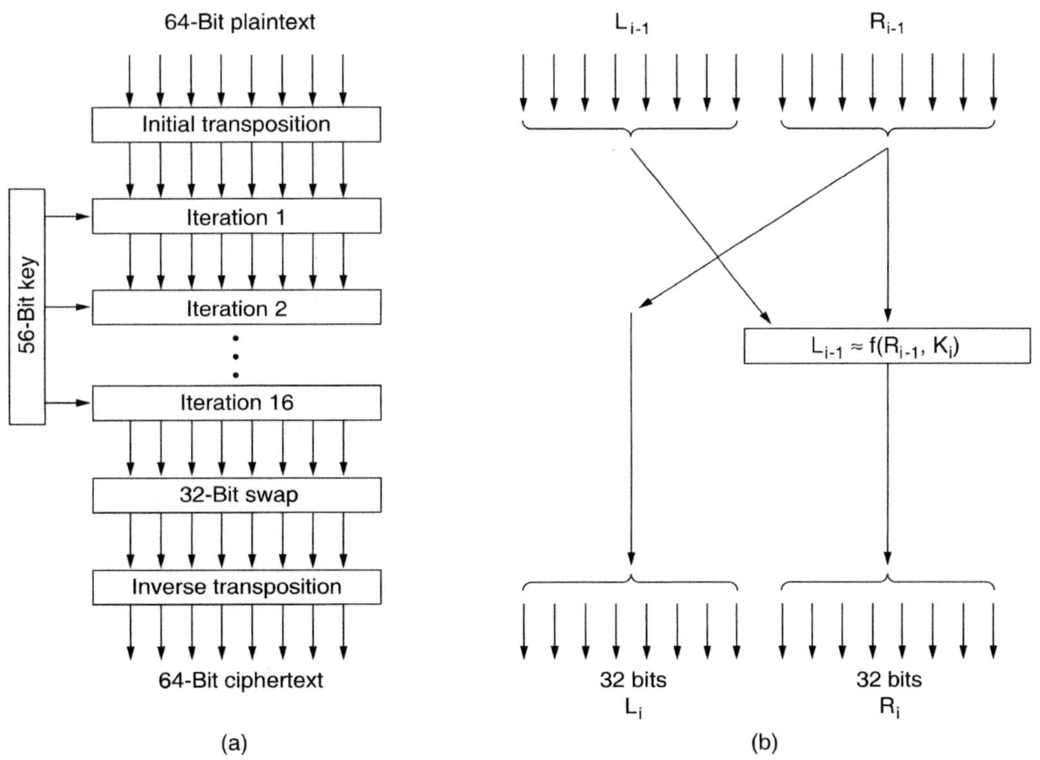

그림 8-7 DES (a) 개요 (b) 한 라운드에 대한 상세도 (⊕ 기호는 XOR 연산을 의미함)

각 단계는 두 개의 32비트 입력을 받아서 두 개의 32비트 출력을 내보낸다. 왼쪽의 출력은 오른쪽 출력의 단순한 복사본이다. 오른쪽 출력은 오른쪽 입력과 해당 단계 키 K_i를 인자로 하는 함수의 결과값과 왼쪽 입력과의 비트 단위 XOR 연산이다. 모든 복잡성은 이 함수에서 기인한다.

이 함수는 4단계로 구성되며 차례로 실행된다. 먼저, 32비트 R_{i-1}을 고정된 전치와 반복 규칙에 따라 48비트 숫자 E로 만든다. 두 번째로는 E와 K_i를 서로 XOR한다. 이 출력을 각 6비트씩 여덟 개의 그룹으로 나누고 각 그룹을 각각 다른 S-box에 집어넣는다. S-box에 대해 64 개의 가능한 입력 각각이 4비트의 출력으로 매핑 된다. 최종적으로 이 8×4비트가 P-box로 전달된다.

16번 반복의 각 단계에서 각기 다른 키를 사용한다. 알고리즘이 시작되기 전에 56비트 키에 대해 전치를 한다. 각 반복 단계 직전에 키는 두 개의 28비트 단위로 나뉘고 각각은 각 단계의 횟수만큼 왼쪽으로 순환(rotate left)된다. K_i는 이 순환된 키를 56비트 전치를 하여 얻어진다. 이 56비트에 대해 각기 다른 48비트 셋이 각 단계에서 생성되고 변환된다.

DES를 보다 강력하게 만들기 위해 가끔 사용되는 기술이 화이트닝(whitening)이다. **화이트닝** 과정은 평문을 DES에 입력하기 전에 임의의 64비트 키와 평문 블록을 XOR하고 난 다음, 결과로 얻은 암호문을 전송하기 전에 두 번째 64비트 키와 XOR를 한다. 화이트닝 과정은 수신기가 두 개의 화이트닝 키를 가지고 있으면 그 역의 과정을 실행하여 쉽게 제거할 수 있다. 이 기술은 키 길이를 효과적으로 몇 비트 더 늘려주기 때문에 키를 찾는 데 더 많은 시간이 걸리게 한다. 화이트닝 키는 오직 하나이며 동일한 화이트닝 키를 각 블록에 사용한다.

DES는 개발된 이후 계속 논란의 대상이었다. DES는 IBM이 개발하고 특허를 가지고 있는 Lucifer라는 암호에 기반을 두고 있으며, 이 둘의 유일한 차이는 Lucifer는 128비트 키를 사용하고 DES는 56비트 키를 사용한다는 것뿐이다. 미 연방 정부가 기밀 취급을 받지 않는 정보를 다루는 데 사용할 암호를 표준화하기 위해 IBM을 초대하여 미국 정부의 암호 해독 기관인 NSA(세계 최대의 수학자와 암호 학자들이 포진하고 있는 미국 정부 암호 해독 기관)와 협의하였다. 당시 NSA는 매우 비밀스러워 업계에서는 다음과 같은 농담이 나돌 정도였다.

Q: NSA가 뭐지?
A: 그런 기관은 없어.

실제로 NSA는 National Security Agency의 약자로 미국 국가안보국이다.

이러한 협의가 있은 후에 IBM은 키의 크기를 128비트에서 56비트로 줄였고 DES의 설계에 대하여 비밀을 유지하기로 결정하였다. 많은 사람들은 NSA가 곧 DES를 깰 수 있도록 하기 위하여 그런 것이 아닐까 생각하였으나 어느 기관도 DES를 깨뜨리지 못했다. 비밀 설계의 주목적은 아마도 NSA가 DES를 보다 쉽게 깨뜨리도록 백도어(back door)를 숨기는 것이었을 것이다. NSA의 직원이 IEEE에게 암호에 대한 예정된 회의 취소를 신중하게 통보한 것은 사람들로 하여금 더욱 의심을 자아내게 만들었다. 그러나 NSA는 모든 것을 부인하였다.

1977년 스탠포드 대학의 두 명의 암호 연구자들인 디피와 헬만(Diffie and Hellman [1977])은 DES를 깨뜨릴 수 있는 장치를 고안하였고 2,000만 달러 정도면 만들 수 있다고 했다. 짧은 평문과 암호문이 주어지면 이 장치는 2^{56}개의 키를 검색하여 하루 이내에 정확한 키를 찾아낸다. 오늘날 이러한 기계는 1만 달러 이내로 만들 수 있다(Kumar et al., 2006).

3중 DES(Triple DES)

1979년 IBM은 DES 키의 길이가 너무 짧다는 것을 인식하고 3중 암호화를 사용하여 효과적으로 키의 길이를 늘이는 방법을 고안하였다(Tuchman, 1979). 그 후 이 방법은 국제 표준 8732로 통합되었으며, 그림 8-8에 나타나 있다. 여기에서는 두 개의 키와 세 개의 단계(stage)가 사용된다. 첫 단계에서 평문은 키 K_1을 사용하여 암호화된다. 두 번째 단계에서, DES는 K_2를 키로 사용하여 복호화 모드에서 동작한다. 마지막으로 K_1을 사용하여 다시 암호화된다.

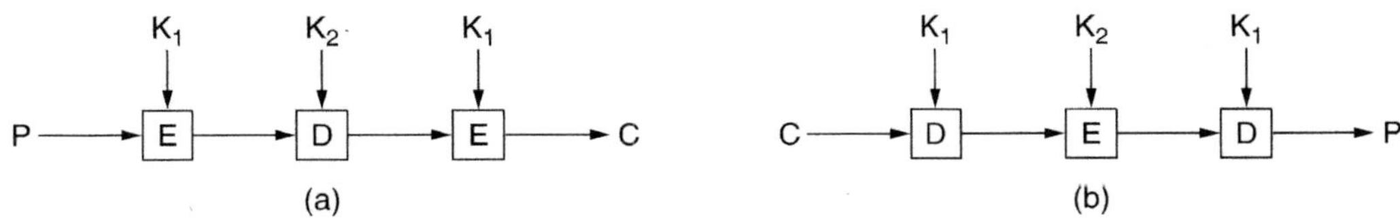

그림 8-8 (a) DES를 이용한 3중 암호화 (b) 복호화

이 설계는 두 가지 의문점을 내포하고 있다. 첫 번째는 왜 3개가 아닌 2개의 키를 사용하였는가 하는 것이고, 두 번째는 왜 **EEE(Encrypt Encrypt Encrypt)**로 처리하는 대신에 **EDE (Encrypt Decrypt Encrypt)**를 사용했는가 하는 점이다. 두 개의 키가 사용된 이유는 당시 가장 유명한 암호 작성자도 112비트가 상용 어플리케이션을 위해 충분하다고 믿었기 때문이다. 168비트는 약간의 이득을 위해 또 다른 키를 관리하고 전송해야 하는 불필요한 오버헤드를 유발시키게 된다.

암호화하고 복호화하고, 다시 암호화(EDE)하는 이유는 현존하는 단일 키 DES 시스템과의 역 호환성(backward compatibility) 때문이다. 암호화와 복호화 과정은 모두 64비트 숫자 세트 사이의 매핑이다. 암호학의 관점에서 보면, 이 두 매핑은 똑같이 강력하다. EEE 대신에 EDE를 사용함으로써 3중 암호화를 사용하는 컴퓨터는 단지 $K_1 = K_2$로 설정함으로써 단일 암호화를 사용하는 컴퓨터와 통신할 수 있는 것이다. 이러한 특성으로 말미암아 3중 암호화는 점점 많이 사용되게 되었으며, 암호학자들에게는 별 관심을 끌지 못했지만 IBM과 그 고객들에게는 매우 중요하였다.

8.2.2 AES-The Advanced Encryption Standard

DES뿐 아니라 3중 DES도 그 생명을 다해감에 따라 미 연방정부의 표준을 승인하는 상무성 산하 기관인 **NIST(National Institute of Standards and Technology)**는 기밀 취급을 받지 않는 정보를 위한 새로운 암호 표준을 필요로 하게 되었다. NIST는 DES를 둘러싸고 일고 있는 다양한 논쟁을 잘 알고 있었다. 또한 만약 NIST가 새로운 표준을 발표하면 암호를 아는 모든 사람들이 NSA가 암호에 백도어를 만들어 놓고 이 암호로 암호화되는 모든 것을 읽어 낼 수 있을 것이라고 생각하였다. 이러한 상황에서는 아무도 이 표준 암호를 사용하지 않으려 할 것이고 결국 이 암호는 조용히 사라질 것이다.

그래서 NIST는 정부 기관을 위하여 암호 콘테스트를 개최하는 놀랄만한 조치를 취하였다. 1997년 1월 전 세계의 암호 연구자들은 **AES(Advanced Encryption Standard, 고급 데이터 암호표준)**라 명명된 새로운 암호 표준을 위한 제안서를 제출하기 위하여 초대되었다. 암호 알고리즘에 대한 규칙은 다음과 같았다.

1. 알고리즘은 반드시 대칭 블록 암호여야 한다.
2. 전체 설계도는 공개되어야 한다.
3. 키 길이는 128, 192, 256비트를 지원해야 한다.
4. 소프트웨어 및 하드웨어 구현 모두 가능해야 한다.
5. 알고리즘은 공개되거나 차별적인 조항이 없이 라이선스를 얻을 수 있어야 한다.

참가들로부터 총 15개의 제안이 접수되어 공개적인 회의를 열어 제안한 알고리즘들에 대한 발표를 하였으며, 참석자들은 제안한 알고리즘에 대한 문제점들을 찾아내려고 노력하였다. 1998년 NIST는 이 제안들 중에서 보안성(security), 효율성(efficiency), 단순성(simplicity), 융통성(flexibility) 및 메모리 요구량(memory requirements, 임베디드 시스템에서 중요함)에 근거하여 최종적으로 5개를 선정하였다.

2000년 10월, NIST는 Joan Daemen과 Vincent Rijmen이 제안한 Rijndael을 선정하였다. Rijndael 이란 이름은 두 저자 Rijmen과 Daemen의 합성어이다. 2001년 11월, Rijndael은 AES U.S. 정부 표준이 되어 FIPS (Federal Information Processing Standard) 197로 등록되었다. 매우 드물게 공개경쟁을 했다는 사실과 Rijndael이 가지고 있는 기술적인 특성 그리고 우승팀이 두 사람의 젊은 벨기에 암호연구자들로 구성되었다는 사실로 인하여 Rijndael은 전 세계에서 널리 쓰이는 권위 있는 암호가 되었다. AES의 암호화와 복호와는 몇몇 마이크로프로세서 명령어로도 지원된다.

Rijndael은 32비트 단위로 128비트에서부터 256비트까지의 키 길이와 블록 크기를 지원한다. 키 길이와 블록의 길이는 서로 독립적으로 정해질 수 있다. 그러나 AES 규격에 따르면 블록의 크기는 128비트여야 하고 키 길이는 128, 192, 256비트여야 한다. 192비트는 거의 사용되지 않으므로 AES의 사실 표준(de facto standard)은 128비트 키를 갖는 128비트 블록과 256비트 키를 갖는 128비트 블록의 두 가지이다.

아래 알고리즘의 예에서 우리는 128/128의 경우가 상용 표준으로 될 것이므로 이 경우만 살펴보기로 한다. 128비트 키는 $2^{128} \simeq 3 \times 10^{38}$의 키 스페이스(key space)를 제공한다. NSA가 10억 개의 병렬 프로세서를 탑재한 컴퓨터를 만들어 하나의 프로세서가 1피코초(1조분의 1초)당 하나의 키를 처리한다고 하더라도 전체 키 스페이스를 검색하기 위해서는 10^{10}년이 걸린다.

Rijndael

수학적인 관점에서 보면 Rijndael은 프랑스의 수학자인 갈루아의 체론(Galois field theory)에 기초하여 보안의 특성을 증명할 수 있게 한다. 그러나 수학적으로 접근하지 않고 C코드로 나타낼 수도 있다.

DES와 마찬가지로 Rijndael은 대치와 치환을 사용하고, 또한 다중 라운드를 사용한다. 라운드의 수는 키 길이와 블록의 크기에 따라 다르며, 128비트 블록을 갖는 128비트 키의 경우 10라운드가 필요하고 최대 블록을 갖는 최대키의 경우 14라운드가 필요하다. 그러나 DES와는 달리 모든 과정은 하드웨어 및 소프트웨어로 효율적으로 구현할 수 있도록 하기 위하여 전체 바이트를 포함한다. 소스 코드는 그림 8-9와 같다. 이 코드는 설명을 위한 것이고 실제로는 추가적인 구현이 더 존재한다(Ferguson et al., 2010).

```
#define LENGTH 16                                   /* # bytes in data block or key */
#define NROWS 4                                     /* number of rows in state */
#define NCOLS 4                                     /* number of columns in state */
#define ROUNDS 10                                   /* number of iterations */
typedef unsigned char byte;                         /* unsigned 8-bit integer */

rijndael(byte plaintext[LENGTH], byte ciphertext[LENGTH], byte key[LENGTH])
{
  int r;                                            /* loop index */
  byte state[NROWS][NCOLS];                         /* current state */
  struct {byte k[NROWS][NCOLS];} rk[ROUNDS + 1];    /* round keys */

  expand_key(key, rk);                              /* construct the round keys */
  copy_plaintext_to_state(state, plaintext);        /* init current state */
  xor_roundkey_into_state(state, rk[0]);            /* XOR key into state */

  for (r = 1; r <= ROUNDS; r++) {
      substitute(state);                            /* apply S-box to each byte */
      rotate_rows(state);                           /* rotate row i by i bytes */
      if (r < ROUNDS) mix_columns(state);           /* mix function */
      xor_roundkey_into_state(state, rk[r]);        /* XOR key into state */
  }
  copy_state_to_ciphertext(ciphertext, state);      /* return result */
}
```

그림 8-9 Rijndael의 C코드

Rijndael은 3개의 파라미터를 가지고 있다. 평문(입력 데이터를 포함하고 있는 16바이트 배열), 암호문(암호화된 출력이 들어가는 16바이트 배열) 그리고 16바이트 키가 그것이다. 계산하는 동안 데이터의 현재 상태는 크기가 NROWS×NCOLS인 바이트 배열 즉, *state*에 저장된다. 128비트 블록의 경우 이 배열의 크기는 4×4바이트이다. 16바이트의 경우 총 128비트 데이터 블록이 저장될 수 있다.

배열 *state*은 평문으로 초기화되고 계산을 하는 동안 각 단계에서 수정된다. 어느 단계에서는 바이트 단위의 대치가 수행된다. 다른 단계에서는 바이트들이 배열 내에서 교환된다. 마지막 단계에서의 *state* 내용이 암호문이 되는 것이다.

프로그램 코드는 키를 *state*와 같은 크기를 갖는 11개의 배열로 확장하는 것으로 시작된다. 이 키들은 구조체 배열인 rk에 저장되고 각 구조체는 *state* 배열을 가지고 있다. 이 구조체 배열 중 하나가 계산이 시작될 때 사용되고 나머지 10 개는 10개의 라운드에 걸쳐 한 라운드에 하나씩 사용된다. 암호화키에서 라운드 키를 계산해내는 과정은 여기서 언급하기에는 매우 복잡하다. 라운드 키들은 여러 그룹의 키 비트들을 반복적으로 순환(rotation)하거나 XOR 연산을 하여 얻어진다고 이해하기 바란다. 보다 상세한 내용은 (Daemen and Rijmen, 2002)를 참조하기 바란다.

다음 단계는 평문을 *state*배열에 복사해 넣어 라운드가 진행되는 동안 처리되도록 하는 것이다. 복사되는 과정은 열(column) 단위로 복사되는데 처음 4바이트가 column 0에 다음 4바이트는 column 1에 그다음은 column 2에 복사되는 식이다. 열과 행(row)의 번호는 0부터 시작하고 라운드 수는 1부터 시작한다. 4×4의 크기를 갖는 12바이트 배열의 초기 설정은 그림 8-10과 같다.

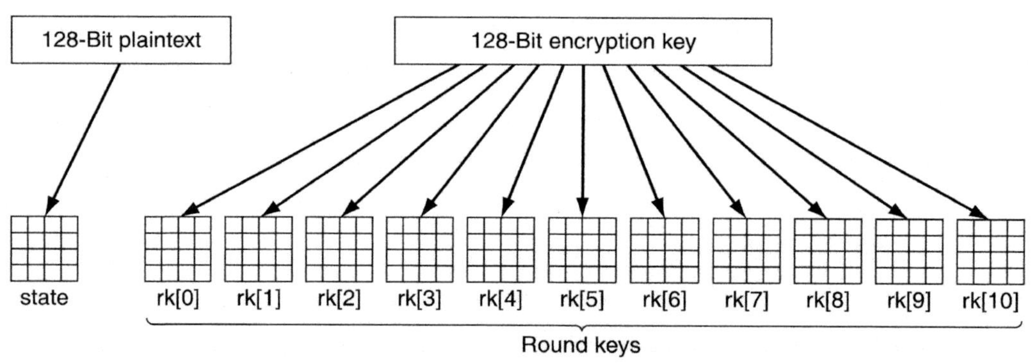

그림 8-10 스테이트와 rk 배열의 생성

본 계산이 시작되기 전에 한 가지 더 필요한 단계가 있는데 그것이 바로 rk[0]가 배열 *state*로 1바이트씩 XOR되는 것이다. 다시 말하면 *state*에 있는 각각의 16 바이트가 자신과 rk[0]에 들어있는 상응하는 바이트와 XOR 연산한 값으로 바뀌는 것이다.

이제 본 계산에 대해 살펴보자. 이 루프는 라운드 당 1회씩 총 10회 반복하는데 각 회차에서 *state*가 변형된다. 각 라운드는 네 단계로 이루어진다. 단계 1에서는 *state*에 대해 바이트 단위의 대치가 일어난다. 각 바이트는 차례로 자신의 값을 S-box의 내용으로 바꾸기 위해 S-box 내의 색인으로 사용된다. 이 단계는 단지 알파벳 문자만을 이용한 대치 암호이다. 여러 개의 S-box를 가지고 있는 DES와는 달리 Rijndael은 오직 하나의 S-box만을 갖는다.

단계 2는 네 개의 행 각각을 왼쪽으로 순환한다. 행 0(row 0)은 0바이트를 순환하고(변하지 않는다), row 1은 1바이트를 순환하고 row 2는 2바이트를 순환하며, row 3은 3바이트를 순환한다. 이 단계는 그림 8-6에서의 교환과정과 유사하게 블록 주위에 데이터들을 흐트러뜨린다.

단계 3은 각 열을 다른 열들과 섞는다. 이 섞는 과정은 행렬(matrix)의 곱으로 처리되는데 새로운 열은 이전의 열과 상수 행렬의 곱으로 구해진다. 여기서 곱은 유한 Galois 필드 즉, GF(2^8)를 사용하여 구해진다. 이 과정은 복잡해 보이지만 새로운 열의 각 요소를 두 번의 테이블 검색과 세 차례의 XOR 연산을 사용하여 계산하는 알고리즘이 있다(Daemen and Rijnmen, 2002, Appendix E).

마지막으로 단계 4에서는 이 라운드에 필요한 키를 XOR 연산을 하여 배열 *state*에 넣는다.

모든 단계에 대한 역의 과정이 가능하므로 복호화는 알고리즘을 단지 거꾸로 돌리면 된다. 그러나 복호화를 다른 테이블을 사용하여 암호화 알고리즘을 실행시킴으로써 가능하게 하는 방법도 있다.

이 알고리즘은 고도의 보안성뿐 아니라 고속 처리가 가능하도록 설계되어 있다. 2-GHz 컴퓨터에 이 알고리즘을 소프트웨어로 구현하면 700Mbps의 암호율을 제공할 수 있을 것이다. 이 정도의 속도는 100개 이상의 MPEG-2 비디오를 실시간으로 암호화하는 네 충분하다. 아직까지는 하드웨어로 구현하는 것이 더 빠르다.

8.2.3 암호 모드(Chipher Modes)

이러한 모든 복잡성에도 불구하고 AES(또는 DES 또는 다른 블록 암호)는 기본적으로 많은 문자들을 사용하는 알파벳 문자만을 사용하는 대치 암호이다(AES는 128비트 문자들을 사용하고 DES는 64비트 문자들을 사용한다). 동일한 평문 블록이 입력되면 동일한 암호 블록이 출력된다. 평문 abcdefgh를 동일한 DES 키를 사용하여 100번 암호화하면 동일한 암호문이 100번 출력된다. 침입자는 이러한 특성을 이용하여 암호문을 파괴할 수 있다.

전자 코드 북 모드(Electronic Code Book Mode)

알파벳 문자 대치 암호 특성이 암호문의 일부를 파괴하는데 어떻게 사용되는지 알아보기 위하여 (3중) DES를 살펴보고자 한다. 왜냐하면 128비트 블록보다는 64비트 블록이 나타내기 쉽기 때문이다. 한편 AES도 똑같은 문제를 가지고 있다. 긴 평문을 암호화하기 위하여 DES를 사용하는 간단한 방법은 전체를 8바이트(64비트) 블록으로 나눈 다음 동일한 키를 사용하여 각각을 차례대로 암호화하는 것이다. 마지막 남은 평문의 길이가 64비트가 되지 않으면 패딩(padding)을 하여 64비트가 되도록 한다. 이 기술은 **ECB 모드 (Electronic Code Book mode, ECB mode)**로 알려져 있는데 그 이유는 각각의 평문에 대하여 (일반적으로 다섯 자리의 십진수) 암호문이 따라오는 고전적인 코드북의 형태와 유사하기 때문이다.

그림 8-11은 직원들에게 연말 보너스를 지급하고자 하는 어느 회사의 컴퓨터 파일 목록을 나타낸다. 이 파일은 직원 개인마다 할당되는 전체 32바이트의 레코드로 구성되어 있다. 16바이트는 이름에, 8바이트는 직급에, 그리고 나머지 8바이트는 보너스 금액을 위해 할당되어 있다. 전체 16개의 8바이트 블록(0부터 15까지)은 DES 또는 3중 DES로 암호화된다.

Leslie는 자기의 상사와 싸움을 한판 한 관계로 많은 보너스를 기대할 수 없고, Kim은 상사가 좋아하는 직원이며, 모든 사람들이 이 사실을 알고 있다고 하자. Leslie는 이 파일이 은행으로 보내지기 전에 암호화된 파일에 접근할 수 있다. 그러면 Leslie는 암호화된 파일만 가지고 이 불공정한 상황을 수정할 수 있을 것인가?

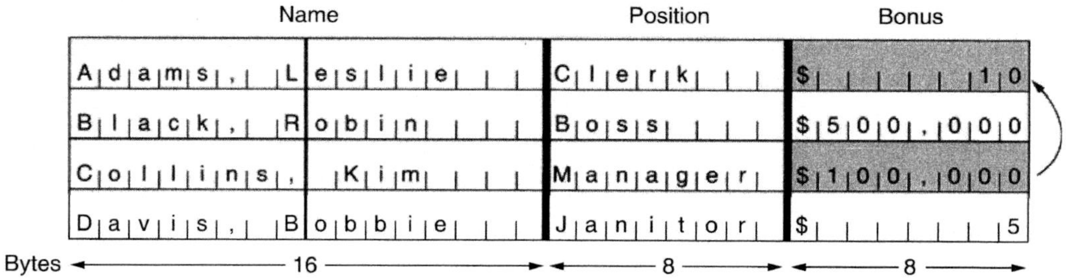

Name		Position	Bonus
Adams, L	eslie	Clerk	$ 10
Black, R	obin	Boss	$500,000
Collins,	Kim	Manager	$100,000
Davis, B	obbie	Janitor	$ 5
Bytes ← 16 →		← 8 →	← 8 →

그림 8-11 16개의 DES 블록으로 암호화된 평문 파일

결론은 전혀 문제가 없다는 것이다. Leslie는 단지 Kim의 보너스가 들어 있는 12번째의 블록을 복사하여 이를 자신의 보너스를 가지고 있는 4번째 암호 블록과 바꿔치기만 하면 된다. 12번째 블록에 얼마의 보너스가 들어 있는지 몰라도 올해 Leslie는 즐거운 크리스마스를 기대할 수 있는 것이다(8번째 암호 블록을 복사하는 것도 한 가지 방법이지만 들킬 확률이 더 많다).

암호 블록 체인 모드(Cipher Block Chaining Mode)

이러한 공격을 막기 위하여 모든 암호화된 블록은 다양한 방법으로 체인화하여 Leslie가 한 것처럼, 하나의 블록을 바꿔치기하면 복호화할 때 바뀐 블록의 복호화된 내용은 알아볼 수 없는 데이터가 나오도록 할 수 있다. 체인화하는 방법 가운데 하나가 **암호 블록 체인(cipher block chaining)**이다. 그림 8-12에 나타낸 바와 같이 이 방법은 각 평문 블록을 암호화하기 전에 이전의 암호화블록과 XOR 연산을 한다. 따라서 같은 평문 블록도 서로 다른 암호 블록으로 매핑되며, 암호화는 더 이상 단순한 알파벳 대치 암호가 아니다. 처음 블록은 임의로 선택한 **IV(Initialization Vector, 초기화 벡터)**와 XOR 연산을 하여 평문의 형태로 암호문을 따라 전송된다.

암호블록 체인화 모드가 어떻게 동작하는지 그림 8-12의 예를 통하여 알아보기로 한다. 먼저 $C_0 = E$

(P_0 XOR IV)를 계산한다. 그다음에 C_1=E(P_1XOR C_0)를 계산하며 나머지도 동일한 방법으로 계산한다. 복호화도 암호화의 역의 과정으로 XOR 연산을 사용하여 P_0=IV XOR D(C_0)를 계산하며 나머지도 같은 방법으로 구한다. 블록 i를 암호화한 결과는 블록 0부터 i-1까지 모든 블록의 함수값이며, 따라서 동일한 평문도 어디에 위치하느냐에 따라 다른 암호문을 생성하게 된다. 앞에서 설명한 Leslie가 사용한 변형 방법이 여기서는 통하지 않는다. 주의 깊은 보안 관리자라면 어느 블록부터 검사를 시작해야 할지 알 것이다.

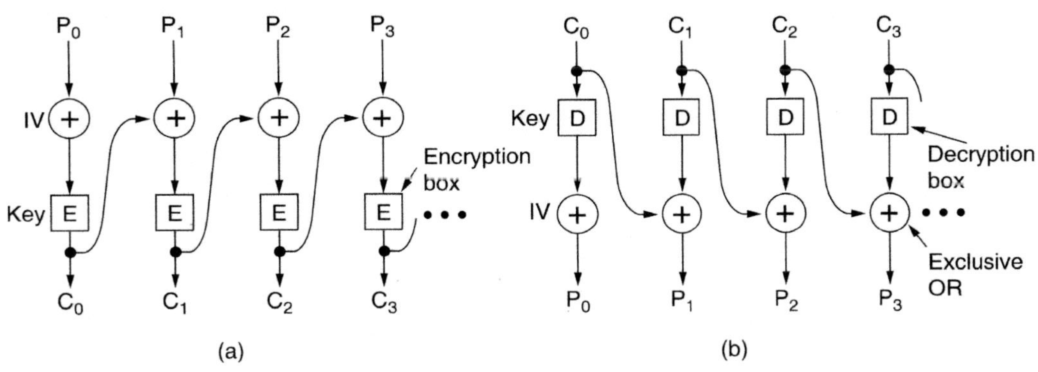

그림 8 12 보안 블록 체인화 (a) 암호화 (b) 복호화

암호 블록 체인화는 동일한 평문 블록을 암호화하더라도 동일한 암호 블록을 생성하지 않는다는 장점이 있기 때문에 암호 해독을 보다 어렵게 만든다. 사실 이것이 이 암호를 사용하는 주된 이유이다.

암호 피드백 모드(Cipher Feedback Mode)

그러나 암호 블록 체인화는 복호화 하기 전에 64비트 블록 전체가 한꺼번에 필요하다는 단점이 있다. 사용자가 8문자보다 짧은 줄을 입력하고 멈춘 다음, 응답을 기다리는 대화형(interactive) 터미널의 경우 이 모드는 적절하지 않다. 1바이트씩 암호화를 하는 경우 (3중) DES를 사용하는 **암호 피드백 모드(Cipher Feedback Mode)**의 동작과정은 그림 8-13과 같다. AES와 비교하면 기본적인 개념은 완전히 동일하고, 128비트 쉬프트 레지스터를 사용한다는 것만이 다르다. 이 그림에서 암호화의 상태는 바이트 0에서 바이트 9까지 암호화되어 전송된 후에 보여 진다. 그림 8-13(a)에 나타낸 바와 같이 바이트 10이 들어오면 DES 알고리즘이 64비트 쉬프트 레지스터에 동작하여 64비트 암호문을 생성한다. 암호문의 가장 왼쪽 바이트를 뽑아내어 P_{10}과 XOR 연산을 한다. 여기서 나온 바이트가 전송선으로 전송된다. 쉬프트 레지스터는 8비트만큼 왼쪽으로 쉬프트되어 C_2는 왼쪽으로 없어지고 P_{10}이 C_9의 자리에 들어간다.

쉬프트 레지스터의 내용은 평문의 이전 내용에 전적으로 달려 있기 때문에 평문에서 여러 번 반복되는 동일한 패턴은 서로 다르게 암호화된다. 암호 블록 체인화에서와 같이 암호화를 하기 위해서는 초기 벡터가 필요하다.

암호 피드백 모드에서의 복호화는 암호화와 동일하다. 특히 쉬프트 레지스터의 내용은 복호화되는 것이 아니라 암호화되기 때문에 P_{10}을 구하기 위해 C_{10}과 XOR되는 바이트는 처음에 C_{10}을 구하기 위해 P_{10}과 XOR 한 바로 그 바이트이다. 이 두 쉬프트 레지스터가 동일하면 복호화는 정확하게 동작한다. 이 과정이 그림 8-13(b)에 나타나 있다.

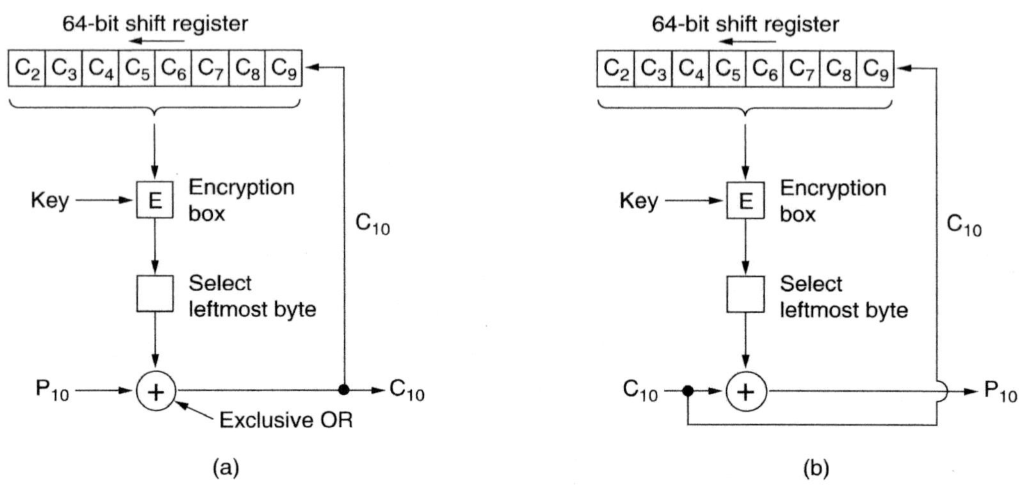

그림 8-13 암호 피드백 모드 (a) 암호화 (b) 복호화

암호 피드백 모드의 문제점은 암호문의 한 비트가 전송 중에 우발적으로 바뀌면 이 비트를 포함하는 잘못된 바이트가 쉬프트 레지스터에 머물고 있는 동안 복호화된 8바이트에 오류가 발생하게 된다는 것이다. 이 잘못된 바이트가 쉬프트 레지스터를 빠져나가면 다시 정확한 평문이 생성되게 된다. 따라서 한 비트가 반전됨으로 인한 효과는 상대적으로 일부분에만 영향을 미치며, 메시지의 나머지 부분에는 영향을 주지 않는다. 그러나 쉬프트 레지스터가 길면 길수록 많은 피해를 유발한다.

스트림 암호 모드(Stream Cipher Mode)

그럼에도 불구하고 1비트의 전송 오류가 64비트의 평문에 오류를 유발하는 것이 매우 큰 영향을 주는 어플리케이션들이 있다. 이러한 어플리케이션들을 위하여 네 번째 방법인 **스트림 암호 모드(Stream Cipher Mode)**가 개발되었다. 이 방법은 먼저 초기화 벡터를 키로 암호화하여 출력 블록을 생성한다. 이 출력 블록을 같은 키로 다시 암호화하여 두 번째 출력 블록을 생성한다. 이 블록은 다시 암호화되어 세 번째 블록을 만들며 나머지도 같은 방법으로 생성된다. 이렇게 생성되는 임의의 커다란 출력을 **키스트림(keystream)**이라 하고, 원 타임 패드(one time pad)와 같은 특성을 가지고 있으며, 평문과 XOR 연산을 하여 암호문을 생성한다(그림 8-14[a]). 그림에서 초기 벡터(Intializtion Vector, IV)는 초기 단계에서 한 번만 사용됨을 유의하기 바란다. 또한 키스트림은 데이터와 무관하고, 필요한 경우 사전에 계산해놓을 수도 있으며 전송 오류와도 상관이 없다. 복호화 과정은 그림 8-14(b)와 같다.

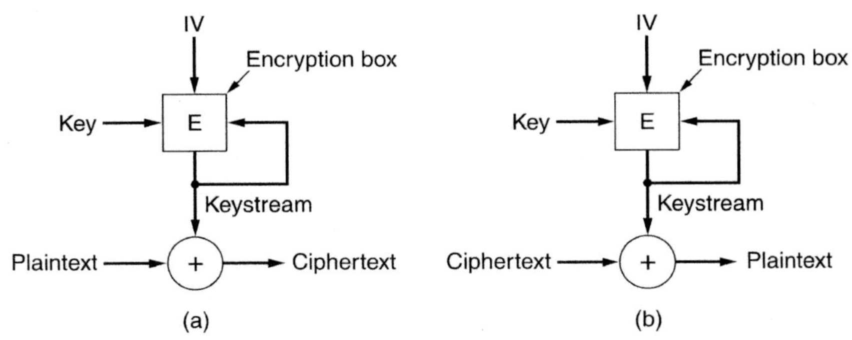

그림 8-14 스트림 암호 (a) 암호화 (b) 복호화

복호화는 수신측에서 동일한 키스트림을 생성하는 과정이다. 키스트림은 IV와 키에만 의존적이기 때문에 암호문에서 발생하는 전송 오류에는 영향을 받지 않는다. 따라서 전송된 암호문에서의 1비트 오류는 복호화된 평문에서도 1비트 오류만을 발생시킬 뿐이다.

스트림 암호에서는 동일한 (키, IV) 쌍을 사용하면 매번 동일한 키스트림을 생성하기 때문에 이 쌍을 두 번 이상 사용하지 말아야 한다. 동일한 키스트림 쌍을 두 번 사용하면 **키스트림 재사용 공격 (keystream reuse attack)**에 노출된다. 예를 들어 평문 블록 P_0와 키스트림을 암호화하여 암호문 P_0 XOR K_0를 생성했다고 하자. 나중에 두 번째 평문 블록 Q_0를 동일한 키스트림으로 암호화하여 Q_0 XOR K_0를 얻는다. 어느 침입자가 이 두 암호문 블록을 획득하면 이들을 XOR하여 P_0 XOR Q_0를 얻게 되고 결과적으로 키를 제거할 수 있게 된다. 침입자는 이제 두 개의 평문 블록을 XOR한 결과를 가지고 있다. 이 둘 가운데 하나를 알거나 추측해내면 다른 하나는 쉽게 알아낼 수 있다. 어떤 경우이든 두 개의 평문 스트림이 XOR된 결과는 메시지의 통계적 특성에 의해 쉽게 공격을 받을 수 있다. 예를 들면, 영문의 경우 스트림에서 가장 빈번하게 나오는 문자는 두 개의 스페이스 문자를 XOR한 것이며, 그다음은 스페이스 문자와 "e" 문자의 XOR일 것이다. 간단하게 말해서 두 평문 문자를 XOR한 결과만 있으면 분석자는 평문 각각을 알아낼 수 있다.

카운터 모드(Counter Mode)

전자 코드북 모드를 제외한 모든 모드가 가지고 있는 한 가지 문제점은 암호화된 데이터에 대한 임의의 접근이 불가능하다는 것이다. 예를 들어 어떤 파일이 네트워크를 통하여 전송되고 암호화된 형태로 디스크에 저장되었다고 하자. 수신 컴퓨터가 도난당하기 쉬운 노트북 컴퓨터라고 하자. 특히 이러한 경우 모든 중요한 파일들을 암호화하여 보관하면 컴퓨터가 도난당한 경우라도 피해를 줄일 수 있다.

그러나 디스크 파일들은 비순차적으로 접근이 가능하며, 데이터베이스의 경우 특히 그렇다. 암호 블록 체인화를 이용하여 파일들을 암호화한 다음 원하는 파일을 찾아내려면 이 파일 앞에 있는 모든 파일들을 먼저 복호화해야 한다. 이러한 문제점을 해결하고자 **카운터 모드(counter mode)**가 고안되었다(그림 8-15). 여기서 평문은 직접 암호화되지 않는다. 대신 초기화 벡터에 상수를 더한 값이 암호화되고 결과로 나오는 암호문을 평문과 XOR 연산을 한다. 각각의 새로운 블록에 대하여 초기화 벡터에 1씩 더하면 원하는 블록의 이전 블록을 모두 복호화하지 않고 어디에서나 쉽게 복호화할 수 있다.

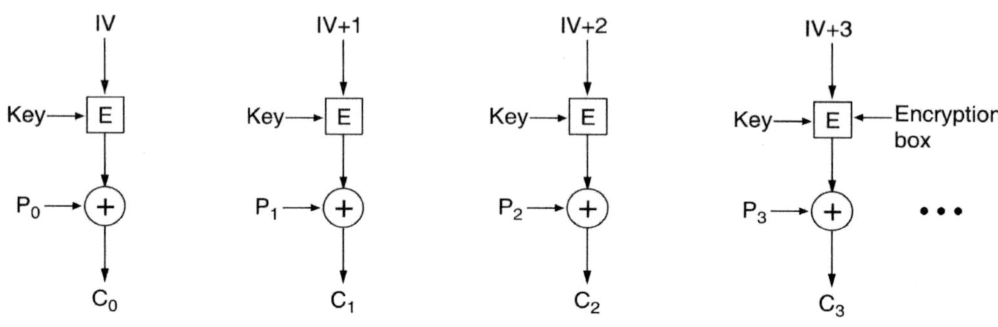

그림 8-15 카운터 모드를 사용한 암호화

카운터 모드는 유용하지만 한 가지 단점을 가지고 있다. 동일한 키, K를 나중에 또 사용하여 (평문은 다르고 초기벡터 IV는 동일함) 공격자는 두 번의 암호화에 대한 암호문을 모두 가지고 있다고 하자. 이 두 경우 키스트림이 같기 때문에 암호문은 위에서 설명한 것과 같은 종류의 키스트림 재사용 공격에 노출된다. 분석자는 암호문 해독을 위해 단지 두 암호문을 XOR하면 모든 암호 요소를 제거하고 평문끼리의 XOR한 결과를 얻을 수 있다. 이러한 취약점 때문에 카운터 모드가 쓸모없는 방안이라는 것은 아니다. 다만 키와 초기 벡터를 서로 독립적으로 임의로 선택해야 한다는 것이다. 만약 우연히 동일한 키가 두 번 사용되더라도 초기 벡터가 매번 다르다면 평문은 안전하다.

8.2.4 그 밖의 암호들

DES와 Rijndael은 가장 널리 알려진 대칭키 암호화 알고리즘들이고(적어도 책임 소재에 있어서는) 업계의 일반적인 선택이다. (만일 당신의 제품에 AES를 사용하고 있는데, AES보안이 깨지더라도 누구도 당신을 비난하지 않겠지만, 비표준 암호알고리즘을 사용하다가 보안상의 문제가 생기면 비난을 받게 될 것이다.) 이외에도 수많은 대칭키 암호화 알고리즘들이 개발되었다. 이들 가운데 일부는 여러 보안 제품에 임베디드되어 사용된다. 몇 가지 잘 알려진 알고리즘들을 소개하면 그림 8-16과 같다. 몇 가지 암호방식들을 조합해서 함께 사용하는 것도 가능하다(예를 들면 AES와 Twofish).

Cipher	Author	Key length	Comments
Blowfish	Bruce Schneier	1–448 bits	Old and New
DES	IBM	56 bits	Too weak to use now
IDEA	Massey and Xuejia	128 bits	Good, but patented
RC4	Ronald Rivest	1–2048 bits	Caution: some keys are weak
RC5	Ronald Rivest	128–256 bits	Good: but patented
Rijndael	Daemen and Rijmen	128–256 bits	Best choice
Serpent	Anderson, Biham, Knudsen	128–256 bits	Very strong
Triple DES	IBM	168 bits	Second best choice
Twofish	Bruce Schneier	128–256 bits	Very strong; widely used

그림 8-16 대칭키 암호 알고리즘들

8.2.5 암호 해독(Cryptanalysis)

대칭키 암호 주제를 끝내기 전에 적어도 4가지의 암호 해독법에 대해 살펴보고자 한다. 첫 번째 개발된 것은 **차분암호해독법(differential cryptanalysis)** (Biham and Shamir, 1993) 이다. 이 기술은 모든 블록 암호를 공격하는 데 사용될 수 있다. 동작원리를 살펴보면 먼저 단지 몇 개의 비트의 내용만이 다른 한 쌍의 평문 블록을 가지고 암호화가 시작되면서 각각의 내부 암호 과정에서 어떤 결과가 일어나는지 조심스럽게 관찰한다. 많은 경우에서, 어떤 비트 패턴들이 다른 패턴들보다 더 자주 발생하며, 이것을 이용하면 통계적인 공격이 가능하다.

두 번째 해독법은 **선형암호해독법(linear cryptanalysis)** (Matsui, 1994) 이다. 이 방법을 사용하면 단지 243개의 알려진 평문을 가지고 DES를 깰 수 있다. 동작원리를 살펴보면, 평문과 암호문의 특정 비트들을 XOR하여 결과 패턴들을 관찰한다. 이러한 과정을 계속 반복하면 비트들 중의 반은 0이 되고 나머지 반은 1이 된다. 그러나 암호는 한쪽 방향이나 다른 쪽 방향으로 바이어스될 수 있으며, 이를 이용하면 작업 요소를 줄일 수 있다. 보다 상세한 것은 (Matsui, 1994)의 논문을 참고하기 바란다.

세 번째 방법은 비밀키를 찾아내기 위해 전력 소비량을 분석하는 방법이다. 컴퓨터는 주로 비트 1을 나타내기 위해 3볼트를 사용하고 비트 0을 나타내기 위해 0볼트를 사용한다. 따라서 비트 1을 처리하는 것이 비트 0을 처리하는 것보다 더 많은 시간이 걸린다. 암호 알고리즘이 키 비트들이 순차적으로 처리되는 루프로 구성되어 있다면 공격자는 GHz 단위의 주 클럭을 느린(예를 들면, 100Hz) 클럭으로 바꾸어 CPU 파워와 접지에 탐지 장치를 설치하면 각 명령어가 소모하는 전력을 정확히 모니터링할 수 있다. 이 데이터로부터 키를 찾아내는 것은 매우 쉽다. 이러한 종류의 해독을 막기 위해서는 어셈블리 언어로 알고리즘을 코딩할 때 전력 소모량이 키와 독립적이며, 또한 모든 라운드 키와도 독립적이 되도록 면밀하게 코딩하는 길밖에 없다.

네 번째 방법은 타이밍을 분석하는 방법이다. 암호 알고리즘들은 라운드 키에 들어 있는 비트들을 테스트하는 수많은 if 문장들로 구성되어 있다. 만약 then과 else 부분이 처리되는 데 서로 다른 양의 시간을 사용한다면 클럭을 천천히 하여 여러 스텝들이 얼마나 많은 시간을 사용하는지 관찰함으로써 라운드 키를 추측해내는 것이 가능하다. 모든 라운드 키를 찾아내면 일반적으로 원래 키도 계산해낼 수 있다. 전력 소비량 분석법과 타이밍 분석법을 혼합하여 사용하면 보다 쉽게 해독할 수 있다. 이 두 분석법은 특이한 방법이며, 실제로 특정 암호뿐 아니라 어떤 암호도 깰 수 있다.

8.3 공개키 알고리즘

전통적으로 대부분의 암호시스템에서 키 분배가 항상 가장 취약한 부분이었다. 아무리 암호시스템이 강력하다고 하더라고 침입자가 키를 몰래 훔칠 수 있으면 이 시스템은 무용지물이었다. 암호학자들은 항상 암호화 키와 복호화 키는 같아야 한다고 생각해왔다. 이 키는 암호시스템을 사용하는 모든 사용자들에게 배포해야 했다. 따라서 키 분배는 암호시스템이 가지는 근본적인 문제로 여겨졌다. 키는 도난으로부터 보호되어야 하지만 또한 배포되어야 하므로 은행 금고에 보관할 수는 없었다.

1976년 스탠포드 대학의 두 과학자인 디피와 헬만(Diffie and Hellman [1976])은 암호화키와 복호화 키가 서로 다르고 복호화 키를 암호화 키로부터 찾아낼 수 없는 전혀 새로운 개념의 암호시스템을 제안하였다. 이들의 제안에 따르면 암호화 알고리즘 E와 복호화 알고리즘 D는 세 가지 요구사항을 만족해야 한다. 이 3가지 요구사항은 다음과 같이 나타낼 수 있다.

1. $D(E(P)) = P$
2. E로부터 D를 찾아내는 것은 매우 어렵다.
3. E는 선택 평문 공격(chosen plaintext attack)으로 깰 수 없다.

첫 번째 요구사항은 암호문 $E(P)$에 D를 적용하면 원래 평문인 P를 복원해낼 수 있음을 의미한다. 이러한 특성이 없이 합법적인 수신자는 암호문을 복호화할 수 없다. 두 번째 요구사항은 자명한 것이다. 세 번째 요구사항은 침입자들이 알고리즘을 깨려고 마음껏 시도하려고 하기 때문에 필요하다. 이러한 조건에서는 암호화 키를 공개하지 않을 이유가 없는 것이다.

이 암호는 다음과 같이 동작한다. 예를 들어 Alice가 비밀 메시지를 수신하고 싶으면 먼저 위에서 설명한 요구사항을 만족하는 두 개의 알고리즘을 만든다. 그리고 암호화 알고리즘과 자신의 키를 공개한다. 이러한 이유로 이 암호를 **공개키 암호(public-key cryptography)**라 명명하였다. Alice는 자신의 공개키를 자신의 홈페이지에 올려놓을 수도 있다. Alice의 공개키에 의한 암호화 알고리즘을 E_A로 나타낸다. 마찬가지로 Alice의 비밀키에 의한 복호화 알고리즘을 D_A로 나타낸다. Bob도 마찬가지로 E_B는 공개하고 D_B는 유출되지 않게 잘 보관한다.

이제 이전에 접촉한 적이 없는 Alice와 Bob 사이에 안전한 채널을 설정할 수 있는지 알아보기로 한다. Alice의 암호키 E_A와 Bob의 암호키 E_B는 공개되어 누구나 읽을 수 있는 파일이다. 먼저 Alice가 자신의 메시지 P를 Bob의 공개키를 이용하여 암호화한 $E_B(P)$를 Bob에게 전송한다. 그러면 Bob은 자신의 개인키 D_B를 사용하여 복호화한다. ($D_B(E_B(P))=P$를 계산한다). 아무도 암호화된 메시지 $E_B(P)$를 읽어낼 수 없다. 왜냐하면 암호화 시스템이 강력하고 공개되어 있는 E_B로부터 D_B를 알아내기는 매우 어렵기 때문이다. Alice에게 답장을 보내기 위해 Bob은 평문 R을 Alice의 공개키로 암호화한 $E_A(R)$을 전송한다. 따라서 Alice와 Bob은 안전하게 통신할 수 있게 된다.

몇 가지 용어를 정리하면 다음과 같다. 공개키 암호는 각 사용자에게 두 개의 키를 요구한다. 하나는 상대방에게 보낼 메시지를 암호화할 때 사용하는 공개키(public key)이고 다른 하나는 메시지를 복호화할 때 사용하는 개인키(private key)이나. 공개키와 개인키는 통상적인 대칭키 암호에서 사용된 비밀키(secret key)와 구별된다.

8.3.1 RSA

우리에게 필요한 것은 위에서 설명한 3가지의 요구사항을 훌륭하게 만족하는 알고리즘을 개발하는 것이다. 공개키 암호의 잠재적인 장점에 매료되어 많은 암호 학자들이 연구를 거듭한 결과 몇 가지의 알고리즘들이 발표되었다. 대표적인 것이 MIT에서 개발된 **RSA** 공개키 암호 알고리즘(Rivest et al., 1978)이다. 이 알고리즘은 세 명의 개발자인 Rivest, Shamir 그리고 Adleman의 첫 글자를 따서 RSA라 명명되었다. 이 알고리즘은 30년 이상 이 암호를 깨려고 하는 모든 시도에도 견디어 낸 강력한 알고리즘으로 평가받고 있다. 많은 상용 암호는 이 알고리즘에 기초하고 있다. 이런 이유로 Rivest, Shamir, Adleman은 2002년 ACM Turing Award를 수상하였다. 이 알고리즘의 가장 큰 단점은 믿을 만한 보안을 제공하기 위해서는 키 길이가 124비트 정도 필요하며(대칭키 알고리즘의 경우 128비트가 필요), 따라서 다소 느리다는 것이다.

RSA 암호는 정수론(number theory)에서 제공하는 몇 가지 법칙에 기초하고 있다. 이 알고리즘의 동작과정을 간략하게 살펴보면 다음과 같다. 보다 상세한 내용은 논문을 참고하기 바란다.

1. 두 개의 큰 소수 p와 q를 구한다. (일반적으로 1024 비트)
2. $n=p\times q$과 $z=(p-1)\times(q-1)$을 계산한다. $n=p\times q$
3. z와 서로 소인 소수 d를 구한다.
4. $e\times d=1 \ mod \ z$를 만족하는 e를 구한다.

이러한 매개변수를 미리 계산하면 이제 암호화할 준비가 끝난 것이다. 평문(비트열이라고 가정)을 블록으로 나누고 각 평문 메시지 P가 $0 \le P < n$의 범주에 포함되도록 한다. 평문을 k비트로 이루어진 블록으로 나눈다. 여기서 k는 $2^k < n$을 만족하는 최대 정수이다.

메시지 P를 암호화하기 위하여 $C=P^e(\text{mod } n)$를 계산하여 암호문 C를 구한다. 암호문 C를 복호화하기 위해서는 $P=C^d(\text{mod } n)$를 계산하여 P를 구하면 된다. 특정 범위에 있는 모든 P에 대하여 암호와 복호 함수는 상호 역임을 증명할 수 있다. 암호화를 하기 위해서는 e와 n이 필요하다. 복호화를 하기 위해서는 d와 n을 구해야 한다. 그러므로 공개키는 (e, n) 쌍으로 이루어지고, 개인키는 (d, n) 쌍으로 이루어진다.

이 암호의 안전성은 매우 커다란 수의 인수분해가 어렵다는 점에 기초하고 있다. 만일 분석자가 공개되어 있는 수 n을 인수분해할 수 있다면 p와 q를 구할 수 있으며, 결과적으로 z값도 알아낼 수 있다. z와 e를 알아내면 유클리드 알고리즘(Euclid's algorithm)을 이용하여 d를 구할 수 있다. 다행스럽게도 수학자들은 적어도 300년 동안 커다란 수를 인수분해하려고 노력해왔으며, 그 결과 이것이 매우 어려운 문제임이 입증되었다.

Rivest와 그의 동료들의 연구 결과에 따르면 500자리 수를 인수분해하려면 10^{25}년이나 걸린다고 한다. 물론 이것은 가장 좋은 알고리즘과 명령어 하나를 처리하는데 1마이크로초의 시간이 걸리는 컴퓨터를 사용했을 경우를 가정한 것이다. 병렬로 수행되며 하나의 명령어 처리에 1nsec가 걸리는 100만 개의 칩을 가정해도 10^{16}년이 걸린다. 컴퓨터가 10년 단위로 10배씩 빨라지고 있다고 하더라도 500자리 숫자를 인수분해 하려면 수 세기가 걸릴 것이다. 그러는 동안 후세인들은 p와 q를 더 큰 값으로 설정할 것이다.

RSA 알고리즘이 어떻게 동작하는지를 보여주는 간단한 예가 그림 8-17에 나타나 있다. 이 예제에서 $p=3$으로 $q=11$로 선택하였으므로, $n=33$이 되고 $z=20$이 된다. $z=20$과 서로 소인 수들 중에서 7을 선택하여 $d=7$로 정했다. 이제 e는 $7e=1$ (mod 20) 의 방정식을 풀어 구할 수 있다. 이 식을 풀면 $e=3$이다. 따라서 평문 P에 대한 암호문 C는 $C=P^3(\text{mod } 33)$로 얻어진다. 한편, 수신자는 $P=C^7(\text{mod } 33)$ 방정식을 풀어 암호문을 복호화할 수 있다. 그림 8-17은 한 예로 평문 "SUZANNE"를 암호화하는 과정을 나타내고 있다.

이 예에서 선택한 소수 값들이 매우 작기 때문에 P값도 33보다 작을 수밖에 없고 결과적으로 각 평문 블록은 오직 한 문자로 이루어진다. 이 결과는 알파벳 대치 암호에 지나지 않는다. 대신 $p=q\approx 2^{512}$ 정도로 잡으면 $n\approx 2^{1024}$가 되어 각 블록은 1024비트 즉, 128개의 8비트 문자가 될 것이므로, DES의 8자와 AES의 경우 16문자와 비교된다.

위에서 언급한 RSA는 동일한 입력 블록에 대하여 동일한 출력 블록을 생성한다는 측면에서 대칭키 암호의 ECB 모드와 유사하다. 따라서 데이터의 암호를 위해서는 체인화가 필요하다. 그러나 실제로는 대부분의 RSA에 기반을 둔 시스템들은 AES나 3중 DES와 같은 대칭키 암호와 함께 사용하기 위하여 1회용 세션키를 분배하는 데 공개키 암호를 사용한다. RSA는 실제로 큰 데이터를 암호화하는 데 매우 느리므로 키 분배에 널리 사용된다.

Plaintext (P)			Ciphertext (C)		After decryption	
Symbolic	Numeric	P^3	P^3 (mod 33)	C^7	C^7 (mod 33)	Symbolic
S	19	6859	28	13492928512	19	S
U	21	9261	21	1801088541	21	U
Z	26	17576	20	1280000000	26	Z
A	01	1	1	1	01	A
N	14	2744	5	78125	14	N
N	14	2744	5	78125	14	N
E	05	125	26	8031810176	05	E
Sender's computation				Receiver's computation		

그림 8-17 RSA 알고리즘의 예

8.3.2 그 밖의 공개키 알고리즘들

RSA가 널리 사용되지만 유일한 공개키 암호는 결코 아니다. 최초의 공개키 암호화 알고리즘은 배낭 알고리즘(knapsack algorithm)이었다(Merkle and Hellman, 1978). 이 알고리즘을 이해하기 위해 어떤 사람이 각각 무게가 다른 많은 수의 구슬을 가지고 있다고 하자. 구슬 주인은 아무도 모르게 몇 개의 구슬을 임의로 선택하여 배낭에 담아 메시지를 부호화한다. 배낭에 들어 있는 구슬의 전체 무게는 모든 구슬의 목록과 함께 공개된다. 그러나 배낭에 들어 있는 구슬의 목록은 비밀이기 때문에 몇 가지 제한 조건을 추가하면 전체 무게를 공개하더라도 배낭 속에 들어 있는 구슬의 목록을 알아내는 것은 사실상 매우 어려운 문제이다. 이러한 착안점이 공개키 알고리즘의 기본이 되었다.

이 알고리즘의 개발자인 Ralph Merkle은 알고리즘이 절대 깨지지 않을 것으로 확신하고 알고리즘을 깨는 사람에게 100달러의 상금을 내걸었다. Adi Shamir(RSA에서 "S"에 해당하는 사람)가 곧 이 알고리즘을 깨뜨리고 상금을 받았다. Merkle는 다시 알고리즘을 강화하여, 이번에는 알고리즘을 깨뜨리는 사람에게 1,000달러의 상금을 걸었다. Ron Rivest(RSA에서 "R"에 해당하는 사람)가 이 새로운 알고리즘을 즉시 깨뜨렸고 상금을 받아갔다. Merkle는 다시 새로운 알고리즘을 만들어 1만 달러의 상금을 걸었으나 "A"(Leonard Adleman)는 깨지 못했다. 그럼에도 불구하고 배낭 알고리즘은 안전하지 못한 것으로 인식되어 실제로 더 이상 사용되지 않았다.

다른 공개키 알고리즘은 이산 대수(discrete logarithm)를 계산하기가 매우 어렵다는 데 착안한 것이다. 이 이론을 사용하는 알고리즘은 El Gamal(1985)과 Schnorr(1991)에 의해 개발되었다.

타원 곡선(elliptic curve)에 기반을 둔 알고리즘(Menezes and Vanston, 1993)들이 몇 가지 있는데 이 가운데 두 가지 중요한 범주는 큰 수를 인수분해하기 어렵다는 것과 이산 대수를 계산하기 어렵다는 것에 기반을 둔 것들이다. 많은 수학자들이 수년 동안 이 문제를 해결하려고 노력하였으나 훌륭한 해결책이 나오지 않았기 때문에 정말로 풀기 어려운 문제로 간주되고 있다.

8.4 디지털 서명

법적, 재정적 문서 등은 본인이 직접 손으로 한 서명에 의해서 그 신뢰성을 가진다. 그 사본은 인정받지 못한다. 전산화된 메시지 시스템이 기존의 물리적인 문서의 전송을 대체하기 위해서는 위조가 불가능한 전자 문서 서명 방법이 반드시 필요하다.

손으로 직접 서명하는 것을 대체하는 방법을 고안하는 것은 어려운 일이다. 기본적으로 필요한 것은 한쪽에서 서명된 메시지를 상대방에게 다음과 같은 조건을 만족하는 방법으로 보낼 수 있어야 한다.

1. 수신자는 송신자가 진짜로 누구인지 구별해낼 수 있어야 한다.
2. 송신자는 메시지를 보내고 나서 전송을 부인할 수 없어야 한다.
3. 수신자는 자신이 받은 메시지를 조작할 수 없어야 한다.

첫 번째 요구사항은, 금융시스템에서 필요하다. 고객의 컴퓨터가 은행의 컴퓨터에게 금 1톤을 구매하도록 주문하였을 경우, 은행의 컴퓨터는 구매 요청을 한 컴퓨터가 진짜로 지불 능력이 있는 회사에 속해 있는지를 확인할 수 있어야 한다. 바꾸어 말하면, 은행도 고객을 인증해야 하고 고객도 은행을 인증해야 한다.

두 번째 요구사항은 거짓말하는 고객으로부터 은행을 보호하기 위하여 필요하다. 위의 예에서 은행이 고객에게 금을 사주자마자 금값이 큰 폭으로 떨어졌다고 하자. 정직하지 못한 고객은 자신이 금을 주문한 사실이 전혀 없다고 주장하고 은행을 고소할 수도 있을 것이다. 은행이 이 메시지를 법정에 제출하면 고객이 부인할 수 없어야 한다. 계약서에 대해 서명한 사람이 나중에 부인하지 못하도록 하는 것을 **부인봉쇄(nonrepudiation)**라고 한다. 지금부터 공부하고자 하는 디지털 서명이 이러한 문제를 해결해준다.

세 번째 요구사항은 금값이 폭등했을 때 은행이 고객의 주문이 1톤이 아니라 금괴 한 개라고 주문 메시지를 고치려고 시도할 경우에 고객을 보호하기 위해 필요하다. 그렇지 않으면 은행은 나머지 금을 챙길 수도 있다.

8.4.1 대칭키 서명

전자서명의 한 방법은 모든 것을 알고 누구나 신뢰하는 중앙국(Big Brother, BB)을 이용하는 것이다. 각 사용자는 비밀키를 생성하여 이것을 *BB*로 가져간다. 그러므로 Alice의 비밀키 K_A는 Alice와 *BB*만이 알고 있다.

Alice가 서명한 평문 메시지 P를 자신의 은행 담당자 Bob에게 보내고 싶다면 그녀는 $K_A(B, R_A, t, P)$를 생성하는데, 여기서 B는 Bob을 나타내고 R_A는 Alice가 선택한 난수(random number)이며, t는 시점을 확인하기 위한 타임스탬프, $K_A(B, R_A, t, P)$는 그녀의 키 K_A로 암호화한 메시지이다. 그리고 그녀는 그림 8-18에 나타낸 바와 같이 보낸다. *BB*는 Alice로부터 이 메시지를 받아 복호화하고 다른 하나의 메시지를 Bob에게 보낸다. Bob에게 보내는 메시지는 Alice의 평문 메시지와 서명한 메시지 $K_{BB}(A, t, P)$를 모두 포함하고 있다. 이제 Bob은 Alice의 요청을 처리할 수 있게 된다.

만약 Alice가 나중에 메시지 전송을 부인한다면 어떻게 될까? 먼저 모두가 서로를 고소할 것이다(적어도 미국에서는). 결국 법정으로 가게 될 것이고 Alice는 Bob에게 문제의 메시지를 보내지 않았다고 강력하게 주장할 것이다. 그러면 판사는 Bob에게 어떻게 그가 받은 문제의 메시지가 Trudy가 아닌 Alice에게서 온 것이라고 확신할 수 있는지 물을 것이다. Bob은 K_A로 암호화되어 있지 않았다면 Alice로부터 온 메시지를 BB가 받아들이지 않았을 것이고, 따라서 Trudy가 *BB*에게 발각되지 않고 Alice로 가장하여 메시지를 보낼 수 없다고 지적할 것이다.

그리고 Bob은 증거 서류 A로 $K_{BB}(A, t, P)$를 제출할 것이다. Bob은 이것이 *BB*가 서명한 메시지로서 Alice가 Bob에게 메시지 P를 보냈음을 증명한다고 말할 것이다. 그러면 판사는 *BB*(모든 사람이 신뢰하고 있는)에게 증거서류 A를 복호화해 보라고 할 것이다. *BB*는 Bob이 진실을 이야기하고 있다고 입증해줄 것이고 판사는 Bob의 손을 들어주면서 재판을 종료할 것이다.

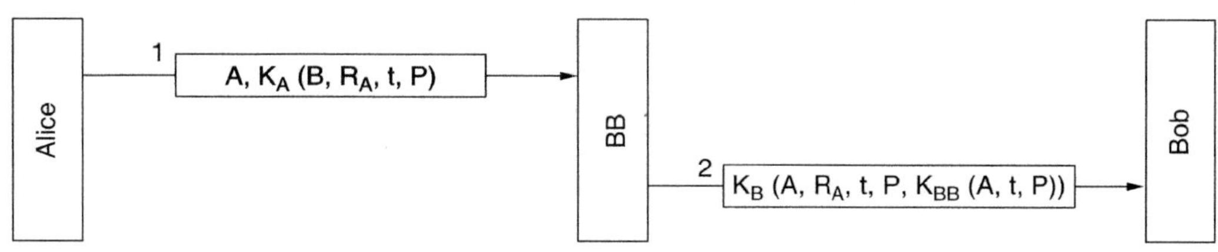

그림 8-18 Big Brother를 이용한 전자서명

그림 8-18의 서명 프로토콜의 문제점 중 하나는 Trudy가 메시지 두 개 모두를 재전송(replay)할 수 있다는 것이다. 이 문제를 최소화하기 위하여 타임스탬프가 사용된다. 더군다나 Bob은 R_A가 또 사용된 곳이 있는지를 알기 위해 최근의 모든 메시지를 확인해볼 수 있다. 만약 다른 곳에서도 사용되었다면 이 메시지는 재전송된 것이므로 버려진다. 타임스탬프를 확인하고 Bob은 아주 오래된 메시지는 버린다. 순간적인 되풀이 공격으로부터 방어하기 위하여 Bob은 메시지를 받을 때마다 R_A를 확인하여 최근 한 시간 내에 같은 메시지를 받은 적이 있는가를 확인한다. 만약 받은 적이 없으면 Bob은 이 메시지를 새로운 메시지로 간주한다.

8.4.2 공개키 서명

전자 서명에 대칭키 암호를 사용함으로써 발생하는 구조적인 문제는 모든 사람들이 Big Brother를 신뢰하는 데 동의해야 한다는 것이다. 더군다나 Big Brother는 모든 서명된 메시지를 읽을 수 있다. Big Brother 서버를 운용하기에 논리적으로 가장 적절한 대상은 정부, 은행, 회계사, 법률가 등일 것이다. 그러나 불행하게도 이러한 기관들 가운데 어느 것도 모든 시민들에게 전폭적인 신임을 이끌어 내지는 못한다. 그러므로 이러한 것들은 문서에 서명할 때 신뢰성이 제공되는 서버를 필요로 하지 않는 경우에 유용하다.

공개키 암호가 여기에 커다란 기여를 할 수 있다. $D(E(P))=P$와 함께 $E(D(P))=P$라는 특성을 가지는 공개키 암호 및 복호 알고리즘을 생각해 보자(RSA는 이러한 특성을 가지고 있으며, 이러한 가정은 불합리한 것이 아니다). Alice가 Bob에게 $E_B(D_A(P))$의 형태로 원문 P를 보낸다고 하자. Alice는 자신의 개인키 D_A와 Bob의 공개키 E_B를 알고 있으므로 이 메시지를 만들 수 있다.

Bob이 이 메시지를 받으면 자신의 개인키를 이용하여 그림 8-19와 같이 변환하여 $D_A(P)$를 얻는다. Bob은 이것을 안전한 곳에 저장해 놓고 E_A를 사용하여 평문을 얻는다.

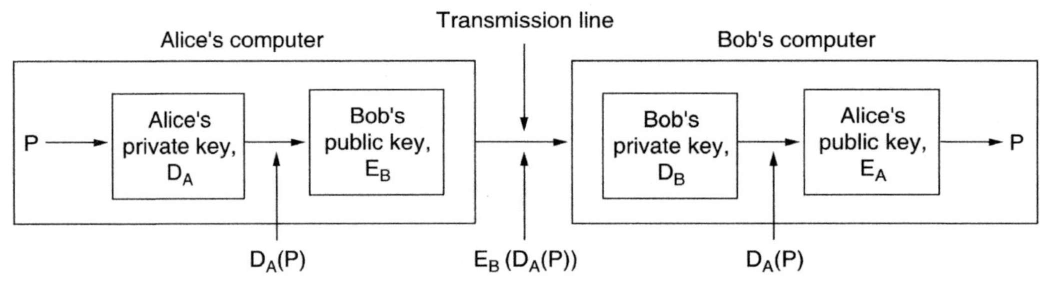

그림 8-19 공개키 암호를 사용한 디지털 서명

디지털 서명이 어떻게 동작하는지를 알기 위하여 Alice가 Bob에게 메시지 P를 보내고 나서 이를 부인했다고 가정해 보자. 이 사건이 법정으로 가게 되면 Bob은 P와 $D_A(P)$를 모두 제출할 수 있다. 판사는 $D_A(P)$에 E_A를 적용해 봄으로써 Bob이 실제로 D_A를 사용하여 암호화된 유효한 메시지를 가지고 있다는 것을 알아낼 수 있다. Bob은 Alice의 개인키가 어떤 것인지 모르기 때문에 Bob이 얻은 메시지는 Alice가 보내준 것임에 틀림이 없게 된다. 위증과 사기죄로 감옥에 있는 동안 Alice는 새로운 공개키 암호를 고안해낼 수 있을 만큼 충분한 시간을 가질 수 있을 것이다.

디지털 서명을 위해 공개키 암호를 사용하는 것은 괜찮은 방법이지만 여기에는 기본적인 알고리즘이 아니라 동작하는 환경에 관련된 문제점들이 있다. 그중 하나는 Bob은 D_A의 기밀성이 보장되는 한 그 메시지가 Alice로부터 왔다는 것을 증명할 수 있다. 만일 Alice가 자신의 비밀키를 누설하였을 경우 이 논리는 더 이상 성립하지 않는다. 왜냐하면 Bob을 포함하여 누구라도 그 메시지를 보낼 수 있기 때문이다.

예를 들어 Bob이 Alice의 주식 중개인일 경우 문제가 발생한다. Alice는 Bob에게 특정 주식이나 채권을 사달라고 요청한다. 그런데 Alice가 산 주식이나 채권의 값이 갑자기 큰 폭으로 떨어진다. Alice는 자신이 Bob에게 보낸 메시지를 부인하기 위하여 경찰서로 달려가 자신의 집이 강도를 당했으며 키를 가지고 있는 PC가 강탈당했다고 주장한다. 특히 그녀가 몇 시간 후에 직장에서 집으로 돌아와서야 침입을 발견했다고 주장하는 경우 그녀가 살고 있는 주나 나라에 따라 그녀는 법률상의 책임이 있을 수도 있고 없을 수도 있다.

이 서명 체계에서의 또 다른 문제점은 Alice가 그녀의 키를 변경하는 경우에 발생한다. 키를 바꾸는 것은 합법적인 일이고 정기적으로 바꾸는 것은 좋은 방법이다. 위에서 설명한 것과 비슷한 법률상의 문제가 발생하면 판사는 현재의 키 E_A를 $D_A(P)$에 적용해 보고 여기서 P가 나오지 않는다는 것을 알게 될 것이나. 결국, Bob이 범인으로 지목될 것이다.

기본적으로 모든 공개키 알고리즘이 전자서명에 사용될 수 있다. 업계의 사실 표준은 RSA이다. 많은 보안 제품들이 이것을 사용하고 있다. 그러나 1991년 NIST(National Institute of Standard and Technology, 미 국립 표준원)는 El Gamal 공개키 알고리즘을 자신들의 새로운 **디지털 서명 표준(Digital Signature Standard, DSS)**으로 사용할 것을 제안하였다. El Gamal은 보안성을, 큰 수를 인수분해하기가 어렵나는 점에서 제공 빋는 깃이 아니리, 이산 대수를 계산해 내기가 어렵다는 데에서 제공받는다.

정부가 이 알고리즘을 표준화하려고 하자 큰 소동이 벌어졌다. DSS는 다음과 같은 몇 가지 점에서 비난을 받았다.

1. 너무 비밀스럽다 - NSA가 El Gamal을 사용하기 위해 이 프로토콜을 설계하였다.
2. 너무 느리다 - 서명을 확인하는 데 RSA보다 10배에서 40배까지 느리다.
3. 너무 생소하다 - El Gamal 알고리즘은 아직 완전히 분석되지 않았다.
4. 너무 불안정하다 - 키가 512비트로 고정되어 있다.

그다음 개정안에서 1024비트까지 키를 사용할 수 있도록 허용함으로써 네 번째 문제는 어느 정도 해결되었다. 그럼에도 불구하고 처음 두 가지 문제들은 아직 해결되지 않았다.

8.4.3 메시지 다이제스트

서명 방법에 대한 비난 중 하나는 그것이 인증과 비밀 유지라는 서로 별개의 기능을 결부시키려 한다는 것이다. 일반적으로 인증은 필요하지만, 비밀 유지는 필요하지 않다. 또한 수출 승인 신청서(export license)를 얻는 경우, 그 시스템이 인증만을 필요로 하고 비밀 유지는 사용하지 않으면 훨씬 용이하다. 아래에서는 전체 메시지를 암호화하지 않는 인증 방법에 대하여 알아보기로 한다.

이 방법은 임의의 길이의 평문을 받아 일정한 길이의 비트열을 만들어 내는 단방향 해시 함수(one-way hash function)에 기반을 두고 있다. 이 해시 함수(MD)는 **메시지 다이제스트 (Message Digest)**라 불리며, 다음과 같은 4가지 중요한 특성을 가지고 있다.

1. *P*에 대하여 *MD*(*P*)를 구하기 쉬워야 한다.
2. *MD*(*P*)가 주어져도 *P*를 구하는 것이 불가능해야 한다.
3. *P*를 알아도 *MD(P')=MD(P)*를 만족하는 *P'*을 구하는 것이 불가능해야 한다.
4. 입력에서 1비트라도 바뀌면 전혀 다른 출력이 나와야 한다.

세 번째 특성을 만족시키기 위해서 해시는 적어도 128비트 이상이어야 한다. 네 번째 특성을 만족시키기 위해서 해시는 우리가 지금까지 배웠던 대칭키 암호 알고리즘과는 다르게 비트들은 조각내어 뒤섞어야 한다.

평문을 가지고 메시지 다이제스트를 만드는 것은 공개키 알고리즘으로 평문을 암호화하는 것보다 훨씬 빠르다. 그러므로 메시지 다이제스트는 전자 서명 알고리즘의 속도를 높이는 데 사용될 수 있다. 이것이 어떻게 동작하는지를 알아보기 위해 그림 8-18의 서명 프로토콜을 다시 보자. *P*를 $K_{BB}(A, t, P)$로 서명하는 대신, *BB*는 *MD*를 *P*에 적용하여 메시지 다이제스트 *MD(P)*를 구한다. 그리고 나서 *BB*는 Bob에게 보내는 K_B로 암호화되는 목록 가운데 다섯 번째 항목으로 $K_{BB}(A, t, P)$대신 $K_{BB}(A, t, MD(P))$를 보낸다.

문제가 발생하게 되면 Bob은 *P*와 $K_{BB}(A, t, MD(P))$ 모두를 제출할 수 있다. Big Brother가 판사를 위해 그것을 복호화하면 Bob은 *MD(P)*를 얻을 수 있는데 이것은 메시지가 진짜임을 보장하며, 평문이 *P*임을 증명한다. 그러나 Bob이 이와 같은 해시를 생성하는 또 다른 메시지를 만들어 낸다는 것이 사실상 불가능하기 때문에 판사는 Bob이 진실을 말하고 있다는 것을 쉽게 알 수 있다. 이러한 방식으로 메시지 다이제스트를 사용하면 암호화에 걸리는 시간과 메시지 전송 비용 모두 줄일 수 있다.

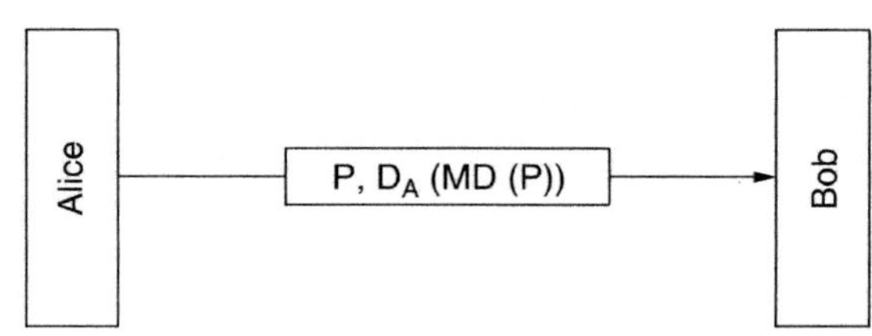

그림 8-20 메시지 다이제스트를 사용하는 디지털 서명

메시지 다이제스트는 그림 8-20에 나타낸 바와 같이 공개키 암호화 시스템에도 사용된다. 여기서 Alice는 자신의 평문에 대한 메시지 다이제스트를 계산한다. 그리고 그녀는 메시지 다이제스트에

서명하고 서명한 다이제스트와 평문 모두를 Bob에게 보낸다. Trudy가 중간에서 *P*를 바꿔치기하면, Bob은 *MD(P)*를 구해서 비교함으로써 이 사실을 쉽게 알 수 있다.

SHA-1과 SHA-2

여러 가지 메시지 다이제스트 함수들이 제안되어 왔다. 그중 가장 많이 사용되는 것이 **SHA-1(Secure Hash Algorithm 1)**이다(NIST, 1993). 다른 모든 메시지 다이제스트와 마찬가지로 이것도 모든 출력 비트가 모든 입력 비트에 영향을 받는 매우 복잡한 방법으로 비트들을 뒤섞는 방법이다. SHA-1은 NSA에서 개발되었으며, NIST에서 FIPS 180-1로 등록되어 사용되었다. SHA-1은 입력 데이터를 512비트 블록으로 처리하고 160비트 메시지 다이제스트를 생성한다. Alice가 비밀이 요구되지 않지만 서명이 필요한 메시지를 Bob에게 보내는 일반적인 방법은 그림 8-21과 같다. 여기서 Alice의 평문 메시지는 SHA-1 알고리즘을 통과하여 160비트 SHA-1 해시를 생성한다. Alice는 해시를 자신의 RSA 개인키로 서명하여 평문 메시지와 서명한 해시를 Bob에게 보낸다.

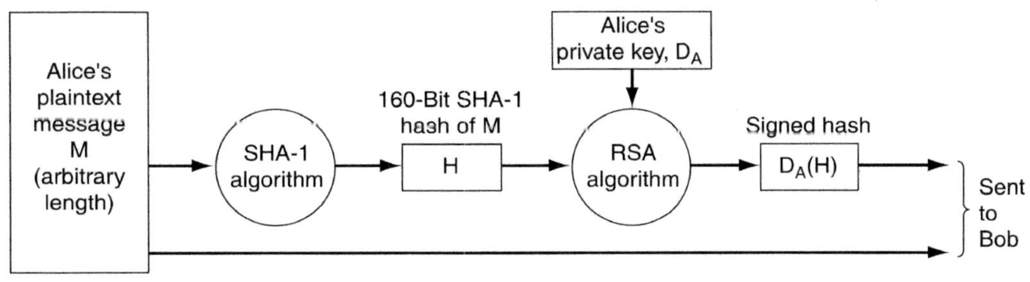

그림 8-21 비밀이 요구되지 않는 메시지에 서명하기 위한 SHA-1와 RSA의 사용

메시지를 받으면 Bob은 스스로 SHA-1 해시를 계산하고 Alice의 공개키를 서명한 해시에 적용하여 원래 해시 H를 얻는다. 만약 이 둘이 일치하면 이 메시지는 유효한 것으로 인정한다. Trudy가 전송 중에 있는 평문 메시지를 수정하여 해시 H와 일치하는 메시지를 새로 만들어 낼 수 있는 방법이 없기 때문에 Bob은 Trudy가 메시지를 변화시킨 사실을 쉽게 알아낼 수 있다. 무결성은 중요하지만 내용의 비밀성이 필요하지 않은 메시지에 대하여 그림 8-21의 방법이 널리 사용되고 있다. 이 방법은 상대적으로 적은 계산 비용으로 전송 중에 있는 평문 메시지에 발생한 어떠한 변경도 매우 높은 확률로 탐지해낼 수 있다.

이제 SHA-1이 어떻게 동작하는지 간략하게 알아보기로 한다. 먼저 메시지의 끝에 한 비트의 1을 패딩하고 그다음에 전체 길이가 512비트의 배수가 되도록 0비트들을 패딩한다. 그다음 패딩 전에 메시지 길이를 포함하고 있는 64비트 수가 메시지에 부가된다. 그림 8-22에서 메시지의 오른쪽 끝에 패딩을 나타내었는데 이것은 영어 문장이나 숫자의 경우 왼쪽에서 시작하여 오른쪽으로 끝나고 오른쪽 아래 부분이 일반적으로 숫자의 끝으로 인식되기 때문이다. 컴퓨터의 경우 이러한 표기는 SPARC와 같은 big-endian 방식의 시스템에서 사용하지만 SHA-1은 컴퓨터가 어떠한 방식을 사용하더라도 항상 메시지의 끝을 패딩한다.

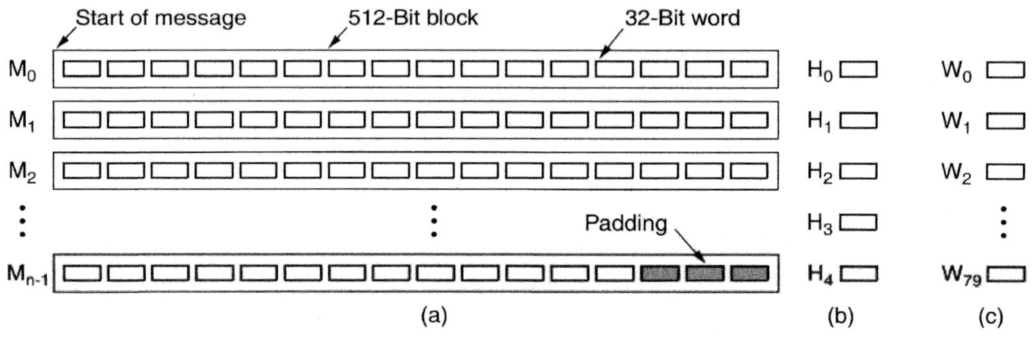

그림 8-22 (a) 메시지를 512비트씩 나누어 패딩 (b) 출력 변수들 (c) 워드 배열

계산을 하는 동안 SHA-1은 H_0에서 H_4까지 5개의 32 비트 변수를 관리하며, 여기에 해시값이 축적된다. 이 과정은 그림 8-22(b)에 나타내었다. 이 변수들은 표준에서 정의한 특정값으로 초기화된다.

M_0에서 M_{n-1}까지 각각의 블록들은 차례로 처리된다. 현재의 블록에 대하여 16개의 워드가 먼저 80워드 길이를 갖는 임시 배열 W의 앞부분에 복사된다(그림 8-22[c]). 그리고 W에 있는 다른 나머지 64개의 워드들은 다음 수식에 따라 채워진다.

$$W_i = S^1(W_{i-3} \text{ XOR } W_{i-8} \text{ XOR } W_{i-14} \text{ XOR } W_{i-16}) \quad (16 \le i \le 79)$$

여기서 $S^b(W)$는 32 비트 워드 W를 b 비트만큼 왼쪽으로 회전시킴을 뜻한다. 이제 A에서 E까지의 5개의 연산 변수는 H_0에서 H_4까지의 변수가 가지고 있는 값으로 각각 초기화 된다.

실제 계산을 위한 C 코드는 다음과 같이 나타낼 수 있다.

```
for ( i=0;  i <80;  i ++){
    temp= S^5(A)+f_i(B, C, D)+E+ W_i+K_i ;
    E= D; D=C; C= S^30(B); B=A; A=temp;
}
```

여기서 K_i변수는 표준에서 정의되고, 혼합 함수 f_i는 다음과 같다.

f_i(B, C, D) = (B AND C) OR (NOT B AND D) $(0 \le i \le 19)$

f_i(B, C, D) = B XOR C XOR D $(20 \le i \le 39)$

f_i(B, C, D) = (B AND C) OR (B AND D) OR (C AND D)　　　　($40 \le i \le 59$)

f_i(B, C, D)= B XOR C XOR D　　　　($60 \le i \le 79$)

80번의 루프가 다 돌면 A에서 E까지의 값은 각각 H_0에서 H_4까지의 변수에 더해진다.

처음 512비트 블록이 다 처리되면 다음 블록이 처리된다. *W*배열은 새 블록으로 다시 초기화되지만 H는 그대로 남는다. 이 블록이 끝나면 그다음 블록이 처리되는데 이 과정은 512비트 메시지 블록이 다 처리될 때까지 반복된다. 마지막 블록의 처리가 끝나고 나서 H배열에 들어 있는 5개의 32비트 워드가 바로 160비트 암호 해시의 출력이 된다. SHA-1에 대한 완전한 C코드는 RFC3174를 참고하기 바란다.

256, 384 그리고 512비트의 해시를 갖는 새로운 SHA-1 버전들이 개발되었다. 이들을 통칭해서 SHA-2라 부른다. SHA-2는 SHA-1해시보다 긴 해시를 생성할 뿐만 아니라, SHA-1의 잠재적 약점들을 보완하기 위해 다이제스트 함수를 변환하였다. SHA-2는 앞으로 널리 쓰이게 될 것이다.

MD5

또 다른 메시지 다이제스트 함수들 중에 널리 쓰이는 것은 **MD5(Rivest, 1992)**이다. MD5는 Ron Rivest가 설계한 해시 함수 가운데 다섯 번째 것이다. 간단히 말하면 MD5는 처음에 메시지를 448비트의 길이로 만든다. 그리고 64비트 정수를 추가하여 입력의 전체 크기가 512비트의 배수가 되도록 한다. 각 라운드에서 512비트의 입력 블록을 128비트의 버퍼와 완전히 섞는다. 성능을 좋게 하기 위해 사인 함수(sine function)로부터 만들어진 테이블도 집어넣는다. 사인 함수 같이 잘 알려진 함수를 사용하는 이유는 설계자가 MD5를 설계하면서 자신만이 들어갈 수 있는 어떠한 백 도어도 만들어 놓지 않았다는 것을 보장하기 위해서이다. 처리 과정은 모든 입력 블록에 대해 다 실행될 때까지 계속된다. 128비트 버퍼 내용이 메시지 다이제스트가 된다.

10년 이상의 사용과 연구로 MD5의 약점들로 인한 충돌(collision)과 같은 해시값을 갖는 다른 메시지를 발견할 가능성들이 제시되었다(Sotirov et al., 2008). 이는 다이제스트 함수로서 치명적인 약점이기 때문에, 전문가들은 MD5가 곧 깨어질 것으로 생각한다. 그럼에도 불구하고 지금 많은 시스템에서 사용되고 있다.

8.4.4 생일 공격(Birthday Attack)

암호 세계에서는 보이는 것만이 전부가 아니다. 사람들은 m 비트의 메시지 다이제스트를 파괴하려면 2^m의 연산이 필요하다고 생각한다. 실제로는 Yuval(1979)이 발표한 "How to Swindle Rabin(어떻게 Rabin을 속일 것인가)" 이란 논문에 소개된 **생일 공격**법을 사용하면 $2^{m/2}$의 연산으로 해결할 수 있다.

이 공격의 아이디어는 확률 수업에서 수학과 교수들이 종종 사용하는 기법에서 유래한다. 한 반에서 두 학생의 생일이 같을 확률이 1/2 이상이 되려면 한 반의 학생 수가 몇 명이 되어야 하는가라는 문제를 생각해 보자. 많은 학생들은 답이 100 이상일 것이라고 생각할 것이다. 그러나 확률이론에 의하면 23명이면 충분하다. 복잡하게 분석할 필요도 없이 직관적으로 생각해보면, 23명의 학생이 있으면 (23×22)/2=253개의 서로 다른 쌍을 가질 수 있고 각 쌍의 두 학생의 생일이 같을 확률은 1/365이다. 이렇게 보면 이것은 더 이상 놀라운 일이 아니다.

보다 일반적으로 생각해 보자. 만일 n개의 입력(사람, 메시지 등)과 k개의 출력(생일, 메시지 다이제스트 등)으로 이루어진 매핑이 있다고 하면, $n(n-1)/2$개의 입력 쌍이 존재한다. 여기서 $n(n-1)/2 > k$ 이면 적어도 하나의 쌍이 일치할 확률은 매우 높아진다. 대략 $n > \sqrt{k}$이면 한 쌍이 일치한다고 볼 수 있다. 이 결과는 64 비트 메시지 다이제스트는 2^{23}개 정도의 메시지를 만들어서 같은 메시지 다이제스트를 갖는 메시지 쌍을 찾아냄으로써 깨질 수 있다는 것을 의미한다.

실질적인 예를 살펴보기로 하자. 주립 대학의 컴퓨터학과에 종신 교수자리가 하나 생겼는데 그 후보로 Tom과 Dick 두 사람이 있다고 하자. Tom은 Dick보다 2년 먼저 임용되었기 때문에 그가 먼저 심사를 받게 된다. 만일 Tom이 심사를 통과하게 되면 Dick은 떨어지게 되는 것이다. Tom은 학과장인 Marilyn이 자기의 업적을 높게 평가하고 있다는 것을 알기 때문에 그녀에게 임명권을 가지고 있는 학장에게 자신에 대한 추천서를 써달라고 요청한다. 편지는 항상 비밀이 유지되어야 한다.

Marilyn은 그녀의 비서인 Ellen에게 학장에게 보낼 편지의 대략적인 내용을 일러준다. 편지가 준비되면, Marilyn은 그것을 다시 검토하고 64비트 다이제스트를 계산하고 서명하여 학장에게 보내라고 지시한다. Ellen은 나중에 이 편지를 전자우편으로 보낸다.

Tom에게는 불행하게도 Ellen은 Dick과 연인 관계이고, 그녀는 다음과 같은 32개의 옵션을 가진 편지를 작성한다.

Smith 학장님께

이 [편지/메시지]는 [현재의/올해의] 종신 교수 [후보자/지원자]인 Tom Wilson 교수에 대한 저의 [정직한/솔직한] 의견을 말하기 위한 것입니다. 저는 Wilson 교수와 [대략/거의] 6년 동안 [친분이 있습니다/함께 일해 왔습니다]. 그는 [많은/무수한] [어려운/도전해봄 직한] 문제들에서 보여준 [현명한/창의적인] 통찰력으로 [세계에/국제적으로] 널리 알려진 굉장한 [재능을 가진/능력이 있는] [훌륭한/뛰어난] 학자입니다.

그는 또한 [매우/굉장히] [존경받는/존중받는] [교수/교육자]입니다. 그의 학생들은 그의 [과목/수업]을 [격찬하고/매우 칭찬하고] 있습니다. 그는 [우리에게/학과 내에서] [가장 인기 있는/가장 평판이 좋은] [교수/강사]입니다.

[추가로 말하자면/덧붙여 말하자면] Wilson 교수는 연구비 마련에도 [타고난 능력/공헌]을 했습니다. 그의 [연구비 수혜/연구비 계약]은 [많은/상당한] 돈이 [해당/우리] 학과에 투자되게 하였습니다. [이 돈은/이 연구비는] [말하자면/예를 들면] State 2000과 같은 많은 [특별한/중요한] 프로그램들을

[계속할 수/수행할 수] 있도록 [힘이 돼/허락해] 주었습니다. 이러한 연구 기금이 없었다면 우리는 학과와 단과 대학에 모두 [중요한/필수적인] 이 프로그램을 [계속할 수/지속할 수] 없었을 것입니다.

저는 당신이 그를 종신 교수로 임용하시기를 강력히 추천합니다.

Tom에게는 불행하게도 Ellen은 이 편지의 작성을 끝내자마자 두 번째 편지를 작성한다.

Smith 학장님께

이 [편지/메시지]는 [현재의/올해의] 종신 교수 [후보자/지원자]인 Tom Wilson 교수에 대한 저의 [정직한/솔직한] 의견을 말하기 위한 것입니다. 저는 Wilson 교수와 [대략/거의] 6년 동안 [친분이 있습니다/함께 일해 왔습니다]. 그는 그의 [영역/분야]에서 [잘 알려지지 않은/별로 알려지지 않은] 학자입니다. 그의 연구는 [요사이/현재의] [주된/중요한] 문제들에 대하여 [가끔/드물게] [주목받을/주의를 끌] 뿐입니다.

더군다나 그는 별로 [존경받지/인정받지] 못하는 [교수/교육자]입니다. 그의 학생들은 그의 [수업/과목]을 매우 [안 좋게/나쁘게] 평가하고 있습니다. 그는 [우리 학과에서/과 내에서] 가장 인기 없는 [교수/강사]입니다. [우리 과 내에서는/학과 내에서는] 학생들에세 [어리석은/경망스러운] 질문을 하여 학생들을 [어리둥절하게/어쩔 줄 모르게] 만드는 그의 수업 [경향/성향]이 [상당히/아주 많이] 문제가 되고 있습니다.

[추가로 말하자면/덧붙여 말하자면] Tom은 연구기금 조성에도 [별로 재주가 없는/별로 공헌을 하지 못하는] 사람입니다. 그의 [연구비 수혜/연구비 계약]은 [우리/해당] 학과에 [미약한/보잘것없는] 돈만 투자되게 하였습니다. 새로운 [돈이/연구 기금이] 조속히 조성되지 않는다면 우리는 State 200과 같은 중요한 프로그램을 취소해야 할지 모릅니다. 불행하게도, 이러한 [이유로 인하여/원인들 때문에] 저는 [정직하게/양심적으로] 그를 [종신 교수직에/영구 교수직에] 추천할 수 없습니다.

이제 Ellen은 그녀의 컴퓨터를 이용하여 두 개의 편지에 대하여 2^{32}개의 메시지 다이제스트를 밤새 계산한다. 그리고는 첫 번째 편지의 메시지 다이제스트가 두 번째 편지의 메시지 다이제스트와 일치하는 것을 찾아낸다. 만일 찾아내지 못하면, Ellen은 몇 가지 선택사항을 추가하여 주말에 다시 시도해 본다. 그녀가 일치하는 것을 찾아냈다고 가정하고 좋은 내용을 담은 원래의 편지를 A, 그녀가 작성한 나쁜 내용의 편지를 B라고 하자.

Ellen은 이제 편지 A를 Marilyn에게 전자우편으로 보내고 승인을 받는다. 편지 B는 아무에게도 보여주지 않고 보관한다. Marilyn은 물론 편지 A를 승인하고 64비트 메시지 다이제스트를 계산하여 서명하고 서명한 다이제스트를 Smith 학장에게 전자우편으로 보낸다. 이와는 별개로 Ellen은 편지 A 대신 편지 B를 학장에게 보낸다.

편지 B와 서명한 메시지 다이제스트를 각각 받은 학장은 편지 B에 대하여 메시지 다이제스트 알고리즘을 돌려 나온 결과와 Marilyn이 보낸 다이제스트와 비교해 일치하는 것을 확인하고 Tom을 탈락시킨다. 학장은 Ellen이 동일한 메시지 다이제스트를 갖는 두 개의 편지를 만들어 Marilyn이 본 것과 다른 편지를 보냈다는 사실을 알아채지 못하고 승인을 해버린 것이다(또 다른 결말로, Dick이 이 이야기를 Ellen으로부터 듣고 기겁을 하여 그녀와 관계를 끊는다. Ellen은 화가 치밀어 Marilyn에게 자백을 한다. Marilyn은 학장에게 전화를 하고 Tom은 결국 종신 교수 자리를 얻는다).

SHA-1에서 생일 공격은 어렵다. 왜냐하면 1초에 10억 번의 계산을 할 수 있는 컴퓨터가 있다고 하더라도 각각 80개의 변형을 가지는 두 편지에 대하여 2^{80}개의 다이제스트 모두를 검사하는 데 32,000년 이상 걸릴 뿐 아니라, 일치하는 쌍이 나온다는 보장이 없기 때문이다. 물론 1100만 대의 컴퓨터를 이용하여 병렬처리를 한다면 2주 만에 일을 끝낼 수는 있다.

8.5 공개키 관리

공개키 암호는 동일한 키를 공유하지 않더라도 안전한 통신을 가능하게 한다. 또한 신뢰성을 제공하는 제3자가 없더라도 메시지 서명을 가능하게 한다. 마지막으로 서명한 메시지 다이제스트는 받은 메시지에 대한 무결성을 쉽게 검증할 수 있도록 해준다.

그러나 우리가 간과한 한 가지 문제점이 있다. 즉, Alice와 Bob이 서로 모르는 사이라면 어떻게 통신을 하기 위하여 상대방의 공개키를 알 수 있을까? 물론 손쉬운 방법은 자신의 공개키를 자신의 웹 사이트에 올리는 것이지만 이 방법은 다음과 같은 이유로 통하지 않는다. Alice가 Bob의 웹 사이트에서 그의 공개키를 알아내려고 한다. 그녀는 Bob의 URL을 입력하고 브라우저는 Bob의 홈페이지의 DNS 주소를 찾아 그림 8-23과 같이 GET request 메시지를 보낸다. 불행하게도 Trudy가 중간에서 이 메시지를 가로채어 Bob의 홈페이지 복사본과 Bob의 공개키가 아니라 자신의 공개키를 보낸다.

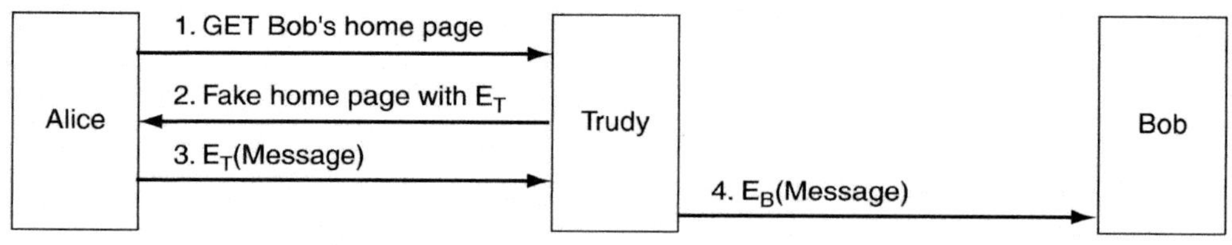

그림 8-23 Trudy가 공개키 암호를 파괴하는 방법

이제 Alice는 자신의 첫 메시지를 Trudy의 공개키인 E_T로 암호화하여 보내고 Trudy는 이 메시지를

복호화하여 읽어보고 다시 이 메시지를 Bob의 공개키로 암호화하여 Bob에게 보낸다. Bob은 자기에게 전달되는 메시지를 Trudy가 중간에서 읽었다는 사실을 알지 못한다. 최악의 경우 Trudy는 중간에서 복호화한 메시지를 Bob에게 보내기 전에 바꿀 수도 있다. 따라서 공개키가 안전하게 교환되었다는 것을 입증할 수 있는 메커니즘이 필요하다.

8.5.1 인증서(Certificates)

공개키를 안전하게 분배하는 방법으로 24시간 내내 온라인으로 공개키를 제공하는 **키 분배 센터(key distribution center, KDC)**를 생각할 수 있다. 이러한 솔루션이 가지고 있는 많은 문제점들 중의 하나는 시스템이 확장 가능하지 못하고, 키 분배 센터가 급속하게 병목현상(bottleneck)을 일으킨다는 것이다. 또한 센터가 다운되면 인터넷 보안은 갑자기 멈추게 된다.

이러한 이유로 항상 온라인으로 키를 분배하는 센터가 필요하지 않는 새로운 솔루션을 개발하였다. 이 방법은 전혀 온라인으로 제공할 필요가 없다. 대신 개인이나 회사 또는 기관에 속하는 공개키를 인증하는 것이다. 공개키를 인증하는 기관을 **인증기관(Certification Authority, CA)**이라 부른다.

예를 들어 Bob이 Alice와 다른 사람들이 자신과 안전하게 통신하도록 하기를 원한다고 하자. 그는 공개키와 자신의 여권 또는 운전면허증을 가지고 인증기관을 찾아가 인증을 요청한다. 그러면 인증기관은 그림 8-24와 유사한 인증서를 발급하고 인증기관의 비밀키로 SHA-1 해시에 서명한다. Bob은 인증기관에 수수료를 지불하고 인증서와 서명된 해시를 포함하고 있는 CD-ROM을 받는다.

```
I hereby certify that the public key
    19836A8B03030CF83737E3837837FC3s87092827262643FFA82710382828282A
belongs to
    Robert John Smith
    12345 University Avenue
    Berkeley, CA 94702
    Birthday: July 4, 1958
    Email: bob@superdupernet.com
```

SHA-1 hash of the above certificate signed with the CA's private key

그림 8-24 인증서와 서명된 해시의 예

인증서의 기능은 공개키와 당사자(개인, 회사 등)의 이름을 묶어주는 것이다. 인증서 그 자체는 비밀이 요구되지 않는다. 예를 들어 Bob은 자신의 새 인증서를 웹 사이트에 올리고 메인 페이지에서 링크를 걸어 다른 사람들이 인증서를 볼 수 있도록 할 수 있다. 다른 사람들이 이 링크를 클릭하면 인증서와 서명 블록(인증서에 대한 서명한 SHA-1 해시)을 받을 수 있다.

그림 8-23에 소개한 예를 다시 생각해보기로 하자. Trudy가 Bob의 홈페이지로 향하는 Alice의

요청 메시지를 가로채서 무엇을 할 수 있을까? 그녀는 자신의 인증서와 서명 블록을 위조한 페이지에 삽입할 수 있다. 그러나 Alice가 이 인증서를 보면 그녀는 곧 인증서에 Bob의 이름이 없기 때문에 Bob과 통신하고 있지 않다는 사실을 알게 된다. Trudy는 몰래 Bob의 홈페이지를 수정하여, Bob의 공개키와 자신의 공개키를 바꿔치기한다. 그러나 Alice가 인증서에 대하여 SHA-1 알고리즘을 돌리면 그녀는 CA의 공개키를 서명 블록에 적용했을 때 얻은 해시와 일치하지 않는 해시를 얻게 될 것이다. Trudy는 CA의 비밀키를 가지고 있지 않기 때문에, 그녀의 공개키가 들어 있는 수정한 웹 페이지의 해시를 포함하고 있는 서명 블록을 만들어낼 수 있는 방법이 없다. 그러므로 Alice는 자신이 Trudy가 아니라 Bob의 공개키를 가지고 있음을 확신할 수 있다. 위에서 설명한 바와 같이 이 방법은 인증을 위해 CA가 온라인 서비스를 제공할 필요가 없기 때문에 병목현상도 방지할 수 있다.

인증서의 기본적인 기능이 공개키와 당사자를 묶어주는 것이지만, 인증서는 공개키와 **속성(attribute)**을 묶는 데 사용될 수도 있다. 예를 들어 어떤 인증서에 "이 공개키는 18세 이상의 누군가에게 속한다"라고 되어 있다고 하자. 이것은 비밀키의 소유자가 미성년자가 아니고 아이들에게 적합하지 않은 성인물을 접근할 수 있으며, 소유자의 신분은 공개하고 싶지 않을 때 사용된다. 이 인증서를 가지고 있는 사람은 이것을 나이를 제한하는 웹 사이트나 개인 또는 프로세스 등에게 보낸다. 그러면 이 사이트나 개인 또는 프로세스는 한 개의 난수를 발생하여 인증서에 있는 공개키로 이것을 암호화한다. 이것을 받은 소유자가 복호화할 수 있으면 이것을 다시 되돌려 보내어 자신이 인증서에 기술되어 있는 속성을 가지고 있음을 증명하게 된다.

인증서가 속성을 포함하고 있는 또 다른 예는 객체 지향 분산시스템의 경우이다. 일반적으로 각 객체는 여러 개의 메소드(method)를 가지고 있다. 객체의 소유자는 각각의 고객에게 인증서를 보내어, 고객이 사용하도록 허락받은 메소드가 어느 것인지를 나타내는 비트맵(bit map)을 제공하고, 서명한 인증서를 이용하여 이 비트맵과 공개키를 묶는다. 여기서 인증서를 가지고 있는 사람이 관련된 개인키도 가지고 있다는 것을 증명할 수 있다면, 그는 비트맵에 있는 메소드를 실행할 수 있을 것이다. 이것은 소유자의 신분을 노출시키지 않고 프라이버시가 중요한 경우 유용한 특성이다.

8.5.2 X.509

인증을 받으려고 하는 사람들이 서로 다른 종류의 인증서를 가지고 CA에 가서 인증을 요구하면 다양한 종류의 인증서를 관리하는 데 문제가 발생할 수 있다. 이러한 문제점을 해결하기 위하여 인증서에 대한 표준이 고안되어 ITU에 의해 승인되었다. 이 표준은 **X.509**라 불리며, 인터넷상에서 널리 사용되고 있다. 이 표준은 1988년 처음 표준화된 이래 세 번에 걸쳐 개정되었다. 여기서는 버전 3에 대해 알아보고자 한다.

X.509는 OSI로부터 많은 영향을 받았으며, 네이밍(naming), 부호화 등 몇 가지 아주 좋지 않은 특성들을 가져와 사용하고 있다. 놀랍게도 OSI를 무시하던 IETF가 제대로 하려는지 기계주소에서

전송 프로토콜, 그리고 전자우편 포맷에 이르는 거의 모든 분야에서 X.509를 채택하여 사용하고 있다. X.509에 대한 IETF 버전은 RFC 3280으로 표준화되어 있다.

내부를 들여다보면 X.509는 인증서를 기술하는 방법이라고 할 수 있다. 인증서의 중요한 몇 가지 필드를 나타내면 그림 8-25와 같으며, 인증서의 각 필드가 어떤 역할을 하는지 설명하고 있다. 더 상세한 내용을 알고 싶으면 ITU 표준이나 RFC 2459를 참고하기 바란다.

예를 들어 Bob이 Money Bank라는 은행의 대출 부서에 근무하고 있는데 그의 X.500 주소가 다음과 같다고 하자.

/C=US/O=MoneyBank/OU=Loan/CN=Bob/

여기서 C는 국가, O는 회사명, OU는 회사 내의 부서, 그리고 CN은 이름을 나타낸다. CA와 다른 객체들도 비슷한 방법으로 명명된다. X.500 이름이 가지고 있는 커다란 문제점은 Alice가 bob@moneybank.com과 통신하려고 할 때 X.500 이름을 가지고 있는 인증서를 받으면, 이 인증서가 상대방이 그녀가 원하는 Bob임을 증명하기 어려울 수도 있다는 것이다. 다행스럽게도, 버전 3이 나오면서 X.500 이름 대신 DNS 이름을 사용할 수 있게 됨에 따라 이 문제는 해결되었다.

필 드	의 미
Version (버전)	X.509 버전을 나타냄
Serial number (일련번호)	이 숫자와 CA의 이름이 인증서를 유일하게 함
Signature algorithm (서명알고리즘)	인증서에 서명하는 데 사용한 알고리즘
Issuer (발급자)	CA의 X.509 이름
Validity period (유효기간)	유효기간이 시작되는 일시와 만료되는 일시
Subject name (주체 이름)	키를 인증 받으려고 하는 개체
Public key (공개키)	주체의 공개키와 사용한 알고리즘의 ID
Issuer ID (발급자 ID)	인증서 발급자를 유일하게 나타내는 ID (선택사항)
Subject ID (주체 ID)	인증서의 주체를 유일하게 나타내는 ID (선택사항)
Extensions (확장자)	여러 가지 확장자가 정의됨
Signature (서명)	인증서의 서명 (CA의 비밀키로 서명)

그림 8-25 X.509 인증서의 기본 필드들

인증서는 OSI **ASN.1 (Abstract Syntax Notation 1)**을 사용하여 부호화되는데, 이것은 몇 가지 특이한 표기 방법을 제외하면 C언어의 구조체와 유사하다. X.509에 대한 상세한 내용은 (Ford and Baum, 2000)을 참고하기 바란다.

8.5.3 공개키 기반 구조

단 하나의 CA로 전 세계에서 필요한 모든 인증서를 발급한다는 것은 불가능하다. 부하가 걸리면 다운되고 고장이 나고 말 것이다. 이 문제에 대한 해결책 중의 하나는 여러 개의 CA를 하나의 기관에서 운영하고 인증서에 서명할 때 동일한 개인키를 사용하는 것이다. 이 방법은 부하와 고장 문제는 해결할 수 있지만 또 다른 문제 즉, 키 유출이란 문제를 야기한다. 전 세계적으로 수십 대의 서버가 있다고 하면, 모든 서버가 CA의 비밀키를 가지고 있으므로, 비밀키가 도난당하거나 유출될 확률은 매우 높다. 이 키의 손상은 전 세계의 모든 전자 보안 기반 구조를 망쳐 놓을 수 있기 때문에 단 하나의 중앙 CA만을 운영하는 것은 매우 위험하다.

그러면 어느 기관이 CA를 운영할 것인가? 전 세계적으로 신뢰성을 인정받기란 매우 어려운 문제이다. 일부 국가에서는 그 주체가 정부기관이어야 한다고 할 것이고, 또 다른 나라들에서는 정부기관은 안된다고 할 것이다.

이러한 이유로, 공개키를 인증하는 다른 방법이 고안되었는데 이를 **공개키 기반구조(Public Key Infrastructure, PKI)**라 한다. 본 절에서 우리는 PKI가 어떻게 동작하는지 간략히 알아보고자 한다. 이외에도 많은 제안들이 있었고 향후 발전해 나갈 것으로 보인다.

PKI는 사용자, 인증서, 그리고 디렉토리 등 여러 가지 구성요소로 이루어진다. PKI의 역할은 이 구성요소들을 구조화하는 방법을 제공하고, 여러 가지 문서와 프로토콜에 대한 표준을 정의하는 것이다. 간단한 형태의 PKI는 그림 8-26과 같은 CA들의 계층구조이다.

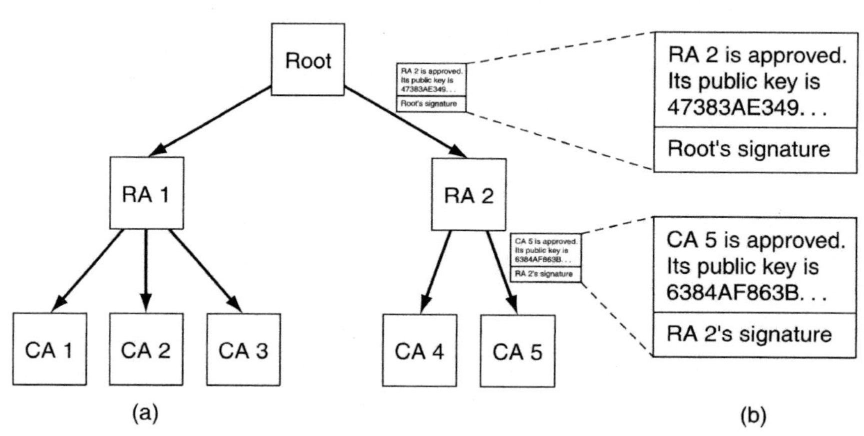

그림 8-26 (a) 계층적 PKL (b) 인증서 체인

이 예에서는 3단계의 레벨을 나타내었으나, 실제로는 이것보다 많을 수도 있고 적을 수도 있다. 맨 상위층에 있는 CA(루트)가 두 번째 레벨의 CA들을 인증하는데 이 CA들은 하나의 국가나 대륙과 같은 영역을 서비스하기 때문에 **RA(Regional Authority)**라 부른다. 이 용어는 표준이 아니며, 실제로

트리의 다른 레벨에 대한 표준 용어도 없다. 이 RA들이 실제로 기관이나 개인에게 X.509 인증서를 발급하는 CA이다. 루트가 새로운 RA를 인정하면, 루트는 이 RA를 승인하는 X.509 인증서를 생성하는데 이 인증서에는 새 RA의 공개키와 서명이 포함된다. 마찬가지로, RA가 새로운 CA를 인정하는 경우에도 자신의 승인 내용과 CA의 공개키를 포함하고 있는 인증서를 생성하여 서명한다.

PKI는 다음과 같이 동작한다. Alice가 Bob과 통신하기 위해 그의 공개키가 필요하다고 하자. 그녀는 CA 5가 서명한 공개키를 가지고 있는 인증서를 찾는다. 그런데 Alice는 CA 5에 대하여 전혀 알지 못한다. 그녀가 알고 있는 것은 CA 5는 Bob의 10살 먹은 딸이라는 것 정도이다. 그녀는 CA 5에게 다가가서 자기 자신을 증명하라고 요구한다. CA 5는 자신의 공개키를 포함하고 있는 RA 2로부터 받은 인증서를 내보인다. CA 5의 공개키를 확인하고 나서 그녀는 Bob의 인증서가 진짜로 CA 5가 서명했다는 것을 인정하게 된다.

RA 2가 Bob의 12살짜리 아들이라면, 그녀는 이제 RA 2에게 자신을 증명해 보이라고 요청한다. 이에 대한 응답은 RA 2의 공개키를 포함하고 있는 루트가 서명한 인증서이다. 이제야 Alice는 Bob의 공개키를 신뢰한다.

그러나 Alice는 어떻게 루트의 공개키를 찾아낼 수 있을까? 모든 사람이 루트의 공개키를 알고 있다고 가정한다. 예를 들어 그녀의 브라우저는 루트의 공개키를 가진 상태로 출시된다.

Bob은 다정다감한 사람이라 Alice가 고생하는 것을 원하지 않는다. 그는 Alice가 CA 5와 RA 2를 확인하는 데 어려움을 겪기 때문에 도와주려고 스스로 이 두 인증서를 구하여 자신의 것과 함께 건네준다. 이제 그녀는 자신이 알고 있는 루트의 공개키 정보를 이용하여 최상위 레벨의 인증서와 그 속에 들어 있는 두 번째 레벨을 인증하는 데 사용할 수 있는 공개키를 검증한다. 이렇게 하면, Alice는 인증을 하기 위하여 모든 사람과 연락할 필요가 없다. 인증서들은 모두 서명되기 때문에 인증서의 내용을 위조하려는 시도는 쉽게 탐지해낼 수 있다. 위에서 설명한 것과 같이 인증서 체인이 루트까지 연결되는 것을 **신뢰사슬(chain of trust)** 또는 **인증경로(certification path)**라 한다. 이 방법은 실제로 널리 사용되고 있다.

물론 아직 누가 루트를 운영할 것인가라는 문제가 남아 있다. 해결책은 단일 루트가 아니라 각각의 루트가 RA들과 CA들을 가지고 있는 여러 개의 루트를 두자는 것이다. 실제로, 오늘날 출시되는 브라우저들은 **신뢰앵커(trust anchors)**라 부르는 100개 이상의 루트에 대한 공개키를 제공한다. 이렇게 하면 전 세계에 단일 신뢰기관을 두는 문제는 해결된다.

그러나 이제 브라우저 제조업체가 어느 신뢰 앵커가 믿을 만하며 어느 것이 그렇지 않은지를 결정해야 하는 문제가 남아 있다. 결국 수수료 지불을 원하는 모든 앵커를 모두 인정하는 것이 아니라 신뢰할 만한 브라우저 제조업체를 선택하는 현명한 판단을 하는 것은 사용자의 몫이다. 모든 브라우저들은 사용자들이 루트 키(일반적으로 루트가 서명한 인증서의 형태로)를 검증하는 것을 허용하며, 의심스러운 키를 삭제하게 한다.

디렉토리(Directories)

어느 PKI에서나 제기되는 또 하나의 이슈는 어디에 인증서들을(그리고 인증서들의 알려진 신뢰 앵크로의 사슬) 저장하는가이다. 한 가지 방법은 각 사용자가 자신들의 인증서를 보관하는 것이다. 이 방법은 안전하지만(탐지되지 않고 서명한 인증서를 수정할 수 있는 방법은 없다) 불편하다. 그래서 제안된 다른 방법은 인증서 디렉토리(certificate directory)로서 DNS를 사용하는 방법이다. Alice와 통신하기 전에 Bob은 DNS를 이용하여 그의 IP 주소를 살펴야 한다. 그래서 DNS가 Bob의 IP 주소와 함께 인증서 사슬을 리턴하는지 확인해야 한다.

어떤 사람들은 이 방법이 더 좋다고 생각하고, 또 다른 사람들은 X.509 인증서만을 관리하는 전용 디렉토리 서버를 두는 방법을 선호한다. 그러한 디렉토리는 X.500 이름 특성을 사용하여 룩업 서비스를 제공한다. 예를 들어 이러한 디렉토리 서비스는 다음과 같은 질의에 답할 수 있다. "미국이나 캐나다에 있는 모든 회사의 영업 부서에 있는 Alice란 이름을 가진 모든 사람들에 대한 목록을 주시오." 아마도 이러한 정보를 제공하는 데 LDAP이 사용될 것이다.

취소(Revocation)

실제 사회는 여권, 운전면허증 등 수많은 인증서로 가득하다. 이러한 인증서는 가끔 취소되는 경우가 있는데 음주운전, 교통법규 위반 등이 그것이다. 똑같은 문제가 디지털 세계에서도 발생한다. 인증서를 발급한 기관이 인증서를 소지하고 있는 개인이나 기관이 어떠한 형태로든 이것을 남용하는 경우 취소 결정을 내릴 수 있다. 또한 인증서 주체의 비밀키가 유출되거나, 더한 경우 CA의 비밀키가 유출된 경우 취소할 수 있다. 그러므로 PKI는 이러한 이슈를 처리할 수 있어야 한다.

이 문제를 해결하기 위한 첫 번째 접근 방법은 각 CA가 취소된 모든 인증서의 일련번호를 담고 있는 **인증서 취소 목록(Certificate Revocation List, CRL)**을 주기적으로 교환하는 것이다. 인증서들은 만료기간을 가지고 있기 때문에 CRL은 아직까지 만료되지 않은 인증서들의 일련번호만을 관리하면 된다. 인증서의 만료기간이 지나면 인증서는 자동적으로 무효 처리되며, 최근에 만료된 인증서와 취소 처리된 인증서 사이의 차이점은 없다. 두 경우 모두 더 이상 사용할 수 없는 인증서인 것이다.

불행하게도 CRL 개념을 도입한다는 것은 인증서를 사용하고자 하는 사용자는 인증서가 취소되었는지를 확인하기 위하여 CRL을 검색해야 한다는 것이다. 만약 취소되었다면 인증서를 사용할 수 없게 된다. 그러나 인증서가 취소 목록에 없더라도 목록이 공개된 이후에 바로 취소될 수도 있다. 그래서 가장 확실한 방법은 CA에게 물어보는 것이다. 같은 인증서를 다음에 사용할 때도 마찬가지로 CA에게 또 물어보아야 한다. 왜냐하면 그 인증서가 몇 초 전에 취소되었을 수도 있기 때문이다.

또 다른 문제는 취소된 인증서는 원상 복구될 수 있다는 것이다. 예를 들면, 인증 수수료를 납부하지 않아 취소되었다가 납부하고 나서 인증서가 정상으로 복구되는 경우이다. 인증서 취소 및 원상 복구 기능을 추가하는 것은 CA에 접근하지 않고서도 사용 가능한 인증서가 가지고 있는 가장 좋은 장점 중의 하나를 훼손시키는 것이다.

그러면 어디에 CRL을 저장할 것인가? 가장 좋은 장소는 인증서가 저장된 곳과 같은 장소일 것이다. 한 가지 방법은 CA들이 주기적으로 CRL을 발표하고, 디렉토리들이 이 취소된 인증서들을 제거하는 것이다. 디렉토리들이 인증서들을 저장하는 데 사용되지 않으면, CRL은 네트워크상의 편리한 장소에 캐싱할 수 있다. CRL은 그 자체가 서명한 문서이기 때문에 변경을 시도하게 되면 쉽게 포착될 수 있다.

인증서들의 유효기간이 길면 길수록 CRL의 길이 또한 길어진다. 예를 들어 신용카드의 유효기간이 5년이고 새 카드가 3개월마다 발급된다면 취소 목록의 수는 훨씬 더 많아질 것이다. 매우 긴 CRL을 처리하는 일반적인 방법은 총괄 목록을 비주기적으로 발행하고 이에 대한 업데이트 목록을 더 자주 발행하는 것이다. 이렇게 하면 CRL을 배포하는 데 필요한 대역폭도 줄일 수 있다.

8.6 통신 보안

지금까지 우리는 앞으로 필요한 기술과 프로토콜들을 공부하였다. 이 장의 나머지 부분에서 우리는 이러한 기술들이 실제적으로 통신망의 보안을 제공하기 위하여 어떻게 사용되는지에 대하여 알아보고 마지막 부분에서는 보안의 사회적인 관점에 대하여 살펴보고자 한다.

다음 네 절에서 우리는 통신 보안에 대하여 공부하고자 한다. 즉 송신측에서 목적지까지 수정 없이 비트들을 안전하게 전달하고 원하지 않는 비트들이 들어오지 못하게 하는 방법에 대하여 살펴보고자 한다. 네트워크에는 보안 이슈들이 무수히 많지만 그중에서 중요한 것들을 먼저 살펴보자.

8.6.1 IPsec

IETF는 수년 전부터 인터넷이 보안에 취약하다는 것을 알았다. 보안을 추가하는 것은 어디에 보안을 넣을 것인가가 매우 어려운 문제이기 때문에 쉽지 않았다. 대부분의 보안 전문가들은 확실한 보안을 제공하기 위해서는 암호화와 무결성이 종단-대-종단(end-to-end)으로 제공되어야 한다고(즉, 응용 계층에서) 믿고 있었다. 즉, 송신측 프로세스가 데이터를 암호화하거나 무결성이 데이터를 보호하여, 수신측으로 보내면 거기서 복호화를 하거나 검증을 하는 것이다. 중간에서 어떠한 데이터를 고치려는 시도가 일어나면 이 두 프로세스 및 운영체제가 이것을 탐지해내는 것이다. 이러한 방법의 문제점은 모든 어플리케이션들에 보안 기능을 추가해야 한다는 것이다. 따라서 차선책은 암호화를 트랜스포트 계층 또는 트랜스포트 계층과 응용 계층 사이에 새로운 계층을 만들어 보안 기능을 추가하여 어플리케이션들을 수정하지 않고 종단-대-종단 보안을 제공하는 방법이다.

또 다른 관점은 사용자들은 보안을 잘 이해하지 못하고 정확하게 사용할 줄도 모르며, 아무도 기존의 프로그램을 어떤 형태로든 변경을 원하지 않기 때문에 네트워크 계층이 사용자들을 끌어들이지 않고 인증과 패킷의 암호화를 제공하자는 것이다. 수년간의 공방을 거친 후에 이 제안이 설득력을 얻어 네트워크 계층 보안 표준이 정의되었다. 네트워크 계층 암호화가 보안을 제공하는 사용자들을 방해하지 않을 뿐 아니라, 보안을 필요로 하는 사용자들에게 보안을 제공한다는 논리가 주효하였다.

이러한 격론의 결과로 **IPsec(IP security)**이 설계되었으며, RFC 2401, 2402 및 2406 등에 표준화되어 있다. 암호화는 계산이 많이 필요하기 때문에 모든 사용자들이 암호화를 원하는 것은 아니다. 오히려 암호화를 선택사항으로 만들어 항상 암호화를 요구하고, 대신 널 알고리즘(null algorithm)을 사용 가능하도록 하는 것이다. 널 알고리즘이란 암호화를 하지 않는 것을 의미하며, 간단하여 구현하기 쉽기 때문에 속도도 빠르다(RFC 2410).

IPsec의 전체 설계는 다양한 서비스와 알고리즘들 및 연결(granularity)을 제공한다. 다양한 서비스가 필요한 이유는 모든 사람들이 항상 모든 서비스를 원하지는 않기 때문에 서비스들은 메뉴 방식으로 제공되어야 한다. 주요 서비스들은 기밀성, 데이터 무결성, 재전송공격으로부터의 보호 등이다. 이 모든 서비스들은 높은 성능이 필요하기 때문에 대칭키 암호를 사용한다.

다양한 알고리즘을 고려해야 하는 이유는 현재 안전하던 알고리즘도 나중에 깨질 수 있기 때문이다. IPsec 알고리즘에 독립적으로 만들게 되면 몇 가지 알고리즘이 나중에 깨지더라도 프레임워크는 그대로 사용할 수 있다.

다양한 연결이 필요한 이유는 모든 가능한 연결 가운데 단일 TCP 연결, 한 쌍의 호스트간의 모든 트래픽, 또는 한 쌍의 안전한 라우터 간의 모든 트래픽 등 여러 가지 옵션을 제공하기 위함이다.

IPsec이 IP 계층에 위치하지만 한 가지 놀라운 사실은 연결형(connection-oriented) 서비스를 제공한다는 사실이다. 실제로, 보안을 제공하기 위해서는 키가 설정되어 일정 기간 동안 사용되어야 하기 때문에(이것 자체가 일종의 연결임) 이것은 놀랄 만한 사실은 아니다. 또한 연결 설정을 하면 패킷이 많아지는 경우 비용이 줄어들게 된다. IPsec에서 '연결'을 **SA(security association)**라 부른다. 하나의 SA는 두 끝점 사이의 심플렉스 연결이며, 관련된 보안 식별자(security identifier)를 가지고 있다. 보안이 요구되는 트래픽이 양방향 모두 필요하면, 두 개의 보안 식별자가 필요하게 된다. 보안 식별자들은 보안 연결 위에 전송되는 패킷 속에 포함되며, 보안 패킷이 도착했을 때 키나 다른 정보를 살펴볼 때 사용된다.

기술적으로 보면 IPsec은 두 가지의 중요한 부분으로 구성되어 있다. 첫 번째 부분은 보안 식별자, 무결성 제어 데이터 및 다른 정보를 전송하기 위해 패킷에 추가되는 두 개의 헤더를 말한다. 다른 부분인 **ISAKMP(Internet Security Association and Key Management Protocol)**는 키 설정을 담당한다. 여기서 ISAKMP는 더 자세히 다루지 않는다. 왜냐하면 먼저 이 프로토콜은 매우 복잡하고 두 번째로 핵심 프로토콜인 **IKE(Internet Key Exchange)**가 결함이 매우 많아 수정해야 하기 때문이다 (Perlman and Kaufman, 2000).

IPsec는 두 가지 모드 중 하나로 사용될 수 있다. **트랜스포트 모드(transport mode)**에서는 IPsec

헤더는 IP 헤더 바로 다음에 추가된다. IP 헤더에 있는 protocol 필드는 IPsec 헤더가 IP 헤더 다음에 (TCP 헤더 이전에) 온다는 것을 나타내도록 변경된다. IPsec 헤더는 보안 정보를 포함하는데 예를 들면 SA 식별자, 새로운 순서 번호, 데이터 부분에 대한 무결성 검사 등이 있다.

터널 모드(tunnel mode)에서는 헤더를 포함한 전체 IP 패킷이 완전히 새로운 IP 헤더를 가지고 있는 새로운 IP 패킷의 몸체에 캡슐화된다. 터널 모드는 터널이 최종 목적지가 아닌 위치에서 끝나는 경우에 유용하다. 가끔 터널의 종료 지점이 회사의 방화벽과 같은 보안 게이트웨이 장비가 되는 경우도 있다. 이 모드에서 방화벽은 방화벽을 통과하는 패킷을 캡슐화하거나 역캡슐화한다. 보안이 제공되는 장치에서 터널을 제거하면, 회사의 LAN에 있는 장치들은 IPsec을 알 필요가 없다. 방화벽만이 IPsec을 알면 된다.

터널 모드는 또한 여러 개의 TCP 연결을 하나로 모아서 하나의 암호화된 스트림으로 처리하는 경우 유용하다. 그 이유는 암호화된 스트림은 침입자가 누가 얼마나 많은 패킷을 누구에게 보내는지 알 수 없게 하기 때문이다. 얼마나 많은 트래픽이 어디로 가는지를 알아내는 것도 때로는 중요한 정보이다. 예를 들어 군사적인 위기가 닥쳤을 때 국방성과 백악관 사이의 트래픽은 급격하게 감소하고 국방성과 콜로라도 주 로키 산맥에 위치한 군 기관 사이의 트래픽이 그만큼 증가한다면 침입자들은 이 데이터로부터 유용한 정보를 추론해낼 수 있을 것이다. 패킷에 대한 흐름 유형을 분석하는 것을(패킷들이 암호화되어 있더라도) **트래픽 분석(traffic analysis)**이라고 한다. 터널 모드는 어느 정도는 트래픽 분석을 못하도록 할 수 있다. 그러나 터널 모드의 단점은 별도의 IP 헤더를 추가하기 때문에 패킷 크기가 매우 커진다는 것이다. 한편, 전송 모드는 그만큼 패킷 크기에 영향을 미치지 않는다.

처음 나오는 새 헤더는 **AH(Authentication Header, 인증 헤더)**이다. 이 헤더는 무결성 검사와 재전송 보안을 제공하지만, 비밀 유지(데이터 암호화)는 제공하지 못한다. 그림 8-27은 트랜스포트 모드에서 AH의 사용 예를 나타낸 것이다. IPv4에서 이것은 IP 헤더(옵션 포함)와 TCP 헤더 사이에 위치한다. IPv6에서는 별도의 확장 헤더로 취급된다. 실제로, 이 포맷은 표준 IPv6 확장 헤더와 유사하다. 그림 8-27에 나타낸 바와 같이 페이로드는 인증 알고리즘을 위해 어느 정도 길이까지 패딩을 해야 한다.

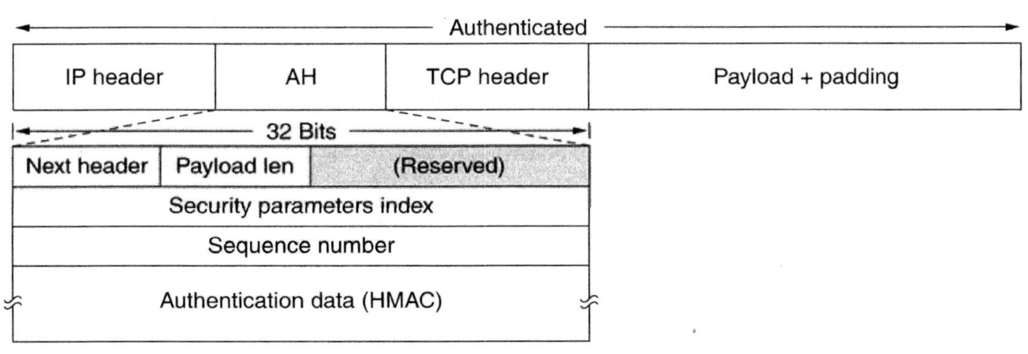

그림 8-27 IPv4 트랜스포트 모드에서의 IPsec 인증 헤더

이제 AH 헤더를 살펴보자. Next header field는 이전에 IP Protocol 필드가 가지고 있던 값을 저장하는데 사용되며, 다음에 AH 헤더가 나타남을 나타내기 위해 51을 사용한다. 대부분 상위계층 프로토콜로 TCP를 지정하며 코드값(6)이 여기에 들어간다. Payload length는 AH 헤더 내에 있는 32비트 단위의 워드의 수에서 2를 뺀 값이다.

Security parameters index는 연결 식별자이다. 이것은 송신자가 수신자의 데이터베이스에 특정 레코드를 나타내기 위해 사용한다. 이 레코드는 해당 연결에 대한 공유키와 연결에 대한 다른 정보를 포함하고 있다. 이 프로토콜이 IETF가 아니라 ITU에 의해 개발되었다면 이 필드는 가상 회선 식별자(Virtual circuit number)라 불렸을 것이다.

Sequence number 필드는 SA에서 보내진 모든 패킷의 번호를 매기는데 사용된다. 모든 패킷은 유일한 번호를 가지며, 재전송의 경우도 마찬가지다. 바꾸어 말하면, 재전송되는 패킷은 원래 패킷이 가졌던 것과 다른 패킷 번호를 부여 받는다(재전송 패킷의 TCP 순서 번호가 동일하더라도). 이 필드의 목적은 재전송공격을 탐지하기 위한 것이다. 이러한 순서 번호들은 순환하지 않는다. 2^{32}개의 순서번호가 모두 소진되면 새로운 SA가 통신을 계속하기 위해 설립되어야 한다.

마지막으로 Authentication data 필드가 있는데 이 필드는 페이로드의 디지털 서명을 포함하는 가변 길이 필드이다. SA가 설립되면, 쌍방은 어느 서명 알고리즘을 사용할 것인가에 대하여 협상한다. 일반적으로 이때 공개키 암호를 사용하지 않는데 그 이유는 패킷들이 매우 빠르게 처리되어야 하는데 현재까지 알려진 모든 공개키 알고리즘들은 너무 느리기 때문이다. IPsec은 대칭키 암호에 기반을 두고 있고 송신자와 수신자가 SA를 설립하기 전에 공유키에 대하여 협상을 하기 때문에 공유키가 서명 계산 시에 사용된다. 한 가지 간단한 방법은 패킷과 공유키에 대한 해시를 계산하는 것이다. 물론 공유키는 전송되지 않는다. 이와 같은 방법을 **HMAC (Hashed Message Authentication Code)**이라 한다. 이것은 먼저 SHA-1을 돌리고 다음에 RSA를 적용하여 결과를 얻는 것보다 매우 빠르다.

AH 헤더는 데이터의 암호화를 제공하지 않기 때문에 무결성 검사는 필요하고 비밀 유지는 필요하지 않은 경우에 유용하다. AH가 가지고 있는 한 가지 중요한 특성은 무결성 검사가 패킷들이 라우터와 라우터를 지날 때 변하지 않는 IP 헤더의 몇 가지 필드도 검사를 한다는 사실이다. 예를 들어 Time to live 필드는 각 홉에서 변경되므로 무결성 검사에 포함될 수 없다. 그러나 IP 근원지 주소는 이 검사에 포함되므로 침입자가 패킷의 근원지 주소를 악의적으로 변경하는 것을 불가능하게 한다.

또 다른 IPsec 헤더는 **ESP(Encapsulating Security Payload)**이다. 트랜스포트 모드와 터널 모드에서 이 헤더의 사용 예를 그림 8-28에 나타내었다.

ESP 헤더는 두 개의 32비트 워드로 구성된다. 이들은 AH에서 소개한 Security parameters index와 Sequence number 필드이다. 일반적으로 세 번째 필드로 따라 오는 것은(기술적으로는 헤더의 일부가 아님) 널 암호화가 사용되지 않는다면(이 경우 이 필드는 생략됨) 데이터 암호화에 사용되는 Initialization vector 이다.

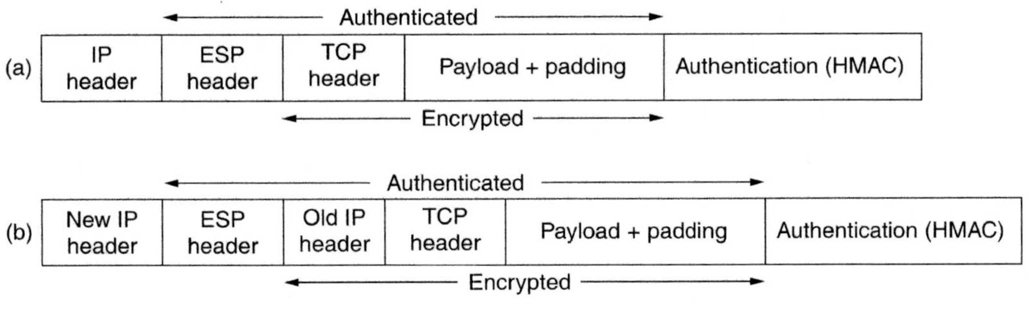

그림 8-28 (a) 트랜스포트 모드에서의 ESP (b) 터널 모드에서의 ESP

ESP는 또한 AH에서와 같이 HMAC 무결성 검사 기능을 제공하지만, 이 필드는 헤더에 포함되는 것이 아니라 그림 8-28에 나타낸 바와 같이 페이로드 다음에 위치한다. HMAC 필드를 끝 부분에 두면 하드웨어로 구현하기에 유리한 측면이 있다. HMAC은 비트들이 네트워크로 전송될 때 계산되어 끝부분에 추가된다. 이것이 이더넷이나 다른 LAN들이 CRC 필드를 헤더 안에 두지 않고 트레일러에 두는 이유이다. AH를 사용하면 패킷을 전송하기 전에 버퍼링하여 서명을 계산해야 하기 때문에 패킷 전송률(packets/sec)을 감소시킬 수 있다.

ESP는 AH가 제공하는 기능뿐 아니라 그 이상을 제공하고 AH보다 더 효율적이라면 다음과 같은 의문이 생긴다. 왜 AH를 고집하는가? 이 질문에 대한 답은 AH의 역사와 관련이 있다. 원래 AH는 무결성만을 다루었고 ESP는 기밀성만을 다루었다. 그 후에 무결성이 ESP에 추가되었다. 그럼에도 불구하고 AH를 만든 사람들은 이것을 버리려 하지 않았다. 그들이 주장하고 있는 유일한 논리는 ESP가 제공하지 못하는 IP 헤더의 일부를 검사한다는 것이지만, 이 논리는 약하다. 또 다른 설득력이 약한 주장은 ESP는 지원하지 않고 AH를 탑재한 제품이 암호화를 하지 않기 때문에 수출 승인 신청서를 얻기에 더 유리하다는 것이다. AH는 조만간 사라질 것으로 보인다.

8.6.2 방화벽(Firewalls)

어디에서나 서로 다른 위치에 있는 컴퓨터들을 상호 연결할 수 있다는 것은 매우 놀라운 일이다. 집에 머물면서 인터넷을 항해하는 것은 매우 큰 즐거움이다. 그러나 회사의 보안 담당자에게는 이것은 악몽 같은 일이기도 하다. 대부분의 회사들은 온라인에서 거래상의 비밀, 제품 개발 계획, 마케팅 전략, 재무 분석 자료 등 많은 기밀 정보들을 가지고 있다. 이러한 정보를 경쟁사에게 유출하는 것은 엄청난 결과를 초래할 수 있다.

정보의 유출 위험과 더불어 정보의 유입 위험이 존재한다. 특히 바이러스, 웜, 기타 디지털 세균들이 보안을 위반하고 중요한 데이터를 파괴하며, 관리자로 하여금 이것들을 원상 복구하는 데 엄청난 시간을 소비하게 한다. 가끔씩 이러한 것들은 새로운 게임을 하고 싶어 하는 조심성이 없는 직원들이

들여오기도 한다.

따라서 깨끗한 데이터는 받아들이고 오염된 데이터는 버릴 수 있는 메커니즘이 필요하다. 그 한 가지 방법이 IPsec이다. 이 방법은 안전한 사이트들 사이에 이동하는 데이터를 보호한다. 그러나 IPsec은 디지털 세균이나 침입자들이 회사의 LAN에 침투하는 것을 방지하지는 못한다. 그러면 이러한 능력을 제공하는 방화벽에 대하여 알아보기로 하자.

방화벽은 옛날 중세시대의 성 밖으로 깊게 둘러서 판 못(해자)을 지키는 경비 요원을 모델로 한 것이다. 성을 들어가고 나가는 모든 사람들은 해자에 걸쳐 놓은 하나밖에 없는 들어 올리는 다리(가동교)를 통과하게 하여 경비원에 의해 검사를 받게 하였다. 네트워크에서도 동일한 기법이 가능하다. 회사는 임의로 연결된 수많은 LAN들을 가지고 있지만, 회사를 나가고 들어오는 모든 트래픽은 그림 8-29에 나타낸 것과 같이 반드시 방화벽을 거치도록 한다.

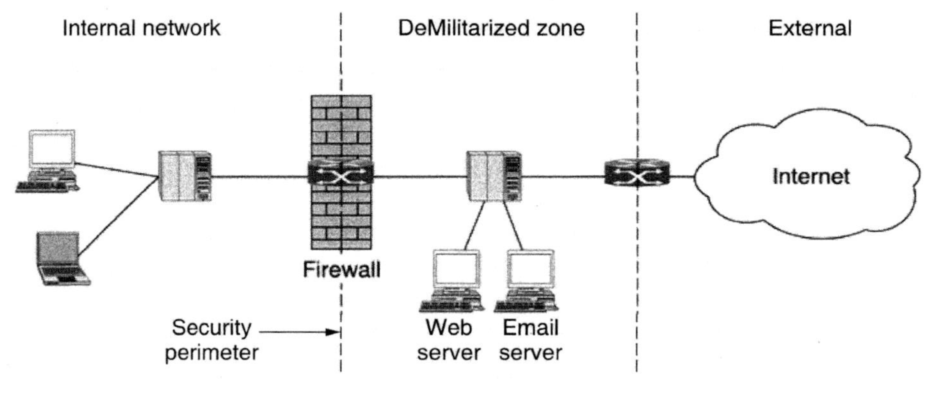

그림 8-29 방화벽

방화벽은 **패킷 필터(packet filter)** 역할을 한다. 방화벽은 들어오고나 나가는 모든 패킷들을 검사한다. 네트워크 관리자가 미리 정한 기준을 만족하는 패킷들은 정상적으로 전달되고, 그렇지 않은 패킷들은 제거된다.

패킷 필터는 시스템 관리자가 설정한 테이블에 의해 동작한다. 이러한 테이블은 유효한 패킷 근원지와 목적지들, 차단될 패킷 근원지와 목적지들, 그리고 다른 장치로부터 들어오거나 다른 장치로 나가는 패킷들을 처리하기 위한 기본 규칙(default rules)들을 포함하고 있다. 일반적으로 TCP/IP 환경 설정에서, 근원지 또는 목적지는 IP 주소와 포트번호로 이루어진다. 포트 번호는 어느 서비스를 사용하는지를 나타낸다. 예를 들어 TCP 포트번호 25는 메일, TCP 포트 번호 80은 HTTP를 위한 것이다. 예를 들어 어느 회사는 TCP 포트번호 79로 유입되는 모든 입력 IP 패킷들을 차단할 수 있다. 이렇게 함으로써 사용자들의 주소를 찾기 위한 Finger 서비스를 차단할 수 있다.

네트워크 관리자는 보안성을 위해 외부와의 통신을 끊을 수는 없으므로 다른 포트들은 차단하는 것이 쉽지는 않다. DMZ(DeMiitarized Zone)은 회사 네트워크의 부분으로 외부와 보안 경계에 있다.

웹 서버를 DMZ에 둠으로써 외부에서 회사의 웹 사이트에 접속할 수 있다. 방화벽을 TCP 포트 80번을 차단하도록 설정하면 외부에서는 내부 네트워크의 컴퓨터 공격에 이 포트를 사용하지 못하게 된다. 웹 서버의 관리를 위해서는 따로 내부 컴퓨터와 웹 서버 간의 연결을 허가하는 규칙을 방화벽에 추가하면 된다.

방화벽은 공격이 심화됨에 따라 점점 더 복잡해지고 있다. 처음에는 방화벽은 각 패킷에 규칙들을 독립적으로 적용하였으나, 모든 원하지 않는 트래픽을 차단하는 유용한 기능을 갖는 규칙을 만들기 어렵다는 것이 판명되었다. **Stateful 방화벽**은 패킷을 연결들에 매핑하고, TCP/IP 헤더 필드를 이용해서 연결의 정보를 구한다. 이 방식은, 내부의 호스트가 먼저 연결을 설정한 외부의 웹 서버로부터 유입되는 패킷만을 허가하는 것과 같은 규칙을 만들 수 있다. 이러한 규칙은 이전의 방화벽에서는 불가능하였다.

방화벽의 또 다른 발전된 형태는 어플리케이션 게이트웨이(application gateway)이다. 여기서는 TCP 헤더 이후의 패킷 내용을 조사해서 어떤 어플리케이션과 관련이 있는지 조사한다. 이러한 기능은 HTTP 트래픽이 웹 브라우저에서 쓰이고 있는 것인지 P2P 클라이언트에서 쓰이고 있는 것인지 구별할 수 있다. 회사관리자는 직원들이 P2P 파일 공유 프로그램으로 회사의 웹 서버 성능을 저하시키는 것을 방지할 수 있다. 또한 출입하는 트래픽을 조사하여 기밀문서가 이메일로 유출되는 것을 차단할 수 있다.

방화벽은 프로토콜 계층구조를 위반한다. 방화벽은 네트워크 계층의 장비이지만, 패킷 필터링을 위해 전송계층과 어플리케이션 계층까지 아우른다. 이것은 방화벽의 약점이다. 예를 들어 패킷이 속한 트래픽의 종류를 결정하기 위해 포트 번호를 참조한다. 그러나 모든 컴퓨터나 어플리케이션이 통상적인 포토 번호를 사용하지는 않는다. 어떤 P2P 어플리케이션들은 차단을 피하기 위해 동적으로 포트 번호를 선택하기도 한다. IPSEC으로 암호화된 패킷은 상위계층의 정보가 암호화되었기 때문에 방화벽이 조사할 수 없다. 마지막으로 방화벽은 자신을 통해서 통신을 하는 컴퓨터들에게 어떤 정책이 적용되고 있으며, 왜 패킷이 차단되었는지 등을 알려줄 수 없다. 이러한 이유들로, 방화벽은 인터넷의 오점이라고 비난받기도 한다. 그러나 컴퓨터 입장에서는 인터넷은 위험한 곳이고, 방화벽을 컴퓨터들의 문제를 도와줄 수 있다.

방화벽이 완벽하게 설정된다 하더라도 수많은 보안상의 문제점들이 존재한다. 예를 들어 방화벽이 특정 네트워크들(회사의 공장들)로부터만 패킷들이 들어오도록 설정된다면 방화벽 밖에 있는 침입자는 이 검사를 우회하기 위하여 틀린 근원지 주소를 삽입할 수 있다. 비밀문서를 유출하고자 하는 내부자는 이 문서를 암호화하거나 사진을 찍어 JPEG 파일 형태로 변환하면 모든 단어 검사 필터를 통과할 수 있다. 전체 공격의 75%가 방화벽 외부에서 시도되지만, 가장 위험한 공격은 안쪽에 있는 조직 내부의 불만자들에 의한 것이다(Verizon, 2009).

방화벽의 또 다른 문제는, 방화벽은 1겹의 방어망을 제공한다는 것이다. 일단 방어망이 뚫리면 이무 방도가 없다. 이런 이유로 방화벽은 계층적으로 사용되기도 한다. 예를 들어 하나의 방화벽은 내부 네트워크의 출입을 지키고, 각 컴퓨터는 자체의 방화벽을 가지기도 한다. 해외여행을 할 때 하나의 보안 검사대만 통과하면 된다고 생각한 독자들은 탑승 시간을 맞추지 못할 수도 있다.

또한 방화벽이 전혀 처리할 수 없는 다른 종류의 공격이 있다. 방화벽의 기본적인 아이디어는 침입자가 들어와서 기밀 데이터를 가지고 나가는 것을 막자는 것이다. 불행하게도 어떤 사이트를 다운시키려는 불손한 행동을 하는 사람들이 있다. 이들은 목표물에 무수히 많은 합법적인 패킷을 전송하여 부하를 이기지 못하게 만들어 시스템을 붕괴시킨다. 예를 들어 어느 웹 사이트를 무력화하려는 침입자는 연결을 설정하기 위하여 TCP SYN 패킷을 보낸다. 이 사이트는 연결을 위하여 테이블 슬롯(table slot)을 할당하고 응답으로 SYN+ACK 패킷을 전송한다. 침입자가 응답을 하지 않으면 이 테이블 슬롯은 타임아웃이 될 때까지 몇 초 동안 묶여 있게 된다. 침입자가 수천 개의 연결 요청을 보내면 모든 테이블 슬롯은 가득 차게 되어 더 이상 정상적인 연결 요청을 받아들일 수 없게 된다. 침입자의 목적이 데이터를 훔치는 것이 아니라 시스템을 다운시키기 위한 것을 **서비스 거부(Denial of Service, DoS)** 공격이라 한다. 일반적으로 요청 패킷은 침입자를 쉽게 추적할 수 없도록 위조된 근원지 주소를 가지고 있다.

더욱 나쁜 경우는 침입자가 전 세계의 수백 대의 컴퓨터들을 파괴하고 이들로 하여금 동시에 동일한 목표물을 공격하도록 하는 경우이다. 이 방법은 침입자의 파괴력도 증가시킬 뿐 아니라 의심할 여지가 없는 사용자들이 가지고 있는 수많은 컴퓨터들로부터 패킷들이 들어오기 때문에 발각될 확률도 낮아지게 된다. 이러한 공격을 **분산 서비스 거부(Distributed Denial of Service, DDoS)** 공격이라 한다. 이 공격은 방어하기가 어렵다. 공격을 받은 시스템이 허위 요청이란 사실을 일찍 감지하더라도 이 요청을 폐기하는 데 시간이 걸린다. 초당 많은 요청이 들어오면 CPU는 이들을 처리하는 데 모든 시간을 소비하게 된다.

8.6.3 가상 사설망

많은 회사들이 여러 도시 또는 나라에 사무소와 공장을 가지고 있다. 공중 데이터 네트워크가 구축되기 이전에는 이 회사들은 본사와 지사 사이에 전화회사로부터 전용선을 빌려 사용하였다. 지금도 이렇게 사용하는 회사들이 있다. 회사의 컴퓨터들을 전용회선으로 연결한 것을 **사설망(private network)**이라 부른다.

사설망은 잘 동작하며 매우 안전하다. 유일하게 사용 가능한 회선이 전용회선이라면 회사 외부로 유출되는 트래픽은 전혀 없으며, 침입자들도 물리적으로 회선에 도청장치를 해야 하는데 이것은 쉬운 일이 아니다. 사설망이 가지고 있는 문제점은 하나의 T1 회선의 임대비용이 매달 수천 달러이며, T3 회선은 이것보다 몇 배 더 비싸다는 것이다. 공중 데이터 네트워크와 그 이후 인터넷이 출현함에 따라 많은 회사들은 비밀성은 그대로 유지하면서 자신들의 데이터 및 음성 트래픽을 공중망을 통하여 전달하고자 하였다.

이러한 요구는 곧 **가상 사설망(Virtual Private Networks, VPN)**의 개발로 이어졌다. 가상 사설망은 공중망 위의 오버레이 네트워크이며, 사설망이 가지고 있는 대부분의 특성을 가지고 있다. 가상 사설망에서 "가상(virtual)"이란 의미는 실제 회선이 아닌 가상회선(virtual circuit)과 실제 메모리가 아닌 가상 메모리(virtual memory)에서의 "가상"의 의미와 같은 것이다.

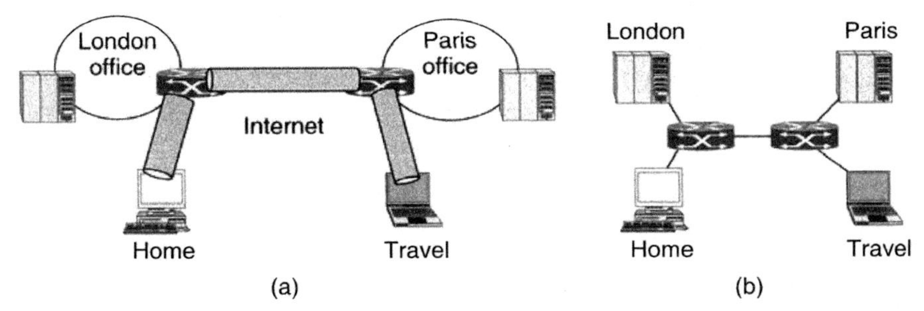

그림 8-30 (a) 가상 사설망 (b) 내부의 토폴로지

현재 많이 쓰이는 VPN 구축방식은 인터넷 위에 직접 구현하는 것이다. 일반적으로 각 지역의 회사에 방화벽을 구축하고 지역 회사들 사이에 인터넷을 통하여 터널을 만드는 방법이 많이 사용된다(그림 8-30[a]). 인터넷 사용의 장점은 터널을 아무 때나 설정할 수 있다는 것이다. 예를 들면, 직원이 출장 중이거나 휴가 중이어도 인터넷과 컴퓨터만 있다면 터널을 생성할 수 있다. 인터넷은 전용선을 임대하는 것보다 훨씬 유연성(flexibility)가 뛰어나지만, VPN의 컴퓨터들에게 네트워크 토폴로지는 동일하다. 시스템이 시작되면 각 쌍의 방화벽들은 SA에 대한 매개변수 협상을 해야 하는데 서비스, 모드, 알고리즘, 키 등이 포함된다. IPsec을 터널링에 사용하면 두 지역 간의 모든 트래픽을 하나의 인증 및 암호 SA(security association)상에 모으는 것이 가능하여 무결성 제어, 비밀 유지, 더 나아가 트래픽 분석에 대해서도 상당한 방어를 제공할 수 있다. 많은 방화벽들은 VPN 기능을 내부적으로 가지고 있으며, 몇몇 라우터들도 이 기능을 제공할 수 있다. 그러나 방화벽은 주로 보안 업무에 사용되기 때문에 터널이 방화벽에서 시작하고 끝나도록 하여 회사와 인터넷 사이를 완전하게 분리하는 것이 좋다. 따라서 방화벽, VPN 및 터널 모드에서 ESP를 갖는 IPsec이 자연스러운 조합이고 실제로 널리 사용된다.

SA가 설립되면 트래픽은 흐르기 시작한다. 인터넷 내에 있는 라우터로 VPN 터널을 따라 지나가는 패킷은 일반 패킷과 같은 패킷이다. 한 가지 다른 점은 IP 헤더 다음에 IPsec 헤더가 있다는 것인데, 이 추가적인 헤더가 패킷 포워딩에 전혀 영향을 미치지 않기 때문에 라우터들은 이 헤더에 관심을 두지 않는다.

최근 인기 있는 또 다른 방법은 ISP가 VPN을 설정하도록 하는 것이다. MPLS(5장 참조)을 사용하면 사무실 사이의 ISP 네트워크의 VPN 트래픽 경로를 설정할 수 있다. 이 경로는 VPN 트래픽과 다른 인터넷 트래픽을 분리해서 어느 정도 대역폭과 서비스 품질을 보장할 수 있다.

이렇게 VPN을 구성하는 데 가장 중요한 이점은 모든 사용자 소프트웨어에게 완전히 투명하다는 것이다. 방화벽은 SA를 설정하고 관리한다. 이 설정에 대하여 알고 있는 유일한 사람은 방화벽을 설정하고 관리하는 시스템 관리자 혹은 MPLS 경로를 설정한 ISP 관리자뿐이다. 다른 모든 사람들에게는 이전에 사용하던 전용회선 사설망과 같다. VPN에 대한 자세한 내용은(Lews, 2006)을 참고하기 바란다.

8.6.4 무선 보안

VPN이나 방화벽을 이용하여 논리적으로 완전히 안전한 시스템을 설계하는 것은 아주 쉽지만, 실제로는 허점이 있다. 이러한 상황은 시스템들의 일부가 무선 통신을 하여 양방향으로 방화벽을 지나치는 경우이다. 802.11 네트워크의 송달거리는 수백 미터 정도 밖에 되지 않기 때문에 회사 정보를 빼내려고 하는 사람은 아침에 회사 주차장에 잠입하여 802.11 기능이 있는 노트북을 차에 놔두고 모든 정보를 저장한다. 저녁 무렵이면 하드 디스크가 여러 가지 데이터로 가득하게 될 것이다. 이론적으로는 사람들이 은행을 털면 안 되는 것처럼, 이러한 정보 유출이 발생되면 안 된다.

보안 문제를 유발시키는 대부분의 문제들은 무선 기지국 또는 중계기(access point)를 사용하기 쉽도록 만들려는 제조업체에 기인한다. 무선 장치들을 사용자가 구매하여 박스에 들어 있는 물건을 꺼내서 바로 전원 소켓에 꽂기만 하면 동작하는데 이는 보안 문제를 전혀 고려함이 없이 송달 거리 내에 있는 모든 사람에게 비밀 데이터를 유출하는 결과를 초래하게 된다. 이 장치를 이더넷에 연결하면 모든 이더넷 트래픽을 고스란히 저장할 수 있다. 무선은 도청자로 하여금 아무런 일도 하지 않고 원하는 데이터를 수집할 수 있게 한다. 그러므로 무선 통신에서의 보안이 유선에서 보다 훨씬 더 중요하다. 이 절에서 우리는 무선 네트워크에서 보안을 제공하는 방법에 대하여 알아보기로 한다. 보다 상세한 내용은 (Nichols and Lekkas, 2002)를 참고하기 바란다.

802.11 보안

802.11i 표준의 일부는 802.11i로 불리며 무선 노드들이 다른 노드들의 메시지를 듣거나 간섭을 방지하는 데이터 링크 레벨의 보안 프로토콜이다. **WPA2(WiFi Protected Access 2)**로 알려져 있다. WPA는 WPA2를 위한 임시적 구현이다.

802.11 보안 프로토콜의 첫 번째 세대인 **WEP(Wired Equivalent Privacy)**의 대체로 802.11i를 간략하게 기술한다. WEP는 NIST가 AES를 선정한 것과는 전혀 다른 절체에 의해서 네트워킹 표준 위원회에서 설계되었다. 결과는 참혹하였다. 무엇이 문제였을까? 보안적 관점에서 거의 모든 것이 문제였다. 예를 들면 WEP는 기밀성을 위해서 데이터를 스트림 암호의 결과와 XOR하여 암호화한다. 불행하게도 허약한 키의 배치는 결과를 재사용할 수 있도록 한다. 또 다른 예는, WEP에서 무결성 체크는 32비트 CRC를 사용하는데, 이는 전송오류를 탐지하는 데 효율적이지만 암호학적으로는 강력

한 메커니즘이 아니다.

여러 설계상의 오류는 WEP를 쉽게 깨어지도록 하였다. WEP를 깨는 첫 번째 실제 시연은 AT&T의 인턴이었던 Adam Stubblefield에 의해 행해졌다(Stubblefield et al., 2002). 그는 1주일 만에 Fluhrer (2002)가 개략적으로 제안한 공격방법을 코딩하고 테스트하였다. WEP 패스워드를 1분 안에 깨버리는 소프트웨어는 인터넷에 널려 있기 때문에 WEP의 사용은 절대 추천할 만하지 않다. WEP는 우발적인 접속은 막아주지만 실제 보안성은 제공하지 못한다. 2004년 6월 WEP의 문제점이 밝혀지자 802.11i 그룹은 급히 모여서 새 공식 표준을 만들어 내었다.

이제 제대로 설정이 되면 진짜 보안성을 제공하는 802.11i에 대해 설명하도록 한다. WPA2가 사용되는 두 가지 대중적인 시나리오가 있다. 첫 번째는 단체 설정이다. 회사가 무선 네트워크 사용자명과 패스워드 데이터베이스를 갖는 분리된 인증 서버를 갖는 경우이다. 사용자는 자신을 네트워크에 인증시키기 위해 표준 프로토콜을 사용한다. 주요 표준으로는, 액세스 포인트가 사용자와 인증 서버의 통신을 허용하고 관찰하는 **802.1X**와 사용자와 인증 서버와의 상호 작용에 대한 **EAP(Extensible Authentication Protocol, RFC 3748)**이 있다. EAP는 프레임워크이고 나머지 표준들은 프로토콜 메시지 정의이다. 여기서는 자세한 사항은 기술하지 않기로 한다.

두 번째 시나리오는 인증 서버가 존재하지 않는 가정용 설정이다. 사용자가 무선 네트워크에 접근하기 위해서는 하나의 공유 패스워드를 사용한다. 간단하기 때문에 가정이나 작은 사업체에서 주로 쓰이지만 인증 서버를 따로 운용하는 것보다 보안이 약하다. 인증 서버를 사용하는 경우에는 각 사용자는 고유의 키로 자신의 트래픽을 암호화하지만, 인증 서버가 없는 경우에는 사용자들이 하나의 패스워드를 공유하고 파생된 서로 다른 키를 갖기 때문에, 다른 사용자의 키를 얻어낼 수 있다.

트래픽을 암호화하는 데 쓰이는 키는 인증 핸드셰이크(authentication handshake) 과정 중에 계산된다. 핸드셰이크 과정은 사용자가 무선 네트워크에 연결되고 인증 서버에 인증된 직후에 시작된다. 먼저 사용자는 공용 네트워크 패스워드 혹은 인증 서버의 패스워드를 가지고 있다. 패스워드는 마스터키를 유도하는 데 사용된다. 그러나 마스터키는 패킷의 암호화에 직접적으로 사용되지는 않는다. 세션마다 다른 키를 사용하고 마스터키를 최소한으로 노출시키는 것이 표준 암호학의 관습이다. 핸드셰이크 과정에서 생성되는 것은 세션키이다.

세션키는 그림 8-31과 같은 4-패킷 핸드셰이크로 계산된다. 먼저, AP(access point)는 임의의 수를 전송한다. 난수는 보안 프로토콜에서 단 한 번만 사용되며 **nonces**라 불린다. 사용자도 자신의 nonce를 선택한다. 사용자는 nonces, 자신과 AP의 MAC주소, 마스터키를 사용해서 세션키, K_s를 계산한다. 세션키는 다른 목적으로 사용되는 여러 부분으로 이루어져 있는데, 여기서는 자세한 설명은 생략한다. 이제 사용자는 세션키들을 가지고 있지만 AP는 그렇지 못하다. 사용자는 AP에게 nonce를 전송하고, AP는 같은 계산과정을 통해 동일한 세션키들을 생성한다. nonce는 암호화하지 않고 보내더라도 세션키를 다른 정보 없이는 계산해낼 수 없기 때문에 안전하다. 사용자가 보내는 메시지들은 세션키에 기반을 둔 **MIC(Message Integrity Check)**이라 불리는 무결성 체크를 통해 보호받는다.

AP는 세션키를 생성한 후에 MIC 체크를 통해 정말로 사용자가 메시지를 전송하였는지 확인한다. MIC는 HMAC과 유사하다.

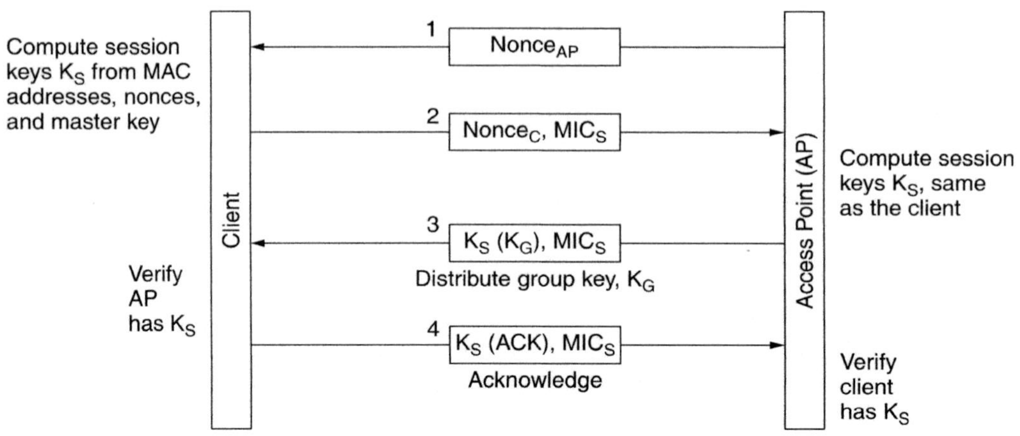

그림 8-31 802.11i 키 설정 핸드셰이크

마지막 두 메시지에서는, AP는 그룹 키, K_G,를 배포하고, 사용자는 메시지에 응답한다. 사용자는 메시지를 수신하여 AP가 올바른 세션키들을 가졌는지 검증하고, AP도 마찬가지로 사용자를 검증한다. 그룹 키는 802.11 LAN에서 브로드캐스트와 멀티캐스트 트래픽에 사용된다. 모든 핸드셰이크 과정 후, 사용자는 고유의 암호화키를 갖기 때문에 AP가 패킷을 브로드캐스트하는 데 사용할 수 없다. 각 사용자에게 다른 키를 사용해야 하기 때문이다. 대신에 모든 사용자가 공유하는 키를 배포함으로써 브로드캐스트가 가능해지다. 만일 사용자가 새로 가입하거나 탈퇴하면 공용 키를 업데이트해야 한다.

마지막으로 키들이 실제 사용되는 것을 살펴보자. 802.11i에서 메시지 기밀성, 무결성, 인증을 위해 두 가지 프로토콜이 사용될 수 있다. 하나는 **TKIP(Temporary Key Integrity Protocol)**로 불리는 임시적인 해결책이다. 이는 예전의 느린 802.11 카드에서 WEP 보다 나은 보안성을 위해 설계되었다. 하지만 지금은 안전하지 않기 때문에 다음 프로토콜, **CCMP**을 사용하는 편이 낫다. CCMP는 Counter mode with Cipher block chaining Message authentication code Protocol을 의미한다.

CCMP는 간단하게 동작한다. AES 알고리즘과 128비트 키와 블록을 사용해서 암호화한다. 키는 세션키로 생성한다. 기밀성을 위해 메시지는 카운터 모드로 AES로 암호화된다. 카운터 모드는 암호화 과정 중에 카운터를 혼합함으로 같은 입력 값에 대해 같은 출력을 생성하는 것을 방지한다. 무결성을 위해서는 헤더 필드를 포함한 메시지를 CBC 모드로 암호화하면 마지막 128비트는 MIC로 한다. 사용자와 AP는 이러한 암호화 검증을 한다. 브로트캐스트와 멀티캐스트 메시지에 대해서는 같은 과정을 그룹 키를 이용해서 한다.

블루투스 보안

블루투스(Bluetooth)는 802.11보다 훨씬 더 짧은 전송거리를 제공하기 때문에 주차장에서 공격을 받지는 않겠지만 보안 문제는 여전히 존재한다. 예를 들어 Alice의 컴퓨터가 무선 블루투스 키보드로 연결되어 있다고 하자. 보안이 제공되지 않는 상태에서 Trudy가 바로 옆방에 있다면 그녀는 Alice가 입력하는 모든 것을 볼 수 있을 뿐 아니라 밖으로 나가는 모든 전자우편도 읽을 수 있다. 또한 그녀는 Alice의 컴퓨터 옆에 있는 블루투스 프린터로 출력하는 모든 것(수신 전자우편 및 비밀문서)을 포착할 수 있다. 다행스럽게도 블루투스는 Trudy와 같은 사람의 시도를 무산시킬 수 있는 정교한 보안 메커니즘을 가지고 있다. 블루투스의 주요 기능들을 살펴보자.

블루투스 2.1 버전 이후는, 전혀 암호화를 하지 않는 모드부터 완전히 암호화와 무결성 제어에 이르는 4가지 보안 모드를 제공하고 있다. 802.11에서와 같이 보안이 동작하는 모드가 아니면 보안은 제공되지 않는다. 대부분의 사용자들은 보안 모드를 꺼 놓다가 심각한 문제가 발생하면 모드를 켠다. 바꾸어 말하면 소 잃고 외양간 고치는 격이다.

블루투스는 여러 계층에서 보안을 제공한다. 물리 계층에서는 주파수 호핑(frequency hopping)이 미약한 보안을 제공하지만, 피코넷(piconet)으로 들어가는 블루투스 장치는 주파수 호핑 시퀀스를 미리 알기 때문에 이 시퀀스는 비밀이 아니다. 실질적인 보안은 새로 도착한 종국(slave)이 주국(master)에게 사용 가능한 채널을 요청할 때 시작된다. 버전 2.1 이전에는 두 장치가 비밀 키를 미리 설정해서 공유하고 있다고 가정한다. 제조업체가 두 장치를 하드웨어적으로 결합해 놓는 경우도 있다(헤드셋과 핸드폰을 한 세트로 판매하는 경우). 다른 경우에는, 한 장치(예; 헤드셋)가 하드웨어 키를 가지고 있고 사용자는 이 키를 십진수 형태로 다른 장치(핸드폰)에 입력하는 경우이다. 이러한 공유키를 **패스키(passkeys)**라고 한다. 불행하게도 패스키는 "1234"같이 쉽게 알아낼 수 있게 설정되어 있는 경우가 많고, 4자리의 십진수는 1만 개의 선택밖에 없다. 버전 2.1에서는 6자리로 늘어났지만 여전히 안전하지는 않다.

채널을 설정하기 위하여 종국과 주국은 각각 상대방이 패스키를 가지고 있는지 체크한다. 상대방이 키를 가지고 있으면 이들은 채널을 암호화할 것인지, 무결성 제어를 할 것인지 아니면 둘 다를 제공할 것인지에 대한 협상을 한다. 그리고 이들은 128비트 세션키를 선택하는데 이 중 몇 개의 비트는 공개될 수도 있다. 이렇게 키의 취약성을 허용하는 이유는 여러 나라에서 정부 당국이 깨뜨릴 수 있는 것 보다 더 긴 키의 사용과 수출을 막기 위한 정부의 규제에 따른 것이다.

암호화는 E_0라 불리는 스트림 암호를 사용하며, 무결성 제어를 위해서는 **SAFER+**를 사용한다. 이들 모두 전통적인 대칭키 블록 암호 방식이다. SAFER+는 AES 콘테스트에 출품되었으나 다른 방식들에 비하여 느리다는 이유로 첫 라운드에서 떨어졌다. AES 암호가 채택되기 전에 블루투스의 최종안이 만들어졌다. 그렇지 않았다면 Rijndael을 사용하였을 것이다.

스트림 암호를 사용하여 실제로 암호화하는 방법은 그림 8-14와 같으며, 평문이 키스트림과 XOR되어 암호문을 생성한다. 불행하게도, E_0자체 (RC와 같이)가 치명적인 약점을 가지고 있다(Jacobsson and

Wetzel, 2001). 이 책을 저술할 때까지는 깨지지 않았지만, E_0는 A5/1 암호가 깨져서 모든 GSM 전화 트래픽을 엉망으로 만든 것과 유사한 취약점을 가지고 있다(Biryukov et al,. 2000). 고양이와 쥐의 게임과 같이 끝없이 계속되는 암호 작성자들과 암호 분석자들의 게임에서 분석자들이 자주 게임을 이기는 것은 놀라운 사실이다.

또 다른 보안 이슈는 블루투스가 사용자 인증은 하지 않고 디바이스 인증만을 제공하기 때문에, 블루투스 디바이스를 훔치면 사용자의 금융 계좌나 다른 계정을 액세스할 수 있다는 것이다. 그러나 블루투스는 또한 상위계층에서의 보안을 구현하고 있으므로 링크 레벨에서의 보안상에 문제점이 발생하면 응용계층 등에서 PIN 코드 등을 사용자에게 입력하도록 요구하여 트랜잭션에 대한 보안을 제공할 수 있다.

8.7 인증 프로토콜

인증이란 어떤 프로세스가 자신의 통신 상대자가 인위적으로 사칭한 사람이 아니라 자신이 원하는 사람인지를 확인하는 기술이다. 악의적이고 적극적인 침입자가 있는 상황에서 상대 프로세스를 확인하는 것은 매우 어렵고 암호를 기반으로 한 복잡한 프로토콜이 필요하다. 이 절에서 우리는 불안전한 컴퓨터 네트워크에서 사용되고 있는 여러 가지 인증 프로토콜에 대하여 알아보고자 한다.

어떤 사람들은 인증(authentication)과 권한검증(authorization)을 혼동하는 경우가 있다. 인증은 여러분들이 실제로 원하는 프로세스와 통신하고 있는지를 다룬다. 권한검증은 이 프로세스에게 허락된 일이 무엇인지를 다룬다. 예를 들어 클라이언트 프로세스가 파일 서버에 접속하여 "나는 Scott의 프로세스이며 cookbook.old라는 파일을 지우고 싶다"라고 한다고 하자. 파일 서버의 관점에서 보면 다음 두 가지를 확인해야 한다.

1. 이 프로세스가 정말로 Scott의 프로세스인가? (인증)
2. Scott이 cookbook.old 파일을 삭제할 권한이 있는가? (권한검증)

이 두 가지 질문에 대한 답이 모두 긍정적이어야 요청한 액션이 일어날 수 있다. 첫 번째 질문이 더 중요하다. 파일 서버는 자신이 누구와 통신하고 있는지를 알고 나면, 권한을 검증하는 것은 단지 로컬 테이블이나 데이터베이스를 찾아보는 것에 지나지 않는다. 그러므로 이 절에서 우리는 인증에 대하여 보다 더 상세하게 알아보고자 한다.

모든 인증 프로토콜들이 사용하고 있는 일반적인 모델은 다음과 같다. Alice는 먼저 Bob 또는 신뢰할 수 있는 **KDC(Key Distribution Center, 키분배 센터)**에 메시지를 보낸다. 그리고 여러 개의 추가적인 메시지를 교환한다. 이 메시지들이 보내지고 있는 동안에 Trudy가 이 메시지들을 가로채거나 수정하거나 재전송하여 자신이 Alice나 Bob인 것처럼 사칭할 수도 있고 일을 망치게 할 수 있다.

그럼에도 불구하고 프로토콜이 완료되고 나면 Alice는 Bob과 통신하고 있다고 확신하고 Bob은 Alice와 통신하고 있다고 확신하게 된다. 더군다나, 대부분의 프로토콜에서 이 두 사람은 나중의 대화를 위하여 비밀 **세션키(session key)**를 설정하게 될 것이다. 공개키 암호가 인증 프로토콜이나 세션키를 설정하는데 널리 사용되고 있지만, 실제로는 성능상의 문제 때문에 모든 데이터 트래픽은 대칭키 암호(주로 AES 또는 3중 DES)를 이용하여 암호화한다.

각각의 새로운 연결에 대하여 임의로 선택한 새로운 세션키를 사용하는 이유는 사용자들의 비밀키나 공개키를 사용하여 보내지는 트래픽의 양을 최소화하고 침입자가 획득할 수 있는 암호문의 양을 줄이며, 프로세스가 장애를 일으켜 중요한 데이터가 침입자의 손에 들어가는 경우 피해를 최소화하기 위함이나. 아마도 이 때 유일하게 유지되는 키는 세션키일 것이다. 모든 영구적인 키들은 세션키가 설정되고 나면 반드시 제거해야 한다.

8.7.1 공유 비밀키에 기반한 인증

우리가 다루고자 하는 첫 번째 인증 프로토콜로서 Alice와 Bob이 이미 비밀기 K_{AB}를 공유하고 있는 것으로 가정한다. 이 공유키는 전화나 개인적인 접촉으로 통하여 교환되었으며, (안전하지 않은) 네트워크를 통한 것은 아니다.

이 프로토콜은 많은 인증 프로토콜들에서 사용하는 기본 원리를 따른다. 즉 한쪽에서 임의의 수를 보내면 다른 쪽에서 이것을 특별한 방법으로 변환하여 그 결과를 다시 보내온다. 이러한 프로토콜을 **시도-응답(challenge-response)** 프로토콜이라 부른다. 앞으로 다룰 인증 프로토콜에서는 다음과 같은 표기법을 사용하기로 한다.

A와 B는 Alice와 Bob을 나타낸다.
R_i는 시도(challenge)이고 아래 첨자는 시도자(challenger)를 나타낸다.
K_i는 키이며, i는 키의 주인이다.
K_s는 세션키를 나타낸다.

우리가 처음으로 다루는 공유키 인증 프로토콜의 메시지 교환과정은 그림 8-32와 같다. 메시지 1에서 Alice는 자신의 식별자(identity) A를 Bob이 이해할 수 있는 방법으로 Bob에게 보낸다. 물론 Bob은 이 메시지가 Alice에게서 온 것인지 Trudy에게서 온 것인지 알 수가 없다. 그래서 그는 시도로서 커다란 임의의 수 R_B를 선택하여 Alice에게 평문 형태로 메시지 2에 담아 보낸다. 그러면 Alice는 이 메시지(메시지 2)를 Bob과 공유하고 있는 키로 암호화하여 암호문 $K_{AB}(R_B)$를 메시지 3에 담아 돌려보낸다. 이 메시지를 받은 즉시, Bob은 이 메시지가 Alice에게서 왔다는 것을 알 수 있다. 왜냐하면 Trudy는 K_{AB}를 모르기 때문에 그 메시지를 만들어낼 수 없기 때문이다. 더군다나, R_B는 아주 큰 범위(예를 들어 129비트 숫자)에서 임의로 선택되었기 때문에 Trudy는 이전 세션에서 R_B와 이에 대한 응답을 알아내기 어렵다. 마찬가지로 Trudy가 어떤 시도에 대하여 정확한 응답을 추측해내는 것도 어렵다.

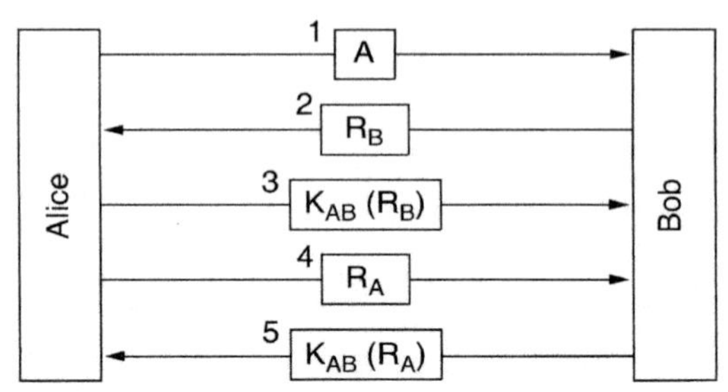

그림 8-32 시도-응답 프로토콜을 사용하는 양방향 인증

여기서 Bob은 Alice와 통신하고 있다는 것을 확신할 수 있으나 Alice는 그렇지가 않다. Alice가 알고 있는 것은 Trudy가 메시지 1을 가로채서 R_B를 응답으로 보낼 수도 있다는 것뿐이다. 어쩌면 Bob이 지난밤에 죽었을지도 모르는 일이다. 그녀가 누구와 통신하고 있는지를 알아내기 위하여 Alice는 임의의 숫자 R_A를 선택하여 Bob에게 평문 형태로 보낸다(메시지 4). Bob이 $K_{AB}(R_A)$로 응답하면, 비로소 Alice는 자신이 통신하고 있는 상대가 Bob이라고 확신할 수 있게 된다. 이제 이 두 사람이 세션키를 설정하기를 원한다면, Alice가 하나를 골라서(K_S) 그것을 $K_{AB}(K_S)$로 암호화하여 Bob에게 보내면 된다.

그림 8-32의 프로토콜은 5개의 메시지를 포함하고 있다. 이 메시지들을 줄일 수 있는지 생각해 보자. 한 가지 방법이 그림 8-33에 나타나 있다. 여기서는 Alice가 Bob의 시도를 기다리지 않고 시도-응답 프로토콜을 시작한다. 이와 비슷하게, Bob도 Alice의 시도에 응답하는 동안 그 자신의 시도를 보낸다. 이 프로토콜은 5개의 메시지를 3개로 줄일 수 있다.

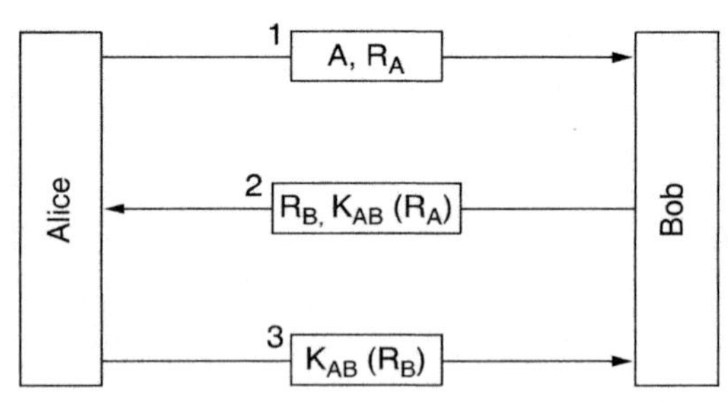

그림 8-33 단순화한 양방향 인증 프로토콜

이 새로운 프로토콜이 원래의 것보다 향상되었다고 볼 수 있는가? 어떤 의미에서는 메시지의 수가 줄어들었기 때문에 그렇다고 할 수 있다. 그러나 불행하게도 그렇지 않다. 어떤 특정한 환경에서 Trudy는 **반사공격(reflection attack)**이라고 알려진 프로토콜을 사용하여 이 프로토콜을 망가뜨릴 수 있다. 특히 Bob과 여러 개의 세션을 여는 것이 가능하다면 Trudy는 그 프로토콜을 깨뜨릴 수 있다. 예를 들어 Bob이 은행이고 한꺼번에 여러 대의 현금출납기에서 동시 연결을 받아들이는 경우 이러한 상황은 충분히 발생할 수 있다.

Trudy의 반사 공격은그림 8-34에 나타나 있다. 이 공격은 처음에 Trudy가 자신이 Alice인 양 속이고 R_T를 보내는 것으로 시작된다. 일반적으로, Bob은 자기 자신의 시도인 R_B로 응답한다. 이제 Trudy는 곤경에 빠졌다. 그녀가 할 수 있는 일이 무엇이겠는가? 그녀는 $K_{AB}(R_B)$가 무엇인지 모른다.

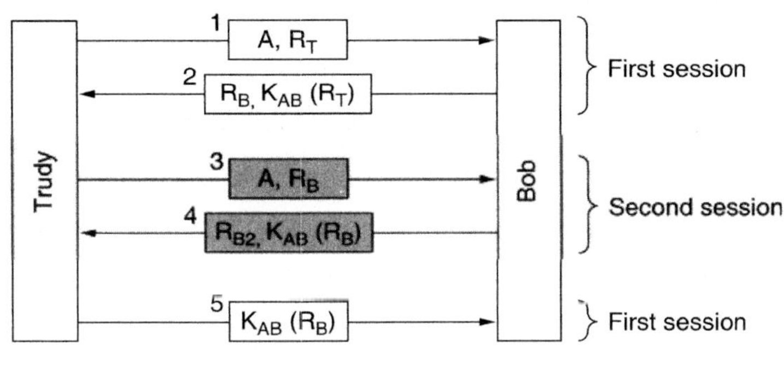

그림 8–34 반사공격

Trudy는 메시지 2의 R_B를 마치 그녀의 시도인 양 속여 메시지 3을 보내서 새로운 두 번째 세션을 시작할 수 있다. Bob은 의심 없이 그것을 암호화하여 $K_{AB}(R_B)$를 만들어 메시지 4로 보낸다. 그림 8-34의 두 번째 세션에서 메시지들을 잘 보이도록 짙게 표시하였다. 이제 Trudy는 필요한 정보를 얻었다. 그래서 그녀는 첫 번째 세션을 완료하고 두 번째 세션을 취소한다. 이제 Bob은 Trudy가 Alice라고 확신하게 되고, 그래서 Trudy가 Alice의 예금 잔고가 얼마인지 물어도 그는 아무런 의심 없이 물음에 답한다. 그다음에 그녀가 잔액을 스위스의 비밀 구좌로 옮겨줄 것을 요구하면 그는 지체 없이 실행한다.

이 이야기의 교훈은 다음과 같다.

올바른 인증 프로토콜을 설계한다는 것은 보기보다 어렵다.

도움이 되는 일반적인 네 가지 규칙은 다음과 같다.

1. 응답자가 답하기 전에 처음 시도자가 자신이 누구인지를 밝히도록 한다. 위의 경우, Bob은

Trudy가 자신이 누구인지에 대한 명확한 증거를 댈 때까지 유용한 정보의 제공을 보류해야 한다.

2. 초기 시도자와 응답자가 두 개의 공유키 K_{AB}와 K'_{AB}를 사용하더라도 상호 신분 증명을 위해 서로 다른 키를 사용한다.
3. 초기 시도자와 응답자가 자신들이 필요한 시도를 서로 다른 집합에서 뽑는다. 예를 들어 초기 시도자는 짝수를 사용하고 응답자는 홀수를 사용한다.
4. 프로토콜이 한 세션에서 얻은 정보를 다른 세션에서 사용하는 것과 같은 공격을 방어할 수 있도록 한다.

이상의 규칙들 중 한 가지라도 지켜지지 않으면 프로토콜은 깨질 수 있다. 여기서 4가지 규칙이 모두 지켜지지 않으면 비참한 결과를 초래한다.

이제 다시 앞으로 되돌아가서 그림 8-32를 좀 더 자세히 살펴보자. 이 프로토콜이 정말 반사공격을 위한 것이 아닌가? 이것은 꽤 어려운 문제이다. Trudy는 Bob과 두 번째 세션을 열어 Bob이 자신의 질문에 대답하도록 유도하는 것이 가능하기 때문에 반사공격을 사용하여 프로토콜을 파괴할 수 있었다. Alice가 한 컴퓨터의 사용자가 아니라 여러 세션을 받아들일 수 있는 범용 컴퓨터였다면 어떻게 되었을까? Trudy가 어떤 일을 할 수 있는지 알아보자.

Trudy의 공격이 어떻게 동작하는지 그림 8-35를 살펴보자. Alice는 메시지 1에 자신의 식별자를 넣어 보낸다. Trudy가 이 메시지를 가로채어 자신이 Bob인 것처럼 메시지 2를 보내고 자신의 세션을 시작한다. 그림 8-35에서 세션 2 메시지들을 진하게 표시하였다. Alice는 메시지 2를 받고 메시지 3을 보내어 상대방에게 자신이 Bob임을 증명하라고 요청한다. 이 시점에서 Trudy는 자신이 Bob임을 증명할 수 없기 때문에 난관에 봉착한다.

Trudy는 이제 어떻게 할 것인가? 그녀는 첫 번째 세션으로 되돌아가서 자신이 시도를 보낼 차례에 메시지 3에서 받은 R_A를 보낸다. Alice는 친절하게 메시지 5로 응답하여 Trudy에게 세션 2에서 메시지 6을 보낼 때 필요한 정보를 제공한다. 이 때 Trudy는 세션 2에서 Alice의 시도에 성공적으로 응답하였기 때문에 여유만만하다. 이제 그녀는 세션 1을 취소하고 세션 2의 나머지 동안 어떤 오래된 숫자를 보내어 세션 2에서 Alice와 인증된 세션을 열 수 있다.

그러나 Trudy는 심술궂게 대응한다. 세션 2를 종료하기 위하여 어떤 오래된 숫자를 보내는 대신에 세션 1에 대한 Alice의 시도를 포함하고 있는 메시지 7을 Alice가 보낼 때까지 기다린다. 물론 Trudy는 어떻게 응답해야 할지 알지 못하므로 다시 반사공격을 사용하여 메시지 8에 R_{A2}를 되돌려 보낸다. Alice는 메시지 9에 R_{A2}를 암호화하여 보낸다. 이제 Trudy는 세션 1로 전환하여 Alice가 메시지 10에서 원하는 숫자를 Alice가 보낸 메시지 9로부터 복사하여 보낸다. 이제 Trudy는 Alice와 2개의 완전히 인증 받은 세션을 가지게 된다.

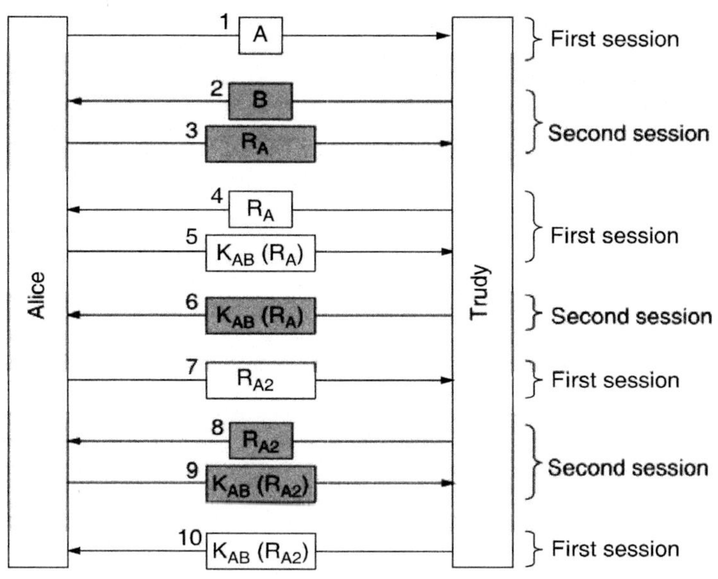

그림 8-35 그림 8-32의 프로토콜에 대한 반사공격

이 공격은 그림 8-34에서 살펴본 3개의 메시지 프로토콜과 약간 다르다. 여기서는 Trudy가 Alice와 2개의 인증 채널을 갖게 된다. 이전 예에서는 Bob과 한 개의 인증 채널을 갖는다. 여기서도 마찬가지로 앞에서 설명한 모든 일반적인 인증 프로토콜 규칙들을 적용하면 이 공격을 막을 수 있다. 이러한 종류의 공격들에 대한 자세한 소개와 방어 방법은 (Bird et al., 1993)을 참고하기 바란다. 그들은 또한 이론적으로 증명 가능한 프로토콜을 체계적으로 만드는 방법도 소개하고 있다. 이러한 프로토콜 중에서 가장 간단한 것도 매우 복잡하므로 여기서는 다른 종류의 프로토콜을 소개하고자 한다.

새로운 인증 프로토콜을 그림 8-36에 나타냈다(Bird et al., 1993). 이 프로토콜은 IPsec을 공부할 때 살펴 본 HMAC을 사용하고 있다. Alice는 먼저 Bob에게 메시지 1로서 nonce R_A를 보낸다. Bob은 자신의 nonce, R_B를 선택하여 이것을 HMAC과 함께 Alice에게 보낸다. HMAC은 Alice의 nonce, Bob의 nonce, 이들의 신분 식별자, 그리고 공유키 K_{AB}로 이루어진 데이터구조 형태이다. 이 구조화된 데이터는 예를 들어 SHA-1 등을 사용하여 HMAC으로 해시화된다. Alice가 메시지 2를 받으면, 그녀는 자신이 선택한 R_A, 평문 형태로 받은 R_B, 두 개의 신분 식별자, 그리고 공유키 K_{AB}를 모두 알게 되므로 스스로 HMAC을 계산할 수 있다. 계산한 것이 메시지에 있는 HMAC과 일치하면, Alice는 Trudy가 K_{AB}를 모르고, 따라서 옳은 HMAC을 계산할 수 없다는 것을 알기 때문에 자신이 Bob과 통신하고 있다는 것을 알게 된다. Alice는 두 개의 nonce들만을 포함하고 있는 HMAC으로 응답한다.

Trudy가 이 프로토콜을 파괴할 수 있을까? 불가능하다. 왜냐하면 그녀는 그림 8-34나 8-35에서와 같이 어느 한쪽에게 자신이 선택한 값을 암호화하거나 해시값을 계산하도록 할 수 없기 때문이다. 위의 두 HMAC 모두 보내는 쪽에서 선택한 값을 포함하고 있으며, Trudy는 이것을 건드릴 수 없다.

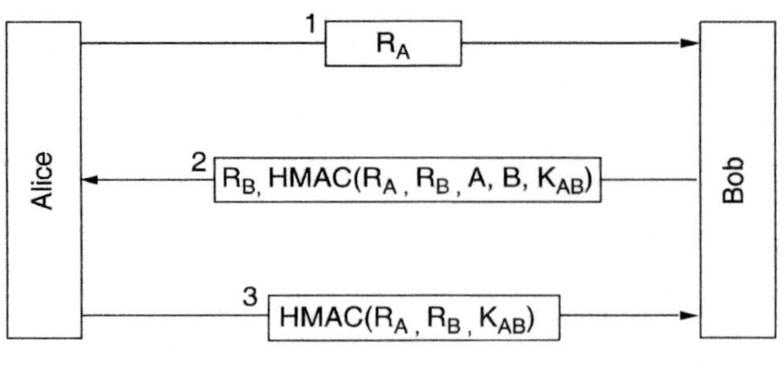

그림 8-36 HMAC를 이용한 인증

HMAC을 사용하는 것이 이 아이디어를 구현하는 유일한 방법은 아니다. 몇 가지 항목들에 대한 HMAC을 계산하는 대신에 종종 사용하는 다른 방법은 암호 블록 체인화를 사용하여 항목들을 순차적으로 암호화하는 것이다.

8.7.2 공유키 설정: Diffie-Hellman 키 교환

앞에서 우리는 Alice와 Bob이 비밀키를 나누어 가지고 있다고 가정하였다. 그들이 그렇지 않다고 가정해 보자(지금까지 서명이나 인증서를 분배하는 데 전 세계적으로 인정된 PKI가 없기 때문에). 이들은 어떻게 키를 설정할 수 있을까? 한 가지 방법은 Alice가 Bob에게 전화하여 그녀의 키를 그에게 가르쳐주는 것이다. 그러나 그는 다음과 같은 질문을 먼저 할 것이다. "당신이 Trudy가 아니고 Alice라는 것을 내가 어떻게 믿죠?" 그들은 여권이나 운전면허증 또는 신용카드 등 신분을 증명할 수 있는 것을 가지고 직접 만나기를 시도할 것이다. 그러나 서로 바빠서 몇 달 동안 만날 수 있는 날짜를 잡을 수 없을지도 모른다. 다행히도, 믿어지지 않겠지만, Trudy가 모든 메시지를 주의 깊게 살펴보고 있다고 하더라도, 서로 모르는 사람들 간에 공유 비밀키를 공공연하게 정할 수 있는 방법이 있다.

서로 모르는 사람들 간에 공유된 비밀키를 정하는 프로토콜이 **Diffie-Hellman 키 교환(Diffie-Hellman key exchange)**이다(Diffie and Hellman, 1976). 이 프로토콜은 다음과 같이 동작한다. Alice와 Bob은 두 개의 커다란 숫자 n과 g를 사용하기로 약속한다. 여기서, n은 소수이고 $(n-1)/2$도 역시 소수이며, 몇 가지 조건들이 g에 적용된다. 이 숫자들은 공개되어도 상관이 없으므로 이들 중 한 사람이 n과 g를 골라서 다른 사람에게 공개적으로 알려줘도 된다. 이제 Alice는 큰 수(예를 들어 1,024비트) x를 골라서 비밀로 간직한다. 이와 비슷하게, Bob도 큰 비밀 숫자 y를 결정한다.

Alice는 그림 8-37에서 보이는 것처럼 Bob에게 $(n, g, g^x \bmod n)$을 담은 메시지를 보내어 키 교환 프로토콜을 시작한다. Bob은 Alice에게 $g^y \bmod n$을 담은 메시지를 보내서 응답한다. 이제 Alice는 Bob이 보낸 숫자의 x제곱을 취하여 $(g^y \bmod n)\ x \bmod n$을 구한다. Bob도 이와 비슷한 방법으로 $(g^x \bmod n)\ y \bmod n$을 구한다. 모듈러(modular) 연산의 법칙에 의하여 위의 두 연산의 결과는 $g^{xy} \bmod n$이 된다. Alice와 Bob은 이제 $g^{xy} \bmod n$이라는 비밀키를 공유하게 된다.

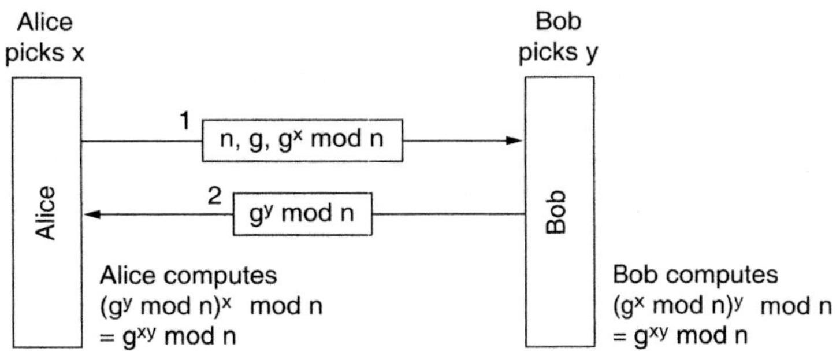

그림 8-37 Diffie-Hellman 키 교환

물론 Trudy도 두 사람 사이에 교환된 두 메시지를 알고 있다. 그녀는 메시지 1로부터 g와 n을 알아낸다. 만일 그녀가 x와 y를 계산해 낼 수 있다면, 그녀는 비밀키를 추정해낼 수 있을 것이다. 문제는 g^x mod n만 가지고는 x를 알아낼 수 없다는 것이다. 매우 큰 소수의 모듈러 연산에 대한 알고리즘은 아직 알려지지 않고 있다.

위의 예를 보다 구체적으로 알아보기 위하여 (매우 비현실적인 값이지만) n=47과 g=3을 사용해 보자. Alice는 x=8을 골랐고 Bob은 y=10을 골랐다. 이 두 숫자는 비밀로 간직된다. Alice는 Bob에게 (47, 3, 28)이라는 메시지를 보낸다. 왜냐하면 38 mod 47은 28이기 때문이다. Bob이 Alice에게 보내는 메시지는 (17)이다. Alice는 178 mod 47=4를 구해낸다. Bob은 28^{10} mod 47=4를 구해낸다. Alice와 Bob은 독자적으로 비밀키가 4라고 결정한다. Trudy는 3 x mod 47=28이란 방정식을 풀어내야 하는데, 이러한 작은 숫자에서는 모든 수를 다 검색해서 풀 수 있지만, 사용되는 숫자가 모두 몇 백 비트짜리 숫자일 경우에는 불가능하다. 현재 알려져 있는 알고리즘으로는, 심지어 병렬 슈퍼컴퓨터를 사용한다 하더라도 매우 오래 걸린다.

Diffie-Hellman 알고리즘이 우수하지만 여기에는 한 가지 문제가 있다. Bob이 (47, 3, 28)이라는 메시지를 받았을 때, 이것이 Trudy가 아닌 Alice에게서 온 것이라고 어떻게 확신할 수 있는가? 방법이 없다. 불행히도, Trudy는 이 사실을 이용하여 Alice와 Bob 모두를 속일 수 있다 (그림 8-38). 여기서, Alice와 Bob이 각각 x와 y를 선택하는 동안 Trudy도 자신의 임의의 숫자 z를 고른다. Alice가 메시지 1을 Bob에게 보낸다. Trudy는 그것을 가로채고, 공개되어 있는 g와 n 그리고 z를 (x대신에) 사용하여 메시지 2를 만들어 Bob에게 보낸다. Trudy는 또한 메시지 3을 Alice에게 보낸다. 그 후 Bob이 메시지 4를 Alice에게 보내면 Trudy가 역시 가로채서 보관한다.

이제 모두 모듈러 연산을 한다. Alice는 g^{xz} mod n을 계산해 비밀키를 구한다. Trudy도 마찬가지로 Alice에게 보낼 메시지를 위해 계산을 한다. Bob은 g^{xz} mod n을 구하고 Trudy 역시 구한다. (Bob에 대한 메시지를 위해) Alice는 자신이 Bob과 통신하고 있다고 생각하고 그녀는 세션키를 설정한다. (실제로는 Trudy와) Bob도 마찬가지이다. Alice가 세션키를 가지고 암호화하여 보내는 모든 메시지는 Trudy가 가로채어 저장하고, (Trudy가) 원하는 대로 수정하고 필요한 경우 Bob에게 보낸다. 반대 방향으로도 마찬가지다. Alice와 Bob이 서로 안전하게 연결되어 있다고 착각하고 있는 동안 Trudy는 모든 메시지를 볼 수 있고 원하는 대로 수정할 수 있다. 이러한 이유로 이 공격은 또한 **중간자 공격(man-in-the-middle attack)**이라고도 한다. 또한 소방차와 화재지점 사이에서 양동이를 전달하는 자원 소방대원과 유사하기 때문에 **버킷 브리게이드 공격(bucket brigade attack)**이라고도 한다.

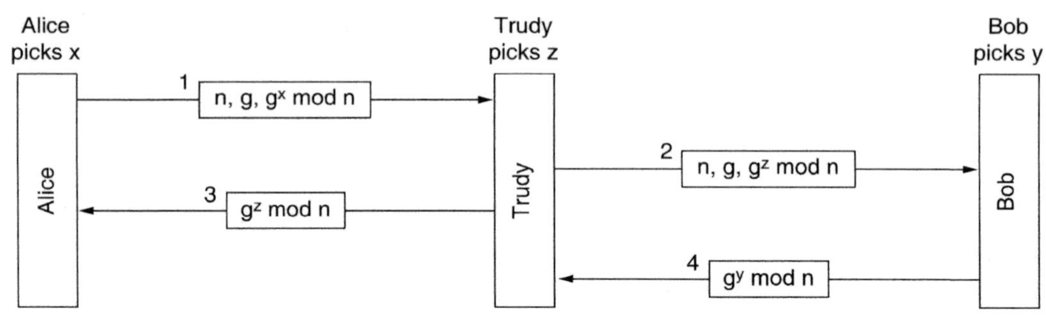

그림 8-38 중간자 공격

8.7.3 키 분배 센터를 이용한 인증

서로 모르는 사람들 간에 공유 비밀키를 설정하는 것은 대부분 동작하긴 하지만 완전한 것은 아니다. 한편, 이 방법은 먼저 이론적인 의미도 없다. n명의 사람들이 이러한 방법으로 통신하려면 n개의 키가 필요하다. 대부분의 사람들에게 있어서 키 관리는 실제로 부담이 될 것이다. 특히 각 키를 별도의 플라스틱 칩 카드에 저장해야 한다면 더욱 그렇다.

다른 방법은 믿을 수 있는 키 분배 센터(key distribution center, KDC)를 도입하는 것이다. 이 모델에서는 각 사용자는 KDC와 단일 키를 공유한다. 이렇게 되면, 인증과 세션키 관리가 KDC를 통하여 이루어진다. 두 사용자와 KDC로 이루어진 KDC 인증 프로토콜의 가장 간단한 예는 그림 8-39와 같다.

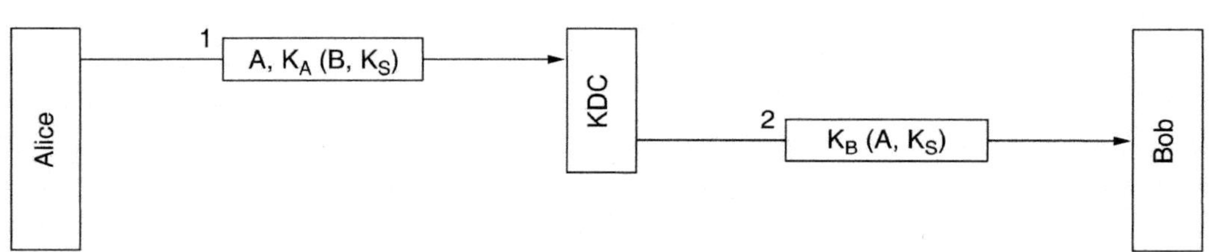

그림 8-39 KDC를 사용한 인증 프로토콜의 가장 간단한 예

이 프로토콜의 아이디어는 간단하다. Alice는 세션키 K_S를 하나 골라서 KDC에게 이 세션키 K_S를 사용해서 Bob과 통신하고 싶다고 통보한다. 이 메시지는 Alice와 KDC 간에만 공유되어 있는 비밀키 K_A로 암호화해서 보낸다. KDC는 이 메시지를 복호화하고 Bob의 식별자와 세션키를 뽑아낸다. 그리고

나서, Alice의 식별자와 세션키를 포함하고 있는 새로운 메시지를 만들어 Bob에게 보낸다. 이 새로운 메시지는 Bob과 KDC 간의 비밀키인 K_B로 암호화된다. Bob이 이 메시지를 복호화하면, 그는 Alice가 그와 통신하고 싶어 한다는 것과 어느 키를 사용하고 싶어 하는지를 알 수 있다.

여기서 인증은 간단하게 이루어진다. KDC는 메시지 1이 Alice로부터 왔다는 것을 알고 있다. 왜냐하면 Alice 외에는 그 누구도 Alice의 비밀키를 사용하여 암호화를 수행할 수 없기 때문이다. 마찬가지로 Bob도 메시지 2가 자신이 신뢰하는 KDC로부터 온 것이라는 것을 알고 있다. 왜냐하면 자기 자신 이외에는 아무도 자신의 비밀키를 알지 못하기 때문이다.

불행하게도, 이 프로토콜은 치명적인 단점이 있다. Trudy가 돈이 필요하여 Alice를 위해 할 수 있는 합법적인 서비스를 생각해내어 매력적인 제안을 하여 일을 얻었다고 하자. 일을 다 끝낸 이후에 Trudy는 Alice에게 계좌 이체로 대금을 지불해 줄 것을 요청한다. 그러면 Alice는 자신의 은행 대리인인 Bob과 세션키를 설정하여, Bob에게 Trudy의 계좌로 돈을 이체하라는 메시지를 보낸다.

그러는 동안 Trudy는 예전에 하던 것처럼 네트워크상의 메시지를 엿듣는다. Trudy는 그림 8-39에 있는 두 개의 메시지와 그다음에 오는 계좌 이체 요청 메시지를 복사한다. 나중에 그녀는 복사한 두 메시지를 재전송한다. Bob은 메시지를 받고 다음과 같이 생각하게 될 것이다. "Alice가 Trudy를 재고용한 것이 틀림없다. 그녀가 일을 잘 했구나." 그리고 Bob은 같은 금액을 Alice의 계좌에서 Trudy의 계좌로 이체한다. 이러한 메시지가 50회쯤 반복되고 나면 Bob은 Trudy에게 더 큰 대출을 제안하게 되고 그녀는 이런 성공적인 사업을 확장해 나가게 될 지도 모른다. 이러한 공격을 **재전송 공격(replay attack)**이라고 부른다.

재전송 공격에 대한 여러 가지 해결책이 나와 있다. 첫 번째 방법은 모든 메시지 각각에 대해 타임스탬프를 포함시키는 것이다. 이렇게 하면, 유효시간이 지난 메시지를 받은 사람은 그 메시지를 버릴 수 있게 된다. 이러한 방법의 문제점은 네트워크 내의 모든 시계가 정확히 동기화되어 있지 않기 때문에 유효한 타임스탬프들 간에도 약간의 시간 차이가 있을 수 있다는 것이다. Trudy는 이 차이난 시간에 메시지를 재전송하고 사라질 수 있다.

두 번째 방법은 메시지 각각에 대하여 nonce를 집어넣는 것이다. 이렇게 되면 각 사용자는 이전에 사용되었던 모든 nonce를 기억하고 있다가 이전에 사용되었던 nonce를 가진 메시지를 폐기해야 한다. 그러나 Trudy가 5년 전의 메시지를 사용하지 않는다는 보장도 없으니까 nonce는 영원히 저장되어야 한다는 문제가 있다. 또한 만일 어떠한 컴퓨터가 고장이 나서 그의 nonce 리스트를 잃어버리게 된다면, 그 컴퓨터는 다시 재전송 공격에 취약하게 된다. 타임스탬프와 nonce를 조합하여 nonce가 얼마나 오래 기억되어야 하는지를 제한할 수도 있다. 그러나 당연히 프로토콜은 복잡하게 된다.

상호인증을 위한 보다 복잡한 방법은 다중 시도-응답 프로토콜(multiway challenge-response protocol)을 사용하는 것이다. 이러한 프로토콜의 잘 알려진 예가 **Needham-Schroeder 인증(Needham- Schroeder authentication)** 프로토콜이다(Needham and Schroeder, 1978). 이 프로토콜의 한 예가 그림 8-40에 있다.

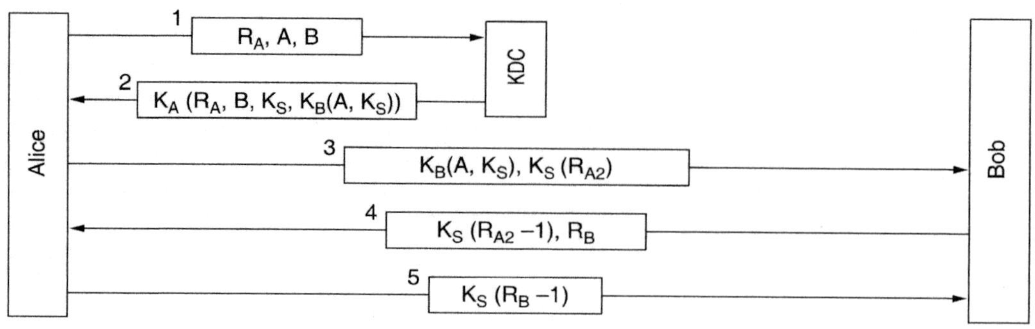

그림 8-40 Needham-Schroeder 인증 프로토콜

이 프로토콜은 Alice가 Bob과 통신하기를 원한다고 KDC에게 통보하는 것으로 시작된다. 이 메시지는 nonce로서 큰 난수 R_A를 포함하고 있다. KDC는 Alice의 난수, 세션키, 그리고 Bob에게 보낼 수 있는 티켓(ticket)을 포함하고 있는 메시지 2를 보내온다. 여기서, 난수 R_A는 Alice에게 메시지 2가 새로운 것이며, 다시 사용된 것이 아니라는 것을 보증한다. Bob의 식별자 *B*도 포함되는데, 이것은 Trudy가 교묘한 방법으로 메시지 1의 *B*를 자신의 식별자로 바꾸어 놓는 경우, KDC가 메시지 2에서 암호화키로서 K_B 대신에 K_T를 사용하는 것을 방지하기 위한 것이다. K_B를 사용하여 암호화한 티켓을 암호화된 메시지 안에 포함시키는 것은 메시지가 Alice에게로 돌아갈 때 Trudy가 중간에서 다른 메시지로 바꾸는 것을 방지한다.

이제, Alice는 이 암호화된 티켓을 새로운 난수 R_{A2}를 세션키 K_S로 암호화한 것과 함께 Bob에게 보낸다. 메시지 4에서 Bob은 $K_S(R_{A2}\text{-}1)$을 Alice에게 돌려보냄으로써, Alice에게 그녀가 진짜로 Bob과 통신하고 있다는 것을 확인시켜준다. $K_S(R_{A2})$를 되돌려 보내는 것은 통하지 않을 수도 있다. 왜냐하면 Trudy가 이것을 메시지 3에서 훔칠 수 있기 때문이다.

메시지 4를 받은 후에 Alice는 그녀가 Bob과 통신하고 있다는 것을 확신할 수 있으며, 지금까지 어떠한 메시지도 재사용되지 않았음을 알 수 있다. 왜냐하면 그녀는 R_{A2}를 방금 만들어냈기 때문이다. 메시지 5는 Bob에게 지금 통신하고 있는 상대가 Alice라는 것을 확인시켜 주고, 어떠한 메시지 재사용도 없었다는 것을 확인시켜주기 위하여 사용된다. 양쪽에서 모두 시도와 응답을 생성하게 함으로써 어떠한 종류의 재전송 공격도 제거할 수 있다.

이 프로토콜이 매우 견고해 보이지만 사실 약간의 취약점을 가지고 있다. 만일 Trudy가 평문으로 되어 있는 전에 사용하였던 세션키를 얻게 되면, 그녀는 메시지 3을 재사용하여 Bob과 새로운 세션을 설정하여 자신이 Bob으로 하여금 Alice라고 믿게 만들 수 있다(Denning and Sacco, 1981). 이 경우 Trudy는 합법적인 서비스를 한 번도 실행하지 않고 Alice의 은행 계좌의 돈을 훔칠 수 있다.

NeedHam과 Schroeder는 이후에 이 문제를 해결하는 프로토콜을 발표하였다(Needham and Schroeder, 1987). 같은 논문지의 동일한 주제에서 Otway와 Rees(1987)도 이 문제를 더 간단한 방법으로 해결하는 프로토콜을 발표하였다. 그림 8-41에 Otway-Rees의 프로토콜을 약간 수정한 것을 나타내고 있다.

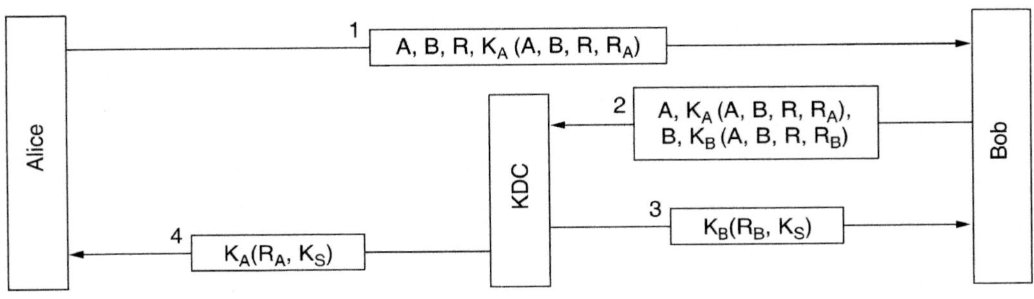

그림 8-41 Otway-Rees 인증 프로토콜

Otway-Rees 프로토콜에서 Alice는 한 쌍의 난수 즉, 공통 식별자로 사용될 *R*과 Bob에 대한 시도로 사용될 R_A를 만들어 냄으로써 이 프로토콜을 시작한다. Bob이 이 메시지를 받으면, 그는 Alice의 메시지 중 암호화된 부분과 그와 비슷한 자신의 것을 사용하여 새로운 메시지를 만들어낸다. K_A와 K_B를 사용하여 암호화된 이 두 부분은 Alice와 Bob을 식별하여 주며 공통 식별자와 시도를 포함한다.

KDC는 양쪽의 *R*이 같은지를 검사한다. 만일 Trudy가 메시지 1의 R을 손댔거나 메시지 2의 일부분을 수정했을 경우 같지 않을 것이다. 만일 두 개의 *R*이 같다면, KDC는 Bob으로부터의 요청 메시지가 유효한 것이라고 믿는다. 그리고 KDC는 세션키를 생성하여 두 번 암호화하는데 한 번은 Alice를 위한 것이고, 또 한 번은 Bob을 위한 것이다. 각 메시지는 수신자의 난수를 포함하는데 이것은 이 메시지를 보낸 것이 Trudy가 아니라 KDC라는 것을 보장하기 위한 것이다. 이제 Alice와 Bob은 서로 같은 세션키를 가지고 있고 이를 이용하여 통신을 시작할 수 있다. 이들이 처음 데이터 메시지를 교환할 때, 각자는 상대방이 같은 K_S를 가지고 있는지를 확인할 수 있고 그럼으로써 인증이 끝나게 된다.

8.7.4 커버로스를 사용한 인증

많은 실제 시스템(윈도우 2000 포함)에서 사용되는 인증 프로토콜은 Needham-Schroeder에 기반을 둔 **커버로스(Kerberos)**이다. 이 이름은 그리스 신화에 나오는 하데스(Hades)의 문을 지키는 머리가 여러 개 달린 개의 이름에서 따왔다. 커버로스는 워크스테이션 사용자가 네트워크 자원에 안전하게 접근하기 위한 방법으로 MIT에서 설계되었다. 커버로스와 Needham-Schroeder와의 가장 큰 차이점은, 커버로스는 모든 시스템 클럭의 동기화가 잘 되어 있다고 가정하는 데에 있다. 이 프로토콜은 여러 단계로 구성되어 있다. V5는 산업체에서 널리 쓰이며 RFC 4120에 정의되어 있다. 이전 버전인 V4는 결국 몇 가지 심각한 오류가 발견되어(Yu et al., 2004) 더 이상 쓰이지 않는다. V5는 V4에 비해 많은 작은 변화와 향상된 특성이 있다. 예를 들면, V5는 DES를 사용하지 않는다. 자세한 사항은 Neuman and Ts'o (1994)를 참조하기 바란다.

커버로스는 3개의 서버와 Alice(클라이언트 워크스테이션)로 구성된다.

인증 서버(Authentication Server, AS): 로그인하는 동안 사용자를 검증한다.
티켓-승인 서버(Ticket-Granting Server, TGS): 사용자 확인 티켓을 발행
Bob 서버: 실제로 Alice가 하고자 하는 일을 하는 서버

AS는 비밀 패스워드를 모든 사용자에게 나누어준다는 점에서 KDC와 비슷하다. TGS의 임무는 TGS 티켓의 소지자가 실제 서버를 사용할 수 있는 사용자인지를 확인시켜 주는 티켓을 발행하는 것이다.

세션을 시작하기 위해 Alice는 임의의 워크스테이션에 앉아서 자신의 이름을 입력한다. 워크스테이션은 그녀의 이름과 TGS의 이름을 평문으로 AS에 보낸다(그림 8-42 메시지1). 그녀에게 돌아오는 것은 세션키와 TGS를 위하여 사용될 티켓 $K_{TGS}(A, K_S, t)$이다. 세션키는 Alice의 비밀키로 암호화되기 때문에 Alice만이 복호화할 수 있다. 메시지 2가 도착했을 때 워크스테이션은 Alice에게 그녀의 패스워드를 물어본다. 이 패스워드는 메시지 2를 복호화하여 그 속에 들어 있는 세션키를 얻기 위해 사용되는 K_A를 생성하는 데 사용된다.

이때 워크스테이션은 최대 몇 밀리초(millisecond) 동안만 내부에 패스워드를 가지고 있기 위하여 Alice의 패스워드를 덮어쓴다. 만일 Trudy가 Alice인 척하고 로그인 한다면, 그녀가 입력하는 패스워드는 틀릴 것이고, 워크스테이션은 메시지 2의 표준 부분이 잘못되었다는 것을 감지할 것이다.

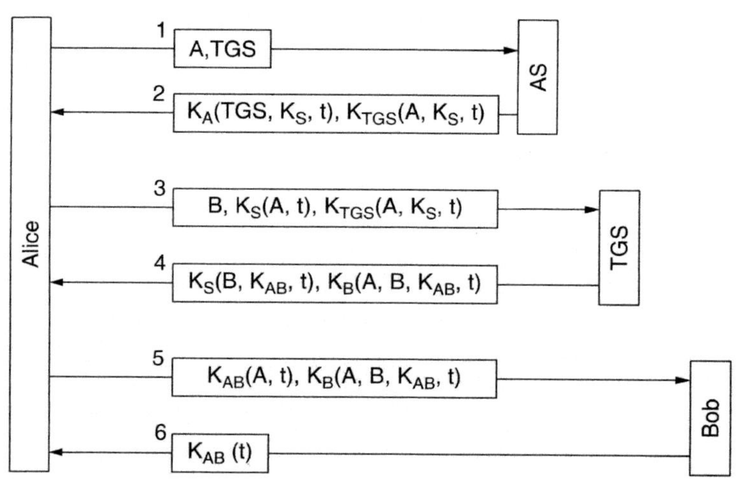

그림 8-42 커버로스 V5 동작 과정

로그인한 이후 Alice는 Bob이라는 파일 서버와 접속하고 싶다고 워크스테이션에게 알린다. 그러면, 워크스테이션은 TGS에게 메시지 3을 보내서 Bob과 사용할 티켓을 요청한다. 이 메시지에 있어서

가장 중요한 요소는 $K_{TGS}(A, K_S, t)$이다. 이것은 TGS의 비밀키로 암호화되어 있으며, 전송자가 Alice라는 것을 증명하는 데에 사용된다. TGS는 메시지 4에서 Alice와 Bob이 사용할 세션키 K_{AB}를 만들어서 보낸다. 두 종류가 전송되게 되는데, 첫 번째 것은 단지 KS로만 암호화되어 있어서 Alice가 읽을 수 있다. 두 번째 것은 다른 티켓으로, Bob의 키인 K_B로 암호화되어 있어서 Bob만이 읽을 수 있다.

Trudy도 메시지 3을 복사하여 다시 사용하려고 시도할 수 있다. 그러나 그녀는 메시지와 함께 보내지는 암호화된 타임스탬프 t 때문에 실패하게 된다. Trudy는 Alice가 TGS와 통신하기 위해 사용하는 세션키인 K_S를 알지 못하기 때문에 타임스탬프를 더 최근의 것으로 바꿀 수 없다. 만일 Trudy가 메시지 3을 재빨리 재전송한다 할지라도, 그녀가 얻을 수 있는 것은 메시지 4뿐이므로 처음에도 두 번째도 복호화를 할 수 없다.

이제 Alice는 Bob에게 티켓을 통해 K_{AB}를 보내서 세션을 설정할 수 있다(메시지 5). 이 과정 역시 타임스탬프를 가진다. 이에 대한 응답은 Alice에게 지금 통신하고 있는 상대방이 Trudy가 아닌 Bob이라는 것을 증명해 준다(메시지 6).

이러한 일련의 교환 이후, Alice는 Bob과 K_{AB}를 사용하여 통신할 수 있다. 만일 나중에 그녀가 다른 서버 Carol과 통신할 필요가 있다고 결정하게 되면, Alice는 메시지 3의 B만 C로 바꾸어서 TGS로 보내면 된다. 그러면 TGS는 티켓을 K_C로 암호화하여 보내어 주고, Alice는 이것을 Carol에게 보내서 자신이 Alice임을 증명할 수 있다.

이러한 작업의 요점은 Alice가 모든 서버에 네트워크를 통하여 안전하게 접속할 수 있고, 자신의 패스워드를 네트워크로 보낼 필요가 없다는 것이다. 사실 패스워드는 그녀의 워크스테이션에 단지 몇 밀리초 정도만 남아 있으면 된다. 그러나 각 서버는 권한검증을 한다는 것에 유의하자. Alice가 Bob에게 자신의 티켓을 제공할 때, 그것은 단지 Bob에게 그것을 누가 보냈는지를 증명할 뿐이다. Alice가 무엇을 하도록 허락될지는 전적으로 Bob에게 달려 있다.

커버로스를 설계한 사람들은 전 세계가 하나의 인증 서버를 사용할 것으로 생각하지 않았기 때문에, 각 영역이 자체의 AS와 TGS를 가지는 여러 개의 **영역(realms)**을 가질 수 있도록 설계하였다. 멀리 떨어진 영역 내의 서버에게 티켓을 얻기 위해서 Alice는 그녀 자신의 TGS에게 멀리 떨어진 영역의 TGS가 받아들일 수 있는 티켓을 요청한다. 만일 멀리 떨어진 TGS가 지역(local) TGS에 등록되어 있다면(같은 방식으로 지역 서버도 그렇다면), 지역 TGS는 Alice에게 멀리 떨어져 있는 TGS에서 통용될 수 있는 티켓을 줄 것이다. 그러면 그녀는 그쪽 영역의 서버에 통용되는 티켓을 얻는 등, 그쪽에서 하고자 하는 일들을 할 수 있다. 두 영역에 있는 사용자나 서버가 서로 일을 하기 위해서는 각각이 상대방의 TGS를 신뢰하고 있어야 한다.

8.7.5 공개키 암호를 사용한 인증

상호인증은 공개키 암호를 사용하여 이루어질 수 있다. 먼저, Alice는 Bob의 공개키를 필요로 한다. 만약 공개키를 포함하고 있는 인증서를 발행하는 디렉토리 서버를 가진 PKI가 있다면, Alice는 그림 8-43에 나타낸 바와 같이 Bob의 공개키를 요청하는 메시지 1을 보낸다. 응답으로 들어오는 메시지 2는 Bob의 공개키를 포함하고 있는 X.509 인증서이다. Alice는 서명이 맞으면, 자신의 식별자와 nonce를 포함하는 메시지를 Bob에게 보낸다.

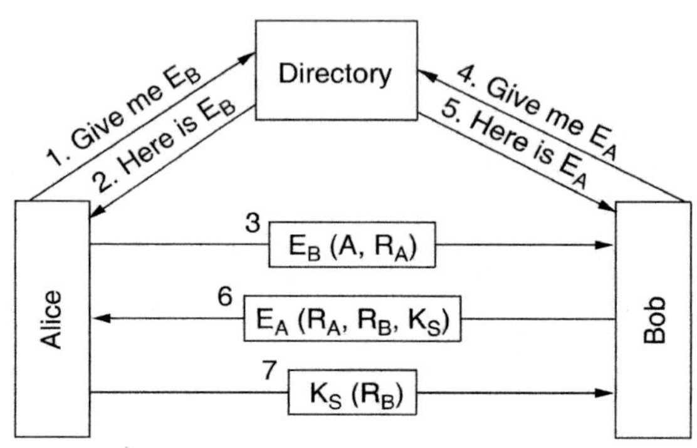

그림 8-43 공개키 암호를 이용한 상호인증

이 메시지를 받은 Bob은 이 메시지가 Alice로부터 왔는지 Trudy로부터 왔는지 알 수 없기 때문에 디렉토리 서버에게 Alice의 공개키를 요청(메시지 4)하여 곧 공개키를 받는다(메시지 5). 그리고 그는 Alice의 nonce R_A, 자신의 nonce R_B, 그리고 세션키 KS를 포함하는 메시지 6을 Alice에게 보낸다.

Alice가 메시지 6을 받으면 이것을 자신의 개인키를 사용하여 복호화 하여 R_A를 얻을 수 있고 이 메시지가 Bob에게서 온 것이라는 것을 확신할 수 있다. 왜냐하면 Trudy는 R_A를 알아낼 수 있는 방법이 없기 때문이다. 더 나아가 그녀가 Bob에게만 R_A를 보냈으므로, 이 메시지가 재사용된 것이 아니라는 것도 알 수 있다. Alice는 메시지 7을 보냄으로써 세션 설정에 동의한다. Bob은 자신이 만들어 보냈던 세션키로 암호화되어 온 R_B를 받으면, 그는 Alice가 메시지 6을 받았고 R_A가 검증되었음을 알 수 있다.

Trudy가 이 프로토콜을 파괴할 수 있는 방법은 무엇이겠는가? 그녀는 메시지 3을 위조하여 Bob에게 Alice가 보낸 것인 척할 수 있다. 그러나 Alice는 자신이 보낸 적이 없는 R_A를 얻게 될 것이고, 따라서 더 이상 진행하지 않기로 결정한다. Trudy는 R_B와 K_S를 모르고 또 Alice의 개인키가 없이는 이들을 찾아낼 수가 없기 때문에 메시지 7을 위조해낼 수 없다. Trudy는 결국 성공하지 못한다.

8.8 전자우편 보안

거리가 떨어진 두 사이트 사이에 전자 메시지를 보내면 메시지는 일반적으로 경로상의 여러 기계들을 통과한다. 이 기계들은 나중에 사용하기 위해서 메시지를 읽고 기록해 놓는다. 실제로는 많은 사람들의 우려에도 불구하고 프라이버시 침해에 대한 대비책이 없다. 그럼에도 불구하고 많은 사람들은 오직 문서를 읽어야 할 사람만 읽을 수 있는 전자우편을 사용하길 바란다. 그래서 상급자나 정부기관 같은 곳에서도 읽지 못하게 하고 싶어 한다. 이런 요구를 충족시키기 위해서 전자우편에 앞에서 배운 암호원리를 적용하여 안전한 전자우편을 보낼 수 있게 되었다. 다음 절에서는 널리 쓰이는 전자우편 시스템인 PGP에 대해서 공부할 것이다. 그다음 또 다른 시스템인 S/MIME에 대해서 간략하게 설명을 한다. 이에 대해서 더 자세히 알고 싶으면 (Kaufman et al., 2002 와 Schneier, 1995)를 참조하기 바란다.

8.8.1 PGP-Pretty Good Privacy

첫 번째 예로서 Phil Zimmermann 한 사람의 노력의 산물인 **PGP(Pretty Good Privacy)**를 들 수 있다(Zimmermann, 1995a, 1995b). Zimmermann은 프라이버시 옹호자이고 그가 주장하는 모토는 프라이버시 침해를 당하게 되면 범법자들만이 프라이버시를 누릴 수 있다는 것이다. 1991년에 등장한 PGP는 프라이버시, 인증, 디지털 서명, 압축을 완벽하고 편리하게 사용할 수 있는 전자우편 패키지이다. 더구나 이 완전한 패키지는 소스 코드를 포함해서 무료로 인터넷상에 배포되었다. 성능 좋고 가격은 무료이므로 유닉스, 리눅스, 윈도즈, Mac OS와 같은 각종 플랫폼에서 널리 사용되고 있다.

PGP는 128-비트 키를 사용하는 **IDEA(International Data Encryption Algorithm)**라고 하는 블록암호를 이용해서 데이터를 암호화한다. 이것은 DES의 성능이 떨어지고 AES가 채 선정되기 전에 스위스에서 개발되었다. 개념적으로 봐서 IDEA는 DES나 AES와 비슷하다. 여러 라운드에 걸쳐서 비트들을 뒤섞는 것이다. 그러나 DES와 AES가 비트들을 섞을 때 자세히 살펴보면 다른 함수를 사용한다. 키 관리에는 RSA를 사용하고 데이터 무결성을 위해서는 MD5를 사용한다. 이미 이것들에 대해서는 앞에서 논의했다.

PGP는 공개되는 첫날부터 논쟁거리가 되었다(Levy, 1993). 그 이유는 사람들은 Zimmermann이 제공한 PGP를 제약 없이 다운받아서 인터넷에 올려놓았고 세상의 모든 사람들이 구할 수 있었으며, 미국 정부는 Zimmermann이 군사용 무기 수출을 금지하는 미국 법을 위반했다고 주장했기 때문이었다. 미국 정부는 Zimmermann에 대해서 5년 동안 조사를 했지만 혐의를 기각했다. 혐의를 기각한 주요한 두 가지 이유는 첫째, Zimmermann이 직접 인터넷에 PGP를 퍼뜨리지 않았고, 그의 변호사가 주장하는 것처럼 그가 결코 어느 것도 수출을 한 적이 없다는 것이다(웹 사이트를 만드는 것이 수출과는 거의 연관이 없다는 것이다). 둘째로, 미국 정부는 이 소송에서 이기려면 프라이버시 프로그램을 다운로드할 수 있도록 한 웹 사이트에 대한 문제가 탱크, 잠수함, 군용항공기, 핵무기 같은 전쟁무기를 수출하는 것을 금하는 무기수출금지법에 저촉된다는 것을 배심원들에게 이해시켜야 하는 것 때문이다. 수년에 걸친 부정적인 여론도 미국 정부 측을 압박하면서 불리하게 작용했다.

좀 다른 이야기이지만 수출 규정에는 허점이 많다. 정부는 웹 사이트에 코드를 올려놓는 것을 불법 수출로 간주했고 이를 가지고 5년 동안이나 Zimmermann을 괴롭혔다. 한편 어떤 사람이 완벽한 PGP 코드를 C로 작성해서 이것을 책으로 출판한 다음 그 책을 수출했지만 책은 무기로 분류되지 않기 때문에 미 정부는 이를 문제 삼지 않았다. 적어도 미국은 칼이 펜보다 강한 나라이다.

PGP의 다른 문제는 특허권 침해에 대한 것이다. RSA 특허를 소유권자인 RSA Security Inc. 는 이 PGP가 RSA 알고리즘을 사용했기 때문에 권리를 침해했다고 주장했다. 그러나 버전 2.6 이상이 나오면서 특허권 문제는 해결되었다. 더구나 PGP는 암호알고리즘으로 RSA 대신 IDEA를 사용하기로 했다. 이를 사용함으로 인해서 처음에는 문제가 좀 있었다.

PGP는 오픈 소스이기 때문에 다양한 사람들과 계층에 의해 수정되고 여러 개의 버전들이 나왔다. 이 버전들 중 일부는 무기관련법을 피하기 위해서 설계되었고, 몇 개는 특허문제를 일으키지 않도록 수정되었다. 그리고 아직도 소스를 공개하지 않으면서 상업적인 제품으로 만들기를 원하는 사람들이 있다. 비록 무기관련법이 완화되었고 (그렇지 않았으면 AES를 사용하는 제품들은 미국으로부터 수출이 금지되었을 것이다) RSA 특허권은 2000년 9월에 만료되었다. 그러나 이로 인해서 PGP들 사이에는 다양한 이름으로 서로 호환이 되지 않는 것들이 많이 있다. 아래에서는 가장 오래되었고 가장 간단한 버전인 기본적인 PGP에 대해서 중점적으로 논의하기로 한다. 인기 있는 버전인 Open PGP에 대한 설명은 RFC 2440 문서에 잘 나타나 있다. 또 다른 것으로는 GNU Privacy Guard가 있다.

PGP에서 의도적으로 새로 개발한 암호알고리즘을 사용하지 않고 국제적으로 통용되는 기존의 것을 사용한다. PGP는 주로 철저한 검증을 거치고 어떠한 정부기관으로부터 영향을 받지 않은 알고리즘들을 기반으로 해서 만들었다. 정부를 신뢰할 수 없는 사람들에게는 PGP의 이런 점이 장점이다.

PGP는 문서압축, 기밀성, 디지털 서명과 강력한 키 관리 기능까지 지원을 한다. 그러나 이상하게도 전자우편 기능은 지원하지 않는다. 이것은 입력으로 평문을 받아들여 base64 형식의 서명된 암호문을 출력으로 만들어내는 사전프로세서와 비슷하다. 물론 이 출력을 전자우편으로 보낸다. 어떤 PGP는 실제로 메시지를 보내기 위해서 마지막 단계로 사용자 에이전트를 호출하기도 한다.

PGP가 어떻게 작동하는지 알아보기 위해서 그림 8-44의 예를 살펴보자. 여기서 Alice가 서명된 평문 메시지 P를 안전하게 Bob에게 보내고 싶어 한다. Alice와 Bob 두 사람은 RSA 개인키 (D_X)와 공개키 (E_X)를 가지고 있다. 이 두 사람은 상대방의 공개키를 알고 있다고 하자. 우리는 PGP 키 관리를 간단히 설명하기로 한다.

Alice는 자기 컴퓨터의 PGP 프로그램을 수행시킨다. PGP는 MD5를 이용해서 Alice의 메시지 P를 해시하고 자신의 RSA 개인키 D_A를 이용해서 그 결과를 암호화한다. Bob이 이 메시지를 받으면 Bob은 Alice의 공개키를 이용해서 그 해시를 복호화하고 해시가 정확한지 확인한다. 설사 어떤 사람이

(Trudy) 이 단계에서 이 해시를 획득해서 Alice의 공개키를 이용해서 복호화를 한다고 하더라도, MD5의 강력한 특성 때문에 MD5 해시값이 동일한 다른 메시지를 생성한다는 것이 계산적으로 불가능할 것이다.

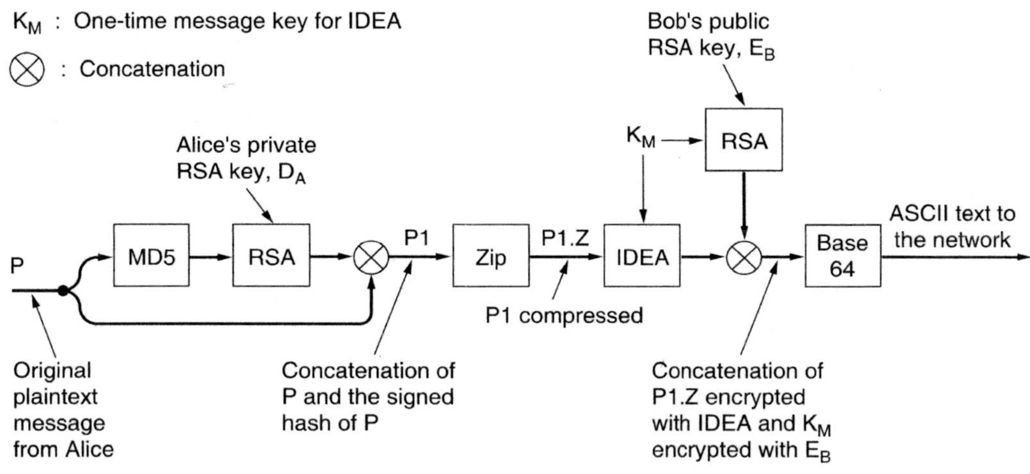

그림 8-44 PGP 메시지 전송 과정

암호화된 해시와 원래의 메시지를 이어 붙여서 하나의 메시지 *P1*으로 만든 다음 Ziv-Lempel 알고리즘(Ziv and Lempel, 1977)을 사용하는 ZIP 프로그램으로 압축을 한다. 이 단계에서 만들어진 것을 P1.Z라고 부르자.

다음에 PGP는 프롬프트를 통해 Alice에게 임의의 입력을 하도록 한다. 입력된 내용과 키보드를 치는 속도를 이용해서 128-비트 IDEA 메시지 키 K_M(PGP 용어로 이것을 세션키라 하는데 사실 어떤 세션도 없기 때문에 이 용어는 잘못 사용되는 것이다)을 생성한다. 이제 암호피드백(CFB) 모드의 IDEA로 K_M을 이용해서 P1.Z를 암호화한다. 추가로 Bob의 공개키 E_B를 이용해서 K_M을 암호화한다. 이 두 부분을 이어붙인 다음 제7장의 MIME을 논의했던 절에서처럼 base64로 변환시킨다. 결과 메시지를 구성하는 것들로는 문자, 숫자, 기호 +, /와 = 뿐이다. 그래서 이것은 RFC 822의 본문에 삽입할 수 있고 메일 전송 시에 수정되지 않고 전달될 수 있는 것이다.

Bob이 메시지를 받으면 base64 부호를 푼 다음 자신의 RSA 개인키를 이용해서 IDEA 키를 복호화한다. 이 키를 이용해서 메시지를 복호화하여 P1.Z를 얻는다. 압축을 푼 다음 암호화된 해시로부터 평문을 분리해내고, Alice의 공개키로 해시를 복호화한다. 만약 평문 해시와 자신의 MD5 계산값이 일치하면 *P*가 정확한 메시지이며 Alice로부터 온 것을 확인할 수 있다.

여기서 RSA는 오직 두 군데에서만 사용되었다는 사실에 유의할 만하다. 사용된 곳은 128-비트 MD5 해시를 암호화할 때와 128-비트 IDEA 키를 암호화할 때이다. 비록 RSA가 속도가 느리기는 하지만 암호화할 데이터가 많은 것이 아니라 겨우 256비트만 암호화하면 된다. 더군다나 이 256평문

비트들이 극도로 무작위적이기 때문에 Trudy 입장에서 보면 자신이 추측한 키가 올바른지를 점검하기 위해서는 방대한 양의 작업을 해야만 한다. 암호화의 대부분은 IDEA로 처리되는데 IDEA는 RSA에 비해서 10배 정도 속도가 빠르다. 그래서 PGP는 보안, 압축과 디지털 서명을 제공하며 그림 8-19에서 설명한 구조보다 훨씬 효과적이다.

PGP에서는 4가지 RSA 키 길이를 제공한다. 사용자는 자신에게 적합한 길이를 선택해서 사용할 수 있다. 여기에서 사용되는 길이는

1. 보통(384비트): 요즘은 쉽게 공격당한다.
2. 상업용(512비트): 대부분의 기관에 의해 깨질 수 있다.
3. 군사용(1024비트): 지구상 어느 누구도 깰 수 없다.
4. 외계인용(2048비트): 다른 행성인을 포함해서 어느 누구도 깰 수 없다.

RSA는 오직 2개의 간단한 계산만 하면 되므로 PGP를 사용할 때는 항상 외계인용 길이를 갖는 키를 사용해야 한다.

기본 PGP의 메시지의 형식이 그림 8-45에 나와 있다. 현재 다양한 다른 형식들도 사용하고 있다. 메시지는 IDEA 키, 서명, 메시지의 세 부분으로 구성된다. 사용자는 여러 개의 공개키를 가지고 있을 수 있기 때문에 키 부분은 키뿐만 아니라 키 식별자도 포함하고 있다.

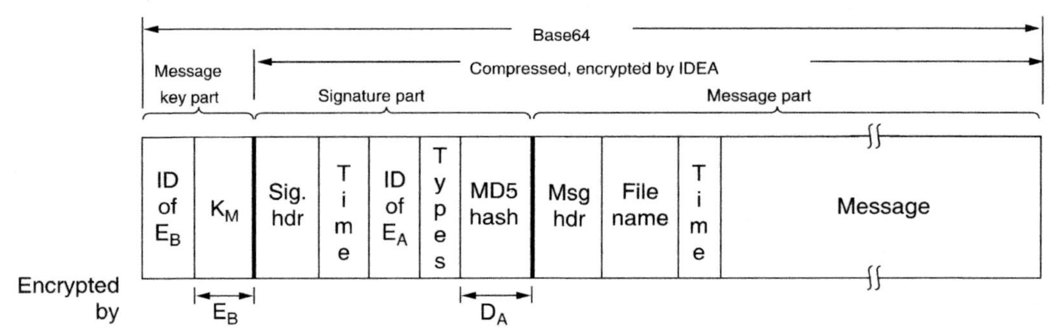

그림 8-45 PGP 메시지

서명 부분에는 헤더가 있는데 여기서는 자세히 다루지 않기로 한다. 헤더 뒤에 붙이는 것으로는 타임스탬프, 서명 해시를 복호화하는 데 사용할 송신자의 공개키 식별자, 사용된 알고리즘(MD6와 RSA2도 개발되면 사용할 수 있다)을 식별할 수 있는 유형정보, 그리고 암호화된 해시가 있다.

메시지 부분도 헤더를 갖고 있는데 헤더는 수신자가 파일을 디스크에 복사할 때 사용될 기본 파일명, 메시지 생성 타임스탬프, 그리고 마지막으로 메시지 자체로 구성된다.

보안 시스템의 아킬레스건으로서 PGP에서의 키 관리는 상당한 주목을 받아왔다. 키 관리는 다음과

같이 진행된다. 각 사용자는 두 개의 데이터 구조를 유지하는데 하나는 개인키고리(private key ring)이고 다른 하나는 공개키고리(public key ring)이다. **개인키고리(private key ring)**는 한 개 혹은 여러 개의 사용자 개인의 개인키-공개키 쌍을 가지고 있다. 한 사용자가 여러 개의 키 쌍을 소지하는 이유는 주기적으로 혹은 어느 한 공개키가 침해당했을 때 공개키를 바꿀 수 있도록 하기 위해서이다. 이렇게 하면 현재 준비 중인 메시지나 전송 중인 메시지를 무효화할 필요가 없다. 각 키 쌍에는 해당되는 식별자가 달려있기 때문에 송신자가 메시지를 암호화할 때 어떤 키를 이용했는지를 수신자에게 알려줄 수 있다. 메시지 식별자는 공개키의 낮은 자리의 64비트로 구성된다. 사용자는 자신의 공개키들이 서로 다른 식별자를 갖도록 해야만 한다. 디스크에 보관된 개인키들은 침투 공격에 대비해서 특별한 패스워드(충분히 길이가 긴)를 이용하여 암호화를 해두어야 한다.

공개키고리(public key ring)에는 사용자의 통신 상대자들의 공개키들을 보관한다. 이 공개키를 이용해서 각 메시지의 메시지 키를 암호화하는 데 사용한다. 공개키고리의 각 항목에는 공개키뿐만 아니라 64-비트 식별자와 사용자의 키에 대한 신뢰 정도까지 포함된다.

여기서 해결해야 할 문제는 다음과 같은 경우이다. 공개키를 게시판에서 두고 관리한다고 해보자. Trudy가 Bob의 전자우편을 읽을 수 있는 한 가지 방법은 게시판을 공격해서 Bob의 공개키를 자신의 공개키로 바꿔놓는 것이다. Alice가 Bob의 공개키라고 생각하고 이 키를 가져다 암호화해서 Bob에게 보낼 경우 Trudy는 Bob에게 버킷 브리게이드 공격을 할 수 있다.

이런 공격을 막거나 공격의 피해를 최소화하기 위해서 Alice는 자신의 공개키고리에 있는 소위 "Bob의 키"라고 알려진 키를 얼마나 신뢰할 수 있는지 알 필요가 있다. 만약 Bob이 공개키가 담겨 있는 CD-ROM을 직접 Alice에게 건네주었다면 그 공개키에 대한 신뢰도를 최상급으로 부여할 수 있다. 이런 측면에서 탈 중앙 집중식 사용자별 공개키 관리방법을 추구하는 PGP는 중앙 집중 방식의 공개키 기반구조와 차별화될 수 있다.

그럼에도 불구하고 사람들은 때때로 신뢰성이 제공되는 키 서버에 요청을 하여 공개키를 얻는다. 이러한 이유로 PGP는 X.509가 표준화된 이후에 전통적인 공개키고리 메커니즘뿐만 아니라 X.509 인증서도 지원한다. 현재 사용되는 PGP 버전들은 모두 X.509를 지원한다.

8.8.2 S/MIME

IETF가 추진한 전자우편 보안은 **S/MIME(Secure/MIME)**이라고 하는 것으로서 RFC 2632부터 2643 문서에 기술되어 있다. 인증, 데이터 무결성, 기밀성, 그리고 부인봉쇄를 제공한다. 또한 이것은 매우 융통성이 있어 다양한 암호 알고리즘들을 지원한다. 당연히 이름에서 알 수 있듯이 S/MIME은 MIME을 보강한 것으로서 모든 종류의 메시지를 보호할 수 있다. 아주 다양한 새로운 MIME 헤더들을 정의했는데, 예를 들면 디지털 서명을 하기 위한 것들이다.

그래서 S/MIME은 이전의 PEM(Privacy Enhanced Mail)과 같이 단일 루트에서 시작하는 엄격한 계층

구조 인증시스템 구조를 취하지 않았다. 대신에 사용자들은 다수의 신뢰기관을 이용할 수 있었다. 하나의 인증서가 한 개의 인증기관에서 인증을 하기만 하면 그것은 유용한 것으로 간주한다. S/MIME에서는 지금까지 사용해오던 표준 알고리즘과 프로토콜을 사용하기 때문에 여기서는 더 이상 논의하지 않기로 한다. 자세한 사항을 알고 싶으면 RFC 문서를 참고하기 바란다.

8.9 웹 보안

우리는 보안이 필요한 두 가지 중요한 분야 즉, 통신과 전자우편을 공부했다. 우리는 이것을 수프와 전채라고 생각할 수 있을 것이다. 이제 메인 요리를 먹을 때가 되었다. 그것이 바로 웹 보안이다. 요즘 웹이야말로 수많은 Trudy가 있고, 지저분한 일을 하고 있는 곳이 바로 그곳이다. 다음 절부터 우리는 웹 보안에 관한 이슈들과 문제점들에 대해서 살펴보기로 한다.

웹 보안은 크게 세 가지 범주로 나눌 수 있다. 첫째, 어떻게 객체들과 자원들에 이름을 안전하게 붙일 것인가? 둘째, 어떻게 안전하고 인증된 연결을 설정할 것인가? 셋째, 웹 사이트에서 클라이언트에게 실행코드를 보내게 되면 무슨 일이 벌어지는가? 몇 가지 위협을 살펴보고 이러한 이슈들을 검토해보기로 한다.

8.9.1 위협

거의 매주 우리는 뉴스를 통해 웹 사이트 보안문제에 접하게 된다. 이런 상황이 매우 끔찍스럽다. 무슨 일이 있었는지 몇 가지 예를 들어보자. 첫째, 크래커들이 많은 기관들의 홈페이지를 공격해서 크래커가 선택한 새 홈페이지로 바꿔놓았다(신문지상에서는 컴퓨터에 침입하는 자들을 “해커”라고 지칭하지만 많은 프로그래머들은 이 용어를 아주 훌륭한 프로그래머를 부르는데 사용한다. 여기서는 침입자를 “크래커”라고 부르려고 한다). 사이트가 공격당했던 곳으로는 Yahoo, 미 육군, CIA, NASA, 그리고 New York Times가 있다. 대부분의 경우 크래커는 재미있는 문구들을 사이트에 올려놓는 정도이기 때문에 몇 시간이면 사이트를 정상화할 수 있다.

이제 좀 심각한 경우를 생각해 보자. 크래커가 대량의 트래픽을 유발시켜서 적법한 요청에 대한 응답을 못하게 하는 서비스거부 공격에 의해 많은 사이트들이 다운이 되었다. 이런 공격은 주로 크래커가 이미 장악을 한 수많은 컴퓨터들에 의해서 이뤄진다(DDoS 공격). 이런 공격들은 이제 너무 흔해서 뉴스거리도 되지 못한다. 그러나 공격을 당한 사이트들은 일을 하지 못해서 수천 달러씩의 손해를 보곤 한다.

1999년에 스웨덴의 한 크래커가 마이크로소프트의 Hotmail 웹 사이트에 침입해서 미러 사이트를 만들어놓고 아무나 Hotmail 사용자의 이름을 입력해서 그 사람의 현재 메일과 저장된 메일을 읽어 볼 수 있도록 하였다.

또 다른 경우로 Maxim 이라는 이름의 19살짜리 러시아 크래커는 전자 상거래 웹 사이트에 침입해서 30만 개의 신용카드 번호를 훔쳐내었다. 그리고 그는 사이트의 소유자들에게 10만 달러를 내놓지 않으면 신용카드 번호를 인터넷에 공개하겠다고 말했다. 이 협박에 굴복하지 않자 그는 정말로 인터넷에 신용카드 번호들을 게시했고 수많은 선의의 희생자들이 피해를 입었다.

좀 다른 경우이기는 하지만 23살의 캘리포니아에 사는 한 학생은 Emulex 사가 분기 손실이 막대하고 CEO가 즉각 사임할 것이라는 거짓 보도자료를 언론사에 전자우편으로 보냈다. 몇 시간이 안 되어서 이 회사의 주식은 60% 폭락을 했고 주주들에게 20억 달러의 손실을 끼쳤다. 이 일을 저지른 사람은 이 메일을 보내기 전에 주식을 처분해서 25만 달러의 시세차익을 얻었다. 이 사건은 웹 사이트에 침입한 것은 아니지만 비중 있는 회사의 홈페이시에 이런 소식을 올려놓게 되면 분명 비슷한 결과를 초래하게 될 것이다.

불행하게도, 이런 사례들을 열거하면 몇 페이지라도 다 채울 수 있을 것이다. 그러나 이제 웹 보안에 대한 기술적인 문제를 점검해봐야 할 때가 되었다. 모든 종류의 보안 문제에 대한 자세한 정보는 Anderson(2008a), Stuttard and Pinto(2007), Schneier(2004)를 참조하길 바란다. 인터넷을 찾아보면 방대한 경우들을 찾을 수 있을 것이다.

8.9.2 안전한 이름 붙이기(Secure Naming)

아주 기초적인 것에서부터 출발하자: Alice가 Bob의 웹 사이트를 방문한다고 해보자. Alice는 Bob의 URL을 브라우저에 입력을 하고 수초 뒤에 웹 페이지가 화면에 뜰 것이다. 그런데 이 페이지가 정말 Bob의 웹 페이지일까? 그럴 수도 있고 그렇지 않을 수도 있을 것이다. Trudy가 또 다시 장난을 쳤을 지도 모른다. 예를 들면, 그녀는 Alice가 보내는 모든 패킷을 가로채고 검사하고 있을 지도 모른다. 그녀는 Bob의 웹 사이트로 가는 HTTP GET 요청을 가로채서 자신이 Bob의 웹 사이트에 접속해서 페이지를 가져온 다음 자기 마음대로 수정해서 이 가짜 페이지를 Alice에게 보낼 수 있다. Alice라고 해서 더 현명할 수는 없다. 더 심한 경우로서 Trudy는 Bob의 인터넷 쇼핑몰의 가격을 내려서 구매의욕을 북돋운 다음 Alice가 이것에 속아서 물건을 구매하기 위해 신용카드 번호를 "Bob"에게 보내게 할 수도 있다.

이 고전적인 중간자 공격의 약점은 Trudy가 외부로 나가는 Alice의 트래픽을 가로챌 수 있고 안으로 들어오는 트래픽을 조작할 수 있는 위치에 있어야만 한다는 것이다. 실제로 광통신 케이블을 도청하는 것은 상당히 어려운 일이기 때문에 그녀는 Alice의 전화선이나 Bob의 전화선을 도청해야만 한다. 능동적 라인 도청이 가능하기는 하지만 상당한 작업을 해야만 한다. 특히 Trudy는 영리해야 하고 Alice는 게을러야 한다. 이외에도 Alice를 속이는 쉬운 방법들이 있다.

DNS Spoofing

Trudy가 DNS 시스템을 깰 수 있다고 해보자. 그래서 Alice의 ISP 안의 DNS 캐시를 깼고 Bob의 IP 주소(예컨대, 36.1.2.3)를 자신의 IP 주소(예컨대, 42.9.9.9)로 변경했다고 해보자. 이를 이용해서 다음 공격을 할 수 있다. 이 방법이 어떻게 이루어지는지 그림 8-46(a)에 설명되어 있다. 여기서 (1) Alice는 DNS에게 Bob의 IP 주소를 요청한다, (2) 그 주소를 얻는다, (3) Bob에게 그의 홈페이지를 물어본다, 그리고 (4) 그것도 얻는다. Trudy는 Bob의 DNS 기록 안에 있는 Bob의 IP 주소 대신에 그녀 자신의 IP 주소를 포함하도록 변경하면 그림 8-46(b)의 상황에 이르게 된다. 여기서 Alice가 Bob의 IP 주소를 참조하게 되면 그녀는 Trudy의 IP 주소를 얻게 되고 그녀가 Bob에게 보낸 모든 트래픽은 Trudy에게 전달된다. 이제 Trudy는 전화선을 도청하는 수고를 하지 않고도 중간자 공격을 할 수 있다. 대신에 Trudy는 DNS 서버에 침입해서 레코드 하나만 고치면 되는데 이 방법이 훨씬 쉽다.

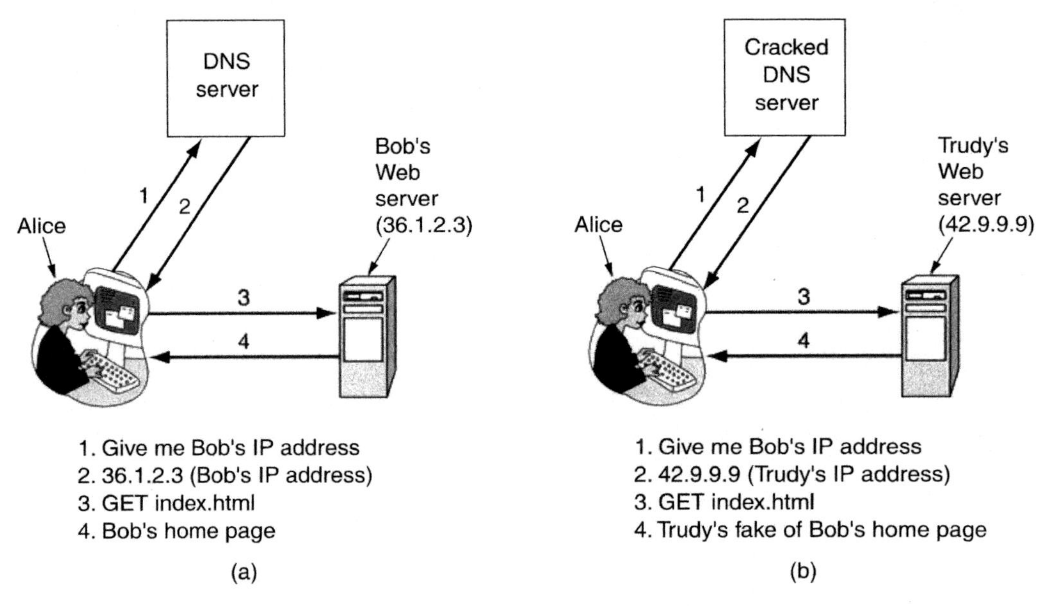

그림 8-46 (a) 정상적인 상황 (b) DNS를 깨고 들어가 Bob의 레코드를 변경하여 공격

Trudy가 어떻게 DNS를 속일 수 있을까? 이것은 생각보다 쉽다. 간단히 요약하면, Trudy는 Bob의 주소를 검색하기 위한 질의를 보내는 것으로서 Alice의 ISP에 있는 DNS 서버를 속일 수 있다. 불행하게도 DNS는 UDP를 사용하기 때문에 DNS 서버는 누가 그 문의를 했는지 현실적으로 알 도리가 없다. Trudy는 예측되는 응답을 위조하여 가짜 IP 주소를 DNS 서버의 캐시에 써 넣는 방법으로 이 성질을 교묘히 이용할 수 있다. 설명을 단순화하기 위해서 Alice의 ISP는 Bob의 웹 사이트인 bob.com이란 레코드를 가지고 있지 않다고 해보자. 만약 가지고 있으면 Trudy는 접속이 끝날 때까지 기다렸다가 나중에 다시 시도할 수 있다(혹은 다른 기술을 사용한다).

Trudy는 Alice의 ISP에 bob.com 의 IP 주소를 알려 달라는 검색요청을 보내는 것으로 공격을 시작한다. 이 DNS 이름에 대한 항목이 들어 있지 않기 때문에 캐시 서버는 이를 구하기 위해서 com 도메인에 대한 최상위 계층 서버에게 질의를 한다. 그러나 Trudy는 com 서버보다 먼저 선수를 쳐서 위조된 응답을 보낸다. 말하자면 "bob.com 은 42.9.9.9 이다"라고 자신(Trudy)의 IP 주소를 대신 보낸다. 만일 그녀가 보낸 위조된 응답이 Alice의 ISP에 먼저 도착하면 그것은 캐시 되고 진짜 응답은 더 이상 응답을 기다리는 문의가 없기 때문에 원하지 않는 응답으로 간주되어 거부된다. DNS 서버를 속여서 가짜 IP 주소를 설정하는 것을 **DNS spoofing**이라고 한다. 이와 같이 의도적으로 위조된 IP 주소를 갖고 있는 캐시를 **오염된 캐시(poisoned cache)**라고 한다.

사실 이렇게 단순히 일이 처리되지는 않는다. 첫째, Alice의 ISP는 응답이 최상위-계층 서버의 정확한 IP 발신지 주소를 갖고 있는지를 확인한다. 그러나 Trudy는 해당 IP 필드에 자신이 원하는 것은 무엇이든지 집어넣을 수 있기 때문에 그녀는 공개되어 있는 최상위계층 서버의 IP 주소를 쉽게 구할 수 있고 이 검사를 통과할 수 있는 것이다.

둘째, DNS 서버는 어느 요청에 어느 응답이 연관되는지를 구별할 수 있도록 모든 요청에 순서번호를 부여한다. Alice의 ISP를 스푸핑하기 위해서 Trudy는 현재의 순서번호를 알고 있어야만 한다. 현재의 순서번호를 알아내는 가장 쉬운 방법은 Trudy 자신이 도메인을 등록하는 것이다. 예컨대 trudy-the-intruder.com를 등록하는 것이다. 이것의 IP 주소가 42.9.9.9라고 해 보자. Trudy는 또한 막 만들었던 도메인에 대한 DNS 서버 dns.turdy-the-intruder.com을 생성한다. Trudy는 컴퓨터가 한 대 밖에 없으므로 DNS 서버 또한 Trudy의 IP 주소 42.9.9.9를 이용한다. 이제 그녀는 Alice의 ISP가 자신의 DNS 서버를 인식하도록 만든다. 이것은 쉬운 일이며, Alice의 ISP에게 foobar.turdy-the-intruder.com을 요청하기만 하면 된다. 이 요청에 의해 Alice의 ISP는 최상위-계층 com 서버에 질의를 해서 어느 컴퓨터가 Trudy의 새 도메인을 관리하는지를 찾아낸다.

Alice의 ISP 캐시 안에 안전하게 dns.turdy-the-intruder.com을 보관되면 진짜 공격을 시작한다. Trudy는 Alice의 ISP에게 www.turdy-the-intruder.com에 대한 질의를 한다. 이 ISP는 당연히 Trudy의 DNS 서버에게 질의를 보낸다. 이 질의에는 Trudy가 알아내려고 했던 순서번호도 포함되어 있다. 재빠르게 Trudy는 Alice의 ISP에게 Bob을 검색해 달라고 요청한다. 그녀는 즉시 그녀 자신의 질의에 대해 ISP에게 위조된 응답을 보낸다. 이 위조된 응답은 최상위계층 com서버가 "bob.com은 42.9.9.9"라고 응답한 것처럼 만들어져 있다. 이 위조된 응답 안의 순서번호에는 그녀가 막 수신했던 것보다 한 숫자가 높은 순서번호를 집어넣는다. 그녀가 이렇게 한 뒤에 그녀는 또한 순서번호가 두 숫자가 높은 두 번째 위조된 것을 보낼 수도 있고 순서번호를 계속 증가시키면서 연속해서 위조된 메시지를 보낼 수도 있다. 그중의 하나가 일치하게 될 것이고 나머지들은 그냥 거절될 것이다. Alice의 위조된 응답이 도착하게 되면 이것은 캐시된다. 실제 응답이 늦게 도착되면 응답을 기다리는 질의가 더 이상 존재하지 않기 때문에 거부된다.

이제 Alice가 bob.com을 검색하게 되면 그녀는 사실상 Trudy의 주소인 42.9.9.9를 얻게 된다. Trudy는 이제 자신의 편안한 거실에 앉아서 성공적인 중간자 공격을 할 수 있는 준비를 끝냈다.

이 공격의 여러 단계는 그림 8-47에 나타나 있다. 이 특정 공격은 DNS 서버가 질의에 사용하는 순서번호를 일련번호 대신에 랜덤 ID를 사용하게 되면 막을 수가 있다. 그러나 한 가지 문제가 해결되면 또 다른 문제가 나타나게 마련이다. ID는 16비트에 불과하므로 컴퓨터를 이용하면 쉽게 ID를 유추해낼 수 있다.

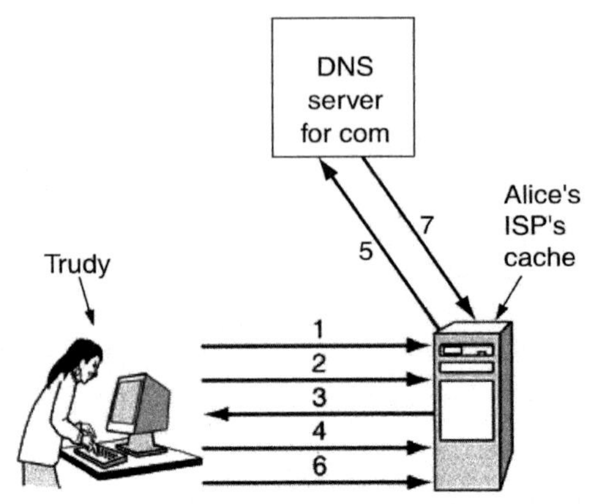

그림 8-47 Trudy가 Alice의 ISP를 spoof하는 방법

안전한 DNS

진짜 문제는 DNS가 설계될 당시에 인터넷은 겨우 수백 개의 대학들을 위한 연구용 설비로 만들어졌기 때문에 이와 같은 보안 문제에 대해서는 신경을 쓰지 않았다. 보안 문제는 당시에는 논의의 대상이 되지 못했고 인터넷이 동작하도록 하는 데에만 신경을 쓸 때였다. 해를 거듭하면서 환경은 급속도로 바뀌었고 1994년에 IETF는 DNS를 근본적으로 안전하게 하기 위해서 워킹 그룹을 만들었다. 이 프로젝트를 **DNSsec(DNS security)**이라고 하고, 그 결과물은 RFC 2535에 나와 있다. 불행하게도 DNSsec은 아직 완벽하지 않기 때문에 많은 DNS 서버들이 아직 스푸핑 공격에 취약하다.

DNSsec은 개념적으로 보면 아주 간단하다. 이것은 공개키 암호를 기반으로 하고 있다. 모든 DNS 영역(zone, 그림 7-5에서)은 공개키/개인키 쌍을 가지고 있다. DNS 서버가 보낸 모든 정보는 발신지 영역의 개인키로 서명하기 때문에 수신자는 그 정보를 인증할 수 있다.

DNSsec은 3가지 기본 서비스를 제공한다.

1. 데이터의 발신지 증명
2. 공개키 분배
3. 트랜잭션과 요청 인증

첫 번째 것이 주요 서비스로서 돌아오는 데이터가 영역의 소유자에 의해 승인되었다는 것을 확인해준다. 두 번째 것은 공개키를 보관하거나 검색하는 데 유용하게 쓰인다. 세 번째 것은 재생공격과 스푸핑 공격을 막는 데 필요하다. DNS에 기록되는 정보는 공개되는 것으로 간주되기 때문에 기밀성에 대한 서비스는 제공하지 않는다는 점을 주목하자. DNSsec을 완성하는 데 수년이 걸릴 것으로 예상되므로 보안-인식 서버들과 보안-무시 서버들을 연동하는 기능이 필수적이다. 따라서 프로토콜을 바꿀 수는 없다. 이것에 대해서 좀 더 자세히 살펴보기로 하자.

DNS 레코드들은 **RRSets(Resource Record Sets)**라고 하는 집합들로 그룹화되어 있다. 즉, 동일한 이름과 클래스와 유형을 갖는 레코드들을 하나의 집합으로 묶는다. 하나의 DNS 이름이 주 IP 주소와 부 IP 주소를 가지는 경우 하나의 RRSet은 여러 개의 A 레코드들을 포함하고 있을 수 있다. RRSet들은 여러 개의 새 레코드 유형(아래에서 설명됨)들로 확장된다. 각 RRSet은 암호로 해시된다(SHA-1을 이용). 해시는 영역의 개인키로 서명된다(RSA를 이용). 사용자에게 보내는 전송단위는 서명된 RRSet이다. 서명된 RRSet를 받으면 클라이언트는 발신지 영역의 개인키로 서명되었는지를 확인한다. 만약 서명이 일치되면 그 데이터를 받아들인다. 각 RRSet는 자신의 서명을 포함하고 있기 때문에 RRSet들은 신뢰할 수 없는 서버에서까지도 보안성을 떨어뜨리지 않으면서 어디서나 캐시될 수 있다.

DNSsec은 여러 개의 새로운 레코드 유형을 가지고 있다. 유형 중의 첫 번째는 KEY 레코드이다. 이 레코드는 영역, 사용자, 호스트, 서명에 사용된 암호 알고리즘, 전송에 사용된 프로토콜, 그리고 기타 비트들도 포함하고 있다. 공개키는 암호가 안된 상태로 저장되어 있다. X.509 인증서는 너무 커서 사용하지 않는다. 알고리즘 필드값이 1이면 MD5/RSA 서명(가장 선호하는 선택)을 의미하고 다른 조합들에 대해서는 다른 값을 사용한다. 프로토콜 필드는 IPsec이나 다른 보안 프로토콜을 사용할 경우에 그것을 나타내는 데 사용된다.

두 번째 새로운 레코드 유형은 SIG 레코드이다. 이것에는 KEY 레코드에 언급된 알고리즘을 이용해서 서명된 해시가 기록되어 있다. 서명은 자신은 빼고 KEY 레코드를 포함하는 RRSet의 모든 레코드들에 적용된다. 이것은 또한 서명자의 이름과 기타 항목들을 포함할 뿐만 아니라 유효기간이 언제 시작되고 언제 종료되는지를 나타내는 시간도 포함하고 있다.

DNSsec 설계에서 영역의 개인키는 따로 보관하도록 하고 있다. 하루에 한두 번 영역의 데이터베이스를 개인키가 보관되어 있는 독립된 기계에 수동으로(예; CD-ROM) 옮긴다. 거기에서 모든 RRSet들을 서명할 수 있고 그렇게 해서 생성된 SIG 레코드들을 CD-ROM으로 영역의 주 서버에 되옮길 수 있다. 이 방법으로 개인키를 금고 안에 보관된 CD-ROM에 저장할 수 있다. 하루 마다 새로운 RRSet들을 서명할 때만 이 CD-ROM을 금고에서 꺼내어 독립된 기계에 집어넣어 수행한다. 서명이 끝나면 모든 키들을 메모리와 디스크에서 지워버리고 CD-ROM을 금고에 보관한다. 이 절차는 전자적 보안을 물리적 보안으로 회귀하는 것이다. 물리적 보안은 사람들이 어떻게 다루는지 잘 안다.

RRSet들을 미리 서명해놓는 이 방법을 이용하면 요청에 응답을 해야 할 시점에 닥쳐서 암호화를 할 필요가 없기 때문에 질의에 대한 응답을 매우 빠르게 수행할 수 있다. 그러나 키들과 서명들을 DNS 데이터베이스에 보관해야 하기 때문에 대량의 디스크 공간이 필요하다는 단점이 있다. 몇몇 레코드들은 서명을 하게 되면 크기가 수십 배나 늘어나기도 한다.

클라이언트 프로세스가 서명된 RRSet을 받으면 발신지 영역의 공개키를 적용해서 해시를 복호화하고 자체적으로도 해시를 계산하여 두 값을 비교한다. 두 값이 일치하면 그 데이터는 유효한 것으로 간주한다. 그러나 이 절차에서 클라이언트가 어떻게 영역의 공개키를 취득할 수 있는지에 대한 의문을 설명하지 않았다. 한 가지 방법은 안전한 연결(예; IPsec을 이용)을 통해 신뢰 서버로부터 획득하는 것이다.

그러나 실제로 클라이언트는 모든 최상위 계층 도메인들의 공개키들을 가지도록 미리 구성되어 있다고 할 수 있다. 이제 Alice가 Bob의 웹 사이트를 방문하고자 한다고 하면 그녀는 DNS에게 Bob의 IP 주소와 Bob의 공개키를 포함하고 있는 KEY 레코드를 가진 bob.com의 RRSet을 요청한다. 이 RRSet은 최상위계층 com 도메인에 의해 서명되므로 Alice는 쉽게 그것을 확인할 수 있다. 그림 8-48에 있는 예는 RRSet가 무엇을 가지고 있는지를 보여주고 있다.

Domain name	Time to live	Class	Type	Value
bob.com.	86400	IN	A	36.1.2.3
bob.com.	86400	IN	KEY	3682793A7B73F731029CE2737D...
bob.com.	86400	IN	SIG	86947503A8B848F5272E53930C...

그림 8-48 bob.com에 대한 RRSet 예. KEY 레코드는 Bob의 공개키이다. SIG 레코드는 인증을 위한 A와 KEY 레코드에 대한 최상위 계층 com 서버의 서명한 해시이다.

이제 Bob의 확실한 공개키를 갖게 되었고 Alice는 Bob의 DNS 서버(Bob이 운영하는)에게 www.bob.com의 IP 주소를 요청한다. Bob의 개인키로 RRSet를 서명을 하기 때문에 Alice는 Bob이 보내준 RRSet의 서명을 확인할 수 있다. 만약 Trudy가 어느 캐시에다 가짜 RRSet를 어떻게든 심을 수 있었다고 하면 Alice는 RRSet 안의 SIG 레코드가 부정확하기 때문에 인증이 되지 않는다는 것을 쉽게 탐지해낼 수 있다.

그러나 DNSsec은 또한 어떤 질의에 대한 응답을 바인딩하기 위한 암호 메커니즘을 제공한다. 이렇게 해야 Trudy가 그림 8-47에서 하던 스푸핑 같은 것을 방지할 수 있다. 이 (선택적인) 안티스푸핑 방법은 응답에다 응답자의 개인키로 서명한 질의 메시지의 해시를 추가하는 것이다. Trudy는 최상위-계층 com 서버의 개인키를 모르고 있기 때문에, 그녀는 Alice의 ISP가 거기로 보낸 질의에 대한 응답을 위조할 수 없다. 그녀는 분명히 Trudy의 위조된 응답을 먼저 받게 된다. 그러나 해시된 질의의 서명이 유효하지 않기 때문에 거절될 것이다.

DNSsec은 또한 다른 레코드 유형들을 가지고 있다. 예를 들면, CERT 레코드를 이용해서 인증서(X.509)를 저장할 수 있다. 이 레코드를 제공하는 이유는 DNS를 PKI로 전환하길 원하는 사람들을 위한 것이다. 이러한 전환이 실제로 일어날지는 두고 봐야 할 일이다. 여기서 DNSsec에 대한 논의를 마치기로 하고 더 자세한 사항을 알고 싶으면 RFC 2535를 참조하기 바란다.

8.9.3 SSL-The Secure Sockets Layer

안전한 이름 부여를 공부하는 것이 좋은 시작점이지만 웹 보안에는 더 많은 것들이 있다. 다음 단계는 안전한 연결이다. 우리는 어떻게 안전한 연결을 설정할 수 있는지 알아본다.

웹이 처음으로 공개되었을 때는 정지된 페이지만을 제공하는 데 사용되었다. 그러나 얼마 되지 않아 몇몇 회사들이 신용카드로 상품을 구매하거나, 온라인 은행거래, 전자 주식거래 같은 금융거래에 이것을 사용하는 아이디어를 냈다. 이런 어플리케이션들 때문에 안전한 연결에 대한 요구가 생기게 되었다. 이런 요구에 부응하여 1995년 당시 브라우저 시장을 최대 업체였던 넷스케이프사(Netscape Communications Corp.)는 **SSL(Secure Socket Layer)**이라는 보안 패키지를 내놓았다. 이 소프트웨어와 프로토콜은 FireFox, Safari, Internet Explorer 등에서 이제 널리 사용되고 있으므로, 좀 더 자세히 살펴볼 가치가 있다.

SSL은 다음을 제공하는 두 소켓 사이에 안전한 연결을 설정한다.

1. 클라이언트와 서버 사이에 매개변수 협상
2. 클라이언트와 서버의 상호 인증
3. 기밀 통신
4. 데이터 무결성 보호

이것들에 대해서는 이미 알고 있기 때문에 더 이상 자세히 설명하지 않기로 한다.

일반적인 프로토콜 스택에서 SSL의 위치가 그림 8-49에 나타나 있다. 이것은 응용 계층과 트랜스포트 계층 사이에 위치하는 새로운 계층이다. 이것은 브라우저의 요청을 받아들이고 서버로 전송하기 위해 TCP로 내려 보낸다. 일단 안전한 연결이 설립되면 SSL이 하는 주요한 일은 압축과 암호화이다. HTTP를 SSL에 사용할 때 이것이 비록 표준 HTTP이지만 이것을 **HTTPS(Secure HTTP)**라고 부른다. 종종 이것은 표준 포트(80) 대신에 새 포트(443)를 이용하기도 한다. 이 외에 SSL은 웹 브라우저에서만 사용하라고 제한되어 있는 것은 아니지만 이것이 가장 많이 사용되는 응용이다.

SSL 프로토콜은 이미 여러 버전들이 나와 있다. 아래에서 우리는 가장 널리 사용되는 버전 3에 대해서만 논의하기로 한다. SSL은 다양한 알고리즘들과 옵션들을 지원한다. 이 옵션들에는 압축을 하는 것과 하지 않는 것, 사용될 암호 알고리즘들, 그리고 암호의 export 규제에 대한 문제들이 포함된다. 마지막에 언급된 것은 주로 통신연결의 양측이 모두 미국 내에 있을 때만 높은 수준의 암호를 사용하도록 하기 위한 것이다. 다른 경우에는 키의 길이를 40비트로 제한한다. 그래서 이것에 대해서 어떤 사람들은 네스케이프사가 미국 정부로부터 수출허가를 얻으려면 이 규정을 따라야 한다는 압력을 받았다는 농담을 하기도 한다.

Server　　SHA-1 (Server, Server's Public key)　　File name

http://www.bob.com:2g5hd8bfjkc7mf6hg8dgany23xds4pe6/photos/bob.jpg

그림 8-49　SSL을 사용하는 가정 사용자의 프로토콜 스택

SSL은 두 개의 서브프로토콜로 구성되었는데 하나는 안전한 연결을 설정을 위한 것이고 다른 하나는 그 연결을 사용하기 위한 것이다. 우선 어떻게 안전한 연결을 설정하는지를 알아보기로 하자. 연결 설정 서브프로토콜이 그림 8-50에 나와 있다. Alice가 연결을 설정하기 위해서 Bob에게 요청을 보낸다. 이 서브프로토콜은 메시지 1로 시작한다. 이 요청에는 Alice가 사용하는 SSL 버전이 명시되어 있고 그녀가 선호하는 압축과 암호 알고리즘이 들어 있다. 이것은 또한 나중에 사용할 nonce R_A도 갖고 있다.

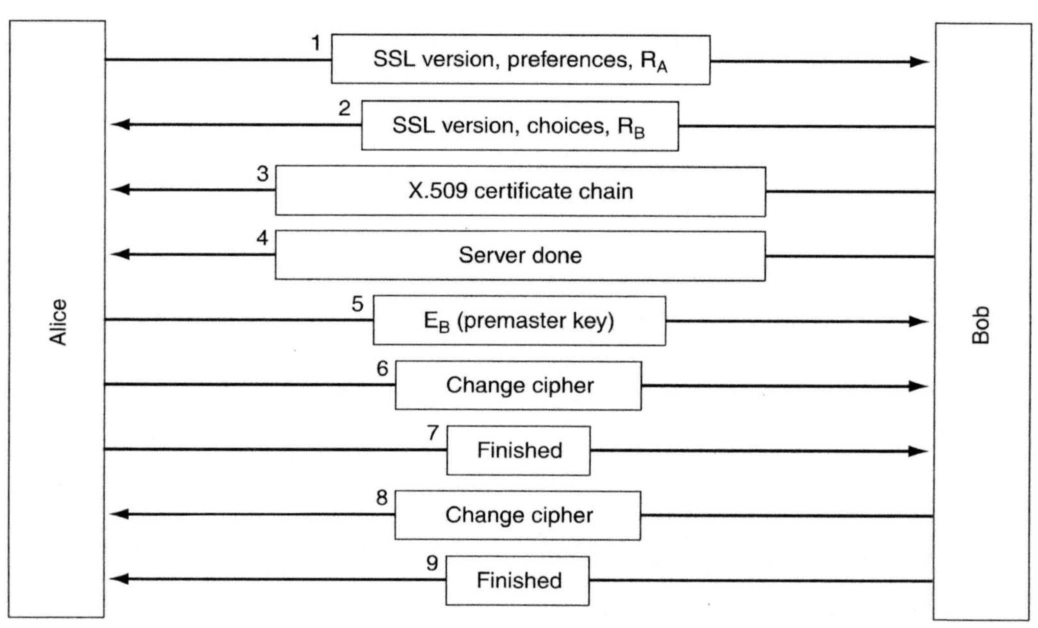

그림 8-50　SSL 연결 설정 서브 프로토콜

이제 Bob의 차례이다. 메시지 2에서 Bob은 Alice가 지원하는 여러 알고리즘 중에서 하나를 선택하고 자신의 nonce R_B를 보낸다. 그리고 메시지 3에서 그는 자신의 공개키를 포함하는 인증서를 보낸다. 만일 이 인증서가 잘 알려진 기관에 의해 서명된 것이 아니라면 잘 알려진 기관으로 이어지는 일련의 인증서들을 보낸다. Alice의 브라우저를 포함해서 모든 브라우저들은 대략 100의 공개키를 기본으로 포함하고 있기 때문에 만일 Bob이 이들 중의 하나에 연결되는 일련의 인증서를 구성하면 Alice는

Bob의 공개키를 인증할 수 있게 된다. 이 시점에서 Bob은 좀 다른 메시지(Alice의 공개키 인증서에 대한 요청 같은 것)를 보낼 수 있다. Bob이 이것을 끝내고 나서 이제 Alice의 차례라는 것을 알리기 위해서 메시지 4를 보낸다.

Alice는 임의로 384-비트 **사전마스터 키(premaster key)**를 선택해서 Bob의 공개키로 암호화해서 Bob에게 보내는 것으로 응답한다(메시지 5). 데이터를 암호화하는 데 사용된 실제 세션키는 사전 마스터 키와 두 개의 nonce를 복잡한 방법으로 섞어서 만들어진다. 메시지 5를 수신한 다음 Alice와 Bob 두 사람은 세션키를 계산할 수 있다. 이런 이유 때문에 Alice는 Bob에게 새 암호로 바꾸라고 말하고(메시지 6) 또한 그녀는 서브프로토콜을 설정하는 것을 끝냈다는 것을 알린다(메시지 7). Bob은 그녀에게 확인응답을 보낸다(메시지 8과 9).

그러나 비록 Alice는 Bob이 누구인지 알고 있지만 Bob은 Alice가 누구인지 알 수가 없다(Alice가 공개키와 그것에 해당되는 인증서를 가지고 있지 않는 한, 개인에게 이런 일이 일어날 것 같아 보이지는 않는다). 그래서 Bob의 첫 번째 메시지는 Alice에게 이전에 설정했던 로그인 이름과 패스워드를 사용해서 로그인을 할 것을 요청하는 것이 될 가능성이 높다. 그러나 로그인 프로토콜은 SSL의 범주를 벗어나는 것이다. 어떤 방법을 사용하든 일단 이것이 처리되면 데이터 전송은 시작된다.

위에서 언급했듯이 SSL은 여러 개의 암호 알고리즘을 지원한다. 가장 강력한 암호로는 3개의 독립적인 키를 이용하는 3중 DES를 이용하고 메시지 무결성에는 SHA-1을 사용하는 것이다. 이 조합은 비교적 속도가 느리기 때문에 대부분 고도의 보안이 요구되는 은행업무나 다른 응용에 사용한다. 일반적인 전자상거래 응용에서는 암호화에 128-비트 키를 사용하는 RC4를 사용하고 메시지 인증에는 MD5를 사용한다. RC4는 128-비트 키를 씨드(seed)로 사용하고 내부적으로 사용하기 위해서 매우 큰 수로 확장한다. 그다음 이것은 내부적인 수를 이용하여 키스트림을 생성한다. 이 키스트림을 평문과 XOR하여 그림 8-14에서 본 것처럼 고전적 스트림 암호를 제공한다. 수출용 버전도 또한 128-비트 키를 사용하는 RC4를 사용하지만 암호를 쉽게 깰 수 있도록 88비트는 공개되어 있다.

실제로 전송을 하려면 그림 8-51에 나와 있는 두 번째 서브프로토콜을 사용한다. 브라우저의 메시지들은 일단 16KB의 크기 단위로 나눈다. 만일 압축을 할 수 있으면 각 단위를 따로따로 압축한다. 그 뒤에 두 nonce와 사전 마스터키로 생성한 비밀키를 압축된 문서에 이어붙이고 그 결과를 협상된 해시 알고리즘(주로 MD5)으로 해시시킨다. 이 해시를 MAC으로 하여 각 단편에 추가한다. 압축된 단편에 MAC을 붙인 것을 약속한 대칭암호 알고리즘(주로 RC4 키스트림으로 XOR)으로 암호화한다. 끝으로 단편 헤더를 붙이고 TCP 연결을 통해서 전송한다.

그러나 주의해야 할 점이 있다. 암호분석에 RC4가 쉽게 깨지는 약한 키를 갖고 있다고 알려져 있기 때문에 RC4를 이용하는 SSL의 보안은 안전하지 않다(Fluhrer et al., 2001). 사용자에게 암호들을 선택할 수 있게 하는 브라우저들은 비록 RC4와 MD5를 사용하는 것보다는 속도가 느리기는 하지만 항상 168-비트 키와 SHA-1을 사용하는 3중 DES를 사용하도록 구성해야만 한다.

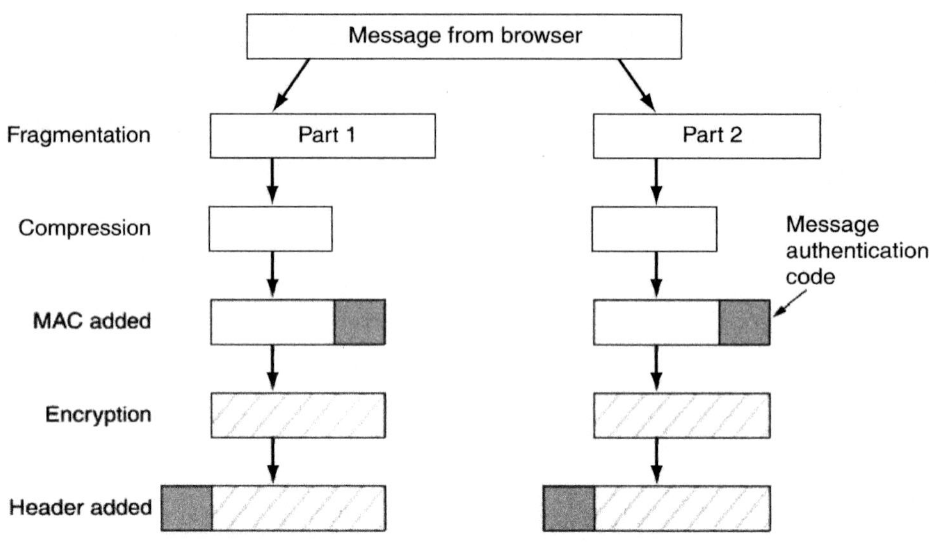

그림 8-51 SSL 데이터 전송

SSL의 또 다른 문제점으로는 주체가 인증서를 갖고 있지 않을 수 있다는 것이다. 설사 가지고 있다 하더라도 사용되는 키가 일치하는지를 항상 확인하지는 않는다.

1996년에 넷스케이프사는 SSL을 IETF에 넘겨서 표준화를 시작했다. 그 결과로 나온 것이 **TLS (Transport Layer Security)**이다. 이것은 RFC 2246에 설명되어 있다.

TLS는 SSL 버전3을 기반으로 하며 SSL을 조금 변경했지만 SSL 버전 3과 TLS는 호환이 되지 않는다. 예를 들면 사전 마스터키와 nonce를 이용해서 세션키를 생성하던 방식을 바꾸어서 키를 더 강하게 하였다(암호분석에 더 강하도록). 비호환성 때문에 대부분의 브라우저는 SSL와 TLS 두 가지를 모두 지원하도록 구현되었다. 최초의 TCL 구현은 1999년 등장하였으며 2008년 8월에 버전 1.2가 정의되었다. 여기에는 AES와 같은 보다 강력한 암호 알고리즘을 지원한다. TLS가 점차 쓰이고 있지만, 시장에서는 SSL이 강력한 위치를 차지하고 있다.

8.9.4 이동 코드 보안

이름 붙이기와 연결 설정은 웹 보안에서 중요한 두 영역이다. 그러나 다른 사안들도 많이 있다. 초창기에는 웹 페이지가 정적인 HTML 파일로 구성되어 있었고 실행코드들을 전혀 갖고 있지 않았다. 현재의 웹 페이지들은 자바 애플릿(Java applet), 액티브 엑스 컨트롤(ActiveX control), 그리고 자바스크립트(JavaScript) 등 작은 프로그램들을 포함하고 있다. 이런 **이동코드 (mobile code)**를 다운로드하고 실행하는 것이 심각한 보안 위협이 되고 있기 때문에 이런 위협을 최소화하기 위해 다양한 방법들이 고안되었다. 우리는 이동코드에 의해 제기되는 문제점들을 간단히 살펴볼 것이고 이 문제점을 해결하기 위한 방법에 대해 알아보기로 한다.

자바 애플릿 보안

자바 애플릿은 **JVM(Java Virtual Machine)**이라고 불리는 스택-지향 기계언어로 컴파일되는 소형의 자바 프로그램이다. 이것은 웹 페이지와 함께 다운로드 된다. 페이지가 로드되면 이 애플릿은 그림 8-52에 나와 있는 것처럼 브라우저 안의 JVM 해석기로 입력된다.

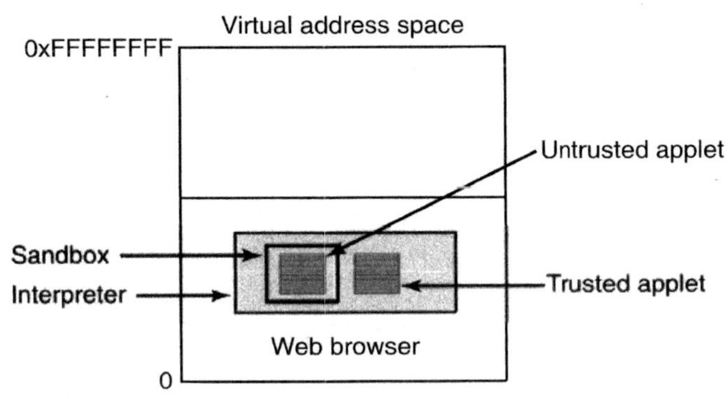

그림 8-52 웹 브라우저에 의해 해석되는 애플릿

컴파일 된 코드에 비해 해석된 코드를 구동하는 것의 장점은 모든 명령을 실행하기 전에 해석기로 검사할 수 있다는 것이다. 이렇게 하면 명령의 해석기는 명령의 주소가 유효한지 아닌지를 검사할 수 있다. 추가적으로 시스템 호출도 검사할 수 있고 해석할 수 있다. 이 호출들을 어떻게 다루느냐가 보안 정책의 관건이다. 예를 들면, 애플릿을 신뢰한다면(로컬 디스크에서 불러온 경우) 시스템 호출을 의심 없이 수행한다. 그러나 애플릿을 신뢰할 수 없다면(인터넷으로부터 온 경우) 애플릿의 행동을 제약하고 시스템 자원을 사용하려는 시도를 트랩하도록 하는 **샌드박스(sandbox)**로 캡슐화를 할 수 있다.

애플릿이 시스템 자원을 사용하려고 할 때 시스템 호출은 허락을 받기 위해서 보안 모니터로 보내진다. 모니터는 지역 보안정책에 준해서 이 호출을 검사하고 허락할 것인지 거부할 것인지를 결정한다. 이 방법으로 애플릿이 일부의 자원에 접근하는 것을 제어할 수는 있지만 모든 자원에 대해서 제어할 수 있는 것은 아니다. 불행하게도 이 보안 모델은 제대로 잘 동작하지 않고 항상 자체적인 버그가 있는 것이 현실이다.

액티브 엑스(ActiveX)

액티브 엑스 컨트롤은 웹 페이지에 내장될 수 있는 x86 바이너리 프로그램이다. 이것이 들어오게 되면 실행할 것인지를 검사하고 통과되면 그것을 실행한다. 이것은 어떤 방법으로도 해석되거나 샌드

박스로 캡슐화되지 않기 때문에 다른 사용자 프로그램들보다 월등히 강해서 시스템에 피해를 입힐 가능성이 크다. 그래서 보안 문제는 액티브 엑스 컨트롤을 구동할 것인지 아닌지를 결정하는 데 달려있다. 과거를 살펴보면, 액티브 엑스는 보안상의 큰 허점이었다.

마이크로소프트가 이 방법을 선택하도록 결정을 하게 된 동기는 **코드 서명(code signing)** 때문이었다. 각 액티브 엑스 컨트롤에는 디지털 서명이 따라다니는데 이것은 공개키 암호를 사용해서 작성자가 서명한 코드의 해시이다. 액티브 엑스 컨트롤이 뜨게 되면 브라우저는 우선 전송 도중 오염되지 않았는지를 확인하기 위해서 서명을 검사한다. 서명이 확인되면 브라우저는 프로그램 작성자를 신뢰할 수 있는지 아니면 신뢰할 만한 작성자에 이르는 신뢰 체인이 있는지를 알아보기 위해 내부 테이블을 검사한다. 만일 작성자를 신뢰할 수 있다면 그 프로그램을 실행하고 신뢰할 수 없으면 실행 하지 않는다. 액티브 엑스 컨트롤을 검사하는 마이크로소프트 시스템을 **인증코드(Authenticode)**라고 부른다.

자바와 액티브 엑스 컨트롤 방법을 비교해 보는 것이 유용하다. 자바에서는 누가 애플릿을 작성했는지를 판단하지 않는다. 대신에 런타임 해석기는 기계 소유자가 애플릿에게 하지 말라고 한 사항에 대해서 애플릿이 하지 않도록 할 수 있다. 이와는 대조적으로 코드서명에서는 이동코드의 런타임 행동을 모니터하지 않는다. 이것이 신뢰하는 곳에서 온 것이고 전송 도중 수정된 것이 없다면 이 코드는 즉시 실행된다. 이 코드가 악성 코드인지 아닌지 판단하지 않는다는 것이다. 만약 어떤 프로그래머가 고의적으로 하드디스크를 포맷하고 플래시 메모리 ROM을 지워버려서 이 코드가 실행된 뒤에 시스템은 결코 다시 부팅될 수 없게 만들었는데, 이 프로그래머가 인증되고 신뢰를 얻으면 그 코드는 실행될 것이고 컴퓨터는 망가지고 말 것이다(액티브 엑스 컨트롤을 브라우저에서 동작하지 못하도록 해놓지 않는 이상).

많은 사람들은 알려지지 않은 소프트웨어 회사를 믿는 것이 두렵다고 생각한다. 이 문제를 검증하기 위한 사례를 들어보자. 시애틀의 한 프로그래머가 한 소프트웨어 회사를 만들고 신뢰기관으로 인증을 받았다. 인증을 받는 것은 아주 쉬운 일이다. 그는 기계를 완전히 다운시켜버릴 수 있는 액티브 엑스 컨트롤을 작성했고 그것을 널리 배포했다. 이것은 다수의 기계들을 다운시켰지만 재부팅할 수는 있었기 때문에 피해를 입지는 않았다. 그가 의도한 것은 이 문제점을 세상에 부각시키기 위한 것이었다. 공식적인 반응은 이 특정 액티브 엑스 컨트롤에 대한 인증서를 말소시키는 것이었고 심각하게 망신을 준 에피소드는 잠깐 만에 끝이 났다. 그러나 악의를 가진 프로그래머가 악용할 지도 모르는 근본적인 문제는 해결되지 않은 상태이다(Garfinkel with Spafford, 2002). 수천 개의 소프트웨어 회사들이 이동코드를 작성하는 것을 감시하는 것은 불가능하기 때문에 코드서명 기술은 언제 터질지 모르는 재난이다.

자바스크립트

자바스크립트는 어떠한 공식적인 보안 모델도 없지만 오래전부터 안전하지 않은 것으로 알려져 왔다. 각 벤더는 보안문제를 다양한 방법으로 해결하고 있다. 예를 들면, 넷스케이프 네비게이터 버전 2는 자바 모델에 유사한 것을 사용했지만 버전 4에서는 이것을 포기하고 코드서명 모델을 사용했다.

근본적인 문제는 외부코드를 자신의 컴퓨터에서 구동하는 것이 문제를 자초하는 것이다. 보안의 관점에서 보면 자기 집에 도둑을 초대해놓고 주방에서 거실로 못 들어가도록 조심스럽게 지켜보는 것과 마찬가지이다. 만약 잠시라도 신경을 쓰지 않으면 일은 벌어지고 말 것이다. 이동코드를 이용하면 그래픽 사용이 용이하고 상호교환이 빠르다는 매력이 있기 때문에 많은 웹 사이트 설계자들은 이런 장점들이 보안문제보다 훨씬 중요하다고 생각한다. 특히 보안 문제가 자신의 컴퓨터에 대한 것이 아니라 다른 사람 컴퓨터에 대한 문제라면 더욱 그렇게 생각한다.

브라우저 확장(Browser Extensions)

웹 페이지를 코드로 확장하는 것뿐만 아니라 **browser extension, add-ons, plug-ins**들을 이용하는 방식이 널리 사용되고 있다. 이들은 웹 브라우저의 기능을 확장시키는 프로그램들이다. 플러그인(plug-ins)은 PDF나 Flash 애니메이션 같은 특정 타입의 콘텐츠를 지원한다. Extensions과 add-ons은 패스워드 관리, 쇼핑 아이템 표시(mark)같은 페이지 상호작용 같은 브라우저 특성을 지원한다.

Extension, add-on, plug-in의 설치는 설치하고자 하는 프로그램 링크만 따라가기만 하므로 매우 간단하다. 코드를 인터넷상에서 다운로드받고 브라우저에 설치하기만 하면 된다. 브라우저마다 다르기는 하지만, Extension, add-on, plug-in은 브라우저가 신뢰하는 코드가 된다. 그러므로 만약 설치된 코드에 오류가 있다면 브라우저가 문제가 된다.

다른 두 가지의 명백히 잘못된 경우는 다음과 같다. 첫 번째로는, 프로그램이 개인정보를 빼돌려서 원격지의 서버로 보내는 것과 같이 해로운 행동을 하는 경우이다. 브라우저는 사용자가 이러한 목적으로 프로그램을 설치한 것으로 오인한다. 두 번째 문제는 플러그인은 브라우저가 새로운 타입의 콘텐츠를 해석할 수 있는 능력을 부여하는 것이다. 콘텐츠는 종종 PDF나 Flash 같이 프로그래밍 언어이다. 사용자가 PDF와 Flash 콘텐츠 페이지를 볼 때, 브라우저 내의 플러그인은 PDF와 Flash 코드를 실행한다. 코드는 취약하기 때문에 악용될 수 있다. 이러한 이유들로 add-ons과 plug-ins은 신뢰할 수 있는 소스로부터 제공될 경우에만 설치되어야 한다.

바이러스

바이러스는 이동코드의 또 다른 형태이다. 위에 언급한 예들과 다른 점 한 가지는 바이러스를 직접 불러들이지는 않는다는 것이다. 일반적인 이동코드와 바이러스의 차이점은 바이러스는 자신을 복제할 수 있도록 만들어진다는 것이다. 바이러스가 웹 페이지, 전자우편 첨부파일 혹은 다른 방법으로 시스템에 들어오면 이것은 디스크 안의 실행 프로그램들을 감염시키기 시작한다. 감염된 프로그램 중 어느 하나가 구동되면 바이러스에게 제어권이 넘어가게 되고 바이러스는 예를 들면 전자우편을 통해 현 시스템의 전자우편 주소에 있는 모든 사람들에게 자신을 보내는 방법으로 다른 기계들에게 바이러스를 퍼뜨린다. 어떤 바이러스는 하드 디스크의 부트 섹터에 영향을 끼쳐서 기계가 부팅될 때 바이러스가 구동된다. 바이러스는 인터넷의 골치 덩어리이고 수십억 달러의 손해를 끼치고 있다.

이것을 막을 방법은 없다. 아마 안전한 마이크로 커널에 기초하여 새로운 세대의 운영체제를 만들고 사용자들과 프로세스들과 자원들을 엄격하게 분리해서 제어하면 해결될 수 있을지도 모른다.

8.10 사회적인 이슈들

인터넷과 인터넷 보안 기술은 사회적인 이슈, 공공 정책 그리고 기술이 정면으로 만나고, 종종 커다란 반향을 일으키는 분야이다. 아래에서 우리는 간단히 세 분야에 대한 검토를 해보고자 한다. 즉, 프라이버시, 언론의 자유, 그리고 저작권에 대해서 알아보자. 말할 필요도 없이, 여기서는 수박 겉핥기 식으로 둘러볼 것이다. 추가적으로 더 읽어보려면Anderson(2008a), Garfinkel with Spafford (2002), Schneier(2004)을 참조하기 바란다. 인터넷은 정보들로 꽉 차 있다. 그냥 검색엔진에 "프라이버시(privacy)", "검열(censorship)", 그리고 "저작권(copyright)"이라고 입력을 해보라. 또한 이 책의 웹 사이트에 있는 링크들을 참고해도 좋다(http://www.pearsonhighered.com/tanenbaum).

8.10.1 프라이버시

사람들이 프라이버시를 가질 권리가 있는가? 좋은 질문이다. 미국은 네 번째 헌법 개정에서 정부는 사람들의 가택, 문서, 그리고 재산에 대한 수색을 할 수 없도록 금지하고 있고 경우에 따라서 제한적으로 수색영장을 발부 받아 집행하도록 헌법에 명시하였다. 그래서 프라이버시는 적어도 미국 안에서는 200년 이상 동안 공개적인 의제가 되어 왔다.

지난 십년간 바뀐 것은 정부가 국민을 정탐하는 것이 쉬워졌다는 것이고 또 국민들도 이런 정탐을 쉽게 차단할 수 있게 되었다는 것이다. 18세기에는 정부가 시민의 문서를 수색할 때 말을 탄 경찰을 시민의 농장으로 보내어 문서를 보자고 요구했다. 이것은 귀찮은 절차였다. 요즘에는 전화회사나 인터넷 제공자들이 수색영장만 제출하면 도청을 할 수 있도록 해준다. 그래서 경찰들이 편리해졌고 말을 타고 가다가 떨어지는 위험도 없게 되었다.

암호가 이런 현상을 완전히 바꿔 놓았다. 누구든지 PGP를 다운로드해서 설치하는 수고를 하고 충분히-방어적인 외계인용-길이를 갖는 키를 사용하면 수색영장이 있건 없건 우주상의 어느 누구도 그의 전자우편을 읽어볼 수가 없게 되었다. 정부도 이 문제를 잘 알고 있고 이런 상황을 별로 좋아하지 않는다. 진짜 프라이버시가 의미하는 것은 모든 종류의 범법자들을 정부가 정탐하는 것이 훨씬 어려워졌다는 것이고 또한 언론인과 정치적 반대당을 정탐하는 것도 훨씬 어려워졌다는 것을 의미한다. 따라서 어떤 정부들은 암호의 수출이나 사용을 금하거나 제약한다. 예를 들면, 프랑스에서는 1999년 이전까지 정부에게 키를 제공하지 않는 한 모든 암호 사용을 금지했다.

프랑스만이 아니다. 1993년 4월 미국 정부는 모든 네트워크 통신의 표준으로 **클리퍼 칩(clipper chip)**이라고 하는 하드웨어 암호프로세서를 만들겠다는 것을 발표했다. 이 방법으로 시민의 프라이버시를 보장할 수 있을 것이라고 했다. 미국 정부는 또한 이 칩을 사용하면 정부가 모든 키에 접근을 할 수 있게 되는 **key escrow**이라는 방법을 통해 모든 트래픽을 복호화할 수 있다고 했다. 그러나 정부는 정당한 수색영장이 있을 때만 열어본다는 것을 약속했다. 말할 필요도 없이, 사람들을 격노했고 프라이버시 옹호자들은 이 계획과 이 시스템을 찬양하는 법 집행자들에 대해 비난했다. 결국 정부는 이 아이디어를 철회했고 취소했다.

전자 프라이버시(electronic privacy)에 관한 방대한 양의 정보가 Electronic Frontier Foundation의 웹 사이트인 www.eff.org에 있다.

익명 리메일러(Anonymous Remailers)

PGP, SSL 그리고 다른 기술들을 사용하면 전송을 하는 양쪽은 안전하고 인증되고 제3자의 감시와 방해를 받지 않는 통신을 할 수 있다. 그러나 때때로 프라이버시는 인증을 하지 않을 때 더 보장된다. 사실 통신을 익명으로 하게 되면 그렇다. 익명성은 일대일 통신 메시지와 뉴스그룹 혹은 양쪽 모두에게 요구되는 것이다.

예를 들어보자. 첫째 독재수의 성부 하에 있는 정치적 반체제인사들은 감옥에 가거나 살해당하지 않게 익명으로 통신을 하고 싶어 한다. 둘째, 많은 회사, 교육기관, 정부기관, 그리고 기타 조직의 비리가 폭로에 대한 보복을 받지 않기 위해 익명을 사용하는 내부정보 제공자에 의해서 드러나곤 한다. 셋째, 별로 평판이 좋지 않은 사회적, 정치적 혹은 종교적 견해를 가진 사람들은 전자우편이나 뉴스그룹을 통해 자신을 드러내지 않으면서 타인과 통신하기를 원한다. 넷째, 알코올중독, 정신병, 성희롱, 아동학대에 대해서 비공개적으로 토론하기를 원한다. 혹은 뉴스그룹의 박해받는 소수 의견자들도 비공개적으로 의견을 말하고 싶어 한다. 물론 다양한 다른 예들도 있을 것이다.

특정 사례를 생각해 보자. 1990년대에 비정통의 종교단체에 대해 어떤 비평가가 자신의 견해를 USENET 뉴스그룹에 **익명 리메일러(anonymous remailers)**로 띄웠다. 이 서버는 필명을 생성하고 서버에게 전자우편을 보내도록 허용하고 있었고 이 메일을 필명을 사용해서 재메일(re-mailed)하거나 재게시(re-posted)하기 때문에 어느 누구도 누가 이 메시지를 보냈는지 알 수가 없다. 어떤 게시물들은 종교단체의 거래 비밀과 저작권이 있는 문서들을 폭로했다. 해당 종교단체는 지역 관할기관에 자신들의 거래비밀이 노출되었고 저작권이 침해당했다고 반응을 보였다. 이 두 가지 행위가 서버가 위치한 지역에서는 범법행위였다. 법정은 서버 운영자에게 진짜 제보자의 신원을 밝힐 수 있는 매핑 정보를 제출하도록 명령했다(덧붙여 말하자면 어떤 사람이 비밀을 누설한 것에 대해 종교계가 기분나빠 한 일이 이번이 처음은 아니다. William Tyndale은 1536년에 성서를 영어로 번역한 것 때문에 화형 당했다).

인터넷 공동체의 많은 사람들이 이 기밀성의 침해에 대해서 발끈했다. 이로 인해 사람들이 결론을 내린 것은 진짜 전자우편 주소와 필명 사이에 매핑을 저장하는 익명 리메일러(유형 1 리메일러라고 부른다)는 더 이상 쓸모가 없다는 것이었다. 이로 인해서 다양한 사람들이 소환영장 공격에 견딜 수 있는 익명 리메일러를 설계하게 되었다.

이 새 익명 리메일러는 보통 **사이퍼펑크 리메일러(cypherpunk remailer)**라고 부르는데 다음과 같이 작동된다. 사용자는 전자우편 메시지를 생성하여 RFC 822 헤더로 마무리를 하고(물론 From:은 빼고) 리메일러의 공개키로 암호화를 한 다음 리메일러에게 보낸다. 리메일러에서 RFC 822 외부 헤더를 벗겨내고 내용을 복호화하고 그 메시지를 리메일한다. 리메일러는 계정을 갖고 있지 않고 로그도 유지하지 않기 때문에 설사 서버를 압수당한다 하더라도 리메일러를 통해 게시된 메시지에 대한 흔적이 없게 된다.

익명을 원하는 많은 사용자들은 그림 8-53에 나타낸 것처럼 여러 개의 리메일러들을 사용하여 자신들의 요청을 체인화한다. 여기서 Alice가 Bob에게 정말로, 정말로, 정말로 익명의 밸런타인데이 카드를 보내기를 원하기 때문에 그녀는 세 개의 리메일러를 사용한다. 그녀는 메시지 M 을 작성하고 Bob의 전자우편 주소를 포함하는 헤더를 붙인다. 그다음 그녀는 전체를 리메일러 3의 공개키 E3로 암호화를 한다(가로선을 그어서 나타냈다). 여기에 그녀는 평문 형태로 된 리메일러 3의 전자우편 주소가 들어 있는 헤더를 앞쪽에 붙인다. 이렇게 만들어진 메시지가 그림의 리메일러 2와 리메일러 3 사이에 있다.

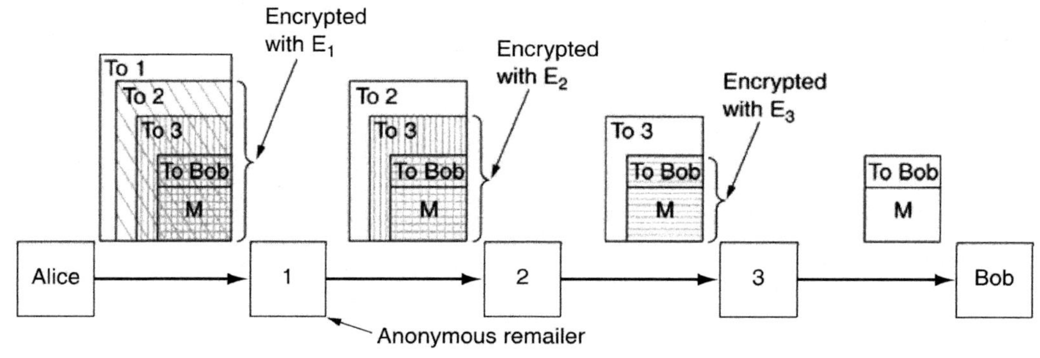

그림 8-53 Alice가 Bob에게 메시지를 보내기 위해 3개의 리메일러를 사용하는 방법

그다음 그녀는 이 메시지를 리메일러 2의 공개키 E_2로 암호화하고(세로선을 그어서 나타내었다) 평문 형태로 된 리메일러 2의 전자우편 주소가 들어 있는 헤더를 앞쪽에 붙인다. 이렇게 만들어진 메시지가 그림 8-54의 리메일러 1과 리메일러 2 사이에 있다. 마지막으로 그녀는 이 전체 메시지를 리메일러 1의 공개키 E_1으로 암호화하고 평문 형태로 된 리메일러 1의 전자우편 주소가 들어 있는 헤더를 앞쪽에 붙인다. 이렇게 만들어진 메시지가 그림 8-54에 있는 Alice의 바로 오른쪽에 있고 이것이 그녀가 진짜로 보내는 메시지이다.

메시지가 리메일러 1에 도착하면 외부 헤더를 떼어낸다. 본문은 복호화되고, 리메일러 2로 메일로 보내진다. 비슷한 절차가 다른 리메일러에서도 일어난다.

비록 이렇게 하면 어느 누구도 마지막 메시지를 추적해서 Alice를 찾아낼 수가 없지만 많은 리메일러들이 추가적인 보안 조치를 취해야 한다. 예를 들면, 리메일러들은 메시지를 임의의 시간 동안 가지고 있어야 하고, 메시지의 끝에 패딩을 추가하거나 제거시켜야 하고 메시지들의 순서를 바꿔야 한다. 이렇게 해야 어느 누구도 어느 리메일러에서 출력된 메시지가 어느 입력과 매치되는지를 알 수 없게 되고 트래픽 분석을 못하게 할 수 있다. 익명 전자우편 시스템의 기술수준에 대한 설명을 보려면 (Mazières and Kaashoek, 1998)을 참조하길 바란다.

익명성은 전자우편에만 국한되는 것은 아니다. 노드는 경로상의 다음 노드만 알고 있는 형태의 계층적 경로와 같은 방식으로 익명의 웹 서핑 서비스도 가능하다. 이 방식은 패킷 전송이 양파가 한 껍질씩 벗겨지는 것과 같다고 해서 **onion routing**이라 부른다. 사용자는 어노니마이저(anonymizer)를 프록시로 사용하도록 자신의 브라우저를 구성할 수 있다. Tor는 좋은 예이다(Dingledine et al., 2004). 그래서 모든 HTTP 요청들을 어노니마이저로 보내고 이것이 페이지를 요청하고 받는다. 웹 사이트는 발신지가 사용자가 아니라 어노니마이저로 인식을 한다. 어노니마이저가 로그를 버리면 누가 어느 페이지를 요청했는지 알 수 없다.

8.10.2 언론의 자유

프라이버시는 다른 사람들이 자신을 관찰하는 것을 제한하고 싶어 하는 것과 관련된다. 두 번째 사회적 이슈는 언론의 자유이고 이것과 반대되는 검열은 정부가 개인이 읽을 수 있는 것과 출판할 수 있는 것을 제한하길 원하는 것에 관한 것이다. 엄청나게 많은 웹 페이지들이 검열의 천국이다. 정부의 특성과 이데올로기에 따라서 금지된 내용들은 다음과 같은 내용이 포함된 웹 사이트들이다.

1. 어린이나 청소년에게 부적합한 내용
2. 다양한 종족, 종교, 성 혹은 다른 단체들을 겨냥한 증오
3. 민주주의나 민주적 가치에 대한 정보
4. 정부가 발표한 내용과 모순되는 역사적 사건에 대한 내용
5. 자물쇠 열기, 무기 제조, 메시지 암호화 등에 대한 설명서
6. 통상적인 처리는 사이트 폐쇄

때로는 결과가 전혀 예상 밖으로 나타난다. 예를 들면, 어떤 공공도서관들은 컴퓨터에 웹 필터를 설치해서 음란 사이트에 접속이 되지 않도록 해서 어린이들을 보호한다. 필터는 요주의 명단에 있는 사이트들을 차단할 뿐만 아니라 페이지를 화면에 나타내기 전에 페이지를 검색해서 부적절한 단어들을 찾아내어 차단한다. 버지니아 주의 Loudoun 카운티에서 일어난 한 사건에서는 도서관 후원자 한

사람이 유방암에 대한 정보를 검색하는데 필터가 "유방"이란 단어를 발견했고 차단을 했다. 그 도서관 후원자는 Loudoun 카운티에 소송을 제기했다. 그러나 캘리포니아의 Livemore에서는 12살짜리 아들이 도서관에서 음란물을 보고 있는 것을 발견한 부모가 필터를 설치하지 않았다는 이유로 공공 도서관을 상대로 소송을 제기했다. 도서관은 어쩌란 말인가?

많은 사람들이 빠져나갈 구멍을 만들었기 때문에 WWW(World Wide Web)가 세계적인 거미줄(worldwide web)이 되었다. 모든 나라들이 웹에서 무엇을 하도록 허가할 것인지에 대한 일치된 의견을 가지고 있지 않다. 2000년 11월 한 프랑스 법정은 캘리포니아의 한 회사인 Yahoo에게 명령을 내렸는데 프랑스 사용자들을 차단해서 야후의 웹 사이트에서 나치 기념품 경매를 보지 못하도록 하라는 것이었다. 왜냐하면 나치와 연관된 물건을 소지하는 것이 프랑스 법에 저촉되기 때문이었다. 야후는 어느 것이 맞는지 미국 법정에 호소했고 어느 법을 따라야 하는지는 결정하기가 어려운 문제이다.

생각해 보라. 만약 유타 주의 법정이 유타 주의 알코올에 대한 엄격한 법을 어기고 있는 프랑스에게 포도주를 다루고 있는 사이트를 폐쇄하라고 명령을 내렸다면 어떤 일이 벌어지겠는가? 중국이 민주주의에 대한 웹 사이트들이 중국의 이익에 반하므로 사이트들을 모두 폐쇄할 것을 요청한다고 가정해 보자. 종교에 대한 이란의 법을 자유주의 국가인 스웨덴에 적용할 수 있을까? 여성권리에 대한 사이트들을 사우디아라비아가 막을 수 있을까? 이 모든 이슈가 실제로 판도라의 상자이다.

John Gilmore가 이에 관련해서 한 논평은 다음과 같다. "네트워크에 대한 검열은 손상을 의미하므로 검열은 피해야 한다." 구체적으로 구현을 하려면 **영원한 서비스(eternity service, Anderson, 1996)**를 생각하라. 이것의 목적은 한번 출판된 정보는 없애서도 안 되고 다시 써져서도 안 된다. 이런 일들이 소련의 스탈린 정권에서는 자주 있었다. 영원한 서비스를 이용하려면 사용자는 자신의 문서가 얼마나 오랫동안 보존되어야 하는지를 명시해야 하고 크기와 기간에 비례하는 비용을 지불해야 그것을 올려놓을 수 있다. 일단 올려놓으면 어느 누구도 제거하거나 수정할 수 없다. 이것을 올려놓은 사람도 그렇게 할 수 없다.

어떻게 이런 서비스를 어떻게 구현할 수 있을 것인가? 가장 간단한 모델은 피어-투-피어(peer-to-peer) 시스템을 사용하는 것이다. 이렇게 하면 수십 개의 참여하는 서버들에 문서들이 보관된다. 각각은 비용의 일부를 받게 되고 시스템에 참여하는 인센티브가 부여된다. 서버들은 최대한의 융통성을 위하여 많은 행정 구역에 퍼져 있어야 한다. 임의로 선택한 10개의 서버 목록이 여러 장소에 안전하게 보관되어 어느 것이 동작하지 않으면 다른 것들은 안전하게 동작하도록 한다. 문서를 파괴하려는 의도를 가진 정부기관은 모든 복사본들을 찾아낼 수 없을 것이다. 이 시스템은 자체-복구 기능을 갖도록 만들어서 만일 어떤 복사본이 파괴되었다는 것을 알게 되면 그것을 대체하도록 나머지 사이트들이 새로운 저장소를 찾게끔 만들 수 있다.

영원한 서비스는 검열-저항 시스템의 첫 번째 제안이었다. 그 이후로 다른 것들이 제안되었고 몇 가지 경우는 구현되었다. 암호, 익명성, 그리고 장애허용성(fault-tolerance) 같은 다양한 기능들이 추가되었다. 일반적으로 저장될 파일들은 여러 개의 단편들로 쪼개어 각 단편은 여러 서버들에 저장된다.

이런 시스템들의 일부는 Freenet(Clarke et al., 2002), PASIS(Wylie et al., 2000), 그리고 Publius(Waldman et al., 2000)이다. 다른 결과물들은 Serjantov(2002)를 참조하기 바란다.

스테가노그래피(Steganography)

검열이 만연하는 나라에서 반체제 인사는 기술을 이용해서 검열을 피해 보려고 노력한다. 암호를 이용해서 비밀 메시지를 보낼 수 있지만(비록 불법적으로만 가능하지만) 만일 정부가 Alice를 나쁜 사람으로 생각한다면 비록 수학자가 부족할지언정 마치 억압적인 정부가 수학적 개념인 전이적으로 닫혀 있음(transitive closure)을 이해하는 것처럼 그녀가 Bob하고 통신을 한다는 그 사실만으로도 Bob을 같은 범주의 인물로 간주할 것이다. 익명 리메일러를 사용할 수도 있다. 그러나 이것을 사용하는 것도 국내법으로 금지하고 외국으로 메시지를 보내는 데 정부의 수출 허락을 맡아야 한다면 그들은 할 수 있는 일이 별로 없게 된다. 그러나 웹을 이용하면 빠져나갈 수 있다.

비밀스럽게 통신을 하고자 하는 사람은 종종 어떤 통신이 이뤄지고 있다는 사실을 감추고자 노력한다. 메시지를 숨기는 기술을 **스테가노그래피(steganography)**라고 한다. 이 용어는 그리스어로 "숨겨진 기록(covered writing)"이라는 뜻이다. 사실 고대 그리스인들 스스로 이 방법을 사용했다. 헤로도투스는 장군에게 메시지를 보낼 때 전달자의 머리를 면도한 다음 그의 두피에 메시지를 문신한 다음 머리가 자라도록 하고 그를 보냈다. 현대의 기술도 개념적으로는 동일하다. 오직 대역폭이 넓고 지연시간이 짧을 뿐이다.

한 경우로서 그림 8-54(a)를 생각해 보자. 이 사진은 케냐에 있는 작가의 작품인데 세 마리의 얼룩말이 아카시아 나무를 응시하고 있다. 그림 8-54(b)도 동일한 세 마리의 얼룩말과 아카시아 나무처럼 보인다. 그러나 여기에는 추가적으로 흥미를 끄는 것이 있다. 이 그림에는 완전한 생략되지 않은 셰익스피어의 다섯 편의 희곡인 '햄릿, 리어왕, 맥베스, 베니스의 상인 그리고 줄리어스 시저'가 이 그림에 내장되어 있다. 이 연극작품들을 합치면 700KB 이상이 되는 텍스트 문서이다.

그림 8-54 (a) 세 마리의 얼룩말과 나무 (b) 세 마리의 얼룩말과 나무 그리고 윌리엄 셰익스피어의 다섯 편의 희곡

어떻게 이 스테가노그래피 채널이 동작할까? 원래 칼라 이미지는 1024×768 화소의 그림이다. 각 화소는 3개의 8비트 숫자들로 이루어졌고 각각은 화소의 빨간색, 초록색, 파란색 명암을 나타낸다. 화소의 색은 세 색깔이 선형적으로 겹쳐져서 형성된다. 스테가노그래피 부호화 방법은 각각의 RGB 칼라값의 최하위 비트를 은닉채널로 사용하는 것이다. 그래서 각 화소는 비밀 정보를 저장할 세 비트의 빈 공간을 확보할 수 있다. 한 비트는 빨간색에서, 또 한 비트는 초록색에서, 그리고 또 다른 한 비트는 파란색에서 이용한다. 이 크기의 이미지에서는 1024×768×3비트인 294,912바이트의 비밀 정보를 저장할 공간을 확보할 수 있다.

다섯 편의 희곡 전문과 간단한 추가설명을 합치면 734,891바이트이다. 이 텍스트를 우선 표준 압축 알고리즘을 이용해서 274KB로 만든다. 압축된 출력물을 IDEA를 이용해서 암호화하고 각 색깔 값의 최하위 비트에 삽입한다. 보는 바와 같이(혹은 사실은 보이지 않지만) 정보의 존재가 전혀 보이질 않는다. 이것은 확대된 완전한 크기의 사진에서도 역시 보이지 않는다. 육안으로는 21비트 칼라와 24비트 칼라를 쉽게 구별할 수 없다.

낮은 해상도의 흑백 이미지로 두 이미지를 보게 되면 이 기술이 얼마나 훌륭한지를 증명하는 것이 불충분하다. 스테가노그래피가 어떻게 동작하는지에 대해 더 잘 느껴보기 위해서 저자는 그림 8-54(b)의 완전한 칼라의 고해상도 이미지에다 다섯 편의 희곡을 내장시킨 이미지 데모를 준비했다. 이미지에 문서를 삽입하고 추출해내는 도구를 포함한 데모를 이 책의 웹 사이트에 올려놓았다.

탐지되지 않는 통신을 위해서 스테가노그래피를 이용하려면 반체제 인사는 웹 사이트를 만들고 웹을 위대한 지도자, 지역 스포츠, 영화, 그리고 텔레비전 스타 같은 정치적으로 문제가 되지 않는 사진들로 가득 채운다. 물론 사진들은 스테가노그래피를 이용해서 정교하게 만들어진 사진들이다. 만약 메시지가 먼저 압축된 뒤 암호화된다면 그것이 숨겨져 있다고 의심하는 사람도 백색잡음(white noise)과 메시지를 구별하기 위한 상당한 노력이 있어야 한다. 물론 이미지는 완전해야만 한다. 인터넷에서 사진을 복사하고 비트들 몇 개를 바꾸게 되면 쓸모없게 된다.

이미지만이 스테가노그래피 메시지를 숨길 수 있는 것은 아니다. 오디오 파일도 이용할 수 있다. 숨겨진 정보는 패킷 지연처리, 오디오 왜곡, 심지어 패킷 헤더 패킷 필터 등을 이용해서 전송될 수 있다(Lubacz et al., 2010). 심지어는 HTML 파일의 레이아웃과 태그의 순서에도 정보를 숨길 수 있다.

비록 우리가 언론의 자유를 말하는 도중에 스테가노그래피를 검토했지만 이것은 다양한 곳에 사용될 수 있다. 이 기술은 보통 이미지의 소유권자가 자신의 저작권을 명시하는 비밀 메시지를 이미지 안에 부호화하기 위해서 사용된다. 만약 이렇게 만든 메시지를 도난당해서 웹 사이트에 사용되면 법적 소유권자는 누가 이미지의 소유권자인지 법정에서 밝히는 데 스테가노그래피를 사용할 수 있다. 이 기술을 **워터마킹(watermarking)**이라고 한다(Piva et al., 2002).

스테가노그래피에 대해서 더 알고 싶으면 Wayner(2002)를 참조하기 바란다.

8.10.3 저작권

프라이버시와 검열은 기술과 공공정책이 만나는 두 영역이다. 세 번째 영역은 저작권이다. **저작권(copyright)**은 작가, 예술가, 작곡가, 음악가, 사진사, 영화 촬영기사, 안무가 등의 **지적 재산(Intellectual Property, IP)**의 제작자에게 주어지는 권한이다. 이 권리는 특정 기간 동안 지적 재산을 이용할 수 있는 배타적 권한이다. 이 기간으로는 보통 저작자의 생애에 50년을 더한 기간이나 회사가 소유권을 가질 경우는 75년이 부여된다. 저작권의 기간이 만료되면 이 권한은 공개 도메인으로 넘겨지고 누구나 사용할 수 있거나 판매할 수도 있다. 예를 들어 Gutenberg 프로젝트(www.promo.net/pg)를 통해 수천 개의 공개 도메인 작품들(셰익스피어, 트웨인, 디킨스의 작품)을 웹에 올려놓았다. 1998년 미국 의회는 할리우드(Hollywood)의 요청에 따라 미국에서의 저작권을 20년 연장하였다. 할리우드 측의 주장은 연장을 해주지 않으면 어느 누구도 더 이상 어떤 것도 창작하지 않을 거라는 것이었다. 이와는 대조적으로 특허권은 오직 20년이지만 사람들을 아직도 계속 발명을 한다.

저작권 문제가 가장 심각하게 부각된 것은 음악교환 서비스인 냅스터(Napster)가 5,000만 회원 수를 확보했을 때이다. 비록 냅스터는 아무 음악을 복사하지 않았지만 법정의 견해는 누가 무슨 노래를 갖고 있는지에 대한 중앙 데이터베이스를 갖고 있는 것이 법률을 침해하는 데 도움을 주고 있다는 것이다. 즉, 다른 사람들이 법률을 위반하도록 도와주었냐는 것이다. 어느 누구도 심각하게 저작권 자체가 잘못된 아이디어라는 것을 주장하지 않는 반면에 음악을 공유하는 차세대 버전이 이미 주요한 도덕적 논란의 대상으로 부각되고 있다.

예를 들면, 법적 문제가 없는 파일(공개 도메인 음악, 홈 비디오, 거래 비밀이 아닌 종교적 녹음테이프 등)과 몇 개의 저작권이 있는 파일을 공유하는 P2P 네트워크를 생각해 보자. 모든 사람이 ADSL이나 케이블을 통해서 항상 온라인상에 있다고 가정을 하자. 각 기계는 하드 디스크에 있는 것에 대한 목록과 다른 기계들의 목록을 갖고 있다. 특정 항목을 찾고자 하는 사람은 임의의 기계를 선택하고 그곳에 해당 항목이 있는지 알아본다. 없다면 자신의 목록에 있는 모든 기계를 대상으로 검색을 하고 그 기계들이 갖고 있는 목록에 속한 기계들까지 검색을 계속한다. 컴퓨터는 이런 작업을 손쉽게 한다. 일단 찾으면 그 항목을 간단히 복사를 하면 된다.

만일 그 항목이 저작권이 있는 것이면 이것은 요청자가 법률을 위반하는 것이다(비록 국제적인 전송의 경우에는 어느 법을 적용하느냐가 불분명하지만). 그러나 제공자는 어떻게 되는가? 돈을 정당하게 지불하고 다운로드해서 음악을 자신의 하드 디스크(다른 사람들이 그것을 찾아보는 장소)에 저장하고 있는 것이 범법행위인가? 만약 시골에 있는 집의 문을 잠그지 않았고 재산권 도둑이 노트북과 스캐너를 들고 집에 들어와서 저작권이 있는 책을 복사해서 가지고 갔다면 다른 사람의 저작권을 보호하지 못했기 때문에 유죄란 말인가?

그러나 저작권에 대한 첨예한 논쟁은 더 뜨겁게 달궈지고 있다. 할리우드와 컴퓨터업계 사이에 아주 큰 선생이 일어나고 있다. 할리우드는 지적 재산권에 대한 엄격한 보호를 원하고 있고 컴퓨터업계는 할리우드를 위한 경찰관 역할을 하고 싶어 하지 않는다. 1998년 10월 하원은 **DMCA(Digital Millennium Copyright Act)**를 통과시켰다. 이 법에 의하면 저작권이 있는 저작물의 보호 메커니즘을 교묘히 피하는 것이나 다른 사람들에게 그것을 회피하는 방법을 알려주는 행위는 범법행위이다. 비슷한 법률이 유럽 공동체에서도 제정되고 있다. 반면에 사실상 어느 누구도 극동 아시아의 저작권이 있는 저작물을 복제하는 해적판을 허용해서는 안 된다고 하면서 한편으로는 많은 사람들이 DMAC는 저작권 소유자의 이익과 공공의 이익 사이의 균형을 완전히 깨는 것이라고 생각한다.

한 사건이 의미가 있다. 2000년 9월에 온라인으로 음악을 판매하는 안전한 시스템을 만들었다는 이유로 고발된 음악 산업 컨소시엄이 그 시스템을 깨보라고 사람들을 초대하는 경연대회를 지원했다(이렇게 하는 것은 새로운 보안 시스템을 점검하는 좋은 방법이다). 프린스턴의 Edward Felten 교수의 주도하에 여러 대학의 보안 연구가들로 이뤄진 팀은 도전을 했고 그 시스템을 깼다. 그들이 알아낸 방법에 대한 논문을 작성하여 USENIX 보안 컨퍼런스에 투고를 했고 그 논문은 심사를 거쳐서 출판허락이 났다. 그 논문이 나오기 전에 Felten은 미국 리코딩 산업 연합(Recording Industry Associations of America)으로부터 만약 그 논문을 출판하면 DMCA 위반혐의로 소송을 하겠다는 협박 편지를 받았다.

Felten 교수 측은 연방 법정에 소송을 제기해서 보안 연구에 대한 과학적 논문을 출판하는 것이 아직 합법한 것인지를 판단해달라고 했다. 리코딩 산업연합 측에게 불리한 판결이 날 것이라는 두려움에 산업연합 측은 그 협박을 철회했고 법정은 Felten의 소를 취하했다. 의심할 여지없이 산업연합 측이 이것을 소송거리를 만들기에는 너무 취약했다. 그들은 그들의 시스템을 깨라고 초대를 해놓고 그들의 그 초청을 수락한 사람들 중의 일부를 상대로 소송을 걸겠다고 협박을 한 것이다. 이 협박을 철회했고 논문은 출판되었다(Craver et al., 2001). 새로운 충돌이 불 보듯 뻔하다.

해적판 음악과 영화들은 P2P 네트워크의 거대한 성장의 원동력이 되었다. 이는 DMCA를 사용해왔던 저작권자들을 불쾌하게 하였다. 현재는 P2P 네트워크를 검색해서 네트워크 운영자와 사용자들에게 저작권 침해에 대한 경고를 해주는 자동화 시스템이 있다. 미국에서는 이러한 경고들을 DMCA takedown notices라 부른다. 저작권 침해에 대한 지나친 검색과 경고로 인해서 당신의 프린터조차 범죄자 취급받을 수 있다(Piat다 et al., 2008)

또 다른 관련된 논란으로 **공정이용원칙(fair use doctrine)**의 범위가 있다. 이것은 법정 규율로 여러 나라에서 제정되어 있다. 이 원칙이 말하는 것은 저작권이 있는 저작물의 구매자는 그 저작물에 대한 제한된 권한을 갖는다. 이 권한에는 과학적 목적으로 일부를 인용할 권리, 학교나 대학에서 교육용 매체로 사용할 권리, 원본이 손상될 경우에 대비해서 개인 용도로 사용할 백업 복사본을 만들 수 있는 권리이다. 어느 것이 합법적인 공정이용인지를 판단하는 기준으로는 (1) 상업적 목적으로 사용했는지, (2) 전체의 몇 퍼센트나 복사를 했는지, 그리고 (3) 복사가 이 저작물의 판매에 끼치는 영향이다. DMCA와 유럽 공동체의 비슷한 법은 복사방지 시스템을 교묘하게 피하는 것을 금지하고 있기 때문에 이 법들은 합법적인 공정한 이용도 금지하고 있다. 사실 DMCA는 사용자들로부터 역사적인 권리를 빼앗아서 내용을 팔아먹는 사람들에게 더 많은 권한을 주고 있다. 최후의 결판을 면하기는 어려워 보인다.

저작권 소유자와 사용자 사이의 균형을 깬 DMCA보다 한술 더 뜨는 또 다른 일이 발생했는데, 그것은 인텔과 마이크로소프트가 이끄는 **TCG(Trusted Computing Group)**가 옹호하는 **trusted computing**이다. 이 아이디어는 운영체제 이하의 레벨에서 사용자의 행동을 여러 가지로 관찰(해적판 음악 재생)하여 원하지 않는 행동을 금지하도록 하는 것이다. TPM(Trusted Platform Module)이라 불리는 작은 칩을 사용한다. 오늘날 시판되는 대부분의 PC에 장착되어 있다. 이 시스템은 콘텐츠 소유자가 작성한 소프트웨어가 원격에서 사용자 PC를 조작해서 규칙을 바꿀 수 있도록 한다. 이는 trusted computing에서는 누구를 믿어야 하는가라는 의문을 가져왔다. 분명한 것은 사용자는 아니다. 말할 필요도 없이 이 생각에 대한 사회적 반응은 대단했다. 산업체가 드디어 보안에 대해서 신경을 쓰기 시작했다는 것은 아주 잘한 것이지만 다른 사람들이 우려하는 바이러스, 크래커, 침입자, 그리고 다른 보안 사안을 해결하는 것 대신에 전적으로 저작권법을 강화할 목적으로 그랬다는 것이 유감스러운 일이다.

간단히 말해서 법을 만드는 사람들과 변호사들은 저작권 소유자의 경제적 이익과 공익 사이의 균형을 잡기 위해 앞으로 수년 동안 바쁘게 될 것이다. 사이버 공간이라고 해서 현실공간과 다를 게 없다. 지속적으로 한 집단이 다른 집단과 경쟁하고, 권력 투쟁을 초래하고 소송을 걸고 그래서 궁극적으로(희망적으로) 해결책을 찾아내고 적어도 이떤 새로운 파괴적인 기술이 나올 때까지는 해결되었으면 한다.

8.11 요약

암호는 정보의 기밀성을 지켜주고 무결성과 인증을 해주는 데 사용할 수 있다. 모든 현대의 암호 시스템은 공개적으로 알려진 알고리즘과 비밀키로 된 Kerckhoff의 원리에 기반을 두고 있다. 많은 암호 알고리즘들은 평문을 암호문으로 바꾸기 위해 대치와 전치를 포함하는 복잡한 변환을 이용한다. 그러나 양자 암호가 현실적으로 만들어지면 일회용 패드의 사용으로 진정한 깰 수 없는 암호 시스템이 될 것이다.

암호 알고리즘은 대칭키 알고리즘과 공개키 알고리즘으로 나누어진다. 대칭키 알고리즘은 평문을 암호문으로 만들기 위해 키를 매개변수로 사용하여 여러 라운드에 걸쳐서 비트들을 뒤섞는 방법이다. 3중 DES와 Rijndael(AES)이 현재 가장 많이 사용되는 대칭키 알고리즘이다. 이 알고리즘들은 전자코드북 모드, 암호블록체인화 모드, 스트림암호 모드, 카운터 모드 등으로 사용된다.

공개키 알고리즘은 암호화와 복호화에 서로 다른 키를 사용하는 특성을 가지고 있고 암호화 키로부터 복호화 키를 유도해낼 수 없다. 이 특성을 이용하면 공개키를 공개할 수 있다. 주요한 공개키 알고리즘으로는 RSA가 있다. 이 알고리즘이 강한 이유는 큰 수를 인수분해 하는 것이 어렵다는 사실 때문이다.

법적, 상업적 그리고 기타 문서들은 서명을 해야만 한다. 따라서 디지털 서명을 위해 대칭키와 공개키를 이용하는 다양한 방법들이 고안되었다. 일반적으로 서명될 메시지는 SHA-1 같은 알고리즘으로 해시를 한다. 그리고 원래의 메시지에 서명을 하는 대신에 이 해시에 서명을 한다.

공개키 관리를 하기 위해서 인증서를 사용한다. 인증서는 공개키와 주체를 바인딩하는 문서이다. 인증서는 신뢰기관에 의해서 서명되거나 신뢰기관이 (재귀적으로) 승인한 다른 사람에 의해서 서명된다. 이 체인의 루트는 사전에 가지고 있어야 한다. 브라우저는 일반적으로 내장된 많은 루트 인증서를 갖고 있다.

이러한 암호 도구들을 이용해서 네트워크 트래픽을 안전하게 할 수 있다. IPsec은 네트워크 계층에서 동작하는데 호스트에서 호스트로 흘러가는 패킷을 암호화 한다. 방화벽은 조직으로 들어오고 나가는 트래픽을 보통 프로토콜과 사용하는 포트를 기반으로 해서 점검한다. 가상사설망은 과거의 전용선이 제공하던 보안을 제공하기 위한 것이다. 끝으로 무선 네트워크는 모두가 메시지를 읽지 못하도록 안전한 보안을 필요로 하고 802.11i가 보안을 제공한다.

통신 양측이 세션을 설정하려면 그들은 상대방을 서로 인증해야만 하고 필요하다면 세션키를 공유하도록 설정해야만 한다. 신뢰하는 제3자, Diffie-Hellman, Kerberos 및 공개키 암호를 이용하는 다양한 인증 프로토콜들이 존재한다.

이 장에서 배운 기술들을 조합해서 전자우편 보안을 제공할 수 있다. 예를 들면, PGP는 메시지를 압축하고, 비밀키로 암호화하고 비밀키는 수신자의 공개키로 암호화하여 전송한다. 추가로 메시지 무결성을 확인하기 위해서 메시지를 해시하고 서명된 해시를 보낸다.

안전한 이름 붙이기를 시작으로 해서 웹 보안도 또한 중요한 주제이다. DNSsec은 자체 인증 이름붙이기를 해서 DNS spoofing을 막는 방법을 제공한다. 대부분의 전자 상거래 웹 사이트들은 클라이언트와 서버 사이의 안전한 인증된 세션을 설정하기 위해서 SSL을 이용한다. 다양한 기술을 사용해서 이동코드를 다루고 특히 샌드박스와 코드 서명을 다룬다.

인터넷에서는 기술이 공공정책과 강하게 부딪히는 여러 문제점들을 드러내는 곳이 되었다. 이런 영역 중의 몇 가지로는 프라이버시, 언론의 자유, 저작권 등이 있다.

연습문제

1. 다음에 있는 단일알파벳 암호를 깨라. 문자만 가지고 있는 이 평문은 Lewis Carroll의 시에서 발췌해온 잘 알려진 것이다.

   kfd ktbd fzm eubd kfd pzyiom mztx ku kzyg ur bzha kfthcm

   ur mftnm zhx mfudm zhx mdzythc pzq ur ezsszcdm zhx gthcm

   zhx pfa kfd mdz tm sutythc fuk zhx pfdkfdi ntcm fzld pthcm

   sok pztk z stk kfd uamkdim eitdx sdruid pd fzld uoi efzk

   rui mubd ur om zid uok ur sidzkf zhx zyy ur om zid rzk

   hu foiia mztx kfd ezindhkdi kfda kfzhgdx ftb boef rui kfzk

2. 다음의 원주형 전치 암호를 깨라. 이 평문은 유명한 컴퓨터 책에서 가져온 문구이다. 그래서 "computer"라는 단어가 있을 수 있다. 이 평문은 완전히 문자로만(공백문자는 포함되지 않았다) 이루어졌다. 암호문은 읽기 쉽게 다섯 문자 블록으로 나누어 놓았다.

   aauan cvlre rurnn dltme aeepb ytust iceat npmey iicgo gorch srsoc

   nntii imiha oofpa gsivt tpsit lbolr otoex

3. Bob은 대치 암호를 사용하여 그의 메시지를 암호화한다. 보안성을 강화하기 위해서, 대치 암호 후에 전치 암호를 사용하여 한 번 더 암호화한다. 암호문은 전치 암호로 암호화하고 대치 암호로 암호화한 결과와 다를까? 이유를 설명해 보라.

4. 그림 8-4의 암호문에서 문장 "Donald Duck"을 생성하는 77-비트짜리 원타임 패드를 구하라.

5. 양자 암호를 사용할 경우 Trudy가 광자들을 가로채고 재생성한다면 그녀는 광자들 중 일부는 틀린 것을 얻게 될 것이고 그래서 Bob의 원타임 패드에 오류로 나타나게 될 것이다. Bob의 일회용 패드의 비트 중 평균적으로 얼마 정도의 부분에 오류가 발생하는가?

6. 그림 8-6에서 P-상자와 S-상자는 교대로 나타난다. 비록 이 배열이 미적 감각으로 봐서는 흥미롭지만 앞에는 P-상자만 연달아 있고 그 뒤에는 S-상자가 있는 것보다 더 안전한가?

7. 교재에서 우리는 1 nanosecond에 1개의 키를 분석할 수 있는 프로세서를 100만 개 가진 암호-깨는 기계가 AES의 128-비트 버전을 깨는 데 1016년이 걸린다고 계산을 했다. 이것을 1년에 할 수 있는 기계를 만든다고 생각해 보자. 성능이 1016배 만큼 향상되어야 한다. 무어(Moore)의 법칙(계산 능력은 18개월마다 두 배로 향상된다)이 성립한다고 가정하면 이런 기계를 만들 수 있을 때까지 몇 년이나 걸리겠는가?

8. AES는 256-비트 키를 지원한다. AES-256은 얼마나 많은 키를 가지고 있는가? 물리, 화학 혹은 천문학에도 이와 비슷한 크기의 숫자를 본 적이 있는지 알아보라. 인터넷을 뒤져서 큰 수를 한번 찾아보라. 여러분들이 연구한 것을 바탕으로 결론을 내려라.

9. 메시지를 counter 모드로 DES를 사용해서 암호화한다고 해보자. 블록 C_i안의 암호문의 1비트가 전송 도중에 우연히 0에서 1로 바뀌었다고 한다. 결과적으로 얼마나 많은 비트들이 이것에 의해서 왜곡 되는가?

10. 이제 암호문 블록체인화를 다시 생각해 보자. 한 개의 비트가 전송 중에 0에서 1로 바뀐 것 대신에 블록 C_i의 뒤의 암호 스트림에 추가적으로 비트 0이 삽입이 되었다고 해 보자. 결과로 평문은 얼마나 많이 왜곡되는가?

11. 커다란 파일을 전송하는 데 암호 계산을 몇 번이나 해야 하는지에 대한 관점에서 암호 블록체인화모드와 암호피드백 모드를 비교하라. 어느 것이 더 효율적인지 그리고 얼마나 효율적인가?

12. Trudy의 RSA키는 다음과 같다. nt=33, dt=3, et=7. Trudy는 Bob의 공개키 nb=33, eb=3 을 알고 있다.

    (a) 어떻게 위 정보를 이용해서 Bob에게로 가는 암호화 메시지들을 읽을 수 있을까?

    (b) (a)의 답을 기초로 해서, p, q 값을 계산하라.

13. 사용자 마리아가 그녀의 개인 RSA 키 ($d1$, $n1$)이 다른 사용자 프랜시스의 공개키 ($e2$, $n2$)와 동일하다는 것을 발견했다. 다른 말로 하면, $d1=e2$이고 $n1=n2$이라는 것이다. 마리아는 자신의 개인키와 공개키를 바꾸어야 할까? 여러분들의 답에 대해 설명하라.

14. 그림 8-15에 나타난 것처럼 카운터 모드를 사용한다고 해보자. 단 여기서는 IV=0을 사용한다. 0을 사용하는 것이 일반적으로 암호의 보안성을 위협할까?

15. 그림 8-18의 서명 프로토콜은 다음과 같은 약점이 있다. 만약 Bob이 고장 나면 그는 자신의 RAM의 내용을 손실하게 될지도 모른다. 이것이 일으키는 문제는 무엇이고 이것을 막기 위해서 그가 할 수 있는 것은 무엇인가?

16. 그림 8-20에서 우리는 Alice가 Bob에게 어떻게 서명된 메시지를 보내는지 보았다. 만약 Trudy가 P를 바꿔 놓는다면 Bob은 그것을 알아챌 수 있다. 그러나 Trudy가 P와 서명을 모두 바꾸어 놓는다면 무슨 일이 일어나는가?

17. 수학 강의를 25명이 수강을 한다. 모든 학생이 1월 1일과 6월 30일 사이에 태어났다고 가정하자. 적어도 두 학생이 동일한 생일일 확률이 얼마인가? 단 여기서 어느 누구도 2월 29일 생일이 아니고 그래서 181가지 가능한 생일이 있다고 가정한다.

18. 그림 8-23에서 Alice는 Bob의 공개키를 획득하는 데 실패한 것을 생각해 보자. Bob과 Alice는 이미 비밀키를 공유하고 있지만 Alice는 아직 Bob의 공개키를 원한다. 이것을 안전하게 할 수 있는 방법이 있는가? 있다면 어떻게 하는가?

19. Alice는 공개키 암호를 이용해서 Bob하고 통신을 하려고 한다. 그녀는 그녀가 Bob이라고 생각하는 사람과 연결을 설정한다. 그녀는 Bob에게 그의 공개키를 요청하고 그는 평문으로 된 공개키를 루트 CA가 서명한 X.509 인증서와 함께 Alice에게 보내주었다. Alice는 이미 루트 CA의 공개키를 가지고 있었다. 그녀가 진짜로 Bob과 통신을 하고 있다는 것을 확신하기 위해서 무슨 단계를 취해야 하는가? Bob은 그가 누구와 통신을 하건 개의치 않는다고 가정하자(Bob은 공공 서비스를 제공하는 사람이다).

20. 시스템이 트리 구조를 갖는 CA에 기반을 둔 PKI를 사용한다고 해 보자. Alice는 Bob하고 통신을 하고자 Bob과 통신 채널을 설정한 뒤에 CA X에 의해 서명된 인증서를 Bob으로부터 받았다. Alice는 X에 대해서 전혀 아는 바가 없다고 한다. 그녀가 정말로 Bob과 통신을 한다는 것을 확신하기 위해서 무슨 단계를 밟아야 하는가?

21. 만일 기계들 중 하나가 NAT 박스 뒤에 있을 경우 AH를 이용하는 IPsec을 트랜스포트 모드에서 사용할 수 있는가? 대답에 대해서 설명하라.

22. SHA-1 해시를 서명하기 위해 RSA를 사용하는 것보다 HMAC를 사용하는 것의 장점 한 가지를 말하라.

23. 안으로 들어오는 트래픽을 검사하기 위해서 왜 방화벽을 구성해야만 하는지 한 가지 이유를 말하라. 밖으로 나가는 트래픽을 검사하기 위해서 왜 방화벽을 구성해야만 하는지 한 가지 이유를 말하라. 이 검사가 성공적으로 이뤄질 수 있다고 생각하는가?

24. 어느 기관이 인터넷상에서 사이트들을 안전하게 연결하기 위해 VPN을 사용한다고 가정해 보자. 이 기관 내부의 사용자 Jim이 조직 내의 다른 사용자인 Mary와 통신을 할 때 암호나 어떤 다른 보안 메커니즘을 사용할 필요가 있는가?

25. 반사공격에 저항할 수 있도록 그림 8-34의 프로토콜 안의 한 메시지를 고쳐 보아라. 고치게 되면 왜 반사공격을 막을 수 있는지를 설명하라.

26. Alice와 Bob이 비밀키를 갖기 위해서 Diffie-Hellman 키교환을 사용한다. Alice는 Bob에게 (227, 5, 82)을 보낸다. Bob은 (125)로 응답한다. Alice의 비밀번호 x는 12이고, Bob의 비밀번호 y는 3이다. Alice와 Bob이 어떻게 비밀키를 계산하는지 보여라.

27. 만일 Alice와 Bob이 전혀 만난 적도 없고 비밀키도 공유하지 않고, 인증서도 갖고 있지 않다고 한다면, 그럼에도 불구하고 그들은 Diffie-Hellman 알고리즘을 이용해서 비밀키를 공유할 수 있다. 왜 중간자 공격을 막는다는 것이 힘든지를 설명하라.

28. 그림 8-39의 프로토콜에서 암호화된 세션키와 함께 A를 보낼 때 A는 왜 평문으로 보냈는가?

29. 그림 8-39의 프로토콜에서 각 평문 메시지를 32개의 0 비트들로 시작하는 것이 보안상 위험이 있다고 우리는 지적을 했다. 각 메시지를 사용자별 난수로 시작한다고 해 보자. 여기서 난수는 효과적으로 난수 사용자와 KDC만이 알고 있는 두 번째 비밀키이다. 이것을 사용하면 알려진 평문 공격을 제거할 수 있는가? 왜 그런가?

30. Needham-Schroeder 프로토콜에서 Alice는 두 개의 시도 R_A와 R_{A2}를 생성했다. 이것은 과도한 것처럼 보인다. 한 개만 가지고는 동일한 효과가 없는가?

31. 어느 기관이 인증을 위해서 커버로스(Kerberos)를 사용한다고 가정해 보자. 보안과 서비스 가용성의 관점에서 만일 AS나 TGS가 다운되면 어떤 일이 발생하는가?

32. 그림 8-43의 공개키 인증 프로토콜에서 메시지 7 안의 R_B를 K_S로 암호화했다. 이렇게 암호화를 할 필요가 있는가? 혹은 이것을 평문으로 되돌려 보내는 것이 적합하다고 생각하는가? 대답에 대해서 설명하라.

33. 마그네틱 카드와 PIN 코드를 사용하는 매장의 터미널은 치명적인 결함이 있다. 악의를 가진 상인은 자신의 카드 판독기를 수정해서 PIN 코드뿐만 아니라 고객의 카드에 들어 있는 정보를 가로채서 저장해 놓고 나중에 추가적인(가짜) 거래를 할 수 있다. 차세대 매장 터미널은 완벽한 CPU, 키보드, 그리고 카드에 작은 화면표시기가 있는 카드를 사용하게 될 것이다. 악의를 가진 상인이 깰 수 없는 이 시스템에 대한 프로토콜을 고안해 보아라.

34. 왜 PGP는 메시지를 압축하는지 두 가지 이유를 대라.

35. PGP 메시지를 멀티캐스트하는 것은 가능할까? 어떠한 제약조건이 있어야 할까?

36. 인터넷상의 모든 사람이 PGP를 사용한다고 가정할 때 PGP 메시지를 임의의 한 인터넷 주소로 보내면 모든 사람들에 의해 정확하게 복호화될 수 있을까? 대답에 대해서 설명하라.

37. 그림 8-47에서 보여준 공격은 한 단계를 남겨두었다. 이 단계는 스푸핑을 하는 데는 필요하지 않은 단계이지만 이 단계를 포함시키면 공격 후에 의심받을 부분을 줄일 수 있다. 여기서 빠진 단계가 무엇인가?

38. SSL 데이터 전송 프로토콜에서 사전 마스터키뿐만 아니라 두 개의 nonce를 사용한다. 만약 효용가치가 있다면 nonce를 사용하는 것이 무슨 효용가치가 있는가?

39. 2048x512 픽셀의 이미지를 2.5MB 크기의 파일로 암호화하고자 한다. 파일의 어떤 부분을 암호화할 수 있는가? 만일 1/4로 파일을 압축하였다면 어떤 부분을 암호화할 수 있는가?

40. 그림 8-54(b)의 이미지는 셰익스피어의 희곡 다섯 편의 ASCII 문서를 포함하고 있다. 문서 대신에 얼룩말 사진에 음악을 숨길 수도 있는가? 만약 가능하다면 어떻게 그렇게 할 수 있고 얼마나 많은 양을 이 그림에 숨길 수 있는가? 만약 그렇지 않다면 왜 그렇게 할 수 없는가?

41. 크기가 60MB인 텍스트 파일이 있고, 이미지 파일의 로우-오더(low-order) 비트에 스테가노그래피를 이용하여 암호화하고자 한다. 전체 파일을 암호화하기 위해서 이미지 크기는 얼마가 되어야 할까? 만약 파일이 1/3로 압축된다면 이미지 크기는 얼마가 되어야 할까? 픽셀단위로 대답하라. 이미지는 3:2비율이라 가정한다.

42. Alice는 유형 1의 익명 리메일러를 아주 많이 사용한다. 그녀는 그녀가 가장 좋아하는 뉴스그룹인 alt.fanclub.alice 에 많은 메시지들을 올린다. 그리고 이 메시지들이 동일한 필명을 가지고 있기 때문에 사람들은 메시지들을 Alice가 올렸다는 것을 누구든지 알 수 있다. 리메일러가 정상적으로 동작한다면 Trudy는 Alice로 사칭할 수 없다. 모든 유형 1의 리메일러들을 사용을 하지 않게 된 뒤에 Alice는 사이퍼펑크 리메일러로 바꾸었고 계속해서 그녀의 뉴스그룹에 새롭게 접속을 했다. Alice로 위장해서 뉴스그룹에 메시지를 올리는 Trudy를 막는 방법을 고안해 보아라.

43. 인터넷에서 프라이버시와 관련된 재미있는 사건을 찾아보고 한 페이지짜리 보고서를 작성하라.

44. 입력과 키스트림을 XOR하는 방법으로 입력을 암호화하는 프로그램을 작성하라. 키스트림을 생성하기 위해서 자신이 만들 수 있는 가장 좋은 방법으로 난수 발생기를 찾거나 만들어봐라. 이 프로그램은 표준 입력으로 평문을 사용하고 암호문을 표준 출력으로 내놓는(혹은 반대로) 필터 역할을 해야만 한다. 이 프로그램은 난수 발생기에 시드(seed)로 사용될 키인 한 개의 매개변수만 가져야 한다.

45. 데이터 블록의 SHA-1 해시를 계산하는 절차를 써라. 이 절차는 필히 두 개의 매개변수 즉, 입력 버퍼에 대한 포인터와 20바이트 출력 버퍼에 대한 포인터를 가져야만 한다. SHA-1의 정확한 스펙을 보려면 규정의 전문인 FIPS 180-1을 인터넷에서 검색하라.

46. ASCII 문자들을 입력으로 받고, 입력을 CBC 모드의 전치 암호로 암호화하는 함수를 작성하라. 블록크기는 8바이트이다. 프로그램은 표준 입력 장치에서 평문을 입력으로 받고 표순 출력상치로 암호문을 출력한다. 입력의 끝을 결정할 수 있고 가정하고, 블록을 채우기 위해 패딩을 사용할 수 있다. 프로그램은 다음의 두 매개변수를 갖는다.

    1. 초기화 벡터의 포인터
    2. k, 대치 암호 시프트(shift)

    예를 들어 k=3이면, A는 D로, B는 E로 대치된다. ASCII의 마지막 문제에 대한 가정은 마음대로 하라. 입력과 암호 알고리즘에 대한 가정을 코드를 문서로 작성하라.

47. 이 문제의 목적은 RSA의 동작원리의 이해를 돕기 위한 것이다. 매개변수로 솟수 p와 q를 받고, RSA의 공개키와 비밀키를 계산하고, n,z,d,e를 표준 출력장치로 출력하는 함수를 작성하라. 함수는 ASCII 문자 스트림을 입력으로 받아서 계산된 키들로 암호화한다. 프로그램은 표준 입력 장치에서 평문을 입력받아 암호문을 표준 출력장치로 출력한다. 암호화는 문자단위로 독립적으로 수행된다. 입력의 끝을 결정할 수 있고 가정하고, 출력의 형태는 선택할 수 있다. 입력과 암호 알고리즘에 대한 가정을 코드를 문서로 작성하라.

CHAPTER

09

추천 도서목록 및 참고문헌 (Reading List and Bibliography)

컴퓨터 네트워크의 공부를 종료하려는 현재 시점은 단지 시작일 뿐이다. 흥미롭고 다양한 연구들이 그 중요도에 비추어 가볍게 취급되어 간과되었고 지면 관계상 많이 생략되었다. 이 장에서는 컴퓨터 네트워크의 공부를 계속하기를 원하는 독자들을 위해서 더 많은 읽을거리와 참고문헌을 제시하겠다.

9.1 추천 도서

컴퓨터 네트워크의 모든 방면에서 광범위한 논문들이 발표되고 있다. 이 영역의 논문들을 가장 많이 출판하는 두 저널은 IEEE/ACM Transactions on Networking과 IEEE Journal on Selected Areas in Communications이다. 다른 저널들도 그 나름의 주제에 적합한 논문들을 발간하고 있다.

ACM 특수 이익 집단의 정기 간행물은 데이터 통신(SIGCOMM) 그리고 이동성 시스템, 사용자들, 데이터, 그리고 컴퓨팅 등을 출판했고 특히 새로운 주제에 대해 많은 논문을 출판했다.

IEEE도 IEEE Internet Computing, IEEE Network Magazine, IEEE Communications Magazine 등 네트워킹에 관한 조사(Surveys), 강의(Tutorials) 및 사례연구(Case Studies) 등의 내용을 포함하는 세 개의 Magazine을 출간한다. 앞의 두개는 구조, 표준화와 소프트웨어 등을 주로 다루고, 세 번째 것은 통신기술(광섬유, 통신위성 등등)에 대한 내용을 다룬다.

특히 *SIGCOMM* 컨퍼런스 *NSDI* (Symopsium on Neworked Systems Design and Implementation), *MobiSys* (Conference on Mobile Systems, Applications, and Services), *SOSP* (Symposium on Operating Systems Principles) 그리고 *OSDI* (Symposium on Operating Systems Design and Implementation)를 찾는다.

아래에서는 이 책 각 장의 주제와 관련하여 더 읽어야 하는 논문의 목차를 제시한다. 이들 대부분은 그 주제에 대한 관찰 및 지침들이고, 상당 부분 본 교재에서 소개한 것들이다. 제안의 대부분은 일부

자습서 및 설문 조사와 함께 책의 챕터의 묶음으로 되어 있다. 참고문헌은 9.2절에 나와 있다.

9.1.1 소개

Comer, *The Internet Book,* 4th ed.

인터넷을 쉽게 접근할 수 있는 입문서를 찾는 사람은 이 책을 보면 된다. Comer는 초보자가 이해할 수 있는 표현으로 인터넷의 역사, 발전, 기술, 프로토콜, 서비스를 설명하지만 전문적인 독자도 흥미를 느낄 수 있는 심도 있는 자료가 제공된다.

Computer Communication Review, 25th Anniversary Issue,Jan. 1995

인터넷이 어떻게 발전되었는지 방법을 찾아보라, 이 특별한 사안은 1995년까지의 중요한 논문을 수집한다. 포함된 논문은 TCP, 멀티 캐스트, DNS, 이더넷, 및 전반적인 구조의 발전을 보여주었다.

Crovella and Krishnamurthy, *Internet Measurement*

인터넷이 어떻게 작동하는지 우리가 어떻게 알 수 있을까? 어느 누구도 인터넷을 담당하지 않기 때문에 이 질문에 대답하기 쉽지 않다. 이 책은 네트워크 인프라에서 응용 프로그램, 인터넷의 동작을 측정하기 위해 개발된 기술을 설명한다.

IEEE Internet Computing, Jan.-Feb., 2000

밀레니엄 시대에 IEEE Internet computing의 첫 번째 이슈는 여러분이 기대하는 바를 정확히 수행했다. 앞으로 어떤 방향으로 나아갈 것인지에 대해 추측하려면 밀레니엄 이전에 인터넷을 만들 때 관련된 사람들에게 질문하라. 그 전문가들은 Paul Baran, Lawrence Roberts, Leonard Kleinrock, Stephen Crocker, Danny Cohen, Bob Metcalfe, Bill Gates, Bill Joy 등이다. 가장 좋은 성과에 대해서는 500년을 기다렸다가 그들이 예측한 내용들을 읽어보면 판명이 날 것이다. 그들의 예측이 잘못되었는지 10년 후에 확인하라.

Hafner and Lyon, *Where Wizard Stay Up Late*

Naughton, *A Brief History of the Future*

누가 인터넷을 발명했는가? 많은 사람들이 신뢰성을 요구해 왔다. 그것은 당연한 일이며 많은 사람들이 다양한 방법을 통해 인터넷에 참여하고 있기 때문이다. Paul Baran은 패킷 스위칭에 관한 설명을 보고서로 썼고, 많은 대학의 사람들은 ARPANET 구조를 설계했으며, BBN의 사람들은 첫 번째 IMPs를 프로그램화 했고, Bob Khan 과 Vint Cerf는 TCP/IP를 발명했다. 이 도서에는 2,000가지의 인터넷 일화들이 실려 있다.

9.1.2 물리계층

Bellamy, *Disital Telephony*

다른 중요한 네트워크의 과거를 되돌아보기 위해 전화 시스템에 관해 알고 싶었던 모든 것과 그 이상의 내용이 이 책에 포함되어 있다. 특히 흥미 있는 것은 전송과 다중화, 디지털 스위칭, 광 통신, DSL에 대한 장들이다.

Hu and Li, "Satellite-Based internet: A Turorial"

위성을 통한 인터넷 접근은 육상의 라인을 통한 접근과는 다르다. 지연 문제뿐만 아니라 라우팅이나 스위칭도 다르다. 이 논문에서 인터넷 접근에 대해 위성을 이용하는 방법과 이와 관련된 이슈들을 설명한다.

Joel, "Telecommunications and the IEEE Communications Society"

짜임새 있고 간결하지만 놀랄 만큼 포용력이 넓은 원거리 통신을 전신으로 시작해 802.11까지 진행되어 왔으며 이 문서에서 이러한 내용을 설명한다. 또한 라디오, 전화, 아날로그와 디지털 스위칭, 해저 케이블, 디지털 전송, ATM, 텔레비전 브로드캐스팅, 위성, 케이블 TV, 광통신, 모바일 폰, 패킷 스위칭, ARPANET, 인터넷 등도 다룬다.

Palais, *Fiber Optic Communication*, 3rd ed.

광통신 기술에 관한 책들은 전문가들을 겨냥하는 경향이 있지만, 이 책은 다른 책보다는 접근하기 쉽다. 이 책은 도파관(waveguide), 광원, 광 감지기, 연결기, 변조, 잡음과 많은 다른 주제를 포함하고 있다.

Su, *The UMTS Air Interface in RF Engineering*

이 책은 주요 3G 셀룰러 시스템 중 하나에 대한 자세한 개요를 제공한다. 무선 인터페이스 혹은 무선프로토콜은 모바일과 네트워크 인프라 사이에서 사용되는 것에 초점을 맞추고 있다.

Want, *RFID Explained*

원하는 도서는 RFID 물리 계층 동작의 독특한 기술에 대한 방법이 실린 읽기 쉬운 입문서다. 그것은 잠재적인 응용 프로그램을 포함하여 RFID의 모든 측면을 다룬다. RFID 배치의 몇몇 실제 예와 경험을 얻는 것 또한 개정되었다.

9.1.3 데이터링크 계층

Kasim, *Delivering Carrier Ethernet*

오늘날 이더넷은 로컬 광역 기술뿐만이 아니다. 새로운 방식은 캐리어급 이더넷을 위한 장거리 링크로 이더넷을 사용하는 것이다. 이 책은 깊이 있는 주제를 커버하기 위해 함께 에세이를 제공한다.

Gast, *802.11 Wireless Networks,* 2nd ed.

코드를 감지하고 오류를 수정하는 것은 신뢰할 수 있는 컴퓨터 네트워크의 핵심이다. 이 책은 단순한 선형 해밍 코드에서보다 복잡한 낮은 밀도 패리티 검사 코드로, 가장 중요한 코드의 일부를 설명한다. 그것은 최소한의 대수학을 필요로 하지만 여전히 배울 것이 많다.

Stallings, *Data and Computer Communications,* 9th ed.

두 번째 부분은 디지털 데이터 전송 및 오류 검출, 재전송과 오류 제어 및 흐름 제어를 포함하여 다양한 링크를 다룬다.

9.1.4 매체접근제어(MAC) 부계층

Andrews et al., *Fundamentals of WiMAX*

이 포괄적인 책은 다중 접속 시스템을 통해, OFDM 및 다중 안테나를 사용하여 무선 기술로 광대역 무선의 아이디어에서 와이맥스 기술의 확실한 처리를 제공한다. 이런 튜토리얼 스타일은 대부분 접속 가능한 처리에 대하여 제공하며 당신은 이러한 문제를 찾을 수 있다.

Gast, *802.11 Wireless Networks,* 2nd ed.

읽기 쉽게 하기 위해 802.11의 프로토콜과 기술의 소개에 대한 내용이 앞부분에 포함되어 있고 다른 물리적 레이어 또한 보안에 대한 자료를 소개하며 MAC 하위 계층을 설명한다. 그러나 2판에서는 802.11n에 대한 설명이 충분하지 않다.

Perlman, *Interconnections,* 2nd ed.

브리지, 라우터, 일반적인 라우팅 등의 처리에 대해서는 Perlman의 책이 보기에 적합하다. 이 저자는 IEEE 802 스패닝 트리 브리지에 사용되는 알고리즘을 설계했고 네트워킹의 여러 방면에서 세계의 권위 있는 선두 과학자 중 한 사람이다.

9.1.5 네트워크 계층

Comer, *Internetworking with TCP/IP*, Vol. 1, 4th ed.

Comer는 TCP/IP 프로토콜 슈트에서의 정확한 동작을 기술했으며 현재는 5판이 출판되었다. IP 관련 프로토콜과 함께 상반에 다루는 대부분은 네트워크 계층에서의 프로토콜과 관련하여 IP를 함께 다루고 있다. 다른 장에서는 상위 계층에 대한 기본적인 내용을 다루고 있고 이 또한 읽을 만한 가치가 있다.

Grayson et al., *IP Design for Mobile Networks*

전통적인 전화 네트워크와 인터넷은 내부 IP로 구현되는 전화 네트워크와 함께 충돌 과정에 있다. 이 책은 휴대 전화 서비스를 지원하는 IP 프로토콜을 사용하여 네트워크를 설계하는 방법을 알려준다.

Huitema, *Routing in the Internet*

인터넷에서의 라우팅에 대한 깊은 이해를 원한다면, 이 책은 정말 좋은 책이다. 두 가지 형태의 표명된 알고리즘(RIP, CIDR, MBONE)과 표명되지 않은 알고리즘(OSPF, IGRP, EGP, BGP) 모두 아주 상세하게 다룬다. 멀티캐스트, 모바일 IP, 자원 예약 방식과 같은 새로운 특징들도 역시 이 책에서 다룬다. 전통적인 전화 네트워크와 인터넷은 내부 IP로 구현되는 전화 네트워크와 함께 충돌 과정에 있다. 최근 개발은 오래된 책 이래로 다뤄지지 않았으나 설명이 매우 잘 되어 있다.

Koodli and Perkins, *Mobile Inter-networking with IPv6*

두 가지 중요한 네트워크 계층 개발은 하나의 볼륨으로 제공된다. IPv6와 모바일 IP. 두 주제를 잘 포함하고 있고 Perkins는 모바일 IP기술 뒤에서 추진력 있게 행동하는 사람 중 하나였다.

Nucci and Papagiannaki, *Design, Measurement and Management of Large-Scale IP Networks.*

우리는 네트워크가 작동하는 방법에 대해 상당한 정보를 주고받지만, 당신이 ISP이라면 어떻게 배포하고 관리할 수 있는지 설계 할 수 있을 것이다. 이 책은 교통 공학 및 ISP가 네트워크를 사용하여 서비스를 제공하는 현대적인 방법을 보고, 그 차이를 채운다.

Perlman, *Interconnections: Brideges and Routers*, 2nd ed.

12장에서 15장까지 Perlman은 유니캐스트와 멀티캐스트 라우팅 알고리즘 설계, WAN과 LAN 네트워크, 여러 프로토콜에서 그것들의 구현 등을 포함하는 많은 이슈들에 대해서 설명한다. 그러나 이 책에서 가장 중요한 부분은 18장이다. 이 장은 네트워크 프로토콜에 대한 저자의 다년간의 경험을 정리하고 다듬이 놓았기 때문에 유익하고 재미있을 것이다.

Varghese, *Network Algorithmics*

우리는 라우터 및 기타 네트워크 요소가 서로 상호 작용하는 방법에 대한 이야기를 하였다. 그러나 이 책은 다르다. 이것은 라우터를 실제로 엄청난 속도로 패킷을 전달하도록 설계하는 방법에 대한 것이다. 이것과 관련된 질문에 대한 내부의 최신 정보를 위해 읽을 수 있는 책이다. 저자는 소프트웨어 및 하드웨어의 고속 네트워크 요소를 구현하는 연습에 사용되는 똑똑한 알고리즘에 대해 설명한다.

9.1.6 트랜스포트 계층

Comer, *Internetworking with TCP/IP*, Vol. 1, 5th ed.

앞에서 언급한 바와 같이, 이 책은 Comer가 TCP/IP 프로토콜 슈트에 대해 최종 결정판으로 내놓은 것이다. 이 책의 후반부는 UDP와 TCP에 대한 내용이다.

Farrell and Cahill, *Delay- and Disruption-Tolerant Networking*

이 짧은 책은 아키텍처, 프로토콜 및 연결의 가혹한 조건에서 작동한다는 도전 네트워크의 어플리케이션에 대해 더 깊게 읽을 수 있는 책이다. 저자는 IETF DTN 연구 그룹 DTNs의 개발에 참여했다.

Stevens, *TCP/IP Illustrated*, Vol. 1

17장에서 24장까지는 예제를 통한 TCP illustrated의 개괄적인 방법을 제공한다.

9.1.7 응용 계층

Berners-Lee et. al., "The World Wide Web"

웹에 대한 관점과 발명한 사람 그리고 CER 동료들에 의해서 웹이 어디로 갈 것인가에 대한 토의가 이루어져 있다. 이 논문은 웹의 아키텍처 그리고 URL, HTTP, HTML 등에 초점을 두고 있으며, 앞으로의 방향을 제시하고 그것을 다른 분산 정보 시스템과 비교했다.

Held, *A Practical Guide to Content Delivery Networks,* 2nd ed.

이 책은 CDN의 설계 및 운영에 실질적인 고려 사항을 강조하는 방법, CDNs 동작의 현실적인 설명을 제공한다.

Hunter et. al., *Begining XML*, 4th ed.

HTML, XML 및 웹 서비스에 대한 많은 책들이 있다. 이 1,000페이지의 책은 가장 알고 싶어

하는 것에 대해 다룬다, XML과 XHTML을 쓰는 것뿐만 아니라 웹서비스 생산의 발달과 Ajax를 사용하는 XML의 조작, SOAP 그리고 다른 기술들은 일반적으로 실제로 사용된다.

Krishnamurthy and Rexford, *Web Protocols and Practice*

웹을 여러 관점에서 포괄적으로 다룬 책으로는 이것보다 더 나은 것을 찾아보기 힘들다. 이 책은 클라이언트 그리고 서버, 프락시, 캐싱 외에도 우리가 기대하는 대부분의 내용을 다루고 있다. 몇몇 장에서는 웹 트래픽이나 그것을 측정하는 내용들이 있고 뿐만 아니라 현재의 연구나 웹의 개선에 관한 내용들도 일부 다루고 있다.

Simpson, *Video Over IP*, 2nd ed.

저자는 인터넷과 비디오를 수행하기위한 개인 네트워크에 모두 IP 기술이 네트워크를 통해 비디오를 이동하는데 사용할 수 있는 방법에 대해 광범위한 모습을 설명한다. 흥미롭게도 이 책은 네트워킹에 대한 전문적인 비디오 학습보다는 주변의 다른 방법을 지향한다.

Wittenburg, *Understanding Voice Over IP Technology*

이 책은 프로토콜의 SIP 및 H.323 제품군을 통해 IP 프로토콜과 품질의 서비스 문제, 오디오 데이터를 운반하는 IP 동작에 대해 다룬다. 그것은 상세히 주어진 자료지만 접근하기 쉽고 및 이해하기 쉬운 단위로 나뉘어 있다.

9.1.8 네트워크 보안

Anderson, *Security Engineering*

이 책은 사람들이 사용하는 방법에 대한 이해와 보안 기술의 훌륭한 조합을 제공한다. 아래에서 설명하는 논문들 중 'Network Security'와 'Secrets and Lies'의 중간 수준 정도의 기술을 다루고 있다. 기초적인 보안 기술을 소개한 후, 책의 거의 전체가 뱅킹, 핵 명령과 통제, 보안 출력, 생체 인식, 물리적 보안, 전자전, 전기통신보안, 전자상거래, 저작권 보호 등의 내용을 담은 여러 응용을 집중적으로 다룬다. 나머지는 정책, 경영관리, 시스템 평가에 대한 내용들을 담고 있다.

Ferguson et. al., *Cryptography Engineering*

많은 책들이 인기 있는 암호화 알고리즘 작동 방법을 설명한다. 이 책은 암호화를 사용하는 방법을 설명한다. 왜 암호화 프로토콜들이 시스템과 함께 하고 싶어 하는지 보안 목표를 달성할 것으로 고안되었다. 암호화에 의존하는 이들에게 설계 시스템을 위한 필수 사항을 읽을 수 있는 매우 콤팩트한 책이 될 것이다.

Fridrich, *Steganography in Digital Media*

밀랍이 빈 서판으로 녹아 들어가게 하여 밀랍이 다시 굳기 전에 비밀 메시지가 나무 속으로 들어갈 수 있도록 하는 스테가노그래피 기술은 고대 그리스에서 기원한다. 이미지, 오디오, 그 외의 다른 매개체를 사용하여 정보를 숨기는 여러 최신 기술들에 대해 다루었다.

Kaufman et. al., *Network security*, 2nd ed.

권위와 재치를 겸비한 이 책은 네트워크 암호화 알고리즘과 암호화 프로토콜에 대해 많은 정보를 얻는 데 좋다. 암호키와 공개키 알고리즘, 메시지 해쉬(message hashes), 인증, 커버로스, PKI, IPsec, SSL/TLS, 전자메일 보안 등의 내용을 많은 예를 들어가면서 주의 깊고 충분하게 설명한다. 26장은 일반 사용자 간의 보안 기법 공유에 대한 핵심적인 내용을 설명한다. 보안 침해에 대해서도 상세하게 설명한다. 실제로 사용될 암호화 시스템을 설계하고자 하는 사람은 이장의 실질적인 조언을 통해 많이 배우게 될 것이다.

Schneier, *Applied Cryptography*, 2nd ed.

알려진 모든 암호화 알고리즘을 설명하는 한 권의 책으로 된 이 불후의 요약본은 NSA가 겪은 끔찍한 악몽에 대한 것이다. 상황을 더욱 나쁘게 하는 것은 (관점에 따라 더욱 좋게 하는 것은) 대부분의 알고리즘이 C로 된 실행 가능한 프로그램 형태로 이 책에 담겨져 있다는 것이다. 더구나 1,600여권이 넘는 암호화 문헌에 대한 참고서적까지 제공된다. 이 책은 입문자를 위한 것이 아니며, 진정으로 비밀리에 파일을 간직하고 싶다면 이 책을 읽어라.

Scnneier, *Secret and Lies*

'Applied Cryptography'에 대한 전권의 책을 읽는다면 암호화 알고리즘에 관해서 모든 것을 알게 된다. 만약 당신이 이 책의 전권을 다 읽는다면, 알고리즘이 전부가 아니라는 것을 알게 될 것이다. 대부분의 보안상의 취약점은 알고리즘상의 허점이나 너무 짧은 키 값에 있지 않고, 보안 환경의 취약함에 있다. 이 책에서는 협박, 공격, 방어, 역습 그리고 그 이상의 것들에 대한 끝없는 예제들이 소개되고 있다. 컴퓨터 보안에 대해서 그다지 전문적이지는 않으니 흥미 있게 읽어볼 수 있다.

Skoudis, *Counter Hack*

해커들의 해킹을 멈추게 하는 최선의 길은 해커처럼 생각하는 것이다. 이 책은 해커들이 네트워크를 어떻게 알 수 있는지를 설명하고, 전체 네트워크의 설계에서 보안은 특정 기술을 기반으로 한 결과론적인 형태가 아닌 어떤 하나의 기능으로 설계되어야 한다는 것에 대해 입증하고 있다. 컴퓨터의 보안 도구의 사용에 익숙하지 않은 일반 사용자들이 기회를 가질 수 있는 "social engineering" 기술을 포함한 거의 모든 일반적인 해킹에 대한 내용을 다루고 있다.

9.2 알파벳순 참고문헌

ABRAMSON,N.: "Internet Access Using VSATs," *IEEE Commun. Magazine,* vol. 38, pp. 60-68, July 2000.

AHMADI, S.: "An Overview of Next-Generation Mobile WiMAX Technology," *IEEE Commun. Magazine,* vol. 47, pp. 84-88, June 2009.

ALLMAN, M., and PAXSON, V.: "On Estimating End-to-End Network Path Properties," *Proc. SIGCOMM* '99 *Conf.*, ACM, pp. 263-274, 1999.

ANDERSON, C.: *The Long Tail: Why the Future of Business is Selling Less of More*, rev. ed., New York: Hyperion, 2008a.

ANDERSON, R.J.: *Security Engineering: A Guide to Building Dependable Distributed Systems*, 2nd ed., New York: John Wiley & Sons, 2008b.

ANDERSON, R.J.: "Free Speech Online and Offline," *IEEE Computer,* vol. 25, pp. 28-30, June 2002.

ANDERSON, R.J.: "The Eternity Service," *Proc. Pragocrypt Conf.,* CTU Publishing House, pp. 242-252, 1996.

ANDREWS, J., GHOSH, A., and MUHAMED, R.: *Fundamentals of WiMAX: Under-standing Broadband Wireless Networking*, Upper Saddle River, NJ: Pearson Education, 2007.

ASTELY, D., DAHLMAN, E., FURUSKAR, A., JADING, Y. LINDSTROM, M., and PARKVALL, S.: "LTE: The Evolution of Mobile Broadband," *IEEE Commun. Magazine,* vol. 47, pp. 44-51, Apr. 2009.

BALLARDIE, T., FRANCIS, P., and CROWCROFT, J.: "Core Based Trees(CBT)," *Proc. SIGCOMM `93 Conf.,* ACM, pp. 85-95, 1993.

BARAN, P.: "On Distributed Communications: I. Introduction to Distributed Communication Networks," *Memorandum RM-420-PR*, Rand Corporation, Aug. 1964.

BELLAMY, J.: *Digital Telephony*, 3rd ed., New York: John Wiley & Sons, 2000.

BELLMAN, R.E.: *Dynamic Programming*, Princeton, NJ: Princeton University Press, 1957.

BELLOVIN, S.: "The Security Flag in the IPv4 Header," RFC 3514, Apr. 2003.

BELSNES, D.: "Flow Control in the Packet Switching Networks," *Communications Networks*, Uxbridege, England: Online, pp. 349-361, 1975.

BENNET, C.H., and BRASSARD, G.: "Quantum Cryptography: Public key Distribution and Coin Tossing," *Int'l Conf. on Computer System and Signal Processing*, pp. 175-179, 1984.

BERESFORD, A., and STAJANO, F.: "Location Privacy in Pervasive Computing," *IEEE Pervasive Computing*, vol. 2, pp. 46-55, Jan. 2003.

BERGHEL, H.L.: "Cyber Privacy in the New Millennium," *IEEE Computer*, vol. 34, pp. 132-134, Jan. 2001.

BERNERS-LEE, T., CAILLIAU, A., LOUTONEN, A., NIELSEN, H.F., and SECRET, A.: "The World Wide Web," *Commun. of the ACM*, vol. 37, pp. 76-82, Aug. 1994.

BERTSEKAS, D., and GALLAGER, R.: *Data Networks*, 2nd ed., Englewood Cliffs, NJ: Prentice Hall, 1992.

BHATTI, S.N., and CROWCROFT, J.: "QoS Sensitive Flows: Issues in IP Packet Handling," *IEEE Internet Computing*, vol. 4, pp. 48-57, July-Aug. 2000.

BIHAM, E., and SHAMIR, A.: "Differential Fault Analysis of Secret Key Cryptosystems," *Proc. 17th Ann. Int'l Cryptology Conf.*, Berlin: Springer-Verlag LNCS 1294, pp. 513-525, 1997.

BIRD, R., GOPAL, I., HERZBERG, A., JANSON, P.A., KUTTEN, S., MOLVA, R., and YUNG, M.: "Systematic Design of a Family of Attack-Resistant Authentication Protocols," *IEEE J. on Selected Areas in Commun.*, vol. 11, pp. 679-693, June 1993.

BIRRELL, A.D., and NELSON, B.J.: "Implementing Remote Procedure Calls," *ACM Trans. on Computer System*, Vol. 2, pp. 39-59, Feb. 1984.

BIRYUKOV, A., SHAMIR, A., and WAGNER, D.: "Real Time Cryptanalysis of A5/1 on a PC," *Proc. Seventh Int'l Workshop on Fast Software Encryption*, Berlin: Springer Verlag LNCS 1978, pp. 1-8, 2000.

BLAZE, M., and BELLOVIN, S.: "Tapping on My Network Door," *Commun. of the ACM*, vol. 43, p. 136, Oct. 2000.

BOGGS, D., MOGUL, J., and KENT, C.: "Measured Capacity of an Ethernet: Myths and Reality," *Proc. SIGCOMM '88 Conf.*, ACM, pp. 222-234, 1988.

BORISOV, N., GOLDBERG, I., and WAGNER, D.: "Intercepting Mobile Communications: The Insecurity of 802.11," *Seventh Int'l Conf. on Mobile Computing and Networking*, ACM, pp. 180-188, 2001.

BRADEN, R.: "Requirements for Internet Hosts-Communication Layers," RFC 1122, Oct. 1989.

BRADEN, R., BORMAN, D., and PARTRIDGE, C.: "Computing the Internet Checksum," RFC 1071, Sept. 1988.

BRANDENBURG, K.: "MP3 and AAC Explained," *Proc. 17th Intl. Conf.: High-Quality Audio Coding*, Audio Engineering Society, pp. 99-110, Aug. 1999.

BRAY, T., PAOLI, J., SPERBERG-MCQUEEN, C., MALER, E., YERGEAU, F., and COWAN, J.: "Extensible Markup Language (XML) 1.1 (Second Edition)," W3C Recommendation, Sept. 2006.

BRESLAU, L., CAO, P., FAN, L., PHILLIPS G., and SHENKER, S.: "Web Caching and Zipf-like Distributions: Evidence and Implications," *Proc. INFOCOM Conf.*, IEEE, pp. 126-134, 1999.

BURLEIGH, S., HOOKE, A., TORGERSON, L., FALL, K., CERF, V., DURST, B., SCOTT, K., and WEISS, H.: "Delay-Tolerant Networking: An Approach to Interplanetary Internet," *IEEE Commun. Magazine*, vol. 41, pp. 128-136, June 2003.

BURNETT, S., and PAINE, S.: *RSA Security's Official Guide to Cryptography*, Berkeley, CA: Osborne/McGraw-Hill, 2001.

BUSH, V.: "As We May Think," *Atlantic Monthly*, vol. 176, pp. 101-108, July 1945.

CAPETANAKIS, J.I.: "Tree Algorithms for Packet Broadcast Channels," *IEEE Trans. on Information Theory*, vol. IT-5, pp. 505-515, Sept. 1979.

CASTAGNOLI, G., BRAUER, S., and HERRMANN, M.: "Optimization of Cyclic Redun-dancy-Check Codes with 24 and 32 Parity Bits," *IEEE Trans. on Commun.*, vol. 41, pp. 883-892, June 1993.

CERF, V., and KAHN, R.: "A Protocol for Packet Network Interconnection," *IEEE Trans. on Commun.*, vol. COM-2, pp. 637-648, May 1974.

CHANG, F., DEAN, J., GHEMAWAT, S., HSIEG, W., WALLACH, D., BURROWS, M., CHANDRA, T., FIKES, A., and GRUBER, R.: "Bigtable: A Distributed Storage System for Structured Data," *Proc. OSDI 2006 Symp.*, USENIX, pp. 15-29, 2006.

CHASE, J.S., GALLATIN, A.J., and YOCUM, K.G.: "End System Optimizations for High-Speed TCP," *IEEE Commun. Magazine*, vol. 39, pp. 68-75, Apr. 2001.

CHEN, S., and NAHRSTEDT, K.: "An Overview of QoS Routing for Next-Generation Networks," *IEEE Network Magazine*, vol. 12, pp. 64-69, Nov./Dec. 1998.

CHIU, D., and JAIN, R.: "Analysis of the Increase and Decrease Algorithms for Congestion Avoidance in Computer Networks," *Comput. Netw. ISDN Syst.*, vol. 17, pp 1-4, June 1989.

CISCO: "Cisco Visual Networking Index: Forecast and Methodology, 2009-2014," Cisco Systems Inc., June 2010.

CLARK, D.D.: "The Design Philosophy of the DARPA Internet Protocols," *Proc. SIGCOMM `88 Conf.*, ACM, pp. 106-114, 1988.

CLARK, D.D.: "Window and Acknowledgement Strategy in TCP," RFC 813, July 1982.

CLARK, D.D., JACOBSON, V., ROMKEY, J. and SALWEN, H.: "An Analysis of TCP Processing Overhead," *IEEE Commun. Magazine*, vol. 27, pp. 23-29, June 1989.

CLARK, D.D., SHENKER, S., and ZHANG, L.: "Support Real-Time Applications in an Integrated Services Packet Network," *Proc. SIGCOMM `92 Conf.*, ACM, pp. 14-26, 1992.

CLARK, A.C.: "Extra-Terrestrial Relays," *Wireless World*, 1945.

CLARKE, I., MILLER, S.G., HONG, T.W., SANDBERG, O., and WILEY, B.: "Protecting Free Expression Online with Freenet," *IEEE Internet Computing*, vol. 6, pp. 40-49, Jan.-Feb. 2002.

COHEN, B.: "Incentives Build Robustness in bitTorrent," *Proc. First Workshop on Economics of Peer-to-peer Systems*, June 2003.

COMER, D.E.: *The Internet Book*, 4th ed., Englewood Cliffs, NJ: Prentice Hall, 2007.

COMER, D.E.: *Internetworking with TCP/IP*, vol. 1, 5th ed., Englewood Cliffs, NJ: Prentice Hall, 2005.

CRAVER, S.A., WU, M., LIU, B., STUBBLEFIELD, A., SWARTZLANDER, B., WALLACH, D.W., DEAN, D., and FELTEN, E.W.: "Reading Between the Lines: Lessons from the SDMI Challenge," *Proc. 10th USENIX Security Symp.*, USENIX, 2001.

CROVELLA, M., and KRISHNAMURTHY, B.: *Internet Measurement*, New York: John Wiley & Sons, 2006.

DAEMEN, J., and RIJMEN, V.: *The Design of Rijndael*, Berlin: Springer-Verlag, 2002.

DALAL, Y., and METCLFE, R.: "Reverse Path Forwarding of Broadcast Packets," *Commun. of the ACM*, vol. 21, pp. 1040-1048, Dec. 1978.

DAVIE, B., and FARREL, A.: *MPLS: Next Steps*, San Fancisco: Morgan Kaufmann, 2008.

DAVIE, B., and REKHTER, Y.: *MPLS Technology and Applications*, San Fancisco: Morgan Kaufmann, 2000.

DAVIE, J.: *Understanding IPv6*, 2nd ed., Redmond, WA: Microsoft Press, 2008.

DAY, J.D.: "The (Un)Revised OSI Reference Model," *Computer Commun. Rev.*, vol. 25, pp. 39-55, Oct. 1995.

DAY, J.D., and ZIMMERMANN, H.: "The OSI Reference Model," *Proc. of the IEEE*, vol. 71, pp. 1334-1340, Dec. 1983.

DECANDIA, G., HASTORIN, D., JAMPANI, M., KAKULAPATI, G., LAKSHMAN, A., PILCHIN, A., SIVASUBRAMANIAN, S., VOSSHALL, P., and VOGELS, W.: "Dynamo: Amazon`s Highly Available Key-value Store," *Proc. 19th Symp. on Operation Systems Prin.*, ACM, pp 205-220, Dec. 2007.

DEERING, S.E.: "SIP: Simple Internet Protocol," *IEEE Network Magazine*, vol. 7, pp. 16-28, May/June 1993.

DEERING, S., and CHERITON, D.: "Multicast Routing in Datagram Networks and Extended LANs," *ACM Trans. on Computer System*, vol. 8, pp. 3-26, Sept. 1990.

DEMERS, A., KESHAV, S., and SHENKER, S.: "Analysis and Simulation of a Fair Queueing Algorthm," *Internetwork: Research and Experience*, vol. 1, pp. 3-26, Sept. 1990.

DENNING, D.E., and SACCO, G.M.: "Timestamps in Key Distribution Protocols," *Commun. of the ACM*, bol. 24, pp. 533-536, Aug. 1981.

DEVARAPALLI, V., WAKIKAWA, R., PETRESCU, A., and THUBERT, P.: "Network Mobility(NEMO) Basic Support Protocol," RFC 3963, Jan. 2005.

DIFFIE, W., and HELLMAN, M.E.: "Exhaustive Cryptanalysis of the NBS Data Encryption Standard," *IEEE Computer*, vol. 10, pp. 74-84, June 1977.

DIFFIE, W., and HELLMAN, M.E.: "New Directions in Cryptography," *IEEE Trans. on Information Theory*, vol. IT-2, pp. 644-654, Nov. 1976.

DIJKSTRA, E.W.: "A Note on Two Problems in Connexion with Graphs," *Numer. Math.*, vol. 1, pp. 269-271, Oct. 1959.

DILLEY, J., MAGGS, B., PARIKH, J., PROKOP, H., SITARAMAN, R., and WHEIL, B.: "Globally Distributed Content Delivery," *IEEE Internet Computing*, vol. 6, pp. 50-58, 2002.

DINGLEDINE, R., MATHEWSON, N., SYVERSON, P.: "Tor: The Second-Generation Onion Router," *Proc. 13th USENIX Security Symp.*, USENIX, pp. 303-320, Aug. 2004.

DONAHOO, M., and CALVERT, K.: *TCP/IP Sockets in C*, 2nd ed., San Francisco: Morgan Kaufmann, 2009.

DONAHOO, M., and CALVERT, K.: *TCP/IP Sockets in Java*, 2nd ed., San Francisco: Morgan Kaufmann, 2008.

DONALDSON, G., and JONES, D.: "Cable Television Broadband Network Architectures," *IEEE Commun. Magazine*, vol. 39, pp. 122-126, June 2001.

DORFMAN, R.: "Detection of Defective Members of a Large Population," *Annals Math. Statistics*, vol. 14, pp. 436-440, 1943.

DUTCHER, B.: *The NAT Handbook*, New York: John Wiley & Sons, 2001.

DUTTA-ROY, A.: "An Overview of Cable Modem Technology and Market Perspectives," *IEEE Commun. Magazine*, vol. 39, pp. 81-88, June 2001.

EDELMAN, B., OSTROVSKY, M., and SCHWARZ, M.: "Internet Advertising and the Generalized Second-Price Auction: Selling Billions of Dollars Worth of Keywords," *American Economic Review*, vol. 97, pp. 242-259, Mar. 2007.

EL GAMAL, T.: "A Public-Key Cryptosystem and a Signature Scheme Based on Discrete Logarithms," *IEEE Trans. On Information Theory*, vol. IT-1, pp. 469-472, July 1985.

EPCGLOBAL: *EPC Radil-Frequency Identity Protocols Class-Generation-UHF RFID Protocol for Communication at 806-MHz to 960-MHz Version 1.2.0*, Brussels: EPCglobal Inc., Oct. 2008.

FALL, K.: "A Delay-Tolerant Network Architecture for Challenged Internets," *Proc. SIGCOMM 2003 Conf.*, ACM, pp. 27-34, Aug. 2003.

FALOUTSOS, M., FALOUTSOS, P., and FALOUTSOS, C.: "On Power-Law Relationships of the Internet Topology," *Proc. SIGCOMM `99 Conf.*, ACM, pp. 251-262, 1999.

FARRELL, S., and CAHILL, V.: *Delay- and Disruption-Tolerant Networking*, London: Artech House, 2007.

FELLOWS, D., and JONES, D.: "DOCSIS Cable Modem Technology," *IEEE Commun. Magazine*, vol. 39, pp. 202-209, Mar. 2001.

FENNER, B., HANDLEY, M., HOLBROOK, H., and KOUVELAS, I.: "Protocol Independent Multicast-Sparse Mode(PIM-SM)," RFC 4601, Aug. 2006.

FERGUSON, N., SCHNEIER, B., and KOHNO, T.: *Cryptography Engineering*: *Design Principles and Practical Applications*, New York: John Wiley & Sons, 2010.

FLANAGAN, D.: *JavaScript:* The Definitive Guide, 6th ed., Sebastopol, CA: O'Reilly, 2010.

FLETCHER, J.: "An Arithmetic Checksum for Serial Transmissions," *IEEE Trans. on Commun.*, vol. COM-0, pp. 247-252, Jan. 1982.

FLOYD, S., HANDLEY, M., PADHYE, J., and WIDMER, J.: "Equation-Based Congestion Control for Unicast Applications," *Proc. SIGCOMM 2000 Conf.*, ACM, pp. 43-56, Aug. 2000.

FLOYD, S., and JACOBSON, V.: "Random Early Detection for Congestion Avoidance," *IEEE/ACM Trans. on Networking*, vol. 1, pp. 397-413, Aug. 1993.

FLUHRER, S., MANTIN, I., and SHAMIR, A.: "Weakness in the Key Scheduling Algorithm of RC4," *Proc. Eighth Ann. Workshop on Selected Areas in Cryptography*, Berlin: Springer-Verlag LNCS

2259, pp. 1-24, 2001.

FORD, B.: "Structured Streams: A New Transport Abstraction," *Proc. SIGCOMM 2007 Conf.*, ACM, pp. 361-372, 2007.

FORD, L.R., Jr., and FULKERSON, D.R: *Flows in Networks*, Prinecton, NJ: Princeton University Press, 1962.

FORD, W., and BAUM, M.S.: *Secure Electronic Commerce*, Upper Saddle River, NJ: Prentice Hall, 2000.

FORNEY, G.D.: "The Viterbi Algorithm," *Proc. of the IEEE*, vol. 61, pp. 268-278, Mar. 1973.

FOULI, K., and MALER, M.: "The Road to Carrier-Grade Ethernet," *IEEE Commun. Magazine,* vol. 47, pp. S30-S38, Mar. 2009.

FOX, A., GRIBBLE, S., BREWER, E., and AMIR, E.: "Adapting to Network and Client Variability via On-Demand Dynamic Distillation," *SIGOPS Oper. Syst. Rev.,* vol. 30, pp. 160-170, Dec. 1996.

FRANCIS, P.: "A Near-Term Architecture for Deploying Pip," *IEEE Network Magazine,* vol. 7, pp. 30-37, May/June 1993.

FRASER, A.G.: "Towards a Universal Data Transport System," *IEEE J. on Selected Areas in Communn,* vol.5,pp. 803-816, Nov. 1983

FRIDRICH, J.: *Steganography in Digital Media: Principles, Algorithms, and Applications,* Cambridge: Cambridge University Press, 2009.

FULLER, V., and LI, T.: "Classless Inter-domain Routing(CIDR): The Internet Address Assignment and Aggregation Plan," RFC 4632, Aug. 2006.

GALLAGHER, R.G.: "A Minimum Delay Routing Algorithm Using Distributed Computation," *IEEE Trans. on Commun,* vol. COM-5, pp. 73-85, Jan. 1997.

GALLAGHER, R.G.: "Low-Density Parity Check Codes," *IRE Trans. on Information Theory,* vol. 8, pp. 21-28, Jan. 1962.

GARFINKEL, S., with SPAFFORD, G.: *Web Security, Privacy, and Commerce*, Sebastopol, CA: O'Reilly, 2002.

GAST, M.: *802.11 Wireless Networks: The Definitive Guide,* 2nd ed., Sebastopol, CA: O'Reilly, 2005.

GERSHENFELD, N., and KRIKORIAN, R., and COHEN, D.: "The Internet of Things," *Scientific American,* vol. 291, pp.76-81, Oct. 2004.

GILDER, G.: "Metcalfe's Law and Legacy," *Forbes ASAP*, Sepy. 13, 1993.

GOODE, B.: "Voice over Internet Protocol," *Proc. of the IEEE,* vol. 90, pp. 1495-1517, Sept. 2002.

GORALSKI, W.J.: *SONET,* 2nd ed., New York: McGraw-Hill, 2000.

GRAYSON, M., SHATZKAMER, K., and WAINNER, S.: IP *Design for Mobile Networks,* Indianapolis, IN: Cisco Press, 2009.

GROBE, K., and ELBERS, J.: "PON in Adolescence: From TDMA to WDM-PON," *IEEE Commun. Magazine,* vol. 46, pp. 26-34, Jan. 2008.

GROSS, G., KAYCEE, M., LIN, A., MALIS, A., and STEPHENS, J.: "The PPP Over AAL5," RFC 2364, July 1998.

HA,S.,RHEE, I.,and LISONG, X.: CUVIC: A New TCO-Friendly High-Speed TCP Vari-ant,: *SIGOPS Oper. Sys. Rev.,* vol. 42, pp. 64-74, June 2008.

HAFNER, K., and LYON, M.: *Where Wizards Stay Up Late,* New York: Simon & Schuster, 1998.

HALPERIN, D., HEYDT-BENJAMIN, T., RANSFORD, B., CLARK, S., DEFEND, B., MORGAN, W., FU, K., KOHNO, T., AND MAISEL, W.: "Pacemakers and Implantable Cardiac Defibrillators: Software Radio Attacks and Zero-Power Defenses," *IEEE Symp. on Security and Privacy,* pp. 129-142, May 2008.

HALPERIN, D., HU, W., SETETH, A., and WETHERALL, d.: "802.11 with Multiple Antennas for Dummies," *Computer Commun. Rev.*, vol.40,pp. 19-25, Jan. 2010.

HAMMING, R.W.: "Error Detecting and En-or Correcting Codes," *Bell System Tech. J.,* vol. 29, pp. 147-160, April 1950.

HARTE, L., KELLOGG, S., DREHER, R., and SCHAFFNIT, T.: *The Comprehensive Guide to Wireless Technology,* Fuquay-Varina, NC: APDG Publishing, 2000.

HAWLEY, G.T.: "Historical Perspectives on the U.S. Telephone System," *IEEE Commun. Magazine,* vol. 29, pp. 2428, March 1991.

HECHT, J.: "*Understanding Fiber Optics,*" Upper Saddle River, NJ: Prentice Hall, 2005.

HELD, G.: *A Practical Guide to Content Delivery Networks,* 2nd ed., Boca Raton, FL; CRC Press, 2010.

HEUSSE, M., ROUSSEAU, F., BERGER-SABBATEL, G., DUDA, A.,: "Performance Ano-maly of 802.11b," Proc. *INFOCOM Conf.*, IEEE, pp. 836-843, 2003.

HIERTZ, G., DENTENEER, D., STIBOR, L., ZANG, Y., COSTA, X., and WALKE, B.: "The IEEE 802.11 Universe," *IEEE Commun. Magazine,* vol. 48, pp. 62-70, Jan. 2010.

HOE. J.: "Improving the Start-up Behavior of a Congestion Control Scheme for TCP," Proc. *SIGCOMM '96 Conf.,* ACM, pp. 270-280,1996.

HU, Y., and LI, V.O.K.: "Satellite-Based Internet Access," *IEEE Commun. Magazine*, vol. 30, pp. 154-162, Mar. 2001.

HUITEMA, C.: *Routing in the Internet*, 2nd ed., Englewood Cliffs, NJ: Prentice Hall, 1999.

HULL, B., BYCHKOVSKY, V., CHEN, K., GORACZKO, M., MIU, A., SHIH, E., ZHANG, Y., BALAKRISHNAN, H., and MADDEN, S.: "CarTel: A Distributed Mobile Sensor Computing System," *Proc. Sensys 2006 Conf.*,ACM, pp. 125-138, Nov. 2006.

HUNTER, D., RAFTER, J., FAWCETT, J., VAN DER LIST, E., AYERS, D., DUCKETT, J., WATT, A., and MCKINNON, L: *Beginning XML*, 4th ed., New Jersey: Wrox, 2007.

IRMER, T.: "Shaping Future Telecommunications: The Challenge of Global Standardization," *IEEE Commun. Magazine*, vol. 32, pp. 20-28, Jan. 199

ITU(INTERNATIONAL TELECOMMUNICATION UNION): ITU Internet Reports 2005: *The Internet of Things,* Geneva: ITU, Nov. 2005.

ITU(INTERNATIONAL TELECOMMUNICATION UNION): Measuring the Information Society: *The ICT Development Index,* Geneva: ITU, Mar. 2009.

JACOBSON, V.: "Compressing TCP/IP Headers for Low-Speed Serial Links," RFC 1144, Feb. 1990.

JACOBSON, V.: "Congestion Avoidance and Control," *Proc. SIGCOMM '88 Conf,* ACM, pp. 314-329, 1988.

JAIN, R., and ROUTHIER, S.: "Packet Trains—Measurements and a New Model for Computer Network Traffic," *IEEE J. on Selected Areas in Commun.,* vol. 6, pp. 986-995, Sept. 1986.

JAKOBSSON,M.,and WETZEL,S.: "Security Weaknesses in Bluetooth," Topics in Cryptology: *CT-RSA 2001*, Berlin: Springer-Verlag LNCS 2020, pp. 176-191, 2001.

JOEL,A.: "Telecommunications and the IEEE Communications Society," *IEEE Commun. Magazine,* 50th Anniversary Issue, pp. 6-14 and 162-167, May 2002.

JOHNSON, D., PERKINS, C., and ARKKP, J.: "Mobility Support in IPv6," RFC 3775, June 2004.

JOHNSON, D.B., MALTZ, D., and BROCH, J.: "DSR: The Dynamic Source Routing Protocol for Multi-Hop Wireless Ad Hoc Networks," *Ad Hoc Networking,* Boston: Addison-Wesley, pp. 139-172, 2001.

JUANG, P., OKI, H., WANG, Y., MARTONOSI, M., OEH, L., and RUBENSTEIN, D.: "Energy-Efficient Computing for Wildlife Tracking: Design Tradeoffs and Early Experiences with ZebraNet," *SIGOPS Oper. Syst. Rev.,* vol. 36, pp. 96-107, Oct. 2002.

KAHN, D.: *The Codebreakers,* 2nd ed., New York: Macmillan, 1995.

KAMOUN, F., and KLEINROCK, L.: "Stochastic Performance Evaluation of Hierarchical Routing for Large Networks," *Computer Networks*, vol. 3, pp. 337-353, Nov. 1979.

KARN, P.: "MACA— A New Channel Access Protocol for Packet Radio," *ARRL/CRRL Amateur Radio Ninth Computer Networking Conf.*, pp. 134-140, 1990.

KARN, P., and PARTRIDGE, C.: "Improving Round-Trip Estimates in Reliable Transport Protocols," *Proc. SIGCOMM '87 Conf.,* ACM, pp. 2-7, 1987.

KARP, B., and KUNG, H.T.: "GPSR: Greedy Perimeter Stateless Routing for Wireless Networks," *Proc. MOBICOM 2000 Conf.,* ACM, pp. 243-254, 2000.

KASIM, A.: *Delivering Carrier Ethernet,* New York: McGraw-Hill, 2007.

KATABI, D., HANDLEY, M., and ROHRS, C.: "Internet Congestion Control for Future High Bandwidth-Delay Product Environments," : *Proc. SIGCOMM 2002 Conf.,* ACM, pp.89-102, 2002.

KATZ, D., and FORD, P.S.: "TUBA: Replacing IP with CLNP," *IEEE Network Magazine,* vol. 7, pp. 38-47, May/June 1993.

KAUFMAN, C., PERLMAN, R., and SPECINER, M.: *Network Security,* 2nd ed., Englewood Cliffs, NJ: Prentice Hall, 2002.

KENT, C., and MOGUL, J.: "Fragmentation Considered Harmful," *Proc. SIGCOMM '87 Conf.,* ACM, pp. 390-401, 1987.

KERCKHOFF, A.: "La Cryptographie Militaire," *J. des Sciences Militaires,* vol. 9, pp. 5-38, Jan. 1883 and pp. 161-191, Feb. 1883.

KHANNA, A., and ZINKY, J.: "The Revised ARPANET Routin Metric," *Proc. SIGCOMM '89 Conf.*, ACM, pp. 45-56, 1989.

KIPNIS, J.: "Beating the System: Abuses of the Standards Adoptions Process," *IEEE Commun. Magazine,* vol. 38, pp. 102-105, July 2000.

KLEINROCK, L.: "Power and Other Deterministic Rules of Thumb for Probabilistic Prob-lems in Computer Communication," *Proc. Intl. Conf. on Commun*, pp. 43.1.1-43.1.10, June 1979.

KLEINROCK, L., and TOBAGI, F.: "Random Access Techniques for Data Transmission over Packet-Switched Radio Channels," *Proc. Nat-Computer Conf.,* pp. 187-201, 1975.

KOHLER, E., HANDLEY, H., and FLOYD, S. : "Designing DCCP: Congestion Control without Reliability," *Proc. SIGCOMM 2006 Conf.,* ACM, pp. 27-38, 2006.

KOODLI, R., and PERKINS, C.E.: *Mobile Inter-networking with IPv6*, New York: John Wiley & Sons, 2007.

KOOPMAN, P.: "32Bit Cyclic Redundancy Codes for Internet Applications," *Proc. Intl. Conf. on Dependable Systems and Networks.,* IEEE, pp. 459-472, 2002..

KRISHNAMURTHY, B., and REXFORD, J.: *Web Protocols and Practice*, Boston: Addison-Wesley, 2001.

KUMAR, S., PAAR, C., PELZL, J., PFEIFFER, G., and SCHIMMLER, M.: "Breaking Ciphers with COPACOBANA: A Cost-Optimized Parallel Code Breaker," *Proc. 8th Cryptographic Hardware and Embedded Systems Wksp.*, IACR, pp. 101-118, Oct. 2006.

LABOVITZ, C., AHUJA, A., BOSE, A., and JAHANIAN, F.: "Delayed Internet Routing Convergence," *IEEE/ACM Trans. on Networking*, vol.9, pp. 293-306, June 2001.

LAM, C.K.M., and TAN, B.C.Y.: "The Internet Is Changing the Music Industry," *Commun. of the ACM,* vol. 44, pp. 62-66, Aug. 2001.

LAOUTARIS, N., SMARAGDAKIS, G., RODRIGUEZ, P., SUNDARAM, R.: "Delay Tolerant Bulk

Data Transfers on the Internet," *Proc. SIGMETRICS 2009 Conf.*, ACM, pp. 229-238, June 2009.

LARMO, A., LINDSTROM, M., MEYER, M., PELLETIER, G., TORSNER, J., and WIEMANN, H.: "The LTE link-Layer Design," *IEEE Commun. Magazine*, vol. 47, pp. 52-59, Apr. 2009.

LEE, J.S., and MILLER, L.E.: *CDMA Systems Engineering Handbook*, London: Artech House, 1998.

LELAND, W., TAQQU, M., WILLINGER, W., and WILSON, D.: "On the Self-similar Nature of Ethernet Traffic," *IEEE/ACM Trans. on Networking*, vol. 2, pp. 1-15, Feb. 1994.

LEMON, J.,: "Resisting SYN Flood DOs Attacks with a SYN Cache," *Proc. BSDCon Conf.*, USENIX, pp. 88-98, 2002.

LEVY, S.: "Crypto Rebels," *Wired*, pp. 54-61, May/June 1993.

LEWIS, M.: *Comparing Designing, and Deploying VPNs,* Indeanapolis, IN: Cisco Press, 2006.

LI, M., AGRAWAL, D., GANESAN, D., and VENKATARAMANI, A.: "Block-Switched Networks: A New Paradigm for Wirelsess Transport," *Proc. NSDI 2009 Conf., USENIX,* pp. 423-436, 2009.

LIN, S., and COSTELLO, D.: Error Control Coding, 2nd ed., Upper Saddle River, NJ: Pearson Education, 2004.

LUBACZ, J., MAZURCZYK, W., and SZCZYPIORSKI, K.: "Vice over IP," IEEE Spectrum, pp. 42-47, Feb. 2010.

MACEDONIA, M.R.: "Distributed File Sharing," IEEE Computer, vol. 33, pp. 99-101, 2000.

MADHAVAN, J., KO, D., LOT, L., GANGPATHY, V., RASMUSSEN, A., and HALEVY, A.: "Google's Deep Web Crawl," Proc. 2008 Conf., pp. 1241-1252, 2008.

MAHAJAN, R., RODRIG, M., WETHERALL, D., and ZAHORJAN, J.: "Analyzing the MAC-Level Behavior of Wireless Networks in the Wild," Proc. SIGCOMM 2006 Conf., ACM, pp. 75-86, 2006.

MALIS, A., and SIMPSON, W.: "PPP over SONET/SDH," RFC 2615, June 1999.

MASSEY, J.L.: "Shift-Register Synthesis and BCH Decoding," IEEE Trans. on Information Theory, vol. IT-5, pp. 122-127, Jan. 1969.

MATSUI, M.: "Linear Cryptanalysis Method for DES Cipher," Advances in Cryptology-Eurocrypt 1993 Proceedings, Berlin: Springer-Verlag LNCS 765, pp. 386-397, 1994.

MAUFER, T.A.: IP Fundamentals, Upper Saddle River, NJ: Prentice Hall, 1999.

MAYMOUNKOV, P., and MAZIERES, D.: "Kademlia: A Peer-to-Peer Information System Based on the XOR Metric," Proc. First Intl. Wksp. on Peer-to-Peer Systems, Berlin: Springer-Verlag LNCS 2429, pp. 53-65, 2002.

MAZIERES, D., and KAASHOEK, M.F.: "The Design, Implementation, and Operation of an Email Pseudonym Server," Proc. 5th Conf. on Computer and Commun. Security, ACM, pp. 27-36, 1998.

MCAFEE LABS: McAfee Threat Reports: First Quarter 2010, McAfee Inc., 2010.

MENEZES, A.J., and VANSTONE, S.A.: "Elliptic Curve Cryptosystems and Their Implementation," Journal of Cryptology, vol. 6, pp. 209-224, 1993.

MERKLE, R.C., and HELLMAN, M.: "Hiding and Signatures in Trapdoor Knapsacks," IEEE Trans. on Information Theory, vol. IT-4, pp. 525-530, Sept. 1978.

METCALFE, R.M.: "Computer/Network Interface Design: Lessons from Arpanet and Ethernet," IEEE J. on Selected Areas in Commun., vol. 11, pp. 173-179, Feb. 1993.

METCALFE, R.M., and BOGGS, D.R.: "Ethernet: Distributed Packet Switching for Local Computer Networks," Commun. of the ACM, vol. 19, pp. 395-404, July 1976.

METZ, C.: "Interconnecting ISP Networks," IEEE Internet Computing, vol. 5, pp. 74-80, Mar.-Apr. 2001.

MISHRA, P.P., KANAKIA, H., and TRIPATHI, S.: "On Hop by Hop Rate-Based Congestion Control," IEEE/ACM Trans. on Networking, vol. 4, pp. 224-239, Apr. 1996.

MOGUL, J.C.: "IP Network Performance," in Internet System Handbook, D.C. Lynch and M.Y. Rose (eds.), Boston: Addison-Wesley, pp. 575-575, 1993.

MOGUL, J., and DEERING, S.: "Path MTU Discovery," RFC 1191, Nov. 1990.

MOGUL, J., and MINSHALL, G.: "Rethinking the Nagle Algorithm," Comput. Commun. Rev., vol. 31, pp. 6-20, Jan. 2001.

MOY, J.: "Multicast Routing Extensions for OSPF," Commun. of the ACM, vol. 37, pp. 61-66, Aug. 1994.

MULLINS, J.: "Making Unbreakable Code," IEEE Spectrum, pp. 40-45, May 2002.

NAGLE, J.: "On Packet Switches with Infinite Storage," IEEE Trans. on Commun., vol. COM-5, pp. 435-438, Apr. 1987.

NAGLE, J.: "Congestion Control in TCP/IP Internetworks," Computer Commun. Rev., vol. 14, pp. 11-17, Oct. 1984.

NAUGHTON, J.: A Brief History of the Future, Woodstock, NY: Overlook Press, 2000.

NEEDHAM, R.M., and SCHROEDER, M.D.: "Using Encryption for Authentication in Large Networks of Computers," Commun. of the ACM, vol. 21, pp. 993-999, Dec. 1978.

NEEDHAM, R.M., and SCHROEDER, M.D.: "Authentication Revisited," Operating Systems Rev., vol. 21, p. 7, Jan. 1987.

NELAKUDITI, S., and ZHANG, Z.-L.: "A Localized Adaptive Proportioning Approach to QoS Routing," IEEE Commun. Magazine vol. 40, pp. 66-71, June 2002.

NEUMAN, C., and TS'O, T.: "Kerberos: An Authentication Service for Computer Networks," IEEE Commun. Mag., vol. 32, pp. 33-38, Sept. 1994.

NICHOLS, R.K., and LEKKAS, P.C.: Wireless Security, New York: McGraw-Hill, 2002.

NIST.: "Secure Hash Algorithm," U.S. Government Federal Information Processing Standard 180, 1993.

NONNENMACHER, J., BIERSACK, E., and TOWSLEY, D.: "Parity-Based Loss Recovery for Reliable Multicast Transmission," Proc. SIGCOMM '97 Conf., ACM, pp. 289-300, 1997.

NUCCI, A., and PAPAGIANNAKI, D.: Design, Measurement and Management of Large-Scale IP Networks, Cambridge University Press, 2008.

NUGENT, R., MUNAKANA, R., CHIN, A., COELHO, R., and PUIG-SUARI, J.: "The CubeSat: The PicoSatellite Standard for Research and Education," Proc. SPACE 2008 Conf., AIAA, 2008.

ORAN, D.: "OSI IS-IS Intra-domain Routing Protocol," RFC 1142, Feb. 1990.

OTWAY, D., and REES, O.: "Efficient and Timely Mutual Authentication," Operating Systems Rev., pp. 8-10, Jan. 1987.

PADHYE, J., FIROIU, V., TOWSLEY, D., and KUROSE, J.: "Modeling TCP Throughput: A Simple Model and Its Empirical Validation," Proc. SIGCOMM '98 Conf., ACM, pp. 303-314, 1998.

PALAIS, J.C.: Fiber Optic Commun., 5th ed., Englewood Cliffs, NJ: Prentice Hall, 2004.

PARAMESWARAN, M., SUSARLA, A., and WHINSTON, A.B.: "P2P Networking: An Information-Sharing Alternative," IEEE Computer, vol. 34, pp. 31-38, July 2001.

PAREKH, A., and GALLAGHER, R.: "A Generalized Processor Sharing Approach to Flow Control in Integrated Services Networks: The Multiple-Node Case," IEEE/ACM Trans. on Networking, vol. 2, pp. 137-150, Apr. 1994.

PAREKH, A., and GALLAGHER, R.: "A Generalized Processor Sharing Approach to Flow Control in Integrated Services Networks: The Single-Node Case," IEEE/ACM Trans. on Networking, vol. 1, pp. 344-357, June 1993.

PARTRIDGE, C., HUGHES, J., and STONE, J.: "Performance of Checksums and CRCs over Real Data," Proc. SIGCOMM '95 Conf., ACM, pp. 68-76, 1995.

PARTRIDGE, C., MENDEZ, T., and MILLIKEN, W.: "Host Anycasting Service," RFC 1546, Nov. 1993.

PAXSON, V., and FLOYD, S.: "Wide Area Traffic: The Failure of Poisson Modeling," IEEE/ACM Trans. on Networking, vol. 3, pp. 226-244, June 1995.

PERKINS, C.: "IP Mobility Support for IPv4," RFC 3344, Aug. 2002.

PERKINS, C.E.: RTP: Audio and Video for the Internet, Boston: Addison-Wesley, 2003.

PERKINS, C.E.: (ed.): Ad Hoc Networking, Boston: Addison-Wesley, 2001.

PERKINS, C.E.: Mobile IP Design Principles and Practices, Upper Saddle River, NJ: Prentice Hall, 1998.

PERKINS, C.E., and ROYER, E.: "The Ad Hoc On-Demand Distance-Vector Protocol," in Ad Hoc Networking, edited by C. Pekins, Boston: Addison-Wesley, 2001.

PERLMAN, R.: Interconnections, 2nd ed., Boston: Addison-Wesley, 2000.

PERLMAN, R.: Network Layer Protocols with Byzantine Robustness, Ph-D. thesis, M.I.T., 1988.

PERLMAN, R.: "An Algorithm for the Distributed Computation of a Spanning Tree in an Extended LAN," Proc. SIGCOMM '85 Conf., ACM, pp. 44-53, 1985.

PERLMAN, R., and KAUFMAN, C.: "Key Exchange in IPsec," IEEE Internet Computing, vol. 4, pp. 50-56, Nov.-Dec. 2000.

PETERSON, W.W., and BROWN, D.T.: "Cyclic Codes for Error Detection," Proc. IRE, vol. 49, pp. 228-235, Jan. 1961.

PIATEK, M., KOHNO, T., and KRISHNAMURTHY, A.: "Challenges and Directions for Monitoring P2P File Sharing Networks or Why My Printer Received a DMCA Takedown Notice," 3rd Workshop on Hot Topics in Security, USENIX, July 2008.

PIATEK, M., ISDAL, T., ANDERSON, T., KRISHNAMURTHY, A., and VENKA-TARAMANI, V.: "Do Incentives Build Robustness in BitTorrent?," Proc. NSDI 2007 Conf., USENIX, pp. 1-14, 2007.

PISCITELLO, D.M., and CHAPIN, A.L.: Open Systems Networking: TCP/IP and OSI, Boston: Addison-Wesley, 1993.

PIVA, A., BARTOLINI, F., and BARNI, M.: "Managing Copyrights in Open Networks," IEEE Internet Computing, vol. 6, pp. 18-26, May-2002.

POSTEL, J.: "Internet Control Message Protocols," RFC 792, Sept. 1981.

RABIN, J., and McCATHIENEVILE, C.: "Mobile Web Best Practices 1.0," W3C Recommendation, July 2008.

RAMAKRISHNAM, K.K., FLOYD, S., and BLACK, D.: "The Addition of Explicit Congestion Notification (ECN) to IP," RFC 3168, Sept. 2001.

RAMAKRISHNAN, K.K., and JAIN, R.: "A Binary Feedback Scheme for Congestion Avoidance in Computer Networks with a Connectionless Network Layer," Proc. SIGCOMM '88 Conf., ACM, pp. 303-313, 1998.

RAMASWAMI, R., KUMAR, S., and SASAKI, G.: Optical Networks: A Practical Perspective, 3rd ed., San Francisco: Morgan Kaufmann, 2009.

RATNASAMY, S., FRANCIS, P., HANDLEY, M., KARP, R., and SHENKER, S.: "A Scalable Content-Addressable Network," Proc. SIGCOMM 2001 Conf., ACM, pp. 161-172, 2001.

RIEBACK, M., CRISPO, B., and TANENBAUM, A.: "Is Your Cat Infected with a Computer Virus?," Proc. IEEE Percom, pp. 169-179, Mar. 2006.

RIVEST, R.L.: "The MD5 Message-Digest Algorithm," RFC 1320, Apr. 1992.

RIVEST, R.L., SHAMIR, A., and ADLEMAN, L.: "On a Method for Obtaining Digital Signatures and Public Key Cryptosystems," Commun. of the ACM, vol. 21, pp. 120-126, Feb. 1978.

ROBERTS, L.G.: "Dynamic Allocation of Satellite Capacity through Packet Reservation," Proc. NCC, AFIPS, pp. 711-716, 1973.

ROBERTS, L.G.: "Extensions of Packet Communication Technology to a Hand Held Personal Terminal," Proc. Spring Joint Computer Conf., AFIPS, pp. 295-298, 1972.

ROBERTS, L.G.: "Multiple Computer Networks and Intercomputer Communication," Proc. First Symp. on Operating Systems Prin., ACM, pp. 3.1-3.6, 1967.

ROSE, M.T.: The Simple Book, Englewood Cliffs, NJ: Prentice Hall, 1994.

ROSE, M.T.: The Internet Message, Englewood Cliffs, NJ: Prentice Hall, 1993.

ROWSTRON, A., and DRUSCHEL, P.: "Pastry: Scalable, Distributed Object Location and Routing for Large-Scale Peer-to-Peer Storage Utility," Proc. 18th Int'l Conf. on Distributed Systems Platforms, London: Springer-Verlag LNCS 2218, pp. 329-350, 2001.

RUIZ-SANCIIEZ, M.A., BIERSACK, E.W., and DABBOIS, W.: "Survey and Taxonomy of IP Address Lookup Algorithms," IEEE Network Magazine, vol. 15, pp. 8-23, Mar.-Apr. 2001.

SALTZER, J.H., REED, D.P., and CLARK, D.D.: "End-to-End Arguments in System Design," ACM Trans. on Computer Systems, vol. 2, pp. 277-288, Nov. 1984.

SAMPLE, A., YEAGER, D., POWLEDGE, P., MAMISHEV, A., and SMITH, J.: "Design of an RFID-Based Battery-Free Programmable Sensing Platform," IEEE Trans. on Instrumentation and Measurement, vol. 57, pp. 2608-2615, Nov. 2008.

SAROIU, S., GUMMADI, K., and GRIBBLE, S.: "Measuring and Analyzing the Characteristics of Napster & Gnutella Hosts," Multim. Syst., vol. 9,, pp. 170-184, Aug. 2003.

SCHALLER, R.: "Moore's Law: Past, Present and Future," *IEEE Spectrum*, vol. 34, pp.52-59, June 1997.

SCHNEIER, B.: *Secrets and Lies,* New York: John Wiley & Sons, 2004.

SCHNEIER, B.: *E-Mail Security,* New York: John Wiley & Sons, 1995.

SCHNORR, C.P.: "Efficient Signature Generation for Smart Cards, " *Journal of Cryptology*, vol. 4, pp. 161-174, 1991.

SCHOLTZ, R.A.: "The Origins of Spread-Spread-Spectrum Communications," *IEEE Trans. on Commun.,* vol. COM-0, pp. 822-854, May 1982.

SCHWARTZ, M., and ABRAMSON, N.: "The AlohaNet: Surfing for Wireless Data," *IEEE Commun. Magazine,* vol. 47, pp. 21-25, Dec. 2009.

SEIRERT, R., and EDWARDS, J.: *The All-New Switch Book*, NY: John Wiley, 2008.

SENN, J.A.: "The Emergence of M-Commerce," *IEEE Computer,* vol. 33, pp. 148-150,Dec. 2000.

SERJANTOW, A.: "Anonymizing Censorship Resistant Systems," *Proc. First Int'l Workshop on Peer-to-Peer System,* London: Springer-Verlag LNCS 2429, pp. 111-120, 2002.

SHACHAM, N., and MCKENNY, P.: "Packet Recovery on High-Speed Networks Using Coding and Buffer Management," *Proc. INFOCOM Conf., IEEE,* pp. 124-131, June 1990.

SHACHAM, n., REXFORD, J., and SHIN, K.: "Load-Sensitive Routing of Long-Lived IP Flows,: *Proc. SIGCOMM '99 Conf.,* ACM, pp. 215-226, Sept. 1999.

SHALUNOW, S., and CARLSON, R.: "Detecting Duplex Mismatch on Ethernet," *Passive and Active Network Measurement,* Berlin: Springer-Verlag LNCS 3431, pp. 3135-3148, 2005.

SHANNON, C.: "A Mathematical Theory of Communication," *Bell System Tech. J.,* vol. 27, pp. 379-423, July 1948; and pp. 623-656, Oct. 1948.

SHEPARD, S.: *SONET/SDH Demystified,* New York: McGraw-Hill, 2001.

SHREEDHAR, M., and VARGHESE, G.: "Efficient Fair Queueing Using Deficit Round Robin," *Proc. SIGCOMM '95 Conf.*, ACM, pp. 231-243, 1995.

SIMSON, W.: *Video Over IP*, 2nd ed., Burlington, MA: Focal Press, 2008.

SIMSON, W.: "PPP in HDLC-like Framing," RFC 1662, July 1994a

SIMSON, W.: "The Point-to-Point Protocol(PPP)," RFC 1661, July 1994a.

SIU., and JAIN, R.: "A Brief Overview of ATM: Protocol Layers, LAN Emulation, and Traffic," *ACM Computer Communications Review*, vol. 25, pp. 5-20, Apr. 1995.

SKOUDIS, E., and LISTON, T.: *Counter Hack Reloaded,* 2nd ed., Upper Saddle River, NJ Prentice Hall, 2006.

SMITH, D.K., and ALEXANDER, R.C: *Fumbling the Future*, New York: William Morrow, 1998.

SNOEREN, A.C., and BALAKRISHNAM, H.: "An End-to-End Approach to Host Mobility," *Int'l Conf. on Mobile Computing and Networking* , ACM, pp. 155-166, 200.

SOBEL, D.L.: "Will Carnivore Devour Online Privacy," Computer, vol. 34, pp. 87-88, May 2001.

STOIROV, A., STEVENS, M., APPELBAUM, J., LENSTRA, A., MOLNAR, D., OSVIK, D., and DE WEGER, G.: "MD5 Considered Harmful Today," Proc. 25th *Chaos Communication Congress*, Verlag Art d' Ameublement, 2008.

SOUTHEYM R.: *The Dcotors*, Longman, Brown, Green and Longmans, 1848.

SPURGEON, C.E.: *Ethernet: The Definitive Guide*, Sebastopol, CA: O'Reilly, 2000.

STALLINGS, W.: *Data and Computer Communications,* 9th ed., Upper Saddle River, NJ: Prentice Education,, 2010.

STARR, T., SORVARA, M., COIFFI, J., and SILVERMAN, P.: "DSL Advances," Upper Saddle River, NJ: Prentice Hall, 2003.

STEVENS, W.R.: *TCP/IP Illustrated*: The Protocols, Boston: Addison Wesley, 1994.

STINSON, D.R.: *Cryptography Theory and Practice*, 2nd ed., Boca Raton, FL: CRC Press, 2002.

STOICA, I., MORRIS, R., KARGER, D., KAASHOEK, M.F., and BALAKRISHNAN, H.: "Chord: A Scalable Peer-to-Peer Lookup Service for Internet Applications," *Proc. SIGCOMM 2001 Conf.*,

ACM, pp. 149-160, 2001.

STUBBLEFIELD, A., IOANNIDIS, J., and RUBIN, A.D.: "Using the Fluhrer, Mantin, and Shamir Attack to Break WEP," *Proc Network and Distributed Systems Security Symp.*, ISOC, pp. 1-11, 2002.

STUTTARD, D., and PINTO, M.: T*he Web Application Hacker's Handbook*, New York: John Wiley & Sons, 2007.

SU, S.: *The UMTS Air Interface in RF Engineering,* New York: McGraw-HILL, 2007.

SULLIVAN, G., and WIEGAND, T.: "Tree Algorithms for Pcket Broadcast Channels," *Proc. of the IEEE,* vol. 93, pp. 18-31, Jan. 2005.

SUNSHINE, C.A., and DALAL, Y.K.: "Connection Management in Transport Protocols," *Computer Networks*, vol. 2, pp. 454-473, 1978.

TAN, K., SONG, J., ZHANG, Q., and SRIDHARN, M.: "A Compound TCP Approach for High-Speed and Long Distance Networks," *Proc. INFOCOM Conf.,* IEEE, pp. 1-12, 2006.

TANENBAUM, A.S., and VAN STEEN, M.: *Distributed Systems: Principles and Paradigms,* Upper Saddle River, NJ: Prentice Hall, 2007.

TOMLINSON, R.S.: "Selecting Sequence Numbers," Proc. S*IGCOMM/SIGOPS Interprocess Commun. Workshop*, ACM, pp. 11-23, 1975.

TUCHMAN, W.: "Hellman Presents No Shortcut Solutions to DES," *IEEE Spectrum*, vol. 16, pp. 40-41, July 1979.

TURNER, J.S.: "New Directions in Communications (or Which Way to the Information Age)," *IEEE Commun. Magazine,* vo1. 24, pp. 8-15, Oct. 1986.

UNGERBOECK, G.: "Trellis-Coded Modulation with Redundant Signal Sets Part Ⅰ: Introduction," *IEEE Commum. Magazine*, vol. 25, pp. 5-11, Feb. 1987.

VALADE, J.: *PHP & MySQL for Dummie*s, 5th ed., New York: John Wiley & Sons, 2009.

VARGHESE, G., and LAUCK, T.: "Hashed and Hierarchical Timing Wheels: Data Stuctures for the Efficient Implementation of a Timer Facility," P*roc. 11th Symp. on Operating Systems Prin.*, ACM, pp. 25-38, 1987.

VERIZON BUSINESS: *2009 Data Breach Investigations Report*, Verizon, 2009.

VITERVI, A.: *CDMA: Principles of Spread Spectrum Communication*, Englewood Cliffs, NJ: Prentice Hall, 1995.

VON AHN, L.,BLUM, B., and LANGFORD, J.: "Telling Humans and Computers Apart Automatically," *Commun. of the ACM*, vol. 47, pp. 56-60, Feb. 2004.

WAITZMAN, D., PARTRIDGE, C., and DEERING, S.: "Distance Vector Multicast Routing Protocol," RFC 1075, Nov. 1998.

WALDMAN, M., RUBIN, A.D., and CRANOR, L.F.: "Publius: A Robust, Tamper-Evident, Censorship-Resistant, Web Publishing System," *Proc. Ninth USENIX Security Symp.*, USENIX, pp. 59-72, 2000.

WANG, Z and CROWCROFT, J.: "SEAL Detects Misordering," *IEEE Network Magazine*, vol. 6, pp. 8-9, July 1992.

WANT, R.: *RFID Explained,* San Rafael, CA: Morgan Claypool, 2006,

WARNEKE, B., LAST, M., LIEBOWITZ, B., and PISTER, K.S.J.: "Smart Dust: Communicating with a Cubic Millimeter Computer," *IEEE Compute*r, vol. 34, pp. 44-51, Jan. 2001.

WAYNER, P.: *Disappearing Cryptography: Information Hiding, Steganography, and Watermarking,* 3nd ed., San Francisco: Morgan Kaufmann, 2008.

WEI,D., CHENG, J., LOW,S., and HEGDE, S.: "FAST TCP: Motivation, Architecture, Algorithms, Performance," *IEEE/ACM Trans. on Networking*, vol. 14, pp. 1246-1259, Dec. 2006.

WEISER, M.: "The Computer for the Twenty-First Century," *Scientific American,* vol. 265, pp. 94-104, Sept. 1991.

WELBOURNE, E., BATTLE, L., COLE, G., GOULD, K., RECTOR, K., RAYMER, S., BALAZINSKA, M., and BORRIELLO, G.: "Building the Internet of Things Using RFID," *IEEE Internet Computing,* vol. 13, pp. 48-55, May 2009.

WITTENBURG, N.: *Understanding Voice Over IP Technology*, Clifton Park, NY: Delmar Cengage Learning, 2009.

WOLMAN, A., VOELKER, G., SHARMA, N., CARDWELL, N., KARLIN, A., and LEVY, H.: " On the Scale and Performance of Cooperative Web Proxy Caching," *Proc. 17th Symp. on Operating System Prin.*, ACM, pp. 16-31, 1999.

WOOD, L., IVANCIC, W., EDDY, W., STEWART, D., NORTHAM, J., JACKSON, C., and DA SILVA CURIEL, A.: "Use of the Delay- Tolerant Networking Bundle Protocol from Space," *Proc. 59th Int'l Astronautical Congress,* Int'l Astronautical Federation, pp. 3123-1311, 2008.

WU, T.: "Network Neutrality, Broadband Discrimination," *Journal on Telecom. and High-Tech. Law*, vol. 2, pp. 141-179, 2003.

WYLIE, J., BIGRIGG, M.W., STRUNK, J.D., GANGER, G.R., KILICCOTE, H., and KHOSLA, P.K.: "Survivable Information Storage Systems," *IEEE Computer*, vol. 33, pp. 61-68, Aug. 2000.

YU, T., HARTMAN, S., and RAEBURN, K.: "The Perils of Unauthenticated Encryption: Kerberos Version 4," *Proc. NDSS Symposium,* Internet Society, Feb. 2004.

YUVAL, G.: "How to Swindle Rabin," *Cryptologia*, vol. 3, pp. 187-190, July 1979.

ZACKS, M.: "Antiterrorist Legislation Expands Electronic Snooping," *IEEE Internet Computing,* vol. 5, pp. 8-9, Nov.-Dec. 2001.

ZHANG, Y., BRESLAU, L., PAXSON, V., and SHENKER, S.: "On the Characteristics and Origins of Internet Folw Rates," *Proc. SIGCOMM 2002 Conf.*, ACM, pp. 309-322, 202.

ZHAO, B., LING, H., STRIBLING, J., RHEA, S., JOSEPH, A., and KUBIATOWICZ, J.: "Tapestry: A Resilient Global-Scale Overlay for Service Deployment," *IEEE J. on Selected Areas in Commun*, vol. 22, pp. 41-53, Jan. 2004.

ZIMMERMANN, P.R.: *The Official PGP User's Guide*, Cambridge, MA: M.I.T. Press, 1995a.

ZIMMERMANN, P.R.: *PGP: Source Code and Internals,* Cambridge, MA: M.I.T. Press, 1995b.

ZIPF, G.K.: *Human Behavior and the Principle of Least Effort: An Introduction to Human Ecology,* Boston: Addison-Wesley, 1949.

ZIV, J., and LEMPEL, Z.: "A Universal Algorithm for Sequential Data Compression," *IEEE Trans. on Information Theory*, vol. IT-23, pp. 337-343, May 1977.

INDEX

찾아보기

D

E

F

G

H

I

J

K

L

M

N

O

P

Q

R

S

T

U

V

W

X

Z

ㅅ

ㅇ

ㅈ

ㅊ

ㅋ

ㅌ

ㅍ

ㅎ

저자 소개

Andrew S. Tanenbaum은 미국 MIT대학교에서 이학 학사학위를 받고 캘리포니아 주립대학교 버클리 분교에서 박사학위를 취득하였다. 현재 네덜란드 암스테르담 Vrije 대학교의 전산학과 교수로 재직하고 있다. 그는 운영체제, 분산시스템, 보안 등 여러 연구를 진행하고 있다. 이 연구 프로젝트를 진행하면서 저널과 컨퍼런스에 150편 이상의 논문을 발표했다. 또한 그가 집필한 5권의 책은 21개 언어로 번역되어 전 세계에 출판되었다.

Tanenbaum 교수는 또한 수많은 소프트웨어를 개발하였는데, 암스테르담 컴파일러 킷(휴대하기 좋은 컴파일러)과 Amoeba(LAN에 사용되는 초기 분산시스템) 그리고 Globe(광역지역의 분산시스템) 등이 있다.

그는 학생들의 프로그래밍 실습을 위해 개발된 소규모 UNIX 운영체제인 MINIX의 주 개발자이기도 하다. 리눅스에서 직접적인 영감을 얻어 리눅스상의 플랫폼도 처음으로 개발했다. MINIX 3이라 불리는 MINIX는 안전한 운영체제를 만드는 데 초점을 맞추고 있다. Tanenbaum 교수는 시스템 충돌을 경험했을 때 리셋 버튼 없이 동작 가능한 운영체제를 만드는 것을 고려하고 있다. MINIX 3는 오픈소스 프로젝트로 당신도 개발에 참여할 수 있다. www.minix3.org로 가서 자유롭게 설치하고 어떤 일이 생기는지 관찰해 보라.

Tanenbaum 교수는 ACM 및 IEEE의 펠로우이고, 예술과 과학 분야에서 네덜란드 왕립 아카데미의 회원이다. 그는 또한 다수의 과학상을 수상했으며 수상내역은 다음과 같다.

- 2010 TAA McGuffey Award for Computer Science and Engineering books
- 2007 IEEE James H. Mulligan, Jr Education Medal
- 2002 TAA Texty Award for Computer Science and Engineering books
- 1997 ACM/SIGCSE Award for Outstanding Contributions to Computer Science Education
- 1994 ACM Karl V. Karstrom Outstanding Educator Award

그의 홈페이지는 http://www.cs.vu.nl/~ast 이다.

David J. Wetherall은 시애틀의 워싱턴대학교의 컴퓨터 과학 공학의 교수로 재직 중이고, 인텔 연구실의 지도교수이다. 그는 호주 출신으로 웨스턴 오스트레일리아 대학에서 전자공학 학사학위를 취득하였고 M.I.T에서 컴퓨터공학 박사학위를 받았다.

Wetherall 교수는 과거 2년간 네트워킹 분야를 연구했는데 인터넷 프로토콜, 무선 네트워크, 모바일 컴퓨팅에 초점을 맞췄다.

그는 새로운 네트워크 서비스에 대한 구조와 능동회로망을 개척한 연구로 인해 ACM SIGCOMM의 Test-of-Time을 수상했다. 또한 인터넷 매핑에서의 큰 성과를 이루어 IEEE William Bennett 상을 수상했다.

뿐만 아니라 Wetherall 교수는 네트워킹 연구 커뮤니티에 참여하고 있다. 그는 SIGCOMM 프로그램 위원회의 공동의장이고, NSDI와 MobiSys 그리고 ACM HotNets 워크숍의 공동 설립자이다. 그는 네트워킹 컨퍼런스의 수많은 프로그램 위원회에 기여하고 있고 ACM Computer Communication Review의 편집도 맡고 있다. 그의 홈페이지는 http://djw.cs.washington.edu 이다.